DB2 Universal Database

Don Chamberlin

DB2 Universal Database

Der unentbehrliche Begleiter

 ADDISON-WESLEY

An imprint of Addison Wesley Longman, Inc.

Bonn • Reading, Massachusetts • Menlo Park, California
New York • Harlow, England • Don Mills, Ontario
Sydney • Mexico City • Madrid • Amsterdam

Die Deutsche Bibliothek – CIP-Einheitsaufnahme

DB2 Universal Database: Der unentbehrliche Begleiter /
Don Chamberlin – Bonn ; Reading, Mass. [u.a.] :
Addison-Wesley-Longman, 1999
ISBN 3-8273-1506-9

Buch.– 1. Auflage – 1999

© 1999 Addison Wesley Longman GmbH
A Pearson Education Company

Übersetzung: Prof. Dr. Gottfried Vossen, Münster

Lektorat: Barbara Lauer

Korrektorat: Sandra Gottmann, Bonn

Produktion: Petra Strauch, Bonn

Satz: mediaService, Siegen
gesetzt mit FrameMaker aus der Palatino 9,5/12 p

Druck: Bercker Graphischer Betrieb, Kevelaer

Umschlaggestaltung:
Hommer DesignProduction, Haar bei München

Das verwendete Papier ist aus chlorfrei gebleichten
Rohstoffen hergestellt und alterungsbeständig. Die
Produktion erfolgt mit Hilfe umweltschonender
Technologien und unter strengsten Auflagen in ei-
nem geschlossenen Wasserkreislauf unter Wieder-
verwertung unbedruckter, zurückgeführter Papiere.

Dieses Buch ist meiner Frau Judy gewidmet,
die es ermöglicht hat.

Inhaltsverzeichnis

Vorwort

In der schnell veränderlichen Welt der Datenbankmanagement-Systeme ist DB2 ein etablierter Veteran mit einer Geschichte, die auf das Jahr 1983 zurückgeht. DB2 hat seine Wurzeln in Arbeiten, die am IBM San Jose Research Laboratory, dem das relationale Datenmodell und SQL entstammen, in den 70er Jahren durchgeführt wurden. DB2 Universal Database (UDB) ist das jüngste Mitglied der DB2-Produktfamilie. Wie der Name suggeriert, unterstützt UDB viele verschiedene Arten von Anwendungen und Daten in vielen verschiedenen Hardware- und Software-Umgebungen. Der Lernaufwand, den Sie in UDB investieren, wird reichlich belohnt werden durch Funktionalität, Performanz und Produktivität.

Wenn man versucht, ein neues System kennenzulernen, so ist die beste Form der Hilfe ein freundlicher Führer, der Fragen beantworten und bei Problemen beistehen kann. Die zweitbeste Form der Hilfe ist eine Reihe funktionierender Beispiele, auf die man sich beim Schreiben eigener Programme beziehen kann. Das Ziel dieses Buches ist es, Benutzern von UDB beide Formen der Hilfe zu geben. Das Buch ist um eine Reihe von praktischen Beispielen herum organisiert, die in SQL, C, C++ und Java geschrieben sind, und es enthält verschiedene vollständige Anwendungsprogramme, die man als Vorlagen für eigene Programme verwenden kann. Das Buch bietet außerdem Dutzende praktischer Tips, die aus vielen Stunden Entwicklung von UDB-Applikationen hervorgegangen sind.

Wie der Titel besagt, ist dieses Buch ein unentbehrlicher Begleiter für UDB Version 5 in allen Aspekten einschließlich der Schnittstellen für Endbenutzer, Anwendungsentwickler und Datenbankadministratoren. Es soll als Ergänzung der IBM-Produktdokumentation dienen in einem mehr erzählerischen Stil und mit mehr Erklärungen über die Hintergründe diverser Eigenschaften des Produkts und wie diese benutzt werden sollen. Gelegentlich wird dabei auf Produkthandbücher wie die *SQL Reference* oder den *Administration Guide* verwiesen, in denen weitere Einzelheiten zu finden sind.

Ich hoffe, daß meine Leser dieses Buch in sich geschlossen und lesbar finden, unabhängig davon, ob sie mit früheren Versionen von UDB vertraut sind. Ich erwarte keinerlei Vorkenntnisse hinsichtlich SQL oder relationaler Datenbankterminologie. Das Buch behandelt elementare Prinzipien des Datenbankmanagements sowie die fortgeschrittenen Eigenschaften von UDB, wie z.B. rekursive Anfragen, Bedingungen (Constraints), Trigger, benutzerdefinierte Datentypen und Funktionen, Stored Procedures, parallele Datenbanken und graphische Werkzeuge zur Datenbankadministration.

In der Datenbankindustrie werden derzeit die beiden dominanten Paradigmen, relationales sowie objektorientiertes Datenbankmanagement, zu einer konstruktiven Synthese, die größer als die Summe ihrer Teile ist, zusammengeführt. Relationale Systeme bieten Datenunabhängigkeit, multiple Sichten auf Daten sowie hohe, mengenorientierte Anfragesprachen. Objektorientierte Systeme bieten demgegenüber eine reichhaltige und erweiterbare Menge von Datentypen sowie die Fähigkeit, semantisches Verhalten mit gespeicherten Objekten zu assoziieren. Die neue Generation von Datenbanksystemen, die derzeit im Entstehen ist und häufig *objektrelational* genannt wird, kombiniert die Stärke dieser sich gegenseitig ergänzenden Ansätze. Objektrelationale

Systeme sind ein zentraler Entwicklungsschwerpunkt für alle größeren Datenbankhersteller sowie für die Komitees, die für Datenbank-Industriestandards verantwortlich sind. UDB stellt IBMs Einstieg in den Markt der objektrelationalen Systeme dar und gibt gleichzeitig die Richtung für alle anderen Mitglieder der DB2-Produktfamilie vor.

Dieses Buch ist eine Überarbeitung meines früheren Buches, *Using the New DB2: IBM's Object-Relational Database System* (Morgan Kaufmann 1996), welches den Vorläufer von UDB, DB2 für Common Server, beschreibt. Im Vergleich zum früheren Buch wurde etwa die Hälfte des Materials überarbeitet oder neu geschrieben, einschließlich etwa 150 Seiten vollständig neuen Materials. Ich hoffe, daß dieses Buch wie sein Vorgänger für zwei Arten von Lesern von Wert sein wird. Benutzer der DB2-Produktfamilie haben hiermit ein vollständiges, einbändiges Tutorial sowie eine Referenz über sämtliche UDB-Aspekte vorliegen. Gleichzeitig finden Leser, die ein generelles Interesse an Datenbanksystemen und an dem entstehenden objektrelationalen Paradigma haben, in diesem Buch eine Darstellung des IBM-Zugangs zu diesem wichtigen Thema, der durch viele praktische Beispiele illustriert wird.

Beispiele im World Wide Web

Alle Beispiele in diesem Buch sind auf der Morgan-Kaufmann-Webseite verfügbar. Um die Beispiele zu einem bestimmten Kapitel des Buchs zu bekommen, verwenden Sie einen Webbrowser und besuchen die Morgan Kaufmann Startseite unter *http:// www.mkp.com*. Dort suchen Sie das Buch in Online-Katalog. Sodann klicken Sie auf »Web Enhanced« und danach auf das Kapitel, das Sie interessiert. Zu jedem Kapitel gibt es eine Datei mit Anweisungen sowie mehrere Dateien mit Beispielcode und zu erwartenden Ergebnissen. Man kann den Browser zum Lesen der Dateien sowie zum Sichern auf einer lokalen Platte benutzen.[1]

Danksagungen

Ich bin ausgesprochen dankbar für die Ermunterung und die Unterstützung, die ich bei der Arbeit an diesem Buch von IBM bekommen habe, und vor allem für die Hilfe und Kooperation der DB2-Entwicklungsteams in den IBM-Labors in Almaden, Santa Teresa und Toronto. Besonderer Dank geht an alle, die das Manuskript durchgesehen und viele wertvolle Anregungen gegebenen haben, einschließlich (allerdings nicht beschränkt auf) Keith Archer, Paul Bird, Serge Bourbonnais, Richard Burke, Mike Carey, Jyh-Herng Chow, Doug Doole, Jessica Escott, William Favero, Jim Kleewein, Gene Kligerman, Sam Lightstone, Serge Limoges, Nelson Mattos, Patrick MacDonald, Dale McInnis, John McPherson, Rodolphe Michel, Karen Nolk, Richard Page, Berthold Reinwald, Berni Sciefer, Richard Sidle, Rick Swagerman, Mike Swift, George Wilson, Tim Vincent, Xun Xue und Shili Yang. Dank geht auch an den Herausgeber der Reihe, Jim Gray, für seine Hilfestellung und Unterstützung beim Schreiben dieses Buchs, an Cheri Palmer und die Belegschaft von Morgan Kaufmann für ihre professionelle Hilfe bei seiner Produktion sowie an Duane Bibby für die wunderbaren Illustrationen.

---

1. Anmerkung des Übersetzers: Naturgemäß findet man auf dieser Webseite englischsprachige Beispiele und ohne deutsche Übersetzungen.

Vorwort des Übersetzers

Die Übersetzung eines englischen Fachbuchs, das ein Produkt beschreibt, das nur unwesentlich jünger ist als das Fachgebiet, dem es zuzurechnen ist, ist eine besondere Herausforderung. Es gibt nämlich einerseits die Fachsprache des Gebiets, in diesem Fall die *Datenbanken*, in der zwar viele Ausdrücke aus dem Englischen einfach ins Deutsche übernommen wurden. Für viele Begriffe wurden im Laufe der Zeit aber auch deutsche Entsprechungen eingeführt. Es gibt andererseits die Fachsprache des *Herstellers* des betreffenden Systems, der ja neben englischsprachigen auch deutschsprachige Kunden hat und daher gehalten ist, seine Produkthandbücher wenigstens teilweise mehrsprachig anzubieten. Im Falle von UDB werden diese Handbücher heute weitgehend mitgeliefert. Wenn man z.B. die *Personal Edition* auf einem PC installiert, fragt die Installationssoftware die betriebssystemseitig verwendete Sprache ab und installiert sofort die »passende« UDB-Version einschließlich der Handbücher (das funktioniert in Ausnahmen nicht, z.B. dann, wenn man eine flämische Version von Windows geladen hat). Ich habe mich in dieser Situation um einen Kompromiß bemüht, der einerseits gängige Datenbankterminologie soweit wie möglich verwendet, denn diese ist mir aus meiner eigenen Berufspraxis durchaus geläufig; andererseits sind harte Abweichungen von den IBM-eigenen Termini ausgesprochen selten. Dem Leser sollte es damit sowohl möglich sein, bereits vorhandene Kenntnisse über Datenbanken oder DB2 unmittelbar weiterzuentwickeln (ohne viele neue Begriffe, die altes bedeuten, lernen zu müssen) als auch sich so in das hier beschriebene System einzuarbeiten, daß am Ende (auch) die einschlägige Fachsprache beherrscht wird.

Häufig stelle ich deutsche und englische Begriffe, die mit gleicher Bedeutung verwendet werden, unmittelbar nebeneinander, so daß der Zusammenhang deutlich wird. Beispiele sind die Begriffspaare »(Integritäts-)Bedingung« und »constraint«, »einzigartiger Typ« und »distinct type«, »quellenbasierte Funktion« und »sourced function«, »Trigger« und »Auslöser«. Das zweite dieser Beispiele (einzigartiger Typ) zeigt auch eine gewisse Problematik der durch die IBM-Handbücher vorgegebenen Terminologie, daß eigentlich eine andere Übersetzung (hier: *eindeutiger* Typ) naheliegend wäre, die man dann aber z.B. im deutschen Glossar nicht findet. Die Reihe dieser Beispiele ließe sich fortsetzen.

Die Beispiele des Buches wurden durchgehend ins Deutsche übersetzt, wobei sich naturgemäß in den vielen SQL-Beispielen Mixturen deutscher und englischer Befehlsfolgen ergeben; dies entspricht der Praxis, wie man sie beim Arbeiten mit einem solchen System eben antrifft. Bei C-Programmen (z.B. in Kapitel 6) habe ich es allerdings gelegentlich auch bei den englischen Namen für Programmvariablen belassen. Wer diese Programme durcharbeitet, muß mit der betreffenden Programmiersprache ohnehin soweit vertraut sein, daß ihm dies nichts ausmacht, und wer die in diesem Buch enthaltenen Programme sogar der Reihe nach durcharbeitet, hat nach und nach genügend Erfahrung im Umgang mit diesen Dingen. Insbesondere bei den CLI- sowie den Java-Programmen in Kapitel 8 habe ich daher im wesentlichen nur noch die Kommentare übersetzt.

Bei Hinweisen auf IBM-Handbücher habe ich es stets bei den englischsprachigen Versionen belassen, wenngleich einige der Handbücher auch auf deutsch vorliegen, denn der tatsächliche Umfang der (online verfügbaren) Handbücher hängt vom jeweiligen Installationsstand ab (also etwa davon, ob man lediglich UDB oder z.B. auch das Software Developer´s Kit oder sogar die hier nicht behandelten Database Extenders installiert hat).

Die Beispielrelationen mit den auf sie bezogenen Anfragen, gelegentlich auch ganze Datenbanken, habe ich, zum Teil mit Hilfe meiner Münsteraner Mitarbeiter Jens Lechtenbörger und Nicolas Morzy, auch am Rechner nachgebaut, so daß die einschlägigen Screenshots durchweg vom Original abweichen, allerdings untereinander, mit den hier angegebenen Beispielen und mit der deutschen Version von UDB konsistent sind. Dies wurde wie manches andere mit Don Chamberlin abgesprochen, der mir für Fragen immer zur Verfügung stand; hierfür gebührt ihm an dieser Stelle mein Dank. Ich danke ferner Claas Müller-Lankenau für seine Mitwirkung bei der Erstellung der Abbildungen.

Münster, im Februar 1999

Gottfried Vossen

Geleitwort von Donald J. Haderle

IBM Fellow and Director of Data Management Architecture and Technology

IBM Software Solutions Division

Sehr vereinfacht ausgedrückt ist der Zweck eines Datenbankmanagementsystems das Speichern und Wiederauffinden von Daten unter gewissen Garantien. Vor 25 Jahren hat Dr. E. F. Codd zu diesem Zweck das relationale Datenmodell vorgeschlagen, das klare mathematische Grundlagen mit einer intuitiven und verständlichen Benutzerschnittstelle kombiniert. Einer der wichtigsten Vorteile des relationalen Modells ist seine Datenunabhängigkeit, die verspricht, relationale Systeme an veränderte Anforderungen anpaßbar zu machen.

Die erste große Herausforderung für relationale Systeme war es, den Bedürfnissen eines breiten Spektrums von Anwendungen, von Online-Transaktionsverarbeitung bis zur Entscheidungsunterstützung, zu entsprechen, und zwar mit angemessener Leistung und zu vernünftigen Kosten. Die SQL-basierten Datenbanksysteme der 80er Jahre stellten zum ersten Mal eine einheitliche Sprache bereit, die eine Vielzahl von Anwendungen abdeckt, und zwar mit Unterstützung multipler Sichten auf die Daten und die Unabhängigkeit von physischen Datenstrukturen. Aufgrund des Erfolgs dieser Systeme sind relationale Datenbanken heute allgegenwärtig, und SQL ist zu einer weltweit standardisierten Datenbanksprache geworden.

Heutzutage verändert sich die Welt des Datenbankmanagements sehr schnell, angetrieben von Fortschritten in der Verarbeitungsleistung, Speicherkapazität und Kommunikationsbandbreite. Heutige Datenbanksysteme sehen sich mit einer Reihe von neuen Herausforderungen konfrontiert. Einige davon entstammen dem Bedürfnis, neue Arten sehr großer Objekte mit komplexem Zustand und Verhalten zu speichern und zu bearbeiten, einschließlich Multimedia-Objekte und Ingenieursentwürfe. Heutige Systeme müssen ferner den Wert bzw. die Bedeutung gespeicherter Daten durch Erfassung von mehr semantischer Information verbessern. Sie müssen Geschäftsregeln erfassen und dafür sorgen, daß diese in allen Applikationen Anwendung finden, die auf gemeinsame Daten zugreifen. Ein neuer Typ Datenbanksystem ist in der Entstehung, welcher diesen Herausforderungen begegnet; er wird durch die Bezeichnung *objektrelationales System* charakterisiert.

Mit DB2 Universal Database (UDB) stellt IBM eine neue Generation relationaler Datenbankprodukte vor. Zum ersten Mal kombiniert ein System objektrelationale Funktionalität mit Parallelverarbeitungsfähigkeit, die von PCs bzw. Workstations bis hin zu massiv parallelen Netzwerken skalierbar ist. UDB verfügt über eine reichhaltige Sammlung vordefinierter Datentypen und Funktionen. Wichtiger ist, daß es Benutzern erlaubt, neue Datentypen und Funktionen zu erzeugen, die auf die speziellen Anforderungen ihrer Anwendungen hin zugeschnitten sind, und semantische Bedingungen und Trigger zu definieren, welche ihre Geschäftsregeln ausdrücken. Zusätzlich zu dieser Infrastruktur verfügt UDB über eine Reihe von *Extenders* zur Verwaltung multimedialer Datentypen, wie z.B. Bilder, Audio und Video.

Dieses Buch gibt einen guten Überblick über DB2 Universal Database unter besonderer Berücksichtigung der Eigenschaften, die es zu einem objektrelationalen System machen. Don Chamberlin, einer der ursprünglichen Entwickler von SQL und ein Mitglied des DB2-Entwicklungsteams, zeigt dem Leser, wie sich die verschiedenen Systemeigenschaften zu einem synergistischen Ganzen zusammenfügen. Dons Buch enthält viele Beispiele, welche die fortgeschrittenen Konzepte von UDB motivieren und zeigen, wie diese zur Lösung realer Probleme eingesetzt werden können. Nach dem Lesen dieses Buches werden Sie auf das Arbeiten mit UDB als Endbenutzer, als Anwendungsentwickler oder als Datenbankadministrator sehr gut vorbereitet sein. Gleichzeitig werden Sie am Beispiel UDB lernen, wie sich relationale Datenbanksysteme weiterentwickelt haben, um mit den Herausforderungen heutiger Datenbankanwendungen fertig zu werden.

Geleitwort von Jim Gray

Microsoft Research

Series Editor, Morgan Kaufmann Series in Data Management Systems

Vor 24 Jahren hat Don Chamberlin die Sprache SEQUEL entworfen und ihre erste Implementierung im Rahmen eines experimentellen Datenbanksystems namens *System R* geleitet. Dieses Projekt hat den relationalen Datenbankstandard SQL, IBMs Produktfamilie DB2 sowie viele erfolgreiche Software-Firmen hervorgebracht. Informatiker am IBM Almaden Research Center haben mit relationalen Datenbanksystemen seit der Vorstellung des relationalen Modells experimentiert. Sie haben den Prototyp R* (»R-Stern«) eines verteilten relationalen Systems sowie das erweiterbare relationale System Starburst entwickelt. Sie haben wesentliche Beiträge zur Datenmodellierung, zur Transaktionsverwaltung und zu Workflows geleistet. Daneben haben sie eng mit IBM Product Divisions zusammengearbeitet, um an der Einführung der DB2-Produktfamilie mitzuwirken.

Heute, mehr als 20 Jahre später, sind viele dieser Ideen in einem neuen relationalen Produkt mit dem Namen DB2 Universal Database (UDB) zusammengeflossen, das in den IBM-Labors in Toronto (Kanada) und San Jose (Kalifornien) entwickelt wurde. UDB benutzt weiterhin den Namen DB2, basiert jedoch auf neuer Technologie aus der Starburst-Architektur, die im Almaden Research Center entwickelt wurde. UDB kann auf zahlreiche Hardware- und Software-Plattformen portiert werden, darunter Intel/Windows NT, Intel/OS/2, PowerPC/AIX, SPARC/Solaris und HPPA/HPUX.

UDB stellt einen deutlichen Fortschritt gegenüber traditionellen relationalen Systemen dar. Es kombiniert objektorientierte Ideen mit der Sprache SQL, mit dem Ergebnis eines objektrelationalen Datenbankmanagement-Systems. Es enthält viele Innovationen in den Bereichen Anfrageoptimierung, rekursive Anfragen, aktive Datenbanken und Stored Procedures. Es benutzt Technologie aus der DB2 Parallel Edition zur Unterstützung der Parallelverarbeitung, und zwar sowohl auf symmetrischen Multiprozessoren als auch auf massiv parallelen Shared-nothing-Plattformen. UDB hat ferner in der Benutzbarkeit entscheidende Fortschritte gemacht, denn es kennt graphische Benutzerschnittstellen und Hilfsmittel für administrative Aufgaben.

Kurz gesagt, UDB ist ein revolutionäres Produkt der IBM. Da es sich um ein SQL-System der dritten Generation handelt, kommt es mir vor wie Dons Enkelkind. Viele helle Köpfe haben zu den frühen relationalen Systemen Beiträge geleistet, allerdings stammt der grundlegende Entwurf von SQL von Don und seinem Kollegen Ray Boyce.

Don ist ein großer Visionär und Entwickler, jedoch liegen seine größten Talente im Erklären. Er schreibt und spricht druckreif. Er läßt komplizierte Ideen einfach, scheinbar trivial erscheinen. Unglücklicherweise sind allerdings die meisten Menschen dann, wenn man etwas einfach darstellt, wenig davon beeindruckt, wie komplex es hätte sein können.

Da Sie dieses lesen, interessieren Sie sich vermutlich für objektrelationale Systeme oder für DB2 Universal Database. Sie wünschen sich wahrscheinlich eine Art »Guru«, der Sie durch die Höhen und Tiefen und Geheimnisse geleitet. Hier sollten Sie anfangen. Ich habe dieses Buch inzwischen dreimal gelesen, und es ist hervorragend!

Kein anderes Buch erklärt die Konzepte so klar. Kein anderes Buch schafft den Übergang von einem Konzept zu lauffähigem Code in so wenigen Worten. Kein anderes Buch übergeht die irrelevanten Details. Don ist ein Wissenschaftler, Lehrer und Programmierer. Dieses Buch kombiniert diese drei Richtungen in einer einheitlichen und sehr gut lesbaren Darstellung. Es lehrt sowohl die grundlegenden Ideen sowie die praktischen Techniken, die man zum Bau objektrelationaler Datenbankapplikationen benötigt.

Wenn Sie UDB benutzen wollen, so ist dieses Buch gut geeignet, Ihnen die Grundlagen beizubringen. Es behandelt auch fortgeschrittene Themen und liefert Beispiele guten Programmierstils. Wer etwas über objektrelationale Datenbanksysteme lernen will, erhält hier eine detaillierte Einführung in ein reales System. In jedem Fall ist es die Zeit wert, die Sie darin investieren.

1 Einführung

Universal Database ist ein ambitionierter Name. Er deutet auf ein Produkt hin, das auf eine Verwendung zu einer Vielzahl von Zwecken und in einer Vielfalt von Umgebungen hin entworfen wurde. Genau dies ist eine gute Beschreibung von DB2 Universal Database, für das ich in diesem Buch die Abkürzung UDB verwenden werde. Ein paar Gründe, warum UDB seinen Namen verdient, sind:

▷ UDB ist über die gesamte Bandbreite von der Einbenutzer-Datenbank auf einem Personal Computer bis hin zu Terabyte-Datenbanken auf großen Mehrbenutzer-Plattformen skalierbar. Um diese Spannweite abzudecken, unterstützt UDB zwei unabhängige Formen von Parallelität. Es kann die Leistungsfähigkeit eines symmetrischen Multiprozessors (SMP) ausnutzen, bei welchem mehrere Verarbeitungseinheiten auf einen gemeinsamen Hauptspeicher und auf gemeinsame Platten zugreifen. Es kann ebenso eine massiv parallele »Shared-nothing«-Konfiguration unterstützen, bei welcher eine Datenbank über viele unabhängige Maschinen, die durch ein Netzwerk oder einen schnellen Schalter verbunden sind, partitioniert ist, und dadurch hohe Kapazität, hohe Leistung und modulares Wachstum bieten. Für Höchstleistungsanwendungen können die einzelnen Maschinen in einer Shared-Nothing-Konfiguration wieder symmetrische Multiprozessoren sein. Die Skalierbarkeit von UDB ermöglicht es, die Leistungsanforderungen unterschiedlichster Anwendungen zu erreichen und sich leicht an veränderte Anforderungen anzupassen.

▷ Es unterstützt eine große Zahl von Hardware- und Software-Umgebungen. UDB-Server laufen auf Windows NT, auf OS/2 und auf vielen UNIX-basierten Systemen einschließlich AIX, Solaris und HP-UX. Zusätzlich zu den Server-Plattformen laufen UDB-Clients unter Windows 95, Windows 3.1 und Macintosh-Systemen.

▷ Es unterstützt eine reichhaltige Auswahl von Schnittstellen für unterschiedliche Arten von Benutzern und Applikationen. Es stellt einfach zu benutzende graphische Schnittstellen für interaktive Benutzer und für Datenbankadministratoren bereit. Es unterstützt die Datenbanksprache SQL, eingebettet in die Anwendungsprogrammiersprachen C, C++, Java, FORTRAN, COBOL und REXX. Es unterstützt statische Schnittstellen, in denen SQL-Kommandos für hohe Leistung voroptimiert sind, und dynamische Schnittstellen, in denen SQL-Anweisungen von laufenden Anwendungen generiert werden. Es unterstützt wichtige Industriestandards, wie Open Database Connectivity (ODBC) und ISO Database Language SQL (SQL92).

▷ Es unterstützt viele Arten nicht-traditioneller Daten. In genau diesem Sinne wird die Bezeichnung *Universal* häufig in der Datenbankindustrie benutzt. UDB verfügt über eine Reihe sogenannter *Extender*, welche die Entwicklung von Anwendungen mit intensivem Gebrauch von Text-, Bild-, Audio- und Videodaten erleichtern. UDB erlaubt es dem Benutzer ferner, eigene Datentypen und Funktionen zu definieren, etwa zum Speichern und Verarbeiten benutzerdefinierter Objekte mit komplexem Zustand und Verhalten. Mit Hilfe sogenannter *Tabellenfunktionen* (*Table Functions*) können Daten aus nahezu jeder Quelle für UDB-Applikationen verfügbar gemacht und dann mit der Sprache SQL manipuliert werden. Durch Kombination der Anfrage-Ausdruckskraft und Datenunabhängigkeit eines relationalen Systems mit den flexiblen Datentypen und der benutzerdefinierten Semantik eines objektorientierten Systems verdient UDB seinen Platz in der neuen Generation *objektrelationaler* Datenbanksysteme.

1.1 Über dieses Buch

Der Zweck dieses Buchs ist die Bereitstellung einer umfassenden und leicht zu lesenden Anleitung zu UDB, geschrieben für Endbenutzer, Anwendungsentwickler und Datenbankadministratoren. Das Buch enthält viele Beispiele, die Eigenschaften von UDB erklären und motivieren sollen und die als Vorlagen für die Entwicklung realer Anwendungen dienen können. Es enthält außerdem gelegentliche Referenzen auf IBM-Handbücher, in denen man zu speziellen Themen weitere Details findet. Das Buch ist wie folgt gegliedert:

Kapitel 1 gibt einen allgemeinen Überblick über UDB sowie eine Zusammenfassung der unterschiedlichen Arten, in denen dieses Produkt benutzt werden kann. Das Kapitel enthält ferner eine kurze historische Darstellung der Sprache SQL und eine Diskussion, wie anfängliche Entscheidungen in ihrer Entwicklung UDB und andere relationale Systeme beeinflußt haben.

Kapitel 2 beschreibt die Grundlagen von SQL als Anfragesprache und als Sprache zur Datendefinition und -manipulation. Es enthält Ausführungen zu Normalisierung, Transaktionen und Autorisierungen. Für erfahrene Benutzer relationaler Datenbanksysteme dient vieles von diesem Material der Wiederholung.

Kapitel 3 diskutiert die Möglichkeiten des Systems für interaktive Benutzer. Ein Schwerpunkt des Kapitels liegt dabei auf den neuen graphischen Werkzeugen von UDB. Neben interaktiven Anfragen und Updates erlauben es diese Werkzeuge dem Benutzer, Datenbankprozeduren zu erzeugen und deren Ausführungsreihenfolge festzulegen, eine Online-Historie von Sicherungen und anderen signifikanten Ereignissen zu unterhalten und in der Online-Hilfe und anderer Dokumentation zu blättern.

Kapitel 4 diskutiert, wie man Datenbankanwendungen mit Hilfe von in C- oder C++-Programme eingebettetem SQL erzeugt. Die ferner in diesem Kapitel beschriebenen Techniken, SQL-Statements vor ihrer Benutzung zu optimieren, liefern höchstperformanten, von UDB unterstützten Datenbankzugriff.

Kapitel 5 konzentriert sich auf einige der Features, die SQL zu einer mächtigen Sprache machen. Das Kapitel zeigt, wie man rekursive Anfragen schreibt oder wie man eine Unteranfrage (Subquery) überall dort verwenden kann, wo ein skalarer Wert oder eine Tabelle erwartet wird. Das Kapitel stellt ferner verschiedene fortgeschrittene Anfragemöglichkeiten vor, die in UDB neu sind, darunter den äußeren Verbund (Outer Join), Tabellenfunktionen (Table Functions) und spezielle Gruppierungsoperatoren für Anwendungen im Bereich des Online Analytical Processing (OLAP).

Kapitel 6 stellt die objektorientierten Eigenschaften von UDB vor; dazu gehören die Unterstützung großer Objekte (Large Objects), benutzerdefinierte Datentypen und benutzerdefinierte Funktionen. Das Kapitel zeigt an einem Beispiel, wie man diese Funktionalität zur Definition eigener Klassen von Objekten mit komplexem Zustand und Verhalten verwenden, diese Objekte in einer Datenbank speichern und ihr Verhalten in SQL-Anfragen benutzen kann.

Kapitel 7 beschreibt die sprachlichen Möglichkeiten, UDB-Daten mit einer aktiven Semantik auszustatten. Diese umfassen Constraints (Bedingungen) und Trigger (Auslöser) und können sowohl zur Integritätssicherung wie zur Einhaltung von Geschäftsregeln verwendet werden. Das Kapitel gibt ein umfassendes Beispiel, das den Gebrauch von Constraints und Triggern sowie von benutzerdefinierten Datentypen und Funktionen illustriert.

Kapitel 8 beschreibt die UDB-Schnittstellen, die dynamische Applikationen unterstützen. Dynamische Applikationen sind Applikationen, die SQL-Statements ausführen müssen, welche »on the fly« erzeugt wurden, also Anweisungen, die zum Zeitpunkt der Übersetzung der Applikation noch nicht bekannt sind. Ein Beispiel einer dynamischen Applikation ist eine interaktive Anfrageschnittstelle, die benutzergenerierte SQL-Kommandos ausführen und deren Ergebnisse anzeigen können muß. UDB unterstützt drei Schnittstellen für dynamische Applikationen: *Call Level Interface* (CLI), *Java Database Connectivity* (JDBC) und *Embedded Dynamic SQL*.

Kapitel 9 stellt dar, wie man gesicherte Prozeduren (Stored Procedures) schreibt. Bei einer solchen Prozedur handelt es sich um ein Programm, das auf einer Server-Maschine installiert und ausgeführt wird, die jedoch von einer Client-Maschine aus aufgerufen werden kann. Unter Verwendung von Stored Procedures, die SQL-Anweisungen enthalten, läßt sich ein Großteil der Anwendungslogik auf dem Datenbankserver lokalisieren und so der Netzverkehr zwischen Client und Server minimieren.

Kapitel 10 gibt einen Überblick über Datenbankadministration sowie über die Werkzeuge, die einem UDB-Administrator zur Verfügung stehen. Die in diesem Kapitel behandelten Aufgaben umfassen das Erzeugen und Konfigurieren von Datenbanken, das Verwalten des physischen Speichers, Datenbank-Backup (Sicherung) und -Recovery (Wiederanlauf), das Massenladen von Daten, Leistungsüberwachung und Datenbank-Tuning sowie die Inspektion der Zugriffspläne einzelner SQL-Statements. Kapitel 10 behandelt daneben die von UDB unterstützten Arten von Parallelität und den Punkt, wie ein paralleles Datenbanksystem zur Anpassung an veränderte Anforderungen rekonfiguriert werden kann.

Das Buch endet mit sechs Anhängen:

▶ Anhang A listet die speziellen Register wie z.B. CURRENT TIME oder CURRENT DATE auf, die man in SQL-Anweisungen verwenden kann.

▶ Anhang B listet sämtliche von UDB unterstützten (vordefinierten) Built-in-Funktionen auf.

▶ Anhang C listet die Typcodes auf, die beim Austausch von Werten zwischen der Datenbank und einem Anwendungsprogamm verwendet werden.

▶ Anhang D beschreibt die Tabellen des Systemkatalogs, in dem UDB eine Beschreibung des Inhalts einer Datenbank vorhält.

▶ Anhang E beschreibt die Syntax zur Deklaration von Variablen, über die Werte zwischen einer Datenbank und einem C- oder C++-Programm ausgetauscht werden.

▶ Anhang F listet die auf UDB bezogenen IBM-Publikationen auf. Diese Bücher werden als HTML-Dateien mit dem Produkt ausgeliefert; daneben kann man die Handbücher in gedruckter Version unter den in Anhang F angegebenen Publikationsnummern bestellen.

1.1.1 Notationskonventionen

Die Sprache SQL ist nicht sensitiv gegenüber Groß- und Kleinschreibung in Schlüsselwörtern oder in den Namen von Tabellen oder Spalten. Die folgenden SQL-Anfragen sind damit äquivalent:

```
SELECT AVG(GEHALT) FROM ANGESTELLTE;

select avg(gehalt) from angestellte;

Select Avg(Gehalt) From Angestellte;
```

Die einzige Stelle in SQL, an der Groß- bzw. Kleinschreibung signifikant ist, ist innerhalb einer in Hochkommata stehenden Zeichenreihe. Allerdings gibt es zwei Arten derartiger Zeichenreihen: Solche in einfachen Hochkommata bezeichnen Datenwerte; solche in doppelten Hochkommata bezeichnen Identifikatoren (Namen). Das folgende Beispiel illustriert beide Arten:

```
SELECT avg(gehalt) FROM "Angestellte"
WHERE job = 'Typist';
```

In diesem Beispiel wird nach Daten in einer Tabelle mit dem Namen »Angestellte« (und nicht etwa »ANGESTELLTE« oder »angestellte«) gesucht, und zwar nach dem Datenwert »Typist« (und nicht »TYPIST« oder »typist«).

Da SQL außer bei Strings in Hochkommata gegen Groß- und Kleinschreibung unempfindlich ist, folgen die Beispiele in diesem Buch einer Konvention, die sie konsistent und leicht zu lesen machen soll; diese lautet wie folgt:

1. SQL-Schlüsselwörter werden in Großbuchstaben geschrieben, wie z.B.

   `SELECT; FROM; WHERE.`

2. Tabellen- und Spaltenbezeichner werden klein geschrieben, wenn sie in Anfragen vorkommen, wie z.B. `angestellte`, `gehalt`, `job`. Werden sie dagegen im laufenden Text außerhalb von SQL-Anfragen verwendet, so werden Tabellen- sowie Attributnamen groß geschrieben.

3. Die Namen von Funktionen werden klein geschrieben. Dies gilt sowohl für integrierte Built-in-Funktionen als auch für neue, benutzerdefinierte Funktionen, wie z.B. `avg`, `sum`, `length`, `substr`.

4. Die Namen von Datentypen werden klein geschrieben mit großem Anfangsbuchstaben; dies gilt sowohl für vordefinierte wie für benutzerdefinierte Datentypen, wie z.B. `Integer`, `Varchar`, `Blob`, `Complex`.

Das folgende Beispiel illustriert diese Konventionen anhand einfacher SQL-Statements:

```
SELECT name, gehalt, bonus
FROM angestellte
WHERE bonus > gehalt AND ort = 'Armonk';

CREATE TABLE spiele
  (heimteam        Varchar(20),
   besucher        Varchar(20),
   spieldatum      Date,
   heimergebnis    Integer,
   besucherergebnis Integer);
```

1.1.2 Syntaxdiagramme

Dieses Buch macht extensiven Gebrauch von Syntaxdiagrammen zur Beschreibung von SQL-Anweisungen und -Klauseln. Ein Syntaxdiagramm beschreibt sämtliche Möglichkeiten zur Konstruktion eines gültigen Statements oder einer gültigen Klausel als eine Menge von Pfaden durch das Diagramm, und zwar vom Startsymbol ├─ bis zum Endsymbol ─►│. Das Symbol ─► bedeutet »auf der nächsten Zeile fortgesetzt«. Entlang eines Pfades durch ein Diagramm repräsentieren groß geschriebene Wörter (wie z.B. `ORDER BY`) Teile der Syntax, die in dem betreffenden Statement oder der Klausel vorkommen müssen; Wörter, die klein geschrieben sind (wie z.B. `spaltenname` und `ganze-zahl`), können durch vom Benutzer zu wählende Symbole (z.B. spezifische Spaltennamen oder Integer-Zahlen) ersetzt werden. »Schleifen« innerhalb eines Syntaxdiagramms stellen Teile eines Pfades dar, die mehrfach benutzt werden können. Der Name des syntaktischen Elements (Anweisung oder Klausel), das durch ein gegebenes Diagramm definiert wird, wird jeweils in der das Diagramm begrenzenden Randlinie angegeben. Als Beispiel definiert das folgende Syntaxdiagramm ein Element namens »Order-by-Klausel«. Sie besteht aus den Wörtern ORDER BY, gefolgt von einer Liste von Spaltennamen oder ganzen Zahlen, deren Elemente durch Kommata getrennt werden, mit einem optionalen Wort ASC oder DESC hinter jedem Spaltennamen oder jeder Zahl.

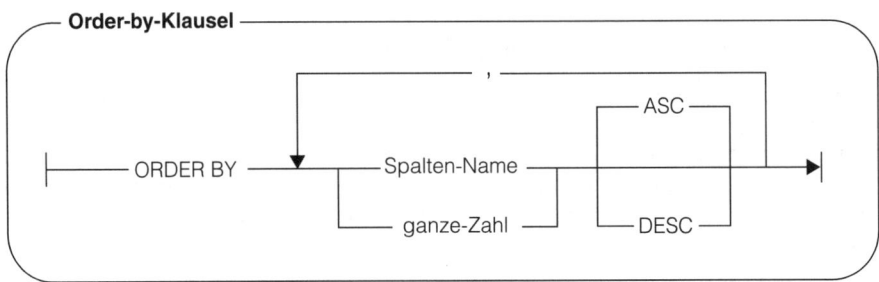

Falls ein Pfadfragment oberhalb eines leeren Fragments gedruckt ist, wie z.B. ASC im obigen Beispiel, so stellt dieses Fragment eine Voreinstellung (Default-Option) dar, die gewählt wird, falls keine andere Option spezifiziert ist. Im obigen Beispiel gilt also die Option ASC, sofern die Option DESC nicht spezifiziert ist.

Gelegentlich kann ein SQL-Statement eine Folge von Optionen enthalten, die in beliebiger Reihenfolge angegeben werden können. Im entsprechenden Syntaxdiagramm wird dies durch eine Folge von Bullets kenntlich gemacht. Die Teile zwischen den Bullets können in beliebiger Reihenfolge geschrieben werden. Als Beispiel zeigt das folgende Diagramm eine Syntax zur Spezifikation einer Größen-, einer Farb- und einer Geschwindigkeitsoption in beliebiger Reihenfolge:

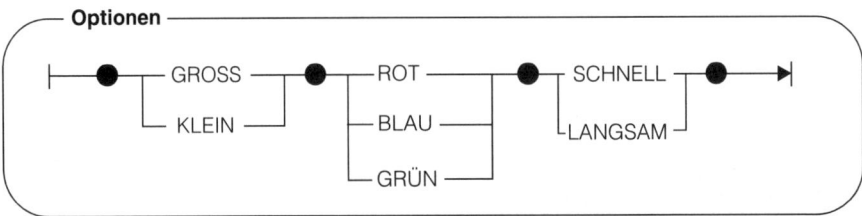

In manchen Fällen enthält ein Syntaxdiagramm Elemente, die durch nachgeordnete Syntaxdiagramme weiter spezifiziert werden. Als Beispiel zeigt das folgende Diagramm, wie eine *Suchbedingung (Search Condition)* aus einer Kombination von Prädikaten und anderen Suchbedingungen, die durch AND, OR oder NOT verbunden werden können, aufgebaut werden kann. Die Elemente Prädikat und Suchbedingung sind dabei in kleine Ovale eingeschlossen, um anzuzeigen, daß diese durch eigene Syntaxdiagramme definiert werden. Dieses Syntaxdiagramm ist rekursiv, da das Element Suchbedingung innerhalb seiner eigenen Definition verwendet wird. (Jedes Syntaxdiagramm in diesem Buch kann durch Nachschlagen seines Elementnamens im Index leicht aufgefunden werden.)

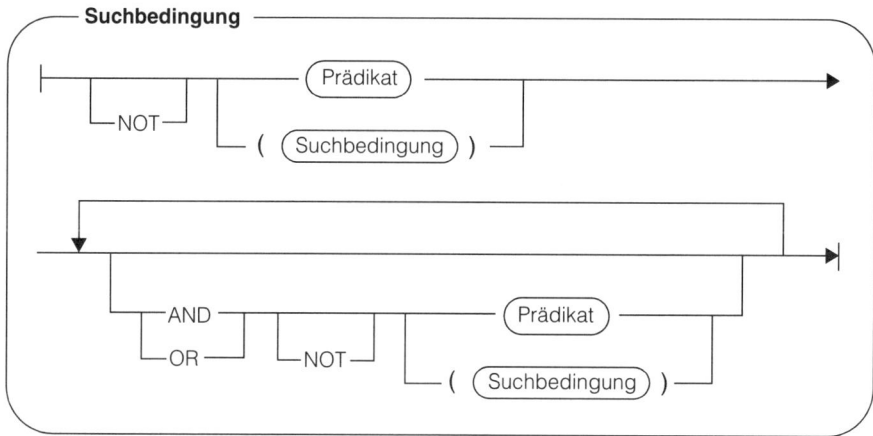

1.1.3 Beispiele

Dieses Buch enthält zahlreiche Beispiele, von denen etliche in purem SQL und andere unter Verwendung von SQL, das in eine Host- bzw. Wirtsprogrammiersprache eingebettet ist, geschrieben wurden. Der Quellcode, Beispieldaten und erwartete Ergebnisse für alle Beispiele[1] können von der Morgan-Kaufmann-Webseite unter http://www.mkp.com heruntergeladen werden (verwenden Sie dort den Online-Katalog, um das vorliegende Buch zu finden).

Obwohl UDB verschiedene Wirtssprachen unterstützt, basieren die in diesem Buch verwendeten Beispiele für eingebettetes SQL auf den Sprachen C, C++ und Java. Diese Sprachen wurden aufgrund ihrer hohen Verbreitung auf den Plattformen, auf denen auch UDB läuft, gewählt. Details einer Einbettung von SQL in andere Wirtssprachen wie z.B. FORTRAN, COBOL und REXX entnehmen Sie dem *Embedded SQL Programming Guide*.

Da UDB verschiedene Betriebssystemplattformen unterstützt, wurden die im Buch verwendeten Beispiele plattformunabhängig entworfen, falls nichts anderes vermerkt ist. Eine generelle Ausnahme hiervon betrifft Dateinamen: OS/2- und Windows-Plattformen benutzen grundsätzlich das Zeichen »\« zur Begrenzung von File-Namen, während UNIX-basierte Plattformen wie AIX zu diesem Zweck das Zeichen »/« benutzen. In diesem Buch verwendete Dateinamen können von der einen in die andere Konvention durch Ersetzen von »\« durch »/« oder umgekehrt transformiert werden. So ist z.B. der UNIX-Dateiname

/u/images/boat.gif äquivalent zum OS/2-Dateinamen \u\images\boat.gif.

---

1. Anmerkung des Übersetzers: Wie bereits im Vorwort erwähnt, liegen die Beispiele auf der Webseite nur in englischer Version vor.

1.1.4 Tips

Während ich die Beispiele zu diesem Buch erzeugt und getestet habe, fielen mir des öfteren kleine Zusatzinformationen auf, von denen ich glaube, daß sie dem Leser bei der Entwicklung eigener Anwendungen helfen können. Viele dieser Informationen wurden auf mühsame Weise gesammelt: durch Fehler und Nachforschen, warum etwas nicht wie erwartet funktionierte. Immer dann, wenn ich das Gefühl hatte, daß Benutzer von solchen Informationen oder Ratschlägen profitieren könnten, habe ich sie in Form eines »Tips« vermerkt. Um diese Tips einfach identifizieren und schnell finden zu können, werden sie in einem speziellen Format – wie unten gezeigt – kenntlich gemacht. Ich habe versucht, in diesen Tips die Information zu sammeln, die einen Veteran unter den Benutzern von einem Anfänger unterscheidet und die im allgemeinen nur durch schmerzvolle Erfahrung zusammengetragen wird. Ich hoffe, daß das Lesen dieser Tips Ihnen viele Stunden erspart, die man sonst vielleicht brauchen würde, das Entsprechende selbst herauszufinden.

 **TIP:** Wenn man sowohl Socken als auch Schuhe anziehen will, sollte man die Socken zuerst anziehen.

1.2 Produktübersicht

UDB ist eine vielseitige Familie von Produkten, die viele verschiedene Konfigurationen und Benutzungsarten unterstützt. In diesem Abschnitt beschreiben wir die verschiedenen verfügbaren Versionen von UDB sowie diverse Möglichkeiten ihrer Installation und Benutzung. Wir diskutieren auch kurz einige andere Produkte, die mit UDB eng verwandt sind.

1.2.1 UDB-Clients und -Server

Eine Client/Server-Rechnerumgebung besteht aus einer Reihe von Computern, die durch ein Netzwerk, häufig ein lokales Netz (*Local Area Network*, LAN), miteinander verbunden sind. Eine Maschine im Netz kann als ein *Server*, der Dienste für andere Maschinen bereitstellt, oder als ein *Client*, der Dienste von anderen Maschinen anfordert, oder sogar sowohl als Client wie als Server fungieren. In einer Client/Server-Datenbankumgebung verwalten die Server im allgemeinen Datenbanken, während die Clients Anwendungsprogramme ausführen und mit den Endbenutzern interagieren. Wenn eine Applikation auf oder ein Benutzer an einer Client-Maschine auf Daten in einer Datenbank zugreifen muß, so sendet die Client-Software eine entsprechende Anforderung (Request) an den Server, der die Daten verwaltet. Zur Kommunikation zwischen Client und Server werden dabei unterschiedliche Protokolle verwendet. Grundsätzlich sind diese Protokolle für Datenbankapplikationen sowie Benutzer transparent; Applikationen und Benutzer brauchen im allgemeinen gar nicht zu wissen, auf welchem Server die Daten de facto liegen oder wie auf sie zugegriffen wird. UDB stellt sowohl Client- als auch Server-Software für unterschiedliche Plattformen bereit.

UDB-Clients und -Server können in einem lokalen Netz über Protokolle wie APPC, TCP/IP, NetBios und IPX/SPX (die im Buch *Quick Beginnings* für die verschiedenen Plattformen beschrieben sind) miteinander kommunizieren. Darüber hinaus können UDB-Systeme in heterogenen Netzwerken, die über die ganze Welt verteilt sind, eingesetzt werden, und zwar unter Verwendung des *Distributed Relational Database Architecture* (DRDA) genannten Protokolls. DRDA besteht aus zwei Teilen: einem *Application Requester-* (AR-)Protokoll und einem *Application Server-* (AS-)Protokoll. Jeder Client, der das AR-Protokoll einsetzt, kann mit jedem Server Verbindung aufnehmen, der das AS-Protokoll implementiert. Alle DB2-Produkte sowie viele andere Systeme unterstützen das DRDA-Protokoll. Dadurch kann z.B. ein Benutzer in San Francisco, der UDB unter Windows NT betreibt, auf eine Datenbank in London zugreifen, die von DB2 unter OS/390 verwaltet wird.

Die UDB-Produktfamilie umfaßt vier verschiedene »Editionen«, die Datenbank- und Benutzerumgebungen zunehmender Komplexität unterstützen, sowie zwei »Entwicklereditionen«, die Werkzeuge für die Entwicklung von Anwendungsprogrammen bereitstellen. Sämtliche UDB-Editionen enthalten dieselbe Datenbankmanagement-Engine, unterstützen den vollen SQL-Sprachumfang und stellen graphische Schnittstellen für interaktives Anfragen und interaktive Datenbankadministration bereit.

Mit Ausnahme der *Personal Edition* und der *Personal Developer's Edition* sind alle UDB-Versionen Mehrbenutzersysteme, die entfernte Clients unterstützen und Client-Software (die sogenannten *Client Application Enablers*, kurz CAEs) für sämtliche unterstützten Plattformen enthalten. Die Lizenzierungsbedingungen für die Mehrbenutzerversionen von UDB hängen von der Anzahl der Benutzer sowie von der Anzahl der Prozessoren in der jeweiligen Hardware-Konfiguration ab.

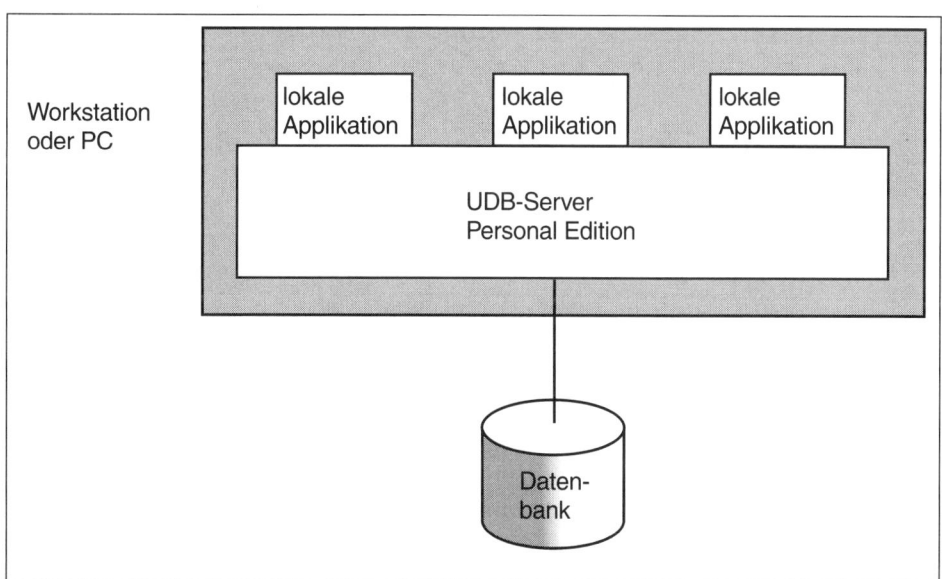

Abbildung 1.1:
Beispielkonfiguration der UDB Personal Edition

Personal Edition

Die *UDB Personal Edition* stellt die einfachste UDB-Installation dar. Diese UDB-Version kann Datenbanken erzeugen und administrieren, und sie kann einem lokalen Benutzer für eine oder mehrere laufende Applikationen Zugriff auf die Datenbank gewähren; dies ist in Abbildung 1.1 illustriert. UDB Personal Edition ist für Windows NT, Windows 95/98 sowie für OS/2-Plattformen verfügbar. Falls ein Datenbankzugriff auf Host-Systemen erforderlich ist, kann UDB Personal Edition in Verbindung mit DB2 Connect Personal Edition verwendet werden.

Workgroup Edition

Die *UDB Workgroup Edition* ist ein Server, die lokale sowie entfernte Benutzer und Applikationen unterstützt. Entfernte Clients können mit einem Workgroup-Edition-Server Verbindung aufnehmen, jedoch erlaubt die Workgroup-Edition es ihren Benutzern nicht, eine Verbindung zu Datenbanken auf Host-Systemen herzustellen. Die Workgroup-Edition kann auf einer symmetrischen Multiprozessorplattform mit bis zu vier Prozessoren installiert werden. Abbildung 1.2 zeigt eine mögliche Konfiguration der Workgroup Edition.

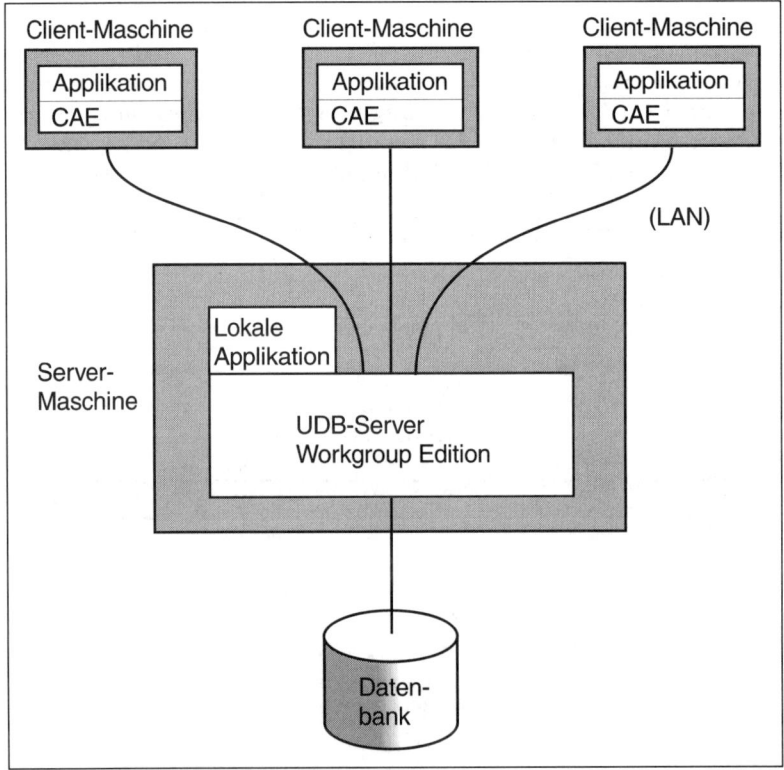

Abbildung 1.2:
Beispielkonfiguration der UDB Workgroup Edition

Enterprise Edition

Die *UDB Enterprise Edition* ermöglicht lokalen und entfernten Benutzern Zugriff auf lokale sowie entfernte Datenbanken. Diese Edition unterstützt mehr Benutzer als die Workgroup Edition, und sie kann auf symmetrischen Multiprozessorplattformen mit mehr als vier Prozessoren installiert werden. Sie implementiert sowohl das AR- als auch das AS-Protokoll und kann an allgemeinen DRDA-Netzwerken teilnehmen; dies ist in Abbildung 1.3 illustriert.

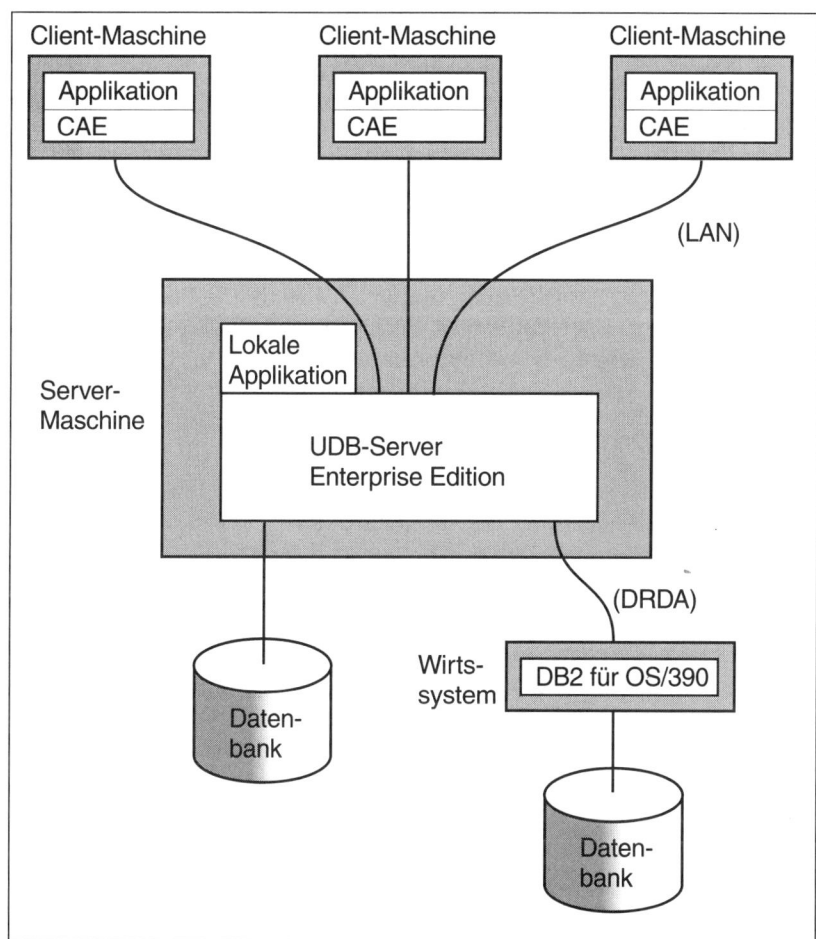

Abbildung 1.3:
Beispielkonfiguration der UDB Enterprise Edition

Enterprise-Extended Edition

Wie bereits erwähnt, können die UDB-Editionen Parallelverarbeitung ausnutzen, sofern sie auf einer symmetrischen Multiprozessorplattform installiert sind. Die *UDB Enterprise-Extended Edition* führt eine neue Dimension des Parallelismus ein, die bis zu sehr hoher Kapazität und Leistung hin skaliert werden kann. Eine Enterprise-Extended

Edition- (EEE-)Datenbank kann über verschiedene Maschinen, die durch ein Netzwerk oder einen schnellen Schalter (Switch) miteinander verbunden sind, partitioniert werden. Wenn die Anforderungen wachsen, kann ein EEE-System mit weiteren Maschinen ausgestattet werden. Die einzelnen, an einer EEE-Installation teilnehmenden Maschinen können entweder Uniprozessoren oder symmetrische Multiprozessoren sein. Partitionierte Datenbanken und die Enterprise-Extended Edition werden in Abschnitt 10.2 ausführlicher behandelt.

Personal Developer's Edition

Die *UDB Personal Developer's Edition* enthält sämtliche Werkzeuge, die man zur Entwicklung von Anwendungsprogrammen für die UDB Personal Edition benötigt, einschließlich Wirtssprachen-Precompiler, Header-Dateien und exemplarischen Anwendungscodes. Sie ist lediglich für Windows NT, Windows 95/98 und die OS/2-Plattformen verfügbar.

Universal Developer's Edition

Die *UDB Universal Developer's Edition* enthält sämtliche Tools für die Entwicklung von Anwendungsprogrammen für alle UDB-Server, einschließlich Software-Entwicklungskits für Windows NT, OS/2 sowie UNIX-Plattformen.

1.2.2 Verwandte Produkte

Dieser Abschnitt gibt einen kurzen Überblick über einige andere IBM-Softwareprodukte, welche UDB ergänzen oder dazu eng verwandt sind.

Die Familie der DB2 Database Manager

Wie bereits erwähnt, handelt es sich bei UDB um die für PCs und Workstations entwickelte Version von DB2. Neben UDB umfaßt die DB2-Familie von Datenbanksystemen die Produkte DB2 für OS/390, DB2 für OS/400 und DB2 für VSE und VM. Alle diese Produkte sind miteinander kompatibel und als Industriestandards anerkannt (allerdings befinden sie sich in unterschiedlichen Release-Stadien und verfügen daher nicht unbedingt über die gleichen Eigenschaften und Fähigkeiten).

DB2 Connect

DB2 Connect (vormals DDCS) ist ein Kommunikationsprodukt, das es seinen Benutzern ermöglicht, mit irgendeinem Datenbank-Server, der das DRDA-Protokoll (Distributed Relational Database Architecture) versteht, Verbindung aufzunehmen, einschließlich sämtlicher Server aus der DB2-Produktfamilie. Die gesamte Funktionalität von DB2 Connect ist in der UDB Enterprise Edition enthalten. Darüber hinaus ist DB2 Connect in zwei weiteren Versionen verfügbar:

Die *DB2 Connect Personal Edition* ermöglicht den Zugriff auf entfernte Datenbanken für eine einzelne Workstation.

Die *DB2 Connect Enterprise Edition* kann eine Gruppe (ein »Cluster«) von Client-Maschinen innerhalb eines lokalen Netzes unterstützen, deren Anforderung und Aufträge sammeln und an einen entfernten DRDA-Server zur Bearbeitung weiterleiten.

Net.Data

Net.Data ist ein Werkzeugkasten zur Entwicklung von Anwendungen, auf die man vom World Wide Web aus zugreifen kann. Derartige Anwendungen haben die Form sogenannter »Web-Makros«, die Daten zwecks Darstellung auf einer Web-Seite dynamisch erzeugen. Net.Data wird in Verbindung mit einem Web-Server benutzt, der die Anfragen von Web-Browsern nach Anzeige von Web-Seiten bearbeitet. Enthält eine angeforderte Seite ein Web-Makro, so ruft der Web-Server Net.Data zum Expandieren des Macros in einen dynamischen Inhalt für die betreffende Seite auf. Die Definition des Macros kann dabei SQL-Anweisungen enthalten, die an einen UDB-Server zur Ausführung übergeben werden. So kann eine Web-Seite z.B. ein Formular enthalten, über welches Benutzer Informationen aus einer Datenbank anfordern können. Die angeforderte Information wird dann von Net.Data geholt und in HTML (Hypertext Markup Language) zum Zwecke des Anzeigens durch einen Web-Server konvertiert. Net.Data selbst ist ein CGI-Programm (Common Gateway Interface), welches im Verzeichnis `cgi-bin` des betreffenden Web-Serves installiert werden kann. Net.Data ist in allen UDB-Versionen mit Ausnahme der Personal Edition enthalten.

Lotus Approach

Lotus Approach stellt eine einfach zu benutzende Schnittstelle zur Interaktion mit UDB und anderen relationalen Datenbanken dar. Unter Verwendung von Lotus Approach kann man Daten-*Sichten* in vielen verschiedenen Formaten entwerfen, darunter als Formulare, Reports, Worksheets und Diagramme (Charts). Bei der Definition einer Sicht kann man angeben, wie die Daten in der Sicht mit den zugrundeliegenden Daten in einer UDB-Datenbank (»Basisdaten«) korrespondieren. Durch Interaktion mit der Sicht lassen sich die Basisdaten anfragen und manipulieren. Approach erlaubt Benutzern die Ausführung von Suchen, Joins, Gruppierungsoperationen und Datenbank-Updates ohne Kenntnis von SQL. Approach kann Daten ferner attraktiv formatieren, etwa zum Drucken oder zur Darstellung einer Web-Seite. Approach läuft in der Windows-Umgebung und ist in allen Versionen von UDB enthalten.

DB2 Extenders

UDB erlaubt seinen Benutzern die Definition eigener Datentypen und Funktionen zum Zwecke des Speicherns und Bearbeitens spezieller Arten von Objekten. Darüber hinaus stellt es verschiedene, *Extenders* genannte Baukästen zur Verfügung, die vordefinierte Datentypen und Funktionen enthalten. Jeder solche Extender hilft bei der Verwaltung eines speziellen Typs von Daten, wie z.B. Text, Bilder (Images), Audio oder Video. So kann z.B. der Text-Extender einen *linguistischen Index* konstruieren, der eine schnelle inhaltsbasierte Suche in großen Textdokumenten unterstützt. Der Text-Extender hat linguistisches Wissen über 17 Sprachen, was ihn in die Lage versetzt, nach Synonymen oder alternativen Wortformen zu suchen und gegen Einzelheiten, wie z.B. Trennung, nicht sensitiv zu sein.

Der Text-, der Image-, der Audio- sowie der Video-Extender sind in den Developer-Editionen von UDB enthalten. Weitere Extender sind in der Entwicklung, sowohl bei IBM wie bei anderen Firmen.

DB2 DataJoiner

DB2 DataJoiner ist eine verbesserte Version von DB2 Version 2 für Common Server, die Benutzern eine Interaktion mit Daten aus multiplen heterogenen Quellen ermöglicht, all dies unter dem Eindruck einer einzigen relationalen Datenbank. Neben der Verwaltung seiner eigenen Daten ermöglicht DB2 DataJoiner es Benutzern, Verbindungen zu Datenbanken aufzubauen, die von anderen DB2-Systemen, Systemen wie Oracle, Sybase, Microsoft SQL Server oder Informix sowie nicht-relationalen Systemen wie IMS oder VSAM verwaltet werden. DataJoiner maskiert die Unterschiede zwischen diesen Datenquellen und präsentiert dem Client die Funktionalität von DB2 Version 2 für Common Server. Sämtliche Daten in dem heterogenen Netzwerk erscheinen dem Client in Form von Tabellen einer einzigen relationalen Datenbank. DB2 DataJoiner enthält einen Optimierer für plattformübergreifende Anfragen, der es z.b. ermöglicht, in einer SQL-Anfrage eine Tabelle, die in einer DB2-Datenbank in San Francisco gespeichert ist, mit einer Tabelle, die in einer Oracle-Datenbank in Chicago gespeichert ist, zu verbinden. Datenmanipulationskommandos (SELECT, INSERT, DELETE und UPDATE) sind somit unabhängig vom Ort der gespeicherten Daten; Datendefinitionskommandos (wie z.B. CREATE TABLE) sind demgegenüber weniger einheitlich standardisiert und müssen daher in der jeweiligen Sprache des Systems, auf dem die Daten gespeichert sind, geschrieben werden.

Data Propagator

Produkte zum Propagieren von Daten können dazu verwendet werden, Datenbanken durch Weiterreichen von Änderungen von einer Datenbank zur nächsten konsistent zu halten. Das Propagieren von Daten wird durch eine *Capture* genannte Komponente bewerkstelligt, die Änderungen an Quelldatenbanken erfaßt, sowie durch eine *Apply* genannte Komponente, die äquivalente Änderungen an den Zieldatenbanken vornimmt. In UDB enthalten sind diejenigen Capture- und Apply-Komponenten, die zum Propagieren von Änderungen von einer UDB-Datenbank in eine andere oder von einer UDB-Datenbank in eine Datenbank unter DB2 für OS/390 benötigt werden. Ein separates Produkt namens *DataPropagator Relational* liefert Komponenten zum Propagieren von Änderungen zwischen anderen Mitgliedern der DB2-Familie. Ferner bietet IBM ein Produkt namens *DataPropagator Nonrelational* zur Synchronisation von DB2- und IMS-Datenbanken an.

ADSTAR Distributed Storage Manager

Der *ADSTAR Distributed Storage Manager* (ADSM) ist eine netzwerkbasierte Einrichtung zur Erzeugung und Verwaltung von Sicherungskopien gespeicherter Daten. UDB-Datenbanken können über Netzwerkverbindungen zu ADSM-Servern, die auf unterschiedlichen Plattformen laufen, gesichert werden. Diese Sicherungen können entweder explizit veranlaßt oder nach einem automatisierten Zeitplan durchgeführt werden. ADSM ermöglicht ferner die Automatisierung von Strategien, wie lange Sicherungskopien aufbewahrt werden sollen, sowie die Inspektion der Liste verfügbarer Sicherungen.

Intelligent Miner

Intelligent Miner umfaßt Applikationen zum Durchsuchen großer Datenbestände nach unerwarteten Mustern, wie z.B. Korrelationen zwischen den Verkäufen verschiedener Produkte. Intelligent Miner kann bei Datenbanken eingesetzt werden, die von UDB oder von anderen Mitgliedern der DB2-Familie verwaltet werden.

DB2 OLAP Server

Essbase ist ein Produkt von Arbor Software Inc. zum Online Analytical Processing (OLAP), das Operationen wie `CUBE` oder `ROLLUP` zur mehrdimensionalen Analyse großer Datenarchive bereitstellt. *DB2 OLAP Server* ist ein gemeinsames Produkt von IBM und Arbor, welches Essbase-Funktionalität für in UDB- und anderen DB2-Datenbanken gespeicherte Daten verfügbar macht.

Visual Warehouse

Visual Warehouse ist ein Datenwarenhausprodukt, mit dem man periodisch Daten aus operationalen Datenbanken zum Zwecke des Archivierens und der Analyse extrahieren kann. Es enthält einen Katalog zur Speicherung von Metadaten über den Informationsbestand einer Unternehmung.

Digital Library

Digital Library ist eine Familie von Werkzeugen zum Unterhalten und zur Katalogisierung von Sammlungen digitaler Dokumente in multimedialen Formaten. Sie verwendet UDB und andere DB2-Produkte zur Datenspeicherung und -Indexierung. Digital Library enthält unter anderem Werkzeuge für »digitale Wasserzeichen«, mit denen man z.B. den Ursprung eines Bildes zum Zweck des Schutzes der Rechte des Eigentümers zurückverfolgen kann.

Visual Age

Visual Age ist eine Sammlung von Anwendungsentwicklungsumgebungen für verschiedene Programmiersprachen wie z.B. C++, Java, BASIC und COBOL. Visual Age unterstützt das objektorientierte Programmierparadigma und stellt Klassenbibliotheken bereit, mit denen Benutzerschnittstellen und Datenbankapplikationen entwickelt werden können. Mit Visual Age lassen sich vordefinierte Komponenten wie Knöpfe (Buttons) oder Dialogboxen leicht zusammensetzen und an Funktionen zum Zugriff auf DB2-Datenbanken binden.

1.2.3 Instanzen (Exemplare) und Datenbanken

Wie bereits beschrieben wurde, stellt ein UDB-Server seine Datenbankdienste den Applikationen auf seiner eigenen Maschine oder auf entfernten Client-Maschinen zur Verfügung. Auf derselben physischen Maschine können dabei mehrfache Kopien eines UDB-Servers laufen. Jede solche Kopie eines UDB-Servers wird als eine *Instanz* oder als ein *Exemplar* (»Instance«) bezeichnet und mit eigenem Namen, dem *Instanznamen*, versehen. Obwohl die Instanzen bzw. Exemplare auf einer Maschine Code gemeinsam benutzen, operieren sie unabhängig voneinander. Jede Instanz kann ihren eigenen

Systemadministrator sowie ihre eigenen Konfigurationsparameter haben. So kann z.B. eine Instanz für lastintensive Transaktionsverarbeitung konfiguriert sein, während eine andere für Anwendungen zur Entscheidungsunterstützung konfiguriert ist.

Wenn ein UDB-Server installiert wird, werden zwei Instanzen angelegt. Eine davon, im allgemeinen DB2DAS00 genannt, ist ein *Administrationsserver*, der von UDB selbst zur Verwaltung seiner internen Angelegenheiten benutzt wird. Die andere, im allgemeinen DB2 genannt, wird zur Verwaltung von Datenbanken angelegt. Nach einer initialen Installation von UDB können weitere Instanzen durch das Kommando db2icrt erzeugt werden. Der Administrationsserver sowie die Erzeugung neuer Instanzen werden in Abschnitt 10.5 weiter behandelt.

Jede UDB-Instanz kann eine oder mehrere *Datenbanken* erzeugen und verwalten. Eine Datenbank ist dabei eine Sammlung von Daten, welche in Form von *Tabellen* organisiert ist. Jede Datenbank gehört zu einer bestimmten Instanz und liegt auf der Maschine, auf der diese Instanz installiert ist. Jede Datenbank hat einen Namen, die zum Zeitpunkt der Erzeugung der Datenbank gewählt wird. Zu jeder Datenbank gibt es ferner eine Reihe von Systemkatalogtabellen, die vom System automatisch unterhalten werden und die Informationen über die einzelnen Tabellen, über andere Objekte, die in der betreffenden Datenbank gespeichert werden, sowie über die Benutzer der Datenbank und deren Zugriffsrechte enthalten. Information über eine Datenbank kann aus den jeweiligen Systemkatalogtabellen über SQL-Anfragen bezogen werden. (Systemkatalogtabellen werden in Anhang D behandelt.)

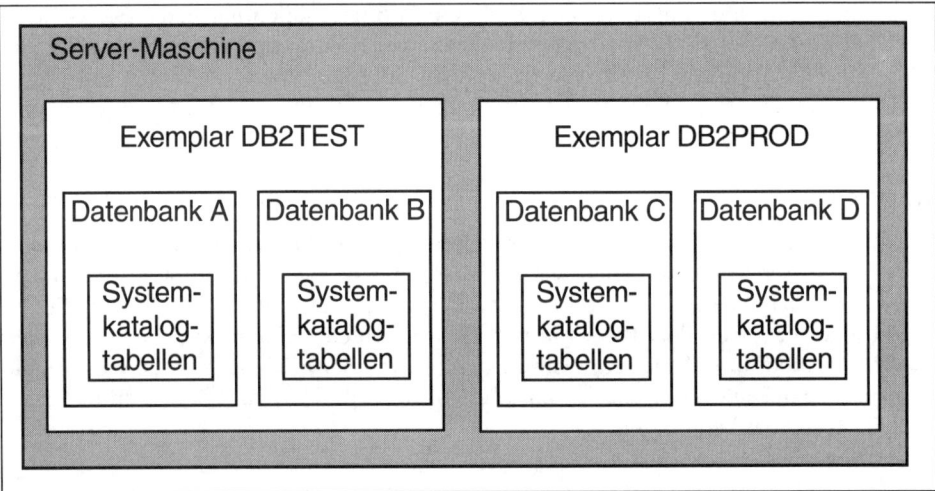

Abbildung 1.4:
UDB-Exemplare und -Datenbanken

Abbildung 1.4 zeigt ein Beispiel für die Beziehungen zwischen UDB-Instanzen und -Datenbanken. In diesem Beispiel sind zwei Exemplare mit den Bezeichnern DB2TEST und DB2PROD auf derselben Server-Maschine installiert, und jedes verwaltet zwei Datenbanken. Es ist möglich, daß zwei Datenbanken, die von verschiedenen Instanzen verwaltet werden, denselben Namen haben; selbst dann, wenn ihre Instanzen auf derselben Maschine laufen.

Jeder UDB-Client unterhält eine Liste von Instanzen und Datenbanken, mit denen er zu kommunizieren weiß. Mit jedem UDB-Client wird ein graphisches Werkzeug namens *Client Configuration Assistant* installiert, mit dessen Hilfe neue Instanzen und Datenbanken in diese Liste aufgenommen werden können.

Vor dem Arbeiten mit einer Datenbank muß ein UDB-Benutzer oder eine Applikation eine Verbindung (Connection) mit der betreffenden Datenbank herstellen. Eine Verbindung wird durch das CONNECT-Kommando aufgebaut, die überprüft, ob der Benutzer oder die Applikation berechtigt ist, auf die gewünschte Datenbank zuzugreifen. Unter bestimmten Umständen kann ein Benutzer oder eine Applikation gleichzeitig mit mehreren Datenbanken in Verbindung stehen. (Datenbankverbindungen werden in Abschnitt 2.7.2 weiter diskutiert.)

Einige UDB-Kommandos operieren auf der Ebene einer Instanz bzw. eines Exemplars, andere auf der Ebene einer Datenbank. So kann z.B. ein Kommando die Konfigurationsparameter einer Instanz verändern oder neue Datenbanken erzeugen, die von einer gegebenen Instanz verwaltet werden sollen. Kommandos, die auf einer Server-Maschine ausgeführt werden, sind stets an die in der Umgebungsvariablen DB2INSTANCE genannten Instanz gerichtet. Auf einer Client-Maschine kann das Kommando ATTACH zur Benennung derjenigen Instanz verwendet werden, an die Kommandos auf Instanzebene gerichtet werden sollen.

1.2.4 Interaktive Werkzeuge

Der einfachste und direkteste Weg zum Arbeiten mit UDB ist über eines ihrer interaktiven Werkzeuge. Diese erlauben eine Eingabe von Kommandos und SQL-Anweisungen sowie ein Anzeigen von Ergebnissen unmittelbar am Bildschirm.

Das älteste interaktive Werkzeug, das auch auf allen UDB-Plattformen unterstützt wird, ist der Befehlszeilenprozessor (*Command Line Processor*, CLP). Der CLP wird aus dem Programm-Menü heraus oder durch Eingabe des Kommandos db2 hinter den Betriebssystem-Kommandoprompt aufgerufen. Innerhalb einer CLP-Session kann man jedes SQL-Statement oder UDB-Kommando ausführen. (Die Details einer CLP-Session werden in Abschnitt 3.2 beschrieben.)

UDB Version 5 bringt eine Reihe neuer interaktiver Benutzerschnittstellen mit, welche die *DB2 Tools* genannt werden. Die DB2 Tools sind auf Windows NT sowie OS/2-Plattformen verfügbar, und sie können zur Interaktion mit UDB-Datenbanken auf jeder beliebigen Server-Plattform benutzt werden. Die Tools ergänzen sich gegenseitig, und unterstützen alle konsistente graphische Schnittstellen. Jedes der Tools kann aus dem Programm-Menü heraus aufgerufen werden, und jedes zeigt Symbole (Icons) an, über die alle weiteren Tools aufgerufen werden können. Im einzelnen enthält DB2 Tools die folgenden Werkzeuge:

▷ Die *Befehlszentrale* (*Command Center*) erlaubt, ähnlich wie der CLP, eine Eingabe von Kommandos und SQL-Anweisungen sowie ein Anzeigen ihrer Ergebnisse. Sie ermöglicht ferner die Erstellung von *Prozeduren* von Statements und Kommandos zur späteren Ausführung sowie die Analyse von Zugriffsplänen, die das System zur Ausführung von SQL-Statements erzeugt.

▷ Die *Prozedurzentrale* (*Script Center*) unterstützt die Verwaltung einer Sammlung von Prozeduren, das Editieren von Prozeduren sowie eine Planung von deren Ausführung zu spezifischen Zeiten oder periodisch.

▷ Das *Journal* führt ein Protokoll signifikanter Systemereignisse. Unter Verwendung des Journals kann man z.B. die Ergebnisse von Prozeduren inspizieren, die automatisch von der Prozedurzentrale ausgeführt wurden. Man kann sich ferner die Liste sämtlicher Sicherungskopien der eigenen Datenbank ansehen oder die Historie der Wiederanlaufaktionen, die auf dem betreffenden System durchgeführt worden sind.

▷ Die *Steuerzentrale* (*Control Center*) ist ein allgemeines Datenbankadministrationswerkzeug, mit welchem sowohl lokale als auch entfernte UDB-Systeme kontrolliert werden können. Die Steuerzentrale zeigt auf Wunsch eine hierarchische Darstellung aller UDB-Exemplare bzw. -Instanzen und -Datenbanken, die dem lokalen System bekannt sind, sowie deren Inhalten bis auf die Ebene einzelner Tabellen. Durch Auswahl eines Objekts auf einer beliebigen Hierarchiestufe erhält man ein Menü derjenigen Kommandos, die auf das gewählte Objekt anwendbar sind. Man kann jedes Kommando ausführen, für das man die entsprechende Autorisierung besitzt.

▷ Die *Alert-Zentrale* (*Alert Center*) zeigt eine Liste von Objekten an, z.B. Instanzen oder Exemplare, Datenbanken oder Tabellen, die sich im *Alarmzustand* befinden. Ein Objekt kann sich im Alarmzustand befinden, weil eine seiner Eigenschaften außerhalb erlaubter Grenzen liegt. In diesem Sinne zu überwachende Objekte und Eigenschaften sowie untere und obere Grenzen für einzelne Eigenschaften können durch die Steuerzentrale spezifiziert werden.

▷ Die *Informationszentrale* (*Information Center, Information-Unterstützung*) ermöglicht einen schnellen Zugriff auf eine Vielzahl von Informationen über das UDB-System. Sie zeigt eine Liste aller UDB-Publikationen und startet nach Wunsch einen Web-Browser, um eine dieser Publikationen zu lesen oder zu suchen. Sie gibt ferner aufgabenspezifische Hilfestellung bei unterschiedlichen Aufgaben, hält eine Liste von Erläuterungen zu sämtlichen UDB Return Codes bereit und verfügt über einen Index zu allen exemplarischen Applikationsprogrammen, die mit dem UDB-System ausgeliefert werden.

Die Steuerzentrale und die Alert-Zentrale werden in Kapitel 10 ausführlicher behandelt. Alle anderen DB2-Werkzeuge werden in Kapitel 3 beschrieben. Für die Zukunft plant die IBM, DB2 Tools um vergleichbare web-basierte Werkzeuge zu ergänzen, die dann einen Zugriff auf UDB-Datenbanken über einen Web-Browser auf einer beliebigen Plattform ermöglichen; einige dieser sind vielleicht schon verfügbar, wenn Sie dieses Buch lesen.

1.2.5 Anwendungsprogramme

Wie wir gesehen haben, ermöglichen es die DB2 Tools bzw. der CLP, SQL-Anweisungen an UDB zur Verarbeitung zu übergehen, und zwar entweder interaktiv oder durch eine Prozedurdatei. Allerdings erfordern viele Datenbankapplikationen Elemente aus einer Programmiersprache, wie Schleifen und Verzweigungen, die derzeit von SQL nicht unterstützt werden. Aus diesem Grund kann man unter UDB SQL-Anweisungen in verschiedene Wirtsprogrammiersprachen, darunter C, C++, Java, BASIC, FORT-RAN, COBOL und REXX, einbetten. Dieses Buch beschreibt die Entwicklung von Datenbankapplikationen unter Verwendung von SQL-Einbettungen in die Sprachen C, C++ und Java. Eine Beschreibung der Einbettung von SQL in andere Wirtssprachen findet man im *Embedded SQL Programming Guide*.

Es gibt zwei wesentliche Arten der Einbettung von SQL-Statements in eine Wirtssprache: *statisches SQL* und *dynamisches SQL*. Ein statisches SQL-Statement ist ein Kommando, welches zum Zeitpunkt des Schreibens der Applikation bereits bekannt ist. Die Form des Kommandos sowie die Namen der Tabellen und Spalten, auf die durch das Kommando zugegriffen werden kann, müssen bekannt sein und festliegen, damit das Statement als statisch betrachtet werden kann. Das einzige, was bei einem statischen Statement zur Übersetzungszeit unbekannt sein darf, sind die spezifischen Datenwerte, nach denen gesucht wird oder die aktualisiert werden; diese können im Wirtsprogramm durch eine Variable repräsentiert werden. So sucht z.B. das folgende SQL-Statement nach einem Angestellten, dessen Angestelltennummer mit der C-Variablen x übereinstimmt, und es aktualisiert dessen Gehalt auf den in der Variablen y enthaltenen Wert. Die Namen der betreffenden Tabelle (ANGESTELLTE) sowie der Spalten (ANGNR und GEHALT), die hier benutzt werden, liegen zur Übersetzungszeit fest.

```
UPDATE angestellte SET gehalt = :y WHERE angnr = :x
```

Statische SQL-Statements haben einen wichtigen Vorteil: Da die Struktur des Kommandos zur Übersetzungszeit bekannt ist, können die Analyse des Statements sowie die Auswahl eines effizienten Ausführungsplans zur Implementierung des Kommandos bereits zur Übersetzungszeit erfolgen.[2] Wird das Anwendungsprogramm ausgeführt, so können seine statischen SQL-Statements unter Verwendung des vorher gewählten Ausführungsplans ohne weiteren Eingriff des UDB-Optimierers ausgeführt werden. Dies minimiert die Ausführungszeit des Anwendungsprogramms, insbesondere dann, wenn es eine gegebene SQL-Anweisung mehrfach ausführt. Aus diesem Grunde werden statische SQL-Kommandos häufig in hochperformanten Anwendungen benutzt, die dieselbe Operation immer wieder ausführen, wie z.B. eine Bankanwendung, in welcher Kundenkonten aktualisiert werden.

Statische SQL-Statements tauschen Daten mit dem Anwendungsprogramm über sogenannte *Wirts-* oder *Host-Variablen* (*Host Variables*) aus, die in der Wirtssprache deklariert werden. Die Namen von Wirtsvariablen müssen mit einem »:« (Doppelpunkt) beginnen, wenn sie innerhalb eines SQL-Statements benutzt werden. Über Wirtsvariablen können sowohl Eingabe- wie Ausgabewerte übergeben werden. So liefert z.B. im folgenden SQL-Statement die Variable :x einen Eingabewert (ein Suchargument), während die Wirtsvariable :y einen Ausgabewert zugewiesen bekommt:

```
SELECT jobbezeichnung INTO :y
FROM angestellte
WHERE angnr = :x
```

---

2. Ich verwende die Bezeichnung Übersetzungszeit hier etwas ungenau. Wie sich in Kürze zeigen wird, fügt das Datenbanksystem einen weiteren Schritt, die sogenannte *Vorübersetzung* (Precompilation), zur Vorbereitung eines Anwendungsprogramms für die Ausführung hinzu.

Häufig liefert eine SQL-Anweisung mehr als ein Ergebnis(tupel), wie z.B. die Namen und Adressen aller Lieferanten eines gegebenen Teils. In solchen Fällen wird das Ergebnis unter Verwendung eines sogenannten Cursors an das Wirtsprogramm übergeben. Ein Cursor ist stets mit einem bestimmten SQL-Statement assoziiert und repräsentiert die Ergebnismenge, die von diesem Kommando geliefert wird; diese besteht aus null oder mehr Zeilen. Jedesmal, wenn ein FETCH-Befehl auf einen gegebenen Cursor angewendet wird, wird genau eine Zeile aus der betreffenden Ergebnismenge (z.B. der Name und die Adresse eines Lieferanten) an die im FETCH-Kommando genannten Wirtsvariablen übergeben.

Wenn ein SQL-Kommando in ein Anwendungsprogramm eingebettet wird, so muß ihm der Zusatz EXEC SQL vorangestellt werden. Alle Wirtsvariablen, die innerhalb des SQL-Statements benutzt werden, müssen in einer speziellen SQL Declare Section deklariert werden, die ebenfalls mit EXEC SQL beginnt. Dieser Präfix macht SQL-Kommandos innerhalb eines Wirtsprogramms kenntlich und unterscheidet sie von den übrigen Kommandos des Wirtsprogramms.

UDB verfügt über *Precompiler*, welche die Verwendung von statischem SQL in verschiedenen Wirtsprogrammiersprachen, darunter C und C++, ermöglichen. Ein Precompiler findet die SQL-Anweisungen, die in ein Anwendungsprogramm eingebettet sind, und erzeugt für jedes von ihnen einen Ausführungsplan, der so angelegt ist, daß das Statement so effizient wie möglich ausgeführt wird. Der Precompiler speichert optimierte Ausführungspläne in der Datenbank als sogenannte *Pakete* (*Packages*), die mit einem gegebenen Programm assoziiert sind. Die SQL-Statements selbst werden aus dem betreffenden Programm entfernt und durch Aufrufe des UDB-Laufzeitsystems ersetzt, das zur Laufzeit des Anwendungsprogramms die in einem Paket enthaltenen Pläne aus der Datenbank holt und ausführt.

Das Ergebnis der Vorübersetzung eines Programms mit eingebetteten SQL-Statements ist ein reines Wirtssprachenprogramm, das mit einem entsprechenden Compiler übersetzt werden kann. Man kann ein solches Programm an Bibliotheksroutinen oder andere vorübersetzte Programme binden. Nach der Übersetzung und dem Binden kann das Programm auf übliche Weise ausgeführt werden, etwa durch Eintippen seines Namens in die Kommandozeile des Betriebssystems.

Die Details einer Einbettung von statischen SQL-Statements in Anwendungsprogramme und deren Vorbereitung für eine Ausführung werden in Kapitel 4 behandelt.

1.2.6 Dynamische Applikationen

Im letzten Abschnitt haben wir statische SQL-Anweisungen behandelt, die zum Zeitpunkt des Schreibens einer Applikation (abgesehen von Datenwerten aus Wirtsvariablen) bekannt sind. Es gibt jedoch auch Anwendungen, bei denen neue SQL-Anweisungen zur Laufzeit erzeugt und ausgeführt werden müssen. Da diese Statements in der Applikation selbst nicht vermerkt sind, können sie nicht wie statische SQL-Kommandos optimiert und von einem Precompiler in ein Paket konvertiert werden. Statt dessen müssen sie unter Verwendung spezieller, zu diesem Zweck bereitgehaltener Vorkehrungen dem Optimierer übergeben werden, während das betreffende Anwendungsprogramm läuft. SQL-Statements, die von einem laufenden Programm erzeugt werden,

werden als *dynamische SQL-Kommandos* bezeichnet, und die Anwendungen, die sie erzeugen, heißen *dynamische Anwendungen*.

Ein gutes Beispiel einer dynamischen Applikation ist die Befehlszentrale (das Command Center). Die Aufgabe der Befehlszentrale besteht darin, einen Benutzer zur Eingabe von SQL-Anweisungen aufzufordern, die dann an das System zur Verarbeitung übergeben werden. Die Befehlszentrale wurde unter Verwendung derselben Möglichkeiten des dynamischen SQL entwickelt, die dem Anwender zur Verfügung stehen. Damit lassen sich eigene interaktive Werkzeuge entwickeln, die möglicherweise eine auf eine bestimmte Anwendung hin zugeschnittene Benutzerschnittstelle unterstützen.

Ein anderes Beispiel einer dynamischen Applikation ist ein Lader für Massendaten (Bulk Loader). Die Aufgabe eines solchen Programms ist die Erzeugung von Tabellen und das Laden dieser mit Daten unter Steuerung einer Kontrolldatei. Da der Lader den Namen der mit Daten zu ladenden Tabelle sowie die Namen und Datentypen ihrer Attribute im vorhinein nicht kennt, kann er nicht mittels statischer SQL-Kommandos geschrieben werden. Er muß insbesondere ein CREATE TABLE- sowie ein geeignetes INSERT-Kommando zum Laden der Daten erzeugen und ausführen können. Unter vorsichtigem Einsatz der Möglichkeiten des dynamischen SQL kann der Lader dafür sorgen, daß das INSERT-Statement nur einmal auf korrekte Syntax geprüft und optimiert wird, wenngleich es so oft, wie Zeilen in die neue Tabelle eingefügt werden, wiederholt ausgeführt wird. Auf diese Weise wurden die in Kapitel 10 beschriebenen Import- und Export-Dienstprogramme implementiert.

Generell führen dynamische SQL-Statements im Vergleich zu statischen SQL-Kommandos zu Effizienzeinbußen, da sie zur Laufzeit vom Parser verarbeitet und optimiert werden müssen. Aus diesem Grund werden dynamische SQL-Statements in hochperformanten Anwendungen mit kurzen, vordefinierten Transaktionen im allgemeinen nicht benutzt. So würde man z.B. in einem Reservierungssystem für Mietwagen eher statisches SQL verwenden, wohingegen in einem Entscheidungsunterstützungssystem für Langzeitplanung eine Verwendung von dynamischem SQL wahrscheinlicher ist.

UDB kennt drei verschiedene Möglichkeiten der Verarbeitung von dynamischen SQL-Statements: das *Call Level Interface* (CLI), *Java Database Connectivity* (JDBC) und *Embedded Dynamic SQL*. Diese Optionen stellen drei unterschiedliche Ansätze zur Lösung desselben Problems dar. Jede von ihnen bietet Unterstützung bei folgenden Aufgaben:

▷ *Vorbereiten* eines SQL-Statements auf die Ausführung durch Aufruf des UDB-Optimierers zur Erzeugung eines optimierten Ausführungsplans.

▷ *Beschreiben* des Ergebnisses eines SQL-Statements, einschließlich der Anzahl der Spalten im Anfrageergebnis und der Datentypen dieser Spalten. Dieser Schritt ermöglicht dem Anwendungsprogramm eine dynamische Speicherplatzzuweisung zum Holen eines Anfrageergebnisses.

▷ *Holen* einer Ergebnismenge in dafür zugewiesene Speicherplätze, und zwar zeilenweise.

▷ *Ausführen* eines zuvor vorbereiteten SQL-Statements unter Ersetzen der Variablen durch neue (einzufügende oder zu aktualisierende) Werte.

Die drei dynamischen SQL-Varianten werden unten kurz beschrieben und sodann in Kapitel 8 genauer erläutert.

Call Level Interface (CLI)

Das *Call Level Interface* (CLI) basiert auf der *Open Database Connectivity*- (ODBC-)Schnittstelle von Microsoft und unterstützt ODBC 3.0, Level 1 sowie einige zusätzliche Möglichkeiten. Wie der Name andeutet, handelt es sich bei CLI um eine Sammlung von Funktionsaufrufen, die in Programme zum Datenbankzugriff eingebettet werden können. Derzeit wird CLI nur für C und C++ unterstützt (sowie für andere Sprachen wie z.B. BASIC, die C-Funktionen aufrufen können).

Ein wichtiger Vorteil des CLI ist, daß Anwendungsprogramme, die es benutzen, nicht vorübersetzt werden müssen. Das bedeutet, daß diese Programme in Form von Objektcode verteilt werden können, da sie ihren Quellcode nicht an einen Precompiler abliefern müssen. Eine unter Verwendung des CLI geschriebene Anwendung kann somit auf andere Datenbanksysteme, die ODBC unterstützen, portiert werden. Zur Gewährleistung von Portabilität muß eine CLI-basierte Applikation sich jedoch genau an den SQL-Sprachumfang halten, der von sämtlichen in Betracht kommenden Systemen unterstützt wird.

Falls Portabilität oder eine Verteilung von Objektcode für die betreffende Anwendung von hoher Bedeutung ist, so kann diese Anwendung unter Verwendung von CLI anstelle von statischem SQL geschrieben werden, obwohl alle ihre SQL-Befehle im vorhinein bekannt sind. Allerdings gibt man dadurch die Möglichkeit der Optimierung von SQL-Statements vor einer Ausführung auf und hat gegebenenfalls den Preis einer Effizienzeinbuße zu zahlen, die aus einem Aufruf des SQL-Optimierers für jeden einzelnen Lauf resultieren kann.

Java Database Connectivity (JDBC)

JDBC kann man sich als die CLI-Schnittstelle der Programmiersprache Java vorstellen. Ihre Funktionalität ist der von CLI gleichwertig, jedoch verwendet sie in Anlehnung an ihre Wirtssprache einen stärker objektorientierten Programmierstil. So wird z.B. das Ergebnis einer Anfrage durch ein Java-Objekt mit dem Namen ResultSet repräsentiert, das verschiedene Methoden zum Beschreiben sowie zum Holen seiner Werte kennt. JDBC ermöglicht ferner die Entwicklung von Applets, die von jedem Java-fähigen Web-Browser aus geladen und ausgeführt werden können, so daß auf UDB-Daten von webbasierten Clients auf der ganzen Welt zugegriffen werden kann.

Embedded Dynamic SQL

Wie CLI und JDBC ermöglicht es auch Embedded Dynamic SQL einem Anwendungsprogramm, SQL-Anweisungen zur Laufzeit zu erzeugen und an UDB zur Verarbeitung zu übergeben. Allerdings kann das eingebettete dynamische SQL mit mehr Wirtssprachen als die beiden anderen dynamischen Schnittstellen verwendet werden, z.B. mit FORTRAN, COBOL und REXX.

Wie statisches SQL basiert das dynamische auf der Verwendung eines Precompilers, bei dem es sich sogar jeweils um denselben wie bei statischem SQL handelt. Aus diesem Grunde werden Anwender, die dynamische und statische SQL-Statements in derselben

Applikation vermischt verwenden wollen oder die mit der Benutzung eines SQL-Precompilers vertraut sind, Embedded Dynamic SQL einfacher zu bedienen finden als CLI oder JDBC.

Wie statische SQL-Kommandos müssen auch Anweisungen unter Embedded Dynamic SQL mit dem Präfix EXEC SQL versehen werden, das dem Precompiler eine Unterscheidung dieser von den Wirtssprachenkommandos ermöglicht. Der Precompiler ersetzt jedes dynamische SQL-Statement wie bei statischem SQL durch einen Aufruf der UDB-Laufzeitbibliothek. Jedoch führt ein solcher Aufruf im dynamischen Fall nicht zur Ausführung eines Ausführungsplans, der im voraus erstellt und sodann in der Datenbank abgelegt wurde. Statt dessen werden jetzt Funktionen zum Optimieren und Ausführen eines SQL-Statements zur Laufzeit aufgerufen.

1.2.7 Gesicherte Prozeduren (Stored Procedures)

In einer Client/Server-Umgebung werden häufig Applikationen von einer Client-Maschine aus aufgerufen und dann auf einer Datenbank auf einer Server-Maschine ausgeführt. Falls eine solche Applikation viele SQL-Befehle enthält, wird jedes einzelne SQL-Statement in einer separaten Nachricht vom Client über das Netz an den Server geschickt. Unter gewissen Voraussetzungen läßt sich die Anzahl von Nachrichten zwischen Client und Server verringern und so die Effizienz der Applikation verbessern. Dies geschieht unter Verwendung einer Technik, die man als *gesicherte Prozeduren* oder *Stored Procedures* bezeichnet. Man sollte die Verwendung von Stored Procedures erwägen, falls die betreffende Anwendung die folgenden Charakteristika aufweist:

1. Sie wird wiederholt von einer Client-Maschine aus gestartet, benutzt jedoch eine Datenbank auf einer Server-Maschine.

2. Sie enthält eine Reihe von SQL-Statements, benötigt Benutzerinteraktion jedoch nur in begrenztem Umfang. Insbesondere sammelt die Applikation ihre gesamte Eingabe in einer Reihe von Wirtsvariablen, führt sodann SQL-Befehle ohne Benutzerinteraktion aus und liefert schließlich ihre Ausgabe ebenfalls in Wirtsvariablen.

Eine gesicherte Prozedur ist ein Anwendungsprogramm, das unter Einhaltung bestimmter Konventionen geschrieben und sodann an eine Server-Maschine gebunden wird. Ein weiteres Programm, die *Client-Applikation*, wird auf der Client-Maschine installiert. Die Client-Applikation muß sich mittels eines SQL CONNECT-Befehls mit der Datenbank verbinden, in der die gesicherte Prozedur gespeichert ist. Die Client-Applikation kann die gesicherte Prozedur dann mit dem CALL-Befehl von SQL zur Ausführung bringen; in einem solchen Aufruf sind der Name der Prozedur sowie die Wirtsvariablen zur Übergabe von Daten an die Prozedur sowie zur Rückgabe von Daten durch die Prozedur anzugeben. Alle im CALL-Statement genannten Variablen werden also als Eingabe an die gesicherte Prozedur übergeben und können von dieser zum Zweck der Ausgabe an die Client-Applikation wiederbenutzt werden. Das CALL-Statement ermöglicht einem Client-Programm das Aufrufen von gesicherten Prozeduren auf einem UDB-Server oder auf einem anderen Datenbank-Server, der das DRDA-Protokoll unterstützt.

Der SQL-Befehl CREATE PROCEDURE ermöglicht eine Registrierung einer gesicherten Prozedur in den Systemkatalogtabellen der Datenbanken, an die sie gebunden werden soll. Obwohl dies nicht unbedingt erforderlich ist, ist diese Praxis empfehlenswert, da Clients sich dadurch eine Liste von in einer Datenbank verfügbaren Prozeduren anzeigen lassen können. Gesicherte Prozeduren werden in Kapitel 9 genauer behandelt.

1.2.8 Benutzerrollen

Wie wir gesehen haben, gibt es viele Wege des Umgangs mit einem System, das so komplex ist wie UDB. Da der Zweck eines Datenbanksystems die Verwaltung gemeinsam benutzter Daten ist, darf man erwarten, daß ein System wie UDB eine Vielzahl von Benutzern hat und daß diese in mehrere verschiedene Kategorien fallen. Benutzer können deutlich verschiedene Kenntnisse sowie unterschiedliche Anforderungen an die Möglichkeiten des Systems und an die von ihm verwalteten Daten haben. Aus diesem Grund kennt UDB verschiedene Benutzerkategorien sowie ein System von Autorisierungen und Privilegien, um deren Aktivitäten zu kontrollieren. Die Rollen, in denen Benutzer mit UDB interagieren können, sind unten zusammengefaßt. Das System der Autorisierungen und Privilegien, das diese Rollen unterstützt und einhält, wird im einzelnen in Abschnitt 2.8 behandelt.

1. *Systemadministrator:* Die Rolle des Systemadministrators ist die mächtigste, von UDB unterstützte Benutzerrolle. Systemadministratoren»besitzen« gewissermaßen sämtliche Ressourcen des Datenbanksystems und sind zur Ausführung eines jeden Datenbankkommandos autorisiert. Die Autorisierung zur System-Administration gilt für eine Datenbank-Instanz bzw. für ein Datenbank-Exemplar, die bzw. das mehrere Datenbanken umfassen kann. Die Benutzergruppe, die diese Autorität besitzt, wird festgelegt, wenn die betreffende Instanz erzeugt wird.

   UDB kennt ferner zwei Untergruppen der Systemadministrator-Autorisierung: *System Control* und *System Maintenance*. Inhaber der System-Control-Autorisierung können die physischen Ressourcen des Systems kontrollieren, während Inhaber der System Maintenance-Autorisierung Wartungsoperationen durchführen dürfen, wie z.B. Starten oder Anhalten eines Servers und Sicherung und Wiederanlauf einer Datenbank. Andererseits dürfen System Control- und System Maintenance-Autorisierung im Unterschied zur Systemadministration nicht auf Benutzerdaten zugreifen oder diese ändern.

2. *Datenbankadministrator:* Die Rolle des Datenbankadministrators gilt für eine spezifische Datenbank und impliziert das Recht, sämtliche Objekte in der Datenbank zu erzeugen, zu löschen, auf sie zuzugreifen und zu verändern. Datenbankadministratoren können das Recht, Objekte zu erzeugen oder auf einzelne Objekte wie Tabellen, Sichten oder Indexe zuzugreifen oder diese zu verändern, auch an andere Benutzer weitergeben.

3. *Anwendungsentwickler:* Eine der wichtigen Benutzerrollen unter UDB ist die des Entwicklers von neuen Datenbankanwendungen. Ein Anwendungsentwickler muß nicht Datenbankadministrator sein, jedoch sollte er, um effektiv arbeiten zu können, sowohl einige allgemeine *Autorisierungen* wie einige spezielle *Privilegien* besitzen.

   Die *Autorisierungen*, die ein Anwendungsentwickler benötigt, wirken auf die Datenbank insgesamt und umfassen CONNECT (das Recht, zu der Datenbank eine Verbindung herzustellen), CREATETAB (das Recht, Tabellen in der Datenbank anzulegen) und BINDADD (das Recht, Anwendungsprogramme an die Datenbank zu binden). Ein Anwendungsentwickler wird meist alle drei Autorisierungen benötigen.

Die *Privilegien*, die ein Anwendungsentwickler benötigt, beziehen sich auf spezielle Datenbankobjekte wie Tabellen, Sichten oder Pakete. Generell erhält der Erzeuger eines neuen Objekts sämtliche Privilegien an diesem Objekt, und er kann diese dann selektiv an andere Benutzer weitergeben. Jede Art von Objekt hat bestimmte, auf dieses Objekt anwendbare Privilegien. So sind z.B. auf Tabellen die Privilegien SELECT, INSERT, DELETE und UPDATE sowie einige weitere, die in Abschnitt 2.8 beschrieben werden, anwendbar.

Wenn ein neues Anwendungsprogramm (durch ein PREP- oder ein BIND-Kommando) an eine Datenbank gebunden wird, werden die darin enthaltenen statischen SQL-Kommandos mit den Autorisierungen und Privilegien des Benutzers, der das Binden durchführt, abgeglichen. Um z.B. ein Programm zu binden, das eine Tabelle KUNDEN aktualisiert, muß der betreffende Benutzer das UPDATE-Privileg für diese Tabelle besitzen. Ist das Programm einmal gebunden, müssen Benutzer das EXECUTE-Privileg an dem betreffenden Paket besitzen, um das Programm ausführen zu können. Der Halter eines Privilegs (wie etwa UPDATE auf KUNDEN) kann damit sein Privileg in ein statisches SQL-Programm, welches das Privileg in bestimmter Weise (z.B. durch Aktualisierung von Kundenadressen, nicht jedoch ihrer Kreditwürdigkeit) ausübt, *einkapseln*. Das Recht, das betreffende Programm auszuführen, kann dann an solche Benutzer vergeben werden, die kein generelles UPDATE-Privileg an KUNDEN besitzen. Diese Möglichkeit der Kapselung von Rechten ist einer der Vorteile von statischem gegenüber dynamischem SQL.

4. *Endbenutzer:* Die Rolle unter UDB, die den geringsten Autorisierungslevel erfordert, ist die des Endbenutzers. Um eine gegebene statische SQL-Applikation ausführen zu können, benötigt ein Benutzer lediglich die Autorisierung CONNECT für die betreffende Datenbank sowie das Privileg EXECUTE für das betreffende Paket. Falls CONNECT für die Datenbank sowie EXECUTE für das Paket an PUBLIC vergeben wurden, kann ein einzelner Benutzer die Applikation sogar ohne weitere Autorisierung ausführen.

Wenn ein Benutzer die Befehlszentrale oder eine ähnliche Schnittstelle zur Ausführung interaktiver SQL-Befehle (wie Anfragen und Aktualisierungen von Daten oder Erzeugen neuer Tabellen) auf der Datenbank verwenden will, muß er die spezifischen Privilegien besitzen, die zur Ausführung dieser Aktionen nötig sind.

1.3 Eine kurze Geschichte von SQL

Da SQL so zentral für die Benutzerschnittstelle von UDB ist, ist eine kurze Diskussion der frühen Geschichte dieser Sprache vielleicht hilfreich zum Verständnis, wie manche UDB-Eigenschaften so wurden, wie sie heute sind. In der folgenden Beschreibung werden Referenzen auf Originalarbeiten in eckigen Klammern angegeben. Eine Liste dieser Arbeiten findet man in Abschnitt 1.3.4.

Vor 1970 wurde Datenbanken generell als »Bereiche« angesehen, durch die Computer-programme zu »navigieren« hatten, und zwar unter Verwendung von Zeigern von ei-nem Record zum nächsten entlang fest vorgegebener Pfade sowie von Brotkrumen, den »Currency Status Indicators«, zum Wiederfinden eines verlorenen Weges. 1970 schlug Dr. E.F. Codd ein völlig neues Paradigma zur Repräsentation von Daten vor, bei wel-chem alle wichtigen Beziehungen zwischen Daten-Records durch Datenwerte anstelle von verborgenen Zeigern oder Verbindungen dargestellt wurden. Codds Erkenntnis ermöglichte es, Datenbankanfragen in einer nicht-prozeduralen Sprache zu formulie-ren, so daß Anfragen von den Strukturen und Algorithmen, die zur Implementierung der Datenbank benutzt wurden, unabhängig wurden; Codd nannte dieses Konzept *Da-tenunabhängigkeit*. Das 1970 erschienene Papier »A Relational Model of Data for Large Shared Data Banks« [Codd 70] ist eine der einflußreichsten und am meisten zitierten Arbeiten der gesamten Informatik und wurde die Grundlage für den ACM Turing Award, den Codd 1981 erhalten hat.

Codds Originalarbeit stellte fest, daß man Anfragen an Daten, die in Tabellenform ge-speichert sind, entweder unter Verwendung eines Prädikatenkalküls erster Stufe oder mit Hilfe von relationalen Operatoren wie Verbund und Projektion ausdrücken kann. In Folgearbeiten entwickelte er diese beiden Ansätze weiter zu Datenbankzugriffsspra-chen, die man heute als den relationalen Kalkül [Codd 71a] und als die relationale Al-gebra [Codd 71b] kennt. Viele der frühen Arbeiten zur Implementierung des relationa-len Modells konzentrierten sich auf die Operatoren der Relationenalgebra, und im IBM-Labor in Peterlee in England wurde ein auf der Algebra basierender Prototyp entwik-kelt [Todd 75].

1.3.1 System R

In den frühen 70er Jahren waren die Vorteile des relationalen Modells im Hinblick auf Benutzerproduktivität und Datenunabhängigkeit einigermaßen bekannt. Allerdings waren zentrale Fragen darüber, ob man ein relationales Datenbanksystem bauen konnte, das große Datenbestände in einer Mehrbenutzerumgebung speichert und für eine Produktionsumgebung angemessene Leistungsfähigkeit bietet, weitgehend offen. 1973 begann im IBM-Forschungslabor in San José, Kalifornien, ein Projekt, in dem diese Fragen im Rahmen des Baus eines industriemäßigen relationalen Prototyps, der unter dem Namen System R [Astrahan 76] bekannt wurde, untersucht wurden. Etwa zur glei-chen Zeit wurde ein ähnliches relationales Datenbankprojekt, bekannt unter dem Na-men Ingres, an der University of California in Berkeley gestartet [Stonebraker 76]. So-wohl das System R- wie auch das Ingres-Projekt brachten erfolgreiche Protoypen hervor und demonstrierten, daß das relationale Modell effizient implementiert werden konnte und daß es sowohl Ad-hoc-Anfragen als auch Transaktionsverarbeitung auf Produktionsdaten unterstützen konnte. Beide Prototypen wurden von experimentellen Benutzern ausführlich getestet, und beide führten letztlich zu kommerziellen Produk-ten. Für ihre Arbeiten in Zusammenhang mit der Entwicklung der Infrastruktur zur Unterstützung des relationalen Modells wurden die Entwickler von System R und von Ingres 1988 gemeinsam mit dem ACM Software Systems Award ausgezeichnet.

Anstatt die relationale Algebra oder den Kalkül zu implementieren, entwarfen die Entwickler von System R eine neue Datenbanksprache, die zunächst *Structured English Query Language* oder kurz SEQUEL [Chamberlin 74] genannt wurde. Die Entwickler von SEQUEL versuchten, ein Sprache zu entwerfen, die leicht zu lernen und zu benutzen war, und zwar durch Verwendung vertrauter englischer Schlüsselwörter und durch Vermeidung potentiell schwieriger Konzepte, wie des Divisionsoperators der relationalen Algebra. Die SEQUEL-Entwickler nahmen ferner eine Reihe von Sprachelementen hinzu, die in Codds Originalsprachen nicht enthalten waren, wie z.B. Update-Operatoren sowie einen Gruppierungsoperator. (C. J. Date hat später gezeigt, wie vergleichbare Elemente der Algebra oder dem Kalkül hinzugefügt werden können [Date 95].) Schließlich versuchten die Entwickler von SEQUEL, eine Syntax aufzustellen, die verschiedene Operationen, die vorher stets als separat und nicht miteinander verwandt betrachtet wurden, einheitlich behandelt wurden, darunter Anfragen, Datenmanipulation, Datendefinition (z.B. die Definition von Sichten) und Datenkontrolle (z.B. Bedingungen an Datenwerte).

Die frühe Geschichte der Sprache SEQUEL ist untrennbar mit der von System R verbunden. Das Projekt brachte eine Reihe von Publikationen über die verschiedenen Eigenschaften der Sprache [Boyce 73, Chamberlin 76] sowie über ihre Implementierung [Selinger 79, Chamberlin 81] hervor. In den späten 70er Jahren erkannte man, daß der Name SEQUEL mit einem bereits existierenden Warenzeichen kollidierte, so daß man ihn zu SQL oder *Structured Query Language* verkürzte. Der System R-Prototyp wurde über eine Dauer von drei Jahren von experimentellen Benutzern an verschiedenen Orten angewandt. Zusammenfassungen der dabei gemachten Erfahrungen findet man bei [Chamberlin 80] und [Astrahan 80].

1.3.2 Produkte und Standards

Obwohl SQL von IBM entwickelt und prototypisch implementiert wurde, wurde das erste auf SQL basierende kommerzielle Produkt 1979 von einer kleinen Firma namens Relational Software, Inc., herausgebracht. Dieses Produkt hieß Oracle, ein Name, der später auch für die Firma, die heute nicht mehr klein ist, übernommen wurde. Oracle wurde zunächst unter dem UNIX-Betriebssystem auf PDP-11-Maschinen implementiert und später auf andere Plattformen portiert. Im gleichen Jahr wurde ein relationales Datenbankprodukt, das auf Ingres basierte, für die UNIX-Umgebung von einer neuen Firma mit Namen Relational Technology, Inc., herausgebracht. Das Ingres-Produkt verwendete zunächst eine Implementierung der Anfragesprache *QUEL* und konnte erst später auch SQL unterstützen.

Die erste kommerzielle SQL-Implementierung von IBM mit dem Namen *SQL/Data System* wurde im Februar 1981 für das System/370-Betriebssystem DOS/VSE freigegeben. Diesem folgte eine Serie von IBM-Produkten, die die Verfügbarkeit von SQL auf zahlreiche andere Betriebssystemumgebungen erweiterte: SQL/Data System für VM/370 im Jahr 1983, DB2 für MVS (später OS/390) im Jahr 1983, OS/2 Database Manager in 1987, SQL/400 in 1988, DB2 für AIX in 1993 und DB2 Common Server für Windows NT und verschiedene UNIX-Plattformen im Jahr 1995. DB2 Universal Database, das in diesem Buch beschriebene Produkt, ist die jüngste Erweiterung der DB2-Familie.

In den 80er Jahren wurde SQL von allen größeren Datenbankherstellern implementiert und ist heute die weltweit am meisten genutzte Datenbanksprache. Zur Ermöglichung von Portabilität zwischen den vielen SQL-Implementierungen startete das American National Standards Institute (ANSI) ein Projekt zur Entwicklung einer standardisierten Spezifikation von SQL. Das Ergebnis ist als *Database Language SQL* bekannt und wurde als ANSI-Standard (Nr. X3.135-1986) im Oktober 1986 verabschiedet. Dieselbe Sprache wurde von der International Organization for Standardization (ISO) im Juni 1987 als internationaler Standard (Nr. 9075-1987) akzeptiert und in der Folgezeit auch zu einem nationalen Standard in Kanada, England, Frankreich, Deutschland, Japan und anderen Ländern gemacht.

SQL ist auch weiterhin ein Schwerpunkt von Standardisierungsbemühungen. Der ANSI/ISO-Standard für SQL wurde 1989 durch Hinzunahme einer Integritätsspezifikation (Integrity Enhancement) erweitert, die eine Spezifikation von Bedingungen an Datenwerte sowie an Beziehungen zwischen Tabellen ermöglicht. Eine erheblich erweiterte Version des Standards mit vielen neuen Möglichkeiten wurde 1992 von ANSI und ISO festgeschrieben; diese wird oft als *SQL92* [ISO 92] bezeichnet. Weitere Nachträge zu diesem Standard wurden 1995 hinsichtlich des Call Level Interface [ISO 95] und 1996 für Stored Procedures [ISO 96] verabschiedet. Eine noch vollständigere Version von SQL, informal unter der Bezeichnung *SQL3* bekannt, befindet sich zur Zeit bei ANSI- und ISO-Komitees in der Entwicklung.

1.3.3 Einige kontroverse Entscheidungen

Während der frühen Entwicklungsphase von SQL und System R wurden einige Entscheidungen gefällt, die letztlich zu erheblich mehr Kontroversen geführt haben, als man ursprünglich vorhersehen konnte. Wesentlich waren vor allem die Entscheidungen, Nullwerte zu unterstützen und doppeltes Vorkommen von Zeilen in Tabellen sowie in Anfrageergebnissen zuzulassen. Ich werde hier kurz auf die Gründe für diese Entscheidungen und den Kontext, in welchem sie gefällt wurden, eingehen. Meine Absicht ist dabei historisch, nicht überredend. Ich bin mir bewußt, daß Nullwerte und Duplikate »religiöse« Themen sind, und ich erwarte nicht, daß irgendjemand seine Meinung hierzu nach dem Lesen dieses Abschnitts ändert.

Die Entwickler von System R waren überwiegend praktisch veranlagte Menschen und keine Theoretiker, und diese Ausrichtung findet sich in vielen ihrer Entscheidungen wieder. Diese Philosophie der Benutzerschnittstelle von System R kann weitestgehend durch die folgenden drei Aspekte beschrieben werden: (1) Verwende gesunden Menschenverstand, (2) modelliere die reale Welt und (3) vertraue dem Benutzer. Einige Beispiele sollen aufzeigen, wie diese Prinzipien auf die Aspekte Nullwerte und Duplikate Anwendung gefunden haben.

Man betrachte eine Datenbank, die Studenteninformationen einer großen Universität enthält. Jeder Student sei durch einen Primärschlüssel wie die Sozialversicherungsnummer eindeutig identifizierbar. Ein für diese Datenbank geschriebenes Anwendungsprogramm drucke nun Adreßetiketten, etwa um den Studenten ihre Rückmeldeunterlagen zuzuschicken. Die Anfrage, mit der die Namen und Adressen von Studenten festgestellt werden, ist sehr einfach und lautet z.B. wie folgt:

```
SELECT name, adresse FROM studenten;
```

Diese Anfrage liefert ein großes Datenvolumen, z.B. 35.000 Zeilen. Da weder Name noch Adresse noch deren Kombination als Schlüssel deklariert wurden, weiß das System nicht, ob die von der Anfrage zurückgelieferte Menge von Namen und Adressen doppelte Einträge enthält. Falls die Semantik der Anfragesprache so definiert wird, daß doppelte Einträge stets aus Ergebnissen eliminiert werden, so wird das System gezwungen, nach doppelt vorkommenden Paaren, bestehend aus Name und Adresse, zu suchen, etwa durch Anlegen einer temporären Kopie aller Daten und Sortieren dieser. 35.000 Records zu sortieren ist nun selbst heute noch nicht völlig umsonst, und Mitte der 70er Jahre war es noch wesentlich teurer. Nach gesundem Menschenverstand liegt dann die Frage nahe: Welchen Wert gewinnt das Anfrageergebnis durch Elimination doppelter Elemente? Der Benutzer, der die Anfrage geschrieben hat, wird wahrscheinlich wissen, daß es unwahrscheinlich ist, daß zwei oder mehr Studenten mit demselben Namen dieselbe Adresse haben. Für den Fall, daß es tatsächlich zwei Studenten mit gleichem Namen und gleicher Adresse gibt, könnte sich der Schreiber des Programms auch entschließen, einen Adreßaufkleber für beide zu drucken (und den beiden selbst zu überlassen, wer welchen Aufkleber bekommt). Auf Grund von Beispielen wie diesem wurde entschieden, daß SQL Duplikate aus Anfrageergebnissen nur auf Wunsch (optional) entfernt, im Vertrauen darauf, daß ein Benutzer selbst entscheiden kann, wann die zusätzlichen Kosten dessen gerechtfertigt sind. Der Nebenaspekt, was voreingestellt sein sollte, wurde im Hinblick auf Leistungsmaximierung und Kostenminimierung entschieden: Das System sollte die zeit- und kostenintensive Operation des Eliminierens von Duplikaten nur dann ausführen, wenn es ausdrücklich dazu aufgefordert wurde.

Nun ist natürlich ein Zulassen von Duplikaten in Anfrageergebnissen nicht dasselbe wie ein Erlauben von doppelten Zeilen in Tabellen. Die Entwickler von System R waren sich bewußt, daß eine Relation, wie in Codds bahnbrechender Arbeit definiert, eine Teilmenge des Kartesischen Produkts einer Menge von Wertebereichen ist und daß diese Definition keine doppelten Elemente zuläßt. Diese formale Definition einer Relation ist sicherlich sinnvoll und sollte von jedem Datenbanksystem unterstützt werden. Andererseits dachten die System R-Entwickler auch an Benutzer, denen (da nicht firm in Mengenlehre) ein flexibleres Tabellenkonzept als Behälter zum Speichern von Information mehr zusagen würde, bei dem doppelte Zeilen und Nullwerte wahlweise zugelassen oder ausgeschlossen werden können. Als Beispiel einer Anwendung, bei der doppelte Zeilen sinnvoll sein können, betrachte man eine Tabelle von Immobilientransaktionen, in der Postleitzahl, Datum und Verkaufspreis einer jeden solchen Transaktion protokolliert werden. Der Benutzer, der diese Tabelle anlegt, könnte lediglich an statistischen Anfragen interessiert sein, wie z.B. an der Bestimmung des durchschnittlichen Verkaufspreises aller Parzellen im Postleitzahlengebiet 90210 in einem bestimmten Jahr oder an den Postleitzahlenbereichen, in denen Häuser im Wert von mehr als einer Million Dollar verkauft wurden. Es ist vielleicht selten, aber nicht unmöglich, daß an ein und demselben Tag zwei Parzellen im gleichen Postleitzahlenbereich zum gleichen Preis verkauft werden. Dann wäre es vernünftig zu fragen: Sollten Benutzer *gezwungen* sein, gegen das Speichern solcher »doppelter« Daten Vorkehrungen zu treffen? Um Eindeutigkeit der Zeilen sicherzustellen, bräuchte man eine weitere Spalte in der betreffenden Tabelle, die z.B. eine Grundstücksnummer enthält. Da es aber auch vorkommen kann, daß ein Grundstück mehrmals an einem Tag den Besitzer wechselt, würde die

Anwendung besser für jede Transaktion einen künstlichen Schlüssel erzeugen, und das System sollte einen Index unterhalten, um die Eindeutigkeit des Schlüssels zu gewährleisten. SQL vertraut darauf, daß der Datenbankdesigner entscheiden kann, wann die Kosten der Erzeugung und des Wartens eines solchen eindeutigen Schlüssels gerechtfertigt sind. Es wird hier (und wurde vor allem 1975, als die Kosten für Speicher und Rechenzeit höher lagen) als unangemessen empfunden, derartige Kosten allen Applikationen ohne Rücksicht auf ihre Semantik aufzubürden.

Der Aspekt Nullwerte führt uns zur Berücksichtigung der Tatsache, daß Datenbanken gelegentlich zur Modellierung der realen Welt verwendet werden. Man betrachte eine Tabelle zur Speicherung von Temperatur, Barometerdruck, Windrichtung und Windgeschwindigkeit sowie von wetterbezogenen Daten für unterschiedliche Tage und Orte. Weiter nehme man an, daß jemand in der Wetterstation in Fairbanks, Alaska, am 17. Januar 1989 das einzige Barometer fallengelassen und zerbrochen hat, so daß der Barometerdruck an diesem Ort und zu dieser Zeit für immer unbekannt bleiben wird. Derartige Probleme kommen in der realen Welt vor, und sie konfrontieren den Datenbankdesigner mit unschönen Optionen.

Eine solche Option ist, einen der möglichen Werte für den Druck die fehlende Information repräsentieren zu lassen. Dieser Ansatz führt zu mindestens zwei Problemen: Das wenig ernsthafte ist, daß bei manchen Spalten ein solches Reservieren eines Werts nicht möglich ist, da alle Werte bedeutungsvoll sind und gebraucht werden. Dies kann vorkommen, wird aber selten sein (wenn z.B. der Barometerdruck in Fairbanks den Wert 0 erreicht, so ist die Darstellung fehlender Information das geringste Problem). Wesentlich problematischer ist die Tatsache, daß eine Verwendung eines gültigen Datenwertes zur Darstellung fehlender Information ein explizites Schützen oder Kennzeichnen dieses Wertes in jeder Applikation, die mit der Datenbank arbeitet, erfordert. Wird z.B. der Wert 0 zur Darstellung von fehlendem Barometerdruck gewählt, so liefert die folgende Anfrage stillschweigend und ohne Warnung eine falsche Antwort:

```
SELECT avg(druck)
FROM wetter
WHERE ort = 'Fairbanks';
```

Um die korrekte Antwort zu erhalten, muß die obige Anfrage (sowie jede ähnliche Anfrage in jeder Applikation) wie folgt umgeschrieben werden (unter der Annahme, daß der Wert 0 einen unbekannten Druck repräsentiert):

```
SELECT avg(druck)
FROM wetter
WHERE ort = 'Fairbanks' AND druck <> 0;
```

Eine zweite unschöne Option zur Darstellung fehlender Information ist ein »Verdoppeln« jeder Spalte um eine zweite, in der eine Flagge anzeigt, ob der Wert in der ersten gültig oder fehlend ist. Es braucht nicht erwähnt zu werden, daß dieser Ansatz den für die Datenbank benötigten Speicherplatz signifikant erhöht und dennoch ein defensives Codieren von Applikationen wie im obigen Beispiel erfordert.

Eine dritte, ebenfalls unschöne Option besteht darin, daß das Datenbanksystem fehlende Information explizit durch einen Nullwert darstellt, der von einem gewöhnlichen Wert qualitativ verschieden und mit einem solchen nicht vergleichbar ist. Dieser Ansatz führt zu der dreiwertigen Logik, die auch Teil des ANSI/ISO-SQL-Standards ist und die in UDB und in vielen anderen relationalen Systemen implementiert ist. Er führt ferner zu einigen, inzwischen gut dokumentierten, Anomalien. So ist z.B. in SQL der Ausdruck avg(salary) nicht notwendig äquivalent zu dem Ausdruck sum(salary) / count(*). Des weiteren liefert die folgende Anfrage, die alle Zeilen der Tabelle ANGESTELLTE zurückgeben soll, keinen Angestellten ohne Gehalt:

```
SELECT *
FROM angestellte
WHERE gehalt > 10000 OR gehalt < 10000
      OR gehalt = 10000;
```

Die Anwesenheit von Nullwerten erlegt auch Anfrageoptimierern gewisse Restriktionen auf. So sind z.B. manche Techniken zur Transformation von Anfragen in andere, äquivalente Anfragen unter zweiwertiger Logik erlaubt, nicht aber unter dreiwertiger. So müssen Optimierer, die solche Techniken benutzen, Beschränkungen in Gegenwart von Nullwerten beachten.

Angesichts dieser Optionen sind die Entwickler von SQL auf das Prinzip »vertraue dem Benutzer« zurückgefallen. Eine Zulassung expliziter Nullwerte sowie eine Verwendung dreiwertiger Logik in Datenbanksystemen erlaubt einem Benutzer die Darstellung fehlender Daten mit minimalen Kosten und ohne die Notwendigkeit eines defensiven Codierens einer jeden Applikation. Gleichzeitig ermöglicht die Verwendung der NOT NULL-Bedingung auf der Ebene einzelner Spalten dem Benutzer ein Vermeiden von Anomalien, die aus Nullwerten resultieren, und zwar dort, wo es für wichtig erachtet wird. Da keine der Optionen zur Darstellung fehlender Information ohne Probleme ist und Benutzer letztlich die Zeche zahlen, erscheint es angemessen, sie den Ansatz wählen zu lassen, den sie am wenigsten problematisch finden.

Das Konzept eines Nullwertes hat mindestens einen inzwischen erkannten Vorteil, der im ursprünglichen Entwurf von SQL nicht gesehen wurde. Im Laufe der Jahre hat sich die Sprache als Reaktion auf Benutzerwünsche weiterentwickelt, und es wurden neue Bestandteile hinzugefügt. Einige davon, wie z.B. der äußere Verbund (Outer Join) oder die in Kapitel 5 dieses Buches behandelten Gruppierungsoperationen, verlassen sich in ihrer Definition auf Nullwerte und wären ohne eine Unterstützung von Nullwerten nicht möglich geworden.

Bevor wir das Thema Nullwerte verlassen, möchte ich bemerken, daß Nullwerte dem Datenbankbenutzer manchmal die Flexibilität geben, die in unvorhergesehenen Situationen gebraucht wird. Als Beispiel betrachte man eine Datenbank, die von einer Regierungsstelle zum Erfassen von Information über die in den Vereinigten Staaten verkauften Automobile eingesetzt wird. In dieser Datenbank gebe es eine Tabelle FAHRZEUGE mit einer Spalte MPG zur Angabe der Spriteffizienz in Meilen pro Gallone. Verschiedene Anwendungen machen hiervon Gebrauch; so dient z.B. die folgende Anfrage der Beobachtung von durchschnittlichen Flottenverbräuchen:

```
SELECT hersteller, avg(mpg)
FROM fahrzeuge
GROUP BY hersteller;
```

Man stelle sich nun die Probleme vor, die diese Regierungsstelle in dem Moment bekommt, wenn das erste elektrisch betriebene Fahrzeug eingeführt wird. Die Spalte MPG ist offensichtlich auf ein solches Fahrzeug nicht anwendbar; andererseits würde die Verwendung eines numerischen Werts in dieser Spalte zur Darstellung von »nicht anwendbar« existierende Applikationen wie den durchschnittlichen Flottenverbrauch ungültig machen. Das Problem rührt möglicherweise von der mangelnden Voraussicht des Datenbankdesigners her, ist allerdings durchaus nicht selten. Ein aus theoretischer Sicht korrekter Ansatz wäre ein Neuentwurf der Datenbank, bei dem der betreffenden Tabelle eine Spalte ANTRIEBSQUELLE hinzugefügt und alle Applikationen entsprechend umgeschrieben würden. Nun sind Programmierer und Datenbankdesigner nicht immer in ausreichendem Maße verfügbar, und häufig werden solche Probleme am Mittwoch Nachmittag erkannt, wenn der Abschlußbericht am Freitag fällig ist. Teilweise auf Grund solcher Beispiele haben sich die Entwickler von SQL und von System R seinerzeit entschlossen, Nullen unter den Werkzeugen, mit denen ein Benutzer seine Arbeit erledigen kann, bereitzuhalten.

Als sich die SQL-Entwickler entschlossen haben, Benutzern die Optionen der Verwendung von Nullwerten sowie von Duplikaten zu gewähren, betrachteten sie diese als kleinere Annehmlichkeiten und nicht etwa als klare Abkehr von einer Strenggläubigkeit, die mit Exkommunikation zu bezahlen ist. 20 Jahre danach ist vieles zu Nullwerten und Duplikaten gesagt worden, manches davon recht laut. E.F. Codd, der Erfinder des relationalen Datenmodells, hat gesagt, daß er ein Datenbanksystem nicht als »voll relational« ansieht, solange es nicht mindestens zwei Arten von fehlenden Daten unterstützt [Codd 90]. Andere bekannte Autoren über Relationales bestehen darauf, daß das Konzept der Nullwerte generell abgeschafft werden sollte. Ich glaube, daß am Ende die Benutzer von Datenbanksystemen die wahren Schiedsrichter über Fragen der Nullwerte und der doppelten Zeilen sein werden. Falls Anwender diese Konzepte bei der Lösung ihrer Probleme hilfreich finden, werden sie sie weiterhin benutzen. Wenn Benutzer andererseits glauben, daß Nullen und Duplikate gefährlich sind, werden sie sie vermeiden und gewissenhaft Optionen wie NOT NULL, PRIMARY KEY und SELECT DISTINCT verwenden. Durch Unterstützung dieser Optionen macht UDB es seinen Benutzern einfach, »mit ihren Daten zu wählen«.

1.3.4   Literaturhinweise

[Astrahan 76] Astrahan, M.M., M.W. Blasgen, D.D. Chamberlin, K.P. Eswaran, J.N. Gray, P.P. Griffith, W.F. King, R.A. Lorie, P.R. McJones, J.W. Mehl, G.R. Putzolu, I.L. Traiger, B. Wade und V. Watson: »System R: A Relational Approach to Database Management.« *ACM Transactions on Database Systems*, Vol. 1, No. 2, Juni 1976, 97-137.

[Astrahan 80] Astrahan, M.M., M.W. Blasgen, D.D. Chamberlin, J.N. Gray, W.F. King, B.G. Lindsay, R.A. Lorie, J.W. Mehl, T.G. Price, G.R. Putzolu, M. Schkolnick, P.G. Selinger, D.R. Slutz, I.L. Traiger, B. Wade und R.A. Yost: »A History and Evaluation of System R.« *Communications of the ACM*, Vol. 24, No. 10, Oktober 1981, 632-646.

[Boyce 73] Boyce, R.F. und D.D. Chamberlin: *Using a Structured English Query Language as a Data Definition Facility*. IBM Research Report RJ-1318. San Jose, CA: IBM Research Laboratory, Dezember 1973.

[Chamberlin 74] Chamberlin, D.D. und R.F. Boyce: »SEQUEL: A Structured English Query Language.« *Proceedings of the ACM SIGFIDET Workshop on Data Description, Access, and Control*, 249-264. Ann Arbor, MI: ACM, Mai 1974. (SIGFIDET war der Vorläufer der SIGMOD, der ACM Special Interest Group on Management of Data.)

[Chamberlin 76] Chamberlin, D.D., M.M. Astrahan, K.P. Eswaran, P.P. Griffith, R.A. Lorie, J.W. Mehl, P. Reisner und B.W. Wade: »SEQUEL2: A Unified Approach to Data Definition, Manipulation, and Control.« *IBM Journal of Research and Development*, Vol. 20, No. 6, November 1976, 560-575. (Errata in Vol. 21, No. 1, Januar 1977.)

[Chamberlin 80] Chamberlin, D.D.: »A Summary of User Experience with the SQL Data Sublanguage.« *Proceedings of the International Conference on Data Bases*, 181-203. London: Heyden & Son, Ltd., Juli 1980.

[Chamberlin 81] Chamberlin, D.D., M.M. Astrahan, W.F. King, R.A. Lorie, J.W. Mehl, T.G. Price, M. Schkolnick, P.G. Selinger, D.R. Slutz, B.W. Wade und R.A. Yost: »Support for Repetitive Transactions and Ad-Hoc Queries in System R.« *ACM Transactions on Database Systems*, Vol. 6, No. 1, März 1981, 70-94.

[Codd 70] Codd, E.F.: »A Relational Model of Data for Large Shared Data Banks.« *Communications of the ACM*, Vol. 13, No. 6, Juni 1970, 377-387.

[Codd 71a] Codd, E.F.: »A Data Base Sublanguage Founded on the Relational Calculus.« *Proceedings of the 1971 ACM SIGFIDET Workshop on Data Description, Access, and Control*. New York: ACM, November 1971.

[Codd 71b] Codd, E.F.: »Relational Algebra.« *Database Systems*. Courant Computer Science Symposium, New York: Prentice Hall, 1971.

[Codd 90] Codd, E.F.: *The Relational Model for Database Management: Version 2*. Reading, MA: Addison-Wesley, 1990.

[Date 95] Date, C.J.: *An Introduction to Database Systems*, 6. Auflage. Reading, MA: Addison-Wesley, 1995.

[ISO 92] International Organization for Standardization (ISO): *Information Technology – Database Language SQL*. Standard No. ISO/IEC 9075:1992. (ISO-Dokumente sind erhältlich beim American National Standards Institute, 11 West 42nd Street, 13th Floor, New York, NY 10036, (212) 642-4900.)

[ISO 95] International Organization for Standardization (ISO): *Database Language SQL – Part 3: Call-Level Interface*. Standard No. ISO/IEC 9075-3:1995.

[ISO 96] International Organization for Standardization (ISO): *Database Language SQL – Part 4: Persistent Stored Modules*. Standard No. ISO/IEC 9075-4:1996.

[Selinger 79] Selinger, P.G., M.M. Astrahan, D.D. Chamberlin, R.A. Lorie und T.G. Price: »Access Path Selection in a Relational Database Management System.« *Proceedings of the ACM SIGMOD Conference*. New York: ACM, Juni 1979.

[Stonebraker 76] Stonebraker, M., G. Held, P. Kreps und E. Wong:. »The Design and Implementation of Ingres.« , Vol. 1, No. 3, September 1976, 189-222.

[Todd 75] Todd, S.J.P.: »The Peterlee Relational Test Vehicle – A System Overview.« *IBM Systems Journal*, Vol. 15, No. 4, 1976.

2 Grundlagen

Heutige Datenbankapplikationen implementieren eine Vielzahl von Benutzerschnittstellen. Manche Applikationen präsentieren ihren Benutzern Formulare zum Ausfüllen; andere stellen unterschiedliche graphische Werkzeuge zur Konstruktion von Datenbankanfragen und Updates bereit. Unter der Oberfläche vieler, scheinbar unterschiedlicher Systeme gibt es jedoch eine gemeinsame Schnittstelle: SQL, die *Structured Query Language*. SQL ist heute die Standarddarstellungsform für Anfragen an relationale Datenbanken und für den Austausch solcher Anfragen zwischen Clients und Servern sowie zwischen verschiedenen Datenbanksystemen. Da SQL ein wohldefinierter Standard ist, der von vielen Herstellern implementiert wurde, sind auf SQL basierende Applikationen einigermaßen von einem System zum anderen portabel.

Dieses Kapitel behandelt die Grundlagen der Benutzung von SQL und bildet damit die Basis für spätere Kapitel, in denen fortgeschrittene Eigenschaften von UDB behandelt werden. Die Grundaufgaben, die in diesem Kapitel behandelt werden, sind:

▶ Auffinden, Einfügen, Aktualisieren und Löschen von Daten

▶ Entwurf einer Datenbank sowie Erzeugen von Tabellen und Sichten

▶ Verwendung des Transaktionskonzepts zur Sicherung von Datenkonsistenz

▶ Zugriffskontrolle für Daten durch Verwendung des Autorisierungs-Subsystems

Eine der Stärken von SQL ist die Tatsache, daß die Sprache auf unterschiedliche Weisen benutzt werden kann. Die grundlegenden SQL-Befehle, die in diesem Kapitel beschrieben werden, können interaktiv über eine der in Kapitel 3 beschriebenen Benutzerschnittstellen ausgeführt werden. Dieselben Befehle können aber auch mit Techniken, die in Kapitel 4 beschrieben werden, in ein Anwendungsprogramm, das in einer Hostbzw. Wirtsprache wie C oder C++ geschrieben ist, eingebettet werden. Dieselben SQL-Kommandos können ferner von einem laufenden Programm »im Vorbeiflug« erzeugt werden, und zwar unter Verwendung der in Kapitel 8 beschriebenen Möglichkeiten des dynamischen SQL. Viele der in diesem Kapitel vorgestellten SQL-Anweisungen können auch unter Verwendung eines Werkzeugs zur Datenbankadministration, wie etwa der Steuerzentrale, ausgeführt werden; dies wird in Kapitel 10 behandelt.

Nach dem Lesen dieses Kapitels besitzt man die grundlegenden SQL-Fertigkeiten, die man als interaktiver UDB-Benutzer, als Anwendungsentwickler oder als Datenbankadministrator braucht.

2.1 Tabellen

In einer relationalen Datenbank werden sämtliche Daten in Form von *Tabellen* gespeichert, die aus Zeilen (Tupel) und Spalten (Attribute) bestehen. Jede Tabelle hat einen Namen, und innerhalb einer Tabelle hat jede Spalte einen Namen oder Bezeichner. Unter den Zeilen einer Tabelle wird keine bestimmte Ordnung eingehalten, jedoch können Zeilen in einer durch die Werte in ihren Spalten bestimmten Ordnung angezeigt werden.

Eine der charakteristischen Eigenschaften einer relationalen Datenbank ist, daß sämtliche Informationen in der Datenbank durch Werte, die in den Tabellen gespeichert werden, dargestellt werden. Keinerlei Information befindet sich in codierter Form in den physischen Strukturen wie Indizes, Zeigern, Verbindungen oder Anordnungen. Naturgemäß können alle physischen Strukturen sowie weitere vom System zur Leistungsoptimierung verwendet werden; jedoch sind alle Effizienzhilfen nur genau das – interne Einrichtungen, die keine essentielle Information tragen und die nicht Teil des Datenmodells sind, mit welchem der Benutzer umgeht.

Diese Trennung der Zugriffshilfen vom logischen Datenmodell hat verschiedene wichtige Konsequenzen:

▶ Benutzer können ihre Anfragen in einer einfachen Hochsprache ausdrücken, wodurch die Entwicklung von Applikationen erleichtert wird.

▶ Systemadministratoren müssen nicht genau vorhersehen, in welcher Form eine Datenbank benutzt wird, denn Indizes und andere Strukturen können dynamisch hinzugefügt werden, so, wie sich das Nutzungsprofil ändert, und zwar ohne Einfluß auf bestehende Applikationen.

▶ Das System kann für jede gegebene Anfrage einen optimalen Zugriffsplan auswählen, und zwar auf der Basis der Zugriffshilfen, die in dem Moment vorhanden sind, in dem die Anfrage ausgeführt werden soll.

▶ Das Datenmodell hat keine irgendwie geartete »Voreinstellung«, wodurch die Beantwortung mancher Anfragen (etwa solcher, die sich eng an den physischen Zugriffspfaden orientieren) einfacher ist als die anderer.

Die in einer Datenbank physisch gespeicherten Tabellen werden auch als *Basistabellen* bezeichnet. Die meisten relationalen Datenbanksysteme einschließlich UDB erlauben dem Benutzer ferner die Definition zusätzlicher Tabellen, sogenannter *Sichten (Views)*, welche aus den Basistabellen in einer bestimmten Weise abgeleitet werden. Eine Sicht kann zu dem Zweck definiert werden, aus einer gegebenen Basistabelle Daten wegzulassen, zwei Basistabellen zu kombinieren oder lediglich summierte Daten anzugeben. In UDB werden Sichten unter Verwendung der gleichen Syntax wie zur Formulierung von Anfragen an Basistabellen definiert. (Sichten werden in Abschnitt 2.6 genauer behandelt.)

2.1.1 Beispieldatenbank

Zur Illustration der Verwendung von SQL bei der Manipulation von Daten in Tabellen benutzen wir in diesem Kapitel eine Beispieldatenbank mit vier Tabellen, die zur Verwaltung des Teilelagers eines kleinen Unternehmens eingesetzt wird. Die Beispielanfragen dieses Kapitels beziehen sich alle auf diese Tabellen und sind an den unten gezeigten Beispieldaten getestet worden.

Unsere Beispieldatenbank soll Buch führen können über die verschiedenen Teile, die in der Firma benutzt werden, von denen jedes eine eindeutige Teilenummer hat. Eine Tabelle namens TEILE speichert Informationen über jeden Teiletyp, einschließlich seiner Beschreibung sowie der Quantität, der aktuell am Lager vorhanden (LAGERBESTAND) bzw. der momentan bestellt (BESTELLSTAND) ist.

TEILE

TEILENR	BESCHREIBUNG	LAGERBESTAND	BESTELLSTAND
P207	Zahnrad	75	20
P209	Nocke	0	10
P221	Großer Bolzen	650	200
P222	Kleiner Bolzen	1250	0
P231	Große Mutter	0	200
P232	Kleine Mutter	1100	0
P250	Großes Zahnrad	5	3
P285	Rad	350	0
P295	Riemen	0	25

Das Lager muß seinen Bestand unterhalten und neue Teile bestellen, wenn der vorhandene Bestand zur Neige geht. Zu diesem Zweck verfügt es in einer Tabelle mit dem Namen LIEFERANTEN über eine Liste von Lieferanten wie unten gezeigt.

Wenn eine neue Lieferung von Teilen geordnet wird, möchte der Lagerverwalter jeden Teiletyp zum niedrigst möglichen Preis beschaffen. Gelegentlich geht jedoch eine Eilbestellung von Teilen, die innerhalb einer bestimmten Zeit gebraucht werden, bei ihm ein. Zur Verwaltung von Bestellvorgängen enthält die Lagerdatenbank eine Tabelle mit dem Namen PREISLISTE, welche die Teile auflistet, die von den diversen Lieferanten geliefert werden können, jeweils mit einer Preisangabe sowie einer in Tagen gemessenen Reaktionszeit des Lieferanten.

LIEFERANTEN

LIEFNR	NAME	ADRESSE
S51	ABC Parts Company	123 Industrial Way, Cleveland OH
S53	Parts Are We	800 River Drive, Yonkers NY
S54	Quality Parts	3820 Bayview St., Seattle WA
S58	Superfast Parts	22500 Airport Blvd., Miami FL
S59	Joe's Scrap Heap	975 Country Club Lane, Boston MA
S61	Partco, Inc.	650 Stony St., Dallas TX
S99	Parts Is Parts	500 Scenic Drive, Modesto CA

PREISLISTE

LIEFNR	TEILENR	PREIS	REAKTIONSZEIT
S51	P207	950	45
S51	P209	1250	10
S53	P207	2995	30
S53	P285	3250	21
S54	P209	2500	18
S54	P222	75	7
S54	P285	5500	25
S54	P295	1900	14
S58	P207	?	33
S58	P221	35	10
S58	P222	20	10
S58	P231	25	10
S58	P232	10	10
S61	P207	2995	28
S61	P221	30	15
S61	P222	15	15
S61	P231	20	15
S61	P232	5	15

Die Tabelle PREISLISTE listet Preise in einer Spalte vom Typ Integer in Cent (so bedeutet z.B. die Zahl 2995 den Wert $ 29,95). SQL kennt einen Datentyp Decimal, der hier als natürlichere Wahl erscheinen könnte. Allerdings können Daten dieses Typs nicht effizient mit einem C-Programm ausgetauscht werden, da C keine Entsprechung besitzt. Eine Darstellung von Geldwerten als ganze Zahlen ist eine Möglichkeit, mit diesem Problem umzugehen; andere Techniken hierzu werden später im Buch beschrieben.

Das Lager muß auch Buch führen über aktuell offene Bestellungen neuer Teile. Zu diesem Zweck gibt es eine Tabelle mit dem Namen BESTELLUNGEN, welche die Lieferantennummer, die betreffende Teilenummer, die bestellte Anzahl sowie das Bestelldatum enthält.

BESTELLUNGEN

LIEFNR	TEILENR	ANZAHL	BESTELLDATUM
S53	P207	20	15-06-1998
S51	P209	10	20-06-1998
S61	P221	200	01-07-1998
S61	P231	200	01-07-1998
S54	P295	25	28-06-1998

2.2 Namen und Schemata

Datenbanken sind voll von Dingen, die Namen haben. Wie wir bereits gesehen haben, speichert UDB alle Daten in Tabellen, und jede Tabelle hat einen Namen. Andere Datenbankobjekte mit einem Namen sind z.B. Sichten (Views), Indizes, Funktionen und Trigger. Ein Name darf bis zu 18 Zeichen (Characters) umfassen und muß mit einem Buchstaben beginnen.

Normalerweise konvertiert das System sämtliche klein geschriebenen Buchstaben automatisch in Großbuchstaben, wenn man einen Namen angibt. So sind z.B. die Namen TABLE1 und table1 und Table1 alle gleichwertig. Falls man jedoch aus irgendeinem Grund einen Namen verwenden möchte, der klein geschriebene Buchstaben, Leerzeichen (Blanks) oder spezielle Symbole enthält, so wird der betreffende Name in Hochkommata eingeschlossen, wie z.B. bei "My Table". Namen in Hochkommata werden vom System genau so interpretiert, wie sie geschrieben sind, so daß z.B. "My Table" und "my table" verschiedene Namen darstellen. Ein Name in Hochkommata kann sogar mit einem SQL-Schlüsselwort wie SELECT oder FROM übereinstimmen, obwohl das natürlich zu verwirrenden Anfragen führen kann.

Wenn man z.B. eine Tabelle mit dem Namen GEHALTSLISTE anlegt, wäre es mühsam, die Datenbank daraufhin durchsuchen zu müssen, ob ein anderer Benutzer vielleicht schon eine Tabelle dieses Namens angelegt hat. Noch schlimmer wäre es, wenn man eine Datenbankapplikation kauft, die eine Tabelle GEHALTSLISTE anlegt und diese dann auf Grund eines Namenskonflikts nicht benutzen könnte. Aus diesen Gründen kennt SQL den Begriff des *Schemas*, worunter eine benannte Sammlung von Objekten, wie z.B. Tabellen und Sichten, verstanden wird. Der Name eines jeden Objekts muß lediglich innerhalb eines Schemas eindeutig sein. Beispielsweise kann eine Datenbank ein Schema mit dem Namen FORSCHUNG und ein anderes mit dem Namen PRODUKT enthalten; jedes dieser Schemas könnte eine Tabelle mit dem Namen GEHALTSLISTE enthalten. Man kann sich dann auf eine der Tabellen mit dem Namen GEHALTSLISTE durch Verwendung eines qualifizierten Namens beziehen, der zweiteilig ist und aus dem Namen des betreffenden Schemas, gefolgt vom Namen des gewünschten Objekts besteht, also z.B. FORSCHUNG.GEHALTSLISTE.

Ein Schema kann explizit erzeugt werden durch den SQL-Befehl CREATE SCHEMA. Alternativ wird ein Schema implizit angelegt, wenn man ein Objekt in einem Schema erzeugt, das noch nicht existiert. Legt man z.B. eine Tabelle SCHULE.ARCHIV an, so wird ein Schema mit dem Namen SCHULE erzeugt, falls es noch nicht vorhanden ist. Falls man lediglich einen einteiligen Namen angibt, wenn man ein neues Objekt anlegt, so wird die Benutzerkennung als Schemaname betrachtet. Wird z.B. die Benutzerkennung SMITH zur Erzeugung einer Tabelle mit dem Namen ARCHIV benutzt, so wird implizit ein Schema mit dem Namen SMITH angelegt, falls es noch nicht existiert. Aus diesem Grund enthält eine Datenbank häufig viele Schemas mit den Namen von Systembenutzern.

Wenn man ein Schema explizit erzeugt, so wird man selbst (oder ein anderer zu spezifizierender Benutzer) der *Besitzer* oder Eigentümer (Owner) dieses Schemas. Der Besitzer eines Schemas darf Objekte in diesem Schema erzeugen, verändern und wieder löschen, und er darf diese Rechte an andere Benutzer weitergeben. Ein Schema, das implizit angelegt wird, hat das System zum Eigentümer; jeder kann darin Objekte anlegen, und diese Objekte verbleiben dann unter der Kontrolle ihrer individuellen Eigentümer. Weitere Informationen zur Kontrolle von Schemas und der Objekte darin findet man in den Abschnitten 2.6.7 und 2.8.5.

Schemanamen dürfen nicht länger als acht Zeichen sein. Ein Schemaname muß mit einem Buchstaben beginnen, darf jedoch nicht mit der Buchstabenkombination »SYS« anfangen, denn derartige Schemanamen sind für den Systemgebrauch reserviert.[1] Wie bei Objektnamen werden Schemanamen in Großschreibung konvertiert, sofern sie nicht in Hochkommata eingeschlossen sind; stehen sie in Hochkommata, werden sie so interpretiert, wie sie notiert sind.

Immer dann, wenn man ein Objekt mit einem unqualifizierten (einteiligen) Namen referenziert, fügt das System einen impliziten Schemanamen hinzu, der mit der Benutzerkennung, für die aktuell die Autorisierung überprüft wird, identisch ist.[2] Die Benutzerkennung heißt die aktuelle Autorisierungskennung (Current Authid) oder kurz Autkennung. Für statisches SQL in einem Anwendungsprogramm ist die Kennung des Benutzers, der das betreffende Programm gebunden hat, die aktuelle Autorisierungskennung. Für dynamisches SQL sowie für interaktive Schnittstellen wie die Befehlszentrale ist die Kennung des Benutzers die aktuelle Autorisierungskennung, der das betreffende Programm ausführt oder mit der Schnittstelle arbeitet. Haben also z.B. die Benutzer Smith und Jones jeweils eine Tabelle namens ARCHIV in ihren Schemas angelegt, so kann Benutzer Jones seine Tabelle einfach mit ARCHIV ansprechen, jedoch kann er auf die entsprechende Tabelle des Benutzers Smith nur mit dem vollen qualifizierten Namen SMITH.ARCHIV zugreifen.

---

1. Zur Vermeidung von Auswirkungen auf ältere Applikationen erlaubt UDB, daß ein implizit durch Anlegen einer Tabelle, einer Sicht, eines Indexes oder eines Pakets erzeugtes Schema einen mit »SYS« beginnenden Namen haben kann. Diese Praxis sollte jedoch bei neuen Applikationen vermieden werden.
2. Für Funktionen und Datentypen ist der Prozeß der Auflösung eines impliziten Schemanamens de facto etwas komplizierter, wie wir in Kapitel 6 sehen werden.

In den Syntaxdiagrammen, die in diesem Buch benutzt werden, werde ich nicht stets ausdrücklich erfassen, daß die Namen von Tabellen, Sichten und anderen Objekten jeweils mit dem betreffenden Schemanamen qualifiziert werden können, denn Namen kommen einfach zu häufig vor. Statt dessen verwende ich das unten gezeigte Diagramm zur Festlegung der Syntax von Namen, die für viele Arten von Objekten benutzt werden können:

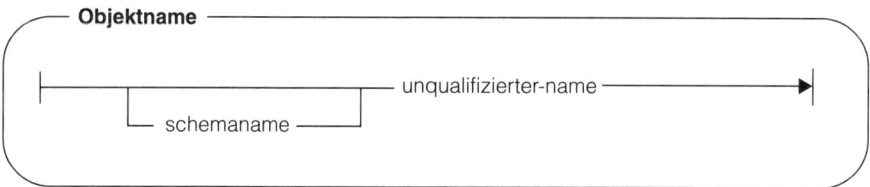

Bei der Benutzung von Objektnamen sollte man stets berücksichtigen, daß ein Schemaname höchstens acht, ein unqualifizierter Name höchstens 18 Zeichen lang sein darf und daß beide in Hochkommata eingeschlossen werden können. Objektnamen mit der oben gezeigten Syntax können in nachfolgenden Syntaxdiagrammen für jeden der folgenden Bezeichner verwendet werden:

- Alias-Name

- Funktions-Name

- Index-Name

- Paket-Name

- Prozedur-Name

- Tabellen-Name

- Trigger-Name

- Typ-Name

- View-Name

2.3 SQL-Basisdatentypen

Jeder in einer UDB-Datenbank gespeicherte Wert ist von einem bestimmten Typ, wie z.B. Integer oder Char(12). Ein Datentyp legt einen Wertebereich sowie die Menge der auf seine Elemente anwendbaren Operatoren und Funktionen fest. Jeder Datentyp hat seine eigene interne Darstellung. Jede Spalte einer UDB-Tabelle hat einen Datentyp, welcher spezifiziert wird, wenn die Tabelle angelegt wird, und der für alle Werte gilt, die in dieser Spalte abgelegt werden. Neben gewöhnlichen Werten kennt jeder Datentyp einen speziellen Wert Null, der fehlende oder unbekannte Informationen repräsentiert.

Die Datentypen, die man in einer Datenbank verwenden kann, hängen ab von einer Entscheidung, die zum Zeitpunkt des Anlegens der Datenbank gefällt wird. Das Kommando CREATE DATABASE hat die Optionen CODESET und TERRITORY, welche die Sprache festlegen, in der Daten in der neuen Datenbank gespeichert werden. So kann z.B. eine Datenbank zur Speicherung englischsprachiger Daten in den USA die Code-Seite 850 benutzen, oder eine Datenbank für japanische Daten kann Code-Seite 932 verwenden. Alle Daten in einer Datenbank verwenden stets dieselbe Code-Seite. Diese legt fest, wie Bitmuster zur Darstellung von Zeichen verwendet werden. In einer 1-Byte-Code-Seite wie etwa der Seite 850 wird jedes Zeichen durch ein Byte dargestellt. In einer 2-Byte-Seite wie der Nr. 932 werden manche Zeichen durch ein Byte, andere durch zwei dargestellt. Eine Datenbank, die eine 1-Byte-Code-Seite verwendet, wird auch als 1- oder Einbyte-Datenbank bezeichnet, und eine Datenbank, die eine 2-Byte-Seite benutzt, heißt 2- oder Doppelbyte-Datenbank.

Tabelle 2.1 zeigt die Basisdatentypen, die in einer 1-Byte-Datenbank verwendet werden können.[3] Einige dieser Datentypen besitzen Parameter, was bedeutet, daß man bei ihrer Benutzung Zusatzinformationen wie eine Länge oder eine Genauigkeit angeben muß.

Datentyp	Beschreibung
Smallint	16-Bit-Integer (ganze Zahl)
Integer	32-Bit-Integer
Decimal(p,s)	Dezimalzahl mit insgesamt p Ziffern (»Precision«) und s Ziffern (»Scale«) hinter dem Dezimalpunkt. Als Synonym für Decimal(p,s) kann Numeric(p,s) verwendet werden. Falls nichts angegeben wird, sind p = 5 sowie s = 0 voreingestellt.
Real	32-Bit-Gleitkommazahl (einfache Genauigkeit)
Double	64-Bit-Gleitkommazahl (doppelte Genauigkeit). Als Synonyme für Double können Float sowie Double Precision verwendet werden.
Char(n)	Zeichenreihe fester Länge mit n Zeichen. Der Wert von n kann 254 nicht überschreiten; voreingestellt ist n = 1.
Varchar(n)	Zeichenreihe variabler Länge mit höchstens n Zeichen, wobei n nicht größer als 4.000 sein darf. Ist n größer als 254, so können die folgenden Operatoren, die weiter unten in diesem Kapitel behandelt werden, nicht in Verbindung mit diesem Datentyp benutzt werden: GROUP BY, ORDER BY, DISTINCT und Mengenoperatoren außer UNION ALL.
Date	Besteht auś einem Jahr, einem Monat und einem Tag.
Time	Besteht aus einer Stunde, einer Minute und einer Sekunde.
Timestamp	Besteht aus einem Jahr, einem Monat, einem Tag, einer Stunde, einer Minute, einer Sekunde und einer Mikrosekunde.

Tabelle 2.1:
SQL-Basisdatentypen (für 1-Byte-Datenbanken)

---

3. Zusätzlich zu den in Tabelle 2.1 gezeigten Datentypen kann eine 1-Byte-Datenbank *Large Object*- sowie *Distinct*-Datentypen enthalten, die beide in Kapitel 6 beschrieben werden.

Datentyp	Beschreibung
Graphic(n)	Zeichenreihe fester Länge, bestehend aus n Doppelbyte-Zeichen; n darf nicht größer als 127 sein.
Vargraphic(n)	Zeichenreihe variabler Länge von bis zu n Doppelbyte-Zeichen, wobei n nicht größer als 2.000 sein darf. Ist n größer als 127, so können die folgenden Operatoren, die weiter unten in diesem Kapitel behandelt werden, nicht in Verbindung mit diesem Datentyp benutzt werden: `GROUP BY`, `ORDER BY`, `DISTINCT` und Mengenoperatoren außer `UNION ALL`.

Tabelle 2.2:
SQL-Basisdatentypen (für 2-Byte-Datenbanken)

In einer 2-Byte-Datenbank kann man die in Tabelle 2.1 angegebenen Datentypen ebenfalls benutzen, allerdings können Zeichenreihen vom Typ Char(n) oder Varchar(n) jetzt 1-Byte- sowie 2-Byte-Zeichen gemischt enthalten. Zusätzlich können in einer 2-Byte-Datenbank die in Tabelle 2.2 gezeigten Datentypen für reine Doppelbyte-Zeichenreihen verwendet werden.[4]

2.4 Anfragen

Eine der häufigsten und grundlegendsten Aufgaben, die ein Datenbanksystem ausführen muß, ist das Auffinden von Information in einer Datenbank. Ein SQL-Befehl zum Auffinden von Information wird als *Anfrage* (*Query*) bezeichnet. Eine Anfrage durchsucht die in der Datenbank gespeicherten Tabellen, um eine Antwort zu ermitteln. Das Ergebnis wird in Form einer Menge von Zeilen dargestellt, die als die *Ergebnismenge* der Anfrage bezeichnet wird.[5] Auch dann, wenn ein Anfrageergebnis aus einem einzelnen Wert besteht, sollte man diese Ergebnismenge als aus einer Spalte und einer Zeile bestehend betrachten. Natürlich kann die Ergebnismenge einer Anfrage auch leer sein.

Die einfachste Form einer SQL-Anfrage durchläuft eine der gespeicherten Tabellen und sucht nach den Zeilen, die eine vorgegebene *Suchbedingung* erfüllen; für jede solche Zeile werden Werte wie gewünscht selektiert. So findet z.B. die folgende Anfrage den Preis und die Reaktionszeit von Lieferant S54 bezüglich einer Lieferung des Teils mit der Nummer P209:

```
SELECT preis, reaktionszeit
FROM preisliste
WHERE liefnr = 'S54' AND teilenr = 'P209';
```

---

4. Auch für 2-Byte-Datenbanken existieren Large-Object- sowie Distinct-Datentypen; diese werden in Kapitel 6 behandelt.
5. Da das Ergebnis einer Anfrage doppelte Zeilen enthalten kann, wäre aus mathematischer Sicht die Bezeichnung *Ergebnismultimenge* angemessener, jedoch hat sich der Gebrauch der Bezeichnung *Ergebnismenge* durchgesetzt.

Dieses Beispiel illustriert das grundlegende SELECT-FROM-WHERE-Format einer SQL-Anfrage. Die FROM-Klausel gibt die zu durchsuchenden Tabellen an, die WHERE-Klausel spezifiziert eine Suchbedingung, die zum Auffinden der gewünschten Zeilen dient, und die SELECT-Klausel spezifiziert die Information, die für jede Zeile zurückgegeben werden soll.

Manchmal enthält eine Anfrage eine weitere Anfrage. In diesem Fall bezeichnet man die enthaltene Anfrage als *Unteranfrage* oder *Subquery*. So kann eine Anfrage z.B. eine Unteranfrage zur Spezifikation von in einer Suchbedingung zu benutzenden Werten enthalten. Grundsätzlich kann eine Subquery mehrere Werte zurückgeben; in dem Spezialfall, daß sie genau einen Wert zurückgibt, wird sie als *skalare Unteranfrage* bezeichnet. Die nachfolgenden Beispiele illustrieren vielfache Verwendungsmöglichkeiten für Unteranfragen. (Unteranfragen werden in Kapitel 5 genauer erläutert.)

2.4.1 Ausdrücke

Einer der grundlegenden Bausteine von SQL-Anfragen ist der *Ausdruck* (*Expression*). Ein Ausdruck ist einfach ein Wert, der selektiert oder berechnet werden kann. In der oben angegebenen Beispielanfrage stellen die Spaltenbezeichner `preis`, `reaktionszeit`, `liefnr` und `teilenr` sowie die Konstanten `'S54'` und `'P209'` Ausdrücke dar. Komplexere Ausdrücke können unter Verwendung arithmetischer Operatoren, wie z.B. bei `lagerbestand + bestellstand`, oder Konkatenation von Zeichenreihen, wie z.B. bei `name || adresse`, konstruiert werden. Ausdrücke werden in SELECT-Klauseln zur Spezifikation der zu liefernden Werte und in WHERE-Klauseln zur Beschreibung der in Suchbedingungen zu verwendenden Werte benutzt. Im allgemeinen besteht ein Ausdruck aus einem oder mehreren Operanden, die durch ein- oder zweistellige Operatoren verknüpft werden. Die folgenden Operanden können in SQL-Ausdrücken benutzt werden:

1. *Spaltennamen:* Beispiele sind `preis` und `beschreibung`. Wenn eine Anfrage mehr als eine Tabelle betrifft, muß ein Spaltenname manchmal durch einen Tabellennamen oder eine Variable qualifiziert werden, um klarzustellen, welche Spalte gemeint ist. Ein qualifizierter Spaltenname hat die Form z.B. `PREISLISTE.preis` oder `x.beschreibung`. Beim Schreiben einer Anfrage, die sich über mehrere Tabellen erstreckt, ist das Qualifizieren aller Spaltennamen eine sinnvolle Praxis.

2. *Konstanten:* In SQL können Konstanten eine der folgenden Formen annehmen:

   – Ganzzahlige (Integer-)Konstanten bestehen aus einem optionalen Vorzeichen sowie aus Ziffern, wie z.B. `29`, `-5`. Der Datentyp einer ganzzahligen Konstanten ist stets Integer (und nicht etwa Smallint).

   – Dezimale Konstanten schließen einen Dezimalpunkt ein, wie z.B. `29.5`, `-3.725`.

   – Gleitkommakonstanten verwenden eine Exponentialschreibweise, wie z.B. `1.875E5`, `-62E-13`. Der Datentyp einer Gleitkommakonstanten ist stets Double (nicht Real).

   – Zeichenreihenkonstanten (String-Konstanten) werden in einfache Hochkommata eingeschlossen, wie z.B. `'Niagara Falls'`. Falls eine Zeichenreihe selbst ein Hochkomma enthält, so wird dieses durch zwei aufeinanderfolgende Hochkommata dargestellt, wie z.B. in `'Bobbie"s Boot'`. Eine solche Konstante ist stets vom Datentyp Varchar (nicht Char).

– Zeichenreihenkonstanten, die einen Doppelbyte-Zeichensatz verwenden, werden in einfache Hochkommata eingeschlossen, und es wird ihnen der Buchstabe G oder N vorangestellt (beide sind gleichwertig).

Beispiele:

G '百聞は一見にしかず'

N '早起きは三文の徳'

Derartige Konstanten sind stets vom Datentyp `Vargraphic`. Naturgemäß muß die Anzahl der Bytes in einer Doppelbyte-Konstanten eine gerade Zahl sein.

 **TIP:** Konstanten vom Typ G oder N können nur innerhalb von SQL-Anweisungen benutzt werden und niemals in Wirtssprachen-Code. Jede Wirtsprogrammiersprache hat ihre eigene Darstellungsform für Doppelbyte-Zeichenreihen, wie z.B. Konstanten vom Typ L in den Sprachen C und C++; diese können innerhalb von Wirtssprachen-Code, nicht jedoch in SQL-Befehlen verwendet werden.

– In einer Zeichenreihe, der ein X vorangestellt wird, kann man eine hexadezimale Notation verwenden, wie z.B. in `X'FFFF'` oder `X'12AB907F'`. In hexadezimaler Notation können die Buchstaben A bis F in Groß- oder Kleinschreibung benutzt werden. Eine hexadezimale Konstante muß stets eine gerade Anzahl von Hexadezimalziffern haben (da diese paarweise in ein Byte gepackt werden). Obwohl sie binäre Daten enthält, ist eine hexadezimale Konstante stets vom Datentyp Varchar. Man beachte, daß die String-Konstante `'12'` eine 2-Byte-Konstante ist, die ASCII-Code für die Zeichen »1« und »2« enthält, während die Hexadezimalkonstante `X'12'` lediglich eine 1-Byte-Konstante ist, die das Bitmuster 00010010 enthält.

– Datums- und Zeitwerte können durch Zeichenreihenkonstanten in verschiedenen, vorgegebenen Formaten dargestellt werden. Beispiele:
Das Datum 25. Dezember 1998 kann auf die folgenden Weisen notiert werden:
`'1998-12-25'`
`'12/25/1998'`
`'25.12.1998'`.
Die Zeit 1:50 p.m. (13.50 Uhr) kann auf die folgenden Arten dargestellt werden:
`'13.50.00'`
`'13.50'`
`'13:50:00'`
`'13:50'`
`'1:50 PM'`.
Die Zeitmarke, welche exakt 12 Uhr mittags am 5. Januar 2001 repräsentiert, kann auf folgende Weisen dargestellt werden:
`'2001-01-05-12.00.00.000000'`
`'2001-01-05-12.00.00'`.

3. *Wirtsvariablen:* Wird eine SQL-Anweisung in ein Programm eingebettet, das in C oder einer anderen Wirtsprogrammiersprache geschrieben ist, so können die im Wirtsprogramm deklarierten Variablen in SQL-Ausdrücken verwendet werden. Um sie von Spaltennamen unterscheiden zu können, wird Wirtsvariablen stets ein Doppelpunkt vorangestellt. Beispiele: `:x`, `:stichtag`. (Wirtsvariablen werden in Abschnitt 4.1.1 genauer erläutert.)

4. *Funktionen:* UDB stellt eine umfangreiche Liste von Funktionen bereit, die ein oder mehrere Argumente akzeptieren und ein Ergebnis berechnen. Beispiele: `length(adresse)` liefert die Länge der Zeichenreihe in der Spalte `adresse`; die Funktion `substr(beschreibung,1,5)` gibt die ersten fünf Zeichen der Spalte `beschreibung` zurück.

   Bestimmte Funktionen operieren auf einer Menge von Werten, die aus einer Tabellenspalte abgeleitet werden, und berechnen ein skalares Ergebnis wie den Durchschnitt oder die Summe der Werte in der Spalte; solche Funktionen heißen *skalare Funktionen*. (Spaltenfunktionen werden in Abschnitt 2.4.6 behandelt.)

   Sämtliche in UDB vordefinierten Funktionen sind in Anhang B aufgelistet. Wie wir in Kapitel 6 sehen werden, erlaubt UDB seinen Benutzern, eigene Funktionen zu definieren.

5. *Markierte Dauern:* Bei arithmetischen Operationen auf Datum- und Zeitwerten kann eine zeitliche Differenz (eine Dauer) durch einen numerischen Ausdruck repräsentiert werden, dem eine Markierung folgt, welche die Zeiteinheit angibt, wie z.B. `5 DAYS` oder `1 HOUR`. Die auf diese Weise verwendbaren Markierungen können im Singular oder im Plural benutzt werden und umfassen die folgenden Wörter: `YEARS`; `MONTHS`; `DAYS`; `HOURS`; `MINUTES`; `SECONDS` und `MICROSECONDS`.

 **TIP:** Die einzige Stelle, an der eine markierte Dauer bzw. Differenz benutzt werden kann, ist in einer Addition oder einer Subtraktion, bei welcher der andere Operand ein Datum, eine Zeit oder eine Zeitmarke ist. Will man z.B. herausfinden, ob ein Datum mit dem Namen `BESTELLDATUM` mehr als 10 Tage zurückliegt, so darf der folgende Ausdruck, ein gültiger, benutzt werden:

```
bestelldatum + 10 DAYS < CURRENT DATE
```

Der folgende Ausdruck ist dagegen ungültig, weil die markierte Dauer nicht direkt in der Subtraktion vorkommt:

```
CURRENT DATE - bestelldatum > 10 DAYS
```

6. *Spezielle Register:* UDB unterhält eine Reihe von *speziellen Registern*, deren Werte die Umgebung beschreiben, in der ein SQL-Befehl ausgeführt wird. So stellt z.B. `CURRENT DATE` das aktuelle Datum dar, an dem ein Befehl ausgeführt wird, `CURRENT SERVER` gibt den Namen der Datenbank an, in der der Befehl ausgeführt wird, und `USER` gibt die Kennung des Benutzers an, der mit der betreffenden Datenbank verbunden ist und die Ausführung des Befehls veranlaßt hat. (Eine vollständige Liste der speziellen Register findet man in Anhang A.)

7. *CASE-Ausdrücke:* Ein CASE-Ausdruck (Fallunterscheidung) berechnet einen Wert durch Testen, welche von mehreren gegebenen Bedingungen erfüllt ist. Das folgende Beispiel zeigt einen CASE-Ausdruck, dessen Wert eine Zeichenreihe ist:

```
CASE
    WHEN gewicht < 100 THEN 'leicht'
    WHEN gewicht BETWEEN 100 AND 200 THEN 'mittel'
    WHEN gewicht > 200 THEN 'schwer'
END
```

(CASE-Ausdrücke werden in Abschnitt 5.1 genauer behandelt.)

8. *CAST-Ausdrücke:* Ein CAST-Ausdruck wird zur Konvertierung eines gegebenen Wertes in einen gewünschten Datentyp benutzt. Das folgende Beispiel zeigt einen CAST-Ausdruck, der einen Wert aus der Spalte PREIS in den Datentyp Decimal(8,2) konvertiert:

```
CAST (preis AS Decimal(8,2))
```

(CAST-Ausdrücke werden in Abschnitt 2.4.3 genauer beschrieben.)

9. *Unteranfragen:* Eine skalare Unteranfrage (Subquery), d.h., eine Unteranfrage, die einen einzelnen Wert zurückgibt, kann innerhalb eines Ausdrucks überall dort verwendet werden, wo ein Wert stehen kann. (Skalare Unteranfragen werden in Abschnitt 5.2.1 genauer behandelt.)

Ausdrücke können durch Kombinieren der verschiedenen, oben angegebenen Operanden konstruiert werden, und zwar unter Verwendung der folgenden Operatoren:

1. *Arithmetische Operatoren:* +, -, * und /. Die Operatoren + und - können entweder als einstellige (Präfix-) oder als zweistellige (Infix-)Operatoren benutzt werden. Beispiele:

```
lagerbestand + bestellstand
preis * bestellstand
-preis
```

Grundsätzlich erhalten arithmetische Operatoren die Typen ihrer Operanden (so ist z.B. das Ergebnis der Division zweier Integer-Zahlen wieder eine Integer-Zahl; der Divisionsrest wird ignoriert). Allerdings wird Gleitkomma-Arithmetik stets in doppelter Genauigkeit ausgeführt; ist also schon nur ein Operand vom Typ Real, so ist das Ergebnis vom Typ Double. Ist einer der Operanden ein Nullwert, so ist auch das Ergebnis der arithmetischen Operation ein Nullwert.

Falls während der Verarbeitung eines arithmetischen Operators ein Fehler (z.B. Bereichsüberschreitung oder Division durch 0) auftritt, endet der SQL-Befehl sofort und erzeugt eine Fehlermeldung (*Error Code*). Falls man jedoch seine Datenbank mit der Einstellung DFT_SQLMATHWARN=YES konfiguriert, so werden arithmetische Fehler anders behandelt: Der Ausdruck, der den Fehler enthält, liefert einen Nullwert zurück, die Ausführung des Befehls wird fortgesetzt, und es wird ein Warncode ausgegeben. Dies bezeichnet man als *freundliche* oder *fehlertolerante Arithmetik*, da es die vollständige Bearbeitung von Befehlen ermöglicht, die ansonsten fehlerhaft enden würden; allerdings sollte man diese Option mit Vorsicht verwenden, da sie potentiell zu inkorrekten Ergebnissen führt. (Fehler- und Warncodes werden in Abschnitt 4.1.4 beschrieben. Datenbankkonfigurationsparameter wie DFT_SQLMATHWARN können von der Steuerzentrale aus inspiziert und gesetzt werden, was in Abschnitt 10.3 behandelt wird.)

2. *Konkatenationsoperator:* Der Operator || konkateniert zwei Zeichenreihen und produziert damit eine neue Zeichenreihe. Beispiel: name || adresse. Das Schlüsselwort concat ist zum Operator || äquivalent, wie z.B. bei name concat adresse. Ist einer der Operanden nullwertig, so ist das Ergebnis ebenfalls nullwertig.

3. *Klammerung:* Wenn arithmetische Ausdrücke ausgewertet werden, werden einstellige Vorzeichen (plus bzw. minus) zuerst angewendet, gefolgt von Multiplikation und Division (von links nach rechts), von Addition und Subtraktion (von links nach rechts). Man kann Klammern zur Veränderung dieser Auswertungsordnung sowie zur Einführung beliebig vieler Schachtelungsebenen in einem Ausdruck verwenden.

Es folgen zwei Beispiele für Ausdrücke:

▷ Die Anzahl von verfügbaren Teilen, die im Laufe des nächsten Jahres wöchentlich gebraucht werden, kann bestimmt werden durch (bestellstand + lagerbestand)/52.

▷ Der Name und die Adresse eines Lieferanten, konkateniert und auf 50 Zeichen begrenzt, kann durch substr(name || adresse, 1, 50) ausgedrückt werden.

2.4.2 Datums- und Zeitarithmetik

Wenn man arithmetische Operatoren in Verbindung mit Datentypen benutzt, die Datums- oder Zeitwerte darstellen, kommen spezielle Regeln zur Anwendung. Um diese Regeln verstehen zu können, müssen wir das Konzept der *Dauer* bzw. *Differenz (Duration)* behandeln. Jeder der Datums- und Zeit-Datentypen (Date, Time und Timestamp) hat eine zugeordnete Dauer. Eine Dauer ist kein eigenständiger Datentyp, sondern lediglich eine spezielle Verwendung des Datentyps Decimal, und zwar wie folgt:

▷ Eine *Datumsdauer (Date Duration)* ist eine Zahl vom Typ Decimal(8,0), die den Zeitraum zwischen zwei Datumswerten im Format YYYYMMDD angibt.

▷ Eine *Zeitdauer (Time Duration)* ist eine Zahl vom Typ Decimal(6,0), die den Zeitraum zwischen zwei Zeitwerten im Format HHMMSS angibt.

▷ Eine *Zeitmarkendauer (Timestamp Duration)* ist eine Zahl vom Typ Decimal(20,6), die den Zeitraum zwischen zwei Zeitmarkenwerten im Format YYYYMMDDHHMMSS.ZZZZZZ angibt (wobei der ZZZZZZ-Anteil für Mikrosekunden steht).

Da Dauern bzw. Differenzen de facto dezimale Werte sind, können sie in genau der gleichen Weise wie andere dezimale Werte benutzt werden (sie können z.B. in Spalten vom Typ Decimal gespeichert und durch Konstanten vom Decimal repräsentiert werden). Dauern können positiv oder negativ sein. Dauern sind nur insofern außergewöhnlich, als sie in gewissen Additions- sowie Subtraktionsoperationen mit Werten vom Typ Date, Time oder Timestamp auftreten dürfen. Diese Operationen, die die einzigen sind, die auf Datums- und Zeit-Datentypen erlaubt sind, sind in Tabelle 2.3 gezeigt.

Datentyp des 1. Operanden	Operator	Datentyp des 2. Operanden	Datentyp des Ergebnisses
Date	+ oder -	Date Duration	Date
Time	+ oder -	Time Duration	Time
Timestamp	+ oder -	Timestamp Duration	Timestamp
Date	-	Date	Date Duration
Time	-	Time	Time Duration
Timestamp	-	Timestamp	Timestamp Duration

Tabelle 2.3:
Arithmetische Operationen auf Datums-, Zeit- und Zeitmarkenwerten

Die folgenden Ausdrücke sind Beispiele für die Verwendung der Datums- und Zeitarithmetik:

▷ Die Anzahl der verbleibenden Jahre, Monate und Tage dieses Jahrhunderts, ausgedrückt als Dauer, d.h. als Dezimalzahl der Form `YYMMDD`, kann wie folgt berechnet werden: `'1999-12-31' - CURRENT DATE`

▷ Das Datum, an dem eine Lieferung von Teilen erwartet wird, kann als markierte Dauer wie folgt ausgedrückt werden: `bestelldatum + reaktionszeit DAYS`

2.4.3 Typkonvertierung (Casting)

Programmiersprachen verwenden die Bezeichnung *Casting* für den Prozeß des Abänderns oder Konvertierens eines Wertes von einem Datentyp in einen anderen, wie etwa das Konvertieren eines Integer-Wertes in den Datentyp Decimal. UDB unterstützt verschiedene vordefinierte Funktionen wie z.B. `decimal`, `integer`, `real` und `date`, die den Effekt der Konvertierung ihres Operanden in einen speziellen Datentyp haben. In einigen Fällen kann dieser Vorgang den Wert selbst verändern. So wird z.B. ein ganzzahliger Wert bei der Konvertierung in eine Dezimalzahl nicht verändert, jedoch kann es bei der umgekehrten Konvertierung einer Dezimalzahl in einen ganzzahligen Wert zu einem Abschneiden des Bruchanteils kommen. Zusätzlich zu den vordefinierten Funktionen, die den Effekt einer Typkonvertierung haben, unterstützt UDB die sogenannte *CAST-Notation*, die im SQL92-Standard definiert ist und die folgende Syntax hat:

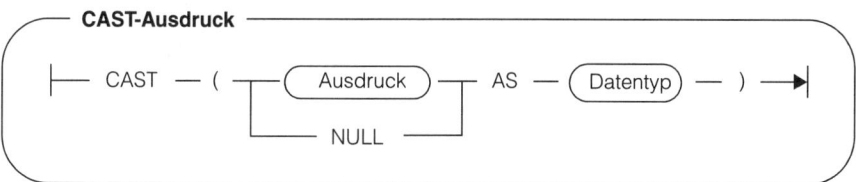

Damit eine CAST-Operation erfolgreich ist, muß der Zieldatentyp wohldefiniert sein in Länge, Skalierung und Genauigkeit, falls anwendbar. Am sichersten ist es, diese Eigenschaften explizit anzugeben, wie in den folgenden Beispielen:

```
CAST (c1+c2 AS Decimal(8,2))
CAST (name || adresse AS Varchar(255))
```

Werden Länge und Genauigkeit weggelassen, wenn das Ziel vom Typ Decimal ist, so wird Decimal(5,0) angenommen. Ein Zieldatentyp Char ohne Längenangabe wird als Char(1) und ein Zieldatentyp Graphic ohne Längenangabe als Graphic(1) angenommen. Andere Zieldatentypen ohne Längenangabe führen zu einer Fehlermeldung. Es gibt natürlich auch dann eine Fehlermeldung, wenn der in einem CAST-Ausdruck verwendete Wert nicht in den angegebenen Zieldatentyp konvertiert werden kann.

Wenn man eine Zeichenreihe in einen Zieldatentyp größerer Länge konvertiert, so wird der gegebene Wert mit Blanks (Leerzeichen) aufgefüllt. Wird eine Zeichenreihe in einen Typ mit kürzerer Länge konvertiert, werden Zeichen abgeschnitten. Man erhält eine Warnung, falls eines der abgeschnittenen Zeichen nicht leer war.

Die Kombinationen von Datentypen, die in gültigen CAST-Ausdrücken auftreten dürfen, sind in Tabelle 6.6 (in Kapitel 6) zusammengefaßt.

Eine Konvertierung ist gelegentlich auch dann nützlich, wenn ein Wert eines bestimmten Typs als Parameter für eine Funktion benötigt wird. Manchmal konvertiert man auch einen Wert in seinen eigenen Datentyp, um Länge, Genauigkeit oder Skalierung zu verändern. Hat z.B. eine Spalte mit dem Namen ERHEBUNG den Datentyp Decimal(8,3), so kann man die Nachkommastellen der Werte in dieser Spalte durch folgenden Ausdruck abschneiden:

```
CAST(erhebung AS Decimal(5,0))
```

Eine andere Verwendung von CAST-Ausdrücken ist zur Spezifikation des Datentyps eines Nullwertes. Falls das Schlüsselwort NULL allein auftritt, kann das System nicht wissen, ob dieser Wert eine Integer-Null, eine Varchar-Null oder einen anderen Typ Nullwert, der jeder eine andere interne Darstellung hat, repräsentiert. Falls man NULL an einer Stelle, an der ein getypter Wert erwartet wird, verwenden möchte (wie z.B. in der SELECT-Klausel einer Anfrage), so kann man den Datentyp dieses Nullwertes durch Verwendung eines CAST-Ausdrucks angeben, wie in folgendem Beispiel:

```
CAST(NULL AS Varchar(20))
```

2.4.4 Suchbedingungen

Wie das einfache Anfragebeispiel vor Abschnitt 2.4.1 gezeigt hat, durchlaufen SQL-Befehle häufig die Zeilen einer Tabelle und wenden eine Suchbedingung zur Bestimmung derjenigen Zeilen an, die sich für eine weitere Verarbeitung qualifizieren. Die Suchbedingung ist dabei ein logischer Test, der auf jede einzelne Zeile angewendet werden kann und der einen von drei möglichen Wahrheitswerten liefert: TRUE (wahr), FALSE (falsch) und UNKNOWN (unbekannt). Wird die Suchbedingung als TRUE ausgewertet, so wird die betreffende Zeile weiterverarbeitet (sie wird z.B. Teil der Ergebnismenge der Anfrage, oder sie wird aktualisiert oder gelöscht in dem Fall, daß die Suchbedingung in einer SQL-Anweisung der Form UPDATE oder INSERT vorkommt). Wird die Suchbedingung dagegen zu FALSE oder UNKNOWN ausgewertet, so geht die betreffende Zeile in eine Weiterverarbeitung nicht ein.

Eine Suchbedingung kann aus dem Grund für eine gegebene Zeile zu UNKNOWN ausgewertet werden, daß die Zeile einen Nullwert enthält. Wenn z.B. in einer konkreten Preisangabe der Preis fehlt, so enthält die Spalte `preis` in der Zeile für diese Preisangabe einen Nullwert, und die Suchbedingung `preis>1000` wird für diese Zeile zu UNKNOWN ausgewertet. Grundsätzlich ist das Ergebnis eines Ausdrucks Null immer dann, wenn ein Nullwert in dem Ausdruck benutzt wird. Das Ergebnis lautet UNKNOWN, wenn ein Nullwert mit einem anderen Wert verglichen wird.

Die logischen Tests, die man in Suchbedingungen verwendet, werden als *Prädikate* bezeichnet. UDB unterstützt viele Formen von Prädikaten, wie das unten angegebene Syntaxdiagramm zeigt.

Alle Ausdrücke, die in Prädikaten vorkommen, werden nach den in Abschnitt 2.4.1 beschriebenen Regeln konstruiert. Die einzelnen Typen von durch UDB unterstützten Prädikaten werden im folgenden erläutert.

1. *Einfache Vergleichsprädikate:* Zwei beliebige Ausdrücke können unter Verwendung der Operatoren =, <, <=, >, >= und <> verglichen werden. Der Operator <> bedeutet dabei »ungleich«. Die verglichenen Ausdrücke müssen kompatible Datentypen haben. (Man kann gegebenenfalls die CAST-Notation verwenden, um einen Datentyp in einen anderen zu konvertieren.) Das Ergebnis eines Vergleichsprädikats lautet UNKNOWN, falls einer der Ausdrücke null ist.

   Die Bedeutung von > sowie der anderen Vergleichsoperatoren wird für Zeichenreihen durch die Sortierfolge festgelegt, die zum Zeitpunkt des Anlegens der betreffenden Datenbank festgelegt wurde.[6] Sortierfolgen werden im allgemeinen als unempfindlich gegenüber Groß- und Kleinschreibung definiert. (Zum Beispiel liefern die Vergleiche `'cat' < 'DOG'` und `'CAT' < 'dog'` beide den Wahrheitswert TRUE.)

   Beispiele:

   ```
   preis > 1000
   name <> 'Safeco'
   ```

   Eine Zeichenreihe ist stets größer als jedes ihrer Präfixe. (Z.B. hat `'cat' < 'catnip'` den Wert TRUE.)

2. *BETWEEN-Prädikate:* Die Bedeutung von `ausdruck1 BETWEEN ausdruck2 AND ausdruck3` ist die gleiche wie die von `ausdruck1 >= ausdruck2 AND ausdruck1 <= ausdruck3`.

   Die Bedeutung von `ausdruck1 NOT BETWEEN ausdruck2 AND ausdruck3` ist die gleiche wie die von `ausdruck1 < ausdruck2 OR ausdruck1 > ausdruck3`.

---

6. Kommt jedoch einer der Operanden aus einer Tabellenspalte, die mit dem Zusatz FOR BIT DATA erzeugt wurde, so wird der Zeichenreihenvergleich als binärer Vergleich auf der Basis einzelner Bytes durchgeführt.

Beispiel:

```
:request BETWEEN lagerbestand AND
                 lagerbestand+bestellstand
```

 **TIP:** Man beachte, daß x BETWEEN y AND z nicht die gleiche Bedeutung hat wie x BETWEEN z AND y. Ist der Wert von z größer als der Wert von y, so kann das letztere Prädikat niemals zu TRUE ausgewertet werden.

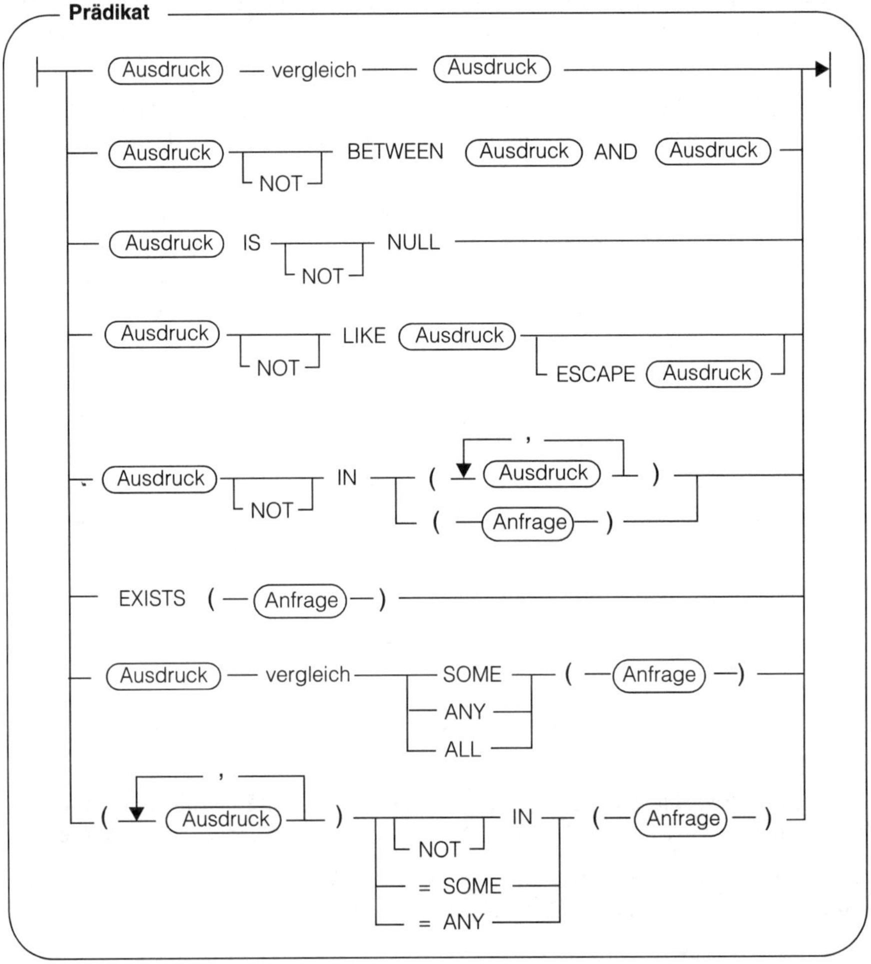

Prädikat

```
┌─ (Ausdruck) ─ vergleich ─── (Ausdruck) ────────────────►

├─ (Ausdruck) ┬──────┬ BETWEEN (Ausdruck) AND (Ausdruck) ─
              └ NOT ─┘

├─ (Ausdruck) IS ┬──────┬ NULL ────────────────────────
                 └ NOT ─┘

├─ (Ausdruck) ┬──────┬ LIKE (Ausdruck) ────────────────
              └ NOT ─┘              └ ESCAPE (Ausdruck) ┘

├─ (Ausdruck) ┬──────┬ IN ┬ ( ─ (Ausdruck) ─ ) ──
              └ NOT ─┘     └ ( ─(Anfrage)─ ) ─

├─ EXISTS ( ─(Anfrage)─ ) ───────────────────────

├─ (Ausdruck) ─ vergleich ┬ SOME ┬ ( ─(Anfrage)─ ) ─
                          ├ ANY ─┤
                          └ ALL ─┘

└─ ( ─ (Ausdruck) ─ ) ┬───────┬ IN ┬ ( ─(Anfrage)─ ) ┘
                      ├ NOT ──┤
                      ├ = SOME ┤
                      └ = ANY ─┘
```

---

3. *IS NULL-Prädikat:* Das Prädikat IS NULL liefert niemals den Wahrheitswert UNKNOWN zurück. Falls der in einem IS NULL-Prädikat verwendete Ausdruck zu null ausgewertet wird, lautet der Wert des Prädikats TRUE, ansonsten FALSE. Die Bedeutung von ausdruck1 IS NOT NULL ist die gleiche wie die von NOT (ausdruck1 IS NULL).

Beispiel:

```
adresse IS NULL
```

4. *LIKE-Prädikat:* Das LIKE-Prädikat stellt eine ausdrucksstarke Möglichkeit dar, in einer Zeichenreihe nach einem vorgegebenen Muster zu suchen. Die allgemeine Form des Prädikats lautet wie folgt (optionale Anteile werden durch eckige Klammern kenntlich gemacht):

```
match-ausdruck [NOT] LIKE pattern-ausdruck
  [ESCAPE escape-ausdruck]
```

Bei dem zu vergleichenden Ausdruck (»Match-Ausdruck«) kann es sich um jeden Ein- oder Doppelbyte-Zeichenreihendatentyp handeln. Das Vergleichsmuster (»Pattern-Ausdruck«) muß von einem damit kompatiblen Datentyp sein und darüber hinaus den folgenden Einschränkungen genügen: Es darf keinen Spaltennamen enthalten, und seine Länge darf 4.000 Byte nicht überschreiten. Typischerweise ist der Vergleichsausdruck eine kurze String-Konstante.

Die Grundidee des LIKE-Prädikats ist der Vergleich eines Match-Ausdrucks mit einem Pattern-Ausdruck. Bei der Durchführung eines solchen Vergleichs haben manche im Vergleichsmuster vorkommenden Symbole eine spezielle Bedeutung:

- Der tiefgestellte Strich (»Underscore«) steht für ein beliebiges einzelnes Zeichen.

- Das Prozentzeichen (»%«) steht für eine beliebige Zeichenreihe bestehend aus 0 oder mehr Zeichen.

Damit liefert z.B. das folgende Prädikat den Wert TRUE für jede Adresse, welche die Wörter »New York« enthält:

```
adresse LIKE '%New York%'
```

Ebenso liefert das folgende Prädikat den Wert TRUE für jede vierstellige Teilenummer, die mit einem P beginnt und mit einer 2 endet:

```
teilenr LIKE 'P_2'
```

Die optionale ESCAPE-Klausel spezifiziert ein einzelnes Zeichen (das sogenannte *Escape-Zeichen*), das, falls es einem % oder einem _ im Vergleichsmuster vorangestellt wird, dafür sorgt, daß das Zeichen % bzw. _ sich selbst repräsentiert und nicht mehr als spezielles Zeichen interpretiert wird. So liefert z.B. das folgende Prädikat den Wert TRUE für jede Beschreibung, die die Zeichenreihe »10%ige Lösung« enthält:

```
beschreibung LIKE '%10/%-ige Lösung%' ESCAPE '/'
```

5. *IN-Prädikat:* Das IN-Prädikat testet, ob ein gegebener Wert in einer Liste von Werten enthalten ist. So liefert z.B. das folgende Prädikat den Wert TRUE, falls die gegebene Lieferantennummer mit einer der fünf angegebenen Nummern übereinstimmt:

```
liefnr IN ('S51', 'S52', 'S53', 'S54', 'S55')
```

Die Werte auf der rechten Seite eines IN-Prädikats können, wie in obigem Beispiel, in Form einer Liste von Literalen angegeben werden oder aus einer Subquery resultieren, die zu einer einzelnen Spalte von Werten ausgewertet wird. So liefert z.B. das folgende Prädikat den Wert TRUE, falls die vorgegebene Lieferantennummer mit der irgendeines Lieferanten, der das Teil mit der Nummer P221 liefert, übereinstimmt:

```
liefnr IN
  (SELECT liefnr
   FROM preisliste
   WHERE teilenr = 'P221')
```

6. *EXISTS-Prädikat:* Ein EXISTS-Prädikat enthält eine Unteranfrage und wird als TRUE ausgewertet, falls das Ergebnis dieser Unteranfrage mindestens eine Zeile enthält. Falls die Subquery keine Zeilen zurückliefert, liefert das EXISTS-Prädikat den Wert FALSE. Ein EXISTS-Prädikat wird niemals zu UNKNOWN ausgewertet.

Im folgenden Beispiel liefert das Prädikat den Wert TRUE, falls es einen Lieferanten in der Tabelle PREISLISTE gibt, der das Teil mit der Nummer P221 liefert:

```
EXISTS
  (SELECT liefnr
   FROM preisliste
   WHERE teilenr = 'P221')
```

Viele interessante Beispiele für EXISTS-Prädikate enthalten *korrelierte Unteranfragen,* die in Abschnitt 5.2 behandelt werden.

7. *Quantifiziertes Vergleichsprädikat:* Ähnlich wie bei einem einfachen Vergleichsprädikat wird bei einem quantifizierten Prädikat einer der sechs Vergleichsoperatoren =, <, <=, >, >= und <> verwendet. Wie bei einem IN-Prädikat wird ein einzelner Wert mit einer Liste von Werten, die von einer Subquery geliefert wird, verglichen. Die Besonderheit eines quantifizierten Vergleichsprädikats ist die Verwendung eines der Schlüsselwörter SOME, ANY oder ALL. Die Schlüsselwörter SOME und ANY bedeuten, daß das Prädikat den Wert TRUE liefert, falls der Vergleich für mindestens ein Element der Liste zutrifft. Das Schlüsselwort ALL bedeutet entsprechend, daß das Prädikat TRUE liefert für alle Elemente in der Liste (oder falls die Liste leer ist).

Das folgende Beispielprädikat liefert den Wert TRUE, falls der in der Variablen :p enthaltene Preis kleiner ist als alle für das Teil mit der Nummer P207 angegebenen Preise:

```
:p < ALL
    (SELECT preis
     FROM preisliste
     WHERE teilenr = 'P207'
     AND preis IS NOT NULL)
```

 **TIP:** Der Zusatz preis IS NOT NULL schließt Preisangaben mit nullwertigen Preisen vom Vergleich aus, da diese ansonsten dafür sorgen würden, daß das Prädikat < ALL stets zu FALSE ausgewertet würde.

8. *Zeilenprädikat:* Ein Zeilenprädikat ist einem quantifizierten Vergleichsprädikat ähnlich, jedoch wird anstelle eines einzelnen Werts jetzt eine *Zeile* (eine Folge von Werten) mit dem Ergebnis einer Unteranfrage verglichen. Die einzige Form des Vergleichs, die dabei erlaubt ist, ist ein Test auf Gleichheit. Eine Zeile ist gleich einer anderen, falls die Werte entsprechender Spalten paarweise übereinstimmen. Ein Zeilenprädikat mit einem der Vergleichsoperatoren = SOME, = ANY oder IN liefert den Wert TRUE, falls die Zeile auf der linken Seite des Operators mit mindestens einer von der Subquery gelieferten Zeile übereinstimmt.[7] Es liefert den Wert FALSE, falls das Ergebnis der Unteranfrage leer ist.

Das Zeilenprädikat im folgenden Beispiel könnte bei einem Durchsuchen der Tabelle BESTELLUNGEN zur Bestimmung solcher Bestellungen benutzt werden, bei denen die Reaktionszeit des Lieferanten (enthalten in der Tabelle PREISLISTE) mehr als 20 Tage beträgt:

```
(liefnr, teilenr) IN
     (SELECT liefnr, teilenr
      FROM preisliste
      WHERE reaktionszeit > 20)
```

Eine Suchbedingung kann aus einem einzelnen Prädikat, wie z.B. `preis > 1000`, oder aus einer Kombination von Prädikaten bestehen, die durch die logischen Konnektoren AND, OR und NOT verbunden sind, wie z.B. `preis < 1000 OR reaktionszeit < 10 AND NOT liefnr = 'S54'`. Der Wahrheitswert der Suchbedingung für eine gegebene Zeile wird dann durch ein Verknüpfen der Wahrheitswerte der einzelnen Prädikate bestimmt. .Dies geschieht unter Verwendung der in Abbildung 2.1 gezeigten Wahrheitstafeln, in denen »?« den Wahrheitswert UNKNOWN repräsentiert.

AND	T	F	?
T	T	F	?
F	F	F	F
?	?	F	?

OR	T	F	?
T	T	T	T
F	T	F	?
?	T	?	?

NOT	
T	F
F	T
?	?

Abbildung 2.1:
Wahrheitstafeln für dreiwertige Logik

Wenn Prädikate zur Auswertung einer Suchbedingung miteinander verknüpft werden, werden NOT-Operatoren zuerst angewendet, sodann AND- und zuletzt OR-Operatoren. Man kann natürlich Klammern zur Veränderung dieser Prioritäten benutzen. Um dem System Gelegenheit zur Optimierung zu geben, werden keinerlei Zusagen darüber gemacht, in welcher Reihenfolge Prädikate aus einer Gruppe gleichgestellter ausgewertet werden.

---

7. »Übereinstimmen« bedeutet hier »nachweislich gleich«. Falls die verglichenen Zeilen Nullwerte enthalten, kann der Wahrheitswert des Prädikats UNKNOWN lauten.

Das folgende Syntaxdiagramm und das nachfolgende Beispiel zeigen, wie Prädikate unter Verwendung von AND, OR und NOT verknüpft sowie zur Bildung von Suchbedingungen geklammert werden können:

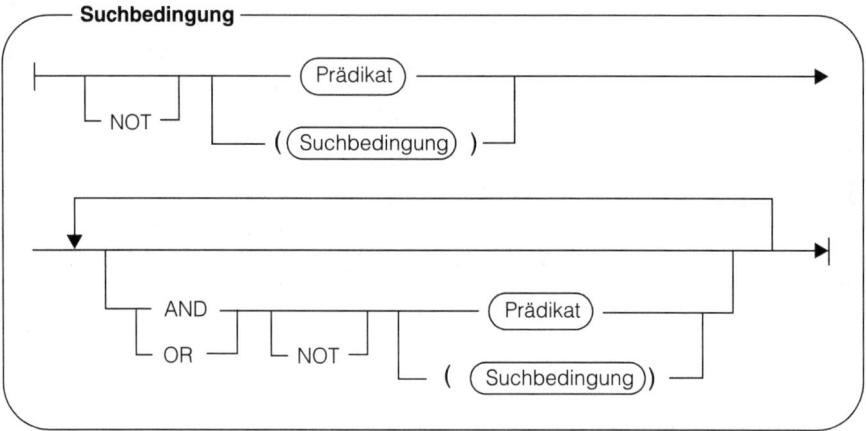

Beispiel einer Suchbedingung zur Tabelle TEILE:

```
( teilenr IN ('P205', 'P207', 'P209')
  OR beschreibung LIKE '%Zahnrad%' )
AND lagerbestand + bestellstand <= 10
```

2.4.5 Verbundoperationen (Joins)

Wir haben bereits gesehen, wie eine einfache SQL-Anfrage eine einzelne Tabelle durchsuchen und die Zeilen selektieren kann, die eine gegebene Suchbedingung erfüllen. Häufig sucht man jedoch Antworten auf Fragen, die Beziehungen zwischen mehreren Tabellen betreffen. Ein Anfrage, die so etwas ausdrückt, heißt ein *Verbund (Join)*.

In einer Verbundanfrage wird in der FROM-Klausel nicht nur eine Tabelle, sondern eine Liste derjenigen Tabellen angegeben, die an dem Verbund teilnehmen sollen, und zwar durch Kommata voneinander getrennt. Konzeptionell bildet das System für alle in einer FROM-Klausel angegebenen Tabellen sämtliche möglichen Zeilenkombinationen und wendet auf jede einzelne Kombination die Suchbedingung an. In einer Verbundanfrage spezifiziert die Suchbedingung im allgemeinen eine Beziehung zwischen den zu verbindenden Zeilen. Man könnte z.B. Zeilen aus der Tabelle TEILE mit solchen aus der Tabelle PREISANGABEN verbinden, die die gleichen Teilenummern haben. Dieses Prädikat, auch *Verbundbedingung (Join Condition)* genannt, kann wie folgt formuliert werden:

```
teile.teilenr = preisliste.teilenr
```

Da Tabellen in einem Verbund gemeinsame Spalten besitzen können, muß einem Spaltennamen in einer Verbundanfrage, wie in obigem Beispiel, manchmal der zugehörige Tabellenname vorangestellt werden, um Verwechslungen zu vermeiden. Spaltennamen, die unter den zu verbindenden Tabellen eindeutig sind, erfordern ein solches Präfix nicht (jedoch macht es die Anfrage u.U. leichter verständlich, wenn man sämtliche Spaltennamen mit ihren Tabellennamen qualifiziert, selbst dann, wenn es nicht erforderlich wäre).

Das folgende Beispiel eines Verbunds listet die Teilenummer, die Beschreibung und den Preis jedes Teils auf, das vom Lieferanten mit der Nummer S51 geliefert wird:

```
SELECT teile.teilenr, teile.beschreibung,
       preisliste.preis
FROM teile, preisliste
WHERE teile.teilenr = preisliste.teilenr
AND preisliste.liefnr = 'S51';
```

Falls eine der Zeilen der an einem Verbund teilnehmenden Tabellen die Verbundbedingung niemals erfüllt (z.B. wenn eine Zeile in TEILE keine Entsprechung in PREISLISTE besitzt oder umgekehrt), so taucht diese Zeile im Verbundergebnis nicht auf. In Abschnitt 5.4 werden Techniken zur Spezifikation eines alternativen Verbunds, des sogenannten *äußeren Verbunds* (*Outer Join*), vorgestellt, mit denen sich Zeilen ohne Entsprechungen im Ergebnis erhalten lassen.

Falls die Suchbedingung keine Prädikate zur Spezifikation von Beziehungen zwischen den Zeilen in den zu verbindenden Tabellen enthält, werden alle möglichen Kombinationen von Zeilen aus diesen Tabellen zurückgeliefert, und zwar selbst dann, wenn diese nichts miteinander zu tun haben. Diesen Typ Anfrage bezeichnet man als *Kartesisches Produkt*; es ist teuer in der Auswertung und produziert im allgemeinen kein sinnvolles Ergebnis.

Man kann auch eine Anfrage schreiben, in der eine Tabelle mit sich selbst verbunden wird. Der Tabellenname wird dann in der FROM-Klausel u.U. mehrfach wiederholt, wodurch angegeben wird, daß der Verbund aus Kombinationen von Zeilen aus derselben Tabelle besteht. Da der Tabellenname in einer solchen Anfrage nicht mehr eindeutig ist, muß jede Tabelle in der FROM-Klausel mit einem eindeutigen Bezeichner, dem sogenannten *Korrelationsnamen*, versehen werden. Ein Korrelationsname kann in einer Anfrage überall als Präfix eines Spaltennamens benutzt werden und macht dann die Zugehörigkeit einer Spalte zu (zu verbindenden) Zeilen eindeutig. In der folgenden Anfrage wird die Tabelle PREISLISTE über die Korrelationsnamen x und y mit sich selbst verbunden. Die Anfrage bestimmt solche Paare von Preisangaben, bei denen sich die Preise für dasselbe Teil um mehr als den Faktor 2 unterscheiden.

```
SELECT x.teilenr, x.liefnr, x.preis, y.liefnr, y.preis
FROM preisliste x, preisliste y
WHERE x.teilenr = y.teilenr
AND y.preis > 2 * x.preis;
```

Man beachte, daß es in diesem Beispiel zwei Verbundbedingungen gibt, von denen die eine zwei Zeilen über ihre Teilenummer, die andere zwei Zeilen über ihren Preis in Beziehung setzt. Im allgemeinen kann eine Anfrage viele Verbundbedingungen enthalten.

2.4.6 Spaltenfunktionen

Wie bereits erwähnt, werden mit dem UDB-Produkt zahlreiche Funktionen ausgeliefert. Die meisten davon sind *skalare Funktionen* wie length oder substr, die einen oder mehrere skalare Parameter als Eingabe erwarten und einen skalaren Wert berechnen. Einige der vordefinierten Funktionen sind demgegenüber *Spaltenfunktionen* (*Column Functions*)[8], die auf einer Menge von Werten operieren und diese auf einen einzigen Wert reduzieren. Die vordefinierten Spaltenfunktionen werden hier aufgelistet und in Anhang B im Detail beschrieben.

```
avg
count
count_big
grouping
max
min
stdev
sum
variance
```

Wenn eine Spaltenfunktion mit einem Argumentausdruck wie z.B. bestellstand + lagerbestand aufgerufen wird, so umfaßt die Menge der Werte, die an die Funktion übergeben wird, das Ergebnis der Auswertung des Argumentausdrucks für jede Zeile, welche die Suchbedingung erfüllt. Diese Wertemenge wird als die *Argumentmenge* der Funktion bezeichnet. So findet z.B. die folgende Anfrage die Gesamtzahl aller Arten von Bolzen, die entweder am Lager oder bestellt sind:

```
SELECT sum(bestellstand + lagerbestand)
FROM teile
WHERE beschreibung LIKE '%Bolzen%';
```

Die Syntax zum Aufruf einer Spaltenfunktion lautet wie folgt:

---

8. Die Terminologie ist hier nicht eindeutig. Die Bezeichnung *Column Function* wird in den IBM-Handbüchern benutzt. Der ANSI / ISO SQL92-Standard bezeichnet solche Funktionen als *Mengenfunktionen* (*Set Functions*). In der Literatur wird ferner die Bezeichnung *Aggregatfunktionen* benutzt.

Wie in obigem Diagramm gezeigt, sieht der Aufruf einer Spaltenfunktion dem einer skalaren Funktion sehr ähnlich. Die folgenden Regeln gelten für Spaltenfunktionen:

1. Dem Argument einer Spaltenfunktion (mit Ausnahme der Funktion grouping) darf das Schlüsselwort DISTINCT vorangestellt werden. Dieses sorgt dafür, daß doppelte Werte aus der Argumentmenge entfernt werden, bevor die Funktion zur Anwendung kommt. Wird DISTINCT weggelassen oder ALL spezifiziert, so werden doppelte Werte vor Anwendung der Funktion nicht entfernt.

2. Bei den Spaltenfunktionen count und count_big darf das Argument anstelle eines Ausdrucks auch das Zeichen * sein. In diesem Fall liefert die Funktion als Ergebnis die Anzahl der Zeilen in ihrer Argumentmenge (d.h. die Anzahl der Zeilen, welche die Suchbedingung erfüllen).

3. Spaltenfunktionen ignorieren Nullwerte in der Argumentmenge. Diese Regel gilt jedoch nicht für die speziellen Funktionen count(*) und count_big(*), da diese Zeilen anstelle von einzelnen Werten zählen.

4. Grundsätzlich gilt, daß eine Spaltenfunktion das Ergebnis null liefert, falls sie mit einer leeren Argumentmenge aufgerufen wird. Allerdings ist das Ergebnis eines Aufrufs von count oder count_big mit leerer Argumentmenge der Wert 0.

Die folgenden Anfragen zeigen Anwendungen von Spaltenfunktionen:

▷ Finde die größte sowie die kleinste Preisangabe ungleich null für Teil P207:

```
SELECT max(preis), min(preis)
FROM preisliste
WHERE teilenr = 'P207';
```

▷ Finde die Anzahl der Preisangaben für Teil P207, unabhängig davon, ob der angegebene Preis (oder eine andere Spalte als TEILENR) null ist:

```
SELECT count(*)
FROM preisliste
WHERE teilenr = 'P207';
```

▷ Finde die Anzahl der Preisangaben für Teil P207 mit nicht nullwertigen Preisen:

```
SELECT count(preis)
FROM preisliste
WHERE teilenr = 'P207';
```

▷ Finde die Anzahl verschiedener Preisangaben für Teil P207 mit nicht nullwertigen Preisen:

```
SELECT count(DISTINCT preis)
FROM preisliste
WHERE teilenr = 'P207';
```

2.4.7 Gruppierung

Wie wir gesehen haben, operieren Spaltenfunktionen auf Mengen von Werten und geben skalare Ergebnisse zurück. Anstatt eine Spaltenfunktion auf eine ganze Tabelle anzuwenden, ist es manchmal wünschenswert, eine Tabelle in Gruppen verwandter Zeilen zu unterteilen und dann eine Spaltenfunktion auf jede dieser Gruppen einzeln anzuwenden. Dies wird in SQL durch die Möglichkeit der *Gruppierung* (*Grouping*) erreicht.

Eine Gruppierung ermöglicht eine Unterteilung einer Tabelle in Gruppen von Zeilen mit gleichen Werten für einen oder mehrere Ausdrücke, die als *Gruppierungsausdrücke* (*Grouping Expressions*) bezeichnet und in einer GROUP BY-Klausel angegeben werden. Wenn eine Anfrage eine GROUP BY-Klausel enthält, steht jede Zeile in der Ergebnismenge für eine Gruppe, und der Ausdruck in der SELECT-Klausel wird auf die Gruppe als Ganzes angewendet; jeder Ausdruck muß also entweder eine Spaltenfunktion oder einen Gruppierungsausdruck enthalten.

Im einfachsten Fall enthält die GROUP BY-Klausel einen Gruppierungsausdruck, bei dem es sich lediglich um ein Attribut einer Tabelle handelt. So findet z.B. die folgende Anfrage größte, kleinste und durchschnittliche Preisangaben für jedes Teil:

```
SELECT teilenr, max(preis), min(preis), avg(preis)
FROM preisliste
GROUP BY teilenr;
```

Bei der Bildung von Gruppen wird ein Nullwert wie ein gewöhnlicher Wert behandelt. Wird also etwa eine Tabelle wie im obigen Beispiel anhand von TEILENR gruppiert, so erscheinen alle Teile mit einem Nullwert für TEILENR in derselben Gruppe.

Eine GROUP BY-Klausel kann Ausdrücke enthalten, sofern diese Ausdrücke keine Unteranfragen enthalten und das Ergebnis eines jeden Ausdrucks nicht länger als 254 Byte ist. Das folgende Beispiel zeigt eine GROUP BY-Klausel mit zwei Gruppierungsausdrücken. Es findet die Anzahl verschiedener Teilenummern, die in jedem Monat bestellt wurden und für welche Angaben vorliegen. Diese Anfrage zeigt gleichzeitig, wie Ausdrücke in einer SELECT-Klausel mit einem Namen versehen werden können.

```
SELECT year(bestelldatum) AS jahr,
       month(bestelldatum) AS monat,
       count(DISTINCT teilenr) AS teileanzahl
FROM bestellungen
GROUP BY year(bestelldatum), month(bestelldatum);
```

Die WHERE-Klausel einer Anfrage dient als ein Filter, der vor einer Bildung von Gruppen angewendet wird und der nur diejenigen Zeilen zurückbehält, welche die Suchbedingung erfüllen. So findet z.B. die folgende Anfrage den durchschnittlichen und den kleinsten Preis für jedes Teil, wobei lediglich Preisangaben mit einer Reaktionszeit von weniger als 30 Tagen berücksichtigt werden:

```
SELECT teilenr, avg(preis), min(preis)
FROM preisliste
WHERE reaktionszeit < 30
GROUP BY teilenr;
```

Es ist ferner möglich, eine qualifizierende Bedingung auf die Gruppen selbst anzuwenden, so daß lediglich diejenigen Gruppen übrigbleiben, die die Bedingung erfüllen. Dies wird durch eine HAVING-Klausel erreicht, die einer GROUP BY-Klausel folgt. Eine HAVING-Klausel enthält eine Suchbedingung, in der jedes Prädikat eine bestimmte Gruppeneigenschaft mittels einer Spaltenfunktion oder eines Gruppierungsausdrucks testet. Das folgende Beispiel listet kleinste sowie größte Preise für verschiedene Teile auf, wobei nur solche Teile berücksichtigt werden, für die es mindestens drei Preisangaben gibt und bei denen der maximale Preis mehr als das Zweifache des minimalen beträgt:

```
SELECT teilenr, max(preis), min(preis)
FROM preisliste
GROUP BY teilenr
HAVING count(*) >= 3
AND max(preis) > 2 * min(preis);
```

Eine Anfrage kann sowohl eine WHERE- als auch eine HAVING-Klausel enthalten. Die WHERE-Klausel wird zuerst als Filter auf Zeilen angewendet; sodann werden die Gruppen gebildet, und die HAVING-Klausel wird als Filter auf die Gruppen angewendet. Die folgende Anfrage findet Teilenummern, zu denen es Preisangaben von mindestens zwei Lieferanten gibt, von denen jeder eine Reaktionszeit von weniger als 30 Tagen hat:

```
SELECT teilenr
FROM preisliste
WHERE reaktionszeit < 30
GROUP BY teilenr
HAVING count(DISTINCT liefnr) >= 2;
```

Es ist möglich (wenn auch ungewöhnlich), daß eine Anfrage eine HAVING-Klausel, aber keine GROUP BY-Klausel enthält. In einem solchen Fall wird die gesamte Tabelle als eine Gruppe betrachtet. Ist die Suchbedingung in der HAVING-Klausel für die Tabelle als Ganzes erfüllt, so wird die SELECT-Klausel, die jetzt nur aus Spaltenfunktionen und Konstanten bestehen darf, ausgewertet und ihr Ergebnis zurückgegeben; ansonsten liefert die Anfrage ein leeres Ergebnis.

2.4.8 Anfrageblöcke

Nachdem wir nun einige spezifische Eigenschaften von SQL diskutiert haben, können wir diese zusammensetzen zu einer Einheit, die als *Anfrageblock* (*Query Block*) bezeichnet wird.[9] Ein Anfrageblock ist die Basiseinheit in SQL, die auf eine oder mehrere Datenbanktabellen zugreift und darauf Verbund, Gruppierungs-, Projektions- und Selektionsoperationen ausführt und dadurch eine abgeleitete Tabelle erzeugt, die dem Benutzer gezeigt oder weiterverarbeitet werden kann. Die Syntax eines Anfrageblocks ist unten angegeben.

---

9. Die Terminologie in diesem Bereich ist nicht einheitlich. Die Spracheinheit, die ich als *Anfrageblock* (*Query Block*) bezeichne, wird in der IBM-Dokumentation als *subselect* und im SQL92-Standard als *Anfragespezifikation* (*Query Specification*) bezeichnet.

Die einzelnen Klauseln des Anfrageblocks werden als nächstes in der Reihenfolge beschrieben, in der sie konzeptionell angewendet werden. (Dem System ist es allerdings erlaubt, einen Anfrageblock unter Anwendung irgendeiner Methode, die ein äquivalentes Ergebnis liefert, auszuwerten.)

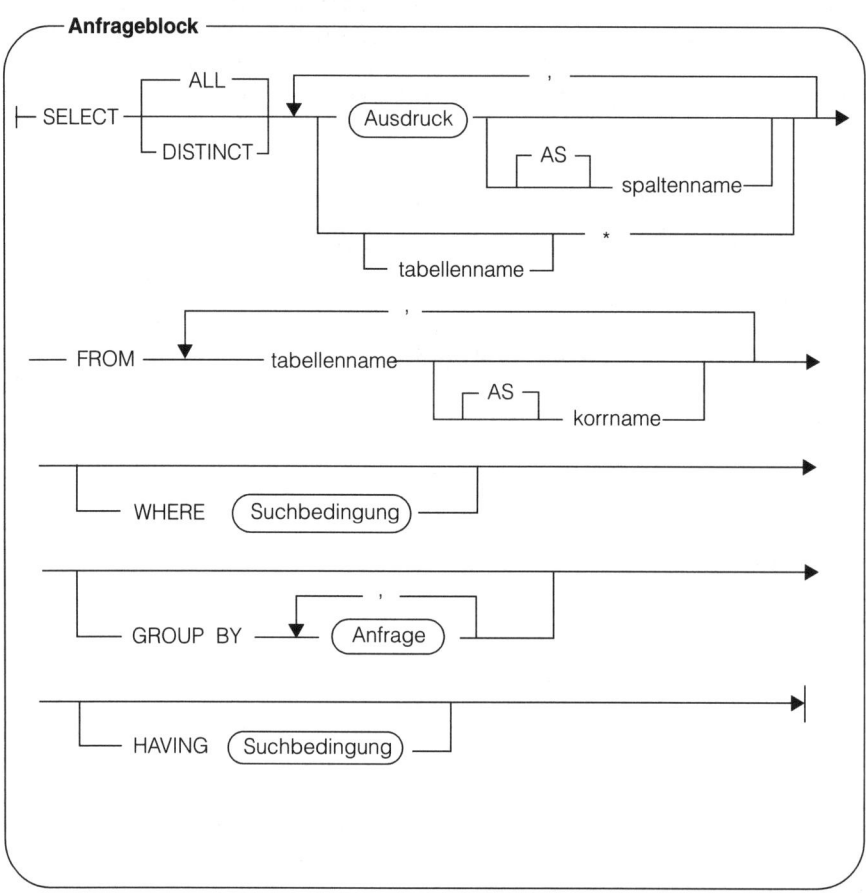

1. Der erste Schritt bei der Verarbeitung eines Anfrageblocks besteht in der Bildung eines Kartesischen Produkts aller in der FROM-Klausel genannten Tabellen. Ein Kartesisches Produkt umfaßt alle möglichen Kombinationen von Zeilen aus den betreffenden Tabellen. Falls nur eine Tabelle genannt ist, erzeugt eine FROM-Klausel offensichtlich alle Zeilen dieser Tabelle. (Man beachte, daß wir hier lediglich eine konzeptionelle Beschreibung des Ablaufs einer Anfrageverarbeitung geben und dies nicht notwendig der Methode entspricht, nach der ein Anfrageblock tatsächlich ausgeführt wird. Ein intelligenter Optimierer wird die Berechnung eines Kartesischen Produkts zwischen zwei oder mehr Tabellen wahrscheinlich vermeiden können.)

Falls eine der Tabellen in einer FROM-Klausel mit einem Korrelationsnamen versehen ist, so ersetzt dieser den Tabellennamen an allen anderen Stellen in der Anfrage. Enthält eine FROM-Klausel z.B. die Phrase `teile as x`, so sollte an anderer Stelle in dieser Anfrage etwa auf die Spalte TEILENR dieser Tabelle durch `x.teilenr` anstatt durch `teile.teilenr` Bezug genommen werden.

Das hier gezeigte Syntaxdiagramm eines Anfrageblocks enthält lediglich die einfachste Form einer FROM-Klausel, die aus einer Liste von Tabellennamen mit optionalen Korrelationsnamen besteht. Darüber hinaus kann eine FROM-Klausel komplexere Ausdrücke enthalten, wie z.B. eine Unteranfrage, die eine temporäre Tabelle berechnet, oder einen Funktionsaufruf, der eine Tabelle zurückgibt. Korrelationsnamen sind nicht auf Tabellennamen beschränkt, sondern können auch alternative Namen für Spalten angeben. Diese und weitere Eigenschaften der FROM-Klausel werden in Kapitel 5 beschrieben und in Abschnitt 5.5 im Syntaxdiagramm für eine *erweiterte FROM-Klausel* zusammengefaßt.

2. Der nächste Schritt besteht in einer Anwendung der in der WHERE-Klausel angegebenen Suchbedingung als Filter für die durch die FROM-Klausel erzeugten Zeilen. Lediglich die Zeilen, für welche die Suchbedingung den Wert TRUE (und nicht UNKNOWN) liefert, nehmen an der weiteren Verarbeitung teil. Falls keine WHERE-Klausel angegeben ist, werden alle Zeilen weiterverarbeitet. Falls die FROM-Klausel mehr als einen Tabellennamen enthält, gibt es in der WHERE-Klausel wahrscheinlich ein Verbundprädikat, das die gewünschte Beziehung zwischen den Tabellen spezifiziert.

3. Der nächste Schritt besteht in einer Anordnung der noch vorhandenen Zeilen in Gruppen anhand des Gruppierungsausdrucks in der GROUP BY-Klausel. Innerhalb jeder Gruppe haben alle Zeilen gleiche Werte für den Gruppierungsausdruck. In der GROUP BY-Klausel verwendete Spaltennamen darf dabei ein Tabellen- oder Korrelationsname als Präfix vorangestellt werden, wie z.B. in `x.teilenr`.

Bei der Bildung von Gruppen wird ein Nullwert wie ein realer Wert behandelt. (Spezifiziert die GROUP BY-Klausel z.B. eine einzige Spalte, so werden alle Zeilen mit einem Nullwert in dieser Spalte derselben Gruppe zugeordnet.)

4. Nach Bildung der Gruppen wird die Suchbedingung der HAVING-Klausel als Filter auf die einzelnen Gruppen angewendet. Lediglich die Gruppen, für welche die Suchbedingung den Wert TRUE ergibt, nehmen an der weiteren Verarbeitung teil. Hat der Anfrageblock eine HAVING-, aber keine GROUP BY-Klausel, so wird die Suchbedingung der HAVING-Klausel auf den gesamten Block angewendet, und das Ergebnis des Anfrageblocks ist eine leere Tabelle, falls die Suchbedingung nicht TRUE ist.

Da eine HAVING-Klausel ganze Gruppen und nicht etwa einzelne Zeilen testet, muß jeder Ausdruck in einer HAVING-Klausel einen wohldefinierten Wert für jede Gruppe haben. Damit dies gewährleistet ist, muß jeder Ausdruck in der HAVING-Klausel den folgenden Regeln genügen:

– Der äußerste Operator muß eine Spaltenfunktion sein, oder

– er muß einen der Gruppierungsausdrücke enthalten, darf dabei aber keine Spalte, die nicht in einem Gruppierungsausdruck vorkommt, referenzieren, oder

- er muß eine korrelierte Referenz auf eine Spalte in einem übergeordneten Anfrageblock darstellen, der diesen Block als Unteranfrage enthält.

5. Schließlich wird die SELECT-Klausel auf die noch verbliebenen Zeilen oder Gruppen angewendet. Aus diesen Zeilen oder Gruppen selektiert die SELECT-Klausel diejenigen Spalten oder Ausdrücke, die im Ergebnis des Anfrageblocks vorkommen sollen.

Falls der Anfrageblock eine GROUP BY- oder eine HAVING-Klausel enthält, so gibt es im Ergebnis eine Zeile pro Gruppe. Jeder Ausdruck in der SELECT-Klausel muß dann eine der oben für Ausdrücke der HAVING-Klausel angegebenen Regeln erfüllen. (D.h. jeder Ausdruck muß entweder eine Spaltenfunktion sein oder einen Gruppierungsausdruck enthalten oder zu einem übergeordneten Anfrageausdruck korreliert sein.)

Falls der Anfrageblock keine GROUP BY- oder HAVING-Klausel enthält, muß die SELECT-Klausel eine der folgenden Bedingungen erfüllen:

- Es darf keine Spaltenfunktion verwendet werden. In diesem Fall enthält das Ergebnis des Anfrageblocks eine (gegebenenfalls weniger Spalten umfassende) Zeile für jede Zeile, welche die WHERE-Klausel erfüllt.

- Alternativ können *alle* Spaltenreferenzen in der SELECT-Klausel als Argumente von Spaltenfunktionen auftreten. In diesem Fall enthält das Ergebnis des Anfrageblocks genau eine Zeile.

Jeder Ausdruck in einer SELECT-Klausel kann mit einem Namen versehen werden, der dann als Bezeichner der entsprechenden Spalte im Ergebnis des Anfrageblocks dient. So kann z.B. die SELECT-Klausel die Phrase `bestellstand + lagerbestand AS gesamtbestand` enthalten.

Ein Stern (*) in einer SELECT-Klausel bedeutet »alle Spalten«. Ein Stern, dem ein Tabellen- oder Korrelationsname vorangestellt ist, bedeutet »alle Spalten dieser Tabelle«. Gibt z.B. die FROM-Klausel an, daß die Tabelle PREISLISTE mit sich selbst verbunden werden soll (in der Form `FROM PREISLISTE p1, PREISLISTE p2`), so kann in der SELECT-Klausel `p1.*` stehen, was dann »alle Spalten der durch den Korrelationsnamen p1 bezeichneten Tabelle« bedeutet.

Das Ergebnis des Anfrageblocks kann man sich vorstellen als eine Tabelle, deren Spalten die Ausdrücke in der SELECT-Klausel und deren Zeilen die Zeilen oder Gruppen sind, die von den anderen Klauseln erzeugt wurden. Doppelte Zeilen werden dabei nicht aus dem Ergebnis entfernt, es sei denn, das Schlüsselwort DISTINCT ist in der SELECT-Klausel angegeben.

Das folgende Beispiel enthält alle Klauseln, die in einem Anfrageblock benutzt werden können. Die Anfrage listet den kleinsten Preis für verschiedene Teile auf, wobei nur Preisangaben mit einer Reaktionszeit von weniger als 30 Tagen sowie Teile mit mindestens zwei solchen Angaben berücksichtigt sind.

```
SELECT t.teilenr, min(p.preis) AS niedrigpreis
FROM teile t, preisliste p
WHERE t.teilenr = p.teilenr
AND p.reaktionszeit < 30
GROUP BY t.teilenr
HAVING count(*) >= 2;
```

2.4.9 Anfragen und Literal-Tabellen

Das Ergebnis der Auswertung eines Anfrageblocks ist eine Tabelle, die doppelte Zeilen enthalten kann, sofern nicht SELECT DISTINCT angegeben wurde. SQL erlaubt ein Kombinieren von Ergebnissen mehrerer Anfrageblöcke unter Verwendung der Operatoren UNION, INTERSECT und EXCEPT, die optional noch mit dem Schlüsselwort ALL versehen werden können. Die Definitionen dieser Operatoren, angewandt auf zwei Tabellen T1 und T2, lauten wie folgt:

▶ T1 UNION T2 ist eine Tabelle mit allen Zeilen, die entweder in T1 oder in T2 vorkommen, wobei doppelte Zeilen entfernt werden.

▶ T1 UNION ALL T2 ist eine Tabelle mit allen Zeilen, die entweder in T1 oder in T2 vorkommen, wobei doppelte Zeilen erhalten bleiben. (Erscheint z.B. eine Zeile dreimal in T1 und zweimal in T2, so erscheint sie fünfmal in T1 UNION ALL T2.)

▶ T1 INTERSECT T2 ist eine Tabelle mit allen Zeilen, die sowohl in T1 als auch in T2 vorkommen, wobei doppelte Zeilen eliminiert werden.

▶ T1 INTERSECT ALL T2 ist eine Tabelle mit allen Zeilen, die sowohl in T1 als auch in T2 vorkommen. Die Häufigkeit des Vorkommens einer Zeile in T1 INTERSECT ALL T2 ist die kleinere der Häufigkeit des Vorkommens der Zeile in T1 bzw. in T2. (Erscheint z.B. eine Zeile dreimal in T1 und zweimal in T2, so erscheint sie zweimal in T1 INTERSECT ALL T2.)

▶ T1 EXCEPT T2 ist eine Tabelle mit allen Zeilen, die in T1, aber nicht in T2 vorkommen, wobei doppelte Zeilen nicht signifikant sind. (Erscheint z.B. eine Zeile dreimal in T1 und zweimal in T2, so erscheint sie nicht in T1 EXCEPT T2. Erscheint eine Zeile dagegen dreimal in T1 und keinmal in T2, so erscheint sie genau einmal in T1 EXCEPT T2.)

▶ T1 EXCEPT ALL T2 ist eine Tabelle mit allen Zeilen aus T1, die keine Entsprechung in T2 besitzen, wobei Duplikate jetzt signifikant sind. (Erscheint z.B. eine Zeile dreimal in T1 und zweimal in T2, so erscheint diese Zeile einmal in T1 EXCEPT ALL T2.)

Im folgenden werde ich die Bezeichnung *Anfrage* für Ausdrücke, die eine Tabelle zum Ergebnis haben, verwenden.[10] Ein Anfrageblock ist eine einfache Form einer Anfrage. Eine Anfrage kann auch mehrere Anfrageblöcke enthalten, die mit den Operatoren UNION, INTERSECT und EXCEPT kombiniert werden. Die Teilergebnisse, die durch diese Operatoren kombiniert werden, müssen dabei jeweils die gleiche Anzahl von

---

10. Auch hier ist die Terminologie nicht einheitlich. Die Spracheinheit, die ich als *Anfrage* (*Query*) bezeichne, wird in der IBM-Dokumentation als *fullselect* und im SQL92-Standard als *query expression* (*Anfrageausdruck*) bezeichnet.

Spalten haben, und die Datentypen entsprechender Spalten müssen miteinander kompatibel sein. (Genaue Regeln für Datentyp-Kompatibilität sowie zur Bestimmung der Datentypen von Ergebnisspalten werden in Abschnitt 6.6 angegeben.)

Wenn zwei Tabellen durch UNION, INTERSECT oder EXCEPT kombiniert werden, so bleiben die Namen von Spalten der Inputtabellen, die sich entsprechen und gleich benannt sind, erhalten. Anderenfalls ist die entsprechende Spalte der Ergebnistabelle unbenannt.

Bei der Auswertung einer Anfrage hat der INTERSECT-Operator Vorrang vor den UNION- bzw. EXCEPT-Operatoren, und Operatoren mit gleicher Priorität werden von links nach rechts ausgewertet. Auch hier können Klammern zur Abänderung der Auswertungsordnung verwendet werden. Die Syntax einer Anfrage lautet wie folgt:

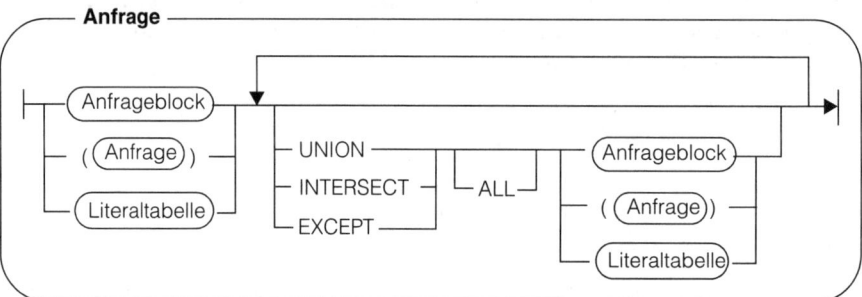

Das obige Syntaxdiagramm zeigt, daß Anfrageblöcke sowie *Literal-Tabellen* die Bausteine einer Anfrage sind. Eine Literal-Tabelle ist eine Sammlung von einer oder mehreren Zeilen, deren Werte unmittelbar in der Anfrage angegeben sind. Eine Literal-Tabelle beginnt mit dem Schlüsselwort VALUES und enthält einen Ausdruck (oder das Wort NULL) für jeden seiner Spaltenwerte, wie im unten gezeigten Syntaxdiagramm angegeben.

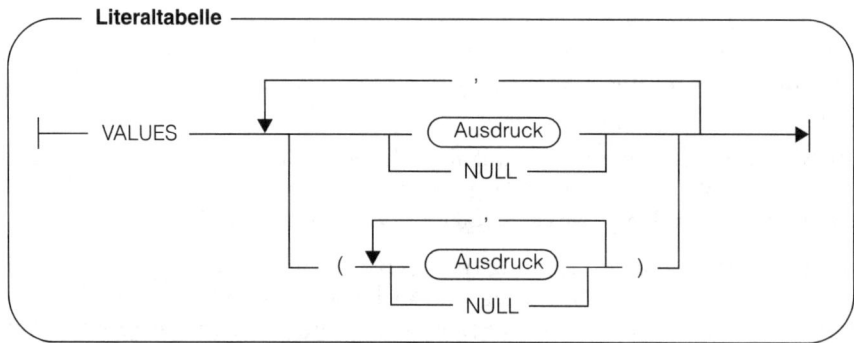

Jede Zeile einer Literal-Tabelle wird in Klammern eingeschlossen; falls die Tabelle nur eine Zeile enthält, dürfen diese Klammern entfallen. Diese u.U. verwirrende Eigenschaft wird in den folgenden Beispielen illustriert:

1. VALUES ('Bob', 'Carol'), ('Ted', 'Alice'), ('John', 'Mary') ist eine Literal-Tabelle mit drei Zeilen mit jeweils zwei Spalten wie folgt:

Bob	Carol
Ted	Alice
John	Mary

2. VALUES ('Bob'), ('Ted'), ('John') ist eine Literal-Tabelle mit drei Zeilen mit jeweils einer Spalte.

3. VALUES 'Bob', 'Ted', 'John' ist zum zweiten Beispiel äquivalent. Sowohl Beispiel 2 als auch Beispiel 3 produzieren die folgende Tabelle:

Bob
Ted
John

4. VALUES ('Bob', 'Ted', 'John') ist eine Literal-Tabelle mit einer Zeile und drei Spalten wie folgt:

Bob	Ted	John

 **TIP:** Aufgrund der Verwechslungsgefahr bei den Beispielen 3 und 4 ist es ratsam, jede Zeile in einer Literal-Tabelle in Klammern einzuschließen, selbst dann, wenn die Zeile nur aus einer einzigen Spalte besteht.

Sämtliche Werte in einer Spalte einer Literal-Tabelle müssen kompatible Datentypen besitzen (eine Spalte darf z.B. aus Zeichenreihen oder aus numerischen Werten, nicht jedoch aus einer Mischung beider bestehen). (Die genauen Regeln zur Kompatibilität von Datentypen für Literal-Tabellen werden in Abschnitt 6.6 angegeben.) Es dürfen nicht *alle* Werte einer Spalte in einer Literal-Tabelle null sein, es sei denn, einer der Werte erhält durch einen CAST-Ausdruck einen expliziten Datentyp.

Anfragen, die Mengenoperatoren und / oder Literal-Tabelle enthalten, können manchmal Fragen ausdrücken, die anders schwierig zu formulieren wären, wie die folgenden Beispiele zeigen:

 Diese sehr einfache Anfrage findet alle Lieferanten, von denen es derzeit keine Preisangaben gibt:

```
SELECT liefnr
  FROM lieferanten
EXCEPT
  SELECT liefnr
  FROM preisliste;
```

Die folgende Anfrage listet Namen und Adressen aller Lieferanten auf, die Teil P207 für weniger als $10.00 liefern können, mitsamt zweier zusätzlicher Lieferanten, welche die normalen Kriterien nicht erfüllen:

```
SELECT name, adresse
FROM lieferanten
WHERE liefnr IN
  (SELECT liefnr
   FROM preisliste
   WHERE teilenr = 'P207'
   AND preis < 1000)
UNION
  VALUES('Uncle Bill', 'P.O.Box 1117, Fresno, CA'),
        ('Repo City', '650 First St., Buffalo, NY');
```

Eine SQL-Anfrage ist ein mächtiges Werkzeug zur Ableitung einer Tabelle aus in der Datenbank gespeicherten Tabellen sowie aus Konstanten und Wirtsvariablen. Eine Anfrage kann selbst wie eine SQL-Anweisung oder als Unteranfrage in einem übergeordneten SQL-Statement benutzt werden. Zum Beispiel:

▶ Eine Anfrage kann innerhalb eines Prädikats benutzt werden, wie im Syntaxdiagramm für Prädikate in Abschnitt 2.4.4 angegeben.

▶ Eine Anfrage kann in einer FROM-Klausel zur Berechnung einer synthetischen Tabelle benutzt werden, die dann in einem übergeordneten Befehl benutzt wird. Diese Verwendung, *Tabellenausdruck* (*Table Expression*) genannt, wird in Abschnitt 5.2.2 behandelt.

▶ Eine Anfrage kann in der Definition einer Sicht verwendet werden, wie im Syntaxdiagramm für den *Create-View-Befehl* in Abschnitt 2.6.5 gezeigt.

Eine Anfrage gibt aus sich heraus keine Ordnung für die von ihr erzeugte Ergebnismenge vor. Wird eine Anfrage als Unteranfrage benutzt, so wird ihre Ergebnismenge als ungeordnet betrachtet. Wenn eine Anfrage in einem SELECT-Befehl (siehe unten) oder in einer *Cursor-Deklaration* (siehe Abschnitt 4.1.6) benutzt wird, kann das umgebende Statement eine ORDER BY-Klausel enthalten, durch welche die Zeilen der Ergebnismenge vor einer Übergabe an den Benutzer oder an ein Anwendungsprogramm geordnet werden.

2.4.10 Die SELECT-Anweisung

Wenn eine Anfrage als SQL-Statement auf der äußersten Schachtelungsebene benutzt wird, bezeichnen wir sie als *SELECT-Anweisung* (-Kommando, -Statement). Ein SELECT-Statement kann an eine interaktive Schnittstelle wie die Befehlszentrale übergeben werden, die dieses dann ausführt und das Ergebnis anzeigt. Zusätzlich zu den gewöhnlichen Anfrageklauseln kann ein SELECT-Statement zwei zusätzliche Klauseln enthalten, die nur für die äußerste Schachtelungsebene einer Anfrage sinnvoll sind: eine ORDER BY-Klausel, durch die eine Ergebnismenge sortiert wird, und eine FETCH FIRST-Klausel, welche die Größe der Ergebnismenge begrenzt. Die Syntax einer SELECT-Anweisung lautet wie folgt:

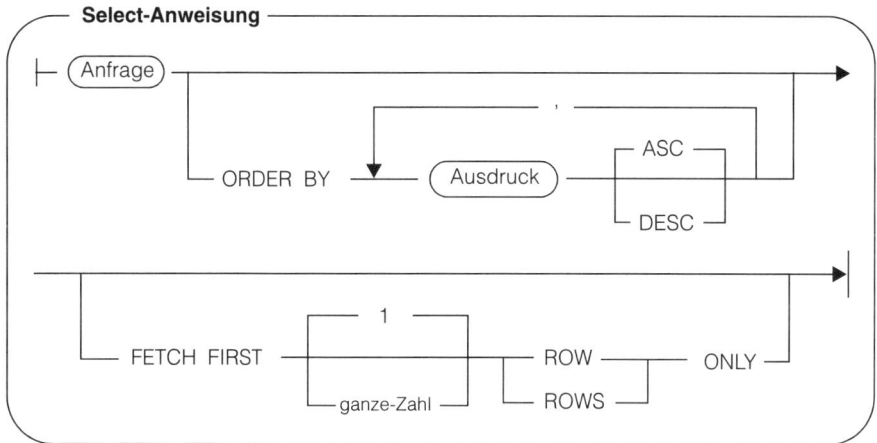

Die ORDER BY-Klausel sorgt dafür, daß die Ergebnismenge einer Anfrage anhand der Werte eines oder mehrerer Ausdrücke, die *Sortierschlüssel* genannt werden, sortiert wird, und zwar in aufsteigender oder absteigender Reihenfolge. Ist keine ORDER BY-Klausel angegeben, so wird die Sortierung der Ergebnismenge vom System bestimmt. Sortierschlüssel können auf verschiedene Weisen spezifiziert werden, wie die folgenden Beispiele zeigen:

▶ Die einfachste ORDER BY-Klausel besteht lediglich aus einem Spaltennamen, der auch in der SELECT-Klausel vorkommt. Die folgende Anfrage listet alle Preisangaben für das Teil mit der Nummer P231 auf, die eine Reaktionszeit von weniger als 30 Tagen haben, sortiert nach aufsteigenden Preisen.

```
SELECT liefnr, preis
FROM preisliste
WHERE teilnr = 'P231'
AND reaktionszeit < 30
ORDER BY preis;
```

▶ Ein Spaltenname in der SELECT-Klausel, der mit einem Tabellen- oder einem Korrelationsnamen qualifiziert ist, kann ebenfalls in der ORDER BY-Klausel auftreten, und zwar so, wie er in der SELECT-Klausel erscheint. Das folgende Beispiel verbindet drei Tabellen zur Erstellung einer Hauptliste von Teilen, die von verschiedenen Lieferanten geliefert werden. Die Zeilen der Ergebnismenge werden alphabetisch nach Lieferantennamen und sodann nach Teilenummern sortiert.

```
SELECT l.name, p.teilenr, p.preis, t.beschreibung
FROM lieferanten l, preisliste p, teile t
WHERE l.liefnr = p.liefnr
AND p.teilenr = t.teilenr
ORDER BY l.name, p.teilenr;
```

▶ Man kann eine Ergebnismenge auch über einen Ausdruck in der SELECT-Klausel sortieren, der kein einfacher Spaltenname ist. Dies geschieht entweder durch Wiederholen des Ausdrucks in der ORDER BY-Klausel oder durch Zuweisen eines Namens an den Ausdruck und Verwenden dieses Namens in der ORDER BY-Klausel. Die folgenden beiden Anfragen, die gleichwertig sind, listen Teile in absteigender Reihenfolge der Gesamtanzahl eines jeden Teils auf, das am Lager oder bestellt ist:

```
SELECT teilenr bestellstand+lagerbestand
FROM teile
ORDER BY bestellstand+lagerbestand DESC;

SELECT teilenr bestellstand+lagerbestand
AS gesamtbestand
FROM teile
ORDER BY gesamtbestand DESC;
```

▶ Wenn ein SELECT-Statement mehrere Anfrageblöcke enthält, ist es wichtig zu berücksichtigen, daß die ORDER BY-Klausel auf die Ergebnismenge als Ganzes und nicht nur auf einen einzelnen Anfrageblock wirkt. Man kann eine Ergebnismenge stets nach einer ihrer Spalten sortieren lassen, indem man einfach die Ordinalzahl der Spalte als Sortierschlüssel angibt. Das folgende SELECT-Statement vereinigt zwei Anfrageblöcke, die alle Bestellungen für Teil P207 zusammen mit dem Lagerbestand dieses Teils auflisten. Das Ergebnis wird in absteigender Reihenfolge der Werte für die zweite, unbenannte Spalte geliefert.

```
SELECT liefnr, anzahl
FROM bestellungen
WHERE teilenr = 'P207'
UNION ALL
SELECT 'Lagerbestand', lagerbestand
FROM teile
WHERE teilenr = 'P207'
ORDER BY 2 DESC;
```

▶ Wenn man vorsichtig vorgeht, kann man eine Ergebnismenge sogar anhand eines Ausdrucks sortieren, der in der Ergebnismenge nicht vorkommt. Dies ist nur möglich, wenn das SELECT-Statement aus einem einzigen Anfrageblock besteht und sämtliche Ausdrücke in der ORDER BY-Klausel entweder in der SELECT-Klausel vorkommen oder dort *hätten vorkommen können*. Das folgende Beispiel listet alle Teilenummern der Tabelle PREISLISTE in der Reihenfolge ihres Durchschnittspreises auf, und zwar ohne daß Durchschnittspreise im Ergebnis auftauchen:

```
SELECT teilenr
FROM preisliste
GROUP BY teilenr
ORDER BY avg(preis);
```

In obigem Beispiel ist wesentlich, daß der Sortierschlüssel AVG(PREIS) in der SE-LECT-Klausel hätte stehen können. Falsch wäre dagegen gewesen, PREIS als Sortierschlüssel anzugeben, denn PREIS wäre in der SELECT-Klausel nicht gültig (aufgrund des Konflikts mit der GROUP BY-Klausel, da PREIS nicht die Gruppierungseigenschaft ist).

Die FETCH FIRST-Klausel einer SELECT-Klausel limitiert die Größe der Ergebnismenge auf N Zeilen für eine natürliche Zahl N. Ist eine ORDER BY-Klausel angegeben, so besteht das Ergebnis aus den ersten N Zeilen in der angegebenen Reihenfolge; ansonsten besteht es aus höchstens N vom System ausgewählten Zeilen.

2.4.11 Die VALUES-Anweisung

Bei genauem Hinsehen hat man bereits erkannt, daß es sich bei einer Literal-Tabelle um eine Art von Anfrage handelt und daß eine Anfrage für sich bereits ein SELECT-Statement ausmacht. Aus genau diesem Grund kann ein SELECT-Statement einfach nur aus einer Literal-Tabelle bestehen. Wir werden diesen Spezialfall als *VALUES-Anweisung* bezeichnen, da ein solcher Befehl mit dem Schlüsselwort VALUES anfängt. Wenn man ein VALUES-Statement interaktiv ausführt, wertet das System sämtliche Ausdrücke in dem Befehl aus und zeigt die resultierende Literal-Tabelle an. Man könnte z.B. den folgenden Befehl eingeben:

```
VALUES ('Carter', '1976', 'Demokrat'),
       ('Reagan', '1980', 'Republikaner');
```

Dieses Beispiel ist nicht besonders sinnvoll, da man offensichtlich sämtliche Werte eingeben muß, die angezeigt werden sollen. Als interessanteres Beispiel stelle man sich vor, daß man den Inhalt eines der speziellen Register wie CURRENT DATE oder CURRENT FUNCTION PATH abfragen will. Man wird dann keine SELECT-Anweisung schreiben, denn die speziellen Register kommen in keiner Tabelle vor. Man könnte zwar eine beliebige Tabelle wählen und dann z.B. SELECT CURRENT DATE FROM teile schreiben, jedoch würde dadurch das aktuelle Datum für jedes Teil in der Tabelle TEILE gezeigt, was vermutlich nicht gewünscht ist. Die Lösung dieses Problems besteht in der Verwendung einer VALUES-Anweisung zum Anzeigen einer »Tabelle«, die nichts außer dem gewünschten Wert des speziellen Registers enthält. So führt z.B. die interaktive Eingabe des folgenden Befehls in der Befehlszentrale zur Anzeige des aktuellen Datums:

```
VALUES (CURRENT DATE);
```

Ein weiterer Grund für die Benutzung von VALUES als eigenständige SQL-Anweisung ist das Aufrufen einer Funktion. Vordefinierte Funktionen wie substr und avg machen außerhalb einer Anfrage wenig Sinn. Allerdings erlaubt es UDB seinen Benutzern (vgl. Kapitel 6), eigene Funktionen, die als C-Programme implementiert werden, zu definieren. Eine solche benutzerdefinierte Funktion kommuniziert möglicherweise mit ihrer Außenwelt durch Versenden einer Nachricht oder Schreiben in eine Datei. Nehmen wir nun an, jemand hat eine Funktion bestellungAufgeben(teilenr, anzahl) definiert, die eine Nachricht mit einer Bestellung einer gewissen Anzahl bestimmter Teile an einen Lieferanten sendet. Da bestellungAufgeben als SQL-Funktion definiert ist, kann sie aus

SQL-Befehlen heraus aufgerufen werden, etwa im Rumpf eines Triggers, der einen niedrigen Lagerbestand entdeckt hat. Welche Form von SQL-Statement sollte jedoch zum Aufrufen benutzt werden? Das Problem ist dem des Inspizierens spezieller Register ähnlich, da die Funktion (wie ein spezielles Register) nicht Teil einer Tabelle ist.

In manchen Fällen ist ein SELECT zum Funktionsaufruf angemessen. Will man z.B. 100 Einheiten von jedem Teil in der Tabelle TEILE bestellen, von dem weniger als 100 am Lager sind, so kann man schreiben:

```
SELECT bestellungAufgeben(teilenr, 100)
FROM teile
WHERE lagerbestand < 100;
```

Dieser Befehl veranlaßt das Aufgeben einiger Bestellungen, deren Anzahl irgendwo zwischen 0 und der Gesamtzahl von Zeilen in der Tabelle TEILE liegt. Will man jedoch genau eine Bestellung aufgeben, etwa 500 Einheiten von Teil P285, so ist die Funktion bestellungAufgeben genau einmal aufzurufen, unabhängig vom Inhalt irgendeiner Tabelle in der Datenbank. Dies wird durch die folgende VALUES-Anweisung erreicht, die man interaktiv ausführen oder in ein Programm einbetten kann:

```
VALUES (bestellungAufgeben('P285', 500));
```

 **TIP:** Bei Funktionen mit Seiteneffekten wie der Funktion bestellungAufgeben in den obigen Beispielen muß man sicherstellen, daß die Funktion eine vorhersehbare Anzahl von Malen ausgeführt wird. Im allgemeinen wird eine Funktion, die aus einem VALUES-Statement heraus aufgerufen wird, genau einmal ausgeführt, während eine Funktion, die aus der SELECT-Klausel eines Anfrageblocks heraus aufgerufen wird, einmal für jede von diesem Anfrageblock gelieferte Zeile ausgeführt. Man sollte allerdings vermeiden, Funktionen mit Seiteneffekten aus einer Anfrage mit SELECT DISTINCT, einer Spaltenfunktion, einem Verbund oder einem Mengenoperator wie UNION heraus aufzurufen, da diese Operatoren die Anzahl ausgeführter Funktionsaufrufe unvorhersehbar machen. Aus dem gleichen Grund sollten Funktionen mit Seiteneffekten nicht in der WHERE- oder der HAVING-Klausel einer Anfrage aufgerufen werden.

2.4.12 SQLCODE und SQLSTATE

Die Ausführung eines SQL-Befehls wie SELECT oder VALUES resultiert stets in zwei Codes, SQLCODE und SQLSTATE, die erfolgreiche oder nicht erfolgreiche Ausführung anzeigen und gegebenenfalls den Typ des aufgetretenen Fehlers angeben. SQL-CODE ist ein Integer-Code, der seit langem in der DB2-Produktfamilie verwendet wird, SQLSTATE ist ein neuerer Code, bestehend aus 5 Zeichen, der im ANSI-ISO SQL-Standard definiert ist. Grundsätzlich bedeutet ein SQLCODE von 0 eine normale Ausführung. Ein negativer Wert zeigt einen Fehler an, und ein positiver steht für eine Warnung oder einfach eine Anzeige wie »keine Zeilen gefunden«. Bei SQLCODE und SQLSTATE handelt es sich um unterschiedliche Arten, dieselbe Information darzustellen. Jedoch sind Applikationen, die SQLSTATE benutzen, leichter auf andere Datenbanksysteme portierbar, da SQLSTATE im SQL-Standard definiert ist.

Wenn man SQL-Anweisungen von einer interaktiven Schnittstelle wie der Befehlszentrale aus ausführt, werden SQLCODE und/oder SQLSTATE nach Beendigung jeder Befehlsausführung angezeigt. Sind SQL-Befehle in ein Anwendungsprogramm eingebettet, werden die gleichen Codes in einer SQLCA genannten Datenstruktur, die in Abschnitt 4.1.4 beschrieben wird, an das Programm zurückgegeben.

2.5   Datenmodifikation

Die SQL-Anweisungen zur Modifikation von Daten sind INSERT, UPDATE und DELETE. Jeder dieser Befehle macht intensiven Gebrauch von den bereits beschriebenen Bausteinen, etwa von Ausdrücken, Unteranfragen und Literal-Tabellen.

2.5.1   Das INSERT-Kommando

Der Zweck einer INSERT-Anweisung ist das Einfügen von einer oder mehreren Zeilen in eine Tabelle oder eine Sicht. Die einzufügenden Zeilen können entweder als Literal-Tabelle angegeben oder aus der Datenbank mittels einer Anfrage abgeleitet werden. Die Syntax des INSERT-Befehls lautet wie folgt:

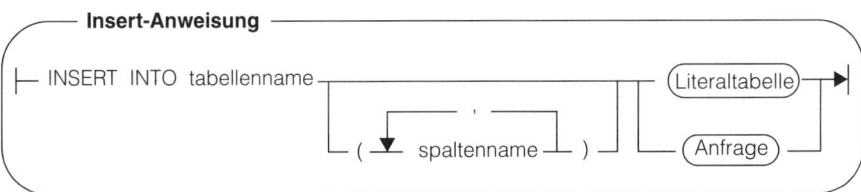

SQL-Benutzer kennen die Verwendung der VALUES-Klausel zum Einfügen einer einzelnen Zeile in eine Tabelle, wie im folgenden Beispiel:

```
INSERT INTO preisliste(liefnr, teilenr, preis, reaktionszeit)
    VALUES ('S59', 'P227', 175, 8);
```

Da ein INSERT-Statement bei UDB eine Literal-Tabelle enthalten darf, ist die VALUES-Klausel eines INSERT-Befehls nicht auf eine Zeile beschränkt, und sie darf ferner Ausdrücke sowie Konstanten enthalten. Wenn eine Literal-Tabelle in einem INSERT-Befehl benutzt wird, so darf ein Wert innerhalb dieser Tabelle sogar lediglich aus dem Wort DEFAULT bestehen, was »den voreingestellten Wert der Zielspalte« bedeutet (der voreingestellte oder Default-Wert einer Spalte wird, wenn überhaupt, zum Zeitpunkt des Erzeugens der betreffenden Tabelle festgelegt). Das folgende Beispiel demonstriert einige dieser Möglichkeiten; es werden zwei Zeilen in die Tabelle BESTELLUNGEN eingefügt unter Verwendung eines Default-Wertes (das aktuelle Datum) für die Spalte BESTELLDATUM:

```
INSERT INTO bestellungen(liefnr, teilenr, anzahl, bestelldatum)
    VALUES ('S59', 'P227', 100, DEFAULT),
           ('S59', 'P231', 250, DEFAULT);
```

Spalten, für die in einem INSERT-Kommando keine Werte angegeben werden, erhalten stets voreingestellte Werte. Aus diesem Grund ist das folgende INSERT-Kommando zu dem gerade gezeigten äquivalent:

```
INSERT INTO bestellungen(liefnr, teilenr, anzahl)
    VALUES ('S59', 'P227', 100),
           ('S59', 'P231', 250);
```

Falls ein INSERT-Befehl eine Anfrage enthält, so wird diese ausgewertet und das Ergebnis in die Zieltabelle eingefügt. Wenn man z.B. eine Tabelle INAKTIV mit einer Spalte LIEFNR anlegt, so kann man den folgenden Befehl zum Einfügen aller Lieferanten, von denen aktuell keine Preisangaben vorliegen, in diese Tabelle verwenden:

```
INSERT INTO inaktiv(liefnr)
    SELECT liefnr
    FROM lieferanten
EXCEPT
    SELECT liefnr
    FROM preisliste;
```

Falls eine Anfrage innerhalb eines INSERT-Befehls eine Referenz auf die Tabelle enthält, in die Daten eingefügt werden sollen, so bezeichnet man die INSERT-Anweisung als *selbstreferenzierend*. Die Anfrage in einem selbstreferenzierenden INSERT-Statement wird vollständig ausgewertet, bevor irgendwelche Zeilen eingefügt werden.

Das Ziel einer INSERT-Anweisung kann entweder eine Tabelle oder eine Sicht sein. Ein Einfügen von Zeilen in eine Sicht hat dabei den Effekt des Einfügens von Zeilen in die Tabelle, auf der die Sicht basiert. Die Sicht muß dazu veränderbar sein, und die eingefügten Zeilen müssen alle Integritätsbedingungen erfüllen, die für die Tabelle und/ oder die Sicht aktuell gelten (solche Bedingungen werden in Abschnitt 7.1 behandelt). Falls während der Ausführung eines INSERT-Befehls ein Fehler auftritt (z.B. dadurch, daß bei der hundertsten eingefügten Zeile eine Bedingung verletzt wird), wird der Befehl zurückgesetzt, und es werden keine Zeilen eingefügt.

Ein INSERT-Befehl kann optional die Spalten der Zieltabelle angeben, für die Werte eingefügt werden. Ein Verzicht auf die Angabe von Spalten hat den gleichen Effekt wie eine Angabe sämtlicher Spalten der Zieltabelle in ihrer (durch die Tabellendefinition) vorgegebenen Reihenfolge. Ist die Zieltabelle eines INSERT-Befehls eine Sicht, so können natürlich nur in solche Spalten Werte eingefügt werden, die direkte Entsprechungen in der zugrundeliegenden Tabelle haben. Für jede Spalte, in die Werte eingefügt werden können, hat ein Verzicht auf deren Angabe, wie erwähnt, den gleichen Effekt wie die Angabe von DEFAULT.

In einer parallelen Datenbankumgebung kann ein Anwendungsprogramm vom sogenannten *gepufferten Einfügen* Gebrauch machen. Es verbessert die Effizienz dadurch, daß es INSERT-Befehle in Schüben anstatt einzeln ausführt. Wenn das System während der Ausführung eines gepufferten Einfügens einen Fehler erkennt, wird dieser nicht notwendig dem Anwendungsprogramm im Return-Code des INSERT-Befehls, der den Fehler verursacht hat, mitgeteilt, sondern er wird möglicherweise erst im Code eines späteren Statements mitgeteilt. Gepufferte Einfügungen werden in Abschnitt 10.2.2 genauer behandelt.

2.5.2 Das UPDATE-Kommando

Der Zweck der UPDATE-Anweisung ist das Modifizieren von Werten in einer oder mehreren Zeilen einer Tabelle oder einer Sicht. Die Syntax eines UPDATE-Statements lautet wie folgt:[11]

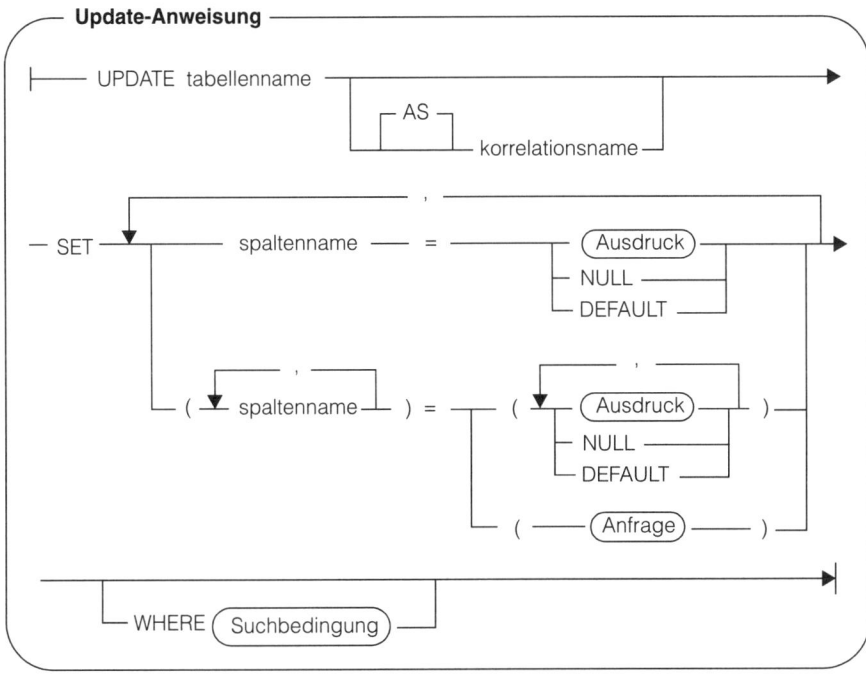

Ein UPDATE-Befehl wendet seine SET-Klausel auf jede Zeile der betreffenden Tabelle an, für welche die Suchbedingung in der WHERE-Klausel den Wert TRUE liefert. Besitzt das UPDATE-Kommando keine WHERE-Klausel, so wird die SET-Klausel auf alle Zeilen in der betreffenden Tabelle angewendet.

Die SET-Klausel enthält eine oder mehrere *Zuweisungen*. Jede solche Zuweisung wird durch Berechnung des Wertes oder der Werte auf der rechten Seite des Gleichheitszeichens und Zuweisung dessen bzw. dieser an die Spalte(n) auf der linken Seite ausgeführt. Der zuzuweisende Wert kann dabei durch einen Ausdruck (möglicherweise mit Unteranfrage), durch das Schlüsselwort NULL oder durch DEFAULT spezifiziert sein, wobei letzteres bedeutet, daß der betreffenden Spalte ein voreingestellter Wert zugewiesen wird. Als Beispiel weist das folgende UPDATE-Statement der Zeile von Teil P207 neue Werte in der Tabelle TEILE zu:

---

11. Eine Variante dieser Syntax, die *positioniertes UPDATE-Statement* genannt wird, wird in Abschnitt 4.1.11 beschrieben.

```
UPDATE teile
SET beschreibung = NULL,
    lagerbestand = 100,
    bestellstand = DEFAULT
WHERE teilenr = 'P207';
```

Beim Aktualisieren von Zeilen werden jeweils die Ausdrücke auf der rechten Seite einer Zuweisung ausgewertet, bevor irgendeine Veränderung durchgeführt wird. Damit kann z.B. das folgende Statement zum Austausch der Werte von lagerbestand und bestellstand für ein bestimmtes Teil verwendet werden:

```
UPDATE teile
SET bestellstand = lagerbestand,
    lagerbestand = bestellstand
WHERE teilenr = 'P207';
```

Das Ziel eines UPDATE-Befehls kann entweder eine Tabelle oder eine Sicht sein. Das Aktualisieren einer Sicht hat dabei den Effekt des Aktualisierens der Tabelle, auf der die Sicht basiert. Naturgemäß muß eine Sicht, die aktualisiert werden soll, als »updatable« deklariert sein, und die zu aktualisierenden Spalten müssen direkte Entsprechungen in der betreffenden Basistabelle haben. (Regeln zur Definition veränderbarer Sichten werden in Abschnitt 2.6.5 beschrieben.)

Es ist möglich, daß eine der Veränderungen, die durch eine UPDATE-Anweisung spezifiziert werden, eine Bedingung verletzt, wie z.B. eine Check-Bedingung oder eine Fremdschlüsselbedingung (beschrieben in Abschnitt 7.1). Falls dies oder ein anderer Fehler während der Bearbeitung eines UPDATE-Befehls auftritt, wird der Befehl zurückgesetzt und keine Aktualisierung vorgenommen.

Wird in einem UPDATE-Kommando in der WHERE- oder der SET-Klausel eine Unteranfrage benutzt, so wird diese ausgewertet, bevor irgendwelche Zeilen aktualisiert werden. Falls eine solche Unteranfrage eine Referenz auf die Tabelle, die aktualisiert werden soll, enthält, so bezeichnet man die UPDATE-Anweisung als selbstreferenzierend. Alle Unteranfragen in selbstreferenzierenden UPDATE-Befehlen (sogar korrelierte Unteranfragen!) sehen die betreffende Tabelle im Original, bevor Veränderungen daran vorgenommen werden.

Wenn eine Unteranfrage auf der rechten Seite einer Zuweisung auftritt, so darf sie höchstens eine Zeile liefern. Der Wert bzw. die Werte dieser Zeile werden dann den entsprechenden Spalten auf der linken Seite zugewiesen. Falls die Unteranfrage keine Zeilen liefert, werden den Spalten auf der linken Seite Nullwerte zugewiesen. Die Verwendung von Unteranfragen auf der rechten Seite von Zuweisungen ist ein mächtiges Sprachkonstrukt, insbesondere dann, wenn die Unteranfrage zu der zu aktualisierenden Tabelle korreliert ist, wie im folgenden Beispiel. In diesem Beispiel hat Lieferant S53 den niedrigsten Preis und die kürzeste Reaktionszeit für sämtliche von ihm gelieferten Teile zugesichert. Das UPDATE-Kommando verändert die Zeilen der Tabelle PREISLISTE so, daß dies reflektiert wird:

```
UPDATE preisliste AS x
SET (preis, reaktionszeit) =
        (SELECT min(preis), min(reaktionszeit)
         FROM preisliste
         WHERE teilenr = x.teilenr)
WHERE liefnr = 'S53';
```

In einem parallelen Datenbanksystem mit mehreren Knoten können eine oder mehrere Spalten einer Tabelle als Partitionierungsschlüssel ausgezeichnet werden, der die Verteilung von Tabellenzeilen auf die Systemknoten kontrolliert. Ein UPDATE-Befehl kann sich nicht auf eine Spalte beziehen, die Teil eines Partitionierungsschlüssels ist. Derartige Schlüssel werden in Abschnitt 10.2.2 genauer behandelt.

2.5.3 Das DELETE-Kommando

Der Zweck der DELETE-Anweisung ist das Löschen einer oder mehrerer Zeilen aus einer Tabelle oder einer Sicht. Das Löschen von Zeilen aus einer Sicht hat den Effekt des Löschens von Zeilen aus der Tabelle, auf der die Sicht basiert. Die Syntax des DELETE-Befehls lautet wie folgt:[12]

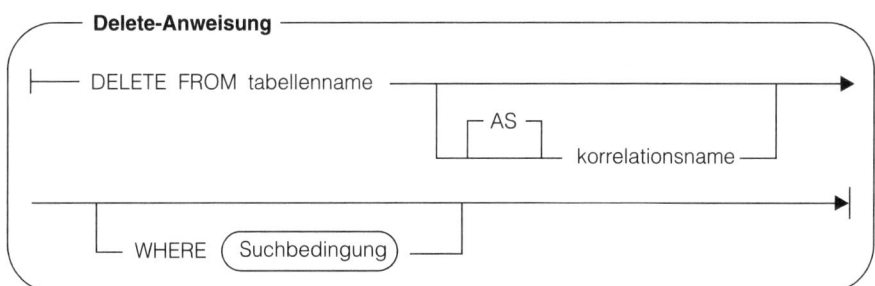

Die Wirkungsweise eines DELETE-Befehls ist einfach: Es werden die Zeilen der im Befehl genannten Tabelle oder Sicht aus der Datenbank gelöscht, für welche die Suchbedingung den Wert TRUE ergibt. Falls die WHERE-Klausel fehlt, werden sämtliche Zeilen aus der betreffenden Tabelle oder Sicht gelöscht.

Falls die Suchbedingung eines DELETE-Befehls eine Unteranfrage enthält, welche die Tabelle, aus der gelöscht werden soll, referenziert, so wird diese Unteranfrage ausgewertet, bevor Zeilen gelöscht werden. Eine derartige DELETE-Anweisung heißt selbstreferenzierend.

Die Löschung einer oder mehrerer Zeilen, wie in einem DELETE-Befehl angegeben, kann zur Verletzung von Bedingungen, wie z.B. Fremdschlüsselbedingungen (siehe Abschnitt 7.1), führen. Falls dies oder ein anderer Fehler während der Ausführung eines DELETE-Befehls auftritt, wird der Befehl zurückgesetzt, und es werden keine Zeilen gelöscht.

---

12. Eine Variante dieser Syntax, die als *positioniertes DELETE-Statement* bezeichnet wird, wird in Abschnitt 4.1.11 beschrieben.

Das folgende Beispielkommando löscht den Lieferanten mit der Nummer S59 aus der Tabelle LIEFERANTEN:

```
DELETE FROM lieferanten WHERE liefnr = 'S59';
```

Auch bei einer DELETE-Anweisung ist die Verwendung von Korrelationsnamen ein mächtiges Ausdrucksmittel, das es ermöglicht, in einer Unteranfrage in der Suchbedingung spezifische Eigenschaften der zu löschenden Zeile anzugeben. So löscht z.B. der folgende Befehl alle Lieferanten, von denen derzeit keine Preisangaben vorliegen:

```
DELETE FROM lieferanten AS x
WHERE NOT EXISTS
    (SELECT teilenr
    FROM preisliste
    WHERE liefnr = x.liefnr);
```

Die Verwendung von Korrelationsnamen in UPDATE- und DELETE-Befehlen ist eine von UDB unterstützte Produkterweiterung, die nicht Teil des ANSI/ISO SQL92-Standards ist (wenngleich sie für den zukünftigen SQL3-Standard diskutiert wird). Das folgende Statement ist ein weiteres Beispiel für die Verwendung dieser Möglichkeit. Der Befehl löscht alle Einträge aus der Preisliste, deren Preis mehr als das Doppelte des durchschnittlichen Preises der Liste für das betreffende Teil beträgt. Man beachte, daß dieser Befehl ein selbstreferenzierender Löschbefehl ist, so daß die aus der Preisliste zu löschenden Einträge effektiv berechnet werden, bevor irgendwelche Einträge tatsächlich gelöscht werden.

```
DELETE FROM preisliste AS x
WHERE preis >
    (SELECT 2* avg(preis)
    FROM preisliste
    WHERE teilenr = x.teilenr);
```

2.6 Datendefinition

Die *Datendefinitionsbefehle* von SQL sind die Befehle zum Erzeugen und Löschen von Datenbankobjekten wie Tabellen. Einige dieser Anweisungen erlauben auch Veränderungen der Struktur eines existierenden Objekts, wie etwa das Hinzufügen einer Spalte zu einer Tabelle. In diesem Abschnitt behandeln wir die Datendefinitionsbefehle, die auf den folgenden Arten von Objekten operieren:

▶ *Tabellen*, die sämtliche in der Datenbank gespeicherte Informationen enthalten,

▶ *Alias-Namen*, die alternative Namen für Tabellen darstellen,

▶ *Sichten*, bei denen es sich um »virtuelle« Tabellen handelt, die aus den real gespeicherten Tabellen abgeleitet werden,

▶ *Indizes*, die das System beim schnellen Zugriff auf Daten unterstützen, eine Ordnung in den Zeilen einer Tabelle herstellen und die Eindeutigkeit von Werten in einer Tabelle erzwingen,

▷ *Schemata*, bei denen es sich um Sammlungen von Objekten handelt, in denen Tabellen, Alias-Namen, Sichten, Indizes und anderes mehr enthalten sind.

Dieser Abschnitt behandelt auch kurz das Thema der *Normalisierung*, das Hinweise zum guten Tabellenentwurf gibt.

UDB unterhält automatisch eine Sammlung sogenannter *Katalogtabellen*, die Beschreibungen aller Objekte in einer Datenbank enthalten. Datendefinitionsbefehle führen stets zu Veränderungen an diesen Tabellen. (Die Katalogtabellen sind im Anhang D beschrieben.)

Datendefinitionskommandos können auf verschiedene Weisen ausgeführt werden. Die einfachste ist wahrscheinlich die Verwendung der graphischen Schnittstelle, welche die Steuerzentrale bereitstellt (siehe Abschnitt 10.3). Man kann Datendefinitionsbefehle auch mittels einer interaktiven SQL-Schnittstelle, wie dem CLP oder der Befehlszentrale (siehe Abschnitt 3.1.1), ausführen. Man kann diese Befehle sogar in Anwendungsprogramme einbetten, was allerdings zu Verwirrung führen kann. Als Beispiel diene ein C-Programm mit SQL-Befehlen zum Erzeugen einer Tabelle sowie zum Einfügen von Daten in diese Tabelle. Bei der Ausführung dieses Programms wird der Precompiler versuchen, einen Ausführungsplan für den INSERT-Befehl zu generieren, jedoch geht das schief, da die betreffende Tabelle noch nicht existiert. Als allgemeine Regel gilt, daß ein Objekt nicht in ein und demselben Programm erzeugt und benutzt werden kann, außer man verwendet eine der dynamischen SQL-Techniken, die in Kapitel 8 behandelt werden. Um die Dinge einfach zu halten, werden Datendefinitionsbefehle am besten von Anwendungsprogrammen getrennt gehalten (etwa in einer Prozedur-Datei) und mittels einer interaktiven Schnittstelle ausgeführt.

2.6.1 Erzeugen einer Tabelle

Da Tabellen die zentralen Objekte zum Speichern von Information in UDB sind, ist der Befehl CREATE TABLE der wichtigste Befehl zur Datendefinition. Mit diesem Befehl spezifiziert man grundsätzlich einen Namen für eine anzulegende Tabelle sowie die Namen und Datentypen aller Attribute. Darüber hinaus kann man optional in diesem Befehl angeben, daß bestimmte Spalten der Tabelle keine Nullwerte akzeptieren und daß eine oder mehrere Spalten den *Primärschlüssel* der Tabelle bilden. Spalten eines Primärschlüssels dürfen niemals Nullwerte annehmen, und die Werte für die Spalten eines solchen Schlüssels identifizieren eine Zeile der betreffenden Tabelle eindeutig.

Zusätzlich zu der gerade genannten Basisfunktionalität kann der Befehl CREATE TABLE die Plazierung einer Tabelle im physikalischen Speicher kontrollieren und Bedingungen spezifizieren, die für die in der betreffenden Tabelle gespeicherten Datenwerte gelten sollen. Eine Diskussion dieser Möglichkeiten von CREATE TABLE wird auf Kapitel 7 verlagert. Für den Moment soll es reichen, daß ich Beispiele von CREATE TABLE-Anweisungen zeige, mit denen die Tabellen in unserer Beispieldatenbank erzeugt werden können. Mit diesen Beispielen als Vorlage sowie mit den in den Tabellen 2.1 und 2.2 angegebenen Datentypen kann man dann bereits einfache Tabellen selbst erzeugen. Wer einen Vorgriff auf die volle Syntax von CREATE TABLE tun will, sei auf Abschnitt 7.2.1 verwiesen.

```
CREATE TABLE teile
   (teilenr Char(4) NOT NULL PRIMARY KEY,
    beschreibung Varchar(20),
    lagerbestand Integer,
    bestellstand Integer);
CREATE TABLE preisliste
   (liefnr Char(3) NOT NULL,
    teilenr Char(4) NOT NULL,
    preis Integer,
    reaktionszeit Integer,
    PRIMARY KEY (liefnr, teilenr) );
CREATE TABLE bestellungen
   (liefnr Char(3) NOT NULL,
    teilenr Char(4) NOT NULL,
    anzahl Integer,
    bestelldatum Date);
CREATE TABLE lieferanten
   (liefnr Char(3) NOT NULL PRIMARY KEY
    name Varchar(35),
    adresse Varchar(35) );
```

Wie man an den Beispielen erkennen kann, enthält eine CREATE TABLE-Anweisung eine eingeklammerte Liste von Spaltennamen, jeweils mit Angabe eines Datentyps. Falls eine Spalte keine Nullwerte zuläßt, wird nach dem Datentyp der Zusatz NOT NULL angegeben. Eine optionale PRIMARY KEY-Klausel identifiziert die Spalten, die den Primärschlüssel der Tabelle bilden. Jede Spalte, die Teil des Primärschlüssels ist, muß ebenfalls als NOT NULL gekennzeichnet sein (obwohl man annehmen könnte, daß das System dies selbst tut).

Falls der in einem CREATE TABLE-Befehl angegebene Tabellenname keine Qualifikation enthält, so erhält die neue Tabelle einen Schemanamen, der mit dem aktuellen Wert von Authid (der betreffenden Benutzerkennung) übereinstimmt. Eine Tabelle kann auch explizit mit einem Schemanamen versehen werden, wie in folgendem Beispiel, das eine Tabelle im Schema KONTEN anlegt:

```
CREATE TABLE konten.aussenstände
   (rechnungsnr Char(6) NOT NULL PRIMARY KEY,
    kundenname Varchar(20),
    adresse Varchar(50),
    fälligerBetrag Decimal(8,2) NOT NULL,
    rechnungsdatum Date NOT NULL,
    fälligkeitsdatum Date NOT NULL);
```

Falls ein CREATE TABLE-Befehl (explizit oder per Voreinstellung) ein Schema referenziert, das noch nicht existiert, so wird dieses Schema implizit angelegt.

Wenn man eine Tabelle anlegt, wird eine Beschreibung dieser Tabelle in der Katalogtabelle TABLES abgelegt, und die Beschreibung ihrer Spalten wird in COLUMNS abgelegt.

2.6.2 Verändern einer Tabelle

Der Befehl ALTER TABLE kann zu einer bereits existierenden Tabelle eine Spalte hinzufügen oder die Länge einer Spalte vom Datentyp Varchar erhöhen. Wird einer Tabelle eine Spalte hinzugefügt, so wird den bereits existierenden Zeilen der Tabelle in der neuen Spalte ein Default-Wert zugewiesen. Der ALTER TABLE-Befehl kann auch zum Hinzufügen oder Löschen von Bedingungen an die in der Tabelle enthaltenen Werte oder zum Verändern bestimmter Tabelleneigenschaften benutzt werden. Wie für CREATE TABLE werden hier nur einige Beispiele für die Verwendung von ALTER TABLE angegeben. Eine detaillierte Beschreibung wird wieder auf Kapitel 7 verlegt, bis zu dem ein besseres Verständnis von Bedingungen bei der Leserschaft vorliegen wird. (Wer einen Vorgriff auf die volle Syntax von CREATE TABLE tun will, sei auf Abschnitt 7.2.2 verwiesen.)

Angenommen, nach dem Anlegen der Tabelle KONTEN.AUSSENSTÄNDE entscheidet die Buchführungsabteilung, eine Spalte namens STATUS dieser Tabelle hinzuzufügen. Dies kann wie folgt geschehen:

```
ALTER TABLE konten.aussenstände
    ADD COLUMN status Varchar(18);
```

Alle zum Zeitpunkt der Ausführung von ALTER TABLE vorhandenen Zeilen in der Tabelle KONTEN.AUSSENSTÄNDE erhalten Nullwerte in der neuen STATUS-Spalte, da keine andere Voreinstellung im ALTER TABLE-Befehl angegeben war.

Wenn die Buchführungsabteilung feststellt, daß der Datentyp Varchar(18) nicht lang genug ist, um alle relevanten Informationen aufzunehmen, kann die Spalte STATUS wie folgt verlängert werden:

```
ALTER TABLE konten.aussenstände
    ALTER COLUMN status SET DATA TYPE Varchar(32);
```

2.6.3 Umbenennen einer Tabelle

Man kann den Namen einer existierenden Tabelle gemäß der folgenden Syntax ändern:

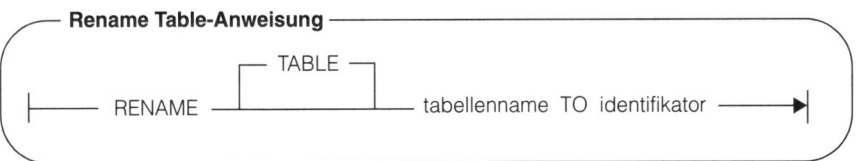

Beispiele:

```
RENAME TABLE produkte.angebote TO schnäppchen;
RENAME TABLE ausgaben TO etat;
```

Eine umbenannte Tabelle behält ihren ursprünglichen Schemanamen. So ändert etwa im zweiten Beispiel die Tabelle, falls der betreffende Benutzer WILSON heißt, ihren Namen von WILSON.AUSGABEN in WILSON.ETAT.

Wenn eine Tabelle umbenannt wird, bleiben alle in der Tabelle definierten Indizes sowie Benutzerprivilegien erhalten. Allerdings werden Anwendungsprogramme (Pakete), die die Tabelle benutzen, ungültig und müssen so aktualisiert werden, daß sie den neuen Namen verwenden.

Eine Tabelle kann nicht umbenannt werden, falls sie eine der folgenden Eigenschaften hat:

1. Sie wird in einer Sichtendefinition referenziert (siehe Abschnitt 2.6.5).
2. Sie besitzt eine Check-Bedingung (siehe Abschnitt 7.1.4).
3. Sie ist entweder Vater- oder Kind-Tabelle in einer referentiellen Integritätsbeziehung (Fremdschlüsselbeziehung, siehe Abschnitt 7.1.6).
4. Sie hat einen zugeordneten Trigger oder wird von einem solchen referenziert (siehe Abschnitt 7.3).

2.6.4 Erzeugen eines Alias-Namens

Man stelle sich vor, man muß ein neues Anwendungsprogramm entwickeln, das auf der Tabelle TEILE arbeitet. Während der Entwicklung soll das Programm an einer Testtabelle ausprobiert werden, und zwar ohne Beeinträchtigung der Produktionsdaten im realen Teilebestand. Wenn das Programm vollständig getestet und einsatzbereit ist, möchte man es einfach umstellen, so daß es ab sofort auf der richtigen Teiletabelle arbeitet. Auch wenn sich das Programm bereits im Einsatz befindet, möchte man vielleicht gelegentlich die Tabelle, auf der das Programm arbeitet, ändern, ohne auch die Programmlogik zu verändern.

Man kann natürlich jeweils das Quellprogramm editieren und alle Tabellennamen ändern. Dies ist jedoch zeitaufwendig und fehleranfällig. UDB ermöglicht einen besseren Weg, genannt *Aliase*, zur Kontrolle der Tabelle, auf der ein Programm operiert. Ein Alias ist nichts anderes als ein Tabellenname, der einen anderen, das *Ziel* des Alias, ersetzt. Wenn ein Alias in einer SQL-Anweisung benutzt wird, ist dies stets äquivalent zur Verwendung des Zielnamens. Da ein Alias leicht von einem Ziel auf ein anderes hin verändert werden kann, können Programme, die Aliase verwenden, leicht von einer Tabelle auf eine andere umgestellt werden.

Als Beispiel nehmen wir an, eine Datenbank enthalte zwei Tabellen, die TEST.TEILE und PRODUKT.TEILE heißen sollen. Man kann dann wie folgt ein Alias anlegen, dessen Ziel eine dieser Tabellen ist:

```
CREATE ALIAS teile FOR test.teile;
```

Man könnte nun ein Anwendungsprogramm schreiben, das auf den Namen TEILE Bezug nimmt. Wenn das Programm an die Datenbank gebunden wird, wird der Name TEILE als Alias interpretiert und mit den Zielnamen TEST.TEILE aufgelöst. Wenn das Programm schließlich einsatzbereit ist, kann das Ziel des Alias mit folgendem Befehl redefiniert werden:

```
DROP ALIAS teile;
CREATE ALIAS teile FOR produkt.teile;
```

Am Quellcode des Programms ist keine Veränderung erforderlich. Jedoch muß das Programm erneut gebunden werden, bevor es auf der Produktionstabelle arbeiten kann. Man kann das Programm explizit mit dem REBIND-Befehl neu binden, oder man kann das erneute Binden implizit veranlassen. Das System weiß, wenn das Programm ein Alias verwendet; wenn sich das Ziel dieses Alias ändert, wird es das Programm beim nächsten Aufruf automatisch an das neue Ziel binden.

Die Syntax der CREATE ALIAS-Anweisung lautet wie folgt:

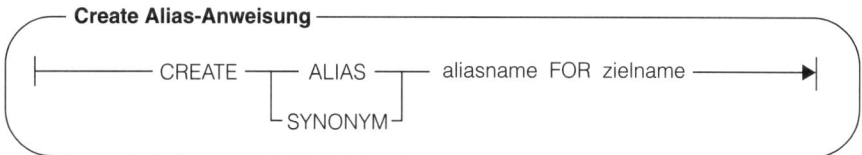

Das Ziel eines Alias kann eine reale Tabelle, eine Sicht oder ein anderes Alias sein. Ein Alias kann sogar dann definiert werden, wenn sein Ziel gar nicht existiert. Ein Alias erklärt schlicht eine Äquivalenz zwischen dem Alias-Namen und dem Zielnamen. Wenn ein Alias in einem SQL-Befehl angesprochen wird, muß das Ziel allerdings existieren und in dem betreffenden Kontext sinnvoll sein. Ist das Ziel eines Alias ein weiteres Alias, so wird ersteres durch so viele Ebenen, wie nötig sind, um einen realen Tabellennamen zu finden, aufgelöst.

In einem CREATE ALIAS-Befehl können sowohl der Alias- wie der Zielname qualifiziert oder nicht qualifiziert sein. Jeder unqualifizierte Name erhält einen impliziten Schemanamen, der gleich der aktuellen Autkennung ist. Somit sind alle folgenden Befehle gültig:

```
CREATE ALIAS t1 FOR t2;
CREATE ALIAS s3.t3 FOR t4;
CREATE ALIAS t5 FOR s6.t6;
CREATE ALIAS s7.t7 FOR s8.t8;
```

Alle aktuell definierten Aliase sind in der Katalogtabelle TABLES vermerkt. Jede Zeile von TABLES, die ein Alias repräsentiert, hat den Code »A« in der Spalte TYPE; sie speichert den Alias-Namen in den Spalten TABSCHEMA und TABNAME sowie den Zielnamen in den Spalten BASE_TABSCHEMA und BASE_TABNAME. Wenn also die vier oben gezeigten Aliase von Benutzer Jones definiert würden, würde sie durch vier Zeilen in TABLES dargestellt, wie in Abbildung 2.2 gezeigt:

TABSCHEMA	TABNAME	TYPE	BASE_TABSCHEMA	BASE_TABNAME
JONES	T1	A	JONES	T2
S3	T3	A	JONES	T4
JONES	T5	A	S6	T6
S7	T7	A	S8	T8

Abbildung 2.2:
Beispiele für Aliase in der Katalogtabelle TABLES

2.6.5   Erzeugen einer Sicht

Einer der Vorzüge relationaler Datenbanken ist die Tatsache, daß nicht alle Benutzer die gleiche Sicht auf die Daten, die sie gemeinsam benutzen, haben müssen. Einige Benutzer können unmittelbar mit den in der Datenbank gespeicherten realen Tabellen arbeiten, während andere mit *Sichten* (*Views*) arbeiten, bei denen es sich um virtuelle Tabellen handelt, die in bestimmter Weise aus den realen Tabellen abgeleitet werden. Mehrere Benutzer können z.B. eine Tabelle mit Daten über Angestellte gemeinsam benutzen. Einer sieht vielleicht lediglich diejenigen Angestellten, die an sie oder ihn berichten; ein anderer sieht möglicherweise alle Angestellten, jedoch keine Gehaltsinformation; ein dritter sieht eventuell nur das Durchschnittsgehalt für jede Abteilung. Sichten wie diese helfen bei der Anwendungsentwicklung und ermöglichen gleichzeitig eine Kontrolle des Zugriffs auf die Daten.

Eine Anfrage liefert eine Tabelle als Ergebnis, das in bestimmter Weise aus den Daten in der Datenbank abgeleitet ist, und eine Sicht ist genau dieses. SQL war vermutlich die erste Sprache, die hiervon Gebrauch gemacht hat und die das Erzeugen einer Sicht so leicht wie das Schreiben einer Anfrage gemacht hat. Um in SQL eine Sicht zu erzeugen, muß man lediglich die Anfrage schreiben, welche die Sicht erzeugt, und die Namen der Spalten der Sicht spezifizieren (falls sie nicht aus der Anfrage abgeleitet werden können). Die Syntax der CREATE VIEW-Anweisung von UDB ist unten gezeigt. (Zur Syntax einer Anfrage vergleiche man Abschnitt 2.4.10.)

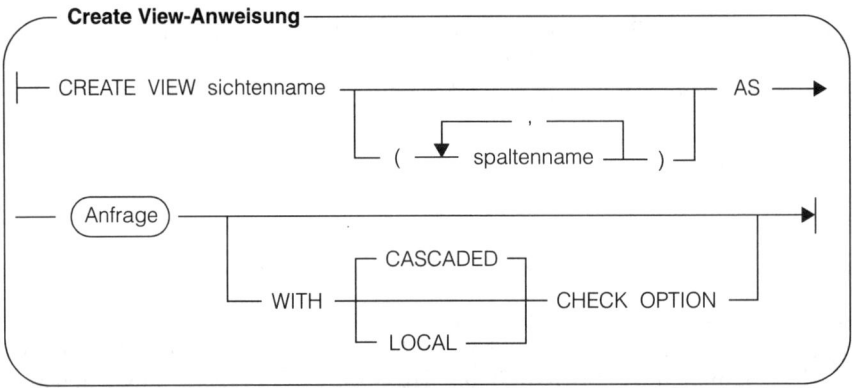

Der View-Name in einem CREATE VIEW-Befehl kann qualifiziert oder nicht qualifiziert sein; ist er nicht qualifiziert, so erhält er implizit die aktuelle Autkennung als Schemanamen (dabei handelt es sich um die Kennung des Benutzers, der das Programm – bei statischem SQL – gebunden hat, bzw. um die des Benutzers, der die aktuelle Ausführung – bei dynamischem SQL – veranlaßt hat).

Die Spaltennamen der Sicht werden nach dem View-Namen aufgelistet. Diese Liste kann entfallen, falls alle Namen aus der die Sicht definierenden Anfrage abgeleitet werden können (z.B. in dem Fall, daß jede Spalte entweder in der SELECT-Klausel der Anfrage einen Namen erhält oder direkt von einer Spalte der zugrundeliegenden Tabelle abgeleitet ist). Eine Anfrage, die in einem CREATE VIEW-Befehl verwendet wird, kann keine Referenzen auf Wirtssprachenvariablen enthalten, da eine Sichtendefinition von einem Wirtsprogramm unabhängig sein muß.

Die folgenden Beispiele zeigen über unsere Beispieldatenbank definierte Sichten:

▶ Die Sicht SCHNELLE_REAKTION enthält alle Preisangaben, deren Reaktionszeit unter 10 Tagen liegt:

```
CREATE VIEW schnelle_reaktion AS
   SELECT liefnr, teilenr, preis, reaktionszeit
   FROM preisliste
   WHERE reaktionszeit < 10;
```

▶ Die Sicht NIEDRIGE_PREISE enthält die minimalen Preise für jedes Teil:

```
CREATE VIEW niedrige_preise (teilenr, minpreis) AS
   SELECT teilenr, min(preis)
   FROM preisliste
   GROUP BY teilenr;
```

▶ Die Sicht ALTE_BESTELLUNGEN verbindet drei Tabellen, um alle Bestellungen anzuzeigen, die älter als zwei Monate sind, und zwar mit dem Namen des Lieferanten und der Beschreibung des betreffenden Teils. Die Spaltennamen der Sicht werden aus den Spaltennamen der zugrundeliegenden Tabellen abgeleitet.

```
CREATE VIEW alte_bestellungen AS
   SELECT b.teilenr, b.anzahl, b.bestelldatum,
          l.name, t.beschreibung
   FROM bestellungen AS b, lieferanten AS l,
          teile AS t
   WHERE l.liefnr = b.liefnr
   AND t.teilenr = b.teilenr
   AND b.bestelldatum + 2 MONTHS < CURRENT DATE;
```

▶ Häufig ist es nützlich, eine Sicht unter Bezug auf das spezielle Register USER zu definieren. Die folgende Sicht enthält z.B. Informationen aus dem Systemkatalog über die Tabellen und Sichten, die von dem Benutzer der Sicht angelegt wurden:

```
CREATE VIEW meinetabellen AS
   SELECT tabschema, tabname
   FROM syscat.tables
   WHERE definer = USER;
```

▶ Die Anfrage, die eine Sicht definiert, braucht auf die betreffende Datenbank gar nicht zuzugreifen. Die folgende Sicht basiert auf einer Literal-Tabelle:

```
CREATE VIEW kragenweiten (numerisch, beschreibend) AS
   VALUES (14, 'small'), (15, 'medium'),
          (16, 'large');
```

Eine Sicht kann durch eine Anfrage definiert werden, die auf realen Tabellen, anderen Sichten oder einer Mischung aus beidem operiert. Wenn eine SQL-Anweisung eine Sicht referenziert, wird die Definition dieser Sicht in den Befehl eingesetzt zur Bildung eines neuen, effektiven Befehls, der dann auf der betreffenden Datenbank ausgeführt wird. Da letztlich alle Operationen auf Sichten auf Operationen auf realen Tabellen abgebildet werden, erben die Spalten einer Sicht ihre Charakteristika (wie Datentyp oder NOT NULL) von den Spalten der zugrundeliegenden Tabellen. Wie reale Tabellen kennen die durch Sichten gegebenen virtuellen Tabellen keine vordefinierte Ordnung ihrer Zeilen. Jedoch kann ein SQL-Statement, das Zeilen aus einer Sicht liest, eine ORDER BY-Klausel enthalten, über die eine Reihenfolge spezifiziert wird.

Read-Only-Sichten

Aufgrund ihrer Struktur sind manche Sichten *read-only* (nur lesbar) und andere *updatable* (auch veränderbar). Read-only-Sichten können lediglich angefragt werden, wohingegen veränderbare Sichten auch in INSERT-, DELETE- oder UPDATE-Befehlen verwendet werden können. Grundsätzlich ist eine Sicht dann veränderbar, wenn jede ihrer Zeilen eindeutig auf eine Zeile einer realen Tabelle abgebildet werden kann. Dadurch kann das System Einfügungen, Löschungen und Änderungen auf der Sicht dann in entsprechende Operationen auf der zugrundeliegenden Tabelle umsetzen. Falls eine der folgenden Anfrageoptionen in einer Sichtendefinition auf der äußersten Schachtelungsebene (also nicht innerhalb einer Unteranfrage) benutzt wird, so ist die Sicht vom Typ Read-only:

▶ VALUES, DISTINCT, GROUP BY, HAVING oder eine Spaltenfunktion,

▶ ein Verbund,

▶ eine Referenz auf eine Read-only-Sicht,

▶ ein Aufruf einer Tabellenfunktion (beschrieben in Abschnitt 5.3),

▶ UNION, INTERSECT oder EXCEPT (mit der Ausnahme, daß Sichten, die unter Verwendung von UNION ALL definiert sind, in UPDATE- sowie in DELETE-Anweisungen verwendet werden können, falls die entsprechenden Spalten exakt dieselben Datentypen einschließlich Längen und Voreinstellungen haben).

Relativ zu den oben genannten Einschränkungen kann in jeder SELECT-, INSERT-, DELETE-, UPDATE-, DECLARE CURSOR- oder CREATE VIEW-Anweisung ein Sichtenname stets anstelle eines Tabellennamens verwendet werden. In den Syntaxdiagrammen dieser Befehle sollte daher der Hinweis *Tabellenname* stets als »der Name einer Tabelle oder Sicht« interpretiert werden.

Auch dann, wenn eine Sicht veränderbar ist, kann es sein, daß einige ihrer Spalten nicht verändert werden können, da sie sich nicht direkt den Spalten einer zugrundeliegenden Tabelle zuordnen lassen. So definiert etwa in folgendem Beispiel der angegebene Befehl eine veränderbare Sicht mit dem Namen ALLETEILE, in der die Spalten TEILENR und BESCHREIBUNG veränderbar sind, die Spalte GESAMTZAHL jedoch nicht verändert werden kann:

```
CREATE VIEW alleteile (teilenr, beschreibung,
            gesamtzahl) AS
    SELECT teilenr, beschreibung,
           lagerbestand + bestellstand
    FROM teile;
```

Wenn man Zeilen in eine Sicht einfügt, daraus löscht oder darin verändert, ist zu beachten, daß man de facto auf den Zeilen der zugrundeliegenden Tabelle arbeitet. Löscht man z.B. eine Zeile aus einer Sicht, wird die gesamte Information dieser Zeile aus der entsprechenden Basistabelle gelöscht, also einschließlich der Information in den Spalten, die in der Sicht nicht sichtbar sind. Fügt man eine Zeile in eine Sicht ein, erhalten alle Spalten der betreffenden Basistabelle, die in der Sicht nicht sichtbar sind, voreingestellte Werte (falls es für einige dieser Spalten keine solchen Default-Werte gibt, so kann man keine Zeile in die Sicht einfügen).

Die Definition einer jeden Sicht wird in der Katalogtabelle mit dem Namen VIEWS gespeichert. Da jede Sicht an fast allen Stellen benutzt werden kann, an denen man auch eine Tabelle benutzen kann, wird jede Sicht ferner in der Katalogtabelle TABLES beschrieben, und die Spalten jeder Sicht werden in der Katalogtabelle COLUMNS beschrieben.

Die CHECK-Option

Wir nehmen an, das folgende Statement, das die oben definierte Sicht SCHNELLE_REAKTION benutzt, soll ausgeführt werden:

```
INSERT INTO schnelle_reaktion (liefnr, teilenr, preis,
            reaktionszeit)
    VALUES ('S51', 'P221', 3000, 20);
```

Dieser Befehl fügt eine Zeile, die eine Preisangabe mit einer Reaktionszeit von 20 Tagen enthält, in eine Sicht ein, in der nur Preisangaben mit einer Reaktionszeit von weniger als 10 Tagen enthalten sind. Was passiert mit dieser Zeile? Die Sicht SCHNELLE_REAKTION enthält keine Anfragespezifika, die Veränderungen ausschließen, so daß das System die angegebene Zeile ohne weiteres in die zugehörige Basistabelle PREISLISTE einfügen kann. Würde dem INSERT nun unmittelbar eine Anfrage an die Sicht SCHNELLE_REAKTION folgen, so wäre die neue Zeile jedoch nicht sichtbar. Dies führt zu einer strategischen Frage: Sollte eine Sicht Einfügungen und Veränderungen erlauben, deren Ergebnis in der Sicht selbst nicht sichtbar sind?

UDB erlaubt dem Erzeuger einer Sicht, diese Frage individuell mit Hilfe der sogenannten *Check-Option* zu beantworten. Falls eine Sicht mit der Check-Option definiert wird, so muß jede Zeile, die in die Sicht eingefügt oder darin verändert wird, der View-Definition genügen. Falls eine über einen SQL-Befehl eingefügte oder veränderte Zeile der View-Definition nicht genügt, werden alle von dem Befehl vorgenommenen Veränderungen zurückgesetzt, und der Befehl bleibt ohne Effekt. Eine mit der Check-Option definierte Sicht wird als *symmetrische Sicht* bezeichnet, da man alles, was man in sie einfügen auch aus ihr wieder auslesen kann.

Wie man aus dem oben angegebenen Syntaxdiagramm der CREATE VIEW-Anweisung ersehen kann, kennt die Check-Option zwei Formen: *Cascaded* und *Local*. Der Unterschied zwischen diesen beiden Formen ist nur dann bedeutsam, wenn die Definition einer Sicht eine andere Sicht involviert. Falls eine Sicht mit dem Namen VIEW1 durch eine Anfrage auf eine andere Sicht VIEW2 definiert wird, bezeichnen wir VIEW2 auch als *unterliegende* Sicht. Wird VIEW1 mit der Check-Option *Local* definiert, so müssen Operationen auf VIEW1 die Definitionen von VIEW1 und aller unterliegenden Sichten erfüllen, die ebenfalls eine Check-Option besitzen; sie müssen jedoch nicht den Definitionen von unterliegenden Sichten ohne Check-Option genügen. Wird VIEW1 andererseits mit der Check-Option *Cascaded* definiert, so müssen alle Operationen auf VIEW1 den Definitionen von VIEW1 sowie sämtlicher unterliegender Sichten, unabhängig von einer Check-Option, genügen. Falls ein CREATE VIEW-Befehl lediglich WITH CHECK OPTION spezifiziert wird, so ist *Cascaded* voreingestellt. Wird keine Check-Option zum Zeitpunkt der Definition einer Sicht angegeben, wird kein Check ausgeführt.

Inoperative (unbrauchbare) Sichten

Eine Sicht wird durch eine Anfrage definiert, die im allgemeinen Referenzen auf eine oder mehrere Tabellen, Sichten oder Aliase enthält. Wir nennen im folgenden die Tabellen, Sichten oder Aliase, die zur Definition einer Sicht V verwendet werden, die V *unterliegenden Objekte*. Wenn eine Sicht definiert wird, überprüft das System die Privilegien des definierenden Benutzers an den unterliegenden Objekten und gewährt ihm die zugehörigen Privilegien an der (neuen) Sicht. Ist z.B. derjenige, der eine Sicht definiert, autorisiert, an den unterliegenden Tabellen SELECT- sowie INSERT-Befehle auszuführen und ist die Sicht nicht durch ihre Definition vom Typ Read-Only, so erhält der definierende Benutzer das SELECT- sowie das INSERT-Privileg an der neuen Sicht.

Wir betrachten als nächstes, was mit einer Sicht passiert, wenn eines ihrer unterliegenden Objekte verschwindet oder der definierende Benutzer eines seiner Privilegien an einem dieser Objekte verliert. Da die Sicht dann nicht länger benutzt werden kann, erscheint es naheliegend, ihre Definition automatisch zu löschen. Manchmal ist diese Strategie jedoch restriktiver als nötig. Wenn sich z.B. die Definition eines Alias von einer Tabelle zu einer anderen ändert, so wäre es unangemessen, wenn das System allein deshalb alle Sichten vergißt, in deren Definition dieses Alias vorkommt. Ebenso kann es sein, daß ein Benutzer B ein Privileg an einer Tabelle T vorübergehend verliert, es aber später wiedererlangt; auch in einem solchen Fall wäre es unangemessen, wenn das System die Definitionen aller Sichten, die B definiert hat und die T referenzieren, sofort löscht.

UDB verwendet eine weichere Strategie in Bezug auf Sichten, die an einem Objekt oder Privileg hängen, das verschwindet. In UDB hat eine solche Sicht einen speziellen, *inoperativ* bzw. *unbrauchbar* genannten Status. Die Definition einer inoperativen oder deaktivierten Sicht bleibt in der Katalogtabelle VIEWS erhalten, wobei der inoperative Status durch die Spalte VALID = 'X' angezeigt wird. Jeder SQL-Befehl, der eine deaktivierte Sicht involviert, endet mit einer Fehlermeldung, es sei denn, er löscht diese Sicht oder stellt sie wieder her. Ein Benutzer kann eine inoperative Sicht dadurch wiederherstellen, daß er ihre Definition aus der Katalogtabelle VIEWS ausliest und sie in einem neuen CREATE VIEW-Befehl verwendet. Die folgende SQL-Anweisung liest aus VIEWS die Definition sämtlicher inoperativen Sichten aus, die vom aktuellen Benutzer angelegt wurden:

```
SELECT viewschema, viewname, seqno, text
FROM syscat.views
WHERE valid = 'X'
AND definer = USER
ORDER BY viewschema, viewname, seqno;
```

Wenn ein CREATE VIEW-Befehl ausgeführt wird, der eine Sicht mit dem gleichen Schema- und View-Namen wie eine unbrauchbare Sicht anlegt, so ersetzt die neue Sicht die inoperative. Dies stellt eine Ausnahme zu der Regel dar, daß man keine Sicht definieren kann, deren Name bereits für eine andere Sicht verwendet wurde. Da alle Privilegien eingezogen werden, sobald eine Sicht deaktiviert wird, muß der die Sicht definierende Benutzer diese Privilegien nach einer Reaktivierung der Sicht wieder gewähren. Die Definition einer inoperativen Sicht kann auf die übliche Weise auf der Katalogtabelle VIEWS gelöscht werden, nämlich über eine DROP VIEW-Anweisung.

2.6.6   Erzeugen eines Index

Ein *Index* ist eine Zugriffshilfe, die für eine Tabelle angelegt werden kann und die eine oder mehrere Spalten der Tabelle als *Schlüsselspalten* des Index benutzt. Ein Index kann folgenden Zwecken dienen:

1. Er stellt eine Möglichkeit zum schnellen Auffinden von Zeilen der Tabelle auf der Basis von Werten für die Schlüsselspalten dar. Indizes können die Effizienz von Anfragen, die nach bestimmten Werten oder Bereichen von Werten suchen, erheblich verbessern. Manchmal finden sich alle Informationen, die eine Anfrage benötigt, bereits im Index, so daß auf die eigentliche Tabelle nicht mehr zugegriffen werden muß.

2. Ein Index kann optional die Eindeutigkeit seiner Schlüsselspalten sicherstellen, was bedeutet, daß keine zwei Zeilen der betreffenden Tabelle gleiche Werte in den Schlüsselspalten besitzen können.

3. Ein Index kann stets eine logische Ordnung der Zeilen einer Tabelle liefern, und zwar wieder auf der Basis der Werte in den Schlüsselspalten. Die Reihenfolge kann für jede Spalte auf- oder absteigend sein. Die Ordnungseigenschaft eines Index ist nützlich bei der Verarbeitung von Anfragen mit ORDER BY- oder GROUP BY-Klauseln sowie bei manchen Join-Algorithmen. Natürlich kann man auch Anfragen mit ORDER BY oder GROUP BY ausführen, die nicht von einem Index unterstützt werden; das System wird dann die Daten zwecks Verarbeitung der Anfrage soweit wie nötig sortieren.

4. Ein Index kann optional eine *Ballungs-* oder *Cluster-Eigenschaft* für eine Tabelle gewährleisten, wodurch die Zeilen der Tabelle im physikalischen Speicher in der Reihenfolge der Werte ihrer Schlüsselspalten angeordnet werden. Dies ist für den Optimierer bei der Auswahl eines Ausführungsplans hilfreich. Man beachte, daß jeder Index eine logische Anordnung impliziert, daß jedoch nur der geballte Index auch eine physikalische Anordnung der Zeilen einer Tabelle beinhaltet.

Man kann auf einer Tabelle so viele Indizes anlegen, wie man möchte, und zwar mit unterschiedlichen Spaltenkombinationen als Schlüsseln. Jedoch ist ein jeder Index mit gewissen Kosten verbunden. Ein Teil davon ist der Platzbedarf, da jeder Index seine Schlüsselwerte repliziert und Platz auf der Platte benötigt. Ein anderer Teil der Kosten betrifft eine reduzierte Effizienz von Einfüge-, Lösch- und Änderungsoperationen, da jede Veränderung an einer Tabelle in sämtlichen Indizes für diese Tabelle nachvollzogen werden muß. Die Bestimmung einer optimalen Auswahl von Indizes, die man in seiner Datenbank unterhalten möchte, ist eine Kunst, die man nur durch Erfahrung lernt. Zum Glück erlaubt die Datenunabhängigkeit des relationalen Modells ein Hinzufügen sowie Löschen von Indizes bei veränderten Benutzungsprofilen, und dies ohne Neuprogrammierung der betreffenden Anwendung. Der Optimierer bestimmt eine Verarbeitungsstrategie für Anfragen anhand der Indizes, die zum Zeitpunkt der jeweiligen Ausführung existieren.

Indizes werden durch den Befehl CREATE INDEX erzeugt, der die folgende Syntax hat:

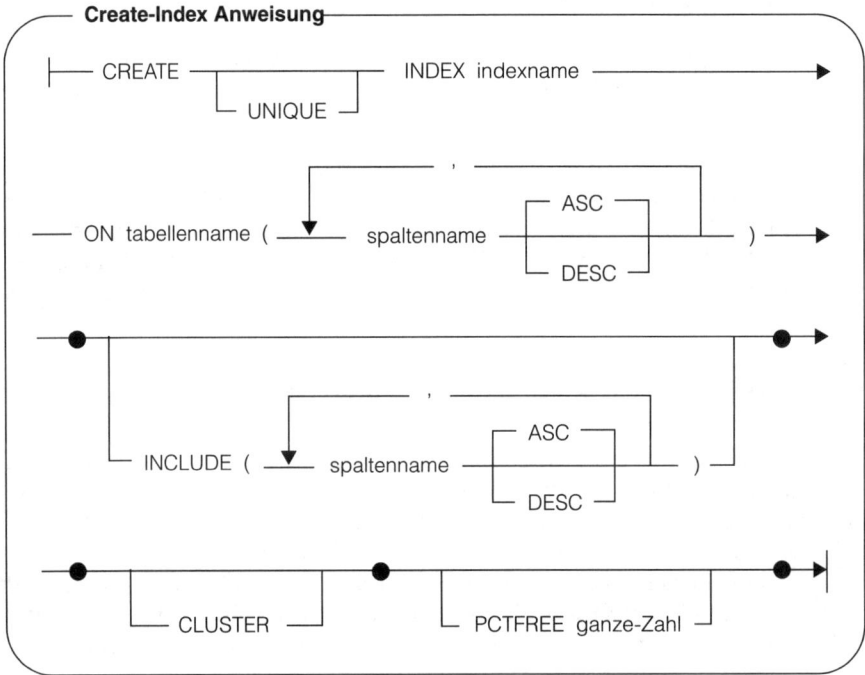

Beispiele:

```
CREATE INDEX i1 ON lieferanten(name);
CREATE UNIQUE INDEX i2 ON preisliste(teilenr, liefnr);
CREATE INDEX i3 ON preisliste(teilenr ASC, preis DESC);
```

Die Schlüsselwörter ASC und DESC bedeuten dabei aufsteigende bzw. absteigende Reihenfolge.

Zur Gewährleistung der Eindeutigkeit von Werten in einer Spalte oder einer Menge von Spalten wird empfohlen, einen Primärschlüssel oder eine Eindeutigkeitsbedingung auf der Spalte oder den Spalten zu deklarieren, wie in Abschnitt 7.1 beschrieben. Wenn man einen Primärschlüssel oder eine Eindeutigkeitsbedingung deklariert, legt das System automatisch einen eindeutigen Index für die betreffenden Spalten an. Man kann durch Inspektion der Spalte SYSTEM_REQUIRED in der Katalogtabelle INDEXE feststellen, welche Indizes das System zur Gewährleistung von Bedingungen benutzt.

Das Anlegen eines eindeutigen Index auf einer Menge von Spalten ist der Deklaration einer Eindeutigkeitsbedingung für dieselben Spalten ähnlich, aber nicht damit identisch. Spalten mit einer Eindeutigkeitsbedingung müssen als NOT NULL vereinbart sein, d.h., sie können keine Nullwerte enthalten. Ein eindeutiger Index verhindert demgegenüber nicht, daß seine Spalten Nullwerte enthalten, da er Nullwerte wie gewöhnliche Werte behandelt. Legt man also z.B. einen eindeutigen Index auf einer Spalte mit dem Namen SERIENNR an, so darf in dieser Spalte höchstens ein Nullwert vorkommen. Versucht man, einen eindeutigen Index für Spalten anzulegen, in denen bereits nicht eindeutige Werte enthalten sind, so scheitert dies.

Ein CREATE INDEX-Befehl kann nur dann die INCLUDE-Klausel enthalten, falls auch die Eigenschaft UNIQUE verlangt wird. Die INCLUDE-Klausel benennt zusätzliche Spalten, deren Werte im Index zusammen mit den Schlüsselspalten abgelegt werden. Eindeutigkeit wird dabei nur für die Schlüsselspalten, nicht jedoch für die zusätzlichen Spalten der INCLUDE-Klausel sichergestellt. Die zusätzlichen Spalten erhöhen die Speicheranforderungen des Index, jedoch können sie manche Anfragen dadurch beschleunigen, daß die gewünschte Information bereits im Index, ohne Zugriff auf die Tabellen, gefunden wird.

Die CLUSTER-Klausel legt fest, daß der betreffende Index ein geballter ist. Das bedeutet, daß Zeilen mit gleichen oder fast gleichen Werten im Indexschlüssel nahe beieinander im physikalischen Speicher abgelegt werden. Ein geballter Index ermöglicht dem System einen Durchlauf oder *Scan* durch alle Zeilen einer Tabelle, dies unter Zugriff auf eine möglichst geringe Anzahl von Seiten. Falls ein Index als geballter identifiziert wurde, versucht UDB, beim Einfügen neuer Zeilen in die Tabelle die Ballungseigenschaft zu erhalten.

Der PCTFREE-Klausel sagt dem System, daß beim erstmaligen Anlegen des Index ein bestimmter Prozentsatz an Freiplatz auf jeder Indexseite gelassen werden soll. Die Voreinstellung ist dabei 10%. Bei dieser Klausel handelt es sich lediglich um eine Leistungsoptimierung, da der Index auch dann – mit möglicherweise geringfügig schlechterer Performanz – funktioniert, wenn der Freiplatz aufgebraucht ist.

UDB kennt bei Indizes die folgenden Einschränkungen:

▷ Ein Index kann nicht mehr als 16 Schlüsselspalten besitzen.

▷ Die Summe der Längen der Schlüsselspalten (einschließlich eines kleinen Zusatzes für Systemverwaltung) darf 255 Byte nicht überschreiten.

▷ Der Datentyp einer Schlüsselspalte darf kein LOB-Typ (*Large Object*) oder DISTINCT-Typ – basierend auf einem LOB-Typen – sein (diese Datentypen werden in Kapitel 6 beschrieben).

▷ Eine Spalte kann in ein und demselben Indexschlüssel höchstens einmal vorkommen.

▷ Man darf keine zwei Indizes mit identischem Schlüssel (einschließlich der Spaltenordnung) anlegen.

▷ Eine Tabelle kann höchstens einen geballten Index haben.

▷ Falls in einem parallelen Datenbanksystem mit mehreren Verarbeitungsknoten eine Tabelle unter Verwendung eines Partitionierungsschlüssels über die Knoten verteilt wird, muß jeder eindeutige Index für diese Tabelle den Partitionierungsschlüssel enthalten (siehe Abschnitt 10.2.2).

 **TIP:** Nach dem Erzeugen eines Index sollte man die statistischen Informationen zusammentragen, die dem Optimierer eine optimale Nutzung des Index ermöglichen. Die einfachste Möglichkeit hierzu besteht in einer Selektion der Index-Tabelle im Display der Steuerzentrale sowie in einem Aufruf von *Run Statistics*, wie in Abschnitt 10.3.7 beschrieben. Man sollte natürlich keine statistischen Informationen über eine Tabelle sammeln, bevor diese Tabelle Daten enthält.

2.6.7 Erzeugen eines Schemas

Wie in Abschnitt 2.2 bemerkt, kann ein Schema explizit unter Verwendung des Befehls CREATE SCHEMA oder implizit durch Anlegen eines Objektes erzeugt werden, dessen Schemaname nicht mit einem bereits existierenden übereinstimmt. Die Syntax des CREATE SCHEMA-Befehls lautet wie folgt:[13]

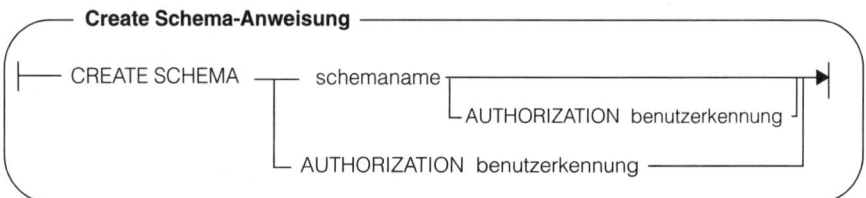

Beispiele:

```
CREATE SCHEMA geometrie;
CREATE SCHEMA planung AUTHORIZATION citymgr;
```

Ein Schemaname ist ein einteiliger Name bestehend aus bis zu acht Zeichen. Schemanamen, die mit »SYS« beginnen, sind für das System reserviert. Falls kein Schemaname spezifiziert wird, wird die in der AUTHORIZATION-Klausel angegebene Benutzerkennung als Schemaname verwendet.

---

13. Zusätzlich zu der hier gezeigten Syntax kennt UDB eine erweiterte CREATE SCHEMA-Syntax, mit der Tabellen und andere Objekte gleichzeitig mit dem Schema erzeugt werden können. Da sämtliche Möglichkeiten dieser Syntax durch andere Befehle abgedeckt werden, wird sie in diesem Buch nicht gesondert behandelt. Einzelheiten der erweiterten Syntax findet man im Handbuch *SQL Reference*.

Da man ein Schema implizit einfach dadurch erzeugen kann, daß man ein Objekt mit einem gegebenen Schemanamen anlegt, fragt man sich vielleicht, warum man ein explizites CREATE SCHEMA-Kommando benutzen sollte. Der Grund liegt in einer Kontrolle des Zugriffs auf ein Schema. Ein explizit erzeugtes Schema hat einen »Besitzer« (*Owner*), nämlich die in der AUTHORIZATION-Klausel angegebene Benutzerkennung. (Falls diese Klausel fehlt, wird die Autkennung zum Besitzer des Schemas, unter welcher der CREATE SCHEMA-Befehl ausgeführt wurde.) Der Besitzer eines Schemas kann Objekte in dem betreffenden Schema erzeugen, verändern und daraus löschen; er kann ferner das Schema selbst löschen und diese Privilegien an andere Benutzer weitergeben. Wünscht man also vollständige Kontrolle über ein Schema sowie über alle darin enthaltenen Objekte, so sollte man dieses Schema explizit erzeugen.

Ein implizit erzeugtes Schema hat demgegenüber den imaginären Besitzer SYSIBM. Jeder Benutzer kann in einem implizit angelegten Schema Objekte erzeugen, und diese Objekte werden von den Benutzern, die sie angelegt haben, kontrolliert. Ein implizit erzeugtes Schema kann nur von einem Datenbankadministrator gelöscht werden.

2.6.8 Löschen eines Objekts

Tabellen, Sichten und andere Objekte können aus einer Datenbank durch eine DROP-Anweisung entfernt werden. Das unten angegebene Diagramm zeigt die Syntax zum Löschen unterschiedlicher Objekte, und zwar sowohl solcher, die in diesem Kapitel beschrieben wurden, als auch solcher (wie Funktionen und Trigger), die in nachfolgenden Kapiteln behandelt werden.

Beispiele:

```
DROP TABLE konten.aussenstände;
DROP VIEW überfällig;
DROP PACKAGE gehaltsliste;
DROP SCHEMA konten RESTRICT;
```

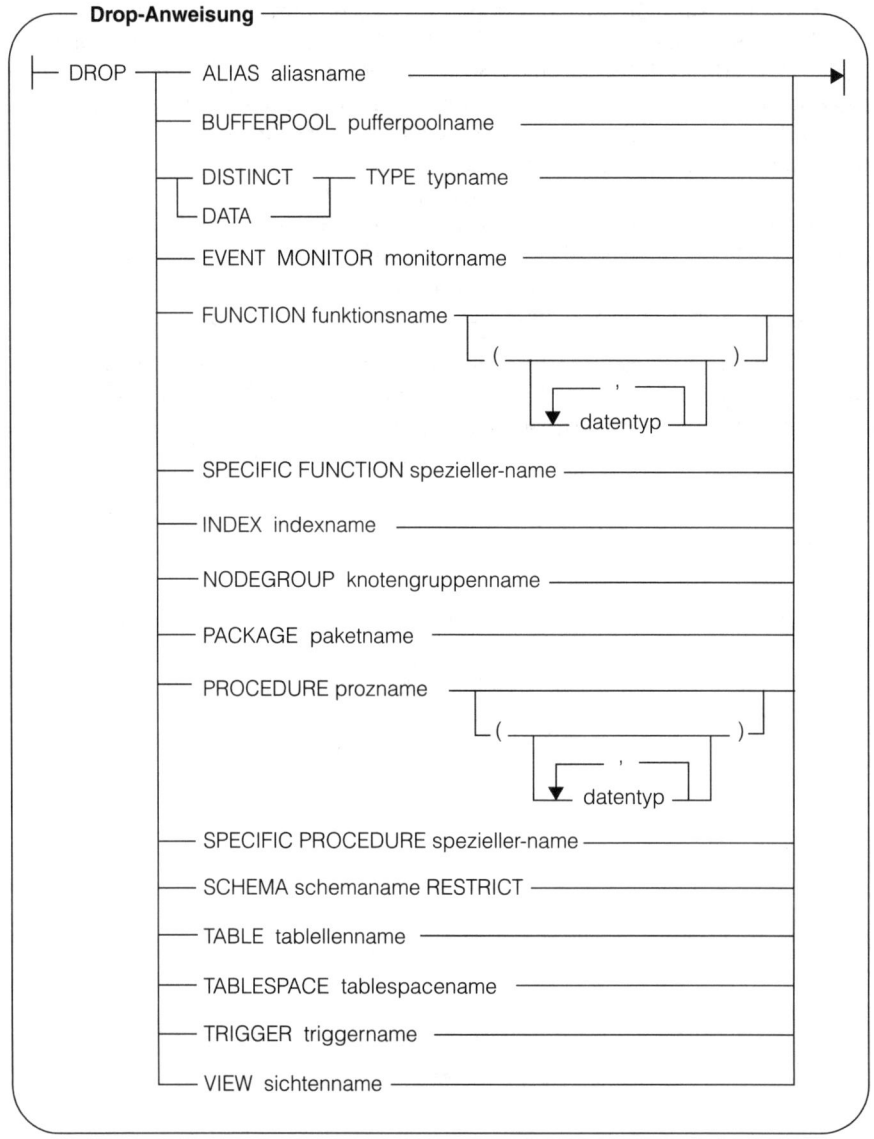

Drop-Anweisung

Falls ein in einem DROP-Befehl vorkommender Objektname keinen expliziten Schema-namen hat, wird, wie gewöhnlich, die aktuelle Autkennung als Schemaname angenom-men. Vordefinierte Objekte wie der Systemkatalog können natürlich nicht gelöscht wer-den.

Vor dem Löschen eines Schemas müssen dessen sämtliche Objekte gelöscht werden (das Schlüsselwort RESTRICT im DROP SCHEMA-Befehl soll daran erinnern).

Wird ein Objekt, wie z.B. eine Tabelle, eine Sicht oder ein Index gelöscht, so können davon andere Objekte betroffen sein, die von dem gelöschten abhängen. Löscht man z.B. eine Tabelle, die in einer Sichtendefinition verwendet wird, so ist diese Sichtendefinition nicht mehr gültig; falls man einen Index löscht, der von einem Paket benutzt wird, so muß dieses neu gebunden werden, bevor es wieder ausgeführt werden kann. In manchen Fällen repariert das System ein abhängiges Objekt automatisch (z.B. wird ein Paket, das von einem gelöschten Index abhängt, automatisch so neu gebunden, daß es einen anderen Ausführungsplan verwendet). In anderen Fällen zieht das Löschen von Objekten ein Löschen abhängiger Objekte nach sich (z.B. werden nach dem Löschen einer Tabelle alle Indizes, die auf dieser Tabelle definiert waren, ebenfalls gelöscht). In wieder anderen Fällen kann man Objekte, von denen andere abhängen, gar nicht löschen. Da solche Abhängigkeiten ein komplexes Thema sind, das auch einige bisher nicht beschriebene Typen von Objekten betrifft, wird es erst in Kapitel 7 genauer behandelt.

2.6.9 Kommentieren eines Objekts

Viele Tabellen des Systemkatalogs, welche die verschiedenen Objekte in einer UDB-Datenbank beschreiben, enthalten eine Spalte REMARKS, in die ein erläuternder Kommentar, bestehend aus bis zu 254 Zeichen, eingetragen werden kann. Tabelle 2.4 faßt die Objekte, die mit einem Kommentar versehen werden können, sowie die Namen der Katalogtabellen, in denen diese Kommentare gespeichert werden, zusammen. Einige dieser Objekte, darunter Bedingungen, Datentypen, Tabellenbereiche und Trigger, werden in späteren Kapiteln behandelt. Die Katalogtabellen, bei denen es sich de facto um Sichten auf darunterliegende Tabellen handelt, sind im Schema SYSCAT enthalten. (Einzelheiten zu den Katalogtabellen sind in Anhang D angegeben.)

Objekttyp	Katalogtabelle, die Kommentar enthält
Alias	TABLES
Column (Spalte) einer Tabelle oder Sicht	COLUMNS
Constraint (Bedingung)	TABCONST
Datentyp	DATATYPES
Funktion	FUNCTIONS
Index	INDEXES
Nodegroup (Knotengruppe)	NODEGROUPS
Package (Paket)	PACKAGES
Prozedur	PROCEDURES
Schema	SCHEMATA
Tabelle oder Sicht	TABLES
Tablespace (Tabellenbereich)	TABLESPACES
Trigger	TRIGGERS

Tabelle 2.4:
Katalogtabellen, die Kommentare zu verschiedenen Objekttypen enthalten

Kommentare zu den verschiedenen Objekttypen können über den Befehl COMMENT in die Katalogtabellen eingetragen werden, dessen Syntax unten angegeben ist. In jedem Fall muß es sich bei einem Kommentar um eine Zeichenreihenkonstante von bis zu 254 Zeichen handeln. Wie man aus dem Diagramm ersehen kann, wird der Befehl COMMENT ON TABLE zur Eingabe eines Kommentars für eine Tabelle oder eine Sicht benutzt, und es gibt eine spezielle Form des COMMENT-Befehls, mit der man mehrere Spalten einer Tabelle oder Sicht gleichzeitig kommentieren kann.

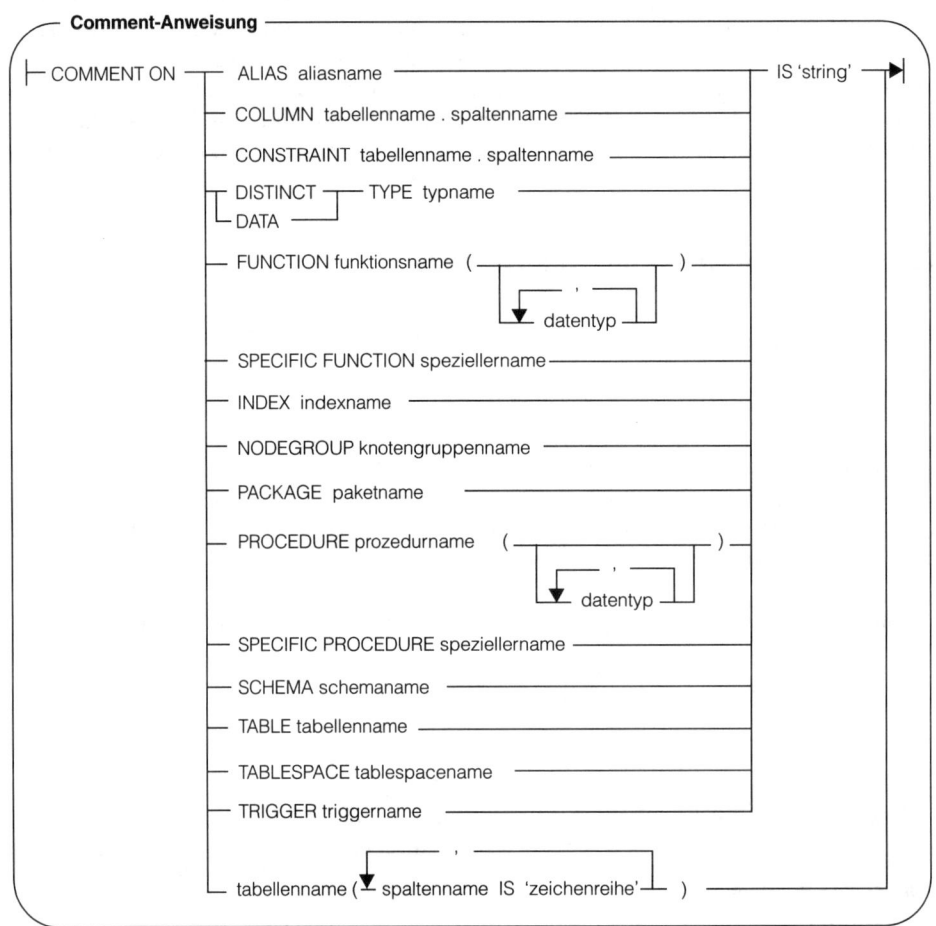

Beispiele:

```
COMMENT ON PACKAGE finanzen.gehaltsliste
    IS 'Gehaltstabelle gültig ab 01.01.1998';
COMMENT ON COLUMN preisliste.reaktionszeit
    IS 'Reaktionszeit in Tagen';
COMMENT ON preisliste
    ( preis IS 'Preis in Cent, 100 = ein Dollar',
      reaktionszeit IS 'Reaktionszeit in Tagen' );
```

2.6.10 Normalisierung

Es sind ganze Bücher über die Frage geschrieben worden, wie man eine gegebene Sammlung von Daten durch eine gut entworfene Menge von Tabellen darstellt. Es sind sogar Bücher nur über einen Aspekt dieser Frage, die sogenannte *Normalisierung*, geschrieben worden. Normalisierung bezeichnet den Prozeß des Entwurfs von Tabellen so, daß jedes »Faktum« genau einmal repräsentiert wird. Eine Vermeidung von Mehrfachrepräsentation ein und desselben Faktums ist wichtig zum Sparen von Speicherplatz, aber auch zur Vermeidung möglicher Inkonsistenzen in der Datenbank. In diesem Abschnitt geben wir eine kurze Einführung in das Konzept der Normalisierung.

Jeder Versuch, eine redundante Darstellung von Fakten zu vermeiden, hängt wesentlich damit zusammen, was wir als Fakten ansehen. Wir ziehen einen Teil unserer Beispieldatenbank zur Diskussion dessen heran. Man betrachte die folgenden drei Spalten der Tabelle TEILE:

TEILE

TEILENR	BESCHREIBUNG	LAGERBESTAND
P207	Zahnrad	75
P208	Zahnrad	50
P281	Rad	100
P285	Rad	75

Teil der Semantik dieser Tabelle, wie ihre Benutzer sie verstehen, ist, daß Teile eindeutig durch Teilenummern identifiziert werden. Mit anderen Worten, es kann zu einer gegebenen Teilenummer zu jedem Zeitpunkt nur eine Beschreibung und nur einen Lagerbestand geben. Man sagt, daß eine Teilenummer die Beschreibung und den Lagerbestand (funktional) *bestimmt*. In unserer Beispieltabelle ist TEILENR die einzige Spalte, die eine andere bestimmt. Die Spalte BESCHREIBUNG etwa bestimmt TEILENR nicht, da die Beschreibung »Zahnrad« mit mehr als einer Teilenummer assoziiert ist.

Wenn eine Spalte oder eine Menge von Spalten eine andere Spalte oder Menge von Spalten bestimmt, so existiert eine *funktionale Abhängigkeit* zwischen diesen Spalten, und wir verwenden die übliche, unten gezeigte Pfeilnotation:

TEILENR → { BESCHREIBUNG, LAGERBESTAND }

Die Spalten auf der linken Seite des Pfeils einer funktionalen Abhängigkeit heißen zusammen die *Determinante*, die auf der rechten die *Abhängigen*. Wesentlich ist die Einsicht, daß es sich bei einer funktionalen Abhängigkeit um eine Aussage über die Semantik der betreffenden Daten handelt und daß eine solche Abhängigkeit zeitunabhängig ist. Die oben angegebene funktionale Abhängigkeit besagt also nicht nur, daß »jede Teilenummer derzeit nur eine Beschreibung hat«. Statt dessen sagt sie aus, daß »keine Teilenummer jemals mehr als eine einzige Beschreibung haben wird«. Es ist daher nicht möglich, funktionale Abhängigkeiten durch Inspektion des Inhalts einer Tabelle herauszufinden; die Abhängigkeiten müssen a priori als Teil des Rohmaterials zum Datenbankentwurf bekannt sein.

Der Begriff des Primärschlüssels, d.h. einer Spalte oder Spaltenkombination, die keine doppelten Werte zuläßt, ist bereits bekannt. Da ein Primärschlüssel keine Duplikate erlaubt, identifiziert jeder Wert für einen Primärschlüssel eindeutig eine Zeile in der betreffenden Tabelle; die Spalte bzw. Spalten des Primärschlüssels *bestimmen* also *funktional* alle Spalten einer gegebenen Tabelle. Eine Tabelle kann sogar mehr als eine Kombination von Spalten besitzen, die sämtliche Spalten der Tabelle in diesem Sinne bestimmen. Jede solche Spaltenkombination mit dieser Eigenschaft (und die sogar minimal mit dieser Eigenschaft ist, d.h., keine Spalte kann weggelassen werden, ohne diese Eigenschaft zu verletzen) heißt *Schlüsselkandidat*, unabhängig davon, ob sie als Primärschlüssel deklariert wurde. In der TEILE-Tabelle unserer Beispieldatenbank ist TEILENR der einzige Schlüsselkandidat.

Zur Fortsetzung unserer Diskussion über Schlüssel und Normalisierung betrachten wir die folgenden Spalten der Tabelle PREISLISTE:

PREISLISTE

LIEFNR	TEILENR	PREIS
S53	P207	2995
S53	P208	3250
S54	P208	4000
S54	P281	1900

In dieser Tabelle finden wir zu einer gegebenen Lieferantennummer und einer Teilenummer den Preis (falls vorhanden), den der betreffende Lieferant für das Teil anbietet. Dies bedeutet, daß die PREIS-Spalte von der Spaltenkombination LIEFNR und TEILENR funktional abhängig ist. Wir können diese funktionale Abhängigkeit wie unten angegeben darstellen. (Da die Determinante trivialerweise stets sich selbst funktional bestimmt, könnten wir LIEFNR und TEILENR hier auch auf rechten Seiten angeben.)

{ LIEFNR, TEILENR } → PREIS

Die Tabelle PREISLISTE hat nur einen Schlüsselkandidaten, also nur eine minimale Menge von Spalten, die alle Spalten der Tabelle funktional bestimmt. Dieser Schlüsselkandidat besteht aus LIEFNR und TEILENR, die auch die Determinante der gerade angegebenen funktionalen Abhängigkeit darstellen.

Die Tabellen TEILE und PREISLISTE haben eine wichtige Eigenschaft gemeinsam: Die einzige funktionale Abhängigkeit in beiden Tabellen ist die Abhängigkeit aller Spalten vom jeweiligen Schlüsselkandidaten. Um die Bedeutung dessen zu verstehen, betrachten wir eine Tabelle, die diese Eigenschaft nicht hat. Wir betrachten einen Datenbankentwurf, bei dem die Inhalte von TEILE und PREISLISTE zusammen in einer Tabelle mit dem Namen INVLISTE wie folgt dargestellt werden:

INVLISTE

TEILENR	BESCHREIBUNG	LAGERBESTAND	LIEFNR	PREIS
P207	Zahnrad	75	S53	2995
P208	Zahnrad	50	S53	3250
P208	Zahnrad	50	S54	4000
P281	Rad	100	S54	1900
P285	Rad	75	?	?

Die funktionalen Abhängigkeiten der Tabelle INVLISTE sind unten angegeben (wobei wir wieder darauf verzichtet haben, die linken Seiten auf den jeweiligen rechten zu wiederholen):

TEILENR → { BESCHREIBUNG, LAGERBESTAND }

{ TEILENR, LIEFNR } → { BESCHREIBUNG, LAGERBESTAND, PREIS }

Bei genauem Hinsehen fällt auf, daß die Tabelle INVLISTE einige unschöne Eigenschaften hat. So ist z.B. die Tatsache, daß es sich bei Teil P208 um ein Zahnrad handelt, zweimal dargestellt. Dies würde sogar jedesmal, wenn eine neue Preisangabe für dieses Teil in die Tabelle eingefügt wird, redundant wiederholt. Eine redundante Darstellung verschwendet einerseits Speicherplatz und ist andererseits beim Aktualisieren der betreffenden Tabelle hinderlich. Würde sich z.B. die Beschreibung von Teil P208 von »Zahnrad« zu »Stirnrad« ändern, müßte man sämtliche Zeilen finden, in denen diese Beschreibung vermerkt ist, und *alle* ändern.

Tabelle INVLISTE hat noch einen weiteren Nachteil. Da es für Teil P285 derzeit keine Preisangabe gibt, müssen wir in die Spalten LIEFNR und PREIS bei diesem Teil Nullwerte eintragen. Dies bedeutet z.B., daß man die Anzahl der Preisangaben für ein bestimmtes Teil nicht einfach durch Zählen der Zeilen mit der betreffenden Teilenummer bestimmen kann. Es bedeutet ferner, daß, wenn die erste Preisangabe für Teil P285 verfügbar wird, keine neue Zeile eingefügt, sondern eine vorhandene verändert wird. Es ist unschön und unsymmetrisch, wenn man die erste Preisangabe für ein Teil anders als alle weiteren behandeln muß.

Falls der Lieferant mit der Nummer S53 seine Preisangabe für Teil P207 zurückzöge, wären wir mit einem weiteren Problem konfrontiert. Im allgemeinen wird eine Preisangabe dadurch gelöscht, daß man die Zeile löscht, welche die Preisangabe enthält; da Lieferant S53 jedoch der einzige Lieferant für Teil P207 ist, ginge beim Löschen dieser Zeile auch die Information verloren, daß P207 ein Zahnrad ist und davon 75 am Lager sind. Um diesen Informationsverlust zu vermeiden, müßte ein Löschen der letzten Preisangabe für ein gegebenes Teil als weiterer Spezialfall behandelt werden, in dem Nullwerte in die Spalte LIEFNR und PREIS eingefügt werden.

Wir sollten mittlerweile überzeugt sein, daß Tabelle INVLISTE ein Beispiel für einen schlechten Datenbankentwurf ist. Gesunder Menschenverstand sagt uns, daß die Ursache der genannten Probleme in der redundanten Darstellung von Fakten liegt. Die Normalisierungstheorie stellt einen Versuch dar, Erkenntnisse dieser Art in einen Satz von Regeln zum guten Datenbankentwurf zu gießen. Es gibt verschiedene *Normalformen* als

Richtlinien für einen guten Tabellenentwurf. Wir beschreiben von diesen hier lediglich eine, die *Boyce-Codd-Normalform* (BCNF), da diese von Raymond Boyce, Miterfinder von SQL, zusammen mit E.F. Codd, Erfinder des relationalen Datenmodells, definiert wurde. BCNF kann informal wie folgt definiert werden:

Eine Tabelle ist in Boyce-Codd-Normalform, falls jede Determinante in der Tabelle ein Schlüsselkandidat ist.

Es ist damit leicht zu sehen, daß die Tabelle INVLISTE nicht in BCNF ist, da es in dieser Tabelle eine funktionale Abhängigkeit mit einer Determinante gibt, die kein Schlüsselkandidat ist, nämlich die funktionale Abhängigkeit

TEILENR → { BESCHREIBUNG, LAGERBESTAND }

Diese funktionale Abhängigkeit stellt den Kern des Problems in INVLISTE dar, nämlich das »Faktum«, das in mehreren Zeilen der Tabelle redundant repräsentiert wird. Eine Vermeidung der beschriebenen Anomalien beim Einfügen bzw. Löschen und damit eine Lösung der genannten Probleme wird dadurch erreicht, daß man die funktionale Abhängigkeit mit der Determinante TEILENR aus INVLISTE heraustrennt und in einer eigenen Tabelle darstellt. Dies führt in diesem Beispiel auf den ursprünglichen Entwurf zurück, bei welchem TEILE und PREISLISTE separate Tabellen sind, von denen jede sogar in BCNF ist.

In aller Kürze besteht also der Prozeß der Reduktion einer Tabelle auf BCNF darin, die funktionalen Abhängigkeiten für jede Tabelle aufzustellen und eine Tabelle zu splitten, falls sich unter ihren Abhängigkeiten eine findet, deren Determinante kein Schlüsselkandidat ist. Eine Beschreibung anderer Normalformen sowie eine ausführlichere Darstellung des Prozesses der Normalisierung findet man in jedem Standardtextbuch über Datenbank-Management, wie z.B. in den folgenden Werken:

- *An Introduction to Database Systems*, 6. Auflage, von C.J. Date (Addison-Wesley 1995)

- *Database System Concepts*, 3. Auflage, von Abraham Silberschatz, Henry F. Korth und S. Sudarshan (McGraw-Hill 1997)

- *A First Course in Database Systems* von Jeffrey D. Ullman und Jennifer Widom (Prentice Hall 1997)

- *Database: Principles, Programming, Performance* von Patrick O'Neil (Morgan Kaufmann 1994)

- *Fundamentals of Database Systems*, 2. Auflage, von Ramez Elmasri und Shamkant B. Navathe (Addison-Wesley 1994)

- *Datenmodelle, Datenbanksprachen und Datenbankmanagement-Systeme*, 3. Auflage, von Gottfried Vossen (Oldenbourg-Verlag 1999)

2.7 Gewährleistung von Datenkonsistenz

Das Schützen und Sichern von gespeicherten Daten ist eine wesentliche Funktionalität eines Datenbanksystems. UDB kennt hier drei verschiedene Aspekte:

1. *Datenschutz* wird vom Autorisierungssubsystem gewährleistet, das in Abschnitt 2.8 beschrieben wird. Das Autorisierungssubsystem schützt Daten gegen unberechtigten Zugriff oder unberechtigte Veränderung.

2. *Datenintegrität* wird durch Bedingungen (Constraints) und Trigger gewährleistet, die in Kapitel 7 erläutert werden. Diese Einrichtungen schützen die Datenbank vor Einfügungen, Löschungen und Veränderungen, die in ungültigen Daten resultieren würden.

3. *Datenkonsistenz* wird durch das Konzept der *Transaktion* erreicht, das in diesem Abschnitt behandelt wird. Transaktionen verhindern unkontrolliertes Überschreiben noch nicht gesicherter Veränderungen (»Lost Updates«), inkonsistente Datenwerte und Konflikte zwischen mehreren konkurrierenden Benutzern.

2.7.1 Transaktionen

Man stelle sich vor, man führt an einem Geldautomaten seine Bankkarte ein und weist den Automaten an, $ 100 vom Sparkonto auf das Girokonto zu transferieren. Der Automat nimmt daraufhin zwei Aktualisierungen an der Datenbank der Bank vor: Zunächst wird der Wert 100 vom Stand des Sparkontos subtrahiert, sodann wird der Wert 100 zum Stand des Girokontos addiert. Danach fährt man zu einer Ticketagentur und stellt einen Scheck über $ 100 für Konzertkarten aus im Vertrauen darauf, daß die zuvor vorgenommene Überweisung den Scheck deckt.

Auch wenn man im allgemeinen nicht darüber nachdenkt, schützt uns das Datenbanksystem der Bank gegen diverse unangenehme Überraschungen. Es könnte z.B. passieren, daß unmittelbar nach dem Subtrahieren des Wertes 100 vom Sparkonto der Strom ausfällt, so daß der Betrag auf dem Girokonto nicht ankommt. Dann wäre es angenehm zu wissen, daß die Bank einen solchen Transfer nach der Strategie »Alles oder Nichts« abwickelt und garantiert, daß, sobald Teile der veranlaßten Aktualisierungen durchgeführt sind, auch alle anderen ausgeführt werden. Diese wünschenswerte Eigenschaft bezeichnet man als *Atomarität* (*Atomicity*, Unteilbarkeit).

Man wäre auch nicht glücklich, wenn man feststellen müßte, daß, nachdem der Geldautomat den Geldtransfer akzeptiert und eine Quittung darüber ausgedruckt hat, ein Stromausfall dafür sorgen würde, daß alle Aktualisierungen verschwinden und die $ 100 dem Sparkonto wieder gutgeschrieben werden, so daß der Scheck nicht gedeckt ist. Man darf statt dessen erwarten, daß eine Aktualisierung auch durchgeführt wird, nachdem sie bereits bestätigt wurde. Diese wünschenswerte Eigenschaft des Arbeitens mit einer Datenbank bezeichnet man als *Dauerhaftigkeit* (*Durability*).

Die meisten Datenbanksysteme, darunter auch UDB, gewährleisten Atomarität und Dauerhaftigkeit durch das Konzept der *Transaktion*. Eine Transaktion ist eine Sammlung von Interaktionen zwischen einer Applikation und einer Datenbank, die von der Datenbank als *eine* Arbeitseinheit (»Unit of Work«) betrachtet wird (in der UDB-Dokumentation wird sogar die Bezeichnung *Unit of Work* anstelle der gebräuchlicheren Bezeichnung *Transaction* verwendet). Eine Transaktion wird implizit immer dann begonnen, wenn Daten in der Datenbank gelesen oder geschrieben werden. Alle nachfolgenden Lese- und Schreiboperationen derselben Applikation werden dann als Teil derselben Transaktionen betrachtet, und zwar so lange, bis die Applikation entweder einen COMMIT- oder einen ROLLBACK-Befehl ausführt, der eine laufende Transaktion beendet. Ein COMMIT-Befehl sorgt dafür, daß alle durch die Transaktion an der Datenbank vorgenommenen Veränderungen mit einer Garantie von Atomarität und Dauerhaftigkeit permanent gemacht werden. Ein ROLLBACK sorgt dagegen für ein Rücksetzen aller durch die Transaktion an der Datenbank gemachten Änderungen und damit für ein Zurückversetzen der Datenbank in den Zustand, der vor Beginn der Transaktion vorgelegen hat. Solange eine Transaktion noch läuft und weder ein COMMIT noch ein ROLLBACK veranlaßt wurde, werden die von ihr vorgenommenen Änderungen an der Datenbank als vorläufig und noch nicht zuverlässig betrachtet.

Neben Atomarität und Dauerhaftigkeit bieten UDB-Transaktionen eine weitere wünschenswerte Eigenschaft, die der *Isolation*. Diese Eigenschaft betrifft die Vermeidung von Anomalien, die aus einer gegenseitigen Beeinträchtigung von mehreren Benutzern, die gleichzeitig mit derselben Datenbank arbeiten, entstehen können. Die folgenden Beispiele illustrieren Situationen, die aus einem Mangel an Isolation resultieren können:

1. Angenommen, man fragt die Kartenagentur nach einer Liste aller Aufführungen in der Metropolitan-Oper im Frühjahr, und es werden einem vier Aufführungen genannt. Man bestellt daraufhin Karten für sämtliche Aufführungen, jedoch stellt man nach Erhalt der Karten fest, daß eine weitere Aufführung hinzugekommen ist und man jetzt fünf Karten bezahlen muß. Man bezeichnet dies als *Phantomzeilenanomalie*, da es plötzlich neue Daten an einer Stelle gibt, von der es zuvor geheißen hat, es gebe keine weiteren.

2. Angenommen, man fragt in der Kartenagentur nach Karten für ein bestimmtes Konzert und erfährt einen Preis von $ 35. Man entscheidet sich daraufhin, einige Karten zu kaufen, aber nachdem man diese Entscheidung getroffen hat, muß man feststellen, daß der Preis auf $ 50 hochgegangen ist. Man bezeichnet dies als die *Anomalie des nicht wiederholbaren Lesens* (*Nonrepeatable Read*), da man auf dieselben Daten zweimal zugegriffen, jeweils aber andere Werte vorgefunden hat.

3. Angenommen, man schaut in einer Datenbank eine Liste geplanter Konzerte durch und sieht, daß Willie Nelson im kommenden Sommer in der Stadt ein Konzert geben wird. Wenn man jedoch versucht, eine Karte zu bekommen, stellt man fest, daß die Ankündigung nur vorläufig war und das Konzert niemals fest eingetragen wurde. Man bezeichnet dies als die *Anomalie des schmutzigen Lesens* (*Dirty Read*), da man die Daten lesen durfte, bevor sie in der Datenbank als zuverlässig gelten konnten.

4. Angenommen, man fragt die Kartenagentur nach der Verfügbarkeit von Karten für ein Bruce-Springsteen-Konzert, und die Agentur antwortet, daß noch eine Karte übrig ist. Kurze Zeit später fragt jemand anders bei seiner Agentur nach Karten für das gleiche Konzert und erhält dieselbe Antwort. Sodann versuchen beide, die Karte zu kaufen. Der erste Agent stellt die Karte aus und setzt die Anzahl verfügbarer Karten auf 0, sodann versucht der zweite Agent das gleiche. Dies bezeichnet man *Anomalie der verlorenen Aktualisierung* (*Lost Update*), da zwei Benutzer dasselbe Datum verändert haben, eine der beiden Aktualisierungen jedoch verloren ist.

Idealerweise werden alle diese Anomalien vermieden. Allerdings geht das nicht völlig ohne Kosten: Während der eine Kunde überlegt, welche Karten er kaufen möchte, muß das System alle anderen Benutzer davon abhalten, Karten zu kaufen oder Kartenpreise sowie Konzertankündigungen zu verändern. Dies limitiert den auf der Datenbank möglichen Mehrbenutzerbetrieb bzw. die *Concurrency* des Systems, also die Fähigkeit, viele Benutzer gleichzeitig bedienen zu können. UDB erlaubt es Anwendungsentwicklern, durch Angabe eines speziellen *Isolationsgrades* (*Isolation Level*) für jede Transaktion zwischen Isolation und möglichem Mehrbenutzerbetrieb abzuwägen. Es werden die folgenden vier Isolationsgrade unterschieden:[14]

1. *Repeatable Read (RR)*. Dies ist der höchste Isolationsgrad, welcher auch alle der genannten Anomalien verhindert. Eine mit RR-Isolation laufende Transaktion setzt eine Sperre auf alle Daten, die sie liest, und hindert dadurch andere Transaktionen an einem Aktualisieren dieser Daten bis zu ihrer Freigabe oder ihrem Zurücksetzen. Wenn also ein Programm dasselbe Datum innerhalb einer Transaktion mit Isolationsgrad RR zweimal liest, so ist sichergestellt, daß jedesmal der gleiche Wert (der auch ein Nullwert sein kann) gelesen wird. Falls eine RR-isolierte Transaktion viele Daten liest, kann der Mehrbenutzerbetrieb des Systems nachhaltig beeinträchtigt werden.

2. *Read Stability (RS)*. Dieser Isolationsgrad garantiert, daß eine Transaktion, die dasselbe Datum zweimal liest, jedesmal den gleichen Wert liest, aber er verhindert nicht, daß während der Ausführung der betreffenden Transaktion neue Zeilen in der Datenbank erscheinen. Eine RS-isolierte Transaktion beeinträchtigt den Mehrbenutzerbetrieb der Datenbank also weniger als eine RR-isolierte, und sie ist vor nicht wiederholbarem Lesen, nicht jedoch vor Phantomzeilen geschützt.

3. *Cursor Stability (CS)*. Dieser Isolationsgrad stellt nur sicher, daß sich eine Zeile einer Tabelle nicht ändert, solange die betreffende Transaktion einen Cursor auf diese Zeile positioniert hat. Dies bedeutet, daß man Daten unter Verwendung eines Cursors aus einer Tabellenzeile lesen und sodann diese aktuelle Zeile des Cursors verändern kann, ohne Gefahr zu laufen, daß jemand anders die Zeile nach dem Lesen bereits verändert hat. Führt man dieselbe Anfrage innerhalb einer CS-isolierten Transaktion mehrfach aus, so können die Ergebnisse verschieden sein; es ist jedoch sichergestellt, daß jede Antwort nur Daten enthält, die zum Zeitpunkt des Lesens bereits freigegeben waren. Transaktionen mit Isolationsgrad CS sind gegen ein Lesen »schmutziger« (ungesicherter) Daten sowie gegen verlorengegangene Änderungen, nicht aber gegen Phantome und nicht wiederholbares Lesen, geschützt. Dieser Isolationsgrad bietet also weniger Schutz als die beiden zuvor genannten, hat dafür aber auch weniger Einfluß auf den Mehrbenutzerbetrieb.

---

14. Die Terminologie ist in diesem Bereich keineswegs einheitlich. Der ANSI/ISO SQL-Standard kennt die gleichen vier Isolationsgrade wie UDB, verwendet aber – bis auf eine Ausnahme – andere Bezeichnungen wie folgt: UDB »Repeatable Read« heißt bei ANSI »Serializable«; UDB »Read Stability« entspricht bei ANSI »Repeatable Read«; UDB »Cursor Stability« heißt bei ANSI »Read Committed«, und UDB »Uncommitted Read« entspricht bei ANSI »Uncommitted Read«.

4. *Uncommitted Read (UR)*. Dies ist der niedrigste Isolationsgrad mit dem geringsten Umfang an Schutz gegen Isolationsanomalien. UR-isolierte Transaktionen haben de facto keinen Einfluß auf den Mehrbenutzerbetrieb. Da eine solche Transaktion Daten lesen kann, die sich in einem inkonsistenten Zustand befinden (wie z.B. nach dem Abbuchen vom Sparkonto, aber vor dem Zubuchen auf das Girokonto), wird dieser Isolationsgrad im allgemeinen nur für Statistiken und andere Anwendungen benutzt, bei denen höchste Genauigkeit der Daten nicht gefordert ist.

Tabelle 2.5 faßt die Isolationsgrade mit den Anomalien, gegen die sie im einzelnen schützen, zusammen.[15] Der Eintrag »Ja« bedeutet dabei jeweils, daß die betreffende Anomalie bei dem jeweiligen Isolationsgrad möglich ist.

	Phantom	Nonrepeatable Read	Dirty Read	Lost Update
Repeatable Read (RR)	Nein	Nein	Nein	Nein
Read Stability (RS)	Ja	Nein	Nein	Nein
Cursor Stability (CS)	Ja	Ja	Nein	Nein
Uncommitted Read (UR)	Ja	Ja	Ja	Nein

Tabelle 2.5:
Die von den unterschiedlichen Isolationsgraden tolerierten Anomalien

Die PREP-und BIND-Befehle für Anwendungsprogramme haben einen Parameter, der den Isolationsgrad für alle Transaktionen steuert, die von dem gerade gebundenen Programm ausgeführt werden. Dieser Parameter besteht aus dem Schlüsselwort ISOLATION, gefolgt von der Abkürzung des gewünschten Grads: RR, RS, CS oder UR. Die Voreinstellung sowohl für Anwendungsprogramme wie für interaktive Sitzungen ist dabei Cursor Stability (CS). Während einer interaktiven Sitzung kann man, sofern aktuell keine Transaktion läuft und man aktuell nicht mit einer Datenbank verbunden ist, den Isolationsgrad für zukünftige Transaktionen durch einen Befehl wie den folgenden ändern:

```
CHANGE ISOLATION TO RS;
```

Sowohl Befehlszentrale als auch CLP kennen das sogenannte *Autocommit*, das eine Transaktion automatisch beendet und Veränderungen nach jedem einzelnen SQL-Befehl freigibt; in beiden Schnittstellen ist dies voreingestellt.

---

15. Tabelle 2.5 unterstellt, daß *beide* sich gegenseitig beeinflussende Transaktionen mit dem gegebenen Isolationsgrad ausgeführt werden. Interaktionen zwischen Transaktionen mit unterschiedlichen Isolationsgraden sind demgegenüber komplizierter. Die Spalte »Lost Update« unterstellt ferner, daß die Transaktionen positionierte (cursorbasierte) Aktualisierungen durchführen. Veränderbare Cursor haben stets mindestens den Isolationsgrad CS, sogar innerhalb einer Transaktion mit Isolationsgrad UR.

COMMIT und ROLLBACK

Wie oben bereits bemerkt, wird eine Transaktion implizit immer dann begonnen, wenn Daten gelesen oder geschrieben werden, und sie wird durch ein COMMIT (Freigabe) oder ein ROLLBACK (Zurücksetzen) beendet. Die beiden Terminierungsbefehle können in ein Anwendungsprogramm eingebettet sein oder interaktiv ausgeführt werden. Die Syntax des COMMIT- sowie des ROLLBACK-Befehls ist unten angegeben.

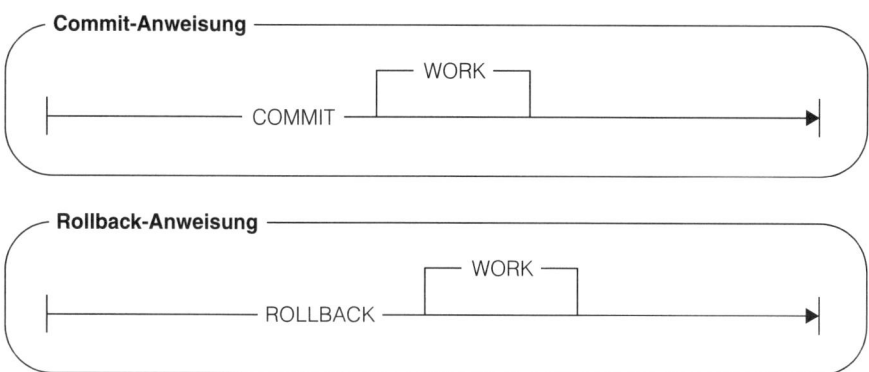

COMMIT sorgt dafür, daß alle von der aktuellen Transaktion an der Datenbank vorgenommenen Veränderungen dauerhaft und für andere Transaktionen mit Isolationsgrad RR, RS oder CS sichtbar werden. ROLLBACK setzt alle von der aktuellen Transaktion vorgenommenen Änderungen zurück und stellt den Zustand der Zeilen wieder her, der vor Beginn der Transaktion vorgelegen hat. Sowohl durch COMMIT als auch durch ROLLBACK werden alle offenen Cursor geschlossen, abgesehen von Cursor, die mit der Option WITH HOLD deklariert wurden; diese werden durch ein COMMIT nicht geschlossen.

Das System implementiert die Transaktionssemantik durch Setzen und Halten von *Sperren* auf die bzw. den Datenobjekten, die gelesen oder geschrieben werden. Liest man z.B. eine Zeile innerhalb einer RR-isolierten Transaktion, benötigt das System eine Sperre, die andere Benutzer bis zum Ende dieser Transaktion daran hindert, an der Zeile Veränderungen vorzunehmen. Derartige Sperren werden automatisch bei der Ausführung von Transaktionen gesetzt, und der Benutzer braucht sich darum nicht zu kümmern; es sei denn, eine Transaktion gerät in einen *Deadlock* (eine *Verklemmung*), bei dem sie benötigte Sperren nicht mehr setzen kann. In diesem Fall wird die Transaktion automatisch auf den letzten Freigabepunkt zurückgesetzt, und man erhält einen Fehlercode, der dieses durch einen Deadlock verursachte Rücksetzen anzeigt (SQLCODE – 911, SQLSTATE 40001). Jeder SQL-Befehl, der die Datenbank liest oder verändert, kann mit dieser Mitteilung enden.

 **TIP:** Eine Verwendung von kurzen Transaktionen mit häufigen COMMIT-Befehlen reduziert die Gefahr von Deadlocks mit anschließendem Rücksetzen.

Die LOCK TABLE-Anweisung

Wenn man von vornherein weiß, daß man eine ganze Tabelle lesen oder verändern möchte, kann man dem System den Overhead des Setzens vieler einzelner Zeilensperren auf die Tabelle durch Verwendung eines SQL-Befehls sparen, der die gesamte Tabelle auf einmal sperrt. Man kann eine Tabelle im SHARE-Modus sperren, der anderen Transaktionen ein Lesen der Tabelle erlaubt, ihnen jedoch Veränderungen daran verbietet; man kann sie auch im EXCLUSIVE-Modus sperren, der anderen Transaktionen sowohl lesenden wie schreibenden Zugriff auf die Tabelle verwehrt (lediglich UR-Transaktionen dürfen die Tabelle noch lesen). Wenn man eine explizite Sperre auf einer Tabelle anfordert, wird diese Sperre bis zum Ende der betreffenden Transaktion gehalten. Die Syntax zum expliziten Sperren einer Tabelle lautet wie folgt:

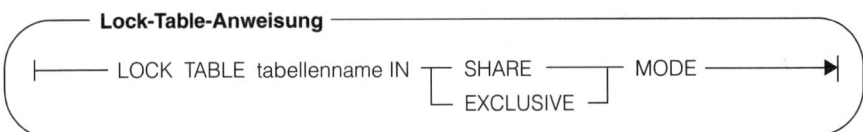

Lock-Table-Anweisung

```
|—— LOCK TABLE tabellenname IN ┬— SHARE ——┬ MODE ——————►|
                               └— EXCLUSIVE —┘
```

Beispiel:

```
LOCK TABLE preisliste IN SHARE MODE;
```

Sperren werden am Ende einer Transaktion automatisch aufgehoben, mit Ausnahme von Sperren, die von einem mit WITH HOLD deklarierten, offenen Cursor gesetzt wurden; letztere Sperren werden bis zum Ende der Transaktion gehalten, in welcher der Cursor geschlossen wird.

 TIP: Eine gute Referenz für weitere Details zu Transaktionen ist das Buch *Transaction Processing: Concepts and Techniques* von Jim Gray und Andreas Reuter (Morgan Kaufmann 1993).

2.7.2 Datenbank-Verbindungen

Bevor wir das Thema Transaktionen verlassen, müssen wir noch das verwandte Konzept einer *Datenbankverbindung* (*Database Connection*) behandeln. Ehe irgendein Zugriff auf Daten möglich ist, muß ein Anwendungsprogramm oder eine Anfrageschnittstelle mit einer Datenbank verbunden werden. Im allgemeinen wird ein Anwendungsprogramm auf einem Client-Rechner laufen, während die Datenbank sich auf einer davon verschiedenen Server-Maschine befindet. Während der Ausführung eines Anwendungsprogramms oder im Verlauf einer Anfragesitzung kann es notwendig werden, Verbindungen zu mehr als einer Datenbank herzustellen.

Eine Datenbankverbindung kann explizit über den SQL-Befehl CONNECT aufgebaut werden, wie z.B. CONNECT TO dbase1.[16] Man kann UDB auch zum automatischen Verbinden mit einer Datenbank veranlassen. Dies geschieht durch Voreinstellung der Umge-

---

16. Dynamische SQL-Programmierschnittstellen wie ODBC oder JDBC stellen Datenbankverbindungen über Funktionsaufrufe anstatt über SQL-Befehle her. Diese Schnittstellen werden in Kapitel 8 behandelt.

bungsvariablen DB2DBDFT mit dem Namen der Datenbank, die man benutzen möchte. Wenn diese Variable gesetzt ist, stellt UDB zu Beginn jeder Applikation oder interaktiven Sitzung eine *implizite Verbindung* zur voreingestellten Datenbank her. Man kann eine solche Voreinstellung stets durch Verwendung eines expliziten CONNECT-Befehls überschreiben.

UDB kennt zwei Arten von Datenbankverbindungen, Typ 1 und Typ 2. Wenn man Typ-1-Verbindungen benutzt, kann sich jede Transaktion nur innerhalb einer Datenbank bewegen; man muß eine Transaktion also beenden, bevor man eine Verbindung zu einer neuen Datenbank aufbaut. Bei Typ-2-Verbindungen kann eine Transaktion mit mehreren Datenbanken verbunden sein, die sich sogar auf unterschiedlichen Servern befinden können und ihre Veränderungen an allen diesen Datenbanken zur gleichen Zeit freigeben oder zurücksetzen. Eine Transaktion, die Typ-2-Verbindungen benutzt, heißt manchmal auch *verteilte Arbeitseinheit* (*Distributed Unit of Work*). Für Anwendungsprogramme wird eine Wahl zwischen Typ 1 und Typ 2 zum Zeitpunkt des Vorübersetzens getroffen, und zwar durch Angabe der Option CONNECT 1 oder CONNECT 2 im zugehörigen PREP-Befehl (wobei CONNECT 1 voreingestellt ist). Für eine interaktive Sitzung wird die Auswahl zwischen Typ 1 und Typ 2 über das Kommando SET CLIENT getroffen, das in Abschnitt 3.3.2 behandelt wird.

 **TIP:** Ein Programm, das statische SQL-Befehle enthält, muß in der Datenbank, auf der es arbeitet, vorübersetzt werden. Eine statische Applikation, die eine verteilte Arbeitseinheit enthält, muß somit in mehreren Datenbanken vorübersetzt werden. Zur Vermeidung von Fehlern beim Vorübersetzen sollte man seine Applikation in mehrere Quelldateien zerlegen, von denen jede nur auf eine einzelne Datenbank zugreift, und jede dieser Dateien in der jeweiligen Datenbank vorübersetzen. Man kann die Quelldateien danach kompilieren und zu einem einzigen ausführbaren Programm zusammenbinden. Zum Vorübersetzen einer Quelldatei in einer gegebenen Datenbank stelle man eine Verbindung zu dieser Datenbank vor Ausführung des PREP-Befehls her.

Abbildung 2.3 zeigt eine typische Befehlsfolge, die von einer Applikation mit Typ-1-Verbindungen ausgeführt wird. Jeder CONNECT-Befehl beendet die aktuelle Datenbankverbindung und stellt eine neue her. Jede Transaktion operiert auf einer bestimmten Datenbank und muß durch COMMIT oder ROLLBACK beendet werden, bevor eine neue Datenbankverbindung hergestellt werden kann. Das abschließende DISCONNECT-Kommando hinterläßt die Applikation ohne Verbindung zu einer Datenbank. Jeder SQL-Befehl, der auf Daten zugreift, wirkt auf die Datenbank, die im zuletzt ausgeführten CONNECT-Befehl genannt war.

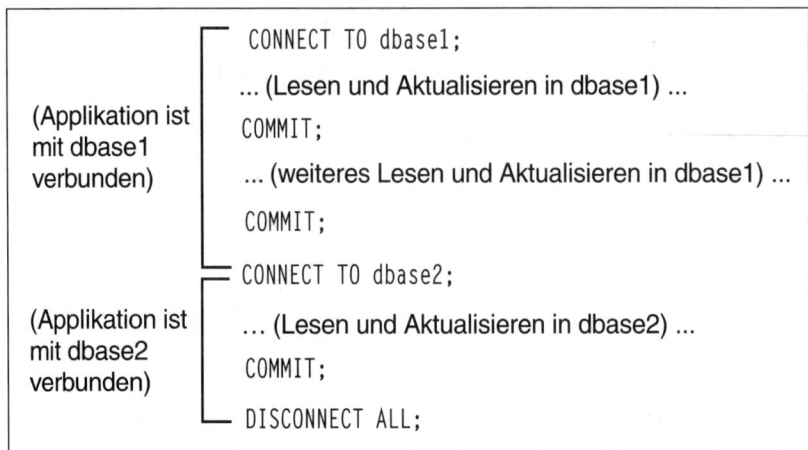

```
                        ┌  CONNECT TO dbase1;

                        │  ... (Lesen und Aktualisieren in dbase1) ...
  (Applikation ist
  mit dbase1             │  COMMIT;
  verbunden)
                        │  ... (weiteres Lesen und Aktualisieren in dbase1) ...

                        └  COMMIT;

                        ┌  CONNECT TO dbase2;

  (Applikation ist      │  ... (Lesen und Aktualisieren in dbase2) ...
  mit dbase2            │   COMMIT;
  verbunden)
                        └  DISCONNECT ALL;
```

Abbildung 2.3:
Beispiel für Typ-1-Verbindungen

Abbildung 2.4 zeigt eine typische Befehlsfolge, die von einer Applikation mit Typ-2-Verbindungen, mit denen mehrfache Verbindungen innerhalb derselben Transaktion aufgebaut werden können, ausgeführt wird. Im Beispiel stellt die Applikation zuerst eine Verbindung zu dbase1, sodann eine zu dbase2 und danach wieder eine zu dbase1 her, bevor zum ersten Mal Veränderungen freigegeben werden. Wie vorher bezieht sich jede SQL-Anweisung auf die Datenbank, die im jeweils jüngsten CONNECT-Befehl genannt ist. Jedoch können mit Typ-2-Verbindungen mehrere Datenbanken an derselben Transaktion teilnehmen. Jeder COMMIT- oder ROLLBACK-Befehl gilt für alle Veränderungen, die von der aktuellen Transaktion ausgeführt wurden, und zwar in allen Datenbanken, mit denen sie verbunden ist. Die Datenbankverbindungen bleiben so lange bestehen, bis sie explizit durch einen RELEASE- oder einen DISCONNECT-Befehl aufgehoben werden. Der RELEASE-Befehl sagt dem System, daß die Verbindung zu einer bestimmten Datenbank nach Ende der aktuellen Transaktion aufgehoben werden kann (die Verbindung kann natürlich nicht vor dem Ende der Transaktion aufgehoben werden, da die Datenbank nicht freigegebene Aktualisierungen enthalten kann). Die Befehle, die UDB zur Steuerung von Datenbankverbindungen bereithält, werden im folgenden Unterabschnitt beschrieben.

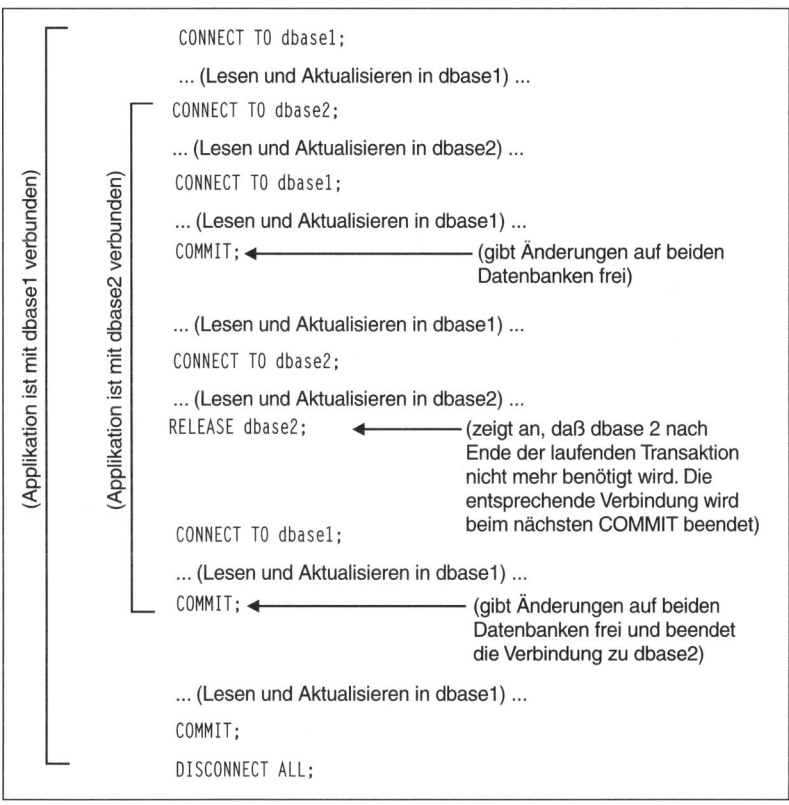

```
                CONNECT TO dbase1;

                ... (Lesen und Aktualisieren in dbase1) ...

                CONNECT TO dbase2;

                ... (Lesen und Aktualisieren in dbase2) ...

                CONNECT TO dbase1;

                ... (Lesen und Aktualisieren in dbase1) ...

                COMMIT; ◄──────────── (gibt Änderungen auf beiden
                                       Datenbanken frei)

                ... (Lesen und Aktualisieren in dbase1) ...

                CONNECT TO dbase2;

                ... (Lesen und Aktualisieren in dbase2) ...

                RELEASE dbase2;  ◄──── (zeigt an, daß dbase 2 nach
                                       Ende der laufenden Transaktion
                                       nicht mehr benötigt wird. Die
                                       entsprechende Verbindung wird
                                       beim nächsten COMMIT beendet)

                CONNECT TO dbase1;

                ... (Lesen und Aktualisieren in dbase1) ...

                COMMIT; ◄──────────── (gibt Änderungen auf beiden
                                       Datenbanken frei und beendet
                                       die Verbindung zu dbase2)

                ... (Lesen und Aktualisieren in dbase1) ...

                COMMIT;

                DISCONNECT ALL;
```

Abbildung 2.4:
Beispiel für Typ-2-Verbindungen

Das CONNECT-Kommando

Die Syntax des CONNECT-Befehls lautet wie folgt:

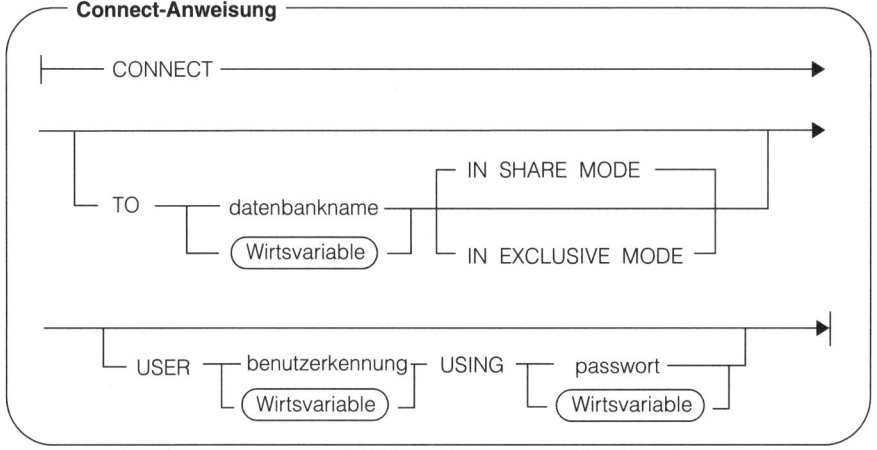

Beispiel:

```
CONNECT TO dbase1;
```

Bei Verwendung einer Typ-1-Verbindung beendet ein CONNECT-Befehl eine vorherige Datenbankverbindung, falls es eine solche gibt. Bei Typ-2-Verbindungen erhält ein CONNECT-Befehl eventuell bestehende Verbindungen, stellt, wenn nötig, eine neue Verbindung her und leitet nachfolgende SQL-Befehle an die Datenbank, die in der neuen Verbindung genannt ist.[17] Eine Anwendung kann mit ein und derselben Datenbank gleichzeitig höchstens einmal verbunden sein, selbst bei einer Verwendung von Typ-2-Verbindungen (diese Einschränkung gilt allerdings nicht für die in Kapitel 8 beschriebenen CLI-Applikationen).

Der Zusatz IN EXCLUSIVE MODE verhindert, daß andere Benutzer zu der betreffenden Datenbank eine Verbindung herstellen, solange man noch verbunden ist. Der voreingestellte SHARE-Modus kennt keine solche Einschränkung. Wie wir in Abschnitt 2.8 sehen werden, muß man zum Aufbau einer Datenbankverbindung eine entsprechende Autorisierung besitzen, jedoch benötigt man für EXCLUSIVE-Verbindungen keine spezielle Autorisierung. Man sollte mit Verbindungen im EXCLUSIVE-Modus generell vorsichtig sein, da man damit anderen Benutzern einen Zugriff auf die betreffende Datenbank verwehrt. Wenn man versucht, eine Verbindung im EXCLUSIVE-Modus aufzubauen, während andere Benutzer mit dieser Datenbank bereits verbunden sind, so scheitert der entsprechende CONNECT-Befehl.

Die Befehlszusätze USER bzw. USING liefern eine Benutzerkennung und ein Paßwort, die an die Server-Maschine zur Authentifizierung übergeben werden, falls die gegebene Datenbankinstallation Authentifizierung auf dem Server vorsieht. Falls die Installation dies auf dem Client-Rechner vorsieht, können die Zusätze USER und USING entfallen. Die Art der Authentifizierung wird zum Installationszeitpunkt der Datenbank festgelegt.

Falls ein CONNECT-Befehl keine Operanden hat (also nur aus dem Wort CONNECT besteht), gibt er Informationen über die aktuelle Datenbankverbindung zurück. Falls ein solcher CONNECT-Befehl von einem Programm ausgeführt wird, wird die Verbindungsinformation im SQLERRP-Feld der SQLCA-Struktur (beschrieben in Abschnitt 4.1.4) zurückgegeben; wird er interaktiv ausgeführt, wird die Verbindungsinformation dem Benutzer angezeigt.

---

17. Diese Beschreibung unterstellt, daß die betreffende Anwendung mit der voreingestellten Option SQLRULES DB2 vorübersetzt wurde. Falls die Vorübersetzungsoption SQLRULES STD spezifiziert wurde, wird zum Reaktivieren einer bereits bestehenden Verbindung eine andere Syntax benutzt. So würde man z.B. anstelle von `CONNECT TO dbase1` den Befehl `SET CONNECTION dbase1` verwenden. Diese alternative Syntax basiert auf dem SQL92-Standard.

Der Befehl CONNECT RESET

Die Syntax des Befehls CONNECT RESET lautet wie folgt:

Falls eine Applikation Typ-1-Verbindungen benutzt, gibt ein CONNECT RESET die aktuelle Transaktion frei und beendet die laufende Verbindung. Falls die Applikation Typ-2-Verbindungen benutzt, bleibt die aktuelle Verbindung bei einem CONNECT RESET erhalten. Es wird eine Verbindung zu der in der Umgebungsvariablen DB2DBDFT genannten Datenbank aufgebaut, und nachfolgende SQL-Befehle werden an die voreingestellte Datenbank geleitet.

Das DISCONNECT-Kommando

Die Syntax des DISCONNECT-Befehls lautet wie folgt:

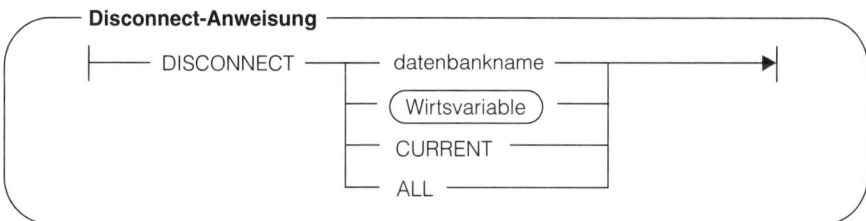

Beispiel:

```
DISCONNECT dbase1;
```

Ein DISCONNECT-Befehl kann nur benutzt werden, wenn aktuell keine Transaktion läuft (d.h., wenn seit dem letzten COMMIT oder ROLLBACK kein Lesen oder Schreiben auf der Datenbank stattgefunden hat). Er hebt die Verbindung der betreffenden Anwendung zu der im Befehl genannten Datenbank, zu der aktuell verbundenen Datenbank oder zu allen Datenbanken auf.

Das RELEASE-Kommando

Die Syntax des RELEASE-Befehls lautet wie folgt:

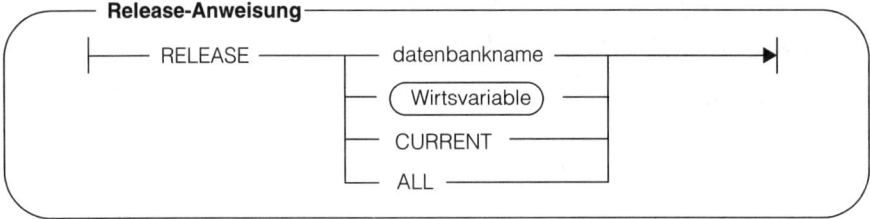

Beispiel:

```
RELEASE dbase1;
```

Ein RELEASE-Befehl ist einem DISCONNECT-Befehl ähnlich, mit der Besonderheit, daß er innerhalb einer Transaktion angeben kann, daß eine oder mehrere Datenbankverbindungen bei Transaktionsende aufgehoben werden können. Die Verbindungen werden dann vom nächsten COMMIT-Befehl tatsächlich aufgehoben (nicht jedoch von einem ROLLBACK-Befehl). Die aufzuhebenden Verbindungen können sowohl vom Typ 1 als auch vom Typ 2 sein.

Precompiler-Optionen

Wie bereits bemerkt, verwendet eine Applikation Typ-2-Verbindungen, falls sie mit der Option CONNECT 2 vorübersetzt wird. In diesem Fall wird die genaue Bedeutung von COMMIT und ROLLBACK durch eine weitere Precompiler-Option mit der Bezeichnung SYNCPOINT bestimmt, die einen der folgenden Werte annehmen kann:

1. SYNCPOINT ONEPHASE (ist die Voreinstellung). Diese Option bedeutet, daß eine Transaktion nur in einer Datenbank Daten verändern kann, wenngleich sie mit mehreren Datenbanken verbunden sein kann. Falls eine Transaktion dann versucht, in mehr als einer Datenbank Daten zu verändern, erfolgt eine Fehlermeldung.

2. SYNCPOINT TWOPHASE. Unter Verwendung dieser Option kann eine Transaktion in allen Datenbanken, mit denen sie verbunden ist, Daten verändern. Endet die Transaktion mit COMMIT oder ROLLBACK, werden alle Veränderungen an sämtlichen Datenbanken gemeinsam freigegeben oder zurückgesetzt. In dieser Option kooperiert der Datenbankmanager mit einem Transaktionsmanager, der das Zwei-Phasen-Commit-Protokoll verwendet, um sicherzustellen, daß entweder alle Datenbanken eine gegebene Transaktion freigeben oder alle sie zurücksetzen. Versucht die Transaktion eine Freigabe ihrer Veränderungen und ist eine der Datenbanken nicht in der Lage, erfolgreich freizugeben, so wird die Transaktion in allen Datenbanken vom Transaktionsmanager zurückgesetzt. Zu diesem Zweck verfügt UDB über seinen eigenen Transaktionsmanager; UDB kann aber auch mit anderen Transaktionsmanagern (TP-Monitoren) wie z.B. CICS kooperieren. Weitere Informationen zu Transaktionsmanagern findet man im *Administration Guide*.

Der in UDB eingebaute Transaktionsmanager speichert Informationen über aktive Transaktionen in einer Datenbank. Die zu diesem Zweck zu verwendende Datenbank wird in einem Konfigurationsparameter des Datenbankmanagers namens TM_DATABASE angegeben. Die Voreinstellung dieses Parameters lautet »1ST_CONN«, was dafür sorgt, daß der Transaktionsmanager die erste Datenbank, zu der in der betreffenden Sitzung eine Verbindung hergestellt wird, für seine Zwecke benutzt.

3. SYNCPOINT NONE. Wie die Option TWOPHASE, so erlaubt auch diese Option einer Transaktion eine Datenveränderung in mehreren Datenbanken und sorgt dafür, daß sämtlichen dieser Datenbanken am Ende der Transaktion ein COMMIT oder ein ROLLBACK übermittelt wird. Im Unterschied zu TWOPHASE verwendet diese Option jedoch kein Commit-Protokoll, das gewährleistet, daß eine Freigabe in sämtlichen Datenbanken erfolgreich verläuft. Mit SYNCPOINT NONE kann es passieren, daß die von einer Transaktion durchgeführten Veränderungen in einigen Datenbanken freigegeben werden, in anderen dagegen nicht. Da eine der zentralen Eigenschaften einer Transaktion die der Atomarität ist, unterstützt die Option SYNCPOINT NONE keine echten verteilten Transaktionen.

Zusätzlich zu CONNECT und SYNCPOINT beeinflussen zwei weitere Precompiler-Optionen das genaue Verhalten von Typ-2-Datenbankverbindungen. Die Option DISCONNECT ermöglicht ein automatisches Terminieren von Verbindungen bei Transaktionsende; die Option SQLRULES verändert die Syntax des CONNECT-Befehls. Diese Optionen sowie eine Variante des CONNECT-Befehls, der Befehl SET CONNECTION, werden im Handbuch *SQL Reference* genauer beschrieben.

2.8 Autorisierung

Wie schon früher bemerkt, ist das Schützen der Daten gegen unautorisierten Zugriff sowie unautorisierte Veränderungen eine der zentralen Aufgaben eines Datenbanksystems. UDB leistet dies durch ein System von Befugnissen oder *Autorisierungen* (*Authorities*) sowie von Berechtigungen bzw. *Privilegien* (*Privileges*). In diesem Abschnitt untersuchen wir die verschiedenen Arten von Befugnissen und Privilegien und wie sie erzeugt und benutzt werden können.

Eine *Autorisierung* ist eine allgemeine Befugnis zum Ausführen bestimmter administrativer Tätigkeiten. Einige Befugnisse greifen auf der Ebene von UDB-Instanzen bzw. -Exemplaren, die mehrere Datenbanken verwalten können; andere beziehen sich auf eine spezielle Datenbank. Autorisierungen werden (bis auf wenige Ausnahmen) grundsätzlich von Benutzer*gruppen* und nicht von einzelnen Benutzern gehalten. Das Gruppenkonzept wird dabei vom jeweiligen Betriebssystem, unter dem UDB läuft, bestimmt. So werden z.B. unter AIX Benutzer durch das *System Management Interface Tool* (SMIT) zu Gruppen zusammengefaßt; unter Windows NT werden Benutzer und Gruppen durch den *User Manager* verwaltet.

Ein *Privileg* ist ein spezielles Recht zur Ausführung bestimmter Operationen an spezifischen Datenbankobjekten, wie Tabellen oder Sichten innerhalb einer Datenbank. Privilegien können sowohl an einzelne Benutzer wie auch an Benutzergruppen vergeben werden.

2.8.1 Autorisierung auf Exemplarebene

Drei verschiedene Autorisierungen greifen auf der Ebene einer UDB-Instanz bzw. eines -Exemplars; sie gelten daher für alle Datenbanken, die von dieser Instanz verwaltet werden. Jede dieser Autorisierungen wird an eine Gruppe vergeben, und die Namen dieser Gruppen werden in der Konfigurationsdatei des Datenbankmanagers vermerkt. Man kann diese Namen durch Ausführung des folgenden Befehls ansehen:

```
GET DATABASE MANAGER CONFIGURATION;
```

Bei den drei exemplarbezogenen Autorisierungen handelt es sich um die folgenden:

1. *System Administration Authority*: Autorisierungen und Privilegien werden im allgemeinen von einem Benutzer an den anderen weitergegeben, so daß sich eine baumartige Rechtestruktur ergibt. Die Wurzel dieses Baumes ist die Autorisierung »Systemadministration« (SYSADM), bei der es sich um die höchste Autorisierung handelt, die UDB kennt. Sie wird an eine Gruppe vergeben und gibt deren Mitgliedern die Verfügbarkeit über alle UDB-Ressourcen sowie die Möglichkeit, beliebige UDB-Kommandos auszuführen, und zwar einschließlich der Berechtigung, alle anderen Autorisierungen sowie Privilegien zu erteilen oder zu widerrufen.

   Wenn ein UDB-Exemplar erzeugt wird, so wird der (vom Betriebssystem bestimmten) Gruppe, zu welcher der Erzeuger der Instanz gehört, die SYSADM-Autorisierung für das neue Exemplar zugewiesen. Die Mitgliedschaft in dieser Gruppe wird durch das Betriebssystem kontrolliert. Wegen der mit einer SYSADM-Autorisierung verbundenen hohen Verantwortung kann es ratsam sein, für die Administration eines jeden UDB-Exemplars eine eigene Gruppe anzulegen. Der Name der Gruppe mit SYSADM-Autorisierung wird für jedes Exemplar im Konfigurationsparameter SYSADM_GROUP des Datenbankmanagers abgelegt.

2. *System Control Authority*: Die Autorisierung »Systemkontrolle« (SYSCTRL) ist eine Befugnis auf Exemplarebene zur Kontrolle der Systemressourcen. Mit dieser Autorisierung kann man z.B. Datenbanken und Tablespaces (benannte Einheiten des physikalischen Speichers, in denen Daten abgelegt werden) erzeugen und wieder löschen.

   Obwohl man mit einer SYSCTRL-Autorisierung die vom Datenbankmanager benutzten Ressourcen kontrolliert, schließt SYSCTRL nicht automatisch das Recht ein, Daten in der betreffenden Datenbank auch zu lesen oder zu verändern. Ein Datenzugriff erfordert DBADM-Autorisierung oder eines der spezielleren Privilegien.

   Der Name der Gruppe mit SYSCTRL-Autorisierung wird im Konfigurationsparameter SYSCTRL_GROUP des Datenbankmanagers abgelegt. Wenn ein Exemplar erstmalig erzeugt wird, wird zunächst keiner Gruppe die SYSCTRL-Autorisierung verliehen; es bleibt den Systemadministratoren überlassen zu entscheiden, ob sie derartige Autorisierungen weitergeben wollen. Jedes Mitglied der Systemadministrationsgruppe kann den Namen einer Gruppe mit SYSCTRL-Autorisierung entweder über die Steuerzentrale oder durch einen Befehl wie den folgenden spezifizieren:

```
UPDATE DATABASE MANAGER CONFIGURATION
   USING SYSCTRL_GROUP liebeleute;
```

Die Operationen, für deren Ausführung SYSCTRL die Mindestautorisierung darstellt, sind unten angegeben und werden in Kapitel 10 beschrieben. Neben diesen Operationen können Benutzer mit SYSCTRL-Autorisierung jede Operation, die auch einem Benutzer mit SYSMAINT-Autorisierung zur Verfügung steht, ausführen.

CREATE, ALTER und DROP TABLESPACE

CATALOG und UNCATALOG für Knoten und Datenbanken

CREATE sowie DROP DATABASE

FORCE APPLICATION

RESTORE zu einer neuen Datenbank

3. *System Maintenance Authority*: Die Autorisierung »Systemwartung« (SYSMAINT) ist eine Autorisierung auf Exemplarebene, die das Recht der Ausführung von Wartungsoperationen beinhaltet, darunter Start und Stop des DB2-Servers, Sicherung und Wiederherstellen von Datenbanken sowie Betrieb des Datenbankmonitors. Wie SYSCTRL schließt auch SYSMAINT nicht das Recht ein, in der betreffenden Datenbank gespeicherte Daten zu lesen oder zu verändern.

Der Name der Gruppe mit SYSMAINT-Autorisierung wird im Konfigurationsparameter SYSMAINT_GROUP des Datenbankmanagers abgelegt, der auf Null gesetzt wird, wenn das betreffende Exemplar erzeugt wird. Jedes Mitglied der Systemadministrationsgruppe kann über die Steuerzentrale oder ein Kommando wie das folgende den Namen der SYSMAINT-Gruppe festlegen:

```
UPDATE DATABASE MANAGER CONFIGURATION
   USING SYSMAINT_GROUP hacker;
```

Die Operationen, für deren Ausführung SYSMAINT die Mindestautorisierung darstellt, sind unten angegeben und werden in Kapitel 10 beschrieben.

UPDATE DATABASE CONFIGURATION

BACKUP und RESTORE für eine existierende Datenbank

ROLLFORWARD

DB2START und DB2STOP

GET, RESET und UPDATE MONITOR SWITCHES

2.8.2 Autorisierung auf Datenbankebene

Autorisierungen auf Datenbankebene beziehen sich auf eine spezielle Datenbank anstatt auf ein UDB-Exemplar. Jede dieser Autorisierungen wird in der Katalogtabelle DBAUTH vermerkt, und zwar in der Datenbank, auf die sich die Autorisierung bezieht. Ein Benutzer, der eine Datenbank erzeuget, erhält automatisch die vollen datenbankbezogenen Autorisierungen an der neuen Datenbank; er kann diese dann selektiv an andere Benutzer oder Benutzergruppen unter Verwendung des in Abschnitt 2.8.7 beschriebenen GRANT-Befehls weitergeben. Datenbankbezogene Autorisierungen sind wichtig für Benutzer, die neue Datenbankanwendungen entwickeln. Im einzelnen handelt es sich um die folgenden:

1. *Database Administration (DBADM) Authority*: Die DBADM-Autorisierung verleiht das Recht zum Zugriff auf alle sowie zur Modifikation aller Objekte in einer gegebenen Datenbank, einschließlich Tabellen, Indizes, Sichten, Pakete und alles sonst dort Gespeicherte. Sie schließt ferner das Recht ein, Privilegien an speziellen Datenbankobjekten an einzelne Benutzer zu vergeben. Ein Benutzer mit DBADM-Autorisierung kann auch die nachgeordneten Autorisierungen auf Datenbankebene (aber nicht DBADM selbst) an andere weitergeben.

2. *BINDADD Authority*: Diese Autorisierung beinhaltet das Recht zum Erzeugen von Paketen (Packages) in der Datenbank durch Vorübersetzen und/oder Binden von Anwendungsprogrammen. Der ein Programm bindende Benutzer erhält stets das CONTROL-Privileg an dem entstehenden Paket.

3. *CONNECT Authority*: Diese Autorisierung beinhaltet die Berechtigung, zu einer Datenbank mit dem SQL-Befehl CONNECT eine Verbindung aufzubauen.

4. *CREATETAB Authority*: Diese Autorisierung berechtigt, in der betreffenden Datenbank Tabellen anzulegen. Wer eine Tabelle anlegt, erhält an dieser das Privileg CONTROL.

5. *CREATE_NOT_FENCED Authority*: Diese Autorisierung verleiht das Recht zur Erzeugung benutzerdefinierter Funktionen, die in demselben Adreßraum wie die Datenbank operieren; diese Funktionen werden als *nonfenced* bezeichnet. Bei der Erzeugung derartiger Funktionen ist Vorsicht geboten, da die Datenbank nicht gegen Schäden geschützt ist, die aus von solchen Funktionen verursachten Fehlern resultieren. (Benutzerdefinierte Funktionen werden in Abschnitt 6.4 behandelt.)

6. *IMPLICIT_SCHEMA Authority*: Diese Autorisierung verleiht das Recht, ein Schema implizit dadurch anzulegen, daß man ein Objekt mit einem noch nicht vorhandenen Schemanamen erzeugt. Wenn eine Datenbank generiert wird, wird die Autorisierung IMPLICIT_SCHEMA als Voreinstellung an PUBLIC vergeben, was bedeutet, daß jeder Benutzer implizit ein Schema erzeugen kann. Ein Datenbankadministrator kann dies dadurch ändern, daß er IMPLICIT_SCHEMA für PUBLIC widerruft und diese Autorisierung nur an eine beschränkte Menge von Benutzern oder an eine Gruppe vergibt.

2.8.3 Privilegien an Tabellen und Sichten

Grundsätzlich beinhalten Privilegien das Recht, an bestimmten Objekten spezielle Aktionen ausführen zu dürfen. Für die in diesem Abschnitt beschriebenen Privilegien ist das relevante Objekt stets eine Tabelle oder eine Sicht, in manchen Fällen auch eine Spalte einer Tabelle oder einer Sicht. Privilegien, die für eine Tabelle oder eine Sicht als Ganzes gelten, werden in der Katalogtabelle TABAUTH erfaßt; Tabellen, die nur für bestimmte Spalten gelten, werden in der Katalogtabelle COLAUTH festgehalten. Privilegien an Tabellen oder Sichten können von einzelnen Benutzern oder Benutzergruppen gehalten werden.

Tabellen- und Sichtenprivilegien werden mittels der SQL-Befehle GRANT und REVOKE verliehen bzw. widerrufen, die in Abschnitt 2.8.7 beschrieben werden. Im einzelnen handelt es sich um folgende Privilegien:

1. *CONTROL-Privileg*
   CONTROL ist eine Art »Superprivileg«, da es alle anderen Privilegien für Tabellen oder Sichten einschließt. (Die Privilegien ALTER, INDEX und REFERENCES sind nur auf Tabellen anwendbar; INSERT, DELETE und UPDATE sind nur auf Tabellen sowie auf veränderbare Sichten anwendbar.) Das CONTROL-Privileg schließt auch das Recht ein, ein auf eine Tabelle oder eine Sicht anwendbares Privileg an andere Benutzer oder Gruppen weiterzugeben, eine Tabelle oder eine Sicht zu löschen sowie die Statistiken für eine Tabelle zu aktualisieren.

   Der Erzeuger einer Tabelle erhält automatisch das CONTROL-Privileg an dieser Tabelle. Der Erzeuger einer Sicht erhält daran das CONTROL-Privileg nur, falls er auch an allen Tabellen, über die die Sicht definiert wird, das CONTROL-Privileg besitzt.

2. *ALTER-Privileg*
   Verleiht das Recht, die Definition einer Tabelle mit dem Befehl ALTER TABLE abzuändern, mit dem Befehl COMMENT einen Kommentar an einer Tabelle anzubringen oder mit dem Befehl CREATE TRIGGER (beschrieben in Abschnitt 7.3) eine Tabelle mit einem Trigger zu versehen.

3. *DELETE-Privileg*
   Verleiht das Recht, aus einer Tabelle oder einer veränderbaren Sicht Zeilen zu löschen.

4. *INDEX-Privileg*
   Verleiht das Recht, zu einer gegebenen Tabelle Indizes anzulegen.

5. *INSERT-Privileg*
   Verleiht das Recht, in eine Tabelle oder eine veränderbare Sicht Zeilen einzufügen.

6. *REFERENCES-Privileg*
   Verleiht das Recht, Fremdschlüsselbedingungen in anderen Tabellen anzulegen bzw. zu löschen, welche die aktuelle Tabelle als »Vater-Tabelle« referenzieren. (Fremdschlüsselbedingungen werden in Abschnitt 7.1 behandelt.) Das REFERENCES-Privileg kann für eine gesamte Tabelle oder für einzelne Spalten vergeben werden.

7. *SELECT-Privileg*
   Verleiht das Recht des Lesens von Daten aus einer Tabelle oder einer Sicht unter Verwendung der SELECT-Anweisung sowie der Verwendung der Tabelle oder Sicht in einer Unteranfrage.

8. *UPDATE-Privileg*
   Verleiht das Recht zum Aktualisieren von Zeilen in einer Tabelle oder einer veränderbaren Sicht. Dieses Privileg kann für eine Tabelle oder Sicht als Ganzes oder nur für einzelne Attribute vergeben werden.

Um eine Sicht erzeugen zu können, benötigt ein Benutzer das SELECT- oder das CONTROL-Privileg an allen Tabellen, die in der Sichtendefinition verwendet werden. Der Erzeuger einer Sicht erhält an dieser das SELECT-Privileg; er erhält ferner das CONTROL-Privileg, falls er dieses auch an allen zugrundeliegenden Tabellen besitzt. Ist die Sicht aufgrund ihrer Definition nicht vom Typ Read-only, so erhält der die Sicht definierende Benutzer ferner die gleichen INSERT-, DELETE- und UPDATE-Privilegien, die er an den zugrundeliegenden Tabellen besitzt.

Wird ein Privileg an einer Tabelle oder einer Sicht entzogen, so werden damit gleichzeitig alle aus diesem Privileg abgeleiteten Privilegien entzogen. Hat ein Benutzer z.B. eine Sicht S1 über einer Tabelle T1 angelegt und verliert das UPDATE-Privileg an T1, so ist auch das UPDATE-Privileg an S1 verloren.

 **TIP:** Ein UPDATE-Privileg für eine Tabelle als Ganzes ist nicht exakt dasselbe wie einzelne UPDATE-Privilegien für sämtliche Spalten der Tabelle. Wird nämlich einer Tabelle nachträglich eine Spalte hinzugefügt, so wird ein tabellenbezogenes UPDATE-Privileg automatisch auf die neue Spalte erweitert, wohingegen die spaltenbezogenen UPDATE-Privilegien nach wie vor nur für die bisherigen Spalten gelten.

2.8.4 Index-Privilegien

Es gibt lediglich ein Privileg für Indizes: das CONTROL-Privileg, welches das Recht erteilt, einen Index zu löschen. Dieses wird automatisch an den Benutzer vergeben, der einen Index anlegt. Es kann von einem einzelnen Benutzer oder von einer Gruppe gehalten werden. Um das CONTROL-Privileg an einem Index vergeben zu können, muß man die SYSADM- oder DBADM-Autorisierung besitzen. Die Eigentümer von CONTROL-Privilegien an Indizes werden in der Katalogtabelle INDEXAUTH festgehalten.

2.8.5 Schema-Privilegien

Wer mit dem Befehl CREATE1 SCHEMA ein Schema anlegt, erhält alle Privilegien an diesem Schema sowie die Möglichkeit der Weitergabe dieser Privilegien an Dritte. Wenn ein Schema implizit angelegt wird, wird das CREATEIN-Privileg an diesem Schema an PUBLIC verliehen, ansonsten automatisch jedoch kein anderes Privileg. Schemaprivilegien werden in der Katalogtabelle SCHEMAAUTH vermerkt.

Die auf Schemata anwendbaren Privilegien sind:

1. *CREATEIN-Privileg*: Verleiht das Recht zum Anlegen von Objekten wie Tabellen oder Sichten in dem betreffenden Schema.

2. *ALTERIN-Privileg*: Verleiht das Recht, ein beliebiges Objekt in einem Schema mit einem Kommentar zu versehen oder eine Tabelle im Schema zu verändern.

3. *DROPIN-Privileg*: Verleiht das Recht, Objekte im Schema zu löschen.

2.8.6 Paket-Privilegien

Die in diesem Abschnitt beschriebenen Privilegien gelten für Pakete (Packages), die durch Vorübersetzen und / oder Binden eines Anwendungsprogramms entstehen. Das Paket besteht aus sämtlichen SQL-Befehlen in dem Programm mitsamt einem optimierten Plan zur Ausführung eines jeden Befehls. Alle Paket-Privilegien werden in der Katalogtabelle PACKAGEAUTH festgehalten; sie können von einzelnen Benutzern oder von Benutzergruppen gehalten werden.

Paket-Privilegien werden mit den Befehlen GRANT und REVOKE verliehen bzw. entzogen; sie werden in Abschnitt 2.8.7 beschrieben. Zur Vergabe eines Paket-Privilegs benötigt man die SYSADM- oder DBADM-Autorisierung oder das CONTROL-Privileg an dem betreffenden Paket. Die auf Pakete anwendbaren Privilegien sind die folgenden:

1. *CONTROL-Privileg*: Das CONTROL-Privileg ist eine Art »Superprivileg«, das die Privilegien EXECUTE und BIND sowie das Recht der Weitergabe dieser an Dritte einschließt. Es umfaßt ferner das Recht, das Paket zu löschen. Das CONTROL-Privileg wird automatisch an den Benutzer vergeben, der ein Paket erzeugt. Um ein Paket erzeugen zu können, muß man alle Privilegien, die zur Ausführung der darin enthaltenen SQL-Befehle nötig sind, besitzen.

2. *EXECUTE-Privileg*: Dieses Privileg verleiht das Recht, ein Paket auszuführen, und zwar durch Ausführung des Anwendungsprogramms, aus dem heraus das Paket gebunden wurde. Ein Benutzer mit EXECUTE-Privileg an einem Paket kann dieses sogar dann ausführen, wenn die Privilegien zum Ausführen der darin enthaltenen Befehle nicht vorliegen. Dies stellt eine nützliche Form des *Kapselns* von Privilegien dar. So kann z.B. der Personalchef einer Firma, der das Recht hat, Personaldaten zu aktualisieren, durch Binden eines Anwendungsprogramms, das Gehälter in einer bestimmten Weise aktualisiert, ein Paket erzeugen. Er könnte sodann das EXECUTE-Privileg an diesem Paket an einen Mitarbeiter weitergeben, der es dann ausführen kann, allerdings ohne die Befugnis, Personaldaten zu verändern. Der Personalchef hat seinem Mitarbeiter in diesem Fall ein gekapseltes Privileg verliehen, mit dem er unter Kontrolle des Anwendungsprogramms Gehälter aktualisieren kann.

 **TIP:** Zum Erzeugen eines Paktes, das ein bestimmtes Privileg kapselt, muß der Benutzer das betreffende Privileg als Individuum oder als Mitglied von PUBLIC (nicht aber als Mitglied einer Gruppe) besitzen.

3. *BIND-Privileg*: Dieses Privileg verleiht das Recht, ein Paket mit einem der Kommandos PREP, BIND oder REBIND zu binden. Das Ausführen von REBIND kann notwendig werden, wenn ein Paket durch Änderungen an der Datenbank ungültig geworden ist. Es kann auch sinnvoll sein, ein Paket zwecks Ausnutzung eines neuen Index erneut zu binden. Wenn ein Paket erneut gebunden wird, wird es durch ein

neues Paket, das auf den aktuellsten Indizes, Sichtendefinitionen, Tabellenstatistiken und anderer Informationen aus der Datenbank basiert, ersetzt. Zum Ausführen eines REBIND benötigt ein Benutzer nicht nur das BIND-Privileg an dem Paket, sondern auch die Rechte zum Ausführen aller in dem Paket enthaltenen SQL-Befehle.

2.8.7 Die Befehle GRANT und REVOKE

Datenbankbezogene Autorisierungen sowie sämtliche Privilegien können von einem Benutzer an einen anderen Benutzer oder an eine Gruppe mit dem GRANT-Befehl vergeben werden. Autorisierungen und Privilegien können ferner mit dem REVOKE-Befehl wieder entzogen werden. Wie aus dem unten gezeigten Diagramm ersichtlich ist, haben GRANT und REVOKE eine sehr ähnliche Syntax:

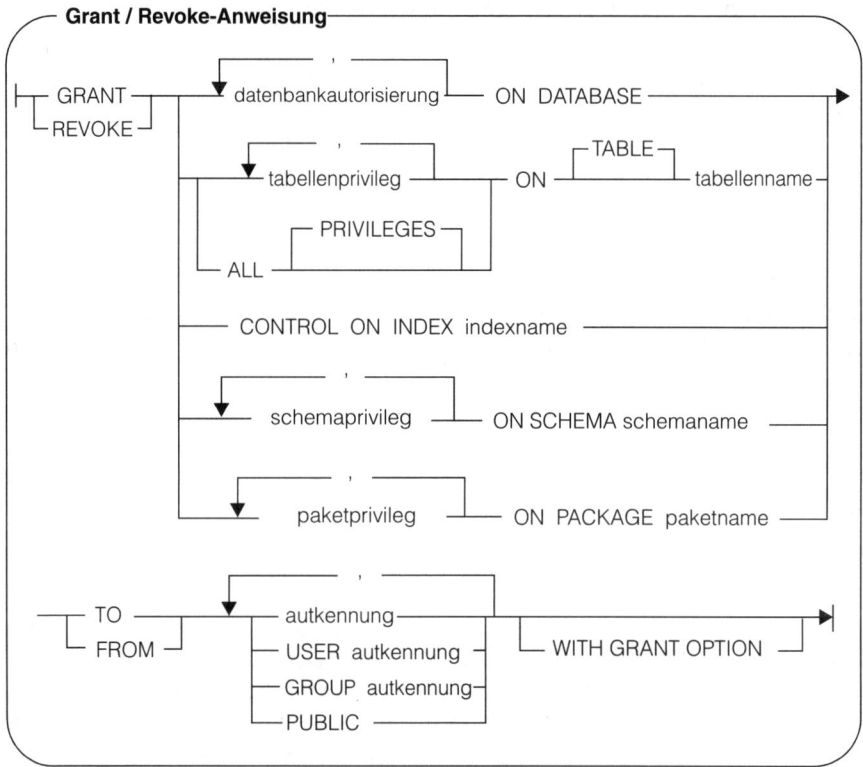

Beispiele:

```
GRANT DBADM ON DATABASE TO palmer;
GRANT CONNECT, CREATETAB, BINDADD ON DATABASE TO cerra;
GRANT SELECT, INSERT, DELETE, UPDATE ON test.tabelle1
   TO tester1, tester2 WITH GRANT OPTION;
GRANT SELECT, UPDATE(adresse, kontostand)
   ON bank.konten TO GROUP kassierer;
```

```
GRANT ALTERIN, CREATEIN, DROPIN ON SCHEMA wissenschaft
    TO feinman, fermi, dirac;
GRANT BIND, EXECUTE ON PACKAGE program5 TO PUBLIC;
REVOKE ALL PRIVILEGES ON test.tabelle1
    FROM USER tester2;
REVOKE CONTROL ON INDEX i1 FROM smith, jones;
```

 **TIP:** Die Steuerzentrale (beschrieben in Kapitel 10) bietet eine bequeme graphische Schnittstelle zur Vergabe sowie zum Entzug von Privilegien, deren Wirkung zu GRANT und REVOKE gleichwertig ist.

Wenn man ein Privileg an einem Schema, einer Tabelle oder einer Sicht an einen anderen Benutzer verleiht, kann man optional WITH GRANT OPTION angeben, was dem Empfänger der Privilegien eine Weitergabe dieser (sowie optional des Weitergaberechts) an Dritte erlaubt. Grundsätzlich muß man das CONTROL-Privileg an dem betreffenden Objekt, das Weitergaberecht für das aktuell vergebene Privileg oder DBADM- oder SYSADM-Autorisierung besitzen, um ein Privileg an einem Objekt vergeben zu können.

Die Berechtigung, ein bestimmtes Privileg zu vergeben, schließt nicht die Berechtigung ein, dieses auch wieder zu entziehen. Grundsätzlich muß man zum Entzug eines Privilegs an einem gegebenen Objekt das CONTROL-Privileg an diesem Objekt oder DBADM- oder SYSADM-Autorisierung besitzen. Wenn man einem Benutzer oder einer Gruppe ein Privileg entzieht, so wird dieses unabhängig davon entzogen, wie häufig es (oder durch wen) das Privileg vergeben wurde. Die Autorisierungsvoraussetzungen für GRANT und REVOKE sind in Tabelle 2.6 zusammengefaßt.

Falls man besitzt ...	kann man gewähren und entziehen ...		
	DBADM	jede datenbankbezogene Autorisierung oder jedes CONTROL-Privileg	spezifisches Privileg ungleich CONTROL
SYSADM	Ja	Ja	Ja
DBADM	Nein	Ja	Ja
CONTROL bzgl. eines speziellen Objekts	Nein	Nein	Ja, auf dem Objekt, auf das sich CONTROL bezieht
GRANT OPTION für ein bestimmtes Privileg	Nein	Nein	Man kann das Privileg, für das man GRANT OPTION hat, weitergeben, was nicht die Möglichkeit eines Entzugs desselben impliziert.

Tabelle 2.6:
Autorisierungen, die zum Ausführen von GRANT und REVOKE benötigt werden

Falls man ein Privileg an jemanden mit dem Recht der Weitergabe vergeben hat, kann man ihm nicht lediglich die GRANT-Option wieder entziehen (um dies zu erreichen, muß man das Privileg zunächst entziehen und dann erneut, jetzt ohne Weitergaberecht, erteilen).

Die folgenden Regeln gelten für GRANT- und REVOKE-Anweisungen:

▶ Schlüsselwörter müssen in der jeweils richtigen Kombination verwendet werden: »GRANT ... TO ...« sowie »REVOKE ... FROM ...«.

▶ Der Zusatz WITH GRANT OPTION kann nur innerhalb eines GRANT-Befehls für Privilegien an einem Schema, einer Tabelle oder einer Sicht benutzt werden.

▶ Die einzelnen Bezeichnungen der Autorisierungen und Privilegien, die auf die verschiedenen Objekte anwendbar sind, sind den Abschnitten 2.8.2 bis 2.8.6 zu entnehmen. So ist z.B. die CONNECT-Autorisierung nur auf Datenbanken anwendbar, und das EXECUTE-Privileg bezieht sich nur auf Pakete.

▶ Die Privilegien UPDATE und REFERENCES können an einzelnen Spalten einer Tabelle oder einer Sicht vergeben werden, indem man die gewünschten Spalten in Klammern angibt (vgl. den Befehl GRANT ... UPDATE(adresse, kontostand) ... oben). Wird keine Spaltenliste angegeben, so bezieht sich der GRANT-Befehl auf alle Spalten der betreffenden Tabelle oder Sicht.

▶ Privilegien können nicht von einzelnen Spalten entzogen werden. Der REVOKE-Befehl für Tabellenprivilegien bezieht sich stets auf alle Spalten der Tabelle oder Sicht. Nach dem Entzug des UPDATE- oder des REFERENCES-Privilegs an einer Tabelle oder Sicht kann man allerdings die gleichen Privilegien an einzelnen Spalten wieder gewähren.

▶ Wenn man Tabellen- oder Sichtenprivilegien gewährt oder entzieht, bedeutet »ALL PRIVILEGES«, daß sich der betreffende Befehl auf alle Privilegien (mit Ausnahme des CONTROL-Privilegs) bezieht, die auf das jeweilige Objekt anwendbar sind. So schließt z.B. ALL PRIVILEGES bei einer Tabelle die Privilegien SELECT, INSERT, DELETE, UPDATE, ALTER, INDEX und REFERENCES ein, bei einer Sicht dagegen nur SELECT, INSERT, DELETE und UPDATE.

▶ Die Autkennung(en), auf die ein GRANT oder REVOKE (mittels TO bzw. FROM) angewendet wird, sind acht Zeichen umfassende Identifikationen für Benutzer oder Gruppen, die dem Betriebssystem bekannt sind. Man braucht jedoch die Schlüsselwörter USER oder GROUP nur bei Angabe einer Authid zu benutzen, die sowohl einen Benutzer als auch eine Gruppe bezeichnet. Bezeichnet eine Autkennung nur genau eines von beiden, kann das System selbst feststellen, welche Kennung gemeint ist.

▶ Privilegien und Autorisierungen, die an PUBLIC vergeben werden, können von jedem Benutzer ausgeübt werden, einschließlich solcher, die keine expliziten Privilegien oder Autorisierungen besitzen, sowie neuer Benutzerkennungen, die erst nach dem betreffenden GRANT angelegt werden. Häufig ist es sinnvoll, eine CONNECT-Autorisierung an PUBLIC zu vergeben, so daß jeder Benutzer eine Verbindung zu der betreffenden Datenbank herstellen kann. Eine DBADM-Autorisierung kann dabei nicht an PUBLIC vergeben werden.

▶ Wenn man versucht, in einem GRANT-Befehl mehrere Privilegien zu gewähren, von denen man einige gar nicht gewähren darf, werden die Privilegien, zu deren Erteilung man berechtigt ist, gewährt. Zudem erhält man im übrigen eine Warnung, daß nicht alle angegebenen Privilegien gewährt werden konnten.

▶ Wird ein Privileg entzogen, werden von diesem Privileg abhängige Pakete ungültig und derartige Sichten und Trigger inoperabel.

 **TIP:** Eine Vergabe von DBADM an einen Benutzer schließt automatisch alle anderen Datenbankprivilegien ein, insbesondere CONNECT und CRE-ATETAB. Ein Entzug von DBADM entzieht andererseits nicht die anderen Privilegien; man muß diese gegebenenfalls individuell entziehen. Analog gewährt ein CONTROL-Privileg an einer Tabelle oder einer Sicht automatisch alle anderen tabellenorientierten Privilegien, wie z.B. SELECT und UPDATE, und zwar alle in der Form WITH GRANT OPTION. Allerdings bedeutet ein Entzug von CONTROL auch hier keinen Entzug der anderen Tabellenprivilegien; diese bleiben einschließlich Weitergaberecht bestehen, bis sie einzeln oder mittels REVOKE ALL PRIVILEGES entzogen werden.

2.8.8　Überprüfen von Autorisierungen

Die Benutzerkennung, deren Autorisierung für ein gegebenes SQL-Statement überprüft wird, heißt die *Autkennung (Authid)* für diesen Befehl. Die Authid für einen statischen SQL-Befehl in einem Anwendungsprogramm ist identisch mit der desjenigen Benutzers, der das dem Programm entsprechende Paket gebunden hat. Dies ermöglicht einem Benutzer mit bestimmten Privilegien, diese in einem Paket, das die Privilegien nur in bestimmter Weise benutzt, zu kapseln und an andere Benutzer das Recht, das Paket auszuführen, weiterzugeben, ohne auch die Privilegien weiterzureichen, die innerhalb des Pakets benutzt werden. Für dynamische SQL-Befehle ist die Autkennung dagegen stets die Kennung des aktuellen Benutzers. Dynamische SQL-Befehle umfassen diejenigen Befehle, die über das Call-Level Interface (CLI), über das in Kapitel 8 beschriebene eingebettete dynamische SQL oder über eine interaktive Schnittstelle wie die Befehlszentrale ausgeführt werden.

Der Zeitpunkt, zu dem ein Privileg überprüft wird, hängt vom jeweiligen SQL-Befehl ab. Autorisierungen werden für statische SELECT-, INSERT-, DELETE-, UPDATE- und VALUES-Anweisungen zur Bindezeit und für alle anderen zur Laufzeit überprüft. Tabelle 2.7 faßt die Regeln zum Überprüfen von Autorisierungen für unterschiedliche SQL-Befehle zusammen.

Befehlstyp	Statisches SQL	Dynamisches SQL
Datenmanipulationsbefehle (SELECT, INSERT, UPDATE, DELETE, VALUES)	Zur Bindezeit überprüft für den, der ein Programm bindet.	Zur Laufzeit überprüft für den aktuellen Benutzer
Alle anderen SQL-Befehle	Zur Laufzeit überprüft für den, der ein Programm gebunden hat.	Zur Laufzeit überprüft für den aktuellen Benutzer.

Tabelle 2.7:
Regeln zum Überprüfen von Autorisierungen für statisches sowie dynamisches SQL

Privilegien, die an Gruppen verliehen werden, werden beim Binden eines Pakets nicht berücksichtigt. Wird also ein Paket, das statische SQL-Befehle enthält, gebunden, so muß der das Binden durchführende Benutzer die Privilegien besitzen, die zum Ausführen dieser SQL-Befehle benötigt werden, entweder als Individuum oder als Mitglied von PUBLIC. (Die Gründe hierfür sind, daß Pakete stets Individuen, nicht jedoch Gruppen als »Besitzer« zugeordnet sind und daß sich die Gruppenzugehörigkeit eines Individuums im Laufe der Zeit ändern kann. Gruppen werden vom Betriebssystem verwaltet, und UDB weiß nichts von Änderungen in einer Gruppenzugehörigkeit.)

Tabelle 2.8 faßt die Privilegien zusammen, die zum Ausführen der in diesem sowie in den nachfolgenden Kapiteln beschriebenen Anweisungen und Kommandos benötigt werden. Dabei reichen auch die Autorisierungen SYSADM und DBADM zur Ausführung eines jeden angegebenen Befehls bzw. jeder Anweisung aus, sogar dann, wenn ansonsten keine weitere Autorisierung bzw. kein Privileg vorliegt. Bestimmte Optionen des CREATE TABLE-Kommandos (vgl. Abschnitt 7.2.1), des ALTER TABLE-Kommandos (vgl. Abschnitt 7.2.2) sowie des CREATE TRIGGER-Befehls (vgl. Abschnitt 7.3.1) erfordern zusätzliche Privilegien, die erst in den betreffenden Abschnitten beschrieben werden.

Um ausführen zu können ...	muß eine Autkennung besitzen ...
ALTER TABLE-Anweisung	ALTER- oder CONTROL-Privileg an der Tabelle oder ALTERIN-Privileg an dem Schema, das die Tabelle enthält.
BIND-Befehl	Erstmaliges Binden eines Pakets erfordert BINDADD-Autorisierung für die Datenbank sowie entweder das CREATEIN-Privileg an dem betreffenden Schema oder die IMPLICIT_SCHEMA-Autorisierung, falls das Schema noch nicht existiert. Erneutes Binden eines existierenden Pakets erfordert das BIND-Privileg an dem Paket oder das ALTERIN-Privileg an dem betreffenden Schema. Zusätzlich muß die Authid alle für die von den im Paket enthaltenen statischen SQL-Befehle erforderlichen Privilegien besitzen.
CALL-Anweisung	EXECUTE- oder CONTROL-Privileg an dem der gesicherten Prozedur, die aufgerufen werden soll, entsprechenden Paket.
COMMENT-Anweisung	ALTER- oder CONTROL-Privileg an dem Objekt, das kommentiert wird, oder ALTERIN-Privileg an dem das Objekt enthaltenden Schema. Alternativ kann man ein Objekt kommentieren, falls man DEFINER oder OWNER des Objekts (gemäß dem Systemkatalog) ist.
CONNECT-Anweisung	CONNECT-Autorisierung für die betreffende Datenbank.
CREATE SCHEMA	Jeder Benutzer kann explizit ein Schema anlegen, sofern dessen Name und Besitzer (Owner) beide mit der betreffenden Benutzerkennung übereinstimmen. Zum expliziten Erzeugen eines Schemas unter einem anderen Namen benötigt man DBADM- oder SYSADM-Autorisierung.

Um ausführen zu können ...	muß eine Autkennung besitzen ...
CREATE-Anweisung für ein Alias, einen Distinct-(»einzigartigen«) Datentyp, eine Funktion, einen Index, eine Prozedur, Tabelle, Sicht oder einen Trigger	CREATEIN-Privileg zum Erzeugen eines Objekts in einem bereits existierenden Schema oder IMPLICIT_SCHEMA-Autorisierung zum impliziten Erzeugen eines neuen Schemas. Zusätzlich sind folgende Privilegien erforderlich: – Zum Anlegen eines Index: INDEX- oder CONTROL-Privileg an der betreffenden Tabelle; – zum Anlegen einer Tabelle: CREATETAB-Autorisierung bzgl. der Datenbank; – zum Anlegen eines Triggers: ALTER- oder CONTROL- Privileg an der betreffenden Tabelle oder ALTERIN-Privileg an dem die Tabelle enthaltenden Schema. Zusätzlich muß der Erzeuger des Triggers zum Ausführen der im Trigger-Rumpf enthaltenen Anweisungen privilegiert sein; - zum Erzeugen einer Sicht: SELECT- oder CONTROL-Privileg an allen in der Sichtendefinition referenzierten Tabellen und Sichten.
DELETE-Anweisung	DELETE- oder CONTROL-Privileg an der Tabelle oder Sicht, aus der gelöscht werden soll, sowie SELECT- oder CONTROL-Privileg an allen Tabellen oder Sichten, die in Unteranfragen verwendet werden. Zusätzlich das SELECT- oder CONTROL-Privileg an der Tabelle oder Sicht, aus der gelöscht werden soll, falls die DELETE-Anweisung in einem Programm vorkommt, das mit LANGLEVEL=SQL92E oder MIA vorübersetzt wurde und das in einer Suchbedingung eine Spaltenreferenz enthält.
DROP SCHEMA-Anweisung	Man muß OWNER des Schemas gemäß der Katalogtabelle SCHEMATA sein; ferner muß das Schema leer sein.
DROP-Anweisung für irgendein Objekt in einem Schema	CONTROL-Privileg an dem zu löschenden Objekt oder DROPIN-Privileg an dem betreffenden Schema. Alternativ kann man ein Objekt löschen, falls man gemäß Systemkatalog dessen DEFINER ist.
INSERT-Anweisung	INSERT- oder CONTROL-Privileg an der Tabelle oder Sicht, in die eingefügt werden soll, sowie SELECT- oder CONTROL-Privileg an allen Tabellen oder Sichten, die in Unteranfragen benutzt werden.
LOCK TABLE-Anweisung	SELECT- oder CONTROL-Privileg an der zu sperrenden Tabelle.
PREP-Befehl	BINDADD-Autorisierung an der Datenbank sowie entweder CREATEIN-Privileg an dem betreffenden Schema oder IMPLICIT_SCHEMA-Autorisierung an der Datenbank, falls das Paket noch nicht existiert; anderenfalls BIND-Privileg für das Paket oder ALTERIN-Privileg für das Schema. Zusätzlich benötigt man die Privilegien für die im Paket enthaltenen statischen SQL-Befehle.
REBIND-Befehl	BIND-Privileg an dem Paket oder ALTERIN-Privileg an seinem Schema.
RENAME TABLE-Anweisung	CONTROL-Privileg an der Tabelle.

Um ausführen zu können ...	muß eine Autkennung besitzen ...
SELECT-Anweisung einschließlich eines »Single-Row-SELECT« oder einer Anfrage, die in einer Cursor-Deklaration benutzt wird	SELECT- oder CONTROL-Privileg an allen in der Anfrage und ihren Unteranfragen referenzierten Tabellen und Sichten.
UPDATE-Anweisung	UPDATE- oder CONTROL-Privileg an der zu aktualisierenden Tabelle oder Sicht oder UPDATE-Privileg an den zu aktualisierenden Spalten. SELECT- oder CONTROL-Privileg werden ferner an allen in Unteranfragen vorkommenden Tabellen oder Sichten benötigt. Zusätzlich SELECT- oder CONTROL-Privileg an der zu aktualisierenden Tabelle oder Sicht, falls die UPDATE-Anweisung in einem Programm vorkommt, das mit LANGLEVEL=SQL92E oder MIA vorübersetzt wurde und das in einer Suchbedingung oder auf der rechten Seite einer SET-Klausel eine Spaltenreferenz enthält.
VALUES-Anweisung einschließlich »Single-Row-VALUES«	SELECT- oder CONTROL-Privileg an jeder in einer Unteranfrage referenzierten Tabelle oder Sicht.

Tabelle 2.8:
Privilegien, die zum Ausführen diverser SQL-Befehle benötigt werden

3 Interaktives SQL

SQL wurde ursprünglich als Anfragesprache entwickelt, d.h. als Sprache, mit der sich Benutzer neue Fragen ausdenken, diese schnell stellen und augenblicklich ein Ergebnis bekommen können, ohne jedesmal ein vollständiges Programm schreiben zu müssen. Die Sprache wurde für den interaktiven Dialog zwischen einer Person und einem Datenbanksystem entworfen, innerhalb dessen der Benutzer jede Anfrage auf der Grundlage der Ergebnisse vorhergehender Anfragen zusammensetzen kann. In einer solchen Umgebung »durchforstet« der Benutzer eine Datenbank und weiß nicht immer im voraus, was genau dabei herauskommen wird. Diesen Typ ungeplanter Ad-hoc-Interaktion zwischen einer Person und einer Datenbank bezeichnet man gelegentlich auch als *Entscheidungsunterstützung*.

Eine der größten Stärken des relationalen Datenmodells war stets seine Flexibilität in derartigen Entscheidungsunterstützungsanwendungen. SQL schränkt seine Benutzer dabei nicht auf im vorhinein festgelegte Anfragen ein. Sämtliche Informationen in der Datenbank werden in Form von Datenwerten dargestellt und sind über interaktive Anfragen zugreifbar. Der SQL-Benutzer braucht sich nicht um Zugriffshilfen wie Indizes, die während einer Anfrageverarbeitung benutzt werden, zu kümmern, und Anfragen brauchen nicht neu formuliert zu werden, wenn sich die Zugriffshilfen ändern.

Da Entscheidungsunterstützung eine so wichtige Anwendung ist, kennen alle relationalen Systeme heute eine interaktive Schnittstelle für SQL-Anfragen und -Updates, zum Anzeigen von Ergebnissen sowie für andere interaktive Aufgaben. UDB verfügt zu diesem Zweck über eine Reihe von interaktiven Programmen, die unter der Bezeichnung *DB2-Werkzeuge* (*DB2 Tools*) zusammengefaßt werden. Alle DB2-Werkzeuge bieten ähnlich aufgebaute graphische Schnittstellen zum interaktiven Arbeiten mit der Datenbank.

Derzeit werden die DB2-Werkzeuge nur auf Windows- sowie auf OS/2-Plattformen unterstützt. Allerdings kann man von einer solchen Plattform aus über die Werkzeuge auch mit einer UDB-Datenbank arbeiten, die unter AIX oder auf einer anderen UNIX-Plattform läuft. IBM plant eine Ergänzung der DB2-Werkzeuge um Web-basierte Schnittstellen, mit denen man dann auf UDB-Datenbanken von einem Web-Browser aus zugreifen kann, der auf irgendeiner Plattform läuft; einige davon sind möglicherweise bereits verfügbar.

Eine Alternative zu den DB2-Werkzeugen stellt die ältere Schnittstelle des *Befehlszeilenprozessors* (*Command Line Processor*, kurz CLP) dar, die auf allen UDB-Plattformen unterstützt wird. Der CLP ist eine einfache, textorientierte Schnittstelle, über die man SQL-Befehle in eine Befehlszeile eingeben und sich die Ergebnisse am Bildschirm ansehen kann.

In diesem Kapitel stellen wir die DB2-Werkzeuge sowie den CLP vor. Außer mit Hilfe dieser lassen sich SQL-Befehle interaktiv auch mittels Lotus Approach sowie anderer Entscheidungsunterstützungsprodukte ausführen.

3.1 DB2-Werkzeuge

Sämtliche DB2-Werkzeuge können durch Anklicken des entsprechenden Symbols im DB2-Verzeichnis oder in einem nachgeordneten Verzeichnis wie dem der Administrierungswerkzeuge (»Verwaltungshilfsprogramme«) aufgerufen werden. Alle Werkzeuge haben sich gegenseitig ergänzende Aufgaben und bieten konsistente graphische Benutzeroberflächen. Sie sind alle steuerbar über eine gemeinsame Sammlung von Einstellungen, die man über das Verzeichnis »Dienstprogramme – Einstellungen« erreicht. Jedes Werkzeug stellt eine Menüleiste (Toolbar) mit Symbolen (Icons) bereit, über welche die jeweils anderen Werkzeuge erreichbar sind. Durch Anklicken eines dieser Symbole kann man von einem Werkzeug in ein anderes umschalten oder ein Werkzeug starten, das noch nicht läuft. Man kann sich die Namen der einzelnen Werkzeuge durch langsames Bewegen des Mauszeigers über die einzelnen Symbole anzeigen lassen.

In diesem Abschnitt beschreiben wir die Befehlszentrale, die Prozedurzentrale, das Journal sowie die Informationszentrale (»Information – Unterstützung«). Bei diesen handelt es sich um die wichtigsten Werkzeuge zum interaktiven Schreiben und Ausführen von SQL-Anweisungen sowie zum Erfragen von Online-Information. In Kapitel 10 werden wir weitere Datenbankverwaltungswerkzeuge, die Steuerzentrale sowie die Unterstützung zur Client-Konfiguration, beschreiben.

3.1.1 Die Befehlszentrale

Über die Befehlszentrale kann man einzelne SQL-Anweisungen ausführen sowie *Prozeduren* erzeugen, editieren und ausführen, die in SQL geschrieben sind. Die Befehlszentrale kennt drei Oberflächen, die als »Prozedur«, »Ergebnisse« und »Zugriffsplan« bezeichnet werden. Man kann nur eine davon gleichzeitig ansehen, allerdings kann man zwischen diesen durch Anklicken des zugehörigen Knopfes umschalten. Die Prozeduroberfläche wird zum Schreiben bzw. zum Editieren von SQL-Anweisungen (oder einer Prozedur, die aus mehreren Anweisungen besteht) benutzt, die Ergebnisoberfläche zeigt jeweils das Ergebnis der Ausführung einer Anweisung oder Prozedur an, und die Zugriffsplanoberfläche zeigt eine graphische Darstellung des von UDB zur Ausführung des betreffenden SQL-Befehls ausgewählten Zugriffsplans.

Die einfachste Form der Interaktion mit der Befehlszentrale ist das Eingeben einer SQL-Anweisung in die Prozeduroberfläche sowie das anschließende Anklicken des durch Zahnräder gekennzeichneten Ausführungssymbols. Letzteres stößt die Ausführung des in der Prozeduroberfläche angegebenen Befehls an; die Ergebnisse werden in der Ergebnisoberfläche angezeigt. Man kann zwischen Prozedur- und Ergebnisoberfläche beliebig oft umschalten und auf diese Weise viele SQL-Befehle ausführen sowie ein Protokoll von deren Ergebnissen anlegen. Eine Liste aller bisher (innerhalb der jeweiligen Sitzung) ausgeführten Anweisungen wird oberhalb der Prozeduroberfläche vorgehalten, so daß man ein bereits ausgeführtes Statement leicht wiederherstellen, editieren und erneut ausführen kann. Abbildung 3.1 zeigt die Prozeduroberfläche mit einer der in Kapitel 2 bereits behandelten Anfragen; Abbildung 3.2 zeigt die Ergebnisoberfläche mit dem zugehörigen Ergebnis (auf der Grundlage der in Abschnitt 2.1.1 angegebenen Tabellen).

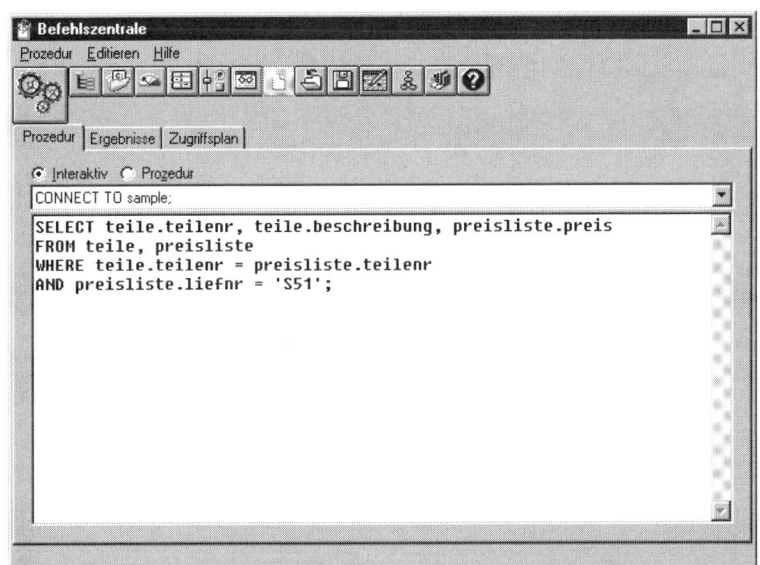

Abbildung 3.1:
Prozeduroberfläche der Befehlszentrale

Neben SQL-Anweisungen kann man über die Befehlszentrale auch DB2- sowie Betriebssystembefehle ausführen, und zwar einfach durch Eintippen in die Prozeduroberfläche. Jede mit einem »!« beginnende Zeile wird dabei an das Betriebssystem zur Ausführung übergeben. Die Unterscheidung zwischen einer SQL-Anweisung und einem DB2-Befehl ist etwas willkürlich. Grundsätzlich operieren SQL-Anweisungen auf Daten in Tabellen und DB2-Befehle (wie CREATE DATABASE, BACKUP oder RESTORE) auf einer Datenbank als Ganzes. In jedem Fall wird das Ergebnis einer SQL-Anweisung, eines DB2- oder eines Betriebssystembefehls in der Ergebnisoberfläche angezeigt.

Die Prozeduroberfläche kennt zwei Betriebsarten (Modi), den interaktiven Modus sowie den Prozedurmodus, der durch Anklicken entsprechender Symbole in der obersten Leiste der Befehlszentrale aktiviert werden (vgl. Abbildung 3.1). Der interaktive Modus wird hauptsächlich zur Eingabe von sofort auszuführenden Anweisungen benutzt; der Prozedurmodus wird überwiegend zum Schreiben von Prozeduren benutzt, die man sichern und wiederholt ausführen kann. Man kann eine Prozedur sichern durch Anwahl des Prozedurmenüs in der Menüleiste der Befehlszentrale, Auswahl des Menüpunktes »Sichern« und Angabe eines Pfades sowie Dateinamens, unter dem die Prozedur gespeichert werden soll, in einer Dialogbox. In die Sichern-Dialogbox kann man auch eine kurze Beschreibung der betreffenden Prozedur eintragen; außerdem kann man die Prozedur in einem anderen UDB-System als dem, das man gerade benutzt, sichern. Man kann ferner ein *Arbeitsverzeichnis* (*Working Directory*) für die Prozedur angeben, bei dem es sich um das Verzeichnis handelt, in welchem die Prozedur laufen soll, wenn sie Betriebssystemkommandos ausführt. Ich empfehle eine Verwendung der Option »In Prozedurzentrale sichern« innerhalb der Dialogbox zum Sichern, denn damit kann eine Prozedur auch aus der Prozedurzentrale heraus aufgerufen werden.

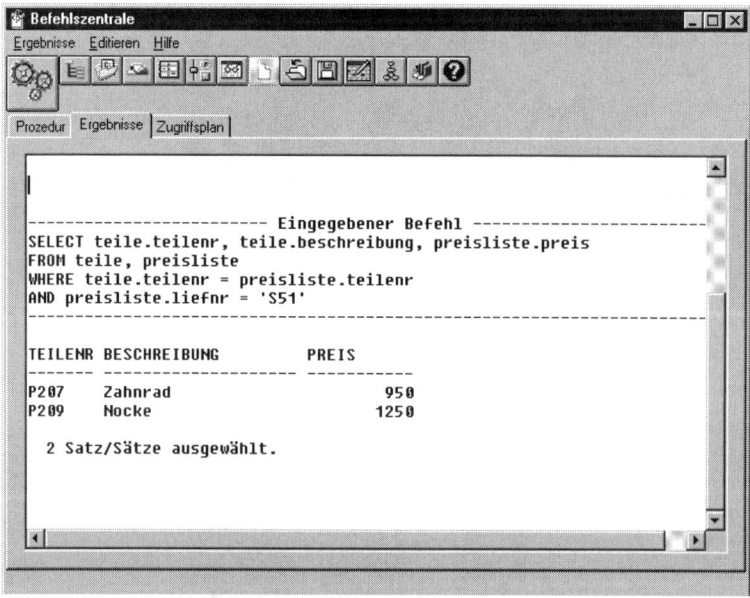

Abbildung 3.2:
Ergebnisoberfläche der Befehlszentrale

Die dritte Oberfläche der Befehlszentrale, die Zugriffsplanoberfläche, kann zum Anzeigen eines vom UDB-Optimierer erzeugten Zugriffsplans benutzt werden. Durch Angabe einer SQL-Anweisung in der Prozeduroberfläche und Auswahl des Symbols mit der Beschriftung »Zugriffsplan erstellen« kann man sich den Zugriffsplan ansehen, der bei einer Ausführung der Anweisung benutzt würde. Ein Zugriffsplan für die in Abbildung 3.1 angegebene SQL-Anweisung ist in Abbildung 3.3 gezeigt.[1] Ein solcher Plan wird als Graph gezeigt, der den Datenfluß angibt. Unter Verwendung des »Zoom slider« kann der angezeigte Plan vergrößert oder verkleinert werden; durch den horizontalen sowie den vertikalen Rollbalken kann man ihn an jeder gewünschten Stelle inspizieren. Die Knoten am unteren Ende des Graphen (also die Blätter) stellen die Tabellen (hier: TEILE sowie PREISLISTE) dar, die an der Anfrage teilnehmen. Jeder weitere Knoten im Graphen stellt eine Operation dar, wie z.B. das Scannen einer Tabelle, der Verbund (Join) von zwei Tabellen oder die Sortierung eines Zwischenergebnisses. Durch Doppelklick auf einen Knoten im Graphen lassen sich weitere Einzelheiten über den betreffenden Knoten abfragen, wie etwa dessen geschätzte Kosten (in zufälligen, *Timerons genannten Einheiten) oder seine erwartete Kardinalität* (Anzahl von Zeilen, die der Optimierer in dem durch diesen Knoten repräsentierten Zwischenergebnis erwartet). In Abbildung 3.3 kann man erkennen, daß der Optimierer zunächst einen Indexscan über die Tabelle PREISLISTE sowie einen Tablescan über TEILE durchführen will. Zeilen aus PREISLISTE werden sodann anhand der gefundenen Indexeinträge geholt; TEILE wird zunächst sortiert. Sodann wird ein Merge-Sort-Join zur Ermittlung des Ergebnisses durchgeführt.

Eine genaue Inspektion des Zugriffsplans für eine aufwendige Anfrage kann einem manchmal Hinweise auf Laufzeitverbesserungen geben. Wenn man z.B. sieht, daß das System eine große Tabelle nach einer bestimmten Spalte sortiert, so kann es sinnvoll sein, zum Vermeiden des Sortierens einen Index über diese Spalte anzulegen.

Die Befehlszentrale wird von den globalen Einstellungen beeinflußt, die man über den Menüpunkt »Einstellungen der Hilfsprogramme« kontrolliert. Sie wird ferner von Einstellungen betroffen, die nur für die Befehlszentrale gelten und über den Punkt »Optionen« im Menü »Prozedur« bzw. »Ergebnisse« bzw. »Zugriffsplan« (je nach gewählter Oberfläche) kontrolliert werden. Einige dieser Einstellungen sind:

---

1. Anmerkung des Übersetzers: Dieser Zugriffsplan weicht von dem im Originaltext an dieser Stelle gezeigten ab, da offensichtlich je nach Installation des DB2-Systems andere Optimiererversionen sowie Implementierungstechniken zur Anwendung kommen. Demzufolge weicht auch die in diesem Absatz enthaltene Erläuterung des gezeigten Plans vom Original ab.

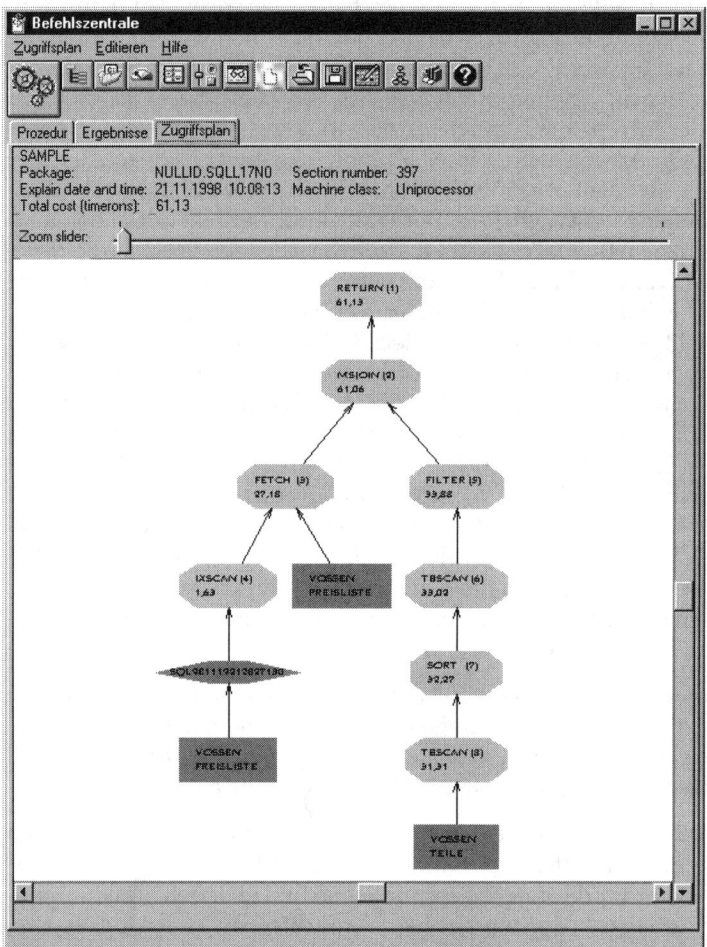

Abbildung 3.3:
Zugriffsplanoberfläche der Befehlszentrale

▷ Man kann festlegen, ob die Befehlszentrale automatisch eine Transaktion nach jeder SQL-Anweisung beendet; diese Option ist voreingestellt (Option »SQL-Anweisung automatisch festschreiben« eingeschaltet).

 **TIP:** Falls man Anweisungen zurücksetzen können oder Transaktionsatomarität über mehrere Anweisungen hinweg ausnutzen will, sollte man die automatische Freigabe bei Benutzung der Befehlszentrale ausschalten.

▷ Man kann ein *Anweisungsendezeichen* spezifizieren, durch das in einer Prozedur eine Anweisung von der nächsten getrennt wird. Häufig handelt es sich hierbei um den Strichpunkt (Semikolon). Jedoch sollte man an dessen Stelle ein anderes Befehlsendezeichen wählen, falls die betreffende Prozedur ein CREATE-TRIGGER-Statement enthält, da dann Strichpunkte vorkommen. Falls man kein spezielles Zeichen angibt, wird jede Zeile einer Prozedur als separate SQL-Anweisung behandelt.

▷ Man kann festlegen, welche Art von Return-Code in der Ergebnisoberfläche zusammen mit dem Ergebnis eines ausgeführten SQL-Befehls angezeigt werden soll. Zu den Optionen gehört SQLCODE (ein produktabhängiger Integer-Code), der im SQL-Standard definierte 5-Ziffern-Code SQLSTATE sowie die in Abschnitt 4.1.4 beschriebene Datenstruktur SQLCA. Man kann ferner angeben, ob man Warnungen sehen will oder diese unterdrückt werden sollen.

 **TIP:** Bei Benutzung einer interaktiven SQL-Schnittstelle wie der Befehlszentrale kann man sich stets eine Liste der Spaltennamen sowie der Datentypen des Ergebnisses einer jeden Anfrage anzeigen lassen, in dem man DESCRIBE gefolgt von der betreffenden Anfrage eingibt. So veranlaßt z.B. die folgende Anfrage die Befehlszentrale, die Namen und Datentypen aller Spalten der Katalogtabelle SYSCAT.VIEWS anzuzeigen:

```
DESCRIBE SELECT * FROM syscat.views;
```

3.1.2 Die Prozedurzentrale

Ein Skript bzw. eine Prozedur ist eine Datei, die SQL-Anweisungen, DB2-Kommandos oder Betriebssystembefehle enthält. Die Prozedurzentrale ermöglicht ein einfaches Erzeugen, Editieren und Verwalten von Prozeduren. Sie kann eine Liste aller in einem gegebenen (lokalen oder entfernten) UDB-System bekannten Prozeduren anzeigen. Diese Prozeduren können mittels der Prozedur- oder der Befehlszentrale entstanden oder aus anderen Quellen importiert sein. Für jede Prozedur zeigt die Prozedurzentrale verschiedene Informationen an, z.B. eine kurze Beschreibung der Prozedur, den Pfad- und den Dateinamen, unter denen sie gespeichert ist, oder Datum und Zeit der letzten Änderung. Die Prozedurzentrale ist in Abbildung 3.4 gezeigt.

Durch Klicken auf eine der von der Prozedurzentrale aufgelisteten Prozeduren mit der rechten Maustaste (oder durch Anklicken einer Prozedur-ID mit der linken Maustaste und Auswahl eines Punktes im Menü »Ausgewählt«) kann man eine Prozedur z.B. editieren, kopieren oder löschen. Man kann eine Prozedur auch unmittelbar ausführen oder (über »Terminieren«) einen Ausführungszeitpunkt für sie festlegen und dabei sogar regelmäßige Wiederholungen (wie »alle drei Tage«, »jeden Freitag um Mitternacht« oder »am Ersten und am Fünfzehnten eines jeden Monats«) spezifizieren. Das Ergebnis der Ausführung einer Prozedur kann mit einem anderen Werkzeug, dem Journal, inspiziert werden.

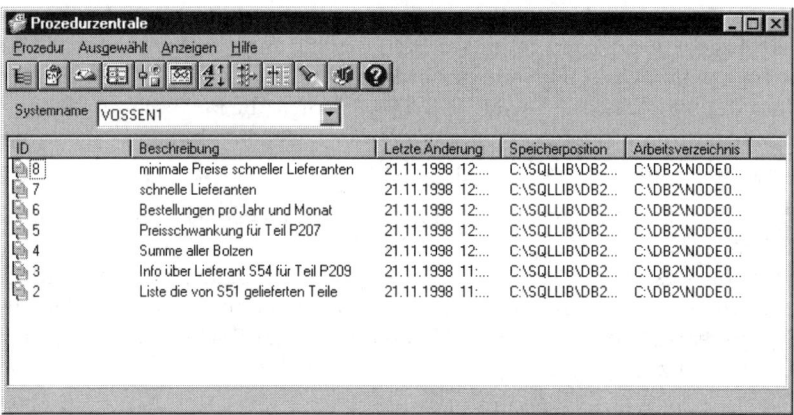

Abbildung 3.4:
Die Prozedurzentrale

 TIP: Wenn man eine Prozedur von der Prozedurzentrale aus ausführt, respektiert das System das Befehlsendezeichen, mit dem die Prozedur gesichert wurde; dieses kann von dem aktuell eingestellten verschieden sein.

3.1.3 Das Journal

Die Aufgabe des Journals ist es, ein Archiv oder Protokoll der Jobs, Ereignisse und Meldungen, die in einer UDB-Datenbank stattgefunden haben oder aufgetreten sind, zu unterhalten. Die Journal-Schnittstelle verfügt über vier Oberflächen mit den Bezeichungen »Jobs«, »Wiederherstellung« (Recovery), »Alerts« und »Nachrichten« (Messages), von denen man jede durch Anklicken des entsprechenden Kläppchens aktiviert. Abbildung 3.5 zeigt die Jobs-Oberfläche, die eine Liste anstehender Jobs, eine Liste aktiver Jobs sowie ein Jobprotokoll anzeigen kann. Anstehende (»pending«) Jobs sind solche, für die über die Prozedurzentrale spezielle Ausführungszeitpunkte festgelegt sind. Abbildung 3.5 zeigt zwei[2] anstehende Jobs, von denen einer täglich, der andere an jedem Monatsersten ausgeführt werden soll. Durch Klicken auf die ID eines Jobs mit der rechten Maustaste (oder durch Zugriff auf das entsprechende Pull-down-Menü) kann man eine Prozedur ansehen, einen Job löschen, sofort ausführen oder seinen Ausführungszeitpunkt dauerhaft oder temporär verändern.

Immer dann, wenn ein Job zu einem vorher festgelegten Termin ausgeführt wird, wird ein neuer Jobprotokolleintrag erzeugt, der unter anderem Datum, Uhrzeit, Job-Identifikation und den Status der Ausführung enthält. Auch hier kann man durch einfaches Anklicken ein detailliertes Protokoll dessen erhalten, was während der Ausführung der betreffenden Prozedur passiert ist.

---

2. A.d.Ü.: Auch hier liegt eine kleine Abweichung vom Original vor.

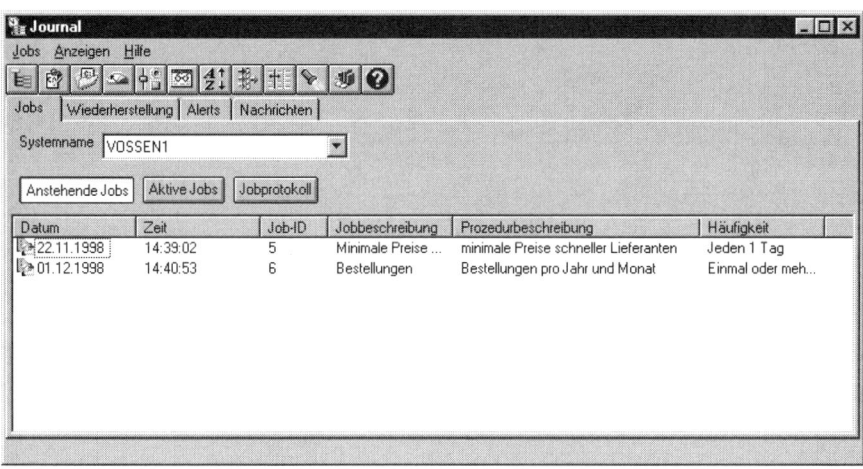

Abbildung 3.5:
Journal-Oberfläche für anstehende Jobs

Die Oberfläche »Wiederherstellung« des Journals enthält eine Liste sämtlicher auf der Datenbank ausgeführter Sicherungs- und Wiederherstellungsoperationen. Man kann darüber z.B. feststellen, welche Sicherungskopien der Datenbank existieren, oder die Datenbank in einen bestimmten Zustand zurückversetzen. Sicherung und Wiederherstellung werden in Abschnitt 10.6 genauer behandelt.

Die Alerts-Oberfläche des Journals protokolliert sämtliche Alert-Ereignisse, die vom sogenannten *Snapshot-Monitor* entdeckt bzw. generiert wurden. Dieser Monitor ist ein Administrationswerkzeug, das verschiedene Leistungsparameter eines UDB-Systems mißt. Ein Systemadministrator kann veranlassen, daß der Snapshot-Monitor ein Alert generiert, sobald einer dieser Parameter einen vorher eingestellten Wert erreicht, wie z.B. eine bestimmte Anzahl von Transaktionen pro Sekunde. Das Journal registriert die genaue Zeit sowie die genaue Ursache eines Alerts. Weitere Einzelheiten hierzu findet man in Abschnitt 10.9.

Die Nachrichten-Oberfläche des Journals zeigt eine Liste von Mitteilungen an, die von den DB2-Werkzeugen erzeugt wurden. Jede solche Nachricht wird mit Datum und Uhrzeit in tabellarischer Form angezeigt. Auf den ersten Blick erscheinen die Spalten, in denen die eigentlichen Nachrichten enthalten sind, im allgemeinen zu schmal, so daß man nur den Anfang einer Nachricht lesen kann. Man kann die Spaltenbreiten allerdings (in dieser wie in anderen Oberflächen) leicht durch Verschieben von Tabulatoren mit der Maus verändern. In Abbildung 3.6 wurde z.B. die Breite der Spalte »Nachricht« soweit vergrößert, daß die jeweilige Nachricht weitgehend vollständig lesbar ist.

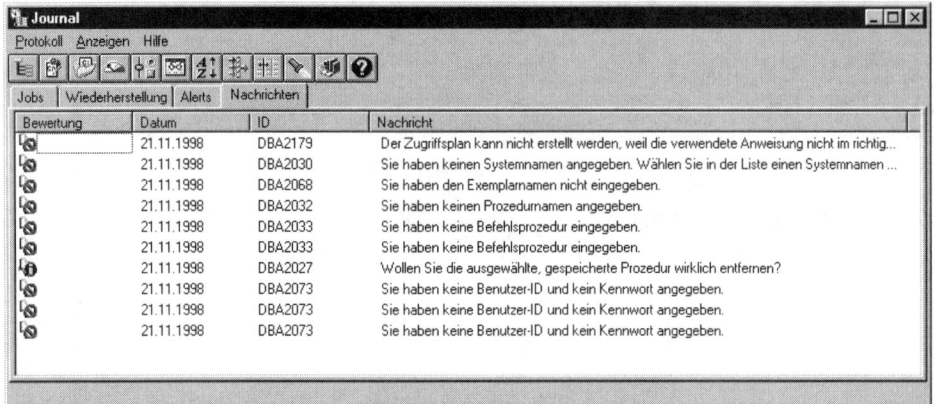

Abbildung 3.6:
Nachrichtenoberfläche des Journals

 **TIP:** Das Journal akkumuliert Informationen über Jobs, Ereignisse sowie Nachrichten und verwahrt diese auf unbestimmte Zeit. Um dadurch nicht zuviel Platz zu verbrauchen, sollte man von Zeit zu Zeit Einträge aus dem Journal löschen. Dies ist über die Aktionen »Entfernen« oder »Alle entfernen« in den einzelnen Oberflächen des Journals leicht möglich. Zur Auswahl eines bestimmten Bereichs zu löschender Einträge (wie etwa aller Nachrichten des vergangenen Monats) klicke man zuerst auf den ersten Eintrag, sodann unter gleichzeitigem Drücken der Shift-Taste auf den letzten und wähle »Entfernen«. Man benötigt allerdings SYSADM-Autorisierung zum Löschen von Job-Einträgen aus dem Journal.

3.1.4 Die Informationszentrale

Alle DB2-Werkzeuge sind reichhaltig mit Online-Hilfen ausgestattet, die man durch Anklicken des jeweiligen Hilfe-Menüs aufrufen kann. Gelegentlich muß man sich jedoch mit einem bestimmten Thema genauer befassen. Dies wird durch die Informationszentrale (»Information – Unterstützung«) erleichtert, die sämtliche unter UDB verfügbare Online-Informationen an einer Stelle zusammenfaßt. Wie in Abbildung 3.7 gezeigt, besteht die Informationszentrale (in der deutschen Version) aus sechs verschiedenen Oberflächen, die jeweils durch Anklicken des entsprechenden Kläppchens aktiviert werden. Diese Oberflächen haben folgende Inhalte:

▶ Die *Funktionen-Oberfläche* enthält eine Liste von Aufgaben wie z.B. »Sichern einer Datenbank« oder »Erstellen einer Tabelle«. Man kann nach Aufgaben, die ein bestimmtes Wort wie z.B. »berechtigung« enthalten, suchen. Hat man eine Aufgabe ausgewählt, so kann man sich durch Anklicken von »Anzeigen« den zugehörigen Eintrag aus dem Online-Handbuch auf den Bildschirm holen.

▶ Die *Referenz-Oberfläche* enthält eine Reihe von Kategorien und Stichwörtern, von nen aus unmittelbar in das Online-Handbuch verzweigt werden kann.

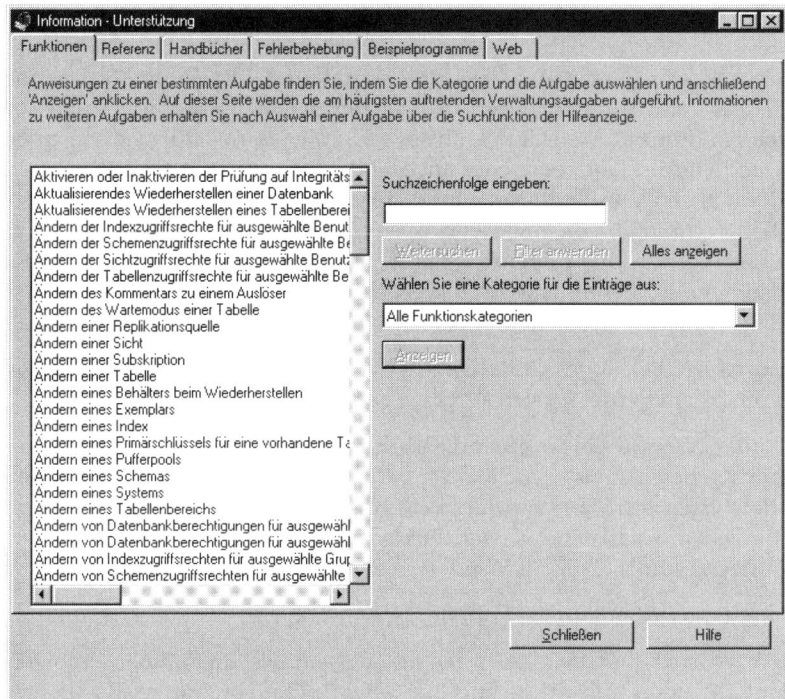

Abbildung 3.7:
Die Informationszentrale

▷ Die *Handbücher-Oberfläche* enthält eine Liste aller online verfügbaren UDB-Handbücher. Diese sind in HTML-Format der Produktinstallations-CD mitgegeben. Durch Anklicken von »Anzeigen« kann man diese Handbücher mit einem Browser lesen; sie sind unter `sqllib/doc/html` abgelegt.

▷ Die *Oberfläche Fehlerbehebung* kann zur Erläuterung von Nachrichten, die man von UDB erhält, herangezogen werden. Will man z.B. wissen, was man mit der Nachricht SQL0801 anfangen soll oder was die genaue Bedeutung von SQLSTATE 22012 ist, kann man dies hier nachschlagen.

▷ Die *Oberfläche Beispielprogramme* enthält eine Liste von Anwendungsprogrammen, die den Gebrauch diverser UDB-Eigenschaften illustrieren.

▷ Die *Web-Oberfläche* benutzt einen vom Benutzer zu wählenden Browser zum Zugriff auf Web-Server mit DB2-Bezug, wie z.B. den von IBM unterhaltenen Server *DB2 Frequently Asked Questions*.

3.2 Der Befehlszeilenprozessor

Der Befehlszeilenprozessor (Command Line Processor, kurz CLP) ist eine text-orientierte Schnittstelle zur Verarbeitung von SQL-Anweisungen, DB2-Kommandos und Betriebssystembefehlen. Input für den CLP kann sowohl von der Tastatur wie aus einer Datei stammen, und Output kann entweder angezeigt oder in eine Datei geschrieben werden. Er wird auf allen UDB-Plattformen unterstützt und ist mit früheren CLP-Versionen kompatibel. Wenn man von einer AIX- oder einer anderen UNIX-Workstation mit UDB arbeitet, ist der CLP die primäre Schnittstelle zur Ausführung von interaktiven SQL-Anweisungen. In diesem Abschnitt werden die Grundlagen der Benutzung des CLP behandelt. Weitere Einzelheiten finden sich im Handbuch *Command Reference*.

Der CLP kann durch Anklicken des CLP-Symbols im DB2-Programmverzeichnis oder durch Eingabe von db2 am Betriebssystem-Prompt gestartet werden.

 **TIP:** Unter Windows NT werden UDB-Kommandos wie db2 von einem gewöhnlichen Befehlsfenster nicht akzeptiert, sondern erfordern ein spezielles DB2-Befehlsfenster. Man kann ein solches durch Eingabe von db2cmd in einem gewöhnlichen Befehlsfenster oder durch Anklicken des Befehlsfenstersymbols im Programmverzeichnis »DB2 für Windows« erzeugen.

Der Befehl db2 kennt die folgenden drei Formen:

1. Falls man dem Wort db2 eine SQL-Anweisung oder ein Systemkommando folgen läßt, führt der CLP dieses Kommando aus und zeigt das Ergebnis an. Will man den CLP z.B. anweisen, eine Verbindung zur Datenbank FINANZEN herzustellen, so könnte man eingeben:

```
db2 connect to finanzen
```

Wird der CLP in diesem Modus benutzt, muß man beachten, daß die Betriebssystem-Shell den Input verarbeitet, bevor dieser an den CLP gesandt wird. Daher müssen Anweisungen, die *, > oder < enthalten, die das Betriebssystem als spezielle Zeichen betrachtet, in einfache oder doppelte Hochkommata eingeschlossen werden, wie z.B. in

```
db2 "select * from konten"
```

2. Falls man dem Wort db2 die Option -f dateiname folgen läßt, wird der CLP seinen Input aus dieser Datei lesen und alle darin enthaltenen Befehle der Reihe nach verarbeiten. So erwartet der CLP z.B. bei folgendem Befehl seine Eingabe in eine Datei mit dem Namen montag.clp:

```
db2 -f montag.clp
```

3. Falls man lediglich db2 ohne die Option -f oder einen Befehl eingibt, so geht der Befehlszeilenprozessor in die Betriebsart »interaktiv« und erwartet SQL-Anweisungen oder Befehle einzeln von der Tastatur aus. Die einfachste Form des Kommandos db2 lautet:

```
db2
```

Wenn der CLP im interaktiven Modus läuft, zeigt er durch einen Prompt wie die folgenden an, daß er Input erwartet:

```
db2 =>
```

Jeder CLP-Input, der mit einem Ausrufezeichen beginnt, wird als ein Befehl für das Betriebssystem interpretiert und an dieses zur Ausführung weitergeleitet. So würde z.B. die folgende Zeile in einer CLP-Inputdatei eine Ausführung des Betriebssystembefehls echo veranlassen:

```
!echo Monatliche Zusammenfassung
```

 **TIP:** Wenn man den CLP eine Folge von SQL-Anweisungen aus einer Datei verarbeiten läßt, kann man mit dem Befehl !echo Text erzeugen, der z.B. als Überschrift eines Anfrageergebnisses in den Output eingebaut wird.

Der CLP ist so lange nicht in der Lage, auf Daten zuzugreifen, wie der Datenbank-Server nicht gestartet ist. Dieser kann durch den Befehl db2start, den ein entsprechend autorisierter Benutzer am CLP-Prompt, am Betriebssystem-Prompt oder über die Steuerzentrale (vgl. Abschnitt 10.3) eingeben kann, gestartet werden.

In einer CLP-Sitzung muß man nicht nur mit einer Datenbank arbeiten. Man kann mit dem CONNECT-Befehl zu beliebigen Datenbanken Verbindungen herstellen und zwischen diesen umschalten (vgl. Abschnitt 2.7.2).

Falls man den CLP mit der Option -t aufruft, muß man jede SQL-Anweisung und jeden Befehl mit einem Semikolon abschließen. Dies ist dann sinnvoll, wenn sich einzelne Kommandos z.B. über mehr als eine Zeile erstrecken. Die SQL-Beispiele in diesem Buch werden alle mit einem Semikolon abgeschlossen, als wären sie in einer CLP-Sitzung mit der Option -t eingegeben worden.

Will man eine CLP-Sitzung beenden, so kann man entweder den Befehl TERMINATE oder den Befehl QUIT eingeben. TERMINATE gibt jede noch laufende Transaktion frei, beendet die Datenbankverbindung, falls noch eine besteht, und beendet sodann die CLP-Sitzung. QUIT beendet dagegen einfach die CLP-Sitzung ohne Beendigung einer Transaktion oder Verbindung.

 **TIP:** Als generelle Regel sollte man besser TERMINATE anstatt QUIT benutzen, um eine CLP-Sitzung zu beenden. Es ist nämlich wenig ratsam, zwischen zwei CLP-Sitzungen eine Transaktion weiter laufen zu lassen, da die Transaktion Sperren gesetzt halten könnte, die den Zugriff auf Daten für andere Benutzer einschränken. Auch eine nach einem QUIT noch bestehende Datenbankverbindung kann problematisch sein, etwa beim Anhalten des Datenbank-Servers oder bei einer Änderung der Datenbankkonfigurationsparameter.

3.2.1 Kommando-Optionen

Die Option -f, durch die man den CLP veranlassen kann, Input aus einer Datei zu lesen, ist lediglich eine von mehreren Kommando-Optionen, mit denen sich das Verhalten des CLP steuern läßt. Jede dieser Optionen wird mit einem Buchstaben bezeichnet. Einige Optionen wirken wie Schalter, d.h., sie können ein- oder ausgeschaltet werden; anderen kann ein bestimmter Wert wie z.B. ein Dateiname zugewiesen werden. Jede Option hat eine bestimmte Voreinstellung, die durch eine explizite Angabe innerhalb des Befehls db2, mit dem eine CLP-Sitzung gestartet wird, überschrieben werden kann. In einem db2-Befehl wird eine Option durch Voranstellen eines + aus- bzw. durch Voranstellen eines - eingeschaltet, wonach optional ein Wert folgen kann. So ruft z.B. der folgende Befehl den Befehlszeilenprozessor mit ausgeschalteter Option c, eingeschalteter Option v und Zuweisung des Wertes »infile« an die Option f auf:

```
db2 +c -v -f infile
```

Während einer CLP-Sitzung kann man sich die aktuellen Einstellungen der Optionen mit dem Befehl LIST COMMAND OPTIONS anzeigen lassen, und man kann sie mit einem Kommando mit folgender Syntax verändern:

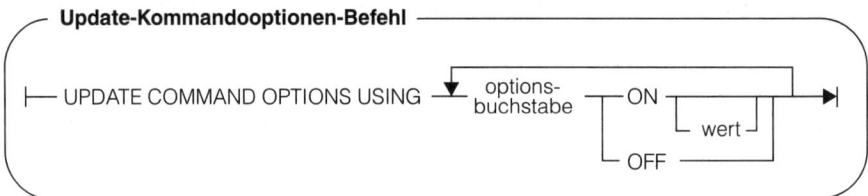

Update-Kommandooptionen-Befehl

├─ UPDATE COMMAND OPTIONS USING ─▼─ optionsbuchstabe ─┬─ ON ─┬─── ►
                                                       │   └ wert ┘
                                                       └─ OFF ───────

Tabelle 3.1 faßt die Kommando-Optionen des CLP zusammen; dabei ist die Voreinstellung jeder Option in Fettdruck angegeben.

Option	Wert bzw. Bedeutung
-a	Nach jeder Anweisung wird eine Datenstruktur mit dem Namen SQLCA angezeigt, die Codes enthält, die das Ergebnis der Ausführung der Anweisung zusammenfassen.
+a	Die SQLCA-Struktur wird nicht angezeigt.
-c	Nach jeder SQL-Anweisung wird automatisch ein COMMIT ausgeführt, wodurch durchgeführte Änderungen permanent und für andere Benutzer sichtbar gemacht werden.
+c	Es wird kein automatisches COMMIT ausgeführt. Man muß explizit einen COMMIT-Befehl ausführen, um Änderungen permanent und für andere sichtbar zu machen.
-ec	Nach jeder SQL-Anweisung wird SQLCODE angezeigt (wird meist zusammen mit +o benutzt).
-es	Nach jeder SQL-Anweisung wird SQLSTATE angezeigt (wird meist zusammen mit +o benutzt).
+e	Es wird kein Return-Code nach Ausführung einer SQL-Anweisung aus der Kommandozeile des Betriebssystems heraus gezeigt.
-f dateiname	Der CLP liest seine Eingabe aus der angegebenen Datei. Der Dateiname kann absolut (als Pfadname) oder relativ (zum aktuellen Verzeichnis) angegeben werden.
+f	Der CLP erwartet seine Eingabe vom Standard-Input (üblicherweise ist dies die Tastatur).

Option	Wert bzw. Bedeutung
-l dateiname	Alle Kommandos und SQL-Anweisungen werden in der angegebenen Datei mit der jeweiligen Ausführungszeit protokolliert, und zwar durch Anhängen an den bisherigen Inhalt der Datei. Anfrageergebnisse werden dabei nicht protokolliert.
+l	Kommandos und Anweisungen werden nicht protokolliert.
o	Ausgaben (also Anfrageergebnisse sowie Nachrichten) werden am Standard-Output (im allgemeinen der Bildschirm) angezeigt.
+o	Ausgaben werden nicht am Standard-Output angezeigt.
-p	Der CLP-Prompt wird dort angezeigt, wo die Eingabe eines interaktiven Kommandos erwartet wird.
+p	Es wird kein Prompt angezeigt.
-r dateiname	Anfrageergebnisse werden in der angegebenen Datei gesichert.
+r	Anfrageergebnisse werden nicht gesichert.
-s	Falls während der Ausführung einer Anweisung ein Fehler auftritt, hält der CLP an und verläßt das Betriebssystem.
+s	Falls während der Ausführung einer Anweisung ein Fehler auftritt, fährt der CLP mit der Ausführung der nächsten Anweisung fort.
-t	Als Befehlsendezeichen wird ein Semikolon erwartet. Eingabezeilen werden so lange konkateniert, bis ein Semikolon erkannt wird; das Ergebnis wird als eine Anweisung interpretiert.
-tdx	Als Befehlsendezeichen wird ein x erwartet (dies kann auch ein beliebiges anderes Zeichen sein; bei -td$ etwa ist $ das Befehlsendezeichen), und Eingabezeilen werden bis zum Auftreten dieses Zeichens konkateniert und als eine Anweisung behandelt. Diese Option ist nützlich, wenn das Semikolon innerhalb einer SQL-Anweisung gebraucht wird.
+t	Es gibt kein spezielles Befehlsendezeichen. Jede Zeile wird als separate Anweisung betrachtet, sofern sie nicht mit einem Leerzeichen, gefolgt von einem Backslash (\), endet.
-v	Alle Anweisungen und Kommandos werden vor ihrer Ausführung auf der Standardausgabe wiederholt.
+v	Anweisungen und Kommandos werden nicht wiederholt.
-w	Warnungen als Folge der Ausführung einer SQL-Anweisung (z.B. »string truncated«) werden angezeigt.
+w	Warnungen werden unterdrückt und nicht angezeigt.
-z dateiname	Sowohl Anfrageergebnisse als auch Fehlermeldungen werden in der angegebenen Datei gesichert.
+z	Anfrageergebnisse und Fehlermeldungen werden nicht gesichert.

Tabelle 3.1:
CLP-Kommando-Optionen

 **TIP:** Will man Anweisungen zurücksetzen oder von einer Transaktionsatomarität über mehrere Anweisungen hinweg Gebrauch machen können, so sollte man die automatische Freigabe des CLP durch folgenden Befehl abschalten:

```
UPDATE COMMAND OPTIONS USING c OFF;
```

3.3 Interaktive Kommandos

Neben SQL-Anweisungen können interaktive Werkzeuge wie die Befehlszentrale und der CLP auch die *Kommandos* ausführen, welche den Zustand oder das Verhalten einer ganzen Datenbank oder des UDB-Systems beeinflussen. Die Unterscheidung zwischen einer SQL-Anweisung und einem Kommando kann dabei kaum erkennbar sein. Befehlszentrale wie CLP erlauben eine Ausführung von Kommandos in der gleichen Weise wie SQL-Anweisungen, nämlich durch Eingabe am entsprechenden Prompt. Dies ist anders bei Anwendungsprogrammen: Falls ein Anwendungsprogramm ein Kommando ausführen will, muß es sich eines speziellen *Application Program Interface* (abgekürzt API, zu deutsch Anwendungsprogrammschnittstelle) bedienen und kann nicht einfach auf die für SQL-Anweisungen geltende EXEC SQL-Syntax zurückgreifen. Alle verfügbaren Kommandos sind im Handbuch *Command Reference*, ihre APIs in der *API Reference* beschrieben.

Viele der von UDB unterstützten Kommandos leisten Datenbankadministrationsfunktionen, die einfacher über die graphische Schnittstelle der Steuerzentrale (vgl. Abschnitt 10.3) auszuführen sind. In diesem Abschnitt behandeln wir einige Kommandos, die während einer interaktiven Sitzung mit der Befehlszentrale oder dem CLP besonders nützlich sind.

3.3.1 Kontrollieren des Isolationsgrads

Jede Transaktion hat einen Isolationsgrad, der den Grad der Abschirmung der Transaktion von den Effekten anderer, zeitgleich ausgeführter Transaktionen bestimmt. Die vier von UDB unterstützten Isolationsgrade wurden bereits in Abschnitt 2.7.1 beschrieben. Als Voreinstellung verwenden die Befehlszentrale sowie der CLP den Isolationsgrad »Cursor Stability« (CS). Mit dem Kommando CHANGE ISOLATION kann man den Isolationsgrad für nachfolgende Transaktionen neu bestimmen; dieses Kommando kann jedoch nur ausgeführt werden, wenn aktuell keine Verbindung zu einer Datenbank besteht. Als Beispiel weist das folgende Kommando die Befehlszentrale oder den CLP an, für zukünftige Transaktionen den Isolationsgrad »Repeatable Read« (RR) zu verwenden:

```
CHANGE ISOLATION TO RR;
```

3.3.2 Kontrollieren des Verbindungstyps

Wie in Abschnitt 2.7.2 beschrieben, unterstützt UDB zwei Arten von Verbindungen: Typ 1, der eine Verbindung mit nur einer Datenbank zu jedem Zeitpunkt erlaubt, und Typ 2, der verteilte Transaktionen erlaubt, die sich über mehrere Datenbanken erstrekken können. Das Verhalten von Typ-2-Verbindungen wird über die Option SYNC-POINT gesteuert, die ebenfalls in Abschnitt 2.7.2 beschrieben wurde und die bestimmt, wie verteilte Transaktionen koordiniert werden.

Die Befehlszentrale und der CLP stellen standardmäßig Typ-1-Verbindungen her. Durch das Kommando SET CLIENT kann man jedoch unter beiden Schnittstellen den Verbindungstyp sowie die SYNCPOINT-Option steuern. Das folgende Kommando fordert z.B. eine Typ-2-Verbindung mit Zwei-Phasen-Commit-Protokoll an:

```
SET CLIENT CONNECT 2 SYNCPOINT TWOPHASE;
```

Wie CHANGE ISOLATION kann auch das Kommando SET CLIENT nur ausgeführt werden, wenn aktuell keine Datenbankverbindung besteht.

Man kann sich die aktuellen Einstellungen des Verbindungstyps, der SYNC-POINT-Option und anderer wählbarer Client-Optionen mit dem Kommando QUERY CLIENT anzeigen lassen, wie z.B. in

```
QUERY CLIENT;
```

 **TIP:** Wenn man Typ-2-Verbindungen benutzt, sollte man nicht vergessen, die Autocommit-Einrichtung abzuschalten, durch die nach jeder SQL-Anweisung eine Transaktion freigegeben wird; ansonsten wird man keine verteilten Transaktionen ausführen können.

3.3.3 Hilfefunktionen

Während einer Sitzung der Befehlszentrale erhält man am einfachsten Hilfe durch Anklicken des Hilfe-Menüs, des Knopfes mit dem Symbol »?« oder durch Start der Informationszentrale. Eine ältere, stärker textorientierte Form der Hilfe, die sowohl in der Befehlszentrale wie im CLP noch verfügbar ist, ist die Eingabe eines Fragezeichens als Befehl, wie in den folgenden Beispielen:

?	Zeigt eine Liste aller von UDB unterstützten Kommandos.
? set client	Zeigt die Syntax eines speziellen Kommandos wie SET CLIENT.
? SQL0204	Zeigt eine Erläuterung von Nachricht SQL0204, die mit SQLCODE –204 assoziiert ist.
? 42704	Zeigt eine Erläuterung von SQLSTATE 42704.

3.3.4 Kommentare

Nach dem SQL92-Standard kann jede SQL-Anweisung einen oder mehrere Kommentare enthalten; jeder Kommentar beginnt mit zwei Bindestrichen (Hyphens) und kann den Rest der jeweiligen Zeile einnehmen. Kommentare haben auf die Verarbeitung einer Anweisung offensichtlich keinen Einfluß.

Die Befehlszentrale und der CLP erlauben eine Einbettung von Kommentaren in SQL-Anweisungen und in Kommandos. Abweichend vom Standard verlangen jedoch beide, daß ein Kommentar in einer separaten Zeile steht. Das folgende Beispiel zeigt eine SQL-Anweisung mit zwei Kommentaren, von denen nur einer auch von der Befehlszentrale bzw. dem CLP akzeptiert würde:

```
SELECT liefnr, preis
FROM preisliste
-- Dies wird von der Befehlszentrale akzeptiert.
WHERE teilenr = 'P231'  -- Dies wird nicht akzeptiert.
AND reaktionszeit < 10;
```

In den SQL-Beispielen in diesem Buch habe ich mir die Freiheit genommen, Kommentare im Stil von SQL92 in manchen SQL-Zeilen anzubringen, wenn diese zum besseren Verständnis des Beispiels beitragen können. Falls man die Beispiele mit der Befehlszentrale oder dem CLP ausführen will, muß man sie gegebenenfalls so abändern, daß jeder Kommentar in einer separaten Zeile steht.

4 Statisches SQL

Die meisten Benutzer einer Datenbank verstehen kein SQL und realisieren oft gar nicht, daß sie mit einer Datenbank arbeiten. Anstatt SQL-Anweisungen selbst zusammenzusetzen, verwenden diese Benutzer Anwendungsprogramme, die z.B. Banküberweisungen tätigen, Kreditkarten überprüfen oder Flugtickets reservieren. Diese Programme zeigen den Benutzern jeweils eine anwendungsspezifische Schnittstelle; hinter dieser Schnittstelle verwendet das Programm jedoch SQL-Anweisungen zum Zugriff auf eine Datenbank, in der die vom Benutzer gewünschten Informationen gespeichert sind.

UDB stellt zwei Möglichkeiten für Anwendungsprogramme bereit, mit einer Datenbank zu arbeiten: *statisches SQL* sowie *dynamisches SQL*. Bei statischem SQL muß der Anwendungsentwickler die auszuführenden SQL-Anweisungen genau kennen und sie direkt in das betreffende Anwendungsprogramm hineinschreiben. Das Programm wird sodann vom UDB-Precompiler verarbeitet, der jede SQL-Anweisung in einen optimierten Zugriffsplan konvertiert und diesen Plan in der Datenbank ablegt. Im Anwendungsprogramm selbst werden die SQL-Anweisungen durch Aufrufe von Laufzeitroutinen ersetzt, die dann die Zugriffspläne laden und ausführen. Unter allen Möglichkeiten des Arbeitens mit SQL bietet statisches SQL die beste Effizienz, da Zugriffspläne im voraus erstellt werden und der Aufwand nicht mehr anfällt, wenn das Anwendungsprogramm läuft. Aus diesem Grund eignet sich statisches SQL besonders für Anwendungen mit wiederholt auftretenden Transaktionen gleichen Typs, wie z.B. Ticketreservierungen oder Banktransfers. Statisches SQL bietet ferner eine spezielle Möglichkeit des »Einkapselns« eines auf eine Datenbank zugreifenden Programms, in dem es Benutzern die Ausführung eines Programms gestattet, ohne daß diese berechtigt sein müssen, die Datenbank unmittelbar zu manipulieren.

UDB verfügt über statische SQL-Schnittstellen für die Sprachen C, C++, FORTRAN und COBOL. In diesem Kapitel konzentrieren wir uns auf den Gebrauch von statischem SQL mit C und C++, da diese Sprachen auf Workstations und PCs besonders populär sind. Eine Verwendung von statischem SQL mit anderen Programmiersprachen wird im *Embedded SQL Programming Guide* behandelt.

Die Alternative zu statischem SQL ist dynamisches SQL, bei dem das Anwendungsprogramm zur Laufzeit SQL-Anweisungen an die Datenbank übergibt. Dynamisches SQL verursacht die Kosten der Zugriffsplanselektion zur Laufzeit, bietet dafür aber die Flexibilität, SQL-Anweisungen auszuführen, die im vorhinein nicht bekannt waren. UDB stellt dynamische SQL-Schnittstellen bereit für C, C++, FORTRAN, COBOL, REXX und Java. Dynamisches SQL wird in Kapitel 8 behandelt.

4.1 Verwendung von statischem SQL in C-Programmen

Jeder in ein C-Programm eingebetteten SQL-Anweisung müssen die Wörter EXEC SQL vorangestellt werden, damit der SQL-Precompiler die Anweisung erkennen kann. Jede SQL-Anweisung endet mit einem Semikolon und kann sich über mehr als eine Zeile erstrecken. Der Precompiler verarbeitet sämtliche SQL-Anweisungen und ersetzt sie durch »reine« C-Befehle, die den Datenbankmanager aufrufen. Er legt ferner für jede SQL-Anweisung eine sogenannte *Section* an, die einen Zugriffsplan zur Ausführung der betreffenden Anweisung kapselt. Wenn ein C-Programm dann zur Laufzeit den Datenbankmanager zwecks Ausführung einer gegebenen SQL-Anweisung aufruft, so lädt dieser eine der Sektionen und führt sie aus. Alle Sections, die SQL-Anweisungen eines gegebenen Programms kapseln, werden zusammen als *Paket* (*Package*) bezeichnet. Der SQL-Precompiler erzeugt für jedes von ihm verarbeitete Programm ein Paket und legt dieses in der Datenbank ab.

In C-Programme eingebettete SQL-Anweisungen dürfen Kommentare im SQL-eigenen Stil enthalten, die also mit zwei Bindestrichen anfangen und sich bis zum Ende der jeweiligen Zeile erstrecken können. Im Unterschied zur Befehlszentrale sowie zum CLP erwartet der Precompiler Kommentare jedoch nicht notwendig jeweils in einer separaten Zeile. Außerhalb von SQL-Anweisungen müssen Kommentare natürlich in C-Syntax abgefaßt werden.

Eine Zeichenreihenkonstante innerhalb einer SQL-Anweisung kann in einer Folgezeile fortgesetzt werden, wobei dann das Zeilenfortsetzungszeichen (der Backslash \) zu benutzen ist, wie in folgendem Beispiel:

```
EXEC SQL DELETE FROM teile
WHERE beschreibung LIKE '%Reserve%\
ausrüstung%';
```

In C oder C++ geschriebene Datenbankanwendungen sollten stets die folgende Anweisung an den C-Präprozessor enthalten:

```
#include <sqlenv.h>
```

Die Header-Datei `sqlenv.h` (die im Verzeichnis `sqllib/include` steht) sowie weitere, durch diese eingebundene Header-Dateien enthalten die Deklarationen der Strukturen, Funktionen und Konstanten, die ein Programm zum Arbeiten mit der Datenbank benötigt.

 **TIP:** Da der SQL-Precompiler im allgemeinen vor dem C-Präprozessor aufgerufen wird, ist es ratsam, in einem Programm enthaltene SQL-Anweisungen von C-Präprozessoranweisungen wie `#define` oder `#include` unabhängig zu machen. Falls die SQL-Anweisungen Teile aus einer weiteren Datei benötigen, kann man eine INCLUDE-Anweisung an den SQL-Precompiler wie in folgendem Beispiel einsetzen:

```
EXEC SQL INCLUDE 'meinedatei.sqc';
```

4.1.1 Wirtsvariablen

Wir haben in Abschnitt 2.4.1 gesehen, wie Ausdrücke in SQL-Anweisungen aus elementaren Operanden wie Konstanten und Spaltennamen aufgebaut werden können. Einer dieser elementaren Operanden ist die *Wirtsvariable* (*Host Variable*), bei der es sich um den Namen einer Variablen handelt, die in dem Programm, das eine eingebettete SQL-Anweisung enthält, deklariert wird. Der Name einer Wirtsvariablen wird vom Namen einer Datenbankspalte durch Voranstellen eines Doppelpunkts unterschieden. So repräsentiert z.B. der Ausdruck x+y eine Addition des Wertes von Spalte x zum Wert von Spalte y; der Ausdruck x+:y repräsentiert dagegen eine Addition des Wertes von Spalte x zum Inhalt der Wirtsvariablen y. Wenn eine Variable zur Übergabe eines Wertes aus einer Datenbank an ein Wirtsprogramm benutzt wird, bezeichnet man sie als *Ausgabewirtsvariable* (*Output Host Variable*). Erhält eine Wirtsvariable andererseits einen Wert durch das Wirtsprogramm und wird dieser Wert in einer SQL-Anweisung benutzt, so heißt sie *Eingabewirtsvariable* (*Input Host Variable*). Die folgenden Beispiele zeigen, wie Eingabevariablen in Datenmanipulationsanweisungen benutzt werden können. Man beachte, daß jede Anweisung mit dem Präfix EXEC SQL beginnt, so daß sie vom SQL-Precompiler erkannt werden kann.

▷ Füge eine neue Zeile aus Eingabewirtsvariablen in die Tabelle LIEFERANTEN ein:

```
EXEC SQL
   INSERT INTO lieferanten(liefnr, name, adresse)
      VALUES (:liefnr, :liefname, :liefadresse);
```

▷ Aktualisiere Preis und Reaktionszeit einer speziellen Preisangabe auf der Basis von Werten in Eingabewirtsvariablen:

```
EXEC SQL
   UPDATE preisliste
   SET preis = :neuerpreis,
       reaktionszeit = :neuereaktionszeit
   WHERE liefnr = :liefnr
   AND teilenr = :teilenr;
```

 **TIP:** Da sich Datenbankspalten und Wirtsvariablen nicht im gleichen Namensraum befinden, kann man Wirtsvariablen nach den Spalten benennen, mit denen sie Daten vergleichen oder austauschen. Diese Praxis ist nützlich, wenn man sich merken will, wie man seine Wirtsvariablen verwendet.

Als generelle Regel sollte eine in einer SQL-Anweisung verwendete Wirtsvariable ein einfacher Identifier ohne spezielle Zeichen wie eine Unterstreichung sein. So ist z.B. :x ein gültiger Wirtsvariablenbezug, jedoch können :x[5], :x.gehalt oder :x->gehalt nicht in SQL-Anweisungen verwendet werden. Der einzige Wirtssprachenoperator, der auf eine Wirtsvariable innerhalb einer SQL-Anweisung angewendet werden darf, ist der Dereferenzierungsoperator (wie z.B. :*x), und dieser darf auch nur dann verwendet werden, falls die betreffende Wirtsvariable von einem Zeigertyp ist (vgl. Anhang E zur Syntax von Zeigerdeklarationen).

Wenn Werte zwischen der Datenbank und einem Wirtsprogramm ausgetauscht werden, ist das Problem der Darstellung von Nullwerten zu lösen. Dieses Problem entsteht deshalb, weil SQL-Datentypen (wie z.B. Integer) Nullwerte zulassen, Datentypen in Wirtsprogrammiersprachen (wie z.B. long in C) dagegen nicht. UDB sowie alle anderen DB2-Produkte lösen dieses Problem dadurch, daß man jeder Wirtsvariablen eine zweite Hilfsvariable, die sogenannte *Indikatorvariable*, zuordnen kann. Grundsätzlich steht ein negativer Wert einer Indikatorvariablen für einen Nullwert, 0 oder ein positiver Wert steht dagegen für einen realen Wert (Details sind in Tabelle 4.1 angegeben).

Indikatorwert	Bedeutung
(positiv)	Die Ausgabewirtsvariable enthält einen realen Wert (also keinen Nullwert), der zum Zwecke der Längenanpassung abgeschnitten wurde. Der Indikatorwert gibt die ursprüngliche Länge vor dem Runden an. Für Eingabevariablen ist ein positiver Indikatorwert dem Wert 0 gleichbedeutend.
0	Die Wirtsvariable enthält keinen Nullwert.
-1	Die Wirtsvariable enthält einen Nullwert. Wird zur Darstellung von aus der Datenbank geholten Nullwerten benutzt.
-2	Ist nur für Ausgabevariablen ein gültiger Wert. Die Wirtsvariable enthält einen Nullwert, der aus einem arithmetischen Fehler wie z.B. einer Bereichsüberschreitung (Overflow) resultiert. Wird nur benutzt, falls zum Zeitpunkt des Bindens des Programms »fehlertolerante Arithmetik« (Datenbankkonfigurationsparameter DFT_SQLMATHWARN = YES) eingeschaltet war.

Tabelle 4.1:
Bedeutung von Indikatorvariablen

In einem SQL-Ausdruck kann jeder Wirtsvariablen optional ihre Indikatorvariable folgen. Beiden Arten von Variablen wird ein Doppelpunkt vorangestellt, und die Indikatorvariable kann durch das Schlüsselwort INDICATOR gemäß folgender Syntax gekennzeichnet werden:

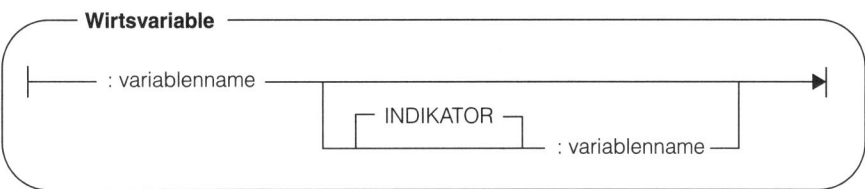

Falls eine Wirtsvariable keine Indikatorvariable besitzt, kann sie nicht zur Darstellung von Nullwerten benutzt werden. Jeder Versuch, ihr einen Nullwert zuzuweisen, führt zu einer Fehlermeldung.

Die UPDATE-Anweisung im obigen Beispiel kann jetzt revidiert werden, indem man die Eingabevariablen für den neuen Preis sowie die neue Reaktionszeit jeweils mit einer Indikatorvariablen wie unten gezeigt versieht. In dem so modifizierten Programm kann das Wirtsprogramm für Preise sowie Reaktionszeiten auch Nullwerte darstellen.

```
EXEC SQL  -- Preis und Reaktionszeit können null sein
    UPDATE preisliste
    SET preis = :neuerpreis :indik1,
        reaktionszeit = :neuereaktionszeit :indik2
    WHERE liefnr = :liefnr
    AND teilenr = :teilenr;
```

4.1.2 Der SQL-Vereinbarungsteil

Alle in einem C- oder C++-Programm verwendeten Variablen müssen so deklariert sein, daß der Compiler sie korrekt verarbeiten kann. Ferner müssen die Deklarationen von in SQL-Anweisungen verwendeten Wirtsvariablen für den SQL-Precompiler kenntlich gemacht werden. Beides geschieht in einem *SQL-Vereinbarungsteil* (*SQL Declare Section*), der die Deklarationen sämtlicher Wirts- sowie Indikatorvariablen enthalten muß, die in irgendeiner im Programm vorkommenden SQL-Anweisung benutzt werden.

Grundsätzlich enthält ein SQL-Vereinbarungsteil Deklarationen, die in der Syntax der betreffenden Wirtssprache geschrieben sind. Jedem SQL-Datentyp ist dabei ein Datentyp der Wirtssprache zugeordnet, über den Werte zwischen Wirtsprogrammen und der Datenbank ausgetauscht werden können. Die C-Datentypen, die den einfachen 1-Byte-SQL-Datentypen entsprechen, sind in Tabelle 4.2 angegeben.

SQL-Datentyp	C-Datentyp
Smallint sowie	Short
Indikatorvariablen	
Integer	Long
Decimal(p,s)	(keine Entsprechung in C)
Real	Float
Double	Double

SQL-Datentyp	C-Datentyp
Char(n)	`char[n+1]` (durch NULL zu beenden)
Varchar(n)	`char[n+1]` (durch NULL zu beenden)
	oder
	`struct`
	`{`
	`    short length;`
	`    char data[n];`
	`}`
Date	`char[11]`
Time	`char[9]`
Timestamp	`char[27]`

Tabelle 4.2:
SQL-Datentypen und ihre Entsprechungen in C

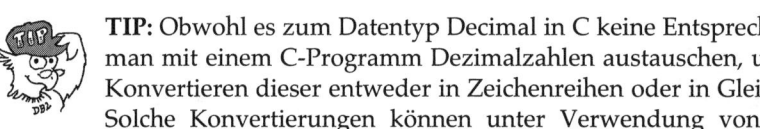 **TIP:** Obwohl es zum Datentyp Decimal in C keine Entsprechung gibt, kann man mit einem C-Programm Dezimalzahlen austauschen, und zwar durch Konvertieren dieser entweder in Zeichenreihen oder in Gleitkommazahlen. Solche Konvertierungen können unter Verwendung von vordefinierten Funktionen durchgeführt werden: Die Funktionen `char` und `decimal` können für Konvertierungen zwischen den Datentypen Char und Decimal benutzt werden, entsprechend die Funktionen `double` und `decimal` für Konvertierungen zwischen den Datentypen Decimal und Double. Daneben werden Datentypkonvertierungen automatisch vorgenommen, sobald man einen Datenbankwert vom Typ Decimal einer Wirtsvariablen vom Typ `float` oder `double` oder umgekehrt zuweist.

Neben den in Tabelle 4.2 angegebenen Datentypen unterstützt UDB einige Datentypen zur Behandlung großer Objekte. Die Deklarationen von Wirtsvariablen zum Austausch von Werten großer Objekte sind durch spezielle Aspekte gekennzeichnet, die in Abschnitt 6.1 behandelt werden.

In der `struct`-Form einer Wirtsvariablen zum Austausch von Daten vom Typ Varchar gibt das Feld `length` die Anzahl der Bytes an, die im Feld `data` von einem Datenwert belegt werden. Bei Eingabe eines Wertes muß der Wert von `length` vom Programm gesetzt werden, und dieser muß kleiner als die in der Deklaration angegebene Länge des Felds `data` sein. Bei Ausgabe eines Wertes wird `length` auf die Länge des ausgegebenen Wertes gesetzt, der gegebenenfalls auf die in der Deklaration von `data` angegebene Länge gekürzt wird.

Man kann in einem C-Programm mehrere SQL-Vereinbarungsteile verwenden, wobei jeder dieser an einer Stelle stehen muß, an der C-Deklarationen erlaubt sind, und außerdem jeder in die Anweisungen EXEC SQL BEGIN DECLARE SECTION und EXEC SQL END DECLARE SECTION eingeschlossen sein muß. Der SQL-Precompiler entfernt diese Klammerungen und beläßt den Vereinbarungsteil ansonsten an der im Programm angegebenen Stelle. Jeder SQL-Vereinbarungsteil muß vor irgendwelchen SQL-Anweisungen stehen, die darin deklarierte Wirtsvariablen benutzen.

Auf die in einem SQL-Vereinbarungsteil deklarierten Variablen sind bei einer Verwendung in C-Anweisungen die üblichen Gültigkeitsregeln anwendbar. Allerdings sind Wirtsvariablen für einen SQL-Precompiler bezüglich aller SQL-Anweisungen in dem betreffenden Programm (bzw. der Kompilationseinheit) global. Daher muß der Name einer jeden in einem SQL-Vereinbarungsteil deklarierten Variablen innerhalb des Programms eindeutig sein.

Innerhalb eines SQL-Vereinbarungsteils, der in ein C-Programm eingebettet ist, kann man entweder Kommentare wie in C (die mit /* anfangen und mit */ aufhören) oder Kommentare wie in SQL (die mit – anfangen und mit einem Zeilenumbruch aufhören) verwenden.

Das folgende Beispiel zeigt einen SQL-Vereinbarungsteil, der nahe dem Anfang eines C-Programms eingebettet sein könnte. Wie zu ersehen ist, beginnen die Namen von Wirtsvariablen innerhalb des Deklarationsteils nicht mit einem Doppelpunkt.

```
EXEC SQL BEGIN DECLARE SECTION;
    long lagerbestand, bestellstand, schwellenwert;
                                    /* Integer     */
        char liefnr[4];                 /* Char(3)    */
        char teilenr[5]                 /* Char(4)    */
        char bestelldatum[11];          /* Date     */
    struct
        {
        short length;
        char data [50];
        } lname, ladr;              /* Varchar(50) */
    short indik1=0, indik2=0, indik3=0; /* Indikatoren */
EXEC SQL END DECLARE SECTION;
```

Innerhalb eines SQL-Vereinbarungsteils müssen die Deklarationen den folgenden Regeln genügen:

▷ Die Namen von Wirtsvariablen dürfen nicht länger als 255 Zeichen sein und dürfen nicht mit den Buchstabenkombinationen EXEC oder SQL anfangen.

▷ Eine Deklaration kann eine Spezifikation einer »Storage Class« wie static oder extern enthalten.

▷ Mehrere Variablen können in derselben Zeile deklariert und initialisiert werden; allerdings können Variablen nur durch die »=«-Notation, nicht aber über die »( )«-Notation initialisiert werden, wie im folgenden Beispiel:

```
int x = 7;  /* OK          */
int x(7);   /* nicht akzeptiert */
```

(Weitere Einzelheiten zur Syntax von Wirtsvariablendeklarationen finden sich im Anhang E.)

4.1.3 Austauschen von Doppelbyte-Strings

Die Datentypen Graphic und Vargraphic werden zum Speichern von Character-Daten verwendet, bei denen die Codierung eines Zeichens länger als ein Byte ist, wie z.B. bei zahlreichen asiatischen Sprachen.

Zwei verschiedene Formate stehen zur Darstellung von Doppelbyte-Daten zur Verfügung:

▶ Im *Multibyte-Format* (auch *DBCS-Format* genannt) wird jedes Zeichen in zwei Bytes dargestellt. Dieses Format wird stets innerhalb einer Datenbank zum Speichern von Daten des Typs Graphic oder Vargraphic verwendet.

▶ Im *W-Zeichenformat* (*Wide-Character-Format*) wird jedes Zeichen als `wchar_t` codiert, was durch den lokalen C-Compiler definiert ist und zwei oder vier Bytes lang sein kann. Der CSet++-Compiler von IBM definiert (in der Header-Datei `stddef.h`) `wchar_t` als einen Zweibyte-Datentyp (`unsigned short`). Das W-Zeichenformat wird nicht innerhalb einer Datenbank benutzt, sondern nur von zahlreichen C- sowie C++-Compilern. Compiler stellen oft sogar Bibliotheken zur Manipulation von Zeichenreihen im W-Format bereit. Eine solche Library ist dann in `wstring.h` deklariert und enthält Funktionen wie `wstrcpy`, `wstrcat`, `wstrlen` und viele andere. C- und C++ Compiler erkennen auch sogenannte L-Literale – wie das unten gezeigte – und stellen sie im W-Format dar.

L"三つ子の魂百まで"

Da innerhalb einer Datenbank das Multibyte-Format benutzt wird, viele Compiler jedoch nur das W-Format kennen, muß man im allgemeinen graphische Daten beim Laden in eine Ausgabevariable vom Multibyte- in das W-Format konvertieren bzw. umgekehrt, wenn sie aus einer Eingabevariable gelesen werden. Durch Angabe der Precompiler-Option WCHARTYPE CONVERT führt das System derartige Konvertierungen automatisch durch. Dagegen werden bei Angabe der Option WCHARTYPE NOCONVERT oder bei Zulassen dieser Option als Voreinstellung keine automatischen Konvertierungen durchgeführt. Sämtliche Ein- und Ausgabevariablen werden im Multibyte-Format mit zwei Byte pro Zeichen verarbeitet.

Welchen Datentyp man in einem SQL-Vereinbarungsteil zur Deklaration von Wirtsvariablen von einem Graphic-Typ benutzen sollte, hängt von der gewählten Precompiler-Option ab. Gibt man WCHARTYPE CONVERT an, so sollten Wirtsvariablen für graphische Daten als Array vom Typ `wchar_t` vereinbart werden. Verwendet man dagegen die Voreinstellung oder gibt WCHARTYPE NOCONVERT an, sollten graphische Wirtsvariablen als Array vom Typ `sqldbchar` vereinbart werden, einem plattformunabhängigen Zweibyte-Datentyp, der in `sql.h` definiert ist. Die in einem SQL-Vereinbarungsteil zu verwendenden Formate von Deklarationen sind in Tabelle 4.3 zusammengefaßt.

SQL-Datentyp	C-Datentyp bei Verwendung von WCHARTYPE NOCONVERT	C-Datentyp bei Verwendung von WCHARTYPE CONVERT
Graphic(n)	`sqldbchar[n+1]` (null-terminiert)	`wchar_t[n+1]` (durch NUL zu beenden)

Vargraphic(n)	`sqldbchar[n+1]`
	(null-terminiert) oder
	
	`struct`
	`  {`
	`    short length;`
	`    sqldbchar data[n];`
	`  }`
		`wchar_t[n+1]`
		(durch NUL zu beenden) oder
		
		`struct`
		`  {`
		`    short length;`
		`    wchar_t data[n];`
		`  }`

Tabelle 4.3:
C-Datentypen für Doppelbyte-Daten

Wenn man ein Programm mit der Voreinstellung WCHARTYPE NOCONVERT vorübersetzt, kann man zwischen dem Multibyte- und dem W-Format explizit in beide Richtungen konvertieren, und zwar unter Verwendung der C-Funktionen `mbstowcs` und `wcstombs`. Weitere Informationen zu Doppelbyte-Daten findet man im *Embedded SQL Programming Guide*.

 **TIP:** Man beachte, daß C und SQL Doppelbyte-Literale, also Doppelbyte-Zeichenkonstanten, unterschiedlich darstellen. Ein L-Literal in C hat die Form `L"double-byte data"` und wird im W-Format dargestellt. Ein Doppelbyte-Literal in SQL hat dagegen die Form `G'double-byte data'` oder `N'double-byte data'` und wird im Multibyte-Format dargestellt. Werden Doppelbyte-Variablen in einem SQL-Vereinbarungsteil initialisiert, sollte man ein L-Literal verwenden und, falls nötig, eine Konvertierung vornehmen.

4.1.4   Return-Codes und Nachrichten

Wenn ein Anwendungsprogramm läuft, gibt jede ausgeführte SQL-Anweisung einen Statuscode sowie eventuell weitere Informationen zurück. Diese Informationen werden in einer Struktur mit dem Namen SQLCA (*SQL Communication Area* bzw. *SQL-Kommunikationsbereich*) abgelegt, die (in der Header-Datei `sqlca.h`) wie folgt deklariert ist:

```
struct sqlca
  {
  unsigned char sqlcaid[8];    /* Blickfang: SQLCA    */
  long          sqlabc;        /* Länge der SQLCA     */
  long          sqlcode;       /* Result Code         */
  short         sqlerrml;      /* Länge von Msg-Token */
  unsigned char sqlerrmc[70];  /* Message-Token       */
  unsigned char sqlerrp[8];    /* Produktcode         */
  long          sqlerrd[6];    /* Zeilenzählung       */
  unsigned char sqlwarn[11];   /* Warnungen           */
  unsigned char sqlstate[5];   /* Standard Result Code */
  };
```

Die Bedeutung der einzelnen Felder innerhalb der SQLCA-Struktur lautet wie folgt:

sqlcaid: enthält die Zeichenreihe »SQLCA«.

sqlabc: enthält 136, die Länge der SQLCA-Struktur in Bytes.

sqlcode: enthält eine Codierung, die das Ergebnis der Ausführung einer SQL-Anweisung beschreibt. Grundsätzlich steht 0 für eine normale Ausführung, negative Werte stehen für Fehler während der Ausführung und positive für Warnungen oder spezielle Ereignisse wie »data not found«. Die in diesem Feld abgelegten Code-Werte sind produktspezifisch, können also bei unterschiedlichen Datenbankprodukten verschiedene Bedeutungen haben. Die Bedeutungen, die sie bei UDB haben, sind im Handbuch *Message Reference* dokumentiert.

sqlerrml: enthält die tatsächliche Länge der im Feld sqlerrmc enthaltenen Daten.

sqlerrmc: enthält null oder mehr Token, die durch X'FF' voneinander getrennt sind, die spezifische Informationen über die Fehlermeldung enthalten, die einem gegebenen Return-Code entsprechen. Zeigt z.B. der Return-Code »table not found in database« an, so enthält das Feld sqlerrmc den Namen der Tabelle, die nicht gefunden wurde.

sqlerrp: Nach einem erfolgreich ausgeführten CONNECT-Befehl enthält dieses Feld eine acht Zeichen lange »Signatur«, die Produkt und Version identifizieren. So steht z.B. SQL05000 für DB2 Universal Database Version 5, Release 0, Modification Level 0. Falls sqlcode einen Fehler anzeigt, identifiziert sqlerrp das interne UDB-Modul, das die Fehlermeldung erzeugt hat.

sqlerrd: ein Array von sechs ganzen Zahlen, das zusätzliche diagnostische Informationen enthält. Die folgenden Einträge in diesem Feld enthalten für einen Benutzer relevante Information:

▶ sqlerrd[2] (die dritte Zahl im Feld) enthält die Anzahl von Zeilen, die von einem INSERT-, DELETE- oder UPDATE-Kommando modifiziert wurden.

▶ sqlerrd[4] (die fünfte Zahl im Feld) enthält die Anzahl von Zeilen, die von Triggern oder als Folge eines Überprüfens von Fremdschlüsselbedingungen (vgl. Abschnitt 7.1) modifiziert wurden.

▶ sqlerrd[5] (die sechste Zahl im Feld) enthält die Nummer des Knotens, in dem (bei einem parallelen UDB-System) der Fehler aufgetreten ist.

sqlwarn: ein im allgemeinen nur Leerzeichen enthaltendes Array, dessen Felder bei bestimmten Warnungen auf »W« gesetzt werden, und zwar im einzelnen wie folgt:

▶ sqlwarn[0] wird auf »W« gesetzt, falls irgendeines der anderen Felder auf »W« gesetzt ist.

▶ sqlwarn[1] zeigt an, daß beim Lesen ein Zeichenreihenwert verkürzt wurde.

▶ sqlwarn[2] zeigt an, daß einige der an eine Spaltenfunktion übergebenen Werte null waren (und somit ignoriert wurden).

▶ sqlwarn[3] zeigt an, daß die Anzahl der aus der Datenbank geholten Werte nicht mit der Anzahl der zu ihrer Aufnahme bereitgestellten Wirtsvariablen übereingestimmt hat.

▶ `sqlwarn[4]` zeigt an, daß ein gegebenes UPDATE- oder DELETE-Kommando keine WHERE-Klausel enthält und somit auf alle Zeilen einer Tabelle wirkt.

▶ `sqlwarn[6]` zeigt an, daß das Ergebnis einer Datumsberechnung zur Vermeidung unmöglicher Daten (z.B. 31. Februar) angepaßt wurde.

▶ `sqlwarn[8]` zeigt an, daß ein Zeichenreihenwert ein Zeichen enthalten hat, das nicht in die gewünschte Code-Seite konvertiert werden konnte und durch ein anderes Zeichen ersetzt wurde.

▶ `sqlwarn[9]` zeigt an, daß das Ergebnis einer Spaltenfunktion eventuell nicht korrekt ist, da Ausdrücke mit arithmetischen Fehlern wegen der eingeschalteten »fehlertoleranten Arithmetik« (Datenbankkonfigurationsparameter DFT_SQLMATH-WARN=YES) ignoriert wurden.

▶ `sqlwarn[10]` zeigt an, daß beim Setzen eines der Felder der SQLCA-Struktur ein Code-Seiten-Konvertierungsfehler aufgetreten ist.

`sqlstate`: ein Array von fünf Zeichen, welches das Ergebnis der Ausführung einer SQL-Anweisung anzeigt. Die fünfstelligen `sqlstate`-Codes sind im ANSI/ISO SQL92-Standard definiert, so daß sie besser als die numerischen Codes, die in `sqlcode` verwendet werden, von einem Datenbankprodukt zum anderen portiert werden können. Die ersten beiden Zeichen von `sqlstate` identifizieren eine *Fehlerklasse* wie z.B. »Syntax Error« und sind über sämtliche SQL-Implementierungen, die dem Standard entsprechen, hinweg einheitlich. Die letzten drei Zeichen von `sqlstate` identifizieren eine *Fehlerunterklasse*, welche implementierungsabhängig sein kann.

Der einfachste Weg der Deklaration einer SQLCA-Struktur in einem Anwendungsprogramm ist eine Verwendung der folgenden Anweisung:

```
EXEC SQL INCLUDE SQLCA;
```

Diese Anweisung lädt die Definition der SQLCA-Struktur in das betreffende Programm und deklariert gleichzeitig ein Exemplar (eine Instanz) dieser Struktur mit dem Namen `sqlca`. Damit kann man also auf die verschiedenen Teile der Struktur über qualifizierte Namen wie `sqlca.sqlcode` oder `sqlca.sqlstate[0]` zugreifen. Da das Feld `sqlca.sqlcode` sehr oft gebraucht wird, definiert die Anweisung INCLUDE SQLCA ferner die Abkürzung `SQLCODE`, die zu `sqlca.sqlcode` gleichwertig ist.

Die einfachste Möglichkeit des Zugriffs auf ausführliche Fehlermeldungen, die den in einer gegebenen SQLCA-Struktur enthaltenen Codes entsprechen, ist die Verwendung einer Hilfsroutine mit dem Namen `sqlaintp`. Dieses Programm analysiert eine SQLCA-Struktur und liefert eine null-terminierte (durch NUL zu beendende) Zeichenreihe, welche die den in der Struktur angegebenen Codes entsprechende Nachricht enthält, wobei sogar die `sqlerrmc`-Token an den richtigen Stellen in die Nachricht eingebaut sind. Die Schnittstelle zu dieser Routine (die in der Header-Datei `sql.h` deklariert ist) lautet:

```
int sqlaintp
  (
  char *buffer,      /* Message-Puffer       */
  short buff_size,   /* Größe des Mssg-Puffers */
```

```
short line_width,   /* gew. Zeilenlänge     */
struct sqlca *sqlca /* wird in Mssg dekodiert */
);
```

Der erste Parameter bei `sqlaintp` ist ein Zeiger auf einen Puffer, der zur Aufnahme der dekodierten Nachricht allokiert wurde. Der zweite Parameter gibt die Größe des Puffers an; der dritte gibt an, wie die Nachricht formatiert werden soll (maximale Anzahl von Zeichen zwischen Zeilenumbrüchen). Für die meisten Nachrichten reicht ein Puffer von 512 Byte. Ein positiver Return-Code von `sqlaintp` gibt die Länge der Nachricht an, ein negativer bedeutet, daß für den angegebenen Code keine Nachricht ausgegeben werden kann.

 TIP: Es sei daran erinnert, daß man interaktiv stets den Befehl »?« zum Anzeigen einer vollständigen Nachricht, die zu einem SQLCODE oder einem SQLSTATE gehört, wie in Abschnitt 3.3.3 beschrieben, verwenden kann.

4.1.5 Die WHENEVER-Anweisung

Jedesmal, wenn ein Anwendungsprogramm eine SQL-Anweisung ausführt, wird in der SQLCA-Struktur ein Code zurückgegeben, der etwas über den Ausgang der Anweisung aussagt. Zur Vermeidung von Fehlern kann man den Inhalt der SQLCA-Struktur nach jeder Ausführung einer Anweisung inspizieren. Um dies zu vereinfachen, kennt der SQL-Precompiler die WHENEVER-Anweisung.

Obwohl einem WHENEVER-Statement wie jeder anderen SQL-Anweisung ein EXEC SQL vorangestellt wird, handelt es sich nicht um einen ausführbaren Befehl. Statt dessen veranlaßt es den Precompiler, Code im Programm zu erzeugen, durch den nach jeder SQL-Anweisung ein Check auf SQLCA ausgeführt wird. Dieser Code sorgt dafür, daß das Programm entweder zu einer angegebenen Marke verzweigt oder die normale Ausführung fortsetzt, und zwar in Abhängigkeit vom SQLCA-Inhalt. Die Syntax der WHENEVER-Anweisung lautet wie folgt:[1]

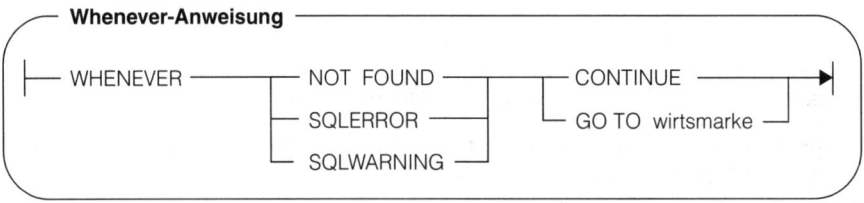

Man kann beliebig viele WHENEVER-Anweisungen und diese an beliebigen Stellen im Programm verwenden. Das Verhalten des betreffenden Programms nach Ausführung einer SQL-Anweisung wird wie folgt bestimmt:

▷ War die SQL-Anweisung erfolgreich (SQLCODE = 0), so wird der nächste Befehl im Programm ausgeführt.

---

1. Der Präfix EXEC SQL wird hier und in anderen Syntaxdiagrammen weggelassen, ist jedoch in allen in Wirtsprogramme eingebetteten SQL-Anweisungen erforderlich.

▷ Gibt die SQL-Anweisung SQLCODE +100 zurück, was anzeigt, daß keine die Anfrage erfüllenden Datenzeilen gefunden wurden, kommt das letzte WHENEVER NOT FOUND-Statement zur Anwendung (in der Reihenfolge der Angabe im Programm, nicht notwendig in Ausführungsreihenfolge). Dieser Wert für SQLCODE kann durch eine FETCH-, eine UPDATE- oder eine DELETE-Anweisung oder durch ein »Einzeilen-SELECT« (vgl. Abschnitt 4.1.10) entstehen.

▷ Gibt die SQL-Anweisung einen anderen positiven SQLCODE oder eine Warnung zurück, kommt das letzte WHENEVER SQLWARNING-Statement des Programms (auch hier in der Reihenfolge der Programmzeilen) zur Anwendung.

▷ Falls die SQL-Anweisung zu einem negativen SQLCODE führt, was einen Fehler anzeigt, kommt das letzte WHENEVER SQLERROR-Statement im Programm (in Programmzeilenreihenfolge) zur Anwendung.

Die nach diesen Regeln aktuell gültige WHENEVER-Anweisung läßt das betreffende Programm entweder seine normale Ausführung fortsetzen oder zu der Sprungmarke verzweigen, die in der GO TO-Klausel des WHENEVER angegeben ist. Diese Klausel enthält die Marke eines Befehls der Wirtssprache mit optional vorangestelltem Doppelpunkt. Falls kein WHENEVER-Statement für die in der SQLCA-Struktur angezeigte Bedingung in Effekt ist, so gilt CONTINUE als voreingestelltes Verhalten.

Unter Verwendung von WHENEVER kann man bis zu drei Routinen zur Behandlung von Ausnahmebedingungen an jeder Stelle eines Programms angeben: eine für Fehler, eine für Warnungen und eine für »not found«-Situationen. Innerhalb einer solchen Ausnahmebehandlungsroutine ist ein geeigneter Platz zum Aufruf des Hilfsprogramms `sqlaintp`, das zu den in der SQLCA enthaltenen Codes die zugehörigen Nachrichten liefert.

TIP: Man sollte mit der Verwendung von SQL-Anweisungen innerhalb einer Fehlerbehandlungsroutine, die durch WHENEVER SQLERROR aufgerufen wird, vorsichtig sein. Falls nämlich ein solches SQL-Statement seinerseits einen Fehler verursacht, kann das Programm potentiell in eine Endlosschleife geraten.

Die folgenden Codezeilen könnten in ein C-Programm zwecks Definition von in Ausnahmesituationen gewünschten Aktionen eingebettet sein:

```
EXEC SQL WHENEVER NOTFOUND GO TO schleifenende;
EXEC SQL WHENEVER SQLERROR GO TO nachrichtdrucken;
EXEC SQL WHENEVER SQLWARNING CONTINUE;
```

TIP: Will man eine WHENEVER-Anweisung nur auf einen bestimmten Teil eines Programms (wie eine Funktion oder ein Unterprogramm) anwenden, muß man ihren Gültigkeitsbereich durch eine neue WHENEVER-Anweisung am Ende des betreffenden Abschnitts limitieren. Man beachte hierbei, daß ein WHENEVER kein ausführbares Statement ist, sondern vom SQL-Precompiler interpretiert wird. Dieser versteht keine Bereichsregeln des Wirtsprogramms und unterstellt somit, daß ein WHENEVER-Statement so lange gültig ist, bis ein anderes für dieselben Bedingungen im Programm auftritt.

4.1.6 Cursordeklarationen

INSERT-, DELETE- und UPDATE-Kommandos sind vergleichsweise einfach in Anwendungsprogramme einzubetten: Sie werden ausgeführt, verändern den Datenbankinhalt und liefern eine SQLCA-Struktur, die angibt, was passiert ist. Bei eingebetteten
Anfragen ist dies komplexer, denn diese wollen Daten an das Anwendungsprogramm
zurückgeben, und die Anzahl der übergebenen Zeilen ist im allgemeinen nicht im vorn-
hinein bekannt. Zum Schreiben eines Programms, das Daten aus einer Datenbank ausliest, benötigt man einen Mechanismus, der die zu übergebenden Zeilen spezifiziert
und diese sodann einzeln in das Programm holt. Dieser Mechanismus wird als *Cursor*
bezeichnet.

Ein Cursor ist wie ein Name, der mit einer Anfrage assoziiert ist. Eine *Cursordeklaration*
dient zum Deklarieren des Cursornamens sowie zur Spezifikation der zugehörigen Anfrage. Die drei Anweisungen OPEN, FETCH und CLOSE operieren aus einem Cursor.
Eine OPEN-Anweisung bereitet den Cursor zum Lesen der ersten Zeile in der Ergebnismenge vor. Eine FETCH-Anweisung liest eine Zeile der Ergebnismenge in vorgegebene
Variablen im Wirtsprogramm ein. Nach jedem FETCH-Befehl ist der Cursor auf die gerade gelesene Ergebniszeile *positioniert*. FETCH-Anweisungen werden im allgemeinen
so lange erneut ausgeführt, bis sämtliche Zeilen im Anfrageergebnis verarbeitet sind
(dies wird durch SQLCODE +100 bzw. SQLSTATE 02000 angezeigt). Ein CLOSE-State-
ment gibt alle vom Cursor benutzten Ressourcen frei, wenn dieser nicht mehr benötigt
wird; wird er wieder benötigt, kann er erneut geöffnet werden.

Die Syntax einer Cursordeklaration ist unten angegeben (man vergleiche hierzu auch
die dynamische Cursordeklaration in Abschnitt 8.3.1). Eine solche Deklaration erklärt
den Namen des Cursors, der von allen anderen Cursornamen in demselben Programm
verschieden sein muß, und assoziiert ihn mit einer bestimmten Anfrage. Die Syntax einer Anfrage ist in Abschnitt 2.4.8 angegeben. Die Cursordeklaration gibt nicht an, wo
die Anfrageergebnisse abzuliefern sind; dies ist Aufgabe der FETCH-Anweisung.

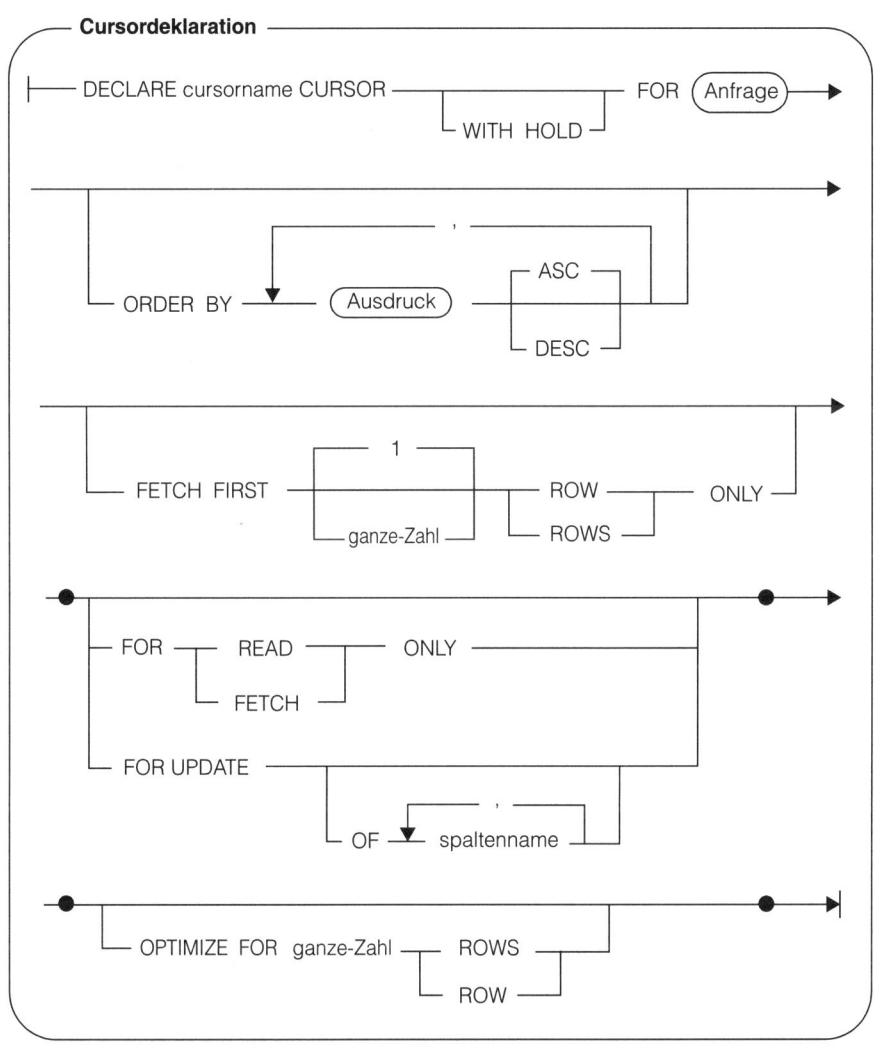

Eine in einer Cursordeklaration verwendete Anfrage kann Wirtsvariablen enthalten. Die folgende Anweisung assoziiert z.B. den Cursor `c1` mit einer Anfrage, die alle Teile aus der Tabelle TEILE bestimmt, deren Bestellstand größer ist als eine Inputvariable mit dem Namen :schwellenwert.

```
EXEC SQL DECLARE c1 CURSOR FOR
    SELECT teilenr, lagerbestand, bestellstand
    FROM teile
    WHERE bestellstand > :schwellenwert
    ORDER BY teilenr;
```

 **TIP:** Eine schlechte Form der Anfrage in einem Anwendungsprogramm ist die, bei der SELECT * zum Holen aller Spalten einer Tabelle verwendet wird. Wird die Tabelle nämlich später um eine neue Spalte erweitert, so hat das Programm keine Wirtsvariable, welche die Werte der neuen Spalte aufnehmen könnte, und kann somit »alle Spalten« nicht länger aus der Datenbank übernehmen. Ein solches Programm wird allerdings weiterhin laufen und nur die Werte der Spalten aufnehmen, die zum Zeitpunkt des Bindens bereits vorhanden waren.

Eine Cursordeklaration kann die folgenden optionalen Klauseln enthalten:

WITH HOLD: Diese Klausel sorgt dafür, daß der Cursor nach einer COMMIT-Anweisung geöffnet bleibt. Wie in Abschnitt 2.7.1 beschrieben, werden COMMIT-Anweisungen dazu benutzt, Änderungen an einer Datenbank dauerhaft zu machen. Im allgemeinen werden offene Cursor durch ein COMMIT geschlossen. Solche, die mit WITH HOLD definiert wurden, bleiben geöffnet, geben jedoch ihre Sperren frei (die Cursorposition ist dann »vor« der nächsten Ergebniszeile).

ORDER BY: Wie ein ORDER BY in einer SELECT-Anweisung, so spezifiziert diese Klausel die Reihenfolge, in der die Zeilen der Ergebnismenge geliefert werden. Ist kein ORDER BY angegeben, werden die Zeilen in einer vom System bestimmten Reihenfolge übergeben, die von einer Ausführung zur nächsten verschieden sein kann. (Man vergleiche Abschnitt 2.4.10 zur ORDER BY-Klausel.)

FETCH FIRST N ROWS ONLY: Wie die ähnliche Klausel der SQL-Anweisung, so begrenzt diese Klausel die Ergebnismenge der Anfrage auf die angegebene Anzahl N von Zeilen.

FOR READ ONLY: Diese Klausel erklärt, daß man nicht plant, den Cursor für eine *positionierte UPDATE-* oder eine *positionierte DELETE-*Anweisung zu benutzen. Diese Anweisungen, welche in Abschnitt 4.1.11 beschrieben werden, können zum Aktualisieren oder Löschen der Zeile, auf die der Cursor positioniert ist, verwendet werden. Falls der Cursor jedoch in dieser Weise benutzt werden soll, kommen bestimmte Anfrageverarbeitungsmethoden nicht zur Anwendung. Ein Deklarieren des Cursors als FOR READ ONLY teilt dem System mit, daß alle Methoden zur Verarbeitung der mit dem Cursor assoziierten Anfrage zur Verfügung stehen, was zu einer besseren Performanz der Anfrage führen kann. Deklariert man einen Cursor als FOR READ ONLY und benutzt ihn dennoch in einer UPDATE- oder einer DELETE-Anweisung, wird ein Fehler gemeldet.

FOR UPDATE: Diese Klausel dient der Deklaration von Spalten, die mittels positionierter Updates, die sich auf diesen Cursor beziehen, aktualisiert werden sollen. Diese Information ist für den Anfrageoptimierer nützlich. Falls man FOR UPDATE spezifiziert, ohne die zu verändernden Spalten anzugeben, nimmt der Optimierer an, daß man auf beliebige (oder alle) Spalten der Ergebnismenge ein positioniertes Update anwenden will. Falls eine Cursordefinition eine FOR UPDATE-Klausel enthält, darf sie nicht auch eine ORDER BY- oder eine FETCH FIRST-Klausel enthalten.

OPTIMIZE FOR N ROWS: Diese Klausel weist den Anfrageoptimierer an, daß man lediglich ein Lesen von N Zeilen aus der mit dem Cursor assoziierten Ergebnismenge erwartet. Dies kann Einfluß auf die Methode haben, nach der die Anfrage verarbeitet wird. Wird diese Klausel weggelassen, unterstellt der Optimierer, daß die gesamte Ergebnismenge gelesen werden wird. Im Unterschied zu FETCH FIRST verändert ein OP-

TIMIZE FOR allerdings die eigentliche Ergebnismenge, aus welcher der Cursor lesen kann, nicht.

Das folgende Beispiel deklariert einen Cursor, der zum Lesen bestimmter Zeilen aus der Tabelle TEILE sowie zum positionierten Update der Spalte BESTELLSTAND benutzt wird bzw. werden kann. Die FOR UPDATE-Klausel teilt dem Optimierer mit, daß es keine gute Idee ist, diese Anfrage durch einen Scan der Tabelle TEILE anhand des BESTELLSTAND-Index zu verarbeiten, da sich die Reihenfolge der Zeilen im Index ändern kann, wenn die Spalte aktualisiert wird.

```
EXEC SQL DECLARE c2 CURSOR FOR
    SELECT teilenr, lagerbestand, bestellstand
    FROM teile
    WHERE lagerbestand < 100
    FOR UPDATE OF bestellstand;
```

 **TIP:** Es empfiehlt sich bei allen Cursordeklarationen, entweder eine FOR UPDATE- (falls man positionierte Änderungen oder Löschungen mit dem Cursor durchführen will) oder eine FOR READ ONLY-Klausel (falls man keine positionierten Anweisungen benutzen will) anzugeben. Dies macht die Intention klar und gibt dem System die beste Möglichkeit, die Anfrage zu optimieren.[2]

4.1.7 Die OPEN-Anweisung

Eine OPEN-Anweisung bereitet den Cursor auf ein Holen von Zeilen in die Ergebnismenge vor. Beim Öffnen eines Cursors werden alle mit dem Cursor assoziierten Eingabevariablen in der Anfrage ausgewertet. Solange der Cursor geöffnet ist, hat er in der Ergebnismenge der Anfrage eine *Position*. Diese kann *auf* einer Zeile oder *vor* oder *nach* einer Zeile sein. Die OPEN-Anweisung setzt den Cursor vor die erste Zeile der Ergebnismenge.

Die Syntax einer OPEN-Anweisung lautet wie folgt (man vergleiche hierzu auch die dynamische OPEN-Anweisung in Abschnitt 8.3.1):

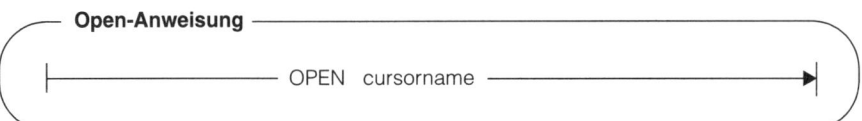

Open-Anweisung

OPEN   cursorname

Beispiel:

```
EXEC SQL OPEN c1;
```

---

2. Folgt man diesem Rat nicht und deklariert einen Cursor ohne FOR UPDATE oder FOR READ ONLY, so hängt der Status des Cursors an einer Precompiler-Option. Falls man das Programm mit der Option LANGLEVEL MIA oder LANGLEVEL SQL92E vorübersetzt, nimmt das System an, daß der Cursor für ein positioniertes Update jeder Spalte verwendet werden kann (es sei denn, eine Spalte ist nach den in Abschnitt 4.1.11 angegebenen Regeln nicht änderbar). Wenn man dagegen mit der Option LANGLEVEL SAA1 oder ohne LANGLEVEL-Option vorübersetzt, nimmt das System den Cursor als FOR READ ONLY an.

4.1.8 Die FETCH-Anweisung

Eine FETCH-Anweisung holt die Zeile der Ergebnismenge, die hinter der aktuellen Position des Cursors liegt, und übergibt sie an die angegebenen Wirtsvariablen. Der im FETCH-Statement angegebene Cursor muß dabei geöffnet sein. Falls hinter der aktuellen Cursorposition keine weitere Zeile mehr folgt, liefert die FETCH-Anweisung den SQLCODE +100 (SQLSTATE 02000), und die Wirtsvariablen bleiben unverändert. Der Cursor wird *auf* die zuletzt geholte Zeile vorgesetzt.

Die Syntax einer FETCH-Anweisung lautet wie folgt (man vergleiche hierzu auch die dynamische FETCH-Anweisung in Abschnitt 8.3.1):

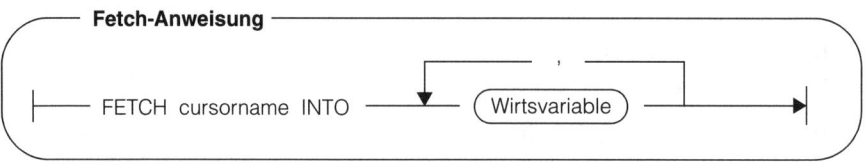

Beispiel:

```
EXEC SQL FETCH c1
INTO :teilenr :indik1, :lagerbestand :indik2,
     :bestellstand indik3;
```

Die in einer FETCH-Anweisung verwendeten Wirtsvariablen müssen mit den ihnen zugewiesenen Werten typkompatibel sein (Kompatibilitätsregeln sind in Abschnitt 6.6 zusammengestellt). Erlaubt eine Spalte der Ergebnismenge Nullwerte, so benötigt die entsprechende Wirtsvariable eine zugeordnete Indikatorvariable.

In Abhängigkeit von dem durch den Optimierer gewählten Zugriffsplan wird das Ergebnis einer mit einem Cursor assoziierten Anfrage entweder vollständig materialisiert und in einer temporären Tabelle abgelegt, sobald auf die erste Zeile zugegriffen wird, oder es wird zeilenweise nach jeder einzelnen FETCH-Anweisung materialisiert. Falls das Ergebnis in einer temporären Tabelle abgelegt wird, so sind nach dem ersten FETCH am Original durchgeführte Änderungen in dieser Tabelle nicht mehr sichtbar; wird das Ergebnis dagegen zeilenweise materialisiert, sind derartige Änderungen sichtbar. Da der Optimierer selbst entscheidet, wie eine Anfrage verarbeitet wird, kann im allgemeinen nicht vorhergesagt werden, ob das Ergebnis beim ersten FETCH vollständig materialisiert werden wird.

Werden Zeichenreihendaten in eine Wirtsvariable gelesen, kann es zu einer Verkürzung kommen, falls die Wirtsvariable nicht hinreichend groß gewählt wurde. Wenn dies passiert, liefern die Flagge `sqlwarn[1]` in der SQLCA-Struktur sowie die gegebenenfalls vorhandene Indikatorvariable gemeinsam eine Warnung, und zwar nach folgenden Regeln:[3]

---

3. Diese Regeln unterstellen, daß die betreffende Anwendung mit der Option LANGLEVEL SAA1 vorübersetzt wurde, was auch voreingestellt ist. Durch LANGLEVEL SQL92E kommen andere Regeln zur Anwendung, die im *Embedded SQL Programming Guide* beschrieben sind.

1. Falls der gelesene Wert einschließlich seiner NUL-Beendigung in die Wirtsvariable paßt (etwa wenn ein Wert vom Typ Char(5) einer als `char[6]` deklarierten Wirtsvariablen zugewiesen wird):

   Der Wert wird mit NUL-Beendigung in die Wirtsvariable kopiert.

   `sqlcode` wird auf null gesetzt, und `sqlstate` wird auf »00000« gesetzt.

   `sqlwarn[1]` wird ein Leerzeichen (Blank) zugewiesen.

   Die Indikatorvariable wird, falls vorhanden, auf null gesetzt.

2. Falls der gelesene Wert in die Wirtsvariable paßt, aber kein Platz mehr für die NUL-Beendigung vorhanden ist (etwa wenn ein Wert vom Typ Char(5) einer als `char[5]` deklarierten Wirtsvariablen zugewiesen wird):

   Der Wert wird ohne NUL-Beendigung in die Wirtsvariable kopiert.

   `sqlcode` wird auf null gesetzt, und `sqlstate` wird auf »01004« gesetzt.

   `sqlwarn[1]` wird auf »N« gesetzt.

   Die Indikatorvariable wird, falls vorhanden, auf null gesetzt.

3. Falls der gelesene Wert für die Wirtsvariable zu lang ist (etwa wenn ein Wert vom Typ Char(5) einer als `char[4]` deklarierten Wirtsvariablen zugewiesen wird):

   Die Wirtsvariable wird mit so vielen Bytes aus dem gelesenen Wert gefüllt, wie hineinpassen, und zwar ohne NUL-Ende.

   `sqlcode` wird auf null gesetzt, und `sqlstate` wird auf »01004« gesetzt.

   `sqlwarn[1]` wird auf »W« gesetzt.

   Die Indikatorvariable wird, falls vorhanden, auf die ursprüngliche Länge vor dem Verkürzen gesetzt.[4]

4.1.9 Die CLOSE-Anweisung

Eine CLOSE-Anweisung schließt einen Cursor und gibt alle eventuell noch belegten Ressourcen wie z.B. eine temporäre Kopie der Ergebnismenge frei. Wird ein geschlossener Cursor zu einem späteren Zeitpunkt wieder geöffnet, so werden seine Eingabevariablen sowie die ihm zugeordnete Anfrage erneut ausgewertet, und der Cursor wird vor die erste Zeile der neuen Ergebnismenge positioniert.

Die Syntax der CLOSE-Anweisung lautet wie folgt:

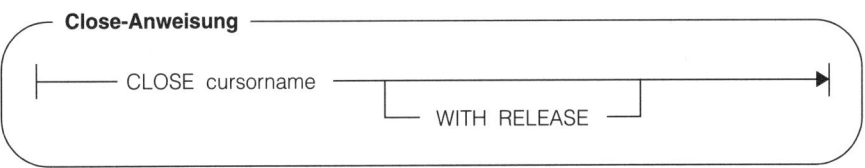

Close-Anweisung

```
CLOSE cursorname
         WITH RELEASE
```

---

4. Für große Objekte (in Abschnitt 6.1 beschrieben) wird die Originallänge nicht in der Indikatorvariablen zurückgegeben.

Beispiel:

```
EXEC SQL CLOSE c1;
```

Der optionale Zusatz WITH RELEASE teilt dem System mit, daß es sämtliche mit diesem Cursor assoziierte Lesesperren aufheben kann. Dies ist lediglich für die Isolationsgrade *Repeatable Read* (RR) und *Read Stability* (RS) von Bedeutung (vgl. Abschnitt 2.7.1). Diese Isolationsgrade sorgen generell dafür, daß das System auf gelesene Zeilen Sperren setzt, so daß sichergestellt ist, daß die Zeilen unverändert sind, wenn ein Cursor geschlossen und später wieder geöffnet wird. Diese Sperren werden im allgemeinen bis Transaktionsende gehalten, sie können aber auch vorzeitig durch Schließen eines Cursors mit dem Zusatz WITH RELEASE aufgehoben werden.

4.1.10 Einzeilen-SELECT- und VALUES-Anweisungen

Wie wir gesehen haben, ist der übliche Weg des Lesens von Daten aus einer Datenbank in ein Wirtsprogramm der, daß zunächst eine Anfrage geschrieben wird, welche die zu lesenden Daten spezifiziert, dann wird ein entsprechender Cursor deklariert und danach geöffnet; schließlich werden die Zeilen der Ergebnismenge in Wirtsvariablen eingelesen. In einigen Fällen kann es jedoch sein, daß man von vorne herein weiß, daß das Anfrageergebnis nur aus einer Zeile bestehen wird. Ruft die betreffende Anfrage z.B. eine Spaltenfunktion wie SUM oder AVG auf (und hat sie keine GROUP-BY-Klausel), so wird stets genau eine Zeile mit Daten zurückgegeben. In einem solchen Fall erscheint es unnötig, einen Cursor zu deklarieren und zu öffnen, um dann genau eine Zeile zu übergeben und den Cursor wieder zu schließen.

SQL kennt für solche Fälle eine Abkürzung, die als *Single-Row-SELECT-Anweisung* (Einzeilen-SELECT) oder in dem Fall, daß die Anfrage aus einer Literaltabelle besteht, als *Single-Row-VALUES-Anweisung* bezeichnet wird.

Ein Einzeilen-SELECT ist ein Anfrageblock, bei dem der SELECT-Klausel eine INTO-Klausel folgt, welche die Wirtsvariablen angibt, in die das Ergebnis abgelegt werden soll. Der Anfrageblock wird ausgeführt, und falls das Ergebnis aus genau einer Zeile besteht, wird diese Zeile den in der INTO-Klausel angegebenen Wirtsvariablen zugewiesen. Ist die Ergebnismenge leer, werden SQLCODE +100 sowie SQLSTATE 02000 zurückgegeben, und die Wirtsvariablen bleiben unverändert. Besteht das Ergebnis aus mehr als einer Zeile, wird eine Fehlermeldung ausgegeben.

Ein Single-Row-VALUES-Statement ist eine Literaltabelle, die aus einer Zeile besteht und der eine INTO-Klausel folgt, die wieder die Wirtsvariablen angibt, an welche die Zeile zugewiesen werden soll. Ein solches Statement wird z.B. beim Zuweisen des aktuellen Datums und der aktuellen Zeit an Wirtsvariablen benutzt. Wie bei einem Einzeilen-SELECT wird auch jetzt ein Fehler angezeigt, falls die Literaltabelle mehr als eine Zeile umfaßt. Eine in einem Einzeilen-VALUES-Statement vorkommende Literaltabelle kann keine Null-Spalte enthalten, es sei denn, dem Nullwert wird über einen CAST-Ausdruck explizit ein Datentyp zugewiesen.

Einzeilen-SELECT- sowie -VALUES-Anweisungen können naturgemäß nur in Wirtsprogramme eingebettet verwendet werden, dann mit dem Präfix EXEC SQL versehen. Die Syntax der beiden Anweisungen lautet wie folgt:

Single-Row-Select-Anweisung
SELECT
ALL
DISTINCT
,
Ausdruck
AS
spaltenname
*
tabellenname
INTO
,
Wirtsvariable
FROM
,
tabellenname
AS
korrname
(Abfrage)
AS
korrname
WHERE
Suchbedingung
GROUP BY
,
Ausdruck
HAVING
Suchbedingung

Single-Row-Values-Anweisung
VALUES
Ausdruck
(
,
Ausdruck
)
INTO
,
Wirtsvariable

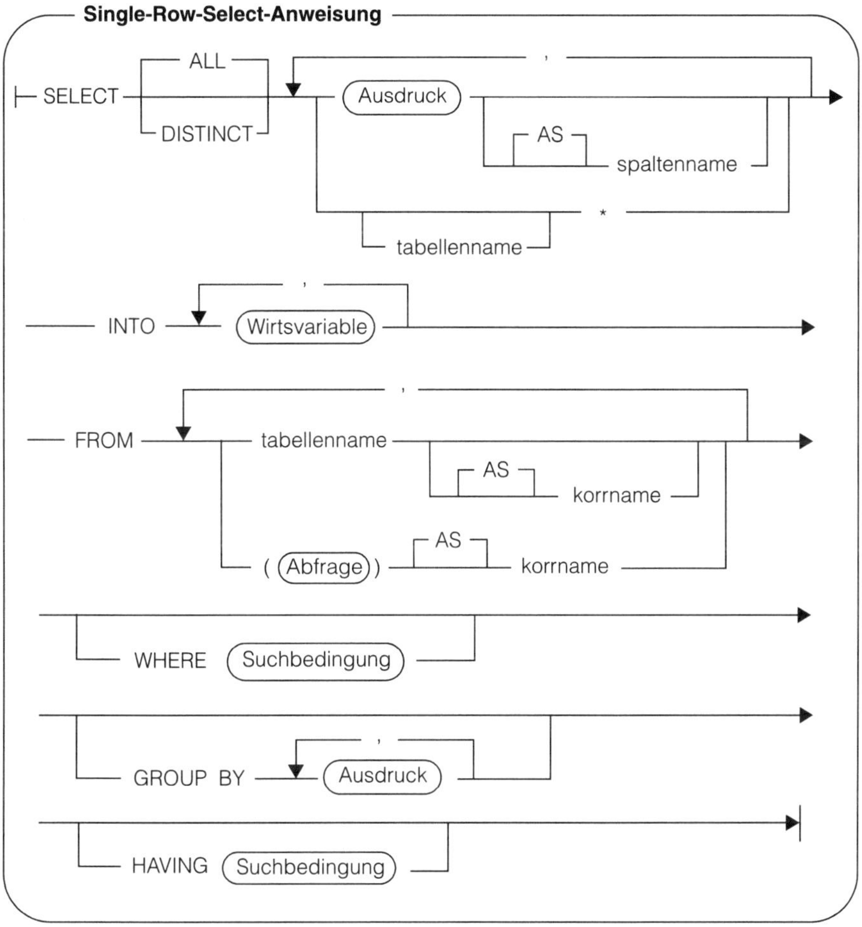

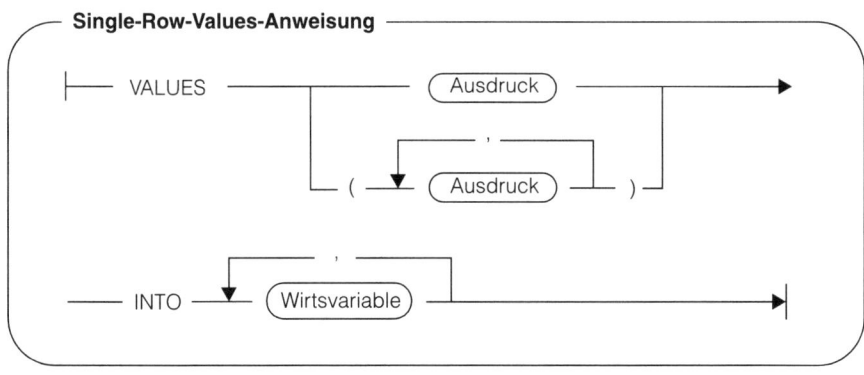

Das folgende Beispiel bestimmt jeweils die Anzahl aller bestellten sowie am Lager vorhandenen Zahnräder und übergibt die jeweilige Anzahl an zwei Wirtsvariablen mit Null-Indikatoren. Falls es in der Tabelle TEILE keine Zeilen gibt, deren Beschreibung der LIKE-Bedingung genügt, liefern die Spaltenfunktionen jeweils Nullwerte.

```
EXEC SQL
    SELECT sum(lagerbestand), sum(bestellstand)
    INTO :zradamlager :indik1, :zradbestellt :indik2
    FROM teile
    WHERE beschreibung LIKE '%Zahnrad%';
```

Das folgende Beispiel übergibt das aktuelle Datum sowie die aktuelle Zeit an zwei Wirtsvariablen:

```
EXEC SQL
    VALUES(CURRENT DATE, CURRENT TIME)
    INTO :heute, :jetzt;
```

4.1.11 Positionierte UPDATE- und DELETE-Anweisungen

Cursor spielen, außer beim Einlesen von Anfrageergebnissen in Wirtsprogramme, auch eine Rolle beim Verändern und Löschen von Zeilen aus einer Datenbank. Eine Spezialform der UPDATE-Anweisung mit der Bezeichnung *positionierte UPDATE-Anweisung* kann zum Ändern genau einer Zeile in einer Datenbank auf der Basis der aktuellen Cursorposition verwendet werden. Bei einer positionierten Änderung enthält die WHERE-Klausel anstelle einer Suchbedingung den Zusatz »CURRENT OF«, gefolgt von einem Cursornamen. Die Anweisung aktualisiert diejenige Zeile, auf die der betreffende Cursor positioniert ist. Analog hat die DELETE-Anweisung die Spezialform der *positionierten DELETE-Anweisung*, die ebenfalls in der WHERE-Klausel einen Cursornamen enthält und diejenige Zeile löscht, auf welche dieser Cursor positioniert ist.

Abgesehen von der Methode zum Auffinden der zu aktualisierenden oder zu löschenden Zeile, so verhalten sich positionierte UPDATE- und DELETE-Anweisungen genau wie ihre Pendants mit Suchbedingung. Daher können wir uns hinsichtlich der Syntax dieser Anweisungen auf das Syntaxdiagramm der UPDATE-Anweisung in Abschnitt 2.5.2 sowie auf das der DELETE-Anweisung in Abschnitt 2.5.3 beziehen und geben hier lediglich die neue Syntax der »positionierten« WHERE-Klausel an, welche die frühere WHERE-Klausel ersetzt (ansonsten bleiben die beiden Diagramme für positionierte Anweisungen unverändert).

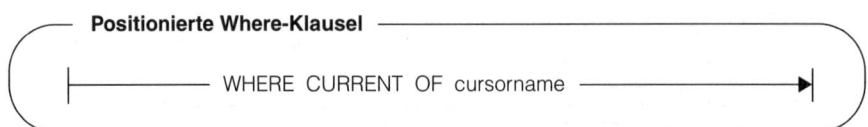

Positionierte Where-Klausel

WHERE CURRENT OF cursorname

Es folgen einige Beispiele für positionierte Anweisungen. (Es sei daran erinnert, daß der Präfix EXEC SQL vor jeder in ein Wirtsprogramm eingebetteten Anweisung stehen muß.)

▶ Aktualisiere die Zeile der Tabelle PREISLISTE, auf die der Cursor C10 positioniert ist:

```
EXEC SQL
  UPDATE preisliste
  SET preis = 900, reaktionszeit = 14
  WHERE CURRENT OF c10;
```

▶ Lösche die Zeile aus der Tabelle LIEFERANTEN, auf die der Cursor C20 positioniert ist:

```
EXEC SQL
  DELETE FROM lieferanten
  WHERE CURRENT OF c20;
```

Wird die Zeile, auf die ein Cursor positioniert ist, gelöscht, so steht der Cursor anschließend »vor« der nächsten Zeile der Ergebnismenge (oder »hinter« der letzten Zeile der Ergebnismenge, falls es keine nächste mehr gibt). Man beachte, daß ein positioniertes Löschen eine (aber nicht die einzige) Möglichkeit ist, die Zeile, auf die der Cursor positioniert ist, zu löschen.

Ein Cursor muß bestimmten Voraussetzungen genügen, damit er in einem positionierten DELETE oder UPDATE benutzt werden kann. Einige davon betreffen den Cursor selbst, andere betreffen die Anfrage, die mit dem Cursor (durch die DECLARE CURSOR-Anweisung) assoziiert ist; wir bezeichnen diese auch als die *Cursoranfrage*. Diese Voraussetzungen sollen sicherstellen, daß die aktuelle Position des Cursors eindeutig eine Zeile der Datenbank identifiziert, die aktualisiert oder gelöscht werden kann; sie lauten wie folgt:

1. Die Cursoranfrage enthält in der FROM-Klausel genau eine Tabelle oder Sicht, und genau diese Tabelle oder Sicht ist im positionierten UPDATE oder DELETE genannt. Falls es sich um eine Sicht handelt, darf diese nicht vom Typ Read-only sein (vgl. Abschnitt 2.6.5).

2. Die Cursoranfrage darf keines der folgenden Sprachelemente enthalten, durch die es unmöglich wird, eine Zeile der Datenbank eindeutig der aktuellen Cursorposition zuzuordnen:

   - DISTINCT, GROUP BY oder HAVING

   - eine Spaltenfunktion wie z.B. AVG, MAX, MIN, SUM, COUNT, STDEV oder VARIANCE

   - einen Mengenoperator wie UNION, INTERSECT oder EXCEPT mit oder ohne ALL-Option

3. Die Cursordeklaration darf weder eine ORDER BY- noch eine FETCH FIRST-Klausel enthalten.

4. Die Cursordeklaration sollte eine FOR UPDATE-Klausel enthalten.[5] Für ein positioniertes Aktualisieren muß die FOR UPDATE-Klausel die Namen der zu aktualisierenden Spalten enthalten (oder die Spaltenliste entfällt, was bedeutet, daß alle Spalten aktualisiert werden sollen).

5. Der Cursor muß geöffnet und auf eine Zeile positioniert sein (d.h., eine FETCH-Anweisung muß bereits auf dem Cursor ausgeführt sein).

4.1.12 Verwendung von Cursorn mit interaktivem SQL

Da einer der Zwecke eines Cursors die zeilenweise Übergabe von Anfrageergebnissen an Wirtsprogrammvariablen ist, wird man vielleicht erwarten, daß Cursor lediglich in Anwendungsprogrammen mit eingebettetem SQL eingesetzt werden können. Überraschenderweise können auch die Befehlszentrale sowie der CLP zum Ausführen von Cursordeklarationen, OPEN-, FETCH- und CLOSE-Anweisungen sowie zum positionierten Aktualisieren und Löschen benutzt werden. Bei einer interaktiven Verwendung dieser Statements wird ihnen naturgemäß kein EXEC SQL vorangestellt, und sie können keine Wirtsvariablen enthalten.

Eine Verwendung eines Cursors in einer interaktiven SQL-Sitzung gibt einem die Möglichkeit, das Ergebnis einer Anfrage zeilenweise zu bearbeiten und die Zeilen dabei unmittelbar zu aktualisieren. Es kann auch nützlich sein, eine bestimmte Cursorlogik interaktiv auszutesten, bevor man sie in ein Anwendungsprogramm einbaut. Das folgende Beispiel zeigt eine Reihe von Anweisungen, die man interaktiv zwecks Inspektion der Tabelle TEILE und nachfolgendem Aktualisieren einer der Zeilen ausführen könnte:

```
DECLARE c1 CURSOR FOR
    SELECT teilenr, lagerbestand, bestellstand
    FROM teile
    FOR UPDATE OF bestellstand;
OPEN c1;
FETCH c1;
FETCH c1;
FETCH c1;
UPDATE teile
    SET bestellstand = bestellstand + 25
    WHERE CURRENT OF c1;
CLOSE c1;
```

---

5. Dies ist mehr ein gut gemeinter Rat als eine unbedingte Anforderung. Wurde das Programm mit der Option LANGLEVEL SQL92E oder LANGLEVEL MIA vorübersetzt, kann ein positioniertes Aktualisieren oder Löschen auch auf einen Cursor angewendet werden, der nicht mit FOR UPDATE deklariert wurde. Die sicherste und effizienteste Methode ist jedoch, FOR UPDATE in der Cursordeklaration immer dann zu verwenden, wenn man positionierte Anweisungen benutzen will.

4.1.13 Zusammengesetztes SQL

Wenn ein Anwendungsprogramm auf einer Client-Maschine läuft, führt im allgemeinen jede SQL-Anweisung zu einem Austausch von Nachrichten zwischen Client und Server. Um das Nachrichtenaufkommen zu verringern und die Effizienz zu verbessern, ermöglicht UDB das Aufrufen einer Folge von SQL-Anweisungen durch eine einzige Nachricht an den Server. Eine solche Folge wird als *zusammengesetzte SQL-Anweisung* (*Compound SQL Statement*) bezeichnet. Zusammengesetzte Anweisungen können die Performanz von Anwendungen verbessern, die mehrere Aktualisierungen in Folge vornehmen, ohne dabei mit der Datenbank interagieren zu müssen.

Zusammengesetzte SQL-Anweisungen sind stets *statisch*, d.h., die Werte aller Eingabewirtsvariablen in den einzelnen SQL-Anweisungen werden vor der Ausführung der ersten Anweisung gebunden. Wirtsvariablen können dann also nicht zur Weitergabe von Information von einer Anweisung an die nächste verwendet werden. Der Grund für diese Einschränkung ist klar: Die Werte von Wirtsvariablen ändern sich bis zum Ende der zusammengesetzten Anweisung nicht, da keine Ergebnisse einzelner Anweisungen innerhalb der Zusammensetzung an die Client-Maschine zurückgegeben werden. Weist mehr als eines der Statements in einer Zusammensetzung einen Wert an dieselbe Wirtsvariable zu, so behält diese den zuletzt zugewiesenen Wert.

Der Programmierer, der eine zusammengesetzte SQL-Anweisung schreibt, muß angeben, ob die Anweisung *atomar* oder *nicht atomar* ist. Ist sie atomar, werden alle einzelnen Statements innerhalb der zusammengesetzten Anweisung zurückgesetzt, falls auch nur eine von ihnen fehlschlägt. Ist sie nicht atomar, bleiben Änderungen von erfolgreich ausgeführten einzelnen Anweisungen selbst dann erhalten, wenn andere Anweisungen nicht erfolgreich ausgeführt werden. Atomare zusammengesetzte Anweisungen werden von UDB-Servern akzeptiert, nicht jedoch von anderen, über DRDA-Verbindungen erreichbaren Servern.

Die Syntax einer zusammengesetzten SQL-Anweisung lautet wie folgt:

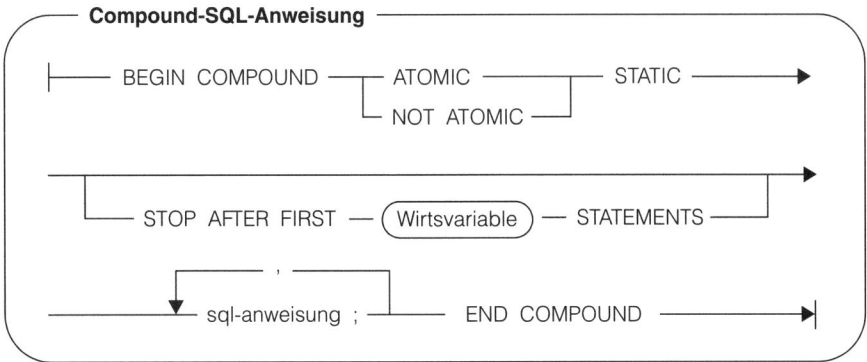

Beispiel:

```
EXEC SQL
  BEGIN COMPOUND ATOMIC STATIC
    INSERT INTO bestellungen(liefnr, teilenr,
                             anzahl, bestelldatum)
      VALUES(:s, :p, :q, CURRENT DATE);
    UPDATE teile
      SET bestellstand = bestellstand + :q
      WHERE teilenr = :p;
END COMPOUND;
```

Zusammengesetzte SQL-Anweisungen können nur in statischen SQL-Applikationen verwendet werden; sie dürfen nicht ineinander verschachtelt werden. Cursoroperationen (OPEN, FETCH, CLOSE) und Anweisungen, die Datenbankverbindungen betreffen (CONNECT, RELEASE), sind innerhalb zusammengesetzter Anweisungen nicht zulässig. Eine zusammengesetzte Anweisung kann ein COMMIT als letzte einzelne Anweisung enthalten, nicht aber ein ROLLBACK.

Wie in oben angegebenem Syntaxdiagramm gezeigt, kann ein Anwendungsprogramm angeben, daß nur eine bestimmte Anzahl von Anweisungen innerhalb einer Zusammensetzung ausgeführt werden soll, wobei diese Anzahl in einer Wirtsvariablen, die in der STOP AFTER-Klausel anzugeben ist, geliefert wird.

Wie alle SQL-Anweisungen, die in Wirtsprogramme eingebettet werden, liefert eine zusammengesetzte SQL-Anweisung eine SQLCA-Struktur, die das Resultat beschreibt. Liefern eine oder mehrere Anweisungen innerhalb einer Zusammensetzung eine Fehlermeldung oder eine Warnung, werden diese in der SQLCA-Struktur in einer Weise kombiniert, die in der *SQL Reference* beschrieben ist.

Schritte und Code für Beispielprogramm TEILE1: Bestellen von Teilen

Schritt 1: Das Programm enthält die erforderliche Header-Datei `sqlenv.h`, die Deklarationen für die Symbole, Strukturen und Schnittstellen, die bei eingebettetem SQL verwendet werden, umfaßt. Die Datei `sqlenv.h` findet man im Verzeichnis `sqllib/include`, und sie enthält verschiedene weitere Header-Dateien, die sich ebenfalls in diesem Verzeichnis befinden. In unserem Beispiel verwenden wir auch den Befehl `INCLUDE SQLCA`, der eine Struktur mit dem Namen `sqlca` zur Aufnahme von Return-Codes anlegt.

4.1.14 Beispielprogramm TEILE1: Bestellen von Teilen

Als Beispiel für eingebettetes SQL werden wir als nächstes ein C-Programm mit dem Namen TEILE1 angeben, das von Benutzern kommende Anforderungen von Teilen verarbeitet, unter Verwendung unserer Lagerdatenbank. Unser Programm fragt den Benutzer nach einer Beschreibung der benötigten Teile und bestimmt sodann die Nummern aller Teile, auf die diese Beschreibung paßt; für jede solche Teilenummer wird der Benutzer nach der benötigten Anzahl und der gewünschten Reaktionszeit gefragt. Falls diese Anforderung mit den am Lager befindlichen Teilen erfüllt werden kann, aktualisiert das Programm lediglich die entsprechenden Einträge. Anderenfalls muß nachbestellt werden; dazu bestimmt das Programm den Lieferanten, der die Teile innerhalb der angegebenen Zeit zum niedrigsten Preis liefern kann, und schickt diesem eine Bestellung. Nach Auffinden und Bearbeitung aller Teile, die den Angaben des Benutzers entsprechen, fragt das Programm nach einer neuen Teilebeschreibung.

↪ *Seite 194*

Schritte und Code für Beispielprogramm TEILE1: Bestellen von Teilen

```
/*
**   SCHRITT 1: Einbinden von Header-Dateien
*/
#include <stdlib.h>
#include <string.h>
#include <stdio.h>
#include <sqlenv.h>

EXEC SQL INCLUDE SQLCA;
```

Schritte und Code für Beispielprogramm TEILE1: Bestellen von Teilen

Schritt 2: Der SQL-Vereinbarungsteil enthält die Deklarationen aller Wirtsvariablen, die in eingebetteten SQL-Anweisungen verwendet werden, und zwar unter Benutzung der in Tabelle 4.2 angegebenen C-Datentypen. Am Programmanfang wird des weiteren ein Cursor mit dem Namen C1 deklariert, der eine Anfrage an die Tabelle TEILE repräsentiert. Jedesmal, wenn dieser Cursor geöffnet wird, wertet er die Inputvariable :userdescrip aus und findet alle Teile, die mit der Beschreibung übereinstimmen (unter Verwendung eines LIKE-Prädikats, so daß auch näherungsweise Übereinstimmungen möglich sind). Da der Cursor für ein positioniertes Update benutzt werden soll, enthält er eine FOR UPDATE-Klausel.

Schritte und Code für Beispielprogramm TEILE1: Bestellen von Teilen

```
void main()
   {

   /*
   **  SCHRITT 2: Deklaration von Wirtsvariablen
   **  und einem Cursor
   */
   EXEC SQL BEGIN DECLARE SECTION;
      char  dbname[9] = "testdb";
                   /* Name der Datenbank            */
      char  teilenr[5];
                   /* Teilenummer                   */
      long  lagerbestand;
                   /* Lagerbestand                  */
      long  bestellstand;
                   /* Bestellstand                  */
      long  benAnzahl;
                   /* benoetigte Anzahl             */
      long  benReakzeit;
                   /* gewuenschte Reaktionszeit (Tage)  */
      long  fehlstand;
                   /* benoetigte Anz. minus verfuegb. Anz. */
      long  besterPreis;
                   /* bester Preis fuer das Teil    */
      short preisIndikator;
                   /* -1 (null) falls kein Preis vorhanden */
      char  besterLief[4];
                   /* Nr. des Lieferanten mit bestem Preis */
      char  userdescrip[21];
                   /* Teilebeschreibung des Benutzers   */
      char  actualdescrip[21];
                   /* Teilebeschreibung aus der Datenbank  */
      char  msgpuffer[500];
                   /* Puffer for DB2-Fehlermeldung  */
      short moreToDo = 1;
                   /* 1 bis das Programm fertig ist */

   EXEC SQL END DECLARE SECTION;

   EXEC SQL DECLARE C1 CURSOR FOR
      SELECT teilenr, beschreibung, lagerbestand,
             bestellstand
      FROM teile
      WHERE beschreibung LIKE '%' || :userdescrip || '%
      FOR UPDATE OF lagerbestand, bestellstand;
```

Schritte und Code für Beispielprogramm TEILE1: Bestellen von Teilen

Schritt 3: Die WHENEVER-Anweisung enthält eine Sprungadresse, zu der im Fall eines unerwarteten Return-Codes einer SQL-Anweisung verzweigt wird. Nach Etablierung dieser Fehlerbehandlung kann eine Verbindung zur TEILE-Datenbank hergestellt und der Benutzer nach einer Beschreibung des ersten benötigten Teils gefragt werden.

Schritt 4: Die While-Schleife wird so lange durchlaufen, wie der Benutzer neue Teilebeschreibungen eingibt. Nach jeder neuen Eingabe einer Teilebeschreibung wird der Cursor C1 geöffnet, und es wird das erste Teil geholt, das der Beschreibung entspricht. Bei der Suche nach einem Teil wird ein LIKE-Prädikat benutzt, so daß z.B. zu einer Eingabe »Rad« auch Teilebeschreibungen wie »Großes Rad«, »Kleines Rad« oder »Radabdekkung« gefunden werden. Wird kein passendes Teil gefunden, so gibt die FETCH-Anweisung SQLSTATE 02000 zurück.

Schritte und Code für Beispielprogramm TEILE1: Bestellen von Teilen

```
/*
** SCHRITT 3: Einrichten einer Fehlerbehandlung und
** Verbindungsaufbau zur Datenbank
*/
EXEC SQL WHENEVER SQLERROR GO TO schlechtenachrichten;

EXEC SQL CONNECT TO :dbname;

printf("\nGeben Sie eine Einwort-Beschreibung
        benoetigter Teile ein:");
scanf("%s", userdescrip);

/*
** SCHRITT 4: Für jede eingelesene Beschreibung
** wird der Cursor geöffnet, und es werden
** passende Teile geholt
*/
while (moreToDo)
    {
    EXEC SQL OPEN C1;

    EXEC SQL FETCH C1
        INTO :teilenr, :actualdescrip, :lagerbestand,
            :bestellstand;
    if (!strncmp(sqlca.sqlstate, "02000", 5))
        {
        printf("Sorry, keine Teile entsprechen der
                Beschreibung.\n");
        }
```

Schritte und Code für Beispielprogramm TEILE1: Bestellen von Teilen

Schritt 5: Für jedes Teil, das zu der vom Benutzer angegebenen Beschreibung paßt, wird der Benutzer nach der benötigten Anzahl sowie einer gewünschten Reaktionszeit gefragt. Sodann wird der »Fehlstand« berechnet, also die Differenz zwischen den vorhandenen und den benötigten Teilen bzw. die Anzahl der de facto nachzubestellenden Teile. Ist der Fehlstand gleich 0, so braucht lediglich die Tabelle TEILE (über ein positioniertes UPDATE) aktualisiert zu werden, so daß dokumentiert ist, daß die benötigten Teile aus dem Lager entnommen wurden. Eine intelligentere Version des Programms könnte versuchen, die Wünsche des Benutzers unter Berücksichtigung von Lieferzeiten (auch) aus den bereits bestellten, aber noch nicht angekommenen Teilen zu befriedigen.

Schritt 6: Falls nicht genügend Teile am Lager sind, um die Anforderung des Benutzers zu befriedigen, werden weitere Teile bestellt. In diesem Schritt wird zunächst aus der Tabelle PREISLISTE unter den Lieferanten, die das Teil in der gewünschten Zeit liefern können, der niedrigste Preis bestimmt. Falls keine passende Preisangabe existiert (d.h., der niedrigste Preis ist null), wird eine Meldung ausgegeben, und der Benutzer wird nach einer neuen Teilebeschreibung gefragt.

Schritte und Code für Beispielprogramm TEILE1: Bestellen von Teilen

```
/*
**  SCHRITT 5: Für jedes passende Teil
**  wird der Benutzer nach Anzahl und Reaktionszeit
**  gefragt
*/
while(strncmp(sqlca.sqlstate, "02000", 5))
   {
   printf("\nTeil Nummer %s ist ein %s.\n", teilenr, actualdescrip);
   printf("Geben Sie gewünschte Anzahl und Reaktionszeit (in Tagen) an: ");
   scanf("%d %d", &benAnzahl, &benReakzeit);
   if (benAnzahl > 0)
      {
      fehlstand = benAnzahl - lagerbestand;
      if (fehlstand <= 0)
         {
         EXEC SQL
            UPDATE teile
            SET lagerbestand
               = lagerbestand - :benAnzahl
            WHERE CURRENT OF C1;
         printf("\nIhre Anforderung wurde aus dem
                  Lager abgewickelt.\n");
         }
      else
         {

         /*
         **  SCHRITT 6: Finde den billigsten
         **  Lieferanten
         */
         EXEC SQL
            SELECT min(preis) into
                  :besterPreis :preisIndikator
            FROM preisliste
            WHERE teilenr = :teilenr
            AND reaktionszeit <= :benReakzeit;

         if (preisIndikator < 0)
            {
            printf("\nSorry, kein Lieferant kann Ihrer Anforderung genügen.\n");
            }
         else
            {
```

Schritte und Code für Beispielprogramm TEILE1: Bestellen von Teilen

Schritt 7: An dieser Stelle wissen wir, daß wir Teile nachbestellen müssen, und wir kennen den niedrigsten Preis, der unseren Anforderungen genügt. Daher wird jetzt eine Bestellung generiert, wobei es noch eine Komplikation gibt: Es kann sein, daß mehr als ein Lieferant den niedrigsten Preis bietet. Falls dies der Fall ist, wählen wir hier den Lieferanten mit der kleinsten Lieferantennummer. Sodann wird eine Nachricht mit der aufzugebenden Bestellung ausgegeben, und die Bestellung selbst wird als neue Zeile in die Tabelle BESTELLUNGEN eingefügt. Ferner wird die TEILE-Tabelle (über ein positioniertes UPDATE) aktualisiert, da sich der Bestellstand bestimmter Teile verändert hat.

Der Leser möge als Übung die SELECT-Anweisung in Schritt 7 so abändern, daß im Fall mehrerer Lieferanten mit dem niedrigstem Preis derjenige mit der kürzesten Reaktionszeit den Auftrag erhält. (Man beachte, daß es wieder mehrere Lieferanten mit niedrigstem Preis und kürzester Reaktionszeit geben kann.)

Schritte und Code für Beispielprogramm TEILE1: Bestellen von Teilen

```
        /*
        **  SCHRITT 7: Generiere eine Bestellung
        **  und aktualisiere die Datenbank
        */
        EXEC SQL
          SELECT min(liefnr) into :besterLief
          FROM preisliste
          WHERE teilenr = :teilenr
          AND preis = :besterPreis
          AND reaktionszeit <= :benReakzeit;

        printf("Gib Bestellung an Lieferanten
                %s ", besterLief);
        printf("fuer Teil %s, Anzahl %d\n",
               teilenr, fehlstand);
        EXEC SQL
          INSERT INTO bestellungen
          VALUES(:besterLief, :teilenr,
                :fehlstand, CURRENT DATE);

        EXEC SQL
          UPDATE teile
          SET bestellstand
                  = bestellstand + :fehlstand
          WHERE CURRENT OF C1;
        }   /* Ende des Falles
            ** Finden einer passenden
            ** Preisangabe
            */
      }   /* Ende des Falles
          ** Aufgeben einer Bestellung
          */
    }   /* Ende des Falles benAnzahl > 0 */

EXEC SQL FETCH C1
   INTO :teilenr, :actualdescrip, :lagerbestand,
        :bestellstand;

}   /* Ende der While-Schleife, in der
    ** passende Teile gefunden werden
    */
```

Schritte und Code für Beispielprogramm TEILE1: Bestellen von Teilen

Schritt 8: Nach Verarbeitung aller vom Cursor C1 gelieferten Zeilen (d.h. aller Teile, die auf die vom Benutzer angegebene Beschreibung passen), wird der Cursor geschlossen, und die Änderungen an der Datenbank werden freigegeben und dadurch permanent gemacht. Sodann wird der Benutzer nach einer weiteren Teilebeschreibung gefragt; alternativ kann er das Programm auch verlassen.

Schritt 9: Hinter der Sprungmarke `schlechtenachrichten` verbirgt sich die Behandlung unerwarteter Return-Codes für SQL-Anweisungen. Im einzelnen wird die Hilfsroutine `sqlaintp` zum Auffinden der Nachricht des fehlerhaften SQL-Befehls verwendet; diese Nachricht wird sodann ausgegeben. Würde z.B. das Paket TEILE1 aus irgendeinem Grund aus der Datenbank gelöscht, gäbe das Programm folgende Fehlermeldung aus:

```
Unexpected return code from DB2.
Message: SQL0805N  Package "DEINNAME.TEILE1"
was not found.
SQLSTATE=51002
```

Schritte und Code für Beispielprogramm TEILE1: Bestellen von Teilen

```
/*
** SCHRITT 8: Cursor schliessen, Updates freigeben,
** den Benutzer nach weiterer Eingabe fragen
*/
EXEC SQL CLOSE C1;

EXEC SQL COMMIT;

printf("\nGeben Sie die Beschreibung eines weiteren
          Teils ein oder Q fuer Quit: ");
scanf("%s", userdescrip);
if (!strcmp(userdescrip, "Q"))
   {
   moreToDo = 0;
   printf("Auf baldiges Wiedersehen!\n";
   }

}   /* Ende der aeusseren While-Schleife */

EXEC SQL CONNECT RESET;
return;

schlechtenachrichten:
/*
** SCHRITT 9: Fehlerbehandlung
*/
printf("Unerwarteter DB2 Return Code.\n");
sqlaintp(msgpuffer, 500, 70, &sqlca);
printf("Message: %s\n", msgpuffer);
return;

}       /* Ende des Hauptprogramms */
```

Ende des Beispielprogramms TEILE1: Bestellen von Teilen

4.2 Verwendung von statischem SQL in C++-Programmen

Da C++ eine Obermenge von C ist, können alle Techniken zum Einbetten von SQL-Anweisungen in C-Programme auch in C++-Programmen verwendet werden. Es wird sogar derselbe Precompiler (mit demselben PREP-Befehl) zur Verarbeitung von C- oder C++-Programmen mit eingebetteten SQL-Anweisungen aufgerufen. Die Konventionen für Erweiterungen von Dateinamen, wie sie vom UDB-Precompiler verwendet werden, sind in Tabelle 4.4 angegeben.

Datei	Erweiterung unter OS/2 und Windows	Erweiterung unter UNIX
C-Programm mit eingebettetem SQL (Eingabe für Precompiler)	.sqc	.sqc
Reines C-Programm (Ausgabe des Precompilers)	.c	.c
C++-Programm mit eingebettetem SQL (Eingabe für Precompiler)	.sqx	.sqC
Reines C++-Programm (Ausgabe des Precompilers)	.cxx	.C

Tabelle 4.4:
Dateinamenskonventionen für C- sowie für C++ Programme

Wenn man in C++ eine Klasse deklariert, kann man Datenfelder durch Aufnahme dieser in einen SQL-Vereinbarungsteil innerhalb der Klassendefinition als Wirtsvariablen deklarieren. Man kann dann SQL-Anweisungen innerhalb der Methoden (»Member Functions«) dieser Klasse verwenden, in denen die Wirtsvariablen, die Datenfelder der Klasse sind, vorkommen. Wenn eine solche Wirtsvariable in einer SQL-Anweisung verwendet wird, wird sie implizit durch den Zeiger »this« qualifiziert, der das Objekt identifiziert, dessen Memberfunktion gerade ausgeführt wird.

Die Verwendung von SQL-Anweisungen in den Memberfunktionen von Klassen in C++ wird durch das Beispielprogramm TEILE2 illustriert. Dieses Programm definiert eine Klasse mit dem Namen Anforderung. Jedes Objekt der Klasse Anforderung repräsentiert eine Anforderung einer bestimmten Anzahl von Teilen mit einer gegebenen Teilenummer. Da die Memberfunktionen der Klasse Anforderung auf die Datenbank zugreifen müssen, werden die Datenfelder (teilenr und benanzahl) innerhalb eines SQL-Vereinbarungsteils angegeben.

Die Klasse Anforderung hat eine Memberfunktion mit dem Namen wieschnell(), die eine ganze Zahl liefert, die angibt, wie schnell die Anforderung erfüllt werden kann. Sind die benötigten Teile bereits am Lager, liefert wieschnell() den Wert null. Können die Teile bestellt werden, liefert wieschnell() die kürzest mögliche Reaktionszeit für das gegebene Teil von irgendeinem Lieferanten. Ist die Teilenummer nicht bekannt oder gibt es keine Preisangabe für das betreffende Teil, liefert wieschnell() den Wert –1. Um den Rückgabewert berechnen zu können, enthält wieschnell() zwei SQL-Anweisungen, welche die Tabellen TEILE und PREISLISTE anfragen. Die Memberfunktion wie-schnell() benutzt die Datenmember der Klasse Anforderung (die implizit durch den Zeiger »this« qualifiziert sind) als Wirtsvariablen und deklariert darüber hinaus weitere Wirtsvariablen in einem eigenen SQL-Vereinbarungsteil.

Die Klasse Anforderung hat ferner eine Memberfunktion wieviel(), die eine ganze Zahl liefert, welche die minimalen Kosten der angeforderten Teile darstellt (0, falls sie bereits am Lager sind; –1, falls für die gegebene Teilenummer kein Eintrag in PREISLISTE vorliegt). Wie die Funktion wieschnell(), so hat auch wieviel() einen eigenen SQL-Vereinbarungsteil und enthält SQL-Anweisungen, welche die Tabellen TEILE und PREISLI-STE unter Verwendung von Datenmembern der Klasse Anforderung als Wirtsvariablen anfragen. Man beachte, daß die minimale Zeit, die von wieschnell() zurückgegeben wird, sowie die minimalen Kosten, welche die Funktion wieviel() liefert, unter Umständen nicht gleichzeitig erreichbar sind, da es sich um Angaben von verschiedenen Lieferanten handeln kann.

Das Beispiel zeigt, wie ein Hauptprogramm Objekte erzeugen und Memberfunktionen aufrufen kann. Es zeigt gleichzeitig, wie eine globale SQL-Fehlerbehandlung von einem Hauptprogramm und mehreren Memberfunktionen gemeinsam benutzt werden kann.

C++ Beispielprogramm TEILE2: Verarbeiten von Teileanforderungen

```
#include <stdlib.h>
#include <string.h>
#include <sqlenv.h>
#include <iostream.h>

EXEC SQL INCLUDE SQLCA;

void handler(int n)
   {
   // Liest und druckt Fehlermeldungen aus DB2
   char msgbuffer[500];
   cout << endl << "Unerwarteter DB2 Return Code bei "
        << n << endl;
   sqlaintp(msgbuffer, 500, 70, &sqlca);
   cout << "Message: " << msgbuffer << endl;
   }


class Anforderung
   {
   private:
      EXEC SQL BEGIN DECLARE SECTION;
         char teilenr[5];      // Nummer des benötigten Teils
         long benanzahl;       // Anzahl benötigter Teile
      EXEC SQL END DECLARE SECTION;
   public:                     // Methoden
```

```
Anforderung (char *p, long q)  // Konstruktor-Methode
   {
   strncpy(teilenr, p, 5);
   benanzahl = q;
   }
long wieschnell()        // minimale Zeit zum Beschaffen der Teile
   {
   EXEC SQL BEGIN DECLARE SECTION;
      long lagerbestand1, minzeit;
      short anzind1, zeitind;
   EXEC SQL END DECLARE SECTION;

   EXEC SQL
      SELECT lagerbestand
      INTO :lagerbestand1 :anzind1
      FROM teile WHERE teilenr = :teilenr;
   if (SQLCODE == 0 && anzind1 == 0
      && lagerbestand1 >= benanzahl)
      return 0;

   EXEC SQL
      SELECT min(reaktionszeit)
      INTO :minzeit :zeitind
      FROM preisliste
      WHERE teilenr = :teilenr
      AND reaktionszeit IS NOT NULL;
   if (SQLCODE < 0) handler(1);
   if (SQLCODE < 0 || zeitind < 0) return -1;
   else return minzeit;
   }                   // Ende der wieschnell-Methode
long wieviel()              // minimale Kosten der Teile
   {
   EXEC SQL BEGIN DECLARE SECTION;
      long lagerbestand2, minpreis;
      short anzind2, preisind;
   EXEC SQL END DECLARE SECTION;

   EXEC SQL
      SELECT lagerbestand
      INTO :lagerbestand2 :anzind2
      FROM teile
      WHERE teilenr = :teilenr;
   if (SQLCODE == 0 && anzind2 == 0
      && lagerbestand2 >= benanzahl)
      return 0;
   EXEC SQL
      SELECT min(preis) into :minpreis :preisind
      FROM preisliste
```

```
            WHERE teilenr = :teilenr AND preis IS NOT NULL;
        if (SQLCODE < 0) handler(2);
        if (SQLCODE < 0 || preisind < 0) return -1;
        else return minpreis * benanzahl;
        }          // Ende der wieviel-Methode
    };              // Ende von Klasse Anforderung
void main()
    {
    long tage, kosten, anz;
    char tnr[5];
    Anforderung *anfdrg;

    EXEC SQL CONNECT TO testdb;
    if (SQLCODE < 0) handler(3);

    while (cin >> tnr >> anz)
        {
        // Erzeuge neues Anforderungsobjekt
        anfdrg = new Anforderung(tnr, anz);
        // Rufe die Methoden wieschnell und wieviel des Anforderungsobjekts auf
        tage = anfdrg->wieschnell();
        kosten = anfdrg->wieviel();
        cout << endl << "Anforderung fuer " << anz
             << " Einheiten des Teils " << tnr << endl;
        if (tage < 0)
          cout << "Keine Tageinformation vorhanden."
               << endl;
        else cout << "Minimale Anzahl Tage ist " << tage
                  << " Tage."
                  << endl;
        if (kosten < 0)
          cout << "Keine Kosteninformation vorhanden."
               << endl;
        else cout << "Minimale Kosten sind " << kosten
                  << " Cents."
                  << endl;

        // Lösche das Anforderungsobjekt und führe Commit zur Freigabe von Sperren aus
        delete anfdrg;
        EXEC SQL COMMIT;
        if (SQLCODE < 0) handler(4);
        }    // Ende der Eingabeschleife
EXEC SQL CONNECT RESET;
if (SQLCODE < 0) handler(5);
}      // end of main()
```

Ende des Beispielprogramms TEILE2: Verarbeiten von Teileanforderungen

4.3 Erstellen eines Anwendungsprogramms

Den Prozeß der Vorbereitung eines Anwendungsprogramms zur Ausführung unter UDB nennt man das *Erstellen* der Applikation. Man benötigt hierzu das *Software Developer's Kit* (SDK) entweder auf der Server- oder auf der Client-Maschine. Der Erstellungsprozeß umfaßt mehrere Schritte, die in Abbildung 4.1 illustriert sind. In diesem Abschnitt beschreiben wir diese Schritte, wobei wir davon ausgehen, daß wir mit einem C-Programm mit eingebetteten SQL-Anweisungen in einer Datei mit dem Namen `meinprog.sqc` starten (ähnliche Schritte sind bei C++ sowie anderen Wirtssprachen durchzuführen).

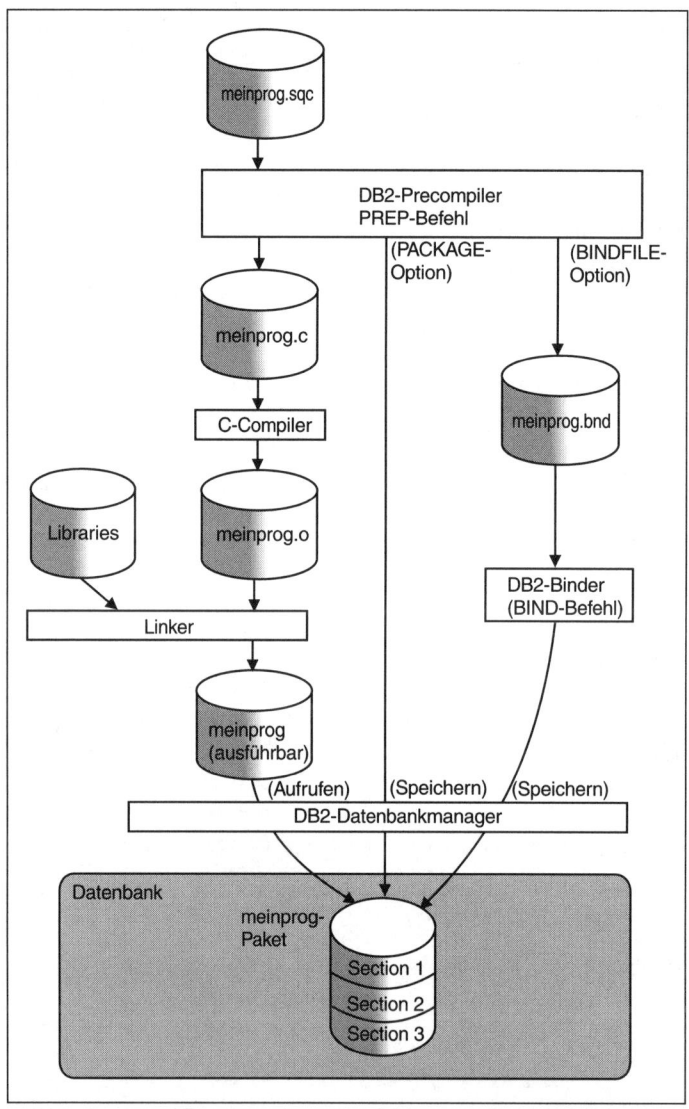

Abbildung 4.1:
Erstellen eines Anwendungsprogramms mit dem Namen meinprog

1. Um das Programm mit einer bestimmten Datenbank benutzen zu können, muß man zunächst eine Verbindung zu dieser Datenbank herstellen. Soll das Programm z.B. mit einer Datenbank mit dem Namen TESTDB arbeiten, so kann man mit folgendem Befehl von der Befehlszentrale aus eine Verbindung aufbauen:

```
CONNECT TO testdb;
```

2. Der nächste Schritt besteht darin, den Precompiler aufzurufen, der das Programm nach eingebetteten SQL-Anweisungen durchsucht und für jede davon einen optimierten Zugriffsplan erstellt. Dies kann durch folgenden, von der Befehlszentrale aus abgesetzten Befehl erfolgen:

```
PREP meinprog.sqc;
```

Der PREP-Befehl wird in Abschnitt 4.3.1 genauer beschrieben. Wird er wie in dem gerade gezeigten Beispiel ohne Optionen verwendet, so durchsucht er das betreffende Programm und erzeugt für jede darin enthaltene statische SQL-Anweisung einen optimierten Zugriffsplan (wobei bei manchen Anweisungen wie z.B. Datendefinitionsanweisungen keine echte Optimierung stattfindet). Der Zugriffsplan für jede Anweisung wird als *Sektion (Section)* bezeichnet, und die Zusammenfassung aller Sektionen (Sections), auch *Paket (Package)* genannt, wird in der Datenbank abgelegt, mit der aktuell eine Verbindung besteht. Der Precompiler generiert ferner ein reines C-Programm mit einer Kopie des Quellprogramms, in der alle SQL-Anweisungen durch Aufrufe ersetzt sind, die UDB zum Holen und Ausführen des entsprechenden, im Paket enthaltenen Plans veranlassen.

Der Prozeß des Erzeugens eines kompilierbaren C-Programms aus einer Quelldatei mit eingebetteten SQL-Anweisungen wird als *Precompilation (Vorübersetzung)* bezeichnet; der Prozeß des Erzeugens eines Pakets mit Zugriffsplänen für ein Programm wird als *Binden* des Programms bezeichnet. Grundsätzlich führt der Precompiler sowohl eine Vorübersetzung wie ein Binden durch, jedoch lassen sich die beiden Schritte trennen, wenn dies gewünscht wird. Während des Bindens werden alle Namen von Tabellen und anderen Objekten, die in SQL-Anweisungen vorkommen, durch spezifische Namen in der betreffenden Datenbank aufgelöst. Enthält eine SQL-Anweisung einen Syntaxfehler oder versucht das Programm, auf ein Objekt zuzugreifen, daß entweder nicht existiert oder für das keine Zugriffsberechtigung vorliegt, so ist das Binden nicht erfolgreich und endet in einer Fehlermeldung. Falls man die Option BINDFILE des PREP-Befehls benutzt, erzeugt der Precompiler eine weitere Datei, die sogenannte *Bindedatei (Bind File)*, die alle SQL-Anweisungen sowie weitere Informationen enthält, die zum Erstellen eines Pakets für das Programm erforderlich sind. Ein Paket kann dann aus der Bindedatei erzeugt und in der Datenbank abgelegt werden, indem man das Kommando BIND aufruft. Der Vorteil des Erstellens einer Bindedatei besteht darin, daß man das Programm später (mit REBIND) erneut binden kann, ohne wieder den Precompiler aufrufen zu müssen. Jedesmal, wenn ein Programm neu gebunden wird, generiert der UDB-Optimierer einen neuen Zugriffsplan auf der Grundlage der aktuellen Indizes und anderer Bedingungen in der Datenbank. Der Name der Bindedatei für unser Beispielprogramm ist `meinprog.bnd`.

3. Nach dem Vorübersetzen eines Programms besteht der nächste Schritt in einer Übersetzung des resultierenden C-Programms und einem Verknüpfen dessen mit anderen Programmen und Bibliotheksfunktionen, so daß sich eine ausführbare Datei ergibt. Eine Applikation kann aus mehreren Quelldateien bestehen, von denen jede ihre eigenen eingebetteten SQL-Anweisungen enthält. Diese Dateien können separat vorübersetzt, gebunden und danach (durch den Linker) miteinander verknüpft werden. Natürlich muß genau eine der Dateien eine Funktion main() enthalten.

Da die von einem Precompiler erzeugte Datei ein reines C-Programm enthält, kann sie mit den gleichen Methoden wie jedes gewöhnliche C-Programm übersetzt und gebunden werden. Die speziellen Befehle hierzu hängen vom jeweiligen Compiler sowie vom Betriebssystem ab. Beispiele solcher Kommandos in Abhängigkeit spezieller Compiler und Betriebssysteme werden in den Handbüchern *Building Applications for UNIX Environments* sowie *Building Applications for Windows and OS/2 Environments* gegeben.

Es ist zu beachten, daß ein von einem Precompiler erzeugtes C-Programm nicht modifiziert werden darf. Will man seine Applikation ändern, so ist die Datei mit der Extension .sqc zu ändern und der PREP-Befehl zu wiederholen.

4. Nachdem das Programm vorübersetzt, übersetzt und (durch den Linker) gebunden wurde, ist es zur Ausführung bereit. Wie jede andere Applikation kann es durch Eingeben seines Namens in der Kommandozeile des Betriebssystems gestartet werden, etwa in der Form

meinprog

Das laufende Programm führt die vom Precompiler erzeugten Aufrufe aus, durch die das UDB-Laufzeitsystem veranlaßt wird, das entsprechende Paket aus der Datenbank zu holen und die in dessen Sections enthaltenen Zugriffspläne auszuführen

UDB unterhält eine Reihe von Befehlsdateien, die den Prozeß der Erstellung eines Anwendungsprogramms vereinfachen. Auch wenn diese Dateien zu einer konkreten Anwendung nicht genau passen, können sie als Anleitung zum Schreiben der benötigten Compiler- und Linker-Befehle verwendet werden. Die Befehlsdateien sind für jede Plattform sowie jeden Compiler verschieden. Sie befinden sich in den Verzeichnissen unter sqllib/samples (z.B. liegen die Dateien zur Erstellung von Anwendungen in C oder C++ in sqllib/samples/c bzw. in sqllib/samples/cpp). Es folgen die Namen einiger dieser Befehlsdateien:

▶ bldmsemb.bat wird mit dem Visual C++ Compiler von Microsoft unter Windows NT und Windows 95 benutzt.

▶ bldvaemd.bat wird mit dem IBM Visual Age Compiler unter Windows sowie OS/2 benutzt.

▶ bldxlc wird mit dem IBM XLC-Compiler unter AIX benutzt.

▶ bldcset wird mit dem IBM CSet++- Compiler unter AIX benutzt.

▶ bldcc wird mit den C- und C++-Compilern unter HP-UX- oder Solaris-Plattformen benutzt.

Vor einer Verwendung dieser Befehlsdateien müssen sie gegebenfalls wie folgt editiert werden:

1. Die Befehlsdateien wurden für die UDB-Beispielapplikationen entwickelt, die das fehlerprüfende Hilfsprogramm `util` verwenden. Falls eine Anwendung diese nicht benötigt, können die Referenzen auf `util.c` und `util.o` aus den Befehlsdateien entfernt werden.

2. Die Befehlsdateien gehen von speziellen Annahmen darüber aus, wo bestimmte Libraries abgelegt sind. So unterstellt z.B. die Datei `bldmsemd.bat`, daß sich die UDB-Library von Include-Dateien in `%DB2PATH%\include` befindet. Falls derartige Annahmen nicht zutreffen, müssen gegebenenfalls die Compile- und Link-Befehle editiert werden.

   Weitere Einzelheiten zur Erstellung von UDB-Applikationen findet man in den IBM-Publikationen *Building Applications for UNIX Environments* sowie *Building Applications for Windows and OS/2 Environments*.

4.3.1 Vorübersetzen eines Programms

Der UDB-Precompiler wird mit dem Befehl PRECOMPILE (auch PREP genannt) aufgerufen. Obwohl PREP ein Befehl und keine SQL-Anweisung ist, kann er von der Befehlszentrale oder dem CLP aus wie ein SQL-Statement verwendet werden. Die Syntax des PREP-Befehls lautet wie folgt:

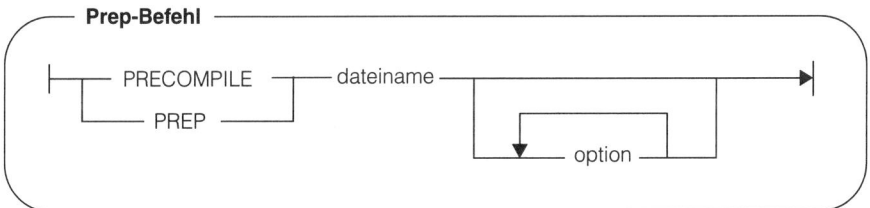

Wie bereits erläutert, erzeugt der PREP-Befehl ein Paket mit den optimierten Zugriffsplänen einer jeden in ein Programm eingebetteten SQL-Anweisung sowie gegebenenfalls eine Bindedatei mit den originalen SQL-Anweisungen.

Um ein Programm vorübersetzen zu können, muß man mit einer Datenbank verbunden sein. Wird ein Programm zum ersten Mal vorübersetzt, benötigt man eine BINDADD-Autorisierung auf dieser Datenbank sowie ein CREATEIN-Privileg auf dem Schema, in dem das Paket abgelegt wird (oder die IMPLICIT_SCHEMA-Autorisierung, falls dieses Schema noch nicht existiert). Falls man ein Programm vorübersetzt, zu dem bereits ein Paket existiert, benötigt man ein BIND-Privileg auf dem Paket oder ein ALTERIN-Privileg für das Schema, welches das Paket enthält. Darüber hinaus benötigt man alle Privilegien, die zum Ausführen der in dem Programm enthaltenen SQL-Anweisungen erforderlich sind. Diese Privilegien müssen dem betreffenden Benutzer individuell oder als PUBLIC gewährt worden sein, nicht jedoch über eine Gruppe, in der man Mitglied ist.[6]

---

6. Der Grund hierfür liegt darin, daß UDB die Mitgliedschaft in einer Gruppe nicht kontinuierlich überwacht und daher ein Paket nicht ungültig machen kann, wenn man aus einer privilegierten Gruppe ausscheidet.

Der PREP-Befehl kennt zahlreiche Optionen, die im *Command Reference* dokumentiert sind. Die meisten davon bestehen aus einem Namen für die Option, gefolgt von einem Wert. Ich fasse die nützlichsten der Optionen hier zusammen:

· ▶ Die BINDFILE-Option sorgt dafür, daß der Precompiler lediglich eine Bindedatei, nicht jedoch auch ein Paket anlegt, es sei denn, die PACKAGE-Option ist ebenfalls spezifiziert.

▶ Die BLOCKING-Option kontrolliert, ob die Rückgabe von Ergebnissen von der Server- zur Client-Maschine zeilenweise oder in Blöcken von mehreren Zeilen erfolgt. Eine blockweise Rückgabe verbessert die Effizienz, da die Anzahl der zwischen Server und Client versandten Nachrichten reduziert wird; sie kann andererseits zu Problemen führen, wenn man einen Cursor für positioniertes Aktualisieren und Löschen verwenden will (wie im Beispiel DELETE FROM tabelle1 WHERE CURRENT OF cursor1). Als Voreinstellung verwendet das System Blockungen bei allen Cursorn, die nicht für positionierte Updates benutzt werden. Falls ein Programm jedoch dynamische SQL-Anweisungen vorbereitet und ausführt, kann das System nicht sicher sein, daß nicht auf irgendeinem Cursor ein positioniertes Update ausgeführt werden soll. Will man dem System zusichern, daß dies nicht der Fall ist, so verwende man BLOCKING ALL, so daß das System eine Blockung auch in Fällen vornehmen kann, in denen es dies sonst unterlassen würde.

▶ Die COLLECTION-Option spezifiziert den Namen des Datenbankschemas, in dem das Paket erzeugt wird. Der voreingestellte Schemaname ist die Benutzerkennung, unter welcher der PREP-Befehl ausgeführt wird.

▶ Die Option CONNECT 1 spezifiziert, daß das Programm Typ-1-Verbindungen verwenden wird (die in jeder Transaktion eine Verbindung mit nur einer Datenbank haben können); CONNECT 2 gibt an, daß das Programm Typ-2-Verbindungen benutzen wird (die innerhalb einer Transaktion mit mehreren Datenbanken verbunden sein können). (Typ-1- und Typ-2-Verbindungen werden in Abschnitt 2.7.2 beschrieben.)

▶ Die DATETIME-Option gibt das bevorzugte Format für Datums- und Zeitangaben an, die von dem Paket generiert werden (wie z.B. die Werte der speziellen Register CURRENT DATE und CURRENT TIME). Ein Format wird als dreistelliger Buchstabencode angegeben, wie z.B. USA (amerikanischer Standard), EUR (europäischer Standard) oder JIS (japanischer Standard).

▶ Die DEGREE-Option spezifiziert den Grad an Intrapartitions-Parallelismus (d.h. die Anzahl zeitgleicher Prozesse auf jeder Maschine), der beim Ausführen der im Programm enthaltenen SQL-Anweisungen benutzt werden soll. Der Wert der DEGREE-Option kann eine ganze Zahl zwischen 1 und 32.767 oder das Wort ANY (mit dem das System den genauen Wert selbst bestimmt) sein. Der voreingestellte Wert dieser Option wird über den Datenbank-Konfigurationsparameter DFT_DEGREE kontrolliert, der seinerseits auf 1 voreingestellt ist.

➤ Die EXPLSNAP-Option kontrolliert das Sammeln von »Explain Snapshot«-Informationen, die von der Steuerzentrale zum Anzeigen eines Zugriffsplans, der vom Optimierer erstellt wurde, verwendet werden kann (vgl. Abschnitt 10.8.4). EXPLSNAP YES bedeutet, daß solche Informationen für jede im Programm vorkommende statische SQL-Anweisung gesammelt wird.

➤ Die FUNCPATH-Option gibt eine Liste von Schemata an, die in der angegebenen Reihenfolge zu durchsuchen sind, falls Funktions- oder Datentypnamen in statischen SQL-Anweisungen des Programms aufzulösen sind. Der voreingestellte Funktionspfad besteht dabei aus den Schemata SYSIBM und SYSFUN, gefolgt von der Benutzerkennung, unter der das Programm vorübersetzt wird. (Funktionspfade werden in Abschnitt 6.3 behandelt.)

➤ Die ISOLATION-Option gibt den vom Programm gewünschten Isolationsgrad als zweistelligen Buchstabencode an (RR = Repeatable Read, RS = Read Stability, CS = Cursor Stability, UR = Uncommitted Read). (Isolationsgrade werden in Abschnitt 2.7.1 beschrieben.)

➤ Die MESSAGES-Option erlaubt die Angabe des Namens einer Datei, in der Nachrichten des Precompilers gesichert werden (ansonsten werden diese am Standard-Output ausgegeben).

➤ Die QUERYOPT-Option erlaubt eine Kontrolle der Klasse von Optimierungstechniken, die bei der Erstellung von Zugriffsplänen für die im Programm enthaltenen SQL-Anweisungen zur Anwendung kommen. Gültige Werte für QUERYOPT sind z.B. 0, 1, 2, 3, 5, 7 und 9. Grundsätzlich sorgen höhere Werte dafür, daß der Optimierer mehr Zeit und Speicherplatz auf die Erstellung eines Zugriffsplans verwendet, so daß sich potentiell ein besserer Plan und damit eine kürzere Laufzeit ergeben. Die Randwerte 0 und 9 sollten mit Vorsicht benutzt werden, da sie zu suboptimalen Plänen bzw. langen Optimierungszeiten führen können. Klasse 5 ist für die meisten Anwendungen ein guter Kompromiß. Die Voreinstellung für QUERYOPT wird vom Datenbank-Konfigurationsparameter DFT_QUERYOPT kontrolliert, der seinerseits auf 5 voreingestellt ist.

 TIP: Man sollte die Option QUERYOPT nicht mit der Option OPTLEVEL verwechseln, die mit der Optimierung von SQL-Anweisungen nichts zu tun hat und die man wahrscheinlich nicht benutzen wird.

➤ Die Option SYNCPOINT wird bei Typ-2-Verbindungen zur Angabe darüber verwendet, wie Freigaben (Commits) und Rücksetzungen (Rollbacks) für Transaktionen, die mit mehr als einer Datenbank verbunden sind, gehandhabt werden. Zulässige Werte für diese Option sind ONEPHASE, TWOPHASE und NONE; voreingestellt ist ONEPHASE. (Die SYNCPOINT-Option wird in Abschnitt 2.7.2 beschrieben.)

➤ Die WCHARTYPE-Option kontrolliert das Format, in dem graphische (Mehrbyte-) Daten mit Wirtsvariablen ausgetauscht werden. WCHARTYPE NOCONVERT (die Voreinstellung) spezifiziert, daß Daten in zwei Bytes pro Zeichen ausgetauscht werden, also so, wie sie in der Datenbank gespeichert sind, unter Verwendung des Zweibyte-C-Typs `sqldbchar`. WCHARTYPE CONVERT gibt demgegenüber an, daß Daten mittels des Typs `wchar_t` ausgetauscht werden, der im lokalen C-Compiler definiert ist und mit der »Wide Character«-Bibliothek von C benutzt wird.

Die folgenden Beispiele illustrieren den Gebrauch des PREP-Befehls und einiger seiner Optionen:

▶ Die einfachste Form eines PREP-Befehls benennt lediglich das vorzuübersetzende Programm.

```
PREP prog1.sqc;
```

▶ Der folgende Befehl veranlaßt die Vorübersetzung eines C-Programms prog2 unter Verwendung von RR-Isolation sowie das Erzeugen sowohl eines Pakets wie einer Bindedatei. Der Name des resultierenden Pakets soll business.prog2 lauten.

```
PREP prog2.sqc BINDFILE PACKAGE
    COLLECTION business ISOLATION RR;
```

▶ Der folgende Befehl übersetzt ein C++-Programm mit dem Namen prog3 vor und spezifiziert dabei europäisches Format für Datumswerte sowie einen Funktionspfad, der die Schemata SCIENCE und MATH enthält. Precompiler-Nachrichten werden in der Datei prog3.msg im aktuellen Verzeichnis abgelegt.

```
PREP prog3.sqC DATETIME EUR MESSAGES prog3.msg
    FUNCPATH sysibm, sysfun, science, math;
```

▶ Das folgende Kommando veranlaßt ein Vorübersetzen eines C-Programms namens prog4. Da Performanz jetzt kritisch ist, gibt der Benutzer den maximalen Optimierungsgrad, die Blockung für alle Cursor und EXPLSNAP YES an, was den Zugriffsplan jeder statischen SQL-Anweisung für Analysezwecke in der Steuerzentrale zugänglich macht.

```
PREP prog4.sqc QUERYOPT 9 BLOCKING ALL EXPLSNAP YES;
```

▶ Der folgende Befehl übersetzt ein C-Programm mit dem Namen prog5 vor. Da das Programm Transaktionen enthält, die mehrere Datenbanken aktualisieren, gibt der Benutzer Typ-2-Verbindungen sowie ein Zweiphasen-Commit-Protokoll an.

```
PREP prog5.sqc CONNECT 2 SYNCPOINT TWOPHASE;
```

4.3.2 Erneutes Binden eines Pakets

Das Paket, das für ein Programm in der Datenbank abgelegt wird, enthält den besten Zugriffsplan, den das System für die verschiedenen SQL-Anweisungen zum Bindezeitpunkt des Programms bestimmen kann. Im Laufe der Zeit können sich jedoch Veränderungen an der Datenbank einstellen, die einen anderen Zugriffsplan ergeben würden, falls das Programm erneut gebunden würde. Derartige Veränderungen fallen generell in die folgenden Kategorien:

1. Ein Paket kann Zugriffspläne enthalten, die bestimmte physikalische Strukturen wie z.B. Indizes ausnutzen. Wird ein Index, der von einem gegebenen Paket benutzt wird, gelöscht, so wird dieses Paket als *ungültig* gekennzeichnet, und seine Zugriffspläne werden automatisch durch neue ersetzt, wenn das Paket das nächste Mal aufgerufen wird. Dieser Prozeß, ein sogenanntes *implizites Rebinden,* ist für den Benutzer transparent, abgesehen von einer kurzen Verzögerung für das Erzeugen der neuen Pläne und gegebenenfalls einer Veränderung der Effizienz der betreffenden Applikation.

Der Verlust eines von einem Paket genutzten Index ist nie besonders tragisch, da der Optimierer immer in der Lage sein wird, einen alternativen Zugriffsplan zu finden, der ohne diesen Index auskommt. Allerdings ist ein Paket stärker betroffen, wenn eine der Tabellen, auf die es zugreift, gelöscht oder eines der Privilegien, an denen es hängt, zurückgezogen wird. In einem solchen Fall markiert das System das Paket als ungültig und versucht, es beim nächsten Aufruf implizit erneut zu binden. Ist die Tabelle oder das Privileg dann nach wie vor nicht vorhanden, geht das implizite Rebinden schief, und das betreffende Anwendungsprogramm erhält einen Fehlercode, sobald es eine SQL-Anweisung auszuführen versucht.

2. Es kann auch passieren, daß nach dem Erzeugen eines Pakets ein neuer Index angelegt wird, der die Performanz des betreffenden Programms verbessern könnte; es könnten sich auch die einschlägigen Datenstatistiken so verändern, daß ein anderer Zugriffsplan für eine bessere Performanz sorgen würde. Das System kann so etwas nicht selbst erkennen und dann das Paket entsprechend abändern. Will man erreichen, daß ein Paket die neuesten Indizes sowie Statistiken ausnutzt, muß man es explizit erneut binden, dies unter Anwendung einer der unten angegebenen Methoden.

3. Einige der SQL-Anweisungen im Programm können Aufrufe skalarer Funktionen wie `length` oder von Spaltenfunktionen wie `avg` enthalten. Wie wir in Kapitel 6 sehen werden, erlaubt UDB es seinen Benutzern sogar, eigene Funktionen zu schreiben, die dann in der gleichen Weise in SQL-Anweisungen benutzt werden können wie die systemdefinierten Funktionen. Das System erlaubt sogar die Definition mehrerer Funktionen mit dem gleichen Namen, aber unterschiedlichen Datentypen, für die Argumente, wie z.B. `foo(Integer)` und `foo(Float)`. Wenn ein Programm gebunden wird, bestimmt ein *Funktionsresolution* genannter Prozeß die Funktionen, die den im Programm enthaltenen Funktionsaufrufen am nächsten entsprechen, und verwendet diese im Zugriffsplan für das Programm. Ist jedoch eine der ausgewählten Funktionen eine benutzerdefinierte, so kann es passieren, daß diese später gelöscht wird. Falls dies passiert, wird das betreffende Paket *inoperativ* (unbrauchbar). Ein inoperatives Paket kann so lange nicht benutzt werden, bis es explizit unter Verwendung einer der unten genannten Methoden erneut gebunden wurde. Ein solches erneutes Binden wiederholt den Prozeß der Funktionsresolution und wählt dann unter Umständen andere Funktionen aus. Wird z.B. die Funktion `foo(Integer)` gelöscht, so könnte das System die Alternative `foo(Float)` wählen und diese unter Konvertieren des Arguments in den »höheren« Datentyp aufrufen. Eine solche Substitution wird jedoch vom System erst dann durchgeführt, wenn das Paket explizit erneut gebunden wird. Dieser Ansatz, die *konservative Bindesemantik*, schützt gegen unerwartete Veränderungen im Verhalten eines Programms.

Man kann ein existierendes Paket jederzeit erneut binden, wodurch das System veranlaßt wird, sämtliche Zugriffspläne neu zu erstellen. Die folgenden Gründe können zu einem erneuten Binden eines Pakets führen:

▷ Ausnutzung neuer Indizes, die nach dem (letzten) Binden des Pakets neu angelegt wurden;

▷ Ausnutzung neuester Statistiken über die Tabellen der Datenbank;

▶ Veranlassung einer (erneuten) Funktionsresolution, durch die dann Funktionen genutzt werden können, die nach dem (letzten) Binden des Pakets generiert wurden, oder Befreiung des Pakets aus dem Zustand »inoperativ«, der nach dem Löschen einer benutzerdefinierten Funktion erreicht wurde;

▶ Vermeidung von Verzögerungen beim Ausführen der Applikation, die sich durch ein automatisches Rebinden des Pakets durch das System ergeben könnten;

▶ Veränderung einer oder mehrerer Optionen, mit denen das Paket gebunden wurde, wie z.B. den Isolationsgrad.

Es gibt drei Methoden zum expliziten erneuten Binden eines Pakets, die unten zusammengefaßt sind. Um eine dieser benutzen zu können, muß eine Verbindung zu der Datenbank bestehen, in der das Paket gebunden ist.

1. Der schnellste und direkteste Weg zum expliziten Rebinden eines Pakets ist die Benutzung des Befehls REBIND. Dieser Befehl benötigt nur einen Parameter, den Namen des erneut zu bindenden Pakets; er erfordert nicht die Existenz einer Bindedatei. Der Befehl operiert unmittelbar auf dem in der Datenbank gespeicherten Paket, welches eine Kopie der SQL-Anweisungen enthält, aus denen es ursprünglich erzeugt wurde. Diese Anweisungen werden zu einem neuen Paket gebunden, und zwar mit den gleichen Optionen wie vorher. Bei einem erneuten Binden werden alle Tabellen- und Funktionsnamen erneut resolviert, und für alle SQL-Anweisungen im Paket werden neue Zugriffspläne erstellt. Ein REBIND-Befehl ist sehr effizient und sollte immer dann benutzt werden, wenn man ein Paket neu binden will, ohne das Programm oder die Optionen zu ändern.

   Ds folgende Beispiel zeigt einen REBIND-Befehl für das Programm meinprog:

   ```
   REBIND meinprog
   ```

2. Hat man während des Vorübersetzens eine Bindedatei erstellt, so kann man diese Datei über den BIND-Befehl erneut binden. Man sollte BIND anstelle von REBIND verwenden, wenn man eine der Optionen, mit denen das Programm gebunden wurde, verändern will, etwa den Isolationsgrad. Der BIND-Befehl erfordert die gleichen Berechtigungen wie der PREP-Befehl und unterstützt nahezu die gleichen Optionen wie dieser (mit Ausnahme von CONNECT, SYNCPOINT und WCHARTYPE; will man diese verändern, muß man PREP benutzen).

   Das folgende Beispiel eines BIND-Befehls ändert den Isolationsgrad für meinprog:

   ```
   BIND meinprog ISOLATION RS
   ```

3. Falls man am Quellcode des Programms irgendwelche Veränderungen vornimmt, muß man erneut den Precompiler benutzen, wie in folgendem Beispiel:

   ```
   PREP meinprog.sqc
   ```

 **TIP:** Man sollte nicht versuchen, das vom Precompiler erstellte C-Programm zu ändern. Alle daran vorgenommenen Veränderungen sind beim nächsten Aufruf des Precompilers verloren. Notwendige Veränderungen am Quellcode sollten nur an der Datei, die dem Precompiler als Input dient, vorgenommen werden.

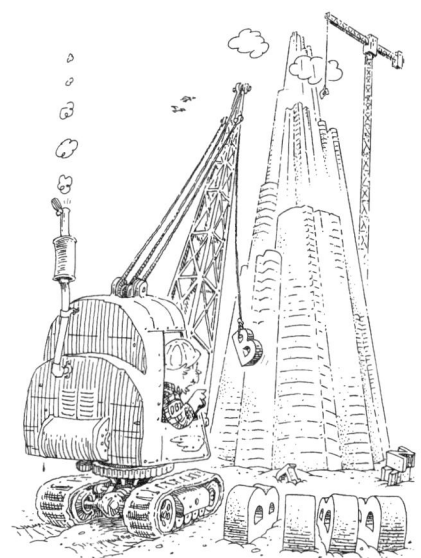

5 Ausdruckskraft von Anfragen

Haben Sie jemals wissen wollen, welche Abteilung in Ihrer Firma das höchste Durchschnittsgehalt hat? Oder wie man von Oshkosh nach Oslo mit möglichst wenigen Flügen fliegt? Oder welcher Anteil von Unfällen in der Firma im vergangenen Jahr durch Kettensägen verursacht wurde? In diesem Kapitel wird beschrieben, wie man diese und andere wichtige Fragen jeweils in einer einzigen SQL-Anweisung beantwortet, unter Ausnutzung der Ausdruckskraft von Anfragen in UDB.

Viele der in diesem Kapitel vorgestellten Sprachmöglichkeiten enthalten Unteranfragen (*Subqueries*). SQL hat das Konzept der Unteranfrage, also der in einer anderen Anfrage enthaltenen Anfrage, die ein Zwischenergebnis berechnet, stets unterstützt. Allerdings wurde das ursprüngliche SQL häufig wegen seiner Regeln und Einschränkungen hinsichtlich der Benutzung von Unteranfragen kritisiert. So hatte z.B. die von einer Unteranfrage erzeugte Tabelle nicht in jedem Fall Spaltennamen, und man konnte eine Unteranfrage nicht grundsätzlich in der gleichen Weise wie eine reale Tabelle oder eine Sicht verwenden. Derartige Beschränkungen wurden im SQL92-Standard sowie im UDB-System aufgehoben, so daß heute eine neue Version von SQL mit erheblich verbesserter Orthogonalität und Ausdruckskraft vorliegt.

Einer der Gründe, warum UDB die Bezeichnung »universelle Datenbank« verdient, liegt in seiner Fähigkeit, auf Daten aus vielen unterschiedlichen relationalen und nichtrelationalen Quellen zugreifen zu können. Das in diesem Kapitel beschriebene Konzept der *Tabellenfunktionen* (*Table Functions*) kann nahezu jede Art von Daten als Tabelle erscheinen lassen, an die man dann mit SQL Anfragen stellen und die man mit anderen Tabellen in der Datenbank verbinden kann.

Einige grundlegende Sprachelemente von SQL, wie Verbundoperationen und Gruppierung, die bereits in Kapitel 2 beschrieben wurden, sind in UDB erheblich erweitert worden. Eine neue Syntax mit der Bezeichnung *expliziter Verbund* (*Explicit Join*) ermöglicht ein neuartiges Verbinden von Tabellen. Mit Hilfe von *Supergruppen* (*Super Groups*) kann man in einer SQL-Anfrage Daten in einer Tabelle auf unterschiedliche Weisen gruppieren und darauf neue Operationen wie CUBE und ROLLUP anwenden, die für ein *Online Analytical Processing* (OLAP) nützlich sind.

Eine der mächtigsten Spracheigenschaften von UDB ist die Unterstützung rekursiver Anfragen, mit denen man eine Datenbank wiederholt so lange durchsuchen kann, bis eine bestimmte Bedingung erfüllt oder ein gewünschtes Ziel erreicht ist. Rekursive Anfragen werden in zahlreichen wichtigen Datenbankanwendungen benutzt, etwa beim Bestimmen aller Nachfahren einer gegebenen Person, aller Teile eines gegebenen Produkts (Stückliste) oder aller Wege zu einer vorgegebenen Destination. Die UDB-Syntax für rekursive Anfragen ermöglicht eine Suche nach allen Lösungen eines gegebenen Problems oder nach der optimalen Lösung relativ zu einem vorgegebenen Kriterium.

Die Essenz eines Datenbanksystems liegt in seiner Fähigkeit, Information aufzufinden. Die in diesem Kapitel beschriebenen Anfragemöglichkeiten tragen wesentlich zur Ausdruckskraft von SQL bei und räumen eine Reihe lange existierender Beschränkungen der Sprache aus. UDB ist als dem SQL92-Standard entsprechend zertifiziert worden und unterstützt darüber hinaus eine Reihe von Sprachmöglichkeiten, die im Standard nicht enthalten sind. Viele davon sind für die nächste Version des SQL-Standards, bekannt unter der Bezeichnung SQL3, im Gespräch.

5.1 CASE-Ausdrücke

Häufig will ein Datenbankdesigner Platz sparen dadurch, daß er eine kurze Form der Codierung für die Werte einer bestimmten Spalte wählt. Wenn jedoch eine Applikation auf die Werte zugreift, ist meist deren tatsächliche Bedeutung anstelle ihrer Kurzcodierung erwünscht. Dies ist ein einfaches Beispiel für das, was man mit dem mächtigen Sprachkonstrukt des *CASE-Ausdrucks* erzielen kann.

5.1.1 Einfache Form

Ein CASE-Ausdruck (Fallunterscheidung) wird stets zu einem skalaren Wert ausgewertet und kann überall dort verwendet werden, wo auch ein Ausdruck wie x + y oder foo(x) stehen kann. CASE wird häufig in einer SELECT-Klausel, einer WHERE-Klausel oder in der SET-Klausel einer UPDATE-Anweisung benutzt. In seiner einfachsten Form wird ein CASE-Ausdruck in Abhängigkeit vom Wert eines *Testausdrucks* zu einem von mehreren *Ergebnisausdrücken* ausgewertet.

Zur Illustration der einfachsten Form des CASE-Ausdrucks betrachten wir die folgende Tabelle, die eine Liste von Militäroffizieren enthält:

OFFIZIERE

NAME	STATUS	RANG	TITEL

Die STATUS-Spalte enthält einen ganzzahligen Code, der unterschiedliche Stati wie z.B. »Aktiv«, »Reserve« oder Pensioniert« repräsentiert. Die folgende Anfrage erstellt dann eine Liste aller Offiziere mit einer Beschreibung ihres Status:

```
SELECT name,
    CASE status
        WHEN 1 THEN 'aktiver Dienst'
        WHEN 2 THEN 'Reserve'
        WHEN 3 THEN 'Spezialauftrag'
        WHEN 4 THEN 'Pensioniert'
        ELSE 'Unbekannt'
    END AS status
FROM offiziere;
```

Die Syntax der einfachen Form des CASE-Ausdrucks lautet wie folgt:

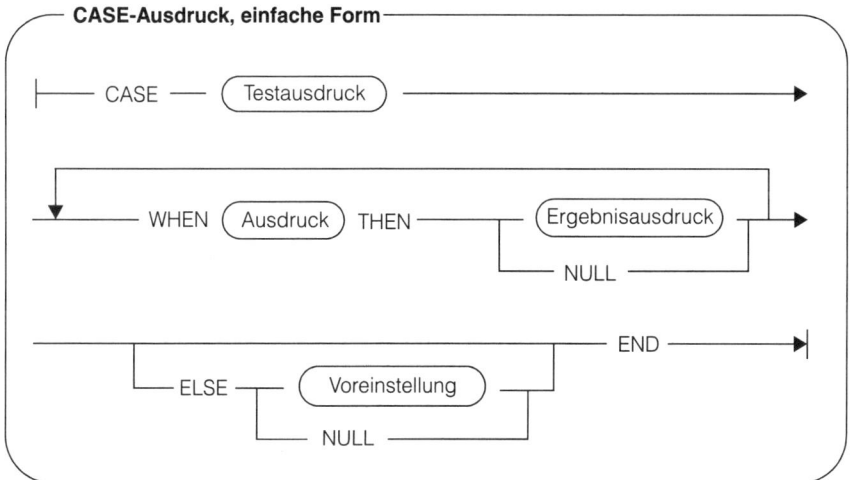

In diesem Syntaxdiagramm stehen die Symbole *Testausdruck, Ausdruck, Ergebnisausdruck* und *Voreinstellung* alle für allgemeine, nach den in Abschnitt 2.4.1 beschriebenen Regeln konstruierte Ausdrücke.

Der Wert eines einfachen CASE-Ausdrucks ist der Wert des ersten Ergebnisausdrucks in der THEN-Klausel, dessen WHEN-Ausdruck mit dem Testausdruck übereinstimmt. Falls der Testausdruck mit keinem dieser Ausdrücke übereinstimmt, ist der Wert des CASE-Ausdrucks gleich der Voreinstellung bzw. gleich NULL, falls keine Voreinstellung angegeben ist. Wenn man einen CASE-Ausdruck schreibt, ist sicherzustellen, daß die Datentypen sämtlicher Ausdrücke in den WHEN-Klauseln mit dem Datentyp des Testausdrucks kompatibel sind und daß die Datentypen aller Ergebnisausdrücke und die Voreinstellung miteinander kompatibel sind.

Als weiteres Beispiel eines einfachen CASE-Ausdrucks betrachten wir eine Anwendung mit Motorfahrzeugen, in der für unterschiedliche Typen von Fahrzeugen Zulassungsgebühren zu berechnen sind. Die Anwendung basiert auf der folgenden Tabelle:

FAHRZEUGE

ZULASSUNG	ERNEUERUNGSDATUM	TYP	GEWICHT	RADANZAHL

Angenommen, nach dem Gesetz sind die Zulassungsgebühren von Personenwagen nach dem Gewicht, die von Lastwagen nach der Anzahl der Räder und die von Motorrädern pauschal zu berechnen. Die folgende Anfrage berechnet dann die jeweiligen Gebühren für die Fahrzeuge, deren Zulassung erneuert werden muß:

```
SELECT zulassung,
    CASE typ
        WHEN 'Personenwagen' THEN 0.05 * gewicht
        WHEN 'Lastwagen' THEN 25.00 * radanzahl
        WHEN 'Motorrad' THEN 35.00
        ELSE NULL
    END AS gebühr
FROM fahrzeuge
WHERE year(erneuerungsdatum) <= 1997;
```

5.1.2 Allgemeine Form

Der CASE-Ausdruck kennt auch eine allgemeinere Form, die aus einer Menge von Suchbedingungen besteht, von denen jede mit einem Ergebnisausdruck gepaart ist. Die Suchbedingungen können jede Art von Prädikat und sogar durch AND, OR sowie NOT verbundene Prädikate enthalten. Der Wert des CASE-Ausdrucks ist der Ergebnisausdruck, welcher der ersten Suchbedingung, die zu TRUE ausgewertet wird, entspricht. Falls keine der Suchbedingungen den Wert TRUE ergibt, ist der Wert des CASE-Ausdrucks die Voreinstellung bzw. NULL, falls diese fehlt. Die Syntax dieser Form von CASE-Ausdrücken lautet wie folgt:

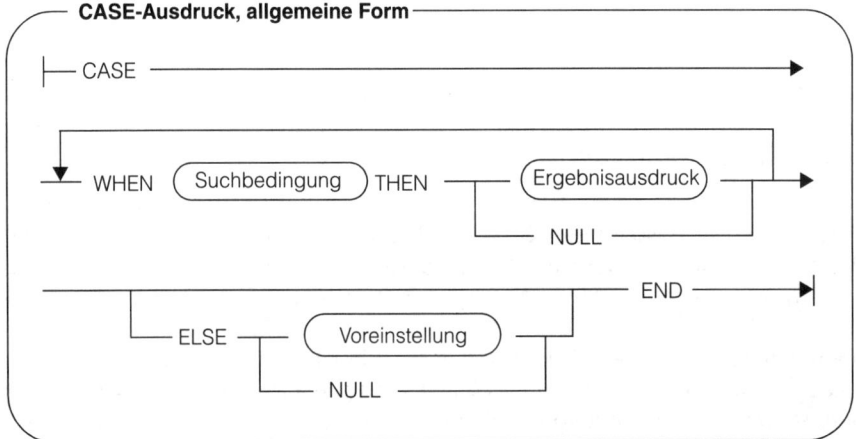

Die Syntax einer Suchbedingung ist so wie bereits in Abschnitt 2.4.4 angegeben. Wie bei der einfachen Form eines CASE sind *Ergebnisausdruck* sowie *Voreinstellung* allgemeine, nach den in Abschnitt 2.4.1 angegebenen Regeln konstruierte Ausdrücke.

Als Beispiel der allgemeinen Form eines CASE-Ausdrucks nehmen wir an, ein Land unterhält eine Liste von Grundstücken innerhalb des Landes in Form der folgenden Tabelle:

GRUNDSTÜCKE

PARZELLE	STADT	GRÖSSE	STEUERSATZ

Falls der Steuersatz für Grundstücke des Landes sich so ändert, daß er ab sofort von der Grundstücksgröße abhängt, könnte die Spalte Steuersatz wie folgt aktualisiert werden:

```
UPDATE grundstücke
SET steuersatz =
    CASE
        WHEN grösse < 10000 THEN .05
        WHEN grösse < 20000 THEN .07
        ELSE .09
    END;
```

Ein CASE-Ausdruck kann auch zur Vermeidung einer Division durch null bei Berechnungen verwendet werden. Angenommen, eine Firma führt in folgender Tabelle Buch über ihre Maschinen:

MASCHINEN

SERIENNR	TYP	JAHR	STUNDENBENUTZT	UNFÄLLE

Die folgende Anfrage berechnet die durchschnittliche Unfallrate für jeden in der Datenbank gespeicherten Maschinentyp, und zwar unter Beachtung, daß bei nie benutzten Maschinen nicht durch null dividiert wird:

```
SELECT typ,
    CASE
        WHEN sum(stundenbenutzt) > 0
            THEN sum(unfälle)/sum(stundenbenutzt)
        ELSE NULL
    END AS unfallrate
FROM maschinen
GROUP BY typ;
```

CASE-Ausdrücke erleichtern das Schreiben und effiziente Ausführen bestimmter Arten von Anfragen, die ansonsten schwierig oder teuer wären. Wenn man z.B. in der Tabelle MASCHINEN den Anteil aller Unfälle berechnen will, an denen Kettensägen beteiligt waren, so kann man dies mit einem CASE-Ausdruck in einem Durchgang durch die Tabelle wie folgt tun:

```
SELECT sum(CASE
                WHEN typ = 'Kettensäge' THEN unfälle
                ELSE 0e0
            END) / sum(unfälle)
FROM maschinen;
```

 **TIP:** Die hier verwendete Konstante 0e0 ist eine Gleitkommanull. Wir verwenden diese anstelle einer ganzzahligen Null, damit die Berechnung als Gleitkommarechnung ausgeführt wird. Würde man die Konstante 0 angeben, so würde die Berechnung in ganzzahliger Arithmetik durchgeführt und das Ergebnis zu null abgerundet, da es sich um einen Bruch kleiner eins handelt.

CASE-Ausdrücke werden manchmal zur Berechnung einfacher Funktionen verwendet. Man benutzt gelegentlich lieber einen CASE-Ausdruck anstatt eine Funktion, um die Portabilität der Applikation zu erhöhen oder um den Zusatzaufwand des Aufrufens einer externen Funktion zu vermeiden. So kann z.B. die Absolutbetragsfunktion, die von UDB im Schema SYSFUN bereitgestellt wird, durch einen CASE-Ausdruck simuliert werden; der Ausdruck abs(x) ist zu folgendem Ausdruck äquivalent:

```
CASE
   WHEN x >= 0 THEN x
   ELSE -x
END
```

Als Beispiel einer Verwendung von CASE zur Berechnung von Absolutbeträgen nehmen wir an, es wird ein College gesucht, das idealerweise etwa 8.000 Studierende haben sollte. Die Datenbank enthalte die folgende Tabelle:

COLLEGES

NAME	BUNDESSTAAT	STUDENTENZAHL

Die folgende Anfrage listet alle Colleges in Colorado sowie in Utah in der Reihenfolge ihrer Nähe zur Studentenzahl von 8.000 auf (das College, dessen Studentenzahl am nächsten an 8.000 liegt, wird also zuerst angegeben):

```
SELECT name, studentenzahl,
   CASE
      WHEN studentenzahl >= 8000
         THEN studentenzahl - 8000
         ELSE 8000 - studentenzahl
   END AS differenz
FROM colleges
WHERE bundesstaat IN ('CO', 'UT')
ORDER BY differenz;
```

Wir beenden unsere Diskussion des CASE mit einem Beispiel, das zeigt, wie man CASE-Ausdrücke ineinander verschachteln kann. Angenommen, unsere Datenbank enthält eine Tabelle von Neueinstellungen und deren Startdaten, wie folgt:

NEUEINSTELLUNGEN

NAME	STARTDATUM

Unsere Rechtsabteilung hat entschieden, daß jeder Angestellte ab dem letzten Tag des Monats, mit dem sie oder er fünf Jahre in der Firma ist, Pensionsansprüche hat. Die folgende Anfrage berechnet den Monat, den Tag und das Jahr, von dem an jeder Neueingestellte Pensionsansprüche besitzt (wobei die Funktion mod zur Erkennung von Schaltjahren benutzt wird):

```
SELECT name,
       month(startdatum) AS anspruchsmonat,
       CASE
          WHEN month(startdatum) IN (4, 6, 9, 11)
             THEN 30
          WHEN month(startdatum) = 2
             THEN
             CASE
                WHEN mod(year(startdatum)+5, 4) = 0
                   THEN 29
                ELSE 28
             END
          ELSE 31
       END AS anspruchstag,
       year(startdatum) + 5 AS anspruchsjahr
FROM neueinstellungen;
```

 **TIP:** UDB kennt eine Einschränkung bei der Verwendung von CASE-Ausdrücken. Wird ein CASE-Ausdruck in einer SELECT-Klausel, einer VALUES-Klausel (Literaltabelle), einem IN-Prädikat, einer GROUP BY- oder einer ORDER BY-Klausel verwendet, so darf keine in dem Ausdruck vorkommende Suchbedingung eine Unteranfrage enthalten, deren Ergebnis eine Tabelle ist. Das mag willkürlich erscheinen, aber so ist die Regel.

5.1.3 Die Funktion RAISE_ERROR

UDB unterstützt eine eingebaute Funktion mit dem Namen raise_error, welche innerhalb von CASE-Ausdrücken besonders nützlich ist. Die Funktion raise_error, beendet, wie der Name suggeriert, die Bearbeitung der aktuellen SQL-Anweisung und liefert eine Fehlermeldung. Sie setzt alle von der aktuellen SQL-Anweisung vorgenommenen Datenbankänderungen zurück, läßt jedoch die aktuelle Transaktion bestehen, so daß der Benutzer bzw. das Anwendungsprogramm weiterhin andere Anweisungen innerhalb der Transaktion freigeben oder zurücksetzen kann.

Die Funktion raise_error erwartet zwei Zeichenreihen-Parameter: einen SQLSTATE sowie eine Nachricht (als String). Der SQLSTATE muß eine Zeichenreihe aus genau fünf Großbuchstaben oder Ziffern sein; er wird zusammen mit einem SQLCODE von –438 an das betreffende Anwendungsprogramm in der SQLCA-Struktur zurückgegeben. Wenn man SQLSTATE so wählt, daß er eine benutzerdefinierte Fehlerbedingung anzeigt, sollte man von IBM oder dem SQL92-Standard reservierte Werte vermeiden. Dies läßt sich leicht dadurch bewerkstelligen, daß man als erstes Zeichen eine Ziffer zwischen 7 und 9 oder einen Buchstaben zwischen I und Z wählt (jeweils inklusive der

Intervallränder).[1] Der zweite Parameter von raise_error ist eine aus bis zu 70 Zeichen bestehende Nachricht, welche an das Anwendungsprogramm im SQLERRMC-Feld der SQLCA zurückgegeben wird.

Um die Möglichkeiten von raise_error innerhalb einer CASE-Anwendung zu illustrieren, kommen wir auf die im vorigen Unterabschnitt benutzte Tabelle GRUNDSTÜCKE zurück. Nach einer kürzlich stattgefundenen Wahl soll der Steuersatz für einige Städte im Land erhöht werden. Die Tabelle GRUNDSTÜCKE kann dann mit folgender Anweisung so aktualisiert werden, daß die neuen Steuersätze erfaßt sind, wobei SQLSTATE 70007 zurückgegeben wird, falls eine unerwartete Stadt in der Tabelle vorgefunden wird:

```
UPDATE grundstücke
SET steuersatz =
        CASE stadt
            WHEN 'San Jose' THEN steuersatz
            WHEN 'Santa Clara' THEN steuersatz + .005
            WHEN 'Campbell' THEN steuersatz + .005
            WHEN  'Los Gatos' THEN steuersatz + .008
            ELSE raise_error('70007', 'Parzelle Nr.'
                || parzelle || ' hat unbekannte Stadt' )
        END;
```

TIP: Die Funktion raise_error ist mit jedem Datentyp kompatibel. Sie kann also innerhalb von CASE-Ausdrücken benutzt werden, deren Ergebnis vom Typ Integer, Varchar oder von irgendeinem anderen Typ ist. Falls man sie jedoch so einsetzt, daß sie einen eigenen Datentyp benötigt (z.B. innerhalb eines CASE-Ausdrucks, in dem *jeder* Ergebnisausdruck raise_error aufruft), muß man ihr einen expliziten Datentyp über einen CAST-Ausdruck zuweisen, wie im Beispiel CAST(raise_error('77777', 'Schlechte Nachrichten') AS Integer). Der von raise_error de facto zurückgegebene Wert ist der Nullwert.

5.1.4   Die Funktionen NULLIF und COALESCE

Unter den in UDB eingebauten skalaren Funktionen gibt es zwei, die sich wie Spezialformen eines CASE-Ausdrucks verhalten: nullif und coalesce. Die Funktion nullif ist eine Kurzform für einen CASE-Ausdruck, der einen Nullwert zurückgibt, falls sein erster Parameter gleich dem zweiten ist, und sonst den ersten Parameter. Diese Funktion ist manchmal nützlich, wenn man einen bestimmten Wert wie z.B. −1 als selbstdefinierte Darstellung für Nullwerte benutzt. So ist z.B. nullif(gehalt, -1) eine Kurzform für den folgenden Ausdruck:

```
CASE
    WHEN gehalt = -1 THEN NULL
    ELSE gehalt
END
```

---

1. Es sind auch noch bestimmte andere Werte für SQLSTATE erlaubt, was in der *DB2 SQL Reference* beschrieben ist.

Die Funktion coalesce erwartet eine variable Anzahl von Parametern und gibt den ersten Parameter zurück, dessen Wert vom Nullwert verschieden ist (sind alle Parameter null, so auch das Ergebnis). Alle in einem gegebenen Aufruf von coalesce übergebenen Parameter müssen kompatible (wenn auch nicht identische) Datentypen besitzen (sie können z.B. verschiedene numerische Datentypen wie Integer, Decimal oder Double besitzen). Der Datentyp des Ergebnisses eines Aufrufs von coalesce ist der »größte« der Eingabedatentypen (also derjenige, in den alle anderen aufgewertet werden können). Ist z.B. im Aufruf coalesce(x, y, z) der Parameter x eine Integer-Null, y der Dezimalwert 5,7 und z eine Null vom Typ Double, so hat das Ergebnis den Typ Double und den Wert 5,7. (Eine genauere Beschreibung der Behandlung von Datentypen durch coalesce wird in Abschnitt 6.6.2 gegeben.)

Als Beispiel der Verwendung von coalesce betrachten wir wieder die Tabelle OFFIZIERE aus Abschnitt 5.1.1 mit ihren Spalten RANG und TITEL. Die folgende Anfrage druckt den Namen sowie den Rang jedes Offiziers nach vorgegebenen Statuskategorien, wobei der Rang durch den Titel ersetzt wird, falls der Rang null ist:

```
SELECT name, coalesce(rang, titel) AS rang_oder_titel
FROM offiziere
WHERE status IN (1, 2, 3);
```

In dieser Anfrage kann der Ausdruck coalesce(rang, titel) als Abkürzung für den folgenden CASE-Ausdruck betrachtet werden:

```
CASE
    WHEN rang IS NOT NULL THEN rang
    ELSE titel
END
```

Die Funktion coalesce kann zwecks Kompatibilität mit früheren Versionen von DB2 auch unter dem Namen value aufgerufen werden. So ist z.B. der Ausdruck value(rang, titel) gleichwertig mit coalesce(rang, titel).

TIP: Es ist wichtig, die Funktion value nicht mit dem Schlüsselwort VALUES zu verwechseln, mit dem man, wie in Abschnitt 2.4.9 beschrieben, eine Literaltabelle konstruiert. Wegen der Verwechslungsgefahr zwischen value und VALUES und weil der Funktionsname coalesce im SQL92-Standard verwendet wird, ist es empfehlenswert, stets coalesce statt value zu benutzen.

5.2 Unteranfragen

Seit ihrer Einführung kennt die Sprache SQL das Konzept der *Unteranfrage (Subquery)*: eine in Klammern eingeschlossene Anfrage innerhalb einer äußeren, umgebenden SQL-Anweisung. Eine Unteranfrage kann aus einem einfachen Anfrageblock oder einer komplexeren Anfrage, gegebenenfalls mit einem Verbund, einer Mengenoperation wie UNION oder sogar einer eigenen Unteranfrage, bestehen. Im allgemeinen ist das Ergebnis einer Unteranfrage eine Tabelle, jedoch gibt es den wichtigen Spezialfall, daß eine Unteranfrage einen einzelnen Wert berechnet. Das Ergebnis einer Unteranfrage wird während der Ausführung der umgebenden Anweisung, in welche die Unteranfrage eingebettet ist, verwertet. Unter bestimmten Voraussetzungen kann es nötig werden, eine Unteranfrage während der Ausführung der umgebenden Anweisung mehr als einmal auszuwerten.

Zur Illustration der Verwendung von Unteranfragen betrachten wir eine Datenbank mit Angestellten und Abteilungen, welche die folgenden Tabellen enthält:

ANG

NAME	ABTNR	JOB	MANAGER	BEWERTUNG	GEHALT	BONUS	START-DATUM

ABT

ABTNR	ABTNAME	BUDGET	ORT

Wir nehmen an, wir wollen die Namen und Gehälter aller Angestellten bestimmen, die in Menlo Park arbeiten; dies kann mit der folgenden Anfrage bewerkstelligt werden:

```
SELECT name, gehalt
FROM ang
WHERE abtnr IN
  (SELECT abtnr
   FROM abt
   WHERE ort = 'Menlo Park');
```

Diese Anfrage enthält eine Unteranfrage, die alle Abteilungen in Menlo Park bestimmt; die Menge dieser Abteilungen wird sodann in der äußeren Anfrage zur Bestimmung der in diesen Abteilungen arbeitenden Angestellten benutzt. In diesem Beispiel kann die Unteranfrage vollständig ausgewertet werden, bevor mit der Bearbeitung der äußeren Anfrage begonnen wird. Es gibt auch eine andere Form der Unteranfrage, die *korrelierte Unteranfrage,* die für jede Zeile der in der äußeren Anfrage angesprochenen Tabelle einmal ausgewertet wird. Man kann leicht feststellen, ob eine Unteranfrage korreliert ist, da sie in diesem Fall einen *Korrelationsnamen* enthält, der eine Zeile aus der äußeren Anfrage repräsentiert. Der Korrelationsname wird in der FROM-Klausel der äußeren Anfrage definiert, optional mit vorangestelltem Schlüsselwort AS. Das folgende Beispiel zeigt eine korrelierte Unteranfrage, welche den Korrelationsnamen x verwendet und die Angestellten bestimmt, deren Gehalt mehr als 10% des Budgets ihrer Abteilung beträgt:

```
SELECT name, gehalt
FROM ang AS x
WHERE gehalt >
  (SELECT 0.1 * budget
   FROM abt
   WHERE abtnr = x.abtnr);
```

Man kann sich die Verarbeitung dieser Anfrage wie folgt vorstellen: »Für jede Zeile x der Tabelle ANG, werte die Unteranfrage aus zur Bestimmung des Budgets der Abteilung von x und vergleiche sodann ein Zehntel dieses Budgets mit dem Gehalt von x.«

(Natürlich behält sich der Optimierer vor, diese Anfrage in anderer, äquivalenter Weise zu verarbeiten.)

Im letzten Beispiel gibt die Anfrage einen einzelnen Wert, einen sogenannten *Skalar* (hier: ein Zehntel des Budgets einer Abteilung), zurück. Im Beispiel davor lieferte die Unteranfrage eine Menge von Werten desselben Typs (Abteilungsnummern), was man sich auch als Tabelle mit nur einer Spalte vorstellen kann. Eine Unteranfrage kann auch eine Tabelle mit vielen Zeilen und Spalten produzieren, wie im folgenden Beispiel einer Unteranfrage innerhalb einer INSERT-Anweisung:

```
CREATE TABLE künstler(name Varchar(30),
                      abtnr Char(3),
                      gehalt Decimal(8,2));
INSERT INTO künstler
   (SELECT name, abtnr, gehalt
    FROM ang
    WHERE job = 'Künstler');
```

Generell muß der Benutzer, der eine Unteranfrage schreibt, sicherstellen, daß deren Ergebnis im Kontext der Anweisung, in der die Unteranfrage benutzt wird, Sinn macht; ansonsten kommt es zu einem Fehler.

Wann immer ein Spaltenname in einer SQL-Anweisung benutzt wird, muß das System diesen zu einem Attribut einer bestimmten Tabelle *resolvieren*. Unteranfragen verursachen einige Komplikationen bei der Resolution von Namen. Falls ein Attributname in einer Unteranfrage vorkommt, versucht das System, diesen als eine der Spalten einer der Tabellen der FROM-Klausel der Unteranfrage zu interpretieren. Falls keine dieser Tabellen ein Attribut mit dem angegebenen Namen besitzt, fährt das System auf der nächst höheren Anfrageschachtelungsebene, in der die gegebene Unteranfrage enthalten ist, fort und versucht, den Spaltennamen unter den dort in der FROM-Klausel angegebenen Tabellen zu resolvieren. Dies wird so lange iteriert, bis eine Tabelle mit dem gesuchten Attribut gefunden wurde. Ein Korrelationsname kann dazu verwendet werden, die Resolution eines Attributnamens anhand einer bestimmten Tabelle zu erzwingen. Kann ein Spaltenname nicht eindeutig aufgelöst werden, kommt es zu einer Fehlermeldung. Das folgende Beispiel wiederholt die Anfrage nach Angestellten, deren Gehalt mehr als 10% des Budgets ihrer Abteilung beträgt, wobei die Anfrage jetzt anders geschrieben wurde, um den Aspekt der Resolution von Attributnamen zu illustrieren. In der Unteranfrage dieses Beispiels wird BUDGET als eine Spalte von ABT, GEHALT jedoch als Spalte von ANG interpretiert (da die Tabelle in der FROM-Klausel der Unteranfrage kein Attribut GEHALT besitzt).

```
SELECT name, gehalt
FROM emp
WHERE abtnr IN
   (SELECT abtnr
    FROM abt
    WHERE gehalt > 0.1 * budget);
```

Die Regeln für die Verwendung von Unteranfragen in UDB folgen zwei wichtigen Sprachentwurfsprinzipien, *Orthogonalität* und *Abgeschlossenheit*. Bevor wir unsere Diskussion der Unteranfragen fortsetzen, gehen wir kurz auf diese Prinzipien und ihre Implikationen ein.

Das Prinzip der Orthogonalität besagt, daß die Elemente einer Sprache voneinander unabhängig sein und miteinander in regulärer und vorhersehbarer Weise interagieren sollten. Die ursprünglichen Regeln für den Gebrauch von Unteranfragen in SQL sind wegen ihres Mangels an Orthogonalität von Chris Date, Hugh Darwen und anderen zu Recht kritisiert worden. So war es im Original-SQL z.B. nicht erlaubt, eine Unteranfrage, die eine Tabelle erzeugt, anstelle eines Tabellennamens in der FROM-Klausel einer Anfrage zu benutzen. Orthogonalität bedeutet aber, daß eine Unteranfrage, die eine Tabelle liefert, überall dort stehen darf, wo eine Tabelle erwartet wird, und daß Unteranfragen, die einen Skalar berechnen, überall dort verwendet werden dürfen, wo ein Skalar erwartet wird. Dies sind in der Tat die im SQL92-Standard gültigen Regeln, und sie wurden auch in UDB implementiert, wie wir im folgenden Abschnitt sehen werden.

Das Prinzip der Abgeschlossenheit bedeutet, daß Objekte, die von Ausdrücken einer Sprache berechnet werden, die gleiche Art von Objekt wie der Input für die Ausdrücke darstellen sollten. Die bekannten arithmetischen Operatoren +, -, * und / besitzen z.B. die Eigenschaft der Abgeschlossenheit, da sie auf Zahlen operieren und Zahlen als Ergebnis liefern (der Divisionsoperator verletzt dieses Prinzip, wenn sein zweiter Operand gleich null ist). Abgeschlossenheit ist eine wichtige Eigenschaft, da sie erlaubt, das Ergebnis eines Operators als Eingabe für einen weiteren Operator zu verwenden. Wir werden diese Eigenschaft brauchen, wenn wir von Unteranfragen innerhalb von SQL-Anweisungen möglichst allgemeinen Gebrauch machen wollen.

Die grundlegenden Objekte, auf denen SQL operiert, sind Tabellen mit benannten Spalten (Attributen). Damit die Eigenschaft der Abgeschlossenheit gilt, sollte das Ergebnis einer SQL-Anfrage ebenfalls eine Tabelle mit benannten Spalten sein. Im allgemeinen ist das so, jedoch haben Spalten manchmal keinen offensichtlichen Namen, etwa wenn sie ein berechnetes Ergebnis wie `avg(gehalt)` oder `gehalt + bonus` enthalten. UDB ermöglicht eine Zuweisung von Spaltennamen an das Ergebnis einer Anfrage über das Schlüsselwort AS in der SELECT-Klausel der betreffenden Anfrage. Die folgende Anfrage produziert z.B. eine Tabelle mit den beiden Attributen NAME und ZAHLUNG:

```
SELECT name, gehalt + bonus AS zahlung
FROM ang
WHERE job = 'Programmierer';
```

Grundsätzlich sind Attributnamen unempfindlich gegen Groß- oder Kleinschreibung (d.h., sie werden in Großschreibung konvertiert) und enthalten keine Leerstellen (Blanks). Man kann jedoch dafür sorgen, daß Ausgabespalten speziell benannt werden, und zwar durch sogenannte *begrenzte Identifikatoren*, bei denen es sich um in Doppelhochkommata eingeschlossene Zeichenreihen handelt. Derartige Identifikatoren sind empfindlich gegenüber Groß- und Kleinschreibung und können Leerstellen sowie SQL-Schlüsselwörter enthalten. Das vorherige Beispiel wird damit wie folgt aussagekräftiger gemacht:

```
SELECT name AS "Angestelltenname",
       gehalt + bonus AS "Gesamte Zahlung"
FROM ang
WHERE job = 'Programmierer';
```

Wenn man eigene Spaltennamen generiert, ist zu beachten, daß diese Namen auf das Ergebnis eines Anfrageblocks wirken und daher nicht innerhalb des Blocks, in dem sie definiert werden, auch benutzt werden können. Die obige Anfrage definiert z.B. »Gesamte Zahlung« als Namen für eine der Ergebnisspalten. Dieser Name könnte in einer umgebenden Anfrage oder in einer ORDER BY-Klausel verwendet werden, die nicht Bestandteil dieses Anfrageblocks ist; er kann jedoch nicht in dem Block selbst benutzt werden. Will man z.B. Gruppen anhand eines Ausdrucks wie gehalt + bonus bilden, muß man den Ausdruck selbst in der GROUP BY-Klausel angeben.

Enthält eine Anfrage mehrere Anfrageblöcke, die über den Mengenoperator UNION kombiniert werden, können dem Ergebnis Spaltennamen dadurch zugewiesen werden, daß jedem vorkommenden Anfrageblock dieselben Spaltennamen zugewiesen werden. Das folgende Beispiel erzeugt eine kombinierte Liste von Angestellten und Abteilungen mit den Spaltennamen NAME und KOSTEN. Die ORDER BY-Klausel wirkt auf das Vereinigungsergebnis, nicht auf die einzelnen Anfrageblöcke, und sortiert die Ergebniszeilen nach fallenden Kosten.

```
SELECT name, gehalt + bonus AS kosten
FROM ang
UNION
SELECT abtname AS name, budget AS kosten
FROM abt
ORDER BY kosten DESC;
```

Die Benennung von Ergebnisspalten in einer SELECT-Liste ist sowohl für äußere Anfragen wie für Unteranfragen sinnvoll. Wie wir gesehen haben, sind neu erzeugte Spaltennamen in Anfragen auf der äußersten Schachtelungsebene für ein Ordnen der Ausgabe sowie für eine informative Beschriftung der Ausgabe nützlich. In einer Unteranfrage sind sie wichtig für den Erhalt der Abgeschlossenheit, damit das Ergebnis der Unteranfrage in einer umgebenden Anfrage genau wie eine Tabelle verwendet werden kann.

5.2.1 Skalare Unteranfragen

Ein *Ausdruck* repräsentiert einen skalaren Wert, der, wie in Abschnitt 2.4.1 beschrieben, aus einfachen Bestandteilen wie Spaltennamen, Konstanten, Wirtsvariablen, Funktionen und speziellen Registern konstruiert wird. In UDB kann man überall dort, wo ein Ausdruck stehen darf, auch eine Unteranfrage, die einen skalaren Wert (d.h. eine Zeile mit genau einer Spalte) liefert, verwenden. Wird eine Unteranfrage an einer Stelle benutzt, wo ein Skalar erwartet wird, bezeichnet man sie als *skalare Unteranfrage*. Liefert eine skalare Unteranfrage mehr als eine Zeile oder mehr als eine Spalte, kommt es zu einem Fehler. Liefert eine skalare Unteranfrage null Zeilen, wird ihr Ergebnis als der Nullwert interpretiert (und es kommt nicht zu einer Fehlermeldung, es sei denn, der betreffende Kontext verbietet aus irgendeinem Grund das Vorkommen von Nullwerten).

Das folgende Beispiel verwendet zwei skalare Unteranfragen innerhalb eines Vergleichsprädikats zur Bestimmung der Namen sowie Orte von Abteilungen, in denen der durchschnittliche Bonus größer ist als das durchschnittliche Gehalt:

```
SELECT a.abtname, a.ort
FROM abt AS a
WHERE (SELECT avg(bonus)
       FROM ang
       WHERE abtnr = a.abtnr)
    > (SELECT avg(gehalt)
       FROM ang
       WHERE abtnr = a.abtnr);
```

Häufig werden skalare Unteranfragen in SELECT-Klauseln benutzt, wie im nächsten Beispiel, in dem die Abteilungsnummern, Namen und maximalen Gehälter aller Abteilungen in Sausalito aufgelistet werden:

```
SELECT a.abtnr, a.abtname,
       (SELECT max(gehalt)
        FROM ang
        WHERE abtnr = a.abtnr) AS maxgehalt
FROM abt AS a
WHERE a.ort = 'Sausalito';
```

In diesem Beispiel erscheint jede Abteilung aus Sausalito ohne Angestellte mit einem Nullwert für das maximale Gehalt. Man beachte, daß dies vom nachfolgenden Beispiel verschieden ist, das eine ähnliche Anfrage als einen Verbund ausdrückt. In der Verbund-Formulierung tauchen Abteilungen aus Sausalito ohne Angestellte im Ergebnis nicht auf.

```
SELECT a.abtnr, a.abtname, max(e.gehalt) AS maxgehalt
FROM abt AS a, ang AS e
WHERE a.abtnr = e.abtnr
AND a.ort = 'Sausalito'
GROUP BY a.abtnr, a.abtname;
```

In unserem nächsten Beispiel unterstellen wir die Existenz der folgenden Tabelle, die vorgesehene Gehaltserhöhungen für Angestellte auf der Basis ihres Jobs und ihrer Bewertung enthält:

GEHALTSPLAN

JOB	BEWERTUNG	ERHÖHUNG

Mittels der Tabelle GEHALTSPLAN sollen die Gehälter von Angestellten in Abteilung A74 unter Anwendung angemessener Erhöhungen aktualisiert werden. Dies erfolgt unter Verwendung einer skalaren Unteranfrage in der SET-Klausel einer UPDATE-Anweisung.

```
UPDATE ang AS e
SET gehalt = gehalt + (SELECT erhöhung
                       FROM gehaltsplan g
                       WHERE g.job = e.job
                       AND g.bewertung = e.bewertung)
WHERE abtnr = 'A74';
```

Man überlege sich, was das obige UPDATE-Statement mit Angestellten macht, deren Job oder Bewertung in der Tabelle GEHALTSPLAN nicht vorkommt. Die skalare Unteranfrage liefert in einem solchen Fall kein Ergebnis, was als Nullwert interpretiert wird. Wird dieser Nullwert zum aktuellen Gehalt des betreffenden Angestellten addiert, so wird das Gehalt dadurch auf null gesetzt! Falls dieser Effekt unerwünscht ist, kann man sich dagegen durch folgende Modifikation der UPDATE-Anweisung schützen:

```
UPDATE ang AS e
SET gehalt = gehalt +
             coalesce(
                 (SELECT erhöhung
                  FROM gehaltsplan g
                  WHERE g.job = e.job
                  AND g.bewertung = e.bewertung), 0)
WHERE abtnr = 'A74';
```

Die folgenden Punkte sollten aus den obigen Beispielen klar geworden sein:

1. Interessante Verwendungen skalarer Unteranfragen involvieren häufig Korrelationsnamen.

2. Skalare Unteranfragen enthalten viele Herausforderungen an eine attraktive Einrückung von SQL-Code.

5.2.2 Tabellenausdrücke

In allen obigen Beispielen wurde die Unteranfrage jeweils anstelle eines skalaren Wertes benutzt. Wir wissen jedoch bereits, daß eine Unteranfrage auch eine Tabelle mit vielen Zeilen und Spalten liefern kann. Eine solche Unteranfrage bezeichnet man als *Tabellenausdruck* (*Table Expression*); sie kann in einer FROM-Klausel verwendet werden, wo der Name einer Tabelle erwartet wird.

Die FROM-Klausel einer SELECT-Anweisung gibt die Tabelle bzw. Tabellen an, auf der bzw. denen die Anfrage operiert. Jede in einer FROM-Klausel angegebene Tabelle kann optional mit einem Korrelationsnamen versehen werden, der dann als der Name dieser Tabelle innerhalb der aktuellen Anfrage dient. Wir haben bereits gesehen, wie Korrelationsnamen in korrelierten Unteranfragen verwendet werden. Sie sind auch in Fällen nützlich, in denen eine Tabelle mit sich selbst verbunden wird, wie in dem berühmten Beispiel »finde die Angestellten, die mehr verdienen als ihr Manager«. In dieser Anfrage wird die Tabelle ANG über unterschiedliche Namen, etwa e und m, mit sich selbst verbunden, als ob es sich um zwei verschiedene Tabellen handeln würde.

```
SELECT e.name, e.gehalt, m.name, m.gehalt
FROM ang AS e, ang AS m
WHERE e.manager = m.name
AND e.gehalt > m.gehalt;
```

UDB erlaubt die Verwendung von Tabellenausdrücken (Unteranfragen) anstelle eines
Tabellennamens in einer FROM-Klausel. Dieser Tabellenausdruck wird dann in der
Anfrage genauso behandelt wie eine reale Tabelle aus der Datenbank. Er muß in Klam-
mern eingeschlossen sein, und es muß ihm eine AS-Klausel folgen, durch die ihm ein
(Tabellen-)Name zugewiesen wird. Die Spaltennamen der virtuellen Tabelle können
entweder in dieser AS-Klausel zusammen mit dem Tabellennamen oder in der SE-
LECT-Klausel der Unteranfrage selbst spezifiziert werden.

Angenommen, wir wollen für eine spezielle Anfrage an die ANG-Tabelle lediglich Angestellte betrachten, die von Beruf Klempner sind; ferner sollen GEHALT und BONUS
zu einer Spalte ZAHLUNG zusammengefaßt sein, und das Startdatum soll nur eine Jah-
reszahl anstelle eines Datums enthalten. Wir wollen also eine Anfrage an einen aus
ANG abgeleiteten Tabellenausdruck mit folgender Struktur stellen:

KLEMPNER

NAME	ZAHLUNG	STARTJAHR

Die folgende Anfrage verwendet einen solchen Tabellenausdruck zum Anzeigen der
Namen, Zahlungen und Startjahre aller Klempner, bei denen die Summe aus Gehalt
und Bonus unter $ 42.000 liegt und die vor 1990 angefangen haben zu arbeiten. Man be-
achte, wie der Tabellenausdruck einerseits einen Tabellennamen (KLEMPNER) und andererseits Spaltennamen (NAME, ZAHLUNG und STARTJAHR) erhält.

```
SELECT name, zahlung, startjahr
FROM (SELECT name, gehalt + bonus, year(startdatum)
      FROM ang
      WHERE job = 'Klempner')
     AS klempner(name, zahlung, startjahr)
WHERE zahlung < 42000 AND startjahr < 1990;
```

In obigem Beispiel war die Verwendung eines Tabellenausdrucks nicht wirklich nötig,
da man die Prädikate und Spaltendefinitionen in der Unteranfrage auch in die äußere
Anfrage hätte verschieben können. Es gibt jedoch Fälle, in denen Tabellenausdrücke die
Formulierung von Anfragen ermöglichen, die man ohne diese Ausdrücke nicht stellen
könnte. Solche Fälle benötigen häufig eine Gruppierung innerhalb des Tabellenausdrucks.

Angenommen, der Personalchef einer Firma analysiert deren Leistungsbewertungen.
Als Teil dieser Analyse wird ein Tabellenausdruck benutzt, der die niedrigste und die
höchste Bewertung von Angestellten in jeder Abteilung berechnet. Der resultierende
Ausdruck hat die folgende Struktur:

BEWERTUNGSSTAT

ABTNR	MINBEWERTUNG	MAXBEWERTUNG

Bewertungen seien Zahlen zwischen 1 und 10, und der Personalchef will die Abteilungen finden, in denen die Differenz zwischen der höchsten und der niedrigsten Bewertung größer als 4 ist. Diese Abteilungen findet man mit folgender Anfrage, die den Tabellenausdruck BEWERTUNGSSTAT definiert und benutzt:

```
SELECT abtnr, minbewertung, maxbewertung
FROM (SELECT abtnr, min(bewertung), max(bewertung)
      FROM ang
      GROUP BY abtnr)
    AS bewertungsstat(abtnr, minbewertung,
                                maxbewertung)
WHERE maxbewertung - minbewertung > 4;
```

Diese Anfrage könnte ebenfalls ohne einen Tabellenausdruck formuliert werden, und zwar durch Verschieben des GROUP BY in den äußeren Anfrageblock und Verändern der WHERE-Klausel in eine HAVING-Klausel. Falls der äußere Anfrageblock jedoch eine weitere Gruppierung vornehmen soll, wird die Verwendung eines Tabellenausdrucks wesentlich. Als Beispiel nehmen wir an, der Personalchef will zu jeder möglichen Bewertung die Anzahl der Abteilungen bestimmen, in denen diese die höchste Bewertung darstellt. Diese Anfrage kann wie folgt ausgedrückt werden, wobei derselbe Tabellenausdruck BEWERTUNGSSTAT wie oben benutzt wird:

```
SELECT maxbewertung, count(*) AS anzahlabt
FROM (SELECT abtnr, min(bewertung), max(bewertung)
      FROM ang
      GROUP BY abtnr)
    AS bewertungsstat(abtnr, minbewertung,
                                maxbewertung)
GROUP BY maxbewertung;
```

Da hier sowohl im Tabellenausdruck wie im äußeren Anfrageblock gruppiert wird, ist der Tabellenausdruck wesentlich. Das Ergebnis der Anfrage könnte z.B. wie folgt aussehen:

MAXBEWERTUNG	ANZAHLABT
8	2
9	1
10	1

Wir haben gesehen, wie eine Unteranfrage zu einer Tabelle in einem äußeren Anfrageblock korreliert werden kann, so daß die Unteranfrage für jede Zeile der korrelierten Tabelle einmal ausgewertet wird. Man kann die in einem Tabellenausdruck benutzte Unteranfrage auch mit einer Tabelle korrelieren, die vorher in derselben FROM-Klausel auftritt. Als Beispiel dieses mächtigen Sprachkonstrukts definieren wir einen Tabellenausdruck, der die Anzahl der Köpfe und die gesamten Zahlungen für jede Abteilung ausrechnet. Das Ergebnis dieses Ausdrucks ist eine virtuelle Tabelle mit folgender Struktur:

STATS

KÖPFEZAHL	GESAMTZAHLUNG

Die folgende Anfrage bestimmt die Köpfezahl sowie die gesamten Zahlungen aller Abteilungen in Sausalito:

```
SELECT abtnr, köpfezahl, gesamtzahlung
FROM abt AS a,
    TABLE(SELECT count(*), sum(gehalt) + sum(bonus)
        FROM ang AS e
        WHERE e.abtnr = a.abtnr)
    AS stats(köpfezahl, gesamtzahlung)
WHERE ort = 'Sausalito';
```

Man fragt sich vielleicht, warum dem Tabellenausdruck hier das Word TABLE vorangestellt ist. Das Wort TABLE kann optional *jedem* Tabellenausdruck vorangestellt werden, jedoch ist es *erforderlich*, falls der Tabellenausdruck mit irgendetwas außerhalb von sich selbst korreliert ist. Dies mag merkwürdig erscheinen, ist aber die Regel.

Im Ergebnis der obigen Anfrage haben, wie man erwarten wird, Abteilungen in Sausalito ohne Angestellte eine 0 in der Spalte KÖPFEZAHL und einen Nullwert in der Spalte GESAMTZAHLUNG. Interessant ist an dieser Stelle eine Betrachtung von alternativen Formulierungen dieser Anfrage; die wesentlichen Alternativen sind die folgenden (das Formulieren dieser Anfragen in SQL wird den Lesern als Übungsaufgabe überlassen):

1. Die Köpfezahl sowie die Gesamtzahlung könnten in zwei separaten, korrelierten skalaren Unteranfragen in der äußersten SELECT-Klausel berechnet werden. Eine solche Formulierung liefert das gleiche Ergebnis wie oben, ist jedoch umständlich aufzuschreiben und vermutlich nicht so effizient auszuwerten.

2. Man könnte die Tabellen ABT und ANG verbinden und sodann nach ABTNR gruppieren. Der Nachteil einer solchen Formulierung ist, daß Abteilungen in Sausalito ohne Angestellte im Ergebnis nicht vorkommen. Um sicherzustellen, daß sie vorkommen, könnte man den Verbund durch einen linken äußeren Verbund (vgl. Abschnitt 5.4) ersetzen, jedoch hätte dann eine Abteilung in Sausalito ohne Angestellte eine Köpfezahl von 1!

 **TIP:** Es sei erwähnt, warum wir in den Beispielen sum(gehalt) + sum(bonus) und nicht etwa sum(gehalt + bonus) geschrieben haben. Der Grund hängt mit Nullwerten zusammen. Hat z.B. ein Angestellter ein wohldefiniertes Gehalt, aber einen Nullwert als Bonus, so soll sein Gehalt an der Gehaltsberechnung teilnehmen. Der Ausdruck sum(gehalt) + sum(bonus) berechnet die beiden Summen unabhängig voneinander unter Berücksichtigung aller Gehälter und Bonusse, die nicht null sind. Der Ausdruck sum(gehalt + bonus) dagegen berücksichtigt Gehalt und Bonus eines Angestellten in der Summe nur dann, wenn beide nicht der Nullwert sind.

5.3 Tabellenfunktionen

Im vorigen Abschnitt haben wir diskutiert, wie eine Unteranfrage in einer FROM-Klausel zur Erzeugung einer Tabelle verwendet werden kann. UDB kennt eine weitere Möglichkeit zur Erzeugung virtueller Tabellen, die sogenannten *Tabellenfunktionen* (*Table Functions*). Eine Tabellenfunktion ist eine benutzerdefinierte Funktion, die in einer Wirtsprogrammiersprache geschrieben ist und eine Tabelle zurückgibt. Wir werden in Abschnitt 6.4.8 lernen, wie man Tabellenfunktionen erstellt. Derartige Funktionen sind sehr mächtig, da sie Daten, die außerhalb der betreffenden Datenbank abgelegt sind, wie eine Tabelle innerhalb der Datenbank erscheinen lassen können. Da Tabellenfunktionen in einer Programmiersprache wie C geschrieben werden, können sie Betriebssystem-Calls ausführen, Daten aus Dateien (Files) lesen oder sogar auf Daten über ein Netzwerk zugreifen. Damit läßt sich die Ausdruckskraft von SQL auf Daten aus ganz unterschiedlichen Quellen anwenden. Man kann z.B. eine Tabellenfunktion schreiben, die eine Liste der aktuell im lokalen Rechnersystem angemeldeten Benutzer erstellt. Da diese Liste für UDB wie eine einspaltige Tabelle aussieht, kann man weiter eine Anfrage schreiben, welche die Benutzerliste mit einer Datenbanktabelle verbindet, etwa um die Telefonnummern der Benutzer zu finden, die aktuell eingeloggt und SQL-Experten sind.

Als Beispiel für eine Tabellenfunktion stellen wir uns vor, wir arbeiten für einen Büromaterialieferanten mit Filialen in verschiedenen Städten. Die Kette setzt ein Point-of-Sale-System (POS-System) ein, das jedes verkaufte Teil in einem proprietären Format registriert. Für Planungszwecke möchten wir auf diese Daten mit UDB zugreifen, so daß darauf SQL-Anfragen ausgeführt und Verbünde mit Tabellen in unserer UDB-Datenbank durchgeführt werden können. Unter Verwendung von in Abschnitt 6.4.8 beschriebenen Techniken erstellen wir eine Tabellenfunktion mit dem Namen VERKÄUFE, die den Namen einer Filiale als Eingabeparameter erwartet und eine Tabelle mit allen Verkaufsdaten dieser Filiale ausgibt. Das Ergebnis der Funktion VERKÄUFE sei eine Tabelle mit folgenden Spalten:

VERKAUFSDATUM	PRODUKT	ANZAHL	PREIS

Wir können eine Tabellenfunktion wie VERKÄUFE in der FROM-Klausel einer Anfrage verwenden, und zwar in der gleichen Weise, wie wir in Abschnitt 5.2.2 Tabellenausdrücke verwendet haben. Ein Aufruf der Tabellenfunktion wird in Klammern eingeschlossen, und es wird ihm das Wort TABLE vorangestellt; ferner wird die berechnete Tabelle mit einem Korrelationsnamen versehen. Die folgende Anfrage findet z.B. den Durchschnittspreis für Hefter, die 1997 in der Filiale in Boulder verkauft wurden:

```
SELECT avg(preis) AS durchschnittspreis
FROM TABLE(verkäufe('Boulder')) AS verkäufe
WHERE produkt = 'Hefter'
AND year(verkaufsdatum) = 1997;
```

Da die Funktion VERKÄUFE dafür sorgt, daß die POS-Daten für UDB wie eine Tabelle aussehen, kann man sie leicht mit SQL-Operationen wie Gruppierung verarbeiten. So listet z.B. die folgende Anfrage den Gesamtumsatz der Filiale in Denver für jeden Monat des Jahres 1997 auf:

```
SELECT month(verkaufsdatum) AS monat,
       sum(anzahl * preis) AS gesamtumsatz
FROM TABLE(verkäufe('Denver')) AS verkäufe
WHERE year(verkaufsdatum) = 1997
GROUP BY month(verkaufsdatum);
```

Unter Verwendung einer Tabellenfunktion kann man eine Tabelle einer UDB-Datenbank auch mit einer virtuellen Tabelle außerhalb der Datenbank verbinden. Als Beispiel nehmen wir an, unsere Datenbank enthält eine Tabelle VERKAUFSPLAN, die für jedes Jahr, jede Filiale und jedes Produkt die geplanten monatlichen Verkäufe angibt. Der folgende Eintrag dieser Tabelle zeigt z.B. an, daß in 1997 für die Filiale in Denver ein monatlicher Verkauf von 20 Heftern erwartet wird:

VERKAUFSPLAN

JAHR	FILIALE	PRODUKT	MONATSEINHEITEN
1997	Denver	Hefter	20

Die folgende Beispielanfrage verbindet die Tabelle VERKAUFSPLAN mit der virtuellen Tabelle, die von der Funktion VERKÄUFE zurückgegeben wird, zwecks Bestimmung der Monate aus 1997, in denen eine Filiale ihren Verkaufsplan für ein Produkt um mehr als 50% übertroffen hat. Für jeden Fall, in dem dies zutrifft, werden der Monat, die Filiale, das Produkt, die geplanten sowie die tatsächlichen Verkäufe ausgegeben.

```
SELECT month(verkäufe.verkaufsdatum) AS monat,
       plan.filiale,
       plan.produkt,
       plan.monatseinheiten AS geplante_einheiten,
       sum(verkäufe.anzahl) AS verkaufte_einheiten
FROM verkaufsplan AS plan,
       TABLE(verkäufe(plan.filiale)) AS verkäufe
WHERE plan.jahr = 1997
AND plan.produkt = verkäufe.produkt
AND plan.jahr = year(verkäufe.verkaufsdatum)
GROUP BY month(verkäufe.verkaufsdatum),
         plan.filiale, plan.produkt,
         plan.monatseinheiten
HAVING sum(verkäufe.anzahl) >= 1.5 * plan.monatseinheiten;
```

Man beachte, daß die erste der zu verbindenden Tabellen in der FROM-Klausel der Anfrage den Korrelationsnamen PLAN erhält. Dieser wird dann im weiteren Verlauf der FROM-Klausel bereits für den Parameter des Aufrufs der Tabellenfunktion benutzt. Dies ist der Verwendung von Korrelationsnamen innerhalb von Tabellenausdrücken, die wir in Abschnitt 5.2.2 kennengelernt haben, sehr ähnlich. Das Ergebnis der Anfrage könnte wie folgt aussehen:

MONAT	FILIALE	PRODUKT	GEPLANTE_EINHEITEN	VERKAUFTE_EINHEITEN
1	Boulder	Hefter	20	30
8	Boulder	Hefter	20	40
8	Denver	Füller	100	500
9	Denver	Hefter	20	30
12	Denver	Stift	50	130

TIP: Im obigen Beispiel sollen die Ausgabedaten nach Monat, Filiale und Produkt gruppiert werden. Daher könnte es ausreichend erscheinen, in der GROUP BY-Klausel die Ausdrücke `month(verkäufe.verkaufsdatum)`, `plan.filiale`, und `plan.produkt` anzugeben. Die Anfrage wird jedoch so lange nicht funktionieren, bis auch `plan.monatseinheiten` in der GROUP BY-Klausel erscheint, da `plan.monatseinheiten` in der SELECT-Klausel vorkommt und das System nicht wissen kann, daß der Wert dieses Ausdrucks durch die anderen Spalten in der GROUP BY-Klausel bereits eindeutig bestimmt ist.

5.4 Explizite Verbundoperationen

Man stelle sich vor, wir sind für eine Universitätsdatenbank verantwortlich, die folgende Tabellen enthält:

LEHRENDE

NAME	RANG
Barnes	Professor
Baxter	Associate Professor
Glenn	Assistant Professor
Redding	Associate Professor
Walker	Professor

VORLESUNGEN

QUARTAL	TITEL	LEHRER	EINGESCHRIEBEN
Herbst 97	Englisch 280	Baxter	30
Herbst 97	Mathematik 101	Glenn	40
Herbst 97	Biologie 580	Redding	33
Herbst 97	Deutsch 130	Assistenten	31
Winter 97	Französisch 140	Barnes	(null)
Winter 97	Latein 237	Glenn	20
Winter 97	Physik 405	Redding	28

Von Zeit zu Zeit will die Verwaltung der Universität eine Gesamtliste aller Lehrenden (mit ihrem Rang) und den von ihnen abgehaltenen Vorlesungen (mit der Anzahl der Eingeschriebenen) drucken. Dies kann man durch einen Verbund der Tabellen LEHRENDE und VORLESUNGEN wie in folgender Anfrage bewerkstelligen:

```
SELECT l.name, l.rang, v.titel, v.eingeschrieben
FROM lehrende AS l, vorlesungen AS v
WHERE l.name = v.lehrer;
```

Wie wir in Abschnitt 2.4.5 gelernt haben, kombiniert diese Anfrage Zeilen aus der Tabelle LEHRENDE mit Zeilen aus der Tabelle VORLESUNGEN. Die WHERE-Klausel gibt dabei an, welche Paare von Zeilen tatsächlich in das Verbundergebnis aufgenommen werden sollen, in diesem Beispiel solche, bei denen der Name eines Lehrenden mit dem Namen des Lehrers einer Vorlesung übereinstimmt. Ein solches Prädikat, das eine Beziehung zwischen zwei an einem Verbund teilnehmenden Tabellen spezifiziert, bezeichnet man als eine *Verbundbedingung (Join Condition)*.

SQL kennt auch eine andere Form der Syntax, den *expliziten Verbund*, die es leichter macht, sich vorzustellen, was in einer Verbundanfrage passiert. Die zu verbindenden Tabellen werden dabei durch das Schlüsselwort JOIN verbunden, gefolgt von einer ON-Klausel, welche die Verbundbedingung angibt. Konzeptionell befindet sich ein expliziter Verbund mitsamt seiner Verbundbedingung in der FROM-Klausel einer Anfrage. Ein expliziter Verbund erzeugt eine Verbundtabelle, auf welcher dann die anderen Klauseln wie WHERE, GROUP BY oder HAVING der betreffenden Anfrage operieren. Die folgende Anfrage, welche zur obigen äquivalent ist, illustriert die Syntax des expliziten Verbunds:

```
SELECT l.name, l.rang, v.titel, v.eingeschrieben
FROM lehrende AS l JOIN vorlesungen AS v
    ON l.name = v.lehrer;
```

Die beiden gerade beschriebenen Verbundanfragen sind Beispiele für konventionelle oder *innere* Verbünde; sie produzieren beide das folgende Ergebnis:

NAME	RANG	TITEL	EINGESCHRIEBEN
Barnes	Professor	Französisch 140	(null)
Baxter	Associate Professor	Englisch 280	30
Glenn	Assistant Professor	Mathematik 101	40
Glenn	Assistant Professor	Latein 237	20
Redding	Associate Professor	Biologie 580	33
Redding	Associate Professor	Physik 405	28

Man sieht, daß in diesem Ergebnis keine Lehrenden (wie Prof. Walker) vorkommen, die derzeit keine Vorlesungen halten, und ebenso keine Vorlesungen (wie Deutsch 130), denen kein Name eines Lehrers aus der Tabelle LEHRENDE zugewiesen ist. Die Universitätsverwaltung könnte sich nun wünschen, daß beide Arten von Angaben ebenfalls in die erstellte Liste aufgenommen werden. Diese Anforderung führt auf eine Anfrage, die man als *äußeren Verbund (Outer Join)* bezeichnet.

Bei einem äußeren Verbund handelt es sich stets um den Verbund von zwei Tabellen, das wir auch als die *linke Tabelle* bzw. die *rechte Tabelle* bezeichnen wollen. Ein äußerer Verbund unterscheidet sich von einem konventionellen Verbund dadurch, daß er auch solche Zeilen in das Ergebnis aufnimmt, die in der jeweils anderen Tabelle keine »Verbundpartner« besitzen, d.h., es werden Zeilen aus der linken Tabelle ohne Entsprechungen in der rechten und umgekehrt aufgenommen. Es gibt im einzelnen drei Arten von Anfragen mit äußerem Verbund:

1. Ein *linker äußerer Verbund* (*Left Outer Join*) nimmt Zeilen aus der linken Tabelle in das Ergebnis auf, zu denen es in der rechten Tabelle keine entsprechenden Werte gibt, wie im Beispiel Lehrende, die derzeit keine Vorlesungen halten. Diese Zeilen erhalten Nullwerte an den Stellen, an denen Werte aus der rechten Tabelle fehlen.

2. Ein *rechter äußerer Verbund* (*Right Outer Join*) nimmt Zeilen aus der rechten Tabelle in das Ergebnis auf, zu denen es in der linken Tabelle keine entsprechenden Werte gibt, wie im Beispiel Klassen ohne Lehrende. Diese Zeilen erhalten Nullwerte an den Stellen, an denen Werte aus der linken Tabelle fehlen.

3. Ein *voller äußerer Verbund* (*Full Outer Join*) nimmt beide Arten von Zeilen in das Ergebnis auf. Im Beispiel würde er sowohl Lehrende ohne Vorlesungen als auch Vorlesungen ohne Lehrende aufnehmen und die fehlenden Werte jeweils mit Nullwerten auffüllen.

Linker, rechter und voller äußerer Verbund können in SQL einfach durch ein Ersetzen des Wortes JOIN durch LEFT OUTER JOIN, RIGHT OUTER JOIN bzw. FULL OUTER JOIN in der bereits beschriebenen Syntax des expliziten Verbunds ausgedrückt werden. Das folgende Beispiel wendet auf unsere Universitätsdatenbank einen vollen äußeren Verbund an:

```
SELECT l.name, l.rang, v.titel, v.eingeschrieben
FROM lehrende AS l FULL OUTER JOIN vorlesungen AS v
     ON l.name = v.lehrer;
```

Ergebnis:

NAME	RANG	TITEL	EINGESCHRIEBEN	
Barnes	Professor	Französisch 140	(null)	
Baxter	Associate Professor	Englisch 280	30	
Glenn	Assistant Professor	Mathematik 101	40	
Glenn	Assistant Professor	Latein 237	20	
Redding	Associate Professor	Biologie 580	33	
Redding	Associate Professor	Physik 405	28	
Walker	Professor	(null)	(null)	← (LOJ)
(null)	(null)	Deutsch 130	31	← (ROJ)

Man erkennt, daß das Ergebnis des vollen äußeren Verbunds dasselbe wie das des inneren Verbunds ist, allerdings um einige zusätzliche Zeilen erweitert. Die mit LOJ markierte Zeile stammt aus der linken Tabelle und hat keinen Partner in der rechten; die mit ROJ markierte Zeile stammt aus der rechten Tabelle und hat keinen Partner in der linken. In beiden Fällen wurden Nullwerte für die fehlenden Daten eingesetzt. Hätte die FROM-Klausel der Anfrage LEFT OUTER JOIN anstelle von FULL OUTER JOIN enthalten, so wäre lediglich die mit LOJ markierte Zeile, nicht jedoch auch die mit ROJ markierte im Ergebnis erschienen. Analog wäre nur die letzte Zeile, nicht aber auch die vorletzte im Ergebnis erschienen, falls es in der Anfrage RIGHT OUTER JOIN geheißen hätte.

Wenn man die explizite Syntax für Verbünde benutzt, hat man die Wahl zwischen zwei Stellen, an denen man Prädikate, welche die nicht interessierenden Zeilen herausfiltern, angeben kann: die ON-Klausel sowie die WHERE-Klausel. Beide enthalten eine Suchbedingung aus einem oder mehreren, durch AND, OR oder NOT verknüpften Prädikaten. WHERE- und ON-Klausel haben die gleiche Syntax, mit dem einzigen Unterschied, daß in einer ON-Klausel keine Unteranfrage auftreten darf. Allerdings hat ein in einer ON-Klausel angegebenes Prädikat im allgemeinen nicht die gleiche Wirkung wie dasselbe Prädikat in der WHERE-Klausel. Um dies verstehen zu können, muß man zunächst die Schritte verstanden haben, die bei der Verarbeitung eines expliziten Verbunds durchlaufen werden; diese lauten wie folgt: [2]

1. Es wird eine Menge von Zeilenpaaren gebildet, die das Kartesische Produkt aus linker und rechter Tabelle des expliziten Verbunds darstellt, d.h. jede linke Zeile wird mit jeder rechten gepaart.

2. Es wird die ON-Klausel des expliziten Verbunds auf diese Menge von Zeilenpaaren angewendet, wodurch alle diejenigen Paare herausgefiltert werden, die der Suchbedingung nicht genügen.

3. Falls es sich bei dem expliziten Verbund um einen linken äußeren Verbund handelt, wird jede Zeile der linken Tabelle, die in der gefilterten Menge von Zeilenpaaren nicht mehr enthalten ist, mit Nullwerten für die rechte Tabelle wieder hinzugenommen. Ist der Verbund ein rechter äußerer Verbund, werden entsprechend aus der rechten Tabelle jetzt fehlende Zeilen mit Nullwerten für die linke wieder hinzugenommen. Handelt es sich um einen vollen äußeren Verbund, so werden sowohl aus der linken wie aus der rechten Tabelle die nicht repräsentierten Zeilen wieder aufgenommen. Damit liegt das Ergebnis des expliziten Verbunds vor.

4. Die Anfrage, die einen expliziten Verbund enthält, behandelt das Verbundergebnis als Tabelle, die wie üblich verarbeitet wird. Sie kann z.B. mit anderen Tabellen über implizite oder explizite Verbundoperationen verknüpft werden. Jedes Prädikat der WHERE-Klausel wird auf das Ergebnis des expliziten Verbunds insgesamt angewendet; das gleiche gilt für andere Teile der Anfrage, wie GROUP BY- oder HAVING-Klauseln.

---

2. Diese Schritte stellen natürlich ein *konzeptionelles* Verfahren zur Verarbeitung eines expliziten Verbunds dar; der Optimierer behält sich vor, zum Erzielen desselben Ergebnisses anders vorzugehen.

Die Implikationen dieser Regeln werden am besten an einigen Beispielen erläutert. Angenommen, unsere Universitätsverwaltung möchte eine Gesamtliste von Vorlesungen drucken, die im Herbst 1997 gehalten werden. Durch Verwendung eines linken äußeren Verbunds sollen dabei alle Lehrenden aufgenommen werden, die im Herbst 1997 keine Vorlesungen halten. Da sich die Verwaltung nur für den Herbst 1997 interessiert, verwendet sie das Prädikat QUARTAL = 'Herbst 97'. Die Frage ist, ob dieses Prädikat in der ON- oder in der WHERE-Klausel stehen sollte?

Wird das Prädikat QUARTAL = 'Herbst 97' in die ON-Klausel aufgenommen, so wird es ausgewertet, *bevor* das Ergebnis des äußeren Verbunds um Zeilen aus der Tabelle LEHRENDE ohne Entsprechung in VORLESUNGEN erweitert wird. Sodann wird jeder Lehrende ohne Vorlesung im Herbst 1997 zum Verbundergebnis (mit Nullwerten in den Vorlesungsspalten) hinzugefügt. Diese Anfrage und ihr Ergebnis sind unten gezeigt. Man beachte, daß alle Lehrenden auf der Liste erscheinen, einschließlich Professor Barnes, der im Herbst 1997 nicht unterrichtet, und Professor Walker, der überhaupt keine Vorlesungen hält.

```
SELECT l.name, l.rang, v.titel, v.eingeschrieben
FROM lehrende AS l LEFT OUTER JOIN vorlesungen AS v
    ON l.name = v.lehrer AND v.quartal = 'Herbst 97';
```

Ergebnis:

NAME	RANG	TITEL	EINGESCHRIEBEN
Barnes	Professor	(null)	(null)
Baxter	Associate Professor	Englisch 280	30
Glenn	Assistant Professor	Mathematik 101	40
Redding	Associate Professor	Biologie 580	33
Walker	Professor	(null)	(null)

Das oben gezeigte Ergebnis ist vermutlich das, was die Universitätsverwaltung sehen möchte. Hätte sie das Filterprädikat jedoch in der WHERE-Klausel anstatt in der ON-Klausel angegeben, wäre das folgende Ergebnis herausgekommen:

```
SELECT l.name, l.rang, v.titel, v.eingeschrieben
FROM lehrende AS l LEFT OUTER JOIN vorlesungen AS v
    ON l.name = v.lehrer
WHERE v.quartal = 'Herbst 97';
```

Ergebnis:

NAME	RANG	TITEL	EINGESCHRIEBEN
Baxter	Associate Professor	Englisch 280	30
Glenn	Assistant Professor	Mathematik 101	40
Redding	Associate Professor	Biologie 580	33

In diesem Beispiel enthält der linke äußere Verbund die Professoren Barnes und Walker; die WHERE-Klausel filtert sie jedoch wieder heraus, da sie im Herbst 1997 keine Vorlesungen halten, was die Wirkung des linken äußeren Verbunds de facto aufhebt. Die Beispiele zeigen die Bedeutung der richtigen Plazierung von Prädikaten bei Verwendung der expliziten Verbundsyntax.

Ein äußerer Verbund wird stets auf genau zwei Tabellen ausgeführt. Falls man drei oder mehr Tabellen mit einem äußeren Verbund verknüpfen möchte, muß man dies in mehreren Schritten tun, z.B. zuerst die erste mit der zweiten Tabelle verbinden, dann das Ergebnis mit der dritten usw. Eine Anfrage kann auch mehr als einen äußeren Verbund enthalten, und die Reihenfolge, in der diese Verbünde berechnet werden, ist über Klammern kontrollierbar. Klammern sind in einem solchen Fall sogar wichtig, weil ein Ergebnis von der Reihenfolge äußerer Verbünde abhängen kann. Zur Erläuterung dessen betrachten wir die folgenden drei Tabellen:

T1

SCHLÜSSEL1
A
B

T2

SCHLÜSSEL2	DATEN
A	1

T3

SCHLÜSSEL3
A
C

Die folgende Anfrage berechnet zuerst einen linken äußeren Verbund von T1 und T2, danach einen rechten äußeren Verbund des Ergebnisses mit T3:

```
SELECT schlüssel1, schlüssel2, schlüssel3, daten
FROM (t1 LEFT OUTER JOIN t2 ON schlüssel1 = schlüssel2)
     RIGHT OUTER JOIN t3 ON schlüssel2 = schlüssel3;
```

Ergebnis:

SCHLÜSSEL1	SCHLÜSSEL2	SCHLÜSSEL3	DATEN
A	A	A	1
(null)	(null)	C	(null)

Die folgende Anfrage berechnet dieselben äußeren Verbünde in umgekehrter Reihenfolge und mit anderem Ergebnis:

```
SELECT schlüssel1, schlüssel2, schlüssel3, daten
FROM t1 LEFT OUTER JOIN
    (t2 RIGHT OUTER JOIN t3 ON schlüssel2 = schlüssel3)
    ON schlüssel1 = schlüssel2;
```

Ergebnis:

SCHLÜSSEL1	SCHLÜSSEL2	SCHLÜSSEL3	DATEN
A	A	A	1
B	(null)	(null)	(null)

5.5 Die erweiterte FROM-Klausel

In Abschnitt 2.4.8 haben wir gelernt, daß eine FROM-Klausel der Angabe der Tabellen dient, die an einem Anfrageblock teilnehmen, wobei jeder Tabelle optional ein neuer Korrelationsname gegeben werden kann. In den Abschnitten 5.2 bis 5.4 haben wir gelernt, daß eine FROM-Klausel mehr als eine einfache Liste von Tabellen- und Sichtennamen enthalten kann. Im allgemeinen besteht eine FROM-Klausel aus einer Liste von *Tabellenreferenzen*, von denen jede entweder eine existierende Tabelle benennt oder angibt, wie eine virtuelle Tabelle materialisiert werden soll. Während der Verarbeitung eines Anfrageblocks werden konzeptionell alle diese durch Tabellenreferenzen repräsentierten Tabellen materialisiert und zu einem gigantischen Kartesischen Produkt verarbeitet. Dieses Kartesische Produkt wird sodann mittels anderer Klauseln im Anfrageblock (wie WHERE, GROUP BY oder SELECT) weiterverarbeitet.

Die unten angegebenen Syntaxdiagramme zeigen, daß man in einer FROM-Klausel vier verschiedene Arten von Tabellenreferenzen verwenden kann:

1. Die einfachste Art einer Tabellenreferenz ist schlicht der Name einer Tabelle oder einer Sicht, optional gefolgt von einer Korrelationsklausel, die einen lokalen Namen für die Tabelle festlegt (und dabei möglicherweise auch Spalten umbenennt).

2. Eine weitere Art der Tabellenreferenz ist eine Anfrage, genannt Tabellenausdruck, aus der eine Tabelle abgeleitet werden kann. Ist der Tabellenausdruck mit irgendetwas außerhalb seiner selbst korreliert, muß er in Klammern eingeschlossen werden, und es muß ihm das Wort TABLE vorangestellt werden. Einem Tabellenausdruck folgt stets eine Korrelationsklausel, welche die abgeleitete Tabelle (und eventuell deren Spalten) benennt.

3. Eine Tabellenreferenz kann auch eine Tabellenfunktion sein, die null oder mehr Parameter hat und eine Tabelle zurückgibt. Wie bei einem Tabellenausdruck muß auch einer Tabellenfunktion stets eine Korrelationsklausel folgen, die der erzeugten Tabelle (und optional deren Spalten) einen Namen gibt.

4. Die vierte Art der Tabellenreferenz ist ein expliziter Verbund. Die Operanden eines expliziten Verbunds sind ihrerseits Tabellenreferenzen von einer der vier möglichen Arten. Enthält eine Tabellenreferenz mehr als einen expliziten Verbund, werden Klammern zur Festlegung der Auswertungsreihenfolge benutzt. Einem expliziten Verbund folgt niemals ein Korrelationsname, da jeder Operand des Verbunds seinerseits eine Korrelationsklausel besitzen kann.

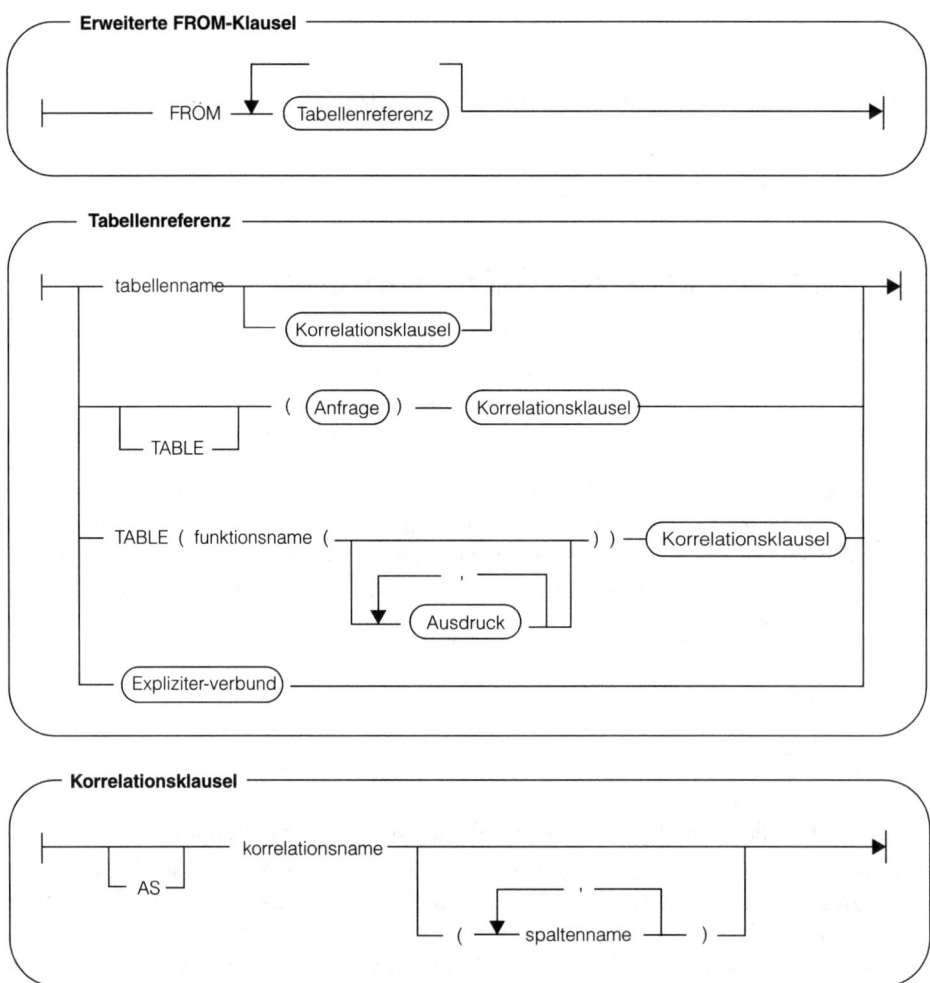

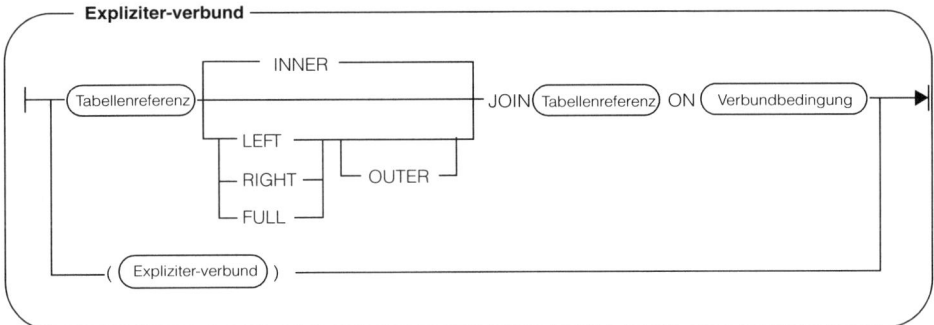

Die Verbundbedingung in der ON-Klausel eines expliziten Verbunds gibt die Kriterien zum Verbinden derjenigen Zeilen an, die aus den Tabellenreferenzen auf der linken bzw. rechten Seite des Verbunds resultieren. Syntaktisch ist eine Verbundbedingung nichts anderes als eine Suchbedingung (vgl. Syntaxdiagramm in Abschnitt 2.4.4) mit folgenden zusätzlichen Restriktionen:

1. Eine Verbundbedingung darf keine Unteranfragen enthalten.

2. Alle in einer Verbundbedingung referenzierten Spalten müssen in den zu verbindenden Tabellen vorkommen.

Falls eine Tabellenreferenz einen Korrelationsnamen besitzt, so dient dieser im gesamten Anfrageblock als Tabellenname der Referenz. Besitzt eine Tabellenreferenz eine Korrelationsklausel, in der auch Attributnamen vorkommen, so muß diese Klausel Namen für alle Attribute der Tabellenreferenz angeben; diese werden im gesamten Anfrageblock als Ersatz für die ursprünglichen Namen der Spalten benutzt.

Da die verschiedenen Tabellenreferenzen innerhalb einer FROM-Klausel gemischt auftreten dürfen, hat man beim Schreiben von Anfragen eine hohe Flexibilität. Zur Erläuterung dessen verwendet die folgende Anfrage einen Tabellenausdruck, eine Tabellenfunktion und einen expliziten Verbund. Die Anfrage bestimmt die Monate in 1997, in der eine Filiale ihren Verkaufsplan für ein Produkt um mehr als 50% übertroffen hat, und ist zu der am Ende von Abschnitt 5.3 angegebenen Anfrage äquivalent.

```
SELECT month(verkäufe.verkaufsdatum) AS monat,
       plan.filiale,
       plan.produkt,
       plan.monatseinheiten AS geplante_einheiten,
       sum(verkäufe.anzahl) AS verkaufte_einheiten
FROM (SELECT jahr, filiale, produkt, monatseinheiten
      FROM verkaufsplan
      WHERE jahr = 1997) AS plan,
  JOIN TABLE(verkäufe(plan.filiale)) AS verkäufe
      ON plan.produkt = verkäufe.produkt
      AND plan.jahr = year(verkäufe.verkaufsdatum)
GROUP BY month(verkäufe.verkaufsdatum),
         plan.filiale, plan.produkt,
         plan.monatseinheiten
HAVING sum(verkäufe.anzahl) >= 1.5 * plan.monatseinheiten;
```

5.6 Supergruppen

Die in Abschnitt 2.4.7 beschriebene Möglichkeit der Gruppierung in SQL ermöglicht eine Unterteilung von Tabellen in Gruppen sowie ein Berechnen von Eigenschaften jeder Gruppe, wie z.B. die Anzahl der Zeilen in der Gruppe oder den Durchschnittswert einer Spalte oder eines Ausdrucks. In diesem Abschnitt beschreibe ich eine neue Sprachmöglichkeit von UDB, die *Supergruppen* genannt wird und es erlaubt, mehr als eine Art der Gruppierung in einer Anfrage vorzunehmen. Dies kann nützlich sein bei großen Sammlungen von Datenpunkten, die sich über mehrere Dimensionen wie Zeit, Ort und Art einer Messung erstrecken und für die man analysieren will, wie die Daten in den einzelnen Dimensionen variieren. Diese allgemeine Form der Analyse wird auch als *Online Analytical Processing* (OLAP) bezeichnet.

Zur Illustration der Anfragen in diesem Abschnitt verwende ich die in untenstehender Tabelle gezeigte Zensusdatenbank. Zum besseren Verständnis der nachfolgenden Anfragen sind die Zeilen der Zensustabelle nach Bundesstaat, Landkreis und Stadt angeordnet, wobei diese Anordnung willkürlich ist. Man beachte, daß die Tabelle einige Nullwerte enthält; einige Geburtsdaten sowie Einkommen sind unbekannt, und bei einigen Leuten, die vermutlich in ländlichen Gegenden leben, fehlt ein Wert für das Attribut STADT.

ZENSUS

NAME	STADT	LAND-KREIS	BUNDES-STAAT	GEBURTS-DATUM	GESCHLECHT	EINKOMMEN
Joe	Miami	Dade	FL	20.08.1955	M	32100
Chen	Miami	Dade	FL	05.06.1957	M	40200
Bob	Hialeah	Dade	FL	21.03.1957	M	33500
Karen	Hialeah	Dade	FL	23.08.1955	W	43900
Jim	(null)	Dade	FL	24.10.1956	M	29600
Joan	(null)	Dade	FL	15.11.1956	W	36300
Dave	Orlando	Orange	FL	25.09.1957	M	38000
Linda	Orlando	Orange	FL	13.05.1955	W	46700
Jeff	Taft	Orange	FL	08.02.1957	M	32600
Pat	Taft	Orange	FL	30.10.1957	W	26500
Sam	Baytown	Harris	TX	02.03.1955	M	28500
Bill	Baytown	Harris	TX	21.12.1956	M	32800
Mary	Houston	Harris	TX	(null)	W	44700
Susan	Houston	Harris	TX	30.04.1955	W	(null)
Alex	Houston	Harris	TX	11.07.1955	M	30900
John	Austin	Travis	TX	06.01.1956	M	38400
Fred	Austin	Travis	TX	25.10.1956	M	42500
Anne	(null)	Travis	TX	17.08.1955	W	34800

Die einfachste Form der Gruppierungsanfrage, die man auf die Zensustabelle anwenden kann, gruppiert die Tabelle nach den Werten einer ihrer Spalten, wie in folgendem Beispiel, welches das Durchschnittseinkommen in jedem Bundesstaat bestimmt:

```
SELECT bundesstaat,
       avg(einkommen) AS durchschn_einkommen
FROM zensus
GROUP BY bundesstaat;
```

Ergebnis:

BUNDESSTAAT	DURCHSCHN_EINKOMMEN
FL	35940
TX	36085

Beim Schreiben dieser Anfrage möchte man vielleicht zusätzlich zum Durchschnittseinkommen in jedem Bundesstaat den Gesamtdurchschnitt über alle im Zensus enthaltenen Einkommen berechnen. Der einfachste Weg für UDB ist, diese Information in einem Durchgang durch die Daten zu bestimmen, in dem das Durchschnittseinkommen pro Bundesstaat sowie der Gesamtdurchschnitt gleichzeitig berechnet werden. Um diese Art von Anfrage möglichst effizient und bequem stellen zu können, ermöglicht UDB, innerhalb einer Anfrage mehr als eine Art der Gruppierung zu spezifizieren. Zu diesem Zweck gibt es drei neue Zusätze in der GROUP BY-Klausel: ROLLUP, CUBE sowie GROUPING SETS.

5.6.1 Rollup

ROLLUP verwendet man immer dann, wenn man eine Sammlung von Daten entlang einer einzigen Dimension, allerdings nach mehr als einem Detaillierungsgrad, analysieren will. Die gleichzeitige Berechnung des Durchschnittseinkommens nach Bundesstaaten sowie des Gesamtdurchschnitts ist ein gutes Beispiel hierfür. Unter Verwendung von ROLLUP kann man diese Anfrage wie folgt ausdrücken:

```
SELECT bundesstaat,
       avg(einkommen) AS durchschn_einkommen
FROM zensus
GROUP BY ROLLUP(bundesstaat);
```

Ergebnis:

BUNDESSTAAT	DURCHSCHN_EINKOMMEN
FL	35940
TX	36085
(null)	36000

Innerhalb einer ROLLUP-Klausel können ein oder mehrere sogenannte *Gruppierungs-ausdrücke* spezifiziert werden (im Beispiel oben handelt es sich nur um einen: BUNDESSTAAT). Das System gruppiert die Daten zunächst nach sämtlichen Gruppierungsausdrücken, dann nach allen bis auf den letzten, dann nach allen bis auf die letzten beiden usw. Nachdem nur nach dem ersten Gruppierungsausdruck gruppiert wurde, wird abschließend nach der gesamten Tabelle gruppiert.[3] In obigem Beispiel ist die Gruppe, die für die gesamte Zensustabelle steht, durch einen Nullwert für das Attribut BUNDESSTAAT gekennzeichnet.

Eine komplexere Anfrage soll die wahren Möglichkeiten von ROLLUP zeigen. Im folgenden Beispiel soll die Gesamteinwohnerzahl sowie das Durchschnittseinkommen pro Stadt, Landkreis und Bundesstaat sowie im Zensus insgesamt bestimmt werden:

```
SELECT bundesstaat, landkreis, stadt,
       count(*) AS bevölkerung,
       avg(einkommen) as durchschn_eink
FROM zensus
GROUP BY ROLLUP(bundesstaat, landkreis, stadt);
```

Ergebnis:

BUNDES-STAAT	LANDKREIS	STADT	BEVÖLKERUNG	DURCHSCHN_EINK
FL	Dade	Hialeah	2	38700
FL	Dade	Miami	2	36150
FL	Dade	(null)	2	32950
FL	Orange	Orlando	2	42350
FL	Orange	Taft	2	29550
TX	Harris	Baytown	2	30650
TX	Harris	Houston	3	37800
TX	Travis	Austin	2	40450
TX	Travis	(null)	1	34800
FL	Dade	(null)	6	35933
FL	Orange	(null)	4	35950
TX	Harris	(null)	5	34225
TX	Travis	(null)	3	38566
FL	(null)	(null)	10	35940
TX	(null)	(null)	8	36085
(null)	(null)	(null)	18	36000

---

3. Hier ist nicht gemeint, daß die tatsächliche Reihenfolge der Berechnungen der einzelnen Gruppierungen in dieser Reihenfolge erfolgt; de facto werden sämtliche Gruppierungsberechnungen simultan in einem einzigen Durchgang durch die Tabelle durchgeführt.

Da die Beispielanfrage keine ORDER BY-Klausel enthält, wird unter den Zeilen der Ergebnismenge keine bestimmte Reihenfolge eingehalten. Allerdings ist das Ergebnis hier in einer Reihenfolge gezeigt, die ein Verständnis der Art seiner Berechnung erleichtern soll. Wir sehen zuerst neun Zeilen, welche die Zensusdaten nach BUNDESSTAAT, LANDKREIS und STADT gruppieren, dann vier Zeilen, die nach BUNDESSTAAT und LANDKREIS gruppieren mit Nullwerten für STADT, dann zwei Zeilen, die nach BUNDESSTAAT gruppieren mit Nullwerten für LANDKREIS und STADT, und schließlich eine Zeile, die den gesamten Zensus repräsentiert und Nullwerte für BUNDESSTAAT, LANDKREIS und STADT enthält.

TIP: Die Reihenfolge der Ausdrücke innerhalb einer ROLLUP-Klausel ist wesentlich! Ist eine Gruppenart logisch in einer anderen enthalten (wie z.B. LANDKREIS in BUNDESSTAAT), so ist die umfassendste (hier also BUNDESSTAAT) zuerst anzugeben.

In obigem Beispiel wurden vier Arten von Gruppierungen in einer einzigen Anfrage berechnet, was ohne die Möglichkeit des ROLLUP nur in vier separaten Anfragen möglich wäre. Damit hat sich das ROLLUP also hinsichtlich Einfachheit und Effizienz durchaus ausgezahlt. Allerdings gibt es im Anfrageergebnis ein gewisses Problem, was sich im Vorkommen der folgenden beiden Zeilen ausdrückt:

BUNDES-STAAT	LANDKREIS	STADT	BEVÖLKERUNG	DURCHSCHN_EINK
FL	Dade	(null)	2	32950
FL	Dade	(null)	6	35933

Die erste dieser beiden Zeilen repräsentiert eine Gruppe des Detaillierungsgrads (BUNDESSTAAT, LANDKREIS, STADT) und enthält die Leute, die im Landkreis Dade in Florida außerhalb von Städten leben (aus der Zensustabelle ist ersichtlich, daß es zwei Leute mit diesen Merkmalen, Jim und Joan, gibt). Die zweite Zeile repräsentiert dagegen eine Gruppe des Detaillierungsgrads (BUNDESSTAAT, LANDKREIS) und enthält alle Leute, die im Landkreis Dade in Florida leben, und zwar unabhängig von einer bestimmten Stadt (nach der Zensustabelle gibt es sechs Leute mit diesen Merkmalen). Wir können also sagen, daß im ersten Fall der Nullwert für »keine Stadt«, im zweiten Fall jedoch für »alle Städte« steht. Es ist klar, daß wir diese Fälle über eine Angabe des jeweiligen Gruppierungslevels unterscheiden können müssen, was UDB durch die Funktion grouping ermöglicht.

Die Funktion grouping ist für Anfragen vorgesehen, in denen mehr als eine Art der Gruppierung durchgeführt wird. Das Argument der Funktion ist eine der Gruppierungsspalten, und die Funktion liefert den Wert 1, falls die angegebene Spalte in einer übergeordneten Gruppe aufgegangen ist. Damit ist also für die Zeilen, in denen ein Nullwert des Attributs STADT für »alle Städte« steht, der Wert von grouping(stadt) gleich 1; für gewöhnliche Zeilen ist dagegen grouping(stadt) gleich 0.

Die Funktion grouping kann auf verschiedene Weisen genutzt werden. Wenn ein Anwendungsprogramm eine ROLLUP-Anfrage ausführt, sollte die Funktion grouping wahrscheinlich auf jede Spalte im ROLLUP angewandt und das Ergebnis in Wirtsvariablen zwecks Interpretation der Zeilen des Anfrageergebnisses eingelesen werden. Liefert die Funktion grouping den Wert 1, enthält ihr Argument einen Nullwert mit der Bedeutung »alle Werte«.

Wenn eine Anfrage ihre Ergebniswerte anzeigen soll, kann man die Funktion grouping in einem CASE-Ausdruck einsetzen, über den »alle Werte« in der Ausgabe mit einer speziellen Zeichenreihe kenntlich gemacht werden. Man kann dazu jede beliebige Zeichenreihe benutzen, jedoch liegt ein String nahe, der von anderen gültigen Datenwerten leicht zu unterscheiden ist. Im folgenden Beispiel werden CASE-Ausdrücke benutzt zur Ausgabe von »(-alle-)« anstelle eines Nullwertes in den Fällen, daß grouping die Bedeutung »alle Werte« für eine Null anzeigt.

```
SELECT CASE grouping(bundesstaat)
           WHEN 1 THEN '(-alle-)'
           ELSE bundesstaat END AS bundesstaat,
       CASE grouping(landkreis)
           WHEN 1 THEN '(-alle-)'
           ELSE landkreis END AS landkreis,
       CASE grouping(stadt)
           WHEN 1 THEN '(-alle-)'
           ELSE stadt END AS stadt,
       count(*) AS bev,
       avg(einkommen) as durchschn_eink
FROM zensus
GROUP BY ROLLUP(bundesstaat, landkreis, stadt);
```

Ergebnis:

BUNDESSTAAT	LANDKREIS	STADT	BEVÖLKERUNG	DURCHSCHN_EINK
FL	Dade	Hialeah	2	38700
FL	Dade	Miami	2	36150
FL	Dade	(null)	2	32950
FL	Orange	Orlando	2	42350
FL	Orange	Taft	2	29550
TX	Harris	Baytown	2	30650
TX	Harris	Houston	3	37800
TX	Travis	Austin	2	40450
TX	Travis	(null)	1	34800
FL	Dade	(-alle-)	6	35933
FL	Orange	(-alle-)	4	35950
TX	Harris	(-alle-)	5	34225
TX	Travis	(-alle-)	3	38566
FL	(-alle-)	(-alle-)	10	35940
TX	(-alle-)	(-alle-)	8	36085
(-alle-)	(-alle-)	(-alle-)	18	36000

In diesem Ergebnis ist jetzt die Zeile für Leute aus dem Landkreis Dade ohne Stadtangabe in der Zensustabelle leicht von der Zeile für die Leute aus dem Landkreis Dade unabhängig von einer Stadtangabe zu unterscheiden.[4]

Man fragt sich an dieser Stelle vielleicht, wie man WHERE- und HAVING-Klauseln in einer ROLLUP-Anfrage einsetzen kann. Diese Klauseln können in der üblichen Weise verwendet werden und wirken auf Gruppen auf allen Gruppierungsebenen. Als Beispiel bestimmt die folgende Anfrage die weibliche Bevölkerung sowie das durchschnittliche weibliche Einkommen für jede Stadt, jeden Landkreis und jedes Bundesland, für das mindestens zwei Einträge weiblicher Bewohner in der Zensustabelle existieren.

```
SELECT CASE grouping(bundesstaat)
            WHEN 1 THEN '(-alle-)'
            ELSE bundesstaat END AS bundesstaat,
         CASE grouping(landkreis)
            WHEN 1 THEN '(-alle-)'
            ELSE landkreis END AS landkreis,
         CASE grouping(stadt)
            WHEN 1 THEN '(-alle-)'
            ELSE stadt END AS stadt,
         count(*) AS weibl_bev,
         avg(einkommen) AS d_weibl_eink
   FROM zensus
   WHERE geschlecht = 'W'
   GROUP BY ROLLUP(bundesstaat, landkreis, stadt)
   HAVING count(*) >= 2;
```

Ergebnis:

BUNDES-STAAT	LANDKREIS	STADT	WEIBL_BEV	D_WEIBL_EINK
TX	Harris	Houston	2	44700
FL	Dade	(-alle-)	2	40100
FL	Orange	(-alle-)	2	36600
TX	Harris	(-alle-)	2	44700
FL	(-alle-)	(-alle-)	4	38350
TX	(-alle-)	(-alle-)	3	39750
(-alle-)	(-alle-)	(-alle-)	7	38816

---

4. In allen Anfrageergebnissen in diesem Abschnitt zeige ich jeweils die Summationszeilen am Ende, um die Bedeutung der Anfrage besser zu visualisieren. Die tatsächliche Anordnung der Summationszeilen im Ergebnis ist nicht vorhersehbar, es sei denn, man hat ORDER BY angegeben; dann hängt die Anordnung von der Zeichenreihe ab, die zur Darstellung von »alle Werte« gewählt wurde.

Wir ersehen aus diesem Anfrageergebnis, daß unsere Zensusdaten zwei oder mehr Frauen in nur einer Stadt (Houston), in drei Landkreisen (Dade, Orange und Harris), in zwei Bundesstaaten (Florida und Texas) und in der Tabelle insgesamt enthalten.

5.6.2 CUBE

Die Beispiele des letzten Abschnitts haben gezeigt, wie man den ROLLUP-Operator zur Gruppierung von Daten in unterschiedlichen Detaillierungsgraden entlang einer Dimension (in den Beispielen war dies die geographische) einsetzen kann. Der CUBE-Operator wird im Unterschied dazu benutzt, Daten durch Gruppenbildung in mehr als einer Dimension zu analysieren.

Bei der Analyse der Daten in der Zensustabelle könnten wir uns z.B. für den Effekt von Geschlecht und Geburtsdatum auf das Einkommen interessieren. Da Geschlecht und Geburtsdatum unabhängige Variablen sind, gibt es vier mögliche Kombinationen, anhand derer die Daten der Zensustabelle nach diesen Variablen gruppiert werden können:

1. Gruppiere nach Geschlecht und Geburtsdatum (typische Gruppe: in 1955 geborene Frauen).
2. Gruppiere nur nach Geschlecht (typische Gruppe: Frauen aller Geburtsdaten).
3. Gruppiere nur nach Geburtsdatum (typische Gruppe: in 1955 geborene Personen beiderlei Geschlechts).
4. Betrachte die Tabelle als eine Gruppe, die alle Geschlechter und Geburtsdaten enthält.

Der CUBE-Operator veranlaßt das System, nach einer Liste von Ausdrücken auf alle möglichen Weisen zu gruppieren. Spezifiziert man z.B. GROUP BY CUBE(geschlecht, year(geburtsdatum)), formt das System Gruppen auf die vier gerade angegebenen Weisen, wie in der folgenden Anfrage gezeigt:

```
SELECT geschlecht,
       year(geburtsdatum) AS geburtsjahr,
       max(einkommen) AS max_einkommen
FROM zensus
GROUP BY CUBE(geschlecht, year(geburtsdatum));
```

Ergebnis:

GESCHLECHT	GEBURTSJAHR	MAX_EINKOMMEN
W	1955	46700
W	1956	36300
W	1957	26500
W	(null)	44700
M	1955	32100
M	1956	42500
M	1957	40200

W	(null)	46700
M	(null)	42500
(null)	1955	46700
(null)	1956	42500
(null)	1957	40200
(null)	(null)	44700
(null)	(null)	46700

Es könnte schwierig erscheinen zu sagen, welche Art von Gruppe eine Zeile im Ergebnis einer CUBE-Anfrage repräsentiert. In der oben gezeigten Ergebnistabelle etwa gibt es zwei Zeilen mit Nullwerten für die Spalten GESCHLECHT und GEBURTSJAHR. Eine dieser steht für die Gruppe beider Geschlechter mit unbekanntem Geburtsjahr, die andere für die Gruppe beider Geschlechter und aller Geburtsjahre. Um diese Fälle unterscheiden zu können, benötigt man wieder die Funktion grouping.

In einer CUBE-Anfrage kann man die Funktion grouping auf jede Spalte oder jeden Ausdruck innerhalb des CUBE-Operators anwenden. Wie bei einer ROLLUP-Anfrage, so liefert grouping den Wert 1, falls ein Nullwert eines Gruppierungsausdrucks die spezielle Bedeutung »alle Werte« hat. Gilt z.B. grouping(geschlecht) = 1, so steht ein Nullwert in der Spalte GESCHLECHT für »alle Geschlechter« (was in einer Zeile auftreten kann, in der die Daten nach Geburtsjahren anstatt nach Geschlechtern gruppiert sind). Auch hier kann man die Funktion grouping innerhalb eines CASE-Ausdrucks zur Ausgabe eines Wortes oder Symbols eigener Wahl für die Bedeutung »alle Werte« verwenden. Das folgende Beispiel benutzt zu diesem Zweck wieder »(-alle-)« und ermöglicht damit eine Unterscheidung zwischen der Gruppe aller weiblichen Bewohner und der Gruppe aller weiblichen Bewohner mit unbekanntem Geburtsdatum. Man vergleiche das Ergebnis dieser Anfrage mit dem der vorherigen.

```
SELECT CASE grouping(geschlecht)
          WHEN 1 THEN '(-alle-)'
          ELSE geschlecht END AS geschlecht,
       CASE grouping(year(geburtsdatum))
          WHEN 1 THEN '(-alle-)'
          ELSE char(year(geburtsdatum))
          END AS geburtsjahr,
       max(einkommen) AS max_einkommen
FROM zensus
GROUP BY CUBE(geschlecht, year(geburtsdatum));
```

Ergebnis:

GESCHLECHT	GEBURTSJAHR	MAX_EINKOMMEN
W	1955	46700
W	1956	36300
W	1957	26500
W	(null)	44700
M	1955	32100
M	1956	42500
M	1957	40200
W	(-alle-)	46700
M	(-alle-)	42500
(-alle-)	1955	46700
(-alle-)	1956	42500
(-alle-)	1957	40200
(-alle-)	(null)	44700
(-alle-)	(-alle-)	46700

 **TIP:** Innerhalb eines CASE-Ausdrucks müssen alle möglichen Werte für den Ausdruck kompatible Datentypen besitzen. Daher ist es in diesem Beispiel notwendig, die Funktion char innerhalb des zweiten CASE zur Konvertierung von year(geburtsdatum) aus einer ganzen Zahl in eine Zeichenreihe zu verwenden, damit der Typ der Jahreszahl mit dem von »(-alle-)« kompatibel wird.

Die Bezeichnung CUBE (»Würfel«) soll andeuten, daß eine Anfrage Daten in mehr als einer Dimension analysiert. Im vorigen Beispiel wurden zwei Dimensionen (Geschlecht und Geburtsdatum) analysiert, so daß man diese Anfrage genauer als Quadrat anstatt als Würfel bezeichnen würde. Der CUBE-Operator, auf n Dimensionen angewendet, erzeugt 2^n verschiedene Arten von Gruppen.[5] Das Beispiel GROUP BY CUBE(geschlecht, year(geburtsdatum)) erzeugt somit ein zweidimensionales Resultat mit vier Arten von Gruppen, während GROUP BY CUBE (bundesstaat, geschlecht, year(geburtsdatum)) ein dreidimensionales Ergebnis mit acht Arten von Gruppen erzeugt hätte. Eine HAVING-Klausel, falls vorhanden, würde wie üblich auf jede Gruppe im Ergebnis angewendet.

Das folgende Beispiel ist eine dreidimensionale Anfrage (ein richtiger Würfel!), welche die Zensusdaten auf alle möglichen Weisen nach Bundesstaat, Geschlecht und Geburtsjahr gruppiert. Sie zeigt die Anzahl der Personen in jeder Gruppe sowie das durchschnittliche Einkommen jeder Gruppe, allerdings nur für Gruppen mit mindestens 4 Mitgliedern.

---

5. Anmerkung des Übersetzers: Die einzelnen Arten werden nach den Werten für die Dimensionsattribute unterschieden.

```
SELECT CASE grouping(bundesstaat)
            WHEN 1 THEN '(-alle-)'
            ELSE bundesstaat END AS bundesstaat,
        CASE grouping(geschlecht)
            WHEN 1 THEN '(-alle-)'
            ELSE geschlecht END AS geschlecht,
        CASE grouping(year(geburtsdatum))
            WHEN 1 THEN '(-alle-)'
            ELSE char(year(geburtsdatum))
            END AS geburtsjahr,
        count(*) AS anzahl,
        avg(einkommen) AS d_einkommen
FROM zensus
GROUP BY CUBE(bundesstaat, geschlecht,
              year(geburtsdatum))
HAVING count(*) >= 4;
```

Ergebnis:

BUNDES-STAAT	GESCHLECHT	GEBURTSJAHR	ANZAHL	D_EINKOMMEN
FL	M	1957	4	36075
FL	W	(-alle-)	4	38350
FL	M	(-alle-)	6	34333
TX	M	(-alle-)	5	34620
FL	(-alle-)	1957	5	34160
FL	(-alle-)	(-alle-)	10	35940
TX	(-alle-)	(-alle-)	8	36085
(-alle-)	W	1955	4	41800
(-alle-)	M	1956	4	35825
(-alle-)	M	1957	5	35040
(-alle-)	W	(-alle-)	7	38816
(-alle-)	M	(-alle-)	11	34463
(-alle-)	(-alle-)	1955	6	37200
(-alle-)	(-alle-)	1956	5	35920
(-alle-)	(-alle-)	1957	6	33616
(-alle-)	(-alle-)	(-alle-)	18	36000

In dem oben gezeigten Ergebnis sieht man mindestens ein Beispiel aus jeder der acht Arten von Gruppen, die der CUBE-Operator in den drei Dimensionen erzeugt. Von allen nach den Dimensionen Bundesstaat, Geschlecht und Geburtsjahr erzeugten Gruppen hat jedoch nur eine (1957 geborene Männer in Florida) mindestens vier Elemente. Andere Arten von Gruppen werden durch die HAVING-Klausel in analoger Weise gefiltert, so daß am Ende nur 16 Gruppen übrigbleiben.

5.6.3 GROUPING SETS

In den Abschnitten 5.6.1 und 5.6.2 wurde erläutert, wie die Operatoren ROLLUP und CUBE in einer GROUP BY-Klausel zur Durchführung detaillierter Datenanalysen in einer Dimension oder in mehreren Dimensionen verwendet werden können. UDB kennt noch eine weitere Form der speziellen Gruppierung, die zur Anwendung kommt, wenn man seine Daten z.B. entlang einer Dimension ohne ein vollständiges ROLLUP oder in mehreren Dimensionen ohne Bildung eines kompletten CUBE analysieren oder nur in phantasievoller Weise gruppieren will. UDB erlaubt eine Spezifikation von genau den gewünschten Arten von Gruppierungen durch einen GROUPING SETS genannten Operator.

Zur Verwendung von GROUPING SETS mache man sich einfach eine Liste von genau den Arten von Gruppen, die das System bilden sollen. Falls ein Gruppierungskriterium mehr als eine Spalte oder einen Ausdruck enthält, wird es in Klammern gesetzt. Man kann sogar leere Klammern () verwenden, um anzuzeigen, daß eine einzige Gruppe, die die gesamte Tabelle umfaßt, gebildet werden soll. Die folgende Beispielanfrage gruppiert die Zensusdaten nach Bundesstaat und Geschlecht, sodann weiter nach Geburtsjahr; schließlich wird eine große Gruppe gebildet, die aus der gesamten Tabelle besteht. Für jede Gruppe wird die Anzahl der Personen in der Gruppe sowie das Durchschnittseinkommen der Gruppe angezeigt. Wie vorher benutzt auch diese Anfrage die Funktion grouping zur Ausgabe einer speziellen Zeichenreihe immer dann, wenn der Nullwert die Bedeutung »alle Werte« hat.

```
SELECT CASE grouping(bundesstaat)
            WHEN 1 THEN '(-alle-)'
            ELSE bundesstaat END AS bundesstaat,
        CASE grouping(geschlecht)
            WHEN 1 THEN '(-alle-)'
            ELSE geschlecht END AS geschlecht,
        CASE grouping(year(geburtsdatum))
            WHEN 1 THEN '(-alle-)'
            ELSE char(year(geburtsdatum))
            END AS geburtsjahr,
        count(*) AS anzahl,
        avg(einkommen) AS d_einkommen
    FROM zensus
    GROUP BY GROUPING SETS((bundesstaat, geschlecht),
            year(geburtsdatum), ());
```

Ergebnis:

BUNDES-STAAT	GESCHLECHT	GEBURTSJAHR	ANZAHL	D_EINKOMMEN
FL	W	(-alle-)	4	38350
FL	M	(-alle-)	6	34333
TX	F	(-alle-)	3	39750
TX	M	(-alle-)	5	34620
(-alle-)	(-alle-)	1955	6	37200
(-alle-)	(-alle-)	1956	5	35920
(-alle-)	(-alle-)	1957	6	33616
(-alle-)	(-alle-)	(null)	1	44700
(-alle-)	(-alle-)	(-alle-)	18	36000

Die Gesamtzahl von Gruppen in diesem Anfrageergebnis ist die *Summe* der Anzahl der Gruppen, die von jeder der drei Gruppierungsmengen erzeugt wird: (BUNDESSTAAT, GESCHLECHT) erzeugt vier Gruppen, YEAR(GEBURTSDATUM) erzeugt ebenfalls vier Gruppen, und die leere Gruppierungsmenge ( ) erzeugt nur eine Gruppe, welche die ganze Tabelle repräsentiert; dies ergibt zusammen neun Gruppen.

5.6.4 Multiple Gruppierungsspezifikationen

Wir haben jetzt gesehen, wie eine GROUP BY-Klausel Gruppierungen anhand einzelner Spalten oder Ausdrücke spezifizieren, eindimensionale Analysen mittels ROLLUP oder mehrdimensionale Analysen mittels CUBE durchführen oder sogar beliebige Sammlungen von Gruppen mittels GROUPING SETS erzeugen kann. Es ist jetzt noch zu lernen, wie man diese Möglichkeiten kombiniert und zusammen in derselben GROUP BY-Klausel benutzt. Eine GROUP BY-Klausel kann mehrere *Gruppierungsspezifikationen* enthalten, die durch Kommata voneinander getrennt werden. Jede solche Spezifikation kann eine der beschriebenen Möglichkeiten nutzen. Die Gesamtzahl der von der GROUP BY-Klausel erzeugten Gruppen ist das *Produkt* aus den Anzahlen von Gruppen, die von jeder Spezifikation erzeugt werden. Erzeugen z.B. GROUP BY BUNDESSTAAT drei und GROUP BY GESCHLECHT zwei Gruppen, so produziert GROUP BY BUNDESSTAAT, GESCHLECHT bereits sechs Gruppen. Erzeugen GROUP BY ROLLUP(BUNDESSTAAT, LANDKREIS) sieben und GROUP BY GESCHLECHT zwei Gruppen, so produziert GROUP BY ROLLUP(BUNDESSTAAT, LANDKREIS), GESCHLECHT vierzehn Gruppen, wie im folgenden Beispiel gezeigt:

```
SELECT CASE grouping(bundesstaat)
          WHEN 1 THEN '(-alle-)'
          ELSE bundesstaat END AS bundesstaat,
       CASE grouping(landkreis)
          WHEN 1 THEN '(-alle-)'
          ELSE landkreis END AS landkreis,
       geschlecht,
       count(*) AS bev,
```

```
      avg(einkommen) AS durchschn_eink
FROM zensus
GROUP BY ROLLUP(bundesstaat, landkreis), geschlecht;
```

Ergebnis:

BUNDES-STAAT	LANDKREIS	GESCHLECHT	BEV	DURCHSCHN_EINK
FL	Dade	W	2	40100
FL	Dade	M	4	33850
FL	Orange	W	2	36600
FL	Orange	M	2	35300
FL	(-alle-)	W	4	38350
FL	(-alle-)	M	6	34333
TX	Harris	W	2	44700
TX	Harris	M	3	30733
TX	Travis	W	1	34800
TX	Travis	M	2	40450
TX	(-alle-)	W	3	39750
TX	(-alle-)	M	5	34620
(-alle-)	(-alle-)	W	7	38816
(-alle-)	(-alle-)	M	11	34463

Das unten angegebene Syntaxdiagramm zeigt die verschiedenen, in einer GROUP BY-Klausel verwendbaren Gruppierungsspezifikationen. UDB unterstützt auch verschiedene Kombinationen von Gruppierungsmethoden, die zur Vereinfachung aus diesem Diagramm weggelassen wurden (man kann z.B. ROLLUP und CUBE innerhalb eines GROUPING SETS-Operators benutzen). Details dieser Kombinationen findet man in der *SQL Reference*.

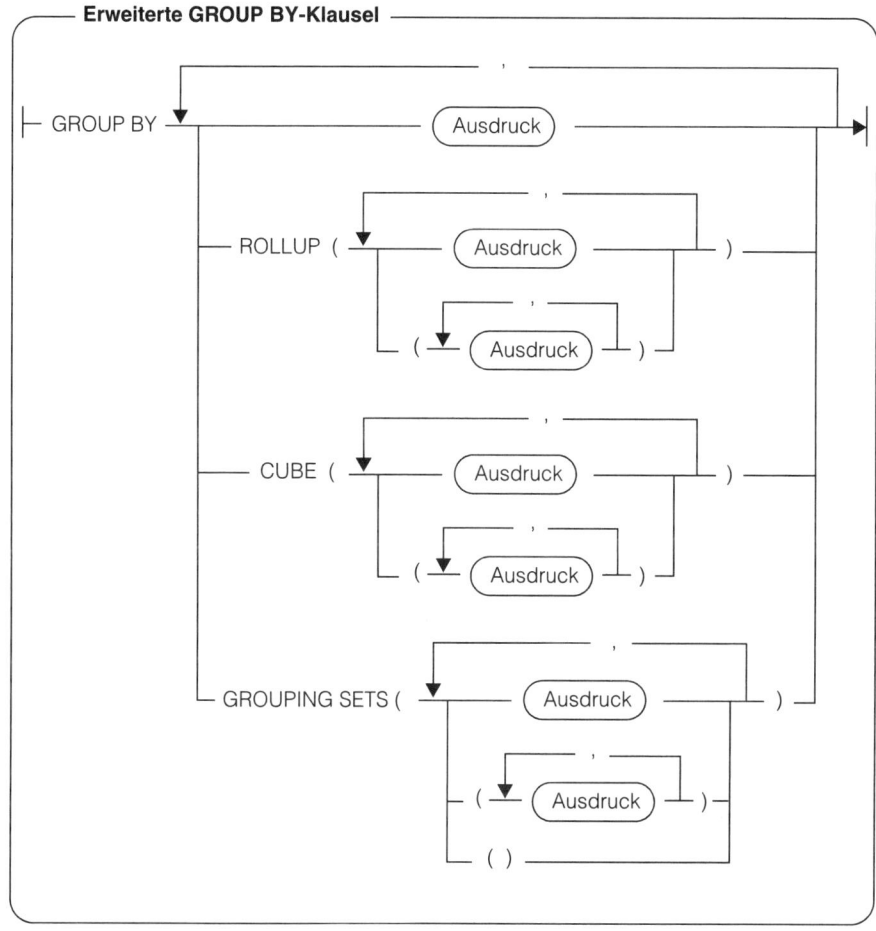

5.7 Allgemeine Tabellenausdrücke

Angenommen, wir müssen in der in Abschnitt 5.2 beschriebenen Datenbank mit Angestellten und Abteilungen die Abteilung mit den höchsten Gesamtzahlungen bestimmen. Diese Anfrage ist schwierig, da sie zwei Aggregationsstufen umfaßt: Zunächst müssen mit der Funktion sum die Zahlungen an einzelne Angestellte pro Abteilung addiert werden; sodann benötigt man die Funktion max zur Bestimmung des Maximums dieser Werte. Eine Möglichkeit, eine solche Anfrage zu formulieren, besteht darin, zuerst eine Sicht zu erzeugen und dann eine Anfrage zu schreiben, die diese Sicht benutzt, wie in folgendem Beispiel:

```
CREATE VIEW gehaltsliste(abtnr, gesamtzahlung) AS
    SELECT abtnr, sum(gehalt) + sum(bonus)
    FROM ang
    GROUP BY abtnr;

SELECT abtnr
FROM gehaltsliste
WHERE gesamtzahlung =
    (SELECT max(gesamtzahlung)
     FROM gehaltsliste);
```

Es erscheint merkwürdig, eine Sicht anzulegen, um eine Anfrage stellen zu können. Wir müssen uns nämlich einen Namen ausdenken, der nicht mit bereits existierenden Sichtennamen kollidiert, und wir müssen daran denken, die Sicht wieder zu löschen, wenn sie nicht mehr benötigt wird. Ferner muß das Datenbanksystem die Sicht in den Katalogtabellen vermerken, und das selbst dann, wenn die Sicht nur für diese eine Anfrage gebraucht wird. Eleganter und effizienter wäre es, wenn man die Anfrage in einer einzigen Anweisung ohne Definition einer Sicht ausdrücken könnte.

Eine Betrachtung des oben angegebenen SQL-Statements zeigt, daß die Sicht GEHALTSLISTE an zwei Stellen benutzt wird. Wir könnten daher daran denken, jede der beiden Referenzierungen von GEHALTSLISTE durch einen Tabellenausdruck zu ersetzen, dessen Definition mit der der Sicht übereinstimmt. Dies führt zu folgender Anfrage:

```
SELECT abtnr
FROM (SELECT abtnr, sum(gehalt) + sum(bonus)
      FROM ang
      GROUP BY abtnr) AS gehaltsliste1
WHERE gesamtzahlung =
    (SELECT max(gesamtzahlung)
     FROM (SELECT abtnr, sum(gehalt) + sum(bonus)
           FROM ang
           GROUP BY abtnr) AS gehaltsliste2);
```

Diese Anfrage, obwohl zulässig, hat verschiedene Nachteile. Zunächst erscheint es unelegant, denselben Tabellenausdruck in ein und derselben Anfrage zweimal zu wiederholen. Schlimmer ist die Tatsache, daß beide Tabellenausdrücke unabhängig voneinander ausgewertet werden, was ineffizient ist und zu Inkonsistenzen führen kann, falls ein anderer Benutzer die Tabelle ANG während der Ausführung dieser Anfrage aktualisiert (und der Isolationsgrad für die Anfrage nicht RR lautet). Lieber würde man daher den Tabellenausdruck einmal definieren, ihm einen Namen geben und sodann den Namen sooft wie nötig in der Anfrage benutzen. Genau dies leisten in UDB die sogenannten *allgemeinen Tabellenausdrücke*.

Ein allgemeiner Tabellenausdruck hat die Form einer WITH-Klausel am Anfang einer SQL-Anweisung. Die Syntax der WITH-Klausel ist, wie unten gezeigt, der einer Sichtendefinition ähnlich.

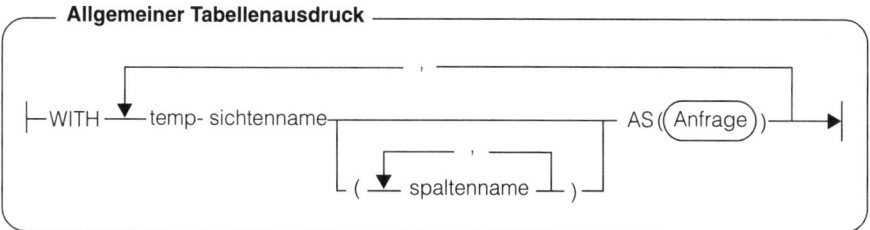

Ein allgemeiner Tabellenausdruck definiert eine oder mehrere temporäre Sichten, die nur für die Dauer der Ausführung der aktuellen SQL-Anweisung existieren. Die temporären Sichten können innerhalb der Anweisung beliebig oft benutzt werden. Unabhängig von der Häufigkeit der Benutzung wird jede temporäre Sicht nur genau einmal ausgewertet, so daß es keine Chance gibt, daß die SQL-Anweisung inkonsistente Daten sieht. Mit einem allgemeinen Tabellenausdruck können wir die Anfrage nach der Abteilung mit der höchsten Gesamtzahlung wie folgt umschreiben:

```
WITH gehaltsliste(abtnr, gesamtzahlung) AS
  (SELECT abtnr, sum(gehalt) + sum(bonus)
   FROM ang
   GROUP BY abtnr)
SELECT abtnr
FROM gehaltsliste
WHERE gesamtzahlung =
  (SELECT max(gesamtzahlung)
   FROM gehaltsliste);
```

Anfragen mit mehreren Aggregationsstufen sind vergleichsweise häufig. Ein anderes Beispiel ist die Bestimmung der Abteilung(en) mit den meisten Angestellten, die ebenfalls mit allgemeinen Tabellenausdrücken elegant formuliert werden kann:

```
WITH personal(abtnr, köpfezahl) AS
   (SELECT abtnr, count(*) FROM ang GROUP BY abtnr)
SELECT abtnr, köpfezahl
FROM personal
WHERE köpfezahl = (SELECT max(köpfezahl) FROM personal);
```

Wie wir gesehen haben, verhält sich ein allgemeiner Tabellenausdruck wie eine Sicht, die lediglich für die Dauer eines einzigen SQL-Statements definiert wird, wodurch es dem Benutzer wie dem System erspart bleibt, eine richtige Sicht zu erzeugen und wieder zu löschen. Ein allgemeiner Tabellenausdruck hat noch einen weiteren Vorteil gegenüber einer gewöhnlichen Sicht: Seine Definition kann eine Referenz auf eine Wirtsprogrammvariable enthalten. Bei einer realen Sichtendefinition ist dies nicht möglich, da man Sichten nicht auf eine Verwendung nur durch bestimmte Programme hin limitieren kann. Ein allgemeiner Tabellenausdruck wird demgegenüber nur innerhalb einer speziellen SQL-Anweisung benutzt, und diese Anweisung hat Zugriff auf die deklarierten Wirtsvariablen, falls sie in ein Programm eingebettet ist. Zur Illustration dessen modifizieren wir das obige Beispiel so, daß die Abteilung(en) mit den meisten Angestellten in einem in einer Programmvariablen :x vorgegebenen Job bestimmt werden:

```
WITH personal(abtnr, köpfezahl) AS
   (SELECT abtnr, count(*)
    FROM ang
    WHERE job = :x
    GROUP BY abtnr)
SELECT abtnr, köpfezahl
FROM personal
WHERE köpfezahl =
   (SELECT max(köpfezahl) FROM personal);
```

Allgemeine Tabellenausdrücke werden hauptsächlich in Anfragen benutzt, in denen dieselbe Tabelle mehr als einmal gebraucht wird. Man kann sogar eine Anfrage schreiben, die einen Tabellenausdruck mit sich selbst verbindet. Dies geschieht unter Verwendung eines allgemeinen Tabellenausdrucks, der bei jeder Benutzung einen anderen Korrelationsnamen erhält. Im folgenden Beispiel sind Paare von Abteilungen zu bestimmen, bei denen das Durchschnittsgehalt des einen mehr als das Doppelte des Durchschnittsgehalts des anderen beträgt.

```
WITH abtdurchschn(abtnr, dgehalt) AS
   (SELECT abtnr, avg(gehalt)
    FROM ang
    GROUP BY abtnr)
SELECT a1.abtnr, a1.dgehalt, a2.abtnr, a2.dgehalt
FROM abtdurchschn AS a1, abtdurchschn AS a2
WHERE a1.dgehalt > 2 * a2.dgehalt;
```

Wir haben gesehen, daß man eine Sicht entweder über eine SELECT- oder über eine VALUES-Klausel definieren kann. Dies gilt nicht nur für permanente, sondern auch für temporäre Sichten, die über allgemeine Tabellenausdrücke definiert werden. Im folgenden Beispiel definieren wir eine temporäre Sicht namens WICHTIG, die eine Liste von Paaren aus Abteilungen und Jobs enthält, die für die Firma wichtig sind; diese Sicht wird dann mit der ANG-Tabelle verknüpft zur Bestimmung der Namen der Angestellten, deren Abteilungsnummer und Job sich auf dieser Liste befinden.

```
WITH wichtig(abtnr, job) AS
   (VALUES('A29', 'Maschinist'),
          ('J16', 'Gabelstaplerfahrer'),
          ('M07', 'Schweisser'))
SELECT a.name
FROM ang a, wichtig w
WHERE a.abtnr = w.abtnr
AND a.job = w.job;
```

Ein allgemeiner Tabellenausdruck (WITH-Klausel) kann nur an folgenden Stellen benutzt werden:

1. In einer Anfrage (SELECT-Anweisung) auf äußerster Schachtelungsebene, wie in allen obigen Beispielen.
2. In einem SELECT, das unmittelbar in einer CREATE VIEW-Anweisung auftritt. Die Anfrage des letzten Beispiels könnte damit in eine permanente Sicht mit dem Namen WICHTIGEANG wie folgt konvertiert werden:

```
CREATE VIEW wichtigeang(name) AS
    WITH wichtig(abtnr, job) AS
        (VALUES('A29', 'Maschinist'),
                ('J16', 'Gabelstaplerfahrer'),
                ('M07', 'Schweisser'))
    SELECT a.name
    FROM ang a, wichtig w
    WHERE a.abtnr = w.abtnr
    AND a.job = w.job;
```

3. In einem SELECT, das unmittelbar in eine INSERT-Anweisung geschachtelt ist. Die Ergebnisse der obigen Anfrage könnten damit wie folgt in eine existierende Tabelle mit dem Namen WICHTIGEANG eingefügt werden:

```
INSERT INTO wichtigeang(name)
    WITH wichtig(abtnr, job) AS
        (VALUES('A29', 'Maschinist'),
                ('J16', 'Gabelstaplerfahrer'),
                ('M07', 'Schweisser'))
    SELECT a.name
    FROM ang a, wichtig w
    WHERE a.abtnr = w.abtnr
    AND a.job = w.job;
```

TIP: Eine WITH-Klausel ist nicht in einer Einzeilen-SELECT-Anweisung erlaubt. Falls man also eine Anfrage in ein Anwendungsprogramm einbettet und diese Anfrage einen allgemeinen Tabellenausdruck benutzt, muß man auf das Ergebnis mit einem Cursor zugreifen, selbst dann, wenn dieses aus einer einzelnen Zeile besteht.

5.8 Rekursion

Abschnitt 5.7 hat gezeigt, wie man über einen allgemeinen Tabellenausdruck (WITH-Klausel) eine temporäre Sicht zur Verwendung innerhalb einer SQL-Anweisung definieren kann. Allgemeine Tabellenausdrücke kennen darüber hinaus eine weitere, bisher noch nicht beschriebene Sprachausdrucksmöglichkeit, die *Rekursion*. Ein allgemeiner Tabellenausdruck ist *rekursiv*, falls er in seiner Definition auf sich selbst Bezug nimmt. Die Rekursion ist deshalb sehr mächtig, weil sie eine Formulierung gewisser Anfragen in einer einzigen SQL-Anweisung ermöglicht, für die man sonst ein Wirtsprogramm schreiben müßte. Rekursive Anfragen sind nicht ganz leicht zu schreiben und können das System in eine Endlosschleife bringen, so daß man sich bei der Benutzung der Rekursion strikt an gewisse Regeln zu halten hat.

Ich werde mit einem einfachen Beispiel beginnen. Angenommen, wir haben eine Tabelle von Bundesangestellten mit folgender Struktur:

BUNDESANG

NAME	GEHALT	MANAGER

Wir wollen nun die Namen und Gehälter der Angestellten in der Tabelle BUNDESANG finden, deren Manager Hoover ist und deren Gehalt über $ 100.000 liegt. Dies ist mit der folgenden (nicht-rekursiven) Anfrage leicht auszudrücken:

```
SELECT name, gehalt
FROM bundesang
WHERE manager = 'Hoover'
AND gehalt > 100000;
```

Das Problem wird schwieriger, falls wir alle Angestellten bestimmen wollen, die mehr als $ 100.000 verdienen und bei denen Hoover irgendwo in ihrer Managementhierarchie vorkommt. Um dies auszudrücken, brauchen wir eine rekursive Anfrage. Eine solche Anfrage kann generell nach folgenden Regeln geschrieben werden:

1. Man definiert einen allgemeinen Tabellenausdruck mit einer WITH-Klausel. Dieser Ausdruck berechnet eine temporäre Sicht, die in unserem Beispiel AGENTEN heißen soll, und er muß als UNION ALL (nicht als einfaches UNION und nicht als andere Mengenoperation) von zwei Teilen definiert sein:

   (a) Der erste Teil von UNION ALL, *initiale Unteranfrage* genannt, ist eine gewöhnliche Unteranfrage ohne Rekursion. Beim Verarbeiten einer rekursiven Anfrage wertet das System die initiale Unteranfrage zuerst aus. In unserem Beispiel findet die initiale Unteranfrage alle Angestellten, die unmittelbar an Hoover berichten.

   (b) Der zweite Teil von UNION ALL, die *rekursive Unteranfrage*, ist eine Unteranfrage, die auf der Basis bereits vorhandener Zeilen weitere zu der temporären Sicht hinzufügt. Beim Schreiben der rekursiven Unteranfrage muß man einerseits genau angeben, wie die neuen Zeilen mit den bereits vorhandenen in Beziehung stehen. Andererseits muß man sicherstellen, daß die Anfrage terminiert, wenn alle relevanten Zeilen gefunden sind. In unserem Beispiel fügt die rekursive Unteranfrage solche Angestellten zur Sicht AGENTEN hinzu, die von bereits in der Sicht enthaltenen Angestellten gemanagt werden. Das System bricht das Hinzufügen neuer Zeilen zur Sicht ab, sobald es auf Angestellte trifft, die ihrerseits keine Manager sind. Die rekursive Unteranfrage muß dabei den folgenden Regeln genügen:

   – Sie darf keine Spaltenfunktion, SELECT DISTINCT-, GROUP BY- oder HAVING-Klausel enthalten.

   – Sie darf eine Referenz auf den allgemeinen Tabellenausdruck enthalten, in den sie eingebettet ist, aber sie darf keine weitere Unteranfrage mit einer solchen Referenz enthalten.

– Jede Spalte der rekursiven Unteranfrage muß zuweisungskompatibel mit der entsprechenden Spalte der initialen Unteranfrage und darf außerdem nicht länger als diese sein.

 **TIP:** Man muß unter Umständen bei einer oder mehreren Spalten der initialen Unteranfrage Typkonvertierungen durchführen, damit diese hinsichtlich Typ und Länge mit den entsprechenden Spalten der rekursiven Unteranfrage übereinstimmen. Man sollte dies jedenfalls dann versuchen, wenn eine rekursive Anfrage mit dem Fehler SQLCODE –344 oder SQLSTATE 42825 endet.

2. Nachdem die WITH-Klausel eine temporäre Sicht definiert hat, kann man diese in einer SELECT-Klausel zum Formulieren der eigentlichen Anfrage verwenden. In unserem Beispiel enthält die temporäre Sicht AGENTEN alle Angestellten, die Hoover irgendwo in ihrer Managementkette haben, und die nachfolgende Anfrage selektiert diejenigen, die mehr als $ 100.000 verdienen.

Die Lösung unseres Problems kann damit wie folgt notiert werden:

```
WITH agenten(name gehalt) AS
    ((SELECT name, gehalt      -- initiale Unteranfrage
      FROM bundesang
      WHERE manager = 'Hoover')
    UNION ALL
     (SELECT b.name, b.gehalt -- rekursive Unteranfrage
      FROM agenten  AS a, bundesang AS b
      WHERE b.manager = a.name))
SELECT name                   -- eigentliche Anfrage
FROM agenten
WHERE gehalt > 100000;
```

Bei einer Veranschaulichung der Verarbeitung dieser Anfrage muß man sich klarmachen, daß bei jeder Ausführung der rekursiven Unteranfrage jeweils die Zeilen der temporären Sicht gelesen werden, die zu dieser in der vorherigen Iteration hinzugefügt wurden. So werden in unserem Beispiel bei der ersten Auswertung der rekursiven Unteranfrage der Tabelle AGENTEN die Angestellten hinzugefügt, die von einem Angestellten gemanagt werden, deren Manager Hoover ist, entsprechend werden bei der zweiten Auswertung die Angestellten hinzugefügt, von denen Hoover in der Managementhierarchie zwei Stufen entfernt ist usw. Das System wertet die rekursive Unteranfrage so lange aus, bis zur temporären Sicht keine Zeilen mehr hinzukommen. Wie wir noch sehen werden, ist es dabei wichtig sicherzustellen, daß das System nicht endlos iteriert.

In Abschnitt 5.7 haben wir gelernt, daß allgemeine Tabellenausdrücke (WITH-Klauseln) in Anfragen, Sichtendefinitionen und INSERT-Anweisungen verwendet werden können. WITH-Klauseln mit Rekursion können in genau der gleichen Weise benutzt werden. Wird eine rekursive Anfrage innerhalb einer CREATE VIEW-Anweisung benutzt, so definiert sie eine rekursive Sicht. Wird sie in einem INSERT-Kommando verwendet, wird ihr Ergebnis in die Zieltabelle eingefügt. Eine Verwendung der Rekursion in einer INSERT-Anweisung liefert eine interessante Technik zur Erzeugung synthetischer Tabellen. Wenn man z.B. eine Tabelle ZAHLEN mit den Attributen ZÄHLER und

ZUFALL anlegen will, wobei ZÄHLER alle ganzen Zahlen von 1 bis 1000 und ZUFALL zufällig gewählte Zahlen zwischen 1 und 1000 enthält, so kann man wie folgt vorgehen (man beachte die Verwendung von Rekursion im INSERT):

```
CREATE TABLE zahlen (zähler Integer, zufall Integer);
INSERT INTO zahlen(zähler, zufall)
    WITH temp(n) AS
        (VALUES(1)
      UNION ALL
        SELECT n+1 FROM temp
        WHERE n < 1000)
    SELECT n, integer(rand()*1000)
    FROM temp;
```

Eine Erzeugung synthetischer Daten mittels rekursiver INSERT-Anweisungen hat viele Anwendungen. So können z.B. die im obigen Beispiel erzeugten Daten eine Eingabe für ein statistisches Experiment mit 1000 Zufallszahlen sein. Unter kreativer Verwendung der Funktionen char und translate kann man auch zufällige Zeichenreihen erzeugen.

5.8.1 Rekursion mit Berechnungen

Im Beispiel der Bundesangestellten ging es lediglich um ein Durchsuchen einer Hierarchie (alle Angestellten unterhalb von Hoover) und eine Ausgabe aller Zeilen, die einer bestimmten Bedingung (Gehalt über $ 100.000) genügen. Eine interessantere Klasse von Problemen ist die, bei der während eines rekursiven Durchsuchens eines Datenraums Berechnungen durchzuführen sind. Ich werde diese Klasse von Problemen mit einem klassischen rekursiven Beispiel, dem Stücklistenproblem, erläutern.

Ein Flugzeughersteller unterhalte eine Tabelle mit allen Teilen, die bei einem bestimmten Flugzeug gebraucht werden, sowie den Bauteilen, aus denen diese zusammengesetzt sind. Ein Auszug aus dieser Tabelle ist nachfolgend gezeigt; wir erkennen daraus, daß jede Tragfläche ein Querruder, jedes Querruder zwei Scharniere, jedes Scharnier vier Nieten hat usw.

KOMPONENTEN

TEIL	BAUTEIL	ANZAHL
Tragfläche	Verstrebung	5
Tragfläche	Querruder	1
Tragfläche	Fahrwerk	1
Tragfläche	Niete	100
Verstrebung	Niete	10
Querruder	Scharnier	2
Querruder	Niete	5
Fahrwerk	Scharnier	3
Fahrwerk	Niete	8
Scharnier	Niete	4

Eine alternative Art der Darstellung dieser Daten ist als ein Graph, in dem jeder Knoten ein Bauteil eines Flugzeugs darstellt. Die Knoten werden durch Kanten verbunden, die mit Zahlen beschriftet sind, die angeben, wieviel Stück eines Bauteils zum Bau eines anderen Teils benötigt werden. Die in Abbildung 5.1 gezeigte Darstellung der obigen Tabelle als Graph zeigt, daß die Komponentendatenbank keine strenge Hierarchie enthält, wie dies im Beispiel der Bundesangestellten der Fall war. So werden hier z.B. Scharniere sowohl bei Querrudern als auch bei Fahrwerken gebraucht, und viele Teile benutzen Nieten. Die mathematische Bezeichnung für einen solchen Graphen lautet *gerichteter azyklischer Graph* (*Directed Acyclic Graph*, kurz DAG). Dabei bedeutet *azyklisch*, daß der Graph keine Kreise bzw. Zykel enthält (kein Teil ist Komponente von sich selbst).

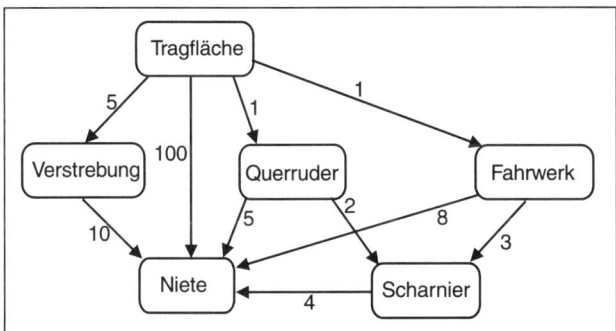

Abbildung 5.1:
Graphische Darstellung von Teilen und deren Komponenten

Nehmen wir nun an, daß wir wegen einer nationalen Nietenknappheit die dringende Nachfrage aus dem Top-Management erhalten: Wie viele Nieten werden insgesamt für eine Tragfläche benötigt? Zur Beantwortung dieser Frage müssen wir rekursiv alle Komponenten einer Tragfläche durchsuchen und feststellen, wie viele Nieten auf jeder Baustufe benötigt werden. Allerdings kann man die auf jeder Stufe gefundenen Anzahlen nicht einfach addieren, da auch zu berücksichtigen ist, wie oft ein Bauteil in einer Tragfläche vorkommt. So benötigt z.B. ein Scharnier vier Nieten, aber eine Tragfläche hat fünf Scharniere (zwei im Querruder und drei im Fahrwerk).

Bei der Formulierung unserer rekursiven Anfrage folgen wir den gleichen Regeln wie im vorhergehenden Beispiel. Wir beginnen mit einem allgemeinen Tabellenausdruck bzw. einer temporären Sicht, der/die aus einer initialen und einer rekursiven Unteranfrage besteht, die durch UNION ALL verbunden werden. Der Name der Sicht sei TRAGFLÄCHENTEILE, und jede Zeile in dieser Sicht beschreibt ein Bauteil eines Flügels sowie die Anzahl, die von diesem Teil für den speziellen Zweck benötigt wird (also z.B. die Anzahl der Scharniere in einem Fahrwerk). Die initiale Unteranfrage listet die Teile auf, die direkt beim Zusammenbau der Tragfläche verwendet werden; die rekursive Unteranfrage gibt die Teile an, die in den in der Tragfläche enthaltenen Teilen benötigt werden. Die Tatsache, daß die Datenbank eine azyklische Struktur hat, stellt sicher, daß die Rekursion bei solchen Teilen abbricht, die keine Bauteile mehr enthalten (z.B. Nieten).

Die initiale WITH-Klausel unserer Anfrage, welche die benötigte temporäre Sicht definiert, kann wie folgt formuliert werden:

```
WITH tragflächenteile(bauteil, anzahl) AS
  ((SELECT bauteil, anzahl            -- initiale
    FROM komponenten                  -- Unteranfrage
    WHERE teil = 'Tragfläche')
  UNION ALL
    (SELECT k.bauteil, t.anzahl * k.anzahl -- rekursive
     FROM tragflächenteile t,         -- Unteranfrage
          komponenten k
     WHERE t.bauteil = k.teil));
```

Wir können die Tabelle TRAGFLÄCHENTEILE wie unten gezeigt darstellen; dabei soll die Unterteilung lediglich anzeigen, welche Teile sich in der ersten, der zweiten usw. Iteration ergeben.

TRAGFLÄCHENTEILE

BAUTEIL	ANZAHL	
Verstrebung	5	(direkte Verwendung)
Querruder	1	(direkte Verwendung)
Fahrwerk	1	(direkte Verwendung)
Niete	100	(direkte Verwendung)
Niete	50	(von Verstrebungen)
Scharnier	2	(vom Querruder)
Niete	5	(vom Querruder)
Scharnier	3	(vom Fahrwerk)
Niete	8	(vom Fahrwerk)
Niete	8	(von Querruderscharnieren)
Niete	12	(von Fahrwerkscharnieren)

Man beachte, daß ein Bauteil wie eine Niete mehrfach in der Sicht vorkommen kann und daß jede Zeile die Anzahl beschreibt, in der ein bestimmtes Teil für einen speziellen Zweck benötigt wird. So zeigt z.B. eine Zeile an, daß 50 Nieten für fünf Verstrebungen mit jeweils zehn Nieten benötigt werden. Man beachte ferner, daß ein Entfernen doppelter Zeilen aus dieser temporären Sicht unsere Berechnung verfälschen würde!

Unter Verwendung der oben definierten temporären Sicht können wir die Anfrage nach den Nieten sowie ähnliche Anfragen leicht beantworten. Wir geben als nächstes zwei Anfragen jeweils mit Ergebnis an, die den Ausdruck TRAGFLÄCHENTEILE benutzen (es sei daran erinnert, daß TRAGFLÄCHENTEILE jeweils neu definiert werden muß).

1. Bestimme die Gesamtzahl von Nieten in einer Tragfläche.

```
WITH tragflächenteile(bauteil, anzahl) AS
  ((SELECT bauteil, anzahl            -- initiale
    FROM komponenten                  -- Unteranfrage
    WHERE teil = 'Tragfläche')
  UNION ALL
   (SELECT k.bauteil, t.anzahl * k.anzahl -- rekursive
    FROM tragflächenteile t,          -- Unteranfrage
         komponenten k
    WHERE t.bauteil = k.teil))
SELECT sum(anzahl) AS anzahl
FROM tragflächenteile
WHERE bauteil = 'Niete';
```

Ergebnis:

ANZAHL
183

2. Bestimme alle Teile, die man für eine Tragfläche benötigt, zusammen mit der jeweiligen Anzahl.

```
WITH tragflächenteile(bauteil, anzahl) AS
  ((SELECT bauteil, anzahl            -- initiale
    FROM komponenten                  -- Unteranfrage
    WHERE teil = 'Tragfläche')
  UNION ALL
   (SELECT k.bauteil, t.anzahl * k.anzahl -- rekursive
    FROM tragflächenteile t,          -- Unteranfrage
         komponenten k
    WHERE t.bauteil = k.teil))
SELECT bauteil, sum(anzahl) AS anzahl
FROM tragflächenteile
GROUP BY bauteil;
```

Ergebnis:

BAUTEIL	ANZAHL
Verstrebung	5
Querruder	1
Fahrwerk	1
Scharnier	5
Niete	183

5.8.2 Rekursives Suchen

Eine wichtige Klasse von Computeranwendungen beinhaltet das Suchen nach einer bestimmten Lösung (häufig der *besten* relativ zu einem gegebenen Kriterium) für ein Problem. Suchanwendungen sind oft rekursiv, und ich werde eine derartige Anwendung
anhand von Suchen in einer Datenbank mit Fluginformationen illustrieren.

Angenommen, ein Kunde fragt in unserem Reisebüro nach der preiswertesten Flugver-
bindung von San Francisco nach New York. Aufgrund der Mitgliedschaft des Kunden
in einem Frequent-Flyer-Club möchte er nur mit HyFlier Airlines fliegen, deren Verbindungen in Abbildung 5.2 gezeigt sind (wobei die Zahlen den Preis für eine einfache
Verbindung angeben).

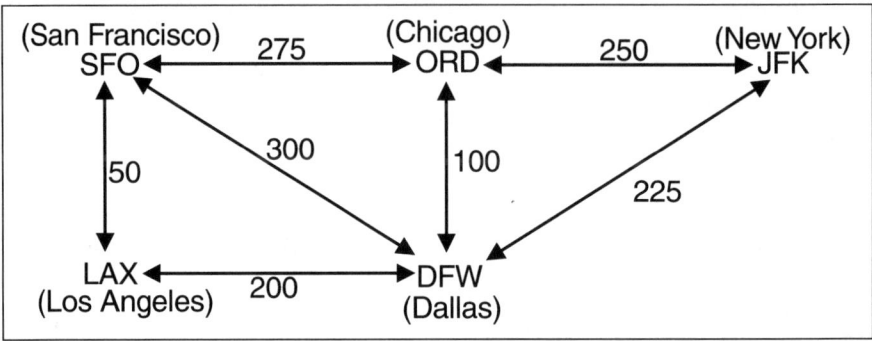

Abbildung 5.2:
Streckenplan einer Fluggesellschaft

Durch Inspektion der Verbindungskarte läßt sich leicht feststellen, daß diese Datenbank kein azyklischer Graph wie im Beispiel des letzten Abschnitts ist. Die Daten enthalten Schleifen, über die man endlos im Kreis fliegen kann. Wie wir noch sehen werden, müssen wir aufgrund dieser Zykel besonders darauf achten, Anfragen an dieser
Datenbank gegebenenfalls mit einer »Stopregel« zu versehen.

Die Daten der HyFlier-Routenkarte können in einer relationalen Datenbank durch folgende Tabelle beschrieben werden:

FLÜGE

FLUGNR	START	ZIEL	PREIS
HY120	DFW	JFK	225
HY130	DFW	LAX	200
HY140	DFW	ORD	100
HY150	DFW	SFO	300
HY210	JFK	DFW	225
HY240	JFK	ORD	250
HY310	LAX	DFW	200
HY350	LAX	SFO	50

HY410	ORD	DFW	100
HY420	ORD	JFK	250
HY450	ORD	SFO	275
HY510	SFO	DFW	300
HY530	SFO	LAX	50
HY540	SFO	ORD	275

Für unseren ersten Versuch, die Anfrage des Kunden zu beantworten, werden wir eine rekursive Anfrage schreiben, die Flugmöglichkeiten von San Francisco (SFO) nach New York (JFK) bestimmt. Die unten angegebene Beispielanfrage benutzt die gleiche Vorgehensweise wie unser vorheriges rekursives Beispiel. Es wird eine temporäre Sicht mit dem Namen TRIPS definiert, die sich durch ein UNION ALL aus einer initialen und einer rekursiven Unteranfrage ergibt. Die initiale Unteranfrage bestimmt dabei alle Städte, die von San Francisco aus mit einem Flug erreichbar sind. Die rekursive Unteranfrage findet alle Städte, die von diesen aus erreicht werden können, und für jede solche Stadt werden Route und Gesamtpreis protokolliert. Schließlich werden aus der so berechneten Menge von Trips in einer nachgeschalteten Anfrage diejenigen selektiert, die in New York enden.

Unser erster Versuch einer Problemlösung lautet in diesem Fall wie folgt:

```
WITH trips(ziel, route, gesamtpreis) AS
   ((SELECT ziel, ziel, preis
     FROM flüge
     WHERE start = 'SFO')
    UNION ALL
    (SELECT f.ziel,
            t.route || ',' || f.ziel,
            t.gesamtpreis + f.preis
     FROM trips t, flüge f
     WHERE t.ziel = f.start))
 SELECT route, gesamtpreis
 FROM trips
 WHERE ziel = 'JFK';
```

Unglücklicherweise ist dieser erste Versuch mit zwei Problemen behaftet. Das erste besteht in einer Verletzung der Regel, daß die Spalten der rekursiven Unteranfrage nicht länger als die entsprechenden Spalten der initialen Unteranfrage sein dürfen. Die zweite Spalte, die anfänglich selektiert wird, ist ZIEL, wobei angenommen wird, daß sie vom Typ Char(3) ist. Die zweite im rekursiven Teil selektierte Spalte, der Ausdruck t.route || ',' || f.ziel, ist eine Zeichenreihe, die bei jedem Aufruf der rekursiven Unteranfrage länger wird. Das System braucht von uns eine Angabe, wie lang ein Wert in dieser Spalte werden kann, damit es einen passenden Datentyp zuweisen kann. Wir nehmen hier eine maximale Länge von 20 Zeichen an, so daß reichlich Platz für interessante Routen gelassen wird. Durch Konvertieren der zweiten Spalte im initialen wie im rekursiven Teil in Varchar(20) wird die Längenregel erfüllt und dem System die benötigte Information über eine korrekte Länge von Werten dieser Spalten mitgegeben. Die somit erforderlichen Änderungen sind:

▶ In der initialen Unteranfrage wird die zweite Spalte ziel durch CAST(ziel AS Varchar(20)) ersetzt,

▶ in der rekursiven Unteranfrage wird t.route || ',' || f.ziel durch CAST(t.route || ',' || f.ziel AS Varchar(20)) ersetzt.

Das zweite Problem ist ernster: Die Bearbeitung der Anfrage wird erst dann stoppen, wenn das System seine Ressourcen aufgebraucht hat. Der Grund liegt darin, daß eine Angabe darüber fehlt, wie lang ein Trip sein darf, um noch von Interesse zu sein. Beim Verarbeiten der obigen Anfrage könnte das System z.B. einen Trip betrachten, der von San Francisco nach Dallas geht, von dort weiter nach Chicago, dann wieder nach San Francisco, dann nach Los Angeles, dann wieder nach San Francisco zurück usw. Um solche Flüge auszuschließen, muß man genau überlegen, ab wann eine Route so weit untersucht wurde, daß eine weitere Verlängerung nicht mehr sinnvoll ist.

Angenommen, man erklärt einer anderen Person, wie man Flugsegmente so zusammensetzen kann, daß sich die preiswerteste Flugmöglichkeit von San Francisco nach New York ergibt, und baut dabei mögliche Routen durch sukzessive Hinzunahme einzelner Flüge auf. Man würde dabei folgende Regeln verwenden, um zu entscheiden, ob ein gegebenes Segment noch zu einer Route hinzugefügt werden sollte:

1. Betrachte keine Segmente mit Ziel San Francisco, denn dort soll die Reise beginnen.

2. Betrachte keine Segmente mit Start New York, denn dort soll die Reise hingehen.

3. Betrachte keine Trips mit mehr als drei Segmenten.

Diese Faustregeln können auch unserer rekursiven Anfrage leicht hinzugefügt werden. Im unten angegebenen Beispiel sind die Stopregel sowie die Zusatzanforderung, daß wir unter allen Trips nach New York nur den billigsten wünschen, hinzugefügt.

```
WITH trips(ziel, route, anzsegm, gesamtpreis) AS
   ((SELECT ziel,                  --initiale Unteranfrage
           CAST(ziel AS Varchar(20)),
           1,
           preis
     FROM flüge
     WHERE start = 'SFO')
    UNION ALL
    (SELECT f.ziel,                -- rekursive Unteranfrage
           CAST(t.route || ',' || f.ziel
                            AS Varchar(20)),
           t.anzsegm + 1,
           t.gesamtpreis + f.preis
     FROM trips t, flüge f
     WHERE t.ziel = f.start
     AND f.ziel <> 'SFO'          -- Stopregel 1
     AND f.start <> 'JFK'         -- Stopregel 2
     AND t.anzsegm < 3 ))         -- Stopregel 3
```

```
SELECT route, gesamtpreis      -- eigentliche Anfrage
FROM trips
WHERE ziel = 'JFK'
AND gesamtpreis =
    (SELECT min(gesamtpreis)    -- finde min. Kosten
     FROM trips
     WHERE ziel = 'JFK');
```

Diese Anfrage mag auf den ersten Blick abschreckend erscheinen, jedoch ist sie in Wirklichkeit einfach. Um ihre Arbeitsweise zu verstehen, betrachten wir zuerst die Auswertung der temporären Sicht TRIPS. Zuerst legt das System in TRIPS alle von San Francisco ausgehenden Flüge ab. Sodann konstruiert es weitere Trips durch Anhängen neuer Flüge an existierende Trips, und zwar unter den Nebenbedingungen, daß kein Trip nach San Francisco zurück oder über New York hinausgehen oder mehr als drei Flüge umfassen darf. Jeder neue Trip wird aus einem bereits vorhandenen durch Addition von 1 zur Anzahl der Flugsegmente, Konkatenation der bisherigen Route mit dem neuen Ziel und Addition der Kosten des neuen Flugs zu den Gesamtkosten des Trips konstruiert. Die resultierende Tabelle wird dabei einige Merkwürdigkeiten enthalten, z.B. einen Flug von San Francisco nach Los Angeles, dann nach Dallas und wieder nach Los Angeles, was sicher kein guter Anfang für eine Reise nach New York ist. Man könnte daher weitere Faustregeln bei der Planung von Trips beachten, etwa die, daß keine Flugsegmente zu einem Trip hinzugefügt werden, deren Ziel bereits besucht wurde. Allerdings läßt sich diese Regel nicht ohne eine untergeordnete Unteranfrage innerhalb der rekursiven Unterabfrage ausdrücken, was nicht erlaubt ist, so daß wir auf ihre Formulierung verzichten müssen. Die temporäre Sicht TRIPS, die während der Verarbeitung unserer Anfrage entsteht, ist unten gezeigt.

TRIPS

ZIEL	ROUTE	ANZSEGM	GESAMTPREIS
DFW	DFW	1	300
ORD	ORD	1	275
LAX	LAX	1	50
JFK	DFW, JFK	2	525
LAX	DFW, LAX	2	500
ORD	DFW, ORD	2	400
DFW	LAX, DFW	2	250
DFW	ORD, DFW	2	375
JFK	ORD, JFK	2	525
DFW	DFW, LAX, DFW	3	700
DFW	DFW, ORD, DFW	3	500
JFK	DFW, ORD, JFK	3	650
LAX	LAX, DFW, LAX	3	450
JFK	LAX, DFW, JFK	3	475
ORD	LAX, DFW, ORD	3	350

LAX	ORD, DFW, LAX	3	575
JFK	ORD, DFW, JFK	3	600
ORD	ORD, DFW, ORD	3	475

Wir können die rekursive Berechnung durch einen Graphen wie den in Abbildung 5.3 gezeigten veranschaulichen. Dieser Graph zeigt, wie die Sicht TRIPS ausgehend von Flügen berechnet wird, die durch die initiale Unteranfrage selektiert werden, sowie durch wiederholte Hinzunahme weiterer Flüge durch die rekursive Unteranfrage.

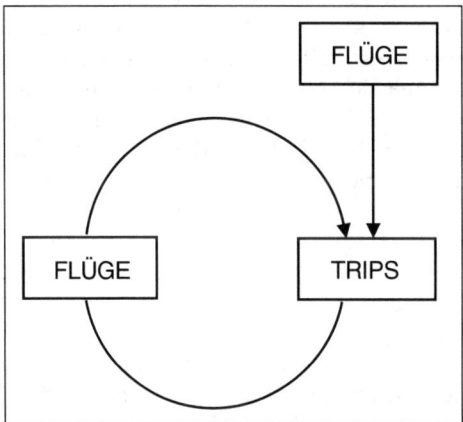

Abbildung 5.3:
Eine rekursive Berechnung

Nach Auswertung der Sicht TRIPS wertet das System die eigentliche SELECT-Anweisung der oben angegebenen Anfrage aus, die TRIPS nach Reisen durchsucht, deren Ziel New York ist und deren Gesamtkosten minimal unter allen Trips nach New York sind. In unserer Beispieldatenbank lautet das Ergebnis unserer Anfrage wie folgt:

ROUTE	**GESAMTPREIS**
LAX, DFW, JFK	475

Falls unser Kunde unglücklich über die Tatsache ist, daß die billigste Flugreise nach New York drei Flüge umfaßt, kann man die Anfrage leicht so modifizieren, daß der »beste« Trip anhand eines anderen Kriteriums ausgewählt wird. So findet man z.B. die Flugreise(n) nach New York mit der geringsten Anzahl von Flügen dadurch, daß in obigem Beispiel die »eigentliche Anfrage« durch die folgende Anfrage ersetzt wird:

```
SELECT route, gesamtpreis      -- eigentliche Anfrage
FROM trips
WHERE ziel = 'JFK'
AND anzsegm =
  (SELECT min(anzsegm)         -- finde min. Anz. Flüge
   FROM trips
   WHERE ziel = 'JFK');
```

In unserer Beispieldatenbank enthält das Ergebnis dieser Anfrage die folgenden beiden Trips:

ROUTE	GESAMTPREIS
DFW, JFK	525
ORD, JFK	525

Eine der Stärken des UDB-Ansatzes bezüglich Rekursion ist, daß man nicht auf eine einzige initiale oder eine einzige rekursive Unteranfrage beschränkt ist. Man darf jeweils mehr als eine dieser benutzen, solange alle Unteranfragen durch UNION ALL verbunden sind und den oben beschriebenen Regeln genügen. Damit lassen sich recht komplexe rekursive Probleme lösen.

Zur Illustration der Verwendung mehrfacher rekursiver Unteranfragen betrachten wir eine Erweiterung des oben behandelten Flugroutenproblems. Wir nehmen an, unser Kunde ist bereit, neben HyFlier Airlines auch seine bevorzugte Bahnlinie FastTrack Railways für einzelne Reiseabschnitte zu benutzen. Die Routenplanung für FastTrack ist in unserer Datenbank in einer Tabelle mit folgender Struktur abgelegt:

ZÜGE

ZUGNR	START	ZIEL	PREIS

Unser Kunde fragt also jetzt nach billigsten Reisemöglichkeiten von San Francisco nach New York, wobei einzelne Abschnitte mit Bahn oder Flugzeug zurückgelegt werden können. Unsere Vorgehensweise ist grundsätzlich die gleiche wie vorher, allerdings verwenden wir jetzt zwei initiale Unteranfragen: eine zur Bestimmung von in San Francisco startenden Flügen und eine zur Bestimmung dort startender Bahnreisen. Des weiteren verwenden wir zwei rekursive Unteranfragen: eine zum Hinzufügen weiterer Flüge zu möglichen Trips und eine zum Hinzufügen weiterer Zugverbindungen. Die daraus resultierende Berechnung läßt sich jetzt – wie in Abbildung 5.4 gezeigt – veranschaulichen.

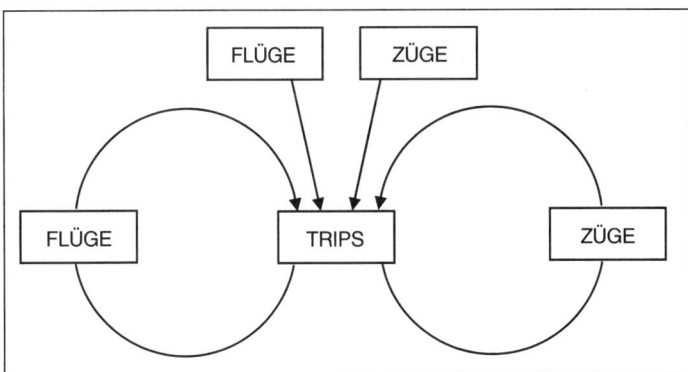

Abbildung 5.4:
Berechnung mit mehrfachen rekursiven Unteranfragen

Die Anfrage, welche die in Abbildung 5.4 angedeutete Berechnung ausführt, ist derjenigen, die Abbildung 5.3 entspricht, sehr ähnlich. Zusätzlich zu den beiden initialen und den beiden rekursiven Unteranfragen verwendet sie eine weitere Neuerung: Sie berechnet einen »Plan« für jede Reise durch Konkatenieren von Flug- und Zugnummern. Diesen Plan benötigt man, um zu wissen, ob man z.B. von Dallas nach Chicago fliegt oder mit dem Zug fährt. Die resultierende Anfrage lautet wie folgt:

```
WITH trips(ziel, route, plan, anzsegm, gesamtpreis) AS
   ( (SELECT ziel,              -- initiale Unteranfrage 1
             CAST(ziel AS Varchar(20)),
             CAST(flugnr AS Varchar(20)),
             1,
             preis
      FROM flüge
      WHERE start = 'SFO')
    UNION ALL
      (SELECT ziel,             -- initiale Unteranfrage 2
             CAST(ziel AS Varchar(20)),
             CAST(zugnr AS Varchar(20)),
             1,
             preis
      FROM züge
      WHERE start = 'SFO')
    UNION ALL
      (SELECT f.ziel,           -- rekursive Unteranfrage 1
             CAST(t.route || ',' || f.ziel
                            AS Varchar(20)),
             CAST(t.plan || ',' || f.flugnr
                            AS Varchar(20)),
             t.anzsegm + 1,
             t.gesamtpreis + f.preis
       FROM trips t, flüge f
       WHERE t.ziel = f.start
       AND f.ziel <> 'SFO'        -- Stopregel 1
       AND f.start <> 'JFK'       -- Stopregel 2
       AND t.anzsegm < 3 )        -- Stopregel 3
    UNION ALL
      (SELECT z.ziel,           -- rekursive Unteranfrage 2
             CAST(t.route || ',' || z.ziel
                            AS Varchar(20)),
             CAST(t.plan || ',' || z.zugnr
                            AS Varchar(20)),
             t.anzsegm + 1,
             t.gesamtpreis + z.preis
       FROM trips t, züge z
       WHERE t.ziel = z.start
       AND z.ziel <> 'SFO'        -- Stopregel 1
       AND z.start <> 'JFK'       -- Stopregel 2
```

```
       AND t.anzsegm < 3 )        -- Stopregel 3
     )                            -- Ende der WITH-Klausel
  SELECT route, plan, gesamtpreis  -- eigentliche Anfrage
  FROM trips
  WHERE ziel = 'JFK'
  AND gesamtpreis =
      (SELECT min(gesamtpreis)     -- finde min. Kosten
       FROM trips
       WHERE ziel = 'JFK');
```

Rekursive Anfragen sind ausgesprochen mächtig und nach einem Erlernen der Regeln nicht mehr schwierig zu formulieren. Wenn man seine eigenen rekursiven Anfragen formuliert, sollte man stets die folgenden, hier noch einmal zusammengefaßten Richtlinien beachten:

1. Die Anfrage beginnt mit einem Tabellenausdruck, der aus einem UNION ALL einer oder mehrerer initialer sowie einer oder mehrerer rekursiver Unteranfragen besteht.

2. Jede initiale Unteranfrage muß nicht-rekursiv sein (d.h., ihre Definition darf nicht von dem Tabellenausdruck abhängen, in dem sie auftritt).

3. Eine rekursive Unteranfrage darf demgegenüber von dem Tabellenausdruck, in den sie eingebettet ist, Gebrauch machen (sie darf allerdings keine weiteren Unteranfragen mit solchen Bezügen enthalten).

4. Eine rekursive Unteranfrage darf weder eine Spaltenfunktion noch SELECT DISTINCT, GROUP BY oder HAVING enthalten.

5. Die Spalten der rekursiven Unteranfrage müssen zuweisungskompatibel mit den entsprechenden Spalten der initialen Unteranfrage und dürfen nicht länger als diese sein.

6. Die rekursive Unteranfrage muß angeben, wie neue Zeilen aus bereits existierenden berechnet werden sollen. Falls die Daten Zykel enthalten, muß sie ferner eine Stopregel (wie z.B. eine Obergrenze für die Anzahl der Iterationen) enthalten, damit die Anfrage sicher terminiert.

7. Am Ende folgt die eigentliche Anfrage, die von dem rekursiven Tabellenausdruck Gebrauch macht und gegebenenfalls weitere benötigte Prädikate (etwa zum Auffinden einer besten Lösung) hinzufügt.

 **TIP:** Wenn man eine rekursive Anfrage ausführt, kann es sein, daß man die folgende Warnung erhält (SQLCODE +347, SQLSTATE 01605): »Der rekursive allgemeine Tabellenausdruck <name> enthält unter Umständen eine Endlosschleife.«. Diese Nachricht beeinflußt eine korrekte Ausführung der betreffenden Anfrage nicht (es sei denn, diese enthält tatsächlich eine Endlosschleife). Das System warnt an dieser Stelle lediglich, daß rekursive Anfragen manchmal Stopregeln benötigen. Da das System nicht vorhersagen kann, ob eine gegebene Anfrage terminiert, erhält man diese Warnung unter Umständen auch dann, wenn man eine Stopregel spezifiziert hat. Man sollte sich durch diese Warnung nicht ärgern lassen, das System meint es nur gut.

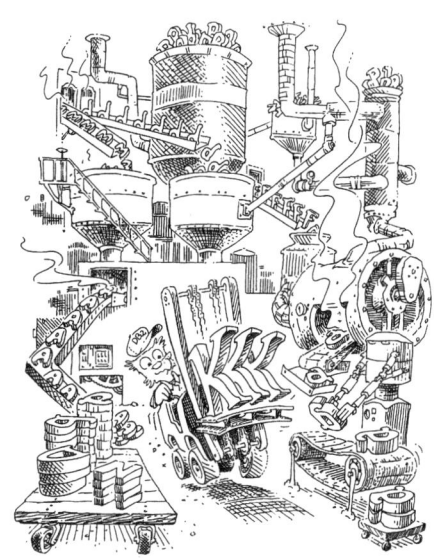

6 Datentypen und Funktionen

Eine immer wieder zu hörende Kritik an traditionellen Datenbanksystemen ist deren Armut an Datentypen und Funktionen. Die ersten relationalen Systeme kannten typischerweise nur ein paar vordefinierte Datentypen, wie z.B. ganze Zahlen (Integer) und Zeichenreihen (String), sowie einige wenige vordefinierte Funktionen, wie etwa substr und avg. Beides ist nützlich zum Speichern und Verarbeiten von kleinen Objekten mit einfachem Verhalten, wie z.B. Kontostände in einer Bank. Datenbankanwendungen verlangen jedoch in zunehmendem Maße nach der Möglichkeit des Speicherns und Verarbeitens von Objekten, die sehr groß sind (wie z.B. Bilder, Zeichnungen, Audio- und Videodaten) und/oder ein komplexes Verhalten haben (wie die Komponenten in einem Ingenieursentwurf).

In den letzten Jahren wurde eine Reihe von objektorientierten Datenbanksystemen entwickelt, die die zunehmenden Bedürfnisse nach Speicherung großer und komplexer Objekte unterstützen. Typischerweise bieten diese Systeme ihren Benutzern die Möglichkeit der Definition neuer Datentypen durch Kombination einfacher Datentypen zu komplexen Strukturen. Benutzer können ferner komplexes Verhalten für Objekte definieren, und zwar durch Schreiben neuer Funktionen in einer höheren Programmiersprache und durch Zuordnung dieser Funktionen zu den neuen Datentypen.

Relationale Datenbanksysteme basieren auf dem Prinzip, daß Benutzer auf Daten mit einer auf einem auf hohem Abstraktionsniveau angesiedelten Sprache wie SQL zugreifen sollten, die insbesondere von den physischen Zugriffspfaden sowie den Algorithmen zum Wiederauffinden und Manipulieren der Daten unabhängig ist. Dieses als *Datenunabhängigkeit* bekannte Prinzip erlaubt es dem System, automatisch den besten Zugriffsplan für eine gegebene Anfrage zu wählen, obwohl diese Anfrage zum Zeitpunkt des Datenbankentwurfs nicht vorhersehbar war. Datenunabhängigkeit ermöglicht es ferner Datenbankadministratoren, Indizes und andere Zugriffshilfen als Reaktion auf sich änderndes Nutzerverhalten hinzuzufügen oder zu löschen, ohne daß laufende Applikationen davon betroffen wären (außer eventuell hinsichtlich ihrer Effizienz). Ein weiterer Aspekt von Datenunabhängigkeit liegt in der Möglichkeit, unterschiedliche Sichten auf die Daten zu unterstützen; so kann man z.B. einer Anwendung eine Datensicht geben, die nach Jobcodes gemittelte Gehaltswerte enthält, ohne gleichzeitig individuelle Gehälter zu zeigen.

Das Prinzip der Datenunabhängigkeit ist heute so wichtig wie früher. Daneben setzt sich zunehmend die Erkenntnis durch, daß die traditionellen Vorteile relationaler Systeme keineswegs inkompatibel mit einem reichhaltigen und erweiterbaren System von Datentypen und Funktionen sind. In der Tat ist eine neue Generation von Datenbanksystemen, die sogenannten *objektrelationalen* Systeme, im Kommen. Sie kombinieren auf hohem Abstraktionsniveau angesiedelte Anfragesprachen und multiple Sichten auf Daten mit der Fähigkeit, neue Datentypen und Funktionen zum Speichern und Manipulieren komplexer Objekte zu definieren. Im Vergleich zu konventionellen relationalen Systemen erhöhen objekt-relationale Systeme den Wert gespeicherter Daten dadurch, daß sie mehr von deren semantischer Bedeutung erfassen. Ein Teil dieser Semantik drückt sich in den Definitionen der Datentypen und Funktionen aus, die Benutzer zur Modellierung der Objekte ihres Anwendungsbereichs erzeugen. Ein weiterer wichtiger Teil der Semantik wird in Form von Bedingungen (Constraints) und Triggern erfaßt, die die Integrität der Daten schützen und deren aktives Verhalten implementieren.

Der ANSI/ISO-SQL-Standard hat inzwischen die Bedeutung dieses Trends zum Erfassen von Datensemantik erkannt und trägt ihm durch unterschiedliche Formen von Bedingungen Rechnung, die in SQL92 spezifiziert werden können, sowie durch eine Reihe von Neuerungen, die für SQL3 vorgesehen sind, wie Trigger, benutzerdefinierte Datentypen und Funktionen sowie Vererbung.

Beim Entwurf von UDB hat IBM viele Möglichkeiten der Erfassung von Datensemantik von Daten berücksichtigt und damit ein klares Zeichen für die Evolution des Produkts in Richtung einer Unterstützung des objektorientierten Paradigmas gesetzt. Zur Modellierung komplexer Objekte stellt UDB eine erweiterte Menge von vordefinierten Datentypen bereit und erlaubt Benutzern ferner, eigene neue Datentypen und Funktionen zu definieren. Diese Möglichkeiten werden in diesem Kapitel beschrieben. UDB kennt daneben reichhaltige Möglichkeiten zur Beschreibung von semantischen Aspekten von Daten unter Verwendung von Bedingungen und Triggern, die in Kapitel 7 beschrieben werden. Viele UDB-Features, darunter benutzerdefinierte Datentypen, Funktionen und Trigger, befinden sich bei ANSI und bei der ISO in der Diskussion, sind allerdings noch nicht formaler Bestandteil des SQL-Standards.

UDB ist ein wichtiger Schritt in der Evolution von DB2 in Richtung auf objektorientierte Funktionalität, und wir dürfen erwarten, daß diese Evolution fortgesetzt wird. Ein zukünftiger Schritt in die gleiche Richtung könnte auf benutzerdefinierten Funktionen basierende Indizes und andere Zugriffspfade betreffen. Andere mögliche Schritte sind die objektorientierten SQL-Erweiterungen, die derzeit von ANSI und der ISO diskutiert werden, wie abstrakte Datentypen, Vererbung und Kollektionstypen (Collection Types).

6.1 Große Objekte

Heutige Multimedia-Applikationen hängen an der Speicherung einer Vielzahl von Typen großer Datenobjekte, wie z.B. eingescannte Dokumente, medizinische Bilder oder Audionachrichten. Frühe Versionen von DB2 kannten bereits Datentypen wie Long Varchar und Long Vargraphic zur Speicherung von Objekten, die bis zu 32 KB groß werden konnten, mit gewissen Einschränkungen (so konnten z.B. nur bestimmte Arten von Prädikaten auf diese Datentypen angewendet werden). UDB verfügt über verbesserte Möglichkeiten der Speicherung erheblich größerer Objekte, die die folgenden drei Datentypen umfassen:

1. *Blob (Binary Large Object)*
   Der Blob-Datentyp kann bis zu zwei Gigabyte (2^{31}-1 Byte) an binären Daten enthalten. Blobs können an Werte eines anderen Datentyps zugewiesen oder mit solchen verglichen werden.

2. *Clob (Character Large Object)*
   Der Clob-Datentyp kann bis zu zwei Gigabyte (2^{31}-1 Byte) an Einbyte-Zeichendaten enthalten. Wie andere Zeichenreihen-Datentypen hat ein Clob eine zugeordnete Codeseite, die z.B. angeben kann, daß sein aktueller Inhalt unter Verwendung des schwedischen Zeichensatzes codiert ist. Clobs können anderen Zeichenreihendatentypen (Char, Varchar sowie Long Varchar) zugewiesen und mit deren Werten verglichen werden.

3. *Dbclob (Double-Byte Character Large Object):*
   Der Dbclob-Datentyp kann bis zu einem Gigabyte an Doppelbyte-Zeichendaten (insgesamt also 2 GB bzw. 2^{31}-2 Byte) enthalten. Man kann diesen Datentyp nur dann benutzen, wenn die Datenbank zum Zeitpunkt ihrer Erzeugung für Doppelbyte-Daten konfiguriert wurde. Ein Dbclob wird mit einer Doppelbyte-Codeseite wie z.B. der für Japanisch assoziiert. Dbclobs können anderen Doppelbyte-Zeichenreihendatentypen (Graphic, Vargraphic sowie Long Vargraphic) zugewiesen und mit ihren Werten verglichen werden.

Diese drei neuen Datentypen werden zusammen als die *Large Objects* (LOBs), als die *LOB-Typen* oder als die *großen Objekte* bezeichnet. Wenngleich die älteren Datentypen Long Varchar und Long Vargraphic noch immer unterstützt werden, werden in diesem Buch hauptsächlich die neuen LOB-Datentypen behandelt, da zu erwarten ist, daß es sich bei diesen um die von neuen Anwendungen favorisierten handeln wird. Die Möglichkeiten dieser neuen LOB-Typen sind eine Obermenge der Möglichkeiten von Long Varchar und Long Vargraphic.

Der Entwurf der LOB-Datentypen basiert auf der Tatsache, daß es teuer ist, große Objekte im Speicher von einer Stelle zu einer anderen zu bewegen. Darum wurden Anstrengungen unternommen, derartige Bewegungen zu minimieren. Neben der zulässigen Größe unterscheiden sich LOB-Datentypen von konventionellen Datentypen durch die folgenden speziellen Eigenschaften:

1. Wird ein LOB in einer Tabelle gespeichert, wird als Tabelleneintrag de facto ein Deskriptor abgelegt, der auf den Wert des LOB zeigt; dieser Wert wird an anderer Stelle gespeichert. Benutzer können ihre Datenbanken mit separaten *Tabellenbereichen (Table Spaces)* als physische Speichereinheiten zur Aufnahme von LOB-Werten konfigurieren, so daß diese nicht mit einer Ballung von Tabellen kollidieren. (Tabellenbereiche werden in Abschnitt 10.1 genauer erläutert.)

2. LOBs können in Anwendungsprogrammen über *sogenannte Lokatoren (Locators)* oder *Querverweise* manipuliert werden, die den Wert eines LOB repräsentieren, ohne tatsächlich die LOB-Daten zu enthalten. Durch eine Manipulation dieser Verweise können Programme ein Materialisieren des LOB innerhalb eines Programms hinauszögern und manchmal sogar vollständig vermeiden.

3. Durch die Möglichkeit der *Dateireferenz (File Reference)* können Programme LOB-Daten aus einer Datei direkt in die Datenbank oder umgekehrt laden, ohne daß diese Daten durch die Speicherpuffer des Anwendungsprogramms geleitet werden müssen.

4. Für jede LOB-Spalte einer Tabelle kann der Erzeuger der Tabelle einzeln angeben, ob Änderungen an dieser Spalte im Systemlog protokolliert werden sollen. Ein Benutzer kann z.B. die Protokollierung für eine LOB-Spalte abschalten, um die Effizienz zu verbessern oder einen Log-Überlauf zu vermeiden. Auch für nicht protokollierte Spalten wird die Transaktionssemantik garantiert, und Änderungen an solchen Spalten können wie üblich freigegeben oder zurückgesetzt werden. Allerdings kann eine nicht protokollierte Spalte nicht an einer *Forward Recovery* (»aktualisierende Wiederherstellung«, erneutes Ausführen einer abgeschlossenen Transaktion nach einem Mediafehler bzw. einem Plattencrash) teilnehmen; diese Form des Wiederanlaufs wird in Abschnitt 10.6 behandelt.

6.1.1 Erzeugen von LOB-Spalten

Zum Speichern von LOB-Daten in einer Datenbank erzeugt man einfach eine Tabelle mit einer Spalte, deren Typ einer der LOB-Datentypen ist, und zwar mit den bekannten CREATE TABLE- und ALTER TABLE-Anweisungen. Einige Beispiele für solche Anweisungen wurden bereits in Abschnitt 2.6 gegeben; deren vollständige Syntax wird in Abschnitt 7.2 behandelt. Eine CREATE TABLE- oder ALTER TABLE-Anweisung kann eine Spalte mit LOB-Datentyp gemäß der folgenden Syntax definieren:

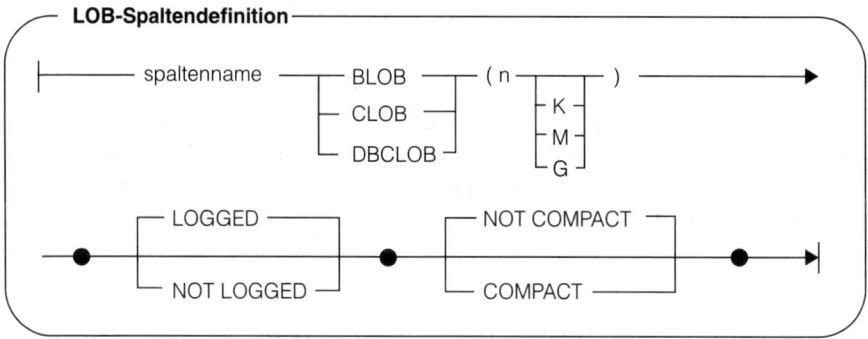

Die folgenden Beispiele zeigen Anweisungen, die anhand der obigen Syntax Tabellen erzeugen oder Spalten zu Tabellen hinzufügen:

```
CREATE TABLE telefonpost
    (ursprung  Varchar(18),
     empfänger Varchar(18),
     eingang   Timestamp,
     nachricht Blob(10M) NOT LOGGED COMPACT); -- Audio

CREATE TABLE absolventen
    (name            Varchar(30),
     adresse         Varchar(200),
     grad            Varchar(50),
     datum_abschluss Date,
     photo           Blob(5M) NOT LOGGED COMPACT, -- Bild
     abschlussarbeit Clob(500K)
                         NOT LOGGED COMPACT); -- Text

CREATE TABLE design
    (teilenr        Char(18),
     letzte_änderung Timestamp,
     verändert_durch Varchar(30),
     zeichnung       Blob(2M) LOGGED);      -- CGM-Graphik

ALTER TABLE student
    ADD COLUMN transkript Clob(5K) LOGGED;
```

Alle LOB-Datentypen stehen für Daten variabler Länge, genau wie Varchar oder Vargraphic. Bei der Deklaration eines Attributs von einem LOB-Typ muß man eine Obergrenze für dessen Länge angeben, die irgendwo zwischen 1 Byte und 2 GB liegen darf. Die maximale Länge kann als ganze Zahl angegeben werden, die dann die zulässige Anzahl von Bytes (bzw. von Doppelbyte-Zeichen im Fall eines Dbclob) repräsentiert. Sie kann abkürzend auch als Zahl angegeben werden, der einer der folgenden Suffixe folgt:

K: Kilobyte (2^{10} oder 1.024 Byte)

M: Megabyte (2^{20} oder 1.048.576 Byte)

G: Gigabyte (2^{30} oder 1.073.741.824 Byte; 2G wird interpretiert als 2^{31}-1)

Man wundert sich vielleicht, warum man für Daten, die in einer LOB-Spalte abgelegt werden sollen, eine Längenbegrenzung angeben muß. Diese Information kann aus zwei Gründen nützlich sein:

1. Wenn man Daten aus einer Spalte in ein Anwendungsprogramm einliest, muß man einen hinreichend großen Puffer für die Daten allozieren. Falls man weiß, daß die Daten nicht größer als z.B. 50 KB sind, kann man Speicherplatz im angemessenen Umfang zuweisen.

2. Innerhalb jeder Zeile, die einen LOB-Wert enthält, zeigt ein Deskriptor auf die eigentlichen Daten. Die maximale Länge dieses Deskriptors hängt von der maximal möglichen Länge der Daten ab; sie variiert von 72 Byte für einen LOB von weniger als 1 KB bis zu 316 Byte für einen LOB der maximalen Größe 2 GB. In keiner Tabelle darf die gesamte Größe aller Spalten einschließlich der Deskriptoren für LOB-Spalten die Obergrenze von 4.005 Byte überschreiten. Wenn man also weiß, daß die Daten in einer gegebenen Spalte eine bestimmte Größe nicht überschreiten, kann man die Clusterung verbessern und Platz für weitere Spalten lassen, indem man die maximale Größe in der Deklaration angibt.

Falls im Einzelfall die obigen Betrachtungen keine Rolle spielen, kann man natürlich stets LOB-Typen von der maximalen Länge von 2 GB vereinbaren und dadurch größtmögliche Flexibilität hinsichtlich der Speicherung großer Objekte erhalten.

Wenn man eine LOB-Spalte erzeugt, muß man zwei Auswahlen treffen, die für Spalten mit anderen Datentypen nicht anwendbar sind; dabei handelt es sich um die folgenden:

1. *COMPACT* bzw. *NOT COMPACT*: Diese Option ermöglicht die Kontrolle eines Platz-Zeit-Trade-Offs bei der Speicherung von LOB-Daten in der betreffenden Spalte. Gibt man COMPACT an, so belegen die LOB-Daten so wenig Plattenplatz wie möglich. Man hat jedoch mit einer Leistungseinbuße bei jeder Aktualisierung, die die Größe des LOB verändert, zu rechnen. Falls man NOT COMPACT spezifiziert, werden LOB-Werte mit etwas zusätzlichem Platz abgelegt, wodurch ihnen ein Wachsen möglich ist. Die Voreinstellung lautet NOT COMPACT.

2. *LOGGED* bzw. *NOT LOGGED:* Diese Option ermöglicht eine Kontrolle darüber, ob Aktualisierungen an der betreffenden Spalte im Systemlog protokolliert werden. Bei dieser Entscheidung ist zu berücksichtigen, wie groß die LOB-Daten sind, wie wertvoll und wie einfach sie rekonstruiert werden können.

Wählt man LOGGED (die Voreinstellung), so werden die LOB-Daten in der betreffenden Spalte wie alle anderen Daten behandelt. Wird die Spalte aktualisiert, wird der neue Wert im Systemlog protokolliert. Dies bietet maximale Sicherheit der Daten, ist jedoch aus offensichtlichen Gründen zeit- und platzintensiv. Die maximale Größe des Logs ist derzeit sogar auf 2 GB begrenzt, und ein einzelner LOB-Wert kann bereits soviel Platz verbrauchen; es ist also wenig ratsam, für sehr große LOB-Spalten die Option LOGGED zu wählen. Eine Angabe von LOGGED für eine Spalte, die größer als 1 GB ist, führt zu einem Fehler, und dessen Angabe für Spalten, die größer sind als 10 MB, ist wahrscheinlich nicht sonderlich geschickt.

Wählt man dagegen NOT LOGGED für eine Spalte, werden Änderungen an dieser Spalte nicht im Systemlog vermerkt, jedoch bleibt ein anderer Teil des Recovery-Systems, das sogenannte *Spiegeln (Shadowing)*, in Effekt. Wird eine NOT LOGGED-Spalte verändert, bleiben sowohl die neuen Seiten als auch die Originalseiten (die »Spiegelkopien«) bis zum Ende der Transaktion erhalten. Das Spiegeln gewährleistet Transaktionskonsistenz für die Daten (d.h., COMMIT- und ROLLBACK-Anweisungen werden auf gespiegelte Daten angewendet. Wenn nach einem Fehler der RESTART-Befehl aufgerufen wird, werden gespiegelte Daten in einen transaktionskonsistenten Zustand zurückversetzt).

Was man durch eine Angabe von NOT LOGGED für eine Spalte vergibt, ist die Möglichkeit, nach einem Mediafehler sämtliche Veränderungen, die seit der letzten Plattensicherung an der Spalte vorgenommen wurden, erneut durchzuführen. Eine Plattensicherung (Media Backup) kann mit dem BACKUP-Befehl veranlaßt werden, und eine Datenbank kann aus einer Sicherungskopie durch den RESTORE-Befehl wiederhergestellt werden. Nach einer solchen Wiederherstellung werden alle freigegebenen Transaktionen durch den ROLLFORWARD-Befehl erneut ausgeführt. Dieser Prozeß, den man als *Forward Recovery (aktualisierende Wiederherstellung)* bezeichnet, basiert auf dem Systemlog und betrifft nur protokollierte Spalten. Wurde also eine Spalte mit der Option NOT LOGGED erzeugt, gehen Änderungen an dieser Spalte bei Ausführung eines ROLLFORWARD verloren (werden auf binäre Nullen gesetzt). Die Befehle zum Sichern und Wiederherstellen von Datenbanken werden in Abschnitt 10.6 genauer behandelt.

6.1.2 Deklaration von LOB-Variablen in C und C++

Wenn man ein Anwendungsprogramm für UDB schreibt, muß man wahrscheinlich ein paar Variablen deklarieren, die zwecks Ein- oder Ausgabe Werte mit der Datenbank austauschen. Diese Variablen müssen, wie in Abschnitt 4.1.2 erläutert, in einem speziellen Programmabschnitt, der *SQL Declare Section*, deklariert werden. Für jeden SQL-Datentyp außer Decimal gibt es einen entsprechenden C-Datentyp, den man in einem SQL-Deklarationsteil zur Vereinbarung von Variablen zum Austausch von Werten dieses Typs mit der Datenbank verwenden kann (so entspricht z.B. dem SQL-Datentyp Integer der C-Datentyp long). Die C-Datentypen, die den Basisdatentypen von SQL entsprechen, sind in Tabelle 4.2 zusammengefaßt. Die in den Tabellen 4.2 und 4.3 gezeigten C-Strukturen zum Austausch von Werten der Typen Varchar oder Vargraphic können auch mit den älteren Datentypen Long Varchar und Long Vargraphic für große Objekte verwendet werden.

Deklarationen von Variablen zum Austausch von Werten eines LOB-Typs erfordern eine etwas andere Syntax im SQL-Deklarationsteil. Derartige Deklarationen verwenden anstelle einer reinen Wirtssprachensyntax eine neue Syntax, die vom SQL-Precompiler erkannt und übersetzt wird. Bei der Deklaration einer solchen Variablen sollte man SQL TYPE IS, gefolgt von einem LOB-Typ, genauso wie in einer CREATE TABLE-Anweisung verwenden, wie z.B. CLOB(32K) oder BLOB(1M). Dem Typnamen folgt dann der Name der zu deklarierenden Variablen. Der Precompiler übersetzt eine solche Deklaration automatisch in eine Deklaration des richtigen Wirtssprachen-Datentyps zum Austausch der angegebenen Art von Daten. Die Beispiele in Tabelle 6.1 zeigen die LOB-Datentypen, die man in einem SQL-Deklarationsteil benutzen kann, sowie die entsprechenden C-Deklarationen, die vom Precompiler erzeugt werden. Die Variablennamen x, y und z sowie deren Länge sind dabei lediglich beispielhaft und werden gegebenenfalls durch vom Benutzer gewählte Längen bzw. Variablennamen ersetzt.

Falls man schreibt ...	so erzeugt der C-Precompiler ...
`SQL TYPE IS BLOB(1K) x;`	```struct x_t{ unsigned long length; char data[1024];} x;```
`SQL TYPE IS CLOB(1M) y;`	```struct y_t{ unsigned long length; char data[1048576];} y;```

`SQL TYPE IS DBCLOB(1K) z;`	Bei Spezifikation von WCHARTYPE NOCONVERT:
	```struct z_t{ unsigned long length; sqldbchar data[1024];} z;```
	
	bei Spezifikation von WCHARTYPE CONVERT:
	```struct z_t{ unsigned long length; wchar_t data[1024];} z;```

Tabelle 6.1:
Vom C-Precompiler für LOB-Datentypen erzeugte Deklarationen

Wie bei Graphic und Vargraphic hängt der C-Datentyp zum Austausch von Dbclob-Daten von der WCHARTYPE-Option des Precompilers ab. Spezifiziert man WCHARTYPE NOCONVERT (oder akzeptiert die Voreinstellung), übersetzt der Precompiler eine Dbclob-Deklaration in ein Array vom Typ `sqldbchar`, einen in `sql.h` definierten Zweibyte-Datentyp. Ruft man dagegen den Precompiler mit der Option WCHARTYPE CONVERT auf, wird eine Dbclob-Deklaration in ein Array vom Typ `wchar_t` übersetzt, das vom lokalen C-Compiler definiert und in Verbindung mit verschiedenen C-Funktionen zur Manipulation von Wide-Character-Strings benutzt wird.

Man kann eine C-Speicherklasse wie `static` oder `extern` in einer Deklaration angeben, und man darf ferner die C-Notationen »*« (für einen Pointer) und »&« (für eine Referenz) verwenden. Man kann mehrere Variablen in einer einzigen Anweisung deklarieren und LOB-Deklarationen mit anderen Deklarationen in demselben SQL-Vereinbarungsteil mischen. (Weitere Einzelheiten über die Deklaration von LOB-Wirtsvariablen findet man in Anhang E.)

UDB kennt die Makros `SQL_BLOB_INIT`, `SQL_CLOB_INIT` und `SQL_DBCLOB_INIT` zur Initialisierung von Variablen eines LOB-Datentyps. Diese Makros erwarten eine Zeichenreihe und verwenden diese zur Initialisierung von Länge und Datenanteil einer LOB-Struktur. Eine Verwendung der initialisierenden Makros zeigt das folgende Beispiel:

```
EXEC SQL BEGIN DECLARE SECTION
    static SQL TYPE IS CLOB(100K)
                *p1, c1 = SQL_CLOB_INIT("Hello");
EXEC SQL END DECLARE SECTION;
```

Der Precompiler übersetzt diesen Code in die folgenden C-Deklarationen:

```
static struct
    {
    unsigned long length;
    char data[102400];
    } *p1, c1 = SQL_CLOB_INIT("Hello");
```

Man beachte in obigem Beispiel, daß für die Variable c1 100 KB Speicher allokiert werden, daß jedoch Variable p1 nur ein Zeiger ist (dessen Datenpuffer muß separat allokiert werden). Der C-Compiler expandiert das zur Initialisierung von c1 verwendete Makro wie folgt:

```
c1 = {sizeof("Hello")-1, "Hello"}
```

Man fragt sich vielleicht, warum zur Deklaration von Wirtsvariablen eines LOB-Typs eine spezielle Syntax benutzt wird und man nicht eigene Wirtssprachendeklarationen wie für die anderen Datentypen schreiben kann. Es gibt zwei Gründe für diese Änderung:

1. UDB erkennt die praktischen Längenkürzel K, M und G für Byteangaben und übersetzt diese in für C akzeptable Zahlen. So wird z.B. 100K in die Zahl 102.400 übersetzt.

2. Es ist vielleicht bereits aufgefallen, daß die SQL-Datentypen Blob und Clob denselben Wirtssprachen-Datentyp verwenden. Die spezielle Syntax in einer Deklaration teilt dem Datenbanksystem mit, ob die betreffende Variable als Blob oder als Clob behandelt werden sollte.

Man kann Variablen von einem LOB-Typ wie gewöhnlich zum Austausch von Daten mit einer Datenbank verwenden. Wird eine Indikatorvariable mit einer Ausgabevariablen eines LOB-Typs benutzt, wird erstere auf einen negativen Wert gesetzt, falls der Ausgabewert null ist. Wird jedoch ein LOB-Ausgabewert verkürzt, weil die Länge der Ausgabevariablen nicht ausreicht (was durch SQLSTATE 01004 angezeigt wird), wird die Indikatorvariable *nicht* (wie bei anderen Zeichenreihen-Datentypen) auf die ursprüngliche Länge der Ausgabevariablen gesetzt.

Ich werde die Verwendung von LOB-Wirtsvariablen an einem einfachen Anwendungsprogramm mit dem Namen FILM erläutern. Dieses Programm arbeitet auf einer Tabelle mit folgender Struktur:

FILME

TITEL	BESETZUNG	KRITIK

Die Attribute TITEL und BESETZUNG der Tabelle FILME seien beide vom Typ Var-char(100); Attribut KRITIK habe Datentyp Clob(50K). Das Anwendungsprogramm FILM tausche Daten mit der KRITIK-Spalte aus, nämlich über zwei Clob-Wirtsvaria-blen namens kritik bzw. neuekritik.

Das Programm legt zunächst eine neue Filmkritik in der Variablen neuekritik ab und setzt dabei sowohl die Länge als auch die Datenfelder der Struktur. Sodann verwendet es neuekritik als Eingabevariable in einer SQL-UPDATE-Anweisung, die die neue Kri-tik in die Datenbank einfügt.

Sodann deklariert das Programm einen Cursor und benutzt diesen zum Auffinden aller Kritiken aus der Datenbank für Filme, in denen Steve McQueen mitspielt. Diese Kriti-ken werden in der Ausgabevariablen kritik abgelegt. Da Clob-Daten nicht mit NULL beendet werden, muß das Programm das Längenfeld der kritik-Struktur zur Angabe der Länge einer jeden Kritik benutzen und seinen eigenen NULL-Terminierer generie-ren, bevor es eine Kritik drucken kann.

Beispielprogramm FILM: Verarbeitung von Filmkritiken

```
#include <stdio.h>
#include <string.h>
#include <sqlenv.h>

void main()
  {
  EXEC SQL INCLUDE SQLCA;

  EXEC SQL BEGIN DECLARE SECTION;
      char dbname[9] = "filmdb";
            /* Name der Datenbank          */
      char msgbuffer[500];
            /* Puffer für DB2-Fehlermeldungen */
      char titel[100];
            /* für Varchar-Daten           */
      char besetzung[100];
            /* für Varchar-Daten           */
      SQL TYPE is CLOB(50K) kritik;
            /* Ausgabe-Clob-Struktur       */
      SQL TYPE is CLOB(50K) neuekritik;
            /* Eingabe-Clob-Struktur       */
      short indicator1, indicator2;
            /* Indikator-Variablen         */
  EXEC SQL END DECLARE SECTION;

  EXEC SQL WHENEVER SQLERROR GO TO schlechtenachrichten;

  EXEC SQL CONNECT TO :dbname;
```

```
   strcpy (neuekritik.data, "Bullet ist
                     ein ziemlich guter Film.");
   neuekritik.length = strlen(neuekritik.data);
   indicator1 = 0;

   EXEC SQL
      UPDATE filme
      SET kritik = :neuekritik :indicator1
      WHERE titel = 'Bullet';

   EXEC SQL COMMIT;

   EXEC SQL DECLARE c1 CURSOR FOR
      SELECT titel, kritik
      FROM filme
      WHERE besetzung LIKE '%Steve McQueen%';

   EXEC SQL WHENEVER NOT FOUND GO TO close_c1;

   EXEC SQL OPEN c1;

   while (1)
      {
      EXEC SQL FETCH c1 INTO :titel, :kritik :indicator2;

      /* Angabe des eigenen Nullterminierers */
      kritik.data[kritik.length] = '\0';

      printf("\nTitel: %s\n", titel);
      if (indicator2 < 0)
         printf("Keine Kritik vorhanden\n");
      else
         printf("%s\n", kritik.data);
      }
close_c1:
   EXEC SQL CLOSE c1;
   return;

schlechtenachrichten:
   printf("Unerwarteter DB2 Return Code.\n");
   sqlaintp(msgbuffer, 500, 70, &sqlca);
   printf("Message: %s\n", msgbuffer);
   }      /* Ende von main */
```

6.1.3 Lokatoren

Ein mächtiges Konzept der neuen LOB-Datentypen, das sie von Long Varchar sowie anderen Implementierungen großer Objekte klar unterscheidet, ist das des *Lokators* bzw. des *Querverweises*. Lokatoren entstanden aus der Beobachtung heraus, daß es im allgemeinen teuer ist, große Objekte zwischen der Datenbank und einem Anwendungsprogramm hin- und herzutransportieren. Wenn ein Programm große Objekte manipuliert, ist es wünschenswert, das eigentliche Verschieben von Bits von der Datenbank in das Programm so lange wie möglich hinauszuzögern und nur solche Bits zu verschieben, die tatsächlich gebraucht werden. Kann das Programm exakt angeben, welche Manipulationen es durchführen möchte, wird es in vielen Fällen sogar möglich sein, diese vollständig in der Datenbank auszuführen, ohne daß das große Objekt jemals in das Anwendungsprogramm transferiert werden müßte.

Ein Lokator oder Querverweis ist ein Wert, der in einem Anwendungsprogramm zur Repräsentation des Wertes eines LOBs verwendet werden kann, ohne tatsächlich die Bytes dieses Objekts zu enthalten. Durch eine Manipulation von Verweisen kann ein Programm Operationen an großen Objekten ausführen, obwohl diese Objekte im Datenbanksystem verbleiben. Das Programm kann auf diese Weise oft eine Allokation von Speicher zur Aufnahme eines großen Objekts sowie die damit verbundenen Kosten des Transferierens des Objekts zwischen Datenbank und Anwendung vermeiden.

Eine Lokatorvariable ist eine Variable, die im SQL-Vereinbarungsteil eines Anwendungsprogramms zur Aufnahme eines Verweises deklariert wird. In jeder Host-Programmiersprache gibt es einen Datentyp, der für Lokatorvariablen designiert ist. In C ist dies z.B. der Datentyp long. Allerdings kann nicht jede in einem SQL-Vereinbarungsteil als long deklarierte Variable als Lokatorvariable verwendet werden. Statt dessen werden Lokatorvariablen von anderen Variablen vom Typ long, die zur Ein- bzw. Ausgabe von Integer-Daten verwendet werden, unterschieden; Clob-Lokatorvariablen müssen ferner von Blob- sowie von Dbclob-Lokatorvariablen unterschieden werden.

Man verwendet eine spezielle Syntax, um dem Precompiler die vorgesehene Verwendung einer Lokatorvariablen mitzuteilen. Innerhalb eines SQL-Vereinbarungsteils erkennt der Precompiler jede der folgenden Phrasen und übersetzt sie in den Datentyp für Verweise in der betreffenden Wirtssprache:

```
SQL TYPE IS BLOB_LOCATOR
SQL TYPE IS CLOB_LOCATOR
SQL TYPE IS DBCLOB_LOCATOR
```

Als Beispiel wird die Deklaration

```
extern SQL TYPE IS CLOB_LOCATOR loc1, loc2, loc3;
```

im SQL-Vereinbarungsteil eines C-Programms vom Precompiler wie folgt übersetzt:

```
extern long loc1, loc2, loc3;
```

Lokatorvariablen können innerhalb einer SQL-Anweisung überall dort verwendet werden, wo auch eine Ein- oder Ausgabevariable eines LOB-Datentyps verwendet werden kann. Wird ein LOB-Wert in eine Lokatorvariable geholt, so wird der Variablen ein Querverweis zugewiesen, der den LOB-Wert repräsentiert. Die Variable kann dann in einer SQL-Anweisung verwendet werden, als ob sie den LOB-Wert selbst enthielte. Sie kann z.B. als Eingabevariable einer SQL-UPDATE-Anweisung auftreten oder als Argument an eine LOB-Funktion wie `posstr` übergeben werden. Wird eine Lokatorvariable in einer SQL-Anweisung verwendet, so operiert das Datenbanksystem auf dem LOB-Wert, den sie darstellt, wobei der Wert selbst im Datenbank-Server gehalten und nicht an das Anwendungsprogramm transferiert wird.

Zum besseren Verständnis der Mächtigkeit von Lokatoren ist folgendes zu beachten:

1. Ein Verweis repräsentiert einen konstanten Wert. Es ist daher nicht möglich, den Wert des Objekts, das ein Lokator repräsentiert, zu verändern. (Aber es ist möglich, mit Hilfe des Lokators ein neues Objekt mit einem anderen Wert zu berechnen, das dann von einem anderen Lokator repräsentiert wird.)

2. Innerhalb des Datenbank-Servers entspricht jeder Lokator einer Art *Rezept* zum Zusammenbau eines LOB-Wertes aus an unterschiedlichen Stellen gespeicherten Fragmenten. Sofern möglich, werden Manipulationen von LOB-Daten nicht an den eigentlichen Daten, sondern an diesen Rezepten durchgeführt. Sollen z.B. zwei große Objekte konkateniert werden, so wird ein neues Rezept angelegt, das Kopien der Rezepte der Originalobjekte enthält (die ihrerseits aus früheren Rezepten kopierte Fragmente enthalten können). Die Konkatenationsoperation wird vollständig durch Manipulation der betreffenden Rezepte durchgeführt, ohne den aktuellen Inhalt der jeweiligen Objekte anzufassen. Wird das Ergebnis dieser Operation per FETCH einer Lokatorvariablen zugewiesen, so erhält diese einen neuen Lokator, der das neue Rezept repräsentiert.

3. Der Inhalt eines großen Objekts selbst wird nur bei zwei Gelegenheiten bewegt: wenn das Objekt einer Wirtsvariablen eines LOB-Datentyps (nicht jedoch einem Lokator-Datentyp) oder wenn es einem Attribut einer Datenbanktabelle zugewiesen wird. Zwischenergebnisse von Ausdrücken über große Objekte (wie z.B. Ergebnisse von `concat`- oder `substr`-Operationen) werden vor der abschließenden Zuweisung nie materialisiert.

Lokatorvaribalen werden häufig als Argumente von Funktionen, die Zeichenreihen manipulieren, verwendet. Dies ist der effizienteste Weg zur Manipulation von LOB-Daten, weil es das eigentliche Bewegen von Daten so lange wie möglich verzögert. Unten sind einige Beispiele für Funktionen gezeigt, die für die Manipulation von LOB-Daten nützlich sind (für Einzelheiten zu diesen und anderen Funktionen sei auf Anhang B verwiesen). Da alle Lokatoren Wirtssprachenvariablen sind, ist ihrem jeweiligen Namen ein Doppelpunkt vorangestellt.

▷ Zwei Zeichenreihen (Strings) können durch die Funktion `concat` bzw. durch den Operator || konkateniert (aneinandergehängt) werden. In den folgenden Beispielen konkatenieren wir zwei große Objekte, die durch Lokatoren repräsentiert sind.

```
concat(:clobloc1, :clobloc2)
:clobloc1 || :clobloc2
```

▶ Die Funktion length gibt die Länge ihres Arguments zurück. Folgendes Beispiel findet die Länge eines großen Objekts:

```
length(:cloblocl)
```

▶ Die Funktion posstr liefert die Startposition des ersten Vorkommens eines vorgegebenen Musters in einer Zeichenreihe. Diese Funktion ist besonders nützlich zum Auffinden eines Musters in einem großen Objekt und kann mit Zeichenreihen- oder Binärdaten verwendet werden. Das folgende Beispiel findet die Position des Wortes »Experience« innerhalb eines großen Objekts, das von der Lokatorvariablen resumeloc repräsentiert wird.

```
posstr(:resumeloc, 'Experience')
```

▶ Die Funktion substr gibt einen Teilstring ihres Arguments zurück. Die Funktion ist nützlich zum Ausschneiden relevanter Teile aus einem großen Objekt. Das Beispiel liefert einen Teilstring der Länge 200 Zeichen, der an Stelle 1200 in dem durch cloblocl repräsentierten Objekt beginnt.

```
substr(:cloblocl, 1200, 200)
```

Da Lokatorvariablen als Ein- sowie als Ausgabevariablen verwendet werden können, ist es möglich (und manchmal nützlich), einen Lokator aus einem anderen ohne irgendeine Referenz auf eine Datenbanktabelle zu berechnen. Als Beispiel nehmen wir an, daß Lokatorvariable loc1 einen Querverweis enthält, der einen Clob-Wert repräsentiert. In diesem Clob-Wert möchte man nun den 100-Byte-Teilstring finden, der mit dem ersten Vorkommen von »Rosebud« beginnt. Da sich der eigentliche Clob-Wert im Datenbank-Server befindet, braucht man die Hilfe des Datenbanksystems, jedoch muß man nicht auf eine bestimmte Tabelle in der Datenbank zugreifen (der durch loc1 repräsentierte Wert befindet sich möglicherweise nicht einmal in einer Tabelle). Dies ist eine gute Anwendung der VALUES-Anweisung, durch die man jetzt einen neuen Lokator für den gewünschten Wert in der Variablen loc2 wie folgt erzeugen kann:

```
EXEC SQL VALUES
    substr(:loc1, posstr(:loc1, 'Rosebud'), 100)
    INTO loc2;
```

Wenn ein Verweis in eine Lokatorvariable geholt wurde, bleibt er bis zum Ende der Transaktion, innerhalb der das FETCH ausgeführt wurde, gültig. Der durch den Verweis repräsentierte Wert ändert sich niemals, selbst dann nicht, wenn die Spalten, aus denen er berechnet wurde, verändert oder gelöscht werden. Man kann dem System allerdings mitteilen, daß man einen Lokator nicht länger benutzt, so daß dieses die von dem Lokator repräsentierten Ressourcen freigeben kann. Dies wird durch eine neue SQL-Anweisung, genannnt FREE LOCATOR, mit folgender Syntax bewerkstelligt:

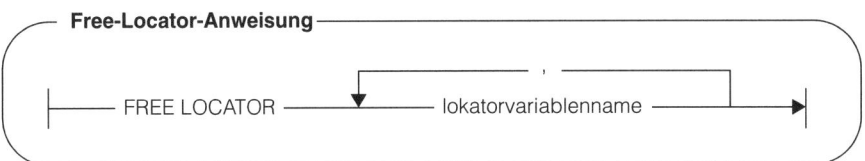

Beispiel:

```
EXEC SQL FREE LOCATOR :loc1, :loc2;
```

Es ist ratsam, die FREE LOCATOR-Anweisung zu verwenden, wenn man Verweise innerhalb einer Schleife holt und die während dieses Durchlaufs geholten Verweise nach dem Ende des Schleifendurchlaufs nicht mehr benötigt werden. Vor dem Holen eines weiteren Verweises in die betreffende Lokatorvariable sollte man den vorherigen Verweis freigeben, so daß ihn das Datenbanksystem nicht länger aufbewahren muß. Das System kann einen Lokator nicht automatisch freigeben, wenn man einen neuen Lokator derselben Lokatorvariablen zuweist, weil es nicht weiß, ob man von diesem Lokator an einer anderen Stelle eine Kopie angelegt hat.

Das folgende Beispiel illustriert, wie ein Anwendungsprogramm große Objekte durch Operieren seiner Verweise manipulieren kann, ohne jemals eine Bereitstellung der eigentlichen Daten zu erfordern. Wir stellen uns das Vorhandensein einer Tabelle vor, die die Theaterstücke eines Repertoiretheaters mit folgenden Attributen beschreibt:

THEATERSTÜCKE

TITEL	TYP	AUTOR	TEXT

Das Attribut TEXT ist ein Clob, der den eigentlichen Text eines Stückes enthält. Das folgende Programm kann dazu verwendet werden, den Text eines Stückes zu scannen und dabei jedes Vorkommen des Wortes »colour« durch das Wort »color« zu ersetzen, und zwar ohne jemals den eigentlichen Text in das Anwendungsprogramm einzulesen (in der Praxis müßte das Programm etwas vorsichtiger nach verschiedenen Kombinationen von Groß- und Kleinschreibung suchen). Man beachte, wie das Programm eine Reihe von Lokatoren erzeugt, die Teilergebnisse repräsentieren, und wie es jeden nicht mehr benötigten Lokator freigibt.

Beispielprogramm THEATERSTÜCK: Revision eines Stücks

```
#include <stdio.h>
#include <string.h>
#include <sqlenv.h>
void main()
  {
  EXEC SQL INCLUDE SQLCA;

  EXEC SQL BEGIN DECLARE SECTION;
      char dbname[9] = "stückedb";
```

```
                         /* Name der Datenbank           */
      char msgbuffer[500];
                         /* Puffer für DB2-Fehlermeldungen */
      SQL TYPE IS CLOB_LOCATOR loc1, loc2;
      long n;

  EXEC SQL END DECLARE SECTION;

  EXEC SQL WHENEVER SQLERROR GO TO schlechtenachrichten;

  EXEC SQL CONNECT TO :dbname;

  EXEC SQL SELECT text into :loc1
          FROM theaterstücke
          WHERE titel = 'As You Like It';

  EXEC SQL VALUES posstr(:loc1, 'colour') INTO :n;

  while (n > 0)
      {
      EXEC SQL VALUES substr(:loc1, 1, :n-1) || 'color'
                      || substr(:loc1, :n+6) INTO :loc2;
      /*
      ** Gib alten Lokator frei und behalte den neuen.
      */
      EXEC SQL FREE LOCATOR :loc1;
      loc1 = loc2;
      EXEC SQL VALUES posstr(:loc1, 'colour') INTO :n;
      }
  /*
  ** Noch keine Bewegung von Daten, es wurde
  ** lediglich eine Serie von Lokatoren erzeugt.
  */

  EXEC SQL UPDATE theaterstücke SET text = :loc1
          WHERE titel = 'As You Like It';
  /*
  ** Jetzt wird der neue Text zusammengesetzt
  ** und der Datenbanktabelle zugewiesen.
  */
  EXEC SQL COMMIT;
  return;

schlechtenachrichten:
  printf("Unerwarteter DB2 Return Code.\n");
  sqlaintp(msgbuffer, 500, 70, &sqlca);
  printf("Message: %s\n", msgbuffer);
  }    /* Ende von main */
```

Das Beispielprogramm berechnet unter Verwendung der Lokatorvariablen loc1 ein »Rezept« zur Ersetzung aller Vorkommen von »colour« durch »color« im Text des betreffenden Theaterstücks. Bei jeder Ausführung des Rumpfes der while-Schleife wird ein weiteres Vorkommen der Textersetzung zum Rezept hinzugefügt. Es werden jedoch weder Daten an das Anwendungsprogramm transferiert noch Bits bewegt, abgesehen von der abschließenden Zuweisung, durch die die betreffende Tabelle in der Datenbank aktualisiert wird.

TIP: Man beachte, daß die Anweisung FREE LOCATOR <variable> auf den in der Variablen enthaltenen Verweis angewendet wird, nicht aber auf die Variable selbst. Hat man von einem Verweis Kopien angefertigt, so gibt eine Freigabe dieser sämtliche Kopien frei (und macht diese ungültig). Es wäre somit ein Fehler, nach der Anweisung loc1 = loc2 im obigen Programm EXEC SQL FREE LOCATOR :loc2 zu schreiben.

6.1.4 Dateireferenzen

In vielen Fällen wird der Wert eines LOB-Typs so groß sein, daß man ihn lieber direkt aus einer Datei in die Datenbank oder aus der Datenbank in eine Datei transferiert, als einen Puffer im Speicher anzulegen, der den Wert für ein Anwendungsprogramm aufnehmen kann. Dies ermöglicht eine spezielle Deklaration, die sogenannte *Dateireferenzdeklaration* (*File Reference Declaration*) im SQL-Vereinbarungsteil des betreffenden Programms. Eine Dateireferenz ist eine Struktur, die den Namen einer Datei sowie weitere Informationen darüber enthält, wie die Datei zum Austausch eines großen Objekts mit der Datenbank verwendet werden soll. Innerhalb des SQL-Vereinbarungsteils identifiziert eine spezielle Syntax eine Variable als Dateireferenz und zeigt an, ob die Datei zum Austausch von Daten vom Typ Blob, Clob oder Dbclob benutzt werden soll. Anstelle eines Datentyps erkennt der Precompiler jede der folgenden Phrasen und übersetzt diese in eine entsprechende Struktur, die zur Repräsentation einer Dateireferenz in einem Wirtsprogramm verwendet werden kann:

```
SQL TYPE IS BLOB_FILE
SQL TYPE IS CLOB_FILE
SQL TYPE IS DBCLOB_FILE
```

Als Beispiel wird die Deklaration

```
SQL TYPE IS CLOB_FILE f1;
```

im SQL-Vereinbarungsteil eines C-Programms vom Precompiler wie folgt übersetzt (Kommentare sind nur zum besseren Verständnis angegeben):

```
struct
  {
  unsigned long name_length;   /* Länge des Dateinamens      */
  unsigned long data_length;   /* Länge der Daten in der Datei */
  unsigned long file_options;  /* Art der Dateibenutzung      */
  char name[255];              /* Dateiname                   */
  } f1;
```

Nach der Deklaration einer Dateireferenz in einem SQL-Vereinbarungsteil bleibt es dem Benutzer überlassen, den Dateinamen sowie die intendierte Verwendung anzugeben. Der Dateiname, durch die Felder `name` und `name_length` der Struktur bezeichnet, kann entweder ein absoluter Pfadname wie z.B. `/u/clinton/games/marbles.txt` oder ein relativer Pfadname wie `games/marbles.txt` sein. Der Dateiname ist der Name einer Datei auf der Client-Maschine (nicht auf dem Datenbank-Server), und relative Pfadnamen werden an den aktuellen Pfad des Client-Prozesses angehängt. Die beabsichtigte Benutzung der Datei wird im Feld `file_options` beschrieben, das auf eine der in Tabelle 6.2 angegebenen Codierungen gesetzt werden muß. Die C-Deklarationen dieser Codierungen sowie der Dateireferenzstruktur (namens `sqlfile`) findet man in der Header-Datei `sqllib/include/sql.h`.

Codierung	Bedeutung
SQL_FILE_READ (numerischer Wert = 2)	Der Inhalt der Datei wird als ein LOB-Eingabewert behandelt.
SQL_FILE_CREATE (numerischer Wert = 8)	Es wird eine neue Datei mit dem angegebenen Namen angelegt und zum Empfang eines LOB-Ausgabewertes benutzt. Falls die Datei bereits existiert, erfolgt eine Fehlermeldung.
SQL_FILE_OVERWRITE (numerischer Wert = 16)	Ein LOB-Ausgabewert wird in die angegebene Datei geholt und ersetzt den vorherigen Inhalt.
SQL_FILE_APPEND (numerischer Wert = 32)	Ein LOB-Ausgabewert wird an die angegebene Datei angehängt. Falls die Datei noch nicht existiert, wird sie angelegt.

Tabelle 6.2:
Dateioptionscodierungen für LOB-Dateireferenzen

Nachdem man eine Dateireferenzvariable im SQL-Vereinbarungsteil deklariert und den richtigen Feldern der Referenzstruktur Werte zugewiesen hat, kann man die Variable in einer SQL-Anweisung so benutzen, als wäre es eine Variable von einem LOB-Typ. Hat man das Feld `file_options` auf SQL_FILE_READ gesetzt, kann man die Dateireferenzvariable in der Rolle einer Eingabe z.B. in einem Prädikat, in einer INSERT-Anweisung, in der SET-Klausel einer UPDATE-Anweisung oder als Funktionsargument benutzen. Hat man `file_options` auf SQL_FILE_CREATE, SQL_FILE_OVERWRITE oder SQL_FILE_APPEND gesetzt, kann man die Dateireferenzvariable in der Rolle einer Ausgabe z.B. in einem SELECT INTO oder FETCH INTO benutzen. Benutzt man eine Dateireferenzvariable als Ausgabe, schreibt das System einen LOB-Wert in die betreffende Datei und setzt danach das Feld `data_length` der Dateireferenzstruktur auf die Länge der Datei in Bytes. Eine Dateireferenzvariable kann zusammen mit einer Indikatorvariablen, die wie üblich zum Anzeigen von Nullwerten benutzt wird, eingesetzt werden.

Benutzt man eine Dbclob-Dateireferenz als Ein- und Ausgabevariable zum Austausch von Doppelbyte-Zeichenreihen, werden die Daten stets im Multibyte-Format (und nicht etwa im Wide-Character-Format) ausgetauscht. Dbclob-Dateireferenzen verwenden also stets das durch die Precompiler-Option WCHARTYPE NOCONVERT spezifizierte Format.

Als Beispiel einer Dateireferenzvariablen, die zur Ausgabe benutzt wird, schreiben wir ein Stück Code zum Laden des Photos eines Studenten aus einer Datenbanktabelle in eine Datei. Angenommen, unsere Datenbank enthält eine Tabelle mit folgender Struktur:

STUDIERENDE

MATRNR	NAME	POSITION	PHOTO

Falls das Attribut PHOTO den Datentyp Blob(1M) hat, kann das folgende Codefragment zum Durchsuchen der Tabelle nach einem Studierenden, dessen Position »Präsident« lautet, sowie zum Laden von dessen Photo in eine Datei namens präsident.photo benutzt werden:

```
EXEC SQL BEGIN DECLARE SECTION;
    SQL TYPE IS BLOB_FILE photoFile;
    short ind;
EXEC SQL END DECLARE SECTION;

strcpy(photoFile.name, "präsident.photo");
photoFile.name_length = strlen(photoFile.name);
photoFile.file_options = SQL_FILE_OVERWRITE;

EXEC SQL SELECT photo INTO :photoFile :ind
    FROM studierende WHERE position = 'Präsident';
```

Nach Ausführung der obigen Anweisungen wird SQLSTATE auf »00000« gesetzt, falls ein Blob erfolgreich in die angegebene Datei geschrieben werden konnte, auf »02000«, falls kein Studierender in der Position »Präsident« gefunden wurde, sowie auf »21000«, falls mehr als ein Studierender mit dieser Position gefunden wurde. Falls das PHOTO-Attribut des selektierten Studierenden null war, wird die Indikatorvariable negativ. Falls ein Blob in die Datei geschrieben wurde, wird die Länge der Datei im Feld photoFile.data_length vermerkt.

Als Beispiel einer für die Eingabe verwendeten Dateireferenzvariablen schreiben wir als nächstes ein Programmfragment zur Aktualisierung einer Datenbank von Werbemaßnahmen. Angenommen, unsere Datenbank enthält eine Tabelle WERBUNG mit einer Spalte ANZEIGENTEXT vom Datentyp Clob(200K). Unsere Rechtsabteilung hat uns geraten, am Text einer jeden Anzeige für unser Produkt »Speedster« einen Disclaimer bzw. Rechtshinweis anzubringen, der in einer Datei mit dem Namen speedlimit.txt enthalten ist. Das folgende Codefragment kann dazu verwendet werden, den betreffenden Hinweis an allen relevanten Einträgen der Tabelle WERBUNG anzubringen:

```
EXEC SQL BEGIN DECLARE SECTION;
    SQL TYPE IS CLOB_FILE disclaimer;
EXEC SQL END DECLARE SECTION;

strcpy(disclaimer.name, "speedlimit.txt");
disclaimer.name_length = strlen(disclaimer.name);
disclaimer.file_options = SQL_FILE_READ;
```

```
EXEC SQL UPDATE werbung
    SET anzeigentext = anzeigentext || :disclaimer
    WHERE anzeigentext LIKE '%Speedster%';
```

Wichtig ist, daß beide Beispiele potentiell große Datenmengen mit der Datenbank austauschen, ohne für den Transfer Pufferplatz im Speicher allokieren zu müssen.

6.1.5 Einschränkungen bei LOB-Datentypen

Für Daten von einem LOB-Datentyp gelten gewisse Beschränkungen, und zwar unabhängig davon, ob sie durch einen Querverweis (Lokator), eine Dateireferenz oder eine gewöhnliche Variable repräsentiert werden. Diese sind unten zusammengefaßt. Alle Einschränkungen außer der letzten gelten neben LOBs auch für die Datentypen Long Varchar und Long Vargraphic.

1. Daten eines LOB-Typs können nicht in Prädikaten vorkommen, die direkte Vergleiche beinhalten, d.h. in Prädikaten, in welchen die Operatoren =, <>, <, <=, >, >=, IN oder BETWEEN vorkommen. Anstelle von direkten Vergleichen suchen viele Anwendungen nach LOB-Daten mittels eines LIKE-Prädikats[1], wie in den folgenden Beispielen:

    ```
    ... WHERE clob1 LIKE '%Gilligan%'
    ... WHERE clob1 LIKE :hostvar2
    ```

2. LOB-Attribute können nicht in einem Kontext verwendet werden, in denen zwei Attributwerte auf Gleichheit getestet oder auf Ordnung untersucht werden. Dies schließt SELECT DISTINCT, COUNT(DISTINCT), GROUP BY, ORDER BY, PRIMARY KEY und FOREIGN KEY ein.

3. Spalten von einem LOB-Typ können nicht in einer Spaltenfunktion wie max oder min benutzt werden.

4. LOB-Spalten können nicht durch Mengenoperatoren wie INTERSECT, EXCEPT oder UNION (wohl aber durch UNION ALL) kombiniert werden.

5. Clob-Daten können nicht mit Datums-, Zeit- oder Zeitmarkenwerten verglichen oder solchen zugewiesen werden (obwohl dies mit anderen Zeichenreihen-Datentypen möglich ist). Ferner können Clobs nicht als Argumente an Funktionen übergeben werden, die die Zeichenreihencodierung eines Datums- oder Zeitwertes erwarten, z.B. über date, time, timestamp, day, hour, month und year.

6. Über Spalten von einem LOB-Datentyp können keine Indizes angelegt werden.

7. LOB-Daten können nicht mit dem DRDA-Protokoll (Distributed Relational Database Architecture) zwischen einer Client- (Application Requester) und einer Server-Maschine (Application Server) ausgetauscht werden. Ist man also mit einer Datenbank verbunden, die auf einem DRDA-Server liegt, kann man keine LOB-Werte mit dieser austauschen (es sei denn, man konvertiert die Werte in einem anderen Datentyp).

---

1. Der erste Operand eines LIKE-Prädikats kann einen LOB-Datentyp besitzen. Der zweite Operand (das Muster) darf nicht von einem LOB-Typ sein, es sei denn, beim ersten Operanden handelt es sich um einen Blob; in diesem Fall darf das Muster ebenfalls ein Blob sein, dessen Länge 4.000 Byte oder weniger beträgt.

TIP: Beträgt die tatsächliche Länge eines LOB weniger als 4.000 Byte, kann man die meisten dieser Beschränkungen dadurch unterlaufen, daß man den LOB in den Datentyp Varchar oder Vargraphic konvertiert.

6.1.6 Beispielprogramm STIPENDIAT: Verarbeitung von Stipendienbewerbungen

Als letztes Beispiel für die Mächtigkeit von LOB-Datentypen, Lokatoren und Dateireferenzen schreiben wir ein Programm zur Verarbeitung von studentischen Stipendienbewerbungen. Wir nehmen an, daß alle eingegangenen Stipendienbewerbungen in eine Tabelle mit folgender Struktur eingetragen wurden:

BEWERBER

NAME	EINGANGSDATUM	STATUS	BEWERBUNG

BEWERBUNG sei dabei eine Spalte vom Typ Clob(100K), in die unsere Datenerfassung jede Bewerbung in einem bestimmten Format eingegeben hat. Jede Bewerbung besteht aus mehreren Teilen. Einer ist jeweils eine Abschrift aus dem Studienbuch, die in einem einheitlichen 1.000-Byte-Format erfaßt ist, das mit den Zeichen »*TRANSCRIPT*« beginnt. In einem späteren Teil der Bewerbung befindet sich ein Essay, der mit »*ESSAY*« anfängt und bis zum Ende der Bewerbung geht.

Die Aufgabe unseres Programms besteht darin, nach allen in 1997 eingegangenen Bewerbungen zu suchen, deren Status »OK« lautet. Von diesen interessieren uns diejenigen mit dem besten Transkript, und wir wollen dieses sowie den zugehörigen Essay in eine Datei schreiben. Zur Unterstützung unterstellen wir dabei die Verfügbarkeit einer C-Funktion, die zwei Transkripte in unserem standardisierten Format vergleichen und entscheiden kann, das das »bessere« ist. Diese Funktion habe folgende Schnittstelle:

```
int vergleicheTranskripte (char *t1, char *t2);
/*
** liefert 1, falls erstes Transkript besser ist,
** sonst 2
*/
```

Naturgemäß sollen zur Verarbeitung jeder Bewerbung so wenig Daten wie möglich geholt werden. Obwohl jede Bewerbung bis zu 100 KB umfassen kann, einschließlich eines Photos und mehrerer Empfehlungsschreiben, soll aus jeder nur das 1.000-Byte-Transkript gezogen werden. Nach der Bestimmung des besten hiervon soll der zugehörige Essay direkt in eine Datei kopiert werden, ohne daß innerhalb der Anwendung Pufferplatz im Speicher allokiert werden muß. Hierzu verwenden wir Lokatoren, Dateireferenzen sowie LOB-Funktionen wie `posstr` und `substr`. Der von unserem Programm für Anwendungsdaten benutzte Speicherplatz ist auf zwei 1.000-Byte-Puffer beschränkt, von denen einer ein aktuell betrachtetes Transkript und der andere das bisher beste enthält. Man achte darauf, wie das Programm nicht mehr benötigte Lokatoren freigibt.

Beispielprogramm STIPENDIAT: Verarbeitung von Stipendienbewerbungen

```c
#include <stdio.h>
#include <string.h>
#include <sqlenv.h>


int vergleicheTranskripte(char *t1, char *t2);

int main()
   {
   EXEC SQL BEGIN DECLARE SECTION;
      char dbname[9] = "testdb";
      char kandidat[30], gewinner[30];
      long transPosn, essayPosn;
      char diesesTranskript[1000], bestesTranskript[1000];
      SQL TYPE IS CLOB_LOCATOR loc1, bestLoc;
      SQL TYPE IS CLOB_FILE gewinnerDatei;
      char msgbuffer[500];
   EXEC SQL END DECLARE SECTION;

   EXEC SQL INCLUDE SQLCA;

   int geradebegonnen = 1;

   EXEC SQL DECLARE c1 CURSOR FOR
      SELECT name, bewerbung FROM bewerber
      WHERE year(eingangsdatum) = 1997 AND status = 'OK';

   EXEC SQL WHENEVER SQLERROR GOTO fehlerAusgang;

   EXEC SQL CONNECT TO :dbname;

   EXEC SQL OPEN c1;

   while (1)
     {
     EXEC SQL FETCH c1 INTO :kandidat, :loc1;
                      /* nächste Bewerbung            */
     if (SQLCODE == 100) break;
                      /* keine weiteren Bewerbungen */

     /*
     ** Hole Transkript-Anteil dieser Bewerbung
     */
     EXEC SQL
        VALUES(posstr(:loc1, '*TRANSCRIPT*'))
           INTO :transPosn;
```

```
    EXEC SQL
        VALUES(substr(:loc1, :transPosn, 1000))
            INTO :diesesTranskript;

    if (geradebegonnen == 1)
        {
        /*
        ** Erstes betrachtetes Transkript ist
        ** automatisch das bisher beste
        */
        memcpy(bestesTranskript, diesesTranskript, 1000);
        bestLoc = loc1;
        geradebegonnen = 0;
        strcpy(gewinner, kandidat);
        }
    else
        {
        if (vergleicheTranskripte(bestesTranskript,
            diesesTranskript) == 2)
            {
            /*
            ** aktuelles Transkript ersetzt das
            ** vorher beste
            */
            memcpy(bestesTranskript, diesesTranskript,
                    1000);
            EXEC SQL FREE LOCATOR :bestLoc;
            bestLoc = loc1;
            strcpy(gewinner, kandidat);
            }
        else
            {
            /*
            ** Dieser Lokator wird nicht mehr benötigt.
            */
            EXEC SQL FREE LOCATOR :loc1;
            }
        }
    }       /* Ende des while-Loops über Bewerbungen */

EXEC SQL CLOSE c1;

if (geradebegonnen == 1)
    printf("Keine qualifizierenden Bewerbungen
            gefunden.\n");
else
    {
```

```
/*
** Finde die Position des Essays in der
** Bewerbung des Gewinners
*/
EXEC SQL VALUES(posstr(:bestLoc, '*ESSAY*'))
        INTO :essayPosn;

/*
** Dateireferenz für ein Holen der
** besten Bewerbung vorbereiten
*/
strcpy(gewinnerDatei.name, "gewinner.txt");
gewinnerDatei.name_length =
                    strlen(gewinnerDatei.name);
gewinnerDatei.file_options = SQL_FILE_OVERWRITE;

/*
** Kopieren von Transkript und Essay des
** Gewinners in Datei
*/
EXEC SQL VALUES(:bestesTranskript ||
                substr(:bestLoc, :essayPosn))
            INTO :gewinnerDatei;

printf("Der Gewinner lautert %s\n", gewinner);
}

EXEC SQL COMMIT;
return 0;

fehlerAusgang:
  printf ("Unerwarteter DB2 Return Code.\n");
  sqlaintp(msgbuffer, 500, 70, &sqlca);
  printf ("Message: %s\n", msgbuffer);

EXEC SQL COMMIT;
return -1;
}       /* Ende von main() */
```

Wurde mindestens eine qualifizierende Bewerbung gefunden, so befinden sich nach Ausführung dieses Programms das »beste« Transkript sowie der zugehörige Essay in der Datei mit dem Namen gewinner.txt in dem Verzeichnis, von dem aus das Programm gestartet wurde.

6.2 Einzigartige Typen

Jeder Datenwert, der in UDB gespeichert wird, hat einen spezifischen Datentyp, der die Darstellung des Wertes festlegt sowie die darauf anwendbaren Operationen. Die vordefinierten (»integrierten«) Datentypen von UDB umfassen die in den Tabellen 2.1 und 2.2 angegebenen Basistypen sowie die in Abschnitt 6.1 beschriebenen LOB-Datentypen (Long Varchar, Long Vargraphic, Blob, Clob und Dbclob).

Beim Aufbau einer Datenbank entscheidet man sich gelegentlich, einen vordefinierten Typ in bestimmter Weise zu verwenden, etwa den Datentyp Integer zur Darstellung von Altersangaben, den Datentyp Decimal(8,2) für Geldbeträge oder den Datentyp Double zur Darstellung geometrischer Winkel. Man hat dabei möglicherweise bestimmte Regeln im Kopf über die Berechnungen, die in einem solchen Fall Sinn machen. Es macht z.B. Sinn, zwei Geldbeträge zu addieren oder zu subtrahieren, nicht aber sie zu multiplizieren; es macht mit Sicherheit keinen Sinn, eine Altersangabe mit einem Geldbetrag zu vergleichen oder die beiden zu addieren.

UDB stellt dem Benutzer eine Möglichkeit bereit, derartige spezialisierte Verwendungen von Datentypen und die dazugehörigen Regeln zu deklarieren. Das System stellt dann diese Regeln sicher, und zwar durch Ausführung lediglich der Arten von Berechnungen und Vergleichen, die man als sinnvoll für die betreffenden Daten deklariert hat. Würde man dann z.B. in einer Anfrage eine Altersangabe zu einem Geldbetrag addieren, so würde diese Anfrage zu einer Fehlermeldung führen. Das System garantiert also die *Typsicherheit* von Anfragen.

6.2.1 Erzeugung einzigartiger Typen

In UDB deklariert man eine spezialisierte Verwendung von Daten durch Erzeugen eines neuen, eigenen Datentyps, eines sogenannten *einzigartigen Typs* (*Distinct Type*), der die vordefinierten Typen des Systems ergänzt. Jeder einzigartige Typ hat mit einem der vordefinierten Typen seine interne Darstellung gemeinsam; letzter heißt dann auch der *Quell-* oder *Basistyp* des ersteren. Abgesehen von dieser gemeinsamen Darstellung wird der einzigartige Typ als separater Datentyp betrachtet, der von allen anderen verschieden ist (daher der Name). Die folgenden Beispielanweisungen erzeugen einzigartige Typen mit den Namen Geschlecht, Geld, Geometrie.Winkel und Video, die ihre interne Darstellung von diversen vordefinierten Typen beziehen:

```
CREATE DISTINCT TYPE Geschlecht
                AS CHAR(1) WITH COMPARISONS;
CREATE DISTINCT TYPE Geld
                AS Decimal(8,2) WITH COMPARISONS;
CREATE DISTINCT TYPE Geometrie.Winkel
                AS Double WITH COMPARISONS;
CREATE DISTINCT TYPE Video AS Blob(100M);
```

Ein Exemplar oder eine Instanz eines einzigartigen Typs wird nur mit einer anderen Instanz desselben Typs als vergleichbar betrachtet. Ist z.B. M1 ein Attribut vom Typ Geld und D1 ein Attribut vom Typ Decimal(8,2), so sind m1 + d1 oder m1 > d1 keine gültigen Ausdrücke; eine SQL-Anweisung mit einem solchen Ausdruck würde zu einer Fehlermeldung führen.

Der Zusatz WITH COMPARISONS dient als Erinnerung, daß Instanzen des neuen, einzigartigen Typs miteinander verglichen werden können, und zwar unter Verwendung der sechs Vergleichsoperatoren =, <, <=, >, >= und <>. Die Bedeutung der Vergleichsoperatoren ist dabei dieselbe wie bei den jeweiligen Basistypen. Da das System automatisch weiß, wie man Werte eines einzigartigen Typs vergleicht, kann man ferner die Sprachelemente ORDER BY, GROUP BY und DISTINCT auf Attribute von einem einzigartigen Typ anwenden. Man kann eindeutige oder nicht-eindeutige Indizes über einem solchen Attribut anlegen. Da jedoch Vergleiche, Indizes, ORDER BY, GROUP BY und DISTINCT nicht für LOB-Datentypen unterstützt werden, werden sie auch nicht für einzigartige Typen unterstützt, die auf LOB-Datentypen basieren (wenn man einen solchen Typ erzeugt, sollte man den Zusatz WITH COMPARISONS weglassen).

Die Syntax der CREATE DISTINCT TYPE-Anweisung lautet wie folgt:

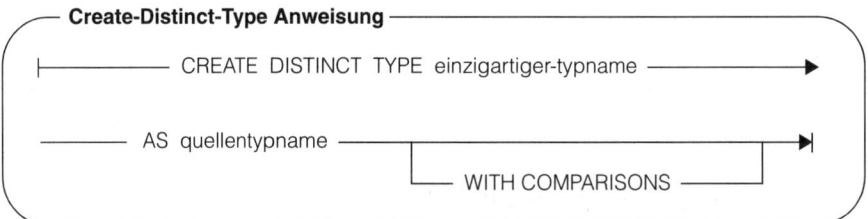

Create-Distinct-Type Anweisung

CREATE DISTINCT TYPE einzigartiger-typname

AS quellentypname

WITH COMPARISONS

Folgendes ist bei der CREATE DISTINCT TYPE-Anweisung zu beachten:

Der Name des einzigartigen Typs kann mit einem Schemanamen qualifiziert werden, wobei dieser Schemaname nicht mit den Buchstaben SYS beginnen darf. Wird der Schemaname weggelassen, wird die Kennung des Benutzers, der den einzigartigen Typ erzeugt, als Voreinstellung gewählt. Wann immer man einen einzigartigen Typ benutzt, sollte man dessen Schemanamen in den entsprechenden Funktionspfad aufnehmen (siehe Abschnitt 6.3).

▶ Der Name des einzigartigen Typs darf nicht mit einem der vordefinierten oder einem anderen einzigartigen Typ im selben Schema übereinstimmen. Der Name BOOLEAN ist ebenfalls als Name verboten, da er für einen zukünftigen vordefinierten Typ reserviert ist.

▶ Beim Namen des Quelltyps muß es sich um den Namen eines vordefinierten Typs handeln. Ist er durch einen Schemanamen qualifiziert, so muß dieser SYSIBM lauten.

▶ Falls der Quelltyp eine Längenangabe oder eine Genauigkeit sowie eine Anzahl von Nachkommastellen enthält (wie z.B. bei Char(n) oder Decimal(p,s)), so sind die Werte dieser Parameter anzugeben. Läßt man bei einem Char-Typ die Länge weg, so wird Char(1) angenommen. Läßt man bei einem Decimal-Typ die Genauigkeit und die Anzahl der Nachkommastellen weg, so wird Decimal(5,0) angenommen.

▶ Der Name des einzigartigen Typs darf keine Längen-, Genauigkeits- oder Nach-kommastellenangabe enthalten, da er diese vom jeweiligen Basistyp erbt.

▶ Zur Ausführung einer CREATE DISTINCT TYPE-Anweisung ist nur dann eine spe-zielle Autorisierung erforderlich, wenn der angegebene Schemaname von der aktu-ellen Autkennung verschieden ist. In diesem Fall ist die SYSADM- oder DBADM-Autorisierung erforderlich.

▶ Der Zusatz WITH COMPARISONS ist notwendig, wenn der Basistyp kein LOB-Typ ist; ist die Quelle dagegen ein Blob, Clob, Dbclob, Long Varchar oder Long Var-graphic, so wird dieser Zusatz mit einer Warnung toleriert, obwohl keine Vergleiche möglich sind.

Jeder einzigartige Typ wird in der Tabelle DATATYPES des Systemkatalogs registriert; diese hat unter anderem die folgenden Attribute:

▶ TYPESCHEMA, TYPENAME: der Name des einzigartigen Typs

▶ SOURCESCHEMA, SOURCENAME: der Name des Quelltyps, auf dem der einzig-artige Typ basiert

▶ REMARKS: ein beschreibender Kommentar, der normalerweise von dem Benutzer geliefert wird, der den einzigartigen Typ erzeugt

Man kann in der REMARKS-Spalte der Katalogtabelle DATATYPES durch die in Ab-schnitt 2.6.9 beschriebene COMMENT-Anweisung einen Kommentar anbringen, wie in folgendem Beispiel:

```
COMMENT ON DISTINCT TYPE Geld
    IS 'Dollarbeträge mit Vorzeichen unter 1 Million $';
```

Nachdem man einen einzigartigen Typ erzeugt hat, kann man diesen in einer CREATE TABLE- oder einer ALTER TABLE-Anweisung wie einen vordefinierten Typ benutzen (vergleiche nachfolgende Beispiele). Man beachte, daß dabei ein Attribut den gleichen Namen wie sein Datentyp haben darf, da sich Attributnamen und die Namen von Da-tentypen nicht des gleichen Namensraums bedienen.

```
CREATE TABLE angestellte
    (angnr      Char(5),
     abtnr      Char(3),
     name       Varchar(20),
     geschlecht Geschlecht,
     gehalt     Geld);

ALTER TABLE angestellte
    ADD bonus Geld;
```

Falls man einen einzigartigen Typ nicht länger benötigt, kann man ihn mit der in Ab-schnitt 2.6.8 beschriebenen DROP-Anweisung löschen. Vor einem Löschen sollte man sich jedoch vergewissern, daß der betreffende Typ nicht mehr in einer Tabelle oder Sicht oder als Funktionsparameter verwendet wird. (Für weitere Einzelheiten zum Auf-finden von Objekten, die von einem einzigartigen Typ abhängen, sei auf Abschnitt 7.5.2 verwiesen.) Es folgen einige Beispiele zum Löschen einzigartiger Typen:

```
DROP DISTINCT TYPE Video;
DROP DISTINCT TYPE Geometrie.Winkel;
```

Naturgemäß können die im Schema SYSIBM enthaltenen vordefinierten Datentypen nicht gelöscht werden.

6.2.2 Casting-Funktionen

Wenn man einen einzigartigen Typ erzeugt, werden automatisch zwei Casting-Funktionen (Konvertierungsfunktionen) zum Konvertieren zwischen dem einzigartigen Typ und seinem Basistyp angelegt. Erzeugt man z.b. einen einzigartigen Typ Alter basierend auf Integer, so erzeugt das System automatisch die Casting-Funktionen `alter(Integer)` und `integer(Alter)`. Unter Verwendung dieser Funktionen kann man dann einen Wert von einem Typ in den jeweils anderen konvertieren. Sind z.B. ALTER1 und ALTER2 beides Attribute vom Typ Alter, der auf Integer basiert, und ist für den Typ Alter kein Operator »+« definiert, so führt der Ausdruck `alter1 + alter2` zu einem Fehler. Der Ausdruck `alter(integer(alter1) + integer(alter2))` ist dagegen korrekt. Dieser Ausdruck ist eine Möglichkeit, dem SQL-Compiler mitzuteilen, daß »ich weiß, was ich tue, und ich möchte diese beiden Altersangaben addieren, als wären es ganze Zahlen«. Die Konvertierungsfunktionen zwischen einzigartigen Typen und ihren Basistypen sind sehr effizient (man könnte fast sagen, sie kosten gar nichts), weil Quelltyp und einzigartiger Typ dieselbe Darstellung besitzen, so daß die Konvertierung keinen richtigen Aufwand bedeutet.

Der Name der Konvertierungsfunktion, die einen Basistyp in einen einzigartigen Typ konvertiert, stimmt mit dem des einzigartigen Typs überein, und die Funktion wird in demselben Schema wie der einzigartige Typ angelegt. Basiert z.B. der einzigartige Typ Alter im Schema FIRMA auf dem Typ Integer, lautet seine Konvertierungsfunktion, ebenfalls im Schema FIRMA, wie folgt:

```
alter(Integer) returns Alter
```

Die Casting-Funktion `alter` in diesem Beispiel kann mit jedem Wert aufgerufen werden, den man mittels der üblichen, in Abschnitt 6.6.1 beschriebenen Regeln nach Integer propagieren kann. Ist z.B. C1 ein Attribut vom Typ Smallint und C2 ein solches vom Typ Double, so ist `alter(c1)` gültig (weil Smallint nach Integer propagiert werden kann), `alter(c2)` dagegen ungültig (weil Double nicht nach Integer propagiert werden kann).[2]

---

2. Falls ein einzigartiger Typ auf Smallint basiert, so werden automatisch Casting-Funktionen erzeugt, die sowohl Smallint- als auch Integer-Werte in den einzigartigen Typ konvertieren. Dies ist notwendig, weil Konstanten wie 25 und –9 stets als vom Typ Integer betrachtet werden. Ist z.B. Hutgröße ein einzigartiger Typ, der auf Smallint basiert, so kann der Ausdruck `hutgröße(8)` zum Konvertieren einer Integer-Konstanten in eine Hutgröße verwendet werden, obwohl Integer nicht der Basistyp ist. Aus den gleichen Gründen kann ein Double-Wert in den Wert eines einzigartigen Typs konvertiert werden, der auf Real basiert (denn Gleitkommakonstanten werden als vom Typ Double betrachtet); ein Varchar-Wert kann in den Wert eines einzigartigen Typs konvertiert werden, der auf Char basiert (da Zeichenreihenkonstanten als vom Typ Varchar betrachtet werden), und ein Vargraphic-Wert kann in den Wert eines einzigartigen Typs konvertiert werden, der auf Graphic basiert (da Doppelbyte-Konstanten als vom Typ Vargraphic betrachtet werden).

Der Name der Konvertierungsfunktion, die einen Wert eines einzigartigen Typs in seinen Basistyp konvertiert, wird aus dem Namen des Basistyps abgeleitet, wie in Tabelle 6.3 gezeigt. Diese Funktion wird ebenfalls in demselben Schema wie der einzigartige Typ erzeugt. Basiert z.B. Geld im Schema FIRMA auf Decimal(8,2), so gibt es dazu eine systemgenerierte Casting-Funktion decimal, ebenfalls im Schema FIRMA, die den Typ Geld als Parameter akzeptiert und Decimal(8,2) zurückgibt.

Basistyp	Casting-Funktion
Smallint	`smallint`
Integer	`integer`
Decimal(p,s) oder Numeric(p,s)	`decimal`
Real	`real`
Double	`double`
Char(n)	`char`
Varchar(n)	`varchar`
Long Varchar	`long_varchar`
Clob(n)	`clob`
Graphic(n)	`graphic`
Vargraphic(n)	`vargraphic`
Long Vargraphic	`long_vargraphic`
Dbclob(n)	`dbclob`
Blob(n)	`blob`
Date	`date`
Time	`time`
Timestamp	`timestamp`

Tabelle 6.3:
Namen der systemgenerierten Casting-Funktionen

Wenn ein einzigartiger Typ auf einem Datentyp wie Char oder Varchar basiert, der einen Längenparameter besitzt, so spezifiziert der einzigartige Typ (explizit oder per Voreinstellung) eine feste Länge, und die Casting-Funktionen konvertieren zwischen Werten des einzigartigen Typs und Instanzen des Basistyps mit dieser spezifizierten Länge. Ist z.B. der einzigartige Typ Adresse basierend auf Char(32) definiert, so werden automatisch die folgenden Konvertierungsfunktionen erzeugt:

```
adresse(Char(32)) returns Adresse
char(Adresse) returns Char(32)
```

Wird ein Wert eines Basistyps mit einer von der vorgegebenen verschiedenen Länge, z.B. Char(20) oder Char(50), an eine Konvertierungsfunktion übergeben, so wird die Länge gemäß den Regeln für die Zuweisung an eine Host-Variable angepaßt (im Beispiel würde Char(20) mit Blanks auf Char(32) aufgefüllt, Char(50) würde unter Ausgabe einer Warnmeldung auf Char(32) verkürzt). Ähnliche Regeln gelten für die Konvertierungsfunktionen einzigartiger Typen, die auf Decimal mit fester Genauigkeit bzw. Anzahl von Nachkommastellen basieren.

Die Casting-Funktionen, die zusammen mit einem einzigartigen Typ erzeugt werden, können entweder unter ihrem Namen (wie jede andere Funktion) oder unter Verwendung eines CAST-Ausdrucks aufgerufen werden. Basiert z.B. der einzigartige Typ Geld auf Decimal(8,2), so kann jeder der folgenden Ausdrücke zum Konvertieren einer Decimal-Konstante in den Typ Geld verwendet werden:

```
geld(1234.50)
CAST(1234.50 AS Geld)
```

Ist Gehalt ein Attribut vom Typ Geld, so kann analog jeder der folgenden Ausdrücke zum Konvertieren eines Gehaltswertes in den Typ Decimal verwendet werden:

```
decimal(gehalt)
CAST(gehalt AS Decimal(8,2))
```

Die CAST-Notation kann ferner zum Konvertieren eines Wertes eines einzigartigen Typs in einen Wert des Basistyps mit veränderter Länge und/oder Genauigkeit und Anzahl von Nachkommastellen verwendet werden. Als Beispiel betrachte man den folgenden Ausdruck:

```
CAST(gehalt AS Decimal(10,4))
```

Dieser Ausdruck ruft die Casting-Funktion decimal(gehalt) auf, was einen Wert vom Typ Decimal(8,2) liefert; sodann werden Genauigkeit und Anzahl der Nachkommastellen so angepaßt, daß sie dem gewünschten Typ Decimal(10,4) entsprechen.

6.2.3 Benutzung einzigartiger Typen

Einzigartige Typen sind ein nützliches Werkzeug zum Schutz der Typsicherheit eines Programms. Man kann mit ihnen sicherstellen, daß verschiedene Arten von Daten nicht auf unsinnige Weise kombiniert werden, wie z.B. ein Vergleichen einer Höhe mit einem Gewicht, wenngleich beide Quantitäten womöglich auf Gleitkommazahlen basieren.

Wichtig ist, daß man Casting-Funktionen, obwohl sie automatisch zwischen jedem einzigartigen Typ und seinem Basistyp definiert werden, explizit aufrufen muß, falls man Werte der beiden Typen miteinander vergleichen will. Ferner haben Konstanten stets einen vordefinierten Typ; die Zahl 21 wird z.B. als vom Typ Integer betrachtet oder 'Gruen' als vom Typ Varchar(5). Man muß daher explizit konvertieren, wenn ein Wert eines einzigartigen Typs mit einer Konstante verglichen werden soll. Ist z.B. MEINALTER ein Attribut vom Typ Alter, liefert der Ausdruck meinalter > 21 einen Typfehler, dagegen sind meinalter > age(21) oder integer(meinalter) > 21 korrekte Ausdrücke.

Wenn ein einzigartiger Typ erzeugt wird, werden nur die Funktionen zum Konvertieren vom einzigartigen Typ in den Basistyp bzw. umgekehrt sowie Vergleiche zwischen zwei Werten des neuen Typs (sofern der Basistyp kein LOB-Typ ist) automatisch definiert. Es können auf den Basistyp weitere Operationen, z.B. arithmetische, anwendbar sein, jedoch wird davon keine an den neuen Typ vererbt. Nun ist es wahrscheinlich nicht besonders sinnvoll, einen einzigartigen Typ zu definieren, dessen einzige Operationen Konvertieren und Vergleichen sind. Daher kennt UDB eine Möglichkeit, die Semantik eines einzigartigen Typs reichhaltiger zu gestalten, und zwar durch Erben von Operationen vom Basistyp oder durch Definition neuer, eigener Operationen.

Zum Verständnis des Verhaltens eines einzigartigen Typs muß man sich klarmachen, daß das System alle arithmetischen Operatoren wie + und * als *Funktionen* betrachtet. Der Operator + für ganze Zahlen wird z.B. als Funktion (mit dem Namen "+") betrachtet, der zwei Integer-Werte als Argumente erwartet und eine Integer-Zahl (die Summe der Argumente) als Ergebnis liefert. Man kann zum Aufruf eines arithmetischen Operators sogar eine funktionale Notation verwenden; dabei muß man nur daran denken, den Funktionsnamen in doppelte Hochkommata zu setzen (was dem System mitteilt, daß das Symbol "+" als Name benutzt wird). Damit sind z.B. die beiden folgenden Anfragen äquivalent:

```
SELECT lagerbestand + bestellstand
FROM teile WHERE teilenr = 'P207';

SELECT "+"(lagerbestand, bestellstand)
FROM teile WHERE teilenr = 'P207';
```

Die vordefinierten Datentypen von UDB sind jeweils mit einer Sammlung von vordefinierten Funktionen ausgestattet. Einige dieser Funktionen implementieren Operatoren wie z.B. arithmetische auf numerische Datentypen oder den Konkatenationsoperator (||) auf Zeichenreihen. Andere vordefinierte Funktionen sind z.B. die skalaren wie length oder substr und die Spaltenfunktionen wie sum oder avg. Nach dem Erzeugen eines einzigartigen Typs kann man spezifizieren, daß dieser einige oder sogar alle Funktionen erben soll, die auf den Basistyp anwendbar sind. Dies geschieht über die Erzeugung neuer Funktionen, sogenannter *quellenbasierter Funktionen*, die auf dem einzigartigen Typ operieren und die Semantik der jeweiligen Funktion des Basistyps duplizieren. So kann man z.B. festlegen, daß der einzigartige Typ Gewicht die arithmetischen Operatoren + und – sowie die Spaltenfunktionen sum und avg von seinem Basistyp Real erben soll. Durch selektives Vererben der Semantik des Basistyps kann man sicherstellen, daß Programme keine unsinnigen Operationen, z.B. die Multiplikation zweier Gewichte, ausführen, obwohl der zugrundeliegende Basistyp Multiplikationen erlaubt.

Man kann auch über ein reines Vererben von Funktionen des Quelltyps hinausgehen und einen einzigartigen Typ mit einer eigenen Semantik versehen. Dies geschieht über die Erzeugung von *externen Funktionen*, die in einer Host-Programmiersprache geschrieben werden und auf dem einzigartigen Typ operieren. Da man diese Funktionen selbst implementiert, können sie alles mögliche erledigen. Benutzt man dabei einen Namen wie "+" für eine externe Funktion, kann man diese Funktion in Infix-Schreibweise aufrufen (wie z.B. bei gewicht1 + gewicht2). Auf diese Weise kann man z.B. spezielle Bedeutungen für arithmetische Operationen auf einem einzigartigen Typ festlegen. Man ist damit jedoch nicht auf existierende Operatoren beschränkt; man kann externe Funktionen mit beliebigem Namen und Verhalten anlegen. Man kann z.B. eine Funktion komplement(Winkel) erzeugen, die einen weiteren Winkel als Ergebnis liefert, oder eine Funktion postleitzahl(Adresse), die einen Wert vom Typ Char(5) zurückgibt. (Der Prozeß des Erzeugens von quellenbasierten sowie von externen Funktionen wird in Abschnitt 6.4 behandelt.)

6.2.4 Zuweisung einzigartiger Typen

Wir verwenden hier die Bezeichnung *Zuweisung* für das Eintragen eines neuen Wertes in eine Datenbanktabelle oder in eine Wirtsvariable. Der Datenbankeintrag bzw. die Wirtsvariable, der bzw. die den neuen Wert erhält, ist das *Ziel* der Zuweisung. In SQL kann eine Zuweisung auf folgende Weisen geschehen:

1. Ein Eintrag in einer Tabelle erhält einen neuen Wert über eine UPDATE-Anweisung, wie z.B. in:

```
UPDATE angestellte SET bonus = 1250.00
                WHERE angnr = '12345';
```

2. Eine neue Zeile wird in eine Tabelle eingefügt unter Zuweisung neuer Werte an die betreffenden Attribute, wie in:

```
EXEC SQL
    INSERT INTO budget
    VALUES('Supersonic-Windkanal', 1996, :funds, :mgr);
```

3. Eine Anfrage (oder eine FETCH-Anweisung) kann einen Wert in einer Wirtsvariablen ablegen, wie in:

```
EXEC SQL
    SELECT bonus INTO :bonus
    FROM angestellte WHERE angnr = '12345';
```

4. Eine Zuweisungsanweisung (SET-Anweisung) kann im Rumpf eines Triggers verwendet werden (vergleiche Abschnitt 7.3).

In allen diesen Fällen erhält das jeweilige Ziel einen neuen Wert, der aus einem Ausdruck berechnet wird, welcher Datenbankspalten oder Wirtsvariablen enthält. Falls der Datentyp des Ziels mit dem des zugewiesenen Werts übereinstimmt, ist die Zuweisung problemlos. Die vordefinierten Datentypen kennen auch Regeln für den Fall, daß ein Wert an ein Ziel mit anderem Datentyp zugewiesen wird; diese können wie folgt zusammengefaßt werden:

1. Numerische Datentypen (Smallint, Integer, Decimal und Double) können untereinander frei zugewiesen werden (wobei es allerdings zu einem Verlust an Genauigkeit oder zu einem Laufzeitfehler kommen kann, falls der Quellwert nicht im Datentyp des Ziels darstellbar ist).

2. Zeichenreihen-Datentypen (Char, Varchar, Long Varchar und Clob) können ebenfalls untereinander frei zugewiesen werden (wobei es allerdings zu Auffüllen, Abschneiden oder einem Laufzeitfehler kommen kann, in Abhängigkeit von den relativen Längen von Quelle und Ziel).

3. Die graphischen Datentypen (Graphic, Vargraphic, Long Vargraphic und Dbclob) können untereinander frei zugewiesen werden (wobei es ebenfalls zu verschiedenen Laufzeitausnahmen in Abhängigkeit von den Längen kommen kann).

4. Ein Char- oder ein Varchar-Wert, der eine gültige Darstellung eines Datums enthält, kann an ein Ziel vom Typ Date zugewiesen werden und umgekehrt; analoges gilt für Werte vom Typ Time oder vom Typ Timestamp.

Einige Ausnahmen von diesen Regeln sind nötig, um Zuweisungen, in die einzigartige Typen involviert sind, behandeln zu können. Da grundsätzlich jeder einzigartige Typ nur mit sich selbst vergleichbar ist, könnte ein Ansatz sein, zu verlangen, daß eine explizite Casting-Funktion immer dann aufgerufen wird, wenn ein einzigartiger Typ an einen oder aus einem anderen Datentyp zugewiesen wird. Das Problem bei dieser »strengen Typisierung« liegt in Host-Variablen. Da Wirtsprogrammiersprachen wie C oder COBOL keine Möglichkeit der Deklaration von Variablen mit einzigartigem Typ besitzen, sind alle Wirtsvariablen stets von einem vordefinierten Typ. (Genauer haben sie die Datentypen der Programmiersprache, die den vordefinierten entsprechen; z.B. entspricht der C-Datentyp `long` dem vordefinierten Typ Integer.) Wenn also ein Wert von einem einzigartigen Typ in eine Wirtsvariable geholt (oder aus einer solchen eingefügt) wird, würde strenge Typisierung erfordern, daß der Programmierer jedesmal eine explizite Konvertierungsfunktion benutzt. Damit ergäben sich für bestimmte Anwendungen ernsthafte Probleme. Man betrachte z.B. ein Programm, das vom Benutzer die Eingabe einer Ad-hoc-SQL-Anfrage erwartet, diese ausführt und die Ergebnisse anzeigt. Angenommen, der Benutzer gibt `SELECT * FROM studierende` ein. Das Programm muß dann Werte aus der Tabelle STUDIERENDE in Wirtsvariablen zum Anzeigen einlesen, doch wenn diese von einem einzigartigen Typ sind, wird es schwierig, in die Anfrage Casting-Funktionen einzufügen.

Zur Erleichterung der Anwendungsentwicklung ruft UDB automatisch eine Konvertierungsfunktion auf, wenn ein Wert eines einzigartigen Typs an ein Ziel vom Basistyp zugewiesen wird oder umgekehrt. Die Einzelheiten dieses Vorgehens lauten wie folgt:

1. Ein Wert eines vordefinierten Typs kann nur dann an eine Spalte, deren Typ ein einzigartiger Typ ET ist, zugewiesen werden, falls der Datentyp dieses Werts der Basistyp von ET ist oder in diesen propagiert werden kann (Regeln zum Propagieren werden in Abschnitt 6.6.1 behandelt). Man kann z.B. einem Attribut vom Typ Geld, der auf Decimal(8,2) basiert, einen Wert vom Typ Geld, Decimal oder Integer zuweisen, da Integer zu Decimal propagiert werden kann, aber man kann ihm keinen Wert vom Typ Double zuweisen, da Double nicht in Decimal propagierbar ist. Das System ruft in einem solchen Fall automatisch die entsprechende Konvertierungsfunktion auf, um die Zuweisung durchzuführen.

2. Ein Wert eines einzigartigen Typs ET kann einer Datenbankspalte von einem vordefinierten Typ nur zugewiesen werden, falls der Typ des Ziels gerade der Quelltyp von ET ist. Es kann also z.B. einer Spalte vom Typ Decimal(8,2) (oder sogar Decimal mit anderer Genauigkeit und Anzahl von Nachkommastellen) ein Wert vom Typ Geld zugewiesen werden. Auch hier ruft das System automatisch die richtigen Casting-Funktionen auf.

3. Wird ein Wert eines einzigartigen Typs ET an eine Wirtsvariable zugewiesen, so wird diese Zuweisung in zwei Schritten durchgeführt. In Schritt 1 wird der Wert vom Typ ET in den Basistyp von ET konvertiert, und zwar unter Verwendung der vom System bereitgestellten Casting-Funktionen. In Schritt 2 wird der daraus resultierende Wert an die Wirtsvariable zugewiesen, und zwar gemäß der üblichen Zuweisungsregeln für vordefinierte Typen. Der Grund für diese Zweiteilung liegt darin, daß im allgemeinen Schritt 1 auf der Server-Maschine, Schritt 2 dagegen auf der Client-Maschine ausgeführt wird. Als Beispiel würde die Zuweisung eines Geldwertes an eine Host-Variable vom Typ double so ablaufen, daß zunächst Geld nach Decimal(8,2) konvertiert und dann der Decimal(8,2)-Wert an die double-Variable zugewiesen wird, was nach den Zuweisungsregeln zulässig ist. Wie in den zuvor genannten Fällen führt das System die Typkonvertierungen automatisch durch.

Als weitere Beispiele für ein automatisches Konvertieren bei Zuweisungen betrachten wir eine Geometrieanwendung. Wir nehmen an, Winkel ist ein einzigartiger Typ mit Quelltyp Double, DREIECKE ist eine Tabelle mit einem Attribut ECKE vom Typ Winkel, und :v ist eine Wirtsvariable vom Typ Double. Dann sind alle folgenden Beispiele gültige Zuweisungen:

```
EXEC SQL
    SELECT ecke INTO :v FROM dreiecke
                    WHERE farbe = 'rot';
/* Zuweisung an Wirtsvariable, ruft double(Winkel) auf
*/


EXEC SQL
    INSERT INTO dreiecke(farbe, ecke)
        VALUES ('blau', :v);
/* Zuweisung an Winkel-Attribut, ruft winkel(Double) auf
*/


UPDATE dreiecke SET ecke = 45.5 WHERE farbe = 'gruen';
/* Zuweisung an Winkel-Attribut, ruft winkel(Double)
** auf. Die Decimal-Konstante 45.5 wird nach Double
** propagiert, dann durch die Funktion winkel in den
** Typ Winkel konvertiert. */
```

6.3 Funktionspfade

Bevor wir unsere Beschreibung benutzerdefinierter Datentypen und Funktionen fortsetzen, müssen wir das Konzept des *Funktionspfades* behandeln. Da UDB es seinen Benutzern erlaubt, eigene Datentypen und Funktionen zu definieren, kann man mehrere Datentypen oder Funktionen mit demselben Namen erzeugen. Man kann z.B. eine auf die Lösung von Steuerfragen spezialisierte Menge von Datentypen und Funktionen entwickeln oder kaufen und diese in einem Schema mit dem Namen TAX97 ablegen. Gleichzeitig kann man eine andere Menge von Datentypen und Funktionen zur Verwaltung von Investments entwickeln oder woanders kaufen und diese in einem Schema mit dem Namen INVEST installieren. Diese beiden Schemata können dann jeweils einen Datentyp Geld oder eine Funktion `monatlicheZahlung` enthalten.

Falls man eine Funktion mit einem Namen wie `monatlicheZahlung(x,y)` ohne einen Schemanamen aufruft und falls es mehrere Funktionen dieses Namens in unterschiedlichen Schemata gibt, die alle die Parametertypen dieses Aufrufs akzeptieren, muß das System entscheiden, welche dieser Funktionen durch den Aufruf gemeint ist. Dasselbe Problem kann mit den Namen einzigartiger Typen auftreten. Den Vorgang des Auswählens einer speziellen Funktion oder eines speziellen Typs als Reaktion auf eine gegebene Referenz bezeichnet man als *Funktionsresolution* bzw. als *Typresolution*.

Wenn man sich auf eine Funktion oder einen Datentyp bezieht, kann man stets einen expliziten Schemanamen angeben, wie in den Beispielen `tax97.Geld` oder `invest.monatlicheZahlung`. Es gibt allerdings auch Gründe, aus denen man unqualifizierte Namen bevorzugt, wie etwa die folgenden:

1. Vollständig qualifizierte Namen sind lang und schwer zu behalten.
2. Für eine Applikation ist es besser, wenn sie nicht von dem Schema abhängt, in dem ihre Datentypen und Funktionen definiert sind. Ersetzt man z.B. das TAX97-Paket durch ein neues, aufwärtskompatibles Paket mit dem Namen TAX98, so würde man lieber nicht sämtliche existierende Applikationen ändern müssen und darin den Schemanamen eines jeden Datentyps oder jeder Funktion von TAX97 in TAX98 ändern.

Der von UDB zur Resolution von Datentypen und Funktionen ohne volle Namensqualifikation bereitgestellte Mechanismus ist der Funktionspfad. Trotz des Namens sind Funktionspfade sowohl auf Datentypen als auch auf Funktionen anwendbar. Ein Funktionspfad ist eine Folge von Schemanamen, die in der angegebenen Reihenfolge durchsucht werden, wenn ein unqualifizierter (also schemaloser) Datentyp- oder Funktionsname vorliegt. Ein unqualifizierter Name eines Datentyps wird zu dem Namen des ersten übereinstimmenden Datentyps aufgelöst bzw. resolviert, der auf einem solchen Pfad gefunden wird. Der Prozeß des Resolvierens von Funktionsnamen ist etwas komplexer, da er auch die *Signatur* einer Funktion betrifft, also die Datentypen ihrer Parameter. (Die Funktionsresolution wird in Abschnitt 6.4.3 genauer behandelt.)

Für statische SQL-Anweisungen wird der Funktionspfad durch einen optionalen Parameter namens FUNCPATH des PREP- oder BIND-Befehls bestimmt, durch den die betreffende Applikation gebunden wurde; dieser spezifiziert eine Liste von Schemata auf dem Pfad. Der folgende Befehl kann z.B. dazu verwendet werden, ein Programm mit dem Namen NAVIGIERE mit einem bestimmten Funktionspfad vorzuübersetzen:

```
PREP navigiere FUNCPATH karten, geometrie, sysibm
```

Schemanamen in einem FUNCPATH-Zusatz werden vom System automatisch in Großbuchstaben konvertiert, sofern sie nicht in doppelte Hochkommata eingeschlossen sind. Der voreingestellte Funktionspfad für statisches SQL ist SYSIBM, gefolgt von SYSFUN, gefolgt von der Kennung des Benutzers, unter der das betreffende Programm vorübersetzt oder gebunden wird. SYSIBM und SYSFUN sind die Schemata, die alle vordefinierten Funktionen enthalten, und SQLIBM ist das erste Schema auf dem voreingestellten Pfad, um die Zeit, die der SQL-Precompiler zur Suche nach vordefinierten Funktionen benötigt, zu minimieren.

TIP: Im FUNCPATH-Parameter eines PREP- oder BIND-Befehls wird USER nicht als Schlüsselwort, das die aktuelle Benutzerkennung repräsentiert, erkannt. Will man seine Benutzerkennung als einen Schemanamen im Funktionspfad eines PREP oder BIND spezifizieren, so muß man diese explizit angeben.

6.3.1 Die Anweisung SET CURRENT FUNCTION PATH

Für dynamisches SQL (einschließlich dem CLI) richtet sich der Funktionspfad nach dem aktuellen Inhalt des speziellen Registers CURRENT FUNCTION PATH. Wenn ein Programm seine Ausführung beginnt, ist SYSIBM der initiale Wert von CURRENT FUNCTION PATH, gefolgt von SYSFUN, gefolgt vom Inhalt des speziellen Registers USER (die Kennung des Benutzers, der das Programm ausführt). Während einer Programmausführung kann der Inhalt des Registers CURRENT FUNCTION PATH durch eine SQL-Anweisung mit der folgenden Syntax verändert werden:

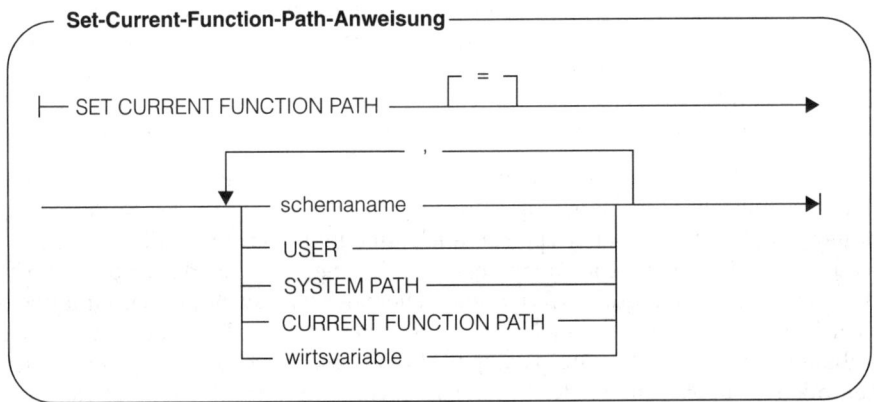

Eine SET CURRENT FUNCTION PATH-Anweisung kann statisch oder dynamisch sein. In beiden Fällen beeinflußt sie nur die Auflösung von Namen in dynamischen SQL-Anweisungen, die nach dieser Anweisung ausgeführt werden.

In einer SET CURRENT FUNCTION PATH-Anweisung müssen Schemanamen nicht in Hochkommata eingeschlossen werden, sofern sie keine Blanks (Leerzeichen) oder speziellen Zeichen enthalten oder mit einem Schlüsselwort übereinstimmen. Schemanamen, die nicht in Hochkommata stehen, werden in Großbuchstaben konvertiert (nicht jedoch der Inhalt einer Wirtsvariablen). Die in einer Pfadspezifikation verwendbaren Schlüsselwörter werden wie folgt interpretiert:

▶ USER repräsentiert die Kennung des Benutzers, der das betreffende Programm ausführt (die nicht notwendig mit der Kennung des Benutzers, der das Programm vorübersetzt oder gebunden hat, identisch ist).

▶ SYSTEM PATH repräsentiert das Schemapaar SYSIBM und SYSFUN (den Teil des voreingestellten Pfades, der vom System bereitgestellte Funktionen enthält).

▶ CURRENT FUNCTION PATH repräsentiert den Funktionspfad, der vor Ausführung der SET CURRENT FUNCTION PATH-Anweisung gültig war. Dies ist z.B. dann nützlich, wenn man den Pfad erhalten und an seinem Ende ein neues Schema anfügen will.

Die folgenden Beispiele zeigen SET CURRENT FUNCTION PATH-Anweisungen:

```
SET CURRENT FUNCTION PATH = USER, tax97, SYSTEM PATH;
SET CURRENT FUNCTION PATH = chem, physik, user;
SET CURRENT FUNCTION PATH = CURRENT FUNCTION PATH,
                           karten;
```

TIP: Eine SET CURRENT FUNCTION PATH-Anweisung verändert die Datenbank nicht und nimmt daher nicht an einem Rollback teil. Setzt man also einen Funktionspfad auf einen neuen Wert und danach die betreffende Transaktion zurück, bleibt der neue Wert des Funktionspfads erhalten.

Wie bei allen speziellen Registern kann auch der aktuelle Funktionspfad mit einer SQL-Anweisung wie der folgenden festgestellt werden:

```
VALUES(CURRENT FUNCTION PATH);
```

Das Ergebnis dieser VALUES-Anweisung ist der aktuelle Funktionspfad, wobei jeder Schemaname in doppelten Hochkommata erscheint. Wäre z.B. die erste SET CURRENT FUNCTION PATH-Anweisung oben von Benutzer HILLARY ausgeführt worden, würde das Ergebnis der obigen VALUES-Anweisung "HILLARY", "TAX97", "SYSIBM", "SYSFUN" lauten.

TIP: Innerhalb eines Anwendungsprogramms hat ein SET CURRENT FUNCTION PATH keine Auswirkungen auf die Resolution von Datentypen oder Funktionsaufrufen in *statischen* SQL-Anweisungen. Die Anweisung kann jedoch Auswirkungen auf die Resolution von Datentypen und Funktionsaufrufen in *dynamischen* Anweisungen, die dieses Programm ausführt, haben.

Da alle vordefinierten Datentypen und viele wichtige Funktionen im Schema SYSIBM enthalten sind, wäre UDB schwierig zu benutzen, wenn SYSIBM nicht in einen Funktionspfad eingeschlossen würde. Aus diesem Grund muß jeder Funktionspfad SYSIBM enthalten. Spezifiziert man in einem PREP- oder BIND-Befehl oder in einer SET CURRENT FUNCTION PATH-Anweisung einen Pfad ohne SYSIBM, so setzt das System SYSIBM implizit an den Anfang des Pfades vor alle anderen Schemata. (Eine Plazierung vom SYSIBM an den Anfang des Pfades vermeidet Effizienzverluste bei Anwendungen, die nur vordefinierte Funktionen benutzen, da ein Suchen nach benutzerdefinierten Funktionen mit gleichen Namen entfällt.) Spezifiziert man SYSIBM in einem Pfad an einer anderen als der ersten Stelle, so wird das System dies natürlich respektieren. Der von VALUES(CURRENT FUNCTION PATH) zurückgelieferte String enthält SYSIBM nicht, da dieser dem Pfad implizit hinzugefügt wurde.

Der Funktionspfad wird zum Auflösen von Referenzen auf Datentypen und Funktionen verwendet, nicht aber zum Auflösen von Referenzen auf andere Objekte wie Tabellen, Sichten, Indizes oder Aliase. Unqualifizierte Namen von anderen Objekten als Funktionen und Datentypen haben eine implizite Qualifikation, bei der es sich um die Kennung des Benutzers handelt, der das betreffende Programm gebunden (bei statischem SQL) hat oder es ausführt (bei dynamischem SQL). So wird z.B. der unqualifizierte Tabellenname ERGEBNISSE in einer statischen SQL-Anweisung eines Programms, das von Benutzer SMITH gebunden wurde, als SMITH.ERGEBNISSE interpretiert, und zwar unabhängig vom Funktionspfad.

 **TIP:** Wenn man Objekte eines einzigartigen Typs manipuliert, sollte der Schemaname dieses Typs im Funktionspfad enthalten sein, da die Vergleichsoperatoren des einzigartigen Typs als Funktionen betrachtet werden, die sich in demselben Schema wie der Typ selbst befinden. Hat man also z.B. einen Typ Gewicht im Schema FAHRZEUGE erzeugt, ist ein Vergleich der Art `gewicht1 = gewicht2` von zwei Werten vom Typ Gewicht nur dann zulässig, wenn das Schema FAHRZEUGE im Funktionspfad enthalten ist.

6.4 Benutzerdefinierte Funktionen

In einem UDB-System fallen die zur Verwendung in SQL-Anweisungen verfügbaren Funktionen generell in die folgenden Kategorien:

1. *Vordefinierte (integrierte, Built-In-) Funktionen.* Einige Funktionen sind im Code des UDB-Systems enthalten. Diese findet man im Schema SYSIBM; sie enthalten z.B. die folgenden:

   - Arithmetische und Zeichenreihenoperatoren: +, -, *, /, ||

   - Skalare Funktionen: `substr`, `concat`, `length`, `days` usw.

   - Spaltenfunktionen: `avg`, `count`, `min`, `max`, `stdev`, `sum`, `variance`

Neben den vordefinierten Funktionen im SYSIBM-Schema werden im Schema SYS-
FUN viele weitere Funktionen mit dem UDB-System ausgeliefert. Allerdings sind
diese nicht unmittelbar durch Systemcode, sondern als vorinstallierte externe Funktionen implementiert, die sich derselben Möglichkeiten bedienen, die auch einem
Benutzer zur Definition eigener Funktionen zur Verfügung stehen. In der Praxis gibt
es in der Benutzung zwischen SYSIBM- und SYSFUN-Funktionen keinen Unterschied, solange sich beide Schemanamen im Funktionspfad befinden.

2. *Systemgenerierte Funktionen.* Diese Funktionen werden automatisch generiert, wenn
   ein einzigartiger Typ erzeugt wird, und sie befinden sich im selben Schema wie dieser. Zu den systemgenerierten Funktionen gehören unter anderem Casting-Funktionen und Vergleichsoperatoren für einzigartige Typen.

3. *Benutzerdefinierte Funktionen.* Diese Funktionen werden explizit von Benutzern erzeugt, und zwar unter Verwendung der CREATE FUNCTION-Anweisung, die der
   neuen Funktion einen Namen gibt und ihre Semantik spezifiziert. Benutzerdefinierte Funktionen können weiter klassifiziert werden wie folgt:

   - *Quellenbasierte Funktionen*: Eine quellenbasierte Funktion dupliziert die Semantik
     einer anderen Funktion, ihrer sogenannten *Quellenfunktion*. Eine quellenbasierte
     Funktion kann ein Operator, eine skalare Funktion oder eine Spaltenfunktion
     sein. Quellenbasierte Funktionen sind besonders nützlich, um einen einzigarti-
     gen Typ in selektiver Weise die Semantik seines Quelltyps erben zu lassen.

   - *Externe skalare Funktionen*: Eine externe skalare Funktion ist eine Funktion, die
     von einem Benutzer in einer Wirtsprogrammiersprache geschrieben wird und
     die einen skalaren Wert liefert. Externe skalare Funktionen können in C oder
     Java geschrieben werden.[3] Die Anweisung CREATE FUNCTION für eine exter-
     ne skalare Funktion teilt dem System mit, wo es den zugehörigen Code, der die
     Funktion implementiert, findet. Falls der Name einer externen skalaren Funktion
     mit dem eines Operators (wie z.B. "+") übereinstimmt, kann die Funktion in üb-
     licher Operatornotation (z.B. x + y) aufgerufen werden. Eine externe skalare
     Funktion darf keine Spaltenfunktion sein, und sie darf keine SQL-Anweisungen
     enthalten. Mit anderen Worten darf eine solche Funktion irgendwelche Berech-
     nungen an den ihr übergebenen Parametern ausführen, aber sie darf nicht auf
     die Datenbank zugreifen oder diese verändern.

   - *Externe Tabellenfunktionen*: Wie bereits in Abschnitt 5.3 beschrieben, kann eine be-
     nutzerdefinierte Funktion eine Tabelle anstatt einen skalaren Wert zurückgeben.
     Wie eine externe skalare Funktion wird auch eine externe Tabellenfunktion in C
     oder Java geschrieben und kann keine eingebauten SQL-Anweisungen enthalten.
     Das eine externe Tabellenfunktion implementierende Programm muß bei jedem
     Aufruf eine Zeile der Ergebnistabelle zurückliefern und durch einen speziellen Re-
     turn-Code anzeigen, wann das Ende der Ergebnistabelle erreicht ist.

---

3. Externe Funktionen können auch in Programmiersprachen wie C++, die den Bindekonventionen
   von C folgen, geschrieben werden. Unter Verwendung von IBMs Visual Age for Basic kann eine
   externe Funktion in BASIC geschrieben und mit einem »Wrapper« ausgestattet werden, der sie in
   die Lage versetzt, nach den C-Bindekonventionen aufgerufen zu werden. DB2 für Windows NT
   erlaubt ferner, daß eine Methode eines OLE-Automation-Objekts als externe Funktion definiert
   wird. Alle Beispiele externer Funktionen in diesem Kapitel sind in C geschrieben.

Systemgenerierte sowie benutzerdefinierte Funktionen werden immer in einer speziellen Datenbank erzeugt und können nur in dieser Datenbank benutzt werden. Innerhalb dieser Datenbank können die Funktionen allerdings in der gleichen Weise wie die vordefinierten verwendet werden. Systemgenerierte sowie benutzerdefinierte Funktionen stehen allen Benutzern der betreffenden Datenbank zur Verfügung und erfordern darin keine spezielle Autorisierung.

Die Erzeugung einer benutzerdefinierten Funktion erfordert ein CREATEIN-Privileg auf ihrem Schema oder eine IMPLICIT_SCHEMA-Autorisierung auf der Datenbank, falls das Schema noch nicht existiert. Ferner ist eine Autorisierung mit der Bezeichnung CREATE_NOT_FENCED auf Datenbankebene erforderlich, falls die betreffende Funktion die Eigenschaft NOT FENCED (nicht abgeschirmt, vergleiche Abschnitt 6.4.2) besitzt.

Eine CREATE FUNCTION-Anweisung kann in ein Anwendungsprogramm eingebettet sein oder über eine interaktive Anfrageschnittstelle ausgeführt werden. Ist eine solche Anweisung in ein Programm eingebettet, können statische SQL-Anweisungen in diesem Programm die neu erzeugte Funktion jedoch nicht aufrufen, da die Funktion noch nicht existiert, wenn das Programm erstmals gebunden wird (die Funktion existiert erst nach Ausführung des Programms).

Wie viele moderne Programmiersprachen unterstützt auch SQL das Konzept der *Funktionsüberladung*. Dies bedeutet, daß man mehrere Funktionen mit dem gleichen Namen definieren kann, solange diese sich in unterschiedlichen Schemata befinden oder unterschiedliche Typen von Parametern erwarten. So kann man z.B. eine Funktion quadrat(Integer) definieren, die einen Integer-Wert berechnet, und eine Funktion quadrat(Double), die einen Double-Wert berechnet. Wenn das System eine Funktion wie quadrat(x) ausführen soll, ruft es automatisch die zum Datentyp des Arguments passende Funktion auf. Wie man leicht sieht, sind die vordefinierten Funktionen von UDB bereits überladen, da skalare Funktionen wie length und Operatoren wie + auf viele verschiedene Datentypen angewendet werden können. Manchmal wird es nötig sein, die Bezeichnung *Funktionsfamilie* für eine Menge von Funktionen mit dem gleichen Namen und die Bezeichnung *Funktionsinstanz* oder *Funktionsexemplar* für eine der Funktionen aus einer Funktionsfamilie zu verwenden.

Wenn man eine neue Funktion erzeugt, legt man vielleicht eine neue Funktionsfamilie an oder fügt eine Funktionsinstanz zu einer existierenden Familie hinzu. In beiden Fällen muß man sicherstellen, daß die neue Funktion eine eindeutige *Signatur* besitzt. Unter der Signatur einer Funktion versteht man die Kombination ihres vollen qualifizierten Namens und sämtlicher Parametertypen. Falls also z.B. eine Funktion quadrat(Double) bereits existiert, kann man im selben Schema nicht noch eine Funktion quadrat(Double) erzeugen.

Zusätzlich zu ihrem Namen, den sie mit allen anderen Funktionen in derselben Familie gemeinsam hat, hat eine benutzerdefinierte Funktionsinstanz einen weiteren Namen, den sogenannten *spezifischen Namen*. Der spezifische Name jeder Funktionsinstanz ist innerhalb ihres Schema eindeutig. Wir könnten z.B. im Schema MATH eine Funktion quadrat(Integer) mit spezifischem Namen quadrat1 erzeugen sowie eine weitere Funktion quadrat(Double) mit spezifischem Namen quadrat2. Spezifische Namen werden nur zur Identifikation einer Funktionsinstanz in Fällen verwendet, in denen keine Argumente präsent sind, z.B. beim Löschen oder Kommentieren einer Funktion oder bei der Benennung einer Funktion als die Basis einer anderen Funktion. Wenn man eine Funktion aufruft, muß man stets ihren Familiennamen (und nicht ihren spezifischen Namen) verwenden. Der später beschriebene Prozeß der Funktionsresolution löst den Familiennamen in eine Funktionsinstanz auf der Grundlage der Datentypen der betreffenden Parameter und des Funktionspfads auf.

Jede benutzerdefinierte und jede systemgenerierte Funktion wird in einer Katalogtabelle mit dem Namen FUNCTIONS beschrieben, die die folgenden Attribute hat:

▷ FUNCSCHEMA, FUNCNAME: qualifizierter Name der benutzerdefinierten Funktion

▷ SPECIFICNAME: spezifischer Name der Funktion (nützlich z.B. zum Löschen einer Funktionsinstanz aus einer überladenen Funktionsfamilie)

▷ ORIGIN: ein einstelliger Code, der den Ursprung der Funktion als eine der folgenden Möglichkeiten beschreibt:

    – B: Built-in (vordefiniert, integriert)

    – S: Systemgeneriert

    – U: User-defined, sourced (benutzerdefiniert, quellenbasiert)

    – E: User-defined, external (benutzerdefiniert, extern)

▷ TYPE: ein einstelliger Code, der den Funktionstyp als einen der folgenden identifiziert:

    – S: Skalare Funktion (z.B. `length`)

    – C: Column function (Spaltenfunktion, z.B. `avg`)

    – T: Tabellenfunktion (nur für externe Funktionen)

▷ Verschiedene andere Spalten, die die Eigenschaften der Funktion beschreiben, wie z.B. den Namen der Quelle (bei einer quellenbasierten Funktion) oder den Namen der Datei, die die Implementierung enthält (bei einer externen Funktion)

Eine weitere Katalogtabelle namens FUNCPARMS beschreibt die Datentypen der Parameter sowie das Ergebnis jeder systemgenerierten oder benutzerdefinierten Funktion. Diese Katalogtabelle enthält eine Zeile für jeden Parameter einer jeden Funktion sowie eine weitere Zeile für das jeweilige Ergebnis. Für eine Tabellenfunktion enthält FUNCPARMS sogar eine Zeile pro Spalte der Ergebnistabelle. (Einzelheiten der Katalogtabellen FUNCTIONS und FUNCPARMS findet man in Anhang D.)

6.4.1 Erzeugen einer quellenbasierten Funktion

Eine quellenbasierte Funktion ist eine neue Funktion, die auf einer anderen, bereits existierenden Funktion, der Quellenfunktion, basiert. Wenn die neue Funktion aufgerufen wird, werden ihre Argumente in die Parametertypen der Quellenfunktion konvertiert, sodann wird die Quellenfunktion aufgerufen, und schließlich wird das von der Quellenfunktion berechnete Ergebnis in den Ergebnistyp der neuen Funktion konvertiert.

Der Prozeß der Ausführung einer quellenbasierten Funktion ist in Abbildung 6.1 gezeigt. In dem dort gezeigten Beispiel ist Gewicht ein einzigartiger Typ, der auf dem vordefinierten Datentyp Double basiert. Da es Sinn macht, zwei Gewichte zu addieren, hat der Erzeuger des einzigartigen Typs eine Funktion "+"(Gewicht, Gewicht) angelegt, die auf der vordefinierten Funktion "+"(Double, Double) basiert. Dadurch erbt der Typ Gewicht die Semantik der Addition vom Typ Double. Werden zwei Werte vom Typ Gewicht addiert, konvertiert das System diese in Double-Werte, addiert sie und konvertiert das Ergebnis zurück nach Gewicht. (Man beachte, daß diese »Konvertierungen« keine Zeit kosten, da Gewicht und Double dieselben Darstellungen besitzen).

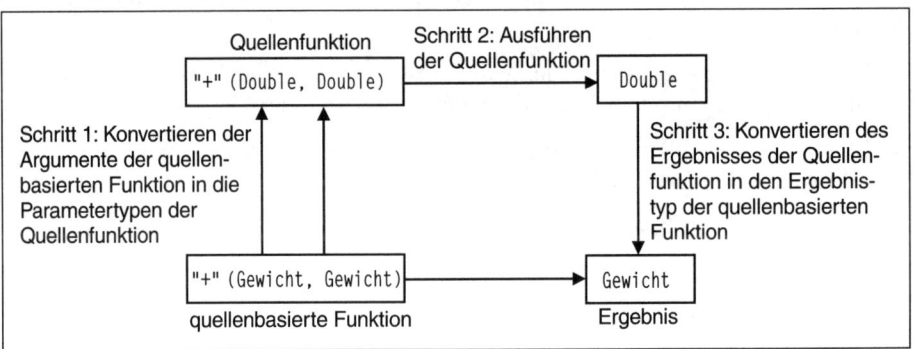

Abbildung 6.1:
Ausführung einer quellenbasierten Funktion

Die Syntax einer CREATE FUNCTION-Anweisung zur Erzeugung einer quellenbasierten Funktion lautet wie folgt:

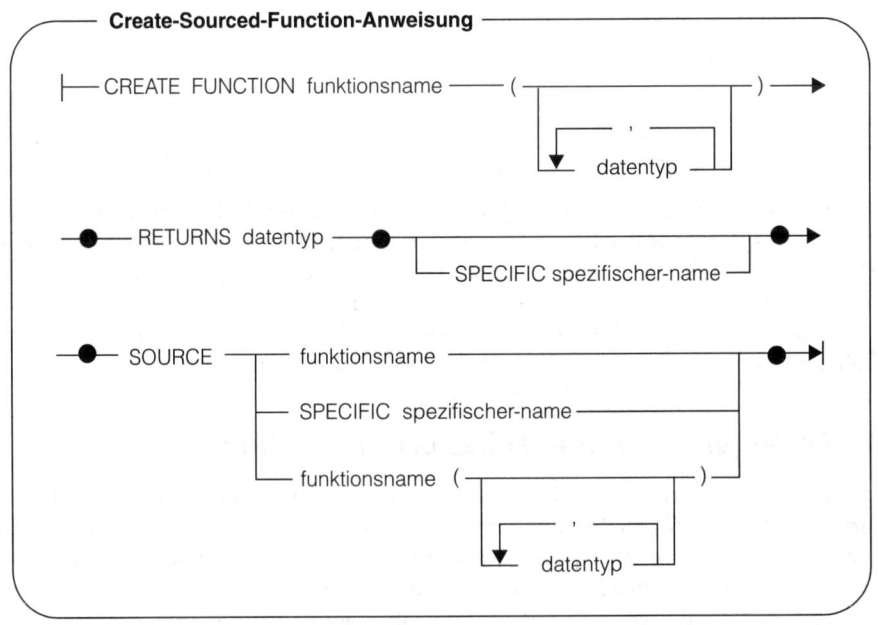

Die einzelnen Teile dieser Anweisung haben dabei die folgende Bedeutung:

1. *Funktionsname*: Dies ist der Name, unter dem die Funktion aufgerufen werden wird. Er kann einen Schemanamen enthalten, der jedoch nicht mit dem Präfix SYS beginnen darf. Wird der Schemaname weggelassen, gilt die aktuelle Autkennung als Voreinstellung.

   Ein Funktionsname kann ein arithmetischer Operator wie "+" oder "*" sein, jedoch muß der Name einer solchen Funktion stets in doppelte Hochkommata eingeschlossen werden. Stimmt ein Funktionsname mit einem Infixoperator wie "+" überein, so kann die Funktion in Infixnotation aufgerufen werden (wie bei `gewicht 1 + gewicht2`).

   Vergleichsoperatoren wie "=" und ">" können nicht als Funktionsnamen benutzt werden. Ebenso sind SQL-Schlüsselwörter, die innerhalb eines Prädikats auftreten können (wie AND, OR, NOT, EXISTS und BETWEEN), keine zulässigen Funktionsnamen.

2. *(datentyp, . . .)*: Dieser Teil der CREATE FUNCTION-Anweisung listet die Datentypen der Funktionsparameter auf. Eine Funktion kann zwischen 0 und 90 Parameter haben. Die Klammern müssen sogar dann geschrieben werden, wenn es keine Parameter gibt. Die Parametertypen können entweder vordefinierte oder benutzerdefinierte (einzigartige) Datentypen sein.

   Falls einer der Parameter einen Zusatz wie Länge oder Nachkommastellen/Genauigkeit hat, kann man diesen entweder exakt angeben wie bei Decimal(8,2) oder durch leere Klammern ersetzen wie bei Decimal(). Leere Klammern bedeuten dabei »dasselbe wie beim entsprechenden Parameter der Quellenfunktion«. Ein Erzeugen einer neuen Funktion `foo(Char())` mit einer Quellenfunktion `bar(Char(5))` spezifiziert z.B. effektiv die Signatur der neuen Funktion als `foo(Char(5))`.

   Wenn das System die Signatur einer Funktion auf Eindeutigkeit überprüft, werden Länge, Genauigkeit und Anzahl der Nachkommastellen der Funktionsparameter ignoriert. Es werden also z.B. `schema1.foo(Char(10))` und `schema1.foo(Char(20))` als doppeltes Vorkommen derselben Signatur betrachtet; es können nicht beide gleichzeitig existieren.

    **TIP:** Wenn man die Datentypen von Funktionsparametern definiert, sollte man genau unterscheiden zwischen leeren Klammern, was »dasselbe wie bei der Quellenfunktion« bedeutet, und einem Weglassen von Klammern, was in einem voreingestellten Wert für die fehlende Eigenschaft resultiert. Wird die Signatur einer neuen Funktion z.B. als `foo(Char)` spezifiziert, so wird für den Parameter die Länge 1 angenommen, unabhängig vom Parameter der betreffenden Quellenfunktion.

3. *RETURNS-Klausel*: Diese Klausel spezifiziert den Datentyp des Ergebnisses der neuen Funktion. Benötigt diese Angabe einen Zusatz wie Länge oder Genauigkeit/Nachkommastellen, kann man diesen entweder exakt angeben wie bei Decimal(8,2) oder leere Klammern benutzen wie bei Decimal(). Leere Klammern bedeuten dabei »dasselbe wie der Ergebnistyp der Quellenfunktion«. Falls der Ergebnistyp der Quellenfunktion von unbestimmter Länge ist, gilt dies auch für die neue Funktion.

Im folgenden Beispiel haben sowohl die Parameter als auch das Ergebnis von Quellenfunktion und neuer Funktion unbestimmte Längen:

```
CREATE FUNCTION "+"(Varchar(), Varchar())
  RETURNS Varchar()
  SOURCE concat(Varchar(), Varchar());
```

4. *SPECIFIC-Klausel*: Diese Klausel gibt der neuen Funktionsinstanz, die gerade erzeugt wird, einen spezifischen Namen. Der spezifische Name dient der eindeutigen Identifizierbarkeit der Funktionsinstanz in Gegenwart von mehreren Instanzen mit demselben Funktionsnamen.

Der spezifische Name muß innerhalb des betreffenden Schemas eindeutig sein. Falls man für eine Funktion keinen spezifischen Namen angibt, erzeugt das System einen solchen automatisch. Der spezifische Name wird in der Spalte SPECIFICNAME der Katalogtabelle FUNCTIONS abgelegt und kann zum Löschen oder Kommentieren der Funktion sowie als Quelle für eine andere Funktion verwendet werden. Allerdings kann man eine Funktion nicht mit ihrem spezifischen Namen, sondern nur mit ihrem Funktionsnamen aufrufen.

Für den spezifischen Namen braucht man kein Schema anzugeben, da er implizit mit demselben Schema wie der Funktionsname qualifiziert wird. Da sich Funktionsnamen und spezifische Namen in verschiedenen Namensräumen befinden, können der Funktionsname und der spezifische Name einer Funktionsinstanz sogar identisch sein.

5. *SOURCE-Klausel*: Diese Klausel identifiziert die neue Funktion als quellenbasierte Funktion und spezifiziert die existierende Funktion, die als deren »Quelle« dienen soll. Die Quellenfunktion kann entweder vordefiniert oder benutzerdefiniert und sogar ein Operator wie "+", eine skalare Funktion wie substr oder eine Spaltenfunktion wie avg sein; sie kann jedoch keine Tabellenfunktion sein. Die Quellenfunktion kann auf eine von drei Weisen identifiziert werden:

   a) Über ihren Funktionsnamen und ohne Parameter. Diese Methode ist nur bei einer benutzerdefinierten Quellenfunktion anwendbar, deren Name innerhalb des Schemas eindeutig ist. Man kann einen Schemanamen angeben oder ihn weglassen, wobei letzteres das System veranlaßt, den Funktionspfad nach dem ersten Schema mit einer Funktion des angegebenen Namens zu durchsuchen. Ist der Name der Quellenfunktion ein Operator wie "+" oder ein SQL-Schlüsselwort, muß er in doppelte Hochkommata eingeschlossen werden.

   b) Über einen spezifischen Namen. Diese Methode ist nur bei benutzerdefinierten Quellenfunktionen anwendbar, da vordefinierte Funktionen keinen spezifischen Namen besitzen. Man kann den spezifischen Namen irgendeiner benutzerdefinierten Funktion in der Spalte SPECIFICNAME der Katalogtabelle FUNCTIONS nachsehen. Man kann einen mit einem Schemanamen qualifizierten spezifischen Namen angeben, wie z.B. geometrie.cosinus, oder man kann den Schemanamen weglassen, wodurch das System wieder veranlaßt wird, den Funktionspfad zu durchsuchen, bis eine Funktion mit den gegebenen spezifischen Namen gefunden wird.

c) Über ihre Signatur (den Funktionsnamen zusammen mit den Datentypen sämtlicher Parameter). Dies ist die einzige Möglichkeit der Identifikation einer Quellenfunktion, die vordefiniert ist. Wie üblich kann man einen expliziten Schemanamen angeben oder den Schemanamen weglassen und das System nach der Funktion auf dem Funktionspfad suchen lassen. Die Regeln zur Identifikation einer Quellenfunktion über ihre Signatur lauten wie folgt:

1) Das System sucht nach einer Quellenfunktion, deren Parametertypen exakt mit den angegebenen Datentypen übereinstimmen, und zwar ohne ein Propagieren von Typen. Spezifiziert man z.B. SOURCE foo(Integer), qualifiziert sich die Funktion foo(Double) nicht, obwohl Integer nach Double propagiert werden kann.

2) Falls die Signatur einen Datentyp enthält, der eine Länge oder Genauigkeit/Nachkommastellen besitzt, kann man diese Attribute entweder exakt wie bei Decimal(8,2) angeben oder statt dessen leere Klammern verwenden wie bei Decimal(). Leere Klammern stimmen mit jeder Länge bzw. jeder Genauigkeit/Nachkommastellenzahl überein. So sucht z.B. SOURCE length(Char()) nach einer Quellenfunktion mit dem Namen length, die einen Parameter vom Typ Char jeder beliebigen Länge erwartet (genau wie die vordefinierte Funktion length).

TIP: Leere Klammern sind nicht zu einem Weglassen von Klammern äquivalent. So sucht z.B. SOURCE length(Char) nach einer Quellenfunktion, die einen Parameter vom Typ Char mit voreingestellter Länge, also Char(1), erwartet. Diese SOURCE-Klausel wäre jedoch nicht in der Lage, die vordefinierte Funktion length zu finden. In einer SOURCE-Klausel empfiehlt es sich, für alle Längen, Genauigkeiten und Nachkommastellenzahlen stets leere Klammern zu verwenden (und niemals die Klammern wegzulassen).

Nachdem das System eine Quellenfunktion, die der SOURCE-Klausel entspricht, gefunden hat, wendet es den *Konvertierbarkeitstest* (*Castability Test*) auf diese Quellenfunktion an. Dieser Test erfordert, daß jeder Parameter der neuen Funktion in den entsprechenden Parameter der Quellenfunktion und der Ergebnistyp der Quellenfunktion in den Ergebnistyp der neuen Funktion konvertierbar ist, wie in Abbildung 6.1 illustriert. Der häufigste Fall ist, daß die Parameter und/oder das Ergebnis der neuen Funktion einzigartige Typen und die entsprechenden Parameter und/oder das Ergebnis der Quellenfunktion die Basistypen dieser einzigartigen Typen sind. Falls die durch die SOURCE-Klausel bestimmte Funktion den Konvertierbarkeitstest nicht besteht (wenn also z.B. ihr Ergebnistyp nicht in den Ergebnistyp der neuen Funktion konvertierbar ist), endet die CREATE FUNCTION-Anweisung in einer Fehlermeldung.[4]

Der Grund für den Konvertierbarkeitstest ist offensichtlich: Er stellt sicher, daß das System notwendige Konvertierungen durchzuführen weiß, wenn die Funktion aufgerufen wird. So muß das System z.B. in Abbildung 6.1 die beiden Parameter vom Typ Gewicht in Double-Werte und das Double-Ergebnis zurück in einen Wert vom Typ Gewicht konvertieren. Da die Konvertierungsfunktionen gewicht(Double) und double(Gewicht) beim Erzeugen der Funktion angelegt wurden, ist der Konvertierbarkeitstest erfüllt.

---

4. Die genaue Bedeutung von »konvertierbar« (castable) wird in Abschnitt 6.6.4 erklärt.

Die gebräuchlichste Benutzung einer Quellenfunktion ist, daß ein einzigartiger Typ selektiv einige der Funktionen und Operatoren seines Quell- oder Basistyps erbt. Definiert man z.B. einen einzigartigen Typ Geld, der auf Decimal (8,2) basiert, so kennt letzterer die arithmetischen Operatoren +, -, * und /, und wir möchten nun festlegen, daß der Datentyp Geld die Decimal-Operatoren + und – erbt. Dies würde mit den folgenden Anweisungen erreicht:

```
CREATE FUNCTION "+"(Geld, Geld) RETURNS Geld
    SOURCE "+"(Decimal(), Decimal());
CREATE FUNCTION "-"(Geld, Geld) RETURNS Geld
    SOURCE "-"(Decimal(), Decimal());
```

Sind dann GEHALT und BONUS zwei Datenbankspalten vom Typ Geld, erlauben es die obigen Funktionen, Ausdrücke wie z.B. gehalt + bonus oder gehalt - bonus zu schreiben. Natürlich sind damit die Operatoren * und / für den Typ Geld noch undefiniert, so daß gehalt * bonus kein gültiger Ausdruck ist.

Bei den oben gezeigten CREATE FUNCTION-Anweisungen ist folgendes zu beachten:

▶ Die Operatoren "+" und "-" sind in Hochkommata eingeschlossen, weil sie als Funktionsnamen benutzt werden.

▶ Die leeren Klammern hinter Decimal bedeuten »jede Genauigkeit und Anzahl von Nachkommastellen«. Die Quellenfunktion akzeptiert also jeden beliebigen Decimal-Input. Andererseits operiert die neu erzeugte Funktion nur auf Input-Parametern vom Typ Geld; dieser hat eine wohldefinierte Genauigkeit und Anzahl von Nachkommastellen.

Falls es von Bedeutung ist, arithmetische Operatoren zwischen einem einzigartigen Typ und seinem Quellentyp (oder einem anderen Datentyp) benutzen zu können, so muß man diese Operatoren explizit definieren. Will man z.B. Werte vom Typ Geld mit ganzen Zahlen (Integers) multiplizieren können, so daß sich neue Werte vom Typ Geld ergeben, so kann dies wie folgt durch Erzeugung einer quellenbasierten Funktion erzielt werden:

```
CREATE FUNCTION "*"(Geld, Integer) RETURNS Geld
    SOURCE "*"(Decimal(), Integer);
```

Diese Funktion erlaubt es jetzt, Ausdrücke wie geld(111.11) * 2 zu schreiben. Will man auch Ausdrücke wie 2 * geld(111.11) schreiben können, so muß man natürlich eine weitere quellenbasierte Funktion mit der Signatur "*"(Integer, Geld) definieren.

Die vordefinierten Spaltenfunktionen avg, count, min, max, stdev, sum und variance sind nicht auf einzigartige Typen anwendbar, es sei denn, man stellt sie über quellenbasierte Funktionen zur Verfügung. So sorgt z.B. die folgende Anweisung dafür, daß der Datentyp Geld die Semantik der Funktion avg vom zugrundeliegenden Datentyp Decimal erbt:

```
CREATE FUNCTION avg(Geld) RETURNS Geld
    SOURCE avg(Decimal());
```

Eine Erzeugung dieser Funktion läßt die folgende Anfrage gültig werden, sofern das Attribut GEHALT vom Typ Geld ist:

```
SELECT abtnr, avg(gehalt)
FROM angestellte
GROUP BY abtnr;
```

Eine neue Funktion ist eine Spaltenfunktion, sofern ihre Quellenfunktion eine Spaltenfunktion ist. Dies ist unabhängig vom Namen der neuen Funktion, der mit dem Namen der Quellenfunktion übereinstimmen kann oder auch nicht. Es ist sogar möglich (wenn auch verwirrend und daher nicht zu empfehlen), eine Funktion, die auf einer anderen Funktion basiert, mit einem völlig anderen Namen zu erzeugen, wie in folgendem Beispiel:

```
CREATE FUNCTION sum(Geld, Geld) RETURNS Geld
    SOURCE "+"(Decimal(), Decimal());
```

In diesem Beispiel wird dem Namen sum, der üblicherweise eine Spaltenfunktion bezeichnet, bei Anwendung auf den Datentyp Geld die Semantik der gewöhnlichen dezimalen Addition zugewiesen. Damit wäre z.B. sum(gehalt, bonus) ein gültiger Ausdruck mit derselben Bedeutung wie gehalt + bonus, dagegen wäre sum(gehalt) ungültig (sofern nicht eine einstellige Funktion sum(Geld) separat definiert wurde).

Wir haben gezeigt, wie quellenbasierte Funktionen zur selektiven Anwendung der Semantik ihres Quelltyps auf einen einzigartigen Typ verwendet werden können. Allerdings können neue Funktionen grundsätzlich auf jeder beliebigen existierenden Funktion, vordefiniert oder benutzerdefiniert, basieren, solange die Argumenttypen der neuen Funktion in die Argumenttypen der Quellenfunktion und der Ergebnistyp der Quellenfunktion in den Ergebnistyp der neuen Funktion konvertierbar sind. Beispielsweise kann die folgende Anweisung dazu benutzt werden, der Integer-Addition einen neuen Namen zu geben:

```
CREATE FUNCTION add(Integer, Integer) RETURNS Integer
    SOURCE "+"(Integer, Integer);
```

Diese Anweisung besagt, daß der Ausdruck add(x,y) dieselbe Bedeutung wie x + y hat, sofern x und y vom Typ Integer sind. Natürlich wird der neue Funktionsname add nicht als ein Infixoperator erkannt, so daß x add y kein gültiger Ausdruck wäre.

6.4.2 Erzeugen einer externen skalaren Funktion

Eine externe Funktion ist eine Funktion, deren Implementierung in einer Wirtsprogrammiersprache vorgenommen wird. Die Möglichkeit des Erzeugens eigener externer Funktionen ist ein ausgesprochen mächtiges Feature von UDB, durch das man den Nutzen der vordefinierten Datentypen durch Hinzunahme neuer, darauf operierender Funktionen erhöhen und ein wie auch immer beschaffenes Verhalten für einzigartige Datentypen definieren kann.

Durch ein Definieren externer Funktionen und ein Installieren dieser in der Datenbank kann man sie über alle Applikationen hinweg benutzen und vermeidet so ein Duplizieren von Code in jeder Anwendung. Externe Funktionen können überall dort benutzt werden, wo auch vordefinierte Funktionen verwendet werden können.

Dieser Abschnitt beschreibt, wie man externe Funktionen definiert, die einen skalaren Wert berechnen (externe Tabellenfunktionen werden in Abschnitt 6.4.8 beschrieben). Externe skalare Funktionen können bei einer Verwendung in Prädikaten einen deutlichen Effizienzvorteil bringen, da sie auf der Server-Maschine ausgeführt werden. Falls eine Funktion auf dem Server auf eine Zeile, die potentiell zum Ergebnis gehört, angewendet werden kann, kann man diese Zeile häufig bereits dort von der weiteren Betrachtung ausschließen, so daß sie nicht erst an den Client übertragen werden muß; dadurch wird der Umfang der vom Server an den Client zu übertragenden Daten insgesamt reduziert.

Die Syntax der CREATE FUNCTION-Anweisung zur Erzeugung einer externen skalaren Funktion lautet wie folgt:

Create-External-Scalar-Function-Anweisung

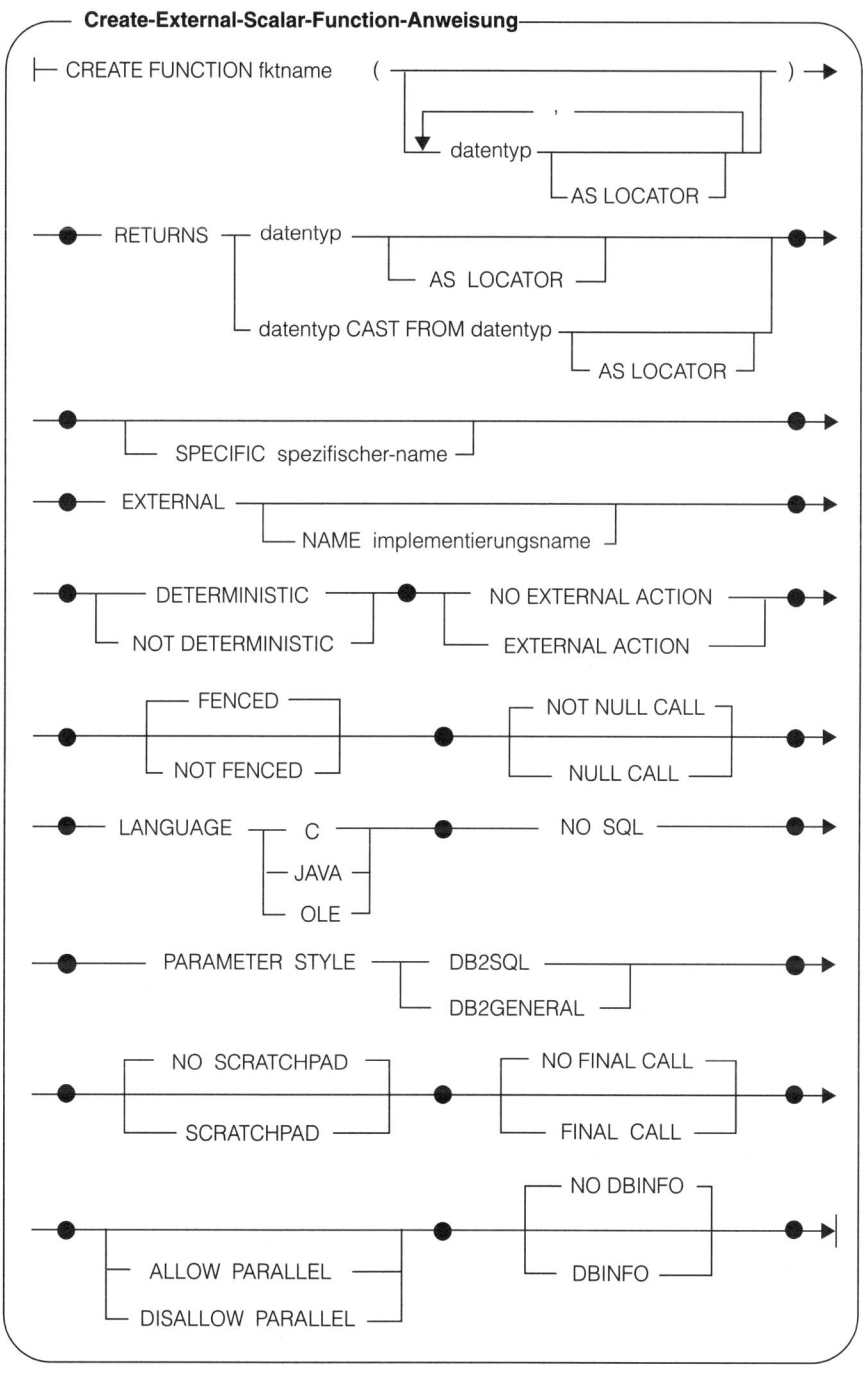

Die einzelnen Teile dieser Anweisung haben dabei die folgende Bedeutung:

1. *fktname*: Dies ist der Name, unter dem die Funktion aufgerufen werden soll. Er kann einen Schemanamen umfassen, wie in `geometrie.tangente`. Der Schemaname darf nicht mit SYS beginnen. Wird der Schemaname weggelassen, gilt die aktuelle Autkennung als Voreinstellung.

   Wie bei einer quellenbasierten Funktion kann der Name einer externen Funktion ein arithmetischer Operator wie "+" sein, nicht aber ein Vergleichsoperator wie ">" oder ein in Prädikaten verwendetes Schlüsselwort wie AND, OR, NOT, EXISTS oder BETWEEN. Es ist ferner ratsam, Datentypnamen als Funktionsnamen zu vermeiden, da man solche Namen leicht mit der vom System erzeugten Konvertierungsfunktion für diesen Typ verwechseln könnte (eine benutzerdefinierte Funktion wird vom System *nicht* schon deshalb als Casting-Funktion betrachtet, weil ihr Name und Ergebnistyp mit irgendeinem Datentyp übereinstimmen).

2. *(datentyp, . . .)*: Dieser Teil der CREATE FUNCTION-Anweisung listet die Datentypen der Funktionsparameter auf, wobei eine Funktion zwischen 0 und 90 Parameter haben kann. Die Klammern müssen sogar in Abwesenheit von Parametern angegeben werden. Bei den Parametertypen kann es sich entweder um vordefinierte oder um benutzerdefinierte (einzigartige) Typen handeln.

   Falls ein Parameter einer externen Funktion ein Zeichenreihentyp ist, muß seine maximal mögliche Länge explizit angegeben werden, z.B. Char(12), Varchar(25) oder Blob(32K). Wenn das System die Signatur einer Funktion auf Eindeutigkeit überprüft, werden die Längen der Funktionsparameter ignoriert, so daß z.B. `schema1.reverse(Varchar(10))` und `schema1.reverse(Varchar(20))` als doppelte Signaturen angesehen werden, die nicht gleichzeitig existieren können.

   Bei der Übergabe an das C-Programm, das die externe Funktion implementiert, wird jeder Parameter vom SQL-Datentyp in den entsprechenden C-Typ konvertiert. Eine Liste von C-Datentypen, die den SQL-Datentypen entsprechen, ist in Tabelle 6.5 angegeben. Kein Parameter einer externen Funktion darf vom Typ Decimal sein, da es keine Möglichkeit gibt, einen Decimal-Wert an ein C-Programm zu übergeben. Falls man dennoch Decimal-Daten an eine externe Funktion übergeben muß, so kann man den Datentyp unter Verwendung der vorgegebenen Konvertierungsfunktionen `char(Decimal)` oder `double(Decimal)` zunächst nach Char bzw. Double konvertieren.

   Hat ein Funktionsparameter einen einzigartigen Datentyp, wird er vor der Übergabe an die externe Funktion in seinen Basistyp konvertiert. Ist z.B. Postleitzahl ein einzigartiger Typ, der auf Char(5) basiert, so wird ein Parameter vom Typ Postleitzahl an das die betreffende Funktion implementierende Programm übergeben, als handelte es sich um einen Wert vom SQL-Datentyp Char(5). Aus diesem Grund darf kein Funktionsparameter einen einzigartigen Typ haben, der auf Decimal basiert.

Falls ein Funktionsparameter von einem der LOB-Typen (Blob, Clob oder Dbclob) oder von einem einzigartigen Typ ist, der auf einem LOB-Typ basiert, kann man wählen, ob der Parameter direkt an die Funktion oder als Lokator (Querverweis) übergeben werden soll. Deklariert man einen Parameter z.B. als vom Typ Clob(1M), so wird der Wert dieses Parameters in einem Puffer der Größe 1 MB materialisiert, und an die Funktion wird ein Zeiger auf diesen Puffer übergeben. Wird der Parameter dagegen als Clob(1M) AS LOCATOR deklariert, so weist das System keinen großen Puffer zum Materialisieren des Parameters zu, sondern übergibt der Funktion einen Verweis, der den Parameterwert repräsentiert. Die Funktion kann dann diesen Verweis zum Materialisieren des Parameterwertes in kleine Stücke verwenden, und zwar unter Einsatz spezieller Funktionsaufrufe, die in Abschnitt 6.4.6 beschrieben werden. Eine Übergabe von LOB-Parametern an externe Funktionen in Form von Verweisen ist effizient, kann allerdings nur bei nicht abgeschirmten Funktionen benutzt werden.

TIP: Es ist nicht ratsam, eine Funktion mit einem Parameter vom Typ Smallint, Real sowie Char oder Graphic mit fester Länge zu definieren, da Konstanten und Wirtsvariablen niemals so interpretiert werden, als hätten sie einen dieser Datentypen. So wird z.B. die Konstante 5 als vom Typ Integer, nicht jedoch als vom Typ Smallint betrachtet; die Konstante 5e3 ist vom Typ Double, nicht Real, und die Konstante 'abc' ist vom Typ Varchar, nicht Char. Erzeugt man also eine Funktion mit einem Parameter vom Typ Smallint, Real, Char oder Graphic, so ist bei jeder Übergabe einer Konstanten oder einer Wirtsvariablen an die Funktion eine explizite Konvertierung erforderlich, wie im Beispiel foo(Smallint(5)). Eine Funktion ist erheblich einfacher zu nutzen, falls ihr Parametertyp Integer, Double, Varchar oder Vargraphic lautet.

3. *RETURNS-Klausel*: Diese Klausel spezifiziert den Ergebnistyp der Funktion. Der Ergebnistyp kann ein vordefinierter oder benutzerdefinierter Datentyp sein. Falls es sich um einen Stringtyp handelt, muß die maximal zulässige Länge explizit angegeben werden.

Da eine externe Funktion durch ein C-Programm implementiert wird, hat der tatsächlich vom Programm zurückgegebene Wert einen der in Tabelle 6.5 angegebenen C-Datentypen, und er wird in den entsprechenden SQL-Datentyp konvertiert, als handelte es sich um eine Eingabewirtsvariable.

Falls das Ergebnis einer externen Funktion von einem einzigartigen Typ ist, wird es in einem zweistufigen Prozeß zurückgegeben, der die Umkehrung des Prozesses zur Übergabe eines Parameters, der einen benutzerdefinierten Typ hat, an eine externe Funktion darstellt. Der vom C-Programm zurückgegebene Wert wird vom betreffenden C-Datentyp in den entsprechenden SQL-Datentyp konvertiert wie im Fall einer Eingabewirtsvariablen; dieser SQL-Datentyp wird sodann mittels der vom System bereitgestellten Casting-Funktionen in den gewünschten einzigartigen Typ konvertiert. Deklariert man z.B. den Rückgabewert einer Funktion als vom Typ Postleitzahl, so würde das C-Programm einen durch NUL terminierten Wert vom C-Datentyp char[6] zurückgeben, der zunächst in den SQL-Datentyp Char(5) und sodann in den einzigartigen Typ Postleitzahl konvertiert würde. Alle diese Konvertierungen werden mittels systemeigener Casting-Funktionen automatisch durchgeführt.

Soll der Ergebnistyp einer Funktion von dem vom C-Programm, das die Funktion implementiert, zurückgegebenen Datentyp verschieden sein, kann man eine weitere Konvertierung unter Verwendung der CAST FROM-Klausel spezifizieren. Man will z.B. eine externe Funktion mit dem Namen grade_level(Clob(10K)) schreiben, die einen gegebenen Text analysiert und die Schwierigkeit, diesen zu lesen, als Wert vom Typ Decimal(3,1) einschätzt. Das die Funktion implementierende C-Programm kann keinen Decimal-Wert zurückgeben, da es in Tabelle 6.5 keinen entsprechenden C-Datentyp gibt. Das C-Programm kann jedoch einen Double-Wert zurückgeben, der dann vom System in Decimal(3,1) konvertiert wird. Man kann dieses Konvertieren wie folgt veranlassen:

```
CREATE FUNCTION grade_level(Clob(10K))
RETURNS Decimal(3,1) CAST FROM Double EXTERNAL ... ;
```

Falls eine Funktion nicht abgeschirmt und ihr Rückgabewert von einem LOB-Typ oder von einem auf einem LOB basierenden einzigartigen Typ ist, kann die Funktion ihren Wert entweder direkt oder in Form eines Lokators zurückgeben. Spezifiziert man z.B. RETURNS Clob(1M), so weist das System einen Puffer der Größe 1 MB für den Rückgabewert zu und übergibt an die Funktion die Adresse dieses Puffers. Spezifiziert man jedoch RETURNS Clob(1M) AS LOCATOR, weist das System keinen Puffer zu, sondern es liegt jetzt bei der Funktion, einen Querverweis (Lokator) zu erzeugen, der den Rückgabewert repräsentiert, und zwar unter Verwendung der in Abschnitt 6.4.6 beschriebenen speziellen Funktionsaufrufe.

4. *SPECIFIC-Klausel*: Diese Klausel gibt der neu erzeugten Funktionsinstanz einen spezifischen Namen. Wie eine quellenbasierte Funktion kann eine externe Funktion einen spezifischen Namen besitzen, der sie unter allen Funktionsinstanzen mit demselben Namen eindeutig identifiziert. Der spezifische Name kann zum Löschen oder Kommentieren der Funktion oder zu deren Spezifikation als Basis bzw. Quelle einer anderen Funktion, nicht aber zum Aufrufen der Funktion, verwendet werden. Funktionen werden stets unter ihrem Funktionsnamen aufgerufen, wodurch eine bestimmte Funktionsinstanz über den in Abschnitt 6.4.3 beschriebenen Funktionsresolutionsprozeß selektiert wird.

5. *EXTERNAL-Klausel*: Diese Klausel identifiziert die betreffende Funktion als externe Funktion und teilt dem System mit, wie es die C-Funktion findet, die als Implementierung dient. Diese C-Funktion muß übersetzt und gebunden und sodann in einem Verzeichnis auf der Server-Maschine abgelegt werden, aus dem sie vom Datenbanksystem dynamisch bei Bedarf geladen werden kann.

In der vollständigen Form enthält eine EXTERNAL-Klausel den vollen Pfadnamen der Binärdatei, die die Funktion implementiert, gefolgt von einem »!«, gefolgt vom Namen des eigentlichen Eintrags in dieser Datei. Als Beispiel teilt die folgende Klausel dem System mit, daß die betreffende Funktion durch den Einstiegspunkt zahlung in der Datei /u/dbfns/bin/mortgage implementiert wird:

```
EXTERNAL NAME '/u/dbfns/bin/mortgage!zahlung'
```

Wird kein Pfadname spezifiziert, sucht das System nach der Funktion im mit der Datenbank assoziierten Verzeichnis `sqllib/function`. Legt man also die Binärdatei `mortgage` in `sqllib/function` ab, kann man die obige Klausel wie folgt abkürzen:

```
EXTERNAL NAME 'mortgage!zahlung'
```

Spezifiziert man beim Binden der Funktion einen voreingestellten Einstiegspunkt, kann man ihn aus der EXTERNAL-Klausel weglassen. In diesem Fall reicht ein einfacher Identifikator zur Benennung der Implementierungsdatei, wie in folgendem Beispiel:

```
EXTERNAL NAME mortgage
```

Falls man keinen Implementierungsnamen, sondern lediglich das Schlüsselwort EXTERNAL angibt, so verwendet das System den Funktionsnamen als den Implementierungsnamen, sucht nach einer Datei dieses Namens im voreingestellten Funktionsverzeichnis und ruft dort den voreingestellten Einstiegspunkt auf.

 **TIP:** Falls man in der EXTERNAL-Klausel einen Dateinamen oder einen Einstiegspunkt angibt, so muß dieser exakt mit dem Namen der ausführbaren Datei bzw. des Einstiegspunkts einschließlich Groß- und Kleinschreibung übereinstimmen.

6. *DETERMINISTIC-Klausel*: Man muß eine Funktion entweder als DETERMINISTIC oder als NOT DETERMINISTIC deklarieren. NOT DETERMINISTIC bedeutet, daß die Funktion bei zwei Aufrufen mit denselben Parametern möglicherweise unterschiedliche Ergebnisse liefert. Ein typisches Beispiel hierfür ist ein Zufallszahlengenerator wie die vom System bereitgestellte Funktion `rand`, die eine zufällig gewählte Gleitkommazahl zwischen 0 und 1 zurückgibt.

   Der Datenbankoptimierer trifft bei der Verarbeitung von Anfragen, die nicht-deterministische Funktionen enthalten, einige spezielle Vorkehrungen. Er führt z.B. keine Anfragetransformation durch, die in einem weiteren Aufruf einer nicht-deterministischen Funktion resultiert.

   Das Wort DETERMINISTIC ist Teil des Entwurfs des SQL3-Standards. Zwecks Kompatibilität mit früheren DB2-Versionen akzeptiert UDB das Schlüsselwort VARIANT als Synonym für NOT DETERMINISTIC sowie NOT VARIANT als Synonym für DETERMINISTIC.

7. *EXTERNAL ACTION-Klausel*: Diese Klausel ist ebenfalls obligatorisch, und sie spezifiziert, ob die betreffende Funktion eine Aktion ausführt, die die Welt außerhalb der Datenbank betrifft. Man kann z.B. eine Funktion schreiben, die an jemanden eine Email schickt, in eine Datei schreibt oder einen Alarm auslöst. Dabei möchte man, daß die Anzahl der Funktionsaufrufe vorhersehbar ist; wird die Funktion z.B. in einer SELECT-Liste einmal benutzt, so sollte sie für jede von der betreffenden Anfrage zurückgelieferte Zeile genau einmal aufgerufen werden. Die EXTERNAL ACTION-Klausel informiert den Datenbankoptimierer von der Existenz solcher Funktionen, so daß dieser eine Anfrage nicht so modifiziert, daß sich die Anzahl der Aufrufe einer solchen Funktion ändert.

TIP: Neben der Benutzung der EXTERNAL ACTION-Klausel muß man auch vorsichtig sein, wo man eine Funktion mit Nebeneffekten aufruft, damit sichergestellt ist, daß die Funktion nur überschaubar oft ausgeführt wird. Als generelle Regel ist es unkritisch, eine solche Funktion in einer VALUES-Anweisung, in einer SELECT-Klausel einer Anfrage ohne DISTINCT, in einer Spaltenfunktion, einem Verbund oder einem Mengenoperator wie UNION aufzurufen.

8. *FENCED oder NOT FENCED*: Die Option FENCED (»abgeschirmt«) gibt an, daß eine Funktion stets in einem von der Datenbank verschiedenen Adreßraum ausgeführt werden muß. Diese Option verursacht aufgrund des bei einem Aufruf der Funktion erforderlichen Prozeßwechsels eine gewisse Effizienzeinbuße; andererseits schützt sie die Integrität der Datenbank vor zufälligem oder vorsätzlichem Schaden, der durch die Funktion verursacht werden könnte. Diese Klausel ist optional, als Voreinstellung gilt FENCED.

Eine nicht abgeschirmte Funktion (Option NOT FENCED) läuft im selben Adreßraum wie die Datenbank und kann die Integrität der darin enthaltenen Daten verletzen. Zur Erzeugung einer nicht abgeschirmten Funktion benötigt man SYSADM- oder DBADM-Autorisierung oder eine Autorisierung auf Datenbankebene mit der Bezeichnung CREATE_NOT_FENCED, die nur von jemandem mit SYSADM- oder DBADM-Autorisierung verliehen werden kann (vergleiche Abschnitt 2.8.2). Man kann aus der Spalte NOFENCEAUTH der Katalogtabelle DBAUTH ersehen, wer zum Erzeugen nicht abgeschirmter Funktionen autorisiert ist.

Es wird nachdrücklich empfohlen, Funktionen so lange im FENCED-Modus auszuführen, bis sie ausgetestet sind. Man kann eine Funktion z.B. zunächst als FENCED deklarieren und später, wenn man sicher ist, daß sie korrekt arbeitet, nach NOT FENCED konvertieren. Dazu muß man die Funktion löschen und mit einer weiteren CREATE FUNCTION-Anweisung erneut erzeugen.

9. *NULL CALL oder NOT NULL CALL*: Diese Klausel kontrolliert den Ablauf bei einem Aufruf der Funktion mit einem Nullwert als eines ihrer Argumente. Viele Funktionen folgen der Konvention, daß ein Nullwert zurückgegeben wird, sobald eines der Funktionsargumente null ist. Falls sich eine Funktion an diese Konvention halten soll, kann man NOT NULL CALL angeben. Das System wird dann niemals ein Null-Argument an die Funktion übergeben; wird ein solches entdeckt, so wird das Funktionsergebnis automatisch als null betrachtet. Dies erleichtert das Schreiben von Funktionen, da man die Eingabeparameter nicht auf null zu testen braucht. Es erhöht ferner durch ein Vermeiden von Funktionsaufrufen mit Null-Argumenten die Effizienz. Natürlich kann eine Funktion nach wie vor selbst dann, wenn sie mit einer NOT NULL CALL-Spezifikation erzeugt wurde, einen Nullwert als Ergebnis haben.

Diese Klausel ist optional, die Voreinstellung lautet NOT NULL CALL.

TIP: Wenn man eine Funktion hauptsächlich zum Auslösen eines Seiteneffekts wie dem Protokollieren bestimmter Ereignisse in einer Datei schreibt, wird man wahrscheinlich NULL CALL anstelle der Voreinstellung spezifizieren.

10. *LANGUAGE-Klausel*: Diese obligatorische Klausel spezifiziert die Programmiersprache, in der die Funktion implementiert ist, was wiederum die von UDB zum Aufrufen der Funktion verwendete Bindekonvention bestimmt. Die verfügbaren Optionen sind C, JAVA und OLE. (Java-Funktionen werden in Abschnitt 6.4.10, OLE-Funktionen in Abschnitt 6.4.11 beschrieben.)

 **TIP:** Ist eine Funktionsimplementierung in C++ geschrieben, so sollte man LANGUAGE C sowie `extern` `"C"` als Teil der Funktionsdeklaration in der Implementierungsdatei angeben.

11. *PARAMETER STYLE-Klausel*: Diese obligatorische Klausel identifiziert die zur Übergabe von Parametern an die externe Funktion verwendeten Konventionen. Diese werden in Abschnitt 6.6.4 beschrieben und behandeln Aspekte wie die Darstellung von Nullwerten oder die Behandlung von Fehlermeldungen. Zusammen mit LANGUAGE C oder OLE sollte man PARAMETER STYLE DB2SQL angeben, zusammen mit LANGUAGE JAVA die Klausel PARAMETER STYLE DB2GENERAL.

12. *NO SQL*: Diese obligatorische Klausel spezifiziert, daß die externe Funktion keine SQL-Anweisungen enthält. Derzeit ist es nicht zulässig, daß externe Funktionen auf die Datenbank zugreifen.

13. *SCRATCHPAD-Klausel*: Wird eine Funktion mit der SCRATCHPAD-Option erzeugt, so ist diese Funktion mit einem »Notizzettel«-Bereich im Speicher versehen, über den Informationen von einem Funktionsaufruf zum nächsten erhalten werden können. Scratchpad-Funktionen werden in Abschnitt 6.4.7 behandelt. Die Voreinstellung lautet NO SCRATCHPAD.

14. *FINAL CALL-Klausel*: Wird eine Funktion in einer SQL-Anweisung benutzt, so kann sie in Abhängigkeit von ihrer Verwendung während der Verarbeitung dieser Anweisung mehrfach aufgerufen werden. So kann z.B. eine in einer WHERE-Klausel benutzte Funktion einmal für jede Zeile der von der Anfrage betroffenen Tabelle aufgerufen werden. Wird eine Funktion mit der Option FINAL CALL erzeugt, wird sie am Ende der Verarbeitung der SQL-Anweisung ein weiteres Mal (»final call«) aufgerufen. Dabei wird dem Funktionsrumpf ein spezieller Parameter übergeben, um den letzten Aufruf von den anderen Aufrufen zu unterscheiden. Der »letzte Aufruf« kann z.B. zum Aufräumen, etwa der Rückgabe von durch die Funktion zugewiesenem Speicherplatz, benutzt werden. Die Option FINAL CALL wird häufig zusammen mit der Option SCRATCHPAD benutzt und ebenfalls in Abschnitt 6.4.7 behandelt. Die Voreinstellung lautet NO FINAL CALL.

15. *PARALLEL-Klausel*: Diese optionale Klausel teilt dem System mit, ob die Funktion parallel auf mehreren Prozessoren ausgeführt werden kann. Schreibt man z.B. eine Anfrage, die die Funktion *exzessiv(gehalt)* in einem Prädikat benutzt, könnte das System einige Zeilen in einem Knoten A, andere im Knoten B verarbeiten. Sowohl Knoten A wie auch Knoten B könnten die Funktion `exzessiv` aufrufen. Spezifiziert man dagegen DISALLOW PARALLEL, ist das System aufgefordert, sämtliche Zeilen in einem Knoten zu sammeln und dort nacheinander zu verarbeiten. Ein häufiger Grund für ein Ausschließen paralleler Ausführungen einer Funktion ist, daß ein Aufruf über ein Scratchpad Information an den nächsten weiterreichen soll. Als Voreinstellung ist paralleles Ausführen einer Funktion erlaubt, sofern die Funktion eine der folgenden Eigenschaften hat: SCRATCHPAD, FINAL CALL, NOT DETERMINISTIC oder EXTERNAL ACTION.

16. *DBINFO-Klausel*: Diese optionale Klausel veranlaßt UDB zur Übergabe eines weiteren Parameters an die Funktion, der einen Zeiger auf eine Datenstruktur enthält, die Informationen wie z.b. den Namen der aktuellen Datenbank, die aktuelle Autkennung sowie die Namen von Tabelle und Spalte, die von der aktuellen Anweisung modifiziert werden (falls zutreffend), enthält. Keines der Beispiele in diesem Buch erfordert eine DBINFO-Klausel. Man findet eine genaue Beschreibung der zugehörigen DBINFO-Datenstruktur im *Embedded SQL Programming Guide*.

Falls eine quellenbasierte Funktion eine externe Funktion als Basis besitzt, so erbt sie von dieser Eigenschaften wie DETERMINISTIC, EXTERNAL ACTION, FENCED, NULL CALL und andere.

 **TIP:** Falls eine CREATE FUNCTION-Anweisung nicht erfolgreich ausgeführt wurde, sollte man nach fehlenden Klauseln suchen. Alle folgenden Klauseln sind in der CREATE FUNCTION-Anweisung einer externen Funktion obligatorisch:

```
RETURNS
EXTERNAL
DETERMINISTIC oder NOT DETERMINISTIC
EXTERNAL ACTION oder NO EXTERNAL ACTION
LANGUAGE
PARAMETER STYLE DB2SQL
NO SQL
```

An dieser Stelle wird man sich vielleicht wundern, warum die CREATE FUNCTION-Anweisung so viele obligatorische Klauseln besitzt. Warum ist es z.B. erforderlich, NO SQL zu spezifizieren, wenn externe Funktionen niemals SQL-Anweisungen enthalten können? Eine ähnliche Frage gilt für die CREATE DISTINCT TYPE-Anweisung, die den Zusatz WITH COMPARISONS erfordert, obwohl es unmöglich ist, einen einzigartigen Typ über einem Non-LOB-Typ ohne Vergleiche zu erzeugen. In beiden Fällen hängt die Antwort mit den Standards zusammen. Als UDB entworfen wurde, gab es in den ANSI- und ISO-Komitees bereits Diskussionen über die Aufnahme benutzerdefinierter Datentypen und Funktionen in den SQL-Standard. Da diese Diskussion noch im Gange war, war es unmöglich, genau vorherzusagen, wie die Syntax des Standards letztendlich aussehen würde. Es war z.B. nicht klar, ob sich die Standardisierungsgremien auf eine Konvention zur Parameterübergabe einigen würden, die von der bei UDB verwendeten verschieden ist. Daher haben sich die Designer von UDB entschlossen, in die Anweisungen CREATE FUNCTION und CREATE TYPE einige Zusätze aufzunehmen, welche die Parameterübergabekonvention und andere Details der UDB-Implementierung identifizieren. Diese Zusätze schützen Anwendungen gegen Änderungen im voreingestellten Verhalten, die von zukünftigen Versionen des SQL-Standards möglicherweise gefordert werden.

Im folgenden Beispiel erzeugt die CREATE FUNCTION-Anweisung eine externe Funktion, die in Abhängigkeit von Geschlecht und Größe das Normalgewicht einer Person berechnet. Geschlecht sei dabei ein einzigartiger Typ, der auf Char(1) basiert, und Größe sei ein einzigartiger Typ, der auf Double basiert. Die Funktion berechnet einen Wert vom Typ Gewicht, der als einzigartiger Typ ebenfalls auf Double basiere.

```
CREATE FUNCTION medizin.normalgewicht(Geschlecht, Grösse)
    RETURNS Gewicht
    EXTERNAL NAME 'medizin!ngewicht'
    DETERMINISTIC
    NO EXTERNAL ACTION
    LANGUAGE C
    PARAMETER STYLE DB2SQL
    NO SQL;
```

Eine externe Funktion kann in einer SQL-Anweisung genau wie eine vordefinierte Funktion verwendet werden. Man benötigt zum Aufrufen einer externen Funktion keine spezielle Autorisierung, selbst dann nicht, wenn sie von einem anderen Benutzer erzeugt wurde.

Als Beispiel einer Verwendung der oben erzeugten Funktion normalgewicht nehmen wir an, unsere Datenbank enthalte die folgende Tabelle:

PATIENTEN

SOZVERSNR	NAME	GESCHLECHT	GRÖSSE	GEWICHT

Weiter unterstellen wir, daß die Attribute GESCHLECHT, GRÖSSE bzw. GEWICHT der Tabelle PATIENTEN die Datentypen Geschlecht, Grösse bzw. Gewicht besitzen und daß die folgende quellenbasierte Funktion, mit der man eine Gleitkommazahl mit einem Gewicht multiplizieren kann und ein neues Gewicht erhält, definiert wurde:

```
CREATE FUNCTION "*"(Double, Gewicht) RETURNS Gewicht
    SOURCE sysibm."*"(Double, Double);
```

Dann kann die folgende Anfrage zur Bestimmung aller Patienten verwendet werden, deren Gewicht weniger als 80% ihres Normalgewichts beträgt:

```
SELECT name, gewicht,
        medizin.normalgewicht(geschlecht, grösse) AS normal
FROM patienten
WHERE gewicht < 0.8 * medizin.normalgewicht(geschlecht, grösse);
```

6.4.3   Funktionsresolution

Wenn eine Funktion in einer SQL-Anweisung aufgerufen wird, kann der Bezug entweder über ihren vollen qualifizierten Namen (wie medizin.normalgewicht) oder über den unqualifizierten Namen (wie normalgewicht) hergestellt werden. Wird ein unqualifizierter Name verwendet, so durchsucht UDB automatisch die Schemata auf dem betreffenden Funktionspfad nach einer anwendbaren Funktion. Eine Funktion ist auf einen gegebenen Aufruf anwendbar, falls der Funktionsname mit dem im Aufruf genannten übereinstimmt und falls die Argumente des Aufrufs in die Parameter dieser Funktion »propagierbar« sind. Dies bedeutet, daß der Datentyp jedes Funktionsparameters entweder mit dem Datentyp des entsprechenden Aufrufsarguments übereinstimmt oder ausgehend vom Typ des Aufrufsarguments auf einem der in Abbildung 6.2 gezeigten Konversionspfade vorgefunden wird.

Smallint → Integer → Decimal → Real → Double

Char → Varchar → Long Varchar → Clob

Graphic → Vargraphic → Long Vargaphic → Dbclob

Abbildung 6.2:
Zulässiges Propagieren von Datentypen für Funktionsargumente

Die vordefinierten Datentypen Blob, Date, Time und Timestamp sowie benutzerdefinierte Typen tauchen auf keinem der in Abbildung 6.2 gezeigten Pfade auf und erfordern daher eine exakte Übereinstimmung zwischen dem Typ eines Aufrufsarguments und dem Typ des entsprechenden Funktionsparameters. Länge, Genauigkeit sowie Anzahl von Nachkommastellen werden bei der Bestimmung einer anwendbaren Funktion nicht berücksichtigt, allerdings werden die Länge, Genauigkeit und / oder Anzahl von Nachkommastellen eines Aufrufsarguments nach der Selektion einer Funktion in die jeweiligen Funktionsparameter konvertiert. Hat z.B. Spalte C3 den Datentyp Char(3) und die benutzerdefinierte Funktion foo(c3) einen Parameter vom Typ Char(5), so startet der Aufruf foo(c3) die Funktion udf.foo, nachdem der Wert von C3 mit Leerstellen auf eine Länge von fünf Zeichen aufgefüllt wurde.

Ruft man eine Funktion mit ihrem unqualifizierten Namen auf, kann es sein, daß auf dem Funktionspfad mehr als eine anwendbare Funktion gefunden wird. Selbst dann, wenn man einen Funktionsnamen mit einem Schemanamen qualifiziert, kann es passieren, daß in diesem Schema mehr als eine anwendbare Funktion gefunden wird. In beiden Fällen wählt das System die »beste« der anwendbaren Funktionen durch Betrachten der Parameter von links nach rechts und durch die Verwendung des Pfads in Zweifelsfällen. Diesen Prozeß bezeichnet man als *Funktionsresolution.* Aus logischer Sicht besteht der Prozeß der Funktionsresolution aus den folgenden Schritten:

1. Zunächst wird die Menge aller anwendbaren Funktionen bestimmt. Jede dieser besitzt den korrekten Funktionsnamen sowie die richtige Anzahl von Parametern, alle Aufrufsargumente sind in die entsprechenden Funktionsparametertypen propagierbar, und das Schema der Funktion befindet sich entweder auf dem Pfad oder wird im Funktionsaufruf genannt.

2. Sodann wird von links nach rechts jedes Argument des Aufrufs betrachtet. Für jedes Argument werden die Funktionen eliminiert, die nicht die »beste verfügbare« Übereinstimmung für dieses Argument darstellen. Dabei bedeutet »beste« jetzt »am weitesten links auf dem in Abbildung 6.2 gezeigten Propagierungsdiagramm«. Lautet der Aufruf z.B. foo(Integer, Date) und sind die anwendbaren Funktionen foo(Decimal, Date) und foo(Double, Date), so hat die Funktion foo(Decimal, Date) eine »bessere« Übereinstimmung für das erste Argument, so daß foo(Double, Date) von der weiteren Betrachtung ausgeschlossen wird. Es sei daran erinnert, daß Länge, Genauigkeit und Anzahl von Nachkommastellen während einer Funktionsresolution ignoriert werden.

3. Bleibt nach einer Betrachtung sämtlicher Argumente mehr als eine Funktion übrig, so müssen alle diese Funktionen dieselbe Menge von Parametertypen besitzen, so daß sie sich in unterschiedlichen Schemata befinden müssen. In diesem Fall wird die Funktion gewählt, deren Schema auf dem Funktionspfad vorne liegt.

4. Der Ergebnistyp einer Funktion wird während einer Funktionsresolution nicht betrachtet. Falls jedoch nach Auflösung eines Funktionsaufrufs der Ergebnistyp der ausgewählten Funktion für den Kontext des Funktionsaufrufs unangemessen ist, kommt es zu einer Fehlermeldung. Es gibt z.B. eine Fehlermeldung, wenn eine Tabellenfunktion an einer Stelle aufgerufen wird, an der eine skalare Funktion erwartet wird, oder umgekehrt.

 TIP: Während einer Funktionsresolution wird eine Wirtssprachenvariable wie `char x[11]` immer als vom Datentyp Varchar, nicht Char oder Date interpretiert. Beim Auflösen des Funktionsaufrufs `foo(:x)` sucht das System also nach einer Funktion `foo(Varchar)`, nicht aber `foo(Char)` oder `foo(Date)`. Soll die Wirtsvariable als Char oder als Date interpretiert werden, muß man sie explizit konvertieren, wie bei `foo(char(:x))` oder `foo(date(:x))`.

Als generelle Regel gilt, daß Funktionsaufrufe in statischen Datenmanipulationsanweisungen resolviert werden, wenn das betreffende Programm gebunden wird, während Funktionsaufrufe in dynamischen Anweisungen zur Laufzeit aufgelöst werden; Einzelheiten findet man in Tabelle 6.4 (man beachte die Ähnlichkeiten zwischen den Tabellen 6.4 und 2.7).

Anweisungstyp	Statisches SQL	Dynamisches SQL
Datenmanipulationsanweisungen (SELECT, INSERT, UPDATE, DELETE und VALUES)	Funktionen werden zur Bindezeit resolviert, unter Verwendung eines Pfades, der als PREP- oder BIND-Option spezifiziert ist.	Funktionen werden zur Laufzeit resolviert, unter Verwendung des speziellen Registers CURRENT FUNCTION PATH.
Alle anderen SQL-Anweisungen	Funktionen werden zur Laufzeit resolviert, unter Verwendung eines Pfades, der als PREP- oder BIND-Option spezifiziert ist.	Funktionen werden zur Laufzeit resolviert, unter Verwendung des speziellen Registers CURRENT FUNCTION PATH.

Tabelle 6.4:
Regeln zur Funktionsresolution für statische und dynamische SQL-Anweisungen

Wenn ein Programm gebunden wird, werden sämtliche in statischen Datenmanipulationsanweisungen enthaltenen Funktionsaufrufe wie in Tabelle 6.4 angegeben resolviert. Nach dem Binden garantiert das System eine ständige Verwendung derselben Funktionsinstanzen, selbst wenn nachträglich Instanzen mit besserer Übereinstimmung erzeugt werden oder wenn das Programm automatisch neu gebunden wird (z.B. nachdem ein Index gelöscht wurde). Wenn man ein Programm jedoch explizit durch einen BIND- oder einen REBIND-Befehl neu bindet, startet der Prozeß der Funktionsresolution erneut, und es wird die zu diesem Zeitpunkt beste anwendbare Funktion bestimmt. Wird die Funktionsinstanz, an die ein Programm gebunden wurde, gelöscht, geht das Programm in den Zustand »inoperativ« über, in dem es bis zu einem expliziten erneuten Binden nicht mehr benutzt werden kann. Dieses Vorgehen, die konservative Bindesemantik, stellt sicher, daß sich das Verhalten eines Programms nach dem Binden nur auf explizite Veranlassung von außen (durch ein explizites erneutes Binden) ändern kann.

 **TIP:** SQLCODE –440 (SQLSTATE 42884) zeigt an, daß das System nicht in der Lage war, irgendeine anwendbare Funktion für einen der gegebenen Funktionsaufrufe zu bestimmen. Erhält man diesen Fehlercode, sollte man seinen Funktionspfad darauf überprüfen, ob er das Schema der gewünschten Funktion enthält. Sodann sollte man die Argumente des Funktionsaufrufs darauf überprüfen, ob ihre Datentypen mit denen der Funktionsparameter übereinstimmen (oder in diese propagierbar sind).

6.4.4 Implementierung einer externen skalaren Funktion

Wir nehmen an, man will eine externe, in C geschriebene Funktion definieren, die n Parameter erwartet und ein skalares Ergebnis berechnet. Der eigentliche Funktionsrumpf, den man in C schreibt, wird dann mehr als n Parameter benötigen. Einige dieser C-Parameter werden zum Anzeigen benutzt, ob Nullwerte an die externe Funktion übergeben werden, ein C-Parameter wird zur Rückgabe des Funktionsergebnisses gebraucht, und weitere C-Parameter werden für spezielle Aufgaben wie die Rückgabe von Fehlercodes benötigt.

Wir werden die Konventionen[5] zum Austausch von Parametern und Ergebnissen mit externen Funktionen anhand einer Beispielfunktion mit dem Namen addiereWochen illustrieren. Sie erwartet ein Datum sowie eine Integer-Zahl, die eine Anzahl von Wochen darstellt, und berechnet ein neues Datum, das sich durch Addition dieser Anzahl von Wochen aus dem alten ergibt. Dies könnte eine nützliche Funktion sein, da UDB Konstanten wie »5 WOCHEN« nicht als gültige Differenz bzw. Dauer erkennt. Da es für Datumswerte keinen Datentyp in C gibt, gibt uns dieses Beispiel die Möglichkeit zu sehen, wie Konvertierungen zwischen SQL- und C-Datentypen vorgenommen werden. Um so allgemein wie möglich zu sein, schreiben wir unsere Funktion so, daß sie Nullwerte akzeptiert und verarbeiten kann, anstatt sie mit der einfacheren NOT NULL CALL-Option zu deklarieren.

Das folgende Beispiel zeigt, wie man die Funktion addiereWochen in einer Anfrage benutzen könnte, die alle Teile bestimmt, die innerhalb der letzten vier Wochen bestellt wurden:

```
SELECT teilenr, anzahl, bestelldatum
FROM bestellungen
WHERE addiereWochen(bestelldatum, 4) > CURRENT DATE;
```

---

5. Die in diesem Abschnitt beschriebenen Parameterkonventionen werden als PARAMETER STYLE DB2SQL bezeichnet und mit Funktionen benutzt, die in C oder C++ geschrieben sind. In Java geschriebene Funktionen verwenden andere Parameterkonventionen, den sogenannten PARAMETER STYLE DB2GENERAL, der im *Embedded SQL Programming Guide* beschrieben ist.

Bevor wir die Funktion addiereWochen benutzen können, müssen wir sie in der Datenbank registrieren, und zwar über eine CREATE FUNCTION-Anweisung wie die folgende:

```
CREATE FUNCTION addiereWochen(Date, Integer)
    RETURNS Date
    EXTERNAL NAME 'datefns!addiereWochen'
    DETERMINISTIC
    NO EXTERNAL ACTION
    NULL CALL
    LANGUAGE C
    PARAMETER STYLE DB2SQL
    NO SQL;
```

Diese Anweisung registriert eine Funktion addiereWochen in der Datenbank, die einen Wert vom Typ Date und einen vom Typ Integer als Parameter erwartet und einen Wert vom Typ Date berechnet. Da diese Funktion aus einer SQL-Anweisung heraus aufgerufen wird, haben ihre Parameter sowie ihr Ergebnis natürlich SQL-Datentypen und keine C-Datentypen. In unserem Beispiel werden wir uns auf diese Funktion als die *SQL-Funktion* beziehen, obwohl klar ist, daß sie nicht in SQL geschrieben ist.

Die obige CREATE FUNCTION-Anweisung verspricht, daß wir die SQL-Funktion dadurch implementieren werden, daß wir eine C-Datei mit dem Namen datefns anlegen, die eine Funktion namens addiereWochen enthält, diese Datei übersetzen und binden und die resultierende Binärdatei im Verzeichnis sqllib/function auf unserer Server-Maschine ablegen. Wir könnten die Binärdatei auch in einem anderen Verzeichnis auf dem Server ablegen, solange in der CREATE FUNCTION-Anweisung dem Datenbanksystem mitgeteilt wird, wo es sie unter vollem Namen findet. Eine einzelne Binärdatei kann auch mehrere C-Funktionen enthalten. Die C-Funktionen müssen nicht die gleichen Namen wie die SQL-Funktionen, die sie unterstützen, besitzen, solange die Zuordnung zwischen SQL- und C-Funktionen in entsprechenden CREATE FUNCTION-Anweisungen festgelegt ist.

Natürlich muß die C-Funktion zu unserer SQL-Funktion Parameter- und Ergebnistypen besitzen, die in C und nicht in SQL bekannt sind. Wir benötigen daher eine Konvention zur Abbildung der Parameter sowie des Ergebnisses der SQL-Funktion auf die Parameter bzw. das Ergebnis der C-Funktion. Sämtliche Parameter der C-Funktion sind Zeiger (Pointer) in den von der Datenbank verwalteten Speicher. Wird die Funktion als abgeschirmt (FENCED) deklariert, befindet sich dieser Speicher in einem Adreßraum, der von der eigentlichen Datenbank isoliert ist, so daß Fehler in der C-Funktion die Datenbank nicht beschädigen können; ist die Funktion jedoch als nicht abgeschirmt (NOT FENCED) deklariert, kann die C-Funktion die Datenbank durch Speichern inkorrekter Daten über die Zeiger, die ihr als Parameter übergeben werden, beschädigen. Deshalb ist es ratsam, zumindest so lange abgeschirmte Funktionen zu verwenden, bis die Funktionen hinreichend getestet wurden.

Abbildung 6.3 faßt die Parameter einer C-Funktion, die als Implementierung einer externen SQL-Funktion dient, zusammen. Jeder mit »IN« gekennzeichnete Parameter liefert Eingabedaten an den Funktionsrumpf, jeder mit »OUT« gekennzeichnete trägt Informationen, die vom Funktionsrumpf zurückgegeben werden.

```
void funcname(
                input SQL parameters,        /* IN, N-fach */
                return value,                /* OUT */
                input null indicators,       /* IN, N-fach */
                return null indicator,       /* OUT */
                SQLSTATE,                    /* OUT */
                SQL function name,           /* IN */
                specific name,               /* IN */
                error message,               /* OUT */
                scratchpad,                  /* IN */
                final call indicator,        /* IN */
                dbinfo pointer               /* IN */
                );
```

Abbildung 6.3:
Parameterkonventionen für externe skalare Funktionen

Die Einzelheiten der UDB-Konventionen zur Übergabe von Parametern an eine C-Funktion, die eine SQL-Funktion implementiert, lauten wie folgt (wobei unterstellt ist, daß N die Anzahl der Parameter der SQL-Funktion ist):

1. Die ersten N Parameter der C-Funktion sind Zeiger auf die N Parameter der SQL-Funktion, die gemäß den Regeln über die Zuweisung von SQL-Datentypen an Wirtsvariablen in die entsprechenden Wirtssprachen-Datentypen konvertiert wurden. Die Objekte, auf die gezeigt wird, sind Kopien der eigentlichen Parameter, so daß die C-Funktion die eigentlichen Eingabeparameter nicht über diese Pointer modifizieren kann.

Handelt es sich beim Datentyp eines Parameters um einen einzigartigen Typ, so wird dieser zunächst in seinen Basistyp, über den er definiert ist, konvertiert und danach in den Wirtssprachen-Datentyp, der diesem Basistyp entspricht. Sind z.B. die einzigartigen Typen Alter und Geschlecht über den Basistypen Integer bzw. Char(1) definiert, so werden die Parameter der externen Funktion durch-schnGrösse(Alter, Geschlecht) zunächst von Alter nach Integer bzw. von Geschlecht nach Char(1) konvertiert und danach in die C-Datentypen, die nach Tabelle 6.5 den Typen Integer bzw. Char(1) entsprechen.

In unserem Beispiel addiereWochen werden der Date- sowie der Integer-Parameter der SQL-Funktion an die C-Funktion als char[11] bzw. als long übergeben. In Tabelle 6.5 sind die SQL-Datentypen, die an C-Funktionen übergeben werden können, und ihre C-Entsprechungen zusammengefaßt. Für jeden dieser C-Datentypen wird in der Header-Datei sqllib/include/sqludf.h ein symbolischer Typname deklariert, den man sicher gegenüber der Angabe einer vollen C-Deklaration bevorzugen wird.

SQL-Datentyp	Symbolischer Typname in sqludf.h	Basisdatentyp für C-Programm
Smallint	SQLUDF_SMALLINT	`short`
Integer	SQLUDF_INTEGER	`long`
Decimal(p,s)	(keiner)	Keine Entsprechung in C. Man kann keine dezimalen Daten an eine externe Funktion übergeben. Als Alternative kann man den Parameter durch die Funktion `char(Decimal)` in den Typ Char oder durch `double(Decimal)` in den Typ Double konvertieren.
Real	SQLUDF_REAL	`float`
Double	SQLUDF_DOUBLE	`double`
Char(n)	SQLUDF_CHAR	`char[n+1]` (NUL-terminiert)
Varchar(n) (nicht für Bitdaten)	SQLUDF_VARCHAR	`char[n+1]` (NUL-terminiert)
Varchar(n) FOR BIT DATA	SQLUDF_VARCHR_FBD	```struct { unsigned short length; char data[n]; } ```
Long Varchar	SQLUDF_LONG	```struct { unsigned short length; char data[n]; } ```
Graphic(n) und Vargraphic(n)	SQLUDF_GRAPH, SQLUDF_VARGRAPH	`sqldbchar[n+1]` (NUL-terminiert)
Long Vargraphic	SQLUDF_LONGVARG	```struct { unsigned short length; sqldbchar data[n]; } ``` (Beachte: `length` wird in 2-Byte-Einheiten angegeben.)
Date	SQLUDF_DATE	`char[11]`, NUL-terminiert, im Format 'yyyy-mm-dd'
Time	SQLUDF_TIME	`char[9]`, NUL-terminiert, im Format 'hh.mm.ss'
Timestamp	SQLUDF_STAMP	`char[27]`, NUL-terminiert, im Format 'yyyy-mm-dd-hh.mm.ss.nnnnnn'

SQL-Datentyp	Symbolischer Typname in sqludf.h	Basisdatentyp für C-Programm

Blob(n) und Clob(n)	SQLUDF_BLOB, SQLUDF_CLOB	struct
		{
		    unsigned long length;
		    char data[n];
		}

Dbclob(n)	SQLUDF_DBCLOB	struct
		{
		    unsigned long length;
		    sqldbchar data[n];
		}
		(Beachte: length wird in 2-Byte-Einheiten angegeben.)

Lokator für Blob, Clob oder Dbclob	udf_locator	unsigned long

Tabelle 6.5:
Zur Übergabe von Parametern an externe Funktionen verwendete Datentypen[6]

Werden Doppelbyte-Daten (SQL-Datentyp Graphic, Vargraphic, Long Vargraphic oder Dbclob) mit einer externen Funktion ausgetauscht, so werden diese stets im Multibyte-Format (nicht im Wide-Character-Format) ausgetauscht. Parameter und Ergebnis externer Funktionen verwenden also stets das durch die Precompiler-Option WCHARTYPE NOCONVERT spezifizierte Format.

2. Der nächste Parameter der C-Funktion ist ein Zeiger auf die Stelle, an welcher der Rückgabewert gespeichert werden soll. Der C-Datentyp, der dort abgelegt werden soll, ist der Datentyp, der (nach Tabelle 6.5) dem deklarierten SQL-Datentyp des Rückgabewertes entspricht, und zwar vor irgendeiner Konvertierung. Ist der Rückgabewert z.B. als Date deklariert, so sollte die C-Funktion einen mit NUL beendeten Wert vom Typ char[11] an der angegebenen Stelle ablegen, da dies der Typ ist, der dem SQL-Typ Date entspricht. Das Konvertieren des Rückgabewertes in seinen endgültigen Datentyp Date wird vom Datenbanksystem erledigt; die C-Funktion braucht sich darum nicht zu kümmern, außer daß sie einen Rückgabewert liefern muß, der tatsächlich nach Date konvertierbar ist. Das Datenbanksystem hat natürlich genügend Speicherplatz zur Aufnahme eines Rückgabewertes des deklarierten Typs bereitgestellt; der Versuch, einen längeren Wert zurückzugeben, ist ein Weg, auf dem eine nicht abgeschirmte Funktion eine Menge Ärger machen kann.

3. Die nächsten N Parameter der C-Funktion sind Nullindikatoren für die N Parameter der SQL-Funktion. Jeder dieser ist ein Zeiger auf einen Wert vom C-Datentyp short, der 0 enthält, falls der entsprechende SQL-Parameter nicht null ist, und sonst 1. Diese Parameter sind immer vorhanden, sogar wenn die Funktion mit der Eigenschaft NOT NULL CALL deklariert wurde (in diesem Fall sind alle Indikatoren bei jedem Aufruf gleich 0).

---

6. Die Ähnlichkeiten zwischen Tabelle 6.5 und Tabelle C.1 in Anhang C sind beabsichtigt.

4. Der nächste Parameter ist ein Zeiger auf eine Stelle, an der die C-Funktion den Nullindikator des Rückgabewertes ablegen soll. Der C-Datentyp dieses Indikators lautet short, und der Indikator sollte auf 0 gesetzt werden, falls der Rückgabewert nicht null ist, und sonst auf 1. Selbst in dem Fall, daß die Funktion mit NOT NULL CALL deklariert wurde, kann sie ein Nullergebnis erzeugen müssen, so daß ein richtiges Setzen dieses Indikators wichtig ist.

5. Der nächste Parameter ist ein Zeiger auf die Stelle, an der die C-Funktion den fünfstelligen Wert von SQLSTATE, der von dieser Funktion erzeugt wird, ablegen soll. Der C-Datentyp von SQLSTATE ist char[6]. Als Initialisierung dient 00000 mit einem Null-Terminierer, bevor die C-Funktion aufgerufen wird. Da 00000 (auch) für ein normales Ende steht, muß die C-Funktion den SQLSTATE nicht explizit setzen, wenn kein Fehler oder keine Warnung auftritt. Die SQLSTATE-Codes 01H00 bis 01H99 sind für benutzererzeugte Warnungen, 38600 bis 38999 für benutzererzeugte Fehlermeldungen reserviert. Generiert die C-Funktion einen dieser Codes, so wird dieser als der SQLSTATE benutzt, der an die SQL-Anweisung, die die Funktion aufgerufen hat, zurückgegeben wird. Generiert die C-Funktion einen anderen als einen der reservierten Codes, wird 39001 als SQLSTATE an die aufrufende SQL-Anweisung zurückgegeben. Es können auch gewisse andere SQLSTATEs aus dem Aufruf einer benutzerdefinierten Funktion resultieren (so wird SQLSTATE z.B. auf 38503 gesetzt, falls die C-Funktion abnormal endet).

6. Der nächste Parameter der C-Funktion ist ein Zeiger auf einen Speicherbereich vom Typ char[28], der den vollen qualifizierten Namen der SQL-Funktion (wie z.B. DEIN-NAME.ADDIEREWOCHEN) mitsamt NUL-Terminierer enthält. Dieser Parameter macht es möglich, daß mehrere SQL-Funktionen durch dieselbe C-Funktion implementiert werden, da sie über diesen Parameter unterscheiden können, welche SQL-Funktion gewünscht ist.

7. Der nächste Parameter der C-Funktion ist ein Zeiger auf einen Speicherbereich vom Typ char[19], der den spezifischen Namen der SQL-Funktion mit NUL-Terminierer enthält. Wie der vorige Parameter kann auch dieser verwendet werden, wenn eine einzelne C-Funktion mehrere SQL-Funktionen implementiert. Es sei daran erinnert, daß jede benutzerdefinierte Funktion neben ihrem Familiennamen einen spezifischen Namen besitzt, welcher gegebenenfalls systemgeneriert ist.

8. Der nächste Parameter der C-Funktion ist ein Zeiger auf eine Stelle, an der die C-Funktion bis zu 70 Zeichen eines Nachrichtentextes gefolgt vom Null-Terminierer ablegen kann. Ist der von der Funktion zurückgegebene SQLSTATE nicht 00000, so wird dieser Text in das Feld sqlerrmc des SQLCA-Kontrollblocks kopiert. Das Feld sqlerrmc besteht aus einer Reihe von »Token«, von denen das erste auf den Funktionsnamen gesetzt ist, das zweite auf den spezifischen Namen der Funktion und das dritte auf die von der Funktion zurückgelieferte Nachricht. Der Text wird, falls nötig, verkürzt, damit er in das Feld sqlerrmc hineinpaßt.

9. Der nächste Parameter ist nur vorhanden, falls die Funktion mit der Option SCRATCHPAD deklariert wurde. Es handelt sich um einen Zeiger auf den für die Funktion bereitgestellten Speicherbereich, über den Informationen von einem Funktionsaufruf an den nächsten innerhalb derselben SQL-Anweisung weitergereicht werden können. Der Datentyp dieses Parameters ist struct sqludf_scratchpad* (diese Struktur wird in sqllib/include/sqludf.h deklariert). Scratchpad-Funktionen werden in Abschnitt 6.4.7 behandelt.

10. Der nächste Parameter ist nur vorhanden, falls die Funktion mit der Option FINAL CALL deklariert wurde. Es handelt sich um einen Zeiger auf eine Variable vom Typ long, die beim ersten Aufruf einer Funktion während der Verarbeitung einer SQL-Anweisung auf –1 gesetzt wird, auf +1 beim »final call« und auf 0 bei jedem anderen Aufruf. Die Option FINAL CALL wird in Abschnitt 6.4.7 behandelt.

11. Der nächste Parameter ist nur vorhanden, falls die Funktion mit der Option DB-INFO definiert wurde. Er stellt einen Zeiger auf eine Datenstruktur dar, die im *Embedded SQL Programming Guide* beschrieben wird und die Informationen wie den Namen der aktuellen Datenbank, die aktuelle Autkennung und die Namen der Tabelle und der Spalte (falls anwendbar), die von der aktuellen Anweisung modifiziert wird, enthält.

Beim Schreiben eines Programms, das eine benutzerdefinierte Funktion implementiert, sollte man folgende Regeln beachten:

▶ Das Programm sollte *reentrant* sein (d.h., es sollte keine statischen Variablen benutzen). Dies macht es möglich, daß die Funktion gleichzeitig von verschiedenen Benutzern ohne Komplikationen aufgerufen werden kann.

▶ Falls das Programm dynamisch Speicher allokiert, sollte es diesen vor dem Rücksprung wieder freigeben. Die einzige Ausnahme hiervon gilt für *Scratchpad-Funktionen*, die bei einem Aufruf Speicher allokieren und diesen erst nach einem weiteren Aufruf wieder freigeben können.

▶ Das Programm sollte an die aufrufende Stelle mit einer return-Anweisung zurückkehren; es sollte niemals die exit-Funktion des Betriebssystems aufrufen. Da jeglicher Austausch von Werten zwischen dem Programm und der Datenbank über Parameter abgewickelt wird, sollte der Rückgabewert der C-Funktion vom Typ void sein.

▶ Das Programm sollte nicht versuchen, z.B. mit scanf von der Standardeingabe zu lesen oder z.B. mit printf in die Standardausgabe zu schreiben. Beides ist für das Programm nicht verfügbar, da es auf der Server-Maschine innerhalb eines Prozesses ausgeführt wird, der mit der lokalen Tastatur oder dem lokalen Bildschirm nicht verbunden ist. Das Programm darf dagegen Dateien auf dem Server lesen und schreiben.

▶ Ist die Funktionsimplementierung in C++ geschrieben, sollte man extern "C" als Teil der Funktionsdeklaration in der Implementierungsdatei angeben. Dadurch wird sichergestellt, daß die Funktion unter dem vom Benutzer vergebenen Namen und nicht unter einem vom C++ Compiler gewählten zum Binden verfügbar gemacht wird. Der Einfachheit halber sollte die Verwendung überladener C++-Funktionsnamen vermieden werden.

 **TIP:** Beim Debuggen der Implementierung einer benutzerdefinierten Funktion kann es hilfreich sein, wenn die Funktion ihre Aktionen in einer Datei auf der Server-Maschine protokolliert. Falls die Funktion jedoch in eine Datei schreibt, muß diese Datei zum Schreiben für jeden Benutzer freigegeben sein; falls die Funktion eine Datei anlegt, muß das entsprechende Verzeichnis ebenso freigegeben sein. Man denke daran, daß die Funktion unter einen Dummy-Prozeß auf dem Server ausgeführt wird, *nicht* unter der eigenen Benutzerkennung.

Nachdem wir die Regeln zur Implementierung einer externen Funktion diskutiert haben, können wir uns die Implementierung der Funktion addiereWochen, die zu Beginn dieses Abschnittes beschrieben wurde, ansehen. Die Funktion addiereWochen hat einen Date- sowie einen Integer-Parameter und berechnet als Ergebnis einen Wert vom Typ Date, der sich durch Addition der gegebenen Anzahl von Wochen zum Eingabedatum ergibt. Die Parameter der C-Funktion, die addiereWochen implementiert, sind mit den in Abbildung 6.3 gezeigten Konventionen konform.

 **TIP:** Bei addiereWochen sowie den anderen Beispielfunktionen in diesem Kapitel sorgt das Symbol SQL_API_FN in der Funktionsdeklaration dafür, daß die Funktion auf multiple Plattformen portiert werden kann. Der Wert dieses Symbols ist die Zeichenreihe, die zur Kompilation der Funktionsdeklaration auf einer bestimmten Plattform wie z.B. AIX oder OS/2 erforderlich ist. Die Definitionen für SQL_API_FN auf drei gängigen Plattformen lauten:

▷ Auf Windows NT: _stdcall

▷ Auf OS/2: _System

▷ Auf AIX: (leere Zeichenreihe)

Die Definition von SQL_API_FN und anderer plattformabhängiger Symbole kann in sqllib/include/sqlsystm.h nachgesehen werden.

Beispielfunktion: addiereWochen

```
#include <stdio.h>
void SQL_API_FN addiereWochen
   (
   char  *datumIn,
         /* 1. Input-Parameter, char[11], null-term.   */
   long  *wochenIn,
         /* 2. Input-Parameter, long                   */
   char  *datumOut,
         /* Return Value, char[11], null-terminiert     */
   short *nullDatumIn,
         /* 1. Input-Parameter, Indikatorvariable       */
   short *nullWochenIn,
         /* 2. Input-Parameter, Indikatorvariable       */
   short *nullDatumOut,
         /* Return Value, Indikatorvariable             */
   char  *sqlstate,
         /* zurueckgg. SQLSTATE, char[6], null-term.    */
   char  *fnName,
         /* Family-Name von fn, char[28], null-term.    */
   char  *specificName,
         /* spez. Name von fn, char[19], null-term.     */
   char  *message
         /* Message Area, char[70], null-term.          */
   )
```

```
{
/*
** Das folgende Array gibt an, wie viele Tage
** in jedem Monat vorkommen.
*/
const int monatstage[] = {31, 28, 31, 30, 31, 30,
                          31, 31, 30, 31, 30, 31};
int jahr, monat, tag, konversionen, tageDiesenMonat;

/*
** Ist eine der Eingaben null, gib ein Null-
** Ergebnis zurück. (Diese Funktion hätte auch mit
** "not null call" spezifiziert werden können.)
*/
if (*nullDatumIn || *nullWochenIn)
  {
   *nullDatumOut = -1;
   return;
  }


/*
** Konvertiere Eingabedatum in Jahr, Monat und Tag
** Gib Fehlercode aus, falls Konversion scheitert.
*/
konversionen = sscanf (datumIn, "%4d-%2d-%2d",
                       &jahr, &monat, &tag);
if (konversionen != 3)
  {
   strcpy (sqlstate, "38601");
   strcpy (message, "Ungültiges Datum");
   return;
  }


/*
** Teste die Inputparameter auf Gültigkeit
*/
if (jahr < 0 || monat < 0 || monat > 12
    || tag < 0 || tag > monatstage[monat-1]
    || *wochenIn < 0)
  {
   strcpy (sqlstate, "38602");
   strcpy (message, "Ungültiger Input");
   return;
  }


/*
** Addiere die Tage, gehe dann in Monate und Jahre
** nach Bedarf.
```

```
*/
tag = tag + 7 * *wochenIn;
tageDiesenMonat = monatstage[monat-1];
if (monat == 2 && jahr % 4 == 0)
   tageDiesenMonat++;   /* Schaltjahr */
while (tag > tageDiesenMonat)
   {
   tag - tag - tageDiesenMonat;
   monat++;
   if (monat > 12)
     {
     jahr++;
     monat = 1;
     }
   tageDiesenMonat = monatstage[monat-1];
   if (monat == 2 && jahr % 4 == 0)
      tageDiesenMonat++;   /* Schaltjahr */
   }
/*
** Konvertiere das Datum zurück in einen String
** für die Ausgabe
*/
sprintf(datumOut, "%4.4d-%2.2d-%2.2d\0",
        jahr, monat, tag);
*nullDatumOut = 0;
return;
}
```

6.4.5   Installieren einer externen Funktion

Die Datei, die das eine externe Funktion implementierende C-Programm enthält, kann jeden beliebigen Namen haben und mehr als einen Funktionsrumpf enthalten. Wie in obigem Beispiel gezeigt, kann das Programm Header-Dateien wie `<stdio.h>` enthalten und Standard-C-Funktionen wie `sprintf()` aufrufen. Bevor UDB solche externen Funktionen benutzen kann, muß man diese übersetzen, binden und die ausführbare Datei im richtigen Verzeichnis auf dem Server ablegen. Ich bezeichne diese Folge von Schritten als das *Installieren* einer externen Funktion.

Der Prozeß des Installierens einer externen Funktion hängt vom verwendeten Betriebssystem und vom jeweiligen Compiler ab. Er wird im Detail im Handbuch *Building Your Applications* für das jeweilige Betriebssystem beschrieben. In diesem Abschnitt gebe ich einen allgemeinen Überblick über die darin enthaltenen Schritte.

1. Da ein Programm die Implementierungen mehrerer Funktionen enthalten kann, besteht der erste Schritt beim Installieren dieser Funktionen darin, daß man eine *Moduldefinitionsdatei* erzeugt, die sämtliche Einstiegspunkte (Funktionen) auflistet, die von dem Programm exportiert werden. Diese Datei dient als Eingabe für den Linker. Das Handbuch *Building Your Applications* enthält für jedes Betriebssystem den Namen und das Format der Moduldefinitionsdatei, wie es der Compiler erwartet; einige Moduldefinitionsdateien findet man auch im Verzeichnis `sqllib/samples/c`. Es folgen einige Beispiele:

   - Nehmen wir an, die Datei mit dem Namen `datefns.c` enthält Funktionen mit den Namen `addiereWochen` und `subtrahiereWochen`. Falls man den Microsoft Visual C++ Compiler unter Windows NT verwendet, benötigt man eine Moduldefinitionsdatei namens `datefns.def` mit folgendem Inhalt:

   ```
   LIBRARY DATEFNS
   EXPORTS
       addiereWochen
       subtrahiereWochen
   ```

   - Unter AIX wird die Moduldefinitionsdatei als *Exportfile* bezeichnet. Will man `datefns.c` unter AIX mit dem IBM XLC-Compiler übersetzen und binden, benötigt man ein Exportfile mit dem Namen `datefns.exp` mit folgendem Inhalt:

   ```
   #! export file for datefns
   addiereWochen
   subtrahiereWochen
   ```

2. Die Datei mit dem Programm, das die betreffende Funktion implementiert, wird übersetzt und gebunden. Im Verzeichnis `sqllib/samples/c` findet man ein Skript, das man zu diesem Zweck verwenden kann. Unter Windows NT kann man eine externe Funktion z.B. unter Verwendung der Batch-Datei `bldmsudf.bat` mit dem Microsoft Visual C++ Compiler oder unter Verwendung von `bldvaudf.bat` mit dem IBM Visual C++ Compiler übersetzen und binden. Skriptdateien mit ähnlichen Namen (nach dem Muster `bld..udf`) gibt es auch auf AIX und anderen Plattformen. Bevor man eine davon verwendet, sollte man sie ansehen und, wenn nötig, abändern, wobei die in der Datei selbst enthaltenen Kommentare als Anleitung dienen. Beispielsweise ist die Datei `bldmsudf.bat` vorgesehen für ein Kompilieren von in C geschriebenen Funktionen, sie enthält jedoch Kommentare, die die nötigen Modifikationen für den Fall beschreiben, daß die Funktion in C++ geschrieben ist.

3. Die in Schritt 2 erzeugte ausführbare Datei wird im geeigneten Verzeichnis auf der Server-Maschine abgelegt. Nach dem Linken des Programms `datefns.c` heißt die unter Windows oder OS/2 erzeugte ausführbare Datei `datefns.dll` und unter AIX einfach `datefns`. Als Voreinstellung sollte diese Datei im Verzeichnis `sqllib/function` auf dem Server abgelegt werden; die CREATE FUNCTION-Anweisung muß dann keinen Pfadnamen enthalten (man kann z.B. `EXTERNAL NAME 'datefns!addiereWochen'` spezifizieren). Man kann die ausführbare Datei auch in einem anderen Verzeichnis des Servers ablegen und in der CREATE FUNCTION-Anweisung den vollen Pfadnamen der Datei spezifizieren (z.B. `EXTERNAL NAME '/usr/udflib/datefns!addiereWochen'`). Falls man auf mehreren Maschinen ein paralleles Datenbanksystem betreibt, muß die Funktionsimplementierung von allen Maschinen im System aus zugreifbar sein.

Das Skript (wie z.B. `bldmsudf.bat`), das eine externe Funktion übersetzt und bindet, kopiert die resultierende ausführbare Datei in das voreingestellte Verzeichnis (`sqllib/function`) auf der lokalen Maschine. Man muß die Datei nur dann explizit dorthin kopieren, wenn man sie auf einer anderen Maschine als dem Server kompiliert hat oder wenn man sie nicht im Default-Verzeichnis installieren will.

Nachdem die ausführbare Datei in das Zielverzeichnis kopiert wurde, sollte sie für jeden Benutzer ausführbar gemacht werden. Unter AIX geschieht dies für die Datei `datefns` z.B. mit dem folgenden Befehl:

```
chmod a+x datefns
```

Man bedenke, daß der die externe Funktion ausführende Prozeß nicht unter der eigenen Benutzerkennung laufen wird, sondern unter einer Dummy-Kennung, die vom Datenbanksystem generiert wird.

4. Schließlich »registriere« man die externe Funktion durch Ausführung einer CREATE FUNCTION-Anweisung in jeder Datenbank, in der die Funktion benutzt werden soll. Diese Anweisung kann vor oder nach dem Übersetzen und Linken ausgeführt werden.

 **TIP:** Unabhängig von der verwendeten Betriebssystemplattform sollte man dafür Sorge tragen, daß die ausführbare Datei, die eine externe Funktion implementiert, gegen unautorisierte Eingriffe geschützt ist. Die Datenbank schützt die Datei nicht und führt sie aus, wann immer die Funktion aufgerufen wird. Wird die Funktionsimplementierung (irrtümlich oder vorsätzlich) durch eine andere ausführbare Datei ersetzt, kann man damit potentiell Schaden anrichten.

6.4.6 Verwendung von Lokatoren mit externen Funktionen

In Abschnitt 6.1.3 haben wir die Vorteile der Übergabe großer Objekte an Anwendungsprogramme über Lokatoren diskutiert. Ein Lokator (Querverweis) ist eine ganze Zahl, die einen Wert eines der Typen für große Objekte repräsentiert: einen Blob, Clob, Dbclob oder einen einzigartigen Typ, der auf einem dieser basiert. Der von einem Lokator repräsentierte Wert bleibt unter der Kontrolle von UDB, so daß man keinen großen Puffer hierfür bereitstellen und den Preis für einen Transfer des Wertes zwischen Datenbank und Anwendungsprogramm zahlen muß.

Die Vorteile der Manipulation großer Objekte über Querverweise gelten für externe Funktionen ebenso wie für Anwendungsprogramme. Falls eine externe Funktion ein großes Objekt als Parameter erwartet oder als Ergebnis zurückliefert, ist es wesentlich effizienter, das Objekt durch einen Lokator zu repräsentieren, als seinen gesamten Wert zu kopieren. Externe Funktionen haben jedoch eine Einschränkung, die für Anwendungsprogramme nicht gilt – sie dürfen keine SQL-Anweisungen ausführen. Dies bedeutet, daß eine externe Funktion, die ein großes Objekt in der Form eines Querverweises erhält, keine SQL-Anweisung wie `VALUES(substr(:locator, 1, 1000)) INTO :buffer` benutzen kann, um einen Teil des Objekts zur Verarbeitung in einen Puffer einzulesen.

Damit Lokatoren für externe Funktionen nützlich werden, kennt UDB eine spezielle Schnittstelle zur Manipulation großer Objekte über Lokatoren. Diese Schnittstelle umfaßt die folgenden C-Funktionen, die ich als *Lokatorfunktionen* bezeichne:

1. sqludf_length bestimmt die Länge des von einem Querverweis repräsentierten Wertes.

2. sqludf_substr holt einen genauer zu bezeichnenden Teilstring des durch einen Querverweis repräsentierten Wertes.

3. sqludf_create_locator erzeugt einen neuen Lokator, der initial ein leeres Objekt repräsentiert. Das durch den neuen Verweis repräsentierte Objekt wird im allgemeinen nach und nach über sqludf_append konstruiert.

4. sqludf_append hängt Daten aus einem Puffer an das Ende eines durch einen Lokator repräsentierten Objektes an. Dadurch kann eine externe Funktion ein großes Objekt, das als Lokator zurückgegeben werden soll, konstruieren.

5. sqludf_free_locator erlaubt dem System eine Rückgabe der mit einem Verweis assoziierten Ressourcen, die nicht länger benötigt werden.

Alle Lokatorfunktionen besitzen Return-Codes, die bei normalen Rücksprüngen auf 0 gesetzt sind und auf einen Wert ungleich 0 im Fehlerfall. Die Lokatorfunktionen sowie die Datentypen ihrer Parameter werden in sqludf.h deklariert. Ihre Definitionen lauten wie folgt:

```
extern int sqludf_length
    (
    udf_locator*    locator_p,
            /* IN: Zeigt auf einen LOB-Lokator        */
    long*           return_len
            /* OUT: Liefert die Länge des LOB-Wertes   */
    );

extern int sqludf_substr
    (
    udf_locator*    locator_p,
            /* IN: Zeigt auf einen LOB-Lokator           */
    long            start,
            /* IN: Startposition (erstes Zeichen = 1)    */
    long            length,
            /* IN: Hole so viele Bytes                   */
    unsigned char*  buffer,
            /* IN: Lies in diesen Puffer                 */
    long*           return_len
            /* OUT: Liefert die Anz. verschobener Bytes  */
    );

extern int sqludf_create_locator
    (
    int             loc_type,
            /* IN: SQL_TYP_BLOB, SQL_TYP_CLOB,
```

```
                           oder SQL_TYP_DBCLOB    */
  udf_locator**   locator_p
          /* OUT: Liefert Zeiger auf neuen Lokator    */
  );

extern int sqludf_append
  (
  udf_locator*    locator_p,
          /* IN: Zeigt auf einen LOB-Lokator      */
  unsigned char*  buffer,
          /* IN:  an den LOB anzuhängende Daten    */
  long            length,
          /* IN:  Länge dieser Daten              */
  long*           return_len
          /* OUT: Liefert LOB-Länge nach Anhängen  */
  );

extern int sqludf_free_locator
  (
  udf_locator*    locator_p
          /* IN: Zeiger auf einen LOB-Lokator      */
  );
```

Unglücklicherweise können Lokatorfunktionen nur von nicht abgeschirmten externen Funktionen aufgerufen werden, was ihre Verwendung einigermaßen gefährlich macht. Da eine nicht abgeschirmte externe Funktion in einer Datenbank potentiell Schaden anrichten kann, sollte man sie auf einer Testdatenbank sorgfältig debuggen, bevor man sie in einer Produktionsdatenbank installiert.

Als Beispiel der Verwendung von Lokatorfunktionen betrachten wir eine externe Funktion, die einen Clob nach einem vorgegebenen Wort durchsucht und jedes Vorkommen dieses Wortes zusammen mit dem Kontext, in dem es gefunden wird, zurückgibt. Die Funktion hat den Namen kontext, ihre Parameter sind der zu durchsuchende Clob sowie das Zielwort. Die Funktion gibt einen neuen Clob zurück, der jedes Vorkommen des Zielwortes im ursprünglichen Clob zusammen mit dem Kontextstring enthält, der unmittelbar auf jedes Vorkommen folgt. In diesem einfachen Beispiel werden die maximale Länge des Zielwortes sowie der Umfang des zurückzugebenden Kontextes in die externe Funktion als Konstanten kompiliert. Sowohl der Eingabe-Clob wie das Funktionsergebnis werden als Verweise übergeben.

Die SQL-Anweisung, die die Funktion kontext erzeugt, lautet wie folgt:

```
CREATE FUNCTION kontext(Clob(1M) AS LOCATOR, Varchar(10))
    RETURNS Clob(1M) AS LOCATOR
    SPECIFIC kontext
    EXTERNAL NAME 'kontext!kontext'
    LANGUAGE C
    PARAMETER STYLE DB2SQL
    DETERMINISTIC
```

```
NOT FENCED
NO EXTERNAL ACTION
NO SQL;
```

In dem C-Programm, das die Funktion kontext implementiert, soll die Zuweisung eines Puffers der Größe 1 MB, in den der gesamte Eingabe-Clob auf einmal hineinpaßt, vermieden werden. Statt dessen allokiert die Funktion einen kleinen Puffer und holt den Clob in überlappenden Abschnitten, von denen jeder nach dem Zielwort durchsucht wird. Die Überlappung zwischen Abschnitten stellt dabei sicher, daß jedesmal, wenn ein Vorkommen des Zielwortes entdeckt wird, das gesamte Wort und sein nachfolgender Kontext im Puffer enthalten sind. Die Funktion kontext erzeugt einen neuen Lokator zur Repräsentation des Ergebnisses und hängt jedes Vorkommen des Zielwortes mit nachfolgendem Kontext und Begrenzungszeichen an diesen an. Wenn das Ende der Eingabe erreicht ist, gibt die Funktion einfach diesen Ausgabelokator zurück.

Die Implementierung der Funktion kontext lautet wie folgt:

Beispielfunktion: kontext

```
#include <string.h>
#include <stdio.h>
#include <stdlib.h>
#include <sqlenv.h>
#include <sqludf.h>

#define CHUNKSIZE 1000
#define WORDSIZE 10
#define CONTEXTSIZE 20
#define BUFFERSIZE CHUNKSIZE+WORDSIZE+CONTEXTSIZE
#define OUTPUTMAX 1000000
#define BADNEWS "70001"

void SQL_API_FN kontext
    (
    udf_locator *inClobLoc,
            /* IN: Lokator für Input-Clob          */
    char  *targetWord,
            /* IN: zu suchendes Wort               */
    udf_locator *outClobLoc,
            /* OUT: Lokator für Ausgabe-Clob       */
    short *nullInput,
            /* IN: Null-Indicator für Param. 1     */
    short *nullTarget,
            /* IN: Null-Indicator für Param. 2     */
    short *nullOutput,
            /* OUT: Null-Indicator für Return Value */
    char  *sqlstate,
            /* OUT: zurückgg. SQLSTATE, null-term. */
```

```
char  *fnName,
          /* IN: Name der Funktion                 */
 char  *specificName,
          /* IN: spezifischer Name der Funktion    */
 char  *message
          /* OUT: Return-Message-Bereich           */
)
{
char buffer[BUFFERSIZE];
            /* Enthält einen Abschnitt von Input-Daten */
long inputLength;
            /* Gesamtlänge des Input-Clob            */
long targetWordLength;
          /* Länge des Zielwortes                    */
long outputLength;
            /* Gesamtlänge des Ausgabe-Clob          */
long inputScanned;
          /* Anz. bisher gelesener Input-Zeichen    */
long charsInBuffer;
          /* Anz. aktuell im Puffer befindl. Zeichen */
long thisChunk;
          /* Anz. Zeichen im aktuellen Abschnitt    */
long thisContextLength;
          /* Wieviel Kontext für dieses Wort drucken? */
long i;
          /* Iteriert über die Zeichen im Puffer    */
long rc;  /* Return-Code von sqludf-Aufrufen        */

/*
** Bestimme Länge des Input-Clob
*/
rc = sqludf_length(inClobLoc, &inputLength);
if (rc)
   {
   strcpy(sqlstate, BADNEWS);
   sprintf(message, "sqludf_length lieferte %d", rc);
   return;
   }

/*
** Stelle sicher, dass Zielwort nicht länger ist
** als WORDSIZE
*/
targetWordLength = strlen(targetWord);
if (targetWordLength > WORDSIZE)
   {
   strcpy(sqlstate, BADNEWS);
   sprintf(message, "Sorry, Zielwort ist zu lang");
```

```
    return;
    }


/*
** Erzeuge einen Output-Clob-Lokator
*/
rc = sqludf_create_locator(SQL_TYP_CLOB, &outClobLoc);
if (rc)
    {
    strcpy(sqlstate, BADNEWS);
    sprintf(message, "sqludf_create_locator
            lieferte %d", rc);
    return;
    }

inputScanned = 0;
outputLength = 0;

/*
** Durchsuche bis zum Ende des Input-Clob
** oder bis der Platz im Output-Clob verbraucht.
*/
while ( inputScanned < inputLength
     && outputLength+WORDSIZE+CONTEXTSIZE < OUTPUTMAX )
    {
    /*
    ** Lies einen Abschnitt des Input-Clob in den
    ** Puffer und setze charsInBuffer auf die
    ** tatsächliche Anzahl gelesener Zeichen.
    */
    rc = sqludf_substr(inClobLoc,
            inputScanned + 1,
            BUFFERSIZE,
            (unsigned char *)buffer,
            &charsInBuffer);
    if (rc)
        {
        strcpy(sqlstate, BADNEWS);
        sprintf(message, "sqludf_substr lieferte %d",
                        rc);
        return;
        }

    if (charsInBuffer < CHUNKSIZE)
                thisChunk = charsInBuffer;
    else thisChunk = CHUNKSIZE;

    for (i=0; i<thisChunk; i++)
```

```
    {
    if (!strncmp(targetWord, &buffer[i],
        targetWordLength))
      {
      /*
      ** Hänge Zielwort und seinen Kontext an
      ** den Output-Clob an.
      */
      if (i + targetWordLength + CONTEXTSIZE
          < charsInBuffer)
          thisContextLength = targetWordLength
                              + CONTEXTSIZE;
      else thisContextLength = charsInBuffer - i;
      rc = sqludf_append(outClobLoc,
              (unsigned char *)buffer + i,
              thisContextLength,
              &outputLength);
      if (rc)
          {
          strcpy(sqlstate, BADNEWS);
          sprintf(message, "sqludf_append
                  lieferte %d", rc);
          return;
          }
      /*
      ** Hänge einen "!" Begrenzer an zur Kenn-
      ** zeichnung des Kontextendes
      */
      rc = sqludf_append(outClobLoc,
              (unsigned char *)"!",
              1,
              &outputLength);
      if (rc)
          {
          strcpy(sqlstate, BADNEWS);
          sprintf(message, "sqludf_append
                      lieferte %d", rc);
          return;
          }

      }
    /* Ende Fall passendes Wort gefunden        */
    }
  /* Ende der for-Schleife zum Suchen im Puffer  */

  inputScanned += thisChunk;
  }
/* Ende der while-Schleife zum Lesen von Abschnitten
```

```
** in den Puffer
*/


/*
** Wurden keine Zielwörter gefunden, wird der Output-
** Clob mit dem leeren String initialisiert.
*/
return;
}
```

6.4.7 Scratchpad-Funktionen

Eine Scratchpad-Funktion (»Notizzettel«-Funktion) ist eine externe Funktion, die Information von einem Funktionsaufruf zum anderen weiterreichen möchte. Falls eine CREATE FUNCTION-Anweisung den Zusatz SCRATCHPAD enthält, wird der Funktionsrumpf mit einem 100 Byte großen »Scratchpad«-Bereich versehen, in den beliebige Daten geschrieben werden können. Die Daten im Scratchpad bleiben zwischen Funktionsaufrufen erhalten, so daß ein neuer Aufruf der Funktion jeweils die vom vorherigen Aufruf abgelegten Daten sehen kann. Die Daten im Scratchpad bleiben allerdings nur für die Dauer der Verarbeitung einer gegebenen SQL-Anweisung erhalten, nicht zwischen verschiedenen SQL-Anweisungen. Benutzt man z.B. in der Anweisung SELECT foo(c1) FROM t1 die Scratchpad-Funktion foo, so wird diese Funktion für jedes Tupel der Tabelle T1 einmal ausgeführt, und die Scratchpad-Daten bleiben über alle diese Aufrufe erhalten. Wird dieselbe SQL-Anweisung dagegen ein weiteres Mal ausgeführt, erhält sie ein neues Scratchpad. Wird eine Funktion innerhalb derselben SQL-Anweisung mehrfach benutzt, erhält jede Verwendung der Funktion ein separates Scratchpad.

Wird eine Funktion mit der Option SCRATCHPAD kreiert, so wird bei jedem Funktionsaufruf ein Parameter mit einem Zeiger auf den Scratchpad-Bereich übergeben. Der Datentyp dieses Parameters ist struct sqludf_scratchpad*. Die Deklaration der Scratchpad-Struktur, die man in sqllib/include/sqludf.h finden kann, lautet wie folgt:

```
struct sqludf_scratchpad
    {
    unsigned long  length;
                   /* Länge des Datenbereichs    */
    char           data[100];
                   /* Initialisiert zu binären 0en */
    };
```

Wie man an der Deklaration erkennen kann, enthält das Scratchpad 100 Byte, die die Funktionsimplementierung nach Belieben verwenden kann. Sollte die Funktion mehr als 100 Byte an Daten zwischen einzelnen Aufrufen erhalten wollen, kann sie weiteren Speicher (über malloc) allokieren und einen Zeiger darauf im Scratchpad unterhalten.

Der Scratchpad-Bereich wird vor dem ersten Funktionsaufruf in jeder SQL-Anweisung mit binären Nullen initialisiert. Der Funktionsrumpf kann auf Nullen testen, um den ersten Aufruf zu erkennen, oder er kann die Option FINAL CALL benutzen, die für die Übergabe eines Parameters sorgt, der beim ersten Aufruf –1, beim letzten +1 und bei allen anderen innerhalb einer SQL-Anweisung 0 enthält. Der »finale Aufruf« ist ein spezieller, der nach Ende der Verarbeitung der SQL-Anweisung durchgeführt wird.[7] Falls der Funktionsrumpf Speicher allokieren muß, sollte er mit der Option FINAL CALL versehen sein und den Speicher beim finalen Aufruf freigeben. Da der finale Aufruf nach der Verarbeitung der SQL-Anweisung stattfindet, sind seine Ein- und Ausgabeparameter (abgesehen vom Parameter `calltype`, der den finalen Aufruf kennzeichnet) ohne Bedeutung.

Das wahrscheinlich einfachste Beispiel einer Scratchpad-Funktion ist eine Funktion, die die Anzahl von Malen zählt, die sie innerhalb einer SQL-Anweisung aufgerufen wird. Da alle von dieser Funktion gespeicherten Daten in das Scratchpad passen, braucht sie weder Speicherplatz zu allokieren noch die Option FINAL CALL. Die Funktion verläßt sich darauf, daß das Scratchpad vor dem ersten Funktionsaufruf innerhalb einer SQL-Anweisung mit binären Nullen initialisiert wird. Der Funktionsrumpf könnte wie folgt aussehen:

```c
#include <stdlib.h>
#include <sqludf.h>

void SQL_API_FN seqnr
  (
   long  *returnValue,
            /* Return Value, eine Integer  */
   short *returnNull,
            /* Return-Indikatorvariable   */
   char  *sqlstate,
            /* zurückgg. SQLSTATE, char[6] */
   char  *fnName,
            /* Family-Name der Fkt, char[28] */
   char  *specificName,
            /* spez. Name der Fkt, char[19] */
   char  *message,
            /* Message-Area, char[70]     */
   struct sqludf_scratchpad *scratchpad
            /* in sqludf.h                */
  )
{
long *p;
p = (long *)(scratchpad->data);
            /* zeige auf Pad-Daten        */
*p = (*p)+1 /* inkrementiere Zeiger im Pad */
*returnValue = *p; /* gib Zählerwert zurück */
*returnNull = 0;
return;
}
```

---

7. Ist die SQL-Anweisung, die die Funktion enthält, eine Anfrage, die über einen Cursor verarbeitet wird, findet der »final call« zu dem Zeitpunkt statt, zu der Cursor (entweder durch eine CLOSE-Anweisung oder das Ende der betreffenden Transaktion) geschlossen wird.

Wenn eine Scratchpad-Funktion parallel auf mehreren Knoten ausgeführt wird, erhält jeder Knoten sein eigenes, beim ersten Aufruf zu 0 initialisiertes Scratchpad. Ist FINAL CALL deklariert, bekommt die Funktion einen speziellen »initialen Aufruf« sowie einen »finalen Aufruf« auf jedem teilnehmenden Knoten. Die Funktion kann dann den initialen Aufruf z.B. zur Durchführung von Berechnungen und zur Ablage des Ergebnisses im Scratchpad benutzen, was mit der Parallelverarbeitung nicht kollidiert. Falls die Funktion jedoch ihr Scratchpad zur Weitergabe von Informationen von einem Funktionsaufruf an den nächsten verwendet (d.h. von der Verarbeitung einer Zeile zur Verarbeitung der nächsten), kann die Funktion nicht parallel ausgeführt werden. Obige Funktion seqnr ist ein typisches Beispiel für eine solche Funktion. Eine Funktion kann natürlich nicht erfolgreich Folgenummern an jede verarbeitete Zeile zuweisen, wenn jeder Knoten seine eigene Zählung unterhält.

Die Funktion seqnr wird in der Datenbank durch folgende Anweisung registriert (die unterstellt, daß die ausführbare Datei im Default-Verzeichnis sqllib/function abgelegt wurde); man beachte, daß die Funktion als NOT DETERMINISTIC deklariert wird, so daß sie nicht notwendig bei jedem Aufruf das gleiche Ergebnis liefert.

```
CREATE FUNCTION seqnr() RETURNS Integer
    EXTERNAL NAME 'seqnr!seqnr'
    SPECIFIC seqnr
    NOT DETERMINISTIC
    NO EXTERNAL ACTION
    LANGUAGE C
    FENCED
    PARAMETER STYLE DB2SQL
    NO SQL
    SCRATCHPAD
    DISALLOW PARALLEL;
```

Man kann die so definierte Funktion seqnr in einer Anfrage dazu verwenden, automatisch eine Folgenummer für jede Zeile einer Ergebnismenge zu generieren. Als Beispiel nehmen wir an, daß alle Kandidaten einer Bürgermeisterwahl sowie die Daten, an denen sie ihre Kandidatur erklärt haben, in einer Tabelle mit folgender Struktur erfaßt sind:

KANDIDATEN

NAME	PARTEI	EINSTIEGSDATUM

Die folgende Anfrage listet alle Kandidaten mit jeweils einer Folgenummer, die angibt, in welcher Reihenfolge sie in den Wahlkampf eingestiegen sind:

```
SELECT seqnr() AS folgenr, name, partei, einstiegsdatum
FROM kandidaten
ORDER BY einstiegsdatum;
```

TIP: Es wird nicht empfohlen, Scratchpad-Funktionen innerhalb von Bedingungen (Constraints), von Triggern (siehe Kapitel 7) oder von korrelierten Unteranfragen zu benutzen. Der Grund ist, daß eine gegebene SQL-Anweisung veranlassen kann, daß eine Bedingung, ein Trigger oder eine korrelierte Unteranfrage mehrfach ausgeführt wird. Das System garantiert nur einmal eine Initialisierung eines Scratchpads, und zwar zu Beginn der äußersten SQL-Anweisung. Scratchpad-Funktionen innerhalb von Bedingungen, Triggern oder korrelierten Unteranfragen werden daher möglicherweise nicht korrekt initialisiert.

Als weiteres Beispiel der Anwendung von Scratchpad-Funktionen betrachten wir die folgende Tabelle von Angestellten:

ANGESTELLTE

NAME	JOB	GEHALT

Wir nehmen an, diese Tabelle soll nach dem Ingenieur mit dem dritthöchsten Gehalt durchsucht werden. Diese Anfrage ist in gewöhnlichem SQL überraschend schwierig auszudrücken. Ein erster Versuch könnte wie folgt aussehen:

```
SELECT name, gehalt
FROM angestellte a
WHERE job = 'Ingenieur'
AND 2 =
    (SELECT count(*)
    FROM angestellte
    WHERE job = 'Ingenieur'
    AND gehalt > a.gehalt);
```

Bei genauem Hinsehen zeigt diese Anfrage zwei ernste Probleme. Das erste ist ihre Effizienz: Die korrelierte Unteranfrage muß einen enormen Aufwand treiben, um die Antwort auf eine so einfache Anfrage zu finden. Das schwerwiegendere Problem ist, daß die Anfrage in dem Fall keine richtige Antwort liefert, wenn unter den Ingenieursgehältern Duplikate vorkommen. Man betrachte z.B. den Fall, daß zwei Ingenieure in der Gehaltsskala das zweithöchste Gehalt beziehen; die obige Anfrage liefert dann die leere Menge als Ergebnis.

Ein anderer Ansatz zur Beantwortung dieser Anfrage besteht darin, Ingenieure zuerst nach absteigend sortierten Gehältern und dann lediglich die ersten drei zu selektieren. Diese Lösung ist nicht sonderlich elegant und erfordert, daß das Datenbanksystem eine Menge unnötiger Arbeit verrichtet, z.B. ein Sortieren aller Ingenieure nach Gehältern, obwohl nur die ersten drei benötigt werden. Eine wesentlich bessere Lösung bestünde darin, nur einen Durchgang durch alle Ingenieure zu machen und sich dabei das bisher jeweils dritthöchste Gehalt zu merken. Nach Beendigung des Durchgangs steht dann das dritthöchste Gehalt fest, und man kann alle Ingenieure selektieren, die dieses Gehalt beziehen (denn es kann ja immer noch Duplikate geben).

Eine Implementierung der gerade beschriebenen Lösung liefert ein interessantes Beispiel für eine benutzerdefinierte Funktion, die die Optionen SCRATCHPAD und FINAL CALL benutzt. Wir schreiben als nächstes eine allgemeine Funktion nbester, die zur Bestimmung der n-größten ganzen Zahl in einer Multimenge von Integers verwendet werden kann (wir benutzen den Namen nbester, weil er kurz ist, und wir hoffen, eine Diskussion darüber, ob größter gleich bester ist, vermeiden zu können).[8]

Als SQL-Funktion erwartet nbester zwei Parameter. Der erste ist ein Wert aus der zu durchlaufenden Menge, der zweite ist n, der Rang des gewünschten Wertes innerhalb der Menge. Die Funktion nbester wird so geschrieben, daß sie innerhalb einer SQL-Anweisung wiederholt aufgerufen werden kann und eine Menge von Werten elementweise untersucht. Der zweite Parameter, der den gewünschten Rang angibt, ist nur beim ersten Aufruf der Funktion innerhalb einer SQL-Anweisung von Bedeutung. Bei jedem Aufruf gibt die Funktion nbester den n-größten, bisher gesehenen Wert zurück; wurden weniger als n (verschiedene) Werte betrachtet, gibt sie null zurück. In einer Folge von Aufrufen zur Bestimmung des n-größten Wertes gibt nbester also zunächst n Nullwerte zurück und erst danach eine nicht abnehmende Folge von Werten, die in dem gewünschten Wert kulminiert. Durch Verwendung von nbester innerhalb der Funktion max kann der endgültige (korrekte) Wert von den anderen isoliert und als Anfrageergebnis zurückgegeben werden. So wird z.B. das drittgrößte Ingenieursgehalt mit folgender Anfrage bestimmt:

```
SELECT max(nbester(gehalt, 3))
FROM angestellte
WHERE job = 'Ingenieur';
```

Diese Anfrage kann wie folgt als Unteranfrage bei der Bestimmung der Ingenieure, die das drittgrößte Gehalt beziehen, verwendet werden:

```
SELECT name, gehalt
FROM angestellte
WHERE job = 'Ingenieur'
AND gehalt =
    (SELECT max(nbester(gehalt, 3))
    FROM angestellte
    WHERE job = 'Ingenieur');
```

Die folgende SQL-Anweisung kann zum Registrieren der Funktion nbester als externe Funktion in der Datenbank verwendet werden. Man beachte, daß die Funktion als NOT DETERMINISTIC deklariert wird, da zwei Funktionsaufrufe mit denselben Parametern nicht immer dasselbe Ergebnis liefern. Dies ist häufig der Fall bei Scratchpad-Funktionen, da ihre Ergebnisse oft vom Zustand des Scratchpads und von den Eingabeparametern abhängen.

---

8. Die Funktion nbester in diesem Beispiel operiert auf Integer-Werten, und wir nehmen hier an, daß Gehälter als ganze Zahlen dargestellt sind; natürlich kann eine Funktion nbester analog für Werte vom Typ Decimal oder Geld oder irgendeinem anderen Typ, der Vergleiche unterstützt, geschrieben werden.

```
CREATE FUNCTION nbester(Integer, Integer)
            -- Wertekandidat, gewünschter Rang --
    RETURNS Integer
            -- Wert mit dem gewünschten Rang --
    SPECIFIC nbester
    EXTERNAL NAME 'nbester!nbester'
    NOT DETERMINISTIC
    NO EXTERNAL ACTION
    LANGUAGE C
    FENCED
    PARAMETER STYLE DB2SQL
    NO SQL
    SCRATCHPAD
    FINAL CALL
    DISALLOW PARALLEL;
```

Die Implementierung der Funktion nbester ist unten angegeben. Der erste Schritt bei der Implementierung ist, über die Verwendung des Scratchpads zu entscheiden. Da wir nicht wissen, wie viele Werte gespeichert werden müssen (es könnte ja jemand nach dem 5000 größten Wert fragen), benötigen wir Speicherplatz für eine Liste der n größten Werte. Im Scratchpad wird der gewünschte Rang protokolliert, die Anzahl der bisher betrachteten Werte sowie ein Zeiger auf ein Array von bis zu n Werten, das eine sortierte Liste der höchsten bisher gesehenen Werte enthält. Wir deklarieren diese drei Variablen in Form einer Struktur mit der Bezeichnung meinPad, das dem vom System bereitgestellten Scratchpad überlagert wird.

Die an das C-Programm, das nbester implementiert, übergebenen Parameter umfassen einen Zeiger auf den vom System bereitgestellten Scratchpad-Bereich sowie eine ganze Zahl, die den Typ des Aufrufs (erster, mittlerer, letzter) angibt. Beim ersten Aufruf testet die Funktion, ob der Parameter n gültig ist, und weist sodann genügend Speicher zu, um die n größten der bisher betrachteten ganzen Zahlen aufnehmen zu können. Bei jedem Aufruf außer dem letzten erhält die Funktion einen neuen Integer-Wert und fügt diesen gegebenenfalls (d.h. falls es sich um einen neuen Wert handelt) an die richtige Stelle im Scratchpad-Array ein. Enthält das Array weniger als n Werte, gibt die Funktion null zurück; ansonsten gibt sie den n-größten Wert in dem Array zurück (da das Array die Größe n hat, ist dies gerade der kleinste Wert im Array). Beim finalen Aufruf gibt die Funktion den anfangs allokierten Speicherplatz zurück. Da der letzte Aufruf keinen neuen Integer-Wert übergibt, braucht die Funktion jetzt keine Parameter mehr zu untersuchen und keinen Wert mehr zurückzugeben.

Beispielfunktion: nbester

```
#include <string.h>
#include <stdlib.h>
#include <sqludf.h>
```

```
/*
**   SCHRITT 1: Definiere eine Struktur zur Überlagerung
**              auf dem Scratchpad.
*/
typedef struct
   {
   long   gewRang;
                /* Rang des gewünschten Wertes         */
   long   anzWerte;
                /* wieviele Werte sind im Array         */
   long  *grosseWerte;
                /* Array der bisher grössten Werte      */
   } meinPad;


/*
**   SCHRITT 2: Deklariere die Parameter der Funktions-
**              Implementierung.
*/
void SQL_API_FN nbester
   (
   long  *inWert,
        /* 1. Inputparameter, ein Integer-Wert        */
   long  *inRang,
        /* 2. Inputparameter, Rang des gew. Wertes    */
   long  *outWert,
        /* Ergebnis: Wert vom gewünschten Rang        */
   short *inWertNull,
        /* 1. Inputparameter, Null-Indikator          */
   short *inRangNull,
        /* 2. Inputparameter, Null-Indikator          */
   short *outNull,
        /* Return Value, Null-Indikator               */
   char  *sqlstate,
        /* zurückgg. SQLSTATE, char[6], null-term.    */
   char  *fnName,
        /* Family-Name der Fkt., char[28], null-term. */
   char  *specificName,
        /* spez. Name der Fkt., char[19], null-term.  */
   char  *message,
        /* Message-Area, char[70], null-term.         */
   struct sqludf_scratchpad *scratchpad,
        /* deklariert in sqludf.h                     */
   long  *calltype
        /* -1 = 1. Aufruf, 0 = normal, 1 = letzter A. */
   )

   {
   meinPad *p;
```

```
      /* überlagere diesen Zeiger auf dem Scratchpad */
long least, temp;
      /* lokale Variablen                      */
int i;
      /* Schleifenzähler                       */

p = (meinPad *)(scratchpad->data);

/*
**  SCHRITT 3: Beim ersten Aufruf wird Platz zum
**             Speichern der höchsten n Werte
**             zugewiesen.
*/
if (*calltype == -1)   /* erster Aufruf */
   {
   if (*inRangNull != 0 || *inRang <= 0)
      {
       strcpy (sqlstate, "38601");
       strcpy (message, "Falscher Rang");
       return;
      }
   p -> gewRang = *inRang;
   p -> anzWerte = 0;
   p -> grosseWerte = (long *)malloc(*inRang * 4);
   }

/*
**  SCHRITT 4: Beim letzten Aufruf wird der
**             allokierte Platz freigegeben.
*/
if (*calltype == 1)  /* letzter Aufruf */
   free(p->grosseWerte);

/*
**  SCHRITT 5: Bei erstem oder mittlerem Aufruf wird
**             der aktuelle Wert gespeichert, falls er
**             unter den n höchsten bisher betrachteten
**             Werten vorkommt.
*/
if (*calltype < 1)    /* erster oder mittlerer Aufruf */
   {
   if (*inWertNull == 0)
      {
      least = *inWert;
      for (i = 0; i < p->anzWerte; i++)
         {
         if (p->grosseWerte[i] < least)
            {
```

```
        temp = least;              /* austauschen */
        least = p->grosseWerte[i]; /* austauschen */
        p->grosseWerte[i] = temp;  /* austauschen */
        }
      }
    if (p->anzWerte < p->gewRang)
      {
      p->anzWerte++;
      p->grosseWerte[p->anzWerte - 1] = least;
      }
    }


  /*
  **  SCHRITT 6: Gib den n-höchsten bisher betrachteten
  **             Wert zurück (bzw. null, falls weniger
  **             als n Werte betrachtet wurden).
  */
  if (p->anzWerte < p->gewRang)
    {
    *outNull = -1;
            /* Array nicht voll, gib null zurück */
    return;
    }
  else
    {
    *outWert = p->grosseWerte[p->gewRang - 1];
    *outNull = 0;
    return;
            /* Return Value hat gewünschten Rang */
    }
  }       /* Ende erster oder mittlerer Aufruf */
}
```

6.4.8 Tabellenfunktionen

Eine Tabellenfunktion ist eine externe Funktion, die eine Tabelle anstelle eines skalaren Wertes zurückgibt. Tabellenfunktionen sind sehr mächtig, weil man durch sie nahezu jede Art von Daten als UDB-Tabelle erscheinen lassen kann. Man benötigt dazu lediglich ein C-Programm, das die gewünschten Daten aufsammelt, sie gegebenenfalls anhand eines Eingabeparameters filtert und sie sodann zeilenweise an UDB zurückgibt. Die von einer Tabellenfunktion erzeugte Tabelle kann an Verbundoperationen, Gruppierungen, Mengenoperationen wie UNION sowie anderen Operationen, die man auch auf Read-only-Sichten anwenden könnte, teilnehmen.

In Abschnitt 5.3 haben wir gelernt, wie man Tabellenfunktionen in der FROM-Klausel einer Anfrage benutzt. In diesem Abschnitt werden wir lernen, wie man eine Tabellenfunktion erzeugt und implementiert. Eine Tabellenfunktion wird mit einer CREATE FUNCTION-Anweisung erzeugt, die eine ähnliche Syntax hat wie die Anweisung zur Erzeugung einer externen skalaren Funktion. Diese Syntax lautet wie folgt:

Create-External-Table-Function-Anweisung

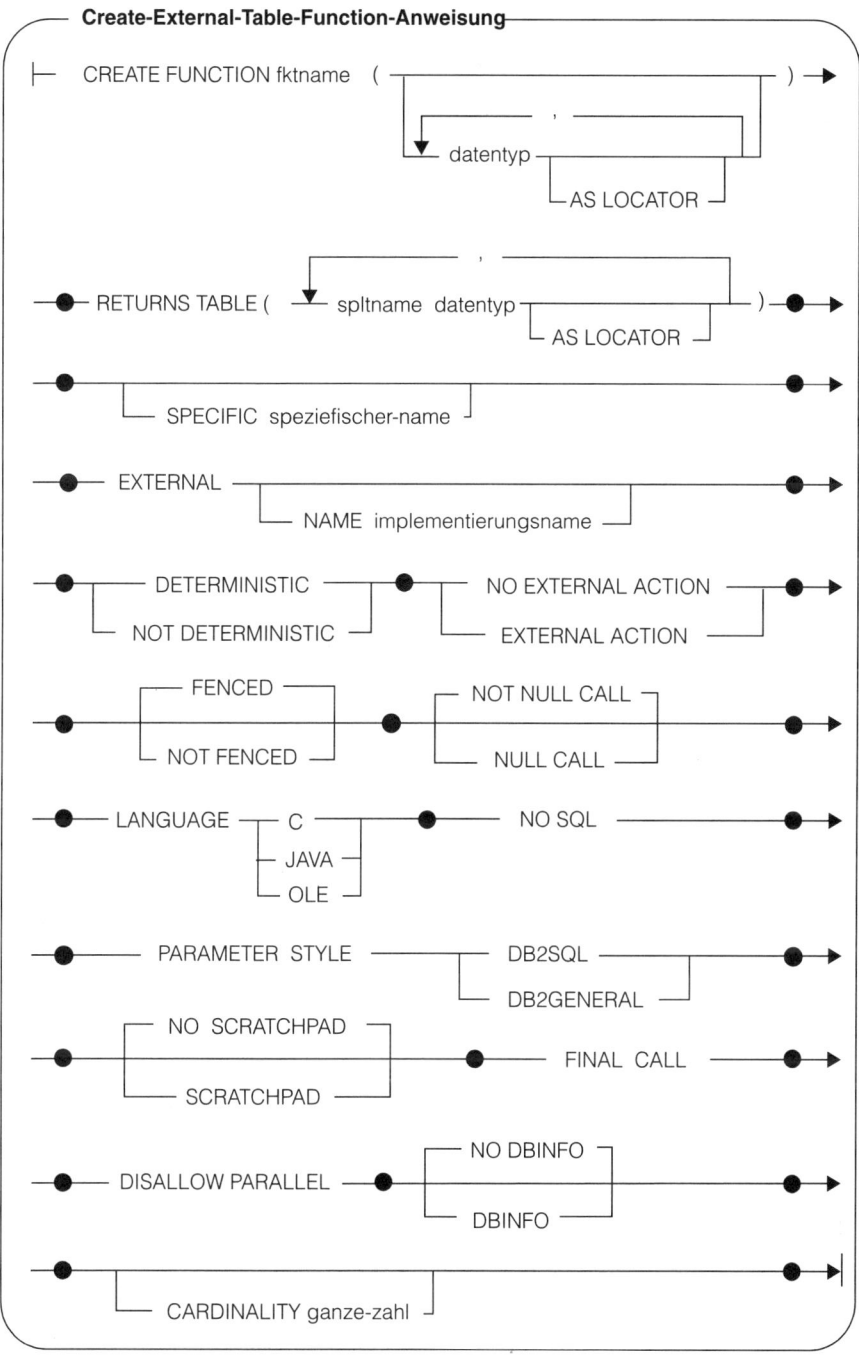

Wie man sehen kann, liegt der Hauptunterschied zwischen der CREATE FUNCTION-Anweisung für eine externe skalare Funktion und der für eine Tabellenfunktion in der RETURNS-Klausel. Bei einer Tabellenfunktion enthält die RETURNS-Klausel das Wort TABLE und spezifiziert anstelle eines einzelnen Datentyps einen Attributnamen und einen Datentyp für jede Spalte der von der Funktion zurückzugebenden Tabelle. Wie bei einer skalaren Funktion können Werte von einem LOB-Typ direkt oder in Form von Querverweisen an eine Tabellenfunktion übergeben oder von dieser zurückgegeben werden.

Darüber hinaus unterscheidet sich die CREATE FUNCTION-Anweisung für eine Tabellenfunktion von der für eine externe skalare Funktion in folgenden Aspekten:

1. Die FINAL CALL-Klausel ist für die Erzeugung einer Tabellenfunktion obligatorisch.

2. Eine Tabellenfunktion läuft immer auf einem einzelnen Knoten und erfordert daher die Angabe DISALLOW PARALLEL.

3. Die Bedeutung von NOT NULL CALL ist anders bei Tabellenfunktionen. Wird eine Tabellenfunktion mit einem Null-Argument aufgerufen, wenn NOT NULL CALL spezifiziert wurde, so unterstellt das System, daß das Ergebnis der Tabellenfunktion eine leere Tabelle (mit 0 Zeilen) ist.

4. Bei der Erzeugung einer Tabellenfunktion kann man eine CARDINALITY-Klausel angeben, die eine Schätzung der Anzahl von Zeilen, die man im Ergebnis erwartet, enthält. Diese wird vom Optimierer zur Erstellung von Ausführungsplänen für Anfragen benutzt, die die betreffende Tabellenfunktion aufrufen. So wird z.B. die beste Ausführungsreihenfolge für einen Verbund mehrerer Tabellen stark von den zu erwartenden Kardinalitäten der betreffenden Tabellen beeinflußt.

In Abschnitt 5.3 haben wir das Beispiel einer Tabellenfunktion mit dem Namen verkäufe beschrieben, die den Namen einer Filiale eines Büromateriallieferanten als Eingabeparameter erwartet und eine vierspaltige Tabelle ausgibt, die die von einem Point-of-Sale-System für diese Filiale gesammelten Verkaufsdaten enthält. Die Spalten der Ausgabetabelle sind VERKAUFSDATUM, PRODUKT, ANZAHL und PREIS. Die SQL-Anweisung zur Erzeugung der Funktion verkäufe kann wie folgt lauten:

```
CREATE FUNCTION verkäufe (Varchar(20))
    RETURNS TABLE (verkaufsdatum Date,
                   produkt       Varchar(20),
                   anzahl        Integer,
                   preis         Integer)
    EXTERNAL NAME 'storefns.verkäufe'
    DETERMINISTIC
    NO EXTERNAL ACTION
    LANGUAGE C
    FENCED
    PARAMETER STYLE DB2SQL
    NO SQL
    SCRATCHPAD
    FINAL CALL
    DISALLOW PARALLEL;
```

Die Regeln zum Schreiben eines C-Programms, das eine Tabellenfunktion implementiert, sind denen zur Implementierung einer externen skalaren Funktion ebenfalls ähnlich. Die Parameterkonventionen für Tabellenfunktionen sind in Abbildung 6.4 gezeigt. Ein Vergleich der Abbildungen 6.3 und 6.4 zeigt, daß sich die Parameterkonventionen für Tabellenfunktionen von denen für externe skalare Funktionen nur bei den »return parameters« (Rückgabeparametern) unterscheiden. Anstelle eines einzelnen Rückgabeparameters und eines einzelnen Rückgabenullindikators hat eine Tabellenfunktion solche für jede Spalte der Ergebnistabelle. Wie bei einer externen skalaren Funktion werden die von einer Tabellenfunktion zurückgegebenen Spaltenwerte unter Verwendung der in Tabelle 6.5 angegebenen C-Datentypen dargestellt.

Tabellenfunktionen, die in SQL-Anweisungen vorkommen, werden nach den gleichen Regeln wie skalare Funktionen resolviert und berücksichtigen dabei den Funktionspfad. Natürlich kommt es zu einem Fehler, wenn ein Funktionsaufruf, der an einer Stelle steht, an der eine skalare Funktion erwartet wird, zu einem Tabellennamen aufgelöst wird oder umgekehrt.

```
void funcname(
            input SQL parameters,      /* IN */
            return column parameters,  /* OUT */
            input null indicators,     /* IN */
            return null indicators,    /* OUT */
            SQLSTATE,                  /* OUT */
            SQL function name,         /* IN */
            specific name,             /* IN */
            error message,             /* OUT */
            scratchpad,                /* IN */
            final call indicator,      /* IN */
            dbinfo pointer             /* IN */
            );
```

Abbildung 6.4:
Parameterkonventionen für Tabellenfunktionen

Wenn eine Tabellenfunktion in einer SQL-Anweisung aufgerufen wird, wird eine Folge von Aufrufen an das C-Programm abgesetzt, das die Funktion implementiert. Der erste davon ist ein OPEN-Call, bei dem der Final-Call-Indikator auf den Wert SQL_TF_OPEN (numerischer Wert –1) gesetzt ist. Der OPEN-Call erlaubt der Tabellenfunktion die Durchführung vorbereitender Aktionen, wie Öffnen von Dateien, Allokation von Speicher und Initialisierung des Scratchpads. Außer einem SQLSTATE werden dabei noch keine Daten zurückgegeben. Nach dem OPEN-Call ruft das System die Tabellenfunktion mit einer Folge von FETCH-Calls auf, bei denen der Final-Call-Indikator auf den Wert SQL_TF_FETCH (numerischer Wert 0) gesetzt ist. Bei jedem dieser Aufrufe wird von der Tabellenfunktion die Rückgabe einer Zeile der Ergebnistabelle erwartet. Bei jedem Aufruf, bei dem eine Zeile erfolgreich zurückgegeben wird, muß die Tabellenfunktion den Wert von SQLSTATE auf »00000« setzen. Nachdem alle Zeilen der Ergebnistabelle vorliegen, zeigt die Tabellenfunktion durch Setzen von SQLSTATE auf »02000« an, daß es keine weiteren Zeilen mehr gibt. Das System ruft die Funktion dann noch ein weiteres Mal auf, wobei der Final-Call-Indikator jetzt auf SQL_TF_CLOSE (numerischer Wert +1) gesetzt ist; die Funktion kann dadurch Aufräumaktionen wie Schließen von Dateien und die Freigabe von Speicher durchführen. Das System führt auch dann einen CLOSE-Call aus, wenn es entschieden hat, daß keine weiteren Zeilen benötigt werden (z.B. weil der Cursor, der Zeilen aus der Tabellenfunktion bezogen hat, geschlossen wurde).

Beim Schreiben einer Tabellenfunktion muß man sicherstellen, daß die Funktion irgendwann einen SQLSTATE mit dem Wert »02000« zurückgibt, was das Ende der berechneten Tabelle anzeigt. Wird dieser Wert für SQLSTATE niemals zurückgegeben, ruft das System die Funktion immer weiter auf, und man benötigt die Hilfe des jeweiligen Betriebssystems, um diese Schleife zu beenden. Um sich gegen dieses Problem zu schützen, wird eine Tabellenfunktion fast immer ein Scratchpad verwenden müssen, um sich in der Menge der zurückzugebenden Zeilen zurechtzufinden. Wenngleich eine SCRATCHPAD-Klausel beim Erzeugen einer Tabellenfunktion nicht obligatorisch ist, ist es nicht einfach, nützliche Tabellenfunktionen ohne diese Option zu schreiben.

 TIP: UDB initialisiert das Scratchpad zu Beginn jeder SQL-Anweisung mit Nullen. Innerhalb einer SQL-Anweisung kann eine Tabellenfunktion jedoch mehr als eine Folge von OPEN-, FETCH- und CLOSE-Calls erhalten. So ruft z.B. die letzte in Abschnitt 5.3 angegebene Anfrage (die auf der Tabelle VERKAUFSPLAN operiert) die Tabellenfunktion verkäufe wiederholt auf zwecks Bestimmung der Verkaufsdaten verschiedener Filialen. UDB garantiert keine neue Initialisierung eines Scratchpads bei jedem OPEN-Call an eine Tabellenfunktion. Damit sich eine Tabellenfunktion richtig verhält, sollte man das zugehörige Scratchpad bei jedem OPEN-Call explizit initialisieren, anstatt sich auf eine Initialisierung durch das System zu verlassen.

Bevor eine Tabellenfunktion benutzt werden kann, muß ihre Implementierung kompiliert, gebunden und auf der UDB-Server-Maschine installiert sein. Dies erfolgt durch den in Abschnitt 6.4.5 beschriebenen Prozeß. Für externe Tabellenfunktionen und externe skalare Funktionen sind hier die gleichen Werkzeuge und Prozeduren anwendbar – es kann sogar sein, daß eine einzige Datei Implementierungen von skalaren sowie von Tabellenfunktionen enthält.

Nachfolgend ist das C-Programm gezeigt, das die Funktion verkäufe implementiert. In einer realen Anwendung würde das Programm Daten aus externen Quellen sammeln und diese dem Datenbanksystem in Form von Zeilen präsentieren. Dieses einfache Beispiel illustriert die Tabellenfunktionenschnittstelle durch Rückgabe einiger Daten, die programmintern sind.

Beispielfunktion: verkäufe

```
/*
**   Implementiert die Tabellenfunktion verkäufe(filiale).
**
**   Liefert eine Tabelle mit folgenden Attributen:
**   VERKAUFSDATUM, PRODUKT, ANZAHL, PREIS
*/
```

```
#include <string.h>
#include <stdlib.h>
#include <sqludf.h>

#define NENTRIES 7
#define ENTRYSIZE 60

void SQL_API_FN verkäufe
   (
     char  *filiale,
            /* IN: Name der Filiale                       */
     char  *verkaufsdatum,
            /* OUT: Sp.1, VERKAUFSDATUM                   */
     char  *produkt,
            /* OUT: Sp.2, PRODUKT                         */
     long  *anzahl,
            /* OUT: Sp.3, ANZAHL                          */
     long  *preis,
            /* OUT: Sp.4, PREIS                           */
     short *filiale_ind,
            /* IN: Null-Indikator für Inputparameter      */
     short *verkaufsdatum_ind,
            /* OUT: Null-Indikator für Sp. 1              */
     short *produkt_ind,
            /* OUT: Null-Indikator für Sp. 2              */
     short *anzahl_ind,
            /* OUT: Null-Indikator für Sp. 3              */
     short *preis_ind,
            /* OUT: Null-Indikator für Sp. 4              */
     char  *sqlstate,
            /* OUT: SQLSTATE, char[6], null-term.         */
     char  *fnName,
            /* IN: Funktionsname, char[28], null-term     */
     char  *specificName,
            /* IN: spezifischer Name, char[19], null-term */
     char  *message,
            /* OUT: Message-Area, char[70], null-term.    */
     SQLUDF_SCRATCHPAD  *scratchpad,
            /* deklariert in sqludf.h                     */
     SQLUDF_CALL_TYPE   *calltype
            /* deklariert in sqludf.h                     */
   )
   {
   long *pad = (long *)scratchpad->data;
            /* Scratchpad, init. zu null                  */
   char data_filiale[15];
   char data_verkaufsdatum[15];
```

```
char data_produkt[15];
long data_anzahl;
long data_preis;
char data[NENTRIES][ENTRYSIZE] =
   {
   "Denver   1996-06-15   Hefter      1   1250",
   "Denver   1996-07-29   Füller     12     35",
   "Denver   1997-01-23   Notizbuch   2     50",
   "Denver   1997-02-06   Hefter      2   1100",
   "Boulder  1997-01-15   Hefter      3   1500",
   "Boulder  1997-02-18   Füller      8     40",
   "Boulder  1997-03-05   Hefter      2   1200",
   };

switch (*calltype)
   {
   case SQL_TF_OPEN:
      /*
      ** Initialisiere Scratchpad zu 0; warte dabei
      ** nicht auf das System, da die Tab.-Fkt. mehr
      ** als einmal geöffnet werden könnte.
      /*
      pad = 0;
      break;      /* Ende case SQL_TF_OPEN */

   case SQL_TF_FETCH:
      /*
      ** Durchsuche die Daten nach dem Namen
      ** der gewünschten Filiale.
      */
      while (*pad < NENTRIES)
         {
         sscanf(data[*pad], "%s %s %s %d %d",
                 data_filiale, data_verkaufsdatum,
                 data_produkt,
                 &data_anzahl, &data_preis);
         (*pad)++;
         if (!strcmp(filiale, data_filiale))
            {
            /*
            ** Richtige Filiale gefunden;
            ** gibt die Daten aus.
            */
            strcpy(verkaufsdatum, data_verkaufsdatum);
            strcpy(produkt, data_produkt);
            *anzahl = data_anzahl;
            *preis = data_preis;
            strcpy(sqlstate, "00000");
```

```
        return;
        }
    }   /* Ende der while-Schleife über die Daten */
    /*
    ** Ende der Daten erreicht;
    ** Ausgabe von "no more rows"
    */
    strcpy(sqlstate, "02000");
    break;       /* Ende case SQL_TF_FETCH */

  case SQL_TF_CLOSE:
    /*
    ** Speicher, der beim OPEN allokiert wurde,
    ** freigeben; in diesem Bsp. ist nichts zu tun.
    */
    break;       /* Ende case SQL_TF_CLOSE */
  }              /* Ende switch-Anweisung   */
}                /* Ende Funktionsrumpf     */
```

6.4.9 Verwendung externer Funktionen mit einzigartigen Typen

Die Ausdruckskraft von einzigartigen Typen und externen Funktionen wird am besten deutlich, wenn beides zusammen benutzt wird. Als Beispiel der Interaktion von einzigartigen Typen und Funktionen werden wir zwei derartige Typen sowie externe Funktionen zur Konvertierung zwischen diesen definieren.

Angenommen, wir arbeiten für einen multinationalen Konzern, der einige Produkte in den USA und andere in Frankreich herstellt. Die Länge der amerikanischen Produkte wird in Fuß (Feet) gemessen, die der französischen in Meter. Der Konzern hat zur Verwendung in seiner Produktdatenbank zwei einzigartige Typen definiert, Fuß und Meter, die beide auf dem vordefinierten Typ Double basieren. Die folgenden Anweisungen zeigen, wie diese Typen zum Erzeugen und Füllen von Tabellen mit sämtlichen amerikanischen und französischen Produkten eingesetzt werden können:

```
CREATE DISTINCT TYPE Fuss          CREATE DISTINCT TYPE Meter
  AS Double WITH COMPARISONS;        AS Double WITH COMPARISONS;

CREATE TABLE us_produkte           CREATE TABLE franz_produkte
  (name Varchar(20),                 (name Varchar(20),
   grösse Fuss);                      grösse Meter);

INSERT INTO us_produkte            INSERT INTO franz_produkte
  VALUES('Widget', 3),               VALUES('Gadget', 0.5),
      ('Wadget', 5);                     ('Gizmo', 1.5);
```

Das System stellt jeweils Casting-Funktionen zwischen einem einzigartigen Typ und seinem Basistyp bereit, jedoch liefert es keine Konvertierung zwischen Fuss und Meter. Damit die oben definierten Typen nützlicher werden, schreibt der zuständige Datenbankadministrator externe Funktionen, die zwischen den Typen Fuss und Meter in beide Richtungen konvertieren. Die CREATE FUNCTION-Anweisungen sowie die Implementierungen dieser Funktionen sind unten gezeigt; die Funktionen werden zur Vereinfachung der Implementierung jeweils mit der Option NOT NULL CALL erzeugt.

```
CREATE FUNCTION fuss(Meter)            CREATE FUNCTION meter(Fuss)
  RETURNS Fuss                           RETURNS Meter
  EXTERNAL NAME 'units!fuss'             EXTERNAL NAME 'units!meter'
  DETERMINISTIC                          DETERMINISTIC
  NO EXTERNAL ACTION                     NO EXTERNAL ACTION
  NOT NULL CALL                          NOT NULL CALL
  LANGUAGE C                             LANGUAGE C
  PARAMETER STYLE DB2SQL                 PARAMETER STYLE DB2SQL
  NO SQL;                                NO SQL;


void SQL_API_FN fuss                   void SQL_API_FN meter
  (                                      (
    double *meterIn,                       double *fussIn,
    double *fussOut,                       double *meterOut,
    short  *nullIn,                        short  *nullIn,
    short  *nullOut,                       short  *nullOut,
    char   *sqlstate,                      char   *sqlstate,
    char   *fnName,                        char   *fnName,
    char   *specificName,                  char   *specificName,
    char   *message                        char   *message
  )                                      )
  {                                      {
  *fussOut                               *meterOut
   = *meterIn * 3.28;                      = *fussIn / 3.28;
  *nullOut = 0;                          *nullOut = 0;
  }                                      }
```

Der Konzern möchte weiter zwei Kataloge herausgeben, die jeweils alle Produkte mit ihren Ursprungsländern auflisten. Der erste Katalog soll zur Verwendung in den USA alle Längen in Fuß angeben, der zweite, für Frankreich bestimmte Katalog dagegen alle Längen in Meter. Die Kataloge entsprechen zwei Sichten auf die Datenbank, die wie folgt definiert werden können:

```
CREATE VIEW us_katalog(name, länge, land)
  AS
    SELECT name, länge, 'USA'
    FROM us_produkte
  UNION ALL
    SELECT name, fuss(länge), 'Frankreich'
    FROM franz_produkte;
```

```
CREATE VIEW fr_katalog(name, länge, land)
   AS
      SELECT name, länge, 'Frankreich'
      FROM franz_produkte
   UNION ALL
      SELECT name, meter(länge), 'USA'
      FROM us_produkte;
```

Ein Verkäufer in Frankreich, der sich nach Kundenwünschen richten will, kann dann die folgende Anfrage an den französischen Katalog richten, um diejenigen Produkte zu bestimmen, die kürzer als ein Meter sind:

```
SELECT *
FROM fr_katalog
WHERE länge < meter(1);
```

Auf der Basis der oben aufgeführten Beispieldaten lautet das Ergebnis dieser Anfrage wie folgt:

```
NAME           LÄNGE                        LAND
-----------------------------------------------------
Gadget         +5.00000000000000E-001       Frankreich
Widget         +9.14634146341463E-001       USA
```

6.4.10 Schreiben einer externen Funktion in Java

Das Schreiben einer externen Funktion in Java ist dem Vorgehen bei C ähnlich. Will man eine in Java geschriebene Funktion benutzen, so muß eine Java Virtual Machine auf dem betreffenden Server installiert sein, man muß UDB mitteilen, wo es die Virtual Machine findet, und man letzterer mitteilen, wo sie die UDB-Klassenbibliotheken findet, die die externen Java-Funktionen unterstützen. Dies geschieht in zwei Schritten:

1. Setzen der Umgebungsvariablen CLASSPATH so, daß sie die Pfade `sqllib/function` und `sqllib/java/db2java.zip` enthält.

2. Setzen des Datenbankkonfigurationsparameters `jdk11_path` auf den Pfadnamen des Verzeichnisses, in dem die Java Virtual Machine installiert ist. Hierzu kann man, wie in Kapitel 10 beschrieben wird, die Steuerzentrale benutzen.

Zur Implementierung einer externen Funktion in Java benötigt man eine Java-Klasse, die die in der UDB-Klassenbibliothek bereitgestellte Klasse UDF[9] erweitert (bzw. eine Unterklasse hiervon darstellt). Die Klasse UDF stellt zahlreiche Methoden bereit, die beim Schreiben einer Funktion nützlich sind; diese werden im *Embedded SQL Programming Guide* beschrieben. Man kann eine Java-Klasse erzeugen, die mehrere externe Funktionen implementiert; jede Funktion wird dann von einer anderen Methode realisiert. Man muß eine solche Java-Klasse kompilieren und die resultierende Datei im Verzeichnis `sqllib/function` installieren.

---

9. Der volle Name dieser Klasse lautet `COM.ibm.db2.app.UDF`.

Die CREATE FUNCTION-Anweisung für eine externe Java-Funktion muß den Namen der Klasse und der Methode enthalten, die die Funktion implementiert, und zwar in der Syntax `EXTERNAL NAME 'klassenname!methodenname'`. Sie muß ferner die Angabe LANGUAGE JAVA und PARAMETER STYLE DB2GENERAL enthalten. Wie letzterer Zusatz andeutet, unterscheiden sich die Konventionen zur Parameterübergabe bei Java-Funktionen geringfügig von den in den Abbildungen 6.3 und 6.4 gezeigten für C-Funktionen. Die wesentlichen Unterschiede sind die folgenden:

▶ Falls eine SQL-Funktion n Eingabeparameter und einen skalaren Rückgabewert hat, hat die Java-Funktion, die diese implementiert, n+1 Parameter, also n Eingabeparameter und einen Rückgabeparameter. Falls eine SQL-Funktion n Eingabeparameter hat und eine Tabelle mit m Spalten zurückgibt, so hat die Java-Funktion, die sie implementiert, entsprechend n+m Parameter. Es werden keine Parameter für Nullindikatoren benötigt, da die Klasse UDF eine Methode `isNull` kennt, die man zum Testen eines Eingabeparameters auf null verwenden kann. Eine Java-Methode kann einen Nullwert einfach dadurch zurückgeben, daß der Wert des Rückgabeparameters nicht gesetzt wird.

▶ Jeder SQL-Datentyp hat mindestens einen entsprechenden Java-Datentyp, der zum Austausch von Parametern und Ergebnissen mit einer externen Java-Funktion benutzt werden kann. Einige dieser Entsprechungen sind in Tabelle 8.1 gezeigt. Java ist im Austauschen von Werten mit der SQL-Umgebung sogar flexibler als C. Die Klasse UDF enthält eine Sammlung von Methoden zum Setzen der Werte von Ausgabeparametern unter Verwendung verschiedener Java-Datentypen. Eine externe Java-Funktion kann z.B. die Anweisung `set(5,x)` benutzen, um ihren Ausgabeparameter Nr. 5 auf den Wert der Variablen x zu setzen. Diese Anweisung kann eine von mehreren Methoden in Abhängigkeit vom Datentyp von x aufrufen. UDB kennt ferner zwei Klassen, `COM.ibm.db2.app.Blob` und `COM.ibm.db2.app.Clob`, mit denen Java-Funktionen ihre LOB-Parameter in Einheiten von wenigen Bytes lesen und schreiben können.

▶ Die Klasse UDF umfaßt Methoden zum Setzen von SQLSTATE sowie der Diagnosenachricht, die von einer externen Funktion zurückgegeben werden. Sie kennt ferner Methoden zum Lesen anderer Information wie des Funktionsnamens sowie des spezifischen Namens, die bei einer C-Funktion separate Parameter erfordern. Diese Methoden vereinfachen die Aufrufskonventionen für externe Java-Funktionen und halten die Anzahl der Parameter gering.

Scratchpad-Funktionen in Java haben einen wichtigen Vorteil gegenüber in C geschriebenen Scratchpad-Funktionen. Wenn man eine externe Java-Funktion aufruft, die mit der Option SCRATCHPAD erzeugt wurde, hält UDB die Java Virtual Machine zwischen diesem Aufruf und dem nächsten am Laufen. Dadurch kann eine Java Scratchpad-Funktion Java-Variablen zum Erhalt ihres Zustands von einer Zeile zur nächsten während der Verarbeitung einer Anfrage erhalten. Die Verwendung von Variablen ist in vielen Fällen bequemer als die Verwendung eines unformatierten Scratchpad-Bereichs.

UDB enthält im Verzeichnis `sqllib/samples/java` mehrere Beispiele für externe Java-Funktionen. Weitere Informationen über Java-Funktionen und die sie unterstützenden Klassenbibliotheken findet man im *Embedded SQL Programming Guide* sowie im World Wide Web unter `http://www.software.ibm.com/data/db2/java`.

6.4.11 Externe Funktionen und OLE Automation

OLE (Object Linking and Embedding) Automation ist eine von Microsoft definierte Architektur, die es Applikationen ermöglicht, ihre Objekte und Methoden für andere Applikationen zugänglich zu machen. Ein mit der Architektur konformes Objekt wird auch als *OLE-Automation-Objekt* bezeichnet. OLE-Automation-Objekte können von vielen populären Windows-Entwicklungsumgebungen erzeugt werden, darunter Microsoft Visual Basic, Microsoft Visual C++, Powersoft PowerBuilder, Borland Delphi und MicroFocus COBOL.

Falls der UDB-Server unter Windows NT läuft, kann man die CREATE FUNCTION-Anweisung zum Registrieren einer Methode eines OLE-Automation-Objektes als benutzerdefinierte Funktion verwenden. Die Methode kann dann in SQL-Anweisungen wie eine externe Funktion benutzt werden. Eine auf diese Weise definierte Funktion kann eine skalare Funktion oder eine Tabellenfunktion sein.

Zur Erzeugung einer externen OLE-Funktion sind die folgenden Schritte erforderlich:

1. Man verwende die bevorzugte Programmiersprache und deren Entwicklungsumgebung zum Erzeugen einer Klasse, die die in der *OLE Automation Programmer's Reference* (Microsoft Press 1996, ISBN 1-55615-851-3) definierte Schnittstelle `IDispatch` implementiert. Man weise dieser Klasse einen eindeutigen Identifikator zu und registriere sie auf dem lokalen NT-System mit der Windows Registry. Die Klasse wird damit zu einem OLE-Automation Server, und Client-Anwendungen können über OLE Instanzen davon erzeugen.

2. Man erzeuge eine öffentliche Methode für die unter 1. erzeugte Klasse, die die Funktion implementiert, die man in SQL verwenden möchte. Die Ein- und Ausgabeparameter dieser Methode sollten den üblichen Konventionen für externe Funktionen folgen (vergleiche Abbildung 6.3 für skalare Funktionen sowie Abbildung 6.4 für Tabellenfunktionen). Die zum Austauschen von Parametern mit OLE-Funktionen verwendeten Datentypen hängen von der Sprache ab, in der die Funktion geschrieben wird, was im *Embedded SQL Programming Guide* beschrieben ist.

3. Man registriere die Methode unter UDB als benutzerdefinierte Funktion über eine CREATE FUNCTION-Anweisung, wobei LANGUAGE OLE sowie PARAMETER STYLE DB2SQL anzugeben sind. In der Klausel EXTERNAL NAME muß man Klasse und Methode identifizieren, die die Funktion implementieren. Wenn die Funktion von einer SQL-Anweisung aufgerufen wird, wird eine Instanz dieser Klasse erzeugt, und die Methode wird als Implementierung der Funktion aufgerufen. Falls die Funktion mit der Option SCRATCHPAD registriert wurde, bleibt das implementierende Objekt über die gesamte Verarbeitung der SQL-Anweisung hinweg erhalten und ermöglicht so die Weitergabe von Zustandsinformationen von einer Zeile an die nächste unter Verwendung seines internen Zustands.

Weitere Einzelheiten über externe Funktionen und OLE Automation findet man im *Embedded SQL Programming Guide*. UDB enthält in den Verzeichnissen sqllib\samples\ole\msvb sowie sqllib\samples\ole\msvc Beispiele externer OLE Funktionen, die in Visual Basic bzw. in Visual C++ geschrieben sind.

6.4.12 Löschen einer Funktion

Eine benutzerdefinierte Funktion kann mit der DROP FUNCTION-Anweisung aus dem System gelöscht werden, bei welcher es sich um eine Variante der in Abschnitt 2.6.8 beschriebenen DROP-Anweisung handelt. Die Syntax der DROP FUNCTION-Anweisung wird hier zur Erläuterung wiederholt:

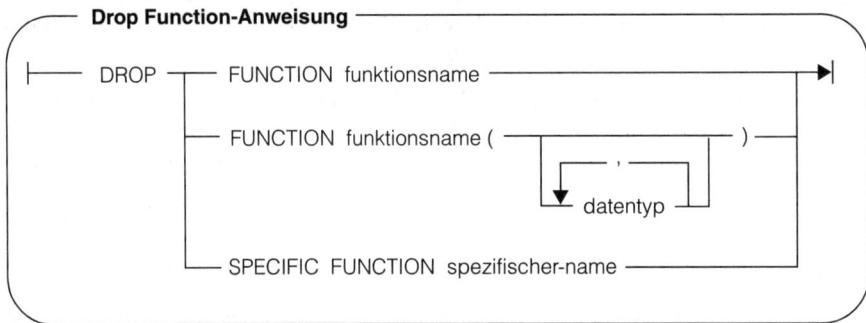

Durch ein Löschen wird eine Funktion aus den Katalogtabellen entfernt, jedoch wird die ausführbare Datei, die die Funktion implementiert, nicht physisch aus dem Verzeichnis, in dem sie sich befindet, entfernt.

Wie man aus der oben gezeigten Syntax entnehmen kann, gibt es in einer DROP-Anweisung drei Möglichkeiten der Identifikation der zu löschenden Funktionsinstanz:

1. Die Funktion kann durch ihren Funktionsnamen identifiziert werden, falls es nur eine Funktionsinstanz mit diesem Namen gibt. Wird der Schemaname weggelassen, wird die aktuelle Autkennung als solcher betrachtet.

   Beispiel: `DROP FUNCTION geometrie.cosinus;`

2. Die Funktion kann durch ihre Signatur identifiziert werden, d.h. durch ihren Namen sowie die Datentypen sämtlicher Parameter. Wird der Schemaname weggelassen, wird die aktuelle Autkennung als solcher betrachtet. Der Funktionsname sowie die Liste der Parametertypen müssen eine Funktionsinstanz eindeutig identifizieren. Die Parametertypen müssen eine exakte Übereinstimmung mit der zu löschenden Funktion ergeben, außer daß die Länge oder die Genauigkeit und Anzahl von Nachkommastellen eines Datentyps durch leere Klammern dargestellt werden können, was dann »irgendeine« bedeutet. `Char()` würde z.B. mit einem Char-Parameter jeder Länge übereinstimmen, nicht aber mit einem Varchar-Parameter.

   Beispiele:

```
DROP FUNCTION addiereWochen(Date, Integer);
DROP FUNCTION gehaltsliste.erhöhung(Char(), Double);
```

 **TIP:** Es sei daran erinnert, daß Char ohne Klammern für einen Char-Datentyp voreingestellter Länge steht, nämlich Char(1); analog steht Decimal ohne Klammern für Decimal(5,0). Die Anweisung DROP FUNCTION foo(Char()) löscht somit eine Funktion mit dem Namen foo, die einen Char-Parameter irgendeiner Länge erwartet, wohingegen DROP FUNCTION foo(Char) eine Funktion mit dem Namen foo nur dann löscht, wenn ihr Parameter vom Typ Char(1) ist.

3. Die Funktion kann durch ihren spezifischen Namen identifiziert werden. Dies ist der Name, der beim Erzeugen der Funktion in der SPECIFIC-Klausel der CREATE FUNCTION-Anweisung angegeben wurde (oder vom System zugewiesen wurde, falls der Benutzer keinen spezifischen Namen gewählt hatte). Spezifische Namen sind innerhalb eines Schemas stets eindeutig. Wird das Schema weggelassen, wird die aktuelle Autkennung als dieses betrachtet.

Beispiel: `DROP SPECIFIC FUNCTION geometrie.areal;`

Zur Ausführung einer DROP FUNCTION-Anweisung muß die aktuelle Autkennung wenigstens eine der folgenden Bedingungen erfüllen:

▷ Sie muß mit der Kennung des die Funktion definierenden Benutzers übereinstimmen (dieser ist in der Katalogtabelle FUNCTIONS vermerkt).

▷ Es muß das DROP-Privileg auf dem Schema, das die Funktion enthält, vorliegen.

▷ Es muß DBADM- oder SYSADM-Autorisierung vorliegen.

Niemand, nicht einmal ein Systemadministrator, darf eine Funktion mit dem Schemanamen SYSIBM oder SYSFUN löschen. Ebenso darf niemand eine der Konvertierungs- und Vergleichsfunktionen löschen, die vom System automatisch für jeden einzigartigen Typ angelegt werden.

Eine Funktionsinstanz kann nicht gelöscht werden, wenn sie aktuell in einer Sichtendefinition, einer Bedingung (Constraint), einem Trigger oder als Basis einer anderen Funktionsinstanz benutzt wird. In allen diesen Fällen scheitert eine DROP FUNCTION-Anweisung. Die Verwendung einer Funktionsinstanz in Sichten, Bedingungen oder Triggern wird in den Katalogtabellen VIEWDEP, CONSTDEP bzw. TRIGDEP protokolliert, entsprechend die Verwendung einer Funktionsinstanz als »Quelle« einer anderen Funktionsinstanz in der Katalogtabelle FUNCTIONS.

Die Verwendung einer Funktionsinstanz in einem Programm führt nicht dazu, daß eine DROP FUNCTION-Anweisung scheitert. Wird eine von einem Programm verwendete Funktionsinstanz gelöscht, wird das Paket dieses Programms als unbrauchbar (inoperativ) markiert und kann bis zu einem expliziten erneuten Binden nicht mehr benutzt werden. Wird das Paket neu gebunden, selektiert der Funktionsresolutionsalgorithmus eine andere anwendbare Funktionsinstanz, falls dies möglich ist.

6.4.13 Kommentieren einer Funktion

Jede benutzerdefinierte Funktion wird im Unterschied zu den vordefinierten Funktionen durch einen Eintrag in der Katalogtabelle FUNCTIONS beschrieben. Wie viele andere Tabellen des Katalogs ermöglicht auch FUNCTIONS das Anbringen eines beschreibenden Kommentars über die in Abschnitt 2.6.9 beschriebene COMMENT-Anweisung. Die für Funktionen zutreffende Syntax der COMMENT-Anweisung wird zur Verdeutlichung hier wiederholt:

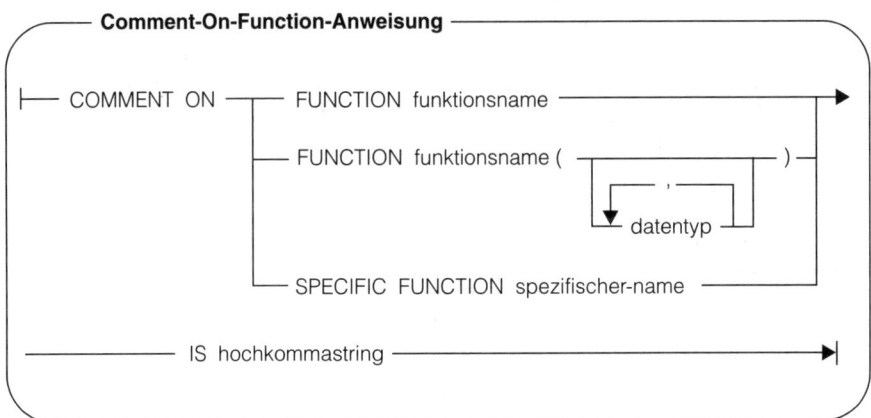

Die drei Möglichkeiten der Identifikation der Funktion, die kommentiert werden soll, entsprechen exakt denen der DROP FUNCTION-Anweisung. Die Autorisierungsanforderungen für eine COMMENT ON FUNCTION-Anweisung sind ebenfalls die gleichen wie für eine DROP FUNCTION-Anweisung (außer daß jetzt das ALTERIN-Privileg anstelle von DROPIN bezüglich des betreffenden Schemas erforderlich ist). Der Inhalt der in einfachen Hochkommata stehenden Zeichenreihe einer COMMENT-Anweisung wird in die Spalte REMARKS der Katalogtabelle FUNCTIONS eingetragen.

Beispiele:

```
COMMENT ON FUNCTION addiereWochen(Date, Integer) IS
   'Zweiter Operand muss positiv sein.';
COMMENT ON FUNCTION nbester IS
   'Liefert den bisher n-grössten Wert. Verwendung
   in MAX() liefert global den n-grössten Wert';
COMMENT ON SPECIFIC FUNCTION seqnr IS
   'Zählt die Anzahl ihrer Aufrufe';
```

 **TIP:** Man beachte, daß sich beim CLP eine in Hochkommata eingeschlossene Zeichenreihe über mehrere Zeilen erstrecken darf. Der CLP behandelt Zeilenumbrüche innerhalb einer Character-String-Konstanten wie Leerstellen.

6.5 Schritte auf dem Weg zu Objekten

Die Mächtigkeit großer Objekte, benutzerdefinierter Funktionen und einzigartiger Typen wird besonders deutlich, wenn man diese Funktionalitäten zusammen einsetzt. Große Objekte ermöglichen es, in der Datenbank Objekte mit komplexem internen Zustand zu speichern. Benutzerdefinierte Funktionen erlauben es, diesen Objekten ein komplexes Verhalten zu geben. Einzigartige Typen schließlich ermöglichen es, benutzerdefinierten Zustand und Verhalten zu einem First-Class-Datentyp zusammenzufassen (der wie ein vordefinierter behandelt wird). Zusammen stellen diese Features also einen wichtigen Schritt in Richtung auf eine Unterstützung des objektorientierten Paradigmas dar. Die weitere Evolution von DB2 wird möglicherweise weitere Schritte in diese Richtung enthalten, etwa eine Unterstützung echter abstrakter Datentypen mit Vererbung und Polymorphismus und eine Unterstützung von Zugriffsplänen, die auf benutzerdefinierten Funktionen basieren.

6.5.1 Beispiel: Ein Polygon-Datentyp

Ich werde die Synergieeffekte zwischen großen Objekten, benutzerdefinierten Funktionen und einzigartigen Typen am Beispiel eines Datentyps mit dem Namen Polygon illustrieren. Polygone sind in vielen Anwendungen wie z.B. Architektur, Stadtplanung, VLSI-Entwurf oder Computergraphik nützlich.

Der erste Schritt zur Erzeugung eines Polygon-Datentyps ist die Wahl einer Darstellung für Polygondaten. Im Beispiel werden wir ein Polygon durch eine ganze Zahl darstellen, die den Grad des Polygons angibt, gefolgt von einer Serie von Paaren von Gleitkommazahlen, die die Koordinaten der Ecken des Polygons gegen den Uhrzeigersinn darstellen. Die Integer-Zahl sowie die Folge der Koordinaten (vom Typ Double) werden in einen Blob gepackt, wie in Abbildung 6.5 gezeigt. Da bei UDB eine Integer-Zahl 4 Byte und eine Double-Zahl 8 Byte belegt, kann ein Polygon vom Grad n durch einen Blob der Länge 16n + 4 dargestellt werden.

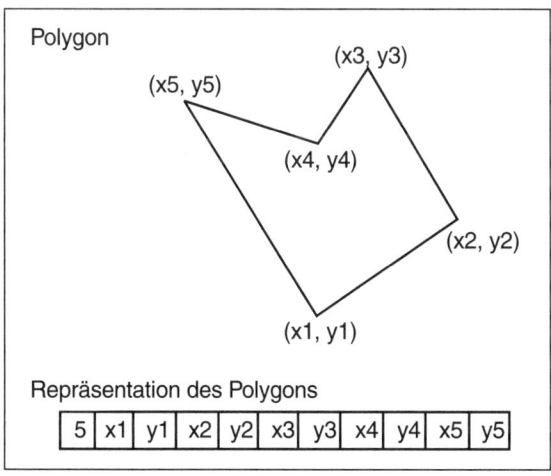

Abbildung 6.5:
Ein Polygon und seine Darstellung

Die Deklaration von Polygon als SQL-Datentyp kann wie folgt vorgenommen werden:

```
CREATE DISTINCT TYPE Polygon AS Blob(16004);
```

Diese Anweisung ermöglicht eine Erzeugung von Polygonen bis zum Grad 1.000; es wird allerdings kein Platz verschwendet, wenn das Polygon weniger als 1.000 Kanten hat. Wir können auf den Zusatz WITH COMPARISONS verzichten, da für Blobs keine Vergleichsoperatoren unterstützt werden.

Bevor wir den Datentyp Polygon benutzen können, brauchen wir eine Möglichkeit, eine Instanz eines Polygons anzulegen. Dies geschieht über eine *Konstruktorfunktion*, die ein Polygon aus einer Sammlung einfacherer Datentypen erzeugt. Der Polygon-Datentyp kann viele Konstruktorfunktionen besitzen, die unterschiedliche Arten von Polygonen aus unterschiedlichen Eingaben erzeugen. Wir beschreiben hier ein Beispiel eines Polygon-Konstruktors, welcher ein dreiseitiges Polygon (ein Dreieck) aus Parametern erzeugt, die die Koordinaten der drei Ecken repräsentieren. Die Signatur dieser Konstruktorfunktion lautet wie folgt:

```
dreieck(Double, Double, Double, Double, Double, Double)
    RETURNS Polygon;
```

Damit Polygon ein nützlicher Datentyp wird, müssen wir einige weitere Funktionen erzeugen, die Polygon-typisches Verhalten implementieren. Man kann sich viele solcher Funktionen vorstellen; wir geben hier nur einige an:

```
grad(Polygon) RETURNS Integer;
fläche(Polygon) RETURNS Double;
umfang(Polygon) RETURNS Double;
rotiere(Polygon) RETURNS Polygon;
schneide(Polygon, Polygon) RETURNS Polygon;
```

Wir beschreiben detailliert die Implementierung zweier Polygon-Funktionen, den Konstruktor dreieck und die Funktion umfang. Beide Funktionen werden in einer einzigen C-Quelldatei mit dem Namen polygon.c implementiert. Wir verwenden die Option NOT NULL CALL, so daß die Ausgabe einer jeden Funktion null ist, sobald einer der Eingabeparameter null ist, und sich die Funktionsimplementierungen nicht um Nullwerte zu kümmern brauchen. Die folgenden SQL-Anweisungen dienen dem Registrieren unserer Funktionen im System (falls man vorhat, diese Funktionen in mehr als einer Datenbank zu benutzen, sind die folgenden Anweisungen auszuführen, während eine Verbindung zu jeder dieser Datenbanken besteht):

```
CREATE FUNCTION
    dreieck(double, double, double, double, double, double)
    --   x1,     y1,     x2,     y2,     x3,     y3
    RETURNS Polygon
    EXTERNAL NAME 'polygon!dreieck'
    DETERMINISTIC
    NO EXTERNAL ACTION
    FENCED
    NOT NULL CALL
```

```
        LANGUAGE C
        NO SQL
        PARAMETER STYLE DB2SQL;

    CREATE FUNCTION umfang(Polygon)
        RETURNS Double
        EXTERNAL NAME 'polygon!umfang'
        DETERMINISTIC
        NO EXTERNAL ACTION
        FENCED
        NOT NULL CALL
        LANGUAGE C
        NO SQL
        PARAMETER STYLE DB2SQL;
```

Die Funktionsrümpfe werden unter Anwendung der in Abschnitt 6.4.4 beschriebenen Konventionen zur Parameterübergabe geschrieben. Der Inhalt der Implementierungsdatei polygon.c ist nachfolgend gezeigt. Diese Datei enthält die Rümpfe der Funktionen dreieck und umfang und außerdem die Definition einer C-Struktur mit dem Namen Pgon, die einem Blob zur Interpretation des Blobs als Polygon überlagert werden kann.

Beispielfunktion: Polygon

```
#include <stdlib.h>      /* Standard-C-Bibliothek      */
#include <sqludf.h>      /* UDF-bezogene Deklarationen  */
#include <math.h>        /* wegen der Funktion sqrt     */
#include <string.h>      /* wegen der Funktion strcpy   */


/********************************************************
** Die folgende Struktur wird der Daten-Area eines     *
** Blob zur Darstellung eines Polygons überlagert.     *
********************************************************/

struct Pgon
    {
    long   degree;
    double coord[1];
          /* eigentlich ein Array von vielen Koordinaten */
    };

/********************************************************
**          KONSTRUKTORFUNKTION FÜR DREIECKE           *
**   dreieck(x1, y1, x2, y2, x3, y3) liefert Polygon   *
********************************************************/

void SQL_API_FN
    dreieck( double       *x1,
```

```
                        /* IN:  Knoten 1, x-Koord.  */
        double    *y1,
                        /* IN:  Knoten 1, y-Koord.  */
        double    *x2,
                        /* IN:  Knoten 2, x-Koord.  */
        double    *y2,
                        /* IN:  Knoten 2, y-Koord.  */
        double    *x3,
                        /* IN:  Knoten 3, x-Koord.  */
        double    *y3,
                        /* IN:  Knoten 3, y-Koord.  */
        SQLUDF_BLOB *poly,
                        /* OUT: Polygon in Blob     */
        short     *x1null,
                        /* IN: Indikator, ignoriert */
        short     *x2null,
                        /* IN: Indikator, ignoriert */
        short     *x3null,
                        /* IN: Indikator, ignoriert */
        short     *x4null,
                        /* IN: Indikator, ignoriert */
        short     *x5null,
                        /* IN: Indikator, ignoriert */
        short     *x6null,
                        /* IN: Indikator, ignoriert */
        short     *nullout,
                        /* OUT: Indikator           */
        char      *sqlstate,
                        /* OUT: Result-Code         */
        char      *fnname,
                        /* IN: generischer Fkt-Name */
        char      *specname,
                        /* IN: spez. Fkt.-Name      */
        char      *message
                        /* OUT: Message-Text        */
    )
{
struct Pgon *p;
            /* überlagere ein Pgon auf dem  Blob */
p = (struct Pgon *)(poly->data);

/*
** Length: Blob enthält Pgon-Struktur
**         plus fünf zusätzliche Double's
*/
poly->length = sizeof(struct Pgon) + 5 * sizeof(double);
```

```
    /*
    **  Angabe von Grad und Koordinaten des Polygons
    */
    p->degree = 3;            /* Grad eines Dreiecks ist 3   */
    p->coord[0] = *x1;
    p->coord[1] = *y1;
    p->coord[2] = *x2;
    p->coord[3] = *y2;
    p->coord[4] = *x3;
    p->coord[5] = *y3;

    *nullout = 0;             /* Rückgabe Nullindikator      */
    /*
    **  Keine Notwendigkeit zum Setzen von SQLSTATE auf
    **  00000 bei normalem Rücksprung.
    */


    }       /* Ende der Funktion dreieck */

/**********************************************************
**              FUNKTION UMFANG FÜR POLYGONE            *
**              umfang(Polygon) liefert Double          *
**********************************************************/

void SQL_API_FN
    umfang(SQLUDF_BLOB   *POLY,
                          /* IN: Polygon in Blob      */
            double       *perim,
                          /* OUT: Return Value        */
            short        *nullin,
                          /* IN: Indikator, ignor.    */
            short        *nullout,
                          /* OUT: Indikator           */
            char         *sqlstate,
                          /* OUT: Result-Code         */
            char         *fnname,
                          /* IN: generischer Fkt-Name */
            char         *specname,
                          /* IN: spez. Fkt.-Name      */
            char         *message
                          /* OUT: Message-Text        */
          )
    {
    int    degree;                        /* Grad des Polygons      */
    double startx, starty;                /* Start Liniensegment    */
    double endx, endy;                    /* Ende Linensegment      */
    int    i;                             /* Schleifenzähler        */
    double deltax, deltay, lengthSoFar;   /* Arbeitsvariablen       */
```

```
struct Pgon *p;              /* überlagere Pgon auf Blob */
p = (struct Pgon *)(poly->data);

/*
** Checke Grad des Polygons auf Gültigkeit
*/
degree = p->degree;
if (degree < 1 || degree > 1000)
   {
   strcpy(sqlstate, "38610");
                                  /* abnormaler sqlstate */
   strcpy(message, "Ungültiger Grad");
   return;
   }


/*
** Koordinaten von Punkt i liegen in
** (coord[2*i], coord[2*i+1])
** mit i zwischen 0 und degree-1.
*/
endx = p->coord[2*(degree-1)];       /* letzter Punkt */
endy = p->coord[2*(degree-1)+1];     /* im Polygon    */
lengthSoFar = 0;
for (i=0; i<degree; i++)
   {
   startx = endx;
   starty = endy;
   endx = p->coord[2*i];
   endy = p->coord[2*i+1];
   deltax = endx - startx;
   deltay = endy - starty;
   lengthSoFar +=
              sqrt(deltax * deltax + deltay * deltay);
   }
*perim = lengthSoFar;       /* Return Value           */
*nullout = 0;               /* Rückg. Nullindikator   */
strcpy(sqlstate, "00000");  /* normaler sqlstate      */

}       /* Ende der Funktion umfang */
```

Neben der Implementierungsdatei polygon.c müssen wir ein Exportfile mit dem Namen polygon.exp anlegen (unter AIX) oder eine Moduldefinitionsdatei mit dem Namen polygon.def (unter OS/2 oder Windows NT). Die Inhalte dieser Dateien sind nachfolgend angegeben:

```
polygon.exp                    polygon.def

#! polygon export datei        LIBRARY POLYGON
dreieck                        EXPORTS
umfang                             dreieck
                                   umfang
```

Zur Vervollständigung der Definition des Polygonobjekts wird die Quelldatei `polygon.c`, wie in Abschnitt 6.4.5 beschrieben, übersetzt und gebunden und sodann die ausführbare Datei in das Verzeichnis `sqllib/function` kopiert und zur Ausführung durch jeden beliebigen Benutzer autorisiert. Polygon ist damit ein First-Class-Datentyp mit eigenem Verhalten, der durch benutzerdefinierte Funktionen implementiert wird.

Als Beispiel einer Benutzung von Polygonen betrachten wir eine Immobilienanwendung. Die folgenden beiden SQL-Anweisungen erzeugen zuerst eine Tabelle mit dem Namen GRUNDSTÜCKE, die ein Attribut vom Typ Polygon besitzt, und fügen sodann zwei dreieckige Grundstücksparzellen in diese Tabelle ein:

```
CREATE TABLE grundstücke
   (parzellennr Char(6),
    besitzer    Varchar(32),
    parzelle    Polygon);

INSERT INTO grundstücke(parzellennr, besitzer, parzelle)
   VALUES ('123456', 'John Smith',
           dreieck( 500,  600, -400, -500, 1000, -500)),
          ('123457', 'Susan Doe',
           dreieck(1100, 1100, 1300, 1100, 1300, 1400));
```

Die folgende Anfrage findet alle Parzellen mit einem Umfang von mehr als 1.000 (was für Johns Parzelle, nicht jedoch für Susans zutrifft):

```
SELECT besitzer, umfang(parzelle)
FROM   grundstücke
WHERE  umfang(parzelle) > 1000;
```

 **TIP:** Die obige Beispielanfrage sucht nach Polygonen mit einem Umfang größer als ein vorgegebener Wert. Diese Anfrage wird aus dem Grund langsam und teuer sein, weil man für jedes Polygon in der Tabelle GRUNDSTÜCKE eine externe Funktion (`umfang`) aufrufen muß. Sollte die Anfrage häufig vorkommen, kann man sie dadurch effizienter machen, daß man den Umfang eines jeden Polygons im voraus berechnet, als weitere Spalte in der Tabelle GRUNDSTÜCKE ablegt und einen Index über der Umfangsspalte erzeugt. Man kann weiter einen Trigger definieren, der automatisch den Umfang berechnet, wenn ein Polygon neu eingefügt oder aktualisiert wird. Trigger werden in Kapitel 7 behandelt.

 **TIP:** Beim Schreiben eines Anwendungsprogramms, das einen einzigartigen Typ wie Polygon benutzt, der auf einem LOB-Datentyp basiert, wird man Lokatoren verwenden wollen, um ein Materialisieren großer Objekte im Programm zu vermeiden. Da Polygon auf Blob basiert, kann man z.B. Blob-Lo-

katoren zur Manipulation von Polygonen verwenden. Will man jedoch eine Funktion aufrufen, die ein Polygon als Argument erwartet, muß man den Lokator explizit in einen Polygon-Datentyp konvertieren, bevor man die Funktion aufruft. Ist z.B. `loc1` eine Wirtsvariable vom Typ Blob-Lokator, wäre `umfang(Polygon(:loc1))` ein korrekter Funktionsaufruf, während `umfang(:loc1)` beim Kompilieren einen Fehler mit der Meldung »es wurde keine Funktion mit kompatiblen Argumenten gefunden« ergäbe.

6.6 Datentypkonversionen

Während einer Verarbeitung von SQL-Anweisungen gibt es viele Anlässe, bei denen es nötig wird, einen Wert von einem Datentyp in einen anderen zu konvertieren. Nachdem wir benutzerdefinierte Datentypen und Funktionen diskutiert haben, wollen wir alle die Arten, auf die das System Datentypkonversionen durchführt, noch einmal zusammenfassen. Im einzelnen gibt es vier verschiedene Arten, auf die UDB Datentypkonversionen ausführt, die nachfolgend beschrieben werden.

6.6.1 Propagieren von Funktionsargumenten

Jede vordefinierte oder benutzerdefinierte Funktion hat eine wohldefinierte Liste von Parametertypen. Bei den meisten vordefinierten Funktionen handelt es sich de facto sogar um Familien überladener Funktionen. Als Beispiel besteht die Familie SYSIBM.LENGTH aus den integrierten (vordefinierten) Funktionen `length(Integer)`, `length(Decimal)`, `length(Char)`, `length(Varchar)`, `length(Date)` sowie aus vielen weiteren Instanzen. Benutzerdefinierte Funktionen können ebenfalls aus überladenen Familien bestehen. Wird eine Funktion mit einer Menge von Argumenten aufgerufen, wird die beste Funktionsinstanz von dem in Abschnitt 6.4.3 beschriebenen Funktionsresolutionsalgorithmus selektiert. Zeigt die gewählte Funktion keine optimale Übereinstimmung mit den gegebenen Argumenten, so werden letztere in die Parametertypen der Funktion propagiert. Dabei werden lediglich vordefinierte Datentypen propagiert und auch diese nur auf bestimmte Weisen. Ein Propagieren von Argumenten erfolgt nur durch ein Fortschreiten nach rechts auf den in Abbildung 6.6 gezeigten Propagierungspfaden. Wenn ein Wert propagiert wird, werden seine Länge, Genauigkeit oder die Anzahl seiner Nachkommastellen unter Umständen ebenfalls angepaßt, um zu dem Parameter der gewählten Funktion zu passen.

Smallint → Integer → Decimal → Real → Double

Char → Varchar → Long Varchar → Clob

Graphic → Vargraphic → Long Vargaphic → Dbclob

Abbildung 6.6:
Propagieren von Funktionsargumenten

Da die Datentypen Blob, Date, Time und Timestamp sowie alle einzigartigen Typen nicht in einer der in Abbildung 6.6 gezeigten Hierarchien vorkommen, werden diese Typen niemals propagiert. Wird einer dieser Datentypen als Argument einer Funktion benutzt, müssen die Parameter der gewählten Funktionsinstanz exakt damit übereinstimmen.

Jegliches Kombinieren von unterschiedlichen Datentypen durch arithmetische oder Konkatenationsoperatoren wird über Propagieren gehandhabt. Ist z.B. x eine Zahl vom Typ Integer und y eine Zahl vom Typ Double, so wird der Ausdruck x + y als Aufruf der Funktion "+"(Double, Double) betrachtet, wobei das erste Argument propagiert wird.

6.6.2 UNION-Semantik

Die Mengenoperatoren UNION (Vereinigung), INTERSECT (Durchschnitt) und EXCEPT (Differenz) können Werte unterschiedlicher Datentypen kombinieren. Dabei verwenden diese Operationen eine ähnliche, aber liberalere Konversionssemantik als das Propagieren von Argumenten. Sämtliche Konversionen, die beim Propagieren von Funktionsargumenten erlaubt sind, sind auch bei Mengenoperationen anwendbar; darüber hinaus kann ein Char- oder ein Varchar-Wert, der eine gültige Darstellung eines Date-, Time- oder Timestamp-Werts enthält, nach Date, Time oder Timestamp konvertiert werden. Die von UNION, INTERSECT und EXCEPT unterstützten Datentypkonversionen sind in Abbildung 6.7 gezeigt. Grundsätzlich ist das Ergebnis der Anwendung einer der Mengenoperationen auf zwei Datentypen T1 und T2 aus derselben UNION-Hierarchie entweder vom Typ T1 oder vom Typ T2 abhängig davon, welcher Typ in der Hierarchie weiter rechts steht.[10]

Smallint → Integer → Decimal → Real → Double

Char → Varchar → Long Varchar → Clob

Graphic → Vargraphic → Long Vargaphic → Dbclob

(Char, Varchar) → Date

(Char, Varchar) → Time

(Char, Varchar) → Timestamp

Abbildung 6.7:
UNION-Datentyphierarchien

---

10. Es gibt eine Ausnahme von dieser Regel: Wird ein Wert vom Typ Real mit einem Wert vom Typ Smallint, Integer oder Decimal kombiniert, so ist das Ergebnis vom Typ Double.

Werden zwei Strings durch eine Mengenoperation kombiniert, so bestimmt der längere Input die Länge des Ergebnistyps. Werden also z.B. ein Char(50) und ein Varchar(10) durch eine INTERSECT-Operation kombiniert, ist das Ergebnis vom Typ Varchar(50), was mit keinem der Operandendatentypen übereinstimmt.

Ist das Ergebnis einer Mengenoperation vom Typ Decimal, so hat es so viele Ziffern rechts sowie links vom Komma wie jeder der Operanden. Sind die Operandentypen einer UNION-Operation also z.B. Decimal(8,2) (sechs Ziffern links, zwei rechts vom Komma) und Decimal(7,4) (drei Ziffern links, vier rechts vom Komma), so ist das Ergebnis vom Typ Decimal(10,4) (sechs Ziffern rechts, vier links vom Komma). Der Typ Integer wird zu diesem Zweck als elfstellig, Smallint als fünfstellig betrachtet.

Da Blobs und einzigartige Typen nicht an den UNION-Datentyphierarchien teilnehmen, kann jeder dieser in Mengenoperationen nur mit sich selbst kombiniert werden.

Die UNION-Semantik für Datentypkonversionen kann in der Sprache SQL auch für einige andere Operationen, die Datentypen kombinieren, angewendet werden; bei diesen handelt es sich um die folgenden:

1. Berechnung des Ergebnisses einer `coalesce`-Funktion, wenn die Operanden unterschiedliche Datentypen besitzen. Ist z.B. x vom Typ Char(10) und y vom Typ Date, ist das Ergebnis von `coalesce(x, y)` vom Typ Date, selbst wenn der Wert von x zurückgegeben wird.

2. Ein CASE-Ausdruck, dessen mögliche Ergebnisse verschiedene Datentypen haben. Als Beispiel betrachte man den folgenden Ausdruck:

```
CASE testwert
    WHEN 1 THEN 100
    WHEN 2 THEN 200.00
    ELSE 3.0E+2
END
```

Das Ergebnis dieses Ausdrucks ist 1.0E+2, 2.0E+2 oder 3.0E+2 in Abhängigkeit von `testwert`. Der Datentyp des Ergebnisses ist stets Double, da dies der »größte Datentyp« der möglichen Ergebnisse ist.

3. VALUES-Ausdrücke. Ein VALUES-Ausdruck ist wie eine »Literaltabelle«. Die Datentypen der Spalten dieser Tabelle werden aus den Komponenten des VALUES-Ausdrucks unter Anwendung der UNION-Semantik berechnet. So verhält sich z.B. der folgende VALUES-Ausdruck wie eine Literaltabelle, deren erste Spalte vom Typ Double und deren zweite Spalte vom Typ Decimal ist:

```
VALUES(1, 2.0), (3E3, 4)
```

4. IN-Listen. In einem IN-Prädikat müssen sämtliche Werte in der IN-Liste Typen haben, die über die UNION-Semantik kombiniert werden können. Zur Illustration dieser Regel zeigt das erste nachfolgende Beispiel ein gültiges, das zweite ein ungültiges IN-Prädikat:

```
länge IN (1, 2.2, 3e-1)
länge IN (1, 2.2, 'Drei Meilen')
```

6.6.3 Zuweisung

In SQL kann eine Zuweisung auf eine der folgenden Weisen stattfinden:

▷ Einer Spalte kann durch die SET-Klausel einer UPDATE-Anweisung ein Wert zugewiesen werden.

▷ Einer Spalte kann durch eine Zuweisung (ein SET) in einem Before-Trigger (vergleiche Abschnitt 7.3.2) ein Wert zugewiesen werden.

▷ Es können Werte durch eine INSERT-Anweisung in eine Zeile eingefügt werden.

▷ Werte können an eine Host-Variable durch eine SELECT-, FETCH- oder VALUES-Anweisung abgeliefert werden.

Die Regeln zur Zuweisung eines Wertes an ein Ziel mit unterschiedlichem Datentyp sind in zweierlei Hinsicht liberaler als die Regeln zum Propagieren von Argumenten oder die für UNION:

1. Im Unterschied zum Propagieren sind Zuweisungskonversionen bidirektional. Man kann also einen Wert an ein Ziel von »niedrigerem« Datentyp zuweisen, wie z.B. bei der Zuweisung von Float an Integer. Natürlich kann beim Abschneiden von Werten Genauigkeit verloren gehen, und es kann zu einem Laufzeitfehler kommen, falls ein Wert nicht im Zieldatentyp dargestellt werden kann (wenn z.B. ein Double-Wert außerhalb des durch Integer darstellbaren Zahlenbereichs liegt).

2. Werte von einem einzigartigen Typ können von ihrem jeweiligen Basistyp an ein Ziel zugewiesen werden und umgekehrt, und zwar unter automatischer Konvertierung mit den vom System bereitgestellten Casting-Funktionen. Wird ein Wert von einem einzigartigen Typ an eine Host-Variable zugewiesen, wird er zuerst in seinen Basistyp konvertiert, sodann wird der resultierende Wert an die Wirtsvariable zugewiesen.

Zwecks Zuweisungen werden Datentypen als Sammlungen von Familien behandelt, bei denen, wie in Abbildung 6.8 gezeigt, Zuweisung in jede Richtung innerhalb der Familie unterstützt wird.

```
{ Smallint, Integer, Decimal, Real, Double }

{ Char, Varchar, Long Varchar, Clob  }

{ Graphic, Vargraphic, Long Vargraphic, Dbclob }

{ (Char- oder Varchar-Darstellung von Date), Date }

{ (Char- oder Varchar-Darstellung von Time), Time }

{ (Char- oder Varchar-Darstellung von Timestamp), Timestamp }

{ (Beliebiger einzigartiger Typ), (Basistyp dieses Typs) }
```

Abbildung 6.8:
Zuweisungsdatentypfamilien

6.6.4 Casting

Die Casting-Operation wird explizit durch einen CAST-Ausdruck aufgerufen, wie in Abschnitt 2.4.3 beschrieben. Ein Beispiel eines CAST-Ausdrucks ist der folgende:

```
CAST (x AS Decimal(8,2))
```

Ein Casting wird ferner implizit ausgelöst, wenn die Argumente einer quellenbasierten Funktion in die Parametertypen der Quellenfunktion konvertiert werden und wenn das Ergebnis einer Quellenfunktion in den Ergebnistyp der quellenbasierten Funktion konvertiert wird.

Die durch Casting unterstützten Konversionen sind die liberalsten der vier Arten von Datentypkonversionen. Im einzelnen werden alle bei Zuweisungen möglichen Konversionen unterstützt sowie weitere, wie z.B. das Konvertieren eines numerischen Wertes in seine Darstellung als Zeichenreihe.

Die Regeln zur Konvertierbarkeit eines Datentyps in einen anderen lauten:

1. Ein einzigartiger Typ kann in seinen Basistyp konvertiert werden.

2. Der Quelltyp eines einzigartigen Typs kann in den einzigartigen Typ konvertiert werden. Da das Casting von einer Funktion durchgeführt wird, ist ferner jeder Datentyp, der in den Basistyp propagierbar ist, in den einzigartigen Typ konvertierbar.

3. Ein einzigartiger Typ kann niemals in einen anderen einzigartigen Typ konvertiert werden.[11]

4. Die unter vordefinierten Datentypen zulässigen Casts sind in Tabelle 6.6 aufgelistet. Einige davon können zu Laufzeitfehlern führen. So verursacht z.B. das Casting eines Double-Wertes in den Datentyp Integer einen Overflow-Fehler, falls der betreffende Wert zu groß ist. Analog gelingt das Konvertieren eines Char- oder Varchar-Wertes in einen numerischen, Datums- oder Zeittyp nur, falls der Wert eine zulässige Zeichenreihendarstellung des Zieltyps darstellt.

Cast aus:	Cast nach:											
	Smallint Integer	Real	Char	Varchar	Long Varchar Clob	Graphic	Vargraphic	Long Vargraphic Dbclob	Date	Time	Timestamp	Blob
Smallint Integer Decimal	Ja	Ja	Ja									
Real Double	Ja	Ja										

---

11. Ein Benutzer kann eine Funktion erzeugen, die einen einzigartigen Typ in einen anderen konvertiert, wie in den Beispielen fuss(Meter) und meter(Fuss) in Abschnitt 6.4.9; diese benutzerdefinierten Funktionen werden jedoch nicht als Casting-Funktionen betrachtet und können nicht in der CAST-Notation aufgerufen werden.

Cast aus:	Smallint Integer	Real	Char	Varchar	Long Varchar Clob	Graphic	Vargraphic	Long Vargraphic Dbclob	Date	Time	Timestamp	Blob
Char Varchar	Ja		Ja	Ja	Ja		Ja		Ja	Ja	Ja	Ja
Long Varchar Clob			Ja	Ja	Ja							Ja
Graphic Vargraphic Long Vargraphic Dbclob						Ja	Ja	Ja				
Date			Ja	Ja					Ja			
Time			Ja	Ja						Ja		
Timestamp			Ja	Ja					Ja	Ja	Ja	
Blob												Ja

Tabelle 6.6:
Zulässige Konvertierungen zwischen vordefinierten Datentypen

7 Aktive Daten

Einer der wichtigsten Trends im Datenbankmanagement ist der in Richtung auf eine semantische Anreicherung gespeicherter Daten. Da es sich bei einer Datenbank um eine von vielen Anwendungen gemeinsam benutzte Ressource handelt, braucht man Wissen über die Semantik der Daten, das in die Datenbank gepackt werden kann, nicht in jeder Anwendung zu wiederholen. Derartiges Wissen kann Regeln darüber umfassen, welche Werte für ein bestimmtes Attribut zulässig sind, wie Datenwerte miteinander in Beziehung stehen oder wie eine bestimmte Aktion automatisch ausgelöst werden soll, falls das Vorliegen einer gegebenen Bedingung entdeckt wird. Wenn solche Regeln vom Datenbanksystem durchgesetzt werden, werden die gespeicherten Daten dadurch »aktiver«, denn sie bekommen ein eigenständiges Verhalten, das über ein passives Akzeptieren von Veränderungen durch die Außenwelt hinausgeht. Aktive Daten sind wertvoller als passive, da sie semantisch reichhaltiger sind.

Ich bezeichne als ein *aktives Datenelement* einen Mechanismus, durch den eine SQL-Anweisung eine Aktion auslösen kann, die selbst nicht explizit in der betreffenden Anweisung spezifiziert ist. UDB kennt verschiedene solche aktiven Elemente, die ich grob den folgenden Kategorien zuordnen will:

1. *Integritätsbedingungen oder kurz Bedingungen (auch Beschränkungen, engl. Constraints)*: Integritätsbedingungen sind Regeln, die steuern, wie sich Datenwerte verändern können, was im allgemeinen in deklarativer Weise spezifiziert wird. Bedingungen können die Gültigkeit von Datenwerten sichern und, falls nötig, automatisch Werte generieren. Versuche, die Datenbank in einer Weise zu aktualisieren, die eine Bedingung verletzt, werden im allgemeinen zurückgewiesen. Constraints sind ein wichtiger Bestandteil des SQL92-Standards.

2. *Trigger*: Trigger (»Auslöser«) sind allgemeine automatische Aktionen, die von bestimmten Ereignissen wie dem Aktualisieren einer Tabelle ausgelöst oder »getriggert« werden. Im Unterschied zur deklarativen Natur von Bedingungen werden Trigger durch Prozeduren definiert, die eine Folge von SQL-Anweisungen enthalten, die immer dann ausgeführt wird, wenn das auslösende Ereignis entdeckt wird. Trigger sind ausgesprochen mächtig, weil sie nicht auf vordefinierte Aktionen wie das Rücksetzen einer unzulässigen Aktualisierung beschränkt sind. Man kann sie zur Sicherung der globalen Integrität der Datenbank oder zum Auslösen komplexer automatischer Aktionen verwenden, einschließlich Interaktionen mit der Außenwelt wie das Versenden einer Nachricht oder das Aufgeben einer Bestellung. Trigger sollen in die derzeit als SQL3 bekannte nächste Version des SQL-Standards aufgenommen werden.

Dieses Kapitel beschreibt sämtliche von UDB unterstützten aktiven Datenelemente und enthält ferner ein ausführliches Beispiel eines Datenbankentwurfs, der zahlreiche Integritätsbedingungen und Trigger verwendet. Da Bedingungen Eigenschaften von Datenbanktabellen sind, wird in diesem Kapitel auch die vollständige Syntax der SQL-Anweisungen zum Erzeugen und Ändern von Tabellen beschrieben.

Eine aktive Datenbank kann ausgesprochen komplex und mit vielfältigen inneren Verbindungen ausgestattet sein. Dieses Kapitel beschreibt unter anderem, wie multiple Bedingungen und Trigger, die durch dieselbe Anweisung aktiviert werden, interagieren. Es beschreibt ferner, wie Sichten, Trigger, Integritätsbedingungen, Programme und andere Objekte voneinander abhängen und wie das Prinzip der *konservativen Bindesemantik* dafür sorgt, daß Sichten oder Anwendungsprogramme ihr Verhalten nicht unerwartet ändern.

7.1 Integritätsbedingungen (Constraints)

In UDB ist jedes Constraint bzw. jede Integritätsbedingung mit einer spezifischen Tabelle der betreffenden Datenbank assoziiert und schützt die Gültigkeit von Datenwerten in dieser Tabelle. Bedingungen sind nur mit Basistabellen, nicht mit Sichten assoziiert[1] (obwohl natürlich eine Bedingung zu einer Tabelle diese davor schützt, über eine auf ihr basierende Sicht in unzulässiger Weise aktualisiert zu werden). Die meisten Arten von Integritätsbedingungen sind mit einem Namen versehen, der über alle mit einer Tabelle assoziierten Bedingungen eindeutig sein muß. Der Name einer Bedingung wird vom System in Fehlermeldungen verwendet, wenn die Bedingung verletzt ist; er kann ferner in einer ALTER TABLE-Anweisung zum Löschen der jeweiligen Bedingung benutzt werden. Falls man eine Bedingung erzeugt und ihr keinen Namen gibt, generiert das System ihn automatisch.

Da jede Bedingung für eine bestimmte Tabelle gilt, werden Bedingungen im Rahmen von CREATE TABLE-Anweisungen definiert. Nachdem eine Tabelle angelegt wurde, können mit dieser Tabelle assoziierte Bedingungen auch über eine ALTER TABLE-Anweisung hinzugefügt oder gelöscht werden. Wenn eine Tabelle gelöscht wird, werden natürlich sämtliche mit ihr assoziierten Bedingungen ebenfalls gelöscht.

---

1. Sichten können mit der in Abschnitt 2.6.5 beschriebenen *Check-Option* versehen werden, was man als eine Bedingung auf einer Sicht betrachten kann.

UDB kennt die folgenden sechs Features, die man als Typen von Integritätsbedingungen betrachten kann in dem Sinne, daß sie die bei Datenwerten möglichen Modifikationen beeinflussen:

▷ NOT NULL-Bedingungen

▷ Spaltenvoreinstellungen

▷ Unique- bzw. Eindeutigkeitsbedingungen (auch »eindeutige Integritätsbedingungen«)

▷ Check-Integritätsbedingungen

▷ Primärschlüsselbedingungen

▷ Fremdschlüsselbedingungen

7.1.1 NOT NULL-Bedingungen

Diese besonders einfache Form einer Integritätsbedingung gibt an, daß eine gegebene Spalte einer Tabelle keine Nullwerte enthalten darf. Jede INSERT- oder UPDATE-Anweisung, die versucht, in diese Spalte einen Nullwert zu schreiben, scheitert.

NOT NULL-Bedingungen haben keinen Namen. Das folgende Beispiel zeigt eine CREATE TABLE-Anweisung, die eine NOT NULL-Bedingung enthält:

```
CREATE TABLE patienten (sozversnr Char(11) NOT NULL,
                        ...);
```

Hat ein Attribut bzw. eine Spalte eine NOT NULL-Bedingung, so hat der entsprechende Eintrag in der COLUMNS-Katalogtabelle den Wert »N« in der Spalte NULLS.

7.1.2 Spaltenvoreinstellungen

Wenn ein Attribut erzeugt oder zu einer Tabelle hinzugefügt wird, kann man für es eine Voreinstellung (»Default-Wert«) angeben. Eine solche Voreinstellung wird automatisch erzeugt, wenn eine Zeile in eine Tabelle eingefügt wird, die für das betreffende Attribut keinen Wert enthält. Wird eine neue Spalte mit einem voreingestellten Wert zu einer Tabelle hinzugefügt, die bereits Zeilen enthält, erhalten diese in der neuen Spalte den voreingestellten Wert.

Die Syntax der Default-Klausel einer Spaltendefinition ist in den in Abschnitt 7.2.1 gezeigten Diagrammen unter »Spaltenoption« angegeben. Der für ein Attribut spezifizierte voreingestellte Wert kann NULL, eine Konstante oder ein spezielles Register sein, das mit dem Datentyp der betreffenden Spalte kompatibel ist. Handelt es sich beim Datentyp der Spalte um einen Blob oder einen einzigartigen Typ, kann der Default-Wert unter Verwendung einer Casting-Funktion wie blob(X'00000000') oder schuhgrösse(8) spezifiziert werden. Wird für eine Spalte keine explizite Voreinstellung festgelegt, wird diese anhand der in Tabelle 7.1 gezeigten Regeln ermittelt.

Falls die Spaltendefinition enthält ...	... und der Datentyp der Spalte lautet ...	... ist der Default-Wert dieser Spalte ...
Keine DEFAULT-Klausel	(jeder Datentyp)	Null (falls nicht NOT NULL spezifiziert ist; in dem Fall hat die Spalte keine Voreinstellung).
Eine DEFAULT-Klausel, die einen expliziten Wert enthält	(jeder Datentyp)	der in der DEFAULT-Klausel angegebene Wert.
WITH DEFAULT (ohne Angabe eines expliziten Wertes)	Smallint, Integer, Decimal, Real, Double	0
	Char, Graphic	Leerstellen (Blanks)
	Varchar, Long Varchar, Vargraphic, Long Vargraphic, Blob, Clob, Dbclob	Zeichenreihe der Länge 0
	Date	das aktuelle Datum, wenn die betreffende Zeile eingefügt wird. Wird ein Attribut vom Typ Date zu einer Tabelle hinzugefügt, wird den existierenden Zeilen das Datum 1. Januar 0001 zugewiesen.
	Time	die aktuelle Zeit, wenn die betreffende Zeile eingefügt wird. Wird ein Attribut vom Typ Time zu einer Tabelle hinzugefügt, wird den existierenden Zeilen die Zeit 00:00:00 zugewiesen.
	Timestamp	die aktuelle Zeitmarke, wenn die betreffende Zeile eingefügt wird. Wird ein Attribut vom Typ Timestamp zu einer Tabelle hinzugefügt, wird den existierenden Zeilen die Zeitmarke mit dem Datum 1. Januar 0001 und der Zeit 00:00:00 zugewiesen.
	Einzigartiger Typ	der systemdefinierte Default-Wert für den Basisdatentyp, konvertiert in den einzigartigen Typ.

Tabelle 7.1:
Default-Werte für Attribute

Im folgenden Beispiel einer CREATE TABLE-Anweisung beschreiben die Kommentare jeweils die Voreinstellung der vier Attribute. Die nachfolgende INSERT-Anweisung fügt eine Zeile ein, die Default-Werte für BUNDESSTAAT und VERWARNUNGEN erhält.

```
CREATE TABLE autofahrer
   (führerscheinnr Char(8) NOT NULL,
                          -- kein Default
    bundesstaat Char(2) WITH DEFAULT 'CA',
                          -- Default ist CA (Kalifornien)
    ablaufdatum Date,   -- Default ist null
    verwarnungen Smallint WITH DEFAULT);
                          -- Default ist 0


INSERT INTO autofahrer(führerscheinnr, ablaufdatum)
   VALUES('K0123456', '1998-06-15');
```

Den Default-Wert für jede Spalte findet man in der Spalte DEFAULT der Katalogtabelle COLUMNS.

7.1.3 Eindeutigkeitsbedingungen

Eine eindeutige Integritätsbedingung oder Eindeutigkeitsbedingung garantiert die Eindeutigkeit von Werten in einer Spalte oder in einer Attributmenge, die dann als *eindeutiger Schlüssel* bezeichnet wird. Alle Attribute im eindeutigen Schlüssel müssen (auch) als NOT NULL deklariert sein.

Die folgende Bedingung könnte Teil der Tabellendefinition einer Sportliga sein. Die Bedingung mit dem Namen LIGAREGEL1 stellt sicher, daß jedes Team in jeder Position höchstens einen Spieler hat. Falls man eine Integritätsbedingung ohne Namensangabe definiert, erhält diese einen systemgenerierten Namen.

```
CONSTRAINT ligaregel1 UNIQUE(team, position);
```

Deklariert man eine Eindeutigkeitsbedingung für eine Attributmenge, legt UDB automatisch einen eindeutigen Index für diese Spalten an, um die Bedingungen sichern zu können. Hat die Bedingung einen Namen, erhält dieser Index denselben Namen (es sei denn, ein anderer Index benutzt diesen Namen bereits; in diesem Fall erzeugt das System einen neuen Namen für den Index).

Da Eindeutigkeitsbedingungen über Indizes sichergestellt werden, gelten alle Einschränkungen für Indexschlüssel auch für diese Bedingungen. Der eindeutige Schlüssel darf z.B. nicht mehr als 16 Attribute enthalten, die zusammen eine Länge von 255 Byte oder weniger haben können und von denen keines von einem LOB-Typ sein darf (diese Einschränkungen sind in Abschnitt 2.6.6 genauer beschrieben).

Eindeutigkeitsbedingungen werden am Ende einer jeden SQL-Anweisung überprüft. Es kann also passieren, daß eine solche Bedingung während der Ausführung einer UPDATE-Anweisung, die mehrere Zeilen aktualisiert, zeitweise verletzt ist. Eine solche Anweisung wird so lange nicht zurückgesetzt, wie die Eindeutigkeit am Ende der Ausführung der Anweisung wiederhergestellt werden kann.

Die Katalogtabelle KEYCOLUSE beschreibt alle definierten Eindeutigkeitsbedingungen sowie die Tabellen und Spalten, für die diese gelten.

7.1.4 Check-Integritätsbedingungen

Jede Check-Integritätsbedingung (Check Constraint) gehört zu einer bestimmten Tabelle und dient der Sicherung der Gültigkeit ihrer Datenwerte. Eine Check-Bedingung enthält ein Prädikat (oder eine durch AND bzw. OR verbundene Kombination von Prädikaten), das als *Prüfbedingung (Check Condition)* bezeichnet wird. Die Prüfbedingung muß für jede Zeile der betreffenden Tabelle stets »nicht falsch« (also wahr oder unbekannt) sein. Wenn eine Zeile in eine Tabelle eingefügt oder darin aktualisiert wird, wird die Prüfbedingung für die geänderte Zeile getestet; liefert der Test »falsch«, wird die Änderung oder Einfügung zurückgesetzt. Werden von einer einzigen SQL-Anweisung mehrere Tupel eingefügt oder verändert und ist eine Prüfbedingung auch nur für eine von diesen falsch, werden sämtliche Änderungen zurückgesetzt, so daß die Anweisung ohne Effekt bleibt. Wird eine Anweisung aufgrund der Verletzung einer Prüfbedingung zurückgesetzt, wird die aktuelle Transaktion fortgesetzt, und andere Anweisungen innerhalb dieser Transaktion sind nicht betroffen.

In UDB muß eine Prüfbedingung ein Test sein, der tupelweise auf der Tabelle, der er zugeordnet ist, ausgeführt werden kann. Eine Check-Bedingung hat damit die Wirkung einer WHERE-Klausel, die sich nur auf die Attribute einer Tabelle bezieht und keine Unteranfragen oder Referenzen auf spezielle Register enthält. Diese Restriktion ermöglicht ein schnelles Auswerten einer Prüfbedingung immer dann, wenn eine Zeile eingefügt oder aktualisiert wird.

Check-Bedingungen werden an eine Tabelle als Teil einer CREATE TABLE- oder einer ALTER TABLE-Anweisung angehängt. Die folgenden Beispiele zeigen gültige Check-Bedingungen für eine Tabelle mit den Attributen JOBCODE, GEHALT und BONUS:

```
CONSTRAINT check1
   CHECK (jobcode IN (10, 20, 30, 40, 50));
CONSTRAINT check2
   CHECK (gehalt < 100000 AND bonus <= gehalt);
```

Das folgende Beispiel zeigt eine Check-Bedingung, die *nicht* gültig ist, da sie nicht durch Inspektion einer einzelnen Zeile getestet werden kann:

```
CONSTRAINT check3
   CHECK (gehalt < (SELECT max(gehalt) FROM ang));
```

Obwohl check3 im obigen Beispiel keine gültige Check-Bedingung ist, kann man den beabsichtigten Zweck durch Schreiben eines Triggers wie in Abschnitt 7.3 dargestellt erzielen.

Jede Check-Bedingung wird durch eine Zeile in der Katalogtabelle CHECKS beschrieben, die den Namen der Bedingung, den Namen der Tabelle, zu der sie gehört, und den Text der Bedingung enthält.

 **TIP:** Eine Check-Bedingung kann eine benutzerdefinierte Funktion aufrufen, und benutzerdefinierte Funktionen tragen sogar nachhaltig zur Ausdruckskraft von Check-Bedingungen bei. Eine Check-Bedingung kann allerdings keine Funktion aufrufen, die mit einer der Eigenschaften VARIANT, EXTERNAL ACTION oder SCRATCHPAD definiert wurde.

7.1.5 Primärschlüsselbedingungen

Jede Tabelle kann optional einen Primärschlüssel besitzen. Ein Primärschlüssel ist ein Attribut oder eine Attributkombination, die sowohl eindeutig als auch NOT NULL ist. Ein Primärschlüssel kann aus bis zu 16 Attributen mit einer Länge von insgesamt bis zu 255 Byte bestehen. Kein Attribut eines Primärschlüssels kann vom Typ Blob, Clob, Dbclob, Long Varchar oder Long Vargraphic sein. Deklariert man eine bestimmte Auswahl von Spalten als den Primärschlüssel einer Tabelle, unterhält das System automatisch einen eindeutigen Schlüssel für diese Attribute. Hat die Primärschlüsselbedingung einen Namen, erhält der zugehörige Index denselben Namen (sofern kein schon existierender Index diesen Namen bereits benutzt; in diesem Fall generiert das System einen neuen Namen für den Index).

Ein Primärschlüssel ist einem eindeutigen Schlüssel ähnlich, hat allerdings zwei zusätzliche Eigenschaften:

1. Der Primärschlüssel einer Tabelle dient als voreingestellter Vaterschlüssel für referentielle Integritätsbeziehungen (die im nächsten Unterabschnitt beschrieben werden).

2. Wird eine Tabelle über Knoten in einem parallelen Datenbanksystem partitioniert, dient das erste Attribut des Primärschlüssels als voreingestellter Partitionierungsschlüssel, der die Verteilung der Tupel auf die Knoten bestimmt.

Man kann die Spalten des Primärschlüssels einer gegebenen Tabelle in der Katalogtabelle COLUMNS finden; gehört ein Attribut zum Primärschlüssel seiner Tabelle, so gibt der Wert für KEYSEQ in COLUMNS dessen Position im Primärschlüssel an. (Ein KEYSEQ-Wert von 2 zeigt also z.B. an, daß es sich um die zweite Spalte des Primärschlüssels handelt.)

Primärschlüssel können für eine Tabelle im Rahmen einer CREATE TABLE-Anweisung definiert und über eine ALTER TABLE-Anweisung nachträglich hinzugefügt oder gelöscht werden. Ein Primärschlüssel kann einen Namen haben, jedoch gibt es keinen zwingenden Grund für die Vergabe eines Namens, da man einen Primärschlüssel ohne Referenzierung des Namens löschen kann (jede Tabelle kann ja höchstens einen Primärschlüssel besitzen). Die folgenden Beispiele zeigen CREATE TABLE-Anweisungen, die Primärschlüssel spezifizieren. (Naturgemäß muß jede Primärschlüsselspezifikation in einer separaten CREATE TABLE-Anweisung erfolgen, da eine Tabelle nicht mehr als einen solchen Schlüssel besitzen kann.)

```
CREATE TABLE patienten(sozversnr Char(11) NOT NULL PRIMARY KEY,
                name Varchar(15));

CREATE TABLE preisliste (liefnr Char(3) NOT NULL,
                teilenr Char(4) NOT NULL,
                preis Integer,
                PRIMARY KEY (liefnr, teilenr));
```

7.1.6 Fremdschlüsselbedingungen

Eine Fremdschlüsselbedingung spezifiziert eine Beziehung zwischen zwei Tabellen: der *Vatertabelle* und der *Kindtabelle*. Die Vatertabelle sowie die Kindtabelle können identisch sein; in einem solchen Fall bezeichnet man die Tabelle als *selbstreferenzierend*. Die Beziehung zwischen beiden Tabellen, im allgemeinen als *referentielle Integrität* oder auch als *RI-Beziehung* bezeichnet, ist eine 1:n-Beziehung zwischen den Zeilen der Vater- und denen der Kindtabelle. Die Beziehung basiert auf übereinstimmenden Werten zwischen einer Attributmenge der Vatertabelle, dem *Vaterschlüssel*, und einer Attributmenge der Kindtabelle, dem *Fremdschlüssel*. So lange, wie eine Fremdschlüsselbedingung gelten soll, garantiert das System, daß es zu jeder Zeile in der Kindtabelle, deren sämtliche Fremdschlüsselattribute nicht-null sind, eine Zeile in der Vatertabelle mit gleichen Werten im Vaterschlüssel gibt. Der Vaterschlüssel muß dabei entweder der Primärschlüssel oder ein eindeutiger Schlüssel der Vatertabelle sein. Natürlich müssen Fremd- und Vaterschlüssel dieselbe Anzahl von Attributen sowie jeweils kompatible (wenn auch nicht notwendig identische) Datentypen haben. Kein Attribut im Fremdschlüssel darf vom Typ Blob, Clob, Dbclob, Long Varchar oder Long Vargraphic sein.

Eine Tabelle kann an mehreren referentiellen Integritätsbeziehungen teilnehmen, und zwar als Vater wie als Kind. Jede solche Beziehung wird durch eine spezielle Klausel in einer CREATE TABLE- oder einer ALTER TABLE-Anweisung für die Kindtabelle erzeugt, die die Fremdschlüsselattribute, die Vatertabelle sowie gegebenenfalls die Attribute des Vaterschlüssels enthält. Läßt man letztere weg, werden die Primärschlüsselattribute der Vatertabelle als Attribute des Vaterschlüssels betrachtet. Man darf keine RI-Beziehung anlegen, in der der Vater- sowie der Kindschlüssel genau dieselben wie in einer anderen RI-Beziehung sind.

In einer CREATE TABLE- oder einer ALTER TABLE-Anweisung, die eine Fremdschlüsselbedingung spezifiziert, ist es ratsam, der Beziehung einen beschreibenden Namen zu geben. Gibt man keinen Namen an, generiert das System einen solchen.

Wie wir gesehen haben, unterhält das System automatisch einen Index über jeden Primärschlüssel. Für einen Fremdschlüssel wird dagegen nicht automatisch ein Index unterhalten; man kann allerdings einen solchen anlegen, und das ist wahrscheinlich sogar sinnvoll.

Jede referentielle Integritätsbeziehung wird durch eine Zeile in der Katalogtabelle REFERENCES beschrieben, die den Namen der Beziehung, den von Vater- und Kindtabelle sowie die Attributmenge enthält, die Vater- bzw. Fremdschlüssel darstellen. Man kann die auf eine bestimmte Spalte zutreffenden Beziehungen ferner durch Inspektion der Katalogtabelle KEYCOLUSE herausfinden, die einen Eintrag für jedes Attribut enthält, das in einem Primär-, eindeutigen oder Fremdschlüssel vorkommt.

Fremdschlüsselbedingungen können anhand zweier Tabellen ANG und ABT illustriert werden, die in zwei referentiellen Beziehungen stehen. Jede ANG-Zeile repräsentiert einen Angestellten, und jede ABT-Zeile stellt eine Abteilung dar. Wir wollen sicherstellen, daß jeder Angestellte in einer gültigen, d.h. tatsächlich existierenden Abteilung arbeitet und daß er einen gültigen Manager hat. Dazu werden, wie in Abbildung 7.1 gezeigt, zwei Fremdschlüssel FK1 und FK2 für die Tabelle ANG angelegt. In einem dieser (dem von MANAGER nach ANGNR) ist die Tabelle ANG selbstreferenzierend. Der

Primär- sowie der Fremdschlüssel können (wie im Beispiel) angegeben werden, wenn die betreffende Tabelle angelegt wird, oder sie können nachträglich über ALTER TABLE-Anweisungen hinzugefügt werden. Die in Abbildung 7.1 gezeigten Bedingungen stellen sicher, daß jeder in ANG vorkommende Wert für das Attribut ABTNR, der nicht null ist, mit einem ABTNR-Wert in der Tabelle ABT übereinstimmt und daß in Tabelle ANG jeder Wert für MANAGER, der nicht null ist, einen entsprechenden Eintrag in ANGNR hat. Da wir ferner spezifiziert haben, daß ABTNR und MANAGER in der Tabelle ANG die Eigenschaft NOT NULL haben sollen (was von der Fremdschlüsselbedingung nicht gefordert wird), haben wir garantiert, daß jeder Angestellte sowohl eine gültige Abteilung als auch einen gültigen Manager hat.[2] (Natürlich können Abteilungen keine Angestellten haben, und manche Angestellte sind keines anderen Manager.)[3]

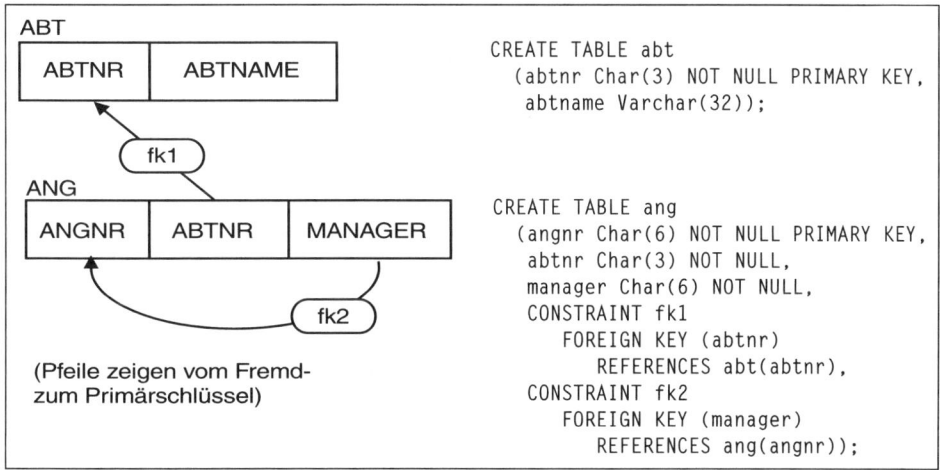

```
CREATE TABLE abt
    (abtnr Char(3) NOT NULL PRIMARY KEY,
     abtname Varchar(32));


CREATE TABLE ang
    (angnr Char(6) NOT NULL PRIMARY KEY,
     abtnr Char(3) NOT NULL,
     manager Char(6) NOT NULL,
     CONSTRAINT fk1
         FOREIGN KEY (abtnr)
             REFERENCES abt(abtnr),
     CONSTRAINT fk2
         FOREIGN KEY (manager)
             REFERENCES ang(angnr));
```

Abbildung 7.1:
Fremdschlüsselbedingungen

In den in Abbildung 7.1 gezeigten CREATE TABLE-Anweisungen hätte man die Attributnamen in den REFERENCES-Klauseln auch weglassen können, da der Vaterschlüssel in beiden Fällen der Primärschlüssel der Vatertabelle ist.

An dieser Stelle wird man sich vielleicht fragen, was passiert, wenn eine SQL-Anweisung versucht, Datenwerte so zu verändern, daß eine Fremdschlüsselbedingung verletzt wird. Ich werde diese Frage durch Angabe aller Möglichkeiten beantworten, durch die man eine solche Bedingung verletzen kann, und jeweils erklären, was passiert.

1. Eine SQL-Anweisung versucht, in die Kindtabelle eine Zeile mit einem Fremdschlüsselwert einzufügen, der mit keinem Wert des Vaterschlüssels übereinstimmt. Eine solche INSERT-Anweisung schlägt fehl; alle von ihr eingefügten Zeilen werden zurückgesetzt.

---

2. Anm. d. Übers.: Es wurden hier also sogenannte *Inklusionsabhängigkeiten* spezifiziert, welche in der Literatur zur Verdeutlichung auch in der Form ANG.ABTNR ⊆ ABT.ABTNR bzw. ANG.MANAGER ⊆ ANG.ANGNR geschrieben werden.
3. Die gerade genannten Inklusionsbeziehungen können also *echte* Teilmengen sein.

2. Eine SQL-Anweisung versucht, in der Kindtabelle einen Fremdschlüssel zu einem neuen Wert zu aktualisieren, der mit keinem Vaterschlüsselwert übereinstimmt. Eine solche UPDATE-Anweisung schlägt ebenfalls fehl, und alle aktualisierten Zeilen werden zurückgesetzt.

3. Eine SQL-Anweisung versucht, aus der Vatertabelle eine Zeile zu löschen und dadurch in der Kindtabelle Fremdschlüsselwerte ohne Entsprechungen zu hinterlassen. Der Benutzer, der die Fremdschlüsselbedingung erzeugt hat, kann für einen solchen Fall unter den folgenden Optionen wählen:

   - ON DELETE CASCADE: Das Löschen der Vaterzeile wird durchgeführt, und sämtliche Zeilen der Kindtabelle mit übereinstimmenden Fremdschlüsselwerten werden ebenfalls gelöscht.

   - ON DELETE SET NULL: Das Löschen der Vaterzeile wird durchgeführt, und die auf null setzbaren Spalten der übereinstimmenden Fremdschlüsselwerte in der Kindtabelle werden auf null gesetzt. (Dazu muß natürlich mindestens eine der betreffenden Spalten auf null setzbar [»nullable«] sein).

   - ON DELETE NO ACTION: Das Löschen der Vaterzeile scheitert, und alle Änderungen werden zurückgesetzt. Bedingungen mit dieser Option werden überprüft, *nachdem* alle kaskadierenden Änderungen und Löschungen durchgeführt worden sind.

   - ON DELETE RESTRICT: Wie bei der Option NO ACTION scheitert das Löschen der Vaterzeile, und alle Änderungen werden zurückgesetzt. Jedoch werden Bedingungen mit RESTRICT-Option überprüft, *bevor* kaskadierende Änderungen und Löschungen durchgeführt werden. ON DELETE RESTRICT ist daher geringfügig restriktiver als ON DELETE NO ACTION.

   Das Default-Verhalten einer Fremdschlüsselbedingung lautet ON DELETE NO ACTION.

4. Eine SQL-Anweisung versucht eine Aktualisierung der Vatertabelle durch Veränderung eines Vaterschlüsselwertes so, daß Übereinstimmungen mit Fremdschlüsselwerten in der Kindtabelle verloren gehen. Der Benutzer, der die Fremdschlüsselbedingung erzeugt hat, kann für einen solchen Fall unter den folgenden Optionen wählen:

   - ON UPDATE NO ACTION: Die Option erfordert, daß jede Kindzeile mit einem Fremdschlüsselwert, der nicht null ist, nach Ausführung der UPDATE-Anweisung mit *irgendeiner* Vaterzeile übereinstimmt, aber nicht notwendig mit derselben wie vor Ausführung der UPDATE-Anweisung. Falls dies nicht gewährleistet ist, scheitert die UPDATE-Anweisung, und alle Änderungen werden zurückgesetzt.

   - ON UPDATE RESTRICT: Diese Option erfordert, daß jede Kindzeile mit einem Fremdschlüsselwert, der nicht null ist, nach Ausführung der UPDATE-Anweisung mit *derselben* Vaterzeile wie vor der Ausführung der UPDATE-Anweisung übereinstimmt. ON UPDATE RESTRICT ist daher geringfügig restriktiver als ON UPDATE NO ACTION. So kann z.B. eine UPDATE-Anweisung, durch die zwei Zeilen der Vatertabelle ihre Vaterschlüsselwerte vertauschen, eine RE-

STRICT-Bedingung verletzen; sie wird jedoch keine NO ACTION-Bedingung verletzen. Falls die Bedingung verletzt ist, scheitert die UPDATE-Anweisung, und alle Änderungen werden zurückgesetzt.

Das Default-Verhalten einer Fremdschlüsselbedingung ist ON UPDATE NO ACTION.

Die oben beschriebenen Formen des Fremdschlüsselverhaltens helfen uns zu verstehen, warum das UDB-Autorisierungssystem ein REFERENCES Privileg kennt, über das der Besitzer einer Tabelle kontrollieren kann, welche Benutzer Fremdschlüssel erzeugen dürfen, die diese Tabelle referenzieren. Zur Verdeutlichung der Bedeutung des REFERENCES-Privilegs nehme man an, man sei der Besitzer (Owner) von Tabelle T1. Falls dann ein anderer Benutzer eine Tabelle T2 mit einem Fremdschlüssel erzeugen kann, der T1 referenziert, kann dieser Benutzer herausfinden, welche Vaterschlüsselwerte in T1 existieren, dadurch daß er verschiedene Fremdschlüsselwerte in T2 einfügt und sich merkt, welche dieser Einfügeoperationen erfolgreich sind. Der andere Benutzer kann auch dafür sorgen, daß man Zeilen aus T1 löschen oder darin ändern kann, indem er Zeilen mit gleichen Werten in T2 einfügt und eine Fremdschlüsselbedingung mit der Option ON DELETE NO ACTION erzeugt. Aus diesen Gründen sollten Benutzer keine Fremdschlüsselbedingungen erzeugen, die andere Tabellen referenzieren, solange ihnen nicht vom jeweiligen Besitzer das REFERENCES-Privileg gewährt wurde.

Man kann eine Kette referentieller Integritätsbeziehungen definieren, in der die Kindtabelle einer Beziehung gleichzeitig die Vatertabelle einer weiteren ist; eine solche Situation ist in Abbildung 7.2 gezeigt. Ein Löschen einer Zeile aus der »höchsten« Vatertabelle kann dann dafür sorgen, daß sich Löschungen und/oder Änderungen durch mehrere verwandte Tabellen fortpflanzen. So führt z.B. in Abbildung 7.2 ein Löschen einer Zeile aus der Tabelle DIVISION zu einem Löschen der entsprechenden Zeilen aus der Tabelle ABT, was wiederum dafür sorgen würde, daß die entsprechenden Zeilen aus ANG gelöscht und entsprechende Fremdschlüsselwerte in AUSRSTG auf null gesetzt werden. Man beachte, daß in diesem Beispiel die Fremdschlüsselattribute keine NOT NULL-Bedingungen haben. Daher kann z.B. eine Zeile der Tabelle ABT einen Nullwert in der Spalte DIVNR haben; falls dieses Attribut jedoch keinen Nullwert enthält, muß der vorhandene Wert mit einem Primärschlüsselwert in DIVISIONS übereinstimmen.

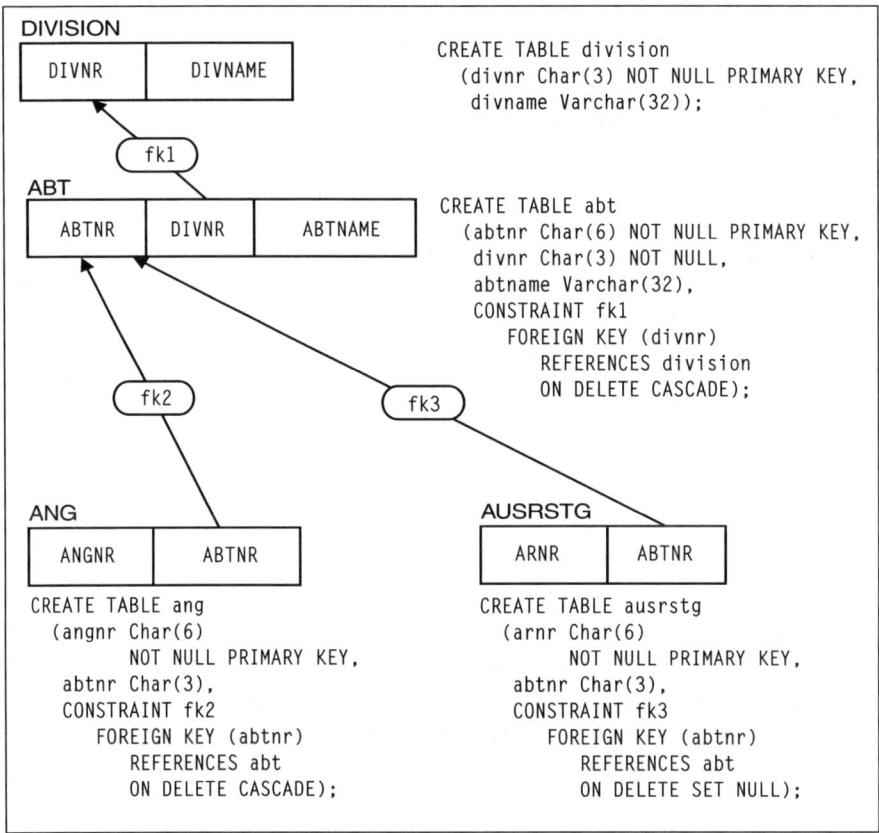

Abbildung 7.2:
Eine Kette referentieller Integritätsbeziehungen

Ein *referentieller Zykel* ist definiert als eine Kette von RI-Beziehungen, die in sich geschlossen ist, was eine Tabelle zu ihrem eigenen Nachfolger macht. Eine selbstreferenzierende Tabelle (wie die Tabelle ANG in Abbildung 7.1) ist das einfachste Beispiel für einen referentiellen Zykel. Referentielle Zykel mit mehr als einer Tabelle sind in UDB nur dann erlaubt, wenn sämtliche DELETE-Regeln entlang des Zykels CASCADE lauten.

7.2 Erzeugen und Löschen von Bedingungen

Da sich Integritätsbedingungen stets auf eine spezielle Tabelle beziehen, werden sie während des Prozesses des Erzeugens oder Änderns einer Tabelle spezifiziert. Die Grundlagen dessen bzw. der entsprechenden Anweisungen wurden bereits in Kapitel 2 erläutert. In diesem Abschnitt folgen weitere Details der UDB-Syntax dieser Anweisungen, einschließlich der Möglichkeiten zur Behandlung von Bedingungen.

Die UDB-Syntax der CREATE ALTER- bzw. ALTER TABLE-Anweisungen ist komplex und enthält verschiedene Möglichkeiten, das gleiche auszudrücken. Einige dieser alternativen Syntaxen werden hauptsächlich aus Gründen der Kompatibilität mit früheren DB2-Versionen oder mit anderen Produkten unterstützt. Dieses Buch beschreibt eine vereinfachte Syntax für CREATE TABLE sowie für ALTER TABLE, die eine konsistente und vergleichsweise einfache Möglichkeit bietet, jede Art von Integritätsbedingung zu erzeugen und mit einem Namen zu versehen. Die vereinfachte Syntax zeigt alle UDB-Features auf und wird vor allem für neue Anwendungen empfohlen. Da UDB jedoch auch andere Syntaxformen toleriert, sollte man die *SQL Reference* konsultieren, wenn man eine existierende Applikation auf UDB migrieren will.

Die CREATE TABLE-Anweisung ermöglicht die Definition einer Integritätsbedingung entweder als *Spaltenbedingung* oder als *Tabellenbedingung*. Eine Spaltenbedingung gilt für ein einzelnes Attribut einer Tabelle und wird als Teil der Definition dieses Attributs spezifiziert. Ist z.B. ein Attribut mit dem Namen C1 vom Typ Integer der Primärschlüssel einer gegebenen Tabelle, so kann man diese Spalte durch die Syntax C1 INTEGER NOT NULL PRIMARY KEY definieren. Eine Tabellenbedingung betrifft dagegen mehr als ein Attribut einer Tabelle. Enthält der Primärschlüssel einer Tabelle z.B. die Attribute C1 und C2, könnte die Definition der betreffenden Tabelle die Tabellenbedingung PRIMARY KEY (C1, C2) enthalten.

In den nachfolgend gezeigten Syntaxdiagrammen steht *tabellenname* stets für einen zweiteiligen Namen wie z.B. BUCHHALTUNG.ZAHLUNGEN. Der erste Teil ist ein Schemaname, der zweite identifiziert die Tabelle innerhalb dieses Schemas. Wird der Schemaname weggelassen, gilt die Benutzerkennung, unter der die Anweisung kompiliert (bei statischem SQL) bzw. ausgeführt (bei dynamischem SQL) wird, als Voreinstellung. Hat z.B. Benutzer Smith eine Tabelle T1 angelegt, so wird der Tabellenname zu SMITH.T1.

Im Unterschied zu Tabellennamen müssen Namen von Bedingungen einteilig sein. Jede Bedingung muß unter allen zu einer gegebenen Tabelle definierten Bedingungen eindeutig sein.

7.2.1 Die CREATE TABLE-Anweisung

Die Syntax der CREATE TABLE-Anweisung ist im nachfolgenden Syntaxdiagramm gezeigt. Beispiele zulässiger CREATE-TABLE-Anweisungen werden in Abschnitt 7.4 im Zusammenhang mit der dort beschriebenen Beispielanwendung gegeben.

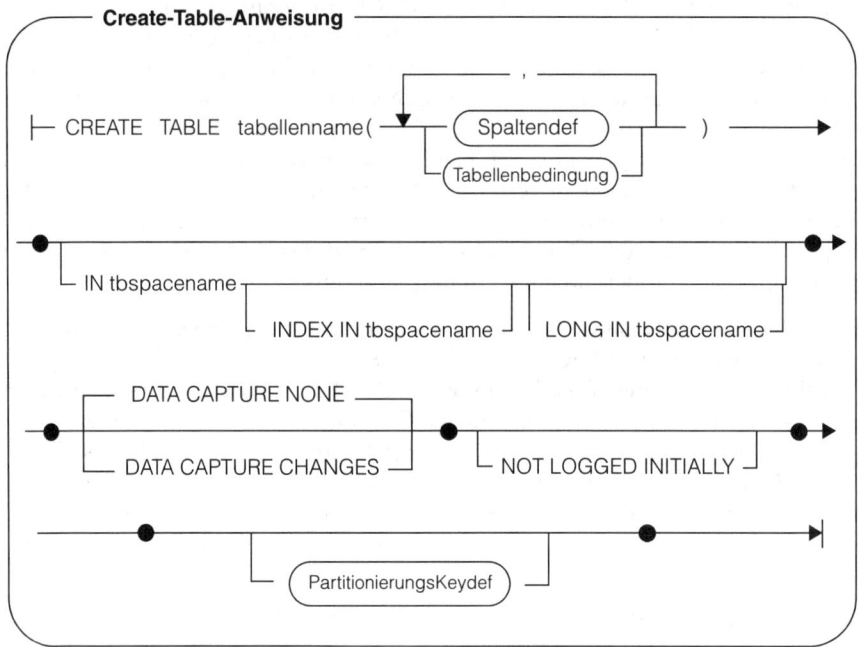

Bemerkungen:

▶ Eine Tabelle darf nicht mehr als 500 Spalten haben.

▶ Die Summe aller Spaltenlängen in einer Tabelle darf nicht mehr als 4.005 Byte betragen.

▶ Im Syntaxdiagramm steht *tbspacename* für den Namen eines Tabellenbereichs (Tablespace), bei dem es sich um eine Einheit des physikalischen Speichers handelt. Die CREATE TABLE-Anweisung ermöglicht eine Festlegung des Tabellenbereiches, in dem die betreffende Tabelle gespeichert werden soll, und ermöglicht ferner eine separate Festlegung von Tabellenbereichen für Indizes und in der Tabelle vorkommende LOB-Werte. Man kann zwecks Ballung (Clustering) von Daten und Verbesserung des Durchsatzes Indizes sowie LOB-Werte in einem Tabellenbereich ablegen, der von dem der Tabelle verschieden ist. Wird jegliche Tabellenbereichsangabe weggelassen, wählt das System selbst einen Tabellenbereich aus. (Tabellenbereiche werden in Abschnitt 10.1 behandelt.)

▶ Die Klausel DATA CAPTURE CHANGES ist notwendig, wenn man erreichen möchte, daß Veränderungen an der Tabelle in anderen Datenbanken repliziert werden. Diese Klausel sorgt dafür, daß im Systemlog spezielle Einträge zur Unterstützung von Datenreplikation vorgenommen werden. Läßt man diese Klausel weg oder spezifiziert DATA CAPTURE NONE, werden keine speziellen Logeinträge gemacht, wenn an der Tabelle Veränderungen vorgenommen werden.

▷ Die Klausel NOT LOGGED INITIALLY bedeutet, daß sämtliche Veränderungen an der Tabelle (wie z.B. Einfügungen), die in derselben Transaktion, in der die Tabelle erzeugt wird, vorgenommen werden, nicht im Wiederherstellungslog (Recovery Log) protokolliert werden. Als Konsequenz ist die Tabelle nicht gegen Systemfehler geschützt, und sie kann solange nicht als Vatertabelle in einer referentiellen Integritätsbedingung benutzt werden, bis eine Sicherungskopie der Tabelle (über den in Abschnitt 10.6 beschriebenen BACKUP-Befehl) gemacht wurde. Die Option NOT LOGGED INITIALLY wird vor allem zur Reduktion von Logging-Aktivitäten während des initialen Ladens einer großen Tabelle benutzt.

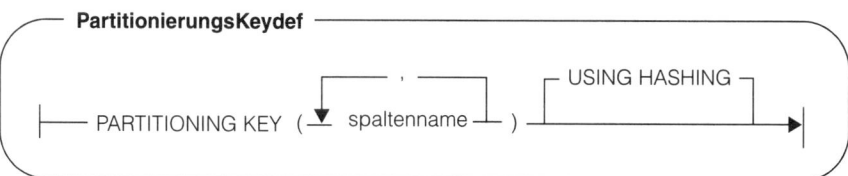

Bemerkungen:

▷ Das Konzept des *Partitionierungsschlüssels* ist auf eine gegebene Tabelle nur dann anwendbar, wenn diese in einem Tabellenbereich angelegt wird, der über mehrere Knoten in einem parallelen Datenbanksystem partitioniert ist. Der Partitionierungsschlüssel kontrolliert in einem solchen Fall die Verteilung von Zeilen über die einzelnen Knoten. (Parallele Datenbanken werden in Abschnitt 10.2 behandelt.) Legt man eine Tabelle in einem partitionierten Tabellenbereich an und spezifiziert keinen Partitionierungsschlüssel, so wird das erste Attribut des Primärschlüssels als solcher betrachtet oder, falls es keinen Primärschlüssel gibt, das erste Attribut, dessen Datentyp kein LOB ist.

▷ Falls eine Tabelle einen Partitionierungsschlüssel besitzt, gelten die folgenden Beschränkungen:

– Kein Attribut im Partitionierungsschlüssel darf von einem LOB-Typ sein.

– Daten in den Spalten des Partitionierungsschlüssels können nicht verändert werden.

– Jeder Primär- oder eindeutige Schlüssel muß alle Attribute des Partitionierungsschlüssels umfassen.

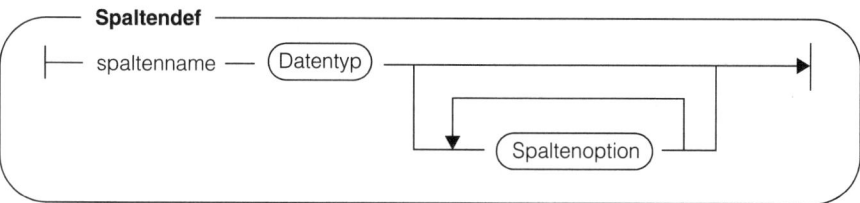

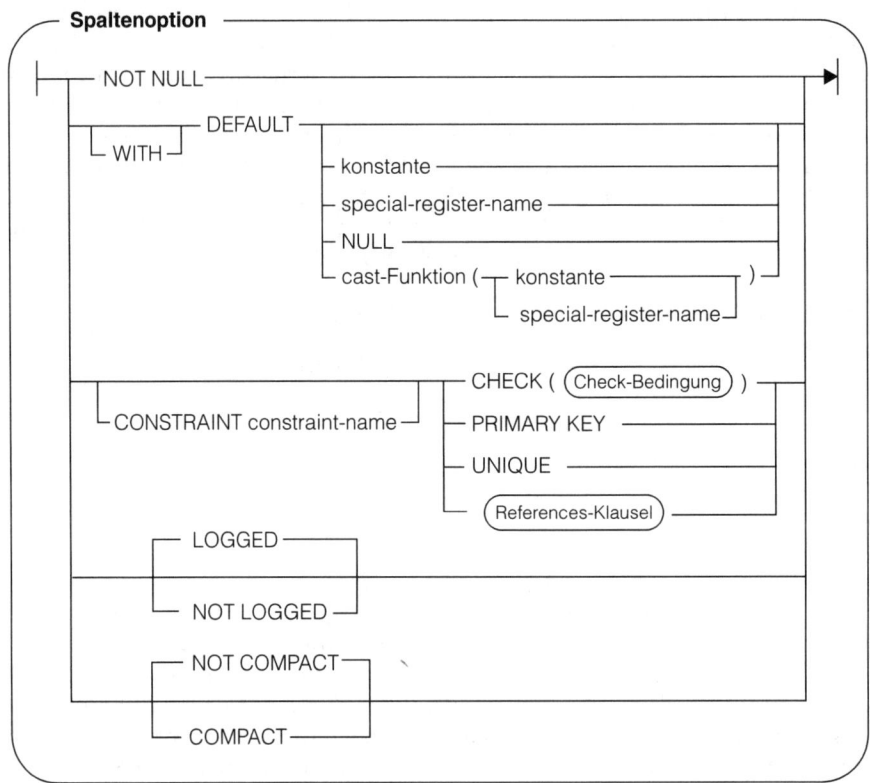

Bemerkungen:

▷ Falls kein spezieller Default-Wert angegeben ist, wird die Voreinstellung einer Spalte gemäß Tabelle 7.1. bestimmt.

▷ Wird für eine Spaltenbedingung kein Name angegeben, generiert das System ihn.

▷ Eine *Check-Bedingung* ist irgendein Prädikat oder eine durch AND/OR verbundene Kombination von Prädikaten, die durch Inspektion einzelner Tabellenzeilen ausgewertet werden kann. Wird eine solche Bedingung als Spaltenbedingung spezifiziert, kann sie nur auf diese betreffende Spalte eine Referenz enthalten. So ist z.B. CHECK (BONUS < 5000) eine gültige Spaltenbedingung, die auf die Spalte BONUS anwendbar ist; dagegen muß CHECK (BONUS < GEHALT) als Tabellenbedingung spezifiziert werden, da diese Bedingung mehr als eine Spalte betrifft.

▷ Falls die PRIMARY KEY- oder die UNIQUE-Option für eine Spalte spezifiziert ist, so muß für dieses Attribut auch NOT NULL angegeben werden.

▷ Die Optionen LOGGED/NOT LOGGED sowie COMPACT/NOT COMPACT sind nur auf Spalten von einem LOB-Datentyp (Blob, Clob, Dbclob oder einzigartige Typen, die darauf basieren) anwendbar. (Diese Optionen werden in Abschnitt 6.1 beschrieben.) Die Voreinstellungen lauten LOGGED sowie NOT COMPACT.

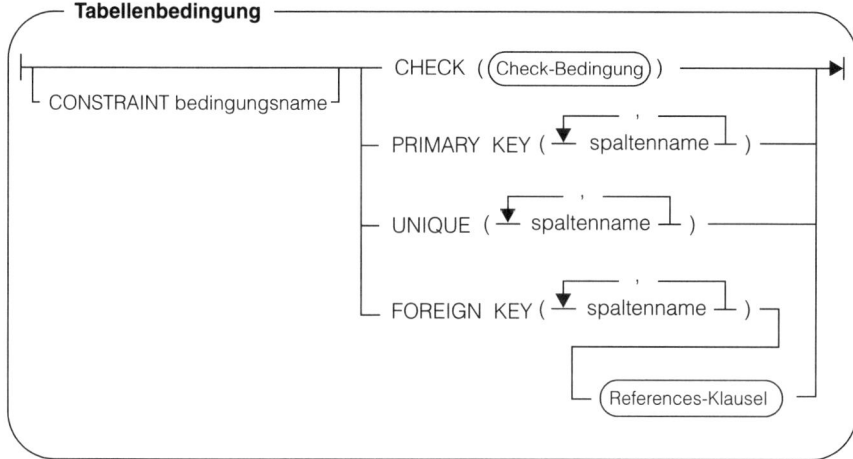

Bemerkungen:

▶ Ist für eine Tabellenbedingung kein Name angegeben, generiert das System einen solchen.

▶ Eine *Check-Bedingung* ist irgendein Prädikat oder eine durch AND/OR verbundene Kombination von Prädikaten, die durch Inspektion einzelner Zeilen der Tabelle, für die die Bedingung definiert ist, ausgewertet werden kann.

▶ Ist ein Primär- oder ein eindeutiger Schlüssel spezifiziert, müssen alle daran teilnehmenden Attribute als NOT NULL deklariert sein.

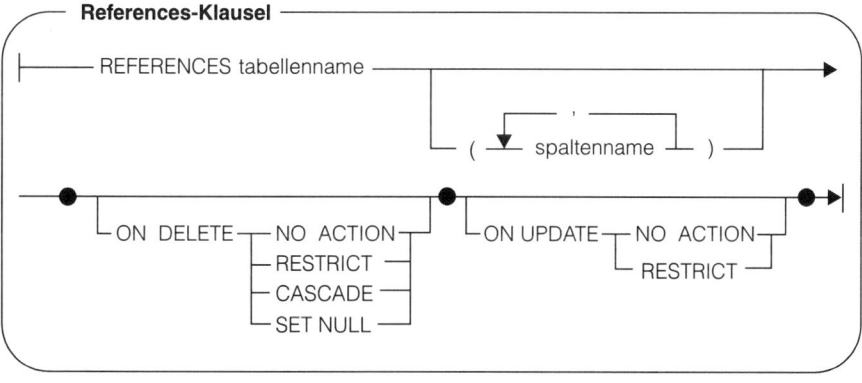

Bemerkungen:

▶ Die REFERENCES-Klausel benennt die Vatertabelle einer referentiellen Integritätsbedingung. Werden dabei Attributnamen angegeben, müssen diese mit den Attributnamen eines Primär- oder eines eindeutigen Schlüssels der Vatertabelle, der als der Vaterschlüssel der Beziehung gilt, übereinstimmen. Werden keine Attributnamen angegeben, so wird der Primärschlüssel der Vatertabelle implizit als Vaterschlüssel betrachtet.

▷ Enthält eine CREATE TABLE-Anweisung eine REFERENCES-Klausel, so muß die entsprechende Autkennung das CONTROL- oder das REFERENCES-Privileg bezüglich der Vatertabelle besitzen (wobei das REFERENCES-Privileg auf den einzelnen Spalten des Vaterschlüssels gehalten werden kann).

▷ Voreingestellte Aktionen sind ON DELETE NO ACTION und ON UPDATE NO ACTION.

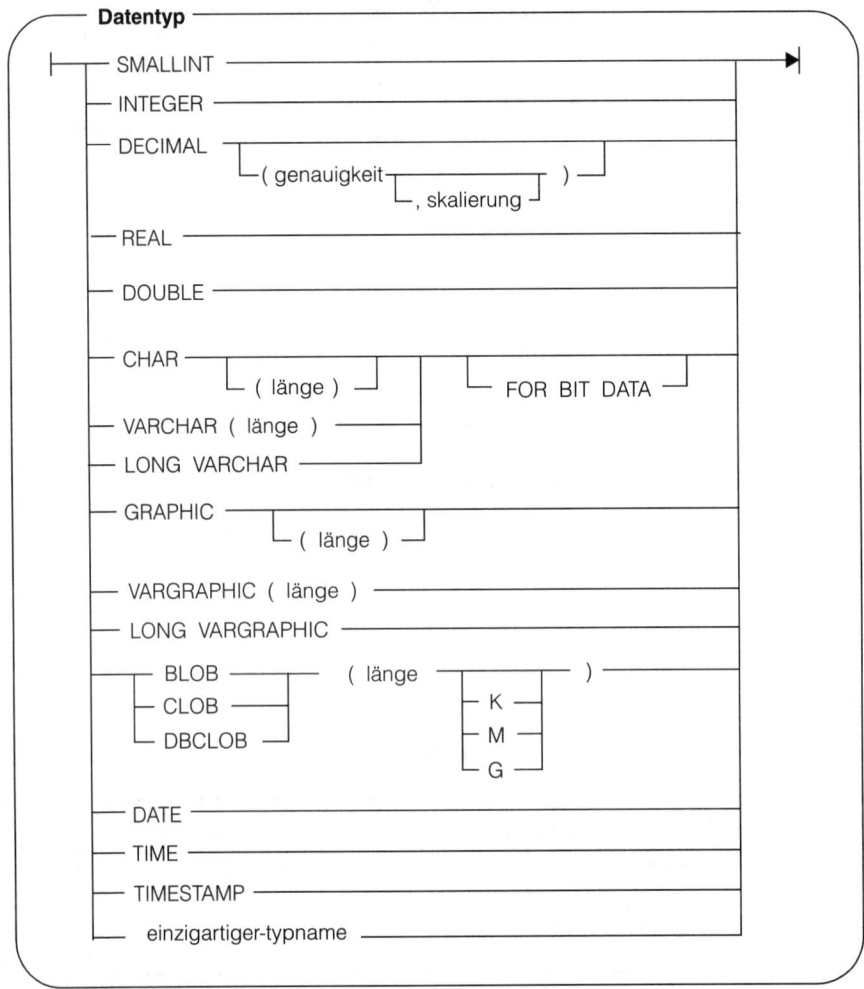

Bemerkungen:

▷ Die maximale Länge eines Char-, Varchar-, Blob- oder Clob-Datentyps wird in Byte angegeben; die maximale Länge eines Graphic-, Vargraphic- oder Dbclob-Datentyps wird in Zeichen (Characters) angegeben, von denen jedes 2 Byte umfaßt.

▶ Bei der Angabe der maximalen Länge von Blob- oder Clob-Datentypen stehen die Endungen K, M bzw. G für 2^{10} Byte (1 Kilobyte), 2^{20} Byte (1 Megabyte) bzw. 2^{30} Byte (1 Gigabyte). Bei der Angabe der maximalen Länge eines Dbclob-Datentyps haben diese Endungen ähnliche Bedeutungen, beziehen sich allerdings auf die maximale Anzahl von Zwei-Byte-Zeichen.

▶ Für die Char- und Graphic-Datentypen ist 1 die voreingestellte Länge.

▶ Für den Datentyp Decimal gibt die Genauigkeit die gesamte Anzahl von Ziffern und die »Skalierung« die Anzahl der Nachkommastellen an. Für ersteres gilt die Voreinstellung 5, für letzteres 0.

▶ Die Option FOR BIT DATA zeigt an, daß ein Zeichenreihen-Datentyp zur Speicherung binärer Daten benutzt werden soll und nicht mit einem bestimmten Zeichensatz oder einer bestimmten Code-Seite assoziiert ist.

▶ Einige der vordefinierten Datentypen haben Synonyme, unter denen sie benutzt werden können; diese sind in Tabelle 7.2 zusammengefaßt.

Typname	Synonyme
INTEGER	INT
DECIMAL	DEC, NUMERIC, NUM
REAL	FLOAT(n) mit $1 \leq n \leq 24$
DOUBLE	DOUBLE PRECISION, FLOAT, FLOAT(n) mit $25 \leq n \leq 53$
CHAR	CHARACTER
VARCHAR	CHARACTERVARYING, CHAR VARYING

Tabelle 7.2:
Synonyme für die vordefinierten Datentypen

Die Systemkatalogtabellen für jede Datenbank unterhalten eine vollständige Beschreibung aller Tabellen in der Datenbank sowie aller darin vorkommenden Attribute und aller darauf definierten Integritätsbedingungen. Diese Katalogtabellen (bei denen es sich de facto um Sichten über zugrundeliegenden Tabellen handelt) findet man im Schema SYSCAT; sie werden in Anhang D beschrieben. Die Katalogtabellen, die Tabellen, Spalten und Bedingungen beschreiben, sind in Tabelle 7.3 zusammengefaßt.

Katalogtabelle	Beschriebenes Objekt
TABLES	Tabellen und Sichten
COLUMNS	Spalten von Tabellen und Sichten
TABCONST	Integritätsbedingungen und die Tabellen, für die sie gelten
CHECKS	Check-Bedingungen
COLCHECKS	Spalten, die an Check-Bedingungen teilnehmen
REFERENCES	Referentielle Integritätsbeziehungen (Fremdschlüsselbedingungen)
KEYCOLUSE	Spalten, die an Primär-, eindeutigen oder Fremdschlüsseln teilnehmen

Tabelle 7.3:
Systemkatalogtabellen, die Tabellen, Attribute und Integritätsbedingungen beschreiben

7.2.2 Die ALTER TABLE-Anweisung

Eine ALTER TABLE-Anweisung wird zum Hinzufügen einer Spalte zu einer existierenden Tabelle benutzt, zum Erhöhen der Länge einer Varchar-Spalte oder zum Hinzufügen oder Löschen einer Tabelleneigenschaft wie z.B. einer Integritätsbedingung. Werden die auf eine Tabelle anwendbaren Integritätsbedingungen verändert, muß die Autkennung, unter der die betreffende ALTER TABLE-Anweisung ausgeführt wird, neben den in Tabelle 2.8 angegebenen Privilegien weitere besitzen; bei diesen handelt es sich um die folgenden:

▶ Falls eine Fremdschlüsselbedingung hinzugefügt oder gelöscht wird, ist das CONTROL- oder das REFERENCES-Privileg an den betreffenden Vatertabellen erforderlich (oder zumindest ein attributweises REFERENCES-Privileg an den Spalten, die den Vaterschlüssel ausmachen).

▶ Wird ein Primär- oder ein eindeutiger Schlüssel gelöscht, ist das CONTROL- oder das ALTER-Privileg an jeder Tabelle erforderlich, die mit der betreffenden Tabelle in einer referentiellen Integritätsbeziehung steht, in der der gelöschte Schlüssel der Vaterschlüssel ist.

Die Syntax der ALTER TABLE-Anweisung ist nachfolgend angegeben. Einige der darin enthaltenen Elemente kommen auch in der CREATE TABLE-Anweisung vor und wurden oben bereits erläutert.

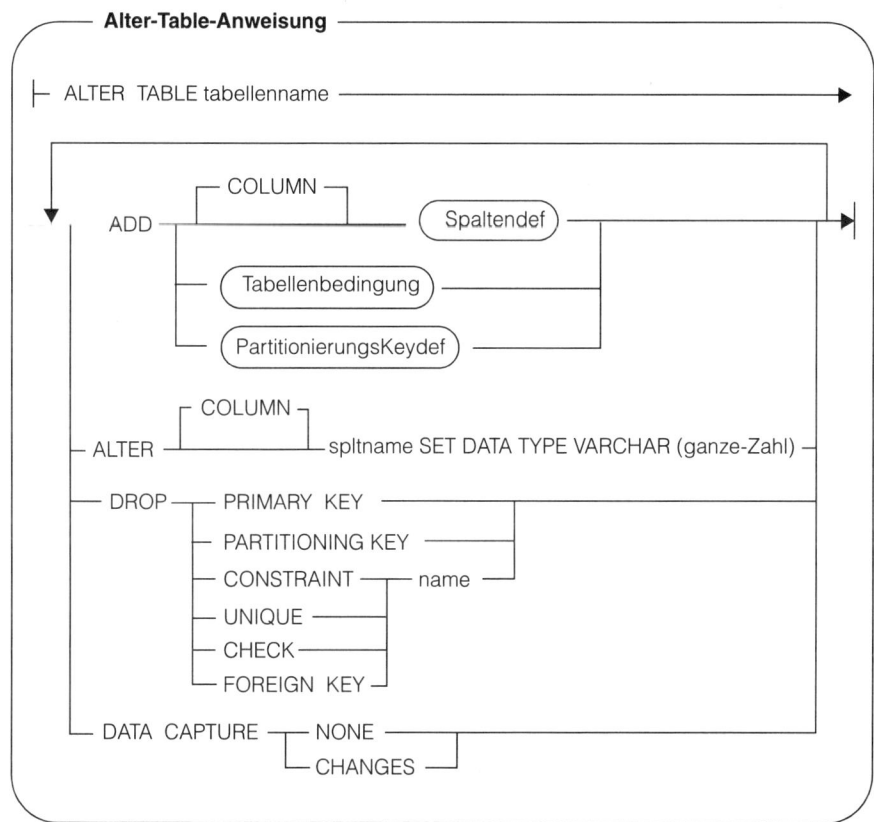

Alter-Table-Anweisung

Bemerkungen:

▷ Wird eine Spalte zu einer Tabelle hinzugefügt, die mit der Option NOT NULL versehen ist, so muß auch die DEFAULT-Klausel angegeben werden. Der Default-Wert wird für die Werte der neuen Spalten in den bereits existierenden Zeilen der Tabelle benutzt.

▷ Ein Hinzufügen eines Primär-, eindeutigen oder Fremdschlüssels sowie einer Check-Bedingung zu einer Tabelle veranlaßt ein Überprüfen dieser Bedingung auf den bereits existierenden Daten (es sei denn, die Tabelle befindet sich im Zustand »Check Pending«); verläuft diese Überprüfung negativ, wird die betreffende ALTER TABLE-Anweisung zurückgesetzt. (Der Zustand Check Pending wird in Abschnitt 10.7.5 erläutert.)

▷ Die ALTER COLUMN-Klausel kann lediglich zur Erhöhung der Länge einer existierenden Spalte vom Typ Varchar verwendet werden. Die neue Spaltenlänge darf 4.000 nicht überschreiten, und sie darf auch nicht zu einem Überschreiten der zulässigen Gesamtzeilenlänge von 4.005 Byte oder der maximalen Länge eines eindeutigen Schlüssels von 255 Byte führen.

▷ Der Zusatz DATA CAPTURE ermöglicht ein Ein- bzw. Ausschalten der Protokollierung spezieller Information bezüglich der Datenreplikation im Systemlog.

▷ Neben den hier gezeigten Optionen kann man über eine ALTER TABLE-Anweisung auch bestimmte leistungsbezogene Eigenschaften einer Tabelle verändern, die z.B. die Anzahl von auf die Tabelle gesetzter Sperren oder die Ablage von Zeilen im physischen Speicher betreffen. Einzelheiten hierzu findet man im *SQL Reference*.

Die folgenden Beispiele zeigen ALTER TABLE-Anweisungen:

```
ALTER TABLE ausrstg
    ADD COLUMN beschreibung Varchar(20)
    ADD COLUMN wert Decimal(8,2);
ALTER TABLE ausrstg
    ALTER COLUMN beschreibung SET DATA TYPE Varchar(60)
    ADD CONSTRAINT check1 CHECK (wert < 500000);
ALTER TABLE ausrstg
    DROP CONSTRAINT check1;
```

 **TIP:** Falls eine ALTER TABLE-Anweisung mehrere ADD- sowie DROP-Klauseln enthält, denken Sie daran, daß zwischen diesen keine Kommata stehen.

 **TIP:** Man kann zu einer existierenden Tabelle nur dann einen Primär- oder einen eindeutigen Schlüssel hinzufügen, falls alle Attribute des Schlüssels beim Erzeugen der Tabelle bereits als NOT NULL deklariert wurden. Falls dies für einige Attribute des gewünschten Schlüssels nicht zutrifft (selbst wenn diese Attribute de facto keine Nullwerte enthalten), hat man Pech, denn eine NOT NULL-Spezifikation kann einer existierenden Spalte nicht nachträglich hinzugefügt werden.

7.3 Trigger

Ein Trigger (Auslöser) ist wie ein kleiner Genius, den man in die Datenbank setzen kann und der aufwacht und gewünschte Aktionen ausführt, wenn ein bestimmtes Ereignis eintritt. Man kann diesem Genius beibringen, immer dann, wenn Daten in eine spezielle Tabelle eingefügt, daraus gelöscht oder darin modifiziert werden, bestimmte SQL-Anweisungen auszuführen. Trigger sind ein mächtiges Werkzeug zur Sicherung der Integrität von Daten in einer Weise, wie einfache Integritätsbedingungen dies nicht leisten können. Man kann sie auch dazu verwenden sicherzustellen, daß immer dann, wenn eine bestimmte Aktion in der Datenbank auftritt, automatisch eine weitere Aktion ausgeführt wird. Diese automatische (Re-)Aktion kann eine Datenbanktabelle oder sogar die Welt außerhalb der Datenbank betreffen. Trigger sind ideal zum Unterhalten von Audit-Trails, zum Entdecken von Ausnahmebedingungen und zur Wartung von Beziehungen in der Datenbank.

Wenn man einen Trigger erzeugt, muß man folgende Teile spezifizieren:

1. *Name*: Wie eine Tabelle hat ein Trigger einen zweiteiligen Namen, der einen Schemanamen umfaßt. Der Triggername muß innerhalb des betreffenden Schemas (und nicht nur innerhalb der Tabelle, zu der der Trigger definiert wird) eindeutig sein.

2. *Auslösendes Ereignis*: Das auslösende Ereignis ist das Ereignis, durch das der Trigger aktiviert (»gefeuert«) wird. Im allgemeinen ist das auslösende Ereignis ein Einfügen, Löschen oder Aktualisieren von Zeilen in einer spezifischen Tabelle. Ist der Auslöser ein Update, kann sich dieser auf sämtliche Spalten der Tabelle oder nur auf einige davon beziehen. Ein Trigger ist der im auslösenden Ereignis genannten Tabelle *zugeordnet*. Ein Trigger ist stets einer realen Tabelle, niemals einer Sicht zugeordnet. (Natürlich wird ein einer Tabelle zugeordneter Trigger ausgelöst, wenn die Tabelle über eine auf ihr definierte Sicht manipuliert wird.)

3. *Aktivierungszeitpunkt*
   Der Aktivierungszeitpunkt eines Triggers liegt stets bevor (»before«) oder nachdem (»after«) das auslösende Ereignis in der Datenbank stattgefunden hat.

   Die folgenden Beispiele zeigen auslösende Ereignisse und Aktivierungszeitpunkte:

   ```
   BEFORE INSERT ON bücher

   AFTER DELETE ON wähler

   AFTER UPDATE ON lager

   AFTER UPDATE OF jobcode, gehalt ON ang
   ```

   Es gibt kein Limit für die Anzahl der Trigger, die einer Tabelle zugeordnet werden können. Mehrfache Trigger mit demselben auslösenden Ereignis und Aktivierungszeitpunkt werden in der Reihenfolge ihrer Erzeugung ausgeführt.

4. *Granularität*: Die SQL-Anweisung, die das triggernde Ereignis verursacht hat, kann eine oder mehrere Zeilen in die Datenbank einfügen, daraus löschen oder darin verändern. Der den Trigger definierende Benutzer kann angeben, ob der Trigger in einem solchen Fall einmal für die gesamte Anweisung oder einmal für jede Zeile, die verändert wird, aktiviert werden soll. Wir bezeichnen diese Unterscheidung als die *Granularität* des Triggers und entsprechend die beiden Triggertypen als *Anweisungstrigger* (»Statement-Trigger«) bzw. als *Zeilentrigger (»Row-Trigger«)*. Die Definition eines Anweisungstriggers enthält den Zusatz FOR EACH STATEMENT, die eines Zeilentriggers FOR EACH ROW. Falls eine INSERT-, DELETE- oder UPDATE-Anweisung auf einer Tabelle operiert, ohne eine Zeile zu verändern, kann dadurch ein Anweisungstrigger, nicht aber ein Zeilentrigger ausgelöst werden.

   Es gibt also drei Arten der Klassifikation für Trigger: nach ihrem Aktivierungszeitpunkt (Before oder After), dem auslösenden Ereignis (Insert, Delete oder Update) und nach ihrer Granularität (Statement oder Row). Gelegentlich wird auf einen Trigger über eine oder mehrere seiner Eigenschaften bezug genommen, z.B. als Before-Trigger, als After-Update-Trigger oder als Before-Insert-Row-Trigger.

   Before-Trigger müssen stets Zeilentrigger sein (Before-Statement-Trigger werden von UDB nicht unterstützt).

5. *Transitionsvariablen:* Wenn ein Trigger aktiviert wird, muß er häufig von Informationen über die spezifische Datenbankänderung Gebrauch machen, die ihn aktiviert hat. So muß z.B. ein Update-Row-Trigger die Datenwerte in den aktualisierten Zeilen vor und nach dem Update sehen. Analog muß ein Delete-Statement-Trigger u.U. alle Zeilen sehen, die von der auslösenden Anweisung gelöscht wurden. Diese Art transitionaler Informationen wird einem Trigger über Transitionsvariablen zugänglich gemacht, von denen es vier Arten gibt:

   - Die *Old-Row-Variable* repräsentiert den Wert der modifizierten Zeile vor dem auslösenden Ereignis (»alte Zeile«).

   - Die *New-Row-Variable* repräsentiert den Wert der modifizierten Zeile nach dem auslösenden Ereignis (»neue Zeile«).

   - Die *Old-Table-Variable* repräsentiert eine hypothetische Read-Only-Tabelle, die sämtliche modifizierten Zeilen so enthält, wie sie vor dem auslösenden Ereignis ausgesehen haben (»alte Tabelle«).

   - Die *New-Table-Variable* repräsentiert eine hypothetische Tabelle, die sämtliche modifizierten Zeilen so enthält, wie sie nach dem auslösenden Ereignis aussehen (»neue Tabelle«).

Wenn man einen Trigger definiert, kann man Transitionsvariablen in einer optionalen REFERENCES-Klausel definieren und diesen Variablen einen beliebigen Namen geben. Eine Triggerdefinition kann mehr als eine Transitionsvariable enthalten, jedoch höchstens eine von jedem Typ. In den unten gezeigten REFERENCES-Klauseln definieren die ersten beiden Beispiele Zeilenvariablen, die letzten beiden Tabellenvariablen.

```
REFERENCING OLD AS altezeile NEW AS neuezeile
REFERENCING OLD AS letztesjahr NEW AS diesesjahr
REFERENCING OLD_TABLE AS altetabelle
REFERENCING NEW_TABLE AS ankünfte
```

Row-Transitionsvariablen können in einer Triggerdefinition wie Korrelationsnamen, Table-Transitionsvariablen wie Tabellennamen benutzt werden (allerdings nur zum Zwecke des Anfragens dieser Tabellen, nicht zum Modifizieren). Mit den im ersten obigen Beispiel definierten Transitionsvariablen kann ein After-Update-Trigger somit auf Gehaltswerte vor und nach einem Update als altezeile.gehalt bzw. neuezeile.gehalt zugreifen. Analog kann ein After-Delete-Trigger mit der Transitionsvariablen des dritten Beispiels oben die Anzahl der gelöschten Zeilen über die Unteranfrage (SELECT count(*) FROM altetabelle) berechnen.

Für bestimmte Typen von Triggern können nur gewisse der vier möglichen Transitionsvariablen benutzt werden. Insert-Trigger können z.B. nur New-Variablen, aber keine Old-Variablen benutzen, da eine neu eingefügte Zeile keinen alten Wert hat. Analog können Delete-Trigger nur Old-Variablen benutzen, aber keine New-Variablen. Tabelle 7.4 faßt die für die einzelnen Typen von Triggern gültigen Arten von Transitionsvariablen zusammen.

Interessanterweise können Old- und New-Transitionsvariablen in einem After-Row-Trigger benutzt werden. Obwohl ein solcher Trigger einmal für jede modifizierte Zeile ausgeführt wird, wird die *Menge* der zu modifizierenden Zeilen bestimmt (und die Old- und New-Variablen werden definiert), bevor einer der After-Row-Trigger ausgeführt wird.

Auslösendes Ereignis und Aktivierungszeitpunkt	Zeilentrigger kann benutzen ...	Anweisungstrigger kann benutzen ...
BEFORE INSERT	New Row	(ungültig)
BEFORE UPDATE	Old Row, New Row	(ungültig)
BEFORE DELETE	Old Row	(ungültig)
AFTER INSERT	New Row New Table	New Table
AFTER UPDATE	Old Row, New Row Old Table, New Table	Old Table, New Table
AFTER DELETE	Old Row Old Table	Old Table

Tabelle 7.4:
Von den verschiedenen Triggertypen verwendete Transitionsvariablen

6. *Triggerbedingung*: Eine Triggerbedingung ist ein Test, der zu wahr, falsch oder unbekannt ausgewertet werden kann. Er kann ähnlich wie eine WHERE-Klausel ein oder mehrere Prädikate enthalten (wenngleich eine Triggerbedingung mit WHEN anstatt mit WHERE beginnt). Eine Triggerbedingung kann Transitionsvariablen und Unteranfragen enthalten, wie in den folgenden Beispielen:

```
WHEN (neuezeile.gehalt < altezeile.gehalt)

WHEN (neuezeile.gehalt

    > (SELECT max(gehalt)

        FROM ang

        WHERE jobcode = neuezeile.gehalt))

WHEN (SELECT count(*) FROM altetabelle) > 100
```

Wenn der Trigger aktiviert wird, wird der Triggerrumpf nur ausgeführt, falls die Triggerbedingung wahr liefert. Die erste oben angegebene Triggerbedingung legt z.B. fest, daß der Triggerrumpf nur ausgeführt werden soll, wenn der Wert von GEHALT nach der Aktualisierung kleiner ist als vorher. Falls keine Triggerbedingung spezifiziert ist, wird der Triggerrumpf unbedingt ausgeführt.

7. *Triggerrumpf*: Der Triggerrumpf besteht aus einer oder mehreren SQL-Anweisungen. Abhängig vom Typ des Triggers kann es dabei Einschränkungen (die wir unten beschreiben werden) an die im Triggerrumpf verwendbaren Anweisungen geben. Falls der Triggerrumpf mehr als eine SQL-Anweisung enthält, werden diese Anweisungen in BEGIN ATOMIC und END eingeschlossen und jeweils durch ein Semikolon voneinander getrennt. Der Zusatz ATOMIC deutet dabei an, daß sich ein Triggerrumpf wie eine atomare zusammengesetzte SQL-Anweisung verhält (vergleiche Abschnitt 4.1.13). Falls eine der im Triggerrumpf enthaltenen SQL-Anweisungen scheitert, werden das auslösende SQL-Statement sowie alle Aktionen sämtlicher dadurch aktivierter Trigger zurückgesetzt, und es wird ein SQLCODE von –723 (SQL-STATE 09000) für die auslösende Anweisung zurückgegeben. Die Werte für SQL-CODE und SQLSTATE, die von der (innerhalb des Triggerrumpfes) gescheiterten Anweisung erzeugt werden, werden ferner als Teil der Fehlermeldung (die im SQLERRMC-Feld der SQLCA-Struktur enthalten ist) zurückgegeben. Obwohl das auslösende Statement zurückgesetzt wird, wird die aktuelle Transaktion als noch laufend betrachtet, und die betreffende Anwendung kann weitere Anweisungen, ein Commit oder ein Rollback der Transaktion ausführen.

7.3.1 Erzeugen und Löschen von Triggern

Die Syntax der CREATE TRIGGER-Anweisung ist nachfolgend gezeigt. Man beachte, daß ein Triggername zweiteilig ist und der Schemaname (der erste Teil des Namens) als Default gleich der aktuellen Benutzerkennung ist.

Die Tabelle, der ein Trigger zugeordnet wird (d.h. die in der ON-Klausel genannte Tabelle), muß eine reale Tabelle (und keine Sicht) sein; sie darf ferner keine Tabelle des Systemkatalogs sein.

Der bei der Erzeugung eines Before-Triggers obligatorische Zusatz NO CASCADE dient als Erinnerung, daß ein Before-Trigger niemals einen anderen Before-Trigger aktiviert.

Der obligatorische Zusatz MODE DB2SQL repräsentiert den Triggerausführungsmodus, der derzeit in UDB implementiert ist. Dieser Zusatz stellt sicher, daß existierende Applikationen nicht von alternativen Triggerausführungsmodi, die es möglicherweise in Zukunft geben wird, betroffen sein werden.

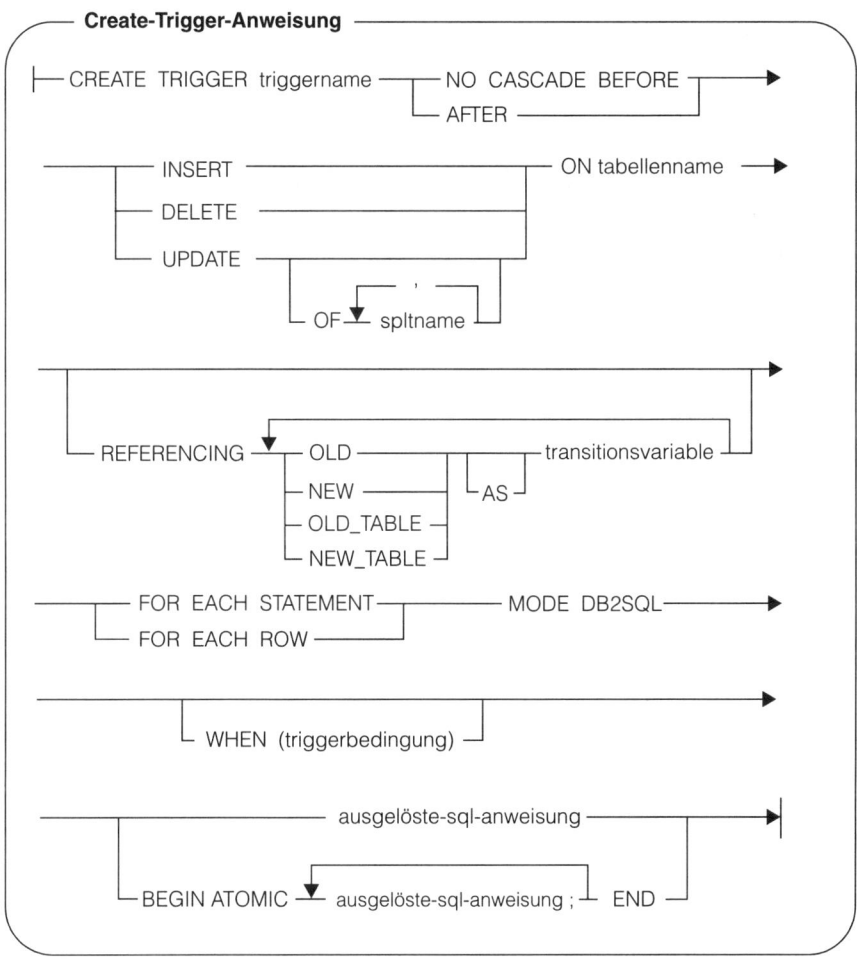

Der eine CREATE TRIGGER-Anweisung ausführende Benutzer benötigt DBADM-oder SYSADM-Autorisierung oder alle der folgenden Berechtigungen:

▷ CREATEIN-Privileg auf dem Schema des Triggers oder IMPLICIT_SCHEMA-Autorisierung, um implizit ein neues Schema anzulegen,

▷ ALTER oder CONTROL-Privileg auf der Tabelle, der der Trigger zugeordnet wird, oder ALTERIN-Privileg auf dem Schema dieser Tabelle,

▷ hinreichende Privilegien zum Ausführen aller SQL-Anweisungen im Triggerrumpf,

▷ SELECT-Privileg auf der Tabelle, der der Trigger zugeordnet wird, falls die CREATE TRIGGER-Anweisung irgendwelche Transitionsvariablen enthält,

▷ SELECT-Privileg auf allen in der Triggerbedingung referenzierten Tabellen.

Der Rumpf eines Triggers wird stets unter der Autorisierung des Benutzers, der den Trigger definiert hat, ausgeführt, nicht unter der des Benutzers, der ihn gerade aktiviert. Als Beispiel nehmen wir an, daß Benutzer Barney einen Insert-Trigger auf der Tabelle PROGRAMME definiert, der eine Zeile in der Tabelle BUDGET durch Addition der Kosten jedes neuen Programms aktualisiert. Zur Definition dieses Triggers benötigt Barney das UPDATE-Privileg auf der Tabelle BUDGET. Wenn dann Wilma eine neue Zeile in die Tabelle PROGRAMME einfügen will, benötigt sie das INSERT-Privileg für PROGRAMME, aber kein UPDATE-Privileg für BUDGET, obwohl ihre Aktion über die Aktivierung von Barneys Trigger eine Aktualisierung von BUDGET auslöst.

Die Definition jedes Triggers wird in der Tabelle TRIGGERS des Systemkatalogs vermerkt. Ein beschreibender Kommentar kann in diese Tabelle über die in Abschnitt 2.6.9 beschriebene COMMENT-Anweisung eingefügt werden.

Wird ein Trigger nicht länger benötigt, kann er über die in Abschnitt 2.6.8 beschriebene DROP-Anweisung gelöscht werden. Folgendes Beispiel löscht einen Trigger:

```
DROP TRIGGER ang_trig1;
```

Bevor wir unsere Diskussion von Triggern fortsetzen, führen wir zwei spezielle SQL-Anweisungen ein, die nur im Rumpf eines Triggers verwendet werden können: die *Zuweisungsanweisung* und die *SIGNAL-Anweisung*.

7.3.2 Die Zuweisungsanweisung

Zuweisungsanweisungen werden nur in Before-Triggern benutzt. Der übliche Zweck eines Before-Triggers besteht in der Modifikation des Verhaltens einer INSERT- oder einer UPDATE-Anweisung. Ein Before-Trigger erreicht dies durch eine Zuweisungsanweisung, die Werte an die Spalten der »neuen Zeile« zuweist, die eingefügt oder aktualisiert werden soll.

Eine Zuweisung beginnt mit dem Schlüsselwort SET und ist der SET-Klausel einer UPDATE-Anweisung ähnlich. Die Syntax der Zuweisungsanweisung lautet wie folgt:

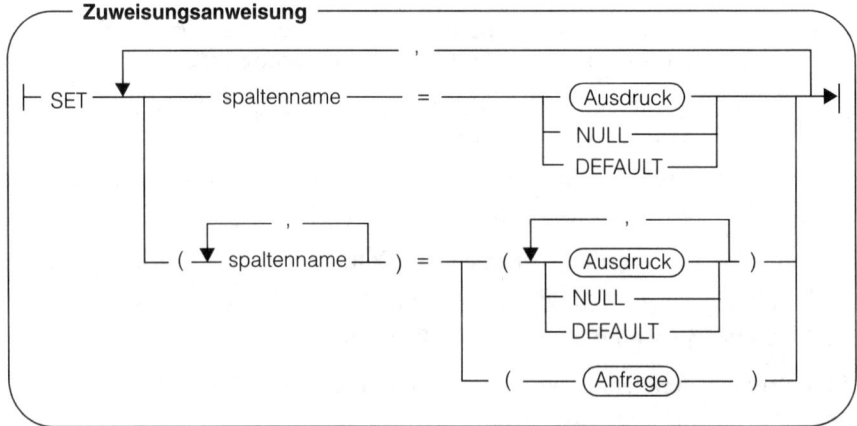

Die Spaltennamen auf der linken Seite des Gleichheitszeichens in einer Zuweisungsanweisung müssen mit den Spaltennamen der Tabelle, der der Trigger zugeordnet ist, übereinstimmen. Der Effekt einer Zuweisung besteht darin, die Werte der »neuen Zeile«, also der Zeile, die eingefügt oder aktualisiert werden soll, durch die Werte auf der rechten Seite des Gleichheitszeichens zu ersetzen. Durch Modifikation der Werte der »neuen Zeile« kann ein Before-Trigger fehlende Werte automatisch generieren oder die vom auslösenden SQL-Statement gelieferten Werte überschreiben.

Da lediglich die »neue Zeile« von einer Zuweisung modifiziert werden kann, könnte man annehmen, daß das System keine weitere Qualifikation der Spaltennamen auf der linken Seite einer Zuweisung benötigt. Dennoch gelten bei UDB die folgenden Regeln:

1. Jeder Before-Trigger, der eine Zuweisungsanweisung enthält, muß eine New-Row-Transitionsvariable definieren.

2. Falls der Trigger nur eine New-Row-Transitionsvariable definiert, dürfen Spaltennamen in Zuweisungen (auf beiden Seiten des Gleichheitszeichens) unqualifiziert sein und implizit die »neue Zeile« referenzieren.

3. Definiert der Trigger sowohl eine New-Row- wie eine Old-Row-Transitionsvariable, müssen alle Spaltennamen in einer Zuweisung (auf beiden Seiten des Gleichheitszeichens) durch eine Transitionsvariable qualifiziert sein. Die Spaltennamen auf der linken Seite müssen natürlich mit der New-Row-Variablen qualifiziert sein.

Die Werte auf der rechten Seite des Gleichheitszeichens in einer Zuweisungsanweisung sind die Werte, die an die Spalten der neuen Zeile zugewiesen werden. Dabei können allgemeine Ausdrücke mit arithmetischen Operatoren und vordefinierten oder benutzerdefinierten Funktionen verwendet werden. Das Wort DEFAULT stellt die Voreinstellung der Spalte dar, an die zugewiesen wird. Es muß eine 1:1-Korrespondenz zwischen den Werten und den Spalten geben, an die diese zugewiesen werden. Falls eine Unteranfrage auf der rechten Seite des Gleichheitszeichens einer Zuweisung zur Erzeugung einer Liste von Spaltenwerten benutzt wird, darf diese Unteranfrage nur eine einzige Zeile liefern. Werden Werte mehreren Spalten zugewiesen, werden alle rechten Seiten ausgewertet, bevor eine Zuweisung ausgeführt wird.

Die folgenden Beispiele zeigen gültige Zuweisungsanweisungen:

```
SET neuezeile.startdatum = CURRENT DATE;
SET abtnr = 'A52', bonus = 1000;
SET neuezeile.umfang = umfang(neuezeile.parzelle);
SET gehalt = (SELECT min(gehalt)
              FROM ang
              WHERE jobcode = neuezeile.jobcode);
```

Der Benutzer, der einen Trigger mit einer Zuweisungsanweisung erzeugt, benötigt entweder SYSADM- oder DBADM-Autorisierung oder beide der folgenden Berechtigungen:

▷ UPDATE-Privileg für die auf der linken Seite der Zuweisung referenzierten Spalten,

▷ SELECT-Privileg für die auf der rechten Seiten der Zuweisung referenzierten Spalten oder Tabellen (einschließlich der in Unteranfragen referenzierten).

7.3.3   Die SIGNAL-Anweisung

Eine SIGNAL-Anweisung hat den Zweck, eine Fehlerbedingung auszulösen und die Effekte einer SQL-Anweisung zurückzusetzen, und kann entweder in einem Before- oder in einem After-Trigger benutzt werden. Sie setzt die Effekte des triggernden SQL-Statements zurück[4] sowie alle von Triggern und von kaskadierenden referentiellen Integritätsbeziehungen, die von der triggernden SQL-Anweisung ausgelöst wurden, verursachten Änderungen. Allerdings läßt eine SIGNAL-Anweisung eine Transaktion intakt, so daß Benutzer oder Anwendungsprogramm noch wählen können, ob die anderen Anweisungen innerhalb der Transaktion freigegeben oder ebenfalls zurückgesetzt werden sollen.

Die Syntax der SIGNAL-Anweisung lautet wie folgt:

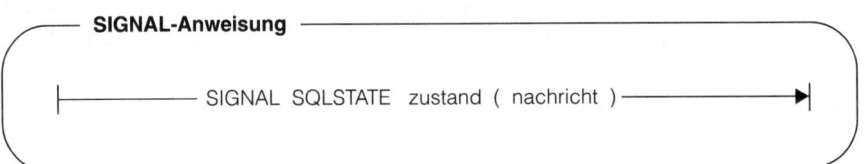

Der in einer SIGNAL-Anweisung spezifizierte Zustand muß als Zeichenreihenliteral mit genau fünf Zeichen (wie z.B. '70ABC') ausgedrückt werden. Die fünf Zeichen müssen Ziffern oder Großbuchstaben sein. Bei der Auswahl eines SQLSTATE zur Darstellung einer benutzerdefinierten Fehlerbedingung sollte man Werte vermeiden, die von IBM oder im SQL92-Standard reserviert sind. Man kann Konflikte leicht dadurch vermeiden, daß man einen SQLSTATE mit einer Ziffer zwischen 7 und 9 oder einem Buchstaben zwischen I und Z beginnen läßt.[5] Die in einer SIGNAL-Anweisung spezifizierte Nachricht kann irgendein Ausdruck sein, der zu einem String von bis zu 70 Zeichen ausgewertet werden kann.

Wenn eine SIGNAL-Anweisung innerhalb eines Triggerrumpfes ausgeführt wird, wird die den Trigger auslösende SQL-Anweisung (sowie jede aus dieser resultierende Änderung) zurückgesetzt. Die Anwendung, die die triggernde Anweisung ausgeführt hat, erhält den in der SIGNAL-Anweisung spezifizierten SQLSTATE sowie einen SQL-CODE von –438. Die in der SIGNAL-Anweisung spezifizierte Nachricht wird ebenfalls an die rufende Anwendung (und zwar im SQLERRMC-Feld der SQLCA-Struktur) zurückgegeben.

---

4. Eine SIGNAL-Anweisung kann von einem Trigger ausgeführt werden, der von einem anderen Trigger oder einer kaskadierenden referentiellen Aktion aktiviert wurde. In diesem Fall setzt die SIGNAL-Anweisung nicht nur das spezifische auslösende Ereignis zurück, sondern auch die ursprüngliche SQL-Anweisung mit sämtlichen Triggern und kaskadierenden Aktionen, welche diese ausgelöst hat.
5. Es sind auch gewisse andere Werte für SQLSTATE möglich, was in der *SQL Reference* beschrieben wird.

Die folgenden Beispiele zeigen gültige SIGNAL-Anweisungen:

```
SIGNAL SQLSTATE '70001' ('Kein derartiger Jobcode');
SIGNAL
   SQLSTATE 'PR099'
   ('Ungültiges Projekt: ' || char(neuezeile.projekt) );
```

7.3.4 Before-Trigger

Wie wir gesehen haben, handelt eine der Klassifikationsmöglichkeiten für Trigger von Before-Triggern, die vor der Ausführung der auslösenden SQL-Anweisung ausgeführt werden, sowie von After-Triggern, die danach ausgeführt werden. Obwohl Before- und After-Trigger syntaktisch ähnlich sind, unterscheiden sie sich deutlich in ihren Zwecken und in den SQL-Anweisungen, die in den jeweiligen Rümpfen benutzt werden können. Before-Trigger kann man sich als mächtige Integritätsbedingungen vorstellen, während After-Trigger häufig allgemeinere Anwendungslogik enthalten. Aufgrund dieser wichtigen Unterschiede behandle ich Before- und After-Trigger separat.

Ich werde Before- und After-Trigger am Beispiel einer anderen Version der bereits bekannten Tabelle ANG illustrieren, die Angestellteninformationen enthält. In diesem Kapitel wollen wir annehmen, daß die Tabelle ANG die folgenden Attribute hat:

ANG

ANGNR	NAME	ABTNR	JOBCODE	PROJEKT	MANAGER	GEHALT	BONUS

Wie wir gesehen haben, sind Before-Trigger stets Zeilentrigger. Sie werden üblicherweise zum »Konditionieren« von Datenwerten benutzt, bevor diese durch eine INSERT- oder eine UPDATE-Anweisung in die Datenbank eingegeben werden. Als Beispiel sei eine Spalte einer Tabelle mit einer NOT NULL-Bedingung versehen. Ein Before-Trigger kann dann dazu benutzt werden, beim Einfügen von Daten in diese Tabelle einen Wert für diese Spalte zu erzeugen, und zwar über einen Algorithmus, der nicht an die vom System gelieferten Default-Werte gebunden ist. Diese Form des Konditionierens von Daten muß von einem Before-Trigger durchgeführt werden, denn ein After-Trigger käme zu spät. (Zu dem Zeitpunkt, zu dem ein After-Trigger aktiviert werden könnte, wäre die betreffende INSERT-Anweisung bereits fehlgeschlagen.)

 **TIP:** Ist eine Spalte als NOT NULL deklariert und werden ihre Default-Werte von einem Before-Trigger erzeugt, muß die Definition der Spalte auch eine DEFAULT-Klausel enthalten. Der spezifizierte Default-Wert wird für die Spalte erzeugt und sodann von dem vom Trigger gelieferten Wert überschrieben. Spezifiziert man NOT NULL, aber läßt die DEFAULT-Klausel weg, wird das System keine Einfügung einer Zeile in die betreffende Tabelle ohne expliziten Wert für die Spalte erlauben, und der Before-Trigger wird niemals aktiviert.

Da Before-Trigger zum Konditionieren von Werten, die in der Datenbank abgelegt werden sollen, gedacht sind, können sie die Datenbank selbst nicht manipulieren. Deshalb sind nur die folgenden Arten von SQL-Anweisungen im Rumpf eines Before-Triggers erlaubt:

▶ Zuweisungsanweisungen (SET), die die »neue Zeile« modifizieren

▶ SELECT

▶ VALUES

▶ SIGNAL

Falls ein Trigger die Datenbank allgemeiner über eine INSERT-, DELETE- oder UP-DATE-Anweisung aktualisieren muß, sollte man einen After-Trigger anstatt eines Before-Triggers schreiben. Da ein Before-Trigger eine Datenbank niemals direkt modifiziert, kann die Ausführung eines Before-Triggers niemals einen anderen Before-Trigger aktivieren (dies ist die Bedeutung des obligatorischen NO CASCADE in der Anweisung, die einen Before-Trigger erzeugt). Falls ein Before-Trigger jedoch eine Spalte der neuen Zeile, die vom ursprünglichen SQL-Statement nicht modifiziert wurde, verändert, kann er die Liste der After-Trigger verlängern, die nach Ausführung der betreffenden Anweisung aktiviert werden.

SELECT- sowie VALUES-Anweisungen werden in Triggern hauptsächlich zum Aufrufen von Funktionen benutzt, die einen Seiteneffekt wie das Verschicken einer Nachricht oder das Schreiben in eine Datei haben. Diese Funktionen sind häufig benutzerdefiniert.

 **TIP:** Wenn man einen Trigger schreibt, der eine Funktion aufruft, die eine externe Aktion wie das Versenden einer Nachricht ausführt, und eine Anweisung, die den Trigger auslöst, zunächst ausgeführt und dann zurückgesetzt wird, hat das Datenbanksystem keine Möglichkeit, auch die externe Aktion zurückzusetzen. Daher muß man mit der Benutzung solcher Funktionen ausgesprochen vorsichtig sein und einen Mechanismus zur Erzeugung kompensierender externer Aktionen im Falle eines Rollback vorsehen.

Ich werde Before-Trigger an einigen Beispielen erläutern. Das erste Beispiel illustriert ein Konditionieren von Daten durch eine automatische Berechnung des Anfangsgehalts sowie des Bonus eines neuen Angestellten, und zwar unter Rückgriff auf eine zweite Tabelle mit Anfangsgehältern, die sich nach dem Jobcode richten. Dieser Trigger könnte zum Durchsetzen einer Firmenstrategie hinsichtlich Anfangsgehältern verwendet werden und macht ein Einbetten dieser Strategie in jedes Anwendungsprogramm, das neue Angestellte einfügt, überflüssig. Man beachte die Verwendung der New-Row-Transitionsvariablen in der Unteranfrage.

```
CREATE TRIGGER ang_trig1
   NO CASCADE BEFORE INSERT ON ang
   REFERENCING NEW AS neuezeile
   FOR EACH ROW MODE DB2SQL
   SET (gehalt, bonus) =
     (SELECT gehalt, bonus
      FROM anfangsgehalt
      WHERE jobcode = neuezeile.jobcode);
```

Es kann passieren, daß ein Before-Trigger die Werte überschreibt, die durch die auslösende SQL-Anweisung vorgegeben sind. So limitiert z.B. der folgende Before-Trigger Gehaltserhöhungen auf 50%. Erhöhungen unter 50% werden unverändert durchgeführt. In diesem Beispiel muß die Zuweisungsanweisung die New-Row-Transitionsvariable auf der linken Seite des Gleichheitszeichens benutzen (da sowohl Old-Row- als auch New-Row-Transitionsvariablen definiert sind).

```
CREATE TRIGGER ang_trig2
   NO CASCADE BEFORE UPDATE OF gehalt ON ang
   REFERENCING OLD AS altezeile NEW AS neuezeile
   FOR EACH ROW MODE DB2SQL
   WHEN (neuezeile.gehalt > 1.5 * altezeile.gehalt)
   SET neuezeile.gehalt = 1.5 * altezeile.gehalt;
```

Natürlich können Before-Trigger Ausnahmebedingungen entdecken und SQL-Anweisungen zurücksetzen, die versuchen, die Datenbank auf regelwidrige Weise zu verändern. Trigger, die Ausnahmebedingungen entdecken, sind Check-Bedingungen ähnlich, aber mächtiger als diese, da sie nicht auf eine Inspektion der neuen Werte einer einzelnen Zeile beschränkt sind. Das folgende Beispiel zeigt einen Trigger, der ein Löschen von Angestellten verhindert, deren Wichtigkeit einen von einer benutzerdefinierten Funktion berechneten Wert übersteigt. Trigger wie dieser können zur zentralen Definition und Durchsetzung von Geschäftsregeln verwendet werden, die für alle existierenden und zukünftigen Applikationen gelten sollen.

```
CREATE TRIGGER ang_trig3
   NO CASCADE BEFORE DELETE ON ang
   REFERENCING OLD AS altezeile
   FOR EACH ROW MODE DB2SQL
   WHEN (wichtigkeit(altezeile.jobcode,
                     altezeile.projekt)
       > 20)
   SIGNAL SQLSTATE '70010' ('Wir brauchen diese Person');
```

Ein Before-Trigger kann über die Funktion generate_unique automatisch einen eindeutigen Wert erzeugen, wenn eine Zeile in eine Tabelle eingefügt wird. Diese vordefinierte Funktion liefert einen Wert vom Typ Char(13) FOR BIT DATA, der bei jedem Funktionsaufruf eindeutig ist und auf der Zeitmarke des jeweiligen Funktionsaufrufs basiert. Zur Illustration dieser Technik betrachten wir eine Tabelle SENDUNGEN mit einer Spalte PKG_ID. Jeder Zeile, die in die Tabelle SENDUNGEN eingefügt wird, kann man durch folgenden Trigger eine eindeutige PKG_ID zuweisen lassen:

```
CREATE TRIGGER sendung_trig1
   NO CASCADE BEFORE INSERT ON sendungen
   REFERENCING NEW AS neuezeile
   FOR EACH ROW MODE DB2SQL
   SET pkg_id = generate_unique();
```

Die vordefinierte Funktion `timestamp` kann auf einen von `generate_unique` erzeugten Wert angewendet werden, um diesen in eine UTC-Zeitmarke zu konvertieren. Falls gewünscht, kann man dann aus dieser Zeitmarke das lokale Datum sowie die lokale Zeit extrahieren, und zwar durch Addition der lokalen Zeitzone und unter Verwendung der vordefinierten Funktionen `date` und `time`. Als Beispiel listet die folgende Anfrage alle Sendungen mit mehr als 1.000 Teilen zusammen mit Datum und Zeit jeder Sendung auf der Grundlage der vom oben gezeigten Trigger erzeugten eindeutigen Werte:

```
SELECT date(timestamp(pkg_id)+CURRENT TIMEZONE) AS datum,
       time(timestamp(pkg_id)+CURRENT TIMEZONE) AS zeit,
       teil, anzahl
FROM sendungen
WHERE anzahl > 1000;
```

 **TIP:** Wenn man will, kann man eine Spalte mit von einem Trigger erzeugten Werten, wie die Spalte PKG_ID im obigen Beispiel, als Primär- oder eindeutigen Schlüssel auszeichnen. Falls man dies tut, muß man die betreffende Spalte auch als NOT NULL deklarieren, und man muß bei jedem Einfügen einer Zeile in die betreffende Tabelle einen Wert ungleich dem Nullwert für die erzeugte Spalte angeben. Welchen Wert man angibt, spielt dabei keine Rolle, da er vom Trigger überschrieben wird.

7.3.5   After-Trigger

Wie Before-Trigger haben auch After-Trigger auslösende Ereignisse, optionale Triggerbedingungen und Triggerrümpfe. Sie unterscheiden sich von Before-Triggern jedoch in den folgenden Aspekten:

1. Ein After-Trigger wird stets erst dann ausgeführt, wenn die auslösende SQL-Anweisung und alle ihre Integritätsbedingungen erfolgreich ausgeführt werden konnten. Der Trigger sieht somit nicht nur die Effekte der auslösenden Anweisung, sondern auch die von kaskadierenden Änderungen und Löschungen von Fremdschlüsselbedingungen, die von der den Trigger auslösenden Anweisung betroffen sind. Wird von einer gegebenen Anweisung mehr als ein After-Trigger aktiviert, so sieht jeder dieser die von den Triggern, die vor ihm aktiviert wurden, auf der Datenbank verursachten Effekte.

2. After-Trigger können als Granularität entweder FOR EACH STATEMENT oder FOR EACH ROW haben.

3. Ein After-Trigger ist nicht auf ein Modifizieren der Zeile beschränkt, die ihn ausgelöst hat. Ein After-Trigger kann auf jeder Tabelle in der betreffenden Datenbank operieren und kann jede der folgenden Anweisungen enthalten:

   – INSERT

   – DELETE

   – UPDATE

   – SELECT

- VALUES

- SIGNAL

Da After-Trigger eine Datenbank direkt modifizieren können, kann die Ausführung eines solchen Triggers weitere auslösen. Zum Schutz vor Endlosschleifen erlegt das System der Schachtelung von Triggern eine Beschränkung auf 16 Ebenen auf.

After-Trigger werden häufig zur Implementierung von wünschenswertem semantischem Verhalten gespeicherter Daten verwendet. Da es im Rumpf eines After-Triggers weniger Einschränkungen gibt, sind diese mächtiger als Before-Trigger. Ich werde den Gebrauch von After-Triggern an einigen Beispielen illustrieren.

Das erste Beispiel ist ein Trigger, der sowohl als After- wie auch als Before-Trigger formuliert werden könnte. Er sichert (was leider nur für unsere hypothetische Firma gilt), daß Gehälter niemals schrumpfen sollten. Wenn eine Aktualisierung versucht, ein Gehalt zu senken, ruft der Trigger außerdem eine Funktion mit dem Namen logEvent auf. Das Beispiel zeigt, wie ein Trigger mit der Welt außerhalb der Datenbank interagieren kann. Die in C geschriebene Funktion logEvent kann z.B. in eine Datei schreiben oder eine Nachricht versenden (man sollte allerdings daran denken, daß Funktionen auf der Server-Maschine ausgeführt werden, so daß derartige Aktionen also dort stattfinden werden). In diesem Beispiel nehmen wir an, daß logEvent drei Parameter erwartet: eine Zeichenreihe, die die Art des Ereignisses identifiziert, eine Zeitmarke und eine weitere Zeichenreihe, die zusätzliche Einzelheiten enthält. Der die Funktion schreibende Benutzer kann natürlich deren Parameter und Aktionen auf beliebige gewünschte Weise festlegen, unter Verwendung der in Kapitel 6 beschriebenen Techniken zur Definition externer Funktionen. Der Trigger in diesem Beispiel verwendet eine VALUES-Anweisung, wenn er eine Funktion aufrufen muß, ohne auf eine Tabelle zuzugreifen.

```
CREATE TRIGGER ang_trig4
    AFTER UPDATE OF gehalt ON ang
    REFERENCING OLD AS altezeile NEW AS neuezeile
    FOR EACH ROW MODE DB2SQL
    WHEN (neuezeile.gehalt < altezeile.gehalt)
    BEGIN ATOMIC
        VALUES (logEvent('Gehaltsabnahme',
                CURRENT TIMESTAMP,
                altezeile.angnr));
        SIGNAL SQLSTATE '70011'
        ('Gehaltsabnahme für Ang. ' || altezeile.angnr);
    END;
```

Das nächste Beispiel für einen After-Trigger zeigt, wie man zwei oder mehr Tabellen so verknüpfen kann, daß eine Aktualisierung einer Tabelle automatisch Aktualisierungen an einer anderen auslöst. Wir nehmen an, unsere Datenbank enthält eine Tabelle TEMPS, die aktuelle Temperaturen an verschiedenen Orten enthält und periodisch aktualisiert wird. TEMPS hat Attribute mit den Namen ORT und TEMP (Temperatur in Fahrenheit), wobei ORT den Primärschlüssel darstellt. An einem typischen Wintertag könnte der Inhalt dieser Tabelle wie folgt aussehen:

TEMPS

ORT	TEMP
Anchorage	-15
Denver	25
Madison	8
Miami	82
San Francisco	65
Washington	35

Wir wollen einen Trigger erzeugen, der automatisch eine zweite Tabelle mit dem Namen EXTREMWERTE unterhält, die Buch führt über die höchste und niedrigste Temperatur, die jemals an den einzelnen Orten aufgetreten sind, mitsamt dem jeweiligen Datum. Die Struktur dieser Hilfstabelle hat folgendes Aussehen:

EXTREMWERTE

ORT	MAXTEMP	MAXDATUM	MINTEMP	MINDATUM

Zunächst wird die Tabelle EXTREMWERTE erzeugt und mit einer Zeile für jeden Ort aus der Tabelle TEMPS versehen. Jede Zeile von EXTREMWERTE hat zunächst Nullwerte für maximale und minimale Temperaturen sowie für die zugehörigen Datumsangaben. Die Anweisungen zum Erzeugen sowie zum Initialisieren der Tabelle lauten:

```
CREATE TABLE extremwerte
   (ort      Varchar(20) NOT NULL,
    maxtemp  Integer,
    maxdatum Date,
    mintemp  Integer,
    mindatum Date,
    PRIMARY KEY (ort) );

INSERT INTO extremwerte(ort)
   SELECT ort FROM temps;
```

Als nächstes schreiben wir zwei Trigger, die jede Aktualisierung der Tabelle TEMPS inspizieren und die Temperatur sowie das aktuelle Datum in die entsprechenden Stellen der Tabelle EXTREMWERTE kopieren, falls es sich um neue Höchst- oder Tiefstwerte handelt (oder die entsprechenden Stellen in EXTREMWERTE noch Nullwerte, also noch keine realen Temperaturen, enthalten).

```
CREATE TRIGGER temps_trig1
   AFTER UPDATE ON temps
   REFERENCING NEW AS neuezeile
   FOR EACH ROW MODE DB2SQL
   WHEN (neuezeile.temp >
         (SELECT maxtemp
          FROM   extremwerte
```

```
                WHERE  ort = neuezeile.ort)
      OR
        (SELECT maxtemp
         FROM extremwerte
         WHERE ort = neuezeile.ort) IS NULL )
      UPDATE extremwerte
          SET maxtemp = neuezeile.temp,
              maxdate = CURRENT DATE
          WHERE ort = neuezeile.ort;


 CREATE TRIGGER temps_trig2
     AFTER UPDATE ON temps
     REFERENCING NEW AS neuezeile
     FOR EACH ROW MODE DB2SQL
     WHEN (neuezeile.temp <
             (SELECT mintemp
              FROM    extremwerte
              WHERE  ort = neuezeile.ort)
       OR
          (SELECT mintemp
           FROM extremwerte
           WHERE ort = neuezeile.ort) IS NULL )
      UPDATE extremwerte
          SET mintemp = neuezeile.temp,
              mindate = CURRENT DATE
          WHERE ort = neuezeile.ort;
```

Die oben definierten Trigger unterhalten die Tabelle EXTREMWERTE bei Veränderungen an TEMPS ordnungsgemäß, jedoch müssen wir noch ein Problem lösen: Was passiert, wenn neue Orte zu TEMPS hinzugefügt oder alte daraus gelöscht werden?

Wird ein neuer Ort in TEMPS eingefügt (durch Einfügen einer neuen Zeile, denn ORT ist der Primärschlüssel), können wir über einen weiteren Trigger sicherstellen, daß dieser Ort auch in die Tabelle EXTREMWERTE eingefügt wird. Dieser Trigger fügt eine Zeile in EXTREMWERTE ein und verwendet die anfängliche, für diesen Ort angegebene Temperatur als Maximal- sowie als Minimalwert.

```
 CREATE TRIGGER temps_trig3
     AFTER INSERT ON temps
     REFERENCING NEW AS neuezeile
     FOR EACH ROW MODE DB2SQL
     INSERT INTO extremwerte(ort, maxtemp, maxdate,
                             mintemp, mindate)
        VALUES(neuezeile.ort,
               neuezeile.temp, CURRENT DATE,
               neuezeile.temp, CURRENT DATE);
```

Wird eine Zeile aus TEMPS gelöscht, können wir die entsprechenden Einträge in EX-TREMWERTE belassen oder aus dieser Tabelle ebenfalls löschen. Falls die Strategie ist, Zeilen aus EXTREMWERTE zu löschen, die keine Entsprechungen in TEMPS mehr haben, können wir ausnutzen, daß ORT der Primärschlüssel von TEMPS ist. Die folgende Fremdschlüsselbedingung stellt sicher, daß ein Ort, der aus TEMPS gelöscht wird, aus EXTREMWERTE ebenfalls gelöscht wird:

```
ALTER TABLE extremwerte
    ADD CONSTRAINT fk1 FOREIGN KEY(ort) REFERENCES temps
    ON DELETE CASCADE;
```

After-Trigger sind sehr gut geeignet zum Unterhalten eines *Audit-Trails* bzw. eines Protokolls der Veränderungen, die an einer Datenbank vorgenommen wurden. Wir betrachten ein einfaches Beispiel für eine Verwendung von After-Anweisungstriggern, die einen Audit-Trail für eine spezifische Tabelle führen. Dazu nehmen wir an, unsere Datenbank enthält eine Tabelle mit dem Namen KONTEN, und wir möchten sämtliche an dieser Tabelle vorgenommenen Änderungen protokollieren. Weiter nehmen wir für dieses Beispiel an, daß eine Protokollierung des Benutzers, der die Änderung ausführt, der Art der Veränderung, des Datums und der Anzahl davon betroffener Zeilen ausreichend ist. Wir erzeugen zunächst eine zweite Tabelle mit dem Namen KONTOVERÄN-DERUNG, in der die Änderungen vermerkt werden sollen. Die Struktur dieser Tabelle sowie die sie erzeugende Anweisung lauten wie folgt:

KONTOVERÄNDERUNG

TYP	WANN	DURCHWEN	ANZZEILEN

```
CREATE TABLE kontoveränderung
    (typ      Char(1),
     wann     Timestamp,
     durchwen Char(8),
     anzzeilen Integer);
```

Als nächstes erzeugen wir drei Trigger, die die Tabellen KONTOVERÄNDERUNG und KONTEN so miteinander verknüpfen, daß sämtliche Veränderungen in der zweiten Tabelle automatisch in der ersten protokolliert werden. Da diese Trigger aggregierte Änderungen anstelle spezifischer Werte notieren, benutzen sie Table- anstelle von Row-Transitionsvariablen. Man beachte ferner, daß der Insert- sowie der Update-Trigger New-Table-Variablen und der Delete-Trigger eine Old-Table-Variable benutzen.

```
CREATE TRIGGER konto_trig1
    AFTER INSERT ON konten
    REFERENCING NEW_TABLE AS neuetab
    FOR EACH STATEMENT MODE DB2SQL
    INSERT INTO kontoveränderung(typ, wann,
                            durchwen, anzzeilen)
        VALUES('I', CURRENT TIMESTAMP, USER,
            (SELECT COUNT(*) FROM neuetab) );

CREATE TRIGGER konto_trig2
```

```
    AFTER UPDATE ON konten
    REFERENCING NEW_TABLE AS neuetab
    FOR EACH STATEMENT MODE DB2SQL
    INSERT INTO kontoveränderung(typ, wann,
                                  durchwen, anzzeilen)
        VALUES('U', CURRENT TIMESTAMP, USER,
            (SELECT COUNT(*) FROM neuetab) );

CREATE TRIGGER konto_trig3
    AFTER DELETE ON konten
    REFERENCING OLD_TABLE AS altetab
    FOR EACH STATEMENT MODE DB2SQL
    INSERT INTO kontoveränderung(typ, wann,
                                  durchwen, anzzeilen)
        VALUES('D', CURRENT TIMESTAMP, USER,
            (SELECT COUNT(*) FROM altetab) );
```

Die drei oben gezeigten Trigger nehmen für sämtliche INSERT-, DELETE- und UP-DATE-Anweisungen, die auf KONTEN ausgeführt werden, Einträge in KONTOVER-ÄNDERUNG vor, selbst in Fällen, in denen de facto keine Zeilen verändert wurden (dies führt zu Einträgen mit ANZZEILEN = 0).

7.3.6 Rekursive Trigger

Wie wir gesehen haben, kann ein Triggerrumpf Änderungen an einer Datenbank vornehmen, und diese Änderungen können wiederum die Ausführung weiterer Trigger veranlassen. Falls die von einem Trigger ausgeführten Veränderungen dazu führen, daß derselbe Trigger erneut gefeuert wird, bezeichnet man den Trigger als *rekursiv*. Beim Schreiben rekursiver Trigger ist Vorsicht geboten, da sie leicht zu Endlosschleifen oder zu Anweisungen führen können, die für das System zu komplex sind.

Wir sehen uns rekursive Trigger an einem einfachen Beispiel an. Wir nehmen an, daß wir für jeden Angestellten in unserer Organisation festhalten wollen, wie viele andere Angestellte ihm direkt oder indirekt unterstellt sind. Zu diesem Zweck erweitern wir die Tabelle ANG um ein Attribut SPANNE. Ein in der Hierarchie weit oben angesiedelter Manager wird für einen mehrstufigen »Baum« von Angestellten verantwortlich sein, und wir halten die Gesamtzahl der Angestellten in diesem Baum als Wert für SPANNE in der ANG-Zeile für diesen Manager fest. Die folgende Anweisung erweitert die ANG-Tabelle um das neue Attribut:

```
ALTER TABLE ang ADD COLUMN spanne Integer WITH DEFAULT;
```

Die WITH DEFAULT-Klausel sichert den Wert 0, d.h. die vom System gelieferte Voreinstellung für den Datentyp Integer, für das Attribut SPANNE bei neu in die Datenbank eingetragenen Angestellten.

Nach dem Setzen von SPANNE auf den korrekten Wert für sämtliche existierenden Angestellten möchten wir eine Reihe von Triggern definieren, die das Attribut SPANNE automatisch warten, wenn Angestellte eingefügt, gelöscht oder von einem Manager zu einem anderen versetzt werden. Die folgenden Trigger leisten dies (man beachte, daß wir hier das Zeichen »!« als Anweisungsendezeichen verwenden, weil das Semikolon zum Separieren von Anweisungen innerhalb der Triggerrümpfe verwendet wird):

```
CREATE TRIGGER ang_hire
    AFTER INSERT ON ang
    REFERENCING NEW AS neuezeile
    FOR EACH ROW MODE DB2SQL
    UPDATE ang
        SET spanne = spanne + 1
        WHERE angnr = neuezeile.manager!

CREATE TRIGGER ang_quit
    AFTER DELETE ON ang
    REFERENCING OLD AS altezeile
    FOR EACH ROW MODE DB2SQL
    UPDATE ang
        SET spanne = spanne - 1
        WHERE angnr = altezeile.manager!

CREATE TRIGGER ang_transfer
    AFTER UPDATE OF manager ON ang
    REFERENCING OLD AS altezeile NEW AS neuezeile
    FOR EACH ROW MODE DB2SQL
    BEGIN ATOMIC
        UPDATE ang
        SET spanne = spanne - 1
        WHERE angnr = altezeile.manager;

        UPDATE ang
        SET spanne = spanne + 1
        WHERE angnr = neuezeile.manager;
    END!

CREATE TRIGGER ang_propagate
    AFTER UPDATE OF spanne ON ang
    REFERENCING OLD AS altezeile NEW AS neuezeile
    FOR EACH ROW MODE DB2SQL
    UPDATE ang
        SET spanne
            = spanne + neuezeile.spanne - altezeile.spanne
        WHERE angnr = neuezeile.manager!
```

Um zu sehen, inwiefern diese Menge von Triggern rekursiv ist, betrachten wir, was passiert, wenn ein Angestellter von einem Manager zu einem anderen transferiert wird. Die Änderung der Spalte MANAGER aktiviert den Trigger ANG_TRANSFER, der die Spanne des neuen Managers erhöht und die des alten verringert. Die Änderungen der Spalte SPANNE beim alten wie beim neuen Manager wiederum aktivieren den Trigger ANG_PROPAGATE, der die Spanne des neuen übergeordneten Managers erhöht und die des alten übergeordneten Managers verringert. Jedesmal, wenn der Trigger ANG_PROPAGATE die Spanne eines Managers aktualisiert, ruft er sich selbst wieder auf, um rekursiv die Spanne des Managers der nächsten Hierarchiestufe zu aktualisieren. Da der Compiler nicht weiß, wie viele Managementebenen in der Datenbank repräsentiert sind, generiert er ein Programm, das 16 Rekursionsebenen handhaben kann; sollten bei der Ausführung mehr Ebenen behandelt werden müssen, führt dies zu einem Laufzeitfehler (SQLSTATE 54038, SQLCODE –724).

Der Grund, warum rekursive Trigger so trickreich sind, liegt darin, daß man die sogenannte *mehrfache Rekursion* vermeiden muß. Mehrfache Rekursion entsteht dann, wenn ein rekursiver Trigger sich selbst mehr als einmal aktiviert oder wenn er mehr als einen anderen rekursiven Trigger feuert. Wenn UDB auf eine SQL-Anweisung stößt, die einen mehrfach rekursiven Trigger aufruft, endet die Kompilation mit einer Fehlermeldung wie »Anweisung zu lang oder zu komplex«. Wir modifizieren als nächstes das letzte Beispiel ein wenig, um zu zeigen, wie leicht man in eine mehrfache Rekursion geraten kann. Wir nehmen an, daß wir anstelle des Managers eines Angestellten in einer anderen Tabelle die Mutter und den Vater jeder Person protokollieren. Diese Tabelle enthält ferner die Anzahl der Nachfahren jeder Person und hat folgende Struktur:

PERSONEN

NAME	MUTTER	VATER	NACHFAHREN

Wir möchten eine Sammlung von Triggern schreiben, die aktiviert wird, wenn eine neue Person in diese Tabelle eingefügt wird, und die bei allen Vorfahren der neuen Person zur Spalte NACHFAHREN automatisch eine Eins addiert. Diese Trigger können wie folgt geschrieben werden:

```
CREATE TRIGGER neue_mutter
    AFTER INSERT ON personen
    REFERENCING NEW AS neuezeile
    FOR EACH ROW MODE DB2SQL
    UPDATE personen
        SET nachfahren = nachfahren + 1
        WHERE name = neuezeile.mutter;

CREATE TRIGGER neuer_vater
    AFTER INSERT ON personen
    REFERENCING NEW AS neuezeile
    FOR EACH ROW MODE DB2SQL
    UPDATE personen
        SET nachfahren = nachfahren + 1
        WHERE name = neuezeile.vater;
```

```
CREATE TRIGGER mütterlicher_vorfahre
   AFTER UPDATE OF nachfahren ON personen
   REFERENCING OLD AS altezeile NEW AS neuezeile
   FOR EACH ROW MODE DB2SQL
   UPDATE personen
      SET nachfahren = nachfahren +
         neuezeile.nachfahren - altezeile.nachfahren
      WHERE name = neuezeile.mutter;

CREATE TRIGGER väterlicher_vorfahre
   AFTER UPDATE OF nachfahren ON personen
   REFERENCING OLD AS altezeile NEW AS neuezeile
   FOR EACH ROW MODE DB2SQL
   UPDATE personen
      SET nachfahren = nachfahren +
         neuezeile.nachfahren - altezeile.nachfahren
      WHERE name = neuezeile.vater;
```

Um zu sehen, warum diese Trigger mehrfach rekursiv sind, betrachten wir die Einfügung einer neuen Person in die Tabelle. Dadurch werden die Trigger NEUE_MUTTER und NEUER_VATER aktiviert, die die Spalte NACHFAHREN in den Zeilen aktualisieren, die die Mutter bzw. den Vater der neuen Personen repräsentieren. Die dadurch ausgelösten Änderungen wiederum aktivieren die Trigger MÜTTERLICHER_VORFAHRE und VÄTERLICHER_VORFAHRE, die die Spalte NACHFAHREN der Zeilen aktualisieren, die die vier Großeltern der neuen Person darstellen. Jede dieser Änderungen feuert die Trigger MÜTTERLICHER_VORFAHRE und VÄTERLICHER_VORFAHRE erneut, so daß sich auf der n-ten Ebene des Familienstammbaums $2n$ Änderungen ergeben. Diese exponentielle Explosion von Änderungen kann das System nicht mehr handhaben, so daß keine INSERT-Anweisung bezüglich der Tabelle PERSONEN erfolgreich kompiliert werden wird.

Es gibt eine Möglichkeit, die oben gezeigte Menge von Triggern so umzuschreiben, daß die Spalte NACHFAHREN der Tabelle PERSONEN automatisch gewartet wird, ohne in eine mehrfache Rekursion zu geraten. Wir überlassen dies dem Leser als Übungsaufgabe. (Hinweis: Man kombiniere mehrere Trigger in einen einzigen.)

 **TIP:** Versucht man, eine SQL-Anweisung zu kompilieren oder auszuführen, die einen oder mehrere Trigger aufruft, und erhält dabei die Nachricht »Die Anweisung ist zu lang oder zu komplex.«, so teilt einem das System dadurch mit, daß die Anweisung zusammen mit allen von ihr gefeuerten Triggern die Ressourcen des Compilers überschreitet. Man sehe sich dann die Anweisung genau an, liste die von ihr gegebenenfalls gefeuerten Trigger und stelle sicher, daß keiner von diesen mehrfach rekursiv ist. Wenn man sicher ist, daß keine mehrfach rekursiven Trigger aufgerufen werden, kann man eine solche Anweisung manchmal dadurch kompiliert bekommen, daß man die Werte der Datenbankkonfigurationsparameter APPL-HEAPSZ, PCKCACHESZ und STMTHEAP erhöht. (Datenbank-Konfigurationsparameter können mit Hilfe der Steuerzentrale angezeigt und gesetzt werden, was in Abschnitt 10.3 beschrieben wird.)

7.3.7 Vergleich von Integritätsbedingungen und Triggern

Wir wollen an dieser Stelle kurz auf die relativen Vorteile von Integritätsbedingungen und Triggern zur Durchsetzung von Datenbankregeln eingehen. Grundsätzlich ist die Verwendung einer Integritätsbedingung besser als das Schreiben eines Triggers, der dieselbe Regel gewährleisten soll, und zwar aus folgenden Gründen:

▶ Integritätsbedingungen sind weniger prozedural als Trigger und geben dem System mehr Möglichkeiten zur Optimierung.

▶ Integritätsbedingungen werden im Unterschied zu Triggern zum Zeitpunkt ihrer Erzeugung für alle in der Datenbank existierenden Daten durchgesetzt.

▶ Integritätsbedingungen schützen Daten vor jeder Art Anweisung gegen ein Versetzen in einen ungültigen Zustand, wohingegen Trigger nur für bestimmte Anweisungen wie UPDATE oder DELETE gelten.

Auf der anderen Seite sind Trigger mächtiger als Integritätsbedingungen und können Regeln durchsetzen, bei denen Integritätsbedingungen überfordert sind. Jede Regel z.B., die Wissen über den »Vorher«- sowie den »Nachher«-Zustand erfordert, wie »Gehälter nehmen niemals ab«, benötigt den Einsatz eines Triggers.

7.3.8 Interaktionen zwischen Integritätsbedingungen und Triggern

Wenn man Integritätsbedingungen und Trigger verwendet, sollte man sich darüber im klaren sein, in welcher Reihenfolge diese bei der Verarbeitung einer SQL-Anweisung angewendet bzw. ausgeführt werden. Eine einzelne INSERT-, DELETE- oder UPDATE-Anweisung kann viele Datenzeilen verändern. Auf jede dieser Zeilen kann eine Liste von Integritätsbedingungen und Triggern anwendbar sein. Die Abfolge der Ereignisse ist wie folgt:

1. UDB führt die SQL-Anweisung »hypothetisch« aus und produziert dabei eine *Änderungsliste* mit den alten sowie den neuen Werten aller Zeilen, die von der Anweisung verändert würden (eingefügte Zeilen haben natürlich keinen alten Wert und gelöschte keinen neuen). Die auf dieser Liste vermerkten Änderungen werden noch nicht auf die Datenbank angewendet.

2. Die von der Anweisung aktivierten Before-Trigger werden in der Reihenfolge ihrer Erzeugung ausgeführt. Before-Trigger operieren nicht direkt auf der Datenbank, aber sie können (neue) Werte auf der Änderungsliste verändern, die darauf warten, auf die Datenbank angewendet zu werden.

3. Die Änderungen der Änderungsliste werden in der Datenbank durchgeführt.

4. Integritätsbedingungen werden überprüft, und alle Datenbankänderungen für die betreffende Anweisung werden zurückgesetzt, falls eine Verletzung entdeckt wird. Fremdschlüsselbedingungen mit Löschaktion wie CASCADE oder SET NULL können weitere Datenbankänderungen verursachen (das Löschen einer Zeile aus der Vatertabelle kann z.B. ein Löschen oder Verändern von Zeilen in der Kindtabelle nach sich ziehen). Jede dieser sekundären Änderungen wird wie folgt ausgeführt:

– Die Sekundäränderung wird »hypothetisch« ausgeführt und produziert eine weitere Änderungsliste.

– Von der Sekundäränderung aktivierte Before-Trigger werden in der Reihenfolge ihrer Erzeugung ausgeführt, wodurch möglicherweise (neue) Werte auf der Änderungsliste modifiziert werden.

– Die Änderungsliste wird in der Datenbank abgearbeitet und außerdem mit der Änderungsliste der ursprünglichen SQL-Anweisung gemischt.

– Integritätsbedingungen werden überprüft, und alle Datenbankänderungen werden zurückgesetzt, falls eine Verletzung entdeckt wird. Diese Abfolge von Ereignissen wird so lange wiederholt, bis es keine sekundären Änderungen mehr gibt. An diesen Punkt befindet sich die Datenbank in einem konsistenten Zustand, und sämtliche Änderungen sind in einer Hauptänderungsliste zusammengetragen worden.

5. Jetzt werden After-Trigger, die von der ursprünglichen SQL-Anweisung oder einer der sekundären Änderungen ausgelöst wurden, ausgeführt, wieder in der Reihenfolge ihrer Erzeugung. Jeder After-Statement-Trigger wird genau einmal ausgeführt (selbst dann, wenn keine Zeilen verändert wurden). Jeder After-Row-Trigger wird genau einmal für jede Zeile, die entweder von der ursprünglichen SQL-Anweisung oder einer sekundären Änderung verändert wurde, ausgeführt. Die Old- sowie New-Transitionsvariablen eines jeden Triggers sind über die Werte auf der Änderungsliste definiert.

Ein After-Trigger kann seinerseits SQL-Anweisungen enthalten und die Datenbank verändern. Jeder solche Trigger kann die von anderen Triggern, die vorher ausgeführt wurden, in der Datenbank verursachten Effekte sehen.

Da der Rumpf eines After-Triggers aus einer Folge von SQL-Anweisungen besteht, kann jede dieser ihrerseits Integritätsbedingungen und Trigger feuern. Jede SQL-Anweisung innerhalb eines Triggers wird unabhängig ausgeführt, unter Verwendung der gleichen obigen Reihenfolge der Ereignisse. Als Konsequenz daraus befindet sich die Datenbank nach Ausführung jeder einzelnen, in einem Triggerrumpf vorkommenden SQL-Anweisung (und natürlich nach Ausführung des Triggers insgesamt) definitiv in einem konsistenten Zustand.

Das in Abbildung 7.3 gezeigte Beispiel soll helfen, die Ausführungsreihenfolge in After-Triggern zu veranschaulichen. In diesem Beispiel hat das ursprüngliche SQL-Statement die After-Trigger 1 und 2 (angegeben in der Reihenfolge ihrer Erzeugung) aktiviert. Innerhalb von Trigger 1 befinden sich zwei SQL-Anweisungen, von denen die erste die Trigger A und B aktiviert (wieder angegeben in der Reihenfolge ihrer Erzeugung). Die Ausführungsreihenfolge der ursprünglichen Anweisung sowie der vier Trigger ist in dieser Abbildung als ein »Pfad« gezeigt.

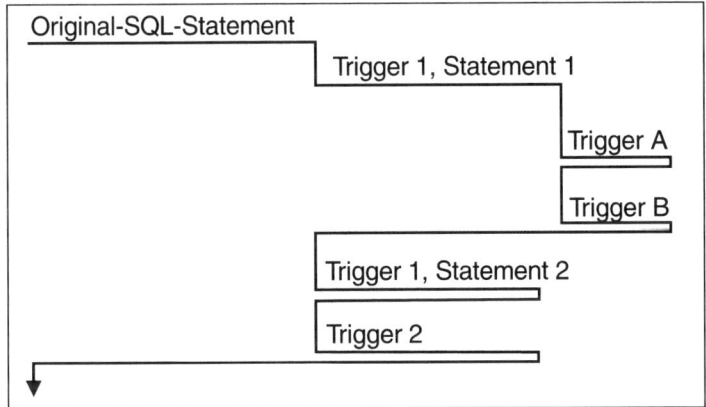

Abbildung 7.3:
Beispiel einer Trigger-Aktivierungsreihenfolge

7.4 Entwurf einer aktiven Datenbank

In diesem Abschnitt werden wir die Benutzung von Integritätsbedingungen und Triggern kennenlernen. Dies geschieht durch ein schrittweises Durcharbeiten des Prozesses des Erzeugens einer Datenbank, die viele aktive Elemente sowie einige benutzerdefinierte Datentypen und Funktionen verwendet. Unsere Datenbank ist die eines Versandhandels, der seine Ware von Lieferanten bezieht und der die Bestellungen von Kunden abwickelt. Wir schreiben nicht sämtliche Anwendungsprogramme, die hier benötigt werden, sondern definieren eine Sammlung von Tabellen, Integritätsbedingungen und Triggern, die einige der Regeln, die dem Betrieb dieses Handels zugrunde liegen, beinhalten.

Die SQL-Anweisungen, die die Datenbank für den Versandhandel erzeugen, sind im Beispielprogramm VHANDEL angegeben. Die verwendeten Tabellen sind in Abbildung 7.4 gezeigt; sie werden in den Schritten des Beispielprogramms genauer beschrieben.

Das Versandhandelsbeispiel enthält SQL-Anweisungen, die man in eine Datei schreiben und mit einer Schnittstelle wie dem CLP verarbeiten könnte. Einige davon erzeugen Trigger, deren Rümpfe wiederum mehrere SQL-Anweisungen enthalten, die jeweils durch Semikolon voneinander getrennt sind. Daher brauchen wir ein neues Begrenzungszeichen für äußere SQL-Anweisungen in dieser Datei; wir verwenden hier zu diesem Zweck das Zeichen »!«. Das Begrenzungszeichen für umgebende SQL-Anweisungen wird dem CLP deklariert, wenn die Datei zur Ausführung übergeben wird, etwa durch folgenden Befehl:

```
db2 -td! -f vhandel.sql
```

KUNDEN

KUNDENNR	KUNDENNAME	ADRESSE	FÄLLIGERBETRAG	KREDITLIMIT

LIEFERANTEN

LIEFNR	LIEFNAME	ADRESSE	GESCHULDETERBETRAG

LAGER

TEILE-NR	TEILE-BEZ	LIEF-NR	LAGER-BESTAND	EINZEL-VK-PREIS	BESTELL-STAND	EINZEL-EK-PREIS	BESTELL-GRENZE	MINDEST-BEST-MENGE

EINKÄUFE

BESTELL-DATUM	BESTELL-ZEIT	LIEF NR	TEILE NR	BESTELL-ANZAHL	EINGANGS-DATUM	EINGANGS-ANZAHL	EINZEL-PREIS

VERKÄUFE

VKDATUM	VKZEIT	KUNDEN-NR	TEILENR	VKANZAHL	EINZEL-PREIS	GESAMT-PREIS

Abbildung 7.4:
Tabellen des Beispiels VHANDEL

Schritte und Code für Beispielprogramm VHANDEL: Eine aktive Datenbank

Schritt 1: Vor der Erzeugung von Tabellen für unser Geschäft müssen wir entscheiden, ob unsere Anwendung einzigartige Typen benötigt. Ein offensichtliches Beispiel für einen spezialisierten Datentyp in unserer Applikation ist der Typ Geld; wir können dabei zwischen mehreren Basisdatentypen wählen. Am passendsten ist vielleicht ein Decimal-Datentyp wie z.B. Decimal(8,2), jedoch gibt es mit diesem das Problem, daß der Typ Decimal keine Entsprechung in C hat, so daß wir keine Decimal-Daten an eine in C geschriebene, benutzerdefinierte Funktion übergeben können. Daher definieren wir einen Datentyp Geld, der auf dem Typ Integer basiert, und wir verwenden die Konvention, daß Geldwerte als ganze Zahlen in Einheiten von Cents dargestellt werden (so daß also z.B. die Zahl 500 den Wert $ 5.00 darstellt). Diese Konvention erlaubt uns bei 32-Bit-Integer-Zahlen mit Vorzeichen als Basis immer noch die Darstellung von Beträgen in Höhe von mehreren Millionen Dollar, was für diese Anwendung ausreichend ist.

Wenn wir einen einzigartigen Typ Geld für unseren Versandhandel definieren, benötigen wir auch Operatoren und Funktionen, die auf diesen Datentyp anwendbar sind. In diesem Beispiel sollen Geldbeträge addiert und subtrahiert, mit einer ganzen Zahl multipliziert oder dadurch dividiert werden können, und es soll die Summe oder das Maximum einer Menge von Geldbeträgen bestimmbar sein, jeweils unter Verwendung der entsprechenden Operatoren des Integer-Basisdatentyps. Andere Operatoren wie ein Multiplizieren von Geldbeträgen seien nicht erlaubt.

TIP: Der deklarierte Begrenzer wird vom CLP nur dann als Anweisungsende interpretiert, wenn er als letztes Zeichen in einer Zeile auftritt. Das Zeichen »!« kann also im Versandhandelsbeispiel als Begrenzer verwendet werden, obwohl es innerhalb einiger der CREATE FUNCTION-Anweisungen vorkommt, solange ein solches Vorkommen nicht am Ende einer Zeile liegt.

↱ *Seite 440*

Schritte und Code für Beispielprogramm VHANDEL: Eine aktive Datenbank

```
--
-- SCHRITT 1:
--
CREATE DISTINCT TYPE Geld AS Integer WITH COMPARISONS!

CREATE FUNCTION "+"(Geld, Geld) RETURNS Geld
    SOURCE sysibm."+"(Integer, Integer)!

CREATE FUNCTION "-"(Geld, Geld) RETURNS Geld
    SOURCE sysibm."-"(Integer, Integer)!

CREATE FUNCTION "*"(Geld, Integer) RETURNS Geld
    SOURCE sysibm."*"(Integer, Integer)!

CREATE FUNCTION "/"(Geld, Integer) RETURNS Geld
    SOURCE sysibm."/"(Integer, Integer)!

CREATE FUNCTION max(Geld) RETURNS Geld
    SOURCE sysibm.max(Integer)!

CREATE FUNCTION sum(Geld) RETURNS Geld
    SOURCE sysibm.sum(Integer)!
```

Schritte und Code für Beispielprogramm VHANDEL: Eine aktive Datenbank

Schritt 2: In Schritt 2 beginnen wir mit der Definition unserer Versandhandelsdatenbank durch Erzeugung der Tabellen für unsere Außenkontakte: Kunden und Lieferanten. Wir erzeugen eine Tabelle mit dem Namen KUNDEN, die für jeden Kunden den Namen, die Adresse, den fälligen Betrag und das Kreditlimit angibt. Ferner erzeugen wir eine Tabelle LIEFERANTEN, die den Namen und die Adresse eines jeden Lieferanten enthält sowie den Betrag, den wir diesem Lieferanten momentan schulden. Die Tabelle KUNDEN hat eine CHECK-Bedingung, die dafür sorgt, daß das Kreditlimit jedes Kunden größer oder gleich null ist (im Unterschied zum fälligen Betrag, der auch negativ sein kann, sofern der Kunde Kredit hat).

Schritt 3: Als nächstes erzeugen wir eine Tabelle mit dem Namen LAGER, die den Lagerbestand unseres Warenhauses aufnehmen soll. In jeder Zeile der Tabelle LAGER ist ein bestimmtes Teil beschrieben, und zwar über seine Bezeichnung, die am Lager vorhandene sowie die bestellte Anzahl dessen und den Lieferanten, von dem das Teil bezogen wurde. Daneben speichern wir den Einzelverkaufs- sowie den Einzeleinkaufspreis in der Hoffnung, daß ersterer größer ist als letzterer. Unsere Strategie ist, Teile nachzubestellen, sobald der jeweilige Lagerbestand eine vorgegebene Grenze unterschreitet, und diese Bestellgrenze wird zusammen mit der Mindestbestellmenge ebenfalls für jedes einzelne Teil registriert. Da die Datenbank normalisiert sein soll, werden die Lieferantendetails in der Tabelle LAGER nicht wiederholt, sondern es wird lediglich die Lieferantennummer als Schlüssel benutzt und eine referentielle Integritätsbeziehung zwischen den Tabellen LAGER und LIEFERANTEN eingerichtet. Da es vorkommen kann, daß man einen Lieferanten löscht, obwohl sich noch von ihm gelieferte Teile am Lager befinden, deklarieren wir diese RI-Beziehung mit der Löschregel SET NULL. (Wird ein Lieferant gelöscht, wird somit die Spalte LIEFNR in den entsprechenden Einträgen der Tabelle LAGER auf null gesetzt.)

Schritte und Code für Beispielprogramm VHANDEL: Eine aktive Datenbank

```
--
-- SCHRITT 2:
--
CREATE TABLE kunden
  (kundennr       Char(6) NOT NULL PRIMARY KEY,
   kundenname     Varchar(20),
   adresse        Varchar(20),
   fälligerbetrag Geld,
   kreditlimit    Geld,
   CONSTRAINT check1
      CHECK (kreditlimit >= geld(0)) )!

CREATE TABLE lieferanten
  (liefnr              Char(4) NOT NULL PRIMARY KEY,
   liefname            Varchar(20),
   adresse             Varchar(20),
   geschuldeterbetrag  Geld)!



--
-- SCHRITT 3:
--
CREATE TABLE lager
  (teilenr             Char(7) NOT NULL PRIMARY KEY,
   teilebez            Varchar(20) NOT NULL,
   liefnr              Char(4),
   lagerbestand        Integer,
   einzelvkpreis       Geld,
   bestellstand        Integer,
   einzelekpreis       Geld,
   bestellgrenze       Integer,
   mindestbestmenge    Integer,
   CONSTRAINT lfk1
      FOREIGN KEY (liefnr) REFERENCES lieferanten
      ON DELETE SET NULL,
   CONSTRAINT check1
      CHECK (lagerbestand >= 0
      AND bestellstand >= 0
      AND bestellgrenze >= 0
      AND mindestbestmenge >= 0) )!
```

443

Schritte und Code für Beispielprogramm VHANDEL: Eine aktive Datenbank

Schritt 4: Als nächstes erzeugen wir eine Tabelle für die von uns bei den Lieferanten getätigten Einkäufe. Jede Zeile der Tabelle EINKÄUFE repräsentiert die Bestellung eines bestimmten Teils bei einem bestimmten Lieferanten an einem bestimmten Datum und zu einer bestimmten Zeit. Die Tabelle hat Spalten mit den Namen BESTELL-DATUM und BESTELLZEIT, die als NOT NULL WITH DEFAULT deklariert werden, so daß Datum und Zeit beim Einfügen von Zeilen in diese Tabelle automatisch erzeugt werden.

Wenn eine Warenlieferung von einem Lieferanten eintrifft, wird die entsprechende Zeile der Tabelle EINKÄUFE mit dem Eingangsdatum und der Eingangsanzahl aktualisiert. (Aufgrund unserer Erfahrungen sind wir darauf vorbereitet, daß die gelieferte Anzahl von der bestellten abweichen kann.)

Wir deklarieren ferner referentielle Integritätsbeziehungen zwischen EINKÄUFE und den Tabellen LIEFERANTEN und LAGER. Da wir keinen Lieferanten oder ein am Lager befindliches Teil löschen wollen, solange noch eine Lieferung für dieses Teil aussteht, akzeptieren wir die NO ACTION-Semantik (also die Voreinstellung) für die Löschregeln dieser RI-Beziehungen. Bevor ein Lieferant oder ein Teil aus dem Lager gelöscht werden kann, müssen wir alle entsprechenden Zeilen aus der Tabelle EIN-KÄUFE löschen.

Schritte und Code für Beispielprogramm VHANDEL: Eine aktive Datenbank

```
--
-- SCHRITT 4:
--
CREATE TABLE einkäufe
  (bestelldatum    Date NOT NULL WITH DEFAULT,
   bestellzeit     Time NOT NULL WITH DEFAULT,
   liefnr          Char(4),
   teilenr         Char(7),
   bestellanzahl   Integer,
   eingangsdatum    Date,
   eingangsanzahl  Integer,
   einzelpreis     Geld,
   CONSTRAINT efk1
      FOREIGN KEY (liefnr) REFERENCES lieferanten,
   CONSTRAINT efk2
      FOREIGN KEY (teilenr) REFERENCES lager,
   CONSTRAINT check1
      CHECK (bestellanzahl > 0
      AND eingangsanzahl >= 0),
   CONSTRAINT check2
      CHECK (eingangsdatum >= bestelldatum) )!
```

Schritte und Code für Beispielprogramm VHANDEL: Eine aktive Datenbank

Schritt 5: In diesem Schritt legen wir eine Tabelle für den wichtigsten Aspekt unseres Handels an, die Verkäufe. Analog zur Tabelle EINKÄUFE enthält die Tabelle VERKÄUFE Spalten für Datum und Zeit eines Verkaufs, die als NOT NULL WITH DEFAULT deklariert werden, so daß entsprechende Einträge automatisch generiert werden. Die Tabelle VERKÄUFE protokolliert ferner den Kunden und die betreffende Teilenummer, die verkaufte Anzahl, den Einzelpreis sowie den Gesamtpreis des Verkaufs.

Da an einem Verkauf sowohl ein Kunde als auch ein Teil aus dem Lager beteiligt sind, deklarieren wir referentielle Integritätsbedingungen zwischen der Tabelle VERKÄUFE und den Tabellen KUNDEN und LAGER. Diese Fremdschlüsselbeziehungen sorgen für ein Rücksetzen von Transaktionen, die versuchen, für einen Kunden oder ein Teil, der bzw. das nicht existiert, einen Verkaufsvorgang einzufügen.

Die fünf Tabellen in unserer Datenbank und ihre referentiellen Integritätsbeziehungen (Fremdschlüssel) sind in Abbildung 7.5 gezeigt. Die Beschriftungen der Kanten geben dabei die Namen der betreffenden Fremdschlüssel an.

Schritte und Code für Beispielprogramm VHANDEL: Eine aktive Datenbank

```
--
-- SCHRITT 5:
--
CREATE TABLE verkäufe
  (vkdatum      Date NOT NULL WITH DEFAULT,
   vkzeit       Time NOT NULL WITH DEFAULT,
   kundennr     Char(6),
   teilenr      Char(7),
   vkanzahl     Integer,
   einzelpreis  Geld,
   gesamtpreis  Geld,
   CONSTRAINT vfk1
      FOREIGN KEY (kundennr) REFERENCES kunden,
   CONSTRAINT vfk2
      FOREIGN KEY (teilenr) REFERENCES lager,
   CONSTRAINT check1
      CHECK (vkanzahl > 0) )!
```

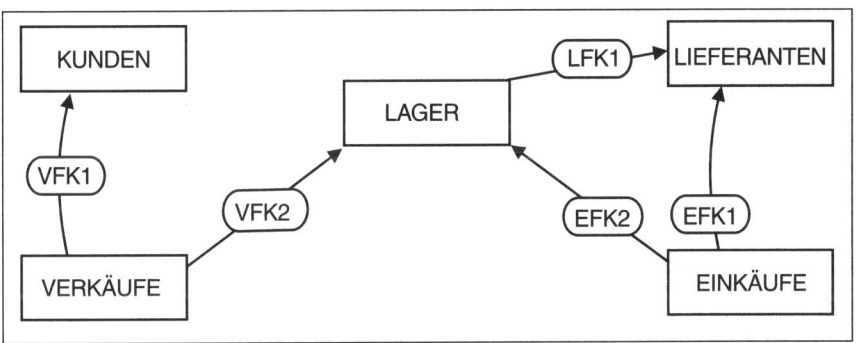

Abbildung 7.5:
Tabellen und referentielle Integritätsbeziehungen der Versandhandelsdatenbank

Schritte und Code für Beispielprogramm VHANDEL: Eine aktive Datenbank

Schritt 6: Nach dem Erzeugen der Tabellen können wir einige Trigger definieren, die auf diesen Tabellen operieren. Dabei müssen wir vorsichtig sein, denn diese Trigger stellen unsere Geschäftsregeln dar. Eine angemessen entworfene Sammlung von Triggern kann die Anwendungsentwicklung erleichtern und die Integrität der Daten schützen.

Unser erster Trigger mit Namen ET1 soll das Einfügen neuer Bestellungen in die Tabelle EINKÄUFE vereinfachen. Benutzer und Anwendungsprogramme sollen Zeilen in diese Tabelle einfügen können, indem sie lediglich die betreffende Teilenummer sowie die Bestellanzahl angeben. Die Spalten BESTELLDATUM und BESTELLZEIT werden mit aktuellem Datum bzw. aktueller Zeit vorbesetzt, und der Trigger setzt durch Nachsehen in der Tabelle LAGER automatisch die Lieferantennummer und den Einzelpreis des bestellten Teils ein. Um über eine Bestellung auch dann noch Buch führen zu können, wenn sich der bevorzugte Lieferant oder der Einzelpreis des Teils in der Zukunft ändern, müssen die Lieferantennummer und der Einzel(ein-kaufs)preis aus der Tabelle LAGER nach EINKÄUFE kopiert werden. Da ET1 die Zeile ändert, die neu eingefügt werden soll, handelt es sich um einen Before-Trigger.

In diesem Schritt schreiben wir außerdem einen After-Trigger, der Informationen aus der Tabelle EINKÄUFE in die Tabelle LAGER propagiert. Wird eine neue Bestellung in EINKÄUFE eingefügt, aktualisiert Trigger ET2 den Bestellstand des betreffenden Teils in der Tabelle LAGER.

Schritt 7: Wenn die bestellten Teile schließlich eintreffen, muß jemand die Attribute EINGANGSDATUM und EINGANGSANZAHL der entsprechenden Zeilen in EIN-KÄUFE aktualisieren. Trigger ET3, der in diesem Schritt erzeugt wird, ist ein After-Trigger, der durch eine Aktualisierung der Spalte EINGANGSANZAHL aktiviert wird. Er führt automatisch zwei zusätzliche Aktualisierungen aus, die beim Eintreffen von Waren notwendig sind: Er aktualisiert die Tabelle LAGER, so daß die Ankunft neuer Teile richtig verbucht wird, und er aktualisiert die Tabelle LIEFERANTEN, so daß der dem Lieferanten für die Lieferung geschuldete Betrag notiert wird (und zwar basierend auf der tatsächlich gelieferten, nicht der bestellten Anzahl).

Schritte und Code für Beispielprogramm VHANDEL: Eine aktive Datenbank

```
--
-- SCHRITT 6:
--
CREATE TRIGGER et1
  NO CASCADE BEFORE INSERT ON einkäufe
  REFERENCING NEW AS neuezeile FOR EACH ROW
  MODE DB2SQL
  BEGIN ATOMIC
    SET (neuezeile.einzelpreis, neuezeile.liefnr) =
          (SELECT einzelekpreis, liefnr
           FROM lager
           WHERE teilenr = neuezeile.teilenr);
  END!

CREATE TRIGGER et2
  AFTER INSERT ON einkäufe
  REFERENCING NEW AS neuezeile FOR EACH ROW
  MODE DB2SQL
  BEGIN ATOMIC
    UPDATE lager
      SET bestellstand
          = bestellstand + neuezeile.bestellanzahl
      WHERE teilenr = neuezeile.teilenr;
  END!

--
-- SCHRITT 7:
--
CREATE TRIGGER et3
  AFTER UPDATE OF eingangsanzahl ON einkäufe
  REFERENCING NEW AS neuezeile FOR EACH ROW
  MODE DB2SQL
  BEGIN ATOMIC
    UPDATE lager
      SET lagerbestand
          = lagerbestand + neuezeile.eingangsanzahl,
          bestellstand
          = bestellstand - neuezeile.eingangsanzahl
      WHERE teilenr = neuezeile.teilenr;
    UPDATE lieferanten
      SET geschuldeterbetrag = geschuldeterbetrag +
          neuezeile.einzelpreis * neuezeile.eingangsanzahl
        WHERE liefnr = neuezeile.liefnr;
  END!
```

Schritte und Code für Beispielprogramm VHANDEL: Eine aktive Datenbank

Schritt 8: In diesem Schritt erzeugen wir einen Trigger, der unsere Politik des Nachbestellens von Teilen realisiert. Immer, wenn es eine Änderung in der Anzahl vorhandener Teile oder der Bestellgrenze für ein gegebenes Teil in der Tabelle LAGER gibt, entscheidet Trigger LT1, ob ein Nachbestellen von Teilen erforderlich ist. Er erzeugt eine Bestellung automatisch, falls die Summe aus Lagerbestand und aktuellem Bestellstand für ein gegebenes Teil unterhalb der Bestellgrenze liegt.

Der Prozeß des Erzeugens einer Bestellung betrifft sowohl die Datenbank als auch deren Außenwelt. Trigger LT1 arbeitet mit der Datenbank durch Einfügen einer Zeile in die Tabelle EINKÄUFE (wie wir in Schritt 6 gesehen haben, aktiviert das zwei andere Trigger, ET1 und ET2). Trigger LT1 ruft darüber hinaus eine externe Funktion logOrder auf, eine in C geschriebene, benutzerdefinierte Funktion, die alles Nötige tut, um die Bestellung wirksam werden zu lassen, etwa das Drucken eines Bestellscheins auf dem richtigen Formular. Der Trigger übergibt der Funktion logOrder alle benötigten Informationen, einschließlich Namen und Adresse des Lieferanten, Teilenummer und -bezeichnung sowie die Anzahl und den Einheitspreis für die Bestellung.

Die SQL-Anweisung zur Erzeugung der Funktion logOrder wird hier ebenfalls angegeben (diese muß der Erzeugung des Triggers natürlich vorangehen). Der Zusatz EXTERNAL ACTION wird in dieser CREATE FUNCTION-Anweisung angegeben, da die Funktion eine Aktion durchführt, die für die Welt außerhalb der Datenbank sichtbar ist. Der Rumpf der Funktion logOrder ist in C zu schreiben, zu übersetzen und im richtigen Verzeichnis zu installieren, bevor der Trigger benutzt werden kann. Die Funktion logOrder wird so deklariert, daß sie einen Integer-Wert zurückgibt, der jedoch vom Trigger LT1 ignoriert wird.

 **TIP:** In einer CREATE FUNCTION-Anweisung ist es hilfreich, jedem Funktionsparameter zusätzlich zu seinem Datentyp einen beschreibenden Namen zu geben, wie z.B. »Lieferantenadresse«. Da die CREATE FUNCTION-Syntax keine Parameternamen kennt, müssen diese als Kommentar angegeben werden. Jeder Kommentar muß mit zwei Bindestrichen beginnen und in einer separaten Zeile stehen.

Schritte und Code für Beispielprogramm VHANDEL: Eine aktive Datenbank

```
--
-- SCHRITT 8:
--
CREATE FUNCTION logOrder
   (Date, Time, Varchar(32), Varchar(64),
          -- Bestelldatum, Bestellzeit, Liefname, Adresse,
    Char(7), Varchar(30), Integer, Geld)
          -- Teilenr, Teilebez, Anzahl, Einzelpreis
   RETURNS Integer
          -- wird nicht benutzt
   DETERMINISTIC
   NO SQL
   EXTERNAL ACTION
   LANGUAGE C
   FENCED
   PARAMETER STYLE DB2SQL
   EXTERNAL NAME 'vhandelfun!logorder'!

 CREATE TRIGGER lt1
    AFTER UPDATE OF lagerbestand,
                   bestellgrenze ON lager
    REFERENCING NEW AS neuezeile FOR EACH ROW
    MODE DB2SQL
    WHEN (neuezeile.lagerbestand + neuezeile.bestellstand
            < neuezeile.bestellgrenze)
    BEGIN ATOMIC
       INSERT INTO einkäufe(teilenr, bestellanzahl)
          VALUES (neuezeile.teilenr,
                  neuezeile.mindestbestmenge);
       VALUES(logOrder(CURRENT DATE,
                  CURRENT TIME,
                  (SELECT liefname
                      FROM lieferanten
                      WHERE liefnr =
                            neuezeile.liefnr),
                  (SELECT adresse
                      FROM lieferanten
                      WHERE liefnr =
                            neuezeile.liefnr),
                  neuezeile.teilenr,
                  neuezeile.teilebez,
                  neuezeile.mindestbestmenge,
                  neuezeile.einzelekpreis ) );
    END!
```

Schritte und Code für Beispielprogramm VHANDEL: Eine aktive Datenbank

Schritt 9: Dieser Schritt implementiert unsere Geschäftsregel bezüglich Kunden, die ihr Kreditlimit überziehen. Wir wollen jede Aktualisierung am von einem Kunden fälligen Betrag verweigern, die dessen Kreditlimit überschreiten würde; bei jedem Versuch einer solchen Aktualisierung soll ferner ein Bericht für unsere Kreditabteilung gedruckt werden. Zunächst erzeugen wir eine externe Funktion logLimit, die den Kreditbericht druckt (der Rumpf dieser Funktion muß separat geschrieben werden). Sodann erzeugen wir einen Trigger mit dem Namen KT1, der Kreditüberschreitungen entdeckt, die Funktion logLimit aufruft und das betreffende Update zurücksetzt. Hierbei ist Vorsicht geboten. Es wäre nämlich nicht sinnvoll, die Aktualisierung in dem Moment, da der neue fällige Betrag das Kreditlimit eines Kunden übersteigt, einfach zurückzusetzen, denn das würde einen Kunden, der sein Kreditlimit irgendwie überschreiten konnte, davon abhalten, eine Zahlung zu leisten. Wir müssen in die WHEN-Klausel einen Test einbauen, der den alten und neuen fälligen Betrag vergleicht und den Triggerrumpf nur dann ausführt, wenn der fällige Betrag tatsächlich steigt. Der Trigger setzt die Aktualisierung, die ihn ausgelöst hat, zurück (jedoch nicht auch die Effekte anderer Anweisungen in derselben Transaktion) und erzeugt einen SQLSTATE von 70001 sowie die Nachricht »Kreditlimit überzogen«.

Wir könnten überlegen, das in diesem Schritt implementierte Kreditverfahren durch eine Check-Bedingung wie CHECK (fälligerbetrag > kreditlimit) zu realisieren. Dies würde jedoch verhindern, daß das Kreditlimit eines Kunden unter den aktuellen fälligen Betrag abgesenkt wird, was unter gewissen Umständen ratsam sein könnte. Die Formulierung der Kreditregel über einen Trigger gibt uns außerdem die Möglichkeit, zwecks Ausgabe eines Kreditberichts eine externe Funktion aufzurufen.

Schritte und Code für Beispielprogramm VHANDEL: Eine aktive Datenbank

```
--
-- SCHRITT 9:
--
CREATE FUNCTION logLimit
    (Date,  Time,  Char(6),  Geld,  Geld)
            -- Datum, Zeit, Kundennr, Kreditlimit, fälliger Betrag
    RETURNS Integer
            -- wird nicht benutzt
    DETERMINISTIC
    NO SQL
    EXTERNAL ACTION
    LANGUAGE C
    FENCED
    PARAMETER STYLE DB2SQL
    EXTERNAL NAME 'vhandelfun!loglimit'!

CREATE TRIGGER kt1
    AFTER UPDATE OF fälligerbetrag ON kunden
    REFERENCING OLD AS altezeile NEW AS neuezeile
    FOR EACH ROW
    MODE DB2SQL
    WHEN (neuezeile.fälligerbetrag
                            > altezeile.fälligerbetrag
        AND neuezeile.fälligerbetrag > neuezeile.kreditLimit)
    BEGIN ATOMIC
        VALUES(logLimit(CURRENT DATE,
                        CURRENT TIME,
                        neuezeile.kundennr,
                        neuezeile.kreditlimit,
                        neuezeile.fälligerbetrag));
        SIGNAL SQLSTATE "70001"
                        ("Kreditlimit überzogen");
    END!
```

Schritte und Code für Beispielprogramm VHANDEL: Eine aktive Datenbank

Schritt 10: In diesem Schritt hängen wir einige Trigger an die Tabelle VERKÄUFE an. Trigger VT1 erleichtert das Einfügen einer neuen Zeile in VERKÄUFE, und zwar durch automatisches Eintragen der Werte für die Attribute EINZELPREIS und GESAMTPREIS in die neue Zeile (wobei der EINZELPREIS in der Tabelle LAGER nachgesehen wird). Eine neue VERKÄUFE-Zeile kann also allein unter Angabe von KUNDENNR, TEILENR und VKANZAHL eingefügt werden; Werte für VKDATUM und VKZEIT sind durch aktuelles Datum bzw. aktuelle Zeit vorbestimmt, und Werte für EINZELPREIS und GESAMTPREIS erzeugt Trigger VT1.

Wir erzeugen in diesem Schritt weiter einen Trigger VT2, der sicherstellt, daß der fällige Betrag eines Kunden aktualisiert wird, sobald an diesen etwas verkauft wird, und daß die Anzahl der verkauften Teile vom Lagerbestand subtrahiert wird. Man beachte, daß dieser Trigger weitere aktivieren kann. Wenn ein Verkauf z.B. einen Kunden sein Kreditlimit überschreiten läßt, erzeugt KT1 einen Bericht und setzt die Anweisung zurück. Wenn der Lagerbestand eines Teils durch einen Verkauf unter die Bestellgrenze fällt, wird Trigger LT1 aktiviert, der eine neue Bestellung für das betreffende Teil generiert. Es sei ferner bemerkt, daß Trigger VT2 in dem Fall, daß die verkaufte Anzahl mehr als der gesamte Lagerbestand für ein Teil beträgt, den Lagerbestand in der Tabelle LAGER auf einen negativen Wert setzt, und die Anweisung wird dann durch die Bedingung CHECK1 in Tabelle LAGER zurückgesetzt.

Im Rumpf von Trigger VT2 ist die Reihenfolge der SQL-Anweisungen wichtig. Wir möchten den fälligen Betrag eines Kunden aktualisieren, bevor die Tabelle LAGER aktualisiert wird, da ersteres zu einer Kreditüberprüfung führt, die gegebenenfalls in einem Zurücksetzen der Anweisung endet. Der Kreditcheck soll vor einer Aktualisierung der Lagertabelle abgeschlossen sein (denn letzteres könnte zu einem Nachbestellen von Teilen führen, was unnötig ist, falls der Kunde nicht mehr genügend Kredit hat).

Schritte und Code für Beispielprogramm VHANDEL: Eine aktive Datenbank

```
--
-- SCHRITT 10
--
CREATE TRIGGER vt1
    NO CASCADE BEFORE INSERT ON verkäufe
    REFERENCING NEW AS neuezeile FOR EACH ROW
    MODE DB2SQL
    BEGIN ATOMIC
        SET (neuezeile.einzelpreis, neuezeile.gesamtpreis) =
            (SELECT einzelvkpreis,
                    einzelvkpreis * neuezeile.vkanzahl
            FROM lager
            WHERE teilenr = neuezeile.teilenr);
    END!

CREATE TRIGGER vt2
    AFTER INSERT ON verkäufe
    REFERENCING NEW AS neuezeile FOR EACH ROW
    MODE DB2SQL
    BEGIN ATOMIC
        UPDATE kunden
            SET fälligerbetrag
                    = fälligerbetrag + neuezeile.gesamtpreis
            WHERE kundennr = neuezeile.kundennr;
        UPDATE lager
            SET lagerbestand
                    = lagerbestand - neuezeile.vkanzahl
            WHERE teilenr = neuezeile.teilenr;
    END!
```

Schritte und Code für Beispielprogramm VHANDEL: Eine aktive Datenbank

Schritt 11: Dieser Schritt ist ein Versuch, eine automatische Feinabstimmung unseres Systems zum Bestellen neuer Teile vorzunehmen. Da es etwa einen Monat dauert, bis eine neue Bestellung geliefert wird, wollen wir vermeiden, daß der Lagerbestand irgendeines Teils unter den Stand fällt, der in etwa einen Monatsverkauf darstellt. Wenn wir also feststellen, daß die Verkaufsanzahl eines gegebenen Teils im letzten Monat über der Bestellgrenze gelegen hat, so ist es an der Zeit, die Bestellgrenze sowie die Mindestbestellmenge für dieses Teil zu erhöhen. Dies wird durch Trigger VT3 implementiert, der automatisch beide Werte um 25% erhöht und (mittels der benutzerdefinierten Funktion logSales) einen Report generiert, der von unserem Verkaufsleiter durchgesehen und abgezeichnet wird. Wir zeigen die CREATE FUNCTION-Anweisung für logSales, einer weiteren Funktion mit EXTERNAL ACTION, deren C-Implementierung separat kompiliert werden muß.

Der Rumpf von Trigger VT3 enthält zwei SQL-Anweisungen: Die erste aktualisiert die Datenbank, und die zweite enthält mehrere skalare Unteranfragen, die an logSales zu übergebende Werte holen. Diese SQL-Anweisungen werden sequentiell ausgeführt, und die zweite Anweisung kann die von der ersten durchgeführten Änderungen sehen.

Schritte und Code für Beispielprogramm VHANDEL: Eine aktive Datenbank

```
--
-- SCHRITT 11:
--
CREATE FUNCTION logsales
   (Date,  Time,  Char(7),  Varchar(30),
         -- Datum, Zeit, Teilenummer, Teilebezeichnung,
    Integer,  Integer,  Integer)
         -- Verkaufszahl des letzten Monats,
         -- neue Bestellgrenze,
         -- neue Mindestbestellmenge.
   RETURNS Integer
         -- wird nicht benutzt
   DETERMINISTIC
   NO SQL
   EXTERNAL ACTION
   LANGUAGE C
   FENCED
   PARAMETER STYLE DB2SQL
   EXTERNAL NAME 'vhandelfun!logsales'!


CREATE TRIGGER vt3
   AFTER INSERT ON verkäufe
   REFERENCING NEW AS neuezeile FOR EACH ROW
   MODE DB2SQL
   WHEN ((SELECT SUM(vkanzahl)
         FROM verkäufe
         WHERE teilenr = neuezeile.teilenr
         AND vkdatum + 1 MONTH > CURRENT DATE )
         >
         (SELECT bestellgrenze
         FROM lager
         WHERE teilenr = neuezeile.teilenr) )
   BEGIN ATOMIC
      UPDATE lager
         SET bestellgrenze = bestellgrenze * 1.25,
             mindestbestmenge
                     = mindestbestmenge * 1.25
         WHERE teilenr = neuezeile.teilenr;
      VALUES (logsales(CURRENT DATE, CURRENT TIME,
                       neuezeile.teilenr,
                       (SELECT teilebez
                        FROM lager
                        WHERE teilenr = neuezeile.teilenr),
                       (SELECT SUM(vkanzahl)
```

Schritte und Code für Beispielprogramm VHANDEL: Eine aktive Datenbank

Schritt 12: Dieser Schritt stellt einen nachträglichen Einfall unserer Marketingabteilung dar. Jemand von dort möchte über die Gesamtsumme der Einkäufe eines jeden Kunden im aktuellen Kalenderjahr Buch führen. Man könnte solche Angaben z.B. zur Bestimmung von Großkunden für spezielle Briefwerbungen oder Offerten nutzen. Wir implementieren diesen Last-Minute-Zusatz zur Datenbank durch Hinzunahme einer weiteren Spalte für die Gesamtjahresverkaufssumme zur Tabelle KUNDEN sowie durch Definition eines Triggers VT4, der diese Spalte bei jedem neuen Verkauf aktualisiert.

Schritte und Code für Beispielprogramm VHANDEL: Eine aktive Datenbank

```
                        FROM verkäufe
                        WHERE teilenr = neuezeile.teilenr
                        AND vkdatum + 1 MONTH
                                    > CURRENT DATE ),
                    (SELECT bestellgrenze
                     FROM lager
                     WHERE teilenr = neuezeile.teilenr),
                    (SELECT mindestbestmenge
                     FROM lager
                     WHERE teilenr = neuezeile.teilenr
                    ) ) );
    END!

--
-- SCHRITT 12:
--
ALTER TABLE kunden
    ADD COLUMN vksummediesesjahr Geld!

CREATE TRIGGER vt4
    AFTER INSERT ON verkäufe
    REFERENCING NEW AS neuezeile FOR EACH ROW
    MODE DB2SQL
    BEGIN ATOMIC
        UPDATE kunden
            SET vksummediesesjahr =
                ( SELECT sum(gesamtpreis)
                  FROM verkäufe
                  WHERE kundennr = neuezeile.kundennr
                  AND year(vkdatum) = year(CURRENT DATE) )
            WHERE kundennr = neuezeile.kundennr;
    END!
```

Ende Beispielprogramm VHANDEL

Abbildung 7.6 zeigt eine graphische Darstellung aller Trigger, die im Beispiel des Versandhandels erzeugt wurden. Jeder Trigger ist als Kante(n) dargestellt, die in der Tabelle beginnt, der der Trigger zugeordnet ist, und die in der Tabelle endet bzw. enden, die der Trigger modifiziert. Beim Entwurf einer aktiven Datenbank empfiehlt sich das Anfertigen eines solchen »Triggergraphen« sowie eine Suche nach Zyklen darin. Jeden Kreis bzw. Zykel sollte man darauf untersuchen, ob auf ihm ein Trigger liegt, der sich selbst in einer Endlosschleife aufruft. In Abbildung 7.6 sollte man z.B. die offensichtlichen Zykel zwischen den Triggern LT1 und ET2 sowie zwischen LT1 und ET3 genauer ansehen, ebenso die Schleifen der Trigger ET1, VT1 und KT1. In allen Fällen sind die betreffenden Trigger so geschrieben, daß Endlosrekursion vermieden wird.

Die Abbildung zeigt, daß aus einer einfachen Datenbankaktualisierung eine komplexe Folge von Aktionen resultieren kann. So kann z.B. aus dem Einfügen einer neuen Zeile in die Tabelle VERKÄUFE die nachfolgend angegebene Folge von Aktionen resultieren (wobei die Einrückungsebenen andeuten sollen, wie die Aktion eines Triggers zum Feuern eines anderen führen kann).

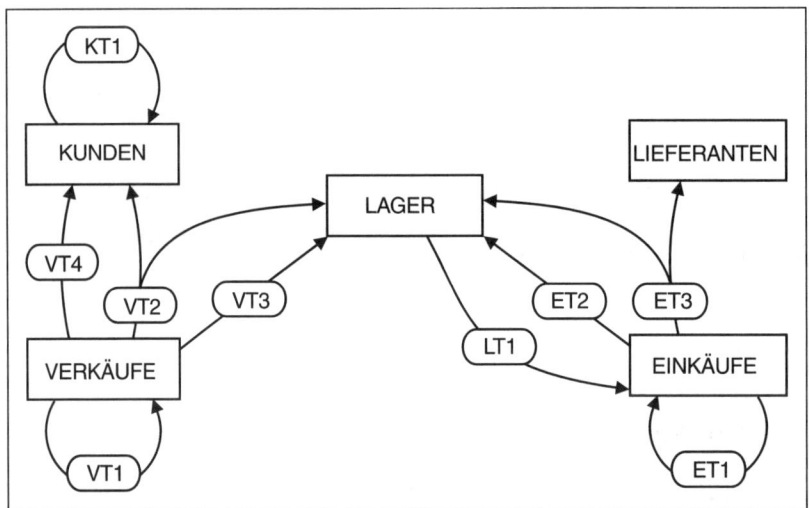

Abbildung 7.6:
Triggergraph der Versandhandelsdatenbank

1. VT1 konditioniert eine neue Zeile für VERKÄUFE durch Einsetzen von Werten für EINZELPREIS und GESAMTPREIS.

2. VT2 aktualisiert die Tabellen KUNDEN (Erhöhung des Wertes von FÄLLIGERBETRAG) und LAGER (Verminderung des Wertes von LAGERBESTAND).

   – KT1 setzt die Anweisung zurück, falls das Kreditlimit des Kunden überzogen ist.

   – LT1 fügt eine neue Zeile in die Tabelle EINKÄUFE ein, falls Nachschub benötigt wird.

   – ET1 konditioniert die neue EINKÄUFE-Zeile durch Einsetzen der Werte für LIEFNR und EINZELPREIS.

   – ET2 aktualisiert LAGER und erhöht dort den BESTELLSTAND.

3. Falls dieser Verkauf ein neues Maximum der monatlichen Verkäufe eines Teils darstellt, aktualisiert VT3 die Tabelle LAGER und erhöht dort die Werte für BESTELL-GRENZE und MINDESTBESTMENGE dieses Teils. (Falls die BESTELLGRENZE auf einen Wert oberhalb von LAGERBESTAND erhöht wird, könnte dies zu einem erneuten Feuern der Trigger LT1, ET1 und ET2 führen.)

4. VT4 aktualisiert die Tabelle KUNDEN und erhöht den Wert von VKSUMMEDIE-SESJAHR.

7.5 Bindungen und Abhängigkeiten

UDB-Eigenschaften wie Integritätsbedingungen und Trigger ermöglichen eine weitgehende Beschreibung der Semantik von Objekten, die in der Datenbank gespeichert werden. Eine Implementierung derartiger Möglichkeiten führt zunehmend dazu, daß das Verhalten einer SQL-Anweisung von Dingen außerhalb der Anweisung selbst abhängt, wie z.B. Integritätsbedingungen, Triggern, Sichten oder Funktionen. Fügt man z.B. einen Trigger zu einer Tabelle hinzu, die von einer SQL-Anweisung aktualisiert wird, kann sich deren Verhalten ändern. Dies ist ein Beispiel einer *Abhängigkeit* eines Objekts von einem anderen. Da wir jetzt alle Arten von in UDB implementierten Objekten beschrieben haben, ist es an der Zeit, Abhängigkeiten in allgemeinerem Rahmen zu diskutieren.

Die unten angegebenen beispielhaften Fragen illustrieren einige der Abhängigkeiten, die zwischen den verschiedenen Objekten in einer Datenbank existieren können. Den Fragen und ihren Antworten folgt eine Diskussion genereller Regeln zu Abhängigkeiten.

▶ Angenommen, man erzeugt am Montag eine Sicht, aber am Dienstag wird eine der Tabellen, die der Sicht zugrunde liegen, gelöscht. Was passiert mit der Sicht? *Antwort*: Die Sicht wird unbrauchbar (inoperativ) und kann so lange nicht mehr benutzt werden, bis sie explizit neu erzeugt wird.

▶ Angenommen, man bindet am Mittwoch ein Anwendungsprogramm, aber am Donnerstag wird ein neuer Index angelegt, der für das Programm nützlich wäre. Kann das Programm den Index nutzen? *Antwort*: Nein, es muß erst neu gebunden werden.

▶ Angenommen, nach dem Binden eines Anwendungsprogramms, das Daten in eine Tabelle einfügt, wird zu dieser Tabelle eine Check-Bedingung hinzugefügt. Ist das bereits existierende Programm davon betroffen? *Antwort*: Ja, das entsprechende Paket wird automatisch so modifiziert, daß die neue Bedingung berücksichtigt wird.

▶ Angenommen, nach dem Erzeugen eines Triggers, der eine Geschäftsregel beinhaltet, versucht jemand, eine Funktion, die der Trigger benutzt, zu löschen. Was passiert? *Antwort*: Die Funktion kann so lange nicht gelöscht werden, wie der Trigger existiert.

Das Thema Abhängigkeiten hängt eng mit dem Thema *Bindungen* zusammen. Bevor eine SQL-Anweisung (einschließlich der Definition einer Sicht, einer Integritätsbedingung oder eines Triggers) benutzt werden kann, muß jeder unqualifizierte Name, der darin vorkommt, zu einem spezifischen Objekt (Tabelle, Funktion usw.) aufgelöst werden. Wir verwenden die Bezeichnung *Binden* zum Beschreiben des Prozesses der Bestimmung des spezifischen Objekts zu jedem unqualifizierten Namen in einer SQL-Anweisung. Als Beispiel könnte der unqualifizierte Tabellenname GEHALTSPLAN an den spezifischen Tabellennamen ADMIN.GEHALTSPLAN gebunden werden, falls ersterer in einer Anwendung vorkommt, die unter der Benutzerkennung ADMIN bearbeitet wird; analog könnte der unqualifizierte Funktionsname fläche an die spezifische Funktion geometrie.fläche gebunden werden, wenn sie in einer bestimmten Sicht benutzt wird.

Nachdem ein Name an ein bestimmtes Objekt gebunden wurde, können an der Datenbank Veränderungen vorgenommen werden, von denen diese Bindung betroffen sein kann. So könnte z.B., nachdem der Funktionsname fläche an die spezifische Funktion geometrie.fläche gebunden wurde, eine andere Funktion mit dem Namen fläche in einem Schema erzeugt werden, das auf dem betreffenden Funktionspfad vor dem Schema geometrie liegt. Oder man könnte die spezifische Funktion geometrie.fläche löschen, so daß sie nicht mehr benutzt werden kann. Wir verwenden die Bezeichnung *Bindesemantik* zur Beschreibung dessen, wie sich ein Objekt verhält, nachdem alle seine Namen gebunden wurden. Der Begriff bezieht sich auf jedes persistente Objekt, wie etwa Sichten oder Programme, dessen Definition einen unqualifizierten Namen enthält.

7.5.1 Konservative Bindesemantik

Der generelle Ansatz von UDB im Hinblick auf Bindungen wird als konservative Bindesemantik bezeichnet. Dies bedeutet, daß sich das Verhalten eines Objekts, nachdem es gebunden wurde, nicht in unvorhergesehener Weise ändert. Übersetzt man z.B. ein Anwendungsprogramm, das eine benutzerdefinierte Funktion zahlungserhöhung aufruft, kann man sicher sein, daß das Programm nicht plötzlich anfängt, eine andere Funktion zahlungserhöhung zu benutzen, sofern man es nicht explizit dazu auffordert.[6] Nachdem wir das allgemeine Prinzip jetzt kennen, untersuchen wir als nächstes die Bindesemantik für einige spezifische Objektarten.

Die Bindesemantik für Sichten ist einfach zu beschreiben. Alle in einer Sichtendefinition enthaltenen Namen werden zu dem Zeitpunkt an spezifische Objekte in der Datenbank gebunden, wenn das betreffende CREATE VIEW ausgeführt wird. Danach ändern sich die Namensbindungen nicht mehr. Wird zu einem späteren Zeitpunkt eine neue Funktion, ein Alias oder ein anderes Objekt erzeugt, das gewählt worden wäre, falls die Sicht erst jetzt gebunden würde, so wird das neue Objekt ignoriert, sogar in Applikationen, die erst nach der Erzeugung des neuen Objekts kompiliert werden. Wird ein Objekt (Funktion, Tabelle, Alias usw.) gelöscht, an das die Sicht gebunden wurde, so wird die Sicht unbrauchbar (inoperativ). Dies bedeutet, daß die Sichtendefinition in der Katalogtabelle VIEWS verbleibt, die Sicht aber solange nicht mehr benutzt werden kann, bis sie durch eine weitere CREATE VIEW-Anweisung neu erzeugt wird. Die Sichtendefinition

---

6. Wir nehmen hier natürlich an, daß man die ausführbare Datei, welche die Funktion implementiert, über die Mechanismen des jeweiligen Betriebssystems gegen unberechtigten Zugriff geschützt hat.

bleibt erhalten, damit es leichter ist, nach Ersetzen des gelöschten Objekts durch ein gleichnamiges die Sicht erneut zu erzeugen. Ist eine Sicht unbrauchbar, wird es nicht als Namenskonflikt betrachtet, wenn eine neue Sicht mit demselben Namen angelegt wird; statt dessen wird die unbrauchbare Definition ersetzt. Die folgende Anfrage bestimmt die Namen und Definitionen aller unbrauchbaren Sichten in Schema S1:

```
SELECT viewname, seqno, text
FROM syscat.views
WHERE viewschema = 'S1' AND valid = 'X'
ORDER BY viewname, seqno;
```

Die Bindesemantik für Trigger ist dieselbe wie für Sichten. Wie eine Sicht kann auch ein Trigger unbrauchbar werden, falls ein Objekt, von dem er abhängt, gelöscht wird. Die Definition eines unbrauchbaren Triggers verbleibt in der Katalogtabelle TRIGGERS, so daß ein Benutzer die Definition lesen und in einer neuen CREATE TRIGGER-Anweisung verwenden kann. Die folgende Anfrage bestimmt die Definitionen aller unbrauchbaren Trigger in Schema S1:

```
SELECT trigname, text
FROM syscat.triggers
WHERE trigschema = 'S1' AND valid = 'X'
ORDER BY trigname;
```

Die Bindesemantik für Programme ist ebenfalls konservativ, allerdings etwas komplexer als bei Sichten und Triggern. Wenn ein Programm gebunden wird, wird ein spezifischer Plan zur Ausführung einer jeden darin enthaltenen SQL-Anweisung erzeugt, und alle diese Pläne werden in der Datenbank in Form eines *Pakets* abgelegt. Nach dem Binden eines Programms soll sich dessen Verhalten nicht mehr ändern, aber man braucht nicht darauf zu bestehen, daß jede Anweisung stets anhand des ursprünglichen Plans ausgeführt wird. Wird z.B. ein Index gelöscht, der im ursprünglichen Plan für eine Anweisung verwendet wird, kann die Anweisung dennoch mit einem anderen (funktional gleichwertigen) Plan ausgeführt werden. Daher kann das Paket eines Programms in dem Fall, daß ein von dem Programm verwendetes Objekt gelöscht wird, *ungültig* (*invalid*) oder *unbrauchbar* (*inoperative*) werden. Wird ein von einem Paket benutzter Index gelöscht, wird das Paket als *ungültig* markiert, und das System erzeugt automatisch einen neuen Plan zur Ausführung des Pakets, wenn es das nächste Mal benutzt wird. Dies bezeichnet man als *implizites Rebinden*; es ist für Benutzer unsichtbar und hat höchstens Einfluß auf die Effizienz: Es kann beim automatischen Rebinden zu einer leichten Verzögerung kommen, und die Effizienz des Programms kann sich durch den neuen Plan ändern. Wird andererseits eine Funktion, die das Paket benutzt, gelöscht, so wird das Paket als *unbrauchbar* markiert und kann bis zu einem expliziten Rebinden nicht mehr ausgeführt werden. Dies schützt Benutzer der betreffenden Applikation vor unerwarteten Änderungen im Verhalten des Pakets bzw. Programms. Ein unbrauchbares Paket kann über die Befehle PREP, BIND oder REBIND erneut gebunden werden. Der Status eines jeden Pakets wird in der Katalogtabelle PACKAGES vermerkt. Die folgende Anfrage kann zum Anzeigen aller Pakete, die ungültig oder unbrauchbar sind, benutzt werden:

```
SELECT pkgschema, pkgname valid
FROM syscat.packages
WHERE valid = 'N' OR valid = 'X';
```

 **TIP:** Wird ein Paket implizit neu gebunden, findet dies innerhalb der ersten von dem Paket ausgeführten Transaktion statt. Wird die erste Transaktion zurückgesetzt, wird somit das implizite Neubinden ebenfalls zurückgesetzt. Falls ein Paket stets in seiner ersten Transaktion zurückgesetzt wird, kann es sogar niemals implizit neu gebunden werden.

7.5.2 Typen von Abhängigkeiten

Die Bindesemantik für Sichten, Programme und andere Objekte wird jeweils durch das Festhalten von *Abhängigkeiten* in den Systemkatalogtabellen realisiert. Eine Abhängigkeit existiert in dem Moment, da die Definition eines Objekts (das als das *abhängige Objekt* bezeichnet wird) auf ein anderes Objekt (das *unterliegende Objekt*) Bezug nimmt. Abhängigkeiten können in vier semantische Kategorien danach eingeteilt werden, was passiert, wenn das unterliegende Objekt gelöscht wird:

R = *Restrict*-Semantik. Solange die Abhängigkeit existiert, dürfen Benutzer das unterliegende Objekt nicht löschen.

C = *Cascade*-Semantik. Wird das unterliegende Objekt gelöscht, wird das davon abhängige Objekt ebenfalls gelöscht.

A = *Automatic-Revalidation*-Semantik. Wird das unterliegende Objekt gelöscht, wird das davon abhängige Objekt als *ungültig* markiert und bei der nächsten Benutzung automatisch erneut validiert, wobei der bestmögliche Ersatz für das gelöschte Objekt selektiert wird.

X = *Inoperative*-Semantik. Wird das unterliegende Objekt gelöscht, wird das davon abhängige Objekt als *unbrauchbar* markiert. Ein unbrauchbares Objekt kann so lange nicht mehr benutzt werden, bis ein Benutzer den operativen Zustand durch eine explizite Aktion wiederherstellt. Allerdings verbleibt die Definition des unbrauchbaren Objekts als Hilfe bei einer Wiederherstellung in den Katalogtabellen.

Tabelle 7.5 faßt alle Arten von Abhängigkeiten, die von UDB protokolliert werden, zusammen. Wie die Katalogtabellen enthält Tabelle 7.5 nur die *unmittelbaren* Abhängigkeiten. Diese können sich natürlich fortpflanzen; hängt z.B. ein Programm von einer Sicht ab und diese Sicht von einem bestimmten Privileg (das der die Sicht definierende Benutzer besitzt), so hat der Verlust dieses Privilegs einen Effekt auf das Programm, obwohl die Abhängigkeit des Programms von diesem Privileg nicht direkt protokolliert ist.

In Tabelle 7.5 stehen die Codierungen R, C, A und X für die vier oben beschriebenen Typen von Abhängigkeiten. Die in Klammern angegebenen Zahlen beziehen sich auf die folgenden Bemerkungen:

Abhängiges Objekt	Unterliegendes Objekt									
	Tabelle	Sicht	Alias	Index	Funktionsinstanz	Datentyp	Integritätsbedingung	Trigger	Privileg	Tabellenbereich
Programm	A (3)	A	A	A	X		A (4)	A (4)	A	
Tabelle						R				C (5)
Sicht	X	X	X		R				X	
Alias (6)										
Index	C									C
Funktionsinstanz					R	C				
Datentyp (1)										
Integritätsbedingung	C			R (7)	R		C (2)			
Trigger	X	X	X		R				X	

Tabelle 7.5:
Typen von Abhängigkeiten zwischen Objekten

Bemerkungen:

1. Einzigartige Typen haben keine Abhängigkeiten, da sie stets auf vordefinierten Datentypen basieren, die wiederum nicht gelöscht werden können.

2. Eine Fremdschlüsselbedingung hängt von einem Primärschlüssel oder einer Eindeutigkeitsbedingung in der Vatertabelle ab, und zwar mit Cascade-Semantik.

3. Ein Programm hängt nicht nur von den Tabellen ab, die es direkt manipuliert, sondern auch von Tabellen, die es indirekt über Sichten, Aliase, Trigger oder Fremdschlüsselbedingungen manipuliert.

4. Falls ein Programm auf einer bestimmten Tabelle operiert, enthält das für dieses Programm generierte Paket alle Integritätsbedingungen sowie Trigger, die zum Zeitpunkt des Bindens des Programms auf dieser Tabelle definiert waren. Werden Integritätsbedingungen oder Trigger nachträglich zu der Tabelle hinzugefügt oder gelöscht, wird das Programm ungültig (und bei der nächsten Benutzung automatisch neu gebunden). Dieser Typ Abhängigkeit wird als Abhängigkeit des Programms von der Tabelle und nicht von der einzelnen Bedingung oder dem Trigger notiert.

5. Das Löschen eines Tabellenbereichs führt dazu, daß alle Tabellen, die darin vollständig enthalten sind, ebenfalls gelöscht werden. Falls sich eine Tabelle jedoch über mehr als einen Tabellenbereich erstreckt, kann keiner dieser Bereiche gelöscht werden, solange diese Tabelle existiert.

6. Aliase haben keine Abhängigkeiten. Ein Alias darf sogar auf einer Tabelle definiert sein, die nicht existiert.

7. Eine eindeutige oder Primärschlüsselbedingung hängt ab von dem systemgenerierten eindeutigen Index, der die Bedingung sicherstellt.

Da alle verschiedenen Arten von Abhängigkeiten in den Katalogtabellen vermerkt werden, kann man über entsprechende Anfragen alle diejenigen Objekte bestimmen, die von einem gegebenen Objekt abhängen bzw. von denen ein gegebenes Objekt abhängt. Die wesentlichen Katalogtabellen, in denen Abhängigkeiten vermerkt werden, sind die folgenden:

▶ CONSTDEP erfaßt Abhängigkeiten einer Integritätsbedingung von anderen Objekten.

▶ PACKAGEDEP erfaßt Abhängigkeiten eines Pakets von anderen Objekten.

▶ TRIGDEP erfaßt Abhängigkeiten eines Triggers von anderen Objekten.

▶ VIEWDEP erfaßt Abhängigkeiten einer Sicht von anderen Objekten.

Abhängigkeiten werden auch in diversen anderen Katalogtabellen vermerkt, die zu anderen Zwecken verwendet werden; so notiert z.B. die Katalogtabelle COLUMNS den Datentyp jeder Spalte, was eine Abhängigkeit einer Tabelle oder Sicht von einem Datentyp darstellt.

Die folgenden Beispiele zeigen Anfragen, mit denen man Abhängigkeiten herausfinden kann. (Weitere Informationen über die Katalogtabellen findet man in Anhang D.)

▶ Finde alle Objekte, die vom Trigger SICHERHEIT.HIRETRIGGER abhängen:

```
SELECT bschema, bname, btype
FROM syscat.trigdep
WHERE trigschema = 'sicherheit'
AND trigname = 'hiretrigger';
```

▶ Finde alle Tabellen- und Sichtenspalten, die den einzigartigen Typ Geld benutzen:

```
SELECT tabschema, tabname, colname
FROM syscat.columns
WHERE typename = 'Geld';
```

▶ Finde alle Funktionen, die einen Ein- oder Ausgabeparameter vom Typ Geld haben:

```
SELECT DISTINCT funcschema, funcname
FROM syscat.funcparms
WHERE typename = 'Geld';
```

 **TIP:** Da SQL nicht in Hochkommata eingeschlossene Namen in Großschreibung konvertiert, sollte man einen groß geschriebenen Namen verwenden, wenn man nach einem Objekt (Typ, Funktion, Tabelle usw.) in den Katalogtabellen sucht, es sei denn man weiß, daß das gesuchte Objekt explizit mit einem in Hochkommata eingeschlossenen, kleingeschriebenen Namen erzeugt wurde.

8 Dynamisches SQL

SQL ist eine Sprache, die man auf viele verschiedene Weisen benutzen kann. Wir haben bereits gesehen, wie statische SQL-Anweisungen in Programme eingebettet werden können, die in einer Host-Programmiersprache wie C geschrieben sind. Da statische SQL-Anweisungen zur Compile-Zeit bekannt sind, können sie durch den UDB-Precompiler analysiert und zur Ausführung vorbereitet werden, so daß das betreffende Anwendungsprogramm zur Laufzeit lediglich für jede statische SQL-Anweisung einen voroptimierten Zugriffsplan aufrufen muß. Es ist jedoch nicht immer möglich, genau vorherzusagen, welche SQL-Anweisungen in einem Anwendungsprogramm auszuführen sein werden. Daher muß es für ein Programm die Möglichkeit geben, SQL-Anweisungen zur Laufzeit zu erzeugen und sie an das Datenbanksystem zur Ausführung zu übergeben. Diesen Ansatz zur Verarbeitung von SQL-Anweisungen bezeichnet man als *dynamisches SQL*.

Als Preis für die Laufzeitflexibilität zahlen dynamische SQL-Applikationen mit einer Effizienzeinbuße, da ihre SQL-Anweisungen nicht im vorhinein optimiert werden können. Die Kosten der Analyse einer dynamischen SQL-Anweisung und der Auswahl eines optimalen Zugriffsplans für diese fallen an, wenn die betreffende Anweisung ausgeführt wird (allerdings bewahrt UDB den Zugriffsplan im Cache auf, so daß die Kosten für seine Erstellung nicht erneut anfallen, wenn die Anweisung innerhalb derselben Sitzung erneut ausgeführt wird). Die Kosten einer Laufzeitoptimierung werden möglicherweise teilweise oder sogar vollständig durch die Tatsache wettgemacht, daß der Optimierer beim Verarbeiten dynamischer SQL-Anweisungen stets die aktuellsten verfügbaren Indizes und Statistiken sieht.

Ein weiterer Aspekt, den man bei der Wahl zwischen statischem und dynamischem SQL berücksichtigen sollte, ist die Stabilität der betreffenden Applikation. Eine statische SQL-Anwendung wird in ein Paket gekapselt, dessen Verhalten sich ohne explizite Veranlassung von außen nicht mehr ändert. Eine dynamische Anwendung wird dagegen bei jeder Ausführung vollständig neu verarbeitet, was bedeutet, daß sich ihr Verhalten von einer Ausführung zur nächsten in Abhängigkeit von dem, was zwischenzeitlich mit der Datenbank passiert ist (z.B. Hinzufügen neuer benutzerdefinierter Funktionen), ändern kann.

UDB kennt drei Möglichkeiten zum Umgang mit dynamischen SQL-Anweisungen, das Call Level Interface (CLI), Java Database Connectivity (JDBC) und Embedded Dynamic SQL. Das CLI unterstützt in C geschriebene Anwendungsprogramme, JDBC unterstützt Java-Applikationen, und Embedded Dynamic SQL kann mit Anwendungen benutzt werden, die in C, FORTRAN, COBOL oder REXX geschrieben sind. Die Funktionalitäten aller drei dynamischen SQL-Ansätze sind ähnlich, jedoch nicht identisch, wie sich noch zeigen wird. Jede der drei Optionen enthält eine Möglichkeit für Anwendungsprogramme, dynamisch berechnete SQL-Anweisungen zur Laufzeit an das Datenbanksystem zu übergeben. Der Prozeß des Parsens einer SQL-Anweisung und die Wahl eines optimalen Zugriffsplans wird als *Vorbereiten* der Anweisung bezeichnet und wird mit demselben Optimierer durchgeführt, der auch für statische SQL-Anweisungen benutzt wird.

Alle dynamischen SQL-Optionen trennen den Prozeß des Vorbereitens einer Anweisung von dem ihrer Ausführung und erlauben dadurch ein einmaliges Vorbereiten und häufiges Ausführen mit jeweils unterschiedlichen Datenwerten. Dieser Ansatz sorgt dafür, daß die Kosten für Parsen und Optimieren einer SQL-Anweisung nur einmal anfallen, wenn das Statement vorbereitet wird, und nicht etwa bei jeder Ausführung. So kann man z.B. eine UPDATE-Anweisung zum Aktualisieren der Tabelle ANG vorbereiten, so daß der Spalte GEHALT in der Zeile, deren ANGNR mit einem vorgegebenen Wert übereinstimmt, ein neuer Wert zugewiesen wird. Die Anweisung könnte dann mit verschiedenen Paaren von Werten für ANGNR und GEHALT wiederholt ausgeführt werden.

Wird eine dynamische SQL-Anweisung zur Ausführung vorbereitet, werden fehlende Datenwerte durch Fragezeichen repräsentiert, die auch als *Parametermarker* bezeichnet werden. Parametermarker in dynamischen SQL-Anweisungen spielen eine ähnliche Rolle wie Wirtsvariablen in statischen SQL-Anweisungen. Bevor ein vorbereitetes Statement ausgeführt werden kann, müssen für alle seine Parametermarker reale Werte substituiert werden. Dies geschieht durch *Binden* eines jeden Parametermarkers an eine Wirtsvariable, so daß der Wert des Parametermarkers zur Ausführungszeit aus dem Inhalt der Variablen entnommen wird.

 TIP: Man sollte den Prozeß des Bindens eines Parametermarkers an eine Wirtsvariable nicht mit dem Prozeß des Bindens eines Anwendungsprogramms, der in Abschnitt 4.3 beschrieben wird, verwechseln.

Dieses Kapitel untersucht CLI, JDBC und Embedded Dynamic SQL und beschreibt, wie jedes dieser drei Konzepte zur Vorbereitung dynamischer SQL-Anweisungen auf die Ausführung, zum Binden ihrer Parametermarker und zur Ausführung der Anweisungen benutzt werden kann. Zur Illustration der Verwendung von dynamischem SQL und zum Vergleich der drei Ansätze schreiben wir mit jedem einige Anwendungsprogramme.

8.1 Das Call Level Interface

Das Call Level Interface (CLI) bietet verschiedene Vorteile, die es für manche Anwendungen besser als Embedded Dynamic SQL oder gar statisches SQL geeignet erscheinen lassen. Diese Vorteile lassen sich wie folgt zusammenfassen:

1. CLI-Applikationen erfordern keinen Precompiler. Anstelle eines Precompilers verläßt sich das CLI auf eine Sammlung von Funktionsaufrufen, die in ein C-Programm eingebettet sind und von einem gewöhnlichen C-Compiler übersetzt werden können. Durch Linken des Programms zur UDB-CLI-Library hat man Zugriff auf sämtliche SQL-Funktionalitäten des Systems. Da es keine Notwendigkeit zum Vorübersetzen einer Anwendung gibt, kann man diese als Objektcode verteilen. Benutzer einer solchen Applikation können sie auf ihren eigenen Datenbanken ohne Zugriff auf den Quellcode und ohne die Notwendigkeit eines »Bindens« der Applikation an jede Datenbank, auf der sie benutzt werden soll, laufen lassen.

2. Das CLI ermöglicht ein Schreiben portabler Datenbankapplikationen. Die UDB-Implementierung des CLI ist mit dem internationalen Standard ISO / IEC 9075-3:1995 (SQL Call Level Interface) konform. Wird es mit einem ODBC-Treibermanager (der in der UDB-Installation enthalten ist) verwendet, implementiert es ferner die Schnittstelle Open Database Connectivity[1] (ODBC 3.0, Level 1, mit gewissen zusätzlichen Angleichungen, die im *CLI Guide and Reference* angegeben sind). Daher sind für UDB geschriebene Anwendungen, die das CLI benutzen, auf andere Datenbanksysteme portierbar, und zahlreiche ODBC-Applikationen, die für andere Datenbanksysteme geschrieben sind, können auf UDB portiert werden. CLI-Programme enthalten keinerlei Referenzen auf systemspezifische Kontrollblöcke wie die SQLCA oder die SQLDA.

3. Im Unterschied zu Embedded Dynamic SQL können CLI-Applikationen zu derselben Datenbank mehrfache Verbindungen herstellen und in jeder dieser Verbindungen unabhängig Transaktionen freigeben. Dies ist insbesondere bei der Entwicklung von Anwendungen mit graphischen Benutzerschnittstellen nützlich, bei denen mehrere Fenster benutzt werden.

4. Dem Ansatz der Systemunabhängigkeit folgend stellt das CLI eine Reihe von Funktionsaufrufen bereit, die zu einem standardisierten Zugriff auf Systemkatalogtabellen verwendet werden können. Die meisten relationalen Systeme unterhalten eine Sammlung von Katalogtabellen, die Informationen über die Datenbank und ihre Benutzer enthalten, jedoch kann die Form dieser Tabellen von einem System zum anderen variieren. Über CLI-Funktionen kann man auf einige dieser Kataloginformationen in portabler Weise zugreifen, etwa auf Informationen über die Tabellen und Attribute in der Datenbank, Primär- sowie Fremdschlüssel und Benutzerprivilegien. Natürlich enthalten UDB-Katalogtabellen eine Menge weiterer Informationen, auf die man direkt über SQL-Anweisungen, nicht aber über die systemunabhängigen CLI-Katalogfunktionen zugreifen kann.

---

1. Die Schnittstelle Open Database Connectivity (ODBC) wird von Microsoft definiert.

5. Das CLI erlaubt Anwendungsprogrammen ein Lesen multipler Zeilen aus einer Ergebnismenge in einem einzigen Aufruf, so daß der Zusatzaufwand für ein sequentielles Holen dieser vermieden wird. Eine Anwendung kann eine SQL-Anweisung ferner mit einem einzigen CLI-Call und einem Array von Inputvariablen mehrfach ausführen.

6. Im Unterschied zu Embedded Dynamic SQL unterstützt das CLI verschiebbare Cursor, die man innerhalb einer Ergebnismenge vorsetzen, zurücksetzen (»scrollen«) oder auf eine absolute Position setzen kann. Dies ist besonders nützlich für Anwendungen, die eine graphische Benutzerschnittstelle mit Rollbalken implementieren.

7. Das CLI unterstützt eine Vielzahl von Datentypkonversionen. So kann man z.B. Daten eines beliebigen SQL-Datentyps in eine C-Variable vom Datentyp char[] laden. Die Daten werden automatisch von dem betreffenden SQL-Datentyp (z.B. Double oder Timestamp) in eine Zeichenreihendarstellung konvertiert. Durch die reichhaltige Menge von Datentypkonversionen eignet sich das CLI besonders zum Schreiben von Programmen, die interaktive Anfrageschnittstellen unterstützen.

8. UDB unterstützt einige CLI-Funktionen (wie z.B. SQLGetSubString()), die eine Bearbeitung von großen Objekten über Lokatoren erleichtern, wodurch ein Materialisieren der Objekte so lange wie möglich verzögert wird. Diese Funktionen sind IBM-Erweiterungen (nicht Teil der Standard-ODBC-Schnittstelle) und stehen unter Embedded Dynamic SQL nicht zur Verfügung.

9. Im Unterschied zu Embedded Dynamic SQL unterstützt das CLI zusammengesetzte SQL-Anweisungen (durch die mehrere SQL-Anweisungen auf einen Schlag von einem Client an einen Server geschickt werden können, was Ausführungszeit und Netzverkehr reduziert).

10. Client-Programme, die in CLI geschrieben sind, können gesicherte Prozeduren aufrufen, die multiple Ergebnismengen liefern (was in Abschnitt 9.2.3 beschrieben wird).

Eine vollständige Beschreibung des CLI findet man im *CLI Guide and Reference*. Viele Beispiele von CLI-Applikationen werden mit dem UDB-System ausgeliefert und befinden sich im Verzeichnis sqllib/samples/cli.

8.1.1 Interne Kennzeichen (Handle-Variablen)

Um CLI-Programme lesen und schreiben zu können, muß man das Konzept des *Handles* (zu deutsch *internes Kennzeichen*[2]) verstehen. Ein Handle ist einfach eine C-Variable vom Typ long, die Informationen repräsentiert, die für ein Programm im Hintergrund durch die CLI-Implementierung verwaltet wird. Das CLI unterstützt die folgenden Arten von Handle-Variablen:

1. Eine Umgebungsvariable (auch: Umgebungskennung) repräsentiert den globalen Zustand der betreffenden Applikation. Ein CLI-Programm muß am Anfang eine Umgebungsvariable allokieren und am Ende freigeben, macht aber ansonsten von dieser kaum Gebrauch.

---

2. Anmerkung des Übersetzers: Ich verwende im folgenden auch die Bezeichnung *Handle-Variable* oder nur *Variable*, wenn aus dem Zusammenhang hervorgeht, um welche Art Handle es sich handelt, da es sich letztlich um Programmvariablen handelt.

2. Eine *Verbindungsvariable* (auch: *Verbindungskennung*) repräsentiert die Verbindung des betreffenden Programms zu einer bestimmten Datenbank. Ein Programm kann Verbindungen zu mehreren Datenbanken unterhalten oder mehrfache Verbindungen zu derselben Datenbank, und zwar unter Verwendung einer separaten Verbindungsvariablen für jede Verbindung. Man benutzt die Verbindungsvariablen zur Freigabe sowie zum Rücksetzen von Transaktionen in den einzelnen Datenbanken sowie zur Steuerung von Eigenschaften einer Datenbankverbindung wie dem jeweiligen Isolationsgrad.

3. Eine *Anweisungsvariable* (auch: *Anweisungskennung*) repräsentiert den Ausführungszustand einer SQL-Anweisung. Ein Programm kann mehrere Anweisungsvariablen zuweisen und jede davon zur Verarbeitung einzelner SQL-Anweisungen mehrfach wiederbenutzen. Eine Anweisungsvariable ist ein mächtiges Objekt, das die Informationen zusammenfaßt, die ein statisches SQL-Programm in den Strukturen SQLCA (Rückgabecodes und Nachrichten) sowie SQLDA (Datentypen und Bindungen an Wirtsvariablen) und in Cursorn (aktuelle Position innerhalb einer Menge von Zeilen) vorfinden würde. Da diese ganzen Informationen allein durch eine Anweisungsvariable repräsentiert werden, braucht das betreffende Programm diese Datenstrukturen nicht länger selbst zu verwalten. Statt dessen verwendet das Programm jetzt CLI-Funktionsaufrufe zur Ausführung von SQL-Anweisungen und zum Lesen von Information über die Anweisung unter Verwendung dieser Variablen. Eine Anweisungsvariable kann auf die folgenden Weisen verwendet werden:

   – Sie kann Fehlercodes und Nachrichten bestimmen, die sich auf die Ausführung einer Anweisung beziehen.

   – Sie kann herausfinden, ob es sich bei der Anweisung um eine Anfrage handelt und, falls ja, wie die Datentypen der Ergebnisspalten lauten.

   – Sie kann dem System mitteilen, wo die Ergebnisse einer Anfrage abgeliefert werden sollen, und sie kann die Zeilen der Ergebnismenge einzeln lesen.

   – Wie ein Cursor kann sie eine Position auf einer »aktuellen« Zeile in der Ergebnismenge unterhalten und einen Namen bereitstellen (der als *Cursorname* bezeichnet wird), unter dem andere SQL-Anweisungen diese Zeile aktualisieren oder löschen können.

4. Eine *Deskriptorvariable* stellt einen Deskriptor dar, der Informationen darüber enthält, wie Daten zwischen einer SQL-Anweisung und einem CLI-Programm ausgetauscht werden. Ein Deskriptor kann z.B. Informationen über die in einer SQL-Anweisung verwendeten Parametermarker enthalten, einschließlich ihrer Datentypen und wie sie an Variablen des Wirtsprogramms gebunden sind. Ein anderer Deskriptor kann Information über die Ergebnismenge einer Anfrage enthalten, jetzt mitsamt der Datentypen der betreffenden Spalten und wie diese an Programmvariablen gebunden sind. Da diese Information auch über Anweisungsvariablen zugänglich ist, muß ein CLI-Programm nicht unmittelbar auf Deskriptorvariablen arbeiten.

Als CLI-Programmierer muß man eine Umgebungsvariable, eine oder mehrere Verbindungsvariablen sowie eine oder mehrere Anweisungsvariablen allokieren und diese wieder freigeben, wenn sie nicht mehr benötigt werden. Man verwendet diese Variablen in sämtlichen CLI-Funktionsaufrufen eines Programms.

8.1.2 Konfigurieren des CLI

Eine Konfigurationsdatei namens db2cli.ini kann zur Spezifikation verschiedener Optionen, die das Verhalten des CLI kontrollieren, benutzt werden. Man kann für jede Datenbank, zu der man eine Verbindung herstellen will, andere Werte für die CLI-Konfigurationsoptionen festlegen. Jede solche Option hat ferner eine systemweite Voreinstellung, die zur Anwendung kommt, falls die betreffende Option nicht in der Konfigurationsdatei angegeben wird. Viele der Konfigurationsoptionen können auch durch einzelne CLI-Befehle überschrieben werden. So gilt z.B. Cursor Stability (CS) als systemweite Voreinstellung des Isolationsgrads für Transaktionen. Ein bestimmter Client könnte dann eine Datei db2cli.ini besitzen, die einen anderen Isolationsgrad für alle Applikationen festlegt, die von diesem Client ausgeführt werden. Allerdings kann eine einzelne CLI-Applikation durch Verwendung der Funktion SQLSetConnectAttr() das letzte Wort hinsichtlich des Isolationsgrads einer spezifischen Datenbankverbindung haben.

Die Datei db2cli.ini befindet sich auf der Client-Maschine, unter Windows 95, Windows NT oder OS/2 im Verzeichnis sqllib, auf UNIX-Systemen im Verzeichnis sqllib/cfg oder unter Windows 3.1 im Verzeichnis sqllib\win.

Einige der Optionen, die man in der Datei db2cli.ini spezifizieren kann, sind unten angegeben. (Eine vollständigere Liste findet man im *CLI Guide and Reference*.)

▶ CONNECTTYPE kontrolliert den Typ der Datenbankverbindungen, die von CLI-Applikationen aufgebaut werden. Die systemweite Voreinstellung lautet Typ 3, was eine Verbindung zu mehreren Datenbanken mit einer separaten Transaktion pro Datenbank ermöglicht.

▶ CURSORHOLD kontrolliert, ob offene Cursor geöffnet bleiben sollen, wenn eine COMMIT-Anweisung ausgeführt wird. Die systemweite Voreinstellung hält Cursor über Freigabepunkte hinweg geöffnet. Anwendungen, die dies nicht benötigen, können ihre Effizienz durch Abschalten dieser Option verbessern.

▶ DB2OPTIMIZATION kontrolliert die Optimierungsklasse, die zur Verarbeitung von SQL-Anweisungen durch CLI-Applikationen benutzt wird. (Optimierungsklassen werden in Abschnitt 10.8.1 behandelt.)

▶ TXNISOLATION kontrolliert den Isolationsgrad für CLI-Transaktionen. Die systemweite Voreinstellung lautet Cursor Stability (CS).

8.1.3 Zusammenfassung der CLI-Funktionen

Wichtig ist, daß es sich beim CLI nicht um eine neue Anfragesprache handelt, sondern einfach um eine Schnittstelle, die ein Anwendungsprogramm zur Übergabe von SQL-Anweisungen zwecks Ausführung benutzen kann. Datenbankanfragen und -Updates werden nach wie vor in SQL geschrieben und dann in CLI-Funktionsaufrufe »verpackt«. Diese CLI-Funktionsaufrufe behandeln Details wie den Aufbau einer Verbindung zur Datenbank, das Einlesen von Anfrageergebnissen in Programmvariablen oder das Freigeben oder Zurücksetzen von Transaktionen.

Die folgende Liste enthält die von UDB unterstützten CLI-Funktionen, und zwar sortiert nach Kategorien verwandter Funktionen.[3] Eine vollständige Beschreibung sämtlicher Parameter aller dieser Funktionen würde den Rahmen dieses Buches sprengen; man findet eine solche im *CLI Guide and Reference*. Die in der unten angegebenen Liste mit einem Stern markierten Funktionen sind UDB-Erweiterungen, die nicht im ODBC-Standard enthalten sind und somit die Portabilität einer Applikation einschränken können.

▷ Funktionen zum Allokieren und Freigeben von Handle-Variablen:

SQLAllocHandle() allokiert eine Umgebungs-, Verbindungs-, Anweisungs- oder Deskriptorvariable.

SQLFreeHandle() gibt eine Handle-Variable frei.

▷ Funktionen zur Kontrolle von Datenbankverbindungen:

SQLConnect() verbindet ein Anwendungsprogramm mit einer bestimmten Datenbank.

SQLDriverConnect() verbindet ein Anwendungsprogramm mit einer bestimmten Datenbank und fragt den Benutzer optional nach gewissen weiteren Informationen wie Benutzerkennung und Paßwort.

SQLBrowseConnect() verbindet ein Anwendungsprogramm mit einer bestimmten Datenbank und fragt die Datenbank, ob sie weitere Informationen zur Vervollständigung der Verbindung benötigt. Diese kann, falls gewünscht, über wiederholte Aufrufe von SQLBrowseConnect() abgeliefert werden.

SQLDisconnect() schließt eine Datenbankverbindung.

SQLSetEnvAttr() kontrolliert Attribute wie den Verbindungstyp für alle Datenbankverbindungen im Wirkungsbereich einer Umgebungsvariablen.

SQLGetEnvAttr() liest den aktuellen Wert eines durch SQLSetEnvAttr() gesetzten Attributs.

SQLSetConnectAttr() kontrolliert Attribute wie Isolationsgrad oder Autocommit für eine spezifische Datenbankverbindung.

SQLGetConnectAttr() liest den aktuellen Wert eines Datenbank-Verbindungsattributs.

SQLSetConnection()* wird zur Angabe verwendet, die Datenbankverbindung von einem in ein CLI-Programm eingebetteten statischen SQL-Statement benutzt wird.

---

3. Neben den hier angegebenen Funktionen implementiert UDB einige »verworfene Funktionen« zwecks Kompatibilität mit früheren Releases.

▶ Funktionen zur Vorbereitung einer SQL-Anweisung auf die Ausführung und zum Erhalt einer Beschreibung des Ergebnisses:

SQLPrepare() bereitet eine Anweisung für die Ausführung vor.

SQLNumResultCols() liefert die Anzahl der Spalten in der Ergebnismenge, falls die vorbereitete Anweisung eine Anfrage war.

SQLDescribeCol() beschreibt eine bestimmte Spalte der Ergebnismenge.

SQLColAttribute() liefert eine spezielle Eigenschaft einer Spalte der Ergebnismenge, wie den Namen, den Datentyp oder die Länge.

SQLNativeSql() akzeptiert eine SQL-Anweisung und gibt diese in einer »ursprünglichen« Form zurück, die an den Datenbank-Server gesandt würde. Bei dieser Übersetzung der Anweisung werden lokale Systemabhängigkeiten aus SQL-Anweisungen entfernt. Die übersetzte Anweisung wird zurückgegeben, aber nicht ausgeführt.

▶ Funktionen zur Behandlung von Parametermarkern:

SQLNumParams() liefert die Anzahl der Parametermarker in einer vorbereiteten SQL-Anweisung.

SQLBindParameter() bindet einen Parametermarker an eine Wirtsprogrammvariable.

SQLDescribeParam() liefert den mit einem spezifischen Parametermarker assoziierten Datentyp, die Länge, die Genauigkeit sowie dessen Nullwertefähigkeit.

SQLParamData(), SQLPutData() und SQLCancel() können gemeinsam zum stückweisen Senden großer Parameterwerte von einem CLI-Programm an das Datenbanksystem verwendet werden.

▶ Funktionen zur Ausführung einer SQL-Anweisung und zum Testen ihrer Ergebnisse:

SQLExecute() führt eine zuvor vorbereitete Anweisung aus.

SQLExecDirect() bereitet eine Anweisung vor und führt diese im gleichen Schritt aus.

SQLRowCount() liefert die Anzahl der von einer Anweisung eingefügten, gelöschten oder aktualisierten Zeilen oder die Anzahl der Zeilen in der Ergebnismenge eines verschiebbaren Cursors.

SQLGetDiagRec() liefert den mit einem Fehler oder einer Warnung, der bzw. die während die Verarbeitung einer Anweisung aufgetreten ist, assoziierten SQLSTATE und SQLCODE sowie die zugehörige Nachricht. Mehrfache Aufrufe von SQLGetDiagRec() können Informationen zu mehreren Fehlern liefern.

SQLGetDiagField() liefert einen spezifischen Teil diagnostischer Informationen, wie den SQLCODE oder SQLSTATE.

SQLGetSQLCA()* liefert die aus der Ausführung einer Anweisung resultierende SQLCA-Struktur.

SQLSetStmtAttr() kontrolliert Attribute, die die Ausführung einer Anweisung steuern, wie die Anzahl der bei jedem Aufruf von SQLFetchScroll() zurückgegebenen Zeilen.

SQLGetStmtAttr() liefert den aktuellen Wert eines Anweisungsattributs.

▶ Funktionen zur Handhabung des Ergebnisses einer Anfrage:

SQLBindCol() teilt dem CLI mit, wo die Werte für eine Spalte der Ergebnismenge zurückzugeben sind und welche Arten von Typkonversionen auf diesen Werten durchgeführt werden sollen. Ist die Spalte vom Typ Blob, Clob oder Dbclob, kann SQLBindCol() angeben, daß das System den Wert der Spalte als Lokator (Querverweis) zurückgibt, anstatt den tatsächlichen Wert zu materialisieren.

SQLFetch() holt eine Zeile der Ergebnismenge in die durch SQLBindCol() angegebenen Stellen des Wirtsprogramms.

SQLFetchScroll() holt mehrere Zeilen der Ergebnismenge und übergibt die Spalten an durch SQLBindCol() festgelegte Stellen in Feldern. SQLFetchScroll() kann einen Cursor vor- oder zurücksetzen oder auf eine absolute Position in der Ergebnismenge plazieren.

SQLGetData() holt einen einzelnen Spaltenwert aus der aktuellen Zeile der Ergebnismenge und kann auch zum stückweisen Holen großer Datenwerte benutzt werden.

SQLSetCursorName() assoziiert einen Cursornamen mit einer Anweisungsvariablen zwecks Verwendung in positionierten Löschungen und Aktualisierungen. Falls man keinen Cursornamen für eine Anweisungsvariable festlegt, erzeugt ihn das System.

SQLGetCursorName() liefert den mit einer Anweisungsvariablen assoziierten Cursornamen.

SQLSetPos() positioniert einen Cursor auf eine bestimmte Zeile innerhalb einer bereits geholten Menge von Zeilen.

SQLCloseCursor() schließt den mit einer Anweisungsvariablen assoziierten Cursor und löscht die Ergebnismenge der betreffenden Anweisung.

SQLMoreResults() wird zum Fortschreiten von einer Ergebnismenge zur nächsten in dem Fall verwendet, daß eine SQL-Anfrage mehrmals unter Verwendung eines Arrays von Eingabeparametern ausgeführt wurde. Innerhalb jeder Ergebnismenge können einzelne Zeilen mit SQLFetch() oder SQLFetchScroll() gelesen werden. SQLMoreResults() wird auch zum Übergang von einer Ergebnismenge zur nächten verwendet, wenn eine gesicherte Prozedur mehrfache Ergebnismengen liefert (was in Abschnitt 9.2.3 beschrieben wird).

SQLFreeStmt() hebt die Bindungen von Parametern und Spalten an eine Anweisungsvariable auf, so daß die Variable für eine weitere Anweisung benutzt werden kann.

▷ Funktionen, die zur Behandlung großer Objekte nützlich sind:

SQLGetLength()* liefert die Länge einer Zeichenreihe. Diese Funktion ist nützlich zur Bestimmung der Länge eines großen Objekts, das durch einen Lokator repräsentiert wird.

SQLGetSubString()* liefert einen Teil eines LOB-Zeichenreihenwertes, der durch einen LOB-Lokator repräsentiert ist. Das Ergebnis kann entweder ein materialisierter String oder ein anderer Lokator sein. Diese Funktion ist nützlich, wenn die Materialisierung eines großen Objekts so lange wie möglich hinausgezögert werden soll.

SQLGetPosition()* liefert eine Zahl, die die Position einer Zeichenreihe innerhalb einer anderen angibt. Die zu durchsuchende Zeichenreihe muß durch einen Lokator repräsentiert sein, die gesuchte entweder ebenfalls durch einen Lokator oder durch ein Literal. Diese Funktion ist zum Suchen nach Bitmustern oder Zeichen in großen Objekten nützlich.

SQLBindFileToParam()* wird zum Binden eines Parametermarkers in einer SQL-Anweisung an eine Datei, die ein großes Objekt enthält, verwendet. Der Parametermarker wird bei der Ausführung der SQL-Anweisung durch den Inhalt der Datei ersetzt.

SQLBindFileToCol()* wird beim Holen des Ergebnisses einer Anfrage benutzt. Die Funktion weist das System an, die Werte einer bestimmten LOB-Spalte in einer Datei anstatt in einer Programmvariablen abzulegen.

▷ Funktionen zur Verwaltung von Transaktionen:

SQLEndTran() kann zur Freigabe oder zum Abbruch der aktiven Transaktion(en) benutzt werden, die mit einer bestimmten Datenbankverbindung oder mit allen Verbindungen assoziiert ist bzw. sind. Man beachte, daß beim CLI Transaktionsfreigaben bzw. -abbrüche über Funktionsaufrufe, nicht über SQL-Anweisungen bewerkstelligt werden. Man beachte weiter, daß die Autocommit-Option, die durch SQLSetConnectAttr() kontrolliert wird, jede SQL-Anweisung automatisch freigibt, sobald sie ausgeführt wird. Diese Option ist als Voreinstellung gesetzt, und man muß sie abschalten, falls man seine Transaktionen selbst kontrollieren will.

▷ Funktionen zum Anfragen der Systemkatalogtabellen (jede dieser führt eine Anfrage aus, deren Ergebnis sodann über SQLFetch() sowie die anderen Funktionen, die auf Ergebnismengen operieren, gelesen werden kann):

SQLTables() listet die Namen von Tabellen (einschließlich Sichten und Aliasen) auf, die in einer gegebenen Datenbank gespeichert sind.

SQLColumns() listet die Namen und Datentypen der Spalten einer bestimmten Tabelle auf.

SQLForeignKeys() listet die Namen von Spalten auf, die in den Fremdschlüsseln einer Tabelle vorkommen.

SQLPrimaryKeys() listet die Namen der Spalten auf, die im Primärschlüssel einer Tabelle vorkommen.

SQLSpecialColumns() listet Spalten auf, die in einem Primär- oder einem eindeutigen Schlüssel oder in einem Index vorkommen.

SQLStatistics() liefert Informationen über die Anzahl der Zeilen in einer Tabelle und über die Indizes, die für eine Tabelle gewartet werden.

SQLTablePrivileges() listet die Privilegien auf, die man an Tabellen einer Datenbank besitzt.

SQLColumnPrivileges() listet die Privilegien auf, die man an Spalten einer Datenbank besitzt.

SQLProcedures() listet die gesicherten Prozeduren auf, die zur Verwendung in einer gegebenen Datenbank bereitstehen.

SQLProcedureColumns() listet die Ein- und Ausgabeparameter auf, die mit einer gesicherten Prozedur assoziiert sind.

▶ Funktionen zum Finden von Information über verfügbare Datenbanken und Server:

SQLDataSources() listet die Datenbanken, die von einem Programm benutzt werden können, auf.

SQLGetInfo() liefert allgemeine Informationen über die Funktionalität des Datenbanksystems, mit dem das CLI-Programm verbunden ist.

SQLGetFunctions() liefert Information über die spezifischen CLI-Funktionen, die von einem gegebenen Datenbank-Server unterstützt werden; man kann diese Information dazu verwenden, eine Applikation besser portabel zu machen.

SQLGetTypeInfo() liefert Informationen über die von einer bestimmten Datenbank unterstützten Datentypen.

▶ Funktionen, die zum direkten Operieren auf Deskriptoren verwendet werden (alle diese Operationen sind auch auf andere Weise durchführbar):

SQLSetDescRec() setzt den Datentyp sowie die Wirtsprogrammadresse, die an eine gegebene Spalte oder einen Eingabeparameter gebunden sind.

SQLGetDescRec() liefert den Namen (falls vorhanden) sowie den Datentyp einer Spalte oder eines Eingabeparameters.

SQLSetDescField() setzt den Wert eines spezifischen Felds in einem Deskriptor, wie z.B. den Datentyp oder die Länge einer Spalte oder eines Eingabeparameters.

SQLGetDescField() liefert den Wert eines spezifischen Felds in einem Deskriptor, wie z.B. den Datentyp oder die Länge einer Spalte oder eines Eingabeparameters.

SQLCopyDesc() kopiert den Inhalt eines Deskriptors in einen anderen Deskriptor. Dies kann z.B. dann nützlich sein, wenn Daten aus einer Tabelle gelesen und in eine andere Tabelle eingefügt werden sollen.

8.1.4 Getypte Parametermarker

Wie bereits an früherer Stelle in diesem Kapitel bemerkt, dienen Parametermarker der Bezeichnung von Datenwerten, die zum Zeitpunkt der Vorbereitung einer dynamischen SQL-Anweisung auf die Ausführung noch nicht bekannt sind. Parametermarker werden durch Fragezeichen dargestellt und können in SQL-Anweisungen vorkommen, die mittels irgendeiner der Möglichkeiten zur Verarbeitung von dynamischem SQL ausgeführt werden. Ein Parametermarker stellt einen einzelnen Datenwert dar und kann überall dort verwendet werden, wo auch eine Wirtsvariable stehen könnte. Er kann allerdings nicht den Platz eines Tabellen- oder Spaltennamens oder eines SQL-Schlüsselworts einnehmen. In der folgenden dynamischen SQL-Anweisung stellen die beiden Fragezeichen fehlende Werte für ein Gehalt bzw. eine Angestelltennummer dar, die durch ein Binden der Parametermarker an Wirtsvariablen vor der Ausführung der Anweisung bereitgestellt werden müssen:

```
UPDATE angestellte SET gehalt = ? WHERE angnr = ?
```

Da UDB ein streng getyptes System ist, muß es den Datentyp eines jeden Wertes, der in einer SQL-Anweisung vorkommt, zur Übersetzungszeit kennen. Wird ein Wert durch eine Konstante oder eine Wirtsvariable repräsentiert, kann das System dessen Datentyp leicht aus der Form der Konstanten oder dem deklarierten Typ der Wirtsvariablen ableiten. Wird der Wert jedoch durch einen Parametermarker repräsentiert, ist die Bestimmung seines Datentyps schwieriger. Wird der Marker mit einem Wert verglichen (wie im Prädikat `angnr = ?`) oder in eine Spalte eingefügt (wie in der Zuweisung `gehalt = ?`), dessen bzw. deren Datentyp bekannt ist, kann das System den gesuchten Datentyp aus dem Kontext ableiten. In anderen Fällen muß es sich jedoch darauf verlassen, daß der Benutzer den Datentyp des Parametermarkers über eine getypter Parametermarker genannte Notation deklariert. Die Syntax eines getypten Parametermarkers lautet wie folgt:

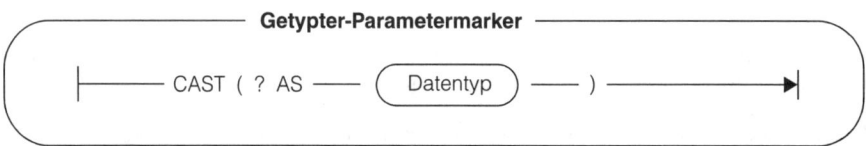

Getypter-Parametermarker

CAST (? AS — Datentyp —)

Obwohl dies der in Abschnitt 2.4.3 beschriebenen Casting-Notation entspricht, ist ein getypter Parametermarker keine echte Konversion. Er ist vielmehr eine Art »Versprechen« des Anwendungsprogrammierers, daß der Parametermarker zum Zeitpunkt der Ausführung der betreffenden Anweisung durch einen Wert des angegebenen Typs (oder einen Wert, der in diesen Typ konvertiert werden kann) ersetzt werden wird.[4] Der SQL-Compiler verläßt sich hierauf, wenn er die SQL-Anweisung zur Ausführung vorbereitet. Wir betrachten exemplarisch einen Fall, bei dem die Typinformation in einem getypten Parametermarker für den Übersetzungsprozeß wesentlich ist.

---

4. Handelt es sich bei dem genannten Datentyp um einen einzigartigen Typ, muß der zur Ausführungszeit zugewiesene Wert von dessen Basistyp (oder in diesen konvertierbar) sein.

Wir nehmen an, daß eine Anweisung zur Ausführung vorbereitet wird, die einen Funktionsaufruf mit einem Parametermarker als eines ihrer Argumente enthält, wie z.B. `payraise(?)`. Da UDB überladene Funktionsnamen zuläßt, kann es sein, daß der Benutzer mehrere `payraise`-Funktionen definiert hat, z.B. `payraise(Varchar(10))`, `payraise(Double)` und `payraise(Date)`. Da Funktionsresolution auf dem Datentyp des Arguments basiert, kann das System nicht feststellen, die dieser Funktionen im Fall `payraise(?)` aufgerufen werden soll, und wird daher einen Fehlercode zurückgeben. Eine Funktionsselektion kann jedoch erfolgreich verlaufen, falls es sich bei dem Funktionsargument um einen getypten Parametermarker handelt, wie z.B. `payraise(CAST(? AS Double))`. In diesem Fall wird das System die Funktion `payraise(Double)` wählen und sich auf die Zusicherung des Benutzers verlassen, daß bei der Ausführung der betreffenden Anweisung ein Wert vom Typ Double übergeben werden wird. Wird der Parameter zur Ausführungszeit an eine Wirtsvariable gebunden, deren Datentyp dem SQL-Datentyp Double (oder einem Datentyp wie Integer, der nach Double konvertierbar ist) entspricht, wird die Anweisung erfolgreich ausgeführt. Falls der Parameter jedoch an eine Wirtsvariable gebunden wird, die mit Double nicht kompatibel ist, hat der Programmierer sein »Versprechen« gebrochen, und es kommt zu einem Fehler.

Es ist generell empfehlenswert, daß alle Parametermarker, die als Funktionsargumente benutzt werden, getypt sind. In früheren Releases von DB2, die nur eine feste Menge vordefinierter Funktionen unterstützten, war es manchmal möglich, den Datentyp eines ungetypten Parametermarkers, der an eine Funktion übergeben wurde, zu bestimmen. So weiß z.B. die integrierte Funktion `substr`, daß ihr zweites Argument eine Integer-Zahl sein muß. Zum Zwecke der Kompatibilität mit früheren Releases werden diese Spezialfälle noch immer von UDB unterstützt. Andererseits ist es gute Programmierpraxis, getypte Parametermarker zu benutzen, wenn diese an Funktionen übergeben werden, und zwar unabhängig davon, ob die Funktion eingebaut oder benutzerdefiniert ist.

8.1.5 Beispielprogramm LADER1

Wir illustrieren den Gebrauch des CLI und der Parametermarkern anhand einiger Beispielprogramme. Jedes dieser Beispiele verwendet dynamisch berechnete SQL-Anweisungen, die nicht von einem statischen SQL-Programm ausgeführt werden könnten.

Das erste Beispiel ist ein Massenlader, den wir dreimal schreiben werden, je einmal mit dem CLI, mit JDBC und mit Embedded Dynamic SQL, um die drei Ansätze vergleichen zu können. Die CLI-Version des Programms heißt LADER1. Es verwendet dynamisches SQL zum Erzeugen und Laden einer Tabelle, deren Name zur Übersetzungszeit nicht bekannt ist. In diesem einfachen Beispiel sind die Namen und Datentypen der Spalten fest vorgegeben; in einem komplexeren und allgemeineren Tabellenlader könnten diese Datentypen dynamisch gelesen oder berechnet werden.

Für dieses Beispiel stellen wir uns vor, daß wir in einem Labor arbeiten, das eine Serie von Experimenten in einer Datenbank ablegen möchte. Jedes Experiment besteht aus einer Reihe von Versuchen (»Trials«), und jeder Versuch hat einen Namen und einen Wert. Die Daten eines jeden Experiments werden in eine Datei geschrieben. Jede solche Datei enthält den Namen des Experiments sowie die Anzahl der Versuche, gefolgt von Namen und Wert jedes einzelnen Versuchs. Die Daten aus jedem Experiment sollen nun in eine Tabelle mit zwei Spalten gelesen werden, wobei der Name des jeweiligen Experiments als Tabellenname dient. Unser Lader liest den Namen des Experiments und die Anzahl der Versuche und erzeugt dann eine Tabelle, die die zugehörigen Daten aufnimmt. In unserem Beispiel haben die vom Ladeprogramm erzeugten Tabellen stets zwei Spalten, von denen die erste den Namen TRIALNAME und den Datentyp Varchar(18), die zweite den Namen TRIALVALUE und den Datentyp Double hat.

Nach dem Erzeugen der Tabelle liest das Ladeprogramm die Experimentdaten in Form einer Folge von Namen und Werten und lädt die Daten sodann in die Tabelle. Das Programm LADER1 liest seine Eingabe vom Standardinput, der per Pipe aus einer Datei oder einem anderen Programm eintreffen könnte.

Schritte und Code für Beispielprogramm LADER1: Ein CLI-Massenlader

Schritt 1: Deklarieren von Variablen. Da ein CLI-Programm keinen Precompiler passiert, benötigt es im Gegensatz zu einem statischen SQL-Programm keinen SQL-Deklarationsteil. Wir deklarieren einfach unsere Variablen in gewöhnlicher C-Syntax. Zur Gewährleistung der Portabilität des Programms ist es sinnvoll, die Auswahl an Datentypen zu verwenden, die in der Header-Datei `sqlcli1.h` definiert sind, nicht die vorgegebenen C-Datentypen. So repräsentiert z.B. der definierte Typ SQLHSTMT den C-Datentyp, der für eine Anweisungsvariable benutzt wird (vermutlich `long`), und der definierte Typ SQLDOUBLE steht für den C-Datentyp, der für einen Gleitkommawert doppelter Genauigkeit verwendet wird (vermutlich `double`). Die Header-Datei `sqlcli1.h` enthält auch die Deklarationen von CLI-Funktionen, die wir aufrufen werden.

Abbildung 8.1 zeigt ein Beispiel von zwei Tabellen, die das Programm LADER1 erzeugen und laden könnte; diese enthalten die Ergebnisse zweier Experimente mit den Namen GEMÜSE bzw. FISCH.

GEMÜSE

TRIALNAME	TRIALVALUE
Aubergine	28.35
Okra	16.92
Rhabarber	14.86
Zucchini	25.07

FISCH

TRIALNAME	TRIALVALUE
Karpfen	8.35
Flunder	6.08
Barsch	5.29
Stint	7.70

Abbildung 8.1:
Von LADER1 erzeugte Beispieltabellen

Im Programm entstehen die Kosten zum Parsen und Analysieren der INSERT-Anweisung nur einmal, da diese mit Parametermarkern vorbereitet und dann wiederholt ausgeführt wird. Das Programm besteht aus einer Folge von Schritten, die nachfolgend erklärt werden.

Schritte und Code für Beispielprogramm LADER1: Ein CLI-Massenlader

```c
#include <sqlcli1.h>
#include <stdlib.h>
#include <string.h>
#include <stdio.h>

void errorExit(SQLHENV henv, SQLHDBC hdbc,
               SQLHSTMT hstmt, char *place);
void main()
   {
   /*
   ** SCHRITT 1: Deklarieren von Variablen
   */
   SQLHENV henv;              /* Umgebungsvariable  */
   SQLHDBC hdbc;              /* Verbindungsvariable */
   SQLHSTMT hstmt;            /* Anweisungsvariable  */

   SQLCHAR dbname[] = "testdb";   /* Name der Datenbank */
   char qstring[80];         /* enthält eine SQL-Anweisung */
   char tablename[19];        /* zu erzeugende Tabelle */
   char trialname[19];        /* Name eines Versuchs  */
   SQLINTEGER indicator1; /* Indikator für trialname  */
   SQLDOUBLE trialvalue;  /* Wert eines Versuchs      */
```

Schritte und Code für Beispielprogramm LADER1: Ein CLI-Massenlader

 **TIP:** Der Typ SQLCHAR wird in sqlcli1.h als unsigned char definiert. Für einige C- und C++-Compiler ist der Unterschied zwischen den Datentypen char* und unsigned char* signifikant. Benutzt man einen dieser Compiler und hat einige Variable als vom Typ SQLCHAR* oder SQLCHAR[] deklariert, muß man diese nach char* konvertieren, bevor man sie an einer Stelle benutzen kann, an denen ein char* erwartet wird, also etwa in den Argumenten der C-Funktionen strcat und strlen.

 **TIP:** Einige Compiler laden so lange keine Gleitkommaroutinen, wie das betreffende Programm keine explizite Referenz auf eine Gleitkommazahl enthält. Damit auch solche Compiler zufrieden sind, enthält das Beispielprogramm die Pseudodeklaration double x = 1.0.

Schritt 2: Allokation einer Umgebungsvariable. Dies veranlaßt das CLI, einen Speicherbereich vorzuhalten, in dem der Zustand der Applikation, solange diese läuft, festgehalten werden kann.

Schritt 3: Allokation von Verbindungsvariablen. Falls wir mehrfache Datenbankverbindungen (zu derselben oder verschiedenen Datenbanken) aufbauen wollen, benötigen wir mehrere Verbindungsvariablen. Jede dieser hat bestimmte Eigenschaften wie Isolationsgrad oder Autocommit, die die Art der Verbindungen der Applikation zur Datenbank steuern. Autocommit ist eine besonders wichtige Verbindungsoption, da sie bestimmt, ob jede SQL-Anweisung nach Ausführung automatisch freigegeben wird. Die Voreinstellung für Autocommit lautet ON. Da wir Freigaben und Rücksetzungen lieber selbst kontrollieren, setzen wir in diesem Programm Autocommit über SQLSetConnectAttr() auf OFF.

Schritt 4: Verbindung zur Datenbank herstellen. Mittels der Funktion SQLConnect() können wir eine Verbindung zu jeder Datenbank im Datenbankverzeichnis des Systems herstellen. Falls der Server, zu dem wir eine Verbindung herstellen wollen, eine Authentifizierung durchführt, müssen wir zum Zeitpunkt des Verbindens eine gültige Benutzerkennung sowie ein Paßwort angeben. Die Konstante SQL_NTS dient zum Anzeigen, daß der Datenbankname als mit NUL beendete Zeichenreihe übergeben wird.

Schritte und Code für Beispielprogramm LADER1: Ein CLI-Massenlader

```
SQLINTEGER indicator2; /* Indikator für trialvalue   */
SQLRETURN rc;           /* Return Code                */
SQLINTEGER ntrials;     /* Anzahl Versuche im Exp.    */
SQLINTEGER baddata;     /* wird 1, falls Daten ungültig */
SQLINTEGER i;           /* Iterationsvariable         */
double x = 1.0;         /* Compilertrick: verwende float */
```

```
/*
** SCHRITT 2: Allokation einer Umgebungsvariablen
*/
SQLAllocHandle(SQL_HANDLE_ENV, SQL_NULL_HANDLE, &henv);
```

```
/*
** SCHRITT 3: Allokation von Verbindungsvariablen
** und Abschalten der Autocommit-Option.
** (Warnung: Voreingestellt ist Autocommit ON.)
*/
SQLAllocHandle(SQL_HANDLE_DBC, henv, &hdbc);
SQLSetConnectAttr(hdbc, SQL_ATTR_AUTOCOMMIT,
                  SQL_AUTOCOMMIT_OFF, 0);
```

```
/*
** SCHRITT 4: Verbindung zur Datenbank herstellen
*/
rc = SQLConnect(hdbc, dbname, SQL_NTS,
                NULL, SQL_NTS,
                NULL, SQL_NTS);
if (rc != SQL_SUCCESS)
   errorExit(henv, hdbc, SQL_NULL_HSTMT,
             "Verbinde zur Datenbank");
```

Schritte und Code für Beispielprogramm LADER1: Ein CLI-Massenlader

Schritt 5: Allokation einer Anweisungsvariablen. Diese Variable wird der Reihe nach zur Ausführung vieler SQL-Anweisungen benutzt.

Schritt 6: Lesen des Experimentnamens sowie der Anzahl der Versuche.

Schritt 7: Konstruktion und Ausführung einer SQL-Anweisung zur Erzeugung einer Tabelle. In diesem einfachen Beispiel wird der Name der Tabelle durch den Namen des Experiments bestimmt, und die Namen und Datentypen der Spalten sind im voraus bekannt. Natürlich könnte ein komplexeres Ladeprogramm die Anzahl der zu erzeugenden Spalten sowie deren Namen und Datentypen einlesen oder berechnen und könnte dann die CREATE TABLE-Anweisung entsprechend aufbauen.

Wir konstruieren unsere CREATE TABLE-Anweisung als gewöhnlichen Character-String. Gemäß unserer Laborregeln kann der Wert eines Versuchs null sein, der Name eines Versuchs ist jedoch niemals null, so daß wir den Zusatz NOT NULL in der Definition der Spalte TRIALNAME angeben. Die CLI-Funktion SQLExecDirect() sorgt dafür, daß unsere dynamische SQL-Anweisung in einem Schritt vorbereitet und ausgeführt wird, und sie liefert einen Return Code, der Erfolg oder Mißerfolg anzeigt. Im Falle eines Scheiterns übergeben wir den aktuellen Kontext (also die drei Variablen und eine Angabe, wo der Fehler aufgetreten ist) an eine Routine mit dem Namen errorExit, die später beschrieben wird.

Schritt 8: Vorbereiten einer INSERT-Anweisung. Nachdem die Tabelle erzeugt wurde, können wir Daten in sie einfügen, und zwar über eine INSERT-Anweisung pro Zeile. Da wir jedoch vorhaben, viele Zeilen einzufügen, soll das System nicht jede INSERT-Anweisung einzeln parsen und von neuem analysieren müssen. Es ist wesentlich effizienter, ein »prototypisches« INSERT-Statement vorzubereiten, bei dem die Datenwerte durch Parametermarker (Fragezeichen) repräsentiert sind. Einmal vorbereitet, kann die Anweisung beliebig oft ausgeführt werden, ohne daß jedesmal Parser und Optimierer des Systems aufgerufen werden müssen. Man bedenke dabei, daß Parametermarker nur dazu verwendet werden können, fehlende Daten*werte* zu ersetzen, nicht jedoch Tabellennamen, Spaltennamen oder Schlüsselwörter.

Schritte und Code für Beispielprogramm LADER1: Ein CLI-Massenlader

```
/*
**  SCHRITT 5: Allokation einer Anweisungsvariablen
*/
SQLAllocHandle(SQL_HANDLE_STMT, hdbc, &hstmt);


/*
**  SCHRITT 6: Lesen des Experimentnamens sowie der
**  Anzahl der Versuche
*/
scanf ("%18s %d\n", tablename, &ntrials);


/*
**  SCHRITT 7: Konstruktion und Ausführung einer
**  SQL-Anweisung zur Erzeugung einer Tabelle
*/
strcpy (qstring, "CREATE TABLE ");
strcat (qstring, tablename);
strcat (qstring,
        " (trialname Varchar(18) NOT NULL,
            trialvalue Double)" );
rc = SQLExecDirect (hstmt, (SQLCHAR *)qstring, SQL_NTS);
if (rc != SQL_SUCCESS)
   errorExit(henv, hdbc, hstmt,
             "Ausführung des Create Table");




/*
**  SCHRITT 8: Vorbereiten eines INSERT mit zwei
**  Parametermarkern
*/
strcpy (qstring, "INSERT INTO ");
strcat (qstring, tablename);
strcat (qstring, " VALUES (?, ?)" );
rc = SQLPrepare(hstmt, (SQLCHAR *)qstring, SQL_NTS);
if (rc != SQL_SUCCESS)
   errorExit(henv, hdbc, hstmt,
             "Vorbereiten der Insert-Anweisung");
```

Schritte und Code für Beispielprogramm LADER1: Ein CLI-Massenlader

Schritt 9: Binden von Variablen an Parametermarker. Bevor ein vorbereitetes INSERT-Statement ausgeführt werden kann, muß man dem System mitteilen, wo es die fehlenden Datenwerte findet. Dies geschieht über Aufrufe der Funktion `SQLBindParameter()`, die jeden Parametermarker mit den Adressen von zwei Wirtsvariablen assoziiert: eine, die die eigentlichen Daten enthält, und eine »Indikator«-Variable. Die Indikatorvariable wird zum Anzeigen eines Nullwertes durch den Code SQL_NULL_DATA(-1) verwendet. Falls die Variable, die an den Parametermarker gebunden wird, eine nichtleere Zeichenreihe enthält, enthält die Indikatorvariable deren Länge oder den Code SQL_NTS(-3), was »durch NUL beendeter String« bedeutet.

Als Teil des Bindeprozesses müssen der SQL-Datentyp des Parameters und der C-Datentyp der Wirtsvariablen, an die er gebunden wird, beide so spezifiziert werden, daß das System notwendige Konversionen durchführen kann. Bei jeder Ausführung der vorbereiteten Anweisung liest das System einen neuen Datenwert (oder null) aus den Wirtsvariablen, die an die einzelnen Parametermarker gebunden sind.

Schritte und Code für Beispielprogramm LADER1: Ein CLI-Massenlader

```
/*
** SCHRITT 9: Binden von Wirtsvariablen an die
** Parametermarker
*/
SQLBindParameter(hstmt,
            1,          /* erster Parametermarker     */
            SQL_PARAM_INPUT,
                        /* Eingabeparameter           */
            SQL_C_CHAR, /* Datentyp der Wirtsvar.     */
            SQL_VARCHAR, /* SQL-Datentyp              */
            18,         /* max. Länge der Eingabe     */
            0,          /* wird hier nicht benutzt    */
            (SQLPOINTER)trialname,
                        /* Adresse der Wirtsvar.      */
            sizeof(trialname),
                        /* Größe des Eingabepuffers   */
            &indicator1 );
                        /* Null- oder Längenindikator */
SQLBindParameter(hstmt,
            2,          /* zweiter Parametermarker    */
            SQL_PARAM_INPUT,
                        /* Eingabeparameter           */
            SQL_C_DOUBLE,
                        /* Datentyp der Wirtsvar.     */
            SQL_DOUBLE, /* SQL-Datentyp               */
            0,          /* wird hier nicht benutzt    */
            0,          /* wird hier nicht benutzt    */
            (SQLPOINTER)&trialvalue,
                        /* Adresse der Wirtsvar.      */
            8,          /* Größe des Eingabepuffers   */
            &indicator2 );
                        /* Null- oder Längenindikator */
```

Schritte und Code für Beispielprogramm LADER1: Ein CLI-Massenlader

Schritt 10: Lesen und Einfügen von Daten. Nachdem die Parametermarker an Variablen gebunden sind, können wir eine Schleife ausführen, innerhalb derer wiederholt Eingabedaten in die gebundenen Variablen gelesen und die vorbereitete INSERT-Anweisung ausgeführt werden. Wir testen die Eingabedaten ferner auf Gültigkeit; falls sie ungültig erscheinen, setzen wir eine Flagge »ungültige Daten« und verlassen die Schleife. Jeder Versuch wird durch drei Eingabevariablen repräsentiert, die durch scanf gelesen werden: den Namen des Versuchs, dessen Wert und einen Code, der auf 0 gesetzt ist für einen gültigen Versuchswert und auf –1 für einen Nullwert. Dieser Code wird in indicator2 (der Indikatorvariablen der Spalte TRIALVALUE) benutzt, und indicator1 (die Indikatorvariable der Spalte TRIALNAME) wird auf SQL_NTS gesetzt, um anzuzeigen, daß ein mit NUL beendeter String vorliegt. Das eigentliche INSERT wird durch Aufruf von SQLExecute() und Übergabe der Variablen der vorbereiteten Anweisung ausgeführt. Der Return-Code zeigt Erfolg oder Mißerfolg an, und wir rufen in letzterem Fall die Routine errorExit auf.

Schritt 11: Freigeben oder Zurücksetzen. Nach Beendigung der Schleife kann die Transaktion freigegeben oder zurückgesetzt werden. Wurden ungültige Eingabedaten gefunden, setzen wir sämtliche Datenbankänderungen einschließlich der Erzeugung der Tabelle zurück. Im CLI werden Transaktionen durch die Funktion SQLEndTran() und nicht über eine SQL-Anweisung freigegeben oder zurückgesetzt. Wichtig ist daran zu denken, daß wir unsere eigenen Commits oder Rollbacks nur deshalb kontrollieren können, weil wir in Schritt 3 die Autocommit-Option abgeschaltet haben.

Schritte und Code für Beispielprogramm LADER1: Ein CLI-Massenlader

```
/*
** SCHRITT 10: Ausführen der INSERT-Anweisung für
** jeden Eingabedatensatz
*/
baddata = 0;
indicator1 = SQL_NTS;   /* trialname ist niemals null */
for (i=0; i<ntrials && baddata == 0; i++)
   {
   rc = scanf("%18s %lf %d\n", trialname,
            &trialvalue, &indicator2);
   if (rc != 3 || (indicator2 != 0 &&
                  indicator2 != SQL_NULL_DATA))
      {
      baddata = 1;          /* ungültige Eingabedaten */
      break;
      }
   rc = SQLExecute(hstmt);
   if (rc != SQL_SUCCESS)
      errorExit(henv, hdbc, hstmt,
               "Ausführen der Insert-Anweisung");
   }


/*
** SCHRITT 11: Commit (oder Rollback, falls ungültige
** Daten gefunden wurden)
*/
if (baddata)
   {
   rc = SQLEndTran(SQL_HANDLE_DBC, hdbc, SQL_ROLLBACK);
   if (rc != SQL_SUCCESS)
      errorExit(henv, hdbc, SQL_NULL_HSTMT,
               "Rollback wegen ungültiger Daten");
   printf ("Ungültige Eingabedaten,
         Transaktion wird zurückgesetzt.\n");
   rc = -1;
   }
else
   {
   rc = SQLEndTran(SQL_HANDLE_DBC, hdbc, SQL_COMMIT);
   if (rc != SQL_SUCCESS)
      errorExit(henv, hdbc, SQL_NULL_HSTMT, "Commit");
   printf ("Daten erfolgreich geladen\n");
   rc = 0;
   }
```

Schritte und Code für Beispielprogramm LADER1: Ein CLI-Massenlader

Schritt 12: Aufräumen. Eine ordnungsgemäße Beendigung unseres CLI-Programms erfordert ein »Aufräumen« durch Aufheben der Verbindung zur Datenbank und Rückgabe der durch Anweisungs-, Verbindungs- und Umgebungsvariablen repräsentierten Ressourcen.

Schritt 13: Analysieren von Fehlern. Die Routine errorExit wird immer dann aufgerufen, wenn der Return Code einer CLI-Funktion anzeigt, daß die Funktion nicht erfolgreich war. Häufig geschieht dies durch einen Fehler in der SQL-Anweisung, die die CLI-Funktion gerade auszuführen versucht. Versucht z.B. die CREATE TABLE-Anweisung, eine Tabelle mit einem bereits existierenden Namen anzulegen, scheitert sie, und die Funktion SQLExecDirect() liefert den Fehlercode SQL_ERROR. Die Aufgabe von errorExit ist es, weitere Einzelheiten über den Grund des Scheiterns herauszufinden und auszudrucken. Dies erfolgt über ein wiederholtes Aufrufen der Funktion SQLGetDiagRec(), der die mit der fehlerhaften Anweisung assoziierte Variable übergeben wird. Jeder Aufruf von SQLGetDiagRec() liefert einen SQLCODE, einen SQLSTATE sowie eine Fehlermeldung. Falls es keine weiteren Nachrichten mehr gibt, liefert SQLGetDiagRec() den Code SQL_NO_DATA.

Schritte und Code für Beispielprogramm LADER1: Ein CLI-Massenlader

```
/*
** SCHRITT 12: Aufräumen
*/
SQLFreeHandle(SQL_HANDLE_STMT, hstmt);      /* Freigabe Anweisungsvar.  */
SQLDisconnect(hdbc);                        /* DB-Verbindung aufheben   */
SQLFreeHandle(SQL_HANDLE_DBC, hdbc);        /* Freigabe Verbindungsvar. */
SQLFreeHandle(SQL_HANDLE_ENV, henv);        /* Freigabe Umgebungsvar.   */
exit(rc);


}     /* Ende von main */

void errorExit(SQLHENV henv, SQLHDBC hdbc, SQLHSTMT hstmt,
               char *place)
{
SQLCHAR sqlstate[SQL_SQLSTATE_SIZE + 1];
SQLINTEGER sqlcode;
SQLSMALLINT msglength;
SQLCHAR msgbuffer[SQL_MAX_MESSAGE_LENGTH + 1];
SQLSMALLINT errno;

printf ("\nSQL-Fehler  bei %s, Transaktion wird
        zurückgesetzt.\n", place);



/*
** SCHRITT 13: Lies Fehlercodes und -nachrichten
*/
errno = 1;
sqlstate[5] = '\0';         /* Nullterm. sicherstellen */
while ( SQLGetDiagRec(SQL_HANDLE_STMT, hstmt, errno,
           sqlstate, &sqlcode, msgbuffer,
           SQL_MAX_MESSAGE_LENGTH+1, &msglength)
                                == SQL_SUCCESS )
   {
   printf("   SQLCODE = %d, SQLSTATE = %5.5s\n",
          sqlcode, sqlstate);
   printf("   MESSAGE: %s\n", msgbuffer);
   errno++;
   }
```

Schritte und Code für Beispielprogramm LADER1: Ein CLI-Massenlader

Schritt 14: Zurücksetzen und Aufräumen. Wurde während des Ladevorgangs ein Fehler festgestellt, sollen alle bis dahin durchgeführten Datenbankänderungen zurückgesetzt werden. Dies erfolgt über einen Aufruf von SQLEndTran(), gefolgt von Aufrufen zum Aufheben der Verbindung zur Datenbank und zur Freigabe der Variablen.

Ende Beispielprogramm LADER1

Schritte und Code für Beispielprogramm LADER1: Ein CLI-Massenlader

```
/*
**  SCHRITT 14: Zurücksetzen und Aufräumen
*/
SQLEndTran(SQL_HANDLE_DBC, hdbc, SQL_ROLLBACK);
                                   /* Rollback */
SQLDisconnect(hdbc);       /* DB-Verbindung aufheben */
SQLFreeHandle(SQL_HANDLE_DBC, hdbc);
                        /* Freigabe Verbindungsvar. */
SQLFreeHandle(SQL_HANDLE_ENV, henv);
                        /* Freigabe Umgebungsvar.   */
exit(-2);
}
```

Ende Beispielprogramm LADER1

8.1.6 Beispielprogramm ANFRAGE1

Unser zweites Beispiel illustriert, wie ein CLI-Programm interaktiv Anfragen von einem Benutzer entgegennehmen, diese ausführen und die Ergebnisse, die unterschiedliche Datentypen haben, anzeigen kann. Auf diese Weise werden interaktive Schnittstellen wie der CLP implementiert; der CLP hätte sogar als CLI-Programm implementiert werden können, wurde jedoch aus historischen Gründen mittels Embedded Dynamic SQL implementiert. Eine echte interaktive Anfrageschnittstelle ist ein komplexes Programm, so daß wir für die Zwecke dieses Beispiels einige vereinfachende Annahmen machen. Wir akzeptieren lediglich Anfragen, deren Ergebnis eine einzige Spalte vom Datentyp Double oder Clob ist. Ich habe diese beiden Datentypen gewählt, um die Behandlung unterschiedlicher Arten von Daten zu illustrieren; natürlich könnte das Programm auf die Behandlung mehrerer Spalten und weiterer Datentypen verallgemeinert werden.

Das Programm ANFRAGE1 fordert den Benutzer auf, eine SQL-Anweisung einzugeben, führt diese dann aus und zeigt das Ergebnis an. Da das Programm nur eine Anfrageschnittstelle sein soll, wird jeder Versuch, die Datenbank zu verändern, erkannt und zurückgewiesen. Der Benutzer kann das Programm durch Eingabe einer leeren Anfrage bzw. Eingabezeile beenden. Das Programm besteht aus mehreren Schritten, die unten erläutert und im Code gekennzeichnet sind.

Die Anfrageschnittstellenapplikation von ANFRAGE1 wird in Abschnitt 8.3 als Applikation in Embedded Dynamic SQL unter dem Namen ANFRAGE3 wiederholt, so daß man die CLI-Schnittstelle mit der in Embedded Dynamic SQL geschriebenen Schritt für Schritt vergleichen kann.

Schritte für Beispielprogramm ANFRAGE1: Eine CLI-Anfrageschnittstelle

Schritt 1: Deklarieren von Variablen. Wie im Beispiel LADER1 benutzen wir die in `sqlcli.h` definierten Datentypen anstelle der vorgegebenen C-Datentypen, um die Portabilität des Programms zu verbessern. In diesem einfachen Beispiel wissen wir, daß alle Anfrageergebnisse nur aus einer Spalte bestehen und daß deren Datentyp entweder Double oder Clob ist. Daher deklarieren wir Puffer, die die Ergebnisse dieser beiden Datentypen aufnehmen können. Zur Illustration, wie Clob-Werte in einem CLI-Programm gehandhabt werden können, werden wir Clob-Daten zunächst über einen Lokator holen und diesen dann zum Lesen der ersten 10 Zeichen des Clobs benutzen (dies ist natürlich auf ein Lesen jedes beliebigen Teilstrings erweiterbar). Unsere Puffer zum Holen von Ergebnissen umfassen also einen Double-Puffer, einen Clob-Lokator, ein 11-Zeichen-Array zur Aufnahme eines Clob-Teilstrings und eine Indikatorvariable zur Darstellung von Nullwerten.

Schritt 2: Allokation einer Umgebungsvariablen und einer Verbindungsvariablen sowie Abschalten der Autocommit-Option. Dies ermöglicht, daß wir Freigeben und Rücksetzen selbst kontrollieren. Dieses Programm soll eine reine Anfrageschnittstelle sein, und wir werden ein Rücksetzen erzwingen, falls der Benutzer versucht, die Datenbank zu verändern.

Schritt 3: Verbindung zur Datenbank herstellen. Dieser Aufruf von `SQLConnect()` zeigt, wie man den Return Code nach jedem CLI-Funktionsaufruf testen und im Fehlerfall eine Routine `errorExit` zum Lesen und Anzeigen entsprechender Nachrichten ausführen kann. Um in unserem Beispielcode Platz zu sparen, wird dieser Test des Return Codes nicht nach jedem CLI-Call wiederholt.

Schritt 4: Allokation von drei Anweisungsvariablen. Wir benötigen für jede Anweisung, die gleichzeitig »aktiv« sein wird, eine separate Anweisungsvariable. Beispielsweise wird `hstmt1` eine Cursorposition unterhalten, während `hstmt2` einen Teilstring liest und `hstmt3` einen Clob-Lokator freigibt.

Schritt 5: Empfangen einer SQL-Anweisung vom Benutzer. Wir fordern den Benutzer zur Eingabe einer Anweisung auf und lesen diese in den Puffer `qstring` ein.

Schritt 6: Ausführen der Anweisung. An dieser Stelle wissen wir noch nicht, ob `qstring` eine gültige SQL-Anfrage enthält oder nicht. Um dies herauszufinden, beginnen wir mit einer Untersuchung des Return-Codes von `SQLExecDirect()`, bei dem es sich um einen der folgenden Codes handeln kann:

SQL_ERROR: Dieser Code zeigt an, daß `qstring` keine gültige SQL-Anweisung enthält. Wir rufen `SQLGetDiagRec()` auf zum Lesen und Anzeigen der zugehörigen Diagnosenachrichten auf und fordern den Benutzer zur Eingabe einer neuen Anweisung auf.

SQL_NO_DATA_FOUND: Überraschenderweise zeigt dieser Code nicht an, daß es sich bei der SQL-Anweisung um eine Anfrage mit leerem Ergebnis handelt. Statt dessen bedeutet er, daß die Anweisung ein gültiges UPDATE- oder DELETE-Statement ohne Wirkung war. Da die Datenbank von der Anweisung also nicht verändert wurde, ist kein Schaden angerichtet, und wir geben lediglich eine Nachricht aus und fordern den Benutzer zur Eingabe einer weiteren Anweisung auf.

SQL_SUCCESS oder SQL_SUCCESS_WITH_INFO: Diese Codes zeigen an, daß die SQL-Anweisung erfolgreich ausgeführt wurde, möglicherweise mit einer oder mehreren informativen Nachrichten. Wir drucken diese Nachrichten, falls vorhanden, und fahren mit der Analyse des Ergebnisses fort.

Schritt 7: Der nächste Schritt in unserer Analyse besteht darin, die Anzahl der Spalten im Ergebnis durch Aufruf der CLI-Funktion `SQLNumResultCols()` zu bestimmen. Dies liefert uns eine wichtige Erkenntnis über die gerade ausgeführte SQL-Anweisung. Ist die Anzahl der Ergebnisspalten null, war die Anweisung keine Anfrage. Der Benutzer hat dann erfolgreich eine SQL-Anweisung ausgeführt, die keine Anfrage war, aber wir wissen nicht welche; sie könnte sogar die Datenbank verändert haben. Da unser Programm nur für Anfragen gedacht ist, wird die letzte Anweisung zurückgesetzt und der Benutzer zur Eingabe einer weiteren Anweisung aufgefordert.

Ist die Anzahl der Spalten der Ergebnismenge größer als eins, wird der Benutzer auf eine intelligentere Anfrageschnittstelle als die in diesem Beispiel beschriebene warten müssen. Wir drucken lediglich eine Nachricht und erwarten die nächste Eingabe.

Schritt 8: Falls die Anzahl der Spalten im Ergebnis genau eins ist, wissen wir, daß die SQL-Anweisung eine erfolgreich ausgeführte Anfrage mit einspaltigem Ergebnis war. Der nächste Schritt besteht dann darin, den Namen dieser Spalte und ihren Datentyp über einen Aufruf der Funktion SQLDescribeCol() zu bestimmen und den Namen der Spalte zu drucken. Wir können dann in Abhängigkeit vom Datentyp der Spalte verzweigen. Ist der Datentyp ein einzigartiger Typ, liefert SQLDescribeCol() den zugehörigen Basisdatentyp; der Name des einzigartigen Typs ist dann über SQL-ColAttributes() bestimmbar. Unser einfaches Beispiel behandelt nur eine einzige Spalte vom Typ Double oder Clob, allerdings ist eine Erweiterung auf mehrere Spalten und weitere Datentypen nicht schwierig.

Schritt 9: Handelt es sich beim Datentyp der Ergebnisspalte um SQL_DOUBLE, müssen wir eine Spalte mit Gleitkommazahlen doppelter Genauigkeit holen und anzeigen. Im CLI brauchen wir dazu nicht explizit einen Cursor zu öffnen. Nachdem eine Anfrage ausgeführt wurde, dient die Anweisungsvariable automatisch als Cursor auf der Ergebnismenge und muß nicht gesondert geöffnet werden.

Zum Holen der Ergebniswerte müssen wir dem CLI mitteilen, wo diese Werte abgeliefert werden sollen. Die Funktion SQLBindCol() bindet unseren Puffer mit dem Namen answerDouble und seine Indikatorvariable an die erste Spalte der Ergebnismenge. Danach wird bei jedem Aufruf von SQLFetch() ein Antwortwert in Antwortpuffer und Indikatorvariable eingelesen. Dies wird so lange iteriert, wie SQLFetch() einen Return Code liefert, der Erfolg anzeigt. War die vom Benutzer eingegebene SQL-Anweisung eine gültige Anfrage mit leerem Ergebnis, liefert das erste SQLFetch() den Code SQL_NO_DATA_FOUND. Gibt es keine weiteren Ergebniswerte mehr, kann der Benutzer zur Eingabe einer weiteren Anweisung aufgefordert werden.

Schritt 10: Falls der Datentyp der Ergebnisspalte SQL-CLOB lautet, müssen wir eine Spalte mit Clob-Daten holen und anzeigen. In diesem Beispielprogramm demonstrieren wir die Manipulation von Clobs dadurch, daß wir zuerst jeden Clob in der Form eines Lokators holen und diesen dann dazu benutzen, die ersten 10 Byte des Clob-Wertes in einem Puffer zu materialisieren. Wir binden zunächst eine Variable vom Typ SQLINTEGER (und eine Indikatorvariable) an die erste Spalte der Ergebnismenge und zeigen über einen Code an, daß wir Werte in Lokatorform lesen wollen. Jeder Aufruf von SQLFetch() liefert den Lokator des nächsten Clob-Wertes.

Schritt 11: Nachdem ein Lokator geholt wurde, kann dieser in einem oder mehreren Aufrufen von SQLGetSubString() zum Materialisieren jeder gewünschten Teilmenge des betreffenden Clob-Wertes verwendet werden. Man beachte, daß wir jetzt unsere zweite Anweisungsvariable zum Aufruf von SQLGetSubString() benutzen müssen, da die erste noch »aktiv« ist und die Cursorposition im Ergebnis beinhaltet.

Schritt 12: Nach dem Drucken des Clob-Wertes wird sein Lokator nicht mehr benötigt, so daß wir ihn freigeben können; wir verwenden unsere dritte Anweisungsvariable zur Ausführung einer FREE LOCATOR-Anweisung. Da der Parameter der FREE LOCATOR-Anweisung stets an dieselbe Wirtsvariable gebunden ist, hätte man den Aufruf von SQLBindParameter() aus der Schleife herausnehmen und nur einmal am Anfang des Programms ausführen können (wir haben ihn aus Gründen der Deutlichkeit in diesem Schritt belassen).

Schritt 13: Unter Verwendung der Anweisungsvariablen hstmt1 holen wir jetzt den nächsten Clob-Wert in Form eines Lokators.

Schritt 14: Dieses einfache Beispiel zeigt die Behandlung von zwei Datentypen; offensichtlich könnte es auf die Behandlung weiterer Datentypen durch Hinzufügen zusätzlicher Fälle im switch-Statement erweitert werden.

Schritt 15: Der Aufruf von SQLCloseCursor() schließt den mit der ersten Anweisungsvariablen assoziierten Cursor, erhält jedoch die Variable für die Ausführung einer weiteren Anweisung. Wir können jetzt den Benutzer zur Eingabe einer weiteren SQL-Anweisung auffordern und an den Anfang der Schleife zurückspringen.

Schritt 16: Hat der Benutzer (durch Eingabe einer leeren Zeile) angezeigt, daß keine weiteren Anfragen ausgeführt werden sollen, beenden wir unsere Transaktion, geben die verschiedenen Handle-Variablen frei und beenden das Programm.

Schritt 17: Sämtliche unserer CLI-Aufrufe sollten ihre Return-Code testen und gegebenenfalls eine Fehlerbehandlungsroutine aufrufen (obwohl wir der Kürze wegen die meisten dieser Aufrufe weggelassen haben). In diesem Beispiel druckt die Fehlerbehandlung die Stelle, an der der Fehler entdeckt wurde, liest und druckt alle verfügbaren Fehlercodes und -nachrichten und setzt schließlich die Transaktion zurück, hebt die Datenbankverbindung auf und endet.

Code für Beispielprogramm ANFRAGE1: Eine CLI-Anfrageschnittstelle

```
#include <stdlib.h>
#include <string.h>
#include <stdio.h>
#include <sqlcli1.h>

void errorExit(SQLHENV henv, SQLHDBC hdbc, SQLHSTMT hstmt,
               char *place);


int main()
   {
   /*
   ** SCHRITT 1: Deklarieren von Variablen
   */
   SQLHENV henv;        /* Umgebungsvariable        */
   SQLHDBC hdbc;        /* Verbindungsvariable      */
   SQLHSTMT hstmt1;     /* 1. Anweisungsvariable    */
   SQLHSTMT hstmt2;     /* 2. Anweisungsvariable    */
   SQLHSTMT hstmt3;     /* 3. Anweisungsvariable    */
   SQLRETURN rc;        /* Return Code              */

   SQLCHAR dbname[9] = "testdb";
                        /* Name der Datenbank       */
   char qstring[100]; /* Puffer für SQL-Anfrage     */
```

```
SQLDOUBLE  answerDouble;
                /* Antwortpuffer (für Typ DOUBLE)    */
SQLINTEGER answerLocator;
                /* Antwortlokator (für Typ CLOB)      */
SQLCHAR answerString[11];
                /* Antwortpuffer (für Typ CLOB)       */
SQLINTEGER actualLength;
                /* Länge des zurückgg. CLOB-Substrings */
SQLINTEGER nullindicator;
                /* auf -1 gesetzt falls Antwort null  */
SQLINTEGER four = 4;
                /* Konstante für SQLBindParameter()   */

SQLSMALLINT ncols;     /* Anz. Spalten im Ergebnis    */
SQLCHAR colname[SQL_MAX_ID_LENGTH+1];
                /* Name der Ergebnisspalte           */
SQLSMALLINT colnamelen;
                /* akt. Lg. des Spaltennamens        */
SQLSMALLINT coltype;  /* Datentyp der Erg.-Spalte     */

SQLCHAR sqlstate[SQL_SQLSTATE_SIZE+1];
                              /* Result sqlstate */
SQLINTEGER sqlcode;           /* Result sqlcode  */
SQLCHAR msgbuffer[SQL_MAX_MESSAGE_LENGTH+1];
                              /* Errormsg-Puffer */
SQLSMALLINT msglength;
                /* akt. Lg. der Fehlernachricht       */
SQLSMALLINT errno;            /* Fehlerzähler    */


/*
** SCHRITT 2: Allokation von Umgebungs- und
** Verbindungsvariable; Abschalten der Autocommit-
** Option (Warnung: Voreingestellt ist Autocommit ON).
*/
SQLAllocHandle(SQL_HANDLE_ENV, SQL_NULL_HANDLE, &henv);
SQLAllocHandle(SQL_HANDLE_DBC, henv, &hdbc);
SQLSetConnectAttr(hdbc, SQL_ATTR_AUTOCOMMIT,
                  SQL_AUTOCOMMIT_OFF, 0);


/*
** SCHRITT 3: Verbinden zur Datenbank, Testen des
** Return Codes. Ähnliche Fehlertests könnten für
** sämtliche CLI-Calls eingebaut werden, wurden hier
** der Kürze wegen weggelassen.
*/
rc = SQLConnect(hdbc, dbname, SQL_NTS,
```

```
                    NULL, SQL_NTS,
                    /* liefere Userid, falls nötig   */
                    NULL, SQL_NTS);
                    /* liefere Password, falls nötig */
  if (rc != SQL_SUCCESS)
     errorExit(henv, hdbc, SQL_NULL_HSTMT,
               "Verbinde mit Datenbank");


  /*
  ** SCHRITT 4: Allokation von drei Anweisungsvariablen
  */
  SQLAllocHandle(SQL_HANDLE_STMT, hdbc, &hstmt1);
  SQLAllocHandle(SQL_HANDLE_STMT, hdbc, &hstmt2);
  SQLAllocHandle(SQL_HANDLE_STMT, hdbc, &hstmt3);


  /*
  ** SCHRITT 5: Lies SQL-Anweisung vom Benutzer
  */
  printf("\nGeben Sie eine Anfrage ein oder eine leere
            Zeichenreihe zum Beenden:\n");
  gets(qstring);


while (strlen(qstring)>0)
     {
     /*
     ** SCHRITT 6: Ausführen der Anweisung und Test des
     ** Return Codes
     */
     rc = SQLExecDirect (hstmt1, (SQLCHAR *)qstring,
                         SQL_NTS);
     if (rc == SQL_NO_DATA_FOUND)
        printf("Ihre Anweisung ist ohne Effekt
                auf die Datenbank.\n");
     if (rc == SQL_ERROR || rc == SQL_SUCCESS_WITH_INFO)
        {
        printf("Ergebnis der Verarbeitung Ihrer
                SQL-Anweisung:\n");
        errno = 1;
        while ( SQLGetDiagRec(SQL_HANDLE_STMT, hstmt1,
                    errno, sqlstate, &sqlcode, msgbuffer,
                    SQL_MAX_MESSAGE_LENGTH+1, &msglength)
                == SQL_SUCCESS )
           {
           printf("  SQLCODE = %d, SQLSTATE = %s\n",
                   sqlcode, sqlstate);
           printf("  MESSAGE: %s\n", msgbuffer);
```

```
            errno++;
            }
        }
    if (rc == SQL_SUCCESS || rc == SQL_SUCCESS_WITH_INFO)
        {
        /*
        **  SCHRITT 7: Teste die Anzahl der Spalten
        **  in der Ergebnismenge
        */
        rc = SQLNumResultCols(hstmt1, &ncols);
        if (ncols == 0)
            {
            printf("Ihre Anweisung war keine gültige
                    Anfrage.\n");
            printf("Updates wurden zurückgesetzt.\n");
            SQLEndTran(SQL_HANDLE_DBC, hdbc, SQL_ROLLBACK);
            }
        else if (ncols > 1)
            printf("Das Ergebnis hat mehr als eine
                    Spalte.\n");
        else
            {
            /*
            **  SCHRITT 8: Hole Namen und Datentyp der
            **  Spalte, drucke den Spaltennamen
            */
            rc = SQLDescribeCol(hstmt1, 1, colname,
                        SQL_MAX_ID_LENGTH,
                        &colnamelen, &coltype, NULL,
                        NULL, NULL);
            printf("%s\n", colname);
            printf("-----------------\n");

            switch(coltype)
                {
                case SQL_DOUBLE:
                    /*
                    **  SCHRITT 9: Hole eine Spalte mit
                    **  Antworten vom Typ Double und zeige
                    **  sie an.
                    */
                    SQLBindCol(hstmt1, 1, SQL_C_DOUBLE,
                            &answerDouble, 0, &nullindicator);
                    rc = SQLFetch(hstmt1);
                    if (rc == SQL_NO_DATA_FOUND)
                        printf("Resultat ist leer.\n");
                    else while (rc == SQL_SUCCESS
                                || rc == SQL_SUCCESS_WITH_INFO)
```

```
      {
      if (nullindicator==SQL_NULL_DATA)
          printf("(Null)\n");
      else printf("%f\n", answerDouble);
      rc = SQLFetch(hstmt1);
      }
    break;        /* Ende Fall SQL_DOUBLE  */


case SQL_CLOB:
    /*
    **  SCHRITT 10: Hole eine Spalte mit
    **  Antworten vom Typ Clob in Form von Lokatoren
    */
    SQLBindCol(hstmt1, 1, SQL_C_CLOB_LOCATOR,
          &answerLocator, 0, &nullindicator);
    rc = SQLFetch(hstmt1);
    if (rc == SQL_NO_DATA_FOUND)
        printf("Resultat ist leer.\n");
    else while (rc == SQL_SUCCESS
            || rc == SQL_SUCCESS_WITH_INFO)
        {
        if (nullindicator==SQL_NULL_DATA)
            printf("(Null)\n");
        else   /* Clob-Wert ist nicht null */
          {
          /*
          **  SCHRITT 11: Für jeden Clob
          **  verwende dessen Lokator zum
          **  Holen der ersten 10 Zeichen
          **  der Antwort
          */
          SQLGetSubString
            (hstmt2, /* 2. Anw.-Variable  */
            SQL_C_CLOB_LOCATOR,
                  /* Basistyp         */
            answerLocator,
                  /* Basislokator     */
            1,      /* Startposition    */
            10,     /* wieviele Zeichen */
            SQL_C_CHAR,   /* Zieltyp    */
            answerString, /* Zielpuffer */
            11,     /* Puffergröße      */
            &actualLength,
                  /* zurückgg. Länge  */
            &nullindicator );
                  /* Nullindikator    */

        printf("%s ...\n", answerString);
```

```
/*
** SCHRITT 12: Freigabe des Clob-
** Lokators.
** Der SQLBindParameter könnte aus
** der Schleife herausgenommen
** werden.
*/
SQLBindParameter
    (hstmt3, /* 3. Anw.-Variable */
    1,      /* Parameteranzahl  */
    SQL_PARAM_INPUT,
            /* Inputparameter   */
    SQL_C_CLOB_LOCATOR,
            /* C-Typ des Param. */
    SQL_CLOB_LOCATOR,
            /* SQL-Typ des Param. */
    0,      /* wird nicht benutzt */
    0,      /* wird nicht benutzt */
    &answerLocator,
            /* Adr. Des Lokators */
    0,      /* wird nicht benutzt */
    &four); /* Länge des Lok.   */

SQLExecDirect
    (hstmt3, (SQLCHAR *)"FREE
    LOCATOR ?", SQL_NTS);
    }


/*
** SCHRITT 13: Hole nächsten Clob-
** in Lokator-Form
*/
rc = SQLFetch(hstmt1);
    }
break;   /* Ende Fall SQL_CLOB */

default:

/*
** SCHRITT 14: Andere Datentypen könnten
** hier hinzugefügt werden.
*/
printf("Antwortdatentyp %d ist nicht
        DOUBLE oder CLOB\n", coltype);
break;   /* Ende von default */

}   /* Ende Fallunterscheidung Spaltentyp */
```

```
        }
             /* Ende Fall Ergebnismenge hat 1 Spalte */
      } /* Ende Verarbeitung erfolgreiche Anfrage */


  /*
  **  SCHRITT 15: Schliessen des Cursors und
  **  Einlesen der nächsten Anfrage
  */
  SQLCloseCursor(hstmt1);
  printf("\nGeben Sie eine Anfrage ein oder eine
              leere Zeichenreihe zum Beenden:\n");
  gets(qstring);
  } /* Ende der while-Schleife Anfrageverarbeitung */


  /*
  **  SCHRITT 16: Freigeben der Transaktion und Aufräumen
  */
  printf("\nWir wünschen Ihnen noch einen schönen
                                          Tag.\n");

  SQLEndTran(SQL_HANDLE_DBC, hdbc, SQL_COMMIT);
                                  /* Transaktionscommit */
  SQLFreeHandle(SQL_HANDLE_STMT, hstmt1);
                        /* Freig. Anweisung-1-Variable  */
  SQLFreeHandle(SQL_HANDLE_STMT, hstmt2);
                        /* Freig. Anweisung-2-Variable  */
  SQLDisconnect(hdbc);        /* DB-Verbindung aufheben */
  SQLFreeHandle(SQL_HANDLE_DBC, hdbc);
                          /* Freig. Verbindungsvar.   */
  SQLFreeHandle(SQL_HANDLE_ENV, henv);
                          /* Freig. Umgebungsvar.     */
  return (0);
  }    /* Ende von main */



void errorExit(SQLHENV henv, SQLHDBC hdbc, SQLHSTMT hstmt,
            char *place)
  {
  SQLCHAR sqlstate[SQL_SQLSTATE_SIZE + 1];
  SQLINTEGER sqlcode;
  SQLSMALLINT msglength;
  SQLCHAR msgbuffer[SQL_MAX_MESSAGE_LENGTH + 1];
  SQLSMALLINT errno;

  printf ("\nSQL-Fehler bei %s\n", place);
```

```
/*
**   SCHRITT 17: Lies Fehlercodes und -nachrichten.
**   Danach Zurücksetzen, Aufräumen, Anhalten.
*/
errno = 1;
sqlstate[5] = '\0'; /* Nullterminierung sicherstellen */
while ( SQLGetDiagRec(SQL_HANDLE_STMT, hstmt, errno,
            sqlstate, &sqlcode, msgbuffer,
            SQL_MAX_MESSAGE_LENGTH+1, &msglength)
                                    == SQL_SUCCESS )
    {
    printf("  SQLCODE = %d, SQLSTATE = %s\n",
            sqlcode, sqlstate);
    printf("  MESSAGE: %s\n", msgbuffer);
    errno++;
    }


SQLEndTran(SQL_HANDLE_DBC, hdbc, SQL_ROLLBACK);
                                        /* Rollback */
SQLDisconnect(hdbc);     /* DB-Verbindung aufheben  */
SQLFreeHandle(SQL_HANDLE_DBC, hdbc);
                        /* Freig. Verbindungsvar.  */
SQLFreeHandle(SQL_HANDLE_ENV, henv);
                        /* Freig. Umgebungsvar.    */
exit(-2);
}
```

Ende Beispielprogramm ANFRAGE1

8.2 Verwendung von dynamischem SQL mit Java

Java Database Connectivity (JDBC) ist eine dynamische SQL-Schnittstelle zur Verwendung mit der Programmiersprache Java. JDBC wurde von JavaSoft, einer Tochtergesellschaft von Sun Microsystems, definiert und ist dem CLI in vielerlei Hinsicht ähnlich – bei UDB wurde JDBC sogar oberhalb des CLI implementiert. JDBC wird von vielen relationalen Datenbanksystemen unterstützt und hat sich de facto zu einer Standardschnittstelle zum Zugriff auf relationale Daten von Java-Programmen aus entwickelt. Die beste Informationsquelle für Java und JDBC ist das World-Wide Web. Man findet z.B. eine detaillierte Spezifikation der JDBC-Schnittstelle unter http://java.sun.com/products/jdbc.

Da es sich um eine dynamische Schnittstelle handelt, bietet JDBC die gleichen Vorteile wie das CLI sowie zusätzlich die folgenden:

1. JDBC ist gut in die Sprache Java integriert und ermöglicht einen Zugriff auf relationale Datenbanken in einem objektorientierten Programmierstil. So wird z.B. die Ergebnismenge einer Anfrage in JDBC durch eine Klasse mit dem Namen ResultSet repräsentiert, welche Methoden wie next zum Lesen von Zeilen aus der Ergebnismenge implementiert.

2. Neben gewöhnlichen Applikationen ermöglicht JDBC das Schreiben von Java *Applets*, die auf eine Datenbank zugreifen. Ein Applet kann von jedem Java-fähigen Web-Browser aufgerufen werden. Durch das Schreiben von Applets kann man seine UDB-Daten für jede Maschine im World Wide Web zugänglich machen, ohne daß ein Installieren von Client-Software außer einem Web-Browser erforderlich wäre.

Jede UDB-Installation bringt im Verzeichnis sqllib/samples/java einige exemplarische JDBC-Applikationen und Applets mit.

8.2.1   JDBC-Applikationen

Wenn man mit dem CLI vertraut ist, wird einem der Prozeß des Schreibens einer JDBC-Anwendung bekannt vorkommen. JDBC stellt zum Umgang mit SQL-Anweisungen und deren Ergebnismengen, also den Objekten, die im CLI über Handle-Variablen manipuliert werden, eine objektorientierte Schnittstelle bereit.

Eine JDBC-Anwendung sieht ähnlich aus wie andere Datenbankapplikationen, die in einer Wirtsprogrammiersprache (in diesem Fall Java) geschrieben sind. Wie üblich läuft die Anwendung auf dem Client-Rechner, und die Datenbank befindet sich auf der Server-Maschine, bei der es sich um dieselbe Maschine handeln kann oder auch nicht. Ebenfalls wie üblich muß der Client-Rechner die Wirtssprache unterstützen (in diesem Fall durch einen Java-Compiler und eine Java Virtual Machine), und falls er zu einem entfernten Server eine Verbindung aufbauen können will, muß er den UDB Client Application Enabler (CAE) installiert haben. Ferner müssen auf der Client-Maschine gewisse Umgebungsvariablen gesetzt sein:

▷ Die Variable CLASSPATH, die die Java Virtual Machine zur Suche nach Klassen benutzt, muß die Bibliothek sqllib/java/db2java.zip enthalten. (Man kann dort auch weitere Klassenbibliotheken angeben.)

▷ Auf AIX- sowie Solaris-Plattformen muß die Variable LD_LIBRARY_PATH so gesetzt sein, daß sie den Pfad sqllib/lib enthält; ebenso muß auf HP-UX-Plattformen die Variable SHLIB_PATH den Pfad sqllib/lib enthalten.

Umgebungsvariablen werden auf unterschiedlichen Plattformen verschieden gesetzt. So kann man seine Umgebungsvariablen unter Windows NT z.B. durch Klicken von *Start*, dann *Einstellungen*, dann *Systemsteuerung*, dann *System*, dann *Umgebung* kontrollieren.

Wie alle objektorientierten Schnittstellen besteht JDBC aus einer Sammlung von *Klassen*, die ihrerseits eine Menge von *Methoden* implementieren. Die wichtigsten JDBC-Klassen sind Connection, Statement und ResultSet, die als nächstes beschrieben werden.

Connection

Wie eine CLI-Verbindungsvariable repräsentiert ein Connection-Objekt eine Sitzung (Session) mit einem spezifischen Datenbankmanager, über die man mit einer bestimmten Datenbank arbeitet und die für einen speziellen Benutzer autorisiert ist. Ebenfalls wie im CLI kontrolliert ein Objekt der Klasse Connection bestimmte Eigenschaften der Datenbankinteraktion, wie z.B. den Isolationsgrad und ob eine Transaktion nach jeder SQL-Anweisung automatisch freigegeben wird.

Eine Connection (also ein konkretes Objekt der Klasse Connection) erhält man durch Aufrufen der Methode getConnection der Klasse DriverManager und Bereitstellung eines Universal Resource Locators (URL), der die Datenbank, zu der man eine Verbindung aufbauen will, identifiziert. Die Klasse DriverManager bestimmt einen JDBC-Treiber, der zu der gewünschten Datenbank eine Verbindung herstellen kann (da der Treiber von UDB möglicherweise nicht der einzige JDBC-Treiber ist, der auf der betreffenden Maschine installiert ist). Wenn ein passender Treiber gefunden ist, wird eine Datenbankverbindung aufgebaut und als Connection-Objekt repräsentiert.

Die wichtigsten Methoden der Klasse Connection sind die folgenden:

▶ getMetaData() liefert Information über die Funktionalität des Datenbankmanagers und über den Inhalt der Datenbank. Diese Information wird in Form eines Objektes vom Typ DatabaseMetaData zurückgegeben, der viele eigene Methoden zum Lesen spezifischer Informationen wie Listen von Tabellen- oder Spaltennamen besitzt.

▶ setTransactionIsolation(int) kontrolliert den Isolationsgrad von Transaktionen, die dieses Connection-Objekt benutzen.

▶ setAutoCommit(Boolean) bestimmt, ob in diesem Connection-Objekt eine Transaktion automatisch nach der Ausführung jeder SQL-Anweisung freigegeben wird. Wie beim CLI ist auch bei JDBC die Autocommit-Option als Voreinstellung eingeschaltet und muß für jedes Connection-Objekt, in dem man die Transaktionsgrenzen selbst kontrollieren will, explizit abgeschaltet werden.

▶ createStatement() erzeugt ein Statement-Objekt, das zur Ausführung einer SQL-Anweisung verwendet werden kann. In einem Connection-Objekt können mehrere Statement-Objekte benutzt werden.

▶ prepareStatement(String) bereitet eine spezifische Anweisung zur wiederholten Ausführung vor. Diese Methode liefert ein Objekt vom Typ PreparedStatement, einer Unterklasse von Statement. Das vorbereitete Statement kann Parametermarker enthalten, die durch Fragezeichen dargestellt sind. An diese müssen vor der Ausführung der Anweisung spezifische Werte gebunden werden.

▶ commit() gibt die aktuelle Transaktion, die mit dem betreffenden Connection-Objekt assoziiert ist, frei.

▶ rollback() setzt die aktuelle Transaktion, die mit dem betreffenden Connection-Objekt assoziiert ist, zurück.

Statement

Wie eine CLI-Anweisungsvariable repräsentiert ein Objekt der JDBC-Klasse Statement eine SQL-Anweisung. Diese Anweisung kann unmittelbar ausgeführt oder einmal vorbereitet und dann mehrfach mit jeweils anderen Parametern ausgeführt werden. Die wichtigsten Methoden der Klasse Statement sind:

▶ `executeQuery(string)` führt eine SQL-Anfrage aus und liefert ein ResultSet-Objekt, das das Anfrageergebnis enthält.

▶ `executeUpdate(String)` kann zur Ausführung irgendeiner SQL-Anweisung, die keine Anfrage ist, benutzt werden. Trotz des Namens ist diese Methode nicht auf Updates beschränkt, sondern kann auch andere Anweisungen wie z.B. CREATE TABLE ausführen, solange es sich nicht um eine Anfrage handelt. Sie liefert die Zahl der Zeilen, die durch die Anweisung verändert wurden, falls es solche gibt.

▶ `setCursorName(String)` definiert einen Cursornamen, der mit der Ergebnismenge der betreffenden Anweisung assoziiert werden soll. Einmal definiert, kann der Cursorname in positionierten Aktualisierungen und Löschungen, die dann von anderen Statements ausgeführt werden, verwendet werden.

▶ `execute(String)` ist eine allgemeine Methode, mit der man eine SQL-Anweisung ausführen kann, wenn man nicht weiß, ob es sich um eine Anfrage handelt oder nicht. Diese Methode liefert einen Booleschen Wert, der TRUE lautet, falls die Anweisung eine Ergebnismenge produziert. Auf das Ergebnis der Methode execute kann man andere Methoden wie `getResultSet()`, `getUpdateCount()` oder `getMoreResults()` anwenden.

Die Klasse Statement hat zwei wichtige Unterklassen: PreparedStatement, die eine einmal zur wiederholten Ausführung vorbereitete Anweisung repräsentiert, und CallableStatement, die eine gesicherte Prozedur repräsentiert. Bevor ein Objekt der Klasse PreparedStatement ausgeführt werden kann, müssen für sämtliche Parametermarker in der betreffenden Anweisung Werte bereitgestellt werden. Dies geschieht über eine Sammlung von Methoden, die Werte unterschiedlichen Typs an die Parametermarker binden. Für jeden Java-Datentyp, der in einer SQL-Anweisung an einen Parametermarker gebunden werden könnte, hält die Klasse Statement eine den Parameter bindende Methode bereit. Es folgen einige Beispiele, wie man diese Methoden benutzen könnte:

▶ `stmt1.setDouble(3, 28.5)` bindet den Double-Wert 28.5 an den dritten Parametermarker des Statement-Objekts mit dem Namen `stmt1`.

▶ `stmt1.setString(5, "Queen Elizabeth")` bindet den String-Wert »Queen Elizabeth« an den fünften Parametermarker des Statement-Objekts mit dem Namen `stmt1`.

▶ `stmt1.setNull(7, INTEGER)` bindet einen Nullwert an den siebten Parametermarker des Statement-Objekts mit dem Namen `stmt1`. Die Konstante INTEGER ist ein Typcode, der den Datentyp des Nullwerts spezifiziert.

ResultSet

Ein ResultSet ist eine geordnete Menge von Zeilen, die das Ergebnis der Ausführung einer SQL-Anfrage darstellt. Ein ResultSet unterhält eine *Cursorposition* auf einer der Zeilen des Anfrageergebnisses, und man kann diese Position zur Festlegung der Zeile, auf der eine positionierte Update- oder Delete-Anweisung operieren soll, benutzen. Wenn ein (Objekt der Klasse) ResultSet erzeugt wird, ist die Cursorposition definiert als die Stelle unmittelbar vor der ersten Zeile in der Menge.

Die Methoden der Klasse ResultSet sind die folgenden:

▶ getMetaData() liefert Informationen über die Größe und andere Einzelheiten des Anfrageergebnisses, und zwar in Form eines Objekts der Klasse ResultSetMetaData, die viele eigene Methoden zum Lesen von Informationen, wie die Anzahl, Namen und Datentypen der Spalten in der Ergebnismenge, besitzt.

▶ next() setzt die Cursorposition auf die jeweils nächste Zeile der Ergebnismenge.

Die bei JDBC verwendete Technik zum eigentlichen Holen von Werten in Hostvariablen unterscheidet sich von der beim CLI verwendeten und eliminiert die Notwendigkeit von Nullindikatorvariablen. Für jeden Java-Datentyp, der mit einem SQL-Datentyp kompatibel ist, kennt die Klasse ResultSet eine Methode »get«, die den Wert einer Spalte der aktuellen Zeile (also der Zeile, auf die der Cursor positioniert ist) liefert. Die Spalte, auf die die Methode »get« angewendet werden soll, kann entweder durch ihren Namen oder eine Nummer identifiziert werden. ResultSet kennt ferner eine Methode wasNull(), die einen Booleschen Wert liefert, der anzeigt, ob der zuletzt gelesene Wert ein Nullwert war. Die folgenden Beispiele illustrieren, wie man einige dieser Methoden einsetzen kann:

▶ result1.getDouble(3) liefert den Wert der dritten Spalte der aktuellen Zeile des ResultSet-Objekts result1 unter Verwendung das Java-Datentyps Double. Ist der Wert dieser Spalte null, liefert getDouble den Wert 0.

▶ result1.wasNull() liefert TRUE, falls der zuvor gelesene Wert null war, was es einem ermöglicht, eine richtige Null von einem Nullwert zu unterscheiden.

▶ result1.getString("adresse") liefert den Wert der Spalte mit dem Namen ADRESSE in der aktuellen Zeile des ResultSet-Objekts result1, und zwar in Form eines Java-Strings.

 **TIP:** Wenn man Daten liest, in denen Nullwerte vorkommen können, sollte man daran denken, die Methode wasNull() unmittelbar nach dem Lesen eines jeden Wertes aufzurufen; hat man erst einmal den nächsten Wert gelesen, ist es zu spät.

Wie oben erwähnt, verläßt sich die JDBC-Technik zum Austauschen von Werten mit der Datenbank auf Methoden, die auf den Java-Datentypen basieren (setDouble, setString usw. für Eingabevariablen, getDouble, getString usw. für Ausgabevariablen). Für eine Ausgabe erlaubt JDBC eine hohe Flexibilität bei der Wahl von Java-Datentypen, denen ein gegebener Datenbankwert zugewiesen werden soll. So kann z.B. ein numerischer Wert aus der Datenbank durch eine von mehreren Methoden gelesen werden, darunter getInt, getBigDecimal und getDouble. Man kann sogar jeden SQL-Datentyp durch die Methode getString in ein Java-String-Objekt konvertieren.

Für eine Eingabe bindet jede der JDBC-Methoden der Form "set..." einen Parameter-marker an einen Wert von einem bestimmten SQL-Datentyp. Man muß dabei eine Methode wählen, deren SQL-Datentyp mit der Art kompatibel ist, in der der Parameter-marker in der betreffenden SQL-Anweisung benutzt wird.

Tabelle 8.1 listet die SQL-Datentypen und ihre Java-Entsprechungen sowie die Namen der Methoden, die man bei jedem Datentyp für Ein- bzw. Ausgabe verwenden kann. Die angegebenen Ausgabemethoden sind dabei nur Beispiele, da jeder SQL-Datentyp von mehreren JDBC-Methoden gelesen werden kann. Weitere Einzelheiten über Ein- und Ausgabemethoden findet man in der JDBC-Dokumentation.

SQL-Datentyp	Kompatibler Java-Datentyp oder Klasse	Input-Methode	Beispiel einer Output-Methode
Smallint	short	setShort	getShort
Integer	int	setInt	getInt
Decimal	bigDecimal	setBigDecimal	getBigDecimal
Real	float	setFloat	getFloat
Double	double	setDouble	getDouble
Char	String	setString	getString
Varchar	String	setString	getString
Char oder Varchar for bit data	String	setBytes	getBytes
Long Varchar	InputStream	setAsciiStream oder setUnicodeStream	getAsciiStream oder getUnicodeStream
Long Varchar for bit data	InputStream	setBinaryStream	getBinaryStream
Clob	InputStream	setAsciiStream oder setUnicodeStream	getAsciiStream oder getUnicodeStream
Graphic	byte[ ]	setString	getString
Vargraphic	byte[ ]	setString	getString
Long Vargraphic	InputStream	setAsciiStream oder setUnicodeStream	getAsciiStream oder getUnicodeStream
Dbclob	InputStream	setAsciiStream oder setUnicodeStream	getAsciiStream oder getUnicodeStream
Blob	InputStream	setBinaryStream	getBinaryStream
Date	Date	setDate	getDate
Time	Time	setTime	getTime
Timestamp	Timestamp	setTimestamp	getTimestamp

Tabelle 8.1:
SQL-Datentypen und kompatible Java-Datentypen

8.2.2 Beispielprogramm LADER2

Als Beispiel einer JDBC-Applikation schreiben wir das Programm LADER1, das in Abschnitt 8.1 als CLI-Beispiel behandelt wurde, noch einmal. Das jetzt LADER2 genannte Programm bezieht seine Eingabe aus einer Datei, deren Name dem Programm als Argument übergeben wird. Das Programm liest den Namen einer Tabelle aus der Eingabedatei und erzeugt eine zweispaltige Tabelle mit dem angegebenen Namen und mit Spalten mit den Namen TRIALNAME und TRIALVALUE; sodann liest es eine Serie von Datenwerten und lädt diese in die Tabelle. Wie die CLI-Version bereitet LADER2 eine INSERT-Anweisung mit zwei Parametermarkern vor und führt diese dann für jede zu ladende Zeile aus. Die Einzelheiten der JDBC-Objekte und -Methoden, die dies gewährleisten, werden in den im Programm enthaltenen Kommentaren näher beschrieben.

Beispielprogramm LADER2: Eine Massenladerapplikation unter Verwendung von JDBC

```java
import java.io.*;
import java.util.*;
import java.sql.*;

public class lader2
  {

    // SCHRITT 1: Registrieren des JDBC-Treibers für DB2.
    // Dieser Codeblock läuft vor main() und ermöglicht Java
    // ein Auffinden der Treiberklassen zur Behandlung von
    // JDBC-Objekten.
    static
      {
      try
        {
        Class.forName("COM.ibm.db2.jdbc.app.DB2Driver");
        // Für JDK 1.1.2 auf AIX or OS/2 ersetze man die
        // obige Zeile wie folgt:
        // Class.forName("COM.ibm.db2.jdbc.app
        //                      .DB2Driver").newInstance();
        }
      catch (Exception e)
        {
        System.out.println("Fehler beim Registrieren der
                      JDBC-Treiber");
        e.printStackTrace();
        }
      }

    public static void main(String args[])
```

```
{
BufferedReader input = null;
StringTokenizer tokens = null;
String tablename, trialname;
int i, ntrials;
Double trialvalue;
int indicator;
boolean baddata = false;

try
  {
  // SCHRITT 2: Erzeugen eines Connection-Objekts und
  // Verwendung dessen zum Verbindungsaufbau zur
  // Datenbank sowie zum Abschalten des Autocommit.
  // (Warnung: Voreingestellt ist Autocommit ON.)
  // Die Datenbank wird durch einen URL identifiziert,
  // der mit "jdbc:db2:" beginnt, gefolgt vom Namen
  // der Datenbank.
  String dbname = "testdb";
  String url = "jdbc:db2:" + dbname;
  Connection con = DriverManager.getConnection(url);
  con.setAutoCommit(false);

  // SCHRITT 3: Öffnen der Eingabedatei unter
  // Verwendung des Dateinamens in args[0]
  input = new BufferedReader(new FileReader(args[0]));

  // SCHRITT 4: Lesen der 1. Zeile: Name der Tabelle
  // und Anzahl der Versuche
  tokens = new StringTokenizer(input.readLine());
  tablename = tokens.nextToken();
  ntrials = Integer.parseInt(tokens.nextToken());

  // SCHRITT 5: Erzeugen und Ausführen einer SQL
  // CREATE TABLE-Anweisung, und zwar über ein
  // JDBC-Statement-Objekt.
  Statement stmt1 = con.createStatement();
  stmt1.executeUpdate("CREATE TABLE " + tablename +
    " (trialname Varchar(18) NOT NULL,
        trialvalue Double)" );

  // SCHRITT 6: Vorbereiten eines INSERT mit zwei
  // Parametermarkern mittels eines
  // JDBC-PreparedStatement-Objekts.
  PreparedStatement stmt2 = con.prepareStatement(
    "INSERT INTO " + tablename + " VALUES(?, ?)" );
```

```
// SCHRITT 7: Für jeden Eingabesatz werden die
// Parametermarker gebunden und die INSERT-
// Anweisung ausgeführt.
for (i=0; i<ntrials; i++)
  try
    {
    tokens = new StringTokenizer(input.readLine());
    // Lies trialname und binde den ersten
    // Parametermarker
    trialname = tokens.nextToken();
    stmt2.setString(1, trialname);
    // Lies trialvalue und binde den zweiten
    // Parametermarker; nullsetzen, falls nötig
    trialvalue = Double.valueOf(tokens.nextToken());
    stmt2.setDouble(2, trialvalue.doubleValue());
    indicator = Integer.parseInt(tokens.nextToken());
    if (indicator < 0)
                    stmt2.setNull(2, Types.DOUBLE);
    // Ausführen der INSERT-Anweisung
    stmt2.executeUpdate();
    }   // Ende innerer try-Block
  catch(Exception e)
    {
    // SCHRITT 8: Transaktion zurücksetzen, falls
    // ungültige Daten vorgefunden wurden
    baddata = true;
    System.out.println("Ungültige Daten, Transaktion
                        wird zurückgesetzt");
    e.printStackTrace();
    con.rollback();
    break;
    }

// SCHRITT 9: Transaktion freigeben, falls Laden
// erfolgreich war
if (!baddata)
  {
  con.commit();
  System.out.println("Daten erfolgreich geladen");
  }

// SCHRITT 10: Schliessen der DB-Verbindung
con.close();
}     // Ende  äusserer try-Block

catch(Exception e)
  {
```

```
// SCHRITT 11: Allgemeine Ausnahmebehandlung
// Die Methode printStackTrace druckt den
// Aufrufsstack der Stelle, an der die Ausnahme
// aufgetreten ist.
System.out.println("Houston, wir haben ein
                   Problem...");
e.printStackTrace();
}


}   // Ende von main
}   // Ende Klasse "Lader2"
```

Ende Beispielprogramm LADER2

8.2.3 JDBC-Applets

Ein *Applet* ist ein Java-Programm, das von einem Web-Browser während des Anzeigens einer Seite aus dem World Wide Web ausgeführt werden kann. Das Applet wiederum kann die Möglichkeiten von JDBC zum Verbinden zu einer Datenbank, Lesen von Daten und Anzeigen dieser als Teil der Web-Seite nutzen. Durch Schreiben eines JDBC-Applets kann man Daten aus einer lokalen UDB-Datenbank für jeden Computer, der einen Java-fähigen Web-Browser besitzt und an das Internet angeschlossen ist, verfügbar machen. Natürlich muß ein solches JDBC-Applet den Sicherheitsrestriktionen für Applets entsprechen (grundsätzlich darf ein Applet z.B. nicht auf Dateien der Client-Maschine zugreifen oder diese verändern oder eine Netzwerkverbindung zu einer anderen Maschine als der, von der es heruntergeladen wurde, aufbauen).

Zur Illustration der Möglichkeiten eines JDBC-Applets arbeiten wir uns durch den Prozeß des Erstellens einer Web-Seite, die Daten aus einer UDB-Datenbank »live« anzeigen soll. Wir stellen uns den Manager des in Kapitel 2 eingeführten Teilelagers vor, der seinen Klienten Zugriff auf eine auf die Minute genaue Auflistung der besten verfügbaren Preise für die im Lager vorhandenen Teile geben möchte. Dies ist möglich durch Einbettung der Liste bester Preis in eine Web-Seite.

Zum Erzeugen einer Web-Seite muß man diese in einer *Hypertext Markup Language* (HTML) genannten Sprache beschreiben und sie auf einem Web-Server installieren. Man kann mehr über HTML auf den Web-Seiten erfahren, die vom World-Wide-Web-Konsortium unter `http://www.w3.org` unterhalten werden, und über Web-Server im Buch *Web Server Technology* von Nancy Yeager und Robert McGrath (Morgan Kaufmann 1996).

HTML basiert auf sogenannten *Tags*, die die einzelnen Teile einer Web-Seite so markieren, daß sie geeignet dargestellt werden können. In diesem Abschnitt interessieren wir uns hauptsächlich für ein solches HTML-Tag, das mit der Bezeichnung `<applet>`. Das Tag `<applet>` reserviert eine rechteckige Fläche einer vorgegebenen Größe auf einer Seite und ruft ein Java-Programm auf, das den in dieser Fläche darzustellenden Inhalt erzeugt. Als Voreinstellung findet man das Java-Programm (als kompilierte Klasse) auf dem Web-Server in demselben Verzeichnis wie die HTML-Datei, die es aufgerufen hat.

Das folgende HTML-Beispiel beschreibt eine Web-Seite, die eine (durch das Tag ⟨h2⟩ markierte) Überschrift anzeigt, gefolgt von einer Fläche der Breite 400 Pixel und der Höhe 200 Pixel, die durch die Java-Klasse mit dem Namen bestekäufe.class mit Inhalt gefüllt werden soll:

```
<html>
<body>
<h2>Heutige beste Preise für Teile</h2>
<applet code="bestekäufe.class" width=400 height=200>
</applet>
</body>
</html>
```

Nach Registrieren der HTML-Datei auf einem Web-Server muß man das Java-Programm schreiben und übersetzen, das den Inhalt des ⟨applet⟩-Tags erzeugt. In unserem Beispiel heißt dieses Programm bestekäufe.java und ist weiter unten angegeben. Das Programm kann mit einem Befehl wie javac bestekäufe.java übersetzt werden, und die resultierende Datei mit dem Namen bestekäufe.class kann in demselben Verzeichnis wie die HTML-Datei abgelegt werden.

Bevor Benutzer durch die Preisliste »browsen« können, ist ein weiterer Schritt erforderlich: Man muß den JDBC-Server starten. UDB stellt einen JDBC-Server bereit, der auf der jeweiligen Server-Maschine läuft und der einen seiner Netzwerkports zum »Horchen« benutzt, ob entfernte Maschinen, die JDBC verwenden, zu der lokalen Datenbank eine Verbindung aufbauen wollen. Das folgende Kommando startet den JDBC-Server und teilt ihm mit, den Port mit der Nummer 2001 nach JDBC-Clients abzuhören (man sollte eine Portnummer wählen, die größer ist als 1024, um Konflikte mit vom Betriebssystem benutzten Ports zu vermeiden):

```
db2jstrt 2001
```

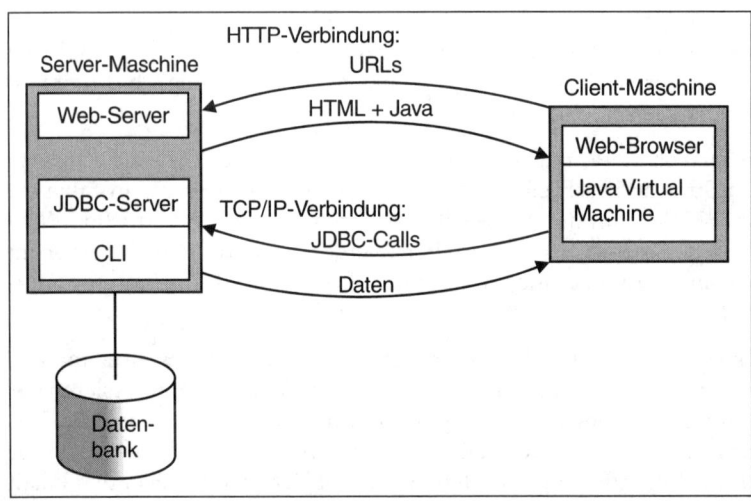

Abbildung 8.2:
Ausführung eines JDBC-Applets

Der Prozeß, nach dem ein Web-Browser eine Web-Seite und ihre UDB-Daten anzeigt, ist in Abbildung 8.2 illustriert; er umfaßt die folgenden Schritte:

1. Ein Benutzer, der sich irgendwo auf der Welt befinden kann, fordert einen JDK Version 1.1-fähigen Browser (wie Netscape Communicator Version 4 oder Microsoft Internet Explorer Version 4) auf, die Web-Seite anzuzeigen. Der Benutzer identifiziert die Seite durch ihren *Universal Resource Locator* (URL), der den Namen des betreffenden Web-Servers sowie den der HTML-Datei mit der gewünschten Seite enthält. Der Browser stellt eine Verbindung zu der Server-Maschine über ein Protokoll mit dem Namen *Hypertext Transfer Protocol* (HTTP) her, und der Web-Server antwortet mit einem Rücksenden der gewünschten HTML-Datei an die Client-Maschine, auf der der Browser läuft.

2. Der Web-Browser interpretiert die in der HTML-Datei enthaltenen Tags und zeichnet deren Inhalt auf seine Anzeige. Java-fähige Browser wie die oben erwähnten enthalten eine Java Virtual Machine. Wenn der Browser in der HTML-Datei ein ⟨applet⟩-Tag erkennt, lädt er die in diesem Tag genannte Java-Klasse – in unserem Fall bestekäufe.class – sowie weitere Java-Klassen, etwa den DB2 JDBC-Treiber, die beim Übersetzen zu dieser Klasse hinzugebunden wurden, von der Server-Maschine herunter. Über seine Java Virtual Machine führt der Browser sodann die Methoden der Klasse aus: Er ruft die Methode init() beim ersten Download der Klasse auf, und er ruft danach die Methode paint() immer dann auf, wenn er diese Web-Seite in der Anzeige zeichnen soll, z.B. wenn das Fenster, das die Seite enthält, auf dem Bildschirm unverdeckt ist.

Die Einzelheiten des Java-Applets, das die Liste der »besten Käufe« erzeugt, sind in nachfolgendem Beispiel angegeben. Man beachte, daß dieses Applet kein »main«-Programm hat, sondern lediglich die Methoden init() und paint() implementiert, die von der Java Virtual Machine, die innerhalb eines Web-Browsers läuft, dann aufgerufen werden, wenn sie die Seite anzeigt.

Schritte und Code für Beispiel-Applet BESTEKÄUFE.JAVA

Schritt 1: Unsere Java-Klasse hängt wahrscheinlich von anderen Klassenbibliotheken wie z.B. `java.awt` (Abstract Windowing Toolkit) und `java.sql` ab. Sie referenziert diese anderen Bibliotheken über `import`-Befehle. Falls die referenzierten Klassen auf der Client-Maschine nicht verfügbar sind, werden sie über das Internet von der Server-Maschine heruntergeladen.

Schritt 2: Die Methode `init()` wird aufgerufen, wenn unsere Java-Klasse erstmals heruntergeladen wird. Diese Methode wiederum ruft eine Methode mit dem Namen `Class.forName()` auf. Der Zweck dieses Aufrufs ist, den JDBC-Treiber von DB2 (dessen Name `COM.ibm.db2.jdbc.net.DB2Driver` lautet) bei der »Treibermanager«-Komponente der Java Virtual Machine auf dem Client zu registrieren. Der Treibermanager benutzt registrierte Treiber, wenn er eine Verbindung zu einer Datenbank herstellen muß (siehe Schritt 5).

Schritt 3: Die Methode `paint()` wird aufgerufen, wenn der Web-Browser unsere Seite anzeigen will. Sie muß den Inhalt der 400x200 Pixel-Fläche, die vom `<applet>`-Tag reserviert wurde, erzeugen und anzeigen. Hierzu baut die Methode `paint()` eine Verbindung zu unserer UDB-Datenbank auf, führt eine Anfrage aus, die die billigsten Preisangaben für jede neue Teilenummer herausfindet, und zeigt die Ergebnisse an.

Schritte und Code für Beispiel-Applet BESTEKÄUFE.JAVA

```
// SCHRITT 1: Import von Klassenbibliotheken, die von
// diesem Applet benötigt werden.
import java.sql.*;
import java.awt.*;
import java.applet.*;

public class bestekäufe extends Applet
  {
  // SCHRITT 2: Die Methode init() wird beim ersten
  // Download aufgerufen. Sie registriert einen JDBC-
  // Treiber für Verbindungen zu DB2-Datenbanken.
  public void init()
    {
    try
      {
      Class.forName("COM.ibm.db2.jdbc.net.DB2Driver");
      // Für JDK 1.1.2 auf AIX oder OS/2 ersetze man die
      // obige Zeile wie folgt:
      // class.forName("COM.ibm.db2.jdbc.net.DB2Driver")
      //                                 .newInstance();
      }
    catch (Exception e)
      {
      System.out.println("Fehler beim Laden des JDBC-
                                        Treibers");
      e.printStackTrace();
      }
    }

// SCHRITT 3: Die Methode paint() erzeugt den Inhalt
// des <applet>-Tag und zeigt diesen an.

  public void paint(Graphics g)
    {
    try
      {
```

Schritte und Code für Beispiel-Applet BESTEKÄUFE.JAVA

Schritt 4: Zum Herstellen einer Verbindung mit der Datenbank muß die Methode `paint()` einen URL konstruieren, der die Datenbank identifiziert. Der URL besteht aus den Zeichen "`jdbc:db2://`", gefolgt vom Namen der Server-Maschine und der Portnummer, die von der Java Virtual Machine abgehört wird, gefolgt vom lokalen Namen der Datenbank auf dieser Maschine. Natürlich muß man beim Ausführen des hier angegebenen Beispielcodes den Namen der eigenen Server-Maschine, die richtige Portnummer, den Datenbanknamen, Benutzerkennung und Paßwort einsetzen.

Schritt 5: Der Aufruf von `getConnection()` veranlaßt den Treibermanager, eine Verbindung zu der durch den gegebenen URL identifizierten Datenbank herzustellen und ein Connection-Objekt zurückzugeben. Der Treibermanager fragt jeden registrierten Treiber, ob er die gewünschte Verbindung von ihm erhalten kann. Der (in Schritt 2 registrierte) DB2 JDBC-Treiber erkennt den URL, da dieser mit "`jdbc:db2`" beginnt, und verbindet unter Verwendung der angegebenen Benutzerkennung und des Paßworts mit der gewünschten Datenbank. Der JDBC-Treiber stellt seine eigene separate Verbindung mit der Server-Maschine her, und zwar über das TCP/IP-Protokoll und die Portnummer des JDBC-Servers.

Schritt 6: Unter Verwendung des Connection-Objekts, das vom Aufruf von `getConnection()` zurückgeliefert wurde, erzeugt unser Programm ein Statement-Objekt. Es benutzt die Methode `executeQuery()` der Klasse Statement zum Ausführen einer Anfrage, die die Liste der Teile und minimalen Preise in Form eines Objektes der Klasse ResultSet bestimmt.

Schritte und Code für Beispiel-Applet BESTEKÄUFE.JAVA

```java
// SCHRITT 4: Konstruiere einen URL zur
// Identifikation der Datenbank.
// Spezifiziere den Namen der Server-Maschine
String server = "yourserver.com";

// Spezifiziere die Portnummer, die der JDBC-Server
// benutzt
String port = "2001";

// Spezifiziere den Namen der gewünschten Datenbank
String dbname = "testdb";

// Spezifiziere gültige DB-Userid und Password
String userid = "yourname";
String password = "yourpw";

// SCHRITTT 5: Aufbau einer Datenbankverbindung
String url = "jdbc:db2://" + server + ":" + port
             + "/" + dbname;
Connection con = DriverManager.getConnection(url,
                 userid, password );




// SCHRITTT 6: Ausführen einer SQL-Anfrage
Statement stmt = con.createStatement();
String qstring =
    "SELECT t.teilenr, t.beschreibung, p.preis "
  + "FROM firma.preisliste p, firma.teile t, "
  + "firma.lieferanten l "
  + "WHERE p.teilenr = t.teilenr "
  + "AND p.liefnr = l.liefnr "
  + "AND p.preis = "
  + "    (SELECT min(preis) "
  + "      FROM firma.preisliste "
  + "      WHERE teilenr = p.teilenr)" ;
ResultSet rs = stmt.executeQuery(qstring);
```

Schritte und Code für Beispiel-Applet BESTEKÄUFE.JAVA

Schritt 7: Unser Programm benutzt die Methoden next() und getString() der Klasse ResultSet zum Lesen der gewünschten Teilenummern, Beschreibungen und Preise. Diese Daten werden dann auf der Web-Seite über die Methode Graphics.drawstring() angezeigt, der die Koordinaten übergeben werden, an denen jede Zeile mit Daten plaziert werden soll (gemessen von der linken oberen Ecke der durch das ⟨applet⟩-Tag reservierten Fläche).

Schritt 8: Jegliche Fehler, die während der Ausführung der Methode paint() auftreten, werden durch eine Ausnahmebehandlung bearbeitet, die die Methode printStackTrace() aufruft. Die resultierende Fehlermeldung erscheint in der »Java-Konsole« des Web-Browsers. Benutzt man z.B. den Netscape Navigator, kann man die Java-Konsole durch Klicken von »Communicator«, dann »Java-Konsole« sehen.

Schritte und Code für Beispiel-Applet BESTEKÄUFE.JAVA

```java
// SCHRITT 7: Zeige das Ergebnis an
g.drawString("Teilenr.", 20, 25);
g.drawString("Beschreibung", 100, 25);
g.drawString("Bester Preis", 200, 25);
int y = 50;
while (rs.next())
  // next() liefert false, falls es keine weiteren
  // Zeilen mehr gibt
  {
  String teilenr = rs.getString(1);
  String beschr = rs.getString(2);
  String preis = rs.getString(3);
  g.drawString(teilenr, 20, y);
  g.drawString(beschr, 100, y);
  g.drawString(preis, 200, y);
  y = y + 15;
  }
stmt.close();
con.close();
}

// SCHRITT 8: Anzeigen von Ausnahmen, falls vorhanden,
// auf der Java-Konsole
catch( Exception e )
  {
  e.printStackTrace();
  }
}    // Ende der Methode paint
}    // Ende der Klasse bestekäufe
```

Ende Beispiel-Applet BESTEKÄUFE.JAVA

8.3 Embedded Dynamic SQL

Embedded Dynamic SQL ist die dritte Möglichkeit, mit der SQL-Anweisungen zur Laufzeit erzeugt und ausgeführt werden können. Diese Schnittstelle ist älter als das CLI oder JDBC, ist allerdings ungefähr gleich mächtig. Man verwendet im allgemeinen Embedded Dynamic SQL anstelle der beiden anderen dynamischen Schnittstellen aus einem der folgenden Gründe:

1. Sie unterstützt andere Wirtsprogrammiersprachen als C.

2. Sie ist im Stil statischem SQL ähnlicher, so daß man diese Schnittstelle gerne in Anwendungen benutzt, die dynamische und statische SQL-Anweisungen mischen.

3. Programme in Embedded Dynamic SQL sind im allgemeinen kompakter als vergleichbare CLI- oder JDBC-Programme, teilweise weil sie nicht zum Binden eines jeden Parametermarkers einen eigenen Funktionsaufruf brauchen.

4. Da ein Programm, das Embedded Dynamic SQL verwendet, ein Paket besitzt, kann man das *Execute*-Privileg an diesem Paket zur Kontrolle darüber benutzen, wer das Programm ausführen darf.

5. Man bevorzugt möglicherweise einfach die EXEC SQL-Notation oder findet diese vertrauter als die Funktionsaufrufe beim CLI oder die Methodennotation bei JDBC.

Die Grundaufgaben, die bei Embedded Dynamic SQL zu erledigen sind, sind die gleichen wie bei den anderen dynamischen Schnittstellen: Vorbereiten einer SQL-Anweisung für die Ausführung, Erhalten einer Beschreibung des Ergebnisses, falls die vorbereitete Anweisung eine Anfrage war, Ausführen einer vorbereiteten Anweisung unter Ersetzung realer Werte für die vorkommenden Parametermarker und zeilenweises Lesen (Holen) des Ergebnisses einer Anfrage. Embedded Dynamic SQL erledigt diese Aufgaben mit Hilfe spezieller SQL-Anweisungen, die in ein Wirtsprogramm eingebettet und vom UDB-Precompiler verarbeitet werden können.

8.3.1 Eingebettete dynamische Anweisungen

Embedded Dynamic SQL besteht aus vier Anweisungen: PREPARE, DESCRIBE, EXECUTE und EXECUTE IMMEDIATE. Außerdem gibt es ein paar zusätzliche Optionen bei der OPEN- sowie der FETCH-Anweisung zur Unterstützung dynamischer SQL-Anfragen.

Anweisungen in Embedded Dynamic SQL machen intensiven Gebrauch von *Deskriptoren*. Ein Deskriptor ist eine Datenstruktur, die eine Beschreibung der in einer einzelnen Datenzeile verwendeten Datentypen enthält. Ein Deskriptor kann auch die mit einer Datenzeile assoziierten Spaltennamen angeben und Zeiger auf die eigentlichen Datenwerte enthalten. Die für einen Deskriptor in einer eingebetteten dynamischen SQL-Anweisung verwendete Datenstruktur heißt SQLDA und wird in Abschnitt 8.3.3 beschrieben.

PREPARE

Der Zweck von PREPARE ist die Erzeugung eines Zugriffsplans für eine SQL-Anweisung und die Übersetzung der Anweisung in eine ausführbare Form. Die Syntax der PREPARE-Anweisung lautet wie folgt:

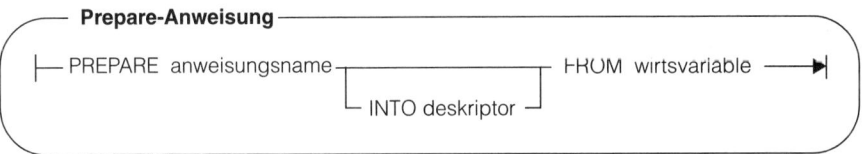

Die Wirtsvariable muß eine Zeichenreihe sein, die eine SQL-Anweisung enthält. Diese Anweisung wird von UDB kompiliert und für die Ausführung vorbereitet, aber noch nicht ausgeführt. Der Anweisungsname kann irgendein Identifikator sein; er wird in nachfolgenden DESCRIBE-, EXECUTE- oder OPEN-Anweisungen benutzt.

Ein SQL-Anweisung, die vorbereitet wird, darf keinerlei Wirtsvariablen enthalten, sie darf jedoch einen oder mehrere Parametermarker haben, die durch Fragezeichen repräsentiert werden und für später bei der Ausführung der Anweisung einzusetzende Werte stehen. Den Parametermarkern können explizit Datentypen über die in Abschnitt 8.1.4 beschriebene CAST-Notation gegeben werden.

Falls es sich bei der Anweisung um eine Anfrage handelt, kann der Deskriptor, falls vorhanden, zum Erhalt einer Beschreibung der Spalten des Anfrageergebnisses benutzt werden. Er stellt damit eine Alternative zur unten beschriebenen DESCRIBE-Anweisung dar.

Beispiele für PREPARE-Anweisungen:

```
PREPARE s1 FROM :meineanweisung;
PREPARE q1 INTO :meinesqlda FROM :meineanfrage;
```

DESCRIBE

Der Zweck einer DESCRIBE-Anweisung ist, eine Beschreibung der Datentypen in der Ergebnismenge einer bereits vorbereiteten Anfrage zu bekommen. Eine DESCRIBE-Anweisung ist der Klausel »INTO descriptor« einer PREPARE-Anweisung ähnlich. Ihre Syntax lautet wie folgt:

Beispiel:

```
DESCRIBE q1 INTO :meinesqlda;
```

Im Unterschied zu anderen eingebetteten dynamischen SQL-Anweisungen kann DE-SCRIBE von einer interaktiven Schnittstelle wie der Befehlszentrale aus ausgeführt werden. Gibt man DESCRIBE gefolgt von einer Anfrage ein, zeigt UDB eine Liste der Datentypen und Spaltennamen in der Ergebnismenge dieser Anfrage. So kann man z.B. durch interaktives Ausführen folgender Anfrage eine Liste der Spaltennamen und Datentypen der Katalogtabelle FUNCTIONS abrufen:

```
DESCRIBE SELECT * FROM syscat.functions;
```

EXECUTE

Die EXECUTE-Anweisung führt ein zuvor vorbereitetes Statement aus und ersetzt dabei die Werte in der Wirtsvariablenliste oder im Deskriptor für die in der Anweisung vorkommenden Parametermarker (Fragezeichen). Die Wirtsvariablenliste (oder der Deskriptor) muß genau einen Wert für jeden Parametermarker enthalten. Die Datentypen der zugewiesenen Werte müssen mit den deklarierten Typen der Parametermarker kompatibel sein; sind die Parametermarker ungetypt, müssen die Werte für den betreffenden Kontext passende Datentypen besitzen. Die Syntax einer EXECUTE-Anweisung lautet wie folgt:

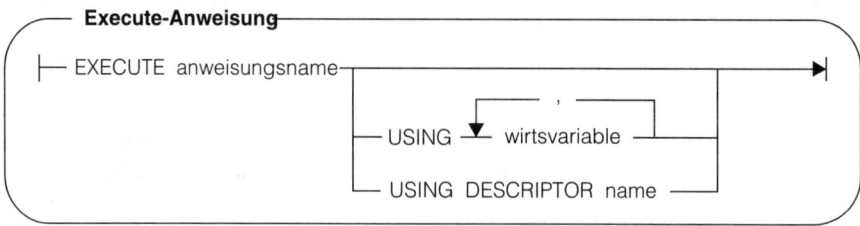

Wenn eine SQL-Anweisung einmal für die Ausführung vorbereitet ist, kann sie in mehreren Transaktionen wiederholt ausgeführt werden, solange die betreffende Applikation mit der Datenbank verbunden bleibt.

Handelt es sich bei einer vorbereiteten SQL-Anweisung um eine SELECT- oder eine VALUES-Anweisung, so kann diese nicht durch ein EXECUTE-Statement ausgeführt werden, da ein EXECUTE keine Möglichkeit der Rückgabe einer Ergebnismenge kennt. Um das Ergebnis einer dynamisch vorbereiteten SELECT- oder VALUES-Anweisung zu erhalten, muß man für die Anweisung einen Cursor deklarieren und auf diesen OPEN- sowie FETCH-Statements anwenden.

Beispiele für EXECUTE-Anweisungen:

```
EXECUTE s1;
EXECUTE s2 USING :x, :y :yindicator, :z :zindicator;
EXECUTE s3 USING DESCRIPTOR :meinesqlda;
```

EXECUTE IMMEDIATE

Eine EXECUTE IMMEDIATE-Anweisung bereitet ein SQL-Statement für die Ausführung vor und führt es sofort aus; sie kombiniert also die Funktionen von PREPARE und EXECUTE. Die Wirtsvariable muß eine gültige SQL-Anweisung enthalten, die kein SELECT- oder VALUES-Statement ist und keine Parametermarker enthält. Die Syntax der EXECUTE IMMEDIATE-Anweisung lautet wie folgt:

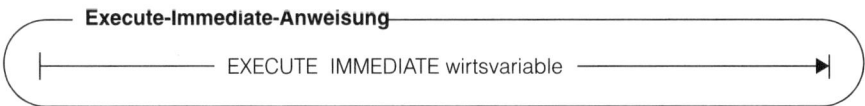

Execute-Immediate-Anweisung

EXECUTE IMMEDIATE wirtsvariable

Beispiel:

```
EXECUTE IMMEDIATE :meineanweisung;
```

Dynamische Cursor-Deklaration

Embedded Dynamic SQL kennt eine Möglichkeit, die Ergebnisse dynamisch vorbereiteter Anfragen (SELECT- oder VALUES-Anweisungen) zu erhalten. Dies geschieht durch Deklarieren eines Cursors auf dem Ergebnis der präparierten Anweisung und durch Verwendung spezieller Optionen der OPEN- sowie der FETCH-Anweisung.

Ein Cursor kann über eine *dynamische Cursor-Deklaration* mit dem Ergebnis einer Anfrage, die dynamisch vorbereitet wurde oder dies noch werden wird, assoziiert werden, die die folgende Syntax hat:

Dynamic-Cursor-Deklaration

DECLARE cursorname CURSOR — WITH HOLD — FOR anweisungsname

Der in einer dynamischen Cursor-Deklaration verwendete Anweisungsname sollte auch in einer PREPARE-Anweisung verwendet werden. Nachdem das PREPARE-Statement ausgeführt wurde, kann der dynamische Cursor, sofern die vorbereitete Anweisung eine Anfrage ist, in dynamischen OPEN- und FETCH-Anweisungen zum Lesen des Anfrageergebnisses benutzt werden. Ist WITH HOLD angegeben, kann der Cursor über Transaktionsgrenzen hinweg geöffnet bleiben.

Beispiel einer dynamischen Cursor-Deklaration:

```
DECLARE c1 CURSOR FOR q1;
```

Dynamisches OPEN

Eine dynamische OPEN-Anweisung führt eine zuvor vorbereitete Anfrage (SELECT-oder VALUES-Anweisung) aus und setzt dabei die Werte in der Wirtsvariablenliste oder im Deskriptor für die in der Anfrage vorkommenden Parametermarker (Fragezeichen) ein. Die Wirtsvariablenliste (oder der Deskriptor) muß genau einen Wert für jeden Parametermarker enthalten, und die Datentypen dieser Werte müssen mit den deklarierten Datentypen der betreffenden Parametermarker kompatibel oder im jeweiligen Kontext adäquat sein.

Der in einer dynamischen OPEN-Anweisung genannte Cursor muß (durch eine dynamische Cursor-Deklaration) mit einer vorbereiteten Anfrage assoziiert sein. Die dynamische OPEN-Anweisung öffnet einen Cursor auf dem Ergebnis dieser Anfrage und positioniert ihn vor die erste Zeile der Ergebnismenge. Sodann können Zeilen der Ergebnismenge mit dynamischen FETCH-Anweisungen gelesen werden.

Die Syntax einer dynamischen OPEN-Anweisung lautet wie folgt:

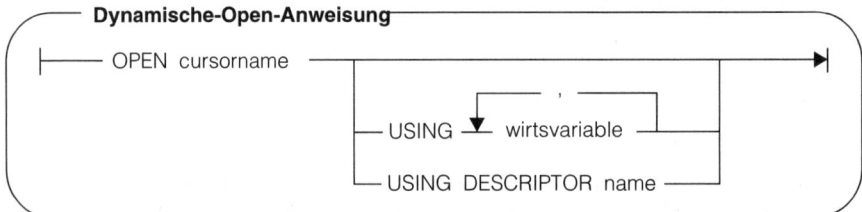

Beispiele:

```
OPEN c1;
OPEN c1 USING :x, :y :yindicator, :z :zindicator;
OPEN c1 USING DESCRIPTOR :meinesqlda;
```

Dynamisches FETCH

Eine dynamische FETCH-Anweisung setzt den Cursor auf die nächste Zeile der Ergebnismenge vor und liest ihn in eine Menge von Wirtsvariablen oder in einen Deskriptor ein. Der in der Anweisung genannte Cursor muß geöffnet sein, und die Anzahl der Hostvariablen (oder Einträge im Deskriptor) muß mit der Spaltenanzahl der Ergebnismenge übereinstimmen. Ist die Ergebnismenge leer oder der Cursor auf oder hinter die letzte Zeile der Ergebnismenge gesetzt, liefert die dynamische FETCH-Anweisung SQLCODE +100 (SQLSTATE 02000).

Die Syntax einer dynamischen FETCH-Anweisung lautet wie folgt:

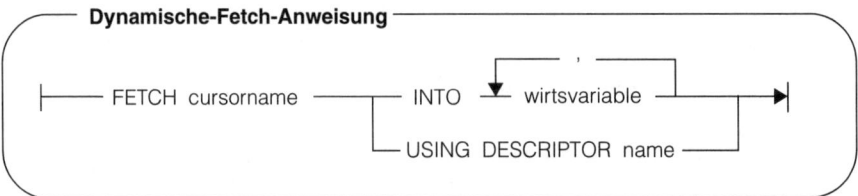

Beispiele:

```
FETCH c1 INTO :x :xindicator, :y :yindicator;
FETCH c1 USING DESCRIPTOR :meinesqlda;
```

Wird eine SELECT- oder eine VALUES-Anweisung mit Embedded Dynamic SQL ausgeführt, so darf diese keine INTO-Klausel enthalten. Diese Einschränkung kommt daher, daß dynamisches SQL im Unterschied zu statischem nicht sowohl Ein- als auch Ausgabewirtsvariablen in derselben Anweisung handhaben kann. Zur Erläuterung dieser Einschränkung betrachten wir die folgende Anweisung:

```
EXEC SQL SELECT gehalt INTO :x FROM ang WHERE name = :y;
```

Um eine äquivalente Anweisung in Embedded Dynamic SQL zu schreiben, benötigen wir einen Cursor (obwohl nur ein einzelner Ergebniswert zu erwarten ist). Das Resultat sieht wie folgt aus:

```
EXEC SQL BEGIN DECLARE SECTION;
    char qstring[50];
EXEC SQL END DECLARE SECTION;
strcpy(qstring, "SELECT gehalt FROM ang
                WHERE name = ?");
EXEC SQL PREPARE q1 FROM :qstring;
EXEC SQL DECLARE c1 CURSOR FOR q1;
EXEC SQL OPEN c1 USING :y;
EXEC SQL FETCH c1 INTO :x;
EXEC SQL CLOSE c1;
```

8.3.2   Beispielprogramm LADER3

Beispiel LADER3 ist ein Massenladerprogramm. Es ist der gleiche Lader, den wir in Abschnitt 8.1 mit dem CLI und in Abschnitt 8.2 mit JDBC implementiert haben. Das Programm liest den Namen einer Tabelle vom Input und erzeugt eine zweispaltige Tabelle mit dem vorgegebenen Namen und den Spalten TRIALNAME und TRIALVALUE; sodann liest es eine Serie von Namen und Werten aus dem Inputstream und lädt diese in die Tabelle. Zu diesem Zweck erzeugt LADER3 dynamisch eine CREATE TABLE-Anweisung und führt diese aus, sodann wird eine INSERT-Anweisung mit Parametermarkern vorbereitet und für jede zu ladende Zeile einmal ausgeführt. Die folgenden Schritte erläutern die einzelnen Anweisungen unmittelbar im Listing des Programms. Durch ein Vergleichen dieser Schritte mit den entsprechenden in den früheren Beispielprogrammen LADER1 und LADER2 sollte man ein gutes Verständnis für die Unterschiede zwischen den drei dynamischen SQL-Schnittstellen bekommen.

**Schritte und Code für Beispielprogramm LADER3:
Ein Massenlader in Embedded Dynamic SQL**

Schritt 1: Deklariere Variablen. Da Embedded Dynamic SQL einen Precompiler verwendet, müssen sämtliche Programmvariablen, die in SQL-Anweisungen verwendet werden sollen, in einem SQL-Deklarationsteil vereinbart werden.

Schritt 2: Füge den SQL-Kommunikationsbereich (SQLCA) ein. SQLCA ist eine Struktur, die Fehlercodes und -nachrichten, die aus der Ausführung von SQL-Anweisungen resultieren, enthält. Diese wird in der Header-Datei `sqlca.h` deklariert.

Schritt 3: Baue einen Fehlerausgang ein. Man kann eine Marke im Programm angeben, zu der verzweigt wird, sobald eine SQL-Anweisung nicht erfolgreich ausgeführt wird. In unserem Fall soll zur Marke `errorExit` verzweigt werden, sobald ein Fehler erkannt wird.

Schritt 4: Verbindung mit der Datenbank herstellen. Zu diesem Zweck müssen wir eine statische SQL-Anweisung verwenden, da eine CONNECT-Anweisung nicht dynamisch vorbereitet werden kann. Wir geben den Namen der Datenbank in einer Programmvariablen an.

Schritte und Code für Beispielprogramm LADER3:
Ein Massenlader in Embedded Dynamic SQL

```c
#include <sqlenv.h>
#include <stdlib.h>
#include <string.h>
#include <stdio.h>

int main()
   {
   /*
   **   SCHRITT 1: Deklariere Variablen
   */
   EXEC SQL BEGIN DECLARE SECTION;
       char dbname[9] = "testdb";    /* Name der Datenbank          */
       char qstring[100]             /* enthält ein SQL-Statement    */
       char tablename[19];           /* Name eines Experiments       */
       char trialname[19];           /* Name eines Versuchs          */
       double trialvalue;            /* Wert eines Versuchs          */
       short indicator;              /* Indikatorvariable für Versuchswert */
       char  msgbuffer[500];         /* Puffer für DB2-Fehlermeldung   */
   EXEC SQL END DECLARE SECTION;

   int rc;         /* Return Code                  */
   int ntrials;    /* Anz. Versuche im Exp.        */
   int baddata;    /* auf 1 gesetzt falls Daten ungültig */
   int i;          /* Iterationsvariable           */
   double x = 1.0; /* Compilertrick: verwende float     */

   /*
   **   SCHRITT 2: Füge SQLCA ein
   */
   EXEC SQL INCLUDE SQLCA;  /* SQL-Kommunikationsbereich */


   /*
   **   SCHRITT 3: Fehlerausgang einbauen
   */
   EXEC SQL WHENEVER SQLERROR GOTO errorExit;



   /*
   **   SCHRITT 4: Verbinde zur Datenbank
   */
   EXEC SQL CONNECT TO :dbname;
```

**Schritte und Code für Beispielprogramm LADER3:
Ein Massenlader in Embedded Dynamic SQL**

Schritt 5: Lies den Namen des Experiments sowie die Anzahl der Versuche.

Schritt 6: Konstruiere eine CREATE TABLE-Anweisung und führe die aus. Der Name der Tabelle kommt aus der Eingabe, und die Namen und Datentypen ihrer Spalten sind im voraus bekannt. Natürlich könnte man ein allgemeineres Ladeprogramm schreiben, bei dem die Spaltennamen und deren Datentypen ebenfalls durch die Programmeingabe kontrolliert werden.

Wie die Funktion SQLExecDirect() beim CLI, so bereitet die EXECUTE IMMEDIATE-Anweisung unsere CREATE TABLE-Anweisung vor und führt sie noch im selben Schritt aus.

Schritt 7: Bereite eine INSERT-Anweisung mit zwei Parametermarkern (Fragezeichen) vor. Das INSERT wird wiederholt ausgeführt werden, wobei an die Parametermarker jeweils unterschiedliche Werte gebunden werden.

Schritt 8: Lies Daten und füge diese ein. Die Aufgabe des Bindens von Parametermarkern an Variablen wird über die USING-Klausel der EXECUTE-Anweisung erledigt, die die Variablen auflistet, deren Werte für die Parametermarker der betreffenden Anweisung in der angegebenen Reihenfolge zu ersetzen sind. Für jeden Parametermarker, der einen Wert repräsentiert, für den auch ein Nullwert erlaubt ist (der »nullable« ist), müssen wir sowohl eine Programm- wie auch eine Indikatorvariable vorsehen. Somit bindet also die Klausel USING :trialname, :trialvalue :indicator Variablen an zwei Parametermarker: :trialname für den ersten, :trialvalue :indicator für den zweiten Marker.

Wie bei den anderen Versionen des Laderprogramms testet auch LADER3 seine Eingabe auf Gültigkeit; werden ungültige Daten erkannt, wird die Flagge baddata gesetzt und die Schleife verlassen. Falls eine SQL-Anweisung aus irgendeinem Grund scheitert, wird die Kontrolle, wie oben beschrieben, nach errorExit transferiert.

**Schritte und Code für Beispielprogramm LADER3:
Ein Massenlader in Embedded Dynamic SQL**

```
/*
** SCHRITT 5: Lies Experimentnamen und Anz. Versuche
*/
scanf ("%18s %d\n", tablename, &ntrials);

/*
** SCHRITT 6: Konstruiere eine CREATE TABLE-Anweisung
** und führe diese aus
*/
strcpy (qstring, "CREATE TABLE ");
strcat (qstring, tablename);
strcat (qstring,
        " (trialname Varchar(18) NOT NULL,
            trialvalue Double)" );
EXEC SQL EXECUTE IMMEDIATE :qstring;

/*
** SCHRITT 7: Bereite ein INSERT mit 2 Parametermarkern
** vor
*/
strcpy (qstring, "INSERT INTO ");
strcat (qstring, tablename);
strcat (qstring, " VALUES (?, ?)" );
EXEC SQL PREPARE s1 FROM :qstring;

/*
** SCHRITT 8: Ausführen der INSERT-Anweisung
** für jeden Eingabedatensatz
*/
baddata = 0;
for (i=0; i<ntrials; i++)
   {
   rc = scanf("%18s %lf %d\n", trialname,
            &trialvalue, &indicator);
   if (rc != 3 || (indicator != 0 && indicator != -1))
      {
      baddata = 1;       /* ungültige Eingabedaten */
      break;
      }
   EXEC SQL EXECUTE s1 USING :trialname,
                        :trialvalue :indicator;
   }
```

Schritte und Code für Beispielprogramm LADER3:
Ein Massenlader in Embedded Dynamic SQL

Schritt 9: Freigeben oder Zurücksetzen. Nach Abarbeitung der Schleife kann unsere Transaktion freigegeben oder zurückgesetzt werden. Wurden ungültige Eingabedaten entdeckt, werden alle Datenbankänderungen einschließlich der Erzeugung der Tabelle zurückgesetzt; ansonsten werden die Änderungen freigegeben. Wir können hierzu statische SQL-Anweisungen verwenden.

Schritt 10: Aufräumen. Da Embedded Dynamic SQL keine »Handle-Variable« wie das CLI freigeben muß, brauchen wir nur die Verbindung zur Datenbank aufzuheben.

Schritt 11: Fehleranalyse. In diesem Programm ist errorExit keine separate Prozedur, sondern lediglich eine Marke im Programm für einige Anweisungen, die Fehlernachrichten lesen und ausgeben, die Transaktion zurücksetzen und das Programm beenden. Man beachte, daß der Code zur Fehlerbehandlung das WHENEVER SQLERROR CONTINUE vor einem ROLLBACK ausführt, um einen Rücksprung auf sich selbst und ein Festhängen in einer Schleife, falls das ROLLBACK nicht erfolgreich ist, zu vermeiden.

```
/*
**   SCHRITT 9: Commit (oder Rollback, falls ungültige
**   Daten gefunden wurden)
*/
if (baddata)
    {
    EXEC SQL ROLLBACK;
    printf ("Ungültige Eingabedaten, Transaktion
                wird zurückgesetzt.\n");
    rc = -1;
    }
else
    {
    EXEC SQL COMMIT;
    printf ("Daten erfolgreich geladen\n");
    rc = 0;
    }


/*
**   SCHRITT 10: Aufräumen
*/
EXEC SQL CONNECT RESET;
exit(rc);

errorExit:
    /*
    **   SCHRITT 11: Behandlung von SQL-Fehlerbedingungen
    **   durch Lesen und Drucken einer Fehlernachricht
    */
    printf("\nSQL-Fehler, Transaktion zurückgesetzt.\n");
    sqlaintp(msgbuffer, 500, 70, &sqlca);
    printf("Message: %s\n", msgbuffer);

    EXEC SQL WHENEVER SQLERROR CONTINUE;
    EXEC SQL ROLLBACK;
    EXEC SQL CONNECT RESET;
    exit(-2);
    }    /* Ende von main */
```

8.3.3 Der SQLDA-Deskriptor

Verschiedene Anweisungen im Embedded Dynamic SQL verwenden einen Deskriptor zum Transfer von Datentypen und / oder Werten zwischen dem Anwendungsprogramm und der Datenbank. In jedem solchen Fall ist der Deskriptor eine SQLDA genannte Struktur. Eine SQLDA (»SQL Descriptor Area«) ist eine Datenstruktur, die die Datentypen, Längen und Werte einer variablen Anzahl von Daten beschreiben kann. Ein solcher Deskriptor ist flexibler als eine Liste von Wirtsvariablen, da er für unterschiedliche Anzahlen und Typen von Daten dynamisch konfiguriert werden kann. Diese Dynamik ist z.B. wichtig beim Schreiben eines Benutzerschnittstellenprogramms für Ad-hoc-Anfragen, da die Anzahl der Spalten und deren Datentypen bei jedem Anfrageergebnis anders sein werden.

Programme, die Deskriptoren benötigen, können eine Deklaration der SQLDA-Struktur über die folgende Anweisung einbetten:

```
EXEC SQL INCLUDE SQLDA;
```

Diese Anweisung sorgt dafür, daß die folgenden Deklarationen dem betreffenden Programm hinzugeladen werden:

1. Eine Typdefinition für die SQLDA-Struktur,
2. Typdefinitionen für Strukturen mit den Bezeichnungen sqlvar und sqlvar2, die innerhalb der SQLDA-Struktur vorkommen,
3. die Definition eines Makros namens SQLDASIZE(n), das die Größe einer SQLDA-Struktur mit n Einträgen in Byte berechnet; dieses Makro ist zur Allokation von Speicherplatz zur Aufnahme einer SQLDA-Struktur nützlich.

Ein SQLDA-Deskriptor besteht aus einem Header fester Länge, gefolgt von einer variablen Anzahl von Einträgen, genannt sqlvar's, wie in Abbildung 8.3 gezeigt. Der Inhalt der Einträge hängt vom Typ der Anweisung (FETCH, DESCRIBE usw.) ab, jedoch enthält jeder Eintrag im allgemeinen eine Beschreibung einer Wirtsvariablen oder einer Tabellenspalte. Da jeder Deskriptor eine unterschiedliche Anzahl von Einträgen haben kann, muß der Programmierer selbst mit den generischen Typdefinitionen, die man über ein EXEC SQL INCLUDE SQLDA erhält, Speicherplatz für jeden von der betreffenden Anwendung benötigten Deskriptor allokieren.

Der Header des Deskriptors enthält ein »Blickfang«-Feld (Eye-catcher) mit den Buchstaben »SQLDA« sowie drei Integer-Zahlen namens sqldabc, sqln und sqld. Die Felder sqldabc und sqln werden zu dem Zeitpunkt gesetzt, wenn der Deskriptor allokiert wird, und geben die Länge des Deskriptors in Byte sowie die Gesamtzahl seiner Einträge an. Diese Anzahlen bleiben über die Lebensdauer des Deskriptors fest. Das Feld sqld zeigt dagegen an, wie viele Einträge aktuell zum Beschreiben von Spalten oder Wirtsvariablen für eine gegebene SQL-Anweisung in Gebrauch sind. Der Wert von sqld kann sich von einer Anweisung zur nächsten ändern, muß aber immer kleiner oder gleich sqln sein.

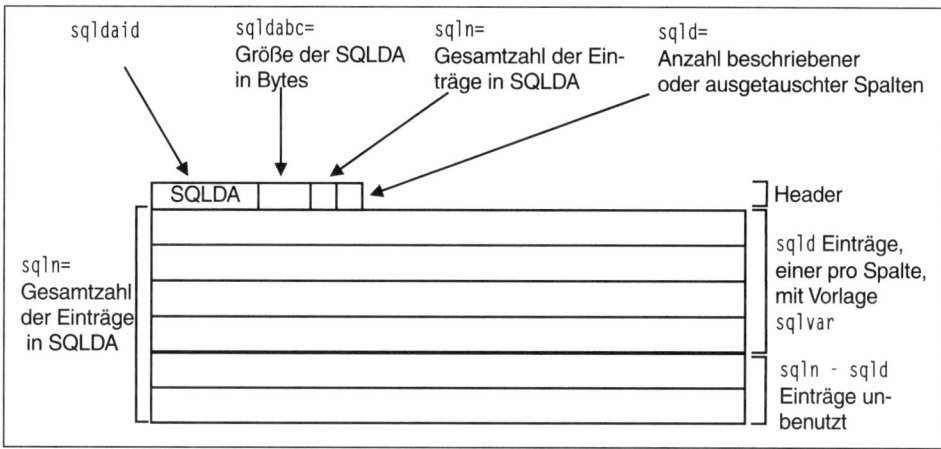

Abbildung 8.3:
Gesamtstruktur eines SQLDA-Deskriptors

Der Inhalt der `sqlvar`-Einträge hängt folgendermaßen von der Benutzung des Deskriptors ab:

1. Wird der Deskriptor in einer PREPARE- oder einer DESCRIBE-Anweisung benutzt, beschreibt jeder `sqlvar`-Eintrag eine Spalte eines Anfrageergebnisses. Der `sqlvar` gibt den Datentyp der Spalte, ihre maximale Länge und den Namen der Spalte (falls vorhanden) an.

2. Wird der Deskriptor in einer OPEN-, FETCH-, EXECUTE- oder CALL-Anweisung benutzt, wird jeder `sqlvar`-Eintrag zum Austausch eines Datenwertes mit der Datenbank benutzt (eines Eingabewertes im Fall von OPEN und EXECUTE, eines Ausgabewertes bei FETCH, bidirektional im Fall eines CALL). Der `sqlvar` gibt in diesem Fall den Datentyp des Wertes sowie Adresse und Länge des vom Wirtsprogramm zur Aufnahme des Wertes allokierten Puffers an. Er kann ferner die Adresse der Indikatorvariablen enthalten, die zur Repräsentation von Nullwerten benutzt wird.

Das Feld `sqltype` eines `sqlvar`-Eintrags gibt den Datentyp des betreffenden Eintrags an. (Die in diesem Feld verwendeten Typcodes findet man in Anhang C.)

Die oben beschriebenen Grundstrukturen von SQLDA und `sqlvar` sind für alle Produkte der DB2-Familie gleich. Die neuen Möglichkeiten von UDB haben andererseits einige Erweiterungen der Art, wie Deskriptoren benutzt werden können, erforderlich gemacht. Diese Erweiterungen waren aus folgenden Gründen nötig:

1. Das Längenfeld eines `sqlvar`-Eintrags belegt nur zwei Byte, was zur Beschreibung der Länge eines LOB-Wertes nicht ausreicht.

2. Man braucht eine Möglichkeit zur Beschreibung des Datentyps einer Spalte, wenn dieser Datentyp benutzerdefiniert ist. Vordefinierte Datentypen können durch vorgegebene Typcodes dargestellt werden, aber bei benutzerdefinierten (einzigartigen) Typen muß man den tatsächlichen Namen des Typs zurückgeben können. Dies erfordert mehr Platz als in einem `sqlvar`-Eintrag vorhanden ist.

Aus diesen Gründen verläßt sich UDB auf das Konzept einer »doppelt großen« SQLDA, die immer dann benutzt wird, wenn man Daten mit LOB- oder benutzerdefiniertem Typ beschreiben oder austauschen muß. Eine doppelt große SQLDA enthält *zwei* Einträge für jeden Datenwert: einen `sqlvar`- und einen `sqlvar2`-Eintrag. Man kann eine doppelt große SQLDA von einer einfach großen unterscheiden, da erstere das Zeichen »2« in Byte 7 des Blickfangfeldes enthält, wie in Abbildung 8.4 gezeigt. Zunächst kommen sämtliche `sqlvar`-Einträge, gefolgt von allen `sqlvar2`-Einträgen. Letztere enthalten die Information, die nicht in die `sqlvar`-Einträge hineinpaßt: die Längen von LOB-Daten und die Typnamen von Daten von einem einzigartigen Typ. Die Felder `sqln` und `sqld` geben nach wie vor die Gesamtzahl der Einträge im Deskriptor bzw. die Anzahl beschriebener Spalten an. Allerdings ist die Beziehung zwischen diesen beiden Anzahlen jetzt eine andere: In einer doppelt großen SQLDA kann `sqld` nicht mehr als die Hälfte von `sqln` betragen.

Die Information für die n-te Spalte (oder den n-ten Datenwert) in einer doppelt großen SQLDA steht in zwei Einträgen: Eintrag Nummer n (Typ `sqlvar`) und Eintrag Nummer `sqld` + n (Typ `sqlvar2`). Der zweite davon enthält nur dann sinnvolle Information, wenn der Datentyp der Spalte (oder des Wertes) ein LOB-Typ oder ein einzigartiger Typ ist. Der eigentliche Inhalt des `sqlvar2`-Eintrags hängt folgendermaßen von der Verwendung des Deskriptors ab:

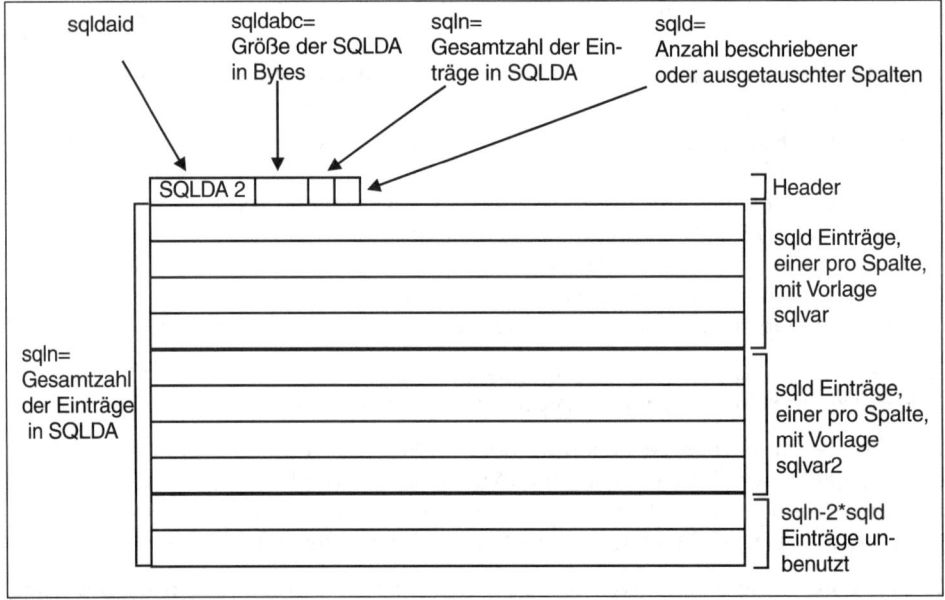

Abbildung 8.4:
Ein doppelt großer SQLDA-Deskriptor

1. Wird der Deskriptor in einer PREPARE- oder einer DESCRIBE-Anweisung benutzt, beschreibt jeder `sqlvar2`-Eintrag die maximale Länge der entsprechenden Spalte (falls es sich um einen LOB-Datentyp handelt) und/oder den Datentyp der Spalte (falls dieser ein einzigartiger Typ ist). Der Datentyp wird vollständig als qualifizierter Name ausgeschrieben, wie z.B. `geometrie.dreieck`.

2. Wird der Deskriptor in einer OPEN-, FETCH-, EXECUTE- oder CALL-Anweisung benutzt, hat jeder ausgetauschte LOB-Wert einen `sqlvar2`-Eintrag, der zwei Arten von Längeninformation enthält: die Länge des Puffers, der den Wert enthält, und einen Zeiger auf einen Puffer, der die aktuelle Länge des Wertes selbst enthält.

Die C-Deklarationen der Strukturen SQLDA, `sqlvar` und `sqlvar2` findet man in `sqllib/include/sqlda.h`; sie sind nachfolgend (mit ein paar Vereinfachungen) angegeben:

```
struct sqlda
{
 char          sqldaid[8]; /* Eye-catcher = 'SQLDA   '
/*********************************************************/
/* Das 7. Byte hat eine spezielle Bedeutung. Falls dort */
/* eine '2' steht, bedeutet dies, daß es doppelt so      */
/* viele sqlvars wie Hostvariablen oder Spalten gibt.    */
/*********************************************************/
 long          sqldabc;    /* SQLDA-Größe in Byte=16+44*SQLN */
 short         sqln;       /* Anzahl von SQLVAR-Elementen  */
 short         sqld;       /* Anz. Spalten oder Wirtsvar.  */
 struct sqlvar sqlvar[1];  /* erstes SQLVAR-Element        */
};
struct sqlvar                /* Variablenbeschreibung */
{
 short         sqltype;   /* Typcode                     */
 short         sqllen;    /* Länge des Datenwerts        */
 char          *sqldata;  /* Zeiger auf Datenwert        */
 short         *sqlind;   /* Zeiger auf Nullindikator    */
 struct sqlname sqlname;  /* Variablenname               */
};

struct sqlvar2               /* Variablenbeschreibung */
{
 union sql8bytelen  len;                 /* 8 Byte Länge, 4 Byte jetzt benutzt */
 char              *sqldatalen;          /* Zeiger auf 4B-Längenpuffer */
 struct sqldistinct_type sqldatatype_name; /* Name eines einzigartigen Typs  */
};

union sql8bytelen
{
 long          reserve1[2];  /* Reserviert für zukünftige 8 Byte-Längen */
 long          sqllonglen;   /* dies wird derzeit benutzt */
};

struct sqldistinct_type      /* Name eines einzigartigen Typs  */
{
 short         length;    /* Namenslänge [1..27]  */
 char          data[27];  /* einziga. Typname     */
 char          reserved1[3];  /* Reserviert       */
};
```

8.3.4 Verwendung einer SQLDA in einer PREPARE- oder DESCRIBE-Anweisung

Der SQLDA-Deskriptor wird in PREPARE- sowie in DESCRIBE-Anweisungen zur Untersuchung des »Aussehens« eines Anfrageergebnisses benutzt, d.h. Anzahl der Spalten in der Ergebnismenge sowie Datentypen und Namen (falls vorhanden) dieser Spalten. Hierzu muß man zunächst einen Deskriptor hinreichender Größe zuweisen. Diesem Zweck dient das Makro SQLDASIZE(n), das die Größe einer SQLDA-Struktur mit n Einträgen (in Bytes) berechnet.

Man sollte einen Deskriptor mit mindestens 2n Einträgen allokieren, wobei n die maximale Anzahl von Spalten ist, die man in irgendeiner Ergebnismenge, die man DESCRIBEn will, erwartet. (Falls man sicher ist, daß kein Ergebnis jemals einen LOB- oder einen einzigartigen Typ enthalten wird, reichen n Einträge statt 2n.)

Das folgende Beispiel allokiert Speicherplatz für einen Deskriptor mit 50 Einträgen und setzt die Werte der Felder sqln (Gesamtzahl der Einträge) und sqldabc (Gesamtgröße in Byte) entsprechend.

```
short numEntries = 50;
short bytesNeeded = SQLDASIZE(numEntries);
struct sqlda *daptr;
daptr = (struct sqlda *)malloc(bytesNeeded);
daptr->sqln = numEntries;
daptr->sqldabc = bytesNeeded;
```

Nach Ausführung einer PREPARE- oder DESCRIBE-Anweisung sollte man den resultierenden SQLCODE (oder SQLSTATE) inspizieren, um sicherzugehen, daß der Deskriptor groß genug für das Ergebnis war. War er zu klein, erhält man einen der in Tabelle 8.2 angegebenen Return Codes.

SQLCODE	SQLSTATE	Bedeutung
+236	01005	Der Deskriptor war zu klein, und die Ergebnismenge enthält keine LOBs oder einzigartigen Typen. Die Anzahl der Spalten der Ergebnismenge wird in sqld zurückgegeben. Man muß einen neuen Deskriptor allokieren, der mindestens so viele Einträge hat, und es dann erneut versuchen.
+237 +238 +239	01594 01005 01005	Der Deskriptor war zu klein, und die Ergebnismenge enthält einige LOBs und/oder einzigartige Typen. Die Anzahl der Spalten der Ergebnismenge wird in sqld zurückgegeben. Man muß einen neuen Deskriptor allokieren, der mindestens doppelt so viele Einträge hat, und es dann erneut versuchen.

Tabelle 8.2:
Return Codes von PREPARE- und DESCRIBE-Anweisungen

Das folgende Codefragment illustriert den Prozeß des Untersuchens eines Deskriptors nach Ausführung einer DESCRIBE-Anweisung sowie des Reallokierens eines größeren Deskriptors, falls nötig:

```
short entriesNeeded, bytesNeeded;
entriesNeeded = 0;
/* daptr zeige auf eine SQLDA-Struktur */
EXEC SQL DESCRIBE s1 INTO :*daptr;
if (SQLCODE == 236)
    entriesNeeded = daptr->sqld;
if (SQLCODE == 237 || SQLCODE == 238 || SQLCODE == 239)
    entriesNeeded = 2 * daptr->sqld;
if (entriesNeeded > 0)
    {                    /* alte SQLDA war zu klein */
    free(daptr);
    bytesNeeded = SQLDASIZE(entriesNeeded);
    daptr = (struct sqlda *)malloc(bytesNeeded);
    daptr->sqln = entriesNeeded;
    daptr->sqldabc = bytesNeeded;
    EXEC SQL DESCRIBE s1 INTO :*daptr;
    }
```

Nachdem die betreffende PREPARE- bzw. DESCRIBE-Anweisung erfolgreich ausgeführt wurde, enthält das siebte Byte des Felds `sqldaid` das Zeichen »2«, falls der Deskriptor von doppelter Größe ist. Die folgenden Makros wurden (in `sqlda.h`) zur Vereinfachung des Testens (und Setzens) des Zeichens, das doppelte Größe anzeigt, definiert:

`GETSQLDOUBLED(daptr)`: Wird zu 1 ausgewertet, falls `daptr` auf einen doppelt großen Deskriptor zeigt, und sonst zu 0.

`SETSQLDOUBLED(daptr, newvalue)`: Setzt das Indikatorzeichen für doppelte Größe eines gegebenen Deskriptors auf einen neuen Wert. Zum Anzeigen doppelter Größe verwende man `SETSQLDOUBLED(daptr, SQLDOUBLED)`, zum Anzeigen einfacher `SETSQLDOUBLED(daptr, SQLSINGLED)`.

Die Einzelheiten der von PREPARE und DESCRIBE gelieferten Deskriptorstrukturen sind in Abbildung 8.5 gezeigt. Die `sqlvar`-Einträge geben die Namen und Datentypen aller Spalten in der Ergebnismenge an, und zwar unter Verwendung der in Anhang C aufgelisteten Typcodes. Für jede Spalte, die von einem einzigartigen Typ ist, enthält der `sqlvar2`-Eintrag den vollen Namen des einzigartigen Typs, und der `sqlvar`-Eintrag enthält den Typcode des zugrundeliegenden Basisdatentyps. Da einzigartige Typen die gleiche Darstellung wie ihre unterliegenden Basistypen haben, kann man den `sqltype` im `sqlvar`-Eintrag zur Angabe des richtigen Typs einer Variablen beim Datenaustausch mit dieser Spalte benutzen.

Das Feld `sqllen` eines `sqlvar`-Eintrags gibt die maximale Länge des durch den Eintrag beschriebenen Werts in Byte an, und zwar für sämtliche Datentypen außer Decimal und die LOB-Typen. Für den Datentyp Decimal enthält das Feld `sqllen` die Genauigkeit (erstes Byte) und die Anzahl der Nachkommastellen (zweites Byte) des Datenwerts. Genauigkeit und Anzahl der Nachkommastellen können separat gelesen werden, wie im folgenden Beispiel gezeigt (wobei angenommen ist, daß `daptr` auf einen SQLDA zeigt, dessen `n`-ter Eintrag einen Decimal-Wert beschreibt):

```
precision = ((char *)&(daptr->sqlvar[n].sqllen))[0];
scale     = ((char *)&(daptr->sqlvar[n].sqllen))[1];
```

Für LOB-Datentypen wird das Feld `sqllen` des `sqlvar`-Eintrags auf 0 gesetzt, und die maximale Länge des Datenwertes wird im Feld `len.sqllonglen` von `sqlvar2` angezeigt. Es gibt zwei Makros (in `sqlda.h`), mit denen man die Information über eine »große Länge« in einem `sqlvar2`-Eintrag lesen (und setzen) kann. Da Daten mit großer Länge ausgerichtet sind, sollte man diese Makros benutzen, anstatt auf die betreffenden Felder direkt zuzugreifen. Die Makros lauten wie folgt:

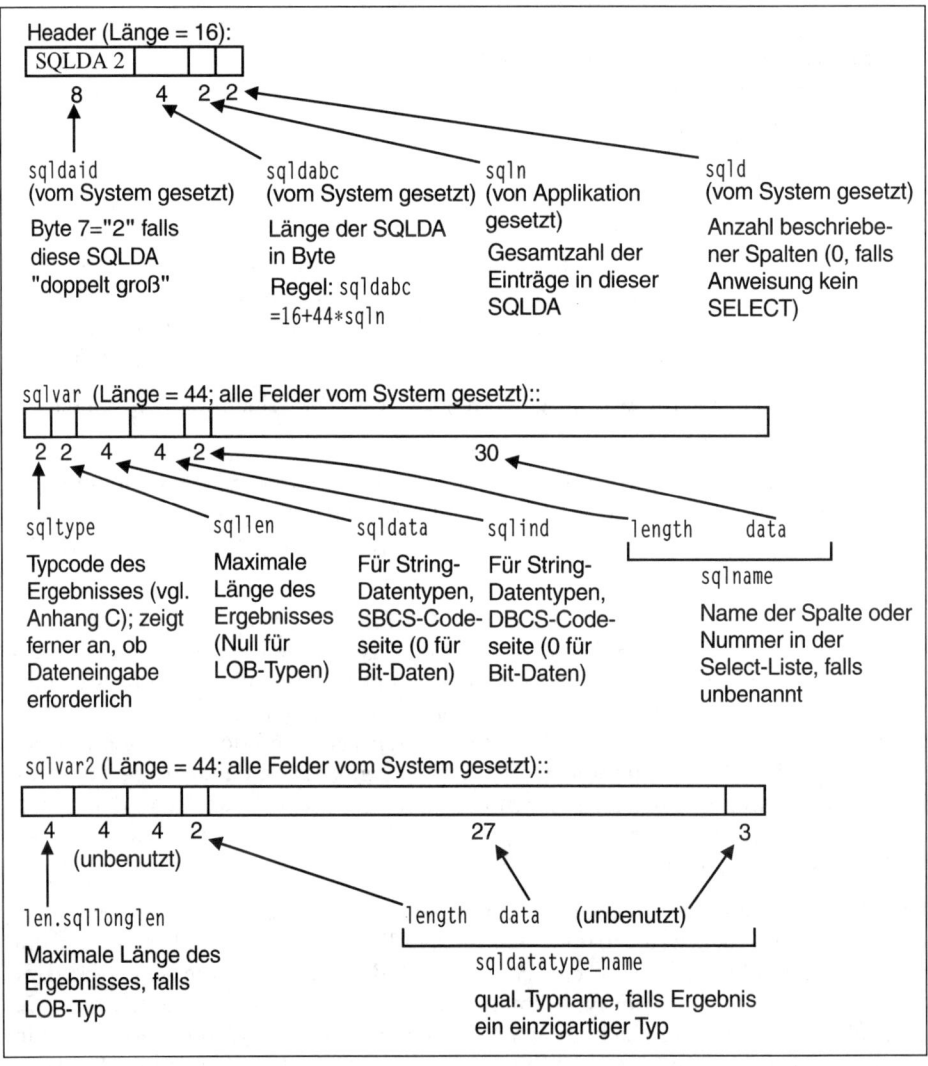

Abbildung 8.5:
Von PREPARE- bzw. DESCRIBE-Anweisungen zurückgelieferte SQLDA-Strukturen

GETSQLDALONGLEN(daprt, n): Wird zu dem 4-Byte-Feld len.sqllonglen des sqlvar2-Eintrags ausgewertet, der der n-ten Spalte eines gegebenen Deskriptors entspricht.

SETSQLDALONGLEN(daptr, n, length). Setzt das Feld len.sqllonglen des sqlvar2-Eintrags, der der n-ten Spalte eines gegebenen Deskriptors entspricht. Man verwende dieses Makro zur Angabe der Länge des Datenpuffers, den man für Ein- und Ausgabe eines LOB-Wertes alloziert hat.

 **TIP:** Ein einfacher Weg, einen SQLDA-Deskriptor zu bekommen, den man für ein Einfügen oder Aktualisieren von Zeilen in einer Tabelle T benutzen kann, ist eine Anwendung von PREPARE und DESCRIBE auf die Anweisung SELECT * FROM t.

8.3.5 Verwendung einer SQLDA in einer OPEN-, FETCH-, EXECUTE- oder CALL-Anweisung

Eine weitere Verwendung eines SQLDA-Deskriptors ist zum eigentlichen Austausch von Daten zwischen einem Anwendungsprogramm und der Datenbank. In einer OPEN- oder einer EXECUTE-Anweisung sind die ausgetauschten Werte Eingabewerte, die für die Parametermarker in einer zuvor vorbereiteten Anweisung substituiert werden. In einer FETCH-Anweisung sind die ausgetauschten Werte Ausgabewerte, die an Variablen oder Puffer im Anwendungsprogramm übergeben werden. Diese Puffer können auf der Grundlage von Informationen alloziert worden sein, die von einer vorhergehenden PREPARE- oder DESCRIBE-Anweisung geliefert wurden. In einer CALL-Anweisung werden Daten in beide Richtungen zwischen einer gesicherten Prozedur und einem Client-Programm ausgetauscht. (Gesicherte Prozeduren werden in Kapitel 9 behandelt.)

Die Einzelheiten der in OPEN-, FETCH-, EXECUTE- und CALL-Anweisungen verwendeten SQLDA-Strukturen sind in Abbildung 8.6 gezeigt.

Das Feld sqlname der sqlvar-Struktur hat in einer CALL-Anweisung eine spezielle Bedeutung: Ein Name bestehend aus 4 Byte binärer Nullen zeigt an, daß es sich bei dem Datenwert um eine binäre Zeichenreihe handelt und daß auf diesem Wert keine Codeseiten-Konversion durchgeführt werden soll, wenn er zwischen einem Client-Programm und einer gesicherten Prozedur ausgetauscht wird. Falls eine SQLDA zum Austausch binärer Zeichenreihen (wie z.B. Varchar FOR BIT DATA) in einer CALL-Anweisung benutzt wird, sollte das sechste Byte ihres sqldaid-Feldes auf das Zeichen »+« gesetzt werden. (Die Verwendung der CALL-Anweisung zum Austausch von Daten zwischen einem Client-Programm und einer gesicherten Prozedur wird in Abschnitt 9.2.1 behandelt.)

Wie üblich werden die sqlvar2-Einträge im Deskriptor zum Vorhalten von Information über LOB-Datenwerte benutzt. Bei Benutzung in einer OPEN-, FETCH-, EXECUTE- oder CALL-Anweisung enthalten die sqlvar2-Einträge zwei Arten von Längeninformation:

1. Die Länge des für Ein- bzw. Ausgabe des LOB-Wertes allozierten Puffers ist in sqlvar2.len enthalten. Diese Längeninformation sollte durch die bereits beschriebenen Makros GETSQLDALONGLEN und SETSQLDALONGLEN gelesen bzw. gesetzt werden.

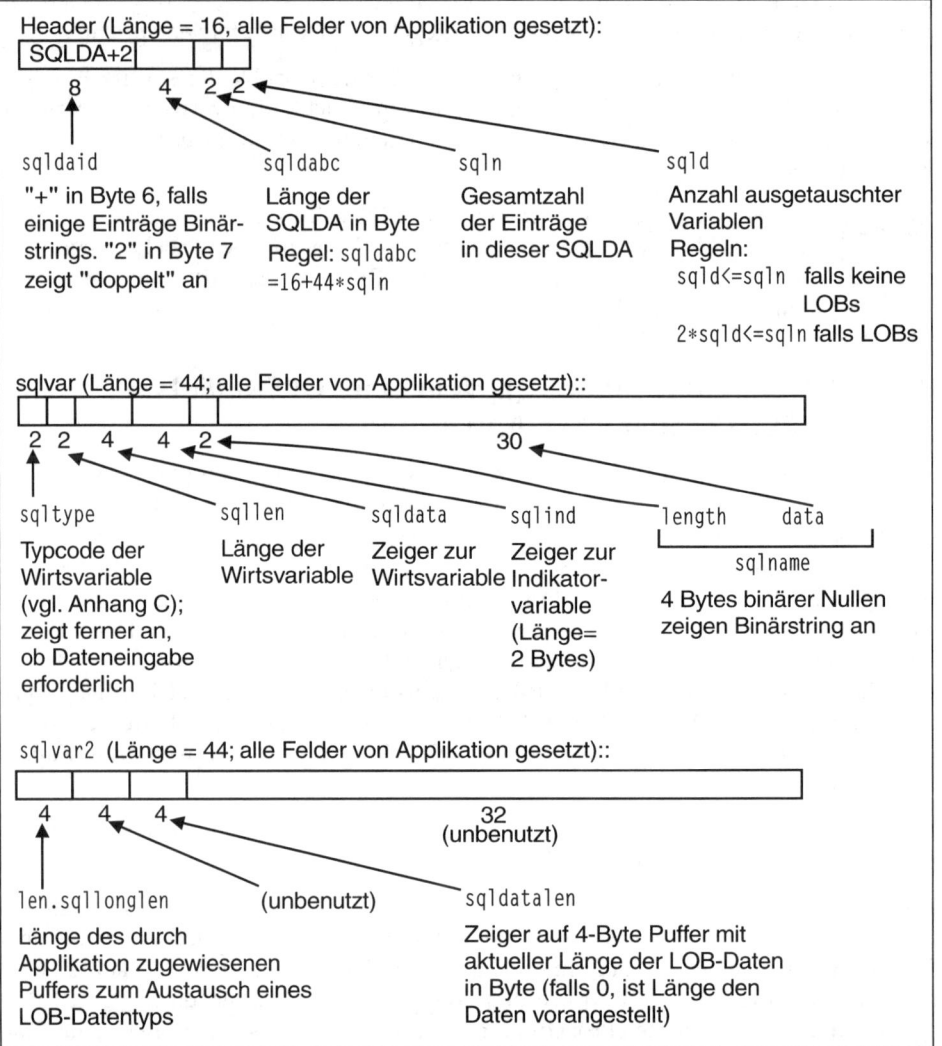

Abbildung 8.6:
Verwendung eines SQLDA-Deskriptors in OPEN-, FETCH-, EXECUTE- bzw. CALL-Anweisungen

2. Die eigentliche Länge eines individuellen LOB-Wertes ist in einem 4-Byte-Puffer enthalten, auf den `sqlvar2.sqldatalen` zeigt. Dieser Zeiger ermöglicht für LOB-Daten ein separates Verwalten der Informationen über die tatsächliche Länge und des Wertes selbst. Wird der Zeiger auf NULL gesetzt, ist die Information über die aktuelle Länge in den ersten vier Bytes des LOB-Wertes selbst enthalten. Es gibt (in `sqlda.h`) die folgenden Makros zum Lesen bzw. Setzen des Zeiger auf die aktuelle Länge:

- `GETSQLDALENPTR(daptr, n)`: Liefert den Zeiger auf die aktuelle Länge aus dem `sqlvar2`-Eintrag, der der n-ten Spalte eines gegebenen Deskriptors entspricht.

- SETDQLDALENPTR(daptr, n, lenptr): Setzt den Zeiger auf die aktuelle Länge in demjenigen sqlvar2-Eintrag, der der n-ten Spalte des gegebenen Deskriptors entspricht.

Bevor ein von einer DESCRIBE-Anweisung zurückgegebener Deskriptor in einer FETCH-Anweisung verwendet werden kann, müssen ihm die folgenden Informationen für jeden zu holenden Wert hinzugefügt werden:

▶ die Adresse, in die die Daten geholt werden sollen,

▶ die Länge des unter dieser Adresse zugewiesenen Puffers, der die Daten aufnehmen soll,

▶ die Adresse der Nullindikatorvariablen (falls vorhanden).

Die Aufgabe der Vorbereitung eines Deskriptors zur Verwendung in einer FETCH-Anweisung besteht aus einer Allokation von hinreichend großen Puffern und einer Ablage von deren Adressen und Längen in den entsprechenden Feldern des Deskriptors. Für Spalten, die Nullwerte zulassen (was durch ungerade Typcodes angezeigt wird), müssen eine 2-Byte-Nullindikatorvariable und ein Puffer für den Spaltenwert allokiert werden. Die Größe, die pro Spalte für den Puffer benötigt wird, ist aus dem Feld sqlvar.sqllen dieser Spalte ablesbar, es sein denn, deren Datentyp ist Decimal oder eine LOB-Typ. Damit weist das folgende Codefragment hinreichend große Puffer für alle Spalten zu außer denen, die Decimal- oder LOB-Daten enthalten (es wird angenommen, daß daptr auf einen Deskriptor zeigt, der von einer DESCRIBE-Anweisung zurückgegeben wurde):

```
for (i = 0; i < daptr->sqld; i++)
  {
  daptr->sqlvar[i].sqldata =
        (char *)malloc(daptr->sqlvar[i].sqllen);
  if (daptr->sqlvar[i].sqltype % 2 == 1)
    daptr->sqlvar[i].sqlind = (short *)malloc(2);
  }
```

TIP: Man vergesse nicht, den sqlind-Zeiger für alle Spalten, die Nullwerte erlauben, zu setzen. Bleibt dieser Zeiger uninitialisiert, wird das System trotzdem versuchen, über diesen zu speichern, und das Programm wird wahrscheinlich abstürzen.

Für einige Typen von Daten gibt es hinsichtlich des Typs Puffer, den man zum Datenaustausch benutzt, eine gewisse Flexibilität. Gibt DESCRIBE z.B. für eine gegebene Spalte einen Typcode von 448 (was Varchar bedeutet) zurück, so kann man diesen entweder unverändert lassen und die Daten in Längenpräfixform austauschen oder ihn in 460 verändern und die Daten in null-terminierter Form austauschen (wobei ein zusätzliches Byte für den Nullterminator benötigt wird).

Spalten von einem LOB-Typ bieten die meiste Flexibilität hinsichtlich eines Datenaustauschs. Nehmen wir z.B. an, daß daptr nach einer DESCRIBE-Anweisung auf einen Deskriptor zeigt, in dem der fünfte Eintrag einen sqltype-Code von 408 hat, was anzeigt, daß es sich um eine nicht auf null setzbare Clob-Spalte handelt. Man kann ein Holen der Werte in dieser Spalte auf jede der folgenden Weisen vorbereiten:

1. Man bestimme die maximale Länge der Spalte mit Hilfe des Makros `GETSQLDALONG-LEN`, allokiere einen Speicherpuffer mindestens dieser Größe und lege dessen Adresse im entsprechenden `sqlvar.sqldata`-Feld ab. Dann verwende man das Makro `SETSQLDALENPTR` zum Anzeigen, wohin die Information über die tatsächliche Länge geliefert werden soll. Der Code könnte damit wie folgt aussehen:

```
int n = 5;        /* (verwende richtige Spaltenanzahl) */
long maxLen       /* max. Länge der Clob-Spalte         */
long actLen;      /* tatsächliche Länge der Clob-Daten  */
char *buffPtr;    /* zeigt auf einen Puffer für Daten   */
sqlvar *var1Ptr;  /* sqlvar-Eintrag für diese Spalte    */
var1Ptr = (struct sqlvar *) &(daptr->sqlvar[n]);
maxLen = GETSQLDALONGLEN(daptr, n);
                       /* hole max. Länge der Spalte */
buffPtr = (char *)malloc(maxLen);
                       /* allokiere Datenpuffer       */
var1Ptr->sqldata = buffPtr;
                       /* setze Adr. des Datenpuffers */
SETSQLDALENPTR(daptr, n, &actLen);
                       /* setze Adr. des Längenpuffers */
```

Jetzt ist diese Spalte bereit für ein FETCH. Nach jedem FETCH befinden sich die Daten in `*buffPtr` und deren aktuelle Länge in `actLen`.

2. Man deklariere eine Clob-Dateireferenzstruktur (`struct sqlfile`, zu finden in `sql.h`) oder allokiere diese dynamisch und lege ihre Adresse im Zeiger `sqlvar.sqldata` für die betreffende Spalte ab. Sodann ändere man `sqlvar.sqltype` von SQL_TYP_CLOB (408) in SQL_TYP_CLOB_FILE (808) zum Anzeigen, daß die Daten in einer Datei abgelegt werden sollen. In der Dateireferenzstruktur lege man den Namen der Datei ab, in die die Clob-Ausgabe geschrieben werden soll. Jede FETCH-Anweisung ersetzt dann die Datei mit einem neuen Clob-Wert (oder hängt einen solchen an die Datei an). Der Code könnte damit wie folgt aussehen:

```
int n = 5;          /* (verwende richtige Spaltenanzahl) */
struct sqlfile fileRef; /* eine Dateireferenzstruktur */
sqlvar *var1Ptr;    /* sqlvar-Eintrag für diese Spalte */
var1Ptr = (struct sqlvar *) &(daptr->sqlvar[n]);
strcpy(fileRef.name, "clobfile.txt");
                         /* initialisiere Dateiref. */
fileRef.name_length = strlen(fileRef.name);
fileRef.file_options = SQL_FILE_APPEND;
                         /* hänge Daten an Datei an */
var1Ptr->sqltype = SQL_TYP_CLOB_FILE;
                         /* gewünschter Ausgabetyp */
var1Ptr->sqldata = (char *)&fileRef;
                         /* Adr. der Dateiref      */
var1Ptr->sqllen = SQL_LOBFILE_LEN;
                         /* Grösse der Dateiref.    */
```

Die Spalte ist jetzt für ein FETCH bereit. Jedes FETCH hängt einen neuen Clob an die Ausgabedatei mit dem Namen `clobfile.txt` an und gibt die neue Länge der Datei in `fileRef.data_length` zurück.

3. Man lege die Adresse eines Clob-Lokators im Zeiger `sqlvar.sqldata` für die gegebene Spalte ab. Sodann ändere man `sqlvar.sqltype` von SQL_TYP_CLOB (408) in SQL_TYP_CLOB_LOCATOR (964) zum Anzeigen, daß man einen Lokator anstelle der eigentlichen Daten erhalten möchte. Nach jedem FETCH erhält man dann einen Lokator, den man zur Manipulation der LOB-Daten verwenden kann, ohne deren Bits tatsächlich lesen zu müssen. Der Code könnte wie folgt aussehen:

```
EXEC SQL BEGIN DECLARE SECTION;
    SQL TYPE IS CLOB_LOCATOR locator1;
EXEC SQL END DECLARE SECTION;
int n = 5;        /* (verwende richtige Spaltenanzahl) */
sqlvar *var1Ptr;    /* sqlvar-Eintrag für diese Spalte */
var1Ptr = (struct sqlvar *) &(daptr->sqlvar[n]);
var1Ptr->sqltype = SQL_TYP_CLOB_LOCATOR;  /* gewünschter Ausgabetyp */
var1Ptr->sqldata = (char *)&locator1;    /* Adr. des Lokatorpuffers */
var1Ptr->sqllen = sizeof(long);          /* Länge des Lokatorpuffers */
```

Die Spalte ist damit für ein FETCH bereit. Nach jedem FETCH befindet sich ein neuer Lokator in `locator1`. Nachdem man einen Lokator geholt hat, kann man diesen zum teilweisen oder vollständigen Lesen des eigentlichen Clob-Wertes benutzen. Eine Möglichkeit hierzu bietet die VALUES-Anweisung, wie unten gezeigt. Wird der Lokator nicht mehr benötigt, kann man ihn über eine FREE LOCATOR-Anweisung freigeben.

```
EXEC SQL BEGIN DECLARE SECTION;
    char clobValue[101];
EXEC SQL END DECLARE SECTION;
/* Hole die ersten 100 Byte des Clob */
EXEC SQL VALUES(substr(:locator1, 1, 100))
        INTO :clobValue;
/* Gib Lokator frei, falls nicht mehr benötigt */
EXEC SQL FREE LOCATOR :locator1;
```

8.3.6 Beispielprogramm ANFRAGE3

Als Beispiel für die Verwendung eines SQLDA-Deskriptors schreiben wir eine interaktive Anfrageschnittstelle mit Embedded Dynamic SQL. Das folgende Programm ANFRAGE3 ist funktional zum CLI-Programm ANFRAGE1 aus Abschnitt 8.1 äquivalent. Es lohnt sich, die beiden Programme Schritt für Schritt zu vergleichen.

Der Zweck dieser einfachen Anfrageschnittstelle ist, daran sei erinnert, eine SQL-Anweisung von einem interaktiven Benutzer entgegenzunehmen, diese auszuführen und die Ergebnisse anzuzeigen. Wie vorher halten wir das Programm einfach, indem wir nur Anfragen behandeln und verlangen, daß das Ergebnis genau eine Spalte umfaßt, die entweder vom Datentyp Double oder vom Typ Clob ist.

Schritte und Code für Beispielprogramm ANFRAGE3:
Eine Anfrageschnittstelle in eingebettetem dynamischem SQL

Schritt 1: Deklarieren von Variablen. In Embedded Dynamic SQL müssen alle zum Arbeiten mit der Datenbank benötigten Variablen in einem SQL-Deklarationsteil deklariert werden.

Schritt 2: Allokieren eines SQLDA-Deskriptors für unsere Anfragen. In diesem Beispiel verlangen wir, daß alle Ergebnisse nur eien einzige Spalte haben, so daß wir die notwendige Größe der SQLDA im voraus bestimmen können. Unsere SQLDA muß zwei sqlvar-Einträge enthalten, da man zwei Einträge zur Beschreibung einer einzigen Spalte vom Typ Clob benötigt. Wäre die Anzahl der Spalten im Ergebnis unbekannt, müßten wir einen Deskriptor unter Anwendung der in Abschnitt 8.3.4 beschriebenen Techniken allokieren. Nach Allokation der SQLDA schalten wir deren Flagge für »doppelte Größe« ein und sorgen durch Setzen des Feldes sqln auf 2 dafür, daß sie ihre eigene Länge beschreibt.

Schritte und Code für Beispielprogramm ANFRAGE3:
Eine Anfrageschnittstelle in eingebettetem dynamischem SQL

```c
#include <stdlib.h>
#include <string.h>
#include <stdio.h>
#include <sqlenv.h>

EXEC SQL INCLUDE SQLCA;

int main()
   {
   /*
   **   SCHRITT 1: Deklarieren von Variablen
   */
   EXEC SQL BEGIN DECLARE SECTION;
      char dbname[9] = "testdb";    /* Name der Datenbank */
      char  qstring[100];        /* Puffer für SQL-Anfrage */
      double answerDouble;
                /* Antwortdaten (falls vom Typ DOUBLE) */
      SQL TYPE IS CLOB_LOCATOR answerLocator;
                /* Antwortlokator (falls vom Typ CLOB) */
      char answerString[11];
                /* Antwortpuffer (falls vom Typ CLOB)  */
      short nullindicator;
                    /* wird -1, falls Antwort null      */
      char  msgbuffer[500];
                    /* Puffer für DB2-Fehlermeldung    */
   EXEC SQL END DECLARE SECTION;

   char *colnameptr;          /* Name der Ergebnisspalte  */
   short colnamelen;
                    /* aktuelle Länge der Ergebnisspalte */
   short coltype;             /* Typ der Ergebnisspalte */

   struct sqlda  *sqldaptr;
                        /* zeigt auf allokierte sqlda */

   /*
   **   SCHRITT 2: Allokieren einer SQLDA mit zwei SQLVARs.
   **   (Man braucht zwei SQLVARs zur Beschreibung einer
   **   einer einzigen CLOB-Spalte.)
   */
   sqldaptr = (struct sqlda*) malloc( SQLDASIZE(2) );
   sqldaptr->sqln = 2;
   SETSQLDOUBLED(sqldaptr, SQLDOUBLED);
```

Schritte und Code für Beispielprogramm ANFRAGE3:
Eine Anfrageschnittstelle in eingebettetem dynamischem SQL

Schritt 3: Verbindung mit der Datenbank herstellen.

Schritt 4: Aufbau einer Fehlerbehandlungsmöglichkeit. Generell wollen wir, falls bei der Verarbeitung einer SQL-Anweisung ein Fehler erkannt wird, den Fehlercode anzeigen und dann den Benutzer zur Eingabe einer neuen Anfrage auffordern. Die WHENEVER-Anweisung sorgt dafür, daß dies passiert, indem sie das System anweist, an das Ende der Anfrageschleife zu verzweigen, sobald ein Fehler erkannt wird. Unerwartete Fehler in den in das Programm eingebauten SQL-Anweisungen werden auf die gleiche Weise wie Fehler des Benutzers behandelt.

Schritt 5: Der Benutzer wird zur Eingabe einer SQL-Anweisung aufgefordert; sie wird in den Puffer qstring eingelesen.

Schritt 6: Die Anfrage wird vorbereitet, und es wird eine Beschreibung des Ergebnisses hergestellt. Die Anweisungen PREPARE und DESCRIBE hätten zu einem PREPARE INTO kombiniert werden können. War die Eingabe keine gültige SQL-Anweisung, verzweigt das Programm automatisch zur Marke nextquery. War die Eingabe jedoch ein gültiges SQL-Statement, können wir darüber durch Inspektion des sqld-Feldes des Deskriptors etwas in Erfahrung bringen. Ist sqld gleich 0, war die Eingabe eine gültige Anweisung, aber keine Anfrage, so daß wir alle Veränderungen, die bereits an der Datenbank ausgeführt sein könnten, zurücksetzen müssen. Ist sqld größer als 0, gibt dieses Feld die Anzahl der Spalten im Ergebnis an. Ist diese Zahl größer als 1, drucken wir eine Fehlermeldung und fragen nach der nächsten Anfrage.

Schritte und Code für Beispielprogramm ANFRAGE3:
Eine Anfrageschnittstelle in eingebettetem dynamischem SQL

```
/*
**  SCHRITT 3: Verbinden zur Datenbank und Return Code
**  testen (liefere Userid und Passwort, falls nötig)
*/
EXEC SQL CONNECT TO :dbname;
if (SQLCODE < 0)
   {
   printf("Fehler beim Verbinden zur Datenbank\n");
   exit(1);
   }

/*
**  SCHRITT 4: Aufbau einer Fehlerbehandlung
*/
EXEC SQL WHENEVER SQLERROR GO TO nextquery;




/*
**  SCHRITT 5: Lies eine SQL-Anweisung vom Benutzer
*/
printf("\nGeben Sie eine Anfrage ein oder eine leere
         Zeichenreihe zum Beenden:\n");
gets(qstring);

while (strlen(qstring)>0)
   {
   /*
   **  SCHRITT 6: Vorbereiten der Anfrage, Herstellen
   **  einer Beschreibung der Ergebnismenge
   */
   EXEC SQL PREPARE Q1 FROM :qstring;

   EXEC SQL DESCRIBE Q1 into :*sqldaptr;

   if (sqldaptr->sqld == 0)
      {
      printf("Ihre Anweisung war keine gültige
               Anfrage.\n");
      printf("Alle Veränderungen werden
               zurückgesetzt.\n");
```

Schritte und Code für Beispielprogramm ANFRAGE3:
Eine Anfrageschnittstelle in eingebettetem dynamischem SQL

Schritt 7: Nach der Feststellung, daß die Benutzereingabe eine gültige Anfrage mit einspaltigem Ergebnis war, können wir den Namen der Spalte drucken; ihn findet man im sqlname-Feld des ersten sqlvar-Eintrags im Deskriptor.

Schritt 8: Zum Holen der Ergebnismenge muß ein Cursor geöffnet werden. Der Cursor unterhält eine Position in der Ergebnismenge, während wir diese zeilenweise lesen. Das explizite Öffnen ist in Embedded Dynamic SQL im Unterschied zum CLI notwendig, da eine CLI-Anweisungsvariable als impliziter Cursor dient.

Nach Öffnen des Cursors verzweigen wir in Abhängigkeit vom Datentyp der Ergebnisspalte, den man im sqltype-Feld des ersten sqlvar-Eintrags im Deskriptor findet.

Schritt 9: Falls der Datentyp der Ergebnisspalte SQL_TYP_NFLOAT lautet (nullsetzbare Gleitkommazahl doppelter Genauigkeit), müssen wir eine Spalte von Gleitkommazahlen lesen und anzeigen. Der erste Schritt besteht in einem Ablegen der Adressen unseres Antwortpuffers für den Typ Double sowie der Indikatorvariablen im SQLDA-Deskriptor. Danach wird bei jeder Ausführung einer FETCH-Anweisung ein Antwortwert in den Puffer geschrieben. Wir setzen das Holen und Anzeigen von Werten (und das Testen der Indikatorvariablen auf Nullwerte) so lange fort, bis wir einen SQLCODE von 100 erhalten, was anzeigt, daß das Ende der Ergebnismenge erreicht ist.

Schritte und Code für Beispielprogramm ANFRAGE3:
Eine Anfrageschnittstelle in eingebettetem dynamischem SQL

```
EXEC SQL ROLLBACK;
   }
else if (sqldaptr->sqld > 1)
   printf("Das Ergebnis hat mehr als eine Spalte.\n");
else    /* sqld ist genau 1 */
   {
   /*
   ** SCHRITT 7: Drucke den Spaltennamen
   */
   colnamelen = sqldaptr->sqlvar[0].sqlname.length;
   colnameptr = sqldaptr->sqlvar[0].sqlname.data;
   printf("%*.*s\n", colnamelen, colnamelen, colnameptr);
   printf("-----------------\n");

   /*
   ** SCHRITT 8: Öffnen eines Cursors auf dem Erg.
   */
   EXEC SQL DECLARE C1 CURSOR FOR Q1;
   EXEC SQL OPEN C1;

   coltype = sqldaptr->sqlvar[0].sqltype;
   switch(coltype)
      {
      case SQL_TYP_NFLOAT:
        /*
        ** SCHRITT 9: Holen einer Spalte von
        ** Antworten vom Typ Double und Anzeigen dieser
        */
        sqldaptr->sqlvar[0].sqldata = (char *) &answerDouble;
        sqldaptr->sqlvar[0].sqllen = 8;
        sqldaptr->sqlvar[0].sqlind = &nullindicator;
        EXEC SQL
              FETCH C1 USING DESCRIPTOR :*sqldaptr;
        if (SQLCODE == 100)
           printf("Ergebnismenge ist leer.\n");
        else while (SQLCODE >= 0 && SQLCODE != 100)
           {
           if (nullindicator < 0)
                              printf("(Null)\n");
           else printf("%f\n", answerDouble);
           EXEC SQL
              FETCH C1 USING DESCRIPTOR :*sqldaptr;
           }
        break;    /* Ende Fall DOUBLE */
```

Schritte und Code für Beispielprogramm ANFRAGE3:
Eine Anfrageschnittstelle in eingebettetem dynamischem SQL

Schritt 10: Falls der Datentyp der Ergebnisspalte SQL_TYP_NCLOB lautet (nullsetz-barer Clob), müssen wir eine Spalte von Clob-Daten holen und anzeigen. Wie in der CLI-Version unseres Beispielprogramms holen wir jeden Clob in Form eines Lokators und benutzen diesen dann zum Lesen der ersten 10 Byte des eigentlichen Clob-Wertes. Der erste Schritt besteht in einem Ablegen der Adresse unserer Variablen answerLocator im Deskriptor, und zwar zusammen mit einem Code, der anzeigt, daß wir Werte in Lokatorform lesen wollen. Jedes FETCH liefert einen weiteren Lokator an unsere Programmvariable.

Schritt 11: Nachdem ein Lokator geholt wurde, kann dieser zum Lesen der ersten 10 Zeichen (oder eines Teilstrings anderer Länge) des Clob-Wertes über eine VA-LUES-Anweisung verwendet werden. Wenn ein Lokator verarbeitet wurde, kann er freigegeben werden, so daß das Datenbanksystem ihn nicht bis zum Ende der Trans-aktion unterhalten muß.

Man beachte, daß die VALUES- sowie die FREE LOCATOR-Anweisung *statisches* SQL, nicht dynamisches sind, da wir bereits zur Compile-Zeit wissen, was genau zu tun ist.

**Schritte und Code für Beispielprogramm ANFRAGE3:
Eine Anfrageschnittstelle in eingebettetem dynamischem SQL**

```
case SQL_TYP_NCLOB:     /* nullsetzbarer CLOB */

  /*
  **  SCHRITT 10: Holen einer Spalte von
  **  Antworten vom Typ Clob in Lokatorform
  */
  sqldaptr->sqlvar[0].sqltype
                        = SQL_TYP_NCLOB_LOCATOR;
  sqldaptr->sqlvar[0].sqldata
                        = (char *) &answerLocator;
  sqldaptr->sqlvar[0].sqllen = 4;
  sqldaptr->sqlvar[0].sqlind = &nullindicator;
  EXEC SQL
        FETCH C1 USING DESCRIPTOR :*sqldaptr;
  if (SQLCODE == 100)
     printf("Ergebnismenge ist leer.\n");
  else while (SQLCODE >= 0 && SQLCODE != 100)
     {
     if (nullindicator < 0)
                            printf("(Null)\n");
     else
       {

       /*
       **  SCHRITT 11: Für jeden Clob
       **  verwende dessen Lokator zum
       **  Holen und Anzeigen der ersten 10
       **  Zeichen der Antwort.
       **  Man achte auf das Freigeben jedes
       **  Lokators vor dem Holen des
       **  nächsten.
       */
       EXEC SQL VALUES(substr(:answerLocator,
                  1, 10))
                  INTO :answerString;
       printf("%s ...\n", answerString);
       EXEC SQL FREE LOCATOR :answerLocator;
       }
     EXEC SQL
        FETCH C1 USING DESCRIPTOR :*sqldaptr;
     }
  break;    /* Ende Fall CLOB */
```

Schritte und Code für Beispielprogramm ANFRAGE3:
Eine Anfrageschnittstelle in eingebettetem dynamischem SQL

Schritt 12: Dieses einfache Beispiel hat die Behandlung von zwei Datentypen gezeigt; offensichtlich kann es auf eine Behandlung anderer Datentypen durch Aufnahme weiterer Fälle in die switch-Anweisung erweitert werden.

Schritt 13: Nach Holen und Anzeigen der Ergebnismenge schließen wir den Cursor. Derselbe Cursor wird zum Holen des Ergebnisses der nächsten Anfrage erneut geöffnet.

Schritt 14: An diese Stelle des Programms wird die Kontrolle übergeben, nachdem eine Ergebnismenge angezeigt worden oder ein SQL-Fehler aufgetreten ist. An dieser Stelle zeigen wir jede noch ausstehende Fehlermeldung und geben eine Transaktion frei, damit alle eventuell noch gesetzten Sperren aufgehoben werden. Dann fragen wir den Benutzer nach einer weiteren SQL-Anweisung und kehren an den Anfang der Anfrageschleife zurück.

Schritte und Code für Beispielprogramm ANFRAGE3:
Eine Anfrageschnittstelle in eingebettetem dynamischem SQL

```
            default:
                /*
                ** SCHRITT 12: Andere Datentypen könnten
                ** hier eingefügt werden.
                */
                printf("Antwortdatentyp %d ist weder DOUBLE
                        noch CLOB\n", coltype);
            }       /* Ende Fallunterscheidung coltype */

        /*
        ** SCHRITT 13: Schliessen des Cursors
        */
        EXEC SQL CLOSE C1;

        }       /* Ende der Verarbeitung einer
                ** erfolgreichen Anfrage
                */

nextquery:
    /*
    ** SCHRITT 14: Drucke Fehlercodes, falls vorhanden
    */
    if (SQLCODE < 0)
        {
        printf("Ergebnis der Verarbeitung Ihrer
                                SQL-Anweisung:\n");
        sqlaintp(msgbuffer, 500, 70, &sqlca);
        printf("Message: %s\n", msgbuffer);
        }

    /*
    ** Transaktionsfreigabe zum Aufheben von Sperren,
    ** Einlesen der nächsten Anfrage
    */
    EXEC SQL COMMIT;
    printf("\nGeben Sie eine Anfrage ein oder eine leere
            Zeichenreihe zum Beenden:\n");
    gets(qstring);
    }   /* Ende der while-Schleife, welche Anfragen
        ** verarbeitet
        */
```

Schritte und Code für Beispielprogramm ANFRAGE3:
Eine Anfrageschnittstelle in eingebettetem dynamischem SQL

Schritt 15: Falls der Benutzer (durch Eingabe einer leeren Zeile) angezeigt hat, daß keine weiteren Anfragen zu verarbeiten sind, heben wir die Verbindung zur Datenbank auf und verlassen das Programm.

Schritte und Code für Beispielprogramm ANFRAGE3:
Eine Anfrageschnittstelle in eingebettetem dynamischem SQL

```
/*
**  SCHRITT 15: Aufheben der DB-Verbindung und
**  Verlassen des Programms
*/
printf("\nWir wünschen Ihnen noch einen schönen
                                        Tag.\n");
EXEC SQL CONNECT RESET;
return (0);


}    /* Ende von main */
```

Ende Beispielprogramm ANFRAGE3

9 Gesicherte Prozeduren (Stored Procedures)

Wenn ein Anwendungsprogramm auf einer Client-Maschine läuft, wird normalerweise jedes SQL-Statement einzeln vom Client an die Server-Maschine gesandt, und jedes Ergebnis wird einzeln zurückgeliefert. Manchmal lassen sich jedoch Aktivitäten identifizieren, die eine relativ hohe Last auf der Datenbank, aber nur wenig Benutzerinteraktion erzeugen. In solchen Fällen kann es Sinn haben, die entsprechenden Programme auf der Server-Maschine als *gesicherte Prozeduren* (*Stored Procedures*) abzulegen, die durch eine einzige Nachricht von der Client-Maschine aus aufgerufen werden können, so daß der Netzverkehr reduziert und die Effizienz der Applikation verbessert wird.

Eine vollständige Applikation mit einer gesicherten Prozedur hat stets zwei Teile: die Prozedur selbst, die auf der Servermaschine läuft, und das Client-Programm, das auf der Client-Maschine läuft. Applikationen mit gesicherten Prozeduren haben die Restriktion, daß sämtliche Eingabedaten zum Zeitpunkt des Aufrufs vom Client-Programm an die gesicherte Prozedur übergeben werden müssen, und daß Ergebnisdaten erst dann an das Client-Programm zurückgegeben werden, wenn die Prozedur vollständig abgearbeitet wurde. Während der Prozedurausführung sind keine Interaktionen zwischen dem Client-Programm und der Prozedur erlaubt. So kann z.B. ein Client eine Reihe von Datenbankaktualisierungen sammeln und diese an eine gesicherte Prozedur übergeben, so daß sie als Batch ausgeführt werden und einen Return Code liefern, der anzeigt, ob die Ausführung insgesamt erfolgreich war oder wegen eines Fehlers zurückgesetzt werden muß.

Man kann gesicherte Prozeduren in jeder der von UDB unterstützten Wirtsprogrammiersprachen schreiben: C, C++, COBOL, FORTRAN, REXX und Java. Die Prozedur muß, ähnlich einer benutzerdefinierten Funktion, übersetzt und auf der Server-Maschine installiert werden; im Unterschied zu einer benutzerdefinierten Funktion darf eine gesicherte Prozedur allerdings SQL-Anweisungen enthalten. Die Prozedur kann von einem Client-Programm über eine CALL-Anweisung aufgerufen werden. CALL kann dabei als statische SQL-Anweisung oder von einem CLI-Programm aus mittels Funktionen wie `SQLPrepare()` und `SQLExecute()`verwendet werden.

Dieses Kapitel untersucht, wie man eine Applikation mit einer gesicherten Prozedur in der Sprache C implementieren und wie man diese von einem Client-Programm aus entweder mit statischem SQL oder mit dem CLI aufrufen kann. Informationen über das Schreiben gesicherter Prozeduren in anderen Wirtssprachen findet man im *Embedded SQL Programming Guide*. Verschiedene Beispiele für in C geschriebene gesicherte Prozeduren werden mit dem UDB-System ausgeliefert und befinden sich im Verzeichnis `sqllib/samples/c`.

9.1 Die Server-Seite

Eine gesicherte Prozedur ist einfach ein auf der jeweiligen Server-Maschine installiertes Anwendungsprogramm, das gewisse Konventionen zum Austausch von Daten mit einem Client-Programm einhält. Eine SQLDA-Datenstruktur (siehe Abschnitt 8.3.3) wird sowohl zur Übergabe von Eingabedaten an die Prozedur wie zur Rückgabe von Ergebnissen verwendet. Eine SQLCA-Struktur (siehe Abschnitt 4.1.4) wird zur Rückgabe von Codes und Mitteilungen an das Client-Programm benutzt, die Erfolg oder Mißerfolg der Prozedur anzeigen. Dieser Abschnitt beschreibt, wie man gesicherte Prozeduren mit der Programmiersprache C schreibt.

Folgt man den UDB-Konventionen, benötigt eine gesicherte Prozedur vier Parameter, aber sie benutzt von diesen lediglich zwei,[1] nämlich die Zeiger auf die SQLDA- und SQLCA-Strukturen. Die Deklaration einer solchen Prozedur könnte wie folgt aussehen:

```
SQL_API_RC SQL_API_FN procname(
        void        *dummy1,      /* nicht benutzt    */
        void        *dummy2,      /* nicht benutzt    */
        struct sqlda *exchange_da, /* Ein- und Ausgabe */
        struct sqlca *out_sqlca   /* nur Ausgabe      */
        );
```

Im obigen Beispiel sind SQL_API_RC und SQL_API_FN Makros (die in `sqlsystm.h` definiert sind), die plattformabhängig so expandiert werden, daß sie den Resultatstyp der gesicherten Prozedur als Integer deklarieren. So wird SQL_API_RC z.B. unter AIX in das Wort »int« und SQL_API_FN in die leere Zeichenreihe expandiert.

Der Parameter `exchange_da` in obigem Beispiel ist ein Zeiger auf eine SQLDA-Struktur, die zur Übergabe von Daten in beide Richtungen zwischen dem Client-Programm und der gesicherten Prozedur verwendet wird. Wenn die Prozedur aufgerufen wird, enthält die SQLDA eine Beschreibung (einschließlich Datentypen, Längen und Pufferadressen) aller Datenwerte, die in beide Richtungen ausgetauscht werden sollen. Eingabewerte stehen der gesicherten Prozedur in den Puffern, auf die die SQLDA zeigt, zur Verfügung. Die Prozedur liefert Ergebniswerte an das Client-Programm durch Kopieren dieser in die Puffer, auf die die SQLDA zeigt (wobei diese Werte natürlich den in der SQLDA angegebenen Datentypen und Längen entsprechen müssen), und durch Kopieren von Return Codes in die SQLDA-Struktur, die durch den Parameter `out_sqlca` bereitgestellt wird. Die SQLCA- und SQLDA-Strukturen werden vom Client-Programm allokiert.

---

1. Die beiden unbenutzten Parameter sind Überreste einer früheren Aufrufkonvention für gesicherte Prozeduren namens DARI, die aus Gründen der Kompatibilität mit früheren Releases noch unterstützt wird.

Die gesicherte Prozedur stellt nicht selbst eine Verbindung mit der Datenbank her, sondern verläßt sich auf die vom Client bereits hergestellte Verbindung. Die Prozedur kann SQL-Anweisungen ausführen, aber keine Befehle wie CONNECT, die die Datenbankverbindung betreffen würden. Wenn ihre Arbeit erledigt ist, muß die Prozedur alle an das Client-Programm zurückzugebenden Informationen in die ihr als Parameter übergebenen SQLDA- und SQLCA-Strukturen kopieren. Sodann gibt sie einen von zwei Integer-Codes zurück: SQLZ_HOLD_PROC zum Anzeigen, daß die Prozedur im Hauptspeicher zur Effizienzverbesserung nachfolgender Aufrufe verbleiben sollte, oder SQLZ_DISCONNECT_PROC zum Anzeigen, daß keine weiteren Aufrufe zu erwarten sind, so daß die Prozedur aus dem Speicher entfernt werden kann. Diese Return Codes, die in sql.h definiert sind, haben nur auf die Behandlung der gesicherten Prozedur auf der Server-Maschine Einfluß und werden nicht an das Client-Programm zurückgegeben.

9.1.1 Beispielprogramm SERVER1: Eine gesicherte Prozedur für eine Bank

Als Beispiel betrachten wir eine gesicherte Prozedur, die in einer Bank benutzt werden könnte. Wir nehmen an, die Bank verfügt über Kassenautomaten[2], die auf verschiedene Orte verteilt sind. Jedem Kassenautomat ist eine Liste von Konten zugeordnet; der Automat kann eine Zeit lang autonom arbeiten und Ein- sowie Auszahlungstransaktionen bzgl. der Konten auf seiner Liste bearbeiten. Periodisch verbindet sich jeder Kassenautomat mit der zentralen Datenbank auf dem Server-Rechner der Bank und ruft dort eine gesicherte Prozedur SERVER1 auf, die die Datenbank mit den Ein- und Auszahlungen, die zwischenzeitlich von dem Kassenautomaten verarbeitet wurden, in einem Batch-Job aktualisiert.

Dieses Beispiel zeigt eine Möglichkeit des Umgangs mit einem Problem, das bei gesicherten Prozeduren häufig auftritt: das Finden eines Weges, eine große Sammlung von Eingabedaten an die Prozedur zu übergeben. In unserem Beispiel muß das Client-Programm eine Liste variabler Länge mit Kontonummern und Nettoveränderungen übergeben. Zu diesem Zweck packen wir die Liste in einen Clob und übergeben diesen der Prozedur. Obwohl die Nettoveränderungen Zahlen sind, konvertieren wir diese vor dem Packen in den Clob-Parameter in Zeichenreihen. Dadurch werden Probleme, die durch unterschiedliche numerische Repräsentationen auf der Client- bzw. der Server-Plattform entstehen könnten (manchmal das »Byte-Reversal-Problem« genannt), vermieden.

In unserem vereinfachten Beispiel unterhält sich die gesicherte Prozedur lediglich mit folgender Tabelle:

BANK.KONTEN

KONTONR	STAND

Der Code für die gesicherte Prozedur wird unten im Beispiel SERVER1 angegeben und nachfolgend schrittweise erläutert.

---

2. Anmerkung des Übersetzers: Es sind hier keine Geldausgabeautomaten im deutschen Sinne, sondern »Teller Machines« im amerikanischen Sinne gemeint.

**Schritte und Code für Beispielprogramm SERVER1:
Gesicherte Prozedur, Server-Seite**

Schritt 1: Die gesicherte Prozedur verwendet die INCLUDE SQLCA-Anweisung zur Erstellung einer lokalen Kopie einer SQLCA-Struktur, die die Return Codes von SQL-Anweisungen, die innerhalb der Prozedur ausgeführt werden, aufnehmen soll. Sie deklariert ferner weitere Wirtssprachenvariablen, die während der Ausführung benötigt werden. Die Prozedur braucht keine Verbindung zu einer Datenbank herzustellen, da sie die von ihrem Client-Programm bereits etablierte Verbindung benutzt.

Schritt 2: Die gesicherte Prozedur entpackt ihre Parameter aus der SQLDA-Struktur und interpretiert sie wie folgt: Der erste Eintrag der SQLDA zeigt auf eine ganze Zahl, die die Anzahl zu aktualisierender Konten angibt. Der zweite Eintrag zeigt auf einen Clob, bei dem es sich de facto um eine Liste von Änderungen handelt, die jeweils als eine Kontennummer und eine Nettoveränderung ausgedrückt sind. Die Kontonummern und Nettoveränderungen werden als 11-Byte-Zeichenreihen dargestellt, die in den Clob gepackt sind. Um die erste dieser Zeichenreihen zu finden, muß die gesicherte Prozedur das 4-Byte-Längenfeld am Anfang des Clob überspringen.

Schritte und Code für Beispielprogramm SERVER1: Gesicherte Prozedur, Server-Seite

```
#include <stdio.h>
#include <memory.h>
#include <sqlenv.h>

SQL_API_RC SQL_API_FN server1(
        void        *dummy1,         /* wird nicht benutzt    */
        void        *dummy2,         /* wird nicht benutzt    */
        struct sqlda *exchange_da,   /* für Ein- und Ausgabe  */
        struct sqlca *out_sqlca      /* sqlca für Return Codes */
        )
    {

    /*
    ** SCHRITT 1: Deklarieren einer lokalen SQLCA und einiger Host-Variablen
    */
    EXEC SQL INCLUDE SQLCA;

    EXEC SQL BEGIN DECLARE SECTION;
        char acctno[10];
                    /* zu aktualisierende Kontonummer        */
        long netchange;
                    /* Nettoveränderung dieses Kontostandes */
    EXEC SQL END DECLARE SECTION;

    long n_updates;
                    /* Gesamtzahl zu aktualisierender Konten */
    long counter; /* wie viele Konten bisher aktualisiert */
    char *account_data;
                    /* Änderungen werden in CLOB verpackt    */

    /*
    ** SCHRITT 2: Interpretation der Parameter.
    ** Die SQLDA-Struktur exchange_da hat zwei SQLVAR-
    ** Einträge, die wie folgt benutzt werden:
    ** 1. (Integer) bei Eingabe: Anzahl der zu aktualisierenden Konten
    **              bei Ausgabe: Anzahl erfolgreich bearbeiteter Konten
    ** 2. (Clob):   bei Eingabe: Vektor von Paaren der Form (Kontonr., Netto-
    **                           veränderung). Jeder Wert wird als 10-byte-String
    **                           dargestellt. Überspringe Längenfeld in den ersten
    **                           4 Byte des Clob.
    **              bei Ausgabe: Nullsetzen (keine Rückgabe unnötiger Daten)
    */
    n_updates = *(long *)(exchange_da->sqlvar[0].sqldata);
    account_data = (char *)(exchange_da->sqlvar[1].sqldata + 4);
```

Schritte und Code für Beispielprogramm SERVER1:
Gesicherte Prozedur, Server-Seite

Schritt 3: Die gesicherte Prozedur verarbeitet die Liste der Aktualisierungen in einer Schleife, extrahiert dabei jeweils die Kontonummern und Nettoveränderungen und wendet diese über eine SQL UPDATE-Anweisung auf die Datenbank an. Die Schleife zählt die Anzahl erfolgreicher Aktualisierungen und endet, wenn die Liste abgearbeitet ist oder eine Aktualisierung zu einem Fehler führt.

Schritt 4: Nach dem Ende der Schleife vergleicht die Prozedur die Anzahl erfolgreicher Aktualisierungen mit der Gesamtzahl angeforderter. Stimmen diese Anzahlen überein, wird die Transaktion freigegeben; ansonsten werden alle Änderungen zurückgesetzt. Die gesicherte Prozedur läuft innerhalb derselben Transaktion wie das Client-Programm, das sie aufgerufen hat, so daß jedes von ihr ausgeführte Freigeben oder Rücksetzen sich auf die vom Client seit dem letzten Freigeben oder Rücksetzen und auf die von ihr selbst ausgeführten Änderungen auswirkt. Falls nötig, kann eine gesicherte Prozedur eine Folge mehrerer Transaktionen ausführen (jedoch kann eine Prozedur eine Transaktion nur dann freigeben oder zurücksetzen, wenn ihr Client eine Typ-1-Datenbankverbindung benutzt).

Schritt 5: Die Prozedur sendet die Anzahl erfolgreicher Aktualisierungen durch Kopieren dieser in den ersten Eintrag der Übergabe-SQLDA an das Client-Programm zurück (da diese SQLDA für Ein- und Ausgabe genutzt wird, wird die ursprüngliche Anzahl gewünschter Aktualisierungen überschrieben). Diese Anzahl ermöglicht es dem Client-Programm, für Diagnosezwecke das erste ungültigen Update zu bestimmen. Wir unterstellen hier, daß das Client-Programm weiß, daß alle Aktualisierungen zurückgesetzt werden, falls auch nur eine davon scheitert. Die Prozedur setzt ferner den Nullindikator des zweiten SQLDA-Eintrags auf –128, was bedeutet, daß die Daten nur für Eingabe gebraucht werden und nicht an das Client-Programm zurück kopiert werden müssen.

Schritte und Code für Beispielprogramm SERVER1:
Gesicherte Prozedur, Server-Seite

```
/*
** SCHRITT 3: Anwenden aller Aktualisierungen auf die
** Datenbank
*/
for (counter = 0; counter < n_updates; counter++)
   {
   sscanf(account_data + (20 * counter), "%s", acctno);
   sscanf(account_data + (20 * counter) + 10, "%d",
                                    &netchange);

   EXEC SQL UPDATE bank.konten
           SET stand = stand + :netchange
           WHERE kontonr = :acctno;

   if (SQLCODE != 0) break;
   }

/*
** SCHRITT 4: Waren alle Updates erfolgreich, erfolgt
** ein Commit, ansonsten ein Rollback
*/
if (counter == n_updates)
   EXEC SQL COMMIT;
else
   EXEC SQL ROLLBACK;




/*
** SCHRITT 5: Kopiere den Zähler in Output-SQLDA.
** Setze den 2. SQLDA-Eintragsindikator auf -128
** (die Kontodaten brauchen nicht zurückgegeben werden)
*/

*(long *)(exchange_da->sqlvar[0].sqldata) = counter;
*(short *)(exchange_da->sqlvar[1].sqlind) = -128;
```

Schritte und Code für Beispielprogramm SERVER1:
Gesicherte Prozedur, Server-Seite

Schritt 6: Die gesicherte Prozedur kopiert vor dem Rücksprung ihre lokale SQLCA in die vom Client-Programm bereitgestellte. Dann gibt sie den Code SQLZ_HOLD_ PROC zurück, der anzeigt, daß sie erwartet, erneut aufgerufen zu werden, und deshalb im Hauptspeicher verbleiben soll.

Ende Beispielprogramm SERVER1

9.1.2 Regeln zur Implementierung gesicherter Prozeduren

Beim Schreiben eines Programms, das eine gesicherte Prozedur implementiert, muß man die folgenden Regeln berücksichtigen:

1. Eine gesicherte Prozedur muß zu ihrem Aufrufer zurückspringen (sie darf niemals die Funktion `exit` zum Terminieren ihres Prozesses aufrufen).

2. Eine gesicherte Prozedur darf keine SQL-Anweisungen (wie CONNECT) ausführen, die die Datenbankverbindung verändern würden. Die Prozedur muß sich auf die Verbindung stützen, die durch das Client-Programm etabliert wurde.

3. Eine gesicherte Prozedur kann keine COMMIT- oder ROLLBACK-Anweisung ausführen, falls sie von einem Client-Programm innerhalb einer Typ-2-Verbindung aufgerufen wurde (verteilte Transaktion).

 **TIP:** Eine gesicherte Prozedur kann freigeben oder zurücksetzen, falls sie von einem Client-Programm mit einer Typ-1-Verbindung aufgerufen wird. Dabei sollte man jedoch daran denken, daß dieses Freigeben oder Zurücksetzen für die bereits vom Client-Programm begonnene Transaktion gilt und dadurch Seiteneffekte haben kann, etwa das Schließen von Cursorn und das Freigeben von LOB-Lokatoren in dem Client-Programm.

4. Da eine gesicherte Prozedur im Hintergrund läuft, kann sie nicht über `printf` eine Ausgabe am Bildschirm anzeigen. Sie kann allerdings auf der Server-Maschine in eine Datei schreiben. Da die gesicherte Prozedur unter einer Dummy-Benutzerkennung läuft, kann sie nur in eine Datei schreiben, falls diese Datei von jedem Benutzer geschrieben werden kann.

5. Falls eine gesicherte Prozedur das `sqlind`-Feld eines SQLDA-Eintrags auf −128 setzt, werden die Daten in diesem Eintrag nicht an das Client-Programm zurückgegeben. Macht man hiervon Gebrauch, sollte man sicherstellen, daß das Client-Programm eine Nullindikatorvariable bereithält, die den Code −128 aufnehmen kann.

Schritte und Code für Beispielprogramm SERVER1: Gesicherte Prozedur, Server-Seite

```
/*
**  SCHRITT 6: Kopiere lokale SQLCA in Rückgabe-SQLCA
**  und springe zurück
*/
memcpy((char *)out_sqlca, (char *)&sqlca,
                          sizeof(struct sqlca));
return (SQLZ_HOLD_PROC);
}
```

Ende Beispielprogramm SERVER1

---

6. Falls eine Funktionsimplementierung in C++ geschrieben ist, sollte man in der Implementierungsdatei `extern` `"C"` als Teil der Funktionsdeklaration angeben. Dies sorgt dafür, daß die Funktion unter dem vom Benutzer gewählten Namen gebunden wird, nicht unter einem vom C++-Compiler gewählten. Wenn möglich, vermeide man einen überladenen C++-Funktionsnamen (ansonsten muß man speziellen Vorgehensweisen folgen, die im Handbuch *Building Applications* für die jeweilige Plattform beschrieben sind).

7. Parameter von LOB-Datentypen (Blob, Clob und Dbclob) können nur zwischen UDB-Clients und UDB-Servern ausgetauscht werden (und nicht mit Servern auf anderen Plattformen, die man mit dem DRDA-Protokoll erreicht).

8. Falls man in einen Blob Binärdaten packt, werden diese Daten »wie gesehen«, also unverändert zwischen Client und Server ausgetauscht. Ist z.B. die Darstellung von ganzen Zahlen auf Client- und Serverplattform verschieden, liegt die Transformation von einer Darstellung in die andere (z.B. Byte-Reversal) in der Verantwortung der gesicherten Prozedur selbst.

9. Gesicherte Prozeduren interpretieren Zeichenreihen stets unter Anwendung der Datenbank-Codeseite. Übergibt man an eine gesicherte Prozedur Parameter mit den Datentypen Char, Varchar, Long Varchar, Clob, Graphic, Vargraphic, Long Vargraphic oder Dbclob, führt das System eine Transformation zwischen der Codeseite der Client-Applikation und derjenigen der Datenbank durch. Benutzen Client-Applikation und Datenbank unterschiedliche Codeseiten, wird durch diese Transformation jede in die Zeichenreihe gepackte Binärinformation beschädigt.[3]

---

3. Man kann allerdings die Codeseiten-Konversion für einen gegebenen Eintrag in einer SQLDA verhindern, indem man das siebte Byte des `sqldaid`-Feldes auf das Zeichen »+« und das Feld `sqlname` des betreffenden Eintrags auf 4 Byte binärer Nullen setzt

10. Wenn Doppelbytedaten (SQL-Datentypen Graphic, Vargraphic, Long Vargraphic oder Dbclob) mit einer gesicherten Prozedur ausgetauscht werden, so geschieht dies stets im Multibyte-Format (nicht im Wide-Character-Format). Parameter und Ergebnisse gesicherter Prozeduren verwenden also stets das von der Precompiler-Option WCHARTYPE NOCONVERT spezifizierte Format. Für weitere Informationen über die Behandlung von Doppelbytedaten innerhalb einer gesicherten Prozedur sei auf den *Embedded SQL Programming Guide* verwiesen.

9.1.3 Installieren einer gesicherten Prozedur

Bevor man eine gesicherte Prozedur benutzen kann, muß man sie auf einer Server-Maschine installieren. Der Installationsprozeß ist dem »Bauen« (Vorübersetzen, Übersetzen und Binden) eines Anwendungsprogramms, in gewisser Weise auch dem Prozeß des Installierens einer externen Funktion ähnlich. Bevor der Installationsprozeß beginnen kann, muß man sicherstellen, daß alle von der gesicherten Prozedur benutzten Tabellen in der Datenbank, in der die Prozedur installiert werden soll, existieren. In unserem Bankbeispiel muß also die Tabelle BANK.KONTEN vor Installation der Prozedur erzeugt sein. Der Prozeß des Installierens einer gesicherten Prozedur findet auf der Server-Maschine statt und variiert in Abhängigkeit von der Plattform, auf welcher der Server läuft. Generell besteht der Prozeß aus den folgenden Schritten:

1. Wie im Fall einer externen Funktion muß man eine *Moduldefinitionsdatei* erzeugen, die sämtliche Einstiegspunkte (Funktionen), die von der die Prozedur implementierenden Datei exportiert (für dynamisches Laden bereitgestellt) werden, auflistet. Eine einzelne Datei kann dabei mehrere gesicherte Prozeduren implementieren. Die Moduldefinitionsdatei sollte sich in demselben Verzeichnis wie die Quelldatei der Prozedur befinden. Name und Format der vom jeweiligen Compiler bestimmten Moduldefinitionsdatei sind im Handbuch *Building Applications* für die jeweilige Plattform beschrieben. Es folgen einige Beispiele:

   – Wir nehmen an, die gesicherten Prozeduren server1 und server2 werden in einer Datei mit dem Namen stprocs.c implementiert. Benutzt man den Microsoft Visual C++ Compiler unter Windows NT, benötigt man eine Moduldefinitionsdatei mit dem Namen stprocs.def mit folgendem Inhalt:

   ```
   LIBRARY stprocs
   EXPORTS server1
           server2
   ```

   – Unter AIX heißt eine Moduldefinitionsdatei *Exportfile*. Falls man die Datei stprocs.c unter AIX mit dem IBM XLC-Compiler übersetzen und binden will, benötigt man ein Exportfile mit dem Namen stprocs.exp mit folgendem Inhalt:

   ```
   #! stprocs export file
   server1
   server2
   ```

 **TIP:** Die nachfolgenden Schritte müssen für jede Datenbank, in der die gesicherte Prozedur benutzt werden soll, wiederholt werden.

2. Man stelle eine Verbindung zu der Datenbank her, in welcher die gesicherte Prozedur benutzt werden soll, und übersetze die Datei, die die Prozedur implementiert,
zunächst vor, dann übersetze und binde man sie. UDB stellt Befehlsdateien bereit,
die hierzu auf unterschiedlichen Plattformen und mit diversen Compilern benutzt
werden können. Man findet sie im Verzeichnis `sqllib/samples` (man findet z.B. die
Dateien zum Bauen von C- bzw. C++-Applikationen unter `sqllib/samples/c` bzw.
unter `sqllib/samples/cpp`). Es folgen die Namen einiger dieser Befehlsdateien:

- `bldmsstp.bat` kann mit dem Microsoft Visual C++ Compiler unter Windows NT
  benutzt werden.

- `bldvastp.bat` kann mit dem IBM VisualAge C++ Compiler unter Windows und
  OS/2 benutzt werden.

- `bldxlcsrv` kann mit dem IBM XLC-Compiler unter AIX benutzt werden.

- `bldcset` kann mit dem IBM CSet++ Compiler unter AIX benutzt werden.

Generell erwarten diese Befehlsdateien vier Parameter: den Namen der gesicherten
Prozedur, den Namen der Datenbank, in der diese installiert werden soll, sowie Benutzerkennung und Paßwort, unter denen sie installiert werden soll.

Bevor man eine dieser Befehlsdateien benutzt, sollte man sie lesen und gegebenenfalls editieren, wobei die in der Datei enthaltenen Kommentare als Anleitung dienen. So enthalten z.B. einige der Dateien Referenzen auf eine Fehlerprüfroutine mit
dem Namen `util`, die in den Beispielapplikationen von UDB verwendet wird. Falls
die betreffende gesicherte Prozedur dieses Hilfsprogramm nicht benötigt, sollte
man Referenzen auf `util.c` und `util.o` aus der Befehlsdatei löschen. Die Dateien
`bldxlcsrv` und `bldcsetsrv` unterstellen weiter, daß die Include- und Link-Bibliothe-
ken von DB2 in den Verzeichnissen `/usr/lpp/db2_05_00/include` bzw. `/usr/lpp/`
`db2_05_00/lib` installiert sind. Ist dies nicht der Fall, sollte man die Befehle zum Übersetzen und Binden so abändern, so daß sie die richtigen Lokalisierungen dieser Bibliotheken enthalten.

3. Man lege die in Schritt 2 erzeugte ausführbare Datei im richtigen Verzeichnis auf der
Server-Maschine ab. Nach dem Übersetzen und Binden einer Quelldatei mit dem
Namen `stprocs.c` heißt die ausführbare Datei, die unter Windows oder OS/2 er-
zeugt wird, beispielsweise `stprocs.dll` und die unter AIX erzeugte einfach `stprocs`.

Die Befehlsdatei (wie `bldmsstp.bat`), die eine gesicherte Prozedur übersetzt und bindet, kopiert die resultierende ausführbare Datei in das voreingestellte Verzeichnis
(`sqllib/function`). Man braucht die Datei nur dann explizit selbst zu kopieren, wenn
man sie in einem anderen Verzeichnis installieren will. Ist die Prozedur gut ausgetestet und möchte man sie zur Leistungsmaximierung in demselben Adreßraum wie
die Datenbank laufen lassen, kann man die entsprechende ausführbare Datei im
Verzeichnis `sqllib/function/unfenced` ablegen. Dieser Installationstyp, genannt
nicht abgeschirmte gesicherte Prozedur, macht die Datenbank für Schäden zugänglich, die von einer fehlerhaften Prozedur verursacht werden könnten. Bevor man
eine nicht abgeschirmte Prozedur benutzt, sollte man den Abschnitt »Working with
Not-Fenced Stored Procedures« im Embedded SQL Programming Guide lesen.

Nachdem die ausführbare Datei in das richtige Verzeichnis kopiert wurde, sollte sie für jeden Benutzer ausführbar gemacht werden. Beispielsweise kann man die Datei stprocs unter AIX durch den folgenden Befehl generell ausführbar machen:

```
chmod a+x stprocs
```

Man denke daran, daß der Prozeß, welcher die gesicherte Prozedur ausführt, nicht unter der eigenen Benutzerkennung, sondern unter einer vom Datenbanksystem erzeugten Dummy-Kennung laufen wird.

 **TIP:** Man sollte eine ausführbare Datei, die eine gesicherte Prozedur implementiert, immer gegen unerlaubte Eingriffe schützen. Die Datenbank schützt die Datei nicht und führt sie stets aus, wenn die Prozedur aufgerufen wird. Falls die Datei, die eine gesicherte Prozedur implementiert, durch eine andere ausführbare Datei ersetzt wird, kann potentiell Schaden entstehen.

4. Falls man möchte, daß auch andere Benutzer eine gesicherte Prozedur benutzen können, sollte man diesen das EXECUTE-Privileg an dem zugehörigen Paket gewähren. Die folgende Beispielanweisung erlaubt jedem Benutzer die Ausführung eines Pakets, das durch Vorübersetzen der Quelldatei stprocs.sqc erzeugt wurde und das die gesicherten Prozeduren server1 und server2 implementieren könnte:

```
GRANT EXECUTE ON PACKAGE stprocs TO PUBLIC;
```

5. Man »registriere« die gesicherte Prozedur durch Ausführen einer CREATE PROCEDURE-Anweisung in der Datenbank, in der die Prozedur benutzt werden soll. Die Syntax dieser Anweisung lautet wie folgt:

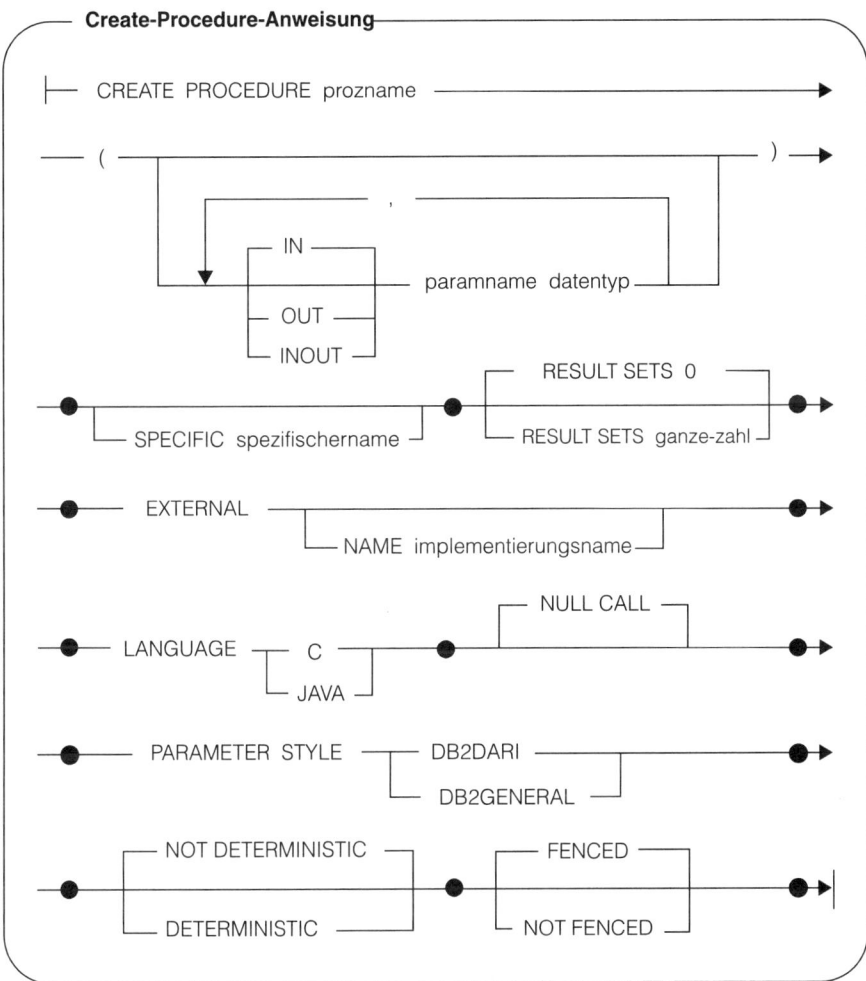

Create-Procedure-Anweisung

CREATE PROCEDURE prozname

(IN / OUT / INOUT paramname datentyp)

SPECIFIC spezifischername — RESULT SETS 0 / RESULT SETS ganze-zahl

EXTERNAL — NAME implementierungsname

LANGUAGE — C / JAVA — NULL CALL

PARAMETER STYLE — DB2DARI / DB2GENERAL

NOT DETERMINISTIC / DETERMINISTIC — FENCED / NOT FENCED

Eine CREATE PROCEDURE-Anweisung ist einer CREATE FUNCTION-Anweisung in dem Sinne ähnlich, daß sie eine Beschreibung der Prozedur in den Systemkatalogtabellen PROCEDURES und PROCPARMS ablegt. Die Einzelheiten eines CREATE PROCEDURE lauten wie folgt:

– Falls kein Schemaname spezifiziert ist, ist das voreingestellte Schema gleich der aktuellen Benutzerkennung.

– Zwei Prozeduren in demselben Schema können nicht denselben Namen und dieselbe Anzahl von Parametern haben, selbst dann nicht, wenn die Typen ihrer Parameter verschieden sind.

– Die CREATE PROCEDURE-Anweisung listet die Namen und die Datentypen der Parameter der Prozedur auf. Diese entsprechen den Argumenten der CALL-Anweisung, die zum Aufrufen der Prozedur benutzt wird (vergleiche Abschnitt 9.2.1). Die Parameter entsprechen ferner den einzelnen SQLVAR-Einträgen innerhalb der SQLDA-Struktur, die an das implementierende Programm übergeben wird (wie exchange_da in unserem Beispielprogramm). Da die Einträge in einer SQLDA zum Austausch von Werten in beide Richtungen zwischen gesicherter Prozedur und Client-Programm benutzt werden können, wird jeder Parameter als IN (trägt Eingabedaten in die Prozedur), OUT (trägt Ergebnisse zurück zum Client-Programm) oder INOUT (trägt Daten in beide Richtungen) markiert.

– Wie eine benutzerdefinierte Funktion kann eine gesicherte Prozedur einen spezifischen Namen besitzen, der hauptsächlich für die Anweisungen DROP PROCEDURE und COMMENT ON PROCEDURE nützlich ist.

– Neben einer Rückgabe von Daten an das Client-Programm über ihre OUT- und INOUT-Parameter kann eine gesicherte Prozedur eine oder mehrere *Ergebnismengen* (*Result Sets*) an das Client-Programm zurückgeben. Jede Ergebnismenge ist eine Menge von Zeilen, die durch einen Cursor repräsentiert wird, den die gesicherte Prozedur geöffnet läßt. Gibt eine Prozedur eine oder mehrere Ergebnismengen zurück, sollte dies in der CREATE PROCEDURE-Anweisung deklariert sein. Ergebnismengen gesicherter Prozeduren werden in Abschnitt 9.2.3 weiter beschrieben.

– Die EXTERNAL-Klausel teilt UDB mit, wo es das ausführbare Programm findet, das eine gesicherte Prozedur implementiert. In ihrer vollständigsten Form enthält eine EXTERNAL-Klausel den vollständigen Pfadnamen der ausführbaren Datei, gefolgt von einem »!«, gefolgt vom Namen des zugehörigen Einstiegspunkts in dieser Datei. So teilt die folgende Klausel dem System z.B. mit, daß die betreffende Funktion durch den Einstiegspunkt server1 in der Datei /bank/bin/ stprocs implementiert ist:

```
EXTERNAL NAME '/bank/bin/stprocs!server1'
```

Falls kein Pfadname angegeben ist, sucht das System nach abgeschirmten Prozeduren im mit der Datenbank assoziierten Verzeichnis sqllib/function und nach nicht abgeschirmten im Verzeichnis sqllib/function/unfenced. Wenn also stprocs eine abgeschirmte Prozedur implementiert und man diese in sqllib/function abgelegt hat, kann man den obigen Pfad wie folgt verkürzen:

```
EXTERNAL NAME 'stprocs!server1'
```

Gibt man keinen Implementierungsnamen, sondern lediglich das Schlüsselwort EXTERNAL an, benutzt das System den Prozedurnamen als Implementierungsnamen und sucht nach einer Datei mit diesem Namen im voreingestellten Verzeichnis und ruft darin den voreingestellten Einstiegspunkt auf.

 **TIP:** Da der externe Name einer gesicherten Prozedur als Zeichenreihe in Hochkommata spezifiziert wird, ist die Schreibweise signifikant. Der externe Name, den man angibt, muß mit dem Namen der ausführbaren Datei und dem Einstiegspunkt einschließlich Groß- und Kleinschreibung exakt übereinstimmen.

– Falls die Prozedur in Java geschrieben ist, muß man LANGUAGE JAVA angeben sowie PARAMETER STYLE DB2GENERAL (die Konvention zur Übergabe von Parametern an eine Java-Prozedur wird in Abschnitt 6.4.10 beschrieben).

– Die Implementierung einer gesicherten Prozedur wird selbst dann aufgerufen, wenn die Eingabeparameter null sind. Hier hat man keine Wahlmöglichkeiten, jedoch kann man dies durch die Angabe von NULL CALL bestätigen.

– Ist das Ergebnis der Prozedur durch die Eingabeparameter eindeutig bestimmt, kann man dies dem System durch Angabe von DETERMINISTIC bekanntmachen.

– Ist die Prozedur vertrauenswürdig und möchte man sie daher in demselben Adreßraum wie den Datenbankmanager laufen lassen, kann man NOT FENCED angeben. Zur Erzeugung einer NOT FENCED-Prozedur benötigt man SYSADM- oder DBADM-Autorisierung oder die Autorisierung CREATE_NOT_FENCED auf der Datenbank. UDB erlaubt keine nicht abgeschirmten Prozeduren, die in REXX geschrieben sind oder die CLI-Funktionen aufrufen.

Die folgende CREATE PROCEDURE-Anweisung kann zum Registrieren unserer Beispielprozedur SERVER1 verwendet werden:

```
CREATE PROCEDURE server1
  ( INOUT n_updates Integer,
    IN update_list Clob(8000) )
  EXTERNAL NAME 'stprocs!server1'
  LANGUAGE C
  DETERMINISTIC
  PARAMETER STYLE DB2DARI;
```

CREATE PROCEDURE ist eine neue SQL-Anweisung, die bei UDB Version 5 erstmalig eingeführt wurde. Zwecks Kompatibilität mit früheren Produktversionen kann man gesicherte Prozeduren auch einfach durch Kompilieren und Binden ihres Implementierungsprogramms erzeugen, also ohne Ausführung einer CREATE PROCEDURE-Anweisung. Eine solche Prozedur kann durch Angabe ihres Namens in einer CALL-Anweisung aufgerufen werden. Obwohl es nicht zwingend ist, sollte man seine gesicherten Prozeduren aus folgenden Gründen stets mit einem CREATE PROCEDURE registrieren:

– Die CREATE PROCEDURE-Anweisung läßt eine gesicherte Prozedur in der Katalogtabelle PROCEDURES erscheinen und macht sie über CLI-Katalogfunktionen wie SQLProcedures() und SQLProcedureColumns() sichtbar.

– Die CREATE PROCEDURE-Anweisung gibt einem die Möglichkeit, die Zuordnung eines Prozedurnamens zu einem bestimmten Einstiegspunkt in einer bestimmten Implementierungsdatei festzulegen. Dadurch erhält man die Flexibilität, mehrere Prozeduren in derselben Implementierungsdatei zusammenzufassen und diese Datei in einem anderen Verzeichnis als dem voreingestellten sqllib/function abzulegen.

– Eine CREATE PROCEDURE-Anweisung ist obligatorisch, falls die Prozedur in Java geschrieben ist.

9.1.4 Schreiben einer gesicherten Prozedur in Java

Falls man auf seinem Server über eine Java Virtual Machine verfügt, kann man Java als Implementierungssprache für einige seiner gesicherten Prozeduren verwenden. Dazu muß man UDB mitteilen, wo es die Java Virtual Machine findet, und man muß der Java Virtual Machine mitteilen, wo sie UDB-Klassenbibliotheken findet, die gesicherte Java-Prozeduren unterstützen. Dies geschieht in zwei Schritten:

1. Setzen der Umgebungsvariablen CLASSPATH so, daß sie die Pfade `sqllib/function` und `sqllib/java/db2java.zip` enthält.

2. Setzen des Konfigurationsparameters JDK11_PATH des Datenbankmanagers auf den Pfadnamen des Verzeichnisses, in dem die Java Virtual Machine installiert ist. Wie in Kapitel 10 beschrieben, kann man hierzu die Steuerzentrale benutzen.

Zur Implementierung einer gesicherten Prozedur in Java muß man eine Java-Klasse erzeugen, die die Klasse `StoredProc`[4] aus der UDB-Klassenbibliothek erweitert (eine ihrer Unterklassen darstellt). Die Klasse `StoredProc` kennt viele, im *Embedded SQL Programming Guide* beschriebene Methoden, die zum Schreiben von Prozeduren nützlich sind. Eine benutzerdefinierte Unterklasse von `StoredProc` kann öffentliche Methoden besitzen, von denen jede eine andere gesicherte Prozedur implementiert. Man kompiliere seine Java-Klasse und lege die resultierende Datei im Verzeichnis `sqllib/function` ab.

Die CREATE PROCEDURE-Anweisung für eine in Java geschriebene gesicherte Prozedur muß den Namen der Klasse sowie den der Methode angeben, die die Prozedur implementiert, und zwar unter Verwendung von `EXTERNAL NAME 'klassenname!methoden-name'`. Sie muß ferner LANGUAGE JAVA sowie PARAMETERSTYLE DB2GENERAL spezifizieren. Wie der letztgenannte Zusatz suggeriert, erhalten gesicherte Java-Prozeduren ihre Parameter auf andere Weise als andere Prozeduren; gleiches gilt für die Rückgabe ihrer Ergebnisse. Die wichtigsten Unterschiede sind:

- Anstatt sämtliche Parameter in einer SQLDA-Struktur verpackt zu erhalten, hat die Java-Methode, die eine gesicherte Prozedur implementiert, einen Parameter für jeden der Parameter der Prozedur. Eingabeparameter werden gemäß Tabelle 8.1 von SQL-Datentypen in die entsprechenden Java-Datentypen konvertiert. Für Nullindikatoren werden keine Parameter benötigt, weil die Klasse `Stored-Proc` eine `isNull`-Methode kennt, mit der man testen kann, ob einer der Eingabeparameter null ist. Eine Java-Methode kann einen Nullwert einfach dadurch zurückgeben, daß sie den Wert eines Ausgabeparameters nicht setzt.

- Die Klasse `StoredProc` stellt eine Sammlung von Methoden zum Setzen der Werte von Ausgabeparameter unter Verwendung der Java-Datentypen bereit. So kann eine gesicherte Java-Prozedur z.B. den Befehl `set(5,x)` benutzen, um ihren fünften Ausgabeparameter auf den Wert der Variablen x zu setzen. Dieser Befehl könnte eine von mehreren Methoden in Abhängigkeit vom Datentyp von x aufrufen. Daneben kennt UDB zwei Klassen mit den Namen `COM.ibm.db2.app.Blob` und `COM.ibm.db2.app.Clob`, die es gesicherten Java-Prozeduren ermöglichen, ihre LOB-Parameter byteweise zu lesen bzw. zu schreiben.

---

4. Der vollständige Name dieser Klasse lautet `COM.ibm.db2.app.StoredProc`.

– Eine gesicherte Java-Prozedur kann an das Client-Programm einen Fehlercode sowie eine Fehlernachricht durch Auslösen einer Ausnahme vom Typ `SQLExcep-tion` zurückgeben, welcher von der JDBC-Klassenbiblithek unterstützt wird. Die Parameter des `SQLException`-Konstruktors enthalten einen SQLCODE, einen SQLSTATE und eine Nachricht. Falls eine gesicherte Java-Prozedur eine Ausnahme auslöst, die keine `SQLException` ist, erhält das Client-Programm den SQL-CODE –4302 und den SQLSTATE 38501.

Eine gesicherte Prozedur in Java baut keine eigene Datenbankverbindung auf, sondern verwendet die vom Client-Programm bereits etablierte. Die Java-Prozedur erhält Zugriff auf diese Verbindung durch Aufrufen der Methode `getConnection()` der Klasse `StoredProc`, die ein `Connection`-Objekt zurückgibt, das die Datenbankverbindung des Client-Programms repräsentiert.

UDB stellt im Verzeichnis `sqllib/samples/java` ein Beispiel einer in Java geschriebenen gesicherten Prozedur zur Verfügung. Weitere Informationen über gesicherte Java-Prozeduren und die Klassenbibliotheken, die diese unterstützen, findet man im Embedded SQL Programming Guide und im World Wide Web unter `http://www.software.ibm.com/data/db2/java`.

9.1.5 Schreiben einer gesicherten Prozedur in BASIC

IBMs VisualAge for Basic unterstützt ein Erzeugen von gesicherten Prozeduren und externen Funktionen in UDB unter Verwendung der Programmiersprache BASIC. Für jede in BASIC geschriebene Prozedur oder Funktion erzeugt VisualAge for Basic automatisch ein »Wrapper«-Programm, was den UDB-Server in die Lage versetzt, die Prozedur oder Funktion gemäß den C-Aufrufskonventionen zu starten.

Als Entwicklungsumgebung zum Erzeugen gesicherter Prozeduren und externer Funktionen bietet VisualAge for Basic folgende Vorteile:

▶ Es gibt eine nützliche sprachorientierte Debugging-Umgebung, mit der man seine gesicherte Prozedur auf einer Client-Maschine testen kann, bevor man sie auf einem Server installiert.

▶ Es gibt graphische Werkzeuge, die den Prozeß der Installation einer gesicherten Prozedur auf einer Server-Maschine und des Registrierens in einer Datenbank erleichtern.

▶ Da VisualAge for Basic keinen Precompiler benutzt, muß man keine zwei Kopien seines Programms (eine vor dem Vorübersetzen und eine danach) unterhalten.

▶ BASIC ist eine relativ »sichere« Sprache zum Schreiben einer gesicherten Prozedur, da es keine Zeiger und keinen direkten Zugriff auf den Speicher des Systems gibt.

▶ VisualAge for Basic kennt einen Integrationsgrad zwischen SQL und BASIC, der in anderen Wirtssprachen nicht zur Verfügung steht:

– Eine gesicherte BASIC-Prozedur benötigt keinen SQL-Deklarationsteil. Jede BASIC-Variable von einem passenden Typ kann in einer SQL-Anweisung verwendet werden.

– Es gibt eine 1:1-Korrespondenz zwischen den vom Client-Programm in einer CALL-Anweisung übergebenen Parametern und den von der gesicherten Prozedur empfangenen. Mit anderen Worten braucht die Prozedur ihre Parameter nicht aus einer SQLDA-Struktur »auszupacken«.

– Eine gesicherte Prozedur muß keine lokale SQLCA-Struktur deklarieren und vor ihrem Rücksprung deren Inhalt in den Parameter SQLCA kopieren. Die SQLCA-Struktur, die der gesicherten Prozedur als ein Parameter übergeben wird, dient einerseits als lokale SQLCA und wird andererseits nach Beendigung der gesicherten Prozedur automatisch an das Client-Programm zurückgegeben.

– Falls die gesicherte Prozedur von einem Client-Programm aus aufgerufen wird, das ebenfalls in VisualAge for Basic geschrieben ist, kann es ein Array von Werten als einen Parameter an die Prozedur übergeben.

Weitere Informationen über VisualAge for Basic findet man in den folgenden IBM-Publikationen:

▶ GC26-8926 VisualAge for Basic: Getting Started

▶ SC26-8692 VisualAge for Basic Data Access Guide

▶ SC26-8963 VisualAge for Basic Language Reference

9.2 Die Client-Seite

Ein auf einer Client-Maschine laufendes Anwendungsprogramm kann eine gesicherte Prozedur auf einer Server-Maschine über die CALL-Anweisung von SQL aufrufen. Die CALL-Anweisung übergibt Eingabeparameter vom Client-Programm an die gesicherte Prozedur und gibt, nachdem die Prozedur ausgeführt wurde, Ausgabeparameter an das Client-Programm zurück.

9.2.1 Die CALL-Anweisung

Die CALL-Anweisung benennt die aufzurufende Prozedur und spezifiziert deren Parameter. Diese können als eine Liste von Wirtsvariablen angegeben werden, die UDB automatisch in eine SQLDA-Struktur zum Austausch mit der gesicherten Prozedur packt. Alternativ kann man die DESCRIPTOR-Syntax der CALL-Anweisung zur Erzeugung einer eigenen SQLDA-Struktur benutzen, die an die Prozedur übergeben wird.

Wie jede SQL-Anweisung weist die CALL-Anweisung implizit Return Codes und Nachrichten der SQLCA-Struktur zu, die im rufenden Programm deklariert ist. Im Fall eines CALL wird der Inhalt dieser SQLCA von der SQLCA-Struktur bestimmt, die von der gesicherten Prozedur (oder von der durch diese ausgelösten Ausnahme, falls die Prozedur in Java geschrieben ist) zurückgegeben wird.

Die Syntax der CALL-Anweisung lautet wie folgt:

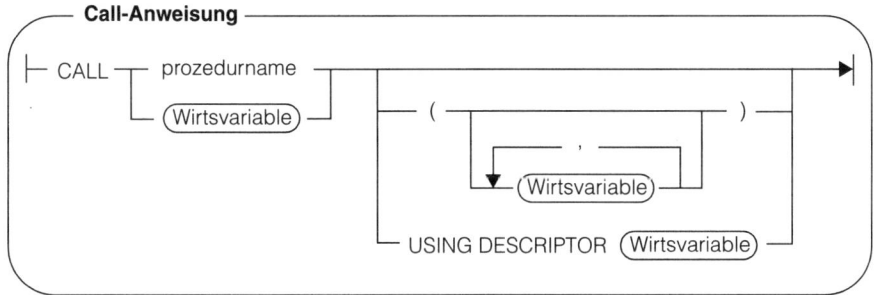

Obwohl CALL eine SQL-Anweisung ist, unterliegt sie gewissen Restriktionen. Sie kann in einem Wirtssprachenprogramm als statische SQL-Anweisung benutzt werden, und sie kann von einem CLI-Programm über die Funktionen SQLExecDirect() oder SQLPrepare() und SQLExecute() aufgerufen werden. Andererseits kann eine CALL-Anweisung nicht von einer interaktiven Schnittstelle wie der Befehlszentrale aus oder unter Verwendung von Anweisungen wie PREPARE und EXECUTE in Embedded Dynamic SQL ausgeführt werden.

Eine CALL-Anweisung kann den Namen der gesicherten Prozedur entweder direkt oder über eine Wirtsvariable spezifizieren, die den Prozedurnamen enthält (letzteres ist nützlich, wenn der Prozedurname kleine Buchstaben enthält). In beiden Fällen muß UDB den Prozedurnamen zu einer spezifischen Funktion oder Methode in einer spezifischen Bibliothek resolvieren (d.h. zu der ausführbaren Datei, die die gesicherte Prozedur implementiert). Dieser Resolutionsprozeß verläuft wie folgt:[5]

1. Falls es sich bei dem Prozedurnamen um einen einfachen wie proc1 handelt:

   Zunächst durchsucht UDB die voreingestellten Verzeichnisse (sqllib/function und sqllib/function/unfenced)[6] nach einer Bibliothek mit dem angegebenen Namen, die eine Funktion mit demselben Namen enthält. Als Beispiel würde CALL proc1 die Funktion proc1 in der Bibliothek proc1 in einem der voreingestellten Verzeichnisse aufrufen.

   Werden keine Bibliothek und Funktion mit dem angegebenen Namen in den voreingestellten Verzeichnissen gefunden, sucht UDB in der Katalogtabelle PROCEDURES nach einer gesicherten Prozedur mit dem angegebenen Namen, die über eine CREATE PROCEDURE-Anweisung registriert wurde. Eine dabei gewählte Prozedur muß die korrekte Anzahl von Parametern haben, und ihr Schema muß im aktuellen Funktionspfad enthalten sein. Die aufzurufende Bibliothek und Funktion sind diejenigen, die in der EXTERNAL-Klausel der CREATE PROCEDURE-Anweisung spezifiziert werden. Als Beispiel würde für das gegen Ende von Abschnitt 9.1.3 angegebene CREATE PROCEDURE-Statement der Aufruf CALL server1(:x, :y) die Funktion server1 in der Bibliothek stprocs im Verzeichnis sqllib/function starten.

---

5. Diese Regeln gelten für die Resolution gesicherter Prozeduren bei UDB. Andere DB2-Produkte, etwa DB2 für OS/390, verwenden etwas andere Regeln, die in der *SQL Reference* beschrieben sind.
6. In OS/2 wird das voreingestellte Verzeichnis für abgeschirmte gesicherte Prozeduren durch die Variable LIBPATH in CONFIG.SYS spezifiziert, und das voreingestellte Verzeichnis für nicht abgeschirmte gesicherte Prozeduren lautet sqllib\dll\unfenced.

TIP: Wie jede SQL-Identifikation wird ein Prozedurname in Großbuchstaben konvertiert, sofern er nicht in doppelten Hochkommata angegeben wird. Diese Regel gilt für Prozedurnamen in CREATE PROCEDURE- und CALL-Anweisungen. In einer früheren Implementierung von CALL wurde diese Konvertierung nicht vorgenommen. Falls man also Probleme beim Aufruf einer gesicherten Prozedur hat, die mit CREATE PROCEDURE registriert wurde, versuche man es mit einem groß geschriebenen Prozedurnamen in der CALL-Anweisung.

2. Falls der Prozedurname das Zeichen »!« enthält, identifiziert die Zeichenreichen links vom »!« die Bibliothek und die rechts vom »!« die Funktion innerhalb dieser Bibliothek. Die Bibliothek kann über einen vollen Pfadnamen oder lediglich über einen Dateinamen in einem der voreingestellten Verzeichnisse identifiziert werden. Es folgen einige Beispiele:

   – CALL `"myprocs!proc1"` ruft die Funktion `proc1` in der Bibliothek `myprocs` in einem der voreingestellten Verzeichnisse auf.

   – CALL `d:\bank\bin\stprocs!server2` ruft die Funktion `server2` im Verzeichnis `stprocs` von `d:\bank\bin` auf.

In einer CALL-Anweisung müssen die an die gesicherte Prozedur übergebenen Argumente Wirtsvariablen sein, keine Konstanten oder Ausdrücke. Die Wirtsvariablen müssen ferner Nullindikatoren haben. Damit ist das folgende Beispiel inkorrekt:

```
EXEC SQL CALL proc1(7, NULL);
```

Die Intention der obigen Anweisung kann durch die folgenden korrekten Anweisungen erreicht werden:

```
x = 7;
xind = 0;
y = 0;
yind = -1;
EXEC SQL CALL proc1(:x :xind, :y :yind);
```

TIP: Man stelle sicher, daß sich Client-Programm und gesicherte Prozedur darüber einig sind, die ihrer ausgetauschten Variablen Nullindikatoren besitzen. Versucht eine gesicherte Prozedur, einen Nullwert zurückzugeben, wenn keine Indikatorvariable vorgesehen ist, stürzt sie wahrscheinlich ab. Werden Indikatorvariablen benutzt, sollten sowohl das Client-Programm wie die gesicherte Prozedur deren Werte explizit setzen.

Verwendet man die DESCRIPTOR-Form der CALL-Anweisung, stellt eine eigene SQLDA-Struktur bereit und enthalten ferner ein oder mehrere Einträge in dieser SQLDA binäre Daten (wie z.B. Varchar FOR BIT DATA), muß man das sechste Byte des `sqldaid`-Feldes auf »+«setzen (anstelle des normalerweise dort stehenden Leerzeichens), und man muß die `sqlname`-Felder der binären Dateneinträge auf acht Byte binärer Nullen setzen. (Die Verwendung einer SQLDA in CALL-Anweisungen wird in Abschnitt 8.3.5 genauer erläutert.)

Es gibt keine speziellen Anforderungen an die Installation des Client-Programms, das eine CALL-Anweisung benutzt; man kann es einfach wie jedes Anwendungsprogramm vorübersetzen, an die Datenbank binden und ausführen.

 TIP: Hat man Probleme mit dem Aufrufen einer gesicherten Prozedur, kann es sein, daß der Datenbankmanager nicht richtig konfiguriert ist. Man kann dies über den Befehl `db2 get database manager configuration` feststellen. Die resultierende Anzeige sollte den lokalen Knoten als »Datenbank-Server« identifizieren und die Werte der Konfigurationsparameter KEEPDARI als YES und MAXDARI als positive Zahl angeben. Die voreingestellten Werte von KEEPDARI = YES und MAXDARI = 200 sind dabei akzeptabel. (Man kann die Konfigurationsparameter des Datenbankmanagers über die Steuerzentrale anzeigen und setzen, vergleiche Kapitel 10.)

Das unten angegebene Programm CLIENT1A ist ein Beispiel für ein Client-Programm, das die gesicherte Prozedur SERVER1 über eine CALL-Anweisung von SQL startet.

Beispielprogramm CLIENT1A: Ein Client-Programm mit CALL

```
#include <stdlib.h>
#include <stdio.h>
#include <sqlenv.h>

int main()
   {

   EXEC SQL BEGIN DECLARE SECTION;
      long n_updates_req;  /* Anzahl gewünschter Updates */
      long n_updates;      /* Anz. erfolgreicher Updates */
      SQL TYPE IS CLOB(8000) update_list;
                           /* Liste von Update-Paaren    */
      char dbname[9] = "testdb";
                           /* Name der Datenbank          */
      short indicator = 0; /* Indikator (nicht null)      */
   EXEC SQL END DECLARE SECTION;

   EXEC SQL INCLUDE SQLCA;
                     /* lokale Return Code Struktur */

   /*
   ** Sammle eine Reihe von Kontoveränderungen.
   ** Bis zum Start der gesicherten Prozedur sammeln
   ** wir 5 Updates. Jeder dieser besteht aus einem
   ** Wertepaar (Kontonr., Nettoveränderung).
   ** Wir packen jeden Wert in einen 10-Byte-Teilstring
   ** innerhalb des Clob.
   */
   n_updates = n_updates_req = 5;
```

```
                            /* 5 Updates werden angefordert */
update_list.length = 100;         /* 10 Werte a 10 Byte  */
strcpy(update_list.data, "CHK00001");
                            /* Nettoänderung für Konto 1 */
strcpy(update_list.data+10, "+150");
                            /*     ist +150              */
strcpy(update_list.data+20, "CHK00002");
                            /* Nettoänderung für Konto 2 */
strcpy(update_list.data+30, "-75");
                            /*     ist -75               */
strcpy(update_list.data+40, "CHK00003");
                            /* Nettoänderung für Konto 3 */
strcpy(update_list.data+50, "-100");
                            /*     ist -100             */
strcpy(update_list.data+60, "CHK00004");
                            /* Nettoänderung für Konto 4 */
strcpy(update_list.data+70, "+90");
                            /*     ist +90               */
strcpy(update_list.data+80, "CHK00005");
                            /* Nettoänderung für Konto 5 */
strcpy(update_list.data+90, "-20");
                            /*     ist -20               */


/*
** Verbinden zur Datenbank.
*/
EXEC SQL CONNECT TO :dbname;
if (SQLCODE != 0)
    {
    printf("\nFehler beim Verbinden zur Datenbank.\n");
    printf("SQLCODE = %d, SQLSTATE = %5.5s\n",
                            SQLCODE, sqlca.sqlstate);
    }


/*
** Aufrufen der gesicherten Prozedur, Übergabe einer
** Integer und eines Clob als Wirtsvariablen. Diese
** werden automatisch in eine SQLDA-Struktur gepackt
** und für Ein- und Ausgabe benutzt.
*/
EXEC SQL CALL SERVER1(:n_updates, :update_list
                                    :indicator);

if (SQLCODE == 0)
    {
    /*
    ** Die Anzahl erfolgreicher Updates wird in
    ** n_updates zurückgegeben und mit der Anzahl
```

```
**  gewünschter Updates verglichen.
*/
if (n_updates == n_updates_req)
   {
   printf("\nProzedur war erfolgreich.\n");
   printf("Anzahl aktualisierter Konten = %d\n",
                                 n_updates);
   }
else
   {
   printf("\nFehler nach Aktualisierung von %d
                         Konten.\n", n_updates);
   printf("Alle Updates werden zurückgesetzt.\n");
   }
}
else
   {
   printf("\nUnerwarteter Fehler in Prozedur.\n");
   printf ("   SQLCODE = %d, SQLSTATE = %5.5s\n",
                         SQLCODE, sqlca.sqlstate);
   }

EXEC SQL CONNECT RESET;

}      /* Ende von main */
```

Ende Beispielprogramm CLIENT1A

9.2.2 Aufrufen einer gesicherten Prozedur von einem CLI-Client aus

In Abschnitt 8.1 haben wir die Vorteile der Verwendung des Call Level Interface (CLI) zum Aufrufen von SQL aus einem Wirtsprogramm diskutiert. In einer Applikation mit einer gesicherten Prozedur kann das CLI entweder in der Prozedur oder im Client-Programm oder an beiden Stellen benutzt werden.

Das nachfolgend angegebene Programm CLIENT1B ist ein Beispiel eines Client-Programms, das unter Verwendung von CLI geschrieben wurde und die Prozedur SERVER1 aufruft. Wie CLIENT1A verwendet es einen CALL-Befehl zum Aufruf der Prozedur. Die CALL-Anweisung wird über die Funktion SQLPrepare() zur Ausführung vorbereitet; ihre Parameter werden über die Funktion SQLBindParameter() an spezifische Variablen gebunden, und sie wird über die Funktion SQLExecute() ausgeführt.

Beispielprogramm CLIENT1B: Ein CLI-Client

```c
#include <sqlcli1.h>
#include <stdlib.h>
#include <string.h>
#include <stdio.h>

void errorExit(SQLHENV henv, SQLHDBC hdbc,
                          SQLHSTMT hstmt, char *place);

int main()
   {
   SQLHENV henv;   /* Umgebungsvariable            */
   SQLHDBC hdbc;   /* Verbindungsvariable          */
   SQLHSTMT hstmt; /* Anweisungsvariable           */

   SQLCHAR dbname[] = "testdb";
                   /* Name der Datenbank           */
   char qstring[80];
                   /* enthält eine SQL-Anweisung   */

   SQLINTEGER n_updates_req;
                   /* Anzahl gewünschter Updates    */
   SQLINTEGER n_updates;
                   /* Anzahl erfolgreicher Updates  */
   SQLINTEGER indicator1;
                   /* Indikatorvariable für n_updates    */
   SQLINTEGER indicator2;
                   /* Indikatorvariable für update_list  */
   struct Clob  /* Liste von Update-Paaren in einem Clob */
      {
      unsigned long length;
      char data[8000];
      } update_list;

   SQLRETURN rc;   /* Return Code                  */

   /*
   ** Allokation von Umgebungs-, Verbindungs- und
   ** Anweisungsvariablen. Aufbau einer DB-Verbindung.
   */
   SQLAllocHandle(SQL_HANDLE_ENV, SQL_NULL_HANDLE, &henv);
   SQLAllocHandle(SQL_HANDLE_DBC, henv, &hdbc);

   rc = SQLConnect(hdbc, dbname, SQL_NTS,
           NULL, SQL_NTS, /* ggf. Userid          */
           NULL, SQL_NTS); /* ggf. Password        */
```

```
if (rc != SQL_SUCCESS)
   errorExit(henv, hdbc, SQL_NULL_HSTMT,
             "Verbinden zur Datenbank");
SQLAllocHandle(SQL_HANDLE_STMT, hdbc, &hstmt);

/*
**  Sammle eine Reihe von Kontoveränderungen.
**  Bis zum Start der gesicherten Prozedur sammeln
**  wir 5 Updates. Jeder dieser besteht aus einem
**  Wertepaar (Kontonr., Nettoveränderung).
**  Wir packen jeden Wert in einen 10-Byte-Teilstring
**  innerhalb des Clob.
*/
n_updates = n_updates_req = 5;
                       /* 5 Update werden angefordert */
update_list.length = 100;
                       /* 10 Werte a 10 Byte         */
strcpy(update_list.data, "CHK00001");
                       /* Nettoänderung für Konto 1 */
strcpy(update_list.data+10, "+150");
                       /*    ist +150                */
strcpy(update_list.data+20, "CHK00002");
                       /* Nettoänderung für Konto 2 */
strcpy(update_list.data+30, "-75");
                       /*    ist -75                 */
strcpy(update_list.data+40, "CHK00003");
                       /* Nettoänderung für Konto 3 */
strcpy(update_list.data+50, "-100");
                       /*    ist -100                */
strcpy(update_list.data+60, "CHK00004");
                       /* Nettoänderung für Konto 4 */
strcpy(update_list.data+70, "+90");
                       /*    ist +90                 */
strcpy(update_list.data+80, "CHK00005");
                       /* Nettoänderung für Konto 5 */
strcpy(update_list.data+90, "-20");
                       /*    ist -20                 */

/*
**  Vorbereiten einer CALL-Anweisung mit zwei
**  Parametermarkern.
*/
strcpy (qstring, "CALL SERVER1(?, ?)");
rc = SQLPrepare(hstmt, (SQLCHAR *)qstring, SQL_NTS);
if (rc != SQL_SUCCESS)
   errorExit(henv, hdbc, hstmt,
             "Vorbereiten der CALL-Anweisung");
```

```
/*
**  Binden von Wirtsvariablen an die Parametermarker.
*/
SQLBindParameter(hstmt,
          1,       /* erster Parametermarker    */
          SQL_PARAM_INPUT_OUTPUT,
                   /* für Ein- und Ausgabe      */
          SQL_C_LONG,
                   /* Datentyp der Wirtsvar.    */
          SQL_INTEGER,   /* SQL-Datentyp         */
          0,       /* wird hier nicht benutzt   */
          0,       /* wird hier nicht benutzt   */
          (SQLPOINTER)&n_updates,
                   /* Adresse der Wirtsvar.     */
          4,       /* Pufferlänge               */
          &indicator1 );
                   /* null oder Längenindikator */

SQLBindParameter(hstmt,
          2,       /* zweiter Parametermarker   */
          SQL_PARAM_INPUT,
                   /* nur für Eingabe           */
          SQL_C_CHAR,
                   /* Datentyp der Wirtsvar.    */
          SQL_CLOB,  /* SQL-Datentyp            */
          8000,    /* max. Länge der Eingabedaten */
          0,       /* wird hier nicht benutzt   */
          (SQLPOINTER)update_list,
                   /* Adresse der Wirtsvar.     */
          8000,    /* Pufferlänge               */
          &indicator2 );
                   /* null oder Längenindikator */

/*
**  Ausführen der CALL-Anweisung.
*/
indicator1 = 0;   /* Länge einer Integer ist implizit */
indicator2 = 104; /* 4 Bytes Länge, 100 Byte Daten    */

rc = SQLExecute(hstmt);
if (rc != SQL_SUCCESS && rc != SQL_SUCCESS_WITH_INFO)
   errorExit(henv, hdbc, hstmt,
                  "Ausführen der CALL-Anweisung");

/*
**  Check der Ergebnisse. Die Anzahl erfolgreicher
**  Updates wird in n_updates zurückgegeben.
**  Diese wird mit der Anzahl gewünschter Updates
```

```
**  verglichen.
*/
if (n_updates == n_updates_req)
    {
    printf("\nProzedur war erfolgreich.\n");
    printf("Anzahl aktualisierter Konten = %d\n",
                                        n_updates);
    }
else
    {
    printf("\nFehler nach Aktualisierung von
                            %d Konten.\n", n_updates);
    printf("Alle Updates werden zurückgesetzt.\n");
    }
/*
**  Aufräumen
*/
SQLFreeHandle(SQL_HANDLE_STMT, hstmt);
                            /* Freigabe Anweisungsvar.  */
SQLDisconnect(hdbc);      /* DB-Verbindung aufheben    */
SQLFreeHandle(SQL_HANDLE_DBC, hdbc);
                            /* Freigabe Verbindungsvar. */
SQLFreeHandle(SQL_HANDLE_ENV, henv);
                            /* Freigabe Umgebungsvar.    */
exit(rc);

}    /* Ende von main */

void errorExit(SQLHENV henv, SQLHDBC hdbc, SQLHSTMT hstmt,
                                        char *place)
    {
    SQLCHAR sqlstate[SQL_SQLSTATE_SIZE + 1];
    SQLINTEGER sqlcode;
    SQLSMALLINT msglength;
    SQLCHAR msgbuffer[SQL_MAX_MESSAGE_LENGTH + 1];
    SQLSMALLINT errno;

    printf ("\nSQL-Fehler an Stelle %s, Transaktion
                            zurückgesetzt.\n", place);

    /*
    **  Lesen der Fehlercodes und -nachrichten.
    */
    errno = 1;
    while ( SQLGetDiagRec(SQL_HANDLE_STMT, hstmt, errno,
            sqlstate, &sqlcode, msgbuffer,
            SQL_MAX_MESSAGE_LENGTH+1,
            &msglength) == SQL_SUCCESS )
```

```
{
printf("   SQLCODE = %d, SQLSTATE = %s\n", sqlcode,
                                          sqlstate);
printf("   MESSAGE: %s\n", msgbuffer);
errno++;
}


/*
** Zurücksetzen und Aufräumen.
*/
SQLEndTran(SQL_HANDLE_DBC, hdbc, SQL_ROLLBACK);
                                         /* Rollback */
SQLDisconnect(hdbc);        /* DB-Verbindung aufheben   */
SQLFreeHandle(SQL_HANDLE_DBC, hdbc);
                             /* Freigabe Verbindungsvar. */
SQLFreeHandle(SQL_HANDLE_ENV, henv);
                             /* Freigabe Umgebungsvar.   */
exit(-2);
}
```

Ende Beispielprogramm CLIENT1B

9.2.3   Ergebnismengen

Eine nützliche Eigenschaft gesicherter Prozeduren steht nur Client-Programmen, die mittels CLI geschrieben sind, zur Verfügung: die Möglichkeit für die Prozedur eine Ergebnismenge (Result Set) zurückzugeben. Falls ein Client-Programm mit statischem SQL geschrieben ist, kann es die Ergebnisse einer gesicherten Prozedur nur in den Programmvariablen oder der SQLDA-Struktur erhalten, die über die CALL-Anweisung übergeben werden. Ein mit CLI geschriebenes Client-Programm kann daneben die Ergebnisse einer gesicherten Prozedur auch auf andere Weise lesen, was man etwa zum Lesen einer oder mehrerer Ergebnismengen mit jeweils vielen Datenzeilen nutzen kann.

Eine gesicherte Prozedur kann eine oder mehrere Ergebnismengen an einen CLI-Client einfach dadurch zurückgeben, daß sie auf jeder Ergebnismenge einen Cursor öffnet und diesen Cursor beim Rücksprung in das Client-Programm geöffnet läßt. Falls ein CLI-Client eine Prozedur aufruft, die einen Cursor offen läßt, kann der Client die mit diesem Cursor assoziierten Daten über CLI-Funktionen wie SQLNumResultCols(), SQLDescribeCol(), SQLBindCol() und SQLFetch() lesen, und zwar unter Verwendung der Anweisungsvariablen, die zur Ausführung der CALL-Anweisung benutzt wurde, mit welcher die gesicherte Prozedur aufgerufen wurde. Hat die Prozedur mehr als einen Cursor offen gelassen, werden als erstes die mit dem zuerst von der Prozedur geöffneten Cursor assoziierten Zeilen gelesen. Das Ende der ersten Ergebnismenge wird durch einen Return Code von SQL_NO_DATA_FOUND der Funktion SQLFetch() erkannt. Ist eine Ergebnismenge abgearbeitet, kann der Client mit der nächsten Ergebnismenge (die mit dem nächsten von der Prozedur geöffneten Cursor assoziiert ist) durch Aufrufen der CLI-Funktion `SQLMoreResults()`. `SQLFetch()`fortfahren und verwandte Funktionen können sodann zum Lesen der Zeilen in der nächsten Ergebnismenge benutzt werden. Nachdem die letzte Ergebnismenge abgearbeitet wurde, erzeugen weitere Aufrufe von `SQLMoreResults()` den Code SQL_NO_DATA_FOUND, was anzeigt, daß es keine weiteren Ergebnismengen mehr gibt. In jeder Ergebnismenge kann das Client-Programm nur diejenigen Zeilen lesen, die noch nicht von der gesicherten Prozedur selbst geholt wurden. Wenn z.B. eine gesicherte Prozedur einen Cursor öffnet und ihn zum Lesen der ersten fünf Zeilen der Ergebnismenge benutzt, bevor sie in das Client-Programm zurückspringt, kann letzteres nur noch die verbleibenden Zeilen in der Ergebnismenge beginnend mit der sechsten lesen.

10 Datenbank-administration

Beim Datenbankmanagement geht es um vieles mehr als nur um einfaches Ausführen von Anfragen und Anwendungsprogrammen. Datenbanken müssen erzeugt, mit Daten geladen und für optimale Leistung relativ zur gegebenen Hardware und dem vorhandenen Mix von Applikationen konfiguriert werden. Man benötigt einen Plan zum periodischen Sichern zwecks Schutz der wertvollen Daten gegen Verlust. Man möchte kontrollieren, wie Daten über die physikalischen Geräte, die an eine Maschine angeschlossen sind, verteilt werden. Man möchte ferner verschiedene interne Datenbankereignisse, z.B. Deadlocks (Verklemmungen), die einen Effekt auf die Systemleistung haben, überwachen.

Es müssen Statistiken gesammelt werden, so daß der Optimierer in der Lage ist, intelligente Auswahlen auf der Grundlage akkurater Kostenschätzungen diverser Operationen zu treffen. Man möchte vielleicht die Zeit kontrollieren, die der Optimierer mit der Wahl eines Zugriffsplans für eine SQL-Anweisung verbringt. Man möchte vielleicht sogar genau herausfinden, welchen Zugriffsplan der Optimierer für eine gegebene Anweisung gewählt hat und wie sich dieser Plan verändern würde, wenn eine andere Menge von Indizes verfügbar wäre oder die Statistiken der betreffenden Tabellen anders wären.

Dieses Kapitel befaßt sich mit den verschiedenen Aufgaben, die mit der Administration eines Datenbanksystems zusammenhängen, sowie mit den Werkzeugen, die UDB zur Erledigung dieser Aufgaben bereitstellt. Viele der in diesem Kapitel beschriebenen Aufgaben erfordern eine der in Abschnitt 2.8 beschriebenen globalen Autorisierungen: *System Administration* (SYSADM), *System Control* (SYSCTRL), *System Maintenance* (SYSMAINT) oder *Database Administration* (DBADM).

Datenbankadministrationsmöglichkeiten und -werkzeuge werden in sechs UDB-Handbüchern beschrieben, die zusammen einen Umfang von mehr als 2.700 Seiten haben: *Administration Guide, Administration Getting Started, Command Reference, API Reference, System Monitor Guide and Reference* und *Replication Guide and Reference.*[1] Dieses Kapitel gibt eine überblicksartige Beschreibung der UDB-Administration und eine Reihe von Beispielen hierzu, aber naturgemäß kann dies keine erschöpfende Liste sämtlicher Optionen sein. Nach dem Lesen der Übersicht in diesem Kapitel wird man sicher auf die genannten Handbücher für detailliertere Informationen und Syntax zurückgreifen wollen (siehe Anhang F für die IBM-Publikationsnummern).

Die vorangegangenen Kapitel dieses Buches haben sich primär mit SQL-*Anweisungen* beschäftigt. Dieses Kapitel diskutiert dagegen häufig *Befehle*. Der Unterschied zwischen einer SQL-Anweisung und einem Befehl ist ein subtiler. Sowohl SQL-Anweisungen wie Befehle können interaktiv innerhalb einer Session der Befehlszentrale oder des CLP ausgeführt werden. Im allgemeinen operieren SQL-Anweisungen auf einem bestimmten Inhalt der Datenbank, während Befehle auf dem globalen Zustand der Datenbank oder des Systems operieren. Ferner werden SQL-Anweisungen im allgemeinen von Precompilern für Wirtssprachen erkannt (wenn man ihnen EXEC SQL voranstellt), während man Befehle nicht auf diese Weise benutzen kann. Dieses Buch folgt hinsichtlich der Unterscheidung zwischen Anweisungen und Befehlen der Verwendung dieser Begriffe in der IBM-Produktdokumentation.

Dieses Kapitel enthält verschiedene Bezüge auf *Konfigurationsparameter*. Es gibt zwei Arten dieser Parameter: *Datenbankmanager-Konfigurationsparameter* sind Einstellungen, die das Verhalten des Systems als Ganzes betreffen, und *Datenbank-Konfigurationsparameter* sind Einstellungen, die das Verhalten einer bestimmten Datenbank steuern. Jeder Konfigurationsparameter hat einen Namen und einen Wert. Die Verwendung der Steuerzentrale zum Anzeigen und Setzen von Konfigurationsparametern wird in Abschnitt 10.3 beschrieben.

Die meisten administrativen Tätigkeiten von UDB können auf mehr als eine Weise erledigt werden. Dieses Kapitel konzentriert sich in erster Linie auf die graphischen Werkzeuge zur Datenbankadministration wie die Steuerzentrale, mit der es in den meisten Fällen am leichtesten ist, eine bestimmte Aufgabe zu erledigen. Die Steuerzentrale ist mit einer ausführlichen Online-Hilfe ausgestattet, die in jedem Schritt einer administrativen Aufgabe verfügbar ist. Das meiste von dem, was über die Steuerzentrale erledigt werden kann, kann auch über entsprechende Befehle (die in der *Command Reference* beschrieben sind) und über Anwendungsprogrammschnittstellen (die in der *API Reference* beschrieben sind) erzielt werden.

---

1. Anmerkung des Übersetzers: In einer deutschsprachigen Installation von UDB sind einige dieser Handbücher auch auf deutsch verfügbar, vgl. Anhang F.1.

10.1 Datenbanken und physikalischer Speicher

Eine *Datenbank* ist eine benannte Sammlung von Daten, die verschiedene Arten von Objekten wie Tabellen, Indizes, Sichten und Pakete enthält. Eine Datenbank ist der Geltungsbereich für bestimmte Arten von Autorisierungen wie etwa DBADM. Sie ist ferner die Einheit, zu der ein Anwendungsprogramm oder eine interaktive Session eine Verbindung aufbauen kann und innerhalb derer SQL-Anweisungen ausgeführt werden. Jede Datenbank enthält eine Sammlung von Katalogtabellen, die den Datenbankinhalt beschreiben. Eine der ersten Aufgaben bei der Administration eines UDB-Systems ist, eine oder mehrere Datenbanken zu erzeugen. Um den Prozeß des Erzeugens von Datenbanken verstehen zu können, müssen wir zunächst etwas darüber lernen, wie UDB seinen physikalischen Speicher verwaltet.

10.1.1 Tabellenbereiche und Pufferpools

Der physikalische Speicher innerhalb einer Datenbank ist als eine Sammlung von *Tabellenbereichen* (*Tablespaces*) organisiert. Jeder Tabellenbereich besteht wiederum aus einer Menge von *Behältern* (*Containern*), von denen jeder entweder ein Verzeichnis im Dateisystem der lokalen Maschine, eine physische Datei oder ein Datenträger wie ein Festplatte ist.

Jede Tabelle wird einem Tabellenbereich zugewiesen, der die Primärdaten für diese Tabelle enthält, jedoch kann eine Tabelle optional ihre Indizes in einem zweiten Tabellenbereich halten und ihre großen Objekte sogar in einem dritten. Man kann einem Tabellenbereich mehr als eine Tabelle zuweisen. Das System versucht, die Daten einer jeden Tabelle einheitlich auf die Container des betreffenden Tabellenbereichs zu verteilen. Abbildung 10.1 zeigt eine Datenbank mit zwei Tabellenbereichen, bestehend aus drei bzw. zwei Containern. Tabellenbereich 1 enthält zwei Tabellen, Tabellenbereich 2 enthält drei Tabellen.

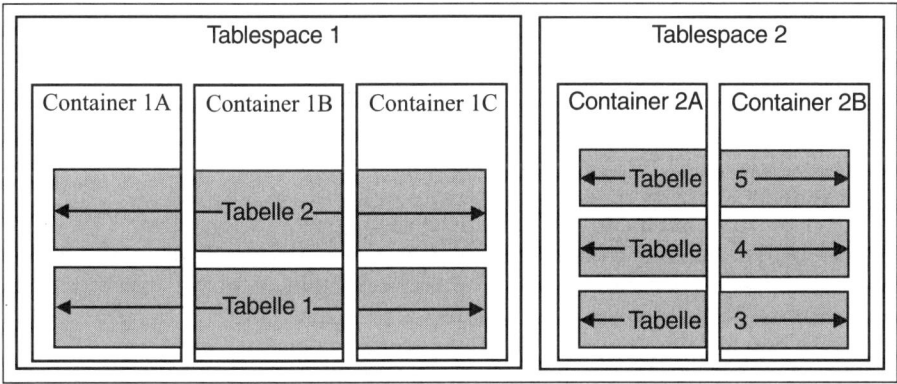

Abbildung 10.1:
Organisation des physikalischen Speichers in Tabellenbereiche und Behälter

Die Einheit der Speicherplatzzuweisung innerhalb eines Containers ist der sogenannte *Extent (Speicherbereich)*. Wenn eine Tabelle wächst, belegt sie zunehmend neue Extents in sämtlichen Containern ihres Tabellenbereichs. Als Beispiel belegt Tabelle 1 in Abbildung 10.1 Speicherbereiche in den Containern 1A, 1B und 1C. Alle Extents in einem Tabellenbereich haben dieselbe Größe, die man spezifizieren kann, wenn man den Tabellenbereich erzeugt (die Voreinstellung wird von dem Datenbank-Konfigurationsparameter mit dem Namen DFT_EXTENT_SZ kontrolliert). Falls man vorhat, in einem Tabellenbereich viele kleine Tabellen abzulegen, sollte man eine kleine Extent-Größe wählen, um Platzverschwendung zu vermeiden, da jede Tabelle in einem separaten Extent abgelegt wird.

Durch Zuweisung von Tabellen an Tabellenbereiche und Abbildung von Tabellenbereichen auf physikalische Datenträger und Verzeichnisse kann man viel zur Leistungsoptimierung einer Datenbank beitragen. Man kann z.B. Daten auf mehrere Platten verteilen, um von paralleler Ein- und Ausgabe Gebrauch machen zu können. Man kann seine schnellsten Speichereinheiten für die am häufigsten benutzten Tabellen und Indizes benutzen und wenig oft benutzte Daten auf langsameren, weniger teuren Einheiten ablegen. Da jeder Tabellenbereich unabhängig gesichert und wiederhergestellt werden kann, kann man ferner eng verwandte Tabellen in einem Tabellenbereich ballen, so daß sie als eine Einheit gesichert werden. (Weitere Ratschläge zur Zuweisung von Tabellen an Tabellenbereiche sowie zur Abbildung von Tabellenbereichen auf physikalische Speichereinheiten findet man im *Administration Guide*.)

UDB kennt zwei verschiedene Arten von Tabellenbereichen, die als *System Managed Space* (SMS) und *Database Managed Space* (DMS) bezeichnet werden. Ein SMS-Tabellenbereich benutzt die Einrichtungen des Betriebssystems zur Verwaltung von physikalischem Speicher, während bei einem DMS-Tabellenbereich der physikalische Speicher unmittelbar von UDB verwaltet wird. SMS-Tabellenbereiche (die Voreinstellung) sind leicht zu erzeugen und zu verwalten und gut geeignet für viele kleine und mittlere Datenbanken. DMS-Tabellenbereiche erlauben eine zusätzliche Kontrollmöglichkeit, die bei großen Datenbanken und hochperformanten Anwendungen hilfreich sein kann, allerdings stellen sie dafür höhere Anforderungen an den Datenbankadministrator. Eine einzige Datenbank kann sowohl SMS- als auch DMS-Tabellenbereiche enthalten. Einige Unterschiede zwischen den beiden Typen von Tabellenbereichen sind in Tabelle 10.1 zusammengefaßt.

Jeder Tabellenbereich ist mit einem *Pufferpool* assoziiert, bei dem es sich um einen Bereich im Hauptspeicher des betreffenden Systems handelt, der Seiten (Pages) mit Daten aufnehmen kann, die aus einem Tabellenbereich geholt bzw. gelesen wurden. UDB verwendet Heuristiken zum Prefetching von Seiten, von denen es glaubt, daß sie in den betreffenden Pufferpools benötigt werden könnten, sowie zum Schreiben von Seiten aus einem Pufferpool zurück auf die Platte, wenn es glaubt, daß diese nicht länger benötigt werden. Als Voreinstellung stellt UDB einen Pufferpool mit dem Namen IBMDEFAULTBP und einer für die jeweilige Plattform angemessenen Größe bereit und benutzt ihn für sämtliche Tabellenbereiche. Man kann über die Steuerzentrale andere Pufferpools erzeugen, wieder löschen und die Größen von Pufferpools verändern (siehe Abschnitt 10.3); das gleiche geht auch über die SQL-Anweisungen CREATE BUFFERPOOL, ALTER BUFFERPOOL und DROP BUFFERPOOL.

System Managed Space (SMS)	Database Managed Space (DMS)
Jeder Container ist ein Verzeichnis im Dateisystem des betreffenden Betriebssystems. Der Platz in diesem Verzeichnis wird nicht vorallokiert, sondern wächst so, wie Daten dem Tabellenbereich hinzugefügt werden. Daten werden in Form von Dateien in dem Verzeichnis abgelegt.	Ein Container ist entweder eine vorallokierte Datei fester Größe oder ein physikalischer Datenträger wie eine Platte. In beiden Fällen muß der gesamte Speicherplatz für den Container allokiert werden, wenn dieser erzeugt wird. Ist ein Container ein Datenträger, muß er den gesamten Datenträger (der ein logischer sein kann) belegen.
Container können einem Tabellenbereich nach seiner Erzeugung nicht mehr hinzugefügt werden.	Container können einem existierenden Tabellenbereich über eine ALTER TABLESPACE-Anweisung hinzugefügt werden.
Alle Daten für eine gegebene Tabelle einschließlich ihrer Indizes und großen Objekte müssen in einem einzigen Tabellenbereich gespeichert werden.	Die Primärdaten für eine Tabelle können in einem Tabellenbereich gespeichert werden, ihre Indizes in einem zweiten und ihre großen Objekte (LOBs) in einem dritten. Diese Technik kann die Ballung von Tabellen im physikalischen Speicher verbessern.

Tabelle 10.1:
Eigenschaften von Tabellenbereichen

Jeder Tabellenbereich wird durch eine Zeile in der Katalogtabelle TABLESPACES beschrieben. Man kann sich eine numerierte Liste aller Tabellenbereiche seiner Datenbank durch Ausführen des folgenden Kommandos anzeigen lassen:

```
LIST TABLESPACES;
```

Zum Anzeigen einer Liste aller Container in einem gegebenen Tabellenbereich kann man einen LIST TABLESPACE CONTAINERS-Befehl mit einer der Nummern aus der von einem LIST TABLESPACES-Befehl erzeugten Liste ausführen, wie in folgendem Beispiel:

```
LIST TALESPACE CONTAINERS FOR 2;
```

Wie Pufferpools können Tabellenbereiche über die Steuerzentrale oder durch Ausführen entsprechender SQL-Anweisungen erzeugt, geändert und gelöscht werden. Die SQL-Anweisungen zur Manipulation von Tabellenbereichen sind unten angegeben. Zum Benutzen einer dieser Anweisungen benötigt man SYSADM- oder SYSCRTL-Autorisierung.

CREATE TABLESPACE

Zur Erzeugung eines SMS-Tabellenbereichs muß man den Namen des Bereichs und die Pfadnamen aller seiner Container angeben. Dabei denke man daran, daß jeder Container in einem SMS-Tabellenbereich ein Verzeichnis ist. Wird ein relativer Pfadname angegeben, wird dieser in bezug auf das lokale Datenbankverzeichnis der Datenbank, die den Tabellenbereich enthält, interpretiert (vergleiche Abbildung 10.2). Falls die letzte Ebene des Pfades nicht existiert, wird ein Verzeichnis mit dem angegebenen Namen angelegt.

Im folgenden Beispiel erzeugen wir einen SMS-Tabellenbereich mit drei Containern, die durch Verzeichnisse auf drei verschiedenen Platten in einem OS/2- oder Windows NT-Filesystem implementiert werden. Sodann erzeugen wir eine Tabelle in dem neuen Tabellenbereich, was dafür sorgt, daß die Daten dieser Tabelle auf die drei Platten verteilt werden. Vor der Ausführung der CREATE TABLESPACE-Anweisung muß unsere Session mit der Datenbank verbunden sein, in der der Tabellenbereich angelegt werden soll.

```
CREATE TABLESPACE sms1 MANAGED BY SYSTEM
    USING ('d:\sms1', 'e:\sms1', 'f:\sms1');
CREATE TABLE konten.eingänge
    (kundennr    Char(6),
     betrag      Money,
     fälligkeit Date,
     PRIMARY KEY(kundennr, fälligkeit))
    IN sms1;
```

Wenn man einen DMS-Tabellenbereich erzeugt, muß man nicht nur die Namen der Dateien oder Datenträger, die die Container implementieren, angeben, sondern auch deren jeweilige Größe. Die Größe jeder Datei oder jedes Datenträgers wird als eine Anzahl von Seiten (Pages) zu je 4 kByte spezifiziert, und der so spezifizierte Platz wird zugewiesen, wenn der Tabellenbereich erzeugt wird. In folgendem Beispiel erzeugen wir einen DMS-Tabellenbereich bestehend aus zwei Containern, von denen jeder durch eine Datei von 10.000 Seiten implementiert wird.

```
CREATE TABLESPACE dms2 MANAGED BY DATABASE
    USING (FILE 'd:\dms2\dms2.dat' 10000,
           FILE 'e:\dms2\dms2.dat' 10000);
```

UDB kennt zwei Spezialformen von Tabellenbereichen, den *temporären* sowie den *langen* Tabellenbereich. Ein temporärer Tabellenbereich stellt dem System Platz für temporäre Ergebnisse zur Verfügung, wie z.B. für eine Tabelle, die während der Verarbeitung einer Anfrage zum Zwecke des Sortierens materialisiert wird. Jede Datenbank muß mindestens einen temporären Tabellenbereich besitzen. Ein Tabellenbereich kann durch Angabe von CREATE TEMPORARY TABLESPACE zum Zeitpunkt seiner Erzeugung als temporär ausgezeichnet werden.

Ein *langer* Tabellenbereich ist ein Tabellenbereich, der zum Speichern großer Objekte vorgesehen ist. Wenn eine Tabelle erzeugt wird, kann die CREATE TABLE-Anweisung spezifizieren, ob die Tabelle ihre großen Objekte zusammen mit ihren anderen Daten in einem regulären Tabellenbereich speichern oder dazu einen separaten langen Tabellenbereich benutzen will. Ein Trennen der großen Objekte vom Rest der Daten kann die Clustereigenschaften der Tabelle verbessern und die Anzahl von Ein-/Ausgabeoperationen reduzieren, die für einen Durchlauf durch die Tabelle (Scan) benötigt werden. Ein langer Tabellenbereich muß ein DMS-Tabellenbereich sein und wird zum Zeitpunkt der Erzeugung durch Angabe von CREATE LONG TABLESPACE kenntlich gemacht. In folgendem Beispiel allokieren wir eine Datei mit 50.000 Seiten als langen Tabellenbereich und erzeugen eine Tabelle, die diesen Tabellenbereich zum Speichern großer Objekte benutzt.

```
CREATE LONG TABLESPACE longspace MANAGED BY DATABASE
   USING (FILE 'f:\longspace\space1.dat' 50000);
CREATE TABLE brücken
   (name        Varchar(32),
    breitengrad Double,
    längengrad  Double,
    photo       Blob(1M))
   IN dms2 LONG IN longspace;
```

Eine CREATE TABLESPACE-Anweisung hat die folgenden optionalen Parameter:

▶ EXTENTSIZE spezifiziert die Einheit der Speicherplatzzuweisung innerhalb der Container des Tabellenbereichs in Seiten.

▶ PREFETCHSIZE spezifiziert die Anzahl der Seiten, die bereits vor einer Referenzierung aus dem Tabellenbereich im voraus gelesen werden sollen, um Seitenreferenzen in gewissem Umfang vorherzusagen und die Wartezeit bei Ein-/Ausgabevorgängen zu reduzieren. Ein vorausschauendes Lesen von Seiten wird automatisch durchgeführt, wenn das System eine ganze Tabelle liest oder wenn es entdeckt, daß nach einem regelmäßigen Muster Seiten von der Platte in den Hauptspeicher geladen werden.

▶ OVERHEAD ist eine Schätzung der durchschnittlichen Latenzzeit (in Millisekunden) bis zum Beginn einer neuen I/O-Operation in dem Tabellenbereich und wird als Information für den SQL-Optimierer angegeben.

▶ TRANSFERRATE ist eine Schätzung der Zeit (in Millisekunden), die zum Lesen einer Seite der Größe 4 kByte in dem Tabellenbereich benötigt wird, und wird ebenfalls als Information für den SQL-Optimierer angegeben.

▶ BUFFERPOOL benennt den Pufferpool, der für diesen Tabellenbereich zum Lesen von Seiten von der Platte benutzt werden soll.

▶ IN NODEGROUP ist eine Option, die nur für parallele Datenbanken von Bedeutung ist. Sie benennt die Knotengruppe, in der der Tabellenbereich gespeichert ist. Eine Knotengruppe ist eine Sammlung von Knoten in einem parallelen System. Knotengruppen werden in Abschnitt 10.2.2 behandelt.

Diese optionalen Parameter werden in der *SQL Reference* sowie im *Administration Guide* weiter erläutert. Jede von ihnen hat eine bestimmte Voreinstellung, die für viele Anwendungen passend ist.

ALTER TABLESPACE

Nachdem ein Tabellenbereich erzeugt wurde, sind die einzig möglichen Veränderungen, die man daran vornehmen kann, die folgenden:

▶ Die Eigenschaften PREFETCHSIZE, OVERHEAD, TRANSFERRATE und BUFFERPOOL des Tabellenbereichs können verändert werden, wie in folgendem Beispiel:

```
ALTER TABLESPACE userspace1
   PREFETCHSIZE 64;
```

▷ Zu einem DMS-Tabellenbereich können neue Container hinzugefügt werden, wie in folgendem Beispiel:

```
ALTER TABELSPACE longspace
    ADD (FILE 'f:\longspace\space2.dat' 50000);
```

Wird einem Tabellenbereich ein neuer Container hinzugefügt, werden durch einen Hintergrundprozeß automatisch einige Extents aus existierenden Containern in den neuen verschoben, so daß die Daten in dem Tabellenbereich über alle Container hinweg einigermaßen gleichmäßig verteilt bleiben.

DROP TABLESPACE

Ein Löschen eines Tabellenbereichs zerstört alle Objekte (wie Tabellen oder Indizes), die vollständig darin enthalten sind. Falls eine Tabelle jedoch mehrere Tabellenbereiche überspannt (wenn sie etwa Daten in einem Tabellenbereich hat und Indizes oder große Objekte in einem anderen), kann solange keiner der Tabellenbereiche, der Teile der Tabelle enthält, gelöscht werden, bis die Tabelle gelöscht wurde.

Das folgende Beispiel zeigt eine Anweisung, die einen Tabellenbereich löscht:

```
DROP TABLESPACE dms2;
```

10.1.2   Erzeugen und Löschen von Datenbanken

Nachdem wir etwas von Tabellenbereichen verstehen, können wir den Prozeß des Erzeugens einer Datenbank behandeln. Jede Datenbank befindet sich in einem Verzeichnis auf einer Server-Maschine. Der Pfadname dieses Verzeichnisses kann spezifiziert werden, wenn die Datenbank angelegt wird (die Voreinstellung wird vom Konfigurationsparameter DFTDBPATH des Datenbankmanagers kontrolliert). In ein und demselben Verzeichnis können mehrere Datenbanken angelegt werden. Sämtliche Datenbanken in einem gegebenen Verzeichnis können durch den Befehl LIST DATABASE DIRECTORY ON <pfad> aufgelistet werden.

Der einfachste Weg zur Erzeugung einer Datenbank ist ein Aufrufen der Aktion »(Neue) Datenbank erstellen« in der Steuerzentrale, was in Abschnitt 10.3 beschrieben wird. Die Steuerzentrale führt einen dann durch einen Dialog, im Rahmen dessen man die Charakteristika der neuen Datenbank festlegen kann. Alternativ dazu kann man über eine interaktive Schnittstelle wie die Steuerzentrale einen CREATE DATABASE-Befehl ausführen. Die einfachste Form dieses Befehls spezifiziert lediglich den Namen der Datenbank und überläßt alle Charakteristika den Voreinstellungen, wie in folgendem Beispiel:

```
CREATE DATABASE meinedaten;
```

Das folgende, etwas komplexere Beispiel erzeugt eine Datenbank in einem spezifischen Verzeichnis und gibt an, daß die Datenbank zum Speichern von Daten mit einem japanischen Zeichensatz benutzt werden soll (so daß es eine Doppelbyte-Datenbank sein wird). Eine Liste unterstützter Codesets und Länderregionen findet man in Anhang M des *Administration Guide*.

```
CREATE DATABASE japan1
  ON 'D:\db\japan1'
  USING CODESET IBM-392 TERRITORY Ja_JP;
```

Wenn man eine neue Datenbank erzeugt, führt UDB die folgenden Aktionen aus:

▷ Das System legt unterhalb des spezifizierten Datenbankverzeichnisses physikalische Verzeichnisse zur Aufnahme der Datenbank an und erzeugt Dateien für das Wiederherstellungs-Log der Datenbank sowie für andere notwendige Buchführungsdetails.

▷ Sodann erzeugt das System eine Reihe von Tabellenbereichen. Die Charakteristika dieser können im CREATE DATABASE-Befehl spezifiziert sein oder die jeweiligen Voreinstellungen annehmen. Letzteres bedeutet, daß eine neue Datenbank mit drei SMS-Tabellenbereichen angelegt wird, die SYSCATSPACE (für Katalogtabellen), USERSPACE1 (für Benutzerdaten) und TEMPSPACE1 (für temporären Speicher) heißen. Weitere Tabellenbereiche können später angelegt werden. Jede Datenbank muß mindestens einen temporären Tabellenbereich besitzen.

▷ Im Tabellenbereich SYSCATSPACE erzeugt das System sämtliche Katalogtabellen und ihre Sichten und sorgt dafür, daß diese sich selbst beschreiben. Eine neue Menge von Katalogtabellen und Sichten für eine leere Datenbank belegt ungefähr 2 MB an Plattenplatz.

▷ Das System setzt die Werte der Datenbank-Konfigurationsparameter für die neue Datenbank. Einige dieser (wie z.B. CODESET und TERRITORY) können im CREATE DATABASE-Kommando angegeben werden, andere erhalten einen voreingestellten Wert.

▷ Es bindet eine Reihe von Hilfsprogrammen an die neue Datenbank und erzeugt Pakete für diese, so daß sie in der neuen Datenbank benutzt werden können.

▷ Es gibt dem Benutzer, der die Datenbank erzeugt hat, DBADM-Autorisierung für diese Datenbank, und es gewährt die Datenbankautorisierungen CONNECT, CREATETAB und BINDADD an PUBLIC. Dadurch kann jeder Benutzer eine Verbindung zu der neuen Datenbank herstellen, darin Tabellen erzeugen und Anwendungsprogramme an sie binden. Falls nötig, kann der Halter von DBADM diese Privilegien später von PUBLIC entziehen und sie durch spezifischere Privilegien, die einzelnen Benutzern gewährt werden, ersetzen.

Das Löschen einer Datenbank ist sehr einfach, sofern man SYSADM- oder SYSCTRL-Autorisierung besitzt. Man kann entweder die Aktion »Datenbank löschen« der Steuerzentrale auslösen oder einen DROP DATABASE-Befehl wie in folgendem Beispiel ausführen:

```
DROP DATABASE meinedaten;
```

Eine Datenbank kann nicht gelöscht werden, sofern noch Applikationen mit ihr verbunden sind. Ein Datenbankadministrator kann allerdings Verbindungen zwischen Applikationen und einer Datenbank über die Aktion »Trennen« der Steuerzentrale aufheben.

10.1.3 Wo sind die Daten?

Abbildung 10.2 zeigt ein Beispiel dafür, wie eine UDB-Datenbank durch eine Sammlung physikalischer Dateien im Dateiraum auf einem Server implementiert sein könnte. Der Pfadname, unter dem man die Datenbank findet, wird zum Zeitpunkt ihrer Erzeugung angegeben. Unter diesem Verzeichnis findet man ein weiteres Verzeichnis mit dem Namen des UDB-Exemplars, das die Datenbank erzeugt hat. Das nächste Verzeichnis in der Hierarchie enthält eine Knotennummer (sofern die Datenbank über mehrere Maschinen hinweg partitioniert ist, hat jede Partition eine eigene Knotennummer). Auf der nächsten Hierarchiestufe findet man ein Verzeichnis für jede Datenbank, die diesen Datenbankpfad benutzt. Jede Datenbank besteht aus Tabellenbereichen, die ihrerseits aus Containern bestehen. Tabellenbereiche sind in Abbildung 10.2 nicht explizit gezeigt, da sie sich nicht unmittelbar auf Verzeichnisse oder Dateien abbilden lassen. Für SMS-Tabellenbereiche ist jeder Container ein Verzeichnis. Die Lokation des Containerverzeichnisses wird zum Erzeugungszeitpunkt des betreffenden Tabellenbereiches angegeben, und relative Pfadnamen werden bezüglich des Datenbankverzeichnisses interpretiert. In einem SMS-Container enthält jede Datei Daten einer anderen Tabelle oder eines anderen Index. So könnten sich z.B. die Daten einer gegebenen Tabelle in einer Datei namens SQL00005.DAT in jedem von mehreren Containerverzeichnissen befinden. Abbildung 10.2 zeigt die Namen der Containerverzeichnisse für die drei voreingestellten Tabellenbereiche mit den Namen SYSCATSPACE, USERSPACE1 und TEMPSPACE1.

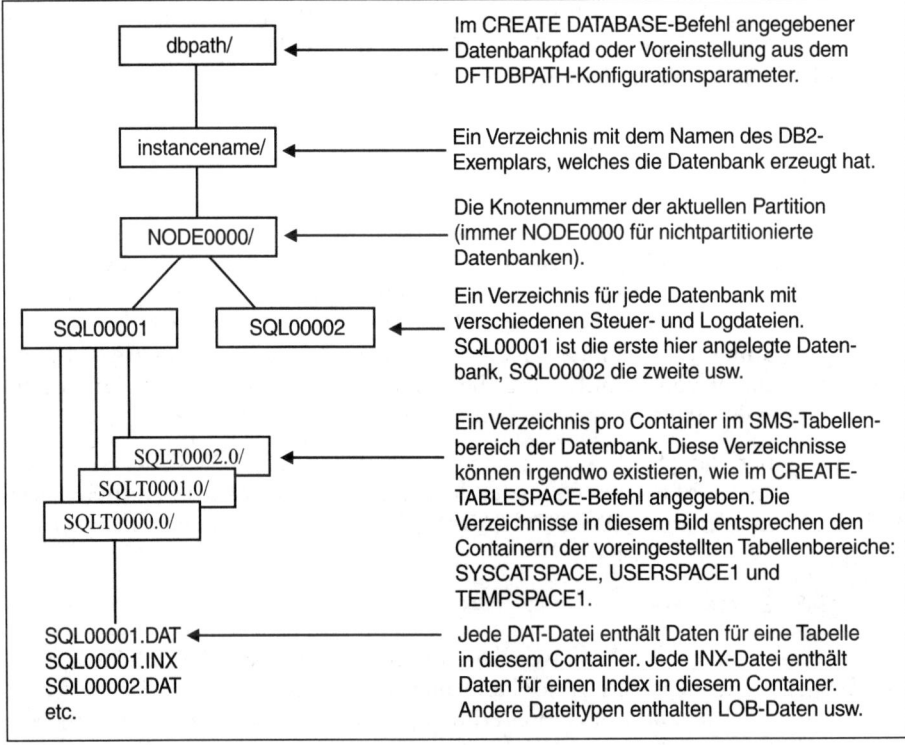

Abbildung 10.2:
Physikalische Datenbankorganisation mit SMS-Tabellenbereichen

TIP: Es ist sehr wichtig, in keine der in Abbildung 10.2 gezeigten Dateien hineinzupfuschen, denn das könnte die Datenbank zerstören. Der Datenbankadministrator sollte die Sicherheitsmöglichkeiten des jeweiligen Betriebssystems dazu nutzen, Benutzer am Eingreifen in die Datenbankdateien zu hindern.

10.2 Parallele Datenbanken

Bevor wir weiter in die Einzelheiten der UDB-Datenbankadministration einsteigen, müssen wir eines der wichtigsten neuen Features, das durch UDB eingeführt wurde, behandeln: die Unterstützung paralleler Datenbanken. Eine parallele Datenbank ist eine Datenbank, in der gleichzeitig mehrere Aktionen stattfinden können, um eine bestimmte Aufgabe schneller zu erledigen oder um mehr Arbeit pro Zeiteinheit erledigen zu können.

Von DB2 wurden gewisse Formen von Parallelität bereits seit längerer Zeit unterstützt. So können z.B. zu jedem Zeitpunkt viele Benutzer und Applikationen mit derselben Datenbank verbunden sein und Transaktionen ausführen. Wenngleich es so aussehen mag, als wären alle Benutzer gleichzeitig aktiv, teilt das System seine Zeit dennoch in kleine Einheiten zwischen ihnen auf und arbeitet pro Zeiteinheit immer nur für genau einen Benutzer. In einem seriellen Datenbanksystem wie DB2 Version 2 wird jeder Benutzer von einem einzigen Prozeß bedient, und der Prozessor teilt seine (Rechen-)Zeit zwischen diesen Prozessen auf.

Von UDB neu eingeführt ist die Möglichkeit, daß ein Benutzer gleichzeitig von mehreren Prozessen bedient wird, die unter Umständen sogar mehrere Prozessoren benutzen,. Dadurch, daß man mehrere Prozessoren dieselbe SQL-Anweisung gemeinsam bearbeiten läßt, wird es möglich, große Datenmengen sehr schnell zu verarbeiten und die Zeit zur Verarbeitung der Anweisung dramatisch zu reduzieren.

Eines der wichtigsten Konzepte des UDB-Parallelismus ist das der *Partition*. In einem parallelen System kann eine Datenbank in mehrere separate Teile zerlegt werden, die man Partitionen nennt. Jede Tabelle in der Datenbank kann in jeder Partition einige Zeilen haben. Es ist hilfreich sich vorzustellen, daß jede Partition auf einer eigenen Maschine läuft, was auch gewöhnlich der Fall ist, obwohl man auch mehrere Partitionen derselben Maschine zuweisen kann. Jede Datenbankpartition hat ihr eigenes Log und ihre eigene Sammlung von Indizes.

UDB kann zwei Arten von Parallelität auf die Verarbeitung einer SQL-Anweisung anwenden. *Intrapartitionsparallelismus* bezieht sich auf simultane Prozesse innerhalb einer einzigen Partition, und *Interpartitionsparallelismus* bezieht sich auf simultane Prozesse in mehreren Partitionen. Diese beiden Formen von Parallelismus sind voneinander unabhängig, und ihre relative Wichtigkeit hängt von der gegebenen Hardware-Konfiguration ab. Zur Vermeidung eines dauernden Wiederholens dieser langen Bezeichnungen werde ich Intrapartitionsparallelismus als IntraPP und Interpartitionsparallelismus als InterPP abkürzen. Die Verarbeitung einer SQL-Anweisung kann IntraPP, InterPP oder beides enthalten.

10.2.1   Intrapartitionsparallelismus

IntraPP wird häufig auf einer symmetrischen Multiprozessormaschine (SMP-Maschine) benutzt, bei der mehrere Prozessoren Speicher und Platten gemeinsam benutzen, wie in Abbildung 10.3 gezeigt. Zur Ausnutzung von IntraPP erzeugt der Optimierer Zugriffspläne mit mehreren sogenannten *Threads*, die während der Verarbeitung einer SQL-Anweisung gleichzeitig aktiv sein können. Da IntraPP (nach Definition) innerhalb einer einzigen Datenbankpartition stattfindet, haben sämtliche Threads Zugriff auf alle Daten in der Partition. Die Anzahl der Threads in einem Zugriffsplan, genannt der *Grad* (*Degree*) des Plans, kann größer oder kleiner als die Anzahl physikalischer Prozessoren des Systems sein. Gibt es mehr Threads als Prozessoren, teilen letztere ihre Zeit zwischen den Threads so auf, daß alle aktiv gehalten werden. Es ist sogar möglich (wenn auch nicht sonderlich nützlich), IntraPP auf einer Maschine mit nur einem Prozessor zu verwenden. IntraPP kann mit allen UDB-Versionen (einschließlich der Personal Edition) benutzt werden.

Als Beispiel für IntraPP betrachten wir die folgende SQL-Anfrage die nach dem Gehalt des am höchsten bezahlten Ingenieurs sucht:

```
SELECT max(gehalt)
FROM   ang
WHERE  job = 'Ingenieur';
```

Falls kein JOB-Index existiert, könnte der Optimierer einen Scan über die gesamte ANG-Tabelle auslösen, bei dem nach Ingenieuren gesucht und über das höchste bisher gesehene Gehalt Buch geführt wird. Um IntraPP vom Grad 4 zu benutzen, könnte der Optimierer einen Plan mit vier Threads erzeugen, von denen jeder einen anderen Teil der Tabelle durchsucht und dort das höchste Gehalt bestimmt. Sind alle vier Teildurchläufe beendet, vergleicht einer der Threads die vier gefundenen höchsten Gehälter und bestimmt das globale Maximum, das dann das Anfrageergebnis darstellt. Falls vier reale Prozessoren zur Ausführung dieses Plans verfügbar sind, ist es wahrscheinlich, daß die Anfrage in etwa einem Viertel der Zeit bearbeitet werden kann, die ihre Bearbeitung auf einem Einprozessorsystem erfordern würde. Selbst dann, wenn die vier Threads nur auf zwei oder drei Prozessoren ausgeführt werden, ist eine signifikante Leistungsverbesserung zu erwarten.

IntraPP ist für SQL vollständig transparent – SQL-Anweisungen werden also keine Einschränkungen auferlegt, und es gibt keine Auswirkungen auf deren Ergebnis, abgesehen von einer Leistungsverbesserung des Systems.

Ein UDB-Exemplar kann über einen Konfigurationsparameter namens INTRA_ PARALLEL so konfiguriert werden, daß IntraPP genutzt wird. Falls INTRA_PARALLEL auf YES gesetzt ist, erzeugt der Optimierer Pläne mit mehreren Threads, und das Laufzeitsystem führt diese Pläne auf mehreren Prozessoren aus. Ein Setzen von INTRA_PARALLEL auf NO schränkt das System auf Pläne mit jeweils nur einem Thread und auf serielle Ausführungen ein. Die Voreinstellung von INTRA_PARALLEL hängt von der Hardware-Plattform ab, auf der das jeweilige UDB-Exemplar installiert ist; sie lautet YES für Mehrprozessor- und NO für Einprozessormaschinen.

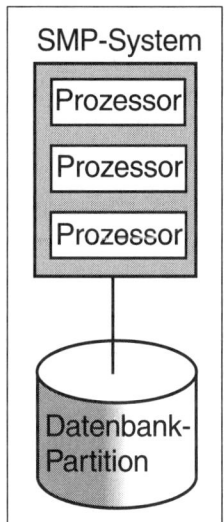

Abbildung 10.3:
Intrapartitionsparallelismus auf einem symmetrischen Multiprozessor

Wenn ein Anwendungsprogramm gebunden wird, kann man die Option DEGREE des PREP- oder des BIND-Kommandos zur Begrenzung des Grades der für das Programm erzeugten Pläne benutzen. DEGREE kann auf eine ganze Zahl oder auf ANY gesetzt werden, wobei letzteres »keine Einschränkung« bedeutet. Der voreingestellte Wert für DEGREE wird von einem Datenbank-Konfigurationsparameter namens DFT_DEGREE bestimmt, der seinerseits eine Voreinstellung von 1 hat.

Der Grad des für eine dynamische SQL-Anweisung erzeugten Plans kann über das spezielle Register mit dem Namen CURRENT DEGREE limitiert werden. Wie die Bindeoption DEGREE kann CURRENT DEGREE auf eine ganze Zahl oder auf ANY gesetzt werden, und seine Voreinstellung wird vom Datenbank-Konfigurationsparameter DFT_ DEGREE kontrolliert.

Wenn das System einen Plan ausführt, wird die Anzahl gleichzeitig aktiver Threads durch den Grad des Plans bestimmt und kann ferner über den Konfigurationsparameter MAX_QUERYDEGREE des Datenbankmanagers oder durch einen SET RUNTIME DEGREE-Befehl beschränkt werden.

 **TIP:** Man beachte, daß UDB IntraPP nicht ohne weiteres ausnutzt, selbst wenn das betreffende System mehrere Prozessoren besitzt. Um IntraPP zu nutzen, muß man explizit eine DEGREE-Bindeoption spezifizieren, den Wert des Registers CURRENT DEGREE setzen oder den Datenbank-Konfigurationsparameter DFT_DEGREE modifizieren.

10.2.2 Interpartitionsparallelismus

InterPP betrifft gewöhnlich mehrere Prozessoren, von denen jeder seinen eigenen Hauptspeicher und seine eigenen Platten hat, die nicht von anderen Prozessoren mit benutzt werden. Diese Form der Hardware-Konfiguration bezeichnet man auch als »Shared-Nothing-System« oder als massiv paralleles System. Weil jeder Prozessor autonom ist, sind Shared-Nothing-Systeme sehr flexibel und durch Hinzunahme weiterer Prozessoren leicht auf sehr große Datenbanken skalierbar. Jeder Prozessor verfügt über eine Partition der Datenbank und kann nur auf Daten in seiner Partition direkt zugreifen.

UDB mit InterPP wird häufig auf einer parallelen Hardware-Plattform wie einer IBM SP2 benutzt, die über viele Risc System/6000-Prozessoren verfügt, die über einen schnellen Schalter miteinander verbunden sind. Obwohl sich die Prozessoren in einem SP2-System physisch in derselben Box befinden, hat jeder Prozessor seinen eigenen Hauptspeicher und seine eigenen Platten. Als Alternative dazu kann UDB mit InterPP auf einer Sammlung unabhängiger Maschinen laufen, die über ein lokales oder ein Weitverkehrsnetz verbunden sind. In einer solchen Konfiguration können die teilnehmenden Maschinen ähnlich oder individuell verschieden sein. Einige oder alle teilnehmenden Maschinen können symmetrische Multiprozessoren sein, die, wie in Abbildung 10.4 illustriert, über eigenen IntraPP verfügen.

InterPP wurde erstmals in der DB2 Parallel Edition für AIX eingeführt, in der jede der separaten Partitionen der Datenbank als *Knoten* (*Node*) bezeichnet wurde. In UDB wurde die Bezeichnung *Partition* eingeführt, jedoch ist einiges der Terminologie des ursprünglichen Produkts noch immer in Gebrauch. So wird eine Gruppe von Partitionen als *Knotengruppe* (*Node Group*) bezeichnet und mit Befehlen wie ALTER NODEGROUP manipuliert. Um Verwechslungen zu vermeiden, denke man daran, daß die Bezeichnungen *Knoten* und *Partition* austauschbar sind.

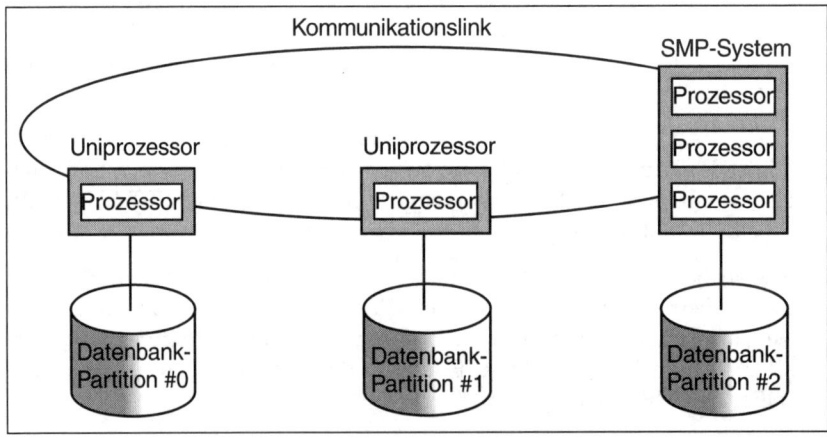

Abbildung 10.4:
Interpartitionsparallelismus auf heterogenen Plattformen

Um UDB mit InterPP zu benutzen, muß man die UDB Enterprise-Extended Edition auf jeder der teilnehmenden Maschinen installieren. Im Verzeichnis `sqllib` jeder Maschine muß man eine *Knotenkonfigurationsdatei* mit dem Namen `db2nodes.cfg` anlegen, die den Host-Namen jeder teilnehmenden Maschine enthält und jeder der Maschinen eine *Knotennummer* zwischen 0 und 999 zuweist. Das folgende Beispiel zeigt den Inhalt einer einfachen Knotenkonfigurationsdatei, die an sechs Maschinen, deren Namen Planeten des Sonnensystems entsprechen, Knotennummern zuweist (die Knotenkonfigurationsdatei kann komplexer sein, falls einer Maschine mehrere Knoten zugewiesen sind oder falls eine Maschine mehr als ein aktives TCP/IP-Interface hat):

```
0  merkur
1  venus
2  mars
3  jupiter
4  saturn
5  neptun
```

Man kann ein paralleles UDB-System starten oder anhalten durch Ausführen der Befehls `db2start` bzw. `db2stop` auf irgendeiner der teilnehmenden Maschinen – der Befehl wird auf allen in der Knotenkonfigurationsdatei angegebenen Maschinen ausgeführt werden.

Bei UDB mit InterPP wird jeder Tabellenbereich einer Knotengruppe zugewiesen, was bei der Erzeugung des Tabellenbereichs spezifiziert wird. Eine Knotengruppe ist eine Sammlung von einem oder mehreren der Knoten, die in der gegebenen Knotenkonfigurationsdatei angegeben sind. Die Zeilen jeder Tabelle werden auf die Knoten der Knotengruppe ihres Tabellenbereichs verteilt. Knotengruppen werden erzeugt und mit Namen versehen über Anweisungen wie die in folgendem Beispiel gezeigten:

```
CREATE NODEGROUP group1 ON NODE ( 0 );
CREATE NODEGROUP group2 ON NODES (1, 3, 5);
CREATE NODEGROUP group3 ON ALL NODES;
```

Man kann sich eine Liste aller Knoten (Partitionen) und Knotengruppen, die für das vorliegende System definiert sind, über Befehle wie die folgenden anzeigen lassen:

```
LIST NODES;
LIST NODEGROUPS SHOW DETAIL;
```

Wenn eine Datenbank erzeugt wird, werden die folgenden voreingestellten Knotengruppen automatisch angelegt:

▷ IBMDEFAULTGROUP, die alle Datenbankpartitionen enthält und als die Knotengruppe für den Tabellenbereich USERSPACE1 dient,

▷ IBMCATGROUP, die nur die Partition enthält, in der das CREATE DATABASE-Kommando ausgeführt wurde und die als die Knotengruppe für den Tabellenbereich SYSCATSPACE dient. Die Partition in IBMCATGROUP heißt der *Katalogknoten* für die Datenbank, und sie ist die einzige Partition, in der Katalogtabellen gespeichert werden.

▶ IBMTEMPGROUP, die alle Datenbankpartitionen enthält und als die Knotengruppe für den Tabellenbereich TEMPSPACE1 dient.

Die Tabellen in einer Knotengruppe mit mehreren Partitionen (die auch *partitionierte Tabellen* genannt werden) benötigen jeweils einen *Partitionierungsschlüssel*, der festlegt, wie die Zeilen der Tabelle auf die einzelnen Partitionen verteilt werden. Der Partitionierungsschlüssel, der zum Zeitpunkt der Erzeugung der Tabelle spezifiziert wird, besteht aus einer oder mehreren Spalten, von denen keine von einem LOB-Datentyp sein darf. Wenn eine Zeile in eine partitionierte Tabelle eingefügt wird, wird der in dieser Zeile enthaltene Wert des Partitionierungsschlüssel über eine Hash-Funktion auf einen Wert zwischen 0 bis 4.096 abgebildet. Der daraus resultierende Wert wird als Index in die *Partitionierungszuordnung* (*Partitioning Map*) für die Knotengruppe benutzt, bei der es sich um ein Array mit 4.096 Einträgen handelt, das die Knotennummer der Partition bestimmt, in der die Zeile gespeichert wird; dies ist in Abbildung 10.5 gezeigt. Wenn eine Knotengruppe angelegt wird, erhält sie eine voreingestellte Partitionierungszuordnung, die für jede Partition in der Knotengruppe gleich viele Einträge enthält. Wie wir in Abschnitt 10.7.6 sehen werden, kann man die Partitionierungszuordnung einer Knotengruppe ändern, um eine ungleichmäßige Verteilung von Daten bzw. Partitionierungsschlüsselwerten (»Data Skew«) auszugleichen.

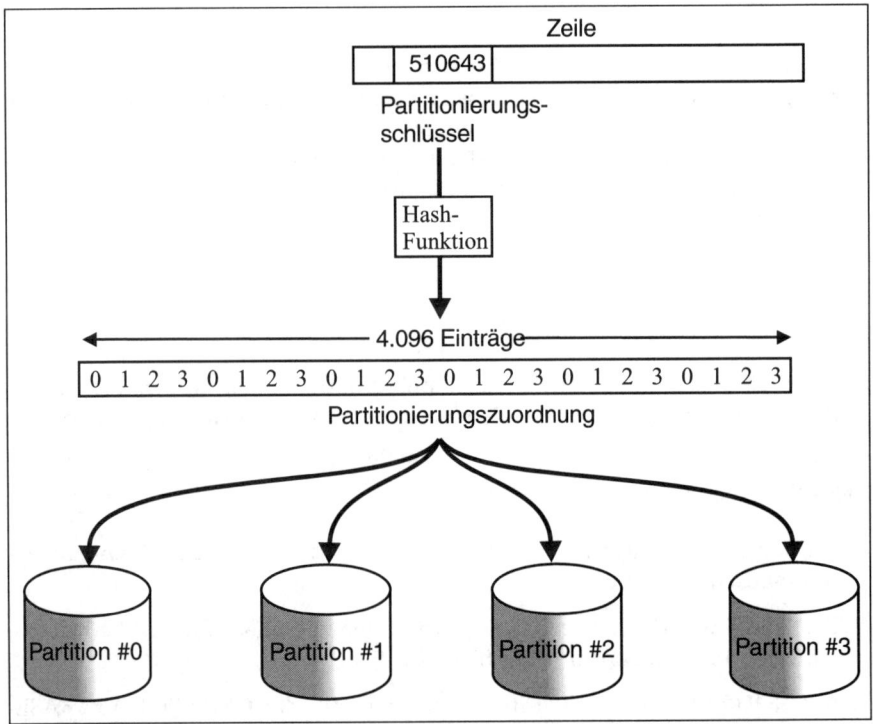

Abbildung 10.5:
Verwendung einer Partitionierungszuordnung zur Zuweisung einer Zeile an eine Partition

Für eine Applikation oder Benutzersession, die mit einer parallelen Datenbank verbunden ist, wird der Knoten (die Partition), an dem der CONNECT-Befehl verarbeitet wurde, als der *Koordinatorknoten* bezeichnet. Natürlich können mehrere Sitzungen mit derselben Datenbank über denselben oder über unterschiedliche Koordinatorknoten verbunden sein. Der Koordinatorknoten einer Sitzung ist für die Kommunikation mit dem Client verantwortlich sowie für die Verteilung von Aufgaben an andere Knoten, sofern nötig. Er verwendet ein Zwei-Phasen-Commit-Protokoll zur Gewährleistung eines Zurücksetzens einer Transaktion in allen teilnehmenden Knoten, falls im Laufe der Verarbeitung der Transaktion in irgendeinem der Knoten ein Fehler passiert.

InterPP ist für SQL fast vollständig transparent. Die einzigen Regeln und Einschränkungen, die einer Datenbank mit InterPP auferlegt sind, sind die folgenden:

1. Jede Tabelle, deren Tabellenbereich in einer Knotengruppe mit mehreren Knoten liegt, muß einen Partitionierungsschlüssel besitzen.

2. Die Spalten eines Partitionierungsschlüssels können nicht verändert werden (will man einen Wert in einer solchen Spalte ändern, muß man die betreffende Zeile löschen und mit dem veränderten Wert neu einfügen).

3. Falls eine partitionierte Tabelle einen Primärschlüssel, eine Eindeutigkeitsbedingung oder einen eindeutigen Index hat, müssen die Spalten, auf denen Eindeutigkeit gewährleistet wird, die Spalten des Partitionierungsschlüssels enthalten.

In einer parallelen Datenbank ist es der Job des Optimierers (der auf dem Koordinatorknoten läuft), einen parallelen Plan zur Verarbeitung jeder SQL-Anweisung zu erzeugen. Der Optimierer versucht dabei, die Arbeit so zu verteilen, daß so viele Prozessoren wie möglich benutzt werden, gleichzeitig aber das Bewegen von Daten zwischen den Partitionen minimiert wird. Der parallele Plan besteht aus einem *Unterabschnitt* (*Subsection*) für jede Partition, in dem die in dieser Partition zu leistende Arbeit detailliert wird. Die Unterabschnitte eines Plans werden vom Koordinatorknoten an die verschiedenen Partitionen verteilt, und diese geben ihre Ergebnisse an den Koordinator zurück, wo sie zusammengeführt und an den Client abgeliefert werden.

Man kann die Effizienz einer Anwendung deutlich verbessern, indem man die Partitionierung von Tabellen genau plant. Eine der wichtigsten Partitionierungstechniken wird als *Kolokation* bezeichnet. Zwei Tabellen sind *kolokalisiert*, falls ihre Tabellenbereiche in derselben Knotengruppe liegen und ihre Partitionierungsschlüssel denselben Datentyp haben.[2] Wenn zu erwarten ist, daß zwei Tabellen sehr häufig über einen Equi-Join verknüpft werden, kann man die Effizienz der Verbundberechnung durch ein Kolokalisieren der beiden Tabellen, bei dem die Verbundspalten als Partitionierungsschlüssel gewählt werden, deutlich verbessern. In diesem Fall werden die Zeilen beider Tabellen, die miteinander verbunden werden, stets in derselben Partition gespeichert, und jede Partition kann einen Teil des Verbundergebnisses unabhängig berechnen.

---

2. Paare von Partitionierungsschlüsseln mit bestimmten Kombinationen von Datentypen, wie etwa Real und Double oder Zeichenreihen unterschiedlicher Länge, sind für die Zwecke einer Kolokation ebenfalls kompatibel.

Falls man einen Verbund zwischen zwei Tabellen A und B berechnen muß, die nicht kolokalisiert sind, wird im allgemeinen ein signifikanter Datentransport zwischen den Partitionen stattfinden. Der Optimierer könnte dabei eine der folgenden Strategien verwenden:

▶ Falls ein Equi-Join-Prädikat den Partitionierungsschlüssel von Tabelle A enthält, könnten die Zeilen von Tabelle B an die Partition mit den übereinstimmenden Zeilen von Tabelle A geschickt werden.

▶ Falls die Tabellen durch ein Equi-Join-Prädikat verbunden werden sollen, das von keiner der beiden einen Partitionierungsschlüssel enthält, könnten die Zeilen beider Tabellen anhand eines temporären Partitionierungsschlüssels, der auf den Verbundspalten basiert, neu verteilt werden.

▶ Falls der Verbund kein Equi-Join oder Tabelle B sehr klein ist, könnte das System sämtliche Zeilen von Tabelle B an jede Partition schicken, die irgendwelche Zeilen von Tabelle A enthält.

Eine weitere Technik zur Effizienzverbesserung einer partitionierten Datenbank ist das *gepufferte Einfügen*, das von Anwendungsprogrammen benutzt wird, die eine große Anzahl von Zeilen einfügen müssen. Es wäre ineffizient, wenn man jede dieser Zeilen einzeln vom Koordinatorknoten an die Partition, in der sie gespeichert werden soll, schicken würde. Falls die Applikation mit der Option INSERT BUF vorübersetzt oder gebunden wurde, sammelt der Koordinatorknoten eingefügte Zeilen in Puffern, anstatt sie unmittelbar an ihre Zielpartitionen weiterzuleiten. Für jede Zielpartition wird dabei ein Puffer der Größe 4 KB benutzt. Wenn ein Puffer voll ist oder wenn eine weitere SQL-Anweisung wie UPDATE, DELETE, COMMIT oder ROLLBACK ausgeführt werden soll, werden alle Zeilen im Puffer auf einen Schlag an ihre Zielpartition geschickt. Eine Konsequenz dieses Vorgehens ist, daß Fehler beim Einfügen asynchron gemeldet werden. Wenn z.B. eine der eingefügten Zeilen einen eindeutigen Schlüssel verletzt, würde dies nicht bemerkt und gemeldet, bis der betreffende Pufferinhalt an die Zielpartition übertragen wird. Der Fehlercode würde an die SQL-Anweisung zurückgegeben, die die Übertragung des Pufferinhalts veranlaßt hat, und diese würde zusammen mit allen Einfügungen in den Puffer zurückgesetzt.

Weitere Informationen zur Leistungsoptimierung einer partitionierten Datenbank findet man im *Administration Guide*.

10.2.3 Rekonfigurieren eines parallelen Systems

Einer der Vorteile einer Shared-Nothing-Architektur, wie sie auch für partitionierte Datenbanken bei UDB verwendet wird, ist, daß das System relativ leicht rekonfiguriert werden kann, wenn es an veränderte Gegebenheiten angepaßt werden soll. So gibt es in einem UDB-System mit InterPP z.B. Befehle zum Neuverteilen von Daten zwischen den Partitionen oder zum Hinzufügen einer neuen oder Löschen einer existierenden Partition. Da die meisten dieser Befehle in DB2 Parallel Edition Version 1 eingeführt wurden, verwenden sie die Bezeichnung *Knoten* anstelle von *Partition*, und aus Gründen der Konsistenz mit der Befehlsterminologie werde ich im Rest dieses Abschnitts ebenfalls nur noch die Bezeichnung *Knoten* benutzen.

Neuverteilen von Daten

Daten können unter den Knoten einer Knotengruppe über den Befehl REDISTRIBUTE NODEGROUP neu verteilt werden, wie in folgendem Beispiel:

```
REDISTRIBUTE NODEGROUP group1 UNIFORM;
```

Das Kommando REDISTRIBUTE NODEGROUP muß von Katalogknoten aus ausgeführt werden. Es sorgt für eine Neuverteilung der Daten gemäß einer neuen Partitionierungszuordnung, die aus einer der folgenden Quellen stammen kann:

1. Es kann eine *gleichmäßige* (uniforme) Zuordnung sein, die auf jeden Knoten dieselbe Anzahl von Hash-Buckets abbildet (wie in obigem Beispiel).

2. Die Zuordnung kann auf der Basis einer vom Benutzer gelieferten *Verteilungsdatei* berechnet sein, die angibt, wie die Datenzeilen auf die Hash-Buckets verteilt werden sollen. Die Verteilungsdatei muß 4.096 nicht-negative ganze Zahlen enthalten, die die relative Anzahl von Zeilen darstellen, die auf die 4.096 Hash-Buckets abgebildet werden. UDB produziert automatisch eine neue Partitionierungszuordnung, die eine ungleichmäßige Datenverteilung ausgleicht, so daß sich eine gleichmäßige Verteilung von Zeilen auf die Knoten ergibt.

3. Die Zuordnung kann manuell oder über ein Hilfsprogramm wie den Splitter (siehe Abschnitt 10.7.6) erzeugt werden.

Der Befehl REDISTRIBUTE NODEGROUP setzt nach und nach eine exklusive Sperre auf jede Tabelle, die Zeilen in der betreffenden Knotengruppe hat, und migriert alle Zeilen der Tabelle in ihre richtigen Knoten gemäß der neuen Partitionierungszuordnung. Er macht ferner alle Pakete, die auf diesen Tabellen operieren, ungültig. Wenn der Befehl vollständig bearbeitet ist, schreibt er eine Datei mit einer entsprechenden Nachricht in das Verzeichnis `sqllib/redist`.

 TIP: Nach einer Neuverteilung von Daten in einer Knotengruppe sollte man alle Pakete, die dadurch ungültig geworden sind, neu binden und RUNSTATS ausführen, um die statistischen Informationen über die betroffenen Tabellen zu aktualisieren.

Hinzufügen eines Knotens

Der Prozeß des Hinzufügens eines Knotens zu einem UDB-System besteht aus folgenden Schritten:

1. Von einem existierenden Knoten aus wird der Befehl START DATABASE MANAGER mit der Option ADDNODE gestartet, wobei die Knotennummer und der Host-Name des neuen Knotens anzugeben sind. Als Beispiel fügt der folgende Befehl einen neuen Knoten mit der Knotennummer 9 hinzu, der an Port 0 der Maschine ZURBIE sitzt:

```
START DATABASE MANAGER NODENUM 9
  ADDNODE HOSTNAME zurbie PORT 0;
```

Dieser Befehl erzeugt Verzeichnisse und Dateien auf dem neuen Knoten für alle Datenbanken, die im aktuellen UDB-Exemplar existieren. Der neue Knoten wird jedoch so lange kein effektiver Teil des Systems, bis das System das nächste Mal angehalten wird.

2. Man halte das UDB-Exemplar an und starte es neu, und zwar unter Verwendung folgender Befehle:

```
STOP DATABASE MANAGER;
START DATABASE MANAGER;
```

Ein Anhalten und erneutes Starten des Systems sorgt dafür, daß der neue Knoten zur Datei db2nodes.cfg hinzugefügt wird, wodurch er ein effektiver Teil des Systems wird. Allerdings ist der neue Knoten noch immer kein Mitglied in einer Knotengruppe.

3. Für jede Knotengruppe, an der der neue Knoten teilnehmen soll, ist eine ALTER NODEGROUP-Anweisung auszuführen. Als Beispiel macht der folgende Befehl den Knoten 9 zu einem Bestandteil der Knotengruppe GROUP1, und für jeden Tabellenbereich in dieser Knotengruppe wird auf Knoten 9 eine Menge von Containern erzeugt, die den auf Knoten 7 existierenden Containern ähnlich sind:

```
ALTER NODEGROUP group1
    ADD NODE 9 LIKE NODE 7;
```

Der neue Knoten ist damit Mitglied in einer Knotengruppe und verfügt über Container zur Aufnahme von Daten, aber er ist noch leer, da er noch in keiner Partitionierungszuordnung vorkommt.

4. Für jede Knotengruppe, die den neuen Knoten enthält, führe man einen Befehl REDISTRIBUTE NODEGROUP wie den folgenden aus:

```
REDISTRIBUTE NODEGROUP group1 UNIFORM;
```

Wie im vorigen Abschnitt beschrieben, sorgt dieser Befehl für eine Migration von Daten zum neuen Knoten unter Rebalancieren der Inhalte sämtlicher Knoten in der Gruppe. Der neue Knoten ist damit vollständig etabliert.

Löschen eines Knotens

Der Prozeß des Löschens eines Knotens aus einem UDB-System besteht aus den folgenden Schritten:

1. Für jede Knotengruppe, in der der Knoten vorkommt, führe man einen ALTER NODEGROUP-Befehl zum Löschen des Knotens aus, wie in folgendem Beispiel:

```
ALTER NODEGROUP group1 DROP NODE 9;
```

Nach Ausführung dieses Befehls ist der Knoten kein Mitglied der Knotengruppe mehr, enthält aber (vorübergehend) noch Daten, die zu dieser Knotengruppe gehören.

2. Für jede betroffene Knotengruppe führe man ein REDISTRIBUTE NODEGROUP-Kommando wie das folgende aus:

```
REDISTRIBUTE NODEGROUP group1 UNIFORM;
```

Dieses Kommando erzeugt eine neue Partitionierungszuordnung, in der der gelöschte Knoten nicht mehr berücksichtigt ist, und migriert alle Daten vom gelöschten Knoten auf andere Knoten in der Gruppe.

3. Auf dem gelöschten Knoten wird ein DROP NODE VERIFY-Befehl ausgeführt zur Bestätigung, daß der Knoten nicht mehr in Gebrauch ist.

4. Das System wird angehalten mit einem Befehl wie dem folgenden:

```
STOP DATABASE MANAGER DROP NODENUM 9;
```

Die DROP NODENUM-Klausel sorgt dafür, daß der Knoten aus der Datei db2nodes.cfg gelöscht wird. Wenn das System neu gestartet wird, ist der Knoten nicht länger Teil des Systems.

10.3 Die Steuerzentrale

Die Steuerzentrale ist ein graphisches Werkzeug zur Verwaltung von UDB-Datenbanken. Sie erleichtert die Handhabung der tagtäglichen Aufgaben der Datenbankadministration, wie das Zuweisen von physikalischem Speicher, das Erzeugen von Tabellen oder anderen Objekten, die Kontrolle von Benutzerautorisierungen und durch Durchführung von Sicherungen und Wiederanlauf. Man kann die Steuerzentrale auf der Maschine laufen lassen, auf der die zu administrierende Datenbank liegt, oder aber auf einer anderen Maschine. Man kann mit der Steuerzentrale sogar mehrere UDB-Datenbanken auf mehreren verschiedenen Maschinen kontrollieren.

Die Steuerzentrale ist eines aus einer Sammlung von UDB-Werkzeugen mit sich gegenseitig ergänzenden Möglichkeiten und durchgehend konsistenten graphischen Benutzerschnittstellen. Einige der anderen Werkzeuge aus dieser Sammlung wurden in Kapitel 3 diskutiert: die Befehlszentrale, die Prozedurzentrale, das Journal und die Informationszentrale. Jedes dieser Werkzeuge präsentiert eine Sammlung von Symbolen (Icons), mit denen man eines der jeweils anderen Werkzeuge starten kann.

Die Steuerzentrale startet man durch einen Doppelklick auf das Steuerzentralensymbol im Verzeichnis »Verwaltungshilfsprogramme« des DB2-Ordners, der bei der Installation des System angelegt wurde.

Die Steuerzentrale läuft auf OS/2- und auf Windows-Maschinen, nicht aber auf AIX oder anderen UNIX-Plattformen. Falls ein UDB-System auf einer UNIX-Maschine installiert ist, kann man es von einer Steuerzentrale aus, die auf einer OS/2- oder einer Windows-Maschine läuft, entfernt administrieren. Alternativ kann man auf die graphische Schnittstelle verzichten und die Datenbank durch Eintippen von Befehlen in eine textorientierte Schnittstelle wie den CLP verwalten. Nahezu sämtliche Funktionen der Steuerzentrale stehen auch als Textbefehle zur Verfügung, wie in der *Command Reference* beschrieben wird. Für die Zukunft plant IBM eine Ergänzung der Steuerzentrale um Web-basierte Datenbank-Administrationswerkzeuge, mit denen man eine UDB-Datenbank von einem Web-Browser auf einer beliebigen Plattform aus verwalten kann; einiges davon ist vielleicht schon verfügbar, wenn Sie dieses Buch lesen.

Die Steuerzentrale betrachtet die Welt als eine Hierarchie von Objekten. Die Objekte auf der höchsten Hierarchiestufe sind *Systeme*. Ein System ist eine Maschine, irgendwo auf der Welt, die eine UDB-Installation enthält. Die Steuerzentrale unterhält eine Liste von ihr bekannten Systemen und protokolliert die Informationen, die sie zur Kommunikation mit jedem dieser Systeme benötigt (wie z.B. deren Netzwerkadresse, Betriebssystem und Kommunikationsprotokoll).

Innerhalb eines jeden Systems, das der Steuerzentrale bekannt ist, kann es ein oder mehrere UDB-*Exemplare* (Instanzen) geben. Jedes Exemplar verhält sich wie eine separate UDB-Installation (obwohl mehrere Exemplare auf demselben System manchmal Programme gemeinsam nutzen). Die Exemplare eines gegebenen Systems werden physikalisch separat gehalten und werden getrennt administriert (so kann z.B. jedes Exemplar seine eigene Benutzergruppe mit Autorisierung *System Administration* haben).

Jedes UDB-Exemplar kann eine oder mehrere *Datenbanken* kontrollieren. Jede Datenbank hat einen Namen und ihre eigene Menge von Systemkatalogtabellen, die die Objekte in der Datenbank beschreiben. Jede Datenbank hat ferner ihre eigene Sammlung von verleihbaren Berechtigungen, wie z.B. die Autorisierung zum Verbinden zur Datenbank oder die zum Erzeugen von Tabellen in der Datenbank.

Systeme, Exemplare und Datenbanken können der Steuerzentrale entweder über ein manuelles Eingeben der Information oder über die Möglichkeit des *Hinzufügens* bekannt gemacht werden, wobei letzteres das lokale Netz automatisch nach Systemen mit einer UDB-Installation durchsucht und die Exemplare und Datenbanken entdeckt, die auf diesen Systemen existieren.

Innerhalb jeder Datenbank findet man viele Arten von Objekten, darunter Tabellen, Sichten, Indizes, Trigger und Pakete. Die hierarchische Beziehung zwischen Systemen, Exemplaren, Datenbanken und anderen Objekten ist in Abbildung 10.6 veranschaulicht, die zwei Systeme zeigt, von denen eines in London und eines in New York angesiedelt ist. Jedes der beiden Systeme enthält zwei UDB-Exemplare, und jedes Exemplar wiederum enthält zwei Datenbanken. Alle Objekte in Abbildung 10.6 könnten von einer Steuerzentrale aus administriert werden, die auf dem New Yorker System, dem Londoner System oder auf einem anderen System, das nicht gezeigt ist, läuft.

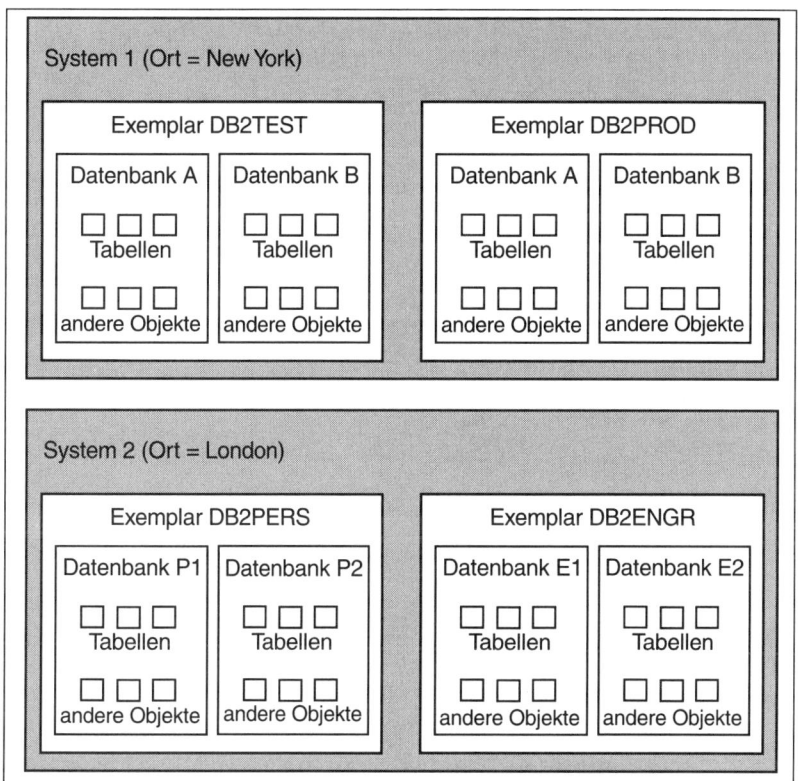

Abbildung 10.6:
Hierarchische Beziehung zwischen Systemen, Exemplaren und Datenbanken

Die Benutzerschnittstelle der Steuerzentrale ist in Abbildung 10.7 gezeigt. Das Fenster der Steuerzentrale ist in zwei Teile unterteilt, die ich als die *linke* bzw. die *rechte Schaltfläche* bezeichne. Die linke Schaltfläche zeigt die der Steuerzentrale bekannte Objekthierarchie, angefangen mit Systemen bis hinab zu kleinen Objekten wie Tabellen und Sichten. Einige der Einträge in der Hierarchie stellen einen allgemeinen Objekttyp dar (wie z.B. Datenbanken im allgemeinen), andere repräsentieren ein spezifisches Objekt (wie eine spezielle Datenbank). Jeder Eintrag in der Hierarchie ist mit einem kleinen Kästchen versehen, das ein Plus- oder ein Minuszeichen enthält. Ein Pluszeichen deutet an, daß weitere Details gezeigt werden können; ein Anklicken des Pluszeichens expandiert den betreffenden Eintrag und zeigt seine Bestandteile (und ändert das Plus- in ein Minuszeichen). Ein mit einem Minuszeichen gezeigter Eintrag ist bereits expandiert; ein Anklicken des Minuszeichens entfernt die zugehörigen Komponenten aus der Anzeige, um Platz zu schaffen. Ein Anklicken eines der in der linken Schaltfläche gezeigten Objekte mit der linken Maustaste »selektiert« das Objekt und sorgt dafür, daß seine Komponenten in der rechten Schaltfläche angezeigt werden. Falls man ein allgemeines Objekt wie z.B. die »Tabellen« innerhalb einer Datenbank mit der linken Maustaste anklickt, werden die einzelnen Tabellen in dieser Datenbank auf der rechten Seite angezeigt.

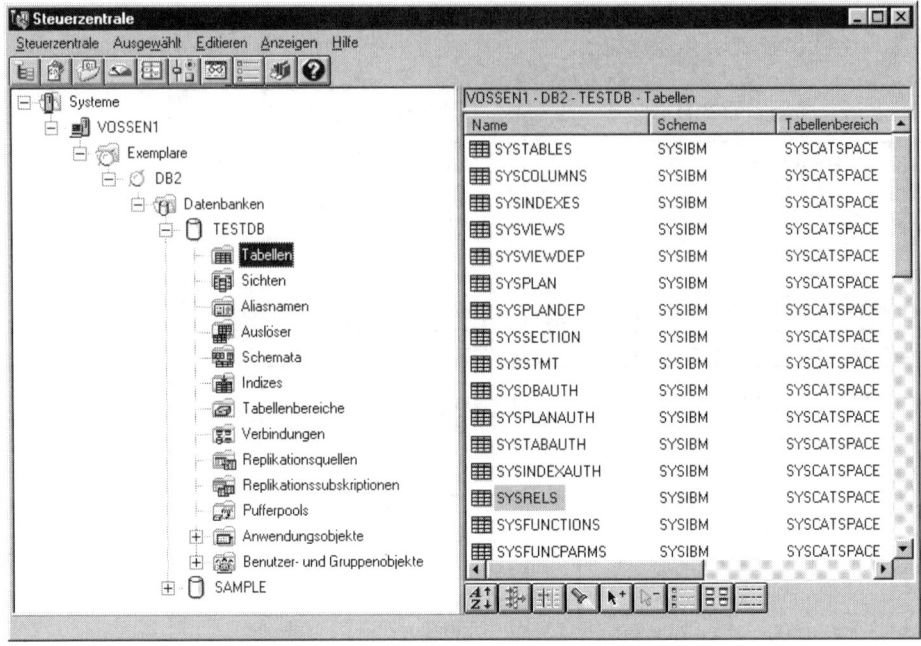

Abbildung 10.7:
Das Display der Steuerzentrale

Die in Abbildung 10.7 gezeigte Steuerzentrale zeigt ein System (VOSSEN1)[3]. Dieses System ist expandiert, wodurch angezeigt wird, daß es ein einzelnes UDB-Exemplar mit dem Namen DB2 enthält, das zwei Datenbanken TESTDB und SAMPLE verwaltet. Die Datenbank TESTDB ist expandiert und zeigt ihre Komponenten, einschließlich einer Liste ihrer Tabellen in der rechten Schaltfläche. Die Datenbank SAMPLE ist mit einem Pluszeichen gezeigt, was anzeigt, daß sie nicht expandiert ist.

Man kann jedes Objekt in der linken oder der rechten Schaltfläche auch mit der rechten Maustaste anklicken, um sich ein Menü von Aktionen anzeigen zu lassen, die auf das betreffende Objekt angewendet werden können. Durch Auslösen einer der Aktionen aus den Menüs der Steuerzentrale lassen sich die meisten Routineaufgaben der Datenbankadministration bereits erledigen. Für jede Aktion hält die Steuerzentrale eine komfortable graphische Schnittstelle bereit, die den Anwender nach den Details der betreffenden Aktion fragt, Online-Hilfe gibt und Eingaben auf Gültigkeit überprüft. Die meisten der Aktionen in den Menüs der Steuerzentrale sind zu Kommandos oder SQL-Anweisungen äquivalent, die über eine textorientierte Schnittstelle wie die Befehlszentrale oder den CLP ausgeführt werden könnten. Natürlich benötigt man zum Auslösen einer gegebenen Aktion von der Steuerzentrale aus die gleichen Autorisierungen, die man für das gleichwertige Kommando oder die äquivalente SQL-Anweisung benötigen würde.

---

3. Anmerkung des Übersetzers: Wie in Kapitel 3 ergeben sich hier wieder Abweichungen vom Original, die mit der deutschen UDB-Installation sowie dem von mir vorgenommenen Nachbau der einzelnen Fenster zusammenhängen.

Die von der Steuerzentrale für jeden Objekttyp unterstützten Aktionen werden in den folgenden Abschnitten beschrieben.[4] Neben den dort angegebenen Aktionen gibt es zwei generische, die auf mehreren Ebenen der Objekthierarchie anwendbar sind: »*Aktualisieren*«, die die Anzeige der Steuerzentrale so aktualisiert, daß die jüngsten Änderungen reflektiert sind, und »Neue Steuerzentrale öffnen«, was ein neues Steuerzentralenfenster zum Arbeiten auf dem selektierten Objekt und seinen Komponenten öffnet.

10.3.1 Systeme (allgemein)

Die Bezeichnung System bezieht sich auf eine Maschine, mit der die Steuerzentrale zum Zugriff auf ein UDB-Exemplar kommunizieren kann. Die Steuerzentrale unterhält eine Liste ihr bekannter Systeme und unterstützt folgende Aktion:

Hinzufügen (Add)

Diese Aktion fügt ein neues System zur Liste der Systeme hinzu, die der Steuerzentrale bekannt sind. Wenn man diese Aktion auslöst, erscheint eine Dialogbox, in der man den Namen angeben kann, unter dem man das System referenzieren will, ferner seine Netzwerkadresse, sein Betriebssystem und das Protokoll, das zur Kommunikation mit ihm benutzt wird (die Optionen sind TCP/IP, APPC, IPX/SPX und NetBIOS). Alternativ kann man auf den Knopf »Aktualisieren« in der Dialogbox klicken, um die Suchmöglichkeit der Steuerzentrale zu starten, die im lokalen Netz nach Maschinen mit UDB-Installationen sucht und sie automatisch zur Liste der bekannten Systeme hinzufügt.

Äquivalenter Befehl: CATALOG NODE

Erforderliche Autorisierung: SYSADM oder SYSCTRL

10.3.2 Systeme (spezifisch)

Die folgenden Aktionen können auf spezifischen Systemen, die in der Hierarchie der Steuerzentrale gezeigt sind, ausgelöst werden:

Ändern (Change)

Diese Aktion kann dazu verwendet werden, der Beschreibung eines Systems, die in der Steuerzentrale bereits vorliegt, einen Kommentar hinzuzufügen oder die erfaßten Charakteristika wie Betriebssystem oder Kommunikationsprotokoll zu verändern. Falls die von der Steuerzentrale für ein gegebenes System erfaßten Charakteristika nicht korrekt sind, ist die Steuerzentrale nicht in der Lage, auf das System zuzugreifen.

Äquivalenter Befehl: CATALOG NODE

Erforderliche Autorisierung: SYSADM oder SYSCTRL

---

4. Die in diesem Abschnitt beschriebenen Aktionen gelten für Datenbanken mit einer Partition. Die Aktionen für Datenbanken mit mehreren Partitionen sind konzeptionell ähnlich, im Detail jedoch verschieden.

Entfernen (Remove)

Diese Aktion entfernt ein System aus der Liste der Systeme, die der Steuerzentrale bekannt sind.

Äquivalenter Befehl: UNCATALOG NODE

Erforderliche Autorisierung: SYSADM oder SYSCTRL

Zugriffsprofil generieren (Generate Access Profile)

Diese Aktion erzeugt eine Datei, die man auf einer anderen Maschine dazu verwenden kann, deren UDB-Client beizubringen, wie man mit dem selektierten System kommuniziert (man vergleiche Abschnitt 10.4 für eine Diskussion, wie ein Zugriffsprofil auf einer Client-Maschine benutzt wird). Eine Dialogbox ermöglicht eine Angabe des Namens der Datei, die erzeugt wird.

10.3.3   Exemplare (allgemein)

Ein *Exemplar* verhält sich wie eine separate Installation von UDB. Ein System kann mehr als ein Exemplar enthalten. Beispielsweise kann ein System ein Exemplar für Testzwecke und ein separates für die Produktion oder ein Exemplar für die Personalabteilung und ein anderes für die Ingenieurabteilung enthalten. Da jedes Exemplar separat administriert wird, kann die Autorisierung jedes Systemadministrators auf ein einziges Exemplar beschränkt werden.

Hinzufügen (Add)

Diese Aktion macht der Steuerzentrale ein neues Exemplar bekannt. Der einfachste Weg hierzu besteht wieder über die Suchmöglichkeit der Steuerzentrale. Um diese zu nutzen, klicke man auf »Exemplare« in der Steuerzentralenhierarchie unterhalb eines speziellen Systems, löse mit der rechten Maustaste die Aktion »Hinzufügen« aus und klicke sodann auf den Knopf »Aktualisieren« in der erscheinenden Dialogbox. Die Steuerzentrale entdeckt dann automatisch alle UDB-Instanzen, die auf dem gewählten System existieren. Alternativ kann man den Namen und die Charakteristika eines bestimmten Exemplars manuell angeben, sofern man diese kennt.

Äquivalenter Befehl: CATALOG NODE

Erforderliche Autorisierung: SYSADM oder SYSCTRL

10.3.4   Exemplare (spezifisch)

Die folgenden Aktionen werden auf einem spezifischen Exemplar unterstützt:

Starten (Start)

Startet das Exemplar. In einem parallelen Datenbanksystem wird das Exemplar auf allen teilnehmenden Maschinen gestartet. Das Exemplar muß gestartet sein, bevor eine Applikation oder eine interaktive Sitzung sich mit einer von dem Exemplar verwalteten Datenbank verbinden kann.

Äquivalenter Befehl: START DATABASE MANAGER

Erforderliche Autorisierung: SYSADM, SYSCTRL oder SYSMAINT

Stoppen (Stop)

Stoppt das Exemplar. Eine Instanz kann so lange nicht angehalten werden, wie noch Applikationen oder interaktive Sitzungen mit einer ihrer Datenbanken verbunden sind. Ein Systemadministrator kann Anwendungen zum Aufheben einer Verbindung mit einer Datenbank über die entsprechende, weiter unten beschriebene Aktion zwingen.

Äquivalenter Befehl: STOP DATABASE MANAGER

Erforderliche Autorisierung: SYSADM, SYSCTRL oder SYSMAINT

Verbindung herstellen (Attach)

Diese Aktion fragt nach einer Benutzer-ID sowie einem Kennwort, die für verschiedene andere Aktionen auf Exemplarebene benötigt werden. Die Aktion *Verbindung herstellen* ist nicht wirklich nötig, da jede Aktion, die eine Benutzerkennung sowie ein Paßwort benötigt, ohnehin danach fragen wird. Allerdings kann diese Aktion dann nützlich sein, wenn man innerhalb einer Sitzung von einer Benutzerkennung zu einer anderen wechseln muß.

Konfigurieren (Configure)

Ein UDB-Exemplar ist wie eine komplexe Maschine mit vielen Einstellungen. Alle diese haben Voreinstellungen, die für ein typisches Nutzungsmuster angemessen sind. Allerdings kann der Datenbankadministrator einige dieser Einstellungen verändern, um ein Exemplar für eine bestimmte Hardware-Umgebung oder einen speziellen Mix von Applikationen zu konfigurieren.

Die Einstellungen, die man an einem UDB-Exemplar beeinflussen kann, werden die *Datenbankmanager-Konfigurationsparameter* genannt. Wenn ein Exemplar erzeugt wird, werden diese Parameter mit Voreinstellungen versehen. Einige der Parameter betreffen die Zuweisung von Ressourcen, wie die Größe des Speicherplatzes, der zum Puffern von Nachrichten zwischen Client und Server verwendet wird. Andere Parameter enthalten strategische Entscheidungen wie die Namen der Gruppen, die SYSADM-, SYS-CTRL- und SYSMAINT-Autorisierung besitzen. Andere Parameter halten fest, wie man Dinge findet, etwa das voreingestellte Verzeichnis, in dem Datenbanken erzeugt werden. Einige der Parameter erfordern eine explizite Zuweisung von Werten, um damit bestimmte Teile des Systems zu aktivieren; so erfordern z.B. verteilte Transaktionen, daß der Parameter TM_DATABASE auf den Namen der Datenbank gesetzt wird, die zur Koordination des Zwei-Phasen-Commitprotokolls benutzt werden soll.

Wenn man für ein bestimmtes Exemplar die Aktion *Konfigurieren* aufruft, zeigt die Steuerzentrale eine Liste aller Konfigurationsparameter an, die für dieses Exemplar gelten, und zwar gruppiert nach Kategorien wie Umgebung, Verwaltung oder Leistung. Innerhalb jeder Kategorie werden alle Konfigurationsparameter in Form einer Tabelle angezeigt, die den Namen, eine kurze Beschreibung und den aktuellen Wert eines jeden Parameters enthält (aus bestimmten Gründen erscheinen die Namen der Parameter in der letzten Spalte, die »DB2-Parameter« überschrieben ist – man muß unter Umständen

nach rechts scrollen, um sie zu sehen). Innerhalb jeder Kategorie kann man (durch Anklicken des Knopfes mit der Taschenlampe) nach einem bestimmten Parameter suchen.
Durch Interaktion mit einer Dialogbox kann man die Werte der Parameter ändern oder
sie auf ihren jeweils voreingestellten Wert zurücksetzen. Die Steuerzentrale testet eingegebene Parameterwerte automatisch auf Gültigkeit, bevor diese übernommen werden. Man findet eine genauere Beschreibung der verschiedenen Konfigurationsparameter im *Administration Guide*.

Äquivalenter Befehl: UPDATE DATABASE MANAGER CONFIGURATION

Erforderliche Autorisierung: SYSADM

 **TIP:** Einige Konfigurationsparameter werden nicht effektiv, bis das Exem-
plar neu gestartet wird. Letzteres erreicht man über die Aktionen *Stoppen*
und *Starten*.

DFV konfigurieren (Setup Communications)

Diese Aktion kann zum Hinzufügen eines neuen Kommunikationsprotokolls (z.B.
TCP/IP oder NetBIOS) zu einem Exemplar benutzt werden, was dieses in die Lage versetzt, mit Clients zu kommunizieren, die dieses Protokoll verwenden.

Anwendungen auflisten (List Applications)

Diese Aktion listet alle Applikationen auf, die aktuell mit einer von diesem Exemplar
verwalteten Datenbank verbunden sind. Für jede solche Anwendung kann man die Be-
rechtigungs-ID, unter der sie läuft, den Namen der Datenbank, mit der sie verbunden
ist, und eine Agenten-ID, die man zum erzwungenen Aufheben der Datenbankverbindung dieser Applikation verwenden kann, sehen.

Äquivalenter Befehl: LIST APPLICATIONS

Erforderliche Autorisierung: SYSADM, SYSCTRL oder SYSMAINT

Anwendungen zwingen (Force Applications)

Diese Aktion kann dazu verwendet werden, durch Angabe der Agenten-ID, die über
die Aktion *Anwendungen auflisten* angezeigt wird, ein Trennen einer spezifischen Applikation von einer Datenbank oder sogar ein Trennen aller Applikationen von Datenbanken, die von dem betreffenden Exemplar verwaltet werden, zu erzwingen.

Äquivalenter Befehl: FORCE APPLICATION

Erforderliche Autorisierung: SYSADM, SYSCTRL oder SYSMAINT

Ändern (Change)

Diese Aktion kann zum Hinzufügen eines Kommentars zu der in der Steuerzentrale
vorliegenden Beschreibung eines Exemplars oder zum Ändern der protokollierten Charakteristika wie Host-Name oder Kommunikationsprotokoll benutzt werden. Sind die
in der Steuerzentrale für ein bestimmtes Exemplar vorliegenden Charakteristika nicht
korrekt, kann sie auf das Exemplar natürlich nicht zugreifen.

Äquivalenter Befehl: CATALOG NODE

Erforderliche Autorisierung: SYSADM oder SYSCTRL

Entfernen (Remove)

Diese Aktion entfernt ein Exemplar aus der Liste der Exemplare, die der Steuerzentrale bekannt sind.

Äquivalenter Befehl: UNCATALOG NODE

Erforderliche Autorisierung: SYSADM oder SYSCTRL

Momentaufnahmenüberwachung (Snapshot Monitoring)

Die *Momentaufnahmenüberwachung* bzw. der *Snapshot Monitor* ist ein Werkzeug, mit dem man periodische »Momentaufnahmen« oder »Snapshots« des Systemzustands machen kann, wodurch Informationen auf unterschiedlichen Detaillierungsebenen zusammengetragen werden. Die Information, die vom Snapshot Monitor gesammelt werden kann, wird von einem Objekt mit dem Namen *Überwachungsprofil* kontrolliert. Durch Selektieren eines spezifischen UDB-Exemplars in der Steuerzentrale und Starten der Aktion *Momentaufnahmenüberwachung* kann man mit dem Snapshot Monitor auf folgende Weisen arbeiten:

▶ Starten der Überwachung von Information in dem gegebenen Exemplar,

▶ Stoppen der Überwachung von Information in dem gegebenen Exemplar,

▶ Anzeigen von kürzlich gesammelten Informationen (»Einzelangaben«) über das gegebene Exemplar,

▶ Anzeigen und Verändern des Überwachungsprofils des gegebenen Exemplars.

(Die Momentaufnahmenüberwachung wird in Abschnitt 10.9 beschrieben.)

Äquivalente Befehle: UPDATE MONITOR SWITCHES, GET SNAPSHOT

Erforderliche Autorisierung: SYSADM, SYSMAINT oder SYSCTRL

10.3.5 Datenbanken (allgemein)

Die folgenden Aktionen werden auf Datenbanken im allgemeinen unterstützt:

Erstellen: Neu (Create)

Diese Aktion erstellt eine neue, leere Datenbank unter einem ausgewählten UDB-Exemplar. Man wird durch den Prozeß des Erzeugens einer Datenbank durch einen *Smart-Guide* geleitet, eine Serie von Dialogboxen, die die Charakteristika der neuen Datenbank abfragen, voreingestellte Werte angeben und in jedem Schritt hilfreiche Ratschläge geben. Man kann Einzelheiten wie den Tabellenbereich, der für die Katalogtabellen benutzt werden soll, angeben, oder man kann hierfür Voreinstellungen akzeptieren.

Äquivalenter Befehl: CREATE DATABASE

Erforderliche Autorisierung: SYSADM oder SYSCTRL

Erstellen: Von Sicherung erstellen (Create from Backup)

Diese Aktion erzeugt eine neue Datenbank aus einer Sicherungskopie einer anderen, die zu einem früheren Zeitpunkt gemacht wurde. Die Steuerzentrale zeigt dem Benutzer eine Liste verfügbarer Sicherungskopien und fragt nach dem Namen der neu zu erzeugenden Datenbank.

Äquivalenter Befehl: RESTORE DATABASE mit INTO-Option

Erforderliche Autorisierung: SYSADM oder SYSCTRL

Hinzufügen (Add)

Diese Aktion erzeugt keine neue Datenbank, sondern macht der Steuerzentrale eine bereits existierende bekannt. Man möchte z.B., daß eine bestimmte Datenbank, die von einem entfernten UDB-Exemplar verwaltet wird, in der lokalen Steuerzentralenhierarchie erscheint. Nachdem das entfernte Exemplar der Steuerzentrale bekannt gemacht wurde [vergleiche Aktion *Hinzufügen* unter »Exemplare (allgemein)«], kann man deren Datenbanken selektiv der lokalen Hierarchie hinzufügen. Die Aktion *Hinzufügen* kennt eine komfortable Suchfunktion, die automatisch alle Datenbanken des entfernten Exemplars entdeckt und diese der lokalen Steuerzentralenhierarchie hinzufügt. Um diese Funktion zu benutzen, klicke auf einfach auf den Knopf »Aktualisieren« in der Dialogbox von *Hinzufügen*.

Äquivalenter Befehl: CATALOG DATABASE

Erforderliche Autorisierung: SYSADM oder SYSCTRL

Zusammenfassung der Überwachung anzeigen (Show Monitor Summary)

Diese Aktion zeigt die Datenbanken an, die aktuell vom Snapshot Monitor überwacht werden, und faßt die über jede dieser in der jüngsten Momentaufnahme gesammelten Informationen zusammen. (Der Snapshot Monitor wird in Abschnitt 10.9 beschrieben.)

10.3.6 Datenbanken (spezifisch)

Die folgenden Aktionen werden auf einer spezifischen Datenbank unterstützt:

Ändern (Alter)

Diese Aktion zeigt den lokalen Namen der selektierten Datenbank, den Namen, unter dem sie auf ihrer Wirtsmaschine bekannt ist, sowie einen Kommentar. Man kann nur den Kommentar ändern.

Löschen (Drop)

Diese Aktion löscht die gewählte Datenbank und zerstört ihren Inhalt.

Äquivalenter Befehl: DROP DATABASE

Erforderliche Autorisierung: SYSADM oder SYSCTRL

Entfernen (Remove)

Diese Aktion entfernt die gewählte Datenbank aus der Liste der Datenbanken, die der Steuerzentrale bekannt sind.

Äquivalenter Befehl: UNCATALOG DATABASE

Erforderliche Autorisierung: SYSADM oder SYSCTRL

Erneut starten (Restart)

Diese Aktion kann zum Neustart einer Datenbank nach einem Fehler wie einem Stromausfall oder einem Software-Absturz verwendet werden, wenn sich noch Transaktionen in Ausführung befinden. Ein Restart bringt die Datenbank wieder in einen konsistenten Zustand, in dem alle Transaktionen, die vor dem Fehler freigegeben waren, effektiv gemacht (einem »Redo« unterzogen) und alle, die zum Zeitpunkt des Fehlers noch liefen, zurückgesetzt (einem »Undo« unterzogen) sind.

Äquivalenter Befehl: RESTART DATABASE

Erforderliche Autorisierung: keine

Verbinden (Connect)

Diese Aktion baut eine Verbindung mit der ausgewählten Datenbank auf, was nötig ist, bevor man bestimmte Aktionen wie ein Erzeugen von Tabellen auf dieser Datenbank ausführen kann. Die Aktion *Verbinden* fragt nach Benutzerkennung und Paßwort. Falls man kein *Verbinden* durchführt, wird jede andere Aktion, die eine Datenbankverbindung erfordert, eine solche automatisch aufbauen und einen nach Benutzerkennung und Paßwort fragen, sofern nötig. Ein explizites Herstellen einer Datenbankverbindung über *Verbinden* hilft dem System, andere Aktionen effizienter auszuführen.

Äquivalente SQL-Anweisung: CONNECT

Erforderliche Autorisierung: CONNECT-Autorisierung auf der betreffenden Datenbank

Trennen (Disconnect)

Diese Aktion ist die Umkehrung von *Verbinden*; sie beendet eine Verbindung zu der ausgewählten Datenbank.

Äquivalente SQL-Anweisung: DISCONNECT

Erforderliche Autorisierung: keine

Berechtigungen (Authorities)

Diese Aktion zeigt eine Liste aller Benutzer und Gruppen mit Autorisierungen auf Datenbankebene für die betreffende Datenbank. Über einen interaktiven Dialog kann man weitere datenbankbezogene Autorisierungen gewähren oder entziehen.

Äquivalente SQL-Anweisungen: GRANT und REVOKE für Autorisierungen auf Datenbankebene

Erforderliche Autorisierung: DBADM

Konfigurieren (Configure)

Wie ein Exemplar hat eine Datenbank viele Einstellungen, die vom Datenbankadministrator gesetzt werden können. Die für eine Datenbank geltenden Einstellungen werden als *Datenbank-Konfigurationsparameter* bezeichnet. Die Aktion *Konfigurieren* auf einer bestimmten Datenbank läßt eine Dialogbox erscheinen, die die aktuellen Einstellungen der Datenbank-Konfigurationsparameter jeweils mit einer kurzen Erläuterung anzeigt. Die Parameter sind in Gruppen wie Umgebung, Leistung, Protokolle und Wiederherstellung eingeteilt. Innerhalb jeder Gruppe werden sämtliche Parameter in Form einer Tabelle angezeigt, die den Namen, eine kurze Beschreibung und den aktuellen Wert eines jeden Parameters angibt (wie bei der Aktion *Exemplar Konfigurieren* erscheinen die Parameternamen in der letzten Tabellenspalte, die mit »DB2-Parameter« überschrieben ist, und man muß unter Umständen nach rechts scrollen, um sie sehen zu können). In der Dialogbox kann man die Werte der Konfigurationsparameter interaktiv ändern oder auf ihre jeweilige Voreinstellung zurücksetzen. Die Steuerzentrale prüft eingegebene Parameterwerte automatisch auf Gültigkeit, bevor sie effektiv werden. Man findet eine genauere Beschreibung der verschiedenen Datenbank-Konfigurationsparameter im *Administration Guide*.

Die Datenbank-Konfigurationsparameter LOGRETAIN und USEREXIT in der Gruppe Protokolle sind von besonderer Bedeutung. Einer dieser beiden Parameter muß auf 1 gesetzt sein, um die betreffende Datenbank für eine *Forward Recovery* (»aktualisierende Wiederherstellung«), die in Abschnitt 10.6 beschrieben wird, zu konfigurieren. Die voreingestellten Werte für LOGRETAIN und USEREXIT lauten 0.

Äquivalenter Befehl: UPDATE DATABASE CONFIGURATION

Erforderliche Autorisierung: SYSADM, SYSCTRL oder SYSMAINT

Leistung konfigurieren (Configure Performance)

Diese Aktion ruft einen *SmartGuide* auf, der einem bei der Bestimmung von Datenbank-Konfigurationsparametern hilft, die für die betreffende Datenbank und ihre voraussichtliche Benutzung angemessen sind. Der SmartGuide stellt einem eine Reihe von Fragen über die zu erwartende Arbeitslast (z.B. die relative Priorität von Anfragen und Transaktionen, die zu erwartende Anzahl von Transaktionen pro Minute). Auf der Grundlage der Antworten bereitet er sodann eine Liste empfohlener Werte für die Datenbank-Konfigurationsparameter vor. Man kann diese Werte unmittelbar anwenden oder in einer Datei sichern und zu einem späteren Zeitpunkt anwenden.

Sichern (Backup)

Diese Aktion erstellt eine Sicherungskopie der betreffenden Datenbank. Die Datenbank kann dann später in den Zustand, in dem sie sich zum Zeitpunkt der Sicherung befunden hat, über die Aktion *Wiederherstellen* zurückgesetzt werden. Die Aktion *Sichern* stellt einen SmartGuide bereit, der einen Sicherungsplan empfiehlt, und zwar auf der Grundlage von Antworten auf Fragen zur Benutzung der Datenbank. Der Prozeß des Sicherns und Wiederherstellens von Datenbanken wird in Abschnitt 10.6 behandelt.

Äquivalenter Befehl: BACKUP DATABASE

Erforderliche Autorisierung: SYSADM, SYSCTRL oder SYSMAINT

Wiederherstellen (Restore)

Diese Aktion stellt den Inhalt der betreffenden Datenbank aus einer zuvor erstellten Sicherungskopie wieder her. Ist die Datenbank für eine *Forward Recovery* konfiguriert, kann man auch eine aktualisierende Wiederherstellung (*Rollforward*) ausführen, die Transaktionen, die nach der Erstellung der Sicherungskopie freigegeben wurden, erneut anwendet (»Redo«).

Äquivalenter Befehl: RESTORE DATABASE

Erforderliche Autorisierung: SYSADM, SYSCTRL oder SYSMAINT

Wiederherstellen in neue Datenbank (Restore to New)

Diese Aktion erzeugt eine neue Datenbank aus einer Sicherungskopie der gewählten.

Äquivalenter Befehl: RESTORE DATABASE mit INTO-Option

Erforderliche Autorisierung: SYSADM oder SYSCTRL

Aktualisierend wiederherstellen (Rollforward)

Diese Aktion kann nach einem Wiederherstellen zum erneuten Anwenden der Datenbankänderungen, die nach dem Zeitpunkt des Erstellens der Sicherungskopie von Transaktionen vorgenommen wurden, benutzt werden. Die Aktion *Aktualisierend wiederherstellen* setzt voraus, daß die betreffende Datenbank für eine Forward Recovery (also diese Form der Wiederherstellung) konfiguriert ist.

Äquivalenter Befehl: ROLLFORWARD DATABASE

Erforderliche Autorisierung: SYSADM, SYSCTRL oder SYSMAINT

Aktual. Wiederherstellung stoppen (Stop Rollforward)

Ist die betreffende Datenbank für eine aktualisierende Wiederherstellung (Forward Recovery) konfiguriert, kann die Aktion *Wiederherstellen* sie in einem Zustand hinterlassen, der als *Rollforward Pending* (*aktualisierende Wiederherstellung steht an*) bezeichnet wird. Dieser Zustand zeigt an, daß die Datenbank aus einer Sicherungskopie wiederhergestellt wurde, aber der Systemlog enthält Transaktionen, die nach dem Erstellen der Sicherungskopie freigegeben wurden und die noch nicht erneut ausgeführt (einem »Redo« unterzogen) sind. Die Aktion *Aktual. Wiederherstellung stoppen* befreit die Datenbank aus dem Zustand *Wiederherstellung steht an*, macht sie bereit für eine Benutzung und löscht effektiv alle Effekte von Transaktionen, die noch nicht wieder angewendet wurden.

Äquivalenter Befehl: ROLLFORWARD DATABASE mit STOP-Option

Erforderliche Autorisierung: SYSADM, SYSCTRL oder SYSMAINT

Protokoll mit EXPLAIN bearbeiteter Anweisungen anzeigen (Show Explained Statements History)

Eine *mit EXPLAIN bearbeitete Anweisung* ist eine SQL-Anweisung, für die der UDB-Optimierer einen Zugriffsplan erstellt und in einer Form in der Datenbank gespeichert hat, die es möglich macht, sich diesen Plan anzusehen. So bearbeitete Anweisungen lassen sich interaktiv erzeugen, und zwar über die unten beschriebene Aktion EXPLAIN SQL oder direkt über die Steuerzentrale. Wenn ein Anwendungsprogramm mit der Option EXPLSNAP YES vorübersetzt oder gebunden wird, werden alle seine statischen SQL-Anweisungen mit EXPLAIN bearbeitet. Die Aktion *Protokoll mit EXPLAIN bearbeiteter Anweisungen anzeigen* zeigt eine Liste aller so bearbeiteten Anweisungen in der Datenbank, und zwar mit Datum und Zeit der jeweiligen Optimierung und dem Paket (falls zutreffend), in dem die Anweisung enthalten ist. Man kann dann eine Anweisung aus dieser Liste auswählen und sich über den Menüpunkt »Statement« die ursprüngliche SQL-Anweisung und ihren Zugriffsplan anzeigen lassen. Der Plan wird dabei in graphischer Form angezeigt, die die Folge der Operationen angibt, die bei der Verarbeitung dieser SQL-Anweisung benutzt werden, sowie die erwarteten Kosten jeder Operation, wie in Abbildung 10.16 gezeigt.

EXPLAIN SQL

Diese Aktion ermöglicht die Eingabe einer SQL-Anweisung, für die ein Zugriffsplan erstellt und in graphischer Form angezeigt werden soll. Der Zugriffsplan wird ferner in der Datenbank gesichert, so daß er später mit der oben beschriebenen Aktion *Protokoll mit EXPLAIN bearbeiteter Anweisungen anzeigen* analysiert werden kann.

Momentaufnahmenüberwachung (Snapshot Monitoring)

Durch Auslösen dieser Aktion für eine spezifische Datenbank kann man auf die folgenden Weisen mit dem Snapshot Monitor arbeiten:

▶ Starten der Überwachung von Information in der gegebenen Datenbank

▶ Stoppen der Überwachung von Information in der gegebenen Datenbank

▶ Anzeigen von kürzlich gesammelten Informationen (»Einzelangaben«) über die gegebene Datenbank

▶ Anzeigen und Verändern des Überwachungsprofils der gegebenen Datenbank

(Die Momentaufnahmenüberwachung wird in Abschnitt 10.9 beschrieben.)

Äquivalente Befehle: UPDATE MONITOR SWITCHES, GET SNAPSHOT

Erforderliche Autorisierung: SYSADM, SYSMAINT oder SYSCTRL

Ereignisse überwachen (Monitor Events)

Ein *Ereignismonitor* kann von einem Datenbankadministrator zum Protokollieren von bestimmten Ereignissen wie z.B. Deadlocks erzeugt werden. Durch Auslösen der Aktion *Ereignisse überwachen* für eine bestimmte Datenbank erhält man eine Zusammenfassung aller Ereignismonitore, die für diese Datenbank angelegt worden sind, und man kann sodann mit diesen folgendes machen:

▶ Starten oder Stoppen eines einzelnen Ereignismonitors

▶ Erzeugen eines neuen Ereignismonitors

▶ Anzeigen der von einem Ereignismonitor während eines speziellen Zeitraums gesammelten Informationen

(Ereignismonitore werden in Abschnitt 10.9 beschrieben.)

Äquivalente Befehle: CREATE EVENT MONITOR, DROP EVENT MONITOR, SET EVENT MONITOR STATE

Erforderliche Autorisierung: SYSADM oder DBADM

10.3.7 Objekte innerhalb von Datenbanken

Die folgenden Objekte findet man innerhalb von Datenbanken:

Tabellen

Die Aktion *Erstellen* (*Create*) ermöglicht das Erzeugen einer neuen Tabelle, und zwar mit Hilfe eines SmartGuide, die nach den Charakteristika der neuen Tabelle fragt, Voreinstellungen bereitstellt sowie in jedem Schritt des Prozesses Anleitung gibt. Mit dem SmartGuide kann man die Spalten der Tabelle spezifizieren, ihre Primär- sowie Fremdschlüssel und die Tabellenbereiche, in denen sie gespeichert werden soll. Diese Aktion stellt eine graphische Schnittstelle für die in Abschnitt 7.2.1 beschriebene CREATE TABLE-Anweisung bereit.

Die Steuerzentrale zeigt ferner eine Liste in der betreffenden Datenbank bereits existierender Tabellen. Durch Auswahl einer speziellen Tabelle aus dieser Liste kann man eine der folgenden Aktionen auslösen:

1. *Ändern (Alter)*. Diese Aktion ermöglicht ein Hinzufügen von Spalten zu der ausgewählten Tabelle oder ein Hinzufügen bzw. Löschen von Schlüsseln und Integritätsbedingungen. Sie stellt eine graphische Schnittstelle für die in Abschnitt 7.2.2 beschriebene ALTER TABLE-Anweisung bereit.

2. *Umbenennen (Rename)*. Diese Aktion ändert den Namen der betreffenden Tabelle unter Verwendung der in Abschnitt 2.6.3 beschriebenen RENAME TABLE-Anweisung. Man darf eine Tabelle nicht umbenennen, falls diese in Sichten, Triggern oder Integritätsbedingungen referenziert wird.

3. *Löschen (Drop)*. Diese Aktion löscht die gewählte Tabelle unter Verwendung der in Abschnitt 2.6.8 beschriebenen DROP TABLE-Anweisung.

4. *Kopieren (Copy)*. Diese Aktion stellt eine Kopie der gewählten Tabelle mitsamt ihres Inhalts her und gibt der Kopie einen Namen. Man kann angeben, daß die neue Tabelle in einer anderen Datenbank oder sogar auf einem anderen UDB-Exemplar als die ursprüngliche Tabelle angelegt werden soll. Die neue Tabelle hat dieselben Spaltennamen wie die ursprüngliche, allerdings werden der Primärschlüssel, Fremdschlüssel- und Prüfbedingungen der Originaltabelle nicht an die neue vererbt.

5. *Zugriffsrechte (Privileges).* Diese Aktion zeigt eine Liste aller Benutzer und Gruppen an, die irgendwelche Privilegien an der betreffenden Tabelle besitzen. Über eine Dialogbox kann man zusätzliche Privilegien an der Tabelle gewähren oder entziehen. Die Aktion liefert eine graphische Schnittstelle für die in Abschnitt 2.8.7 beschriebenen Anweisungen GRANT und REVOKE für Tabellenprivilegien.

6. *Beispielinhalt (Sample Contents).* Diese Aktion zeigt (bis zu) 200 Beispielzeilen aus der gewählten Tabelle (ohne Spalten von einem LOB-Datentyp).

7. *Exportieren (Export).* Diese Aktion startet ein Hilfsprogramm, das Daten aus der Datenbank extrahiert und in einem von mehreren Formaten in einer Datei sichert. Die zu exportierenden Daten müssen nicht aus nur einer Tabelle stammen, sondern können über eine SQL-Anfrage, die möglicherweise einen Verbund oder eine Vereinigung mehrerer Tabellen und / oder Sichten enthält, berechnet werden. *Exportieren* liefert eine graphische Schnittstelle für den in Abschnitt 10.7.2 beschriebenen EXPORT-Befehl.

8. *Importieren (Import).* Diese Aktion ist die Umkehrung von *Exportieren.* Sie importiert Daten aus Dateien in einem von mehreren Formaten in die Datenbank. Die importierten Daten können zum Aktualisieren von Zeilen in einer existierenden Tabelle, zum Hinzufügen neuer Zeilen zu einer Tabelle oder zum Erzeugen einer neuen Tabelle benutzt werden. Das Import-Hilfsprogramm verwendet SQL-Anweisungen, so daß alle Integritätsbedingungen und Trigger während eines Importvorgangs aktiv bleiben. *Importieren* liefert eine graphische Schnittstelle für den in Abschnitt 10.7.3 beschriebenen IMPORT-Befehl.

9. *Laden (Load).* Diese Aktion startet das Ladehilfsprogramm, das für große Datenmengen eine leistungsfähige Alternative zur Aktion *Importieren* darstellt. Anstelle Daten zeilenweise einzufügen, konstruiert dieses Hilfsprogramm Seitenabbilder (Page Images) mit vielen Zeilen und fügt die Daten seitenweise in die Datenbank ein. Während des Ladevorgangs sind Trigger nicht aktiv, und Check- sowie Fremdschlüsselbedingungen werden nicht überprüft. Falls die Tabelle, die geladen wird, mit solchen Bedingungen versehen ist, hinterläßt das Ladeprogramm diese Tabelle im Zustand *Prüfung steht an (Check Pending).* Eine in diesem Zustand befindliche Tabelle kann solange nicht durch SQL-Anweisungen verarbeitet werden, bis ihre Integritätsbedingungen durch die Aktion *Integritätsbedingungen setzen (Set Constraints)* überprüft wurden. *Laden* stellt eine graphische Schnittstelle für den in Abschnitt 10.7.4 beschriebenen LOAD-Befehl bereit.

10. *Integritätsbedingungen setzen (Set Constraints).* Diese Aktion kann dazu verwendet werden, das Überprüfen von Check- sowie von Fremdschlüsselbedingungen auf der selektierten Tabelle auszusetzen oder »einzuschalten«. Während die Integritätsbedingungen deaktiviert sind, befindet sich die Tabelle im Zustand *Prüfung steht an (Check Pending),* und normale SQL-Anweisungen können nicht auf sie zugreifen. Wenn die Integritätsbedingungen reaktiviert sind, wird die Tabelle in ihren normalen Zustand zurückversetzt, und alle Zeilen, die eine Bedingung verletzen, werden aus der Tabelle entfernt und in einer zweiten Tabelle, der sogenannten *Ausnahmetabelle (Exception Table)* abgelegt. *Integritätsbedingungen setzen* liefert eine graphische Schnittstelle für den in Abschnitt 10.7.5 beschriebenen SET CONSTRAINTS-Befehl.

11. *In den Wartemodus versetzen (Quiesce)*. Diese Aktion ermöglicht es, andere Benutzer vorübergehend am Lesen und / oder Aktualisieren der gewählten Tabelle und anderer Tabellen in deren Tabellenbereich zu hindern. Man möchte z.B. verhindern, daß andere Benutzer die Tabelle aktualisieren, während man eine Sicherungskopie der Tabelle über die Aktion *Exportieren* anlegt. Wenn man bereit ist, die Zugriffsrestriktionen auf der Tabelle wieder aufzuheben, rufe man diese Aktion erneut auf und wähle die Option »*In Normalmodus zurücksetzen*«. Die Aktion *In den Wartemodus versetzen* erfordert mindestens eine DBADM-Autorisierung.

12. *Reorganisieren (Reorganize)*. Diese Aktion reorganisiert die selektierte Tabelle im physikalischen Speicher, eliminiert dabei Fragmentierungen und stellt sicher, daß die Tabelle effizient gespeichert ist. *Reorganisieren* kann auch zur Kontrolle der Reihenfolge, in der die Zeilen einer Tabelle auf Plattenseiten gespeichert sind, verwendet werden. Wenn z.B. viele Anfragen nach Angestellten über deren Jobcode suchen, kann man die Anzahl der Seiten, auf die diese Anfragen zugreifen, dadurch minimieren, daß man Angestellte nach ihren Jobcodes sortiert auf Plattenseiten speichert. *Reorganisieren* liefert eine graphische Schnittstelle für den REORG-Befehl. Information darüber, ob eine Tabelle eine Reorganisation benötigt, kann man über den Befehl REORGCHK zusammentragen. REORG und REORGCHK werden in Abschnitt 10.8.3 weiter beschrieben.

13. *Statistik ausführen (Run Statistics)*. Diese Aktion aktualisiert die statistische Information, die über die selektierte Tabelle und deren Indizes für den Optimierer zur Erzeugung von Zugriffsplänen protokolliert ist. Um dem Optimierer möglichst genaue Informationen über eine Tabelle zu geben, sollten deren Statistiken immer dann aktualisiert werden, wenn sich Änderungen, etwa durch Laden oder Reorganisieren, ergeben haben, die eine große Anzahl von Zeilen betreffen, oder wenn ein Index hinzugefügt wurde. *Statistik ausführen* ermöglicht eine Spezifikation des Detaillierungsgrades, mit dem statistische Informationen gesammelt werden. Wie zu erwarten ist, erfordert ein Sammeln detaillierter Statistiken zusätzliche Zeit und zusätzlichen Platz in den Katalogtabellen, kann aber den Optimierer potentiell in die Lage versetzen, bessere Entscheidungen zu fällen. Die Arten von Statistiken, die von UDB auf Tabellen und Indizes unterhalten werden, werden in Abschnitt 10.8.2 beschrieben.

14. *Als Replikationsquelle definieren (Define as Replication Source)*. Diese Aktion stellt die selektierte Tabelle als Datenquelle für eine Replikation zur Verfügung. Ist dieser Schritt einmal ausgeführt, kann man eine »Subskription« definieren, die automatisch alle Veränderungen an dieser Tabelle in eine Zieltabelle, die sich in einer anderen Datenbank auf einem anderen System befinden kann, repliziert.

15. *Zugehörige Sichten anzeigen (Show Related Views)*. Diese Aktion zeigt eine Liste aller Sichten an, deren Definition eine Referenz auf die betreffende Tabelle enthält.

16. *Momentaufnahmenüberwachung (Snapshot Monitoring)*. Durch Auslösen dieser Aktion für eine spezielle Tabelle kann man die Überwachung der Tabelle durch den Snapshot Monitor starten oder stoppen. Man kann sich ferner kürzlich auf der Tabelle gesammelte Informationen anzeigen lassen und das Überwachungsprofil, das das Sammeln dieser Information kontrolliert, anzeigen lassen oder verändern. (Man vergleiche Abschnitt 10.9.1 für weitere Informationen über den Snapshot Monitor.)

Sichten

Die Aktion *Erstellen* (*Create*) ermöglicht ein Erzeugen einer neuen Sicht durch Bereitstellung einer graphischen Schnittstelle für die in Abschnitt 2.6.5 beschriebene CREATE VIEW-Anweisung. Die Steuerzentrale zeigt ferner eine Liste aller existierenden Sichten. Durch Selektieren einer spezifischen Sicht aus dieser Liste kann man eine der folgenden Aktionen auslösen:

1. *Ändern (Alter)*. Diese Aktion zeigt die Definition der Sicht. Einzig den Kommentar kann man daran ändern.

2. *Löschen (Drop)*. Diese Aktion löscht die Sicht.

3. *Zugriffsrechte (Privileges)*. Diese Aktion zeigt eine Liste aller Benutzer und Gruppen an, die an der selektierten Sicht Privilegien besitzen. Über eine Dialogbox kann man weitere Privilegien gewähren oder entziehen. Diese Aktion stellt eine graphische Schnittstelle für die in Abschnitt 2.8.7 beschriebenen Anweisungen GRANT und RE-VOKE für Sichtenberechtigungen dar.

4. *Exportieren (Export)*. Diese Aktion ermöglicht einen Export von Daten aus der Sicht in eine externe Datei. Sie stellt eine graphische Schnittstelle für den EXPORT-Befehl bereit, der in Abschnitt 10.7.2 beschrieben wird.

5. *Beispielinhalt (Sample Contents)*. Diese Aktion zeigt 200 Beispielzeilen aus der gewählten Sicht an (ohne Spalten von einem LOB-Datentyp).

6. *Zugehörige Sichten anzeigen (Show Related Views)*. Diese Aktion zeigt eine Liste aller Sichten, deren Definition eine Referenz auf die selektierte Sicht enthält.

Aliasnamen

Die Aktion *Erstellen* (*Create*) ermöglicht ein Erzeugen eines neuen Aliasnamens durch Ausfüllen einer Dialogbox, die zu der in Abschnitt 2.6.4 beschriebenen CREATE ALIAS-Anweisung äquivalent ist. Die Steuerzentrale zeigt ferner eine Liste aller existierenden Aliasnamen. Durch Selektieren eines spezifischen Alias aus dieser Liste kann man eine der folgenden Aktionen auslösen:

1. *Ändern (Alter)*. Diese Aktion zeigt die Definition des Aliasnamens. Einzig den Kommentar kann man daran ändern.

2. *Löschen (Drop)*. Diese Aktion löscht den Aliasnamen.

Trigger (Auslöser)

Die Aktion *Erstellen* (*Create*) ermöglicht ein Erzeugen eines neuen Triggers über eine Dialogbox, die zu der in Abschnitt 7.3.1 beschriebenen CREATE TRIGGER-Anweisung äquivalent ist. Die Steuerzentrale zeigt ferner eine Liste aller existierenden Trigger. Durch Selektieren eines spezifischen Triggers aus dieser Liste kann man eine der folgenden Aktionen auslösen:

1. *Ändern (Alter)*. Diese Aktion zeigt die Definition des Triggers. Einzig den Kommentar kann man daran ändern.

2. *Löschen (Drop)*. Diese Aktion löscht den Trigger.

Schemata

Die Aktion *Erstellen* (*Create*) ermöglicht ein Erzeugen eines neuen Schemas über eine Dialogbox, die zu der in Abschnitt 2.6.7 beschriebenen CREATE SCHEMA-Anweisung äquivalent ist. Die Steuerzentrale zeigt ferner eine Liste aller existierenden Schemata. Durch Selektieren eines spezifischen Schemas aus dieser Liste kann man eine der folgenden Aktionen auslösen:

1. *Ändern (Alter)*. Diese Aktion zeigt den Namen und den Besitzer des Schemas sowie einen Kommentar. Einzig den Kommentar kann man daran ändern.
2. *Löschen (Drop)*. Diese Aktion löscht das Schema. Ein Schema kann solange nicht gelöscht werden, wie es noch Tabellen oder andere Objekte enthält.
3. *Zugriffsrechte (Privileges)*. Diese Aktion zeigt eine Liste aller Benutzer und Gruppen an, die an dem selektierten Schema Privilegien besitzen. Über eine Dialogbox kann man weitere Privilegien daran gewähren oder entziehen. Diese Aktion stellt eine graphische Schnittstelle für die in Abschnitt 2.8.7 beschriebenen Anweisungen GRANT und REVOKE für Schemaberechtigungen dar.

Indizes

Die Aktion *Erstellen* (*Create*) ermöglicht ein Erzeugen eines Index über eine Dialogbox, in die man die Spalten des Indexschlüssels eintragen kann, zusammen mit einer Angabe, ob der Index eindeutig sein soll. Diese Box stellt eine graphische Schnittstelle bereit für die in Abschnitt 2.6.6 beschriebene CREATE INDEX-Anweisung. Die Steuerzentrale zeigt ferner eine Liste aller existierenden Indizes und ermöglicht ein Auslösen einer der folgenden Aktionen:

1. *Ändern (Alter)*. Diese Aktion zeigt die Definition des Index. Einzig den Kommentar kann man daran ändern.
2. *Löschen (Drop)*. Diese Aktion löscht den Index.
3. *Zugriffsrechte (Privileges)*. Diese Aktion zeigt eine Liste aller Benutzer und Gruppen an, die an dem selektierten Index das CONTROL-Privileg besitzen. Über eine Dialogbox kann man weiteren Benutzern oder Gruppen das CONTROL-Privileg gewähren oder entziehen. Diese Aktion stellt eine graphische Schnittstelle für die in Abschnitt 2.8.7 beschriebenen Anweisungen GRANT und REVOKE für Indexberechtigungen dar.

Tabellenbereiche

Die Aktion *Erstellen* (*Create*) ermöglicht ein Erzeugen eines systemverwalteten (SMS-) oder eines datenbankverwalteten (DMS-) Tabellenbereichs über einen SmartGuide, der durch diesen Prozeß leitet. Für beide Arten von Tabellenbereichen kann man die Menge der Container, in denen Daten gespeichert werden sollen, spezifizieren; ferner kann man die Leistungscharakteristika der von dem Tabellenbereich benutzten physikalischen Datenträger angeben. Diese Aktion stellt eine graphische Schnittstelle für das in Abschnitt 10.1.1 beschriebene CREATE TABLESPACE-Kommando bereit.

Die Aktion *Zusammenfassung der Überwachung anzeigen (Show Monitor Summary)* listet die Tabellenbereiche auf, die aktuell vom Snapshot Monitor überwacht werden, und faßt die für jeden Tabellenbereich im jüngsten Snapshot gesammelte Information zusammen. (Der Snapshot Monitor wird in Abschnitt 10.9.1 beschrieben.)

Die Steuerzentrale zeigt auch eine Liste aller in einer Datenbank existierenden Tabellenbereiche. Durch Auswählen eines spezifischen Tabellenbereichs aus dieser Liste kann man eine der folgenden Aktionen auslösen:

1. *Ändern (Alter)*. Diese Aktion zeigt eine Liste der Container des gewählten Tabellenbereichs an. Handelt es sich um einen DMS-Tabellenbereich, kann man über eine Dialogbox neue Container hinzufügen. Man kann ferner die Leistungscharakteristika des Tabellenbereichs ändern, wie z.B. die Pufferpool-Zuordnung, PREFETCH-SIZE und TRANSFERRATE. *Ändern* stellt eine graphische Schnittstelle für den in Abschnitt 10.1.1 beschriebenen ALTER TABLESPACE-Befehl bereit.

2. *Löschen (Drop)*. Diese Aktion löscht den Tabellenbereich und zerstört seinen gesamten Inhalt.

3. *Sichern (Backup)*. Diese Aktion erzeugt eine Sicherungskopie des selektierten Tabellenbereichs. Zum Sichern eines einzelnen Tabellenbereichs (und nicht der gesamten Datenbank) muß das betreffende System für eine *Forward Recovery* (aktualisierende Wiederherstellung) konfiguriert sein. *Sichern* stellt eine graphische Schnittstelle für den in Abschnitt 10.6.2 beschriebenen BACKUP-Befehl dar.

4. *Wiederherstellen (Restore)*. Diese Aktion stellt den Inhalt des betreffenden Tabellenbereichs aus einer zuvor erstellten Sicherungskopie wieder her. Um einen einzelnen Tabellenbereich wiederherzustellen, muß die Datenbank für eine *Forward Recovery* konfiguriert sein. Die Aktion *Wiederherstellen* präsentiert eine Dialogbox, in der man die Sicherungskopie, die man wiederherstellen möchte, auswählen kann. *Wiederherstellen* ist eine graphische Schnittstelle für den in Abschnitt 10.6.2 beschriebenen RESTORE-Befehl.

5. *Aktualisierend wiederherstellen (Rollforward)*. Diese Aktion kann nach einer Aktion *Wiederherstellen* zum erneuten Anwenden (Redo) von Datenbankänderungen benutzt werden, die von Transaktionen durchgeführt wurden, die nach dem Zeitpunkt des Erstellens der Sicherungskopie des Tabellenbereichs freigegeben wurden. Diese Aktion stellt eine graphische Schnittstelle für den in Abschnitt 10.6.2 beschriebenen ROLLFORWARD-Befehl dar.

6. *Momentaufnahmenüberwachung (Snapshot Monitoring)*. Durch Auslösen dieser Aktion für einen speziellen Tabellenbereich kann man die Überwachung des Tabellenbereichs durch den Snapshot Monitor starten oder stoppen. Man kann sich ferner Einzelangaben der Überwachung anzeigen lassen sowie das Überwachungsprofil, das das Sammeln von Informationen kontrolliert, anzeigen lassen und ändern.

Verbindungen

Die Aktion *Momentaufnahmenüberwachung (Show Monitor Summary)* zeigt eine Liste der Verbindungen, die aktuell vom Snapshot Monitor in dieser Datenbank überwacht werden, und faßt die Informationen, die für jede Verbindung in der jüngsten Momentaufnahmen erfaßt wurde, zusammen. (Der Snapshot Monitor wird in Abschnitt 10.9.1 beschrieben.)

Replikationsquellen

Selektiert man *Replikationsquellen (Replication Sources)*, so zeigt die Steuerzentrale eine Liste aller Tabellen, die als Quellen für Datenreplikation zur Verfügung stehen (vergleiche die Aktion *Als Replikationsquelle definieren* unter *Tabellen*). Man kann eine oder mehrere dieser Tabellen selektieren und eine »Subskription« zur Replikation von Aktualisierungen an einer oder mehreren Zieltabellen in möglicherweise anderen Datenbanken definieren. Die Aktion *Subskription definieren* läßt eine Dialogbox erscheinen, in der man der Subskription einen Namen geben, Quell- sowie Zieltabellen benennen und angeben kann, wie häufig Änderungen propagiert werden sollen. Man muß ferner die Datenbank spezifizieren, in der die Subskriptionsdefinition gespeichert werden soll. Die Subskription wird dann ein selbständiges Objekt und erscheint in der Steuerzentralenhierarchie unter *Replikationssubskriptionen* in der Datenbank, die die Quelltabellen enthält.

Replikationssubskriptionen

Selektiert man *Replikationssubskriptionen* für eine bestimmte Datenbank, zeigt die Steuerzentrale eine Liste aller Subskriptionen an, deren Quelltabellen sich in dieser Datenbank befinden. Jede dieser Subskriptionen spezifiziert, wie Änderungen von der Quell- zur Zieltabelle, die sich in einer anderen Datenbank befinden kann, propagiert werden sollen. Man kann eine der Subskriptionen auswählen und sodann eine der folgenden Aktionen auslösen:

1. *Ändern (Change)*. Diese Aktion ändert einen Teil der Subskription, wie z.B. die Häufigkeit des Propagierens von Änderungen. Die Subskriptionsdefinition ist in einer Sammlung von Kontrolltabellen gespeichert, und die Änderung der Subskription wird in der Form von SQL-Anweisungen repräsentiert, die die Kontrolltabellen aktualisieren. Man kann angeben, daß diese Änderungen sofort (»*Jetzt ausführen*« bzw. »*Run SQL Now*«) oder später (»*SQL in Datei sichern und später ausführen*« bzw. »*Save to SQL File*«) durchgeführt werden.

2. *Klonen (Clone)*. Diese Aktion erzeugt eine neue Subskription, die zu einer existierenden ähnlich ist, jedoch ihre Zieltabelle in einer anderen Datenbank hat.

3. *Aktivieren (Activate)*. Diese Aktion aktiviert eine Subskription. Subskriptionen werden durch ein *Capture*-Programm, das auf der Quelldatenbank läuft, sowie ein *Apply*-Programm, das auf der Zieldatenbank läuft, verarbeitet. Diese Programme bearbeiten nur aktive Subskriptionen. Informationen über die Programme findet man im *Replication Guide and Reference*.

4. *Inaktivieren (Deactivate)*. Diese Aktion macht eine Subskription inaktiv (sie wird nicht länger verarbeitet).

5. *Entfernen (Remove)*. Diese Aktion entfernt die Subskriptionsdefinition aus den Kontrolltabellen, in denen sie gespeichert ist.

Pufferpools

Ein Pufferpool ist ein Bereich im Hauptspeicher, in welchen Datenbankseiten eingelesen und in dem sie während ihrer Verarbeitung gehalten werden. Man kann die Leistung seines Systems über eine Kontrolle der Anzahl und Größe seiner Pufferpools sowie über die Zuweisung von Tabellenbereichen an Pufferpools steuern.

Die Aktion *Erstellen (Create)* ermöglicht ein Erzeugen eines neuen Pufferpools und eine Angabe seines Namens und seiner Größe. Die Steuerzentrale zeigt ferner eine Liste existierender Pufferpools. Durch Auswahl eines speziellen Pufferpools aus dieser Liste kann man eine der folgenden Aktionen auslösen:

1. *Ändern (Alter)*. Mit dieser Aktion kann man die Größe eines Pufferpools ändern.
2. *Löschen (Drop)*. Diese Aktion löscht den betreffenden Pufferpool.

Benutzerdefinierte Datentypen

Eine Liste der benutzerdefinierten einzigartigen Typen findet man in der Steuerzentralenhierarchie unter *Anwendungsobjekte*. Man kann neue einzigartige Typen durch Auslösen der Aktion *Erstellen (Create)* erzeugen. Jeder bereits existierende Typ wird zusammen mit seinem Basisdatentyp angezeigt. Man kann einen einzigartigen Typ durch Auswählen und Auslösen der Aktion *Löschen (Drop)* löschen.

Benutzerdefinierte Funktionen

Eine Liste benutzerdefinierter Funktionen findet man in der Steuerzentralenhierarchie ebenfalls unter *Anwendungsobjekte*. Jede Funktion wird mit ihrem vollen qualifizierten Namen sowie ihrem spezifischen Namen, ihren Parametertypen und ihrem Ergebnistyp angezeigt. Man kann eine Funktion durch Auswählen dieser und Auslösen der Aktion *Löschen (Drop)* löschen.

Pakete

Eine Liste der Pakete, die in einer gegebenen Datenbank gebunden sind, findet man in der Steuerzentralenhierarchie unter *Anwendungsobjekte*. Jedes Paket wird mit Informationen wie seiner Autorisierungs-ID, dem Zeitpunkt, wann es gebunden wurde und ob es derzeit gültig ist, und dem Isolationsgrad angezeigt. Durch Auswählen eines speziellen Pakets aus der Liste kann man die folgenden Aktionen auslösen:

1. *Mit EXPLAIN bearbeitbare Anweisungen anzeigen (Show Explainable Statements)*. Diese Aktion listet sämtliche SQL-Anweisungen in dem Paket auf, für die ein Zugriffsplan anzeigebereit vorliegt. Wurde das Paket mit der Option EXPLSNAP YES vorübersetzt oder gebunden, werden alle seine statischen SQL-Anweisungen mit EXPLAIN bearbeitet. Man kann eine Anweisung auswählen und den Menüpunkt »*Anweisungen*« (»*Statements*«) zur Inspektion der ursprünglichen SQL-Anweisung und ihres Zugriffsplans benutzen. Der Zugriffsplan wird in graphischer Form angezeigt, die die Abfolge der Operationen bei der Verarbeitung der Anweisung anzeigt sowie die zu erwartenden Kosten jeder Operation (vergleiche Abbildung 10.16).

2. *Protokoll mit EXPLAIN bearbeiteter Anweisungen anzeigen (Show Explained Statements History)*. Wie die vorherige Aktion, so zeigt auch diese eine Liste aller mit EXPLAIN bearbeiteten SQL-Anweisungen in dem gegebenen Paket und erlaubt eine Inspektion des jeweiligen Zugriffsplans in graphischer Form. Anstatt jedoch nur den jüngsten Plan für jede Anweisung zu zeigen, listet diese Aktion jeden Zeitpunkt auf, zu dem eine Anweisung gebunden wurde. Durch Ansehen der Zugriffspläne, die für eine gegebene Anweisung zu unterschiedlichen Bindezeitpunkten erstellt wurden, kann man die Effekte von Änderungen wie dem Hinzufügen eines Index zur Datenbank erkennen.

Benutzer- und Gruppenobjekte

Die Steuerzentrale zeigt eine Liste aller Benutzer und Gruppen, die irgendein Datenbankprivileg besitzen, einschließlich Privilegien an Datenbanken, Tabellen, Sichten, Schemata und Indizes. Durch Auslösen der Aktion *Hinzufügen* (*Add*) kann man der Liste einen neuen Benutzer oder eine neue Gruppe hinzufügen. Man kann ferner einen Benutzer oder eine Gruppe auf der Liste selektieren und sodann eine der folgenden Aktionen ausführen:

1. *Ändern (Change)*. Diese Aktion zeigt eine Liste aller Privilegien, die der gewählte Benutzer bzw. die Gruppe besitzt, und ermöglicht ein Entziehen dieser oder ein Gewähren zusätzlicher Privilegien einschließlich GRANT-Option. Diese Aktion stellt eine graphische Schnittstelle für die in Abschnitt 2.8.7 beschriebenen Befehle GRANT und REVOKE dar.

2. *Entfernen (Remove)*. Diese Aktion entzieht dem selektierten Benutzer bzw. der Gruppe sämtliche Privilegien.

10.4   Die Client-Konfigurationsunterstützung

Wie in Kapitel 1 beschrieben, ist UDB ein Client-Server-System, bei dem der Server die Daten verwaltet und der Client die Benutzerschnittstelle bereithält. Wenn man mit UDB arbeitet, benutzt man den Client, selbst dann, wenn man dieselbe Maschine benutzt, auf der der Server installiert ist. Wenn man selbst oder ein Anwendungsprogramm zu einer Datenbank eine Verbindung benötigt, stellt der Client die Verbindung durch Kommunizieren mit dem UDB-Server, auf dem die Datenbank liegt, her.

Zur Bearbeitung von Wünschen nach Datenbankverbindungen unterhält jeder UDB-Client eine Liste von Datenbanken, zu denen er sich zu verbinden weiß. Jede Datenbank wird durch einen Aliasnamen identifiziert, der als der lokale Name der Datenbank für den Client dient. Der Aliasname, unter dem ein Client eine Datenbank kennt, kann derselbe wie der ursprüngliche Name der Datenbank sein, unter dem sie ihrem eigenen Server bekannt ist, muß es aber nicht. Die Verwendung von Aliasnamen ist in Abbildung 10.8 illustriert, die zwei UDB-Serversysteme mit den Namen COMPANY3 und COLLEGE5 zeigt. Das System COMPANY3 hat zwei UDB-Exemplare mit den Namen ADMIN und ASSET, die jeweils zwei Datenbanken verwalten, und das System COLLEGE5 hat ein Exemplar, das ebenfalls zwei Datenbanken verwaltet. Die Client-Systeme mit den Namen CLIENT1 und CLIENT2 benötigen jeweils beide Zugriff auf Datenbanken auf beiden Servern. Dabei benötigt CLIENT1 sogar Zugriff auf zwei Datenbanken, von denen jede auf ihrem Server den Namen PEOPLE hat. Um Verwechslungen zu vermeiden, weist CLIENT1 den Aliasnamen STAFF an die Datenbank PEOPLE von COMPANY3 und den Aliasnamen FACULTY an die Datenbank PEOPLE von COLLEGE5 zu.

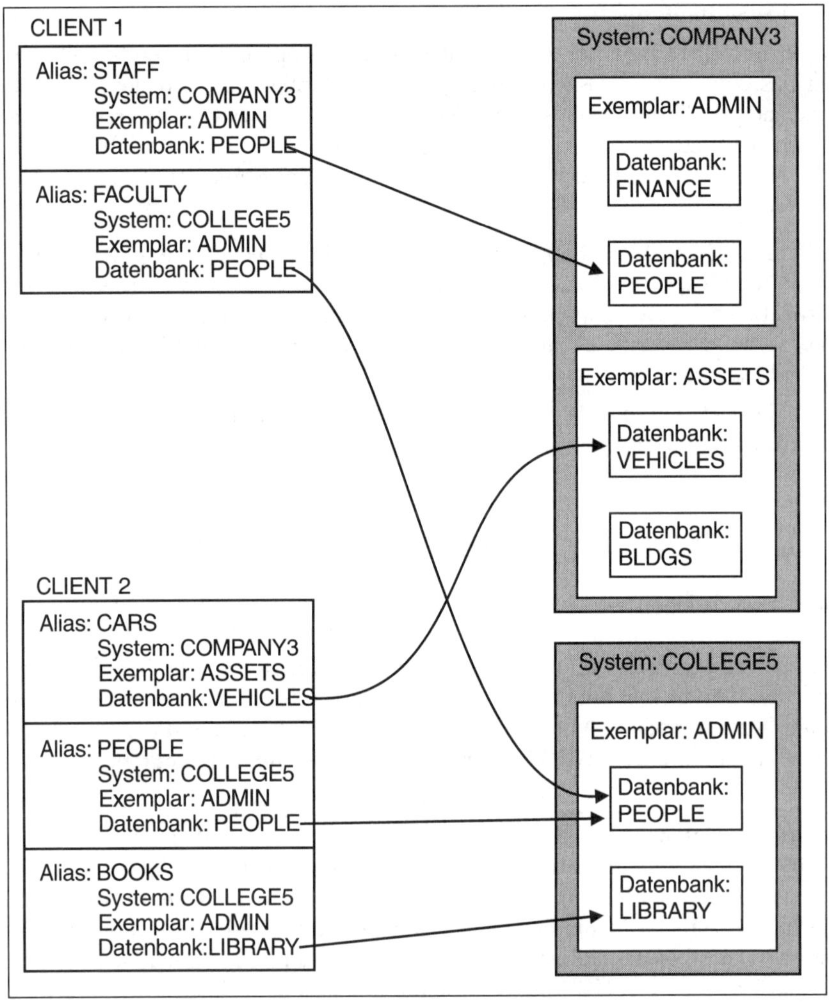

CLIENT 1

Alias: STAFF
    System: COMPANY3
    Exemplar: ADMIN
    Datenbank: PEOPLE

Alias: FACULTY
    System: COLLEGE5
    Exemplar: ADMIN
    Datenbank: PEOPLE

CLIENT 2

Alias: CARS
    System: COMPANY3
    Exemplar: ASSETS
    Datenbank:VEHICLES

Alias: PEOPLE
    System: COLLEGE5
    Exemplar: ADMIN
    Datenbank: PEOPLE

Alias: BOOKS
    System: COLLEGE5
    Exemplar: ADMIN
    Datenbank:LIBRARY

System: COMPANY3

Exemplar: ADMIN

Datenbank:
FINANCE

Datenbank:
PEOPLE

Exemplar: ASSETS

Datenbank:
VEHICLES

Datenbank:
BLDGS

System: COLLEGE5

Exemplar: ADMIN

Datenbank:
PEOPLE

Datenbank:
LIBRARY

Abbildung 10.8:
Datenbank-Aliasnamen

TIP: Man vermeide Verwechslungen der in diesem Abschnitt beschriebenen Datenbank-Aliasnamen mit den in Abschnitt 2.6.4 beschriebenen Aliasnamen für Tabellen.

Für jeden Datenbank-Aliasnamen muß ein Client die folgende Information protokollieren:

▶ den Namen des Systems, auf dem die Datenbank liegt, und die Information, die zur Kommunikation mit diesem System benötigt wird, wie dessen Protokoll und seine IP-Adresse

▶ den Namen des UDB-Exemplars auf dem entfernten System, die die Datenbank enthält

▶ den ursprünglichen Namen der Datenbank auf dem Exemplar, auf dem diese liegt

Diese Information wird vom Client in zwei Dateien gespeichert, dem *Knotenverzeichnis (Node Directory)* und dem *Datenbankverzeichnis (Database Directory)*. Man kann die folgenden Kommandos dazu benutzen, sich den Inhalt dieser Verzeichnisse auf dem lokalen Client anzeigen zu lassen:

```
LIST NODE DIRECTORY;
LIST DATABASE DIRECTORY;
```

Eine CATALOG-Kommandos genannte Sammlung von Befehlen steht zur Aktualisierung der Inhalte von Knoten- und Datenbankverzeichnis bereit, was im *Command Reference* beschrieben wird. Der einfachste Weg der Interaktion mit diesen Verzeichnissen ist jedoch über ein graphisches Werkzeug mit der Bezeichnung *Client-Konfiguration-Unterstützung (Client Configuration Assistant*, kurz *CCA)*, das auf den Windows- und OS/2-Plattformen unterstützt wird. Zum Start des CCA klicke man einfach auf dessen Symbol in der DB2-Programmgruppe.

Abbildung 10.9 zeigt einen möglichen Inhalt der Hauptoberfläche des CCA.[5] Es wird eine Liste aller Aliasnamen im Datenbankverzeichnis des betreffenden Clients angezeigt. Durch Auswahl eines solchen Aliasnamens kann man sich die Information zeigen lassen, die der Client über die betreffende Datenbank hat; sodann kann man den Knopf *Löschen (Delete)* anklicken, um den Aliasnamen zu löschen, oder den Knopf Merkmale (Properties), um dessen Information zu aktualisieren.

Zum Hinzufügen eines neuen Alias zum Client-Verzeichnis klicke man auf den Knopf *Hinzufügen (Add)* des CCA. Man kann dann zwischen den folgenden Möglichkeiten zum Definieren eines neuen Aliasnamens wählen:

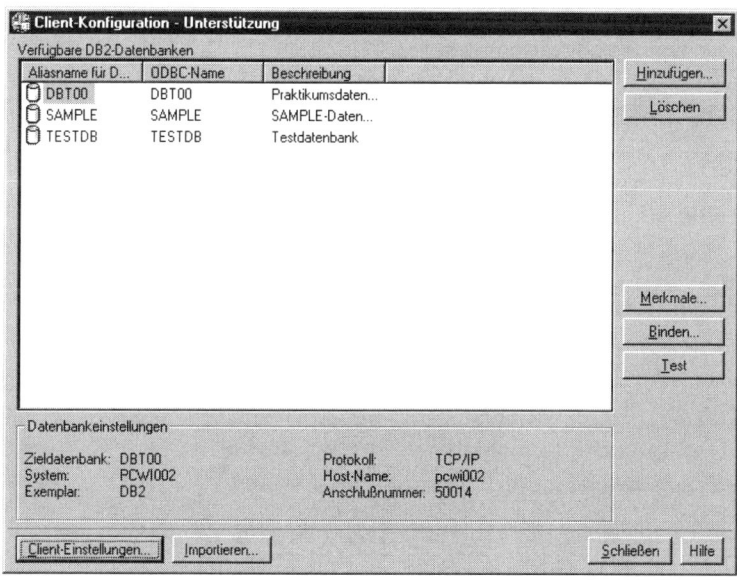

Abbildung 10.9:
Client-Konfiguration-Unterstützung

---

5. Anmerkung des Übersetzers: Diese Abbildung weicht wieder vom Original ab.

1. *Verbindung zu einer DB2-Datenbank manuell konfigurieren*: Falls man alle Information kennt, die zum Verbinden zur gewünschten Datenbank benötigt wird, kann man diese per Hand eingeben.

2. *Zugriffsprofil verwenden*: Falls man über ein Zugriffsprofil verfügt, das von der Steuerzentrale auf einem entfernten UDB-System erzeugt wurde, kann man sämtliche Datenbanken auf diesem System zum lokalen Client-Katalog einfach durch Angabe des Namens dieses Zugriffsprofils hinzufügen.

3. *Netzwerk durchsuchen*: Diese Option startet ein mächtiges CCA-Werkzeug, das auch *Discovery* genannt wird. Wie ein ähnliches Werkzeug der Steuerzentrale wird damit das lokale Netzwerk automatisch nach UDB-Systemen durchsucht, und die Ergebnisse werden als Hierarchie von Systemen, Exemplaren und Datenbanken angezeigt. Abbildung 10.10 zeigt ein Suchergebnis, bei dem der CCA zwei UDB-Systeme mit den Namen PCWI002 und PCWI133 gefunden hat. Beide Einträge wurden expandiert und zeigen ihre Exemplare und Datenbanken. Man kann jetzt eine dieser Datenbanken zum lokalen Client-Verzeichnis hinzufügen durch Selektieren der Datenbank, Angabe eines Aliasnamens für diese nach Anklicken von »3. *Aliasname*« am oberen Rand dieser Anzeige und anschließendes Anklicken des Knopfes »*Erledigt*« unten rechts. Der Client ist dann in der Lage, zu der selektierten Datenbank unter dem angegebenen Aliasnamen eine Verbindung aufzubauen.

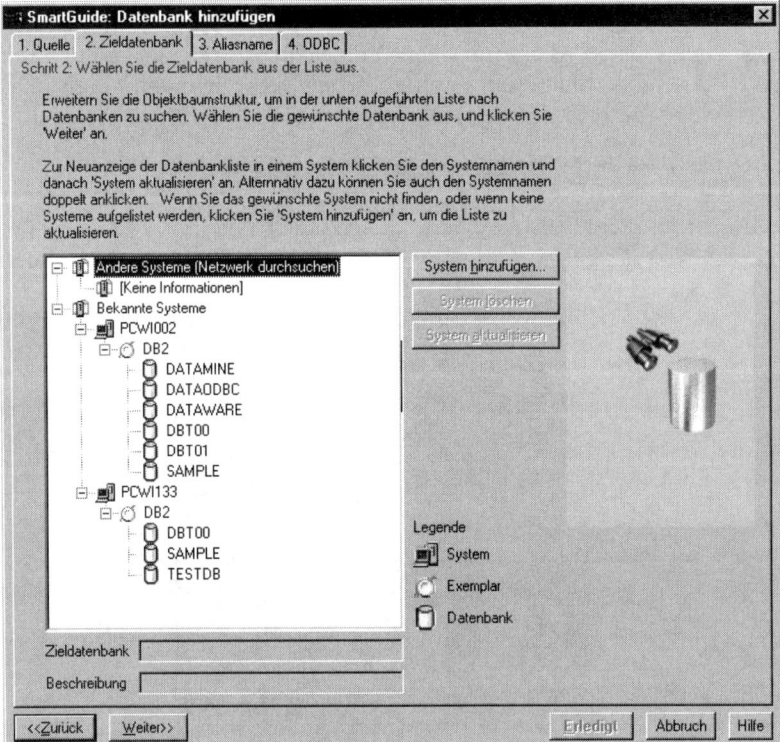

Abbildung 10.10:
Verwendung der Client-Konfiguration-Unterstützung zum Suchen nach neuen Datenbanken

10.5   Befehle

Wie in der Einleitung zu diesem Kapitel bemerkt, ist der einfachste Weg zur Erledigung der meisten Datenbank-Administrationsaufgaben die Benutzung der graphischen Oberfläche der Steuerzentrale. Allerdings sind altmodischere Kommandos oder Befehle in bestimmten Situationen immer noch nützlich, und wir beschreiben in diesem Abschnitt einige davon. Befehle fallen in zwei allgemeine Kategorien: Befehle auf Betriebssystemebene, die vom Kommando-Prompt des Betriebssystems aus aufgerufen werden können, und UDB-Befehle, die während einer Session mit einer interaktiven UDB-Schnittstelle wie der Steuerzentrale aufgeführt werden können.

 **TIP:** Unter Windows NT können bestimmte Befehle auf Betriebssystemebene nicht in einem normalen Befehlsfenster ausgeführt werden, sondern erfordern ein spezielles DB2-Befehlsfenster. Gibt man einen dieser Befehle in einem normalen Befehlsfenster ein, erhält man die Nachricht »Kommandozeilenumgebung nicht initialisiert«. Man kann ein DB2-Befehlsfenster erzeugen durch Eintippen von db2cmd in einem normalen Befehlsfenster oder durch Anklicken von *Start*, dann *Programme*, dann *DB2 für Windows NT*, dann *Befehlsfenster*.

10.5.1   Verwaltung von Exemplaren

Wie bereits früher bemerkt, kann ein gegebenes System mehrere Exemplare von UDB besitzen, die separat administriert und für unterschiedliche Zwecke benutzt werden, z.B. Test und Produktion oder Herstellung und Verkauf. Jede Datenbank gehört zu einem spezifischen Exemplar. Die unten angegebenen Kommandos sind Kommandos auf Betriebssystemebene, die zur Verwaltung von UDB-Exemplaren auf dem lokalen System benutzt werden können.

db2icrt

Erzeugt ein neues Exemplar und gibt ihm einen Namen. Das folgende Beispiel erzeugt ein Exemplar mit dem Namen testdb2:

```
db2icrt testdb2
```

Zur Erzeugung eines Exemplars auf einem UNIX-System benötigt man Root-Autorisierung; unter Windows NT oder OS/2 muß man Mitglied der Administratorgruppe sein. Wenn man ein Exemplar erzeugt, wird die Gruppe des Erzeugers Halter der SYSADM-Autorisierung für dieses Exemplar.

db2idrop

Löscht (zerstört) ein Exemplar und alle dazugehörigen Datenbanken. Dieses Kommando erfordert den gleichen Autorisierungsgrad wie db2icrt. Das folgende Beispiel löscht das Exemplar mit dem Namen testdb2:

```
db2idrop testdb2
```

db2ilist

Listet alle Exemplare auf, die auf dem betreffenden System verfügbar sind. Beispiel:

```
db2ilist
```

db2start

Startet das in der DB2INSTANCE-Umgebungsvariablen genannte Exemplar. Erfordert SYSADM-, SYSCTRL- oder SYSMAINT-Autorisierung. Ein Exemplar muß gestartet sein, bevor sich eine Applikation oder eine interaktive Sitzung mit einer seiner Datenbanken verbinden kann. Falls das gegebene Exemplar mehrere Knoten besitzt, wird es auf allen diesen gestartet. Beispiel:

```
db2start
```

db2stop

Stoppt das in der DB2INSTANCE-Umgebungsvariablen genannte Exemplar. Erfordert SYSADM-, SYSCTRL- oder SYSMAINT-Autorisierung. Auf einem System mit mehreren Knoten kann db2stop zum Anhalten des aktuellen Exemplars auf einem einzelnen Knoten oder zum Löschen eines Knotens aus dem System benutzt werden, nachdem alle seine Daten auf andere Knoten verschoben worden sind. Beispiel:

```
db2stop
```

Ein Exemplar kann so lange nicht gestoppt werden, wie noch Applikationen oder interaktive Sitzungen mit einer seiner Datenbanken verbunden sind. Ein Systemadministrator kann ein Unterbrechen einer solchen Verbindung über die Aktion *Anwendungen zwingen* in der Steuerzentrale erzwingen.

10.5.2 Die Profilregistrierdatenbank

Während des normalen Betriebs wird das Verhalten von UDB von einer Reihe von Werten beeinflußt, die seine Betriebsumgebung festlegen. Einige dieser Werte sind Umgebungsvariablen des Betriebssystems. So spezifiziert z.B. DB2PATH das Verzeichnis, in dem UDB installiert ist, und DB2INSTANCE spezifiziert den Namen des UDB-Exemplars, die durch das Kommando db2start gestartet wird. Man kann sich die Werte dieser Umgebungsvariablen anzeigen lassen und diese setzen über bestimmte Funktionen des jeweiligen Betriebssystems (unter Windows NT klicke man z.B. der Reihe nach auf *Start*, dann *Einstellungen*, dann *Systemsteuerung*, dann *System*, dann *Umgebung*).

Neben den Umgebungsvariablen des Betriebssystems unterhält UDB eine Sammlung eigener Umgebungsvariablen, die als *Profilregistrierdatenbank (Profile Registry)* bezeichnet wird. Beispielsweise kontrolliert DB2OPTIONS das voreingestellte Verhalten des CLP, und DB2DBDFT spezifiziert die für implizite Verbindungen in Abwesenheit eines expliziten CONNECT-Kommandos voreingestellte Datenbank. Eine vollständige Liste von Umgebungsvariablen des Betriebssystems und der Variablen aus der Registrierdatenbank findet man in Anhang E des *Administration Guide*.

Einige Variablen der Registrierdatenbank können auf mehr als einer Ebene gesetzt werden, z.B. auf Exemplarebene und ebenso auf einer globalen Ebene, die für alle Exemplare gilt. Grundsätzlich wirkt eine Variable der Profilregistrierdatenbank auf die unterste Stufe, auf der sie definiert ist.

Man kann sich die Variablen der Registrierdatenbank anzeigen lassen und sie über den Befehl db2set auf Betriebssystemebene setzen, der SYSADM-Autorisierung erfordert. Die Benutzung von db2set wird durch die folgenden Beispiele illustriert:

```
db2set -all
```

zeigt alle aktuell definierten Werte der Profilregistrierdatenbank. In dieser Anzeige beziehen sich die mit [i] markierten Werte auf das aktuelle Exemplar, und die mit [g] markierten gelten global (für alle Exemplare).

```
db2set -lr
```

listet die Namen aller von der Profilregistrierdatenbank erkannten Variablen unabhängig davon, ob sie aktuell definiert sind.

```
db2set -all variablenname
```

zeigt den aktuellen Wert der angegebenen Variablen, und zwar auf allen Ebenen, auf denen diese definiert ist. In dieser Anzeige beziehen sich die mit [i] markierten Werte auf das aktuelle Exemplar, und die mit [g] markierten gelten global (für alle Exemplare).

```
db2set variablenname = neuerwert
```

setzt den Wert einer Variablen der Registrierdatenbank für das aktuelle Exemplar.

```
db2set -g variablenname = neuerwert
```

setzt den Wert einer Variablen der Registrierdatenbank global (für alle Exemplare).

10.5.3   Der Administrationsserver

Die Steuerzentrale, die Prozedurzentrale und andere UDB-Werkzeuge erfordern die Dienste eines Datenbanksystems, und sie benutzen zu diesem Zweck ihr eigenes Exemplar von UDB, das als der *Administrationsserver* bezeichnet wird. Der Administrationsserver wird automatisch erzeugt, wenn man UDB installiert, und er wird immer dann automatisch gestartet, wenn man das System neu hochfährt. Man sollte mit dem Administrationsserver nicht direkt arbeiten müssen oder sich seiner Existenz bewußt sein, es sei denn, er stürzt aus irgendeinem Grund ab. Wenn dies passiert, hören die DB2-Werkzeuge auf zu arbeiten, und man erhält eine Nachricht der Form »Der DB2-Administrationsserver ist nicht aktiv«. Man kann den Administrationsserver manuell neu starten über einen Befehl auf Betriebssystemebene mit dem Namen db2admin, wie in den folgenden Beispielen illustriert:

```
db2admin start
```

startet den Administrationsserver manuell.

```
db2admin stop
```

stoppt den Administrationsserver manuell.

```
db2admin
```

zeigt den Exemplarnamen des Administrationsservers auf dem betreffenden System.

10.5.4 Andere Befehle auf Betriebssystemebene

Dieser Abschnitt beschreibt einige weitere Befehle auf Betriebssystemebene, die von UDB unterstützt werden. Weitere Einzelheiten zu diesen und anderen Kommandos auf Betriebssystemebene findet man in der *Command Reference*. Werden diese Kommandos auf einer Server-Maschine ausgeführt, richten sie sich an das in der Umgebungsvariablen DB2INSTANCE genannte Exemplar.

db2batch

Dieses Kommando startet ein Werkzeug, das zur Leistungsmessung und für Benchmark-Tests nützlich ist. Das db2batch-Tool liest eine Eingabedatei mit SQL-Anweisungen, führt diese aus und erzeugt eine Ausgabedatei mit Ergebnissen und Leistungsinformationen. Durch den Einbau von Steuerkommandos in die Eingabedatei kann man die Anzahl der aus jeder Ergebnismenge gelesenen Zeilen und den Detaillierungsgrad der gesammelten Leistungsinformationen kontrollieren. Man kann lediglich die für jede SQL-Anweisung benötigte Zeit messen oder erheblich genauere Informationen sammeln, wie die Anzahl der Lesezugriffe auf den Pufferpool und der Sperreskalationen während der Verarbeitung einer jeden Anweisung. Durch eine wiederholte Ausführung von db2batch auf einer Benchmark-Datei mit unterschiedlichen Datenbank-Konfigurationsparametern kann man die Auswirkungen dieser Parameter auf die Systemleistung beobachten. Das db2batch-Werkzeug wird im *Administration Guide* genauer beschrieben. Die folgenden db2batch-Kommandos führen die Anweisungen in der Eingabedatei infile.sql auf der Datenbank testdb aus und schreiben Ergebnisse sowie Leistungsinformationen in die Datei outfile.txt:

```
db2batch -d testdb -f infile.sql -r outfile.txt
```

db2bfd

Dieses Kommando ist zur Untersuchung des Inhalts einer Bindedatei nützlich, die von einem PREP-Befehl mit BIND-Option erzeugt wurde (vergleiche Abschnitt 4.3). Man kann sich die Bindeoptionen für eine Bindedatei sowie die SQL-Anweisungen und Wirtsvariablendeklarationen in dem Anwendungsprogramm, aus dem die Bindedatei erzeugt wurde, anzeigen lassen. Das folgende Kommando zeigt den Inhalt der Bindedatei mit dem Namen teile1.bnd einschließlich seiner Bindeoptionen, SQL-Anweisungen und Wirtsvariablendeklarationen:

```
db2bfd -b -s -v teile1.bnd
```

db2gov

Dieses Kommando startet das Hilfsprogramm *DB2 Governor*, über das man Beschränkungen des Ressourcenverbrauchs für bestimmte Benutzer oder Applikationen festlegen kann. Der Governor erstellt periodisch Statistiken über mit einer gegebenen Datenbank verbundene Benutzer und Applikationen und vergleicht diese mit in einer Konfigurationsdatei vorgegebenen Regelungen. In der Konfigurationsdatei kann man z.B. Obergrenzen für die Anzahl zu lesender Zeilen oder der von einem Benutzer oder einer Applikation gehaltenen Sperren oder ein Limit für die Laufzeit einer Transaktion festlegen. Falls der Governor feststellt, daß eine Applikation ein solches Limit überschritten hat, kann das Hilfsprogramm eine zuvor spezifizierte Aktion ausführen, wie eine Reduktion der Priorität der betreffenden Applikation oder ein erzwungenes Aufheben der Datenbankverbindung. Die Einzelheiten der Erzeugung einer Konfigurationsdatei für dieses Hilfsprogramm findet man im *Administration Guide*. Das folgende Beispielkommando startet den Governor in der Datenbank `testdb` unter Verwendung der Konfigurationsdatei `config.txt`; alle Aktionen werden in einer Protokolldatei mit dem Namen `govlog.txt` mitgeschrieben:

```
db2gov start testdb config.txt govlog.txt
```

Einmal gestartet, läuft der Governor so lange, bis er über ein Kommando wie das folgende gestoppt wird:

```
db2gov stop testdb
```

db2rbind

Das Kommando `db2rbind` bindet alle Pakte in einer Datenbank neu. Dies kann nach einer Reorganisation der Datenbank sinnvoll sein, in der die Statistiken aktualisiert und neue Indizes angelegt wurden. Alternativ können einzelne Pakete in der Datenbank neu gebunden werden, entweder explizit über den REBIND-Befehl oder implizit bei ihrer nächsten Benutzung. Das Kommando in folgendem Beispiel bindet alle Pakete in der Datenbank `firma` neu und schreibt dabei Fehlermeldungen in eine Datei mit dem Namen `rebind.log`:

```
db2rbind firma /l rebind.log
```

db2sampl

Dieses Kommando erstellt eine Beispieldatenbank mit dem Namen SAMPLE für Experimentierzwecke. Diese Datenbank enthält 12 Tabellen, die Angestellte, Abteilungen und Projekte in einer kleinen Firma beschreiben. (Die Tabellen der Datenbank SAMPLE werden in Anhang E der *SQL Reference* beschrieben.) Das Kommando akzeptiert einen optionalen Parameter, der die Stelle (den Pfad) angibt, an der die Datenbank erzeugt werden soll; wird kein Pfad angegeben, hängt die Lokalisierung der Datenbank vom Konfigurationsparameter DFTDBPATH ab. Beispiel:

```
db2sampl
```

10.5.5 UDB-Befehle

UDB unterstützt eine lange Liste von Befehlen, die von interaktiven Schnittstellen wie der Steuerzentrale aus abgesetzt werden können. Viele davon haben wir bereits behandelt, z.B. die Kommandos PREP und BIND in Abschnitt 4.3 und das Kommando CREATE DATABASE in Abschnitt 10.1. Viele der Aktionen, die in der Steuerzentrale zur Verfügung stehen, können auch über Kommandos ausgelöst werden. Die vollständige Syntax sämtlicher Befehle findet man in der *Command Reference*. Während einer interaktiven Sitzung kann man sich eine Liste aller UDB-Kommandos durch Eintippen von »?« anzeigen lassen, und man kann sich die Syntax eines Kommandos über »?«, gefolgt vom Namen des Kommandos zeigen lassen.

Dieser Abschnitt stellt keinen Versuch dar, alle von UDB unterstützten Befehle aufzulisten. Statt dessen stellt er einige zusammen, die bisher noch nicht beschrieben wurden und die eine gewisse Funktionalität auf besonders bequeme Weise zur Verfügung stellen.

ACTIVATE

Dieses Kommando »erweckt« eine Datenbank und macht sie bereit, Verbindungen zu akzeptieren. Das Kommando ist nicht wirklich erforderlich, da die erste Verbindung zu einer Datenbank diese automatisch aktiviert. ACTIVATE kann im vorhinein benutzt werden, um bei der ersten Verbindung die kurze Verzögerung, die durch ein Aktivieren der Datenbank entsteht, zu vermeiden. Wird eine Datenbank nicht länger benutzt, kann man ein DEACTIVATE zur Rückgabe des an die Datenbank allokierten Systemspeichers benutzen. Beispiele:

```
ACTIVATE DATABASE testdb;
DEACTIVATE DATABASE testdb;
```

ATTACH

Dieser Befehl kann auf einer Client-Maschine zur Spezifikation der UDB-Instanz verwendet werden, an die Kommandos wie CREATE DATABASE auf Exemplarebene gerichtet werden sollen. Beispiel:

```
ATTACH TO server3;
```

Falls ein ATTACH-Befehl ohne Angabe eines Exemplars ausgeführt wird, zeigt er den Namen des Exemplars an, mit dem man aktuell verbunden ist.

DESCRIBE

Dieses Kommando liefert eine einfache Möglichkeit, die Spaltennamen und Datentypen einer Tabelle oder eines Anfrageergebnisses aufzulisten. Man kann es ferner zur Angabe aller Indizes, die für eine gegebene Tabelle existieren, benutzen. Beispiele:

```
DESCRIBE TABLE bank.konten;
DESCRIBE SELECT avg(stand) FROM bank.konten;
DESCRIBE INDEXES FOR TABLE bank.konten;
```

GET

Dieser Befehl liefert eine schnelle Möglichkeit, bestimmte Arten von Informationen über das System oder über die aktuelle Sitzung zu bekommen. Beispiele:

```
GET AUTHORIZATIONS;
```

listet die Autorisierungen auf, die man selbst hält.

```
GET CONNECTION STATE;
```

zeigt die Datenbank an, mit der man aktuell verbunden ist, falls es eine solche gibt.

```
GET DATABASE CONFIGURATION FOR testdb;
```

listet die Werte der Datenbank-Konfigurationsparameter für die genannte Datenbank auf. Der einfachste Weg, diese Parameter zu aktualisieren, ist über die Steuerzentrale.

```
GET DATABASE MANAGER CONFIGURATION;
```

listet die Werte der Datenbankmanagerkonfigurationsparameter auf. Auch hier ist der einfachste Weg zu deren Aktualisierung der über die Steuerzentrale.

LIST

Dieses Kommando bietet eine schnelle Möglichkeit, Informationen über die Datenbank, mit der man aktuell verbunden ist, zu erhalten. Beispiele:

```
LIST NODEGROUPS;
```

listet die Knotengruppen in der aktuellen Datenbank auf.

```
LIST NODES;
```

listet die Knoten in der aktuellen Datenbank auf.

```
LIST PACKAGES;
```

listet die Pakete auf, die man in der aktuellen Datenbank selbst gebunden hat, sowie deren derzeitigen Gültigkeitsstatus.

```
LIST TABLES;
```

listet die Tabellen in der aktuellen Datenbank auf, deren Schemaname mit der aktuellen (eigenen) Benutzerkennung übereinstimmt.

```
LIST TABLES FOR SCHEMA research;
```

listet alle Tabellen in dem Schema mit dem Namen RESEARCH auf.

```
LIST TABLESPACES;
```

listet die Tabellenbereiche der aktuellen Datenbank auf.

RESET

Dieser Befehl bietet eine schnelle Möglichkeit, alle Konfigurationsparameter für das System oder für eine bestimmte Datenbank auf ihre Voreinstellungen zurückzusetzen. Beispiele:

```
RESET DATABASE MANAGER CONFIGURATION;
RESET DATABASE CONFIGURATION FOR testdb;
```

START DATABASE MANAGER

Dieses Kommando ist eine alternative Schreibweise für das Kommando db2start. Es kann entweder ein Kommando auf Betriebssystemebene oder ein UDB-Kommando sein. Beispiel:

```
START DATABASE MANAGER;
```

STOP DATABASE MANAGER

Dieser Befehl ist eine alternative Schreibweise für das Kommando db2stop. Es kann entweder ein Befehl auf Betriebssystemebene oder ein UDB-Befehl sein. Beispiel:

```
STOP DATABASE MANAGER;
```

10.6 Datenbankwiederherstellung (Recovery)

Eine der wichtigsten Aufgaben eines Datenbankmanagementsystems ist die Sicherung gegen Verlust von Daten im Falle eines Hard- oder Software-Absturzes oder eines Stromausfalls. UDB hält verschiedene Möglichkeiten bereit, mit denen der Datenbankadministrator Datenbanken sichern und nach Fehlern wiederherstellen kann. Diese Möglichkeiten kann man von der Steuerzentrale aus nutzen, und zwar durch Selektieren einer Datenbank und Auslösen einer der wiederherstellungsbezogenen Aktionen wie *Erneut starten (Restart)*, *Sichern (Backup)*, *Wiederherstellen (Restore)* oder *Aktualisierend wiederherstellen (Rollforward)* oder durch Ausführen eines Kommandos, das zu einer dieser Aktionen äquivalent ist. In diesem Abschnitt beschreiben wir die Wiederherstellungseinrichtungen von UDB genauer.

Eines der grundlegenden Werkzeuge zur Sicherung gegen Ausfälle ist die *Sicherungskopie* (der *Backup*). Ein Backup ist eine Kopie einer ganzen Datenbank oder eines Teils einer Datenbank (ein oder mehrere Tabellenbereiche). Wird die Sicherungskopie auf einem entfernbaren Medium wie einem Band oder einer Diskette erstellt oder wird sie auf einem physikalischen Datenträger durchgeführt, der von dem der Datenbank verschieden ist, kann sie als Ausfallschutz für den Datenträger dienen, auf dem die Datenbank gespeichert ist. Eine Sicherungskopie kann jederzeit zum Wiederherstellen des Datenbankzustands, der zum Zeitpunkt des Erstellens der Kopie vorgelegen hat, verwendet werden. Ein Datenbankadministrator sollte einen Plan zum regelmäßigen Sichern von Daten und zur Aufbewahrung mehrfacher Kopien von kritischen Daten haben.

Ein weiteres wichtiges Werkzeug zum Sichern von Daten ist der Datenbank*log*. Ein Log (»Protokoll«) ist eine Sammlung von Dateien, die sämtliche Änderungen protokollieren, die an einer Datenbank vorgenommen werden, einschließlich Informationen darüber, wie die Änderungen in Transaktionen organisiert sind und ob jede Transaktion mit einem Commit (Freigeben) oder einem Rollback (Zurücksetzen) geendet hat (zu Transaktionen vergleiche man Abschnitt 2.7.1). Wenn eine Transaktion freigegeben wird, werden die sie betreffenden Logeinträge auf die Platte geschrieben, so daß sie einen nachfolgenden Stromausfall überdauern und ein unabhängiges Protokoll der von dieser Transaktion durchgeführten Änderungen darstellen. Der Log ist äußerst wichtig beim Wiederherstellen eines konsistenten Datenbankzustands nach einem Stromausfall oder einem Software-Absturz. Das System benutzt den Log zum Sicherstellen, daß alle Änderungen an der Datenbank, die von bereits freigegebenen Transaktionen stammen, erhalten bleiben – selbst wenn sich die aktualisierte Seite zum Zeitpunkt des Absturzes im flüchtigen Speicher befand – und daß alle Änderungen an der Datenbank von Transaktionen, die vor dem Absturz nicht freigegeben waren, zurückgesetzt werden. Der Log wird auch dann benutzt, wenn die Datenbankänderungen von freigegebenen Transaktionen erneut ausgeführt (einem Redo unterzogen) werden müssen, wie im Falle einer aktualisierenden Wiederherstellung (Forward Recovery, siehe unten).

Der Systemlog wird als eine Sammlung von Dateien in einem Verzeichnis unterhalten, dessen Pfad durch einen Datenbank-Konfigurationsparameter mit dem Namen LOG-PATH spezifiziert wird. Die Anzahl der Logdateien wird über den Konfigurationsparameter LOGPRIMARY kontrolliert, deren Größe über den Parameter LOGFILSIZ. Um I/O-Parallelität ausnutzen zu können und gegen Datenträgerfehler geschützt zu sein, sollte man den Log auf einem anderen physikalischen Datenträger als der Datenbank selbst halten.

10.6.1   Arten von Wiederherstellung

UDB unterstützt die folgenden drei Arten von Wiederherstellung:

1. *Wiederherstellung nach Transaktionsfehler (Crash Recovery)*: Diese Form der Wiederherstellung wird unmittelbar nach einem Software-Fehler oder einem Stromausfall benutzt. Sie setzt die Datenbank auf einen transaktionskonsistenten Zustand zurück, in dem Änderungen genau dann effektiv sind, wenn sie von bereits freigegebenen Transaktionen ausgeführt wurden. Eine Crash Recovery wird durch den RESTART-Befehl ausgelöst.

2. *Wiederherstellung (Restore Recovery)*: Diese Form der Wiederherstellung wird zum Wiederherstellen eines Datenbankinhalts aus einer zu einem früheren Zeitpunkt erstellten Sicherungskopie benutzt. Sie beinhaltet eine Benutzung der Kommandos BACKUP und RESTORE, und sie kann unabhängig oder in Verbindung mit einer aktualisierenden Wiederherstellung benutzt werden.

3. *Aktualisierende Wiederherstellung (Forward Recovery)*: Nachdem eine Datenbank aus einer Sicherungskopie wiederhergestellt wurde, kann eine aktualisierende Wiederherstellung dazu verwendet werden, die Änderungen von Transaktionen, nach erst nach dem Erstellen des Backups freigegeben wurden, erneut anzuwenden. Auf diese Weise kann die Datenbank in einen transaktionskonsistenten Zustand, der irgendeinem gewünschten Zeitpunkt zwischen dem Erstellen der Sicherungskopie und dem gegenwärtigen Zeitpunkt entspricht, zurückversetzt werden. Eine aktualisierende Wiederherstellung wird über das ROLLFORWARD-Kommando ausgelöst.

Eine Wiederherstellung und eine solche nach einem Transaktionsfehler sind auf jeder Datenbank stets verfügbar. Eine aktualisierende Wiederherstellung ist für eine gegebene Datenbank jedoch nur dann verfügbar, wenn die Datenbank hierfür spezifisch eingerichtet wurde. Die Entscheidung darüber, ob eine aktualisierende Wiederherstellung aktiviert werden sollte, ist eine ausgesprochen wichtige. Die Konsequenzen dieser Entscheidung sind in Tabelle 10.2 zusammengefaßt.

Als Datenbankadministrator kann man eine aktualisierende Wiederherstellung für die betreffende Datenbank durch Setzen des LOGRETAIN- oder des USEREXIT-Datenbank-Konfigurationsparameters auf den Wert »Ja« einstellen. Jeder dieser beiden Konfigurationsparameter sorgt dafür, daß der Datenbanklog so konfiguriert wird, daß die für eine aktualisierende Wiederherstellung benötigten Einträge erhalten bleiben.

Sind sowohl LOGRETAIN als auch USEREXIT auf »Nein« gesetzt (was die Voreinstellung darstellt), wird der Datenbanklog als zirkulär betrachtet. Erreicht der Log seine maximale Größe, fängt es vorne mit einer Wiederverwendung seines eigenen Speicherplatzes wieder an, wobei die ältesten Einträge gelöscht werden. In diesem Fall ist eine aktualisierende Wiederherstellung nicht möglich, weil es keine Garantie gibt, daß sich alle hierzu benötigten Einträge noch im Log befinden.

Falls eine aktualisierende Wiederherstellung *nicht* aktiviert ist:	Falls eine aktualisierende Wiederherstellung aktiviert ist:
Nach einem Absturz kann man die Datenbank auf den letzten transaktionskonsistenten Zustand vor dem Absturz zurücksetzen.	Dasselbe. Wiederherstellung auf einen transaktionskonsistenten Punkt wird immer unterstützt.
Man kann die Datenbank nur zu einem Zeitpunkt sichern, wenn keine Applikationen mit ihr verbunden sind (dies wird als *Offline-Sicherung* bezeichnet).	Man kann die Datenbank sichern, während Applikationen mit ihr verbunden sind und Transaktionen laufen (dies wird als *Online-Sicherung* bezeichnet). Offline-Sicherungen werden ebenfalls unterstützt.
Jede Sicherung muß den aktuellen Zustand einer gesamten Datenbank umfassen.	Eine Sicherung kann den aktuellen Zustand einer Datenbank enthalten oder einen oder mehrere Tabellenbereiche. Tabellenbereiche innerhalb einer Datenbank können somit unabhängig gesichert und wiederhergestellt werden. Dies gibt einem die Möglichkeit, aktivere Tabellenbereiche häufiger als weniger aktive zu sichern oder von einer Sicherung Tabellenbereiche mit großen Objekten, die aus einer anderen Quelle wiederhergestellt werden können, auszuschließen.
Man kann die Datenbank auf den Zustand zum Zeitpunkt der Erstellung einer der verfügbaren Sicherungskopien zurücksetzen, aber man kann keine danach gelaufenen Transaktionen erneut anwenden.	Man kann die Datenbank auf den Zustand zum Zeitpunkt der Erstellung einer der verfügbaren Sicherungskopien zurücksetzen; zusätzlich kann man nachfolgend bis zu einem bestimmten oder dem gegenwärtigen Zeitpunkt freigegebene Transaktionen erneut anwenden.

Tabelle 10.2:
Konsequenzen des Aktivierens der aktualisierenden Wiederherstellung für eine Datenbank

Ist LOGRETAIN auf »Ja« gesetzt, wächst der Log durch Anlegen neuer Dateien und Erhalt seiner Einträge unbeschränkt an. Man muß dann dafür sorgen, daß alte Logdateien in ein Archiv verschoben werden, damit sich die betreffende Platte nicht nur mit Logdateien füllt.

Falls USEREXIT auf »Ja« gesetzt ist, wächst der Log durch Anlegen und Erhalten neuer Dateien ebenfalls an, aber so, wie eine Datei voll wird, wird ein benutzerdefiniertes Programm (mit dem Namen »Benutzerausgang« bzw. *user exit*) aufgerufen, das das Logverzeichnis untersuchen und, falls nötig, alte Logdateien in ein Archiv verschieben kann. Man kann auf diese Weise den Prozeß des Verschiebens von Logdateien in ein Archiv automatisieren. (Weitere Informationen hierzu entnehmen Sie Anhang J des *Administration Guide*.)

Falls einer der Konfigurationsparameter LOGRETAIN oder USEREXIT von »Nein« auf »Ja« gesetzt wird, wird die Datenbank in den Zustand *Sicherung anstehend* (*Backup pending*) versetzt, in dem sie so lange nicht benutzt werden kann, bis eine komplette Datenbanksicherung durchgeführt wurde. Diese Sicherungskopie bildet dann den Ausgangspunkt für eine aktualisierende Wiederherstellung, sollte diese notwendig werden.

10.6.2   Recovery-Befehle

Die Befehle zur Kontrolle von Datenbanksicherungen und -wiederherstellungen werden nachfolgend beschrieben und in Abbildung 10.11 illustriert. Jedes dieser Kommandos ist zu einer von der Steuerzentrale aus auslösbaren Datenbankaktion äquivalent.

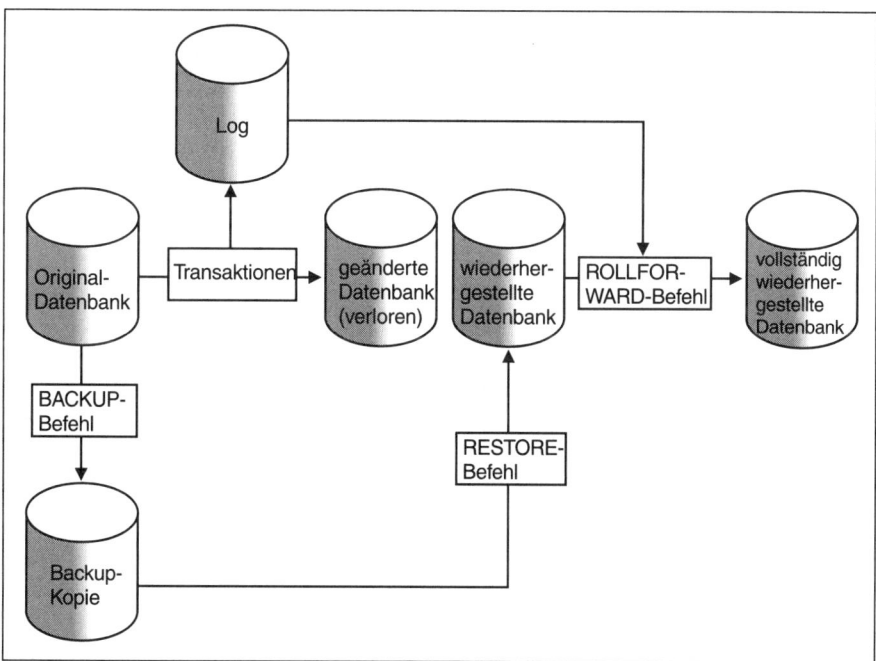

Abbildung 10.11:
Datenbanksicherung und -wiederherstellung

RESTART

RESTART ist der erste Befehl, den man nach einem Absturz oder einem Stromausfall, während Transaktionen in Bearbeitung waren, an die betreffende Datenbank absetzen sollte. Er stellt eine Verbindung mit der Datenbank her und benutzt den Datenbanklog zur Wiederherstellung eines transaktionskonsistenten Datenbankzustands. Alle Änderungen von Transaktionen, die vor dem Fehler freigegeben waren, werden festgeschrieben. Alle Datenbankänderungen von Transaktionen, die vor dem Fehler zurückgesetzt wurden oder die sich zum Zeitpunkt des Fehlers in Ausführung befanden, werden zurückgesetzt.

Das folgende Beispiel zeigt ein RESTART-Kommando:

```
RESTART DATABASE finanzen;
```

Man kann eine Datenbank durch Setzen des Datenbank-Konfigurationsparameters AUTORESTART auf ON so konfigurieren, daß sie, wenn nötig, ein RESTART-Kommando automatisch ausführt. RESTART wird dann automatisch in dem Moment ausgeführt, wenn nach einem Absturz die erste Anwendung versucht, sich mit der Datenbank zu verbinden.

Ein RESTART-Kommando betrifft nur den Knoten, auf dem es ausgeführt wird. Falls in einem parallelen Datenbanksystem mehr als ein Knoten abstürzt, muß jeder Knoten unabhängig von den anderen neu gestartet werden.

Falls eine Datenbank, die neu gestartet wird, ein Teilnehmer in einer verteilten Transaktion ist (also einer Transaktion, die mit mehreren Datenbanken auf möglicherweise unterschiedlichen Servern verbunden ist und diese ändert), kann es sein, daß der Zustand dieser Transaktion »zweifelhaft« (»in doubt«) ist, weil eine Freigabeanforderung auf einigen, aber nicht auf allen Servern ausgeführt wurde. Wenn derartige Transaktionen von einem RESTART-Befehl erkannt werden, erhält man eine Warnmeldung. Man kann sich diese Transaktionen dann über den Befehl LIST INDOUBT TRANSACTIONS ansehen und entscheiden, wie mit ihnen verfahren werden soll (Einzelheiten finden Sie wieder im *Administration Guide*).

BACKUP

Das BACKUP-Kommando macht eine vollständige oder teilweise Kopie einer Datenbank auf einem oder mehreren Datenträgern (häufig Bändern) oder Verzeichnissen der Server-Maschine. Relativ zu den in Tabelle 10.2 genannten Einschränkungen kann die Sicherungskopie entweder online oder offline erstellt werden und kann entweder die gesamte Datenbank oder eine Menge von benannten Tabellenbereichen betreffen. Zur Benutzung des BACKUP-Befehls benötigt man SYSADM-, SYSCTRL- oder SYSMAINT-Autorisierung.

Bei der Benutzung des BACKUP-Kommandos kann man folgende Informationen angeben:

▶ den Namen der zu sichernden Datenbank

▶ die Namen der zu sichernden Tabellenbereiche (voreingestellt ist die gesamte Datenbank)

▷ ob die Sicherung offline oder online erfolgen soll (voreingestellt ist offline)

▷ die Namen der Datenträger oder Verzeichnisse, auf bzw. in denen die Sicherungsdateien angelegt werden sollen

▷ optional eine Benutzerkennung sowie ein Paßwort, gegen die die Sicherung zu autorisieren ist

▷ optional einige Parameter zur Effizienzverbesserung (Tunen) des I/O-Prozesses (wie Anzahl und Größe der zu benutzenden Puffer)

Ein BACKUP-Kommando erzeugt eine oder mehrere Sicherungsdateien auf bzw. in den angegebenen Datenträgern bzw. Verzeichnissen. Die erzeugten Dateien haben Namen, deren Struktur in Abbildung 10.12 gezeigt ist.

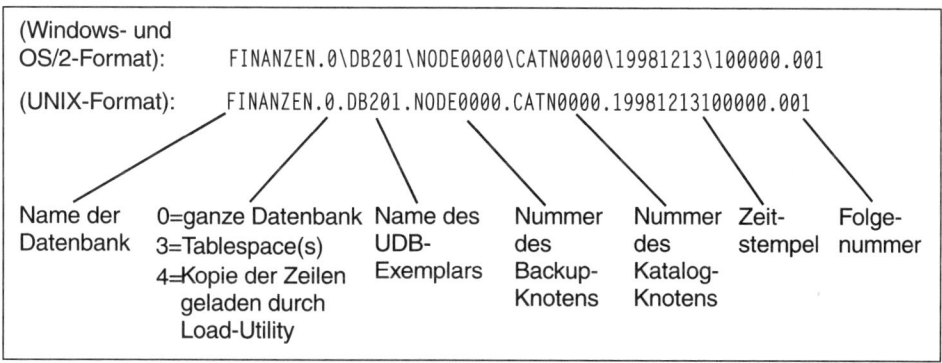

Abbildung 10.12:
Struktur eines Sicherungsdateinamens

Auf einem parallelen Datenbanksystem muß man jeden Knoten einzeln sichern. Dabei ist es sinnvoll, alle Knoten zum gleichen Zeitpunkt zu sichern, so daß man eine vollständige und konsistente Sicherung der gesamten Datenbank besitzt.

Es folgen einige Beispiel für BACKUP-Kommandos:

▷ Das folgende Kommando erzeugt eine vollständige Sicherung der Datenbank FINANZEN in einem benannten Verzeichnis auf dem Server:

```
BACKUP DATABASE finanzen TO d:\backups;
```

▷ Das folgende Kommando führt eine Online-Sicherung eines benannten Tabellenbereichs in der Datenbank FINANZEN durch. Anwendungen können während des Sicherungslaufs an der Datenbank weiterhin Veränderungen vornehmen.

```
BACKUP DATABASE finanzen
   TABLESPACE userspace1 ONLINE
   TO d:\backups;
```

 **TIP:** Falls man einem Tabellenbereich Container hinzufügt, ist es ratsam, eine Sicherung zu erstellen, bevor man mit der Datenbank weiter arbeitet. Dadurch lassen sich einige Schwierigkeiten vermeiden, die dann entstehen, wenn man einen Tabellenbereich wiederherstellen muß, dem seit der letzten Sicherung Container hinzugefügt wurden. Diese Schwierigkeiten sind im *Administration Guide* beschrieben.

RESTORE

Das RESTORE-Kommando stellt den Inhalt einer Datenbank wieder her, und zwar unter Verwendung des Inhalts, der zuvor gesichert wurde. Dabei werden standardmäßig nicht auch die Datenbank-Konfigurationsparameter wiederhergestellt, allerdings ist auch dies möglich, sofern diese Parameter verloren sind oder korrumpiert wurden. RESTORE kann auch zum Erstellen einer neuen Datenbank und zum Laden dieser mit dem Inhalt einer anderen Datenbank, die vollständig gesichert wurde, verwendet werden. Zur Benutzung des RESTORE-Befehls benötigt man SYSADM-, SYSCTRL- oder SYSMAINT-Autorisierung.

Die zur Ausführung eines RESTORE-Kommandos benutzte Sicherungskopie kann entweder den Inhalt der gesamten Datenbank oder den einer Menge von Tabellenbereichen enthalten. Ein Wiederherstellen einer ganzen Datenbank muß offline erfolgen, ein Wiederherstellen von Tabellenbereichen (mit Ausnahme des Tabellenbereichs, der die Tabellen des Systemkatalogs enthält) kann jedoch online erfolgen, während Anwendungen mit anderen Tabellenbereichen arbeiten. Auf einem parallelen Datenbanksystem muß man das RESTORE-Kommando auf jedem Knoten, der an einer Wiederherstellung teilnehmen soll, separat ausführen. Bei der Benutzung des RESTORE-Kommandos kann man folgende Informationen angeben:

▶ den Namen der Datenbank, von der die Sicherungskopie erstellt wurde

▶ die Namen der Datenträger oder Verzeichnisse auf der Server-Maschine, auf bzw. in denen die Sicherung abgelegt ist

▶ Datum und Uhrzeit der Sicherungskopie, die man benutzen will, falls es an der angegebenen Stelle mehr als eine Sicherungskopie gibt

▶ den Namen und den Speicherungsort der Zieldatenbank, falls sich der RESTORE-Befehl an eine Zieldatenbank richtet, die von der gesicherten verschieden ist; falls die Zieldatenbank nicht existiert, wird sie erzeugt. Auf diese Weise kann man mehrfache Kopien einer Datenbank erstellen

▶ beim Wiederherstellen von Tabellenbereichen eine Liste der betreffenden Tabellenbereiche und eine Angabe, ob die Wiederherstellung online oder offline erfolgen soll (voreingestellt ist offline)

▶ optional eine Benutzerkennung sowie ein Paßwort, gegen die die Wiederherstellung zu autorisieren ist

▶ optional einige Parameter zur Effizienzverbesserung (Tunen) des I/O-Prozesses (wie Anzahl und Größe der zu benutzenden Puffer).

Ist für die betreffende Datenbank eine aktualisierende Wiederherstellung (Forward Recovery) eingestellt, hinterläßt der RESTORE-Befehl die Datenbank (bzw. die wiederhergestellten Tabellenbereiche) zunächst im Zustand *Aktualisierende Wiederherstellung anstehend (Rollforward pending)*. In diesem Zustand kann eine Datenbank oder ein Tabellenbereich so lange nicht benutzt werden, bis auf sie bzw. ihn ein ROLLFORWARD-Befehl angewendet wurde, um die Änderungen freigegebener Transaktionen nachzuführen. Der Zustand *Aktualisierende Wiederherstellung anstehend* ist obligatorisch, falls das RESTORE aus einer Online-Sicherung oder aus einer Sicherung auf Tabellenbereichsebene ausgeführt wird. Wird das RESTORE jedoch von einer offline erstellten Sicherung einer ganzen Datenbank aus durchgeführt, kann man im RESTORE-Befehl den Zusatz WITHOUT ROLLING FORWARD angeben, wodurch der Wartezustand vermieden wird und die Datenbank nach der Bearbeitung des RESTORE-Befehls wieder unmittelbar einsatzbereit ist (in diesem Fall sind die Änderungen von Transaktionen, die nach dem Erstellen der betreffenden Sicherung freigegeben wurden, verloren).

Es folgen einige Beispiele für RESTORE-Befehle:

▷ Der folgende Befehl stellt die Datenbank FINANZEN aus einer vorgegeben Sicherung wieder her, die durch Verzeichnis und Zeitmarke identifiziert ist. Ist für die Datenbank FINANZEN keine aktualisierende Wiederherstellung eingestellt, wird sie auf den Zustand zum Zeitpunkt der Sicherung zurückgesetzt und kann sofort wieder benutzt werden. Ist eine aktualisierende Wiederherstellung aktiviert, verbleibt die Datenbank zunächst im Zustand *Aktualisierende Wiederherstellung anstehend* und kann so lange nicht benutzt werden, bis auf ihr ein ROLLFORWARD-Kommando ausgeführt wurde. Der Zusatz REPLACE EXISTING macht dem System klar, daß man sich der Tatsache bewußt ist, daß der existierende Inhalt dieser Datenbank gelöscht und durch den Inhalt der Sicherungskopie ersetzt werden wird.

```
RESTORE DATABASE finanzen
    FROM d:\backups TAKEN AT 19981117160246
    REPLACE EXISTING;
```

▷ Der folgende Befehl ist dem vorigen Beispiel ähnlich, außer daß er angibt, daß keine aktualisierende Wiederherstellung erfolgen soll und die Datenbank somit sofort wieder benutzt werden kann:

```
RESTORE DATABASE finanzen
    FROM d:\backups TAKEN AT 19981117160246
    REPLACE EXISTING
    WITHOUT ROLLING FORWARD;
```

▷ Das folgende Kommando benutzt die gleiche Sicherungskopie wie die vorherigen Beispiele, jedoch soll dieses Mal ein RESTORE online und nur auf einem der Tabellenbereiche der Datenbank FINANZEN durchgeführt werden. Diese Form der Wiederherstellung kann bei einem Tabellenbereich sinnvoll sein, bei dem ein Datenträgerfehler aufgetreten ist, ohne daß die Möglichkeit des Zugriffs auf den Rest der Datenbank unterbrochen wird. Der wiederhergestellte Tabellenbereich verbleibt im Zustand *Aktualisierende Wiederherstellung anstehend* und kann nicht benutzt werden, bis darauf ein ROLLFORWARD-Befehl zwecks Resynchronisation mit anderen Tabellenbereichen der Datenbank ausgeführt wurde.

```
RESTORE DATABASE finanzen
    TABLESPACE(userspace1) ONLINE
    FROM d:\backups TAKEN AT 19981117160246
    REPLACE EXISTING;
```

ROLLFORWARD

Der ROLLFORWARD-Befehl wird nach einem RESTORE-Befehl zur Durchführung einer aktualisierenden Wiederherstellung auf einer Datenbank oder einigen ihrer Tabellenbereiche aufgerufen. Er verwendet den Log zum Nachführen (Redo) von Datenbankänderungen, die von Transaktionen gemacht wurden, die nach dem Zeitpunkt des Erstellens der Sicherungskopie freigegeben wurden. Zur Benutzung des ROLLFORWARD-Kommandos benötigt man SYSADM-, SYSCTRL- oder SYSMAINT-Autorisierung, und die Datenbank muß für eine aktualisierende Wiederherstellung eingestellt sein.

Ein ROLLFORWARD-Befehl wirkt entweder auf die ganze Datenbank oder auf einen oder mehrere Tabellenbereiche in Abhängigkeit davon, was sich im Zustand *Aktualisierende Wiederherstellung anstehend* befindet. In diesem Zustand kann eine Datenbank oder ein Tabellenbereich nicht benutzt werden, bis ein ROLLFORWARD erfolgreich abgeschlossen wurde.

Ein ROLLFORWARD, das auf eine ganze Datenbank oder auf einen Tabellenbereich (SYSCATSPACE) wirkt, der die Tabellen des Systemkatalogs enthält, muß offline durchgeführt werden. Ein ROLLFORWARD von anderen Tabellenbereichen als dem SYSCATSPACE kann online oder offline erfolgen.

Eine gesamte Datenbank kann auf jeden gewünschten Zeitpunkt zwischen dem Erstellen der Sicherungskopie und dem gegenwärtigen Zeitpunkt (Ende des Logs) aktualisierend wiederhergestellt werden. Wird eine Datenbank auf einen bestimmten Zeitpunkt aktualisierend zurückgesetzt, werden die Logs zum erneuten Ausführen sämtlicher Transaktionen, die vor dem gewünschten Zeitpunkt freigegeben wurden, verwendet. Einzelne Tabellenbereiche können ebenfalls auf einen gewünschten Zeitpunkt aktualisierend wiederhergestellt bzw. zurückgesetzt werden, allerdings mit folgenden Einschränkungen:

▶ Auf SYSCATSPACE kann nicht einzeln ein ROLLFORWARD auf einen gewünschten Zeitpunkt angewendet werden – dieser Tabellenbereich muß bis zum Ende der Logs aktualisierend wiederhergestellt werden.

▶ Auf von SYSCATSPACE verschiedenen Tabellenbereichen kann man ein ROLLFORWARD auf einen bestimmten Zeitpunkt ausführen, sofern nach diesem Zeitpunkt keine Tabellen darin erzeugt oder daraus gelöscht wurden (dies würde den Tabellenbereich inkonsistent mit den Katalogtabellen machen).

▶ Hat eine Tabelle Teile in mehr als einem Tabellenbereich, müssen alle diese gemeinsam einem ROLLFORWARD unterzogen werden.

▷ Falls eine Tabelle in einem Tabellenbereich, der aktualisierend wiederhergestellt wird, eine referentielle Integritätsbeziehung mit einer Tabelle in einem anderen Tabellenbereich hat, verbleibt die wiederhergestellte Tabelle im Zustand *Prüfung anstehend (Check pending)*. Dieser Zustand, der in Abschnitt 10.7.5 beschrieben wird, verhindert, daß die Tabelle benutzt wird, bevor ihre Integritätsbedingungen überprüft wurden.

In einem Mehrknotensystem darf das ROLLFORWARD-Kommando nur auf dem Katalogknoten ausgeführt werden. Als Voreinstellung wirkt das Kommando auf sämtliche Knoten, die in der Datei db2nodes.cfg angegeben sind; man kann jedoch auch eine Auswahl von Knoten angeben, die an dem ROLLFORWARD teilnehmen sollen. Falls man nach einem Absturz auf einem einzelnen Knoten wieder anfährt, kann man ein ROLLFORWARD dieses Knotens bis zum Ende der Logs veranlassen, um ihn mit den anderen Knoten zu resynchronisieren. Falls man jedoch auf einen bestimmten Zeitpunkt hin aktualisierend wiederherstellt, muß das ROLLFORWARD auf alle Knoten wirken.

Bei der Verwendung des ROLLFORWARD-Kommandos kann man folgende Informationen angeben:

▷ den Namen der Datenbank, die aktualisierend wiederhergestellt werden soll

▷ Datum und Uhrzeit, auf die die Datenbank aktualisierend zurückgesetzt werden soll (voreingestellt ist das Ende der Logdateien). Beim Wiederherstellen bis Logende auf einem Mehrknotensystem kann man die Knoten angeben, die daran teilnehmen sollen

▷ beim aktualisierenden Wiederherstellen von Tabellenbereichen eine Liste der teilnehmenden Tabellenbereiche und eine Angabe, ob der Prozeß online oder offline erfolgen soll (voreingestellt ist offline)

▷ optional ein Verzeichnis, in dem nach archivierten Logdateien gesucht wird, zusätzlich zum regulären Logverzeichnis, das im Konfigurationsparameter LOGPATH angegeben ist

▷ optional eine Benutzerkennung sowie ein Paßwort, gegen die das ROLLFORWARD-Kommando zu autorisieren ist

Es folgen einige Beispiele von ROLLFORWARD-Kommandos:

▷ Dieses Kommando stellt die Datenbank FINANZEN auf die gegenwärtige Zeit aktualisierend wieder her. Es könnte nach einer Wiederherstellung der Datenbank aus einer Sicherungskopie zum erneuten Anwenden aller Transaktionen verwendet werden, die seit dem Erstellen der Sicherung freigegeben wurden. Der Zusatz AND STOP wird benötigt, damit die Datenbank den Zustand *Aktualisierende Wiederherstellung anstehend* verlassen und wieder benutzt werden kann.

```
ROLLFORWARD DATABASE finanzen
    TO END OF LOGS AND STOP;
```

▷ Dieses Kommando stellt ebenfalls die Datenbank FINANZEN aktualisierend wieder her, und zwar unter erneutem Anwenden sämtlicher Transaktionen, die vor dem angegebenen Datum und Zeitpunkt freigegeben waren.

```
ROLLWFORWARD DATABASE finanzen
    to 1998-12-25-10.30.59 AND STOP;
```

▶ Dieses Kommando stellt nur bestimmte Tabellenbereiche innerhalb der Datenbank FI-
NANZEN aktualisierend wieder her. Es wird nach einer Wiederherstellung auf Tabellenbereichsebene ausgeführt und wirkt nur auf den angegebenen Tabellenbereich
(USERSPACE1). Das Kommando gibt an, daß die Wiederherstellung online erfolgen
soll und alles bis zum aktuellen Zeitpunkt (Ende der Logdateien) erfassen soll.

```
ROLLFORWARD DATABASE finanzen
    TO END OF LOGS AND STOP
    TABLESPACE(USERSPACE1) ONLINE;
```

 **TIP:** Falls die Datenbank Spalten von einem LOB-Datentyp enthält, die mit
der Option NOT LOGGED erzeugt wurden, denke man daran, daß Aktuali-
sierungen dieser Spalten nicht im Log protokolliert werden und daß eine aktualisierende Wiederherstellung nicht auf diese Spalten wirkt. Falls während
einer solchen Wiederherstellung eine Aktualisierung einer nicht protokollierten Spalte
vorgefunden wird, wird der Wert dieser Spalte auf binäre Nullen gesetzt.

10.6.3   Verwendung des Journals für Wiederherstellungen

In Abschnitt 3.1.3 haben wir das Journal diskutiert, ein graphisches Werkzeug, das die
signifikanten Ereignisse in einer UDB-Datenbank protokolliert. Eine der Oberflächen
des Journals ist die Oberfläche *Wiederherstellung*, die in Abbildung 10.13 gezeigt ist.
Diese Oberfläche zeigt eine Liste aller Sicherungs- und Wiederherstellungsaktionen,
die auf einer gegebenen Datenbank stattgefunden haben. Um die Datenbank unter Verwendung einer gegebenen Sicherungskopie wiederherzustellen, selektiere man einfach
diese Sicherung in der Oberfläche *Wiederherstellung*, öffne das Pulldown-Menü *Protokoll
(Log)* und wähle darin die Aktion *Wiederherstellen (Restore)*. Es erscheint dann ein Smart-
Guide, über den man alle Optionen des RESTORE-Befehls graphisch wählen kann,
etwa die wiederherzustellenden Tabellenbereiche und ob dem RESTORE ein ROLL-
FORWARD folgen soll.

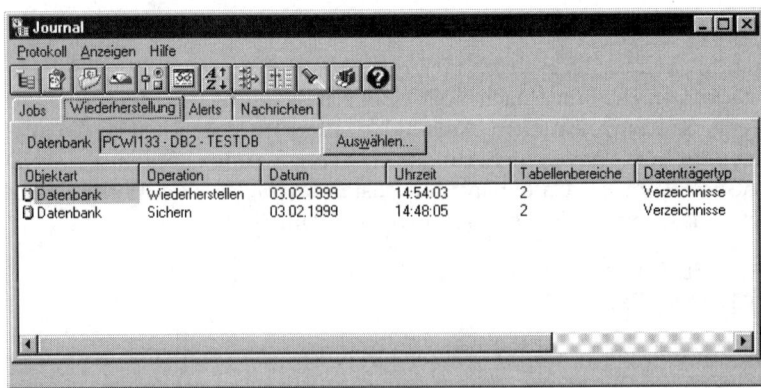

Abbildung 10.13:
Oberfläche »Wiederherstellung« des Journals

10.7 Bewegen von Massendaten

Wenn eine Datenbank erstmalig erzeugt wird, ist es häufig wünschenswert, diese aus einer externen Quelle mit Daten zu laden. Während des Betriebs einer Datenbank entsteht ebenfalls manchmal Bedarf nach einem Verschieben größerer Datenbestände in die Datenbank oder aus dieser heraus, etwa zwecks Austausch der Daten mit einer externen Quelle wie einer Sammlung von Dateien oder einer anderen Datenbank. Es wäre natürlich möglich, hierzu ein spezielles Anwendungsprogramm zu schreiben, das jeden dieser Datentransfers über SQL INSERT- und / oder SELECT-Anweisungen erledigt, die in eine Wirtssprache eingebettet werden. UDB erspart einem das Schreiben solcher spezialisierten Programme über eine Sammlung allgemeiner Hilfsprogramme zum Bewegen von Daten in eine Datenbank hinein oder aus einer solchen heraus. Diese Hilfsprogramme können wie folgt zusammengefaßt werden:

1. *Exportieren (Export)*: Dieses Hilfsprogramm extrahiert Daten aus einer Datenbank und sichert diese in einer Datei in einem von mehreren möglichen Dateiformaten. Die zu extrahierenden Daten werden über eine SQL-Anfrage spezifiziert.

2. *Importieren (Import)*: Dieses Hilfsprogramm ist die Umkehrung von Exportieren. Es fügt Daten in eine Datenbanktabelle aus einer externen Datei ein, unter Verwendung der gleichen Dateiformate, die auch vom Exporthilfsprogramm unterstützt werden. Das Importhilfsprogramm fügt Zeilen einzeln in Datenbanktabellen über SQL INSERT-Anweisungen ein. Während eines Imports bleibt die betreffende Tabelle für andere Anwendungen zugreifbar. Alle Integritätsbedingungen und Trigger bleiben während des Imports wirksam und werden auf die übliche Weise aktiviert, so wie Zeilen eingefügt werden.

3. *Laden (Load)*: Dieses Hilfsprogramm ist eine Alternative höherer Leistung zu Import. Anstatt Zeilen einzeln in eine Tabelle einzufügen, konstruiert das Ladehilfsprogramm Seitenabbildungen (Page Images) mit vielen Zeilen und fügt diese seitenweise in die Datenbank ein. Indizes werden nach dem Massenladen von Daten in einem separaten Schritt konstruiert. Während des Betriebs des Ladeprogramms sind der oder die Tabellenbereiche, die Daten enthalten, die gerade geladen werden, für andere Applikationen nicht zugreifbar. Ferner sind vorhandene Integritätsbedingungen und Trigger während des Ladens einer Tabelle vorübergehend außer Kraft gesetzt. Nachdem die Tabelle geladen ist, können ihre Integritätsbedingungen mit der SET CONSTRAINTS-Anweisung reaktiviert und zur Prüfung der neu geladenen Daten angewendet werden.

 **TIP:** Prüf- und Fremdschlüsselbedingungen werden für geladene Daten am Ende des Ladevorgangs überprüft. Andererseits gibt es keine Möglichkeit herauszufinden, die Trigger die geladenen Daten aktiviert hätten, und diese auszuführen. Daher kann nicht garantiert werden, daß Geschäftsregeln, die über Trigger implementiert sind, nach einem Laden eingehalten sind bzw. überprüft werden. Dies ist einer der Vorteile einer Realisierung von Geschäftsregeln über Integritätsbedingungen anstatt über Trigger.

10.7.1 Dateiformate

Für das Exportieren, Importieren und Laden stehen vier Standarddateiformate zur Verfügung. Diese lassen sich wie folgt zusammenfassen:

1. *DEL (Delimited ASCII Format)*: DEL-Dateien bestehen aus Folgen (»Streams«) von Datenwerten, die nach Zeilen und innerhalb einer Zeile nach Spalten geordnet sind. Werte werden durch Spaltenbegrenzer (voreingestellt: ein Komma) voneinander getrennt, und Zeilen werden durch Zeilenbegrenzer (voreingestellt: ein Newline-Zeichen bei UNIX und eine Return/Linefeed-Sequenz bei Windows und OS/2) getrennt. Zeichenreihenwerte werden in Zeichenbegrenzer (voreingestellt: doppelte Hochkommata) eingeschlossen. Nullwerte werden durch fehlende Daten (Spaltenbegrenzer, die durch Leerzeichen oder nichts getrennt sind) bezeichnet. Wenn man eine DEL-Datei exportiert, importiert oder lädt, kann man die voreingestellten Begrenzer mit eigenen Begrenzern überschreiben. Eine DEL-Datei enthält Datenwerte, aber keine strukturelle Information wie Tabellen- oder Spaltennamen.

   Die folgenden Beispiele zeigen, wie vier Zeilen von Daten in einer DEL-Datei dargestellt sein könnten, und illustriert die bei DEL voreingestellten Formate für Datums- und Zeitangaben:

```
"Schraubenzieher", 5.10, 28, "Acme Tools", 19980115, "09.34.05"
"Hammer", 18.00, 8, "Tools Unlimited", 19980401, "09.34.05"
"Schraubenschlüssel", 24.50, 10, "Bob's House of Tools", 19981230, "21.34.05"
"Schraubenschl., justierb.", 32.29, 15, "Tools Unlimited", 19980215, "21.34.05"
```

2. *ASC (Nondelimited ASCII Format)*: ASC-Dateien sind DEL-Dateien ähnlich, außer daß sich die Spalten der Daten innerhalb jeder Zeile in festen Positionen befinden und daher nicht durch Begrenzer markiert zu werden brauchen. Bei Verwendung einer ASC-Datei müssen die Import- und Ladehilfsprogramme das exakte Format der Datei angeben (d.h. die Zeichenpositionen, die jeder Datenspalte zugewiesen sind).

   Das folgende Beispiel zeigt, wie die vier oben beschriebenen Zeilen in einer ASC-Datei dargestellt würden, und illustriert gleichzeitig die bei ASC voreingestellten Formate für Datums- und Zeitangaben:

```
Schraubenzieher            5.10 28 Acme Tools            1998-01-15 09.34.05
Hammer                    18.00  8 Tools Unlimited       1998-04-01 09.34.05
Schraubenschlüssel        24.50 10 Bob's House of Tools  1998-12-30 21.34.05
Schraubenschl., justierb. 32.29 15 Tools Unlimited       1998-02-15 21.34.05
```

 **TIP:** Man beachte, daß die voreingestellten Darstellungen von Datumswerten im DEL- sowie im ASC-Format verschieden sind.

3. *IXF (Integrated Exchange Format)*: IXF-Dateien sind das bevorzugte Format zum Transfer von Daten zwischen Datenbanken, die von UDB auf derselben Plattform oder auf unterschiedlichen Plattformen verwaltet werden.[6] Beispielsweise kann man eine IXF-Datei zum Verschieben von Daten zwischen einer Datenbank, die unter Windows NT läuft, und einer Datenbank, die unter AIX läuft, benutzen, wobei die unterschiedlichen numerischen Formate dieser beiden Plattformen automatisch ausgeglichen werden.

Eine IXF-Datei ist eine binäre Datei, die nicht nur Daten, sondern auch eine Beschreibung einer Tabelle mit Spaltennamen, Datentypen und Indizes enthält. Wird eine Tabelle im IXF-Format exportiert, kann sie in einer anderen Datenbank mitsamt ihrer Indizes und Primärschlüssel wieder erstellt werden. Eine IXF-Datei enthält andererseits keine Informationen über Fremdschlüssel, Integritätsbedingungen oder Trigger.

4. *WSF (Worksheet Format)*: WSF-Dateien sind zum Austausch von Daten zwischen UDB und bestimmten Versionen von Lotus 1-2-3 und den Symphony-Produkten gedacht. WSF-Dateien können sowohl Spaltennamen als auch Daten enthalten. (Weitere Einzelheiten über WSF-Dateien finden Sie im *DB2 Administration Guide*.)

Tabelle 10.3 faßt die Dateitypen zusammen, die von jedem der drei Hilfsprogramme zum Massenverschieben von Daten unterstützt werden.

	Delimited ASCII (DEL)	Nondelimited ASCII (ASC)	Integrated Exchange Format (IXF)	Worksheet Format (WSF)
Exportieren	ja	nein	ja	ja
Importieren	ja	ja	ja	ja
Laden	ja	ja	ja	nein

Tabelle 10.3:
Zusammenfassung der von Exportieren, Importieren und Laden unterstützten Dateitypen

10.7.2 Exportieren von Daten

Das Exporthilfsprogramm extrahiert Daten aus der Datenbank und sichert diese in einer Datei im DEL-, IXF- oder WSF-Format. Die zu exportierenden Daten müssen nicht aus einer einzigen Tabelle stammen, sondern können über eine SQL-Anfrage berechnet werden, etwa über einen Verbund oder eine Vereinigung mehrerer Tabellen und/oder Sichten. Um das Exporthilfsprogramm benutzen zu können, benötigt man SYSADM- oder DBADM-Autorisierung oder CONTROL- oder SELECT-Privileg an jeder der Tabellen oder Sichten, aus denen Daten exportiert werden.

---

6. UDB verwendet die PC-Version des IXF-Formats, die nicht mit dem IXF-Format für Großrechner identisch ist.

Beim Exportieren von Daten in eine DEL-Datei kann man die Zeichen spezifizieren, die als Begrenzer für Zeilen, Spalten und Zeichenreihen sowie als Dezimalpunkt und Pluszeichen verwendet werden sollen. Beim Exportieren von Daten in eine IXF-Datei kann man Spaltennamen für die exportierten Daten angeben. Man kann ferner eine Datei spezifizieren, in der Nachrichten, die während des Exportvorgangs erzeugt werden, abgelegt werden; falls keine Nachrichtendatei spezifiziert wird, werden Nachrichten an der Standardausgabe angezeigt.

Das Exporthilfsprogramm kann von der Steuerzentrale aus durch Auswählen einer zu exportierenden Tabelle aufgerufen werden, Auswählen der Aktion *Exportieren* und Beantwortung der Fragen im nachfolgenden Dialog. Alternativ kann man einen EXPORT-Befehl über eine interaktive Schnittstelle wie die Befehlszentrale oder den CLP ausführen. Das EXPORT-Kommando wird im *Command Reference* erläutert und in den folgenden Beispielen illustriert:

▷ Dieses Beispiel exportiert die gesamte Tabelle mit dem Namen SHOP.WERKZEUG in eine DEL-Datei mit dem Namen WERKZEUG.DEL. Der Zusatz OF DEL gibt den Dateityp an. Während des Exports erzeugte Nachrichten werden in eine Datei mit dem Namen EXPORT.MSG im aktuellen Verzeichnis geschrieben.

```
EXPORT TO werkzeug.del OF DEL
   MESSAGES export.msg
   SELECT * FROM shop.werkzeug;
```

▷ Dieses Beispiel exportiert bestimmte Zeilen und Spalten der Tabelle SHOP.WERKZEUG, die über eine SQL-Anfrage spezifiziert werden, in eine IXF-Datei mit dem Namen WERKZEUG.IXF. Die mit METHOD N beginnende Zeile spezifiziert dabei neue Spaltennamen für die exportierten Daten.

```
EXPORT TO werkzeug.ixf OF IXF
   METHOD N(toolname, preis, beschafft)
   MESSAGES export.msg
   SELECT name, preis, bdatum
   FROM shop.werkzeug
   WHERE bdatum >= '1998-01-01';
```

10.7.3 Importieren von Daten

Das Importhilfsprogramm fügt Daten in eine Datenbank aus einer Datei in einem der vier unterstützten Formate ein. Die einzulesenden Daten werden dabei zeilenweise über SQL INSERT-Anweisungen verarbeitet. Alle mit der Zieltabelle assoziierten Integritätsbedingungen und Trigger bleiben während des Importvorgangs wirksam. Falls das Einfügen einer Zeile scheitert (etwa weil die Zeile eine Integritätsbedingung verletzt), erzeugt das Importprogramm eine Fehlermeldung mit der betreffenden Zeilennummer und fährt dann mit dem Einfügen der weiteren Zeilen fort. Am Ende des Importvorgangs wird eine Nachricht generiert, die die Anzahl der erfolgreich eingefügten Zeilen sowie die der zurückgewiesenen angibt. Sodann gibt das Hilfsprogramm die Transaktion frei.

Das Importhilfsprogramm kann mit einem der folgenden Importmodi aufgerufen werden:

INSERT: Die Zieltabelle muß existieren; neue Zeilen werden ohne Auswirkung auf den bereits existierenden Inhalt der Tabelle in diese eingefügt.

INSERT_UPDATE: Die Zieltabelle muß existieren und einen Primärschlüssel besitzen. Neue Zeilen, die auf dem Primärschlüssel mit einer existierenden Zeile übereinstimmen, veranlassen ein Aktualisieren der existierenden Zeile. Neue Zeilen, deren Primärschlüsselwert in der Tabelle noch nicht vorkommt, werden in die Tabelle eingefügt.

REPLACE: Die Zieltabelle muß existieren. Ihr vorhandener Inhalt wird gelöscht und durch die importierten Daten ersetzt.

CREATE (nur IXF-Dateien): Die Zieltabelle braucht noch nicht zu existieren. Sie (und gegebenenfalls ihre Indizes) werden aus der Tabellenbeschreibung in der IXF-Datei erzeugt. Sodann werden die in der IXF-Datei enthaltenen Daten in die neue Tabelle eingefügt.

REPLACE_CREATE (nur IXF-Dateien): Falls die Zieltabelle bereits existiert, wird ihr Inhalt gelöscht und durch die importierten Daten ersetzt, wobei die Tabellendefinition unverändert bleibt. Falls die Zieltabelle noch nicht existiert, wird sie (einschließlich Indizes) aus der in der IXF-Datei enthaltenen Tabellenbeschreibung erzeugt, und die in dieser Datei enthaltenen Daten werden in die neue Tabelle eingefügt.

Um das Importhilfsprogramm benutzen zu können, benötigt man Autorisierungen oder Privilegien, die für die jeweilige Aktion hinreichend sind. Zum Einfügen neuer Zeilen in eine existierende Tabelle benötigt man z.B. das INSERT-Privileg für diese Tabelle. Zum Ersetzen des Inhalts einer Tabelle benötigt man das CONTROL-Privileg für diese Tabelle. Zum Erzeugen einer neuen Tabelle benötigt man das CREATETAB-Privileg auf der betreffenden Datenbank sowie das CREATEIN-Privileg auf dem betreffenden Schema. Natürlich reicht eine SYSADM- oder DBADM-Autorisierung zum Ausführen einer dieser Operationen ebenfalls aus.

Wenn man Daten aus einer DEL-Datei importiert, kann man angeben, die Zeichen als Begrenzer für Zeilen, Spalten und Zeichenreihen sowie für Dezimalpunkte und Pluszeichen benutzt werden sollen.

Das Importhilfsprogramm kann von der Steuerzentrale aus ausgeführt werden, und zwar durch Auswählen der Tabelle, in die importiert werden soll, Wahl der Aktion *Importieren* und Beantwortung der Fragen im dann folgenden Dialog. Alternativ dazu kann man einen IMPORT-Befehl über eine interaktive Schnittstelle wie die Befehlszentrale oder den CLP ausführen. Der IMPORT-Befehl wird in der *Command Reference* erläutert und durch die folgenden Beispiele illustriert:

▷ In diesem Beispiel wird der Inhalt einer DEL-Datei in die existierende Tabelle mit dem Namen SHOP.WERKZEUG2 importiert.

```
IMPORT FROM werkzeug.del OF DEL
   MESSAGES import.msg
   INSERT INTO shop.werkzeug2;
```

▶ In diesem Beispiel wird der Inhalt einer ASC-Datei zum Ersetzen des Inhalts der existierenden Tabelle mit dem Namen SHOP.WERKZEUG3 benutzt. Beim Importieren von Daten aus einer ASC-Datei muß der Benutzer die genauen Zeichenpositionen in der Datei angeben, unter denen sich die einzelnen Spalten mit Daten finden. Dies geschieht über eine Zeile, die mit METHOD L beginnt.

```
IMPORT FROM werkzeug.asc OF ASC
   METHOD L(1 20, 21 26, 29 30, 33 51, 54 63, 66 73)
   MESSAGES import.msg
   REPLACE INTO shop.werkzeug3;
```

▶ In diesem Beispiel wird der Inhalt einer IXF-Datei zum Erzeugen einer neuen Tabelle mit dem Namen SHOP.WERKZEUG4 benutzt. Die IXF-Datei enthält eine Definition der Spaltennamen der neuen Tabelle und spezifiziert die für die neue Tabelle anzulegenden Indizes.

```
IMPORT FROM werkzeug.ixf OF IXF
   MESSAGES import.msg
   CREATE INTO shop.werkzeug4;
```

▶ Wenn Daten in eine Spalte importiert werden, deren Datentyp einer der LOB-Typen (Blob, Clob oder Dbclob) ist, kann die importierte Datei entweder die tatsächlichen LOB-Werte oder lediglich die Namen von Dateien mit den LOB-Werten enthalten. Der letztere Fall wird über die LOBSINFILE-Option des IMPORT-Befehls angegeben, wie in folgendem Beispiel gezeigt. Dieses Beispiel zeigt außerdem den INSERT_UPDATE-Modus, bei dem Daten aus der Importdatei dazu benutzt werden, die Werte existierender Zeilen mit übereinstimmendem Primärschlüsselwert zu aktualisieren.

```
IMPORT FROM bilder.ixf OF IXF
   MODIFIED BY LOBSINFILE
   MESSAGES import.msg
   INSERT_UPDATE INTO angestellte;
```

▶ Der folgende Befehl legt fest, daß das Importhilfsprogramm die ersten 300 Zeilen der Importdatei überspringen und mit einem Datenimport ab Zeile 301 beginnen soll. Während des Importvorgangs wird alle 50 Zeilen eine Transaktion freigegeben. Dieser Befehl illustriert, wie man das Importieren einer großen Datei nach einem Absturz neu starten und reguläre Freigabepunkte zum Schutz gegen nachfolgende Abstürze verwenden kann.

```
IMPORT FROM bigfile.ixf OF IXF
   COMMITCOUNT 50 RESTARTCOUNT 300
   MESSAGES import.msg
   INSERT INTO bigtable;
```

 **TIP:** Ein einfache Möglichkeit zum Erzeugen einer neuen Tabelle mit den gleichen Spaltennamen und Datentypen wie eine existierende ist, die existierende Tabelle in eine IXF-Datei zu exportieren, und zwar mit einer WHERE-Klausel, die dafür sorgt, daß keine Zeilen exportiert werden, und sodann ein Importieren der IXF-Datei mit der CREATE-Option zu veranlassen, so daß eine neue Tabelle erzeugt wird. Als Beispiel erzeugt die folgende Kombination von Befehlen eine neue leere Tabelle mit dem Namen SHOP.NEUESWERKZEUG, die die gleichen Spaltennamen und Datentypen hat wie die existierende Tabelle mit dem Namen SHOP.WERKZEUG:

```
EXPORT TO werkzeugddl.ixf OF IXF
    SELECT *
    FROM shop.werkzeug
    WHERE 1 < 0;
IMPORT FROM werkzeugddl.ixf OF IXF
    CREATE INTO shop.neueswerkzeug;
```

10.7.4 Laden von Daten

Das Ladehilfsprogramm kann wie das Importhilfsprogramm Daten in eine Tabelle aus einer Datei laden; es kann ferner Daten aus einer Pipe oder von einem Datenträger wie einem Band laden. Der wesentliche Unterschied zwischen Laden und Importieren ist, daß das Ladeprogramm für ein Laden großer Datenmengen einen erheblich besseren Durchsatz bietet. Dies wird zum Teil über ein seitenweises Laden anstelle eines zeilenweisen Ladens von Daten in die Datenbank erreicht. Um Seiten (Pages) in die Datenbank einzufügen, muß das Ladehilfsprogramm exklusiven Zugriff auf die Tabellenbereiche erhalten, in die geladen wird; man bezeichnet dies als ein Versetzen der Tabellenbereiche in den *Wartemodus* (»quiescing«). Das Ladehilfsprogramm deaktiviert außerdem für die Dauer des Ladens Trigger und Integritätsbedingungen für die geladene Tabelle. Zur weiteren Leistungssteigerung macht das Ladeprogramm von verschiedenen Arten von Parallelität Gebrauch. So nutzt es z.B. parallele Prozesse zum gleichzeitigen Schreiben von Daten in mehrere Tabellenbereichscontainer, und es macht auf einem symmetrischen Multiprozessorsystem automatisch Gebrauch von mehreren Prozessoren.

Um das Ladehilfsprogramm benutzen zu können, benötigt man SYSADM- oder DBADM-Autorisierung. Bevor man mit einem Laden beginnt, sollte man die folgenden Vorbereitungen treffen:

▷ Falls die zu ladende Tabelle noch nicht existiert, muß man sie erzeugen, bevor das Ladeprogramm aufgerufen werden kann.. Man sollte auch Indizes vor dem Laden einer Tabelle erzeugen. Das Programm *Laden* sammelt dann während des Ladens Indexschlüssel und benutzt diese nach dem Laden der Daten zum Aufbau der eigentlichen Indizes. Dies ist der effizienteste Weg, auf einer großen Tabelle, die neu mit Daten geladen wird, einen Index zu erzeugen.

▷ Falls die Tabelle, die geladen werden soll, irgendwelche Eindeutigkeitsregeln besitzt (wie Primärschlüssel, Eindeutigkeitsbedingungen oder einen eindeutigen Index), sollte man eine *Ausnahmetabelle* anlegen, die das Ladehilfsprogramm benutzen kann. Nach dem Laden werden dann alle Zeilen, die eine Eindeutigkeitsregel verletzen, aus der geladenen Tabelle entfernt und in die Ausnahmetabelle verschoben.

Die Ausnahmetabelle kann einen beliebigen Namen haben, aber ihre Spalten müssen (in Name und Datentyp) denen der geladenen Tabelle exakt entsprechen. Ferner seien in den letzten Spaltenpositionen zwei zusätzliche Spalten für die Ausnahmetabelle empfohlen. Die erste dieser sollte den Datentyp Timestamp haben und wird zum Anzeigen des Zeitpunkts benutzt, zu dem die betreffende Verletzung entdeckt wurde. Die zweite dieser zusätzlichen Spalten sollte den Datentyp Clob(32K) haben und kann zur Angabe des Namens der Integritätsbedingung(en) dienen, die von der betreffenden Zeile verletzt wurde(n). Falls bereits eine Ausnahmetabelle für die zu ladende Tabelle (etwa von einem früheren Laden) existiert, sollte man sicherstellen, daß die Ausnahmetabelle leer ist, bevor der neue Ladevorgang beginnt.

 **TIP:** Falls eine Spalte in der zu ladenden Tabelle als NOT NULL deklariert ist, muß die entsprechende Spalte in der Ausnahmetabelle ebenfalls als NOT NULL deklariert werden.

▷ Falls die Datenbank für eine aktualisierende Wiederherstellung konfiguriert ist, muß man entscheiden, ob das Ladeprogramm von allen Daten, die geladen werden, eine zusätzliche Kopie anlegen soll. Aktualisierende Wiederherstellung bedeutet ja, daß in dem Fall, daß ein Absturz auftritt und die Datenbank aus einer früheren Sicherungskopie wiederhergestellt wird, das System darauf vorbereitet ist, alle Änderungen von Transaktionen, die nach dem Zeitpunkt, zu dem die Sicherung erstellt wurde, freigegeben wurden, erneut durchzuführen. Für ein erneutes Durchführen des Ladevorgangs benötigt das System daher eine zusätzliche Kopie der geladenen Daten. Man kann das Ladeprogramm auffordern, eine solche Zusatzkopie anzulegen, indem man es mit der Option *Kopie vorgenommener Änderungen sichern (Copy Yes)* aufruft und den Namen der Datei oder des Datenträgers angibt, in der bzw. auf dem diese Kopie angelegt werden soll. Alternativ kann man die Option *Nicht wiederherstellbare Ladeoperation ausführen (Nonrecoverable)* angeben, so daß keine Kopie der geladenen Daten angefertigt wird und die geladene Tabelle nicht an einer aktualisierenden Wiederherstellung teilnehmen kann.

Falls die Datenbank für eine aktualisierende Wiederherstellung konfiguriert ist und man das Ladehilfsprogramm ohne eine dieser beiden letztgenannten Optionen ausführt, verbleibt der Tabellenbereich, der die geladene Tabelle enthält, anschließend im Zustand *Sicherung anstehend (Backup pending)*, in dem auf seine Daten so lange nicht zugegriffen werden kann, bis eine Sicherung durchgeführt wurde. Weitere Einzelheiten zu einer aktualisierenden Wiederherstellung, zu Sicherungen und zum Zustand *Sicherung anstehend* findet man in Abschnitt 10.6.

▷ Man muß sich ferner entscheiden, ob das Ladeprogramm Statistiken über die geladene Tabelle und/oder deren Indizes sammeln und diese in den Systemkatalogtabellen sichern soll. Diese Statistiken messen Dinge wie die Verteilung von Werten in den Spalten der Tabelle, und sie sind für den Optimierer bei der Wahl eines Zugriffsplans für an die Tabelle gerichtete Anfragen nützlich. Man kann mit dem Ladeprogramm nur dann Statistiken sammeln, wenn man eine Tabelle vollständig neu lädt und dabei einen bereits existierenden Inhalt überschreibt. Dies ist der Modus *Replace*, der vom Modus *Insert*, in dem neue Zeilen zu der Tabelle ohne Auswirkungen auf existierende hinzugefügt werden, unterschieden wird.

Um ein Sammeln von Statistiken während eines Ladens zu unterdrücken, starte man das Ladeprogramm mit der *Statistik*-Option *Nicht aktualisieren (STATISTICS NO)*. Die Voreinstellung, die eine limitierte, aber keine vollständige Sammlung von Statistiken erstellt, lautet *Aktualisieren ohne Verteilungsstatistik (STATISTICS YES)*. Das Maximum an Statistiken für die geladene Tabelle und alle deren Indizes erhält man über ein Einstellen von *Aktualisieren mit Verteilungsstatistik* in der Rubrik *Statistik für Tabelle* sowie von *Aktualisieren mit erweiterter Indexstatistik* in der Rubrik *Statistik für Indizes* (als Befehlsoption zusammengefaßt durch *STATISTICS YES WITH DISTRIBUTION AND DETAILED INDEXES ALL*). (Andere Zwischenoptionen sind in der *Command Reference* beschrieben.) Falls man während eines Ladevorgangs keine Statistiken für eine Tabelle sammelt, kann man dies nachträglich über die Aktion *Statistik ausführen* der Steuerzentrale erledigen.

▷ Man muß sicherstellen, daß genügend temporärer Plattenplatz zur Verfügung steht, den das Ladeprogramm für das Speichern und Sortieren von Indexschlüsseln benötigt. Als Voreinstellung erzeugt das Ladeprogramm die temporären Dateien im Verzeichnis `sqllib/tmp` des aktuellen UDB-Exemplars, allerdings kann man ein anderes Verzeichnis oder eine Menge von Verzeichnissen angeben, falls man dies wünscht.

Der Prozeß des Ladens einer Tabelle besteht aus den folgenden Phasen:

1. *Ladephase*: Während dieser Phase werden Daten in die Tabelle geladen, aber noch keine Indizes aktualisiert; Trigger sind unterdrückt, und Integritätsbedingungen werden nicht überprüft.

2. *Aufbauphase*: Während dieser Phase werden die auf der Tabelle definierten Indizes neu aufgebaut.

3. *Löschphase*: Während dieser Phase werden alle Zeilen, die einen Primärschlüssel, eine Eindeutigkeitsbedingung oder einen eindeutigen Index verletzen, aus der geladenen Tabelle gelöscht und in die Ausnahmetabelle verschoben. Falls keine Ausnahmetabelle bereitsteht, werden die Zeilen, die Eindeutigkeitsregeln verletzen, unter Ausgabe einer Warnmeldung gelöscht. Während dieser Phase werden lediglich Eindeutigkeitsregeln überprüft, nicht jedoch Fremdschlüssel- oder Prüfbedingungen.

 **TIP:** Das Ladeprogramm baut existierende Indizes stets vollständig neu auf, wohingegen das Importprogramm vorhandene Indizes inkrementell aktualisiert. Wenn man einer existierenden großen Tabelle mit Indizes eine geringe Anzahl von Zeilen hinzufügt, ist daher ein Importieren unter Umständen effizienter als ein Laden.

Falls die geladene Tabelle Fremdschlüssel- oder Prüfbedingungen besitzt, hinterläßt das Ladehilfsprogramm sie in einem speziellen Zustand, der *Prüfung anstehend (Check pending)* genannt wird. Dies bedeutet, daß für einige Daten in der Tabelle die Integritätsbedingungen noch nicht überprüft wurden. Ist die geladene Tabelle eine Vatertabelle in irgendwelchen referentiellen Integritätsbeziehungen und wurde das Laden im Modus *Replace* durchgeführt, befinden sich die Kindtabellen dieser Beziehungen jetzt auch im Zustand *Prüfung anstehend*. Auf eine Tabelle, die sich in diesem Zustand befindet, kann über SQL-Anweisungen so lange nicht zugegriffen werden, bis eine Aktion ausgeführt wurde, die diesen Zustand beendet. Der übliche Weg hierzu ist eine Verwendung der SET CONSTRAINTS-Anweisung (siehe Abschnitt 10.7.5).

 **TIP:** Wenn eine Tabelle geladen wird, werden ihre Zeilen in der Reihenfolge im physikalischen Speicher abgelegt, in der sie aus der Ladedatei gelesen werden. Diese Reihenfolge bleibt selbst dann erhalten, wenn Daten in unterschiedliche Partitionen geladen werden. Es ist ratsam, einen Index zu selektieren, von dem zu erwarten ist, daß er häufig benutzt wird, und die Zeilen der Tabelle in der in diesem Index angegebenen Reihenfolge ihrer Schlüsselwerte zu laden. Der gewählte Index hat dann die *Ballungseigenschaft (Clustering)*, was bedeutet, daß ein vollständiges Lesen (Scan) der Tabelle mit minimaler Anzahl von I/O-Operationen möglich ist. Ein Index mit Ballungseigenschaft kann die Effizienz von Anfragen an die betreffende Tabelle erheblich verbessern. Falls es nicht möglich ist, die Zeilen einer Tabelle in der Reihenfolge der Schlüsselwerte zu laden, kann man einen geballten Index nachträglich über eine Reorganisation der Tabelle erstellen (Aktion *Reorganisieren* der Steuerzentrale).

Das Ladehilfsprogramm kann von der Steuerzentrale aus angestoßen werden, indem man die zu ladende Tabelle selektiert, die Aktion *Laden* auswählt und die Fragen im dann folgenden Dialog beantwortet. Alternativ kann man einen LOAD-Befehl über eine interaktive Schnittstelle wie die Befehlszentrale ausführen. Wie IMPORT kann auch LOAD entweder im INSERT-Modus ausgeführt werden, in dem neue Zeilen in eine Tabelle geladen werden und existierende erhalten bleiben, oder im REPLACE-Modus, in dem der vorhandene Tabelleninhalt gelöscht und durch die neu geladenen Daten ersetzt wird.

Das Ladehilfsprogramm erlaubt eine Spezifikation der Zeichen, die zum Begrenzen von Zeilen, Spalten und Zeichenreihen beim Laden von Daten aus einer DEL-Datei benutzt werden sollen. Es unterstützt ferner mehrere Datenkonvertierungsoptionen, die zum Laden von Daten aus verschiedenen Quellen einschließlich Großrechnerdatenbanken nützlich sind. Diese enthalten Codeseiten-Konversionen für Zeichenreihendaten, implizite Dezimalpunkte für dezimale Daten sowie die Möglichkeit des Ladens numerischer Daten durch Einbettung von binären oder gepackten dezimalen Daten in eine ASCII-Datei.

Das Ladehilfsprogramm wird in der *Command Reference* erläutert und in den nachfolgenden Beispielen illustriert:

▷ In diesem Beispiel wird das Ladeprogramm zum Einfügen des Inhalts einer IXF-Datei in eine existierende Tabelle mit dem Namen SHOP.WERKZEUG benutzt. Während des Ladens erzeugte Nachrichten werden in die Datei LOAD.MSG geschrieben, und Zeilen, die den Primärschlüssel oder eine eindeutige Indexbedingung verletzen, werden in eine Ausnahmetabelle mit dem Namen SHOP.SCHLECHTEWZ umgeleitet.

```
LOAD FROM werkzeug.ixf OF IXF
  MESSAGES load.msg
  INSERT INTO shop.werkzeug
  FOR EXCEPTION shop.schlechtewz;
```

TIP: Versucht man nach dem Laden einer Tabelle, diese Tabelle zu benutzen, und erhält die Nachricht »Der Zugriff auf einen Tabellenbereich ist nicht zulässig« (SQLCODE –290, SQLSTATE 55039), liegt dies wahrscheinlich daran, daß die Datenbank für eine aktualisierende Wiederherstellung konfiguriert ist und man in der Aktion *Laden* bzw. im LOAD-Befehl den Zusatz *Kopie vorgenommener Änderungen sichern* (Option *Copy Yes*) vergessen hat. Auf den Tabellenbereich kann so lange nicht zugegriffen werden, bis man mit einem BACKUP-Befehl den Tabellenbereich oder die gesamte Datenbank gesichert hat.

▷ In diesem Beispiel wird das Ladehilfsprogramm zum Ersetzen des Inhalts einer Tabelle sowie zum Sammeln einer kompletten Statistik der Tabelle und ihrer Indizes verwendet. Ferner wird eine zusätzliche Kopie aller neu geladenen Zeilen für eine aktualisierende Wiederherstellung erstellt. Die Datei mit der Kopie wird in ein im LOAD-Befehl angegebenes Verzeichnis geschrieben, und ihr Name wird durch die Konventionen für die Benennung von Sicherungsdateien bestimmt (vergleiche Abbildung 10.12).

```
LOAD FROM werkzeug.ixf OF IXF
  MESSAGES load.msg
  REPLACE INTO shop.werkzeug
  STATISTICS YES WITH DISTRIBUTION
              AND DETAILED INDEXES ALL
COPY YES TO d:\backups;
```

TIP: Man denke daran, daß die STATISTICS-Option nur im Modus *Replace* gültig ist und daß die COPY-Option nur gültig ist, falls die betreffende Datenbank für eine aktualisierende Wiederherstellung konfiguriert ist.

▷ In diesem Beispiel lädt das Ladeprogramm eine Tabelle, die eine Spalte vom Datentyp Clob(10K) enthält. Anstatt die eigentlichen Clob-Werte zu enthalten, stehen in der Ladedatei die Namen der Dateien, die ihrerseits die Clob-Werte enthalten. Der LOAD-Befehl benutzt die Option LOBSINFILE und spezifiziert das Verzeichnis, in dem sich die Clob-Dateien befinden.

```
LOAD FROM studenten.del OF DEL
  LOBS FROM d:\studenten\lebensläufe
          MODIFIED BY LOBSINFILE
  MESSAGES load.msg
  INSERT INTO college.studenten;
```

10.7.5   Der Zustand »Prüfung anstehend«

Die Einhaltung von Prüf- sowie Fremdschlüsselbedingungen ist für die Integrität der Datenbank wesentlich, verursacht allerdings auch Kosten, die immer dann anfallen, wenn Daten verändert werden. Aus diesem Grund setzt das Ladehilfsprogramm das Überprüfen dieser Arten von Bedingungen beim Massenladen von Daten aus. Wenn Daten in eine Tabelle mit Prüf- oder Fremdschlüsselbedingungen geladen werden, hinterläßt das Ladeprogramm diese Tabelle im Zustand *Prüfung anstehend (Check pending)*, um anzuzeigen, daß diese Tabelle Daten enthält, für die einige Integritätsbedingungen noch nicht überprüft wurden.

Wenn sich eine Tabelle im Zustand *Prüfung anstehend* befindet, ist ein normaler Zugriff auf die Tabelle über SELECT-, INSERT-, UPDATE- sowie DELETE-Anweisungen nicht möglich. Man kann ferner keinen Index erzeugen, während sich eine Tabelle in diesem Zustand befindet, oder sie mit einem der Befehle EXPORT, IMPORT, REORG oder REORGCHK bearbeiten.

Man kann durch Inspektion der Spalte STATUS der Katalogtabelle TABLES feststellen, ob sich eine Tabelle im Zustand *Prüfung anstehend* befindet. Für eine gegebene Tabelle bedeutet ein STATUS-Wert von »N«, daß sich die Tabelle im normalen Zustand befindet, und ein STATUS-Wert von »C« zeigt an, daß sich Tabelle im Zustand *Check pending (Prüfung anstehend)* befindet. Ein dritter möglicher STATUS-Wert »X« gilt nur für Sichten und zeigt an, daß die betreffende Sicht unbrauchbar bzw. inoperativ ist. Die folgende Anfrage könnte zum Herausfinden verwendet werden, ob sich die Tabelle SHOP.WERKZEUG im Zustand *Prüfung anstehend* befindet:

```
SELECT status
FROM syscat.tables
WHERE tabschema = 'SHOP'
AND tabname = 'werkzeug';
```

SET CONSTRAINTS

Wenn sich eine Tabelle im Zustand *Prüfung anstehend* befindet, kann man ihre Integritätsbedingungen überprüfen und sie in einen normalen Zustand zurückversetzen durch Auslösen der Aktion *Integritätsbedingungen setzen (Set Constraints)* der Steuerzentrale oder durch Ausführen der SET CONSTRAINTS-Anweisung. Wenn man dies tut, muß man festlegen, was passieren soll, wenn in der betreffenden Tabelle Zeilen gefunden werden, die eine oder mehrere Integritätsbedingungen verletzen. Der beste Weg hierzu ist die Bereitstellung einer *Ausnahmetabelle*, in die derartige Zeilen verschoben werden können. Die von SET CONSTRAINTS benutzte Ausnahmetabelle hat die gleiche Struktur wie die vom Ladehilfsprogramm verwendete, die Zeilen aufnimmt, die Primärschlüssel oder Eindeutigkeitsbedingungen verletzen. Man kann sogar dieselbe Ausnahmetabelle sowohl für einen LOAD-Befehl wie für eine nachfolgende SET CONSTRAINTS-Anweisung verwenden, so daß die Zeilen, die irgendwelche Integritätsbedingungen verletzen, an genau einer Stelle gesammelt werden. Startet man ein SET CONSTRAINTS ohne Bereitstellung einer Ausnahmetabelle und wird eine Zeile gefunden, die eine Integritätsbedingung verletzt, erhält man eine Fehlermeldung, und die Tabelle bleibt im Zustand *Prüfung anstehend*.

Die Verwendung der SET CONSTRAINTS-Anweisung wird in den nachfolgenden Beispielen illustriert. Zur Benutzung von SET CONSTRAINTS benötigt man SYSADM- oder DBADM-Autorisierung oder das CONTROL-Privileg an der Tabelle bzw. den Tabellen, auf die die Anweisung angewendet wird. Fügt eine SET CONSTRAINTS- Anweisung Zeilen in eine Ausnahmetabelle ein, benötigt man ferner das zum Einfügen von Daten in diese Tabelle notwendige Privileg. Der SET CONSTRAINTS-Prozeß setzt und hält exklusive Sperren auf einer Tabelle, während deren Integritätsbedingungen überpruft werden.

▶ Dieses Beispiel beendet den Zustand *Prüfung anstehend* für die Tabelle SHOP.WERKZEUG, überprüft ihren Inhalt gegen die vorhandenen Prüf- und Fremdschlüsselbedingungen und aktiviert die Überprüfung dieser Bedingungen für nachfolgende Aktualisierungen dieser Tabelle. Da keine Ausnahmetabelle angegeben ist, verbleibt die Tabelle im *Zustand Prüfung anstehend*, falls Zeilen gefunden werden, die eine der Bedingungen verletzen.

```
SET CONSTRAINTS FOR shop.werkzeug IMMEDIATE CHECKED;
```

▶ Dieses Beispiel testet alle Prüf- sowie Fremdschlüsselbedingungen der Tabellen SHOP.WERKZEUG und SHOP.PROJEKTE und verschiebt alle Zeilen, die Integritätsbedingungen verletzen, in ihre jeweiligen Ausnahmetabellen. Bei beiden Tabellen wird der Zustand *Prüfung anstehend* aufgehoben, sie sind wieder bereit für eine normale Verarbeitung, und es wird eine Prüfung der Integritätsbedingungen für zukünftige Aktualisierungen aktiviert.

```
SET CONSTRAINTS FOR shop.werkzeug, shop.projekte
    IMMEDIATE CHECKED
    FOR EXCEPTION IN shop.werkzeug USE shop.schlechtewz,
                  IN shop.projekte USE shop.schlechtepj;
```

▶ In diesem Beispiel wird die Tabelle SHOP.WERKZEUG in den Zustand *Prüfung anstehend* versetzt:

```
SET CONSTRAINTS FOR shop.werkzeug OFF;
```

 **TIP:** Man wird eine Tabelle z.B. unmittelbar vor der Ausführung einer ALTER TABLE-Anweisung, die der Tabelle eine neue Integritätsbedingung hinzufügt, in den Zustand *Prüfung anstehend* versetzen wollen. Ist die Tabelle bei einer solchen Anweisung in normalem Zustand und enthält sie Zeilen, die die neue Integritätsbedingung verletzen, scheitert die ALTER TABLE-Anweisung. Wird die Tabelle jedoch vorher in den Zustand *Prüfung anstehend* versetzt, ist die ALTER TABLE-Anweisung erfolgreich. Eine SET CONSTRAINTS-Anweisung kann danach dazu verwendet werden, die Integritätsprüfung wieder einzuschalten, die neue Bedingung zu überprüfen und Zeilen, die diese verletzen, in eine Ausnahmetabelle zu verschieben.

▷ Die SET CONSTRAINTS-Anweisung ermöglicht ein erzwungenes Verlassen des Zustands *Prüfung anstehend*, ohne daß die Integritätsbedingungen geprüft worden wären. Dies ist nicht ungefährlich, und man wird es wahrscheinlich nur dann anwenden, wenn man auf andere Weise sicherstellen kann, daß die betreffende Tabelle keine Daten enthält, die die Integritätsbedingungen verletzen. (Man könnte z.B. durch ein separates Programm die Ladedatei auf Integritätsverletzungen untersuchen lassen, bevor die Daten geladen werden.) Der Befehl in folgendem Beispiel hebt für die Tabelle SHOP.PROJEKTE den Zustand *Prüfung anstehend* auf, ohne die Integritätsbedingungen zu überprüfen. Nach Ausführung des Kommandos ist die Tabelle normal zugreifbar, und ihre Integritätsbedingungen werden bei nachfolgenden Aktualisierungen überprüft; allerdings kann das System nicht garantieren, daß sämtliche Zeilen der Tabelle die existierenden Bedingungen erfüllen.

```
SET CONSTRAINTS FOR shop.projekte ALL IMMEDIATE UNCHECKED;
```

▷ Wenn man eine Beendigung des Zustands *Prüfung anstehend* für eine Tabelle ohne Prüfung der Integritätsbedingungen erzwingt, übernimmt man damit selbst die Verantwortung dafür, daß die Bedingungen eingehalten werden. Für jede Tabelle protokolliert das System, bei wem die Verantwortung für ein Einhalten der Integritätsbedingungen liegt. Diese Information wird für Fremdschlüssel- sowie für Prüfbedingungen separat protokolliert, und zwar in der Spalte CONST_CHECKED der Katalogtabelle TABLES. Das erste Zeichen in dieser Spalte bezieht sich auf Fremdschlüsselbedingungen, das zweite auf Prüfbedingungen. Es werden die folgenden Codierungen benutzt:

»Y« bedeutet, daß die Bedingungen vom System geprüft und garantiert werden.

»N« bedeutet, daß sich die Tabelle im Zustand *Prüfung anstehend* befindet und die Bedingungen nicht geprüft werden.

»U« bedeutet, daß der Benutzer die Tabelle aus dem Zustand *Prüfung anstehend* über eine SET CONSTRAINTS-Anweisung mit der Option UNCHECKED herausgenommen hat. In diesem Fall prüft das System die Integritätsbedingungen für neue Updates der Tabelle, aber die Verantwortung dafür, daß keine Zeilen der Tabelle irgendwelche Bedingungen verletzen, liegt letztlich beim Benutzer. Die Tabelle verbleibt in diesem Zustand, bis sie erneut in den Zustand *Prüfung anstehend* versetzt wird.

Die folgende Anfrage zeigt den Zustand *Prüfung anstehend* aller Tabellen im Schema SHOP einschließlich einer Information, ob die Verantwortung für das Einhalten der Bedingungen beim System oder beim Benutzer liegt:

```
SELECT tabname, status,
       substr(const_checked, 1, 1) AS fk_checked,
       substr(const_checked, 2, 1) AS cc_checked
FROM syscat.tables
WHERE tabschema = 'SHOP';
```

10.7.6 Laden einer partitionierten Datenbank

Ein Laden von Daten in eine partitionierte Datenbank hat einige Besonderheiten, da die Daten zunächst auf der Grundlage der Werte eines Partitionierungsschlüssels in mehrere Teilmengen zerlegt werden müssen, und sodann muß jede dieser Teilmengen in ihre entsprechende Partition geladen werden. UDB kennt für diesen Vorgang zwei Hilfsprogramme, den *Splitter* und den *Autoloader*.

Splitter

Der Splitter wird in Form eines Programms mit dem Namen db2split bereitgestellt, das man im Verzeichnis sqllib/bin findet und das auf allen UDB-Plattformen läuft. Es kann eine Eingabedatei mit Daten für eine Tabelle einlesen, die Daten anhand eines vorgegebenen Partitionierungsschlüssels analysieren und sie zum Laden in eine Knotengruppe in einer partitionierten Datenbank vorbereiten. Die Eingabedatei kann dabei im DEL- oder im ASC-Format (weiter oben beschrieben), im BIN-Format (sie enthält dann binäre numerische Daten) oder im PACK-Format (sie enthält dann gepackte dezimale Daten) vorliegen. Einzelheiten der Eingabeformate findet man im *Administration Guide*.

Der Splitter wird durch eine Konfigurationsdatei kontrolliert, die die Namen von Ein- bzw. Ausgabedateien, den Partitionierungsschlüssel, die Knotennummern der Partitionen in der Knotengruppe sowie verschiedene andere Kontrollparameter enthält. Die Konfigurationsdatei spezifiziert ferner einen der folgenden beiden Modi:

1. ANALYZE-Modus: In diesem Modus liest der Splitter die Eingabedatei, analysiert ihre Datenverteilung in den Spalten des Partitionierungsschlüssels und erzeugt eine optimale Partitionierungszuordnung, die man später zum gleichmäßigen Verteilen der Daten auf die Partitionen der Knotengruppe verwenden kann. Vor dem Laden der Daten kann man die erzeugte Partitionierungszuordnung in der zu ladenden Knotengruppe über einen REDISTRIBUTE NODEGROUP-Befehl installieren. (Dieser Schritt ist optional, und man sollte beachten, daß eine Partitionierungszuordnung, die für eine Tabelle optimal ist, für andere Tabellen in derselben Knotengruppe möglicherweise nicht optimal ist.)

2. PARTITION-Modus: In diesem Modus liest der Splitter die Eingabedatei und teilt sie in mehrere Ladedateien auf, von denen jede Daten enthält, die in jeweils eine der Partitionen der betreffenden Knotengruppe unmittelbar geladen werden können. Die Daten werden durch Hashen des Partitionierungsschlüssels jeder Zeile in einen der 4.096 Hash-Buckets sowie durch anschließendes Zuordnen dieser Buckets über eine Partitionierungszuordnung zu den einzelnen Partitionen aufgeteilt. Die Partitionierungszuordnung ist in der Konfigurationsdatei angegeben und kann aus einer der folgenden Quellen stammen:

▷ Sie kann in einem früheren Lauf des Splitters im Modus ANALYZE erzeugt worden sein.

▷ Es kann sich um eine voreingestellte Partitionierungszuordnung handeln, die die Hash-Buckets gleichmäßig auf die Partitionen verteilt.

▷ Es kann sich um die Partitionierungszuordnung handeln, die aktuell in der Knotengruppe, in die Daten geladen werden sollen, verwendet wird. Diese Zuordnung kann man aus den Katalogtabellen NODEGROUPS und PARTITIONMAPS entnehmen oder über ein Hilfsprogramm mit dem Namen db2gpmap herausfinden.

▷ Sie kann manuell konstruiert sein. Eine Partitionierungszuordnung ist lediglich ein Array von 4.096 ganzen Zahlen zu je zwei Byte, die die Knotennummern angeben, die mit den 4.096 Hash-Buckets assoziiert sind.

Die vom Splitter erzeugten Ladedateien haben Namensextensionen, die die Partitionen, in die Daten geladen werden sollen, identifizieren. Wenn man z.B. Daten für eine Knotengruppe mit vier Partitionen aufteilt, könnte der Splitter Dateien mit den Namen LOADDATA.000, LOADDATA.001, LOADDATA.002 und LOADDATA.003 erzeugen. Jede Ladedatei enthält einen Kopf (Header), der die Partitionierungszuordnung angibt, die zur Erzeugung der Datei verwendet wurde. Wenn die Daten aus diesen Dateien geladen werden, erzeugt das Ladehilfsprogramm eine Fehlermeldung, falls die aktuelle Partitionierungszuordnung der Knotengruppe, in die geladen wird, nicht mit der Partitionierungszuordnung übereinstimmt, mit der die Ladedateien erzeugt wurden.

Eine einfache Splitter-Konfigurationsdatei mit dem Namen db2split.cfg findet man im Verzeichnis sqllib/samples/splitter. Vor Benutzung dieses Beispiels muß man es anhand der darin angegebenen Kommentare editieren, so daß die Datei für die gewünschte Ein- bzw. Ausgabe angepaßt wird. Das folgende Beispiel zeigt einen Befehl, der den Splitter unter der Kontrolle der Beispielkonfigurationsdatei aufruft:

```
db2split -c db2split.cfg
```

Autoloader

Der Autoloader wird in Form eines Programms mit dem Namen db2autold bereitgestellt, das man in sqllib/misc findet und das nur auf der UDB Enterprise-Extended Edition läuft. Es stellt eine einfach zu benutzende Schnittstelle mit der gleichen Funktionalität wie der Splitter sowie einige zusätzlichen Möglichkeiten bereit. Es kann seine Eingabedaten aus einem entfernten System über FTP transferieren und diese nach einem Splitten in die vorgesehene Knotengruppe laden.

Wie der Splitter wird auch der Autoloader von einer Konfigurationsdatei kontrolliert, die die Ein- und Ausgabe sowie den Operationsmodus angibt. Der Autoloader kann in einem der folgenden Modi aufgerufen werden:

1. ANALYZE-Modus: Dieser Modus ist dem ANALYZE-Modus des Splitters ähnlich. Er liest die Eingabedaten und erzeugt eine optimale Partitionierungszuordnung zur Verteilung der Daten auf die Partitionen in einer Knotengruppe.

2. SPLIT_ONLY-Modus: Dieser Modus ist dem PARTITION-Modus des Splitters ähnlich. Unter Verwendung einer gegebenen Partitionierungszuordnung werden Eingabedaten in multiple Ladedateien gesplittet, die unmittelbar in die Partitionen einer Knotengruppe geladen werden können.

3. LOAD_ONLY-Modus: Dieser Modus lädt die im SPLIT_ONLY-Modus erzeugten Dateien in die Partitionen einer Knotengruppe durch Aufrufen des Ladeprogramms für jede Partition, und zwar über einen in der Konfigurationsdatei angegebenen LOAD_Befehl.

4. SPLIT_AND_LOAD-Modus: Dieser Modus kombiniert die Funktionalität von SPLIT_ONLY und LOAD_ONLY. In diesem Modus wird die Ausgabe des Splitters direkt an die Ladehilfsprogramme auf den diversen Maschinen in der Knotengruppe weitergeleitet. Daher brauchen die aufgeteilten Daten nicht in Dateien zwischengespeichert zu werden, und die Zeit für Splitten und Laden wird insgesamt minimiert.

Ein Beispiel einer Konfigurationsdatei für den Autoloader mit dem Namen `autoloader.cfg` befindet sich im Verzeichnis `sqllib/samples/autoloader`. Vor einer Benutzung wird man diese Datei anhand der darin enthaltenen Kommentare editieren müssen, um sie an die gewünschte Ein- bzw. Ausgabe anzupassen. Das folgende Beispiel zeigt einen Befehl, der den Autoloader unter der Kontrolle der Beispielkonfigurationsdatei startet:

```
db2autold -c autoloader.cfg
```

10.8 Leistungsverbesserung durch Tuning

Da SQL eine nicht-prozedurale Sprache ist, kann man eine gegebene SQL-Anweisung häufig auf viele verschiedene Weisen ausführen. Nehmen wir z.B. an, daß eine SQL-Anfrage einen Verbund von zwei Tabellen mit den Namen LIEFERANTEN und TEILE über gleiche Werte für das Attribut TEILENR berechnet. Diese Anfrage kann man ausführen durch sequentielles Lesen der Tabelle LIEFERANTEN und für jede Zeile ein Auffinden passender Zeilen in der Tabelle TEILE, durch sequentielles Lesen der TEILE-Tabelle und für jede Zeile ein Auffinden der passenden Zeilen in LIEFERANTEN oder durch ein Sortieren beider Tabellen nach den Werten für TEILENR und anschließende Verbundberechnung durch Mischen der sortierten Tabellen. Jeder mögliche Algorithmus zur Ausführung einer SQL-Anweisung heißt ein *Zugriffsplan*. Die Wahl eines geeigneten Zugriffsplans ist sehr wichtig, da die Ausführungszeit einer SQL-Anweisung in Abhängigkeit vom Zugriffsplan um Größenordnungen variieren kann.

UDB enthält einen Optimierer, der für jede SQL-Anweisung automatisch einen effizienten Zugriffsplan auswählt. Der Optimierer wird als *kostenbasiert* bezeichnet, weil er jeweils zunächst eine Liste möglicher Zugriffspläne erzeugt, sodann auf der Basis vordefinierter Kostenberechnungsformeln deren Kosten vergleicht und schließlich den Plan mit den geringsten Kosten auswählt. Der für eine gegebene SQL-Anweisung effizienteste Zugriffsplan hängt von den in der Anweisung vorkommenden Tabellen ab, den Indizes, die auf diesen Tabellen unterhalten werden, und den statistischen Eigenschaften der Daten in diesen Tabellen. Enthält eine SQL-Anfrage z.B. ein Prädikat auf einer Spalte, für die es einen Index gibt, und zeigen die Statistiken an, daß in dieser Spalte viele verschiedene Werte vorkommen, macht es wahrscheinlich Sinn, dieses Prädikat im Zugriffsplan möglichst frühzeitig anzuwenden.

Der UDB-Optimierer hat die folgenden besonderen Eigenschaften:

1. Er verwendet *Transformationsalgorithmen* auf Anfragen an, durch die eine gegebene Anfrage häufig in eine effizientere Form umgeschrieben wird. So werden z.B. Unteranfragen oft in Verbundoperationen transformiert, die effizienter ausgewertet werden können. Prädikate können manchmal an andere Stellen in einer Anfrage verschoben werden, an denen sie die Größe eines Zwischenergebnisses früher beschränken; außerdem lassen sich aus den von einem Benutzer vorgegebenen Prädikaten gelegentlich weitere ableiten.

2. Er verwendet *Verschmelzungsalgorithmen*, über die man SQL-Anweisungen mit Sichtendefinitionen, Integritätsbedingungen und Triggern, die von der Anweisung referenziert oder ausgelöst werden, verschmelzen kann. Das Ergebnis einer solchen Verschmelzung ist dann eine einzige SQL-Anweisung, die zwecks Bestimmung eines global optimalen Zugriffsplans analysiert werden kann, anstelle einer separaten Optimierung einer jeden Sicht, jeder Integritätsbedingung oder jedes Triggers.

3. Seine Kostenberechnungsformeln berücksichtigen eine Vielzahl statistischer Informationen über die Datenbank, wie Verteilungen von Datenwerten innerhalb einzelner Tabellenspalten oder die physikalischen Charakteristika der gegebenen Maschine und ihrer Datenträger. Der für eine gegebene Anfrage gewählte Zugriffsplan kann also davon abhängen, ob die betreffende Maschine limitierte CPU- oder I/O-Ressourcen hat.

4. Er kann eine von zwei Methoden zur Bestimmung der Reihenfolge, in der mehrere Tabellen verbunden werden, verwenden: *dynamische Programmierung*, bei der garantiert die optimale Join-Reihenfolge gefunden wird, oder die *Greedy Join Enumeration*, die weniger Platz und Zeit in den Optimierungsprozeß investiert. Benutzer können die Wahl der Join-Enumerationsmethoden und anderer Aspekte der Optimiererleistung kontrollieren.

Um die Möglichkeiten des UDB-Optimierers optimal nutzen zu können, haben Benutzer und Datenbankadministratoren gewisse Verantwortlichkeiten. Da die Kostenformeln des Optimierers von statistischen Informationen über die Datenbank abhängen, ist es wesentlich, daß diese Informationen vollständig und akkurat sind. Die physikalische Organisation der Daten im Speicher hat ebenfalls einen wichtigen Effekt auf die Verarbeitungseffizienz von Anfragen. Man kann z.B. alle Angestellten einer bestimmten Abteilung effizienter finden, falls die Angestelltentabelle so organisiert ist, daß Angestellte in der gleichen Abteilung auf wenigen physikalischen Seiten zusammen gespeichert (geballt bzw. geclustert) sind. In diesem Abschnitt beschreiben wir die Werkzeuge, mit denen UDB es seinen Benutzern erlaubt, den Optimierungsprozeß zu kontrollieren, statistische Informationen zu sammeln und zu warten und die physikalische Organisation von Daten in Tabellen zu kontrollieren.

10.8.1 Steuern des Optimierers

Der UDB-Optimierer erlaubt dem Benutzer eine Kontrolle des Trade-offs[7] zwischen der Güte eines Zugriffsplans und der für den Optimierungsprozeß verwendeten Ressourcen durch Wahl einer der folgenden *Optimierungsklassen*:

Klasse 0: Minimale Optimierung

Klasse 1: Optimierungstechniken, die im wesentlichen denen der DB2-Version 1 für AIX und OS/2 vergleichbar sind. Nichtuniforme Verteilung von Datenwerten in Spalten werden nicht berücksichtigt.

Klasse 2: Berücksichtigt nichtuniforme Werteverteilungen in Spalten, verwendet jedoch einen vergleichsweise einfachen Algorithmus, die sogenannte »Greedy Join Enumeration«, zur Planung von Verbundoperationen.

Klasse 3: Optimierungstechniken, die im wesentlichen denen von DB2 für OS/390 vergleichbar sind. Dies ist die niedrigste Optimierungsklasse, in der Algorithmen der dynamischen Programmierung zur Planung von Verbundoperationen verwendet werden.

Klasse 5: Die voreingestellte Optimierungsklasse, die die meisten der verfügbaren Techniken des UDB-Optimierers verwendet. Diese Klasse umfaßt die Optimierungstechniken, die für einen typischen Mix von einfachen und komplexen SQL-Anweisungen als besonders kostengünstig gelten, und verwendet Heuristiken zur Limitierung der Zeit, die mit einer Optimierung von dynamischen SQL-Anweisungen verbracht wird.

Klasse 7: Ähnlich zur Klasse 5, jedoch ohne Limitierung der Optimierungszeit für dynamische SQL-Anweisungen durch Heuristiken.

Klasse 9: Volle Verwendung aller Techniken des UDB-Optimierers zur Erstellung des besten möglichen Zugriffsplans ohne Rücksicht auf dabei verbrauchte Ressourcen.

Grundsätzlich verbrauchen höhere Optimierungsklassen während einer Optimierung mehr Zeit und mehr Speicherplatz, was allerdings potentiell zu einer besseren Effizienz führt, wenn die betreffende SQL-Anweisung ausgeführt wird. So wird z.B. eine dynamische Programmierung nur ab Klasse 3 aufwärts benutzt, und die volle Sammlung von Regeln zur Transformation von Anfragen (»Query Rewrite Rules«) wird erst ab Klasse 5 aufwärts benutzt. Klasse 0 wird nur für sehr einfache Anweisungen empfohlen, die in einer dynamischen Anfrageumgebung, in der Optimierungskosten niedrig gehalten werden sollen, auf kleinen Tabellen operieren. Klasse 9 wird dagegen nur für besondere »problematische Anfragen« empfohlen, deren Ausführung sehr lange dauert. Klasse 9 sollte in Verbindung mit dem in Abschnitt 10.8.4 beschriebenen Visual Explain benutzt werden, das eine Inspektion der Einzelheiten des vom Optimierer selektierten Zugriffsplans ermöglicht. Für die meisten Anwendungen stellt Klasse 5 einen guten Kompromiß zwischen den Kosten einer Optimierung und der Effizienz einer Anfrage dar.

---

7. Anmerkung des Übersetzers: Ein *Trade-off* bezeichnet einen »Erhaltungssatz«, der zwei Dinge so in Beziehung setzt, daß man das eine nicht verbessern (verringern) kann, ohne gleichzeitig das andere zu verschlechtern (erhöhen), und umgekehrt.

Falls der Optimierer der Meinung ist, daß das betreffende System zur vollständigen Durchführung der Optimierung einer gegebenen SQL-Anweisung in einer bestimmten Optimierungsklasse nicht genügend Speicherplatz besitzt, geht er automatisch auf eine niedrigere Klasse zurück.

Für statische SQL-Anweisungen, die in einem Anwendungsprogramm benutzt werden, wird die Optimierungsklasse über den QUERYOPT-Parameter des PREP- oder BIND-Befehls, mit dem das Programm gebunden wurde, kontrolliert. Die folgenden Beispiele illustrieren den Gebrauch dieses Parameters in den beiden Befehlen:

```
PREP prog1.sqc QUERYOPT 1;
BIND prig1.bnd QUERYOPT 3;
```

Für dynamische SQL-Anweisungen wird die Optimierungsklasse vom Inhalt des speziellen Registers CURRENT QUERY OPTIMIZATION kontrolliert. Das folgende Beispiel zeigt die Verwendung einer SQL-Anweisung zum Setzen des Wertes dieses Registers:

```
SET CURRENT QUERY OPTIMIZATION = 3;
```

Der voreingestellte Wert des Registers CURRENT QUERY OPTIMIZATION sowie die voreingestellte Optimierungsklasse für statische SQL-Anweisungen, für die kein QUERYOPT-Parameter spezifiziert wurde, wird über den Datenbank-Konfigurationsparameter DFT_QUERYOPT kontrolliert, der seinerseits einen voreingestellten Wert von 5 hat.

10.8.2 Statistiken

Eines der Gebiete, auf denen die UDB-Optimierertechnologie besonders weit ist, ist die Vollständigkeit ihrer statistischen Informationen. Nachfolgend sind die Katalogtabellen genannt, die vom UDB-Optimierer genutzte statistische Informationen enthalten (weitere Einzelheiten zu den Katalogtabellen findet man in Anhang D).

1. TABLES: Diese Katalogtabelle enthält Information über jede Tabelle in der Datenbank, etwa die Anzahl der Zeilen in der Tabelle, die Anzahl physikalischer Seiten, die von der Tabelle belegt werden, und die Anzahl der Überlaufsätze, die mit der Tabelle assoziiert sind. Ein Überlaufsatz wird angelegt, wenn eine der Zeilen der Tabelle so aktualisiert wird, daß sie nicht länger auf ihre ursprüngliche Seite paßt.

2. COLUMNS: Diese Katalogtabelle enthält Informationen über die Datenwerte, die in den Spalten einer Tabelle gespeichert sind. Für jede Spalte, für die Informationen gesammelt werden, protokolliert COLUMNS die Anzahl verschiedener Datenwerte in der Spalte, den zweithöchsten sowie den zweitniedrigsten Wert und die durchschnittliche Länge der Werte. Der zweithöchste sowie der zweitniedrigste Wert werden anstelle des höchsten bzw. des niedrigsten Wertes protokolliert, weil die beiden letzteren oft extreme Randwerte darstellen, die die Werteverteilung in der betreffenden Spalte nicht zutreffend wiedergeben.

Unter Verwendung der Informationen aus COLUMNS kann der Optimierer eine grobe Schätzung der Selektivität eines Prädikats auf einer gegebenen Spalte erstellen. Genauere Schätzungen werden möglich, falls über die Werteverteilung in der betreffenden Spalte detailliertere Informationen gesammelt werden – dies ist der Zweck der Katalogtabelle COLDIST.

3. COLDIST: Diese Katalogtabelle enthält Information über die Verteilung von Datenwerten in einzelnen Spalten, und zwar entweder als *häufigste Werte* oder als *Quantile* (kumulative Verteilung).

   Für jede Spalte, für die Information über häufigste Werte gesammelt wird, protokolliert COLDIST die Werte, die in einer Spalte am häufigsten vorkommen sowie die Anzahl von Malen, die diese Werte vorkommen. Die Anzahl von häufigen Werten, die für jede Spalte protokolliert werden, wird über den Datenbank-Konfigurationsparameter NUM_FREQVALUES kontrolliert, der eine Voreinstellung von 10 hat.

   Für jede Spalte, für die quantile Informationen gesammelt werden, protokolliert COLDIST eine Folge von Werten, die die Verteilung von Datenwerten in dieser Spalte repräsentiert. Werden z.B. fünf quantile Werte gesammelt, stellen diese die Werte dar, die mit mindestens 20%, 40%, 60%, 80% bzw. 100% der Datenwerte in der Spalte übereinstimmen. Die Anzahl der für jede Spalte gesammelten quantilen Werte wird über den Datenbank-Konfigurationsparameter NUM_QUANTILES kontrolliert, dessen Wert auf 20 voreingestellt ist.

   Spaltenverteilungsinformationen sind besonders wichtig für Spalten, deren Datenwerte ungleichmäßig bzw. nichtuniform verteilt sind. Als Beispiel betrachten wir eine Firma, in der das niedrigste Gehalt $ 10.000 und das höchste $ 90.000 beträgt. Ohne eine Spaltenverteilungsstatistik unterstellt der Optimierer, daß Gehälter zwischen diesen beiden Extremen gleichmäßig verteilt sind. Wenn nun aber die meisten Gehälter dieser Firma in dem Bereich zwischen $ 30.000 und $ 50.000 liegen, ist das Prädikat GEHALT BETWEEN 70000 AND 80000 erheblich selektiver als das Prädikat GEHALT BETWEEN 30000 AND 40000. Die Selektivität eines Prädikats ist ausgesprochen wichtig für den Optimierer, weil sie eine Schätzung dafür darstellt, wie nützlich dieses Prädikat bei der Einschränkung des Suchraums einer Anfrage ist. Spaltenverteilungsinformationen ermöglichen es dem Optimierer, genauere Schätzungen der Selektivität von Prädikaten über Spalten mit ungleichmäßiger Datenverteilung zu erstellen.

4. INDEXES: Diese Katalogtabelle enthält Informationen über jeden Index in der Datenbank. Ein Index ist eine baumartige Datenstruktur, die mit bestimmten Spalten einer Tabelle, den sogenannten Schlüsselspalten des Index, assoziiert ist. Ein Index, der über mehrere Schlüsselspalten definiert ist, kann so benutzt werden, als wäre er ein Index auf einer initialen Teilmenge (einem Präfix der Spaltenfolge) seiner Schlüsselspalten; beispielsweise kann ein Index, der auf den Spalten FARBE, GEWICHT und KOSTEN der Tabelle TEILE definiert ist, zur Bestimmung von Teilen mit einer bestimmten Farbe, mit einer bestimmten Farbe und einem vorgegebenen Gewicht oder mit gegebener Farbe sowie gegebenem Gewicht und Kosten verwendet werden.

Indizes sind wichtig für den UDB-Optimierer, weil sie zwei äußerst nützliche Eigenschaften haben: die *Eigenschaft des assoziativen Wiederauffindens* und die *Ordnungseigenschaft*. Ersteres bedeutet, daß man über einen Index schnell Zeilen mit einem gegebenen Schlüsselwert wiederfinden kann. Dies ist nützlich für die Auswertung von Prädikaten über den Schlüsselspalten. Die Ordnungseigenschaft bedeutet, daß der Index zum Wiederauffinden aller Zeilen einer Tabelle in der Reihenfolge ihrer Schlüsselwerte verwendet werden kann. Dies ist nützlich zur Implementierung von ORDER BY- sowie GROUP BY-Klauseln sowie für bestimmte Verbundalgorithmen. Ein *Index-Scan*, der sämtliche Zeilen einer Tabelle in der Reihenfolge der Schlüsselwerte eines bestimmten Index liest, ist eine der grundlegenden Zugriffsmethoden, die der UDB-Optimierer benutzt.

Die Katalogtabelle INDEXES kann zum Protokollieren statistischer Informationen über einen Index in zwei Detaillierungsstufen verwendet werden. Die *Basisindexstatistik* enthält die Anzahl der verschiedenen Werte des Indexschlüssels unter Berücksichtigung des vollen Schlüssels sowie einer initialen Teilmenge der Schlüsselspalten, die Anzahl der vom Index belegten physikalischen Seiten (die zur Schätzung der Kosten eines Index-Scans benutzt wird) und ein Maß dafür, wie gut der Index *geballt* (geclustert) ist. Das Ballungsmaß gibt an, wie gut die Zeilen der Tabelle auf den physikalischen Seiten nach den Schlüsselwerten des Index geballt sind, und wird zur Vorhersage der Anzahl von Datenseiten benutzt, die während eines Index-Scans einer gegebenen Tabelle gelesen würden. Die *detaillierte Indexstatistik* liefert eine genauere Schätzung der Anzahl bei einem Index-Scan zu lesender Seiten, und zwar als Funktion der Größe des Puffers, in dem Seiten während des Scans abgelegt werden.

5. FUNCTIONS: Diese Katalogtabelle enthält Informationen über die Kosten der Ausführung einer benutzerdefinierten Funktion. Dabei können sowohl die CPU-Kosten als auch die I/O-Kosten der Funktion protokolliert werden. Da das System diese Kosten weder messen noch schätzen kann, können sie nur vom Benutzer angegeben werden, der sie direkt in diese Katalogtabelle einträgt. Falls keine Informationen über die Kosten der Ausführung einer Funktion vorliegen, nimmt das System voreingestellte Kosten an.

6. TABLESPACES: Diese Katalogtabelle enthält Information über die Leistung der physikalischen Speichermedien, die in der Datenbank verwendet werden. Jeder Tabellenbereich kann auf einem Datenträger mit unterschiedlichen Charakteristika gespeichert werden. Für jeden Tabellenbereich protokolliert TABLESPACES die zum Start einer I/O-Operation benötigte Zeit sowie die Rate, mit der der Datenträger Daten in den Hauptspeicher übertragen kann. Diese Leistungsparameter werden erfaßt, wenn der Tabellenbereich (über eine CREATE TABLESPACE-Anweisung) angelegt wird, und sie können später über eine ALTER TABLESPACE-Anweisung modifiziert werden.

Da der Optimierer seine Wahl eines Zugriffsplans auf die statistische Informationen in den Katalogtabellen des Systems stützt, ist es besonders wichtig, daß diese Informationen aktuell und akkurat ist. Auf Anfrage erstellt UDB die neueste Statistik für eine gegebene Tabelle und ihre Indizes und speichert diese in den oben beschriebenen Katalogtabellen. Die Statistik für eine Tabelle sollte aktualisiert werden, wenn die Tabelle geladen oder reorganisiert wird, nachdem eine hinreichend große Anzahl von Zeilen eingefügt, gelöscht oder aktualisiert wurde oder nachdem der Tabelle eine neue Spalte oder ein neuer Index hinzugefügt wurde.

Die einfachste Möglichkeit, die Statistik einer Tabelle zu aktualisieren, besteht darin, die Tabelle in der Anzeige der Steuerzentrale zu selektieren und die Aktion *Statistik ausführen (Run Statistics)* auszulösen. Um die Statistik einer Tabelle aktualisieren zu können, benötigt man SYSADM-, SYSCTRL-, SYSMAINT- oder DBADM-Autorisierung oder das CONTROL-Privileg für die betreffende Tabelle. Wenn man die Aktion *Statistik ausführen* für eine Tabelle anstößt, wird man gefragt, ob das System eine Spaltenverteilungsstatistik bzw. eine Statistik für die Indizes der Tabelle erstellen soll.

 **TIP:** Nach einem Aktualisieren der Statistik für eine Tabelle und deren Indizes wird man seine Anwendungsprogramme, die auf die betreffende Tabelle zugreifen, neu binden wollen, damit sichergestellt ist, daß relativ zur neuen Statistik die besten Zugriffspläne benutzt werden.

Manuelles Aktualisieren von Statistiken

Gelegentlich wird man die statistischen Informationen in den Katalogtabellen mit selbstgewählten Werten manuell aktualisieren wollen. Beispielsweise möchte man untersuchen, die Zugriffspläne unter unterschiedlichen hypothetischen Gegebenheiten selektiert würden.

Um diskutieren zu können, wie man die Statistiken in den Katalogtabellen verändert, müssen wir zunächst die Struktur der Katalogtabellen selbst genauer beschreiben. Das System unterhält eine Sammlung von Basiskatalogtabellen im Schema SYSIBM. Allerdings greifen Benutzer üblicherweise auf die Katalogtabellen über *Katalogsichten* zu. Die folgenden beiden Sammlungen von Katalogsichten wurden definiert:

1. Im Schema SYSCAT gibt es für jede Katalogtabelle eine Read-only-Sicht. Benutzern wird empfohlen, die SYSCAT-Sichten anstelle der zugrundeliegenden Basiskatalogtabellen zu benutzen, da die SYSCAT-Sichten eine konsistentere Namensgebung verwenden. In diesem Buch meinen wir bei etwas ungenauer Verwendung des Begriffes *Katalogtabelle* im allgemeinen die Katalogsichten im SYSCAT-Schema.

2. Im Schema SYSSTAT gibt es veränderbare Sichten für gewisse Katalogtabellen, nämlich TABLES, COLUMNS, COLDIST, INDEXES und FUNCTIONS. Jede Katalogsicht in SYSSTAT enthält nur die Primärschlüsselspalten und die Statistikspalten, die Benutzer ändern dürfen. Darüber hinaus sind die SYSSTAT-Sichten so definiert, daß jeder Benutzer nur die Einträge sehen kann, die er auch aktualisieren darf. Man darf die statistische Informationen für eine Tabelle oder einen Index aktualisieren, sofern man das CONTROL-Privileg für diese Tabelle oder diesen Index oder die DBADM-Autorisierung für die betreffende Datenbank besitzt. Man darf weiter die statistischen Informationen für eine benutzerdefinierte Funktion aktualisieren, falls die eigene Benutzerkennung mit dem Schemanamen der Funktion übereinstimmt oder man DBADM-Autorisierung besitzt.

Die beiden Sammlungen von Systemkatalogsichten werden in Anhang D genauer beschrieben und in Abbildung D.1 illustriert. Zur Aktualisierung von statistischen Informationen in den Systemkatalogtabellen kann man entsprechende SQL UPDATE-Anweisungen auf SYSSTAT-Katalogsichten anwenden. Alle Änderungen an diesen Sichten wirken sich unmittelbar auf die Basiskatalogtabellen sowie die SYSCAT-Sichten aus. Dabei wirken sich Änderungen an statistischen Informationen natürlich so lange nicht auf den für ein Anwendungsprogramm gewählten Zugriffsplan aus, bis das Programm erneut gebunden wird.

Die SYSSTAT-Katalogsichten verhalten sich genau wie eine veränderbare Sicht, relativ zu den folgenden speziellen Regeln:

▶ Man kann Katalogdaten nur über eine UPDATE-Anweisung verändern, nicht über INSERT- oder DELETE-Anweisungen.

▶ Für die meisten statistischen Spalten zeigt ein Setzen der Spalten auf den Wert –1 an, daß keine statistischen Informationen verfügbar sind. In diesem Fall benutzt der Optimierer einen voreingestellten Wert für die fehlende Statistik.

▶ Falls die Werte, die man zur Aktualisierung von Katalogstatistiken verwendet, keinen Sinn ergeben, wird die Aktualisierung zurückgewiesen. So kann man z.B. die Kardinalität einer Tabelle nur auf eine positive Zahl oder auf –1 setzen, wobei letzteres anzeigt, daß keine statistischen Informationen vorliegen. Falls man z.B. versucht, die Kardinalität einer Tabelle in SYSSTAT.TABLES auf –25 zu setzen, erhält man eine Nachricht, die besagt, daß dieser Wert mit der Definition dieser Sicht nicht konsistent ist.

Die folgenden Beispiele illustrieren ein manuelles Aktualisieren von statistischen Informationen in den SYSSTAT-Katalogsichten:

▶ Dieses Beispiel modifiziert die Statistik für die Tabelle mit dem Namen FIRMA.TEILE so, daß es so aussieht, als habe die Tabelle 10.000 Zeilen und belege 250 Seiten im physikalischen Speicher:

```
UPDATE sysstat.tables
SET card = 10000, npages = 250, fpages = 250
WHERE tabschema = 'FIRMA' AND tabname = 'TEILE';
```

▶ Dieses Beispiel modifiziert die Statistik der Spalte BESTELLSTAND der Tabelle FIRMA.TEILE, wobei unterstellt wird, daß in dieser Spalte 50 verschiedene Werte vorkommen, von denen der zweitniedrigste 0 und der zweithöchste 500 ist:

```
UPDATE sysstat.columns
SET colcard = 50, low2key = '0', high2key = '500'
WHERE tabschema = 'FIRMA'
AND tabname = 'TEILE'
and colname = 'BESTELLSTAND';
```

 **TIP:** Einige der Spalten in den SYSSTAT-Katalogsichten, etwa LOW2KEY und HIGH2KEY, enthalten Werte, die aus Spalten realer Datenbanktabellen kopiert werden. So protokollieren z.B. LOW2KEY und HIGH2KEY den zweitniedrigsten bzw. zweithöchsten Wert für jede Datenspalte. Da die Spalten, deren Werte hier protokolliert werden, irgendeinen Datentyp besitzen können, enthalten LOW2KEY und HIGH2KEY jeweils die Zeichenreihendarstellung der betreffenden Werte. Ein numerischer Wert wird dabei durch eine Zeichenreihe dargestellt, die aus dem Literal besteht, das man auch in einer SQL-Anweisung zur Darstellung dieses Wertes verwenden würde, wie z.B. '-29' oder '3.25E-8'. Wenn man Spalten in der SYSSTAT-Sicht aktualisiert, die Spaltenwerte repräsentieren, denke man daran, jeden Wert als Zeichenreihe darzustellen, unabhängig vom jeweiligen Datentyp.

▶ Dieses Beispiel modifiziert die Statistik für den Index ITEILE1, wobei festgelegt wird, daß die Anzahl verschiedener Schlüsselwerte im Index 300 beträgt.

```
UPDATE sysstat.indexes
SET firstkeycard = 300, fullkeycard = 300
WHERE indschema = 'FIRMA'
AND indname = 'ITEILE1';
```

 **TIP:** Wenn man die Schlüsselkardinalität eines mehrspaltigen Index in SYSSTAT.INDEXES aktualisiert, denke man daran, die Kardinalitäten aller initialen Teilmengen (Präfixe) der Schlüsselspalten zu spezifizieren. FIRSTKEYCARD zählt nur die Anzahl verschiedener Werte in der ersten Schlüsselspalte. FIRST2KEYCARD, FIRST3KEYCARD bzw. FIRST4KEYCARD zählt die Anzahl verschiedener Werte in den ersten beiden, den ersten drei bzw. den ersten vier Schlüsselspalten. FULLKEYCARD zählt die Anzahl verschiedener Werte im vollen Schlüssel mit allen Spalten.

▶ Dieses Beispiel modifiziert die Statistik einer benutzerdefinierten Funktion in SYSSTAT.FUNCTIONS und legt fest, daß die Kosten der Ausführung der Funktion 50.000 Maschineninstruktionen pro Aufruf betragen. Man beachte, daß man Informationen über die Kosten einer Funktion nur durch direktes Aktualisieren von SYSSTAT.FUNCTIONS bereitstellen kann, da das System diese nicht automatisch sammelt.

```
UPDATE sysstat.functions
SET insts_per_invoc = 5E4
WHERE funcschema = 'FIRMA'
AND specificname = 'ZAHLUNG001';
```

 **TIP:** Es ist ratsam, eine Funktion über ihren spezifischen Namen anstatt über ihren Funktionsnamen zu identifizieren, da ersterer eindeutig, letzterer dagegen nicht notwendig eindeutig ist.

Extrahieren von Statistiken: db2look

Im Verzeichnis `sqllib/misc` findet man ein Werkzeug mit dem Namen `db2look` zum Sammeln von statistischen Informationen aus Katalogtabellen und zum Ablegen dieser in lesbarer Form in einer Datei. Neben statistischen Informationen kann `db2look` die SQL-Datendefinitionsanweisungen erfassen, die man zur Reproduktion der Tabellen und Indizes in einer gegebenen Datenbank benötigt. Auf diese Weise kann man z.B. für Experimentierzwecke einen »Klone« einer existierenden Datenbank mitsamt ihrer Statistiken erstellen. Als Beispiel erzeugt der folgende Befehl eine Datei mit dem Namen `test.stats`, die die zum erneuten Erzeugen aller Tabellen und Indizes der Datenbank `testdb` benötigten Datendefinitionsanweisungen sowie die SQL UPDATE-Anweisungen zum Aktualisieren der statistischen Katalogtabellen enthält, die man zum Duplizieren der Statistiken der ursprünglichen Datenbank benötigt:

```
db2look -d testdb -a -e -o test.stats
```

Für weitere Informationen über db2look kann man den Hilfetext dieses Werkzeugs durch Eingabe des folgenden Befehls in die Kommandozeile des Betriebssystems aufrufen:

```
db2look -h
```

10.8.3   Reorganisation von Tabellen

Die Einheiten des physikalischen Speichers, die während der Verarbeitung einer SQL-Anweisung von der Platte in den Hauptspeicher transferiert werden, werden *Seiten (Pages)* genannt. Jede Seite umfaßt 4 KB Daten. Alle Datenzeilen in der Datenbank sind an physikalische Seiten zugewiesen, im allgemeinen viele Zeilen pro Seite. Die ideale Organisation einer Datenbanktabelle ist, daß ihre Zeilen vollständig in Seiten untergebracht sind, und zwar geordnet nach den Schlüsselwerten eines häufig benutzten Index. Ein Index, dessen Schlüssel die physikalischen Anordnung der Zeilen im Speicher entspricht, hat die *Ballungs-* oder *Clustereigenschaft*. Dies ist eine wichtige Eigenschaft für den Optimierer, denn ein geballter Index bietet die Möglichkeit, alle Zeilen einer Tabelle unter Zugriff auf eine minimale Anzahl von Seiten auf der Platte zu lesen. Beim Scan eines geballten Index enthält jede gelesene Seite viele Zeilen mit Schlüsselwerten in der gewünschten Reihenfolge.

Idealerweise füllen die Zeilen einer Tabelle die Seite, auf der sie gespeichert sind, fast vollständig aus und lassen nur ein wenig Freiplatz auf jeder Seite für eine Expansion. Gibt es zuviel Freiplatz auf jeder Seite, ist die Anzahl der Seitenzugriffe zum Scan einer Tabelle unnötig hoch. Gibt es andererseits nicht genug Freiplatz auf jeder Seite, kann es passieren, daß eine Zeile, nach einer Aktualisierung mit einem längeren Wert in einer ihrer Spalten als vorher, nicht mehr auf die Seite paßt. In einem solchen Fall wird die Zeile auf eine neue Seite verschoben, und ihr Platz auf der ursprünglichen Seite wird mit einem *Überlaufsatz (Overflow Record)* gefüllt, der auf den neuen Speicherungsort der Zeile zeigt.

Wird eine Tabelle neu geladen, ist ihre physikalische Organisation nahezu ideal, vorausgesetzt, die Zeilen werden in der durch Schlüsselwerte in einem geballten Index vorgegebenen Reihenfolge geladen. In Laufe der Zeit sorgen jedoch im allgemeinen Veränderungen an einer Tabelle dafür, daß ihre Organisation mehr und mehr vom Ideal abweicht. Werden viele Zeilen in die Tabelle eingefügt, weicht das die Ballungseigenschaft des Index auf. Werden viele Zeilen gelöscht, kann es zuviel Freiplatz geben auf den Seiten, auf denen diese Zeilen gespeichert waren. Werden viele Zeilen aktualisiert, geht die Ballungseigenschaft verloren, und einige der Zeilen werden möglicherweise durch Überlaufsätze ersetzt. Das Nettoergebnis all dieser Arten von Änderungen ist, daß die Anzahl der für einen Scan der Tabelle erforderlichen Seitenzugriffe wächst.

Die einfachste Möglichkeit, eine Tabelle in ihre optimale physikalische Organisation zurückzuversetzen, besteht darin, die Tabelle in der Anzeige der Steuerzentrale zu selektieren und die Aktion *Reorganisieren* auszulösen. Man wird dann nach dem Namen des Index (falls vorhanden) gefragt, der für die betreffende Tabelle die Clustereigenschaft haben soll. Nachdem eine Tabelle reorganisiert wurde, sind ihre Zeilen auf Seiten mit hinreichendem Freiplatz gepackt, Überlaufsätze sind eliminiert, und falls man einen geballten Index angegeben hat, sind die Zeilen im physikalischen Speicher nach den

Schlüsselwerten dieses Index angeordnet. Um eine Tabelle reorganisieren zu können, benötigt man SYSADM-, SYSCTRL-, SYSMAINT- oder DBADM-Autorisierung oder das CONTROL-Privileg an der zu reorganisierenden Tabelle.

 **TIP:** Nach der Reorganisation einer Tabelle sollte man über den RUNSTATS-Befehl ein neues Set von Statistiken für die Tabelle und ihre Indizes erstellen; ferner sollte man Anwendungsprogramme, die auf der Tabelle operieren, neu binden, damit sie von der neuen Organisation Gebrauch machen können.

REORGCHK

UDB kann mit dem Befehl REORGCHK bei der Entscheidung helfen, wann eine Tabelle oder eine Sammlung von Tabellen reorganisiert werden sollte. REORGCHK kann einen Report über den Organisationsstand einer bestimmten Tabelle, über alle Tabellen eines gegebenen Benutzers oder über alle Tabellen in der Datenbank erstellen. Um RE-ORGCK benutzen zu können, benötigt man SYSADM- oder DBADM-Autorisierung oder das CONTROL-Privileg an den zu testenden Tabellen.

Ein Seiteneffekt des REORGCHK-Befehls ist, daß er die in den Systemkatalogtabellen enthaltenen statistischen Informationen für jede getestete Tabelle aktualisiert (es sei denn, man verwendet den Zusatz CURRENT STATISTICS, was bedeutet, daß man weiterhin die aktuell vorhandenen Statistiken benutzen will).

Die folgenden Beispiele illustrieren die Benutzung des REORGCHK-Befehls:

▶ Dieses Beispiel erstellt einen Bericht über die physikalische Organisation der Tabelle mit dem Namen FIRMA.TEILE:

```
REORGCHK ON TABLE firma.teile;
```

 **TIP:** In einem REORGCK-Befehl muß der Tabellenname mit einem Schemanamen qualifiziert sein.

▶ Verwendet man den REORGCHK-Befehl ohne Operanden, erstellt er einen Bericht über die physikalische Organisation aller Tabellen, die der betreffende Benutzer reorganisieren darf. Beispiel:

```
REORGCHK;
```

Für jede durch REORGCHK analysierte Tabelle enthält der erstellte Report eine Zeile, die die Tabelle beschreibt, und eine Zeile jeden ihrer Indizes.

Für jede Tabelle werden drei Formeln berechnet: F1, F2 und F3. Jede dieser Formeln hat einen bestimmten Bereich von Werten für eine Tabelle, die gut organisiert ist. F1 mißt die Anzahl der Überlaufsätze in der betreffenden Tabelle, F2 den Freiplatz auf den Seiten, auf denen die Tabelle gespeichert ist, und F3 die Anzahl leerer Seiten, die bei einem Scan der Tabelle gelesen würden. Für jede Tabelle liefert REORGCHK eine drei Zeichen umfassende Zusammenfassung der Ergebnisse einer Berechnung von F1, F2 und F3. Für jede Formel zeigt ein Bindestrich an, daß sich der Wert im gewünschten Bereich befindet; ein Stern zeigt an, daß der Wert außerhalb des gewünschten Bereichs liegt. Somit bedeutet z.B. der Eintrag »-**« für eine gegebene Tabelle, daß F1 im gewünschten Bereich liegt, F2 und F3 dagegen nicht. Eine Tabelle mit einem oder mehreren Sternen in der REORG-Zusammenfassung ist ein Kandidat für eine Reorganisation.

Für jeden Index werden in einem REORGCHK-Report ebenfalls drei Formeln berechnet: F4, F5 und F6. F4 mißt die Ballungseigenschaft des Index, F5 den auf Indexseiten verfügbaren Freiplatz und F6, ob der Index eine angemessene Anzahl von Stufen hat. Wie bei Tabellen erhält jeder Index im Report eine Zusammenfassung aus drei Zeichen, die über Bindestriche bzw. Sterne anzeigt, die der drei Formeln sich im gewünschten Bereich befindet. Es bedeutet also z.B. der Eintrag »*-*« für einen gegebenen Index, daß der Index nicht die Clustereigenschaft besitzt (gemessen von F4) und daß F5 im gewünschten Bereich liegt, F6 dagegen nicht. Haben viele über einer gegebenen Tabelle definierte Indizes Sterne in ihren Zusammenfassungen, ist die betreffende Tabelle ein Kandidat für eine Reorganisation. Man denke jedoch daran, daß generell nur ein Index für eine Tabelle ein geballter sein kann.

Abbildung 10.14 zeigt einen Bericht, der durch Ausführung des Befehls REORGCHK (in diesem Fall von der Befehlszentrale aus) für die mit UDB ausgelieferte (oder über den Befehl db2sampl erzeugbare) Datenbank SAMPLE erstellt wurde. Aktuell ist dabei in der Spalte REORG für keine Tabelle die Notwendigkeit einer Reorganisation angezeigt.

10.8.4 Erklären eines Plans

Wenn eine statische SQL-Anweisung gebunden oder eine dynamische für die Ausführung vorbereitet wird, analysiert der UDB-Optimierer die Anweisung und erzeugt einen Plan für deren Ausführung. Dieser Plan kann einen Scan einer oder mehrerer Tabellen in der Datenbank umfassen, den Zugriff auf eine Tabelle über einen Index oder ein Verbinden von Daten aus zwei Tabellen über einen Algorithmus wie Merge-Join oder Nested-Loop-Join. Im allgemeinen kann der Plan für die Ausführung einer Anweisung in Form eines Graphen dargestellt werden, der den Datenfluß von einer Quelle (eine oder mehrere Tabellen oder Indizes) zu einem Ziel (die Ergebnismenge der SQL-Anweisung) zeigt.

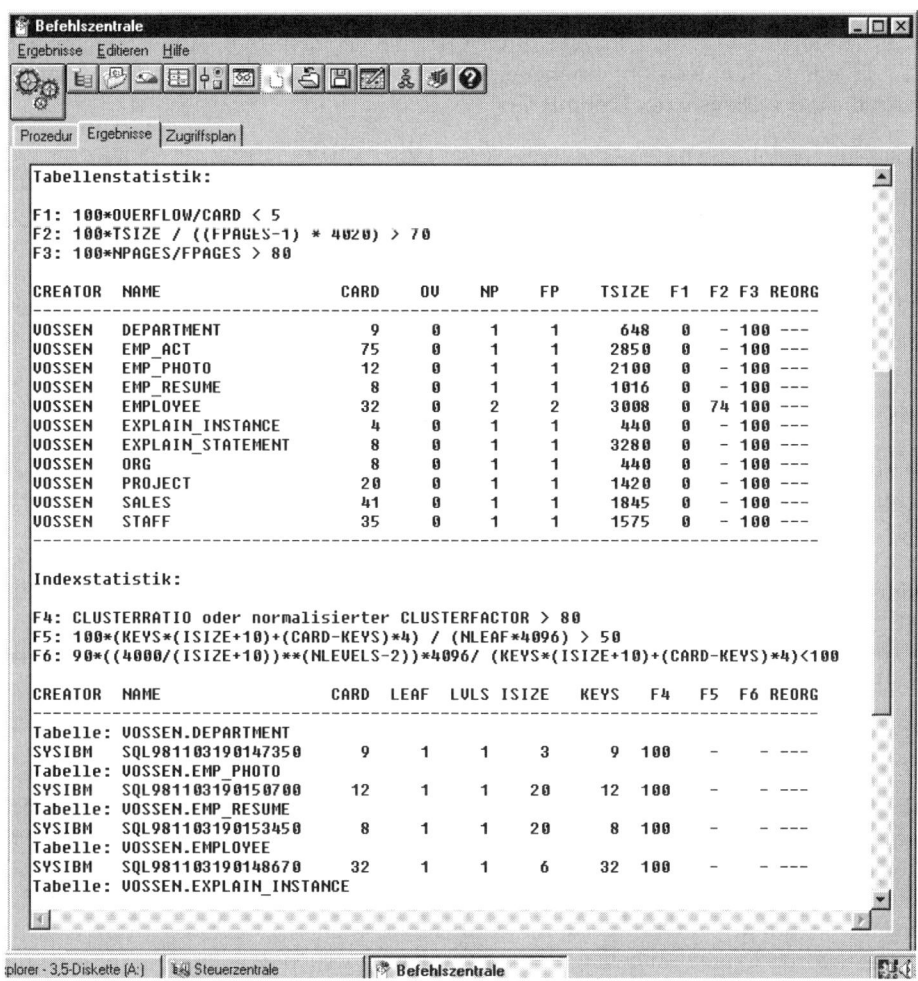

Abbildung 10.14:
Beispiel eines mit dem REORGCHK-Befehl erzeugten Reports

UDB stellt ein mächtiges Werkzeug mit dem Namen *Explain* zur Verfügung, das eine Inspektion der vom Optimierer zur Ausführung von SQL-Anweisungen erzeugten Pläne ermöglicht. Wenn man die Explain-Hilfe einschaltet, werden detaillierte Informationen über Zugriffspläne erfaßt und in einer Sammlung von Datenbanktabellen abgelegt, die als die *Explain-Tabellen* bezeichnet werden. Man kann dann die Explain-Tabellen direkt mit SQL anfragen, oder man kann sich die Pläne in graphischer Form anzeigen lassen, und zwar über das von der Steuerzentrale bereitgestellte *Visual Explain*. Durch Untersuchen von Plänen mittels Explain erhält man Einblick in die Effizienz von SQL-Anweisungen, und man kann lernen, die Indizes vom System tatsächlich benutzt werden. Diese Information kann wiederum zur Leistungsverbesserung des Systems genutzt werden, etwa durch Löschen unnötiger Indizes oder Erzeugen neuer zwecks Unterstützung häufig ausgeführter Anweisungen.

Explain wirkt nur auf solche SQL-Anweisungen, für die es optimierte Pläne gibt: SE-LECT, INSERT, DELETE, UPDATE und VALUES. Andere SQL-Anweisungen wie CREATE oder DROP werden in naheliegender Weise unmittelbar ausgeführt und bedürfen nicht der Dienste des Optimierers.

Bevor man Explain verwenden kann, muß man die Explain-Tabellen erzeugen, die die Einzelheiten von Zugriffsplänen aufnehmen sollen. Man kann dies dadurch bewerkstelligen, daß man eine Verbindung zur gewünschten Datenbank herstellt und die in der Datei `sqllib/misc/EXPLAIN.DDL` enthaltenen CREATE TABLE-Anweisungen ausführt. Beispielsweise lassen sich die Explain-Tabellen in einer Datenbank mit dem Namen TESTDB durch Ausführen der folgenden Befehle aus dem Verzeichnis `sqllib/misc` heraus erstellen:

```
db2 connect to testdb
db2 -tf EXPLAIN.DDL
```

Als Voreinstellung ist der Schemaname der Explain-Tabellen mit der betreffenden Benutzerkennung identisch. (Jeder Benutzer des Systems erhält also eigene Explain-Tabellen.) Für jede Anweisung, die optimiert wird, während Explain eingeschaltet ist, enthalten die Explain-Tabellen Informationen darüber, wann und wie die Anweisung optimiert wurde, den Text der Anweisung und den vom Optimierer ausgewählten Zugriffsplan. Diese Informationen werden in Tabellen mit den folgenden Namen bzw. Inhalten abgelegt (eine genauere Beschreibung der Explain-Tabellen findet man in Anhang J der *SQL Reference*):

EXPLAIN_INSTANCE: Jede Zeile repräsentiert ein Paket, in dem eine oder mehrere Anweisungen erklärt (d.h. mit Explain verarbeitet) wurden.

EXPLAIN_STATEMENT: Jede Zeile repräsentiert eine SQL-Anweisung, die erklärt wurde. In dieser Tabelle kann man den ursprünglichen Text der SQL-Anweisung und deren Modifikation durch Einbeziehung von Integritätsbedingungen, Triggern und Sichtendefinitionen sehen. Die Spalten dieser Tabelle, die das Paket, Anweisungsnummer und Zeitpunkt der Optimierung identifizieren, können als Schlüssel zum Zugriff auf die anderen Explain-Tabellen benutzt werden, in denen detailliertere Informationen über den Zugriffsplan für eine gegebene Anweisung enthalten sind.

EXPLAIN_OBJECT: Jede Zeile repräsentiert eine der in einem Plan vorkommenden Datenquellen, wie z.B. eine permanente oder temporäre Tabelle oder einen Index.

EXPLAIN_OPERATOR: Jede Zeile repräsentiert eine Operation, wie z.B. »Union« oder »Merge Join«, die vom Optimierer als Teil eines Plans selektiert wurde. Im allgemeinen hat jeder Operator einen oder mehrere Eingabedatenflüsse sowie einen Ausgabedatenfluß.

EXPLAIN_ARGUMENT: Die Zeilen dieser Tabelle enthalten detaillierte Informationen über die einzelnen Operatoren in einem Plan, wie z.B. die zum Sortieren benutzten Spalten oder ob doppelt vorkommende Werte eliminiert werden sollen.

EXPLAIN_STREAM: Jede Zeile repräsentiert einen Datenfluß von einem Operator zu einem anderen oder von einem Objekt zu einem Operator.

EXPLAIN_PREDICATE: Die Zeilen dieser Tabelle geben an, wie die Prädikate der SQL-Anweisung durch die im Plan enthaltenen Operatoren implementiert werden.

 **TIP:** Die einfachste Möglichkeit für mehrere Benutzer, eine Sammlung von Explain-Tabellen gemeinsam zu benutzen, ist, daß jeder seine eigenen Aliasnamen erzeugt. So könnte z.B. jeder Benutzer einen Aliasnamen EXPLAIN_STATEMENT erzeugen, die zur Tabelle SHARED.EXPLAIN_ STATEMENT aufgelöst wird. Jeder teilnehmende Benutzer benötigt natürlich INSERT-sowie SELECT-Privileg an den gemeinsam benutzten Explain-Tabellen.

Wie oben bemerkt, gibt es zwei Möglichkeiten, mit Explain Informationen über Zugriffspläne zusammenzutragen und anzuzeigen:

1. Man kann Explain zum Sammeln von detaillierter Planinformation in den Explain-Tabellen verwenden, die man dann über SQL-Anfragen untersucht. Dies wird als *Tabular* (tabellenbasiertes) *Explain* bezeichnet. Da man jetzt die Mächtigkeit von SQL zum Untersuchen von Sammlungen von Plänen zur Verfügung hat, ist diese Methode empfehlenswert, wenn man globale Informationen benötigt, etwa alle Pläne, die einen bestimmten Index benutzen.

2. Man kann mit Explain Planinformation in Form eines *Visual Explain Snapshot* (»Explain-Momentaufnahme«) sammeln, die in einer Blob-Spalte der Tabelle EXPLAIN_STATEMENT gespeichert wird. Die Momentaufnahmen-Information liegen in einem internen Format vor, das die Steuerzentrale in graphischer Form anzeigen kann. Diese Methode ist der einfachste Weg, die Einzelheiten eines gegebenen Plans zu visualisieren und zu verstehen.

UDB bietet dem Benutzer unabhängige Kontrolle über Tabular Explain und über Visual Explain, so daß man wählen kann, ob man beide Arten von Planinformationen wünscht oder nur eine davon. Diese Kontrollmöglichkeit besteht über die Bindeoptionen EXPLAIN und EXPLSNAP sowie über die speziellen Register CURRENT EXPLAIN MODE und CURRENT EXPLAIN SNAPSHOT. Die Bindeoptionen, die in PREP- und BIND-Befehlen verwendet werden können, kontrollieren das Sammeln von Explain-Information während des Bindens eines Anwendungsprogramms. Die speziellen Register dagegen kontrollieren das Sammeln von Explain-Information während der Verarbeitung dynamischer SQL-Anweisungen. Die möglichen Werte von mit Explain zusammenhängenden Bindeoptionen und speziellen Registern sind in Tabelle 10.4 gezeigt.

 **TIP:** Man denke daran, die Werte der mit Explain zusammenhängenden speziellen Register auf NO zurückzusetzen, sobald die benötigte oder gewünschte Explain-Information vorliegt. Ansonsten setzt das System das Sammeln von Explain-Information über alle dynamischen SQL-Anweisungen fort, die man ausführt, und diese Information beansprucht in der Datenbank erheblichen Speicherplatz.

	Tabular Explain	**Visual Explain**
PREP- und BIND-Optionen	Option EXPLAIN. Werte: NO: Es werden keine Tabular Explain-Daten für SQL-Anweisungen in diesem Programm erfaßt (ist die Voreinstellung). YES: Erfasse Tabular Explain-Daten für die statischen SQL-Anweisungen in diesem Programm. ALL. Erfasse Tabular Explain-Daten sowohl für statische als auch für dynamische SQL-Anweisungen in diesem Programm, ohne Rücksicht auf den Wert von CURRENT EXPLAIN MODE.	Option EXPLSNAP. Werte: NO: Es werden keine Snapshot-Daten für SQL-Anweisungen in diesem Programm erfaßt (ist die Voreinstellung). YES: Erfasse Snapshot-Daten für die statischen SQL-Anweisungen in diesem Programm. ALL. Erfasse Snapshot-Daten sowohl für statische als auch für dynamische SQL-Anweisungen in diesem Programm ohne Rücksicht auf den Wert von CURRENT EXPLAIN SNAPSHOT.
Spezielle Register	CURRENT EXPLAIN MODE. Werte: NO: Es werden keine Tabular Explain-Daten für dynamische SQL-Anweisungen erfaßt (ist die Voreinstellung). YES: Erfasse Tabular Explain-Daten für dynamische SQL-Anweisungen und führe sie aus. EXPLAIN. Erfasse Tabular Explain-Daten für dynamische SQL-Anweisungen, aber führe sie nicht aus.	CURRENT EXPLAIN SNAPSHOT. Werte: NO: Es werden keine Snapshot-Daten für dynamische SQL-Anweisungen erfaßt (ist die Voreinstellung). YES: Erfasse Snapshot-Daten für dynamische SQL-Anweisungen und führe sie aus. EXPLAIN. Erfasse Snapshot-Daten für dynamische SQL-Anweisungen, aber führe sie nicht aus.

Tabelle 10.4:
Optionen zur Kontrolle von Explain

Wie in Kapitel 3 beschrieben, ist die einfachste Möglichkeit, sich einen Zugriffsplan für eine einzelne SQL-Anweisung anzusehen, über die Befehlszentrale zu gehen. Man kann die betreffende SQL-Anweisung einfach über die Prozedur-Oberfläche der Befehlszentrale eintippen und den Menüpunkt *Zugriffsplan erstellen* anwählen, um über Visual Explain einen Graphen zu erhalten, der den Zugriffsplan für die Anweisung anzeigt, wie in Abbildung 3.3 illustriert.

Die einfachste Möglichkeit, die vom Optimierer für ein Anwendungsprogramm gewählten Zugriffspläne zu sehen, ist über die Steuerzentrale. Man wähle das Paket für das betreffende Anwendungsprogramm in der Anzeige der Steuerzentrale und rufe die Aktion *Mit EXPLAIN bearbeitbare Anweisungen anzeigen (Show Explainable Statements)* auf. Falls das Programm mit eingeschalteter EXPLAIN- oder EXPLSNAP-Option gebunden wurde, sieht man sodann eine Liste der SQL-Anweisungen in dem Programm, wie in Abbildung 10.15 gezeigt. Durch Doppelklick auf eine dieser Anweisungen (oder durch Selektieren der Anweisung und Auslösen von *Show Access Plan* im Menü *Statement*) kann man sich mit Visual Explain den Graphen für diese Anweisung zeigen lassen, wie in Abbildung 10.16 für die Anweisung mit der Statement-Nummer 130 aus Abbildung 10.15 illustriert.

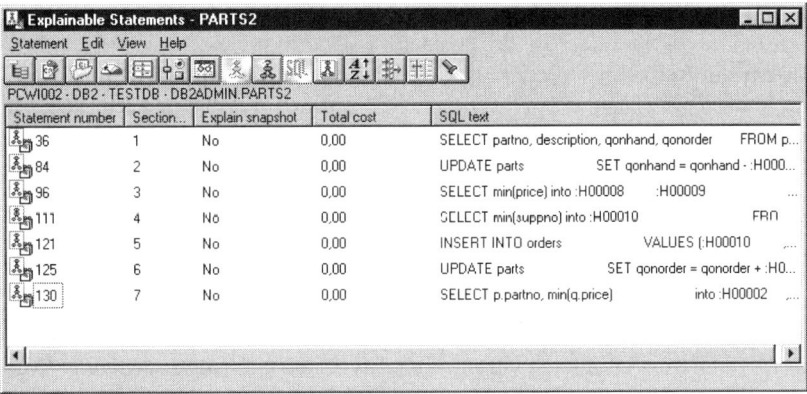

Abbildung 10.15:
Liste mit EXPLAIN bearbeitbarer Anweisungen in einem Paket

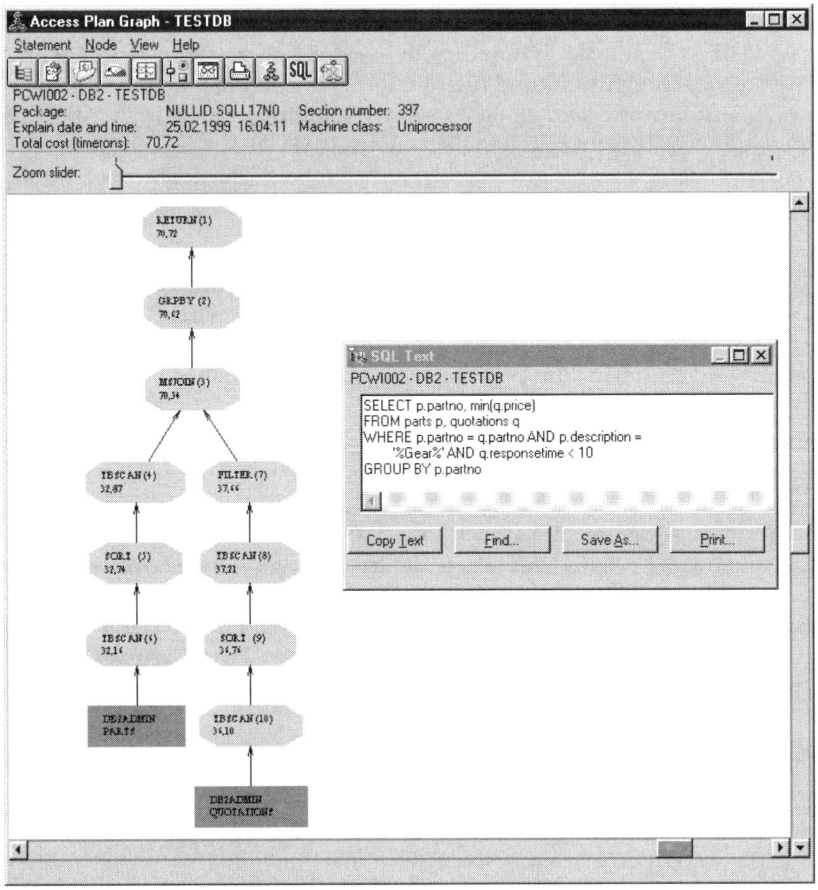

Abbildung 10.16:
Visual Explain für eine Anweisung in einem Paket

10.9 Überwachen der Datenbank

UDB verfügt über ein mächtiges Werkzeug für System- und Datenbankadministratoren, den sogenannten *Datenbank-Systemmonitor*. Mit diesem Werkzeug kann sich ein Administrator umfassende Informationen über den Zustand des Datenbanksystems verschaffen und Informationen über Ereignisse sammeln, die im Laufe eines bestimmten Zeitraums auftreten. Diese Informationen können zur Abstimmung der Leistung sowie zur Diagnose von Problemen nützlich sein. Wir haben hier lediglich Platz für einen Überblick über die Möglichkeiten des Datenbank-Systemmonitors; eine vollständigere Beschreibung findet man im *System Monitor Guide and Reference*.

Der Datenbank-Systemmonitor besteht de facto aus zwei separaten Arten von Monitoren mit unterschiedlichen, wenngleich verwandten Zwecken: ein *Snapshot Monitor* (Momentaufnahmenüberwachung) und eine Sammlung von *Ereignismonitoren (Event Monitors)*. Es gibt nur einen Snapshot Monitor; man kann diesen auf einfache Weise einschalten, so daß er verschiedene meßbare Quantitäten in der Datenbank protokolliert und wie sich diese als Funktion der Zeit verändern. Ereignismonitore können demgegenüber von einem Datenbankadministrator zur Protokollierung spezifischer möglicher Ereignisse wie z.B. Deadlocks erzeugt werden. Jeder Ereignismonitor überwacht eine andere Menge von Ereignissen, und die Monitore können unabhängig voneinander gestartet oder gestoppt werden. Beide Arten von Monitoren können über Befehle oder über Anwendungsprogrammschnittstellen kontrolliert werden, jedoch ist der einfachste Weg, sie zu steuern, über die graphische Benutzeroberfläche der Steuerzentrale, was in den folgenden Abschnitten beschrieben wird.

Als Datenbankadministrator sollte man sich darüber im klaren sein, daß eine Überwachung jeder Quantität oder jedes Ereignisses einen kleinen, aber kumulativen Effekt auf die Systemleistung hat. Daher ist es eine durchaus sinnvolle Strategie, eine gezielte Überwachung während periodischer »Tune-Up-Phasen« zur Lösung spezieller Probleme einzusetzen und ansonsten die Überwachung minimal zu halten.

10.9.1 Die Momentaufnahmenüberwachung (Snapshot Monitor)

Der Zweck der Momentaufnahmenüberwachung ist die Bereitstellung von Informationen über den Zustand von UDB und der Daten, die es kontrolliert, sowie ein Hinweisen auf abnormale Situationen. Diese Informationen werden in Form einer Serie von *Momentaufnahmen (Snapshots)* geliefert, von denen jede den Zustand des Systems und seiner Datenbanken zu einem bestimmten Zeitpunkt repräsentiert. Ein Datenbankadministrator kann die Häufigkeit von Momentaufnahmen und den Umfang der dabei zusammengetragenen Informationen bestimmen.

Die Momentaufnahmenüberwachung hat eine große Zahl vordefinierter *Elemente*, die sie messen kann. Einige dieser Elemente sind Zähler, etwa die Anzahl von Malen, die ein Deadlock aufgetreten ist. Andere repräsentieren den aktuellen Wert von etwas, wie die Anzahl der Applikationen, die mit einer Datenbank verbunden sind. Wieder andere repräsentieren eine Zeitmarke, zu der etwas passiert ist, etwa die Zeit, wann die letzte Transaktion abgeschlossen wurde. Noch andere repräsentieren den höchsten protokollierten Wert von etwas, wie die maximale Größe des Datenbank-Heaps.

Die Momentaufnahmenüberwachung bietet dem Datenbankadministrator eine große Flexibilität bei der Auswahl zu sammelnder Informationen. Ein Administrator kann das Zusammentragen von Informationen über jedes der folgenden Objekte unabhängig voneinander ein- oder ausschalten:

▶ ein UDB-Exemplar

▶ eine Datenbank

▶ jeden Tabellenbereich innerhalb einer Datenbank

▶ jede einzelne Tabelle innerhalb einer Datenbank

▶ alle Verbindungen zu einer spezifischen Datenbank

Für jede Art von Objekt in der obigen Liste können verschiedene Kategorien von Messungen unabhängig voneinander kontrolliert werden. Beispielsweise kann ein Administrator innerhalb einer Datenbank das Sammeln von Informationen über SQL-Anweisungen, Pufferpoolaktivität, Sperren und Deadlocks sowie andere Kategorien an- oder abschalten. Innerhalb jeder Kategorie sammelt die Momentaufnahmenüberwachung verschiedene Meßwerte. Ist z.B. die Überwachung von SQL-Anweisungen für eine gegebene Datenbank eingeschaltet, zählt der Snapshot Monitor separat SELECT-Anweisungen, Datenmanipulations- sowie Datendefinitionsanweisungen, COMMIT-Anweisungen, dynamische Anweisungen, nicht erfolgreiche Statements und verschiedene andere Typen von Anweisungen.

Das Verhalten der Momentaufnahmenüberwachung wird durch ein *Überwachungsprofil (Monitor Profile)* bestimmt. Ein Überwachungsprofil spezifiziert die Intervalle zwischen Momentaufnahmen, die Objekttypen, die überwacht werden, und die Informationskategorien, die für jeden Objekttyp ein- oder ausgeschaltet sind. Für eingeschaltete Kategorien kann das Überwachungsprofil eine obere und eine untere Alarmgrenze für jedes gemessene Element festlegen und die Aktion (wie z.B. ein hörbarer Alarm oder eine Pop-up-Nachricht), die auszuführen ist, wenn ein Element seine obere oder untere Grenze überschreitet. Ein Administrator kann z.B. festlegen, daß immer dann, wenn die Momentaufnahmenüberwachung mehr als 10 Zurücksetzungen (Rollbacks) pro Sekunde in einer bestimmten Datenbank entdeckt, ein Alarm ausgelöst wird. Ein Überwachungsprofil erlaubt einem Administrator ferner eine Definition von aus den gemessenen Elementen berechneten Formeln sowie eine Festlegung von Ober- und Untergrenzen für diese Formeln. UDB verfügt über ein voreingestelltes Überwachungsprofil mit dem Namen db2smpv, in dem das Überwachungsintervall 20 Sekunden beträgt und sämtliche Informationskategorien eingeschaltet sind. Durch Kopieren dieses Profils und Verändern der Kopien kann ein Administrator andere benannte Profile für unterschiedliche Zwecke erzeugen.

Wie in Abbildung 10.7 angedeutet, zeigt die Steuerzentrale eine Hierarchie, in der manche Einträge generische Objekttypen (wie *Datenbanken*) sind und andere spezifische Objekte (wie *TESTDB*). Die generischen Einträge mit den Bezeichnungen *Datenbanken, Tabellen, Tabellenbereiche* und *Verbindungen* verfügen alle über eine Aktion *Zusammenfassung der Überwachung anzeigen (Show Monitor Summary)*. Diese Aktion zeigt eine Zusammenfassung aller derjenigen Objekte des betreffenden Typs, die aktuell überwacht werden, sowie die für jedes Objekt in der letzten Momentaufnahme erfaßten Messungen. Als Beispiel zeigt Abbildung 10.17 eine Überwachungszusammenfassung für Tabellen mitsamt der letzten Messungen für verschiedene Tabellen.

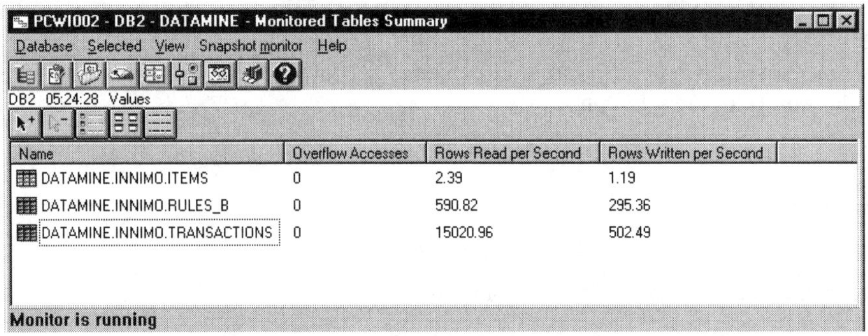

Abbildung 10.17:
Snapshot Monitor Summary-Anzeige

Die Elemente der Steuerzentralenhierarchie, die ein spezifisches UDB-Exemplar, eine Datenbank, eine Tabelle, einen Tabellenbereich oder eine Verbindung darstellen, unterstützen ferner Aktionen, die die Momentaufnahmenüberwachung kontrollieren. Für jedes spezifische Objekt wird der Snapshot Monitor über *Überwachung starten (Start Monitoring)* und *Überwachung stoppen (Stop Monitoring)* veranlaßt, mit dem Protokollieren von Informationen über das betreffende Objekt zu beginnen bzw. damit aufzuhören. Die Aktion *Überwachungsprofil anzeigen (Show Monitor Profile)* kann zum Anzeigen und Verändern des Überwachungsprofils, das die über ein gegebenes Objekt zu sammelnden Informationen bestimmt, verwendet werden. Die Aktion *Einzelangaben der Überwachung anzeigen (Show Monitor Details)* liefert eine genauere Anzeige der über ein bestimmtes Objekt gesammelten Informationen, mitsamt nicht nur der jüngsten Meßwerte, sondern auch deren jeweiligen Durchschnitt, Maximum und Minimum sowie die jeweils festgelegte Ober- und Untergrenze.

Ein Beispiel einer Überwachungsdetailanzeige (*Performance Details*) für eine Datenbank ist in Abbildung 10.18 gezeigt. Jede Zeile der Anzeige beschreibt eine von der Momentaufnahmenüberwachung gemessene Variable. Das Symbol am linken Rand jeder Zeile zeigt den Status der Variablen an: Eine grüne Box steht für einen normalen Wert, ein roter Pfeil nach oben für einen Obergrenzenalarm und ein roter Pfeil nach unten für einen Untergrenzenalarm. Über den Menüpunkt *Database* in der linken oberen Ecke der Anzeige kann ein Administrator alle Zähler für die betreffende Datenbank auf 0 zurücksetzen (Aktion *Reset Counter*).

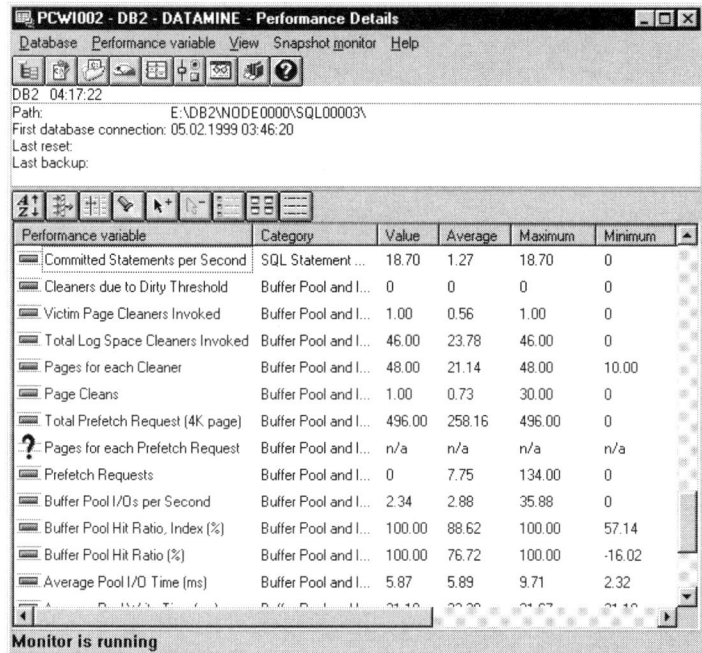

Abbildung 10.18:
Snapshot Monitor Detailanzeige

Durch Selektieren einer oder mehrerer Variablen aus der Überwachungsdetailanzeige und Öffnen des Menüs *Performance Variable* kann sich ein Administrator in Form eines Graphen zeigen lassen, wie sich die betreffende Variable als Funktion der Zeit während der letzten Momentaufnahmen verändert hat. Als Beispiel zeigt der Graph in Abbildung 10.19, wie die Anzahl von in einer gegebenen Datenbank freigegebenen SQL-Anweisungen pro Sekunde (die erste in Abbildung 10.18 gezeigte Leistungsvariable) über einen Zeitraum von mehreren Minuten geschwankt hat.

Überschreitet eine überwachte Variable die in ihrem Überwachungsprofil festgelegte obere oder untere Alarmgrenze, können mehrere Dinge passieren. Falls durch das Überwachungsprofil erkannt, ertönt ein hörbarer Alarm, und ein Fenster mit einer Nachricht, die das Ereignis beschreibt, klappt auf. Das Symbol in der Anzeige der Steuerzentrale, das das Objekt darstellt, in dem die abnormale Messung gemacht wurde, färbt sich rot, was bedeuten soll, daß sich das Objekt im Alarmzustand befindet. Eine Beschreibung des Ereignisses wird protokolliert und kann über das Journal, wie in Abschnitt 3.1.3 beschrieben, abgerufen werden. Ein weiteres graphisches Werkzeug, die Alert-Zentrale, zeigt kontinuierlich eine Liste aller Objekte an, die sich im Alarmzustand befinden. Abbildung 10.20 ist ein Beispiel einer Anzeige der Alert-Zentrale, die die Datenbank DATAMINE, einen ihrer Tabellenbereiche sowie eine ihrer Tabellen im Alarmzustand zeigt. Durch einen Doppelklick auf eines der dort angezeigten Objekte kann ein Administrator direkt zu einer Überwachungsdetailanzeige (vergleiche Abbildung 10.18) wechseln, wo die Gründe für den Alarmzustand zu erkennen sind.

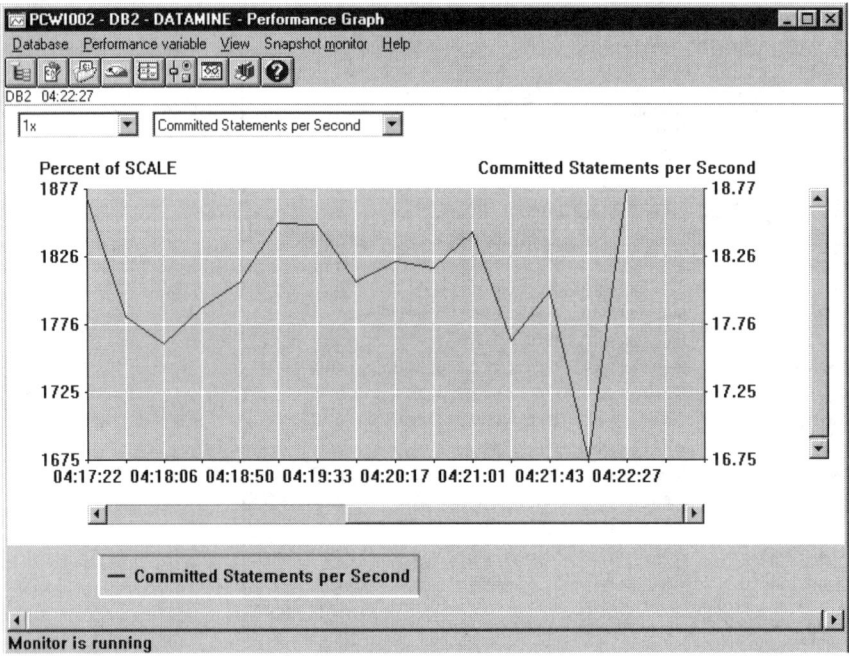

Abbildung 10.19:
Graphische Anzeige des Snapshot Monitors

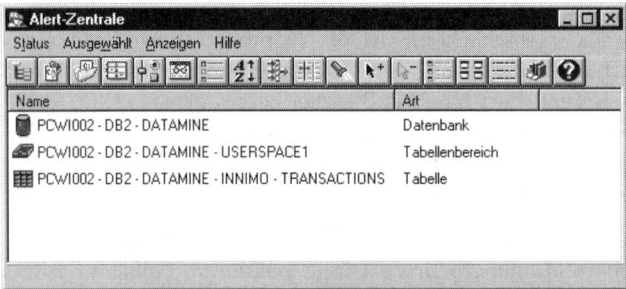

Abbildung 10.20:
Anzeige der Alert-Zentrale

10.9.2 Ereignismonitore

Der Zweck eines Ereignismonitors ist das Protokollieren des Vorkommens spezifischer Typen von Ereignissen und das Weiterleiten eines solchen Protokolls an eine Datei oder eine Pipe. Benutzer können zur Überwachung unterschiedlicher Typen von Ereignissen eine Reihe von Ereignismonitoren erzeugen und jeden davon unabhängig von den anderen aktivieren oder deaktivieren. Ereignismonitore unterscheiden sich von der Momentaufnahmenüberwachung in folgenden Aspekten:

1. Jeder Ereignismonitor ist darauf getrimmt, einen bestimmten Ereignistyp zu überwachen, der für den Benutzer, der den Monitor erzeugt hat, von Interesse ist.

2. Anstatt einen »Schappschuß« des Zustands des Datenbanksystems zu einem bestimmten Zeitpunkt zu liefern, liefert ein Ereignismonitor eine kontinuierliche Folge von Berichten über Ereignisse so, wie diese auftreten.

3. Ein Ereignismonitor wird in einer bestimmten Datenbank erzeugt und überwacht dann nur in dieser Datenbank Ereignisse (im Unterschied zum Snapshot Monitor, der Ereignisse über Datenbankgrenzen hinweg überwachen kann).

Zum Erzeugen und Benutzen eines Ereignismonitors benötigt man SYSADM- oder DBADM-Autorisierung auf der Datenbank, in der Ereignisse überwacht werden sollen. Wie die Momentaufnahmenüberwachung können Ereignismonitore über die Steuerzentrale kontrolliert werden. Jede benannte Datenbank in der Hierarchie der Steuerzentrale verfügt über eine Aktion *Ereignisse überwachen (Monitor Events)*, die eine Zusammenfassung aller Ereignismonitore anzeigt, die in der betreffenden Datenbank definiert wurden, wie in Abbildung 10.21 gezeigt. Jeder Ereignismonitor hat einen Namen und einen Status. *Started* bedeutet, daß der Monitor aktiv Ereignisse überwacht und diese in dem angegebenen Verzeichnis protokolliert.

Während man die Zusammenfassung der Ereignisüberwachung für eine gegebene Datenbank betrachtet, kann man auch neue Ereignismonitore für diese anlegen, und zwar über das Pull-down-Menü *Event Monitor* und dort die Aktion *Create*. Daraufhin wird ein Fenster wie das in Abbildung 10.22 gezeigte geöffnet, in dem man den Namen des Ereignismonitors, den Typ des zu überwachenden Ereignisses und (optional) das Verzeichnis, in das Protokolle von Ereignissen geschrieben werden, spezifizieren kann. Zusätzlich zum allgemeinen Typ des zu überwachenden Ereignisses kann man einen Filter festlegen, der die Ereignisse auf solche beschränkt, die von einem bestimmten Benutzer oder einer bestimmten Applikation angestoßen werden. So wird in dem in Abbildung 10.22 gezeigten Fenster gerade ein Ereignismonitor mit dem Namen MONITOR4 definiert, der Informationen über alle SQL-Anweisungen, die von Benutzer GRUNDY ausgeführt werden, sammelt.

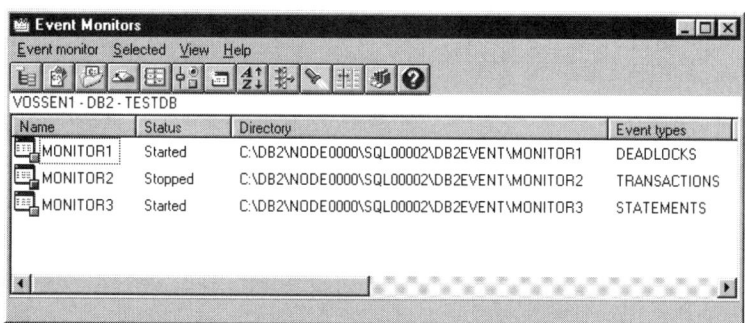

Abbildung 10.21:
Zusammenfassung der Ereignismonitore für eine gegebene Datenbank

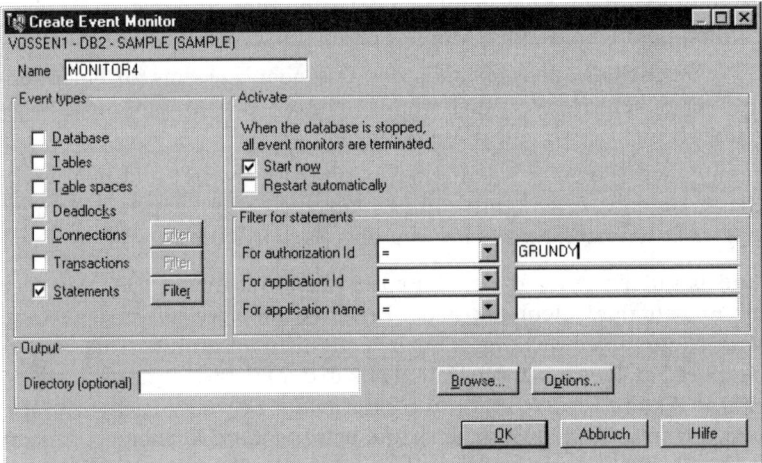

Abbildung 10.22:
Erzeugen eines Ereignismonitors

Die in Abbildung 10.21 gezeigte Zusammenfassung der Ereignismonitore ermöglicht ferner eine Kontrolle spezifischer Ereignismonitore durch Auswahl dieser in der Anzeige, Öffnen des Menüs *Selected* und Auswählen einer Aktion. Auf diese Weise kann man den betreffenden Ereignismonitor starten oder stoppen, seine Definition aus der Datenbank entfernen oder seine Ergebnisse ansehen. Falls man die Aktion *View Event Monitor Files* wählt, sieht man eine Liste von Zeiträumen, während derer der betreffende Ereignismonitor gelaufen ist. Durch einen Doppelklick auf einen dieser Zeiträume wird eine Liste aller von dem Monitor während dieses Zeitraums protokollierten Ereignisse angezeigt. Als Beispiel zeigt Abbildung 10.23 eine Liste von Protokolleinträgen über auf einer bestimmten Datenbank ausgeführte SQL-Anweisungen; diese könnten von dem in Abbildung 10.22 erzeugten Ereignismonitor zusammengetragen worden sein.

Das Format der Protokolleinträge, die von Ereignismonitoren erzeugt werden, sowie weitere Informationen darüber, wie diese verarbeitet werden können, findet man im *System Monitor Guide and Reference*.

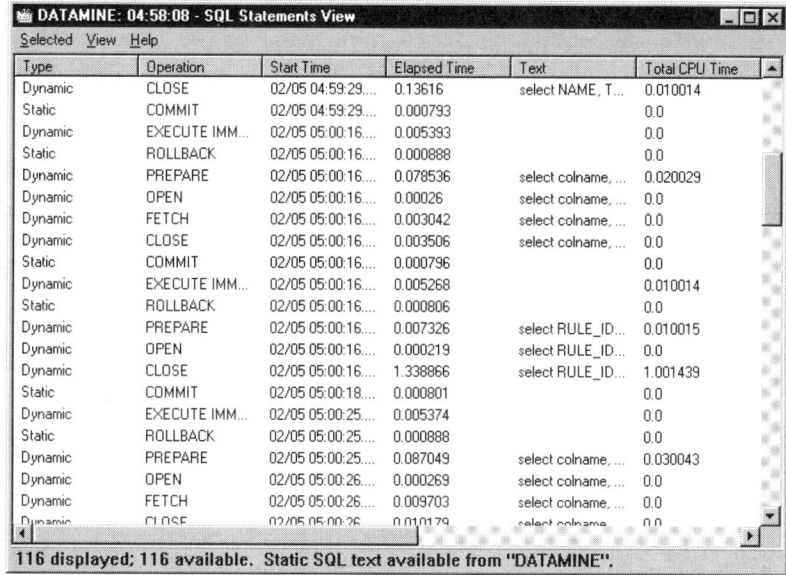

Abbildung 10.23:
Ausgabe eines Ereignismonitors

Spezielle Register

Spezielle Register enthalten Werte, die vom System unterhalten werden und die Umgebung beschreiben und kontrollieren, in der eine SQL-Anweisung ausgeführt wird. UDB unterhält die folgenden speziellen Register:

CURRENT DATE (Datentyp: Date)

Dieses Register enthält das Datum, an dem das aktuelle Statement ausgeführt wird. Die Datumsinformation wird vom Betriebssystem bezogen und kann nicht manuell gesetzt werden.

CURRENT DEGREE (Datentyp: Char(5))

Dieses Register kann zum Setzen einer Höchstgrenze für den Grad an Intrapartitionsparallelismus, der bei dynamischen SQL-Anweisungen benutzt wird, verwendet werden. Als zulässige Werte kommen ganze Zahlen zwischen 1 und 32.767, dargestellt als Zeichenreihe, oder das Wort ANY in Frage, wobei letzterer Wert es UDB erlaubt, den verwendeten Grad an Parallelität selbst zu wählen. Der Grad an Intrapartitionsparallelismus kann auch durch die Konfigurationsparameter MAX_QUERYDEGREE sowie INTRA_PARALLEL des Datenbankmanagers begrenzt werden.

Der Wert des CURRENT DEGREE-Registers kann durch eine Anweisung wie die folgende gesetzt werden:

```
SET CURRENT DEGREE = 'ANY';
```

Der für das Register voreingestellte Wert wird vom Datenbank-Konfigurationsparameter DFT_DEGREE bestimmt, der seinerseits den Wert 1 als Voreinstellung hat.

CURRENT EXPLAIN MODE (Datentyp: Char(8))

Dieses Register kontrolliert das Zusammentragen von Daten in den Explain-Tabellen für dynamische SQL-Anweisungen. Daten in Explain-Tabellen (»Tabular Explain«) beschreiben den vom Optimierer für eine gegebene SQL-Anweisung gewählten Zugriffsplan. Da diese Daten in Tabellen (den Explain-Tabellen) gespeichert sind, kann auf sie mit SQL-Anweisungen zugegriffen werden. Das Format der Explain-Tabellen wird im Handbuch *Administration Guide* beschrieben. Meistens ist das Sammeln von Snapshot-Daten (vgl. Kapitel 10) zur Analyse eines Zugriffsplans einfacher als das Sammeln von Daten für Explain-Tabellen (vgl. spezielles Register CURRENT EXPLAIN SNAPSHOT).

Der Wert des Registers CURRENT EXPLAIN MODE kann durch eine Anweisung wie die folgende gesetzt werden:

```
SET CURRENT EXPLAIN MODE = YES;
```

Die möglichen Werte für CURRENT EXPLAIN MODE sind:

▶ NO: Es werden keine Daten für Explain-Tabellen gesammelt (Voreinstellung).

▶ YES: Für dynamische SQL-Anweisungen werden Daten für die Explain-Tabellen gesammelt, und die Anweisungen werden ausgeführt.

▶ EXPLAIN: Für dynamische SQL-Anweisungen werden Daten für die Explain-Tabellen gesammelt, jedoch werden die Anweisungen nicht ausgeführt.

Das Register CURRENT EXPLAIN MODE hat nur für dynamische SQL-Anweisungen eine Bedeutung. Eine Kontrolle über das Sammeln von Daten für die Explain-Tabellen bei statischen SQL-Anweisungen liefert die EXPLAIN-Option der Befehle PREP und BIND.

CURRENT EXPLAIN SNAPSHOT (Datentyp: Char(8))

Dieses Register kontrolliert das Sammeln von Snapshot-Daten (Momentaufnahmen der Datenbank) für dynamische SQL-Anweisungen. Wie in Abschnitt 10.8.4 beschrieben, können solche Daten von der Steuerzentrale zur Erzeugung einer graphischen Darstellung eines Zugriffsplans verwendet werden. Der Wert dieses Registers kann durch einen Befehl wie den folgenden gesetzt werden:

```
SET CURRENT EXPLAIN SNAPSHOT = YES;
```

Die möglichen Werte für CURRENT EXPLAIN SNAPSHOT sind:

▶ NO: Es werden keine Snapshot-Daten für dynamische SQL-Anweisungen gesammelt (Voreinstellung).

▶ YES: Für dynamische SQL-Anweisungen werden Snapshot-Daten gesammelt, und die Anweisungen werden ausgeführt.

▶ EXPLAIN: Für dynamische SQL-Anweisungen werden Snapshot-Daten gesammelt, jedoch werden die Anweisungen nicht ausgeführt.

Das Register CURRENT EXPLAIN SNAPSHOT hat nur für dynamische SQL-Anweisungen eine Bedeutung. Eine Kontrolle über das Sammeln von Snapshot-Daten für statische SQL-Anweisungen liefert die EXPLSNAP-Option der Befehle PREP und BIND.

CURRENT FUNCTION PATH (Datentyp: Varchar(254))

Dieses Register enthält eine Liste von Schemata, die zur Auflösung der Namen von Funktionen bzw. Datentypen, die in dynamischen SQL-Anweisungen vorkommen, durchsucht werden. Die Namen dieser Schemata werden in doppelte Hochkommata eingeschlossen und durch Kommata voneinander getrennt. Der Wert dieses Registers kann durch die in Abschnitt 6.3.1 beschriebene Anweisung SET CURRENT FUNCTION PATH gesetzt werden. Als Voreinstellung gilt SYSIBM, gefolgt von SYSFUN, gefolgt vom aktuellen Wert des speziellen Registers USER.

CURRENT NODE (Datentyp: Integer)

Dieses Register ist in einem parallelen Datenbanksystem mit multiplen Partitionen hilfreich. Sein Wert ist gleich der Knotennummer des Koordinatorknotens der betreffenden Applikation (der Knoten, mit dem die Applikation verbunden ist). Ist man nicht mit einer partitionierten Datenbank verbunden, so ist der Wert des Registers 0.

CURRENT QUERY OPTIMIZATION (Datentyp: Integer)

Dieses Register spezifiziert die Klasse von Optimierungstechniken, die zur Vorbereitung von dynamischen SQL-Anweisungen für die Ausführung benutzt werden (eine Optimierung von statischen SQL-Statements wird über die Bindeoption QUERYOPT kontrolliert). Dem Register kann mit einer Anweisung wie der folgenden ein Wert zugewiesen werden:

```
SET CURRENT QUERY OPTIMIZATION = 5;
```

Gültige Werte für CURRENT QUERY OPTIMIZATION sind 0, 1, 2, 3, 5, 7 und 9 (die einzelnen Bedeutungen dieser Werte werden in Abschnitt 10.8.1 erläutert). Je höher der Wert ist, desto mehr Zeit und Speicherplatz verwendet der Optimierer zur Bestimmung eines optimalen Zugriffsplans, was potentiell zu besseren Plänen und damit besseren Laufzeiten führt. Die Randwerte 0 und 9 sollten dabei mit Vorsicht gebraucht werden, da sie zu suboptimalen Plänen bzw. zu langen Optimierungszeiten führen können. Der Wert 5 ist für die meisten Anwendungen ein guter Kompromiß. Der voreingestellte Wert dieses Registers hängt vom Datenbank-Konfigurationsparameter DFT_ QUERYOPT ab, der seinerseits den Wert 5 voreingestellt hat.

CURRENT SERVER (Datentyp: Varchar(18))

Dieses Register enthält den Namen der Datenbank, mit der eine gegebene Applikation aktuell verbunden ist. Datenbankverbindungen werden über das CONNECT-Kommando kontrolliert (vgl. Abschnitt 2.7.2). Falls man mit einer Datenbank verbunden ist, für die ein Alias definiert wurde, so enthält CURRENT SERVER den ursprünglichen Namen der Datenbank (auf dem Server, auf dem sie liegt) und nicht etwa das Alias.

CURRENT TIME (Datentyp: Time)

Dieses Register enthält die Tageszeit, zu der das aktuelle SQL-Statement ausgeführt wird. Ein mehrfaches Referenzieren des Registers CURRENT TIME innerhalb derselben SQL-Anweisung liefert stets den gleichen Wert. Der Wert dieses Registers wird vom Betriebssystem geliefert und kann nicht manuell gesetzt werden.

CURRENT TIMESTAMP (Datentyp: Timestamp)

Dieses Register enthält eine bis auf Mikrosekunden genaue Angabe von Datum und Uhrzeit des Beginns der Ausführung der aktuellen SQL-Anweisung. Ein mehrfaches Referenzieren des Registers CURRENT TIMESTAMP innerhalb derselben SQL-Anweisung liefert stets den gleichen Wert. Der Wert dieses Registers wird ebenfalls vom Betriebssystem geliefert und kann nicht manuell gesetzt werden.

CURRENT TIMEZONE (Datentyp: Decimal(6,0))

Dieses Register enthält die Differenz zwischen der *Coordinated Universal Time* (früher als *Greenwich Mean Time* bekannt) und der lokalen Zeit des jeweiligen Servers, und zwar als sechsstellige Dezimalzahl, von der jeweils zwei Stellen die Stunden, Minuten sowie Sekunden angeben. So ist z.B. für Kalifornien im Winter der Wert von CURRENT TIMEZONE gleich –080000. Der Wert dieses Registers wird wieder vom Betriebssystem geliefert und kann nicht manuell gesetzt werden.

USER (Datentyp: Char(8))

Dieses Register enthält die Kennung des Benutzers, der mit der Datenbank verbunden ist und die aktuelle Applikation ausführt. Diese Kennung wird für Autorisierungsüberprüfungen bei dynamischen SQL-Anweisungen, einschließlich solcher, die unter dem CLP ausgeführt werden, verwendet. Für statische SQL-Anweisungen wird eine Autorisierung dagegen für die Benutzerkennung durchgeführt, unter der die betreffende Applikation gebunden wurde; diese ist im allgemeinen vom Inhalt des Registers USER verschieden. Der Wert des Registers USER wird vom Betriebssystem geliefert und kann nicht manuell gesetzt werden.

B Funktionen

SQL kennt zwei Arten von Funktionen, skalare Funktionen und Spaltenfunktionen (Column Functions). Skalare Funktionen haben ein Argument oder mehrere Argumente und geben ein einzelnes Ergebnis zurück. Spaltenfunktionen wirken dagegen auf eine Tabellenspalte, d.h., sie haben als Argument die Werte in einer Spalte und liefern für diese einen einzelnen Wert zurück. Dieser Anhang beschreibt sämtliche eingebauten (integrierten) Funktionen von UDB. Alle vordefinierten Spaltenfunktionen sowie einige der skalaren befinden sich im Schema SYSIBM. Alle weiteren eingebauten skalaren Funktionen befinden sich im Schema SYSFUN. Beide Schemata befinden sich im voreingestellten Funktionspfad, so daß sämtliche vordefinierten Funktionen durch einen einteiligen Namen aufgerufen werden können.

Operatoren wie + und || stellen einen wichtigen Spezialfall skalarer Funktionen dar. Ein Infixoperator wie x + y wird als Aufruf der skalaren Funktion "+"(x,y) betrachtet, entsprechend ein Präfixoperator wie –x als Aufruf von "-"(x). Dieser Anhang beschreibt neben den eingebauten Funktionen von UDB auch die vorhandenen Operatoren.

Jede Funktion wird durch ihre *Signatur* identifiziert, worunter man die Kombination aus ihrem Namen und den Datentypen ihrer Parameter versteht. Die Signaturen sämtlicher eingebauter Funktionen sind unten zusammen mit den jeweiligen Rückgabe-Datentypen angegeben. In vielen Fällen haben Funktionen den gleichen Namen, aber unterschiedliche Signaturen. Ein Funktionsaufruf ist dann gültig, wenn die aktuellen Argumente-Datentypen des Aufrufs mit den Datentypen der formalen Parameter der Funktion übereinstimmen oder damit, durch Propagieren entlang einer der in Abbildung B.1 gezeigten Hierarchien, in Übereinstimmung gebracht werden können.

Smallint → Integer → Decimal → Real → Double

Char → Varchar → Long Varchar → Clob

Graphic → Vargraphic → Long Vargaphic → Dbclob

Abbildung B.1:
Hierarchien zum Propagieren von Funktionsparametern

In den nachfolgenden Funktionssignaturen wird des öfteren auf eine Sammlung verwandter Datentypen Bezug genommen. In solchen Fällen werden die folgenden Symbole benutzt:[1]

---

1. Anmerkung des Übersetzers: In den deutschen UDB-Handbüchern wird das Wort »String« mit »Zeichenreihe« übersetzt sowie das Wort »Duration« mit »Differenz«. Im folgenden verwenden wir »String«, »Zeichenreihe« und »Zeichenkette« sowie »Differenz« und »Dauer« jeweils synonym.

<beliebiger numerischer Datentyp> schließt Smallint, Integer, Decimal, Real und Double ein.

<beliebiger String-Datentyp> schließt Char, Varchar, Long Varchar und Clob ein.

<beliebiger DBCS-Datentyp> schließt Graphic, Vargraphic, Long Vargraphic und Dbclob ein.

<beliebiger eingebauter Datentyp> bezieht sich auf alle Datentypen außer den benutzerdefinierten.

<beliebiger kurzer Datentyp> meint alle Datentypen außer Long Varchar, Long Vargraphic, Blob, Clob und Dbclob.

<beliebiger Datum-Zeit-Datentyp> umfaßt Time, Date und Timestamp.

<Datums-String> meint eine Zeichenreihe vom Typ Char oder Varchar mit mindestens acht Zeichen, die eine String-Darstellung eines Datums in einer der Form »1999-12-31« oder »12/31/1999« oder »31.12.1999« enthält.

<Zeit-String> meint eine Zeichenreihe vom Typ Char oder Varchar mit mindestens vier Zeichen, die eine String-Darstellung einer Zeitangabe in einer der Formen »23:59«, »23:59:00«, »23.59«, »23.59.00«, »11:59 PM« oder »11 PM« enthält.

<Zeitmarken-String> meint eine Zeichenreihe vom Typ Char oder Varchar mit 19 oder 26 Zeichen, die eine String-Darstellung einer Zeitmarke in der Form »1999-12-31-23.59.00« oder »1999-12-31-23.59.00.000000« enthält.

<Datumsdauer> bezeichnet eine Zahl vom Typ Decimal(8,0), die eine Anzahl von Jahren, Monaten und Tagen in der Form JJJJMMTT repräsentiert.

<Zeitdauer> bezeichnet eine Zahl vom Typ Decimal(6,0), die eine Anzahl von Stunden (H), Minuten und Sekunden in der Form HHMMSS repräsentiert.

<Zeitmarkendauer> bezeichnet eine Zahl vom Typ Decimal(20,6), die eine Anzahl von Jahren, Monaten, Tagen, Stunden (H), Minuten, Sekunden sowie Mikrosekunden (n) in der Form JJJJMMTTHHMMSS.nnnnnn repräsentiert.

<derselbe Datentyp> bedeutet, daß der Datentyp des Rückgabewertes der betreffenden Funktion derselbe ist wie der des Arguments, mit der Ausnahme, daß für ein Argument vom Typ Real der Rückgabetyp Double ist.

<Datentyp mit höchstem Rang> bedeutet, daß der Datentyp des Rückgabewertes der betreffenden Funktion derselbe wie der desjenigen Argumenttyps ist, der in der entsprechenden Hierarchie in Abbildung B.1 am weitesten rechts steht.

B.1 Spaltenfunktionen

Jede der nachfolgenden Funktionen operiert auf einer Menge von Werten (auf einer *Spalte*) und produziert ein skalares Ergebnis. In jeder Funktion (bis auf die Funktion grouping) darf dem Argument das Schlüsselwort DISTINCT vorangehen, um anzuzeigen, daß vor Anwendung der Funktion doppelte Werte aus der Argumentspalte zu entfernen sind. Alle Spaltenfunktionen befinden sich im Schema SYSIBM.

avg (*<beliebiger numerischer Datentyp>*) → *<derselbe Datentyp>*

Liefert den Durchschnitt der Werte in der Argumentspalte ungleich dem Nullwert. Das Ergebnis ist null, falls die Argumentspalte keine Werte ungleich null enthält. Ausnahmen hinsichtlich des Datentyps des Ergebnisses sind: Ist das Argument vom Typ Smallint, so ist das Ergebnis vom Typ Integer; ist das Argument vom Typ Real, so ist das Ergebnis vom Typ Double.

count (*<beliebiger Datentyp>*) → Integer

count (*) → Integer

count_big (*<beliebiger Datentyp>*) → Decimal(31,0)

count_big(*) → Decimal(31,0)

Liefert die Anzahl von Werten in der Argumentspalte, die nicht null sind. Die Spezialformen `count(*)` und `count_big(*)` werden zum Zählen der Zeilen einer Tabelle einschließlich solcher mit Nullwerten benutzt. Die Funktion `count_big` ist für Zählungen, deren Ergebnisse nicht mehr als Integer-Zahl dargestellt werden können, vorgesehen.

grouping (*<beliebiger Datentyp>*) → Smallint

Wird zur Unterscheidung regulärer Nullwerte von speziellen benutzt, die im Rahmen der in Abschnitt 5.6 beschriebenen »Supergruppen« als Werte der Form »alle« (als Repräsentant »aller Werte« der betreffenden Gruppe) erzeugt werden. Das Argument der Funktion sollte ein Gruppierungsausdruck sein. Die Funktion liefert 1 lediglich für spezielle Zeilen, für die der Argumentausdruck mit einer übergeordneten Gruppe zusammengefaßt wurde, und sonst 0.

max (*<beliebiger kurzer Datentyp>*) → *<derselbe Datentyp>*

Liefert den maximalen Wert ungleich null der Argumentspalte. Falls die Argumentspalte nur Nullwerte enthält, ist das Ergebnis null.

min (*<beliebiger kurzer Datentyp>*) → *<derselbe Datentyp>*

Liefert den minimalen Wert ungleich null der Argumentspalte. Falls die Argumentspalte nur Nullwerte enthält, ist das Ergebnis null.

stdev (*<beliebiger numerischer Datentyp>*) → Double

Liefert die Standardabweichung einer Spalte von Zahlen (Nullwerte werden dabei ignoriert). Falls die Argumentspalte nur Nullwerte enthält, ist das Ergebnis null.

sum (*<beliebiger numerischer Datentyp>*) → *<derselbe Datentyp>*

Liefert die Summe der Werte in der Argumentspalte, die nicht null sind. Falls die Argumentspalte nur Nullwerte enthält, ist das Ergebnis null. Ausnahmen der Regel für den Datentyp des Ergebnisses sind: Ist das Argument vom Typ Smallint, so ist das Ergebnis vom Typ Integer. Ist das Argument vom Typ Real, so ist das Ergebnis vom Typ Double. Ist das Argument vom Typ Decimal, so ist das Ergebnis vom Typ Decimal präzise 31 Ziffern.

variance (*<beliebiger numerischer Datentyp>*) → Double

var (*<beliebiger numerischer Datentyp>*) → Double

Liefert die Varianz einer Spalte von Zahlen (wobei Nullwerte wieder ignoriert werden). Falls die Argumentspalte nur Nullwerte enthält, ist das Ergebnis null.

B.2 Skalare Funktionen

Die nachfolgend genannten Funktionen heißen skalare Funktionen, weil sowohl ihre Argumente wie auch ihr Ergebnis skalare Werte sind. Einige dieser Funktionen sind in die UDB-Implementierung eingebaut und befinden sich im Schema SYSIBM. Bei anderen handelt es sich um externe Funktionen, die mit dem System ausgeliefert werden und sich im Schema SYSFUN befinden. Das Schema, in dem sich die Funktionen im einzelnen befinden, ist jeweils am Ende der Beschreibung in Klammern angegeben. Die SYSIBM-Funktionen haben im allgemeinen eine bessere Performanz als die SYSFUN-Funktionen. Da die voreingestellten Funktionspfade sowohl das Schema SYSIBM wie das Schema SYSFUN umfassen, kann man jede Funktion ohne Angabe eines Schemanamens im Funktionsaufruf verwenden.

abs (*<beliebiger numerischer Datentyp>*) → *<derselbe Datentyp>*

absval (*<beliebiger numerischer Datentyp>*) → *<derselbe Datentyp>*

Liefert den Absolutbetrag des Arguments. Eine Ausnahme zur Regel, daß der Datentyp von Argument und Ergebnis übereinstimmen, ist, daß das Ergebnis vom Typ Double ist, falls das Argument vom Typ Decimal oder Real ist. (SYSFUN)

acos (Double) → Double

Liefert den Arcuscosinus des Arguments als einen Winkel, ausgedrückt im Bogenmaß. (SYSFUN)

ascii (*<beliebiger String-Datentyp>*) → Integer

Liefert den ASCII-Code des ersten Zeichens des Arguments. (SYSFUN)

asin (Double) → Double

Liefert den Arcussinus des Arguments als einen Winkel, ausgedrückt im Bogenmaß. (SYSFUN)

atan (Double) → Double

Liefert den Arcustangens des Arguments als einen Winkel, ausgedrückt im Bogenmaß. (SYSFUN)

atan2 (Double *x*, Double *y*) → Double

Liefert den Arcustangens des Punktes mit den Koordinaten *x* und *y* als einen Winkel, ausgedrückt im Bogenmaß. (SYSFUN)

blob (*<beliebiger String-Datentyp>*) → Blob

blob (*<beliebiger String-Datentyp>*, Integer *n*) → Blob(*n*)

blob (*<beliebiger DBCS-Datentyp>*) → Blob

blob (*<beliebiger DBCS –Datentyp>*, Integer n) $\rightarrow$ Blob(n)

blob (Blob) $\rightarrow$ Blob

blob (Blob, Integer n) $\rightarrow$ Blob(n)

Konvertiert das erste Argument in einen Blob-Datentyp. Falls angegeben, bestimmt das zweite Argument die maximale Länge des Ergebnisses (mit Abschneiden, falls nötig). (SYSIBM)

ceil (*<beliebiger numerischer Datentyp>*) $\rightarrow$ *<derselbe Datentyp>*

ceiling (*<beliebiger numerischer Datentyp>*) $\rightarrow$ *<derselbe Datentyp>*

Liefert die kleinste ganze Zahl größer oder gleich dem Argument (»obere Gauß-Klammer«). Eine Ausnahme zur Regel, daß die Datentypen von Argument und Ergebnis übereinstimmen, ist, daß das Ergebnis vom Typ Double ist, falls das Argument vom Typ Decimal oder Real ist. (SYSFUN)

char (Date) $\rightarrow$ Char(10)

char (Date, Schlüsselwort k) $\rightarrow$ Char(10)

char (Time) $\rightarrow$ Char(8)

char (Time, Schlüsselwort k) $\rightarrow$ Char(8)

char (Timestamp) $\rightarrow$ Char(26)

Liefert eine Darstellung des Arguments als Zeichenreihe (String). Das optionale Schlüsselwort k bestimmt das Format dieser Darstellung. Zulässige Werte für k, die nicht in Hochkommata eingeschlossen werden müssen, sind ISO, USA, EUR, JIS und LOCAL. (SYSIBM)

char (*<beliebiger String-Datentyp>*) $\rightarrow$ Char( )

char (*<beliebiger String-Datentyp>*, Integer n) $\rightarrow$ Char(n)

Konvertiert das erste Argument in einen Char-Datentyp fester Länge. Das optionale zweite Argument bestimmt die Länge des Ergebnisses (mit Abschneiden oder Auffüllen mit Blanks, falls nötig). Die zulässigen Werte für n liegen zwischen 0 und 254. (SYSIBM)

char (Smallint) $\rightarrow$ Char(6)

char (Integer) $\rightarrow$ Char(11)

char (Decimal) $\rightarrow$ Char( )

char (Decimal, Varchar) $\rightarrow$ Char( )

Liefert eine Darstellung des ersten Arguments als Zeichenreihe vom Typ Char. Falls das erste Argument vom Typ Decimal, das zweite vom Typ Varchar ist, muß es sich bei dem zweiten Argument um ein einzelnes Zeichen handeln, das zur Darstellung des Dezimalpunkts im Ergebnis verwendet wird. (SYSIBM)

char (Double) → Char(24)

Liefert eine Darstellung eines Gleitkommaarguments doppelter Genauigkeit als Zeichenreihe. (SYSFUN)

chr (Integer) → Char(1)

Liefert das Zeichen, dessen ASCII-Codierung mit dem angegebenen Argument übereinstimmt, und null, falls das Argument nicht zwischen 0 und 255 liegt. (SYSFUN)

clob (*<beliebiger String-Datentyp>*) → Clob

clob (*<beliebiger String-Datentyp>*, Integer n) → Clob(n)

Konvertiert das erste Argument in einen Clob-Datentyp. Falls vorhanden, gibt das zweite Argument die maximale Länge des Ergebnisses an (wobei gegebenenfalls abgeschnitten wird). (SYSIBM)

coalesce (*<ein oder mehrere Argumente kompatibler Datentypen>*) → *<Datentyp mit höchstem Rang>*

Liefert den Wert seines ersten Arguments ungleich null oder null, falls alle Argumente null sind. (Man vergleiche Abschnitt 6.6.2 für Regeln zur Kompatibilität von Argument-Datentypen.) coalesce und value sind verschiedene Namen für dieselbe Funktion. (SYSIBM)

concat (*<beliebiger String-Datentyp>*, *<beliebiger String-Datentyp>*) → *<Datentyp mit höchstem Rang>*

concat (*<beliebiger DBCS-Datentyp>*, *<beliebiger DBCS-Datentyp>*) → *<Datentyp mit höchstem Rang>*

concat (Blob, Blob) → Blob

Liefert die Konkatenation (Aneinanderreihung) der beiden Argumente. Ist gleichwertig mit concat oder || als Infixoperator. Falls das Ergebnis nicht im Datentyp mit dem höchsten Rang dargestellt werden kann, wird ein geeigneter Datentyp gewählt. Ergibt z.B. die Konkatenation von zwei Zeichenreihen fester Länge eine Zeichenreihe, die mehr als 254 Zeichen umfaßt, so ist das Ergebnis vom Datentyp Varchar anstelle von Char. (SYSIBM)

cos (Double) → Double

Liefert den Cosinus eines Winkels, ausgedrückt im Bogenmaß. (SYSFUN)

cot (Double) → Double

Liefert den Cotangens eines Winkels, ausgedrückt im Bogenmaß. (SYSFUN)

date (*<Datums-String>*) → Date

Konvertiert das Argument aus der Zeichenreihendarstellung eines Datums in ein echtes Datum. Das Argument kann dabei in einem der folgenden Formate angegeben sein (die Beispiele repräsentieren den letzten Tag des Jahres 1999): (SYSIBM)

"1999-12-31"

"12/31/1999"

"31.12.1999"

1999365"

date (*<beliebiger numerischer Datentyp>*) → Date

Konvertiert das Argument durch Abschneiden in eine ganze Zahl *n* und liefert das Datum, das *n-1* Tage nach dem 1. Januar 0001 liegt. (SYSIBM)

date (Timestamp) → Date

date (*<Zeitmarken-String>*) → Date

Liefert den Datumsanteil des Arguments (SYSIBM).

day (Date) → Integer

day (*<Datums-String>*) → Integer

day (*<Datumsdauer>*) → Integer

day (Timestamp) → Integer

day (*<Zeitmarken-String>*) → Integer

day (*<Zeitmarkendauer>*) → Integer

Liefert den Tagesanteil des Arguments (SYSIBM)

dayname (Date) → Varchar(100)

dayname (*<Datums-String>*) → Varchar(100)

dayname (Timestamp) → Varchar(100)

dayname (*<Zeitmarken-String>*) → Varchar(100)

Liefert den Wochentag, der dem als Argument angegebenen Datum entspricht, als Zeichenreihe (Sonntag, Montag usw.). (SYSFUN)

dayofweek (Date) → Integer

dayofweek (*<Datums-String>*) → Integer

dayofweek (Timestamp) → Integer

dayofweek (*<Zeitmarken-String>*) → Integer

Liefert den Wochentag, der dem als Argument angegebenen Datum entspricht, als Zahl (Sonntag = 1, Montag = 2 usw.). (SYSFUN)

dayofyear (Date) → Integer

dayofyear (*<Datums-String>*) → Integer

dayofyear (Timestamp) → Integer

dayofyear (*<Zeitmarken-String>*) → Integer

Liefert den Tag des Jahres, der dem als Argument angegebenen Datum entspricht, als Zahl zwischen 1 und 366. (SYSFUN)

days (Date) → Integer

days (*<Datums-String>*) → Integer

days (Timestamp) → Integer

days (*<Zeitmarken-String>*) → Integer

Konvertiert das Argument in ein Datum und liefert sodann die Anzahl von Tagen zwischen dem 1. Januar 0001 und diesem Datum plus 1. (SYSIBM)

dbclob (*<beliebiger DBCS- Datentyp>*) → Dbclob

dbclob (*<beliebiger DBCS-Datentyp>*, Integer n) → Dbclob(n)

Konvertiert das erste Argument in einem Dbclob-Datentyp. Falls angegeben, bestimmt das zweite Argument die maximale Länge des Ergebnisses (mit Abschneiden, falls nötig). (SYSIBM)

decimal (*<beliebiger numerischer Datentyp>*) → Decimal(15,0)

decimal (*<beliebiger numerischer Datentyp>*, Integer p) → Decimal(p, 0)

decimal (*<beliebiger numerischer Datentyp>*, Integer p, Integer s) → Decimal(p, s)

Liefert eine Dezimaldarstellung des ersten Arguments mit der angegebenen Genauigkeit p und Skalierung s. Als Synonym für `decimal` kann `dec` benutzt werden. (SYSIBM)

decimal (Varchar) → Decimal(15,0)

decimal (Varchar, Integer p) → Decimal(p, 0)

decimal (Varchar, Integer p, Integer s) → Decimal(p, s)

decimal (Varchar, Integer p, Integer s, Varchar d) → Decimal(p, s)

Das erste Argument ist eine Darstellung einer Dezimalzahl als Zeichenreihe, die in eine echte Dezimalzahl der angegebenen Genauigkeit p und mit s Nachkommastellen konvertiert wird. Falls vorhanden, ist der vierte Parameter ein einzelnes Zeichen, das die Darstellung des Dezimalpunktes im Eingabe-String angibt. Anstelle von `decimal` kann `dec` verwendet werden. (SYSIBM)

degrees (*<beliebiger numerischer Datentyp>*) → Double

Konvertiert den Argumentwinkel von Bogenmaß in Grad. (SYSFUN)

difference (Varchar, Varchar) → Integer

Liefert ein Maß für den Unterschied im Klang der beiden Zeichenreihen, wie er von der Funktion `soundex` berechnet wird. Das Ergebnis ist eine Zahl zwischen 0 und 4, wobei 4 für die weitestgehende Klangübereinstimmung steht. (SYSFUN)

digits (Decimal) → Char( )

Liefert eine Zeichenreihendarstellung fester Länge des Absolutbetrags des Arguments ohne Vorzeichen oder Dezimalpunkt. Es liefert z.B.
digits(-123.45) das Ergebnis "12345". (SYSIBM)

double (*<beliebiger numerischer Datentyp>*) → Double

double_ precision (*<beliebiger numerischer Datentyp>*) → Double

Konvertiert das Argument in eine Gleitkommazahl doppelter Genauigkeit. (SYS-IBM)

double (Varchar) → Double

Falls das Argument eine zulässige Darstellung einer Gleitkommazahl enthält, wird diese zurückgegeben. (SYSFUN)

event_mon_state (Varchar) → Integer

Das Argument ist der Name eines Event-Monitors (der über einen CREATE EVENT MONITOR-Befehl erzeugt wurde). Die Funktion liefert 1, falls der betreffende Monitor aktiv ist, und sonst 0. (SYSIBM)

exp (Double x) → Double

Liefert e^x, wobei x das Argument und e die Basis des natürlichen Logarithmus ist. (SYSFUN)

float (*<beliebiger numerischer Datentyp>*) → Double

Konvertiert das Argument in eine Gleitkommazahl doppelter Genauigkeit. (SYS-IBM)

floor (*<beliebiger numerischer Datentyp>*) → *<derselbe Datentyp>*

Liefert die größte ganze Zahl, die kleiner oder gleich dem Argument ist (»untere Gauß-Klammer«). Eine Ausnahme zur Regel, daß der Datentyp von Argument und Ergebnis übereinstimmen, ist, daß das Ergebnis vom Typ Double ist, falls das Argument vom Typ Decimal oder Real ist. (SYSFUN)

generate_unique ( ) → Char(13) FOR BIT DATA

Gibt einen Wert zurück, der relativ zu allen anderen Aufrufen derselben Funktion eindeutig ist. Dieser Wert basiert auf der Systemuhr und kann als eindeutiger Schlüsselwert beim Einfügen von Zeilen in eine Tabelle benutzt werden. Die von der Funktion gelieferte Zeichenreihe kann durch Übergabe an die Funktion timestamp in eine Zeitmarke gemäß Universal Coordinated Time-Format konvertiert werden. (SYSIBM)

graphic (*<beliebiger DBCS-Datentyp>*) → Graphic

graphic (*<beliebiger DBCS-Datentyp>*, Integer n) → Graphic(n)

Konvertiert das Argument in einen Graphic-Datentyp fester Länge n. Ist keine Länge angegeben, so wird diese aus der des Arguments abgeleitet. (SYSIBM)

hex (*<beliebiger eingebauter Datentyp>*) → Varchar

Liefert eine hexadezimale Darstellung des Argumentwertes. Je zwei Bytes der zurückgegebenen Zeichenreihe repräsentieren ein Byte der internen Darstellung des Argumentwertes. (SYSIBM)

hour (Time) → Integer

hour (*<Zeit-String>*) → Integer

hour (*<Zeitdauer>*) → Integer

hour (Timestamp) → Integer

hour (*<Zeitmarken-String>*) → Integer

hour (*<Zeitmarkendauer>*) → Integer

Liefert den Stundenanteil des Arguments. Falls das Argument eine Zeit, eine Zeitmarke oder eine Zeichenreihe ist, so ist das Ergebnis eine Zahl zwischen 0 und 24. Ist das Argument eine Dauer bzw. Differenz, so ist das Ergebnis eine Zahl zwischen –99 und 99. (SYSIBM)

insert (Varchar x, Integer m, Integer n, Varchar y) → Varchar(4000)

insert (Clob(1M) x, Integer m, Integer n, Clob(1M) y) → Clob(1M)

insert (Blob(1M) x, Integer m, Integer n, Blob(1M) y) → Blob(1M)

Die zurückgegebene Zeichenreihe wird aus der Zeichenreihe x berechnet, und zwar durch Löschen eines Teilstrings bestehend aus n Zeichen ab Stelle m und Ersetzen dessen durch die Zeichenreihe y. (SYSFUN)

integer (*<beliebiger numerischer Datentyp>*) → Integer

integer (Varchar) → Integer

Konvertiert das Argument in eine ganze Zahl, gegebenenfalls durch Abschneiden des dezimalen Anteils. Ist das Argument vom Typ Varchar, muß es sich um die Zeichenreihendarstellung einer ganzen Zahl (z.B. "-123") handeln. Der Funktionsname int kann synonym zu integer verwendet werden. (SYSIBM)

julian_day (Date) → Integer

julian_day (*<Datums-String>*) → Integer

julian_day (Timestamp) → Integer

julian_day (*<Zeitmarken-String>*) → Integer

Liefert die Anzahl von Tagen zwischen dem Beginn des Julianischen Kalenders (1. Januar 4712 vor Christus) und dem als Argument angegebenen Datum. (SYSFUN)

lcase (Varchar) → Varchar(4000)

lcase (Clob(1M)) → Clob(1M)

Gibt eine Kopie des Argument-Strings zurück, in der alle Großbuchstaben durch Kleinbuchstaben ersetzt sind. (SYSFUN)

left (Varchar *x*, Integer *n*) → Varchar(4000)

left (Clob(1M) *x*, Integer *n*) → Clob(1M)

left (Blob(1M) *x*, Integer *n*) → Blob(1M)

Gibt die *n* am weitesten links stehenden Zeichen einer Zeichenreihe *x* zurück. (SYS-FUN)

length (*<beliebiger eingebauter Datentyp>*) → Integer

Gibt die Länge des Arguments zurück (ohne Null-Indikator). Für String-Argumente wird die tatsächliche (nicht die maximal mögliche) Anzahl von Zeichen zurückgegeben (wobei bei DBCS-Strings jedes Zeichen zwei Bytes umfaßt). Für numerische oder Datums- sowie Zeit-Argumente wird die Länge der internen Darstellung in Bytes zurückgegeben. (SYSIBM)

ln (Double) → Double

Liefert den natürlichen Logarithmus des Arguments. (SYSFUN)

locate (*<beliebiger String-Datentyp>* *s1*, *<beliebiger String-Datentyp>* *s2*) → Integer

locate (*<beliebiger String-Datentyp>* *s1*, *<beliebiger String-Datentyp>* *s2*, Integer *n*) → Integer

locate (Blob(1M) *s1*, Blob(1M) *s2*) → Integer

locate (Blob(1M) *s1*, Blob(1M) *s2*, Integer *n*) → Integer

Liefert die Startposition des ersten Vorkommens von *s2* in *s1*. Das dritte Argument gibt, falls vorhanden, die Position innerhalb von *s1* an, ab der die Suche beginnen soll. Wird *s2* nicht in *s1* gefunden, wird 0 ausgegeben. Ein Clob-Argument ist auf eine Länge von 1 MB limitiert. Man vergleiche auch die ähnliche Funktion `posstr`. (SYSFUN)

log (Double) → Double

Liefert den natürlichen Logarithmus des Arguments (wie die Funktion `ln`). (SYS-FUN)

log10 (Double) → Double

Liefert den Logarithmus zur Basis 10 des Arguments. (SYSFUN)

long_varchar (*<beliebiger String-Datentyp>*) → Long Varchar

Konvertiert das Argument in den Datentyp Long Varchar, der eine maximale Länge von 32K Zeichen hat. (SYSIBM)

long_vargraphic (*<beliebiger DBCS-String-Datentyp>*) → Long Vargraphic

Konvertiert das Argument in den Datentyp Long Vargraphic, der eine maximale Länge von 16K Doppelbyte-Zeichen hat. (SYSIBM)

ltrim (Varchar) → Varchar(4000)

ltrim (Clob(1M)) → Clob(1M)

Liefert eine Kopie des Arguments zurück, bei der führende Blanks entfernt sind. (SYSFUN)

microsecond (Timestamp) → Integer

microsecond (*<Zeitmarken-String>*) → Integer

microsecond (*<Zeitmarkendauer>*) → Integer

Liefert den Mikrosekundenanteil des Arguments. (SYSIBM)

midnight_seconds (Time) → Integer

midnight_seconds (*<Zeit-String>*) → Integer

midnight_seconds (Timestamp) → Integer

midnight_seconds (*<Zeitmarken-String>*) → Integer

Liefert die Anzahl der Sekunden zwischen der als Argument angegebenen Zeit und der vorangegangenen Mitternacht. (SYSFUN)

minute (Time) → Integer

minute (*<Zeit-String>*) → Integer

minute (*<Zeitdauer>*) → Integer

minute (Timestamp) → Integer

minute (*<Zeitmarken-String>*) → Integer

minute (*<Zeitmarkendauer>*) → Integer

Liefert den Minutenanteil des Arguments. Falls das Argument eine Zeit, eine Zeitmarke oder eine Zeichenreihe ist, so ist das Ergebnis eine Zahl zwischen 0 und 59. Ist das Argument eine Dauer bzw. Differenz, so ist das Ergebnis eine Zahl zwischen −99 und 99. (SYSIBM)

mod (Smallint m, Smallint n) → Smallint

mod (Integer m, Integer n) → Integer

Liefert den Rest (Modulus) bei Division von m durch n. (SYSFUN)

month (Date) → Integer

month (*<Datums-String>*) → Integer

month (*<Datumsdauer>*) → Integer

month (Timestamp) → Integer

month (*<Zeitmarken-String>*) → Integer

month (*<Zeitmarkendauer>*) → Integer

Liefert den Monatsanteil des Arguments. Falls das Argument eine Zeit, eine Zeit-marke oder eine Zeichenreihe ist, so ist das Ergebnis eine Zahl zwischen 1 und 12. Ist das Argument eine Dauer bzw. Differenz, so ist das Ergebnis eine Zahl zwischen −99 und 99. (SYSIBM)

monthname (Date) → Varchar(100)

monthname (*<Datums-String>*) → Varchar (100)

monthname (Timestamp) → Varchar(100)

monthname (*<Zeitmarken-String>*) → Varchar(100)

Liefert den Namen im Monatsanteil des Arguments als Zeichenreihe mit Groß- und Kleinschreibung. (SYSFUN)

nodenumber (*<beliebiger Datentyp>*) → Integer

Das Argument muß der Name einer Spalte in einer Tabelle sein, die von der aktuel-len SQL-Anweisung referenziert wird. Für jede Zeile der referenzierten Tabelle lie-fert nodenumber die Nummer der Partition, in der die Zeile gespeichert ist, bzw. 0, falls die Datenbank nicht partitioniert ist. (SYSIBM)

nullif (*<beliebiger Datentyp>*, *<beliebiger kompatibler Datentyp>*) → *<Datentyp mit höch-stem Rang>*

Liefert 0, falls die Argumente übereinstimmen, und ansonsten das erste Argument. (SYSIBM)

partition (*<beliebiger Datentyp>*) → Integer

Das Argument muß der Name einer Spalte in einer Tabelle sein, die vom aktuellen SQL-Statement referenziert wird. Für jede Zeile der referenzierten Tabelle liefert partition den auf die Zeile anwendbaren PartitionierungsZuordnungsindex (eine Zahl zwischen 0 und 4.095) bzw. 0, falls die Datenbank keinen Partitionierungs-schlüssel besitzt. (SYSIBM)

posstr (*<beliebiger String-Datentyp>* s1, Varchar(4000) s2) → Integer

posstr (*<beliebiger DBCS-Datentyp>* s1, Vargraphic(2000) s2) → Integer

posstr (Blob s1, Blob(4000) s2) → Integer

Liefert die Startposition des ersten Vorkommens von Argument s2 in s1. Kommt s2 in s1 nicht vor, wird 0 zurückgegeben. Eine ähnliche Funktion ist locate. (SYSFUN)

power (Integer x, Integer n) → Integer

power (Double x, Double n) → Double

Liefert die n-te Potenz von x, d.h. x^n. (SYSFUN)

quarter (Date) → Integer

quarter (*<Datums-String>*) → Integer

quarter (Timestamp) → Integer

quarter (*<Zeitmarken-String>*) → Integer

> Liefert eine ganze Zahl zwischen 1 und 4 für das Quartal des Jahres, in dem das Argument liegt. (SYSFUN)

radians (Double) → Double

> Konvertiert den als Argument angegebenen Winkel von Grad in Bogenmaß. (SYSFUN)

raise_error (Varchar, Varchar) → *<void>*

> Veranlaßt die Ablage einer Fehlerbedingung in der SQLCA. Das erste Argument muß genau fünf Zeichen lang sein und wird der SQLSTATE. Das zweite Argument ist eine Nachricht von bis zu 70 Zeichen Länge, die im Feld SQLERRMC der SQLCA abgelegt wird. Der SQLCODE wird auf –438 gesetzt. Die Funktion raise_error liefert keinen Wert, wird aber als kompatibel mit dem Kontext, in dem sie aufgerufen wird, angesehen (häufig ist dies ein CASE-Ausdruck). (Eine genauere Diskussion von raise_error findet man in Abschnitt 5.1.3.) (SYSIBM)

rand ( ) → Double

rand (Integer) → Double

> Liefert eine zufällig gewählte Gleitkommazahl doppelter Genauigkeit zwischen 0 und 1. Das optionale Argument wird als Ausgangspunkt für eine neue Zufallszahlenfolge verwendet. (SYSFUN)

real (*<beliebiger numerischer Datentyp>*) → Real

> Konvertiert das Argument in eine Zahl einfacher Genauigkeit vom Typ Real. (SYSIBM)

repeat (Varchar x, Integer n) → Varchar(4000)

repeat (Clob(1M) x, Integer n) → Clob(1M)

repeat (Blob(1M) x, Integer n) → Blob(1M)

> Liefert eine Zeichenreihe, die aus n Wiederholungen der Zeichenreihe x besteht. (SYSFUN)

replace (Varchar x, Varchar y, Varchar z) → Varchar(4000)

replace (Clob(1M) x, Clob(1M) y, Clob(1M) z) → Clob(1M)

replace (Blob(1M) x , Blob(1M) y, Blob(1M) z) → Blob(1M)

> Liefert eine Kopie der Zeichenreihe x, in der alle Vorkommen von y durch z ersetzt sind. (SYSFUN)

right (Varchar x, Integer n) → Varchar(4000)

right (Clob(1M) x, Integer n) → Clob(1M)

right (Blob(1M) *x*, Integer *n*) → Blob(1M)

Liefert die ganz rechts stehenden *n* Zeichen der Zeichenreihe *x*. (SYSFUN)

round (Integer *x*, Integer *n*) → Integer

round (Double *x*, Integer *n*) → Double

Rundet das Argument *x* so, daß die am wenigsten signifikante Stelle *n* Ziffern rechts vom Dezimalpunkt liegt (ist *n* negativ, liegt diese Ziffer links vom Dezimalpunkt). Es liefert z.B. round(12349, -2) den Wert 12350. Eine verwandte Funktion ist truncate. (SYSFUN)

rtrim (Varchar) → Varchar(4000)

rtrim (Clob(1M)) → Clob(1M)

Liefert eine Kopie des Arguments, bei der am Ende vorkommende Leerstellen entfernt wurden. (SYSFUN)

second (Time) → Integer

second (*<Zeit-String>*) → Integer

second (*<Zeitdauer>*) → Integer

second (Timestamp) → Integer

second (*<Zeitmarken-String>*) → Integer

second (*<Zeitmarkendauer>*) → Integer

Liefert den Sekundenanteil des Arguments. Falls das Argument eine Zeit, eine Zeitmarke oder eine Zeichenreihe ist, so ist das Ergebnis eine Zahl zwischen 0 und 59. Ist das Argument eine Dauer bzw. Differenz, so ist das Ergebnis eine Zahl zwischen –99 und 99. (SYSIBM)

sign (*<beliebiger numerischer Datentyp>*) → *<derselbe Datentyp>*

Liefert +1, falls das Argument positiv ist, sowie –1, falls das Argument negativ ist, und 0, falls das Argument 0 ist. Ausnahme bezüglich des Ergebnisdatentyps: Ist das Argument vom Typ Decimal oder Real, ist das Ergebnis vom Typ Double. (SYSFUN)

sin (Double) → Double

Liefert den Sinus eines Winkels, ausgedrückt im Bogenmaß. (SYSFUN)

smallint (*<beliebiger numerischer Datentyp>*) → Integer

smallint (Varchar) → Integer

Konvertiert das Argument in eine (kleine) ganze Zahl, und zwar durch Abschneiden des dezimalen Anteils, falls nötig. Ist das Argument vom Typ Varchar, muß es die Zeichenreihendarstellung einer ganzen Zahl zwischen –32.768 und +32.767 sein. (SYSIBM)

soundex (Varchar) → Char(4)

Liefert einen 4-Zeichen-Code, der den Klang des Wortes im Argument beschreibt. Eine verwandte Funktion ist `difference`. (SYSFUN)

space (Integer *n*) → Varchar(4000)

Liefert eine Zeichenreihe bestehend aus *n* Leerstellen (»Spaces«). (SYSFUN)

sqrt (Double) → Double

Berechnet die Quadratwurzel des Arguments. (SYSFUN)

substr (*<beliebiger String-Datentyp>* s, Integer *m*, Integer *n*) → *<String-Datentyp>*

substr (*<beliebiger String-Datentyp>* s, Integer *m*) → *<String-Datentyp>*

substr (*<beliebiger DBCS-Datentyp>* s, Integer *m*, Integer *n*) → *<DBCS-Datentyp>*

substr (*<beliebiger DBCS-Datentyp>* s, Integer *m*) → *<DBCS-Datentyp>*

substr (Blob *s*, Integer *m*, Integer *n*) → Blob

substr (Blob *s*, Integer *m*) → Blob

Liefert einen Teilstring der Zeichenreihe *s*, der bei Zeichen *m* anfängt und *n* Zeichen umfaßt. Fehlt das dritte Argument, beginnt der Teilstring bei Zeichen *m* und enthält den dort beginnenden Rest von *s*. Falls nötig, wird das Argument mit Blanks aufgefüllt, so daß es die Länge *n* erreicht. Das Ergebnis ist vom gleichen Datentyp wie *s* mit folgenden Ausnahmen: Ist *s* vom Typ Varchar oder Long Varchar und *n* eine Konstante kleiner als 255, ist das Ergebnis vom Typ Char(*n*). Ist *s* vom Typ Vargraphic oder Long Vargraphic und *n* kleiner als 128, ist das Ergebnis vom Typ Graphic(*n*). (SYSIBM)

table_name (Varchar *t*, Varchar *s*) → Varchar(18)

table_name (Varchar *t*) → Varchar(18)

Diese Funktion dient der Auflösung von Alias-Namen. Ist der Name *t* (oder der qualifizierte Name *s.t*) ein Alias, wird er in den Namen einer Tabelle oder Sicht aufgelöst. Der unqualifizierte Name der betreffenden Tabelle oder Sicht wird zurückgegeben. Ist *t* (oder *s.t*) kein Alias, wird *t* zurückgegeben. (SYSIBM)

table_schema (Varchar *t*, Varchar *s*) → Char(8)

table_schema (Varchar *t*) → Char(8)

Diese Funktion dient ebenfalls der Auflösung von Alias-Namen. Ist der Name *t* (oder der qualifizierte Name *s.t*) ein Alias, wird er in den Namen einer Tabelle oder Sicht aufgelöst. Es wird der Schemaname der betreffenden Tabelle oder Sicht zurückgegeben. Ist *t* (oder *s.t*) kein Alias, wird der Schemaanteil *s* des Eingabenamens zurückgegeben (bzw. die aktuelle Autorisierungskennung, falls *s* fehlt). (SYSIBM)

tan (Double) → Double

Liefert den Tangens eines Winkels, ausgedrückt im Bogenmaß. (SYSFUN)

time (Time) → Time

time (*<Zeit-String>*) → Time

time (Timestamp) → Time

time (*<Zeitmarken-String>*) → Time

Liefert den Zeitanteil des Arguments. Ist das Argument eine Zeichenreihendarstellung eines Werts vom Typ Time oder Timestamp, so wird dieser in eine tatsächliche Zeit konvertiert. (SYSIBM)

timestamp (Timestamp) → Timestamp

timestamp (*<Zeitmarken-String>*) → Timestamp

Liefert die durch das Argument dargestellte Zeitmarke. Ist das Argument eine Zeichenreihendarstellung eines Werts vom Typ Timestamp, so wird dieser in eine tatsächliche Zeitmarke konvertiert. (SYSIBM)

timestamp (Date, Time) → Timestamp

timestamp (Date, *<Zeit-String>*) → Timestamp

timestamp (*<Datums-String>*, Time) → Timestamp

timestamp (*<Datums-String>*, *<Zeit-String>*) → Timestamp

Liefert eine Zeitmarke, deren Datumsanteil aus dem ersten und deren Zeitanteil aus dem zweiten Argument stammt. Der Mikrosekundenanteil der Zeitmarke wird auf 0 gesetzt. (SYSIBM)

timestampdiff (Integer *u*, Char(22) *d*) → Integer

Das erste Argument *u* stellt eine Zeiteinheit wie folgt dar: 256 = Jahre, 128 = Vierteljahre, 64 = Monate, 32 = Wochen, 16 = Tage, 8 = Stunden, 4 = Minuten, 2 = Sekunden, 1 = Mikrosekunden (symbolische Konstanten für diese Einheiten findet man in `sqllib/include/sqlcli1.h`). Das zweite Argument *d* ist das Ergebnis der Subtraktion zweier Zeitmarken mit anschließender Konvertierung des Ergebnisses in den Typ Char. Die Funktion liefert eine ganze Zahl, die das Intervall *d* in Einheiten von *u* abschätzt. Z.B. ist die Anzahl von Tagen zwischen zwei Zeitmarken t1 und t2 bestimmbar durch `timestampdiff(16, char(t2-t1))`. (SYSFUN)

timestamp_iso (Date) → Timestamp

timestamp_iso (*<Datums-String>*) → Timestamp

timestamp_iso (Time) → Timestamp

timestamp_iso (*<Zeit-String>*) → Timestamp

timestamp_iso (Timestamp) → Timestamp

timestamp_iso (*<Zeitmarken-String>*) → Timestamp

Konvertiert das Argument in eine Zeitmarke. Ist das Argument ein Datum, so werden in die Zeitfelder der Zeitmarke Nullen eingefügt. Ist das Argument eine Zeit, wird das aktuelle Datum in die Datumsfelder der Zeitmarke eingefügt. (SYSFUN)

translate (Char) → Char**( )**

translate (Varchar) → Varchar( )

Liefert eine Kopie der als Argument angegebenen Zeichenreihe, in der Klein- in Großschreibung konvertiert ist. Ein ähnliche Funktion ist `ucase`. (SYSIBM)

translate (Char s, Varchar t, Varchar f) → Char

translate (Varchar s, Varchar t, Varchar f) → Varchar

translate (Graphic s, Vargraphic t, Vargraphic f) → Graphic

translate (Vargraphic s, Vargraphic t, Vargraphic f) → Vargraphic

translate (Char s, Varchar t, Varchar f, Varchar p) → Char

translate (Varchar s, Varchar t, Varchar f, Varchar p) → Varchar

translate (Graphic s, Vargraphic t, Vargraphic f, Vargraphic p) → Graphic

translate (Vargraphic s, Vargraphic t, Vargraphic f, Vargraphic p) → Vargraphic

Liefert eine Kopie von s, in der einige Zeichen in andere übersetzt sind. String f (der »from-String«) gibt die zu ersetzenden Zeichen an, und String t (der »to-String«) gibt die Zeichen an, in die sie zu übersetzen sind. Jedes Zeichen in s, das auch in f vorkommt, wird durch das entsprechende Zeichen in t ersetzt. Ist t kürzer als f, wird auf gleiche Länge mit einem Füllzeichen p (»pad-Zeichen«), was ein einzelnes Zeichen sein muß, aufgefüllt. Falls p nicht angegeben ist, wird mit (Ein- oder Zweibyte-) Blanks aufgefüllt. (SYSIBM)

truncate (Integer x, Integer n) → Integer

truncate (Double x, Integer n) → Double

Schneidet das Argument x so ab, daß die am wenigsten signifikante Stelle n Ziffern rechts vom Dezimalpunkt liegt (ist n negativ, liegt diese Ziffer links vom Dezimalpunkt). Es liefert z.B. `truncate(12349, -2)` den Wert 12340. `truncate` kann durch `trunc` abgekürzt werden. Eine verwandte Funktion ist `round`. (SYSFUN)

ucase (Varchar) → Varchar(4000)

Gibt eine Kopie des Argument-Strings zurück, in der alle Kleinbuchstaben durch Großbuchstaben ersetzt sind. (SYSFUN)

value (*<ein oder mehrere Argumente von kompatiblen Datentypen>*) → *<Datentyp mit höchstem Rang>*

Liefert den Wert des ersten Arguments ungleich null oder null, falls alle Argumente null sind. (Man vergleiche Abschnitt 6.6.2 hinsichtlich der Regeln für die Kompatibilität von Datentypen.) `value` und `coalesce` sind verschiedene Namen für dieselbe Funktion. (SYSIBM)

varchar (*<beliebiger String-Datentyp>*) → Varchar( )

varchar (*<beliebiger String-Datentyp>* , Integer n) → Varchar(n)

varchar (<*beliebiger Datums-Zeit-Datentyp*>) → Varchar( )

Liefert eine Kopie des ersten Arguments, konvertiert in den Datentyp Varchar. Falls vorhanden, bestimmt das zweite Argument die maximale Länge des Ergebnisses; mit Abschneiden, falls notwendig. (SYSIBM)

vargraphic (<*beliebiger DBCS-Datentyp*>) → Vargraphic( )

vargraphic (<*beliebiger DBCS-Datentyp*>, Integer *n*) → Vargraphic(n)

vargraphic (Varchar) → Vargraphic( )

Liefert eine Kopie des ersten Arguments, konvertiert in den Datentyp Vargraphic. Falls vorhanden, bestimmt das zweite Argument die maximale Länge des Ergebnisses; mit Abschneiden, falls notwendig. (SYSIBM)

week (Date) → Integer

week (<*Datums-String*>) → Integer

week (Timestamp) → Integer

week (<*timestamp string*>) → Integer

Liefert die Woche des Jahres, in dem das Argument vorkommt, ausgedrückt als Zahl zwischen 1 und 54. Jede Woche beginnt dabei am Sonntag. (SYSFUN)

year (Date) → Integer

year (<*Datums-String*>) → Integer

year (<*Datumsdauer*>) → Integer

year (Timestamp) → Integer

year (<*Zeitmarken-String*>) → Integer

year (<*Zeitmarkendauer*>) → Integer

Liefert den Jahresanteil des Arguments. Falls das Argument eine Zeit, eine Zeitmarke oder eine Zeichenreihe ist, so ist das Ergebnis eine Zahl zwischen 1 und 9999. Ist das Argument eine Dauer bzw. Differenz, so ist das Ergebnis eine Zahl zwischen –9999 und 9999. (SYSIBM)

B.3 Operatoren

B.3.1 Präfixoperatoren

Die folgenden Operatoren können als Präfixoperatoren (z.B. −x) verwendet werden. Diese Operatoren werden in der gleichen Weise wie unäre (einstellige) Funktionen aufgelöst. Alle Operatoren befinden sich im Schema SYSIBM.

Operator	Operandendatentyp	Ergebnisdatentyp	Bedeutung
+	*<beliebiger numerischer Datentyp>*	*<derselbe Datentyp>*	Einstelliges Plus, liefert seinen Operanden
-	*<beliebiger numerischer Datentyp>*	*<derselbe Datentyp>*	Einstelliges Minus, liefert die Negation des Operanden

B.3.2 Infixoperatoren

Die folgenden Operatoren können als Infixoperatoren (z.B. x + y) benutzt werden. Diese Operatoren werden in der gleichen Weise wie binäre (zweistellige) Funktionen aufgelöst. Alle diese Operatoren befinden sich im Schema SYSIBM.

Operator	Erster Operandendatentyp	Zweiter Operandendatentyp	Ergebnisdatentyp
+ (Addition)	*<beliebiger numerischer Datentyp>*	*<beliebiger numerischer Datentyp>*	*<Datentyp mit höchstem Rang>*
+	Date	*<Datumsdauer>*	Date
+	*<Datumsdauer>*	Date	Date
+	Time	*<Zeitdauer>*	Time
+	*<Zeitdauer>*	Time	Time
+	Timestamp	*<Zeitmarkendauer>*	Timestamp
+	*<Zeitmarkendauer>*	Timestamp	Timestamp
- (Subtraktion)	*<beliebiger numerischer Datentyp>*	*<beliebiger numerischer Datentyp>*	*<Datentyp mit höchstem Rang>*
-	Date	Date	*<Datumsdauer>*
-	Date	*<Datums-String>*	*<Datumsdauer>*
-	*<Datums-String>*	Date	*<Datumsdauer>*
-	Date	*<Datumsdauer>*	Date
-	Time	Time	*<Zeitdauer>*
-	Time	*<Zeit-String>*	*<Zeitdauer>*
-	*<Zeit-String>*	Time	*<Zeitdauer>*
-	Time	*<Zeitdauer>*	Time
-	Timestamp	Timestamp	*<Zeitmarkendauer>*
-	Timestamp	*<Zeitmarken-String>*	*<Zeitmarkendauer>*

Operator	Erster Operandendatentyp	Zweiter Operandendatentyp	Ergebnisdatentyp
-	*<Zeitmarken-String>*	Timestamp	*<Zeitmarkendauer>*
-	Timestamp	*<Zeitmarkendauer>*	Timestamp
* (Multiplikation)	*<beliebiger numerischer Datentyp>*	*<beliebiger numerischer Datentyp>*	*<Datentyp mit höchstem Rang>*
/ (Division)	*<beliebiger numerischer Datentyp>*	*<beliebiger numerischer Datentyp>*	*<Datentyp mit höchstem Rang>*
|| (Konkatenation)	*<String-Datentyp>*	*<String-Datentyp>*	*<Datentyp mit höchstem Rang>* oder Datentyp, in dem das Ergebnis darstellbar ist
¾¾	*<DBCS-Datentyp>*	*<DBCS-Datentyp>*	*<Datentyp mit höchstem Rang>* oder Datentyp, in dem das Ergebnis darstellbar ist
||	Blob	Blob	Blob

C Typcodes

Typcodes werden in den mit `sqltype` bezeichneten Feldern von SQLDA-Deskriptoren benutzt. Wenn eine DESCRIBE-Anweisung eine SQLDA zurückgibt, die das Ergebnis einer Anfrage beschreibt, so werden dabei Typcodes für die in der Ergebnismenge vorkommenden Datentypen verwendet. Darüber hinaus dienen Typcodes dem Anzeigen von Datentypen beim Austausch von Werten zwischen einem Anwendungsprogramm und dem Datenbanksystem über eine SQLDA-Struktur (z.B. Eingabewerte in einer EXECUTE USING-Anweisung). Ein Typcode kennzeichnet dabei nicht nur den Datentyp eines Wertes, wie er in der Datenbank gespeichert ist, sondern auch den Host- bzw. Wirtssprachendatentyp, der für Ein- bzw. Ausgabe benutzt wird.

Jedem vordefinierten SQL-Datentypen (Integer, Varchar usw.) entspricht ein oder mehrere Wirtssprachen-Datentypen, die für den Austausch dieses SQL-Datentyps zwischen Applikationen und der Datenbank benutzt werden können. Jede solche Kombination eines SQL-Datentyps mit einem Programmiersprachen-Datentyp wird durch einen bestimmten Typcode identifiziert.[1] Eine DESCRIBE-Anweisung liefert lediglich eine Teilmenge dieser Typcodes zurück. So wird z.B. der Typcode 460 niemals von DESCRIBE zurückgegeben, da er einen Datentyp (nullterminierte Zeichenreihe) bezeichnet, der in der Datenbank nicht (wohl aber in Wirtsvariablen) verwendet wird.

Die Typcodes sind in Tabelle C.1 zusammengefaßt. Die symbolischen Namen für die Typcodes sowie die in ihren C-Deklarationen verwendeten Strukturen sind in `sqllib/include/sql.h` deklariert. Diese Deklarationen sind auch für Speicher-Overlays verwendbar, die Speicher dynamisch zwecks Datenaustausch mit dynamischen SQL-Anweisungen zuweisen.

SQL-Datentyp	C-Datentyp	Typcode, falls Dateneingabe erforderlich (»not nullable«)	Typcode, falls Dateneingabe nicht erforderlich (»nullable«)
Date	`char[11]`	SQL_TYP_DATE (384)	SQL_TYP_NDATE (385)
Time	`char[9]`	SQL_TYP_TIME (388)	SQL_TYP_NTIME (389)
Timestamp	`char[27]`	SQL_TYP_STAMP (392)	SQL_TYP_NSTAMP (393)
Nullterminierte Doppelbyte-Zeichenreihe	`sqldbchar[n+1]` oder `wchar_t[n+1]`	SQL_TYP_CGSTR (400)	SQL_TYP_NCGSTR (401)
Blob(n)	`struct sqllob` (definiert in `sql.h`)	SQL_TYP_BLOB (404)	SQL_TYP_NBLOB (405)
Clob(n)	`struct sqllob` (definiert in `sql.h`)	SQL_TYP_CLOB (408)	SQL_TYP_NCLOB (409)

---

1. Für die Datentypen Real und Double werden dabei die gleichen Typcodes verwendet; die Typen werden jedoch im Feld `sqllen` der SQLDA unterschieden.

SQL-Datentyp	C-Datentyp	Typcode, falls Dateneingabe erforderlich (»not nullable«)	Typcode, falls Dateneingabe nicht erforderlich (»nullable«)
Dbclob(n)	struct sqldbclob (definiert in sql.h)	SQL_TYP_DBCLOB (412)	SQL_TYP_NDBCLOB (413)
Varchar(n)	struct sqlchar (definiert in sql.h)	SQL_TYP_VARCHAR (448)	SQL_TYP_NVARCHAR(449)
Char(n)	char[n + 1]	SQL_TYP_CHAR (452)	SQL_TYP_NCHAR (453)
Long Varchar	struct sqlchar (definiert in sql.h)	SQL_TYP_LONG (456)	SQL_TYP_NLONG (457)
Nullterminierte Zeichenreihe	char[n + 1]	SQL_TYP_CSTR (460)	SQL_TYP_NCSTR (461)
Vargraphic(n)	struct sqlgraphic (definiert in sql.h)	SQL_TYP_VARGRAPH(464)	SQL_TYP_NVARGRAPH (465)
Graphic(n)	sqldbchar[n+1] oder wchar_t[n+1]	SQL_TYP_GRAPHIC (468)	SQL_TYP_NGRAPHIC(469)
Long Vargraphic	struct sqlgraphic (definiert in sql.h)	SQL_TYP_LONGRAPH(472)	SQL_TYP_NLONGRAPH (473)
Real	float	SQL_TYP_FLOAT (480) (sqllen = 4)	SQL_TYP_NFLOAT (481) (sqllen = 4)
Double	double	SQL_TYP_FLOAT (480) (sqllen = 8)	SQL_TYP_NFLOAT (481) (sqllen =8)
Decimal(p,s)	(keine Entsprechung in C)	SQL_TYP_DECIMAL (484)	SQL_TYP_NDECIMAL(485)
Integer	long	SQL_TYP_INTEGER(496)	SQL_TYP_NINTEGER (497)
Smallint	short	SQL_TYP_SMALL (500)	SQL_TYP_NSMALL (501)
Blob-Dateireferenz	struct sqlfile (definiert in sql.h)	SQL_TYP_BLOB_FILE(804)	SQL_TYP_NBLOB_FILE(805)
Clob-Dateireferenz	struct sqlfile (definiert in sql.h)	SQL_TYP_CLOB_FILE(808)	SQL_TYP_NCLOB_FILE(809)
Dbclob-Dateireferenz	struct sqlfile (definiert in sql.h)	SQL_TYP_DBCLOB_FILE(812)	SQL_TYP_NDBCLOB_FILE (813)
Blob-Querverweis	long	SQL_TYP_BLOB_LOCATOR(960)	SQL_TYP_NBLOB_LOCATOR(961)
Clob-Querverweis	long	SQL_TYP_CLOB_LOCATOR(964)	SQL_TYP_NCLOB_LOCATOR(965)
Dbclob-Querverweis	long	SQL_TYP_DBCLOB_LOCATOR(968)	SQL_TYP_NDBCLOB_LOCATOR(969)

Tabelle C.1:
SQLDA-Typcodes und die von ihnen repräsentierten Datentypen

Die nachfolgend angegebenen Definitionen legen die Strukturen fest, auf die in der Spalte »C-Datentyp« von Tabelle C.1 Bezug genommen wird.[2] In jeder der nachfolgenden Definitionen steht data[n] für ein hinreichend dimensioniertes Feld zur Aufnahme von Daten.

```
struct sqlchar              /* allgemeiner VARCHAR */
    {
    short                   length;
    char                    data[n];
    };


struct sqllob               /* allgemeiner LOB */
    {
    unsigned long           length;
    char                    data[n];
    };


struct sqlfile              /* Dateireferenz fuer LOBs */
    {
    unsigned long           name_length;
    unsigned long           data_length;
    unsigned long           file_options;
    char                    name[255];
    };
```

Die folgenden Definitionen kommen bei Verwendung der Precompiler-Option WCHARTYPE NOCONVERT (die Voreinstellung) zur Anwendung:

```
struct sqlgraphic           /* allgemeiner VARGRAPHIC */
    {
    short                   length;
    sqldbchar               data[n];
    };
```

---

2. In sql.h sind diese Definitionen unter Verwendung von Makros geschrieben und außerdem etwas komplexer, teils aus historischen Gründen und teils aus Gründen der Plattformunabhängigkeit. Wir geben hier vereinfachte Strukturdefinitionen zur besseren Erläuterbarkeit an. Man vergleiche die Dateien sql.h und sqlsystm.h im Verzeichnis sqllib/include für weitere Einzelheiten.

```
struct sqldbclob              /* allgemeiner DBCLOB */
    {
    unsigned long         length;
    sqldbchar             data[n];
    };
```

Die folgenden Definitionen kommen bei Verwendung der Precompiler-Option WCHARTYPE CONVERT zur Anwendung, durch die Doppelbyte-Zeichenreihendaten in Wide-Character-Daten (wchar_t) konvertiert werden. Dieses Format wird in Kombination mit der »Wide-Character-String-Library« benutzt, die in wstring.h deklariert ist. Die C-Funktionen wcstombs() und mbstowcs() können zur Konvertierung von Daten zwischen Wide-Character- und Multibyte-Format verwendet werden.

```
struct sqlgraphic             /* allgemeiner VARGRAPHIC */
    {
    short                 length;
    wchar_t               data[n];
    };


struct sqldbclob              /* allgemeiner DBCLOB */
    {
    unsigned long         length;
    wchar_t               data[n];
    };
```

D Systemkatalogtabellen

Die Systemkatalogtabellen werden vom UDB-System automatisch gewartet. Sie enthalten *Metadaten*, d.h. Informationen über die in der Datenbank gespeicherten Daten. Die Basistabellen des Katalogs sind in dem Schema SYSIBM gespeichert. Aus historischen Gründen folgen die Namen dieser Tabellen und die ihrer Spalten keiner konsistenten Konvention. Deshalb wird empfohlen, daß man mit den Katalogtabellen über zwei auf diesen definierten Sammlungen von *Katalogsichten* arbeitet, da sie einer konsistenteren Namensgebung folgen. Beide Sammlungen von Katalogsichten werden in diesem Anhang dokumentiert.

Die erste Menge von Katalogsichten ist im Schema SYSCAT definiert. Jeder Benutzer kann diese Sichten lesen, allerdings sind sie nicht veränderbar. In diesem Buch wird die Bezeichnung *Katalogtabellen* in etwas ungenauer Diktion für die Sichten in SYSCAT verwendet.

Eine zweite Sammlung von Katalogsichten ist im Schema SYSSTAT definiert; diese Sichten werden auch als die *veränderbaren Katalogsichten* bezeichnet. Der Zweck dieser Sichten ist die Bereitstellung eines Hilfsmittels, mit dem autorisierte Benutzer manuell die Statistiken, die zur Anfrageoptimierung benutzt werden, aktualisieren können. Ein manuelles Aktualisieren ist dabei nicht zwingend notwendig, da die Statistiken automatisch vom Hilfsprogramm RUNSTATS erzeugt werden. Eine manuelle Aktualisierung der SYSSTAT-Sichten bietet jedoch Benutzern die Möglichkeit, den Systemoptimierer zu beeinflussen oder mit hypothetischen Datenbanken zu experimentieren.

Abbildung D.1 zeigt am Beispiel der Sicht COLUMNS die Beziehung zwischen den Basistabellen des Katalogs und den Sichten, die auf diesen definiert sind. Zu jeder Katalogtabelle in SYSIBM gibt es eine entsprechende Sicht in SYSCAT; zu einigen gibt es daneben auch in SYSSTAT eine entsprechende Sicht. Der Name einer Basistabelle des Katalogs stimmt in den meisten (aber nicht in allen) Fällen mit dem der entsprechenden Sicht überein, wobei dem Namen der Basistabelle der Präfix »SYS« vorangestellt ist.

D.1 Die SYSCAT-Katalogsichten

Alle folgenden Sichten sind im Schema SYSCAT enthalten. Keine dieser Sichten kann verändert werden. Die Katalogspalten erlauben keine Nullwerte, außer an den angegebenen Stellen.

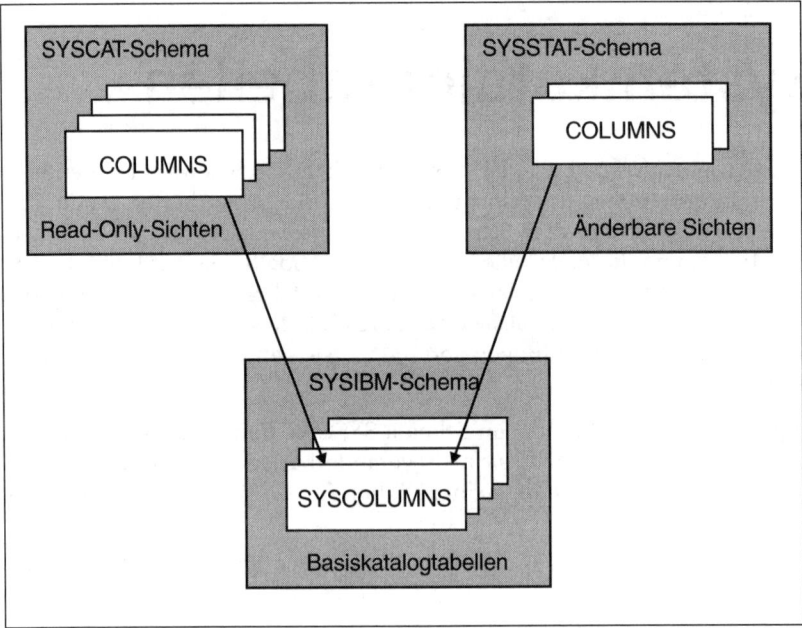

Abbildung D.1:
Sichten der Systemkatalogtabellen

D.1.1 BUFFERPOOLNODES

Jede Zeile repräsentiert eine Kombination aus einem Pufferpool und einem Knoten, in der die Größe des Pufferpools auf diesem Knoten von der voreingestellten Größe für andere Knoten in derselben Knotengruppe (wie in der Katalogtabelle BUFFERPOOLS beschrieben) verschieden ist.

Spalte	Beschreibung
BUFFERPOOLID Integer	Interne Pufferpoolidentifikation
NODENUM Smallint	Knotennummer
NPAGES Integer	Anzahl der Seiten in diesem Pufferpool auf diesem Knoten

D.1.2 BUFFERPOOLS

Jede Zeile repräsentiert die Konfiguration eines Pufferpools innerhalb einer Knotengruppe einer Datenbank oder für alle Knoten einer Datenbank.

Spalte	Beschreibung
BPNAME Varchar(18)	Name des Pufferpools
BUFFERPOOLID Integer	Interne Pufferpoolidentifikation
NGNAME Varchar(18)	Name der Knotengruppe (falls vorhanden)

Spalte	Beschreibung
NPAGES Integer	Voreingestellte Anzahl von Seiten in diesem Pufferpool auf Knoten in dieser Knotengruppe
PAGESIZE Integer	Seitengröße für diesen Pufferpool auf Knoten in dieser Knotengruppe
ESTORE Char(1)	Y = Dieser Pufferpool benutzt erweiterten Speicher in dieser Knotengruppe
	N = Dieser Pufferpool benutzt keinen erweiterten Speicher in dieser Knotengruppe

D.1.3 CHECKS

Jede Zeile repräsentiert eine Check-Bedingung (Prüfbedingung). Jede solche Bedingung bezieht sich auf eine bestimmte Tabelle.

Spalte	Beschreibung
CONSTNAME Varchar(18)	Name der Check-Bedingung. Die Namen von Bedingungen müssen (für alle Typen von Bedingungen) innerhalb einer Tabelle eindeutig sein. Falls kein Name für eine Bedingung bei deren Erzeugung spezifiziert wird, generiert das System automatisch einen Namen.
DEFINER Char(8)	Kennung des Benutzers, der die Bedingung definiert hat
TABSCHEMA Char(8)	Qualifizierter Name der Tabelle, in der diese Bedingung angewendet wird
TABNAME Varchar (18)	
CREATE_TIME Timestamp	Die Zeit, zu der die Bedingung definiert wurde. Diese Zeitmarke wird zur Auflösung von Funktionen, die in der Bedingung benutzt werden, benötigt. Wenn die Bedingung angewendet wird, wird keine Funktion benutzt, die nach der Definition der Bedingung angelegt wurde.
FUNC_PATH Varchar(254)	Der Funktionspfad, der zum Zeitpunkt der Definition der Bedingung gültig war. Dieser Funktionspfad bestimmt die Auflösung von Funktionen, die in der Bedingung verwendet werden.
TEXT Clob(32K)	Der Text der CHECK-Klausel der Check-Bedingung, exakt in der in der Definition angegebenen Form

D.1.4 COLAUTH

Jede Zeile beschreibt ein Privileg auf Spaltenebene und gibt das jeweilige Privileg sowie die Spalte an, für die dieses gilt.

Spalte	Beschreibung
GRANTOR Char(8)	Autkennung des Benutzers, der das Privileg gewährt hat
GRANTEE Char(8)	Autkennung des Benutzers, dem das Privileg gewährt wurde

Spalte	Beschreibung
GRANTEETYPE Char(1)	G = Privilegempfänger ist eine Gruppe
	U = Privilegempfänger ist ein einzelner Benutzer
TABSCHEMA Char(8)	Qualifizierter Name der Tabelle oder Sicht, für die das Privileg gilt
TABNAME Varchar(18)	
COLNAME Varchar(18)	Name der Spalte, auf die das Privileg anwendbar ist
COLNO Smallint	Nummer der Spalte innerhalb dieser Tabelle (beginnend mit 0)
PRIVTYPE Char(1)	U = Update-Privileg
	R = Referenz-Privileg
GRANTABLE Char(1)	N = Privileg kann nicht weitergegeben werden
	G = Privileg kann weitergegeben werden

D.1.5 COLCHECKS

Jede Zeile beschreibt eine Spalte, die von einer Check-Bedingung referenziert wird. Diese Katalogtabelle ist hilfreich beim Auffinden der auf ein gegebenes Attribut anwendbaren Check-Bedingungen.

Spalte	Beschreibung
CONSTNAME Varchar(18)	Name der Check-Bedingung. Bedingungsnamen müssen (bei allen Typen von Bedingungen) innerhalb einer Tabelle eindeutig sein. Wird bei der Erzeugung für eine Bedingung kein Name angegeben, generiert das System einen solchen automatisch.
TABSCHEMA Char(8)	Qualifizierter Name der Tabelle, welche die betreffende Spalte enthält
TABNAME Varchar(18)	
COLNAME Varchar(18)	Name des Attributs, das von der Check-Bedingung referenziert wird

D.1.6 COLDIST

Diese Katalogtabelle enthält statistische Werte für den Optimierer. Jede Zeile beschreibt entweder den n-häufigsten (d.h. häufigsten, zweithäufigsten usw.) Wert oder das n-te Quantil (kumulative Verteilung) einer Spalte. Statistiken werden nur für reale Tabellen (nicht jedoch für Sichten) unterhalten.

Spalte	Beschreibung
TABSCHEMA Char(8)	Qualifizierter Name der Tabelle, für die diese Zeile zutrifft
TABNAME Varchar(18)	
COLNAME Varchar(18)	Name der Spalte, für die diese Zeile zutrifft

Spalte	Beschreibung
TYPE Char(1)	Gibt die Art der in dieser Zeile enthaltenen Daten an. F = Häufiger Wert (»Frequent«) Q = Quantiler Wert (werden z.B. 5 quantile Werte für eine gegebene Spalte unterhalten, so liegen 20% der Spaltenwerte unterhalb des ersten Quantils, 40% unterhalb des zweiten usw.).
SEQNO Smallint	Ist TYPE = F, so steht die Zahl n in dieser Spalte für den n-häufigsten Wert. Ist TYPE = Q, so steht der Wert n in dieser Spalte für den n-ten quantilen Wert.
COLVALUE Varchar(254) (erlaubt Nullwerte)	Der Datenwert als Character-Literal, z.B. 1.23E-4. Ist die Länge des Literals größer als 254 Zeichen, wird es gerundet. Ein Wert eines eindeutigen Typs wird als Wert des zugrundeliegenden Basistyps dargestellt. Ein Nullwert für COLVALUE zeigt an, daß der beschriebene Wert null ist.
VALCOUNT Integer	Ist TYPE = F, gibt VALCOUNT die Anzahl der Vorkommen von COLVALUE in der betreffenden Spalte an. Ist TYPE = Q, gibt VALCOUNT die Anzahl der Zeilen an, deren Werte kleiner oder gleich COLVALUE sind.
DISTCOUNT Integer (erlaubt Nullwerte)	Ist TYPE = Q, enthält diese Spalte die Anzahl verschiedener Werte, die kleiner oder gleich COLVALUE sind (null, falls diese Anzahl nicht bekannt ist). Diese Information wird nur für solche Spalten gesammelt, die erste Schlüsselspalten eines Index sind.

D.1.7 COLUMNS

Jede Zeile repräsentiert eine Spalte (ein Attribut) einer Tabelle oder Sicht. Die Attribute der Katalogtabellen und –sichten selbst werden in COLUMNS zusammen mit den Spalten der benutzerdefinierten Tabellen und Sichten angegeben.

Spalte	Beschreibung
TABSCHEMA Char(8) TABNAME Varchar(18)	Der qualifizierte Name der Tabelle oder Sicht, die diese Spalte enthält
COLNAME Varchar(18)	Der Name der Spalte
COLNO Smallint	Die Ordinalposition dieser Spalte unter den Spalten der Tabelle oder Sicht (gemäß Definitionsreihenfolge; die Zählung beginnt mit 0)
TYPESCHEMA Char(8) TYPENAME Varchar(18)	Qualifizierter Name des Datentyps der Spalte
LENGTH Integer	Maximale Länge von Datenwerten in dieser Spalte und 0, falls der Datentyp der Spalte ein eindeutiger Typ ist. Für Doppelbyte-Zeichenreihenspalten wird LENGTH in der Anzahl möglicher Zeichen ausgedrückt (was multipliziert mit 2 die Länge in Bytes ergibt).

Spalte	Beschreibung
SCALE Smallint	Anzahl der Nachkommastellen, falls das Attribut vom Typ Decimal ist
DEFAULT Varchar(254) (erlaubt Nullwerte)	Der voreingestellte Wert der Spalte, ausgedrückt als Literal in Character-Zeichenreihenformat. Hochkommata werden zur Abgrenzung von Strings, die Character-Werte darstellen, benutzt, um diese von speziellen Registern wie CURRENT DATE unterscheiden zu können. Die Voreinstellung eines eindeutigen Typs wird als Casting-Ausdruck wie z.B. SHOESIZE(8) dargestellt. Falls eine Spalte keine Voreinstellung hat, ist der Wert von DEFAULT der Nullwert. Hat eine Spalte eine Voreinstellung und ist diese null, hat DEFAULT den Wert NULL (ohne Hochkommata).
NULLS Char(1)	Y = Die Spalte erlaubt Nullwerte N = Die Spalte erlaubt keine Nullwerte
CODEPAGE Smallint	Code-Seite, die zur Interpretation der Werte dieser Spalte gebraucht wird. 0 für Nicht-Character-Datentypen.
LOGGED Char(1)	Ist nur für Attribute vom Datentyp Blob, Clob, Dbclob oder von einem auf einem LOB-Typ basierenden eindeutigen Typ anwendbar (sonst leer). Y = Spalte ist protokolliert. N = Spalte ist nicht protokolliert.
COMPACT Char(1)	Ist nur für Attribute vom Datentyp Blob, Clob, Dbclob oder von einem auf einem LOB-Typ basierenden eindeutigen Typ anwendbar (sonst leer). Y = Spalte ist komprimiert, um möglichst wenig Speicherplatz zu belegen (dies kann sich nachteilig auf Update-Performance auswirken) N = Spalte ist nicht komprimiert
COLCARD Integer	Anzahl verschiedener Werte in der Spalte (-1, falls diese Anzahl unbekannt ist)
HIGH2KEY Varchar(254)	Zweithöchster Datenwert in der Spalte, dargestellt als Literal in Character-String-Format (bzw. als String der Länge 0, falls dieser Wert unbekannt ist)
LOW2KEY Varchar(254)	Zweitniedrigster Datenwert in der Spalte, dargestellt als Literal in Character-String-Format (bzw. als String der Länge 0, falls dieser Wert unbekannt ist)
AVGCOLLEN Integer	Durchschnittliche Länge von Spaltenwerten (-1, falls diese nicht bekannt oder der Datentyp der Spalte ein langer oder eine LOB-Datentyp ist)
KEYSEQ Smallint (erlaubt Nullwerte)	Die Ordinalposition dieser Spalte im Primärschlüssel der Tabelle, beginnend mit 1 für die erste Primärschlüsselspalte (null, falls die Spalte nicht im Primärschlüssel vorkommt)
PARTKEYSEQ Smallint (erlaubt Nullwerte)	Die Ordinalposition dieser Spalte im Partitionierungsschlüssel der Tabelle, beginnend mit 1 für die erste Schlüsselspalte (0 oder null, falls diese Spalte nicht Teil des Partitionierungsschlüssels ist)

Spalte	Beschreibung
NQUANTILES Smallint	Die in der Katalogtabelle COLDIST angegebene Anzahl quantiler Werte für diese Spalte (-1, falls für die Spalte keine Statistiken verfügbar sind)
NMOSTFREQ Smallint	Die in der Katalogtabelle COLDIST angegebene Anzahl der häufigsten Werte dieser Spalte (-1, falls für die Spalte keine Statistiken verfügbar sind)
REMARKS Varchar(254) (erlaubt Nullwerte)	Vom Benutzer per COMMENT ON COLUMN-Anweisung eingegebener beschreibender Kommentar

D.1.8 CONSTDEP

Jede Zeile repräsentiert eine Abhängigkeit einer Bedingung von einem anderen Objekt. Jede Bedingung betrifft eine spezifische Tabelle.

Spalte	Beschreibung
CONSTNAME Varchar(18)	Name der Bedingung. Solche Namen müssen innerhalb einer Tabelle (über alle Arten von Bedingungen hinweg) eindeutig sein. Wird bei der Erzeugung kein Name für die Bedingung angegeben, erzeugt das System einen Namen automatisch.
TABSCHEMA Char(8) TABNAME Varchar(18)	Qualifizierter Name der Tabelle, für welche die Bedingung gilt
BTYPE Char(1)	Typ des Basisobjekts, von dem die Bedingung abhängt. Werte: F = Funktionsexemplar I = Index
BSCHEMA Char(8) BNAME Varchar(18)	Qualifizierter Name des Basisobjekts, von dem die Bedingung abhängt. Für vordefinierte Funktionen werden keine Abhängigkeiten erfaßt, da diese Funktionen nicht gelöscht werden können.

D.1.9 DATATYPES

Jede Zeile beschreibt einen Datentyp, wobei sowohl vordefinierte wie benutzerdefinierte Datentypen erfaßt sind.

Spalte	Beschreibung
TYPESCHEMA Char(8) TYPENAME Varchar(18)	Qualifizierter Name des Datentyps. Für vordefinierte (integrierte) Datentypen lautet der Schemaname SYSIBM
DEFINER Char(8)	Benutzerkennung, unter welcher der Datentyp erzeugt wurde.

Spalte	Beschreibung
SOURCESCHEMA Char(8) (erlaubt Nullwerte) SOURCENAME Varchar(18) (erlaubt Nullwerte)	Qualifizierter Name des Quelldatentyps für eindeutige Typen (null für vordefinierte Typen).
METATYPE Char(1)	S = System- (vordefinierter) Datentyp T = Distinct- (benutzerdefinierter) Datentyp
TYPEID Smallint	Interne Datentypidentifikation
SOURCETYPEID Smallint (erlaubt Nullwerte)	Interne Datentypidentifikation des Quelldatentyps (null für vordefinierte Typen)
LENGTH Integer	Maximale Länge des Datentyps. 0 für vordefinierte parametrisierte Datentypen wie Decimal und Varchar
SCALE Smallint	Anzahl der Nachkommastellen für eindeutige Typen, die auf dem vordefinierten Typ Decimal basieren. 0 für alle anderen Datentypen (einschließlich Decimal selbst)
CODEPAGE Smallint	Die zur Interpretation von Werten dieses Datentyps verwendete Code-Seite bei String- sowie eindeutigen Datentypen, die auf String-Typen basieren. 0 für alle anderen Datentypen.
CREATE_TIME Timestamp	Erzeugungszeit des Datentyps
REMARKS Varchar(254) (erlaubt Nullwerte)	Vom Benutzer per COMMENT ON DISTINCT TYPE-Anweisung eingegebener beschreibender Kommentar

D.1.10 DBAUTH

Jede Zeile repräsentiert eine Sammlung von Autorisierungen auf Datenbankebene, die von einem »Grantor« an einen »Grantee« verliehen wurden, wobei es sich bei letzteren um einen einzelnen Benutzer oder eine Gruppe handeln kann. Alle vergebenen Autorisierungen werden in derselben Zeile von DBAUTH vermerkt; alle Autorisierungen gelten für die Datenbank, die diese Katalogtabelle enthält.

Spalte	Beschreibung
GRANTOR Char(8)	Benutzerkennung des Gewährers einer Autorisierung
GRANTEE Char(8)	Empfänger (Halter) einer Autorisierung. Dieser Name kann ein Individuum oder eine Gruppe identifizieren. Gruppen werden vom Betriebssystem definiert und verwaltet
GRANTEETYPE Char(1)	U = Empfänger ist ein einzelner Benutzer G = Empfänger ist eine Gruppe
DBADMAUTH Char(1)	Datenbankadministrator-Autorisierung Y = Ja, N = Nein
CREATETABAUTH Char(1)	Autorisierung zum Erzeugen von Tabellen in der Datenbank Y = Ja, N = Nein

Spalte	Beschreibung
BINDADDAUTH Char(1)	Autorisierung zum Erzeugen (Binden) von Paketen in der Datenbank Y = Ja, N = Nein
CONNECTAUTH Char(1)	Autorisierung zum Verbinden mit der Datenbank Y = Ja, N = Nein
NOFENCEAUTH Char(1)	Autorisierung zum Erzeugen nicht abgeschirmter externer Funktionen in der Datenbank Y = Ja, N = Nein
IMPLSCHEMAAUTH Char(1)	Autorisierung zum impliziten Erzeugen eines neuen Schemas durch Erzeugen eines Objekts in einem noch nicht existierenden Schema Y = Ja, N = Nein

D.1.11 EVENTMONITORS

Jede Zeile repräsentiert einen Ereignismonitor. Ereignismonitore werden durch die CREATE EVENT MONITOR-Anweisung erzeugt und durch die SET EVENT MONITOR STATE-Anweisung kontrolliert. Jeder Ereignismonitor überwacht eine bestimmte Sammlung von Ereignissen in der Datenbank und schreibt Informationen über diese in eine gegebene Datei oder Pipe.

Spalte	Beschreibung
EVMONNAME Varchar(18)	Name des Ereignismonitors; da diese Namen in der Datenbank global sind, gibt es keinen zugehörigen Schemanamen.
DEFINER Char(8)	Kennung des Benutzers, der den Ereignismonitor definiert hat
TARGET_TYPE Char(1)	Der Typ des Ziels, in das Ereignisdaten geschrieben werden F = File (Datei), P = Pipe
TARGET Varchar(246)	Der Name des Ziels, in das Ereignisdaten geschrieben werden. Ist das Ziel eine Pipe, so enthält diese Spalte deren Namen. Ist das Ziel eine Datei, so enthält diese Spalte den absoluten Pfadnamen des Verzeichnisses, in das die Datei geschrieben wird. Die Namen der in diesem Verzeichnis erzeugten Dateien lauten 00000001.EVT, 00000002.EVT usw.
MAXFILES Integer (erlaubt Nullwerte)	Maximale Anzahl von Ereignisdateien, die dieser Ereignismonitor im Zielverzeichnis erzeugen wird. Null, falls es kein Maximum gibt oder der Zieltyp keine Datei ist.
MAXFILESIZE Integer (erlaubt Nullwerte)	Maximale Größe (in 4K-Seiten), auf die jede Ereignisdatei anwachsen kann, bevor der Ereignismonitor eine neue Datei anlegt. Null, falls es kein Maximum gibt oder der Zieltyp keine Datei ist.
BUFFERSIZE Integer (erlaubt Nullwerte)	Größe (in 4K-Seiten) des Puffers, den der Ereignismonitor zur Akkumulation von Ereignisdaten benutzt, bevor er diese in eine Ereignisdatei schreibt. Null, falls der Zieltyp keine Datei ist.

Spalte	Beschreibung
IO_MODE Char(1) (erlaubt Nullwerte)	Zeigt an, was bei vollem Puffer und einem neu eintretenden Ereignis passiert B = Blockiert (warte, daß der Puffer auf Platte geschrieben wird, protokolliere sodann das Ereignis). Dies verhindert einen Verlust von Daten, kann sich nachteilig auf die Performanz auswirken. N = Nicht blockiert (Ereignisse können während eines Schreibens des Puffers auf Platte verloren gehen. Bedeutet geringere Beeinträchtigung der Systemleistung.) Null, falls der Zieltyp keine Datei ist
WRITE_MODE Char(1) (erlaubt Nullwerte)	Zeigt an, wie dieser Monitor existierende Ereignisdaten behandelt, wenn er aktiviert wird. Werte: A = Anhängen (Append) von Daten an eine existierende Datei R = Ersetzen (Replace) einer existierenden Datei durch eine neue Null, falls der Zieltyp keine Datei ist
AUTOSTART Char(1)	Zeigt an, ob der Ereignismonitor automatisch aktiviert wird, wenn der Server (mit einem DB2START-Befehl) gestartet wird. Y = Ja, Ereignismonitor wird automatisch aktiviert N = Nein, Ereignismonitor wird nicht aktiviert, bis ein SET EVENT MONITOR STATE-Kommando ausgeführt wird
NODENUM Smallint	Die Nummer des Knotens, auf dem der Ereignismonitor läuft und Ereignisse protokolliert.
MONSCOPE Char(1)	Zu überwachender Bereich: L = Lokal, G = Global
REMARKS Varchar(254) (erlaubt Nullwerte)	Für zukünftige Verwendung durch die COMMENT-Anweisung (zur Eingabe eines Kommentars zum Ereignismonitor) reserviert

D.1.12 EVENTS

Jede Zeile repräsentiert ein Ereignis, das von einem Ereignismonitor überwacht wird.

Spalte	Beschreibung
EVMONNAME Varchar(18)	Name des Ereignismonitors, der dieses Ereignis überwacht. Ein Ereignismonitor kann mehr als ein Ereignis überwachen. Da Monitornamen in der Datenbank global sind, haben sie keinen zugehörigen Schemanamen.
TYPE Varchar(18)	Der Typ des überwachten Ereignisses. Die möglichen Werte dieser Spalte lauten wie folgt: DATABASE, CONNECTIONS, TABLES, STATEMENTS, TRANSACTIONS, DEADLOCKS, TABLESPACES.
FILTER Clob(32K) (erlaubt Nullwerte)	Der vollständige Text der WHERE-Klausel, die das überwachte Ereignis definiert, wie in der CREATE EVENT MONITOR-Anweisung angegeben

D.1.13 FUNCPARMS

Jede Zeile repräsentiert entweder einen Parameter oder das Ergebnis einer Funktion, für die in der Katalogtabelle FUNCTIONS ein Eintrag existiert.

Spalte	Beschreibung
FUNCSCHEMA Char(8) FUNCNAME Varchar(18)	Qualifizierter Name der Funktion, für die diese Zeile einen Parameter oder das Ergebnis beschreibt. Mehrere Funktionsinstanzen können denselben qualifizierten Namen haben, sofern sie unterschiedliche Signaturen besitzen (man bezeichnet dies als *Überladen*).
SPECIFICNAME Varchar(18)	Spezifischer Name der Funktion, für die diese Zeile einen Parameter oder das Ergebnis beschreibt. Der spezifische Name einer Funktionsinstanz muß innerhalb des jeweiligen Schemas eindeutig sein.
ROWTYPE Char(1)	Zeigt an, was diese Zeile beschreibt. Werte: P = Einen Parameter der Funktion R = Das Ergebnis (Result) der Funktion vor einem Casting C = Das Ergebnis der Funktion nach einem Casting (man vergleiche hierzu die CAST FROM-Klausel der CREATE FUNCTION-Anweisung)
ORDINAL Smallint	Die Ordinalposition des Parameters unter allen Parametern der Funktion, beginnend mit 1, falls ROWTYPE = P ist Die Ordinalposition dieser Spalte im Ergebnis, beginnend mit 1, falls ROWTYPE = R ist und die Funktion eine Tabelle zurückgibt. sonst 0
PARMNAME Varchar(18) (erlaubt Nullwerte)	Name des Parameters oder der Ergebnisspalte bzw. null, falls kein Name existiert
TYPESCHEMA Char(8) TYPENAME Varchar(18)	Qualifizierter Name des Datentyps des Parameters oder Ergebnisses
LENGTH Integer	Maximale Länge des Parameters oder Ergebnisses bzw. 0, falls der Parameter oder das Ergebnis ein eindeutiger Typ ist oder keine wohldefinierte maximale Länge besitzt.
SCALE Smallint	Anzahl der Nachkommastellen des Parameters oder des Ergebnisses bzw. 0, falls Parameter oder Ergebnis ein eindeutiger Typ ist oder keine Nachkommastellen besitzt.
CODEPAGE Smallint	Die zur Interpretation des Parameters oder Ergebnisses verwendete Code-Seite (0, falls es sich nicht um einen String-Datentyp handelt)
CAST_FUNCID Integer (erlaubt Nullwerte)	Interne Funktions-ID der Funktion, die zum Konvertieren des Arguments (falls diese Funktion auf einer anderen basiert) oder des Ergebnisses (falls ROWTYPE = R ist) benutzt wird, sonst 0.
AS_LOCATOR Char(1)	Y = Parameter oder Ergebnis werden als Verweis (»Locator«) übergeben N = Nicht als Verweis übergeben

D.1.14 FUNCTIONS

Enthält eine Zeile für jede benutzerdefinierte Funktion (einschließlich der auf anderen Funktionen basierenden sowie der externen, skalaren und Spaltenfunktionen). Enthält ferner systemerzeugte Casting- und Vergleichsfunktionen, jedoch keine vordefinierten (integrierten) Funktionen.

Spalte	Beschreibung
FUNCSCHEMA Char(8) FUNCNAME Varchar(18)	Qualifizierter Name der Funktion. Mehrere Funktionsinstanzen können denselben qualifizierten Namen haben, falls sie unterschiedliche Signaturen besitzen (dies bezeichnet man als *Überladen*).
SPECIFICNAME Varchar(18)	Spezifischer Name der Funktionsinstanz (muß innerhalb des Schemas eindeutig sein). Kann systemgeneriert sein.
DEFINER Char(8)	Kennung des Benutzers, der die Funktion definiert hat
FUNCID Integer	Funktionsidentifikation, vom System für interne Zwecke zugewiesen.
RETURN_TYPE Smallint	Interne Datentypidentifikation des Ergebnisdatentyps der Funktion. Kann mit der Spalte TYPEID in der Katalogtabelle DATATYPES (per Join) verbunden werden.
ORIGIN Char(1)	Zeigt an, wie die Funktion erzeugt wurde E = Benutzerdefinierte, externe Funktion (in einer Programmiersprache geschrieben) U = Benutzerdefinierte, auf einer anderen Funktion basierende Funktion S = Systemgeneriert (z.B. Cast-Funktion eines eindeutigen Typs)
TYPE Char(1)	S = Skalare Funktion C = Spaltenfunktion T = Tabellenfunktion
PARM_COUNT Smallint	Anzahl der Funktionsparameter. Man vergleiche die Katalogtabelle FUNCPARMS für eine Beschreibung dieser Parameter.
PARM_SIGNATURE Varchar(180) for bit data	Konkatenation von bis zu 90 Parameterdatentypen in internem Format. Wird bei einer Funktionsresolution sowie zur Garantie von Eindeutigkeit benutzt. Länge 0, falls die Funktion keine Parameter besitzt.
CREATE_TIME Timestamp	Zeitmarke der Funktionserzeugung
VARIANT Char(1)	Zeigt an, ob zwei Aufrufe der Funktion mit denselben Parametern stets das gleiche Ergebnis liefern. Wird bei der Optimierung von Anfragen benutzt. Y = Variant (nondeterministisch, d.h., Ergebnisse können verschieden sein) N = Nonvariant (deterministisch, d.h., Ergebnisse sind konsistent) Leer, falls ORIGIN nicht den Wert E hat

Spalte	Beschreibung
SIDE_EFFECTS Char(1)	Zeigt an, ob die Funktion Seiteneffekte (also neben der Rückgabe des Ergebnisses noch weitere Effekte) besitzt. Wird bei der Optimierung von Anfragen benutzt. E = Funktion hat Seiteneffekte (so daß die Anzahl der Aufrufe wichtig ist) N = Keine Seiteneffekte Leer, falls ORIGIN nicht den Wert E hat
FENCED Char(1)	Zeigt an, ob die Funktion im selben Adreßraum wie die Datenbank laufen darf oder aus Sicherheitsgründen auf einen separaten Adreßraum beschränkt (»fenced«) ist. Y = Abgeschirmt, N = Nicht abgeschirmt Leer, falls ORIGIN nicht den Wert E hat
NULLCALL Char(1)	Zeigt an, ob die Funktion aufgerufen werden kann, wenn eines ihrer Argumente null ist. Y = Ja, die Funktion kann mit Nullargumenten aufgerufen werden N = Nein, ist irgendein Argument null, wird die Funktion nicht aufgerufen und das Ergebnis implizit auf null gesetzt Leer, falls ORIGIN nicht den Wert E hat
CAST_FUNCTION Char(1)	Zeigt an, ob es sich um eine Cast-Funktion handelt, welche also in der Form CAST(type1 AS type2) aufgerufen werden kann. Y = Es handelt sich um eine Cast-Funktion N = Es handelt sich nicht um eine Cast-Funktion
ASSIGN_FUNCTION Char(1)	Zeigt man, ob die Funktion implizit durch Zuweisen eines Wertes an ein Ziel mit verschiedenem Datentyp aufgerufen werden kann. Beispielsweise kann eine Zuweisung einer Integer-Zahl an eine Spalte vom eindeutigen Typ Hutgröße, der auf Integer basiert, zu einem impliziten Aufruf von hutgröße(Integer) führen. Y = Implizite Zuweisungsfunktion N = Keine implizite Zuweisungsfunktion
SCRATCHPAD Char(1)	Zeigt an, ob diese Funktion über einen »Notizzettel« (Scratchpad) verfügt, auf dem sie Information von einem Aufruf zum nächsten hinüberretten kann. Y = Die Funktion hat ein Scratchpad N = Kein Scratchpad Leer, falls ORIGIN nicht den Wert E hat
FINAL_CALL Char(1)	Zeigt an, ob ein zusätzlicher Aufruf dieser Funktion am Ende der Verarbeitung einer SQL-Anweisung stattfindet (zusätzlich zu den Aufrufen für die Verarbeitung von Zeilen). Y = Abschließender Aufruf wird ausgeführt N = Kein abschließender Aufruf Leer, falls ORIGIN nicht den Wert E hat

Spalte	Beschreibung
PARALLELLIZABLE Char(1)	Y = Die Funktion kann parallel auf mehreren Knoten ausgeführt werden N = Die Funktion kann nicht parallel ausgeführt werden
CONTAINS_SQL Char(1)	Zeigt an, ob eine externe Funktion irgendwelche SQL-Anweisungen enthält. N = Enthält keine SQL-Anweisungen (das derzeitige Release unterstützt keine weiteren Werte)
DBINFO Char(1)	Y = Spezieller Umgebungsparameter (DBINFO) wird an die Funktion übergeben N = Kein DBINFO-Parameter wird übergeben
RESULT_COLS Smallint	Die Anzahl der Spalten in der Ergebnistabelle, falls es sich um eine Tabellenfunktion (TYPE = T) handelt, und sonst 1.
LANGUAGE Char(8)	Implementierungssprache des Funktionsrumpfs Leer, falls ORIGIN nicht den Wert E hat
IMPLEMENTATION Varchar(254) (erlaubt Nullwerte)	Der Pfadname des Objektcodemoduls, das die Funktion implementiert, falls ORIGIN den Wert E hat. Ist ORIGIN = U und die Quellfunktion vordefiniert, enthält diese Spalte den Namen und die Signatur der Quellfunktion. Sonst Null
PARM_STYLE Char(8)	Zeigt den in der CREATE FUNCTION-Anweisung deklarierten Parameterstil an. Unterstützte Werte sind DB2SQL und DB2GENRL. Leer, falls ORIGIN nicht den Wert E hat
SOURCE_SCHEMA Char(8) (erlaubt Nullwerte) SOURCE_SPECIFIC Varchar(18) (erlaubt Nullwerte)	Ist ORIGIN = U und die Quellfunktion eine benutzerdefinierte Funktion, enthält die Spalte den spezifischen Namen der Quellfunktion. Ist ORIGIN = U und die Quellfunktion vordefiniert, hat SOURCE_SCHEMA den Wert SYSIBM und SOURCE_SPECIFIC den Wert »N/A for built-in.« Null, falls ORIGIN nicht den Wert U hat.
IOS_PER_INVOC Double	Geschätzte Anzahl von Ein-/Ausgabeoperationen pro Funktionsaufruf (wird bei der Anfrageoptimierung verwendet); -1, falls unbekannt.
INSTS_PER_INVOC Double	Geschätzte Anzahl von CPU-Instruktionen pro Funktionsaufruf (wird bei der Anfrageoptimierung verwendet); -1, falls unbekannt.
IOS_PER_ARGBYTE Double	Geschätzte durchschnittliche Anzahl von Ein-/Ausgabeoperationen pro Byte eines jeden Eingabeparameters (wird bei der Anfrageoptimierung verwendet); -1, falls unbekannt.
INSTS_PER_ARGBYTE Double	Geschätzte durchschnittliche Anzahl von CPU-Instruktionen pro Byte eines jeden Eingabeparameters (wird bei der Anfrageoptimierung verwendet); -1, falls unbekannt.
PERCENT_ARGBYTES Smallint	Geschätzter durchschnittlicher Prozentsatz von Eingabeparameterbytes, welcher die Funktion tatsächlich lesen wird (wird bei der Anfrageoptimierung verwendet); -1, falls unbekannt.

Spalte	Beschreibung
INITIAL_IOS Double	Geschätzte Anzahl anfänglicher Ein-/Ausgabeoperationen, die beim erstmaligen Aufruf der Funktion innerhalb einer SQL-Anweisung ausgeführt werden (wird bei der Anfrageoptimierung verwendet); -1, falls unbekannt.
INITIAL_INSTS Double	Geschätzte Anzahl anfänglicher CPU-Instruktionen, die beim erstmaligen Aufruf der Funktion innerhalb einer SQL-Anweisung ausgeführt werden (wird bei der Anfrageoptimierung verwendet); -1, falls unbekannt.
CARDINALITY Integer	Die voraussichtliche Anzahl von Zeilen, die von einer Tabellenfunktion zurückgegeben wird. -1, falls unbekannt oder die Funktion keine Tabellenfunktion ist.
REMARKS Varchar(254) (erlaubt Nullwerte)	Vom Benutzer per COMMENT ON FUNCTION-Anweisung eingegebener, beschreibender Kommentar.

D.1.15 INDEXAUTH

Jede Zeile repräsentiert ein an einen Index gebundenes Privileg.

Spalte	Beschreibung
GRANTOR Char(8)	Kennung des Benutzers, der das Privileg vergeben hat (oder SYSIBM, falls das Privileg vom System an den Erzeuger des Index vergeben wurde).
GRANTEE Char(8)	Empfänger (Halter) des Privilegs
GRANTEETYPE Char(1)	U = Empfänger ist ein einzelner Benutzer G = Empfänger ist eine Gruppe
INDSCHEMA Char(8) INDNAME Varchar(18)	Qualifizierter Name des Index, an den ein Privileg gebunden wird.
CONTROLAUTH Char(1)	Y = Control-Privileg vorhanden (zum Löschen des Index erforderlich) N = Control-Privileg nicht vorhanden

D.1.16 ˙INDIZES

Jede Zeile repräsentiert einen Index.

Spalte	Beschreibung
INDSCHEMA Char(8) INDNAME Varchar(18)	Qualifizierter Name des Index
DEFINER Char(8)	Kennung der Benutzers, der den Index angelegt hat.
TABSCHEMA Char(8) TABNAME Varchar(18)	Qualifizierter Name der Tabelle, für die der Index angelegt wurde.

Spalte	Beschreibung
COLNAMES Varchar (320)	Liste der Spaltennamen, über die der Index angelegt wurde. Jedem Spaltennamen geht ein »+« voran, falls der Index bezüglich dieser Spalte aufsteigend ist, bezüglich ein »-« , falls er bezüglich der Spalte absteigend ist.
UNIQUERULE Char(1)	D = Index erlaubt doppelte Schlüsselwerte U = Schlüsselwerte müssen eindeutig (unique) sein P = Der Index unterstützt einen Primärschlüssel (was eindeutige Werte impliziert)
MADE_UNIQUE Char(1)	Y = Index war ursprünglich nicht eindeutig, wurde aber vom System in einen eindeutigen Index konvertiert, um eine Eindeutigkeitsbedingung oder einen Primärschlüssel zu unterstützen. Wird der Schlüssel oder die Bedingung gelöscht, erhält der Index wieder seinen ursprünglichen Status. N = Der Index bleibt so, wie er erzeugt wurde
COLCOUNT Smallint	Die Anzahl der Spalten im Indexschlüssel
UNIQUE_COLCOUNT Smallint	Die Anzahl der Schlüsselspalten, die für Eindeutigkeit benötigt werden (-1, falls der Index doppelte Schlüsselwerte zuläßt). Regel: UNIQUE_COLCOUNT <= COLCOUNT.
INDEXTYPE Char(4)	REG = Regulärer Index CLUS = Clustering- (geballter) Index (kontrolliert die physische Anordnung neu eingefügter Zeilen).
PCTFREE Smallint	Prozentsatz an Platz, der in jeder Indexseite beim initialen Anlegen des Index reserviert wird. Dieser Platz ist für zukünftige Einfügungen, nachdem der Index angelegt wurde, verfügbar.
IID Smallint	Interne Identifikation des Index
NLEAF Integer	Anzahl der Blattseiten (Seiten auf unterster Indexebene), die vom Index belegt werden; -1, falls unbekannt.
NLEVELS Smallint	Anzahl der Ebenen im Index (wird in Kostenfunktionen des Optimierers verwendet); -1, falls unbekannt.
FIRSTKEYCARD Integer	Anzahl verschiedener Werte in der ersten Schlüsselspalte des Index; -1, falls unbekannt.
FIRST2KEYCARD Integer	Anzahl verschiedener Wertekombinationen in den ersten beiden Schlüsselspalten des Index; -1, falls unbekannt.
FIRST3KEYCARD Integer	Anzahl verschiedener Wertekombinationen in den ersten drei Schlüsselspalten des Index; -1, falls unbekannt.
FIRST4KEYCARD Integer	Anzahl verschiedener Wertekombinationen in den ersten vier Schlüsselspalten des Index; -1, falls unbekannt.
FULLKEYCARD Integer	Anzahl verschiedener Wertekombinationen im vollen Indexschlüssel; -1, falls unbekannt.

Spalte	Beschreibung
CLUSTERRATIO Smallint	Ein Maß dafür, wie gut die Ordnung des Index der physischen Anordnung der Zeilen im Speicher entspricht (wird in Kostenfunktionen des Optimierers verwendet); -1, falls unbekannt.
CLUSTERFACTOR Double	Ein genaueres Maß dafür, wie gut die Indexordnung der physischen Anordnung der Zeilen im Speicher entspricht (wird in Kostenfunktionen des Optimierers verwendet); -1, falls unbekannt.
SEQUENTIAL_PAGES Integer	Anzahl von Indexblattseiten, die auf der Platte in Indexschlüsselordnung mit wenigen oder keinen großen Lücken dazwischen angeordnet sind; -1, falls unbekannt.
DENSITY Integer	Verhältnis von SEQUENTIAL_PAGES zur Anzahl von Seiten im vom Index belegten Seitenbereich, ausgedrückt als Prozentzahl zwischen 0 und 100; -1, falls unbekannt.
USER_DEFINED Smallint	Eine 1 bedeutet, daß dieser Index von einem Benutzer angelegt wurde. Ein Index kann nur dann physisch gelöscht werden, falls sowohl USER_DEFINED als auch SYSTEM_REQUIRED den Wert 0 haben.
SYSTEM_REQUIRED Smallint	Eine 1 bedeutet, daß dieser Index vom System zur Durchsetzung einer Primärschlüssel- oder Eindeutigkeitsbedingung benutzt wird. Ein Index kann nur dann physisch gelöscht werden, falls sowohl USER_DEFINED als auch SYSTEM_REQUIRED den Wert 0 haben.
CREATE_TIME Timestamp	Zeitpunkt der Erzeugung des Index.
STATS_TIME Timestamp (erlaubt Nullwerte)	Der Zeitpunkt, zu dem zum letzten Mal (z.B. durch die RUNSTATS-Utility) Änderungen an den für diesen Index protokollierten Statistiken vorgenommen wurden; null, falls es für diesen Index keine Statistiken gibt.
PAGE_FETCH_PAIRS Varchar(254) for bit data	Eine Liste von Paaren ganzer Zahlen, in Zeichenform dargestellt. Jedes Paar repräsentiert die Anzahl von Seiten in einem hypothetischen Puffer sowie die Anzahl von Seitenzugriffen, die für einen Scan des Index unter Verwendung dieses hypothetischen Puffers erforderlich sind. (String der Länge 0, falls keine Daten verfügbar.)
REMARKS Varchar(254) (erlaubt Nullwerte)	Vom Benutzer per COMMENT ON INDEX-Anweisung eingegebener, beschreibender Kommentar.
TEXT Clob(32K) (erlaubt Nullwerte)	Für zukünftige Verwendung

D.1.17 KEYCOLUSE

Listet sämtliche Spalten auf, die in einem Schlüssel vorkommen, der über eine Unique-, Primär- oder Fremdschlüsselbedingung definiert wurde.

Spalte	Beschreibung
CONSTNAME Varchar(18)	Name der Bedingung. Bedingungsnamen müssen (über alle Bedingungen hinweg) innerhalb einer Tabelle eindeutig sein.
TABSCHEMA Char(8) TABNAME Varchar(18)	Qualifizierter Name der Tabelle, der diese Spalte enthält.
COLNAME Varchar(18)	Name der Spalte
COLSEQ Smallint	Ordinalposition der Spalte innerhalb des Schlüssels (beginnend mit 1).

D.1.18 NODEGROUPDEF

Jede Zeile beschreibt die Teilnahme eines Knotens in einer Knotengruppe.

Spalte	Beschreibung
NGNAME Varchar(18)	Name der Knotengruppe
NODENUM Smallint	Nummer eines Knotens in der Knotengruppe (eine ganze Zahl zwischen 0 und 999).
IN_USE Char(1)	Zeigt den Status dieses Knotens in der Knotengruppe an. A = Der Knoten wird neu hinzugefügt. Seine Behälter wurden erzeugt, jedoch befindet er sich noch nicht in der Partitionierungszuordnung, sondern wartet auf den Abschluß der Operation *Redistribute Nodegroup*. D = Der Knoten wird am Ende von *Redistribute Nodegroup* gelöscht. T = Der Knoten wurde ohne Tabellenbereiche hinzugefügt. Für den Knoten müssen explizit Behälter angegeben werden, und ein *Redistribute Nodegroup* muß zur Aufnahme des Knotens in die Partitionierungszuordnung ausgeführt werden. Y = Der Knoten befindet sich in der Partitionierungszuordnung.

D.1.19 NODEGROUPS

Jede Zeile repräsentiert eine Knotengruppe.

Spalte	Beschreibung
NGNAME Varchar(18)	Name der Knotengruppe
DEFINER Char(8)	Autkennung des Anlegers der Knotengruppe
PMAP_ID Smallint	Identifikation der Partitionierungszuordnung dieser Knotengruppe in der Katalogtabelle PARTITIONSMAPS.

Spalte	Beschreibung
REBALANCE_PMAPID Smallint	Identifikation der derzeit zur Umverteilung von Zeilen in dieser Knotengruppe verwendeten Partitionierungszuordnung (-1, falls aktuell kein *Redistribute Nodegroup* durchgeführt wird).
CREATE_TIME Timestamp	Erzeugungszeitpunkt der Knotengruppe
REMARKS Varchar(254) (erlaubt Nullwerte)	Vom Benutzer per COMMENT ON NODEGROUP-Anweisung eingegebener, beschreibender Kommentar.

D.1.20 PACKAGEAUTH

Jede Zeile repräsentiert eine Sammlung von Privilegien an einem Paket, die von einem Benutzer oder einer Gruppe gehalten werden. Ein Paket ist die gebundene Form eines Anwendungsprogramms.

Spalte	Beschreibung
GRANTOR Char(8)	Kennung des Benutzers, der die Privilegien vergeben hat
GRANTEE Char(8)	Empfänger (Halter) der Privilegien
GRANTEETYPE Char(1)	U = Empfänger ist ein einzelner Benutzer G = Empfänger ist eine Gruppe
PKGSCHEMA Char(8) PKGNAME Char(8)	Qualifizierter Name des Pakets, an dem die Privilegien gehalten werden.
CONTROLAUTH Char(1)	Zeigt an, ob das Control-Privileg (zum Löschen des Pakets erforderlich) gewährt wurde. Y = Privileg gewährt, N = Privileg nicht gewährt
BINDAUTH Char(1)	Zeigt an, ob das Privileg zum Binden und Rebinden des Pakets gewährt wurde. Y = Privileg gewährt, N = Privileg nicht gewährt
EXECUTEAUTH Char(1)	Zeigt an, ob das Privileg zum Ausführen des Pakets gewährt wurde. Dieses wird zum erfolgreichen Ausführen des entsprechenden Anwendungsprogramms benötigt. Y = Privileg gewährt, N = Privileg nicht gewährt

D.1.21 PACKAGEDEP

Jede Zeile beschreibt eine Abhängigkeit eines Pakets von einem Objekt.

Spalte	Beschreibung
PKGSCHEMA Char(8) PKGNAME Char(8)	Qualifizierter Name des Pakets
BINDER Char(8) (erlaubt Nullwerte)	Benutzer, der das Paket gebunden hat

Spalte	Beschreibung
BTYPE Char(1)	Der Typ des Objekts, von dem das Paket abhängt A = Alias F = Funktionsinstanz (nur für benutzerdefinierte Funktionen) I = Index T = Tabelle V = View
BSCHEMA Char(8) BNAME Varchar(18)	Qualifizierter Name des Objekts, von dem das Paket abhängt. Wird eine Funktionsinstanz, von der das Paket abhängt, gelöscht, wird das Paket unbrauchbar (»inoperativ«) und muß explizit neu gebunden werden. Wird irgendein anderes Objekt (oder Privileg), von dem das Paket abhängt, gelöscht, versucht das System automatisch, das Paket bei der nächsten Benutzung erneut zu binden.
TABAUTH Smallint (erlaubt Nullwerte)	Hat BTYPE den Wert T (Tabelle) oder V (View), werden in dieser Spalte die Privilegien, die von diesem Paket benötigt werden (wie Select-, Insert-, Delete- oder Update-Privileg), in codierter Form abgelegt, und zwar unter Verwendung einer Kombination von in sql.h deklarierten Binärcodes.

D.1.22 PACKAGES

Jede Zeile beschreibt ein Paket, das durch Binden eines Anwendungsprogramms erzeugt wurde. Das Paket wird in der Datenbank gespeichert und enthält einen optimierten Plan zur Ausführung einer jeden, im Programm vorkommenden SQL-Anweisung. Diese Katalogtabelle protokolliert einige der Optionen, die im PREP- oder BIND-Befehl, mit dem das Paket erzeugt wurde, spezifiziert wurden. Diese Optionen werden verwendet, wenn das Paket implizit oder durch einen expliziten REBIND-Befehl erneut gebunden wird.

Spalte	Beschreibung
PKGSCHEMA Char(8) PKGNAME Char(8)	Qualifizierter Name des Pakets
BOUNDBY Char(8)	Autkennung, die zum Überprüfen der Autorisierung während des Bindens des Pakets verwendet wurde (wird durch die Bindeoption OWNER kontrolliert, als Voreinstellung stimmt dieses Attribut mit DEFINER überein).
DEFINER Char(8)	Die Kennung des Benutzers, der das Paket gebunden hat.
DEFAULT_SCHEMA Char(8)	Voreingestellter Schemaname, der für unqualifizierte Namen in statischen SQL-Anweisungen verwendet wird (wird über die Bindeoption SCHEMA kontrolliert; stimmt als Default mit DEFINER überein).

Spalte	Beschreibung
VALID Char(1)	Zeigt den Status des Pakets an. Y = Gültig, fertig zum Gebrauch N = Nicht gültig, wird jedoch bei nächster Benutzung implizit neu gebunden. Dieses implizite Neubinden kann das Paket in einen gültigen Zustand zurückversetzen. X = Unbrauchbar (inoperative), da eine vom Paket benutzte Funktionsinstanz nicht mehr existiert. Ein unbrauchbares Paket wird nicht implizit neu gebunden; es kann nur durch ein explizites BIND oder REBIND wieder gültig werden.
UNIQUE_ID Char(8)	Interne Information über den Zeitpunkt, zu dem das Paket ursprünglich erzeugt wurde. Diese Spalte dient als Zeitmarke für Konsistenztests zwischen Anwendungsprogramm und Paket.
TOTAL_SECT Smallint	Anzahl von Sektionen in dem Paket. Jede Sektion enthält einen optimierten Plan zur Ausführung einer SQL-Anweisung.
FORMAT Char(1)	Vom Paket verwendetes Format zur Darstellung von Datums- und Zeitangaben. Codes: 0 = Aus dem Ländercode der Datenbank abgeleitet 1 = USA 2 = EUR 3 = ISO 4 = JIS 5 = LOCAL
ISOLATION Char(2) (erlaubt Nullwerte)	Isolationsgrad des Pakets: RR = Repeatable Read RS = Read Stability CS = Cursor Stability UR = Uncommitted Read
BLOCKING Char(1) (erlaubt Nullwerte)	Cursorblockungsoption. Kontrolliert, ob Zeilen eines Anfrageergebnisses einzeln oder (aus Effizienzgründen) in Blöcken vom Server an den Client übermittelt werden. N = Keine Blockung B = Blockung wird für Fetch-only-Cursor benutzt. In Zweifelsfällen (keine Intentionsangabe) werden Cursor als Fetch-only angenommen U = Blockung wird für Fetch-only-Cursor benutzt. In Zweifelsfällen (keine Intentionsangabe) werden Cursor als veränderbar angenommen.
INSERT_BUF Char(1) (erlaubt Nullwerte)	Y = Einfügungen werden im Koordinatorknoten zur Reduktion von Nachrichtenverkehr in Mehrknotensystemen gepuffert (durch die Bindeoption INSERT spezifiziert). N oder null = Einfügungen werden nicht gepuffert

Spalte	Beschreibung
LANG_LEVEL Char(1) (erlaubt Nullwerte)	Protokolliert die beim Binden des Pakets verwendete LANGLEVEL-Option, welche die Interpretation bestimmter SQL-Möglichkeiten kontrolliert (z.B. Cursor): 0 = SAA1 (Systems Application Architecture). Cursor, die in positionierten Updates verwendet werden sollen, müssen als FOR UPDATE deklariert werden. 1 = SQL92E (SQL92 Standard, Entry Level) oder MIA (Multivendor Integration Architecture). Cursor, die in positionierten Updates verwendet werden sollen, müssen nicht als FOR UPDATE deklariert werden.
FUNC_PATH Varchar(254)	Der Funktionspfad, der beim letzten Binden des Pakets verwendet wurde. Derselbe Funktionspfad wird bei einem impliziten oder expliziten erneuten Binden des Pakets benutzt.
QUERYOPT Integer	Optimierungsklasse, unter der das Paket gebunden wurde. Werte liegen zwischen 0 und 9 und zeigen einen zunehmenden Grad an Optimierung an.
EXPLAIN_LEVEL Char(1)	Der für das Paket gewünschte Explain-Grad. Die Explain-Facility sammelt Information über Zugriffspläne in einer visualisierbaren Form. (leer) = Kein Explain gewünscht P = Planselektions-Ebene
EXPLAIN_MODE Char(1)	Gibt an, ob die *Tabular Explain Facility* für dieses Paket aktiv ist Y = Ja, N = Nein
EXPLAIN_SNAPSHOT Char(1)	Gibt an, ob die *Explain Snapshot Facility* (visuelles Explain) für dieses Paket aktiv ist. Y = Ja, N = Nein.
SQLWARN Char(1)	Y = Positive Werte für SQLCODE, die Warnungen anzeigen, werden an das Anwendungsprogramm zurückgegeben. N = Positive Werte für SQLCODE werden unterdrückt und nicht zurückgegeben.
SQLMATHWARN Char(1)	Spezifiziert die Behandlung von arithmetischen und Konvertierungsfehlern (zur Bindezeit durch den Datenbank-Konfigurationsparameter DFT_SQLMATHWARN kontrolliert) Y = Die Fehler werden als spezielle Null mit Warnung (Indikator –2) behandelt, die Verarbeitung der Anweisung wird fortgesetzt. N = Die Fehler werden als harte Fehler behandelt, die Anweisung wird abgebrochen.
EXPLICIT_BIND_TIME Timestamp	Der Zeitpunkt des letzten expliziten Bindens oder Rebindens des Pakets. Wird das Paket implizit neu gebunden, wird keine Funktionsinstanz selektiert, die zu einem späteren als dem hier angegebenen Zeitpunkt angelegt wurde.

Spalte	Beschreibung
LAST_BIND_TIME Timestamp	Der Zeitpunkt des letzten expliziten oder impliziten Bindens oder Rebindens dieses Pakets. Wird zum Test der Gültigkeit von EXPLAIN-Daten verwendet.
CODEPAGE Smallint	Code-Seite, die vom Anwendungsprogramm zur Interpretation von Zeichenreihendaten verwendet wird (-1, falls unbekannt).
DEGREE Char(5)	Gibt die zur Bindezeit spezifizierte Obergrenze für Intrapartitionsparallelismus an. 1 = Das Paket ist auf ein Thread pro Ausführung beschränkt. ANY = Keine Begrenzung; der Grad wird vom Optimierer festgelegt.
MULTINODE_PLANS Char(1)	Y = Das Paket wurde in einer parallelen (Multiknoten-) Umgebung gebunden. N = Das Paket wurde in einer seriellen (Einknoten-)Umgebung gebunden.
INTRA_PARALLEL Char(1)	Y = Einige SQL-Anweisungen im Paket verwenden Intrapartitionsparallelismus. N = Keine SQL-Anweisung verwendet Intrapartitionsparallelismus. F = Einige SQL-Anweisungen im Paket können Intrapartitionsparallelismus verwenden, jedoch ist das Paket zur Zeit für ein nichtparalleles System gebunden.
REMARKS Varchar(254) (erlaubt Nullwerte)	Vom Benutzer per COMMENT ON PACKAGE-Anweisung eingegebener, beschreibender Kommentar.

D.1.23 PARTITIONMAPS

Jede Zeile repräsentiert eine Partitionierungszuordnung, die zum Verteilen der Zeilen einer Tabelle unter den Knoten einer Knotengruppe durch Hashing, angewandt auf den Partitionierungsschlüssel der Tabelle, benutzt wird.

Spalte	Beschreibung
PMAP_ID Smallint	ID der Partitionierungszuordnung
PARTITIONMAP Long Varchar for Bit Data	Die eigentliche Partitionierungszuordnung, ein Vektor von 4.096 Zwei-Byte-Integer-Zahlen.

D.1.24 PROCEDURES

Jede Zeile repräsentiert eine gesicherte Prozedur (Stored Procedure).

Spalte	Beschreibung
PROCSCHEMA Char(8) PROCNAME Varchar(18)	Qualifizierter Name der gesicherten Prozedur

Spalte	Beschreibung
SPECIFICNAME Varchar(18)	Spezifischer Name der gesicherten Prozedur (muß innerhalb des betreffenden Schemas eindeutig sein); kann system-generiert sein.
PROCEDURE_ID Integer	Interne ID der Prozedur
DEFINER Char(8)	Benutzerkennung, unter der die gesicherte Prozedur erzeugt wurde.
PARM_COUNT Smallint	Anzahl der Parameter. Man vergleiche die Katalogtabelle PROCPARMS für eine Beschreibung der Parameter.
PARM_SIGNATURE Varchar(180) for Bit Data	Konkatenation von bis zu 90 Parameterdatentypen in internem Format. Länge 0, falls die Prozedur keine Parameter besitzt.
ORIGIN Char(1)	E = Extern
CREATE_TIME Timestamp	Zeitmarke der Prozedurerzeugung
DETERMINISTIC Char(1)	Y = Ergebnisse sind deterministisch (hängen nur von der Eingabe ab). N = Ergebnisse sind nondeterministisch (können bei mehrfachem Aufrufen mit denselben Parametern variieren).
FENCED Char(1)	Zeigt an, ob die Prozedur im selben Adreßraum wie die Datenbank laufen darf oder ob sie aus Sicherheitsgründen auf einen separaten Adreßraum begrenzt (»fenced«) ist. Y = Abgeschirmt; N = Nicht abgeschirmt.
NULLCALL Char(1)	Zeigt an, ob die Prozedur aufgerufen werden kann, wenn eines ihrer Argumente null ist. Y = Ja, die Prozedur kann mit Null-Argumenten aufgerufen werden. (Derzeit werden keine weiteren Optionen unterstützt.)
LANGUAGE Char(8)	Implementierungssprache der Prozedur: C oder JAVA
IMPLEMENTATION Varchar(254) (erlaubt Nullwerte)	Gibt an, wo die Implementierung der Prozedur zu finden ist. Pfad/Modul/Funktion, falls LANGUAGE = C Klasse/ Methode, falls LANGUAGE = JAVA
PARM_STYLE Char(8)	DB2DARI (falls LANGUAGE = C) oder DB2GENRL (falls LANGUAGE = JAVA)
RESULT_SETS Smallint	Anzahl der von der Prozedur gelieferten Ergebnismengen
REMARKS Varchar(254) (erlaubt Nullwerte)	Vom Benutzer per COMMENT ON PROCEDURE-Anweisung eingegebener, beschreibender Kommentar.

D.1.25 PROCPARMS

Jede Zeile repräsentiert einen Parameter einer gesicherten Prozedur.

Spalte	Beschreibung
PROCSCHEMA Char(8) PROCNAME Varchar(18)	Qualifizierter Name der Prozedur, für die diese Zeile einen Parameter oder ein Ergebnis beschreibt.
SPECIFICNAME Varchar(18)	Spezifischer Name der Prozedur
ORDINAL Smallint	Ordinalposition dieses Parameters in der Parameterliste der Prozedur, beginnend mit 1.
PARMNAME Varchar(18)	Name des Parameters
TYPESCHEMA Char(8) TYPENAME Varchar(18)	Qualifizierter Name des Datentyps des Parameters
LENGTH Integer	Maximale Länge des Parameters bzw. 0, falls Parameter oder Ergebnis von einem eindeutigen Typ sind oder keine eindeutige maximale Länge besitzen.
SCALE Smallint	Anzahl der Nachkommastellen des Parameters, falls es sich um den Datentyp Decimal handelt.
CODEPAGE Smallint	Code-Seite dieses Parameters bzw. 0, falls der Parameter als FOR BIT DATA vereinbart wurde oder kein String-Typ ist.
PARM_MODE Varchar(5)	IN = Eingabeparameter OUT = Ausgabeparameter INOUT = Parameter wird sowohl für Eingabe als auch für Ausgabe benutzt
AS_LOCATOR Char(1)	Stets »N«; vorgesehen für mögliche zukünftige Parameter, die in der Form von Verweisen übergeben werden.

D.1.26 REFERENCES

Jede Zeile repräsentiert eine referentielle Integritäts-(Fremdschlüssel-)Bedingung.

Spalte	Beschreibung
CONSTNAME Varchar(18)	Name der Bedingung. Bedingungsnamen müssen über alle Typen von Bedingungen hinweg innerhalb einer Tabelle eindeutig sein. Wird kein Name für eine Bedingung bei deren Erzeugung angegeben, so erzeugt das System einen solchen automatisch.
TABSCHEMA Char(8) TABNAME Varchar(18)	Qualifizierter Name der Kindtabelle
DEFINER Char(8)	Benutzer, der die Bedingung erzeugt hat
REFKEYNAME Varchar(18)	Name der Primär- oder UNIQUE-Schlüsselbedingung in der Vatertabelle.
REFTABSCHEMA Char(8) REFTABNAME Varchar(18)	Qualifizierter Name der Vatertabelle

Spalte	Beschreibung
COLCOUNT Smallint	Anzahl der Spalten im Fremdschlüssel (in der Kindtabelle).
DELETERULE Char(1)	Gibt an, was beim Löschen einer Zeile aus der Vatertabelle passiert. A = Keine Aktion; Löschen aus der Vatertabelle ist nicht erlaubt, falls entsprechende Zeilen in der Kindtabelle existieren. C = Kaskadieren; entsprechende Zeilen in der Kindtabelle werden ebenfalls gelöscht. N = Nullsetzen; der Fremdschlüssel wird in entsprechenden Zeilen der Kindtabelle auf null gesetzt. R = Beschränkt; Löschen aus der Vatertabelle ist nicht erlaubt, falls entsprechende Zeilen in der Kindtabelle existieren.
UPDATERULE Char(1)	Gibt an, was beim Aktualisieren eines Primärschlüssel(werte)s in der Vatertabelle passiert: R = Restrict; Aktualisieren ist nicht erlaubt, falls in der Kindtabelle entsprechende Zeilen existieren. A = Keine Aktion; Aktualisieren ist nicht erlaubt, falls in der Kindtabelle entsprechende Zeilen existieren.
CREATE_TIME Timestamp	Zeitpunkt der Definition der referentiellen Bedingung.
FK_COLNAMES Varchar(320)	Liste der Attributnamen, die in der Kindtabelle den Fremdschlüssel ergeben.
PK_COLNAMES Varchar(320)	Liste der Attributnamen, die in der Vatertabelle den Primär- oder Unique-Schlüssel ergeben.

D.1.27 SCHEMAAUTH

Jede Zeile repräsentiert eine Menge von Privilegien, die ein Benutzer oder eine Benutzergruppe an einem bestimmten Schema besitzt. Alle Schemaprivilegien sowie deren Überlasser und deren Empfänger werden in einer Zeile angegeben.

Spalte	Beschreibung
GRANTOR Char(8)	Autkennung des Benutzers, der die Privilegien gewährt hat (oder SYSIBM, falls diese vom System vergeben wurden).
GRANTEE Char(8)	Autkennung des Benutzers oder der Gruppe, der bzw. die die Privilegien besitzt.
GRANTEETYPE Char(1)	U = Empfänger ist ein einzelner Benutzer G = Empfänger ist eine Gruppe
SCHEMANAME Char(8)	Name des Schemas
ALTERINAUTH Char(1)	Gibt den Status des ALTERIN-Privilegs an: Y = Gewährt, aber nicht weitergebbar G = Gewährt und weitergebbar N = Nicht gewährt

Spalte	Beschreibung
CREATEINAUTH Char(1)	Gibt den Status des CREATEIN-Privilegs an: Y = Gewährt, aber nicht weitergebbar G = Gewährt und weitergebbar N = Nicht gewährt
DROPINAUTH Char(1)	Gibt den Status des DROPIN-Privilegs an: Y = Gewährt, aber nicht weitergebbar. G = Gewährt und weitergebbar N = Nicht gewährt

D.1.28 SCHEMATA

Jede Zeile repräsentiert ein Schema.

Spalte	Beschreibung
SCHEMANAME Char(8)	Name des Schemas
OWNER Char(8)	Der Benutzer, dem das Schema gehört.
DEFINER Char(8)	Der Benutzer, der das Schema angelegt hat (dieser kann vom Besitzer verschieden sein, z.B. wenn ein Schema vom Datenbankadministrator für einen bestimmten Benutzer angelegt wird).
CREATE_TIME Timestamp	Zeitmarke der Erzeugung des Schemas
REMARKS Varchar(254) (erlaubt Nullwerte)	Vom Benutzer per COMMENT ON SCHEMA-Anweisung eingegebener, beschreibender Kommentar.

D.1.29 STATEMENTS

Jede Zeile enthält den Text eines SQL-Befehls zur Erzeugung einer Sektion eines Pakets.

Spalte	Beschreibung
PKGSCHEMA Char(8) PKGNAME Char(8)	Qualifizierter Name des Pakets
STMTNO Smallint	Zeilennummer der SQL-Anweisung innerhalb des Quellprogramms.
SECTNO Smallint	Sektionsnummer innerhalb des Pakets
SEQNO Smallint	Folgenummer dieser Zeile. Belegt die SQL-Anweisung mehr als 3.600 Byte, wird sie in mehr als einer Zeile gespeichert, und das Attribut SEQNO wird zur Numerierung dieser Zeilen benutzt.
TEXT Varchar(3600)	Der Text der SQL-Anweisung

D.1.30 TABAUTH

Jede Zeile repräsentiert eine Menge von Privilegien an einer Tabelle oder einer Sicht, gewährt von einem Überlasser (GRANTOR) an einen Empfänger (GRANTEE), bei dem es sich um einen einzelnen Benutzer oder eine Gruppe handeln kann. Sämtliche an einer Tabelle oder einer Sicht überlassenen Privilegien führen zu einer einzigen Zeile in TABAUTH.

Spalte	Beschreibung
GRANTOR Char(8)	Überlasser des Privilegs
GRANTEE Char(8)	Empfänger (Halter) des Privilegs
GRANTEETYPE Char(1)	U = Empfänger ist ein einzelner Benutzer. G = Empfänger ist eine Gruppe
TABSCHEMA Char(8) TABNAME Varchar(18)	Qualifizierter Name der Tabelle oder Sicht, auf die das Privileg anwendbar ist.
CONTROLAUTH Char(1)	CONTROL-Privileg; wird zum Löschen der Tabelle oder Sicht benötigt und impliziert alle anderen Privilegien. Y = Privileg wurde gewährt N = Nicht gewährt
ALTERAUTH Char(1)	ALTER-Privileg; wird zum Ändern einer Tabelle oder zum Kommentieren einer Tabelle oder Sicht benötigt. G = Privileg gewährt und weitergebbar Y = Gewährt, aber nicht weitergebbar N = Nicht gewährt
DELETEAUTH Char(1)	DELETE-Privileg; wird zum Löschen von Zeilen aus einer Tabelle oder Sicht benötigt. G = Privileg gewährt und weitergebbar Y = Gewährt, aber nicht weitergebbar N = Nicht gewährt
INDEXAUTH Char(1)	INDEX-Privileg; wird zum Erzeugen eines Index zu einer Tabelle benötigt. G = Privileg gewährt und weitergebbar Y = Gewährt, aber nicht weitergebbar N = Nicht gewährt
INSERTAUTH Char(1)	INSERT-Privileg; wird zum Einfügen von Zeilen in eine Tabelle oder Sicht benötigt. G = Privileg gewährt und weitergebbar Y = Gewährt, aber nicht weitergebbar N = Nicht gewährt
SELECTAUTH Char(1)	SELECT-Privileg; wird zum Lesen von Daten aus der Tabelle oder Sicht benötigt. G = Privileg gewährt und weitergebbar Y = Gewährt, aber nicht weitergebbar N = Nicht gewährt

Spalte	Beschreibung
REFAUTH Char(1)	REFERENCE-Privileg; wird zum Erzeugen oder Löschen einer Fremdschlüsselbedingung, die diese Tabelle als Vatertabelle referenziert, benötigt. G = Privileg gewährt und weitergebbar Y = Gewährt, aber nicht weitergebbar N = Nicht gewährt
UPDATEAUTH Char(1)	UPDATE-Privileg; wird zum Aktualisieren von Zeilen einer Tabelle oder Sicht benötigt. G = Privileg gewährt und weitergebbar Y = Gewährt, aber nicht weitergebbar N = Nicht gewährt

D.1.31 TABCONST

Jede Zeile repräsentiert eine Bedingung an eine Tabelle, einschließlich Check-, Unique-, Primär- sowie Fremdschlüsselbedingungen.

Spalte	Beschreibung
CONSTNAME Varchar(18)	Name der Bedingung. Bedingungsnamen müssen über alle Typen von Bedingungen hinweg innerhalb einer Tabelle eindeutig sein. Wird kein Name für eine Bedingung bei deren Erzeugung angegeben, so erzeugt das System einen solchen automatisch.
TABSCHEMA Char(8) TABNAME Varchar(18)	Qualifizierter Name der Tabelle, für welche die Bedingung gilt.
DEFINER Char(8)	Benutzerkennung, unter der die Bedingung definiert wurde.
TYPE Char(1)	Typ der Bedingung K = Check-Bedingung P = Primärschlüsselbedingung U = Unique-Bedingung F = Fremdschlüsselbedingung (referentielle Bedingung)
REMARKS Varchar(254) (erlaubt Nullwerte)	Vom Benutzer per COMMENT ON CONSTRAINT-Anweisung eingegebener, beschreibender Kommentar.

D.1.32 TABLES

Jede Zeile repräsentiert eine Tabelle, eine Sicht oder ein Alias. Die Tabellen und Sichten des Systemkatalogs selbst sind hier zusammen mit den benutzerdefinierten Tabellen und Sichten dokumentiert.

Spalte	Beschreibung
TABSCHEMA Char(8) TABNAME Varchar(18)	Qualifizierter Name der Tabelle, der Sicht oder des Alias.
DEFINER Char(8)	Kennung des Benutzers, der die Tabelle, die Sicht oder das Alias erzeugt hat.
TYPE Char(1)	Typ des beschriebenen Objekts T = Tabelle, V = View (Sicht), A = Alias
STATUS Char(1)	Gibt an, ob sich das Objekt in einem speziellen Zustand befindet. N = Normaler Zustand C = Check ausstehend (nur für Tabellen) X = Unbrauchbar (»inoperative«, nur für Views)
BASE_TABSCHEMA Char(8) (erlaubt Nullwerte) BASE_TABNAME Varchar(18) (erlaubt Nullwerte)	Im Fall TYPE = A identifizieren diese Attribute die Tabelle, die Sicht oder das Alias, die bzw. das von diesem Alias referenziert wird; ansonsten haben diese Attribute den Wert Null. Das von einem Alias referenzierte Objekt muß nicht existieren.
CREATE_TIME Timestamp	Erzeugungszeitpunkt der Tabelle, der Sicht bzw. des Alias.
STATS_TIME Timestamp (erlaubt Nullwerte)	Zeitpunkt der letzten Änderung der für diese Tabelle protokollierten Statistiken und Null, falls keine Statistiken vorliegen.
COLCOUNT Smallint	Die Anzahl der Spalten der Tabelle oder Sicht.
TABLEID Smallint	Interne Tabellenidentifikation
TBSPACEID Smallint	Interne Identifikation des primären Tabellenbereichs, in dem diese Tabelle gespeichert ist. 0 für Aliase und Sichten.
CARD Integer	Anzahl von Zeilen in der Tabelle bzw. -1, falls diese unbekannt oder das betreffende Objekt keine Tabelle ist.
NPAGES Integer	Anzahl der von den Zeilen dieser Tabelle belegten Seiten bzw. -1, falls diese unbekannt oder das betreffende Objekt keine Tabelle ist.
FPAGES Integer	Gesamtzahl von Seiten in der Datei, die zum Speichern dieser Tabelle verwendet wird, bzw. -1, falls diese Zahl unbekannt oder das betreffende Objekt keine Tabelle ist.
OVERFLOW Integer	Die Anzahl der mit dieser Tabelle assoziierten Überlauf-Records bzw. -1, falls diese unbekannt oder das betreffende Objekt keine Tabelle ist.
TBSPACE Varchar(18) (erlaubt Nullwerte)	Der Name des primären Tabellenbereichs, in welchem die Zeilen der Tabelle gespeichert sind. Null für Alias und Sichten.

Spalte	Beschreibung
INDEX_TBSPACE Varchar(18) (erlaubt Nullwerte)	Der Name des Tabellenbereichs, der die zu dieser Tabelle angelegten Indizes enthält. Ist diese Spalte null, werden Indizes im primären Tabellenbereich abgelegt.
LONG_TBSPACE Varchar(18) (erlaubt Nullwerte)	Der Name des Tabellenbereichs, der alle in dieser Tabelle gespeicherten großen Objekte (Datentypen Long Varchar, Long Vargraphic, Blob, Clob und Dbclob) enthält. Ist diese Spalte null, werden große Objekte im primären Tabellenbereich abgelegt.
PARENTS Smallint (erlaubt Nullwerte)	Die Anzahl von Vatertabellen, mit denen diese Tabelle als Kindtabelle über eine referentielle Bedingung in Beziehung steht. 0 für Aliase und Sichten.
CHILDREN Smallint (erlaubt Nullwerte)	Die Anzahl von Kindtabellen, mit denen diese Tabelle als Vatertabelle über eine referentielle Bedingung in Beziehung steht. 0 für Aliase und Sichten.
SELFREFS Smallint (erlaubt Nullwerte)	Die Anzahl der referentiellen Bedingungen, durch die diese Tabelle mit sich selbst als Vater- wie als Kindtabelle in Beziehung gesetzt wird. 0 für Aliase und Sichten.
KEYCOLUMNS Smallint (erlaubt Nullwerte)	Die Anzahl der Attribute im Primärschlüssel dieser Tabelle. 0 für Aliase und Sichten.
KEYINDEXID Smallint (erlaubt Nullwerte)	Die interne Identifikation des Index, der die Eindeutigkeit des Primärschlüssels dieser Tabelle sicherstellt. 0 für Aliase und Sichten.
KEYUNIQUE Smallint	Anzahl von Unique-Bedingungen, die auf dieser Tabelle definiert sind.
CHECKCOUNT Smallint	Anzahl der Check-Bedingungen, die auf dieser Tabelle definiert sind. 0 für Aliase und Sichten.
DATACAPTURE Char(1)	Y = Tabelle nimmt an einer Datenreplikation teil N = Nimmt nicht an einer Replikation teil
CONST_CHECKED Char(32)	Gibt den Status der für die Tabelle geltenden Bedingungen an. Byte 1 repräsentiert sämtliche referentiellen Integritätsbedingungen, Byte 2 repräsentiert alle Check-Bedingungen. Die weiteren Bytes sind reserviert. Der Status wird wie folgt codiert: Y = Die Bedingungen befinden sich im normalen Status; sie werden vom System geprüft und garantiert. U = Die Bedingungen werden nicht vom System geprüft und können verletzt sein, aber ein Zugriff auf die Tabelle ist noch erlaubt. Eine Tabelle kann in diesen Zustand durch die Anweisung SET CONSTRAINS FOR <tabelle> IMMEDIATE UNCHECKED gebracht werden. N = Ein Prüfen der Bedingungen steht aus (Check Pending, Bedingungen vorübergehend suspendiert, normalerweise während eines Ladens von Daten). Die Bedingungen werden nicht vom System geprüft, und normaler Zugriff auf die Tabelle ist nicht erlaubt.

Spalte	Beschreibung
PMAP_ID Smallint (erlaubt Nullwerte)	Identifikation der von dieser Tabelle verwendeten Partitionierungszuordnung. Null für Aliase und Sichten.
PARTITION_MODE Char(1)	Gibt an, wie Daten unter den Knoten eines parallelen Systems partitioniert werden. H = Hashing (leer) = keine Partitionierung (ebenfalls leer für Sichten und Aliase)
LOG_ATTRIBUTE Char(1)	0 = Tabelle wird normalem Logging unterzogen N = Tabelle wurde mit der Option »not initially logged« erzeugt und kann daher nicht an referentiellen Integritätsbeziehungen teilnehmen.
PCTFREE Smallint	Prozentsatz an Freiplatz auf jeder Seite, der für zukünftige Einfügungen reserviert ist. Kann mit ALTER TABLE verändert werden.
REMARKS Varchar(254) (erlaubt Nullwerte)	Vom Benutzer per COMMENT ON TABLE-Anweisung eingegebener, beschreibender Kommentar.

D.1.33 TABLESPACES

Jede Zeile repräsentiert einen Tabellenbereich.

Spalte	Beschreibung
TBSPACE Varchar(18)	Name des Tabellenbereichs. Solche Namen sind einteilig (und nicht durch einen Schemanamen qualifiziert).
DEFINER Char(8)	Benutzer, der den Tabellenbereich definiert hat
CREATE_TIME Timestamp	Zeitpunkt der Erzeugung des Tabellenbereichs
TBSPACEID Integer	Interne Tabellenbereichsidentifikation
TBSPACETYPE Char(1)	Typ des Tabellenbereichs: S = Systemverwalteter Bereich D = Datenbankverwalteter Bereich
DATATYPE Char(1)	Arten von Daten, die in dem Tabellenbereich abgelegt werden können. A = Alle Arten von Daten L = Nur lange Daten T = Nur temporäre Tabellen
EXTENTSIZE Integer	Die Größe des vom Tabellenbereich belegten Speicherbereichs (Extent) in 4K Seiten. So viele Seiten werden in einen Behälter (Container) des Tabellenbereichs geschrieben, bevor zu einem neuen Behälter gewechselt wird.
PREFETCHSIZE Integer	Die Anzahl der 4K Seiten, die bei einem Prefetch in diesem Tabellenbereich zu lesen sind.

Spalte	Beschreibung
OVERHEAD Double	Die zum Start einer Ein-/Ausgabe-Operation benötigte Zeit in Millisekunden, gemittelt über alle Behälter im Tabellenbereich. Besteht aus einer Kombination von Controller-Overhead sowie Plattensuch- und -latenzzeit.
TRANSFERRATE Double	Rate, mit der Daten in diesem Tabellenbereich gelesen oder geschrieben werden können, ausgedrückt in Millisekunden, die zum Lesen einer 4K Seite in einen Puffer benötigt werden, und gemittelt über alle Behälter in diesem Tabellenbereich.
PAGESIZE Integer	Seitengröße (in Byte) in dem Tabellenbereich
NGNAME Varchar(18)	Name der Knotengruppe für den Tabellenbereich
BUFFERPOOLID Integer	ID des Pufferpools, der von diesem Tabellenbereich benutzt wird (1 steht für den voreingestellten Pufferpool).
REMARKS Varchar(254) (erlaubt Nullwerte)	Vom Benutzer per COMMENT ON TABLESPACE-Anweisung eingegebener beschreibender Kommentar.

D.1.34 TRIGDEP

Jede Zeile repräsentiert eine Abhängigkeit eines Triggers von einem anderen Objekt. Wird ein Objekt, von dem ein Trigger abhängt, gelöscht, wird der Trigger unbrauchbar.

Spalte	Beschreibung
TRIGSCHEMA Char(8) TRIGNAME Varchar(18)	Der qualifizierte Name des Triggers
BTYPE Char(1)	Der Typ des Objekts, von dem der Trigger abhängt. A = Alias F = Funktionsinstanz T = Tabelle V = View (Sicht)
BSCHEMA Char(8) BNAME Varchar(18)	Der qualifizierte Name des Objekts, von dem der Trigger abhängt. Falls es sich bei dem Objekt um eine Funktionsinstanz handelt, steht hier der spezifische Name dieser Instanz.
TABAUTH Smallint (erlaubt Nullwerte)	Falls BTYPE = T oder V ist, codiert diese Spalte die Operationen, die von dem Trigger an der Tabelle oder Sicht ausgeführt werden. Dies ist eine Möglichkeit der Protokollierung einer Abhängigkeit des Triggers von den zum Ausführen der Operationen erforderlichen Privilegien.

D.1.35 TRIGGERS

Jede Zeile repräsentiert einen Trigger.

Spalte	Beschreibung
TRIGSCHEMA Char(8) TRIGNAME Varchar(18)	Der qualifizierte Name des Triggers
DEFINER Char(8)	Autkennung, unter welcher der Trigger erzeugt wurde
TABSCHEMA Char(8) TABNAME Varchar(18)	Der qualifizierte Name der Tabelle, zu welcher der Trigger definiert ist.
TRIGTIME Char(1)	Der Zeitpunkt der Anwendung der Triggeraktionen auf seine Basistabelle relativ zu dem den Trigger auslösenden Ereignis. B = Der Trigger wird vor (»before«) dem Ereignis angewendet. A = Der Trigger wird nach (»after«) dem Ereignis angewendet.
TRIGEVENT Char(1)	Das den Trigger auslösende Ereignis I = Insert (Einfügung) D = Delete (Löschung) U = Update (Aktualisierung)
GRANULARITY Char(1)	Gibt an, ob der Triggerrumpf nur einmal für die auslösende SQL-Anweisung oder einmal für jede in der Datenbank veränderte Zeile ausgeführt wird. R = Row (Zeile) S = Statement (Anweisung)
VALID Char(1)	Y = Trigger ist gültig X = Trigger ist unbrauchbar. Die Definition des Triggers bleibt im Katalog erhalten, um den Trigger jedoch wieder gültig zu machen, muß er über eine CREATE TRIGGER-Anweisung erneut erzeugt werden.
TEXT Clob(32K)	Der vollständige Originaltext der CREATE TRIGGER-Anweisung
CREATE_TIME Timestamp	Der Zeitpunkt, zu dem der Trigger erzeugt wurde. Diese Zeitmarke wird zur Auflösung von Funktionen verwendet, die der Trigger benutzt. Insbesondere wird keine Funktion selektiert, die erst nach Definition des Triggers erzeugt wurde.
FUNC_PATH Varchar(254)	Protokolliert den Funktionspfad zum Zeitpunkt der Definition des Triggers. Wird zur Auflösung von Funktionen verwendet, die der Trigger benutzt.
REMARKS Varchar(254) (erlaubt Nullwerte)	Vom Benutzer per COMMENT ON TRIGGER-Anweisung eingegebener, beschreibender Kommentar.

D.1.36 VIEWDEP

Jede Zeile repräsentiert eine Abhängigkeit einer Sicht von einem anderen Objekt.

Spalte	Beschreibung
VIEWSCHEMA Char(8) VIEWNAME Varchar(18)	Der qualifizierte Name der Sicht
DEFINER Char(8) (erlaubt Nullwerte)	Der Benutzer, der die Sicht erzeugt hat
BTYPE Char(1)	Der Typ des Objekts, von dem die Sicht abhängt A = Alias F = Benutzerdefinierte Funktionsinstanz T = Tabelle V = View (Sicht)
BSCHEMA Char(8) BNAME Varchar(18)	Der qualifizierte Name des Objekts, von welchem die Sicht abhängt.
TABAUTH Smallint (erlaubt Nullwerte)	Ist BTYPE = T (Tabelle) oder V (Sicht), so gibt diese Spalte an, welche Privilegien der zugrundeliegenden Tabelle oder Sicht von dieser Sicht ererbt werden. Wird dem die Sicht definierenden Benutzer eines dieser Privilegien entzogen, so entfallen diese auch bezüglich dieser Sicht.

D.1.37 Views

Jede Zeile repräsentiert eine Sicht.

Spalte	Beschreibung
VIEWSCHEMA Char(8) VIEWNAME Varchar(18)	Der qualifizierte Name der Sicht
DEFINER Char(8)	Der Benutzer, der die Sicht erzeugt hat.
SEQNO Smallint	Ist die Sichtendefinition länger als 3.600 Zeichen, wird sie zeilenweise in Fragmenten gespeichert. Diese Spalte gibt dann eine Folgenummer an, anhand derer die Fragmente wieder zu einer vollständigen Sichtendefinition zusammengesetzt werden können.
VIEWCHECK Char(1)	Gibt die zum Zeitpunkt der Erzeugung der Sicht festgelegte Check-Option an. Die Check-Option verlangt, daß Zeilen, die in die Sicht eingefügt oder darin aktualisiert werden, nach der betreffenden Operation die Sichtendefinition erfüllen. N = Keine Check-Option L = Lokale Check-Option C = Kaskadierte Check-Option

Spalte	Beschreibung
READONLY Char(1)	Zeigt an, ob die Sicht aufgrund ihrer Definition nur gelesen werden kann. Y = Sicht ist Read-only. N = Zeilen der Sicht können von Benutzern mit entsprechender Autorisierung eingefügt, gelöscht oder aktualisiert werden.
VALID Char(1)	Zeigt an, ob sich die Sicht aktuell in einem gültigen Zustand befindet. Y = Sicht ist gültig X = Sicht ist unbrauchbar. Die Definition der Sicht bleibt im Katalog erhalten, bevor sie jedoch wieder benutzt werden kann, muß sie über eine CREATE VIEW-Anweisung erneut erzeugt werden.
FUNC_PATH Varchar(254)	Der Funktionspfad des Sichterzeugers zum Zeitpunkt der Erzeugung der Sicht. Dieser Pfad wird zur Auflösung von innerhalb der Sicht auftretenden Funktionen benutzt. Die Funktionsauflösung dieser Sicht wird ferner von der unter CREATE_TIME angegebenen Zeitmarke in dem Eintrag in TABLES, der diese Sicht beschreibt, beeinflußt.
TEXT Varchar(3600)	Der vollständige Originaltext der CREATE VIEW-Anweisung. Ist dieser länger als 3.600 Zeichen, wird er zeilenweise in Fragmenten gespeichert.

D.2 Veränderbare SYSSTAT-Katalogsichten

Alle folgenden Katalogsichten sind im Schema SYSSTAT enthalten. Diese Sichten sind so definiert, daß Benutzer nur diejenigen Zeilen sehen, die sie auch aktualisieren dürfen. Benutzer mit DBADM-Autorisierung sehen alle änderbaren Katalogzeilen, alle anderen sehen nur solche Zeilen, die Objekte betreffen, die sie besitzen oder für die sie das CONTROL-Privileg innehaben.

Die SYSSTAT-Katalogsichten können ähnlich wie andere Tabellen durch SQL-Anweisungen verändert werden. Die Sichten unterstützen jedoch nur die SQL-Anweisung UPDATE, nicht jedoch INSERT oder DELETE. In jeder Sicht können ferner nur bestimmte Spalten verändert werden. In den nachfolgenden Beschreibungen können nur die unterhalb der doppelten Linien angegebenen Spalten in jedem Katalog verändert werden.

Jede der änderbaren Katalogsichten ist mit bestimmten Checks definiert, die sicherstellen, daß die an änderbare Spalten zugewiesenen Werte gültige statistische Werte sind, die der Optimierer benutzen kann. Katalogspalten erlauben außer an den angegebenen Stellen keine Nullwerte.

D.2.1 COLDIST

Diese Sicht enthält Statistiken über die Verteilung von Datenwerten in den Spalten von Basistabellen zum Zwecke der Verwendung durch den Optimierer. Jede Zeile beschreibt entweder den n-häufigsten Wert einer Spalte oder das n-te Quantil (kumulative Verteilung) einer Spalte. Benutzer dieser Sicht können lediglich Statistiken für diejenigen Tabellen sehen, für die sie das CONTROL-Privileg besitzen (jedoch können Benutzer mit DBADM-Autorisierung die Statistiken aller Tabellen sehen).

Spalte	Beschreibung
TABSCHEMA Char(8) TABNAME Varchar(18)	Qualifizierter Name der Tabelle, für die diese Zeile gilt
COLNAME Varchar(18)	Name der Spalte, für die diese Zeile gilt.
TYPE Char(1)	Gibt den Typ von Daten an, die in dieser Zeile enthalten sind. F = Häufiger Wert Q = Quantiler Wert (werden z.B. 5 quantile Werte für eine gegebene Spalte unterhalten, so liegen 20% der Spaltenwerte unterhalb des ersten Quantils, 40% unterhalb des zweiten usw.).
SEQNO Smallint	Ist TYPE = F, so steht die Zahl n in dieser Spalte für den n-häufigsten Wert. Ist TYPE = Q, so steht der Wert n in dieser Spalte für den n-ten quantilen Wert.
COLVALUE Varchar(33) (erlaubt Nullwerte)	Der Datenwert als Character-Literal, z.B. 1.23E-4. Ist die Länge des Literals größer als 33 Zeichen, wird es gerundet. Ein Wert eines eindeutigen Typs wird als Wert des zugrundeliegenden Basistyps dargestellt. Ein Nullwert für COLVALUE zeigt an, daß der beschriebene Wert null ist.
VALCOUNT Integer	Ist TYPE = F, gibt VALCOUNT die Anzahl der Vorkommen von COLVALUE in der betreffenden Spalte an. Ist TYPE = Q, gibt VALCOUNT die Anzahl der Zeilen an, deren Werte kleiner oder gleich COLVALUE sind.
DISTCOUNT Integer (erlaubt Nullwerte)	Ist TYPE = Q, enthält diese Spalte die Anzahl verschiedener Werte, die kleiner oder gleich COLVALUE sind (null, falls diese Anzahl nicht bekannt ist).

D.2.2 COLUMNS

Diese Sicht enthält Informationen über die in den Spalten von Basistabellen gespeicherten Werte. Benutzer dieser Sicht können lediglich die Information über die Tabellen, an denen sie das CONTROL-Privileg besitzen, sehen (jedoch können Benutzer mit DBADM-Autorisierung Information über alle Tabellen sehen).

Spalte	Beschreibung
TABSCHEMA Char(8) TABNAME Varchar(18)	Der qualifizierte Name der Tabelle oder Sicht, die dieses Attribut enthält.

Spalte	Beschreibung
COLNAME Varchar(18)	Der Name der Spalte
COLCARD Integer	Anzahl verschiedener Werte in dieser Spalte (-1, falls diese nicht bekannt ist).
HIGH2KEY Varchar(33)	Zweithöchster Datenwert in der Spalte, dargestellt als Literal in Zeichenreihenformat (Zeichenreihe der Länge 0, falls unbekannt).
LOW2KEY Varchar(33)	Zweitniedrigster Datenwert in der Spalte, dargestellt als Literal in Zeichenreihenformat (Zeichenreihe der Länge 0, falls unbekannt).
AVGCOLLEN Integer	Durchschnittliche Länge eines Spaltenwertes (-1, falls dies unbekannt ist oder der Datentyp der Spalte ein langer bzw. ein LOB-Typ ist).

D.2.3 FUNCTIONS

Diese Sicht enthält Informationen über die Kosten der Ausführung benutzerdefinierter Funktionen. Diese Informationen können für den Optimierer beim Scheduling der Funktionsausführung nützlich sein. Information über Funktionen wird nicht von der RUNSTATS-Utility geliefert; daher werden die in FUNCTIONS enthaltenen Schätzungen zu -1 (»unbekannt«) initialisiert und bleiben unbekannt, bis sie durch den Benutzer aktualisiert werden. Das System liefert voreingestellte Annahmen, sofern Funktionskosten unbekannt sind. Ein Benutzer dieser Sicht sieht nur Information über die Funktionsinstanzen, deren Schemaname mit seiner Kennung übereinstimmt (jedoch kann ein Benutzer mit DBADM-Autorisierung wieder alle Information über sämtliche Funktionsinstanzen sehen).

Spalte	Beschreibung
FUNCSCHEMA Char(8) FUNCNAME Varchar(18)	Qualifizierter Name der Funktion.
SPECIFICNAME Varchar(18)	Spezifischer Name der Funktionsinstanz.
IOS_PER_INVOC Double	Geschätzte Anzahl von Ein-/Ausgabeoperationen pro Funktionsaufruf; -1, falls unbekannt (0 angenommen).
INSTS_PER_INVOC Double	Geschätzte Anzahl von CPU-Instruktionen pro Funktionsaufruf; -1, falls unbekannt.
IOS_PER_ARGBYTE Double	Geschätzte durchschnittliche Anzahl von Ein-/Ausgabeoperationen pro Byte eines jeden Inputparameters; -1, falls unbekannt (0 angenommen).
INSTS_PER_ARGBYTE Double	Geschätzte durchschnittliche Anzahl von CPU-Operationen pro Byte eines jeden Inputparameters; -1, falls unbekannt (0 angenommen).
PERCENT_ARGBYTES Smallint	Geschätzter durchschnittlicher Prozentsatz der Eingabeparameterbytes, den die Funktion tatsächlich lesen wird; -1, falls unbekannt (100 angenommen).

Spalte	Beschreibung
INITIAL_IOS Double	Geschätzte Anzahl anfänglicher Ein-/Ausgabeoperationen, die beim erstmaligen Aufruf der Funktion innerhalb einer SQL-Anweisung ausgeführt werden (wird bei der Anfrageoptimierung verwendet); -1, falls unbekannt (0 angenommen).
INITIAL_INSTS Double	Geschätzte Anzahl anfänglicher CPU-Instruktionen, die beim erstmaligen Aufruf der Funktion innerhalb einer SQL-Anweisung ausgeführt werden; -1, falls unbekannt (0 angenommen).
CARDINALITY Integer	Die voraussichtliche Anzahl von Zeilen, die von einer Tabellenfunktion zurückgegeben wird. -1, falls unbekannt oder die Funktion keine Tabellenfunktion ist.

D.2.4 INDIZES

Diese Sicht enthält statistische Information über Indizes und deren Schlüsselwerte. Benutzer dieser Sicht sehen nur Information über die Indexe, an denen sie das CONTROL-Privileg besitzen (jedoch kann ein Benutzer mit DBADM-Autorisierung alle Informationen über sämtliche Indizes sehen).

Spalte	Beschreibung
INDSCHEMA Char(8) INDNAME Varchar(18)	Der qualifizierte Name des Index
NLEAF Integer	Anzahl von Blattseiten (Seiten auf unterster Ebene), die vom Index belegt werden; -1 falls unbekannt.
NLEVELS Smallint	Anzahl von Indexebenen; -1, falls unbekannt.
FIRSTKEYCARD Integer	Anzahl verschiedener Werte in der ersten Schlüsselspalte des Index; -1, falls unbekannt.
FIRST2KEYCARD Integer	Anzahl verschiedener Wertekombinationen in den ersten beiden Schlüsselspalten des Index; -1, falls unbekannt.
FIRST3KEYCARD Integer	Anzahl verschiedener Wertekombinationen in den ersten drei Schlüsselspalten des Index; -1, falls unbekannt.
FIRST4KEYCARD Integer	Anzahl verschiedener Wertekombinationen in den ersten vier Schlüsselspalten des Index; -1, falls unbekannt.
FULLKEYCARD Integer	Anzahl verschiedener Werte im vollen Indexschlüssel; -1, falls unbekannt.
CLUSTERRATIO Smallint	Ein Maß dafür, wie gut die Ordnung des Index der physischen Anordnung der Zeilen im Speicher entspricht; -1, falls unbekannt. Werte liegen zwischen 0 und 100.
CLUSTERFACTOR Double	Ein genaueres Maß dafür, wie gut die Indexordnung der physischen Anordnung der Zeilen im Speicher entspricht (wird in Kostenfunktionen des Optimierers verwendet); -1, falls unbekannt. Werte liegen zwischen 0 und 1.

Spalte	Beschreibung
SEQUENTIAL_PAGES Integer	Anzahl von Indexblattseiten, die auf der Platte in Index-schlüsselordnung mit wenigen oder keinen großen Lücken dazwischen angeordnet sind; -1, falls unbekannt.
DENSITY Integer	Verhältnis von SEQUENTIAL_PAGES zur Anzahl von Seiten im vom Index belegten Seitenbereich, ausgedrückt als Prozentzahl zwischen 0 und 100; -1, falls unbekannt.
PAGE_FETCH_PAIRS Varchar(254) for bit data	Eine Liste von Paaren ganzer Zahlen, in Zeichenform dargestellt. Jedes Paar repräsentiert die Anzahl von Seiten in einem hypothetischen Puffer sowie die Anzahl von Seitenzugriffen, die für einen Scan des Index unter Verwendung dieses hypothetischen Puffers erforderlich sind. (String der Länge 0, falls keine Daten verfügbar)

D.2.5 TABLES

Diese Sicht enthält statistische Information über die in Basistabellen (Benutzertabellen) gespeicherten Werte. Benutzer dieser Sicht sehen nur Information über die Tabellen, an denen sie das CONTROL-Privileg besitzen (jedoch kann ein Benutzer mit DBADM-Autorisierung alle Information über sämtliche Basistabellen sehen).

Spalte	Beschreibung
TABSCHEMA Char(8) TABNAME Varchar(18)	Der qualifizierte Name der Tabelle.
CARD Integer	Anzahl von Zeilen in der Tabelle (-1, falls unbekannt).
NPAGES Integer	Anzahl der von den Zeilen der Tabelle belegten Seiten (-1, falls unbekannt).
FPAGES Integer	Gesamtzahl der Seiten in der zum Speichern dieser Tabelle verwendeten Datei (-1, falls unbekannt).
OVERFLOW Integer	Die Anzahl der mit dieser Tabelle assoziierten Überlauf-Records (-1, falls unbekannt)

E Syntax von Host-Variablen-deklarationen in C und C++

Dieser Anhang faßt die Syntax zusammen, die man zur Deklaration von Host- bzw. Wirtsvariablen innerhalb eines SQL-Vereinbarungsteils eines in C oder C++ geschriebenen Anwendungsprogramms benutzen kann. In diesen Syntaxdiagrammen stellen kursiv geschriebene Elemente benutzerdefinierte Namen, Längen oder initiale Werte dar. (Beispiele für Wirtsvariablendeklarationen sowie eine Erläuterung, wie diese benutzt werden, findet man in Abschnitt 4.1.)

Zu jedem Syntaxdiagramm ist eine Tabelle mit den Typcodes angegeben, die den im Diagramm angegebenen Deklarationen entsprechen. Jeder Datentyp hat zwei Typcodes: einen geraden Typcode für den Fall, daß eine Dateneingabe erforderlich ist (»not nullable«), und einen ungeraden Typcode, falls eine Dateneingabe nicht erforderlich ist (»nullable«). Eine Wirtsvariable erfordert keine Dateneingabe, falls sie zusammen mit einer Indikatorvariablen benutzt wird.

Einige der Syntaxdiagramme in diesem Anhang geben an, daß Wirtsvariablen als Zeiger deklariert werden können. Wird eine Wirtsvariable als Zeiger deklariert, so muß sie auf ein Objekt einer bestimmten Größe zeigen und bei jeder Benutzung in einer SQL-Anweisung dereferenziert werden. Beispielsweise deklariert das folgende Programmfragment Wirtsvariablen, die auf eine ganze Zahl bzw. auf ein Feld von sieben Zeichen zeigen; korrekt dereferenziert werden diese sodann in einer SQL-UPDATE-Anweisung benutzt:

```
EXEC SQL BEGIN DECLARE SECTION;
    long *p1;        /* Zeiger auf long integer    */
    char (*p2)[7];   /* Zeiger auf Feld von 7 Chars */
EXEC SQL END DECLARE SECTION;

long neuesgehalt = 25;
p1 = &neuesgehalt;
p2 = (char(*)[7])"123456";
    /* Konvertieren der Zeichenreihe in richtigen Typ */

EXEC SQL
    UPDATE ang SET gehalt = :*p1 WHERE angnr = :*p2;
```

E.1 Basisdatentypen

Wirtsvariablen für die SQL-Basisdatentypen werden in einem SQL-Vereinbarungsteil (SQL Declare Section) in reiner C- oder C++-Syntax deklariert, wie in den folgenden Syntaxdiagrammen gezeigt.

E.1.1 Numerische Wirtsvariablen

Wirtsvariablen zum Austausch numerischer Daten werden wie folgt deklariert:

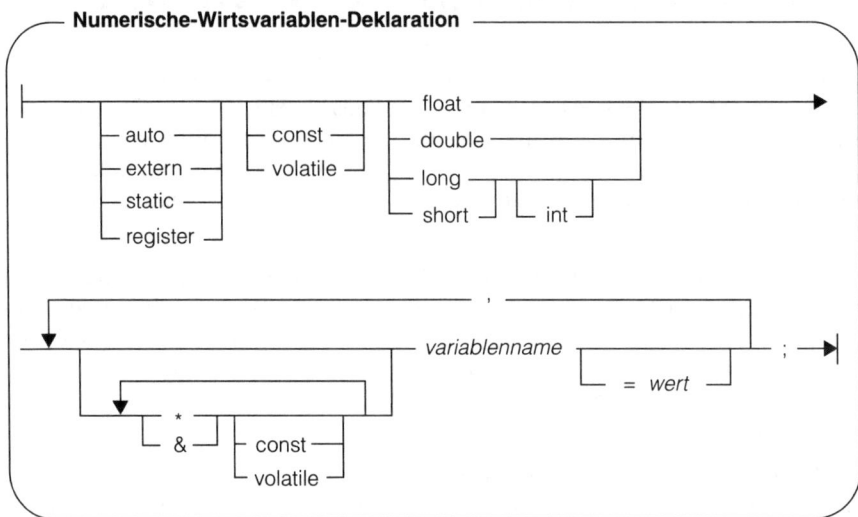

Der SQL-Datentyp einer numerischen Wirtsvariablen wird wie in Tabelle E.1 angegeben bestimmt.

Enthält die Deklaration ...	so wird unterstellt, daß es sich um den SQL-Datentyp ... handelt	Der SQLTYPE-Code für diesen Datentyp lautet ... (Dateneingabe erforderlich/nicht erforderlich)
float	Real	480/481 (Länge = 4)
double	Double	480/481 (Länge = 8)
long	Integer	496/497
short	Smallint	500/501

Tabelle E.1:
SQL-Datentypen, die numerischen Wirtsvariablen entsprechen

E.1.2 Zeichenreihen-Wirtsvariablen

Wirtsvariablen zum Austausch von Zeichenreihendaten in nullterminierter Form werden wir folgt deklariert:

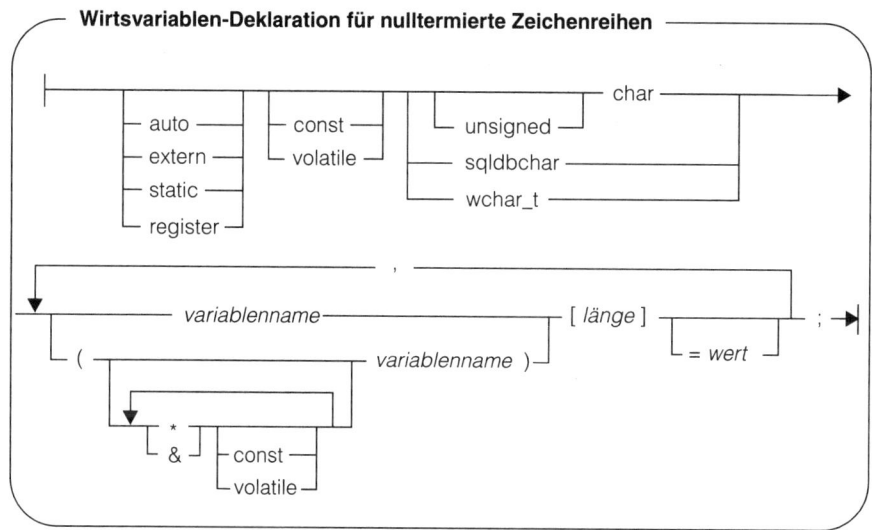

Wirtsvariablen-Deklaration für nulltermierte Zeichenreihen

Bemerkungen:

▷ Der Precompiler toleriert, daß Variablen von einem Zeichenreihentyp ohne eine explizite Längenangabe deklariert werden, was dann eine Länge von einem Zeichen impliziert. Zur Vermeidung von Unklarheiten empfehle ich, stets eine explizite Länge für Zeichenreihen-Variablen anzugeben.

▷ Nullterminierte Variablen sollten nicht zum Austausch von Daten mit Spalten verwendet werden, die als FOR BIT DATA deklariert sind, da in solchen Spalten gespeicherte Daten binäre Nullen enthalten können.

▷ Wird eine Variable als Zeiger deklariert, muß sie auf ein Objekt wohldefinierter Länge zeigen. So ist z.B. `char (*p)[20]` ein Zeiger auf eine Zeichenreihe der Länge 20. Man sollte dagegen nicht die Schreibweise `char *p` verwenden, d.h. einen Zeiger auf eine Zeichenreihe unbestimmter Länge.

▷ Die Behandlung von Doppelbyte-Zeichenreihen richtet sich nach den Precompiler-Optionen WCHARTYPE und LANGLEVEL. Man vergleiche den *DB2 Application Programming Guide* für Einzelheiten hierzu.

▷ Zur Initialisierung einer Zeichenreihenvariablen vom Typ `wchar_t` sollte man in C ein Literal vom Typ L verwenden, wie z.B. `L"Doppelbyte-Daten"`.

▷ Der SQL-Datentyp der Wirtsvariablen wird wie in Tabelle E.2 angegeben bestimmt.

Enthält die Deklaration ...	So wird unterstellt, daß es sich um den SQL-Datentyp ... handelt	Der SQLTYPE-Code für diesen Datentyp lautet ... (Dateneingabe erforderlich/nicht erforderlich)
char	Varchar (nullterminiert)	460/461
sqldbchar oder wchar_t	Vargraphic (nullterminiert)	400/401

Tabelle E.2:
SQL-Datentypen, die nullterminierten Zeichenreihen-Wirtsvariablen entsprechen

Wirtsvariablen zum Austausch von Zeichenreihendaten in Längenpräfixform werden wie folgt deklariert:

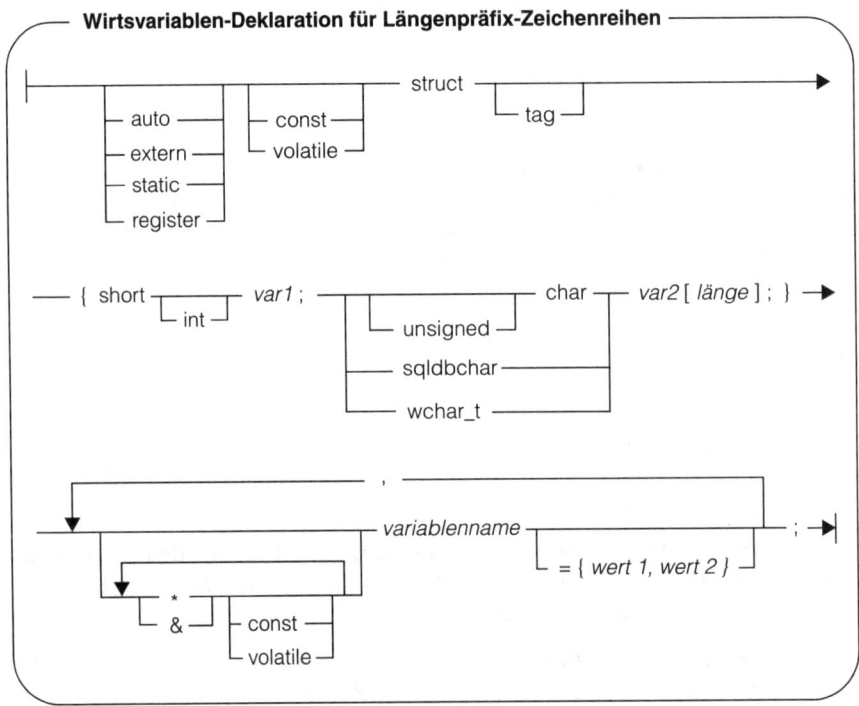

Der SQL-Datentyp einer Wirtsvariablen mit Längenpräfix wird wie in Tabelle E.3 angegeben bestimmt.

Enthält die Deklaration ...	so wird unterstellt, daß es sich um den SQL-Datentyp ... handelt	Der SQLTYPE-Code für diesen Datentyp lautet ... (Dateneingabe erforderlich / nicht erforderlich)
char Länge ist 4.000 oder weniger	Varchar	448/449
char Länge zwischen 4.001 und 32.700	Long Varchar	456/457
sqldbchar oder wchar_t Länge ist 2.000 oder weniger	Vargraphic	464/465
sqldbchar oder wchart_t Länge zwischen 2.001 und 16.350	Long Vargraphic	472/473

Tabelle E.3:
SQL-Datentypen, die Wirtsvariablen in Längenpräfixform entsprechen

E.2 Large-Object-Datentypen

UDB kennt drei »LOB-Typen« genannte Datentypen zur Darstellung großer Objekte. Wirtsvariablen zum Austausch von Daten dieses Typs können in einem SQL-Vereinbarungsteil unter Verwendung einer speziellen Syntax deklariert werden, die vom SQL-Precompiler in C-Syntax übersetzt wird. (Die LOB-Datentypen werden in Abschnitt 6.1 behandelt.)

E.2.1 LOB-Wirtsvariablen

Wirtsvariablen zum Austausch von LOB-Daten werden wie folgt deklariert:

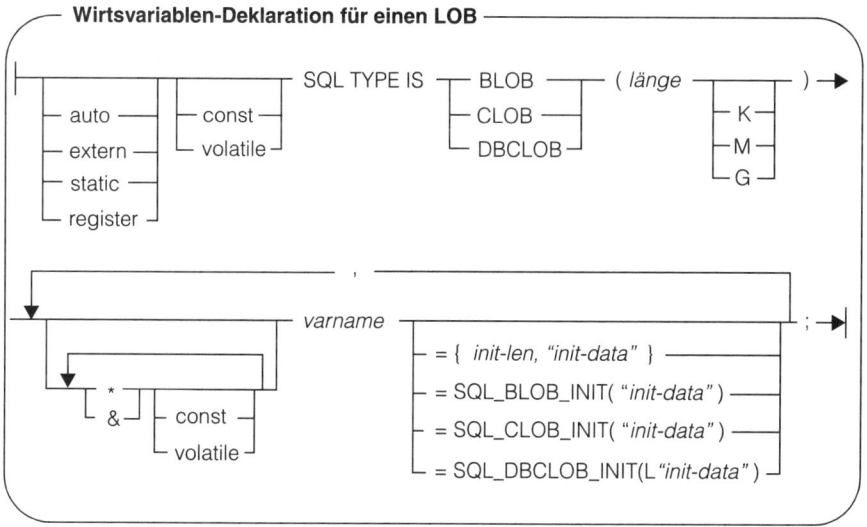

Bemerkungen:

▶ SQL TYPE IS, BLOB, CLOB, DBCLOB, K, M und G können beliebig groß- oder klein-
geschrieben werden.

▶ Die maximale Länge eines initialisierenden Daten-Strings beträgt 4.000 Bytes.

▶ Zur Initialisierung eines Dbclob verwende man ein C-Literal vom Typ L wie z.B.
L"Doppelbyte-Daten", falls das betreffende Programm mit der Option WCHARTYPE
CONVERT vorübersetzt wird.

▶ Die Syntax des obigen Diagramms kann zur Deklaration von Host-Variablen der in
Tabelle E.4 angegebenen Typen verwendet werden.

SQL-Datentyp	SQLTYPE-Code (Dateneingabe erforderlich/nicht erforderlich)
Blob	404/405
Clob	408/409
Dbclob	412/413

Tabelle E.4:
SQL-Datentypen, die LOB-Wirtsvariablen entsprechen

E.2.2   Querverweise und Dateireferenzen

Wirtsvariablen zum Austausch von LOB-Daten über Querverweise oder Dateireferenzen werden wie folgt deklariert:

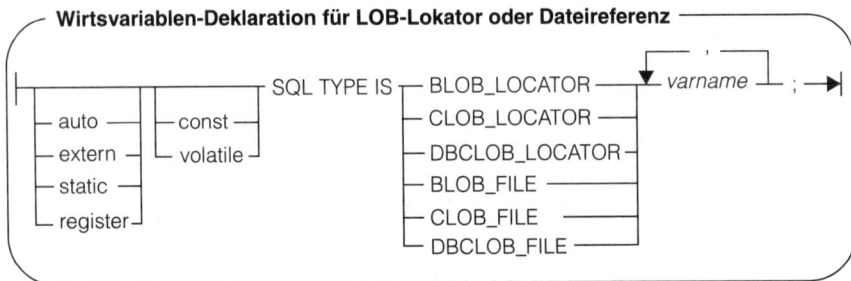

Bemerkungen:

▷ Die SQL- Schlüsselwörter in dieser Deklaration können beliebig groß- oder kleinge-
schrieben werden.

▷ In der Deklaration eines LOB-Querverweises oder einer LOB-Dateireferenz kann
der Wert des LOB nicht initialisiert werden. Der *Embedded SQL Programming Guide*
beschreibt jedoch eine Variante der oben gezeigten Syntax, die eine Deklaration eines Zeigers auf einen Querverweis oder eine Dateireferenz mit gleichzeitiger Initialisierung dieses Zeigers ermöglicht. Diese Syntax wurde hier der Einfachheit und
Klarheit halber weggelassen.

▶ Die Syntax im oben gezeigten Diagramm kann zur Deklaration von Wirtsvariablen der in Tabelle E.5 angegebenen Typen verwendet werden.

SQL-Datentyp	SQLTYPE-Code (Dateneingabe erforderlich/nicht erforderlich)
Blob-Querverweis	960/961
Clob-Querverweis	964/965
Dbclob-Querverweis	968/969
Blob-Dateireferenz	804/805
Clob-Dateireferenz	808/809
Dbclob-Dateireferenz	812/813

Tabelle E.5:
SQL-Datentypen, die Querverweis- und Dateireferenz-Wirtsvariablen entsprechen

F IBM-Publikationen

Die IBM-Dokumentation für die UDB-Produktfamilie umfaßt die unten angegebenen Publikationen. Wenn man UDB käuflich erwirbt, sind sämtliche für die betreffende Version relevanten Publikationen auf der Produkt-CD enthalten, und zwar in PostScript-Format zum Ausdrucken sowie in HTML-Format zum Ansehen am Bildschirm mit einem Web-Browser. Die Publikationen können ferner bei der IBM unter Angabe der jeweiligen Formnummer individuell bestellt werden.[1]

F.1 Plattformunabhängige Publikationen

Die in Tabelle F.1 angegebenen Publikationen beschreiben UDB-Aspekte, die über alle Plattformen hinweg gültig sind.

Formnummer	Titel und Beschreibung
S10J-8154 (SH12-2717)	Administration Getting Started (Systemverwaltung: Erste Schritte)
	Führt in grundlegende Konzepte und Aufgaben der Administration einer UDB-Datenbank ein.
S10J-8157 (SH12-2718)	*Administration Guide* (*Systemverwaltung*) Beschreibt Techniken sowie Einrichtungen zur Verwendung durch UDB-Datenbankadministratoren.
S10J-8167	*API Reference* Beschreibt, wie man Anwendungsprogrammierschnittstellen für Datenverwaltungsaufgaben verwendet.
S10J-8159	*CLI Guide and Reference* Beschreibt, wie man Anwendungsprogramme unter Verwendung des Call Level Interface entwickelt.
S10J-8166	*Command Reference* Beschreibt, wie man Systemkommandos für Datenbankadministrationsfunktionen benutzt. Beschreibt ferner, wie man den Befehlszeilenprozessor (CLP) einsetzt.
S10J-7888	*DB2 Connect Enterprise Edition Quick Beginnings* Liefert grundlegende Informationen über Installation, Konfiguration und Benutzung der DB2 Connect Enterprise Edition und ihrer Clients.

---

1. Anmerkung des Übersetzers: Einige dieser Publikationen liegen auch in deutscher Übersetzung vor; soweit bekannt, habe ich diese jeweils zusammen mit ihren englischen Pendants angegeben. Eine deutschsprachige Distribution enthält ferner z.B. in der Personal Edition weitere deutsche Handbücher, wie *Fehlernachrichten* und *Neue Funktionen*.

Formnummer	Titel und Beschreibung
S10J-8162	*DB2 Connect Personal Edition Quick Beginnings* Liefert grundlegende Informationen über Installation, Konfiguration und Benutzung der DB2 Connect Personal Edition.
S10J-8163	*DB2 Connect User's Guide* Ein allgemeines Benutzerhandbuch für DB2 Connect-Produkte.
S10J-8158	*Embedded SQL Programming Guide* Beschreibt, wie man Anwendungsprogramme mit eingebetteten SQL-Anweisungen entwickelt.
Keine Formnummer (nur HTML)	*Glossary* *(Glossar)* Liefert Definitionen für in der UDB-Dokumentation verwendete Begriffe.
Keine Formnummer (nur HTML und PostScript)	*Installing and Configuring DB2 Clients* (Installieren, Einrichten und Betreiben von DB2-Clients) Gibt Anweisungen zur Installation von UDB-Client-Software: *Client Application Enabler* (CAE) sowie *Software Developer's Kit* (SDK)
S10J-8170	*Master Index* Enthält einen kombinierten Index sämtlicher UDB-Publikationen.
S10J-8168	*Message Reference* Enthält Erklärungen sämtlicher Nachrichten und Codes, die UDB verwendet.
S95H-0999	*Replication Guide and Reference* Ein allgemeines Benutzerhandbuch für die UDB-Datenreplikationswerkzeuge.
S10J-8155	*Road Map to DB2 Programming* Stellt verschiedene Möglichkeiten der Interaktion von Anwendungsprogrammen mit UDB-Datenbanken vor.
S10J-8156	*SQL Getting Started* Stellt die grundlegenden Konzepte von SQL vor.
S10J-8165	*SQL Reference* Ein vollständiges Referenzhandbuch für die in UDB verwendete Sprache SQL.
S10J-8164	*System Monitor Guide and Reference* Beschreibt, wie man den Systemmonitor zum Messen von Datenbankaktivität, Verbessern der Systemleistung und Diagnostizieren von Problemen verwendet.
S10J-8169	*Troubleshooting Guide* Liefert Anweisungen zur Diagnose von Problemen sowie zum Wiederanlauf danach.

Tabelle F.1:
Plattformunabhängige Publikationen

F.2 Plattformspezifische Publikationen

Die in Tabelle F.2 angegebenen Publikationen beschreiben UDB-Aspekte, die nur für bestimmte Plattformen oder Plattformgruppen gültig sind.

Formnummer	Titel und Beschreibung
S10J-8161	*Building Applications for UNIX Environments* Gibt Schritt-für-Schritt-Anweisungen zum Vorübersetzen, Übersetzen und Binden von UDB-Applikationsprogrammen auf der AIX- und anderen UNIX-Plattformen.
S10J-8160	*Building Applications for Windows and OS/2 Environments* Gibt Schritt-für-Schritt-Anweisungen zum Vorübersetzen, Übersetzen und Binden von UDB-Applikationsprogrammen auf Windows- und OS/2-Plattformen.
S72H-9620	*DB2 Extended Enterprise Edition Quick Beginnings* Liefert Informationen über Installation, Konfiguration und Benutzung der UDB Extended Enterprise Edition auf der AIX-Plattform.
S10J-8150	*DB2 Personal Edition Quick Beginnings* *(DB2 Personal Edition Einstieg)* Liefert Informationen über Installation, Konfiguration und Benutzung der UDB Personal Edition auf den Plattformen OS/2, Windows 95 und Windows NT.
S10J-8147	*Quick Beginnings for OS/2* Liefert Informationen über Installation, Konfiguration und Benutzung von UDB auf der OS/2-Plattform.
S10J-8148	*Quick Beginnings for UNIX* Liefert Informationen über Installation, Konfiguration und Benutzung von UDB auf der AIX- und anderen UNIX-Plattformen.
S10J-8149	Quick Beginnings for Windows NT *(DB2 für Windows NT Einstieg)* Liefert Informationen über Installation, Konfiguration und Benutzung von UDB auf der Windows NT-Plattform.

Tabelle F.2:
Plattformspezifische Publikationen

G Warenzeichen

DB/2, DB/2 Universal Database, DB/2 Connect, Net.Data, Intelligent Miner, DB/2 OLAP Server, Visual Warehouse, MVS, VM/370, AIX, IMS, VSAM, ADSM, DataJoiner, OS/2, DataPropagator, VisualAge, RISC System/6000 und SP2 sind Warenzeichen oder eingetragene Warenzeichen der IBM.

Approach, 1-2-3 und Symphony sind Warenzeichen oder eingetragene Warenzeichen der Lotus Development Corporation.

Essbase ist ein eingetragenes Warenzeichen von Arbor Software, Inc.

HP-UX ist ein Warenzeichen der Hewlett-Packard Corporation.

Informix ist ein eingetragenes Warenzeichen der Informix Corporation.

Ingres ist ein eingetragenes Warenzeichen der Ingres Corporation.

Macintosh ist ein eingetragenes Warenzeichen der Apple Computer, Inc.

Oracle ist ein eingetragenes Warenzeichen der Oracle Corporation.

PDP-11 ist ein Warenzeichen der Digital Equipment Corporation.

SINIX ist ein eingetragenes Warenzeichen der Siemens Nixdorf Informationssysteme AG.

Solaris ist ein Warenzeichen der Sun Microsystems, Inc.

SYBASE ist ein eingetragenes Warenzeichen der Sybase, Inc.

UNIX ist ein eingetragenes Warenzeichen der UNIX System Laboratories.

Windows NT, Windows 3.1, Windows 95, ODBC und SQL Server sind Warenzeichen oder eingetragene Warenzeichen der Microsoft Corporation.

Stichwortverzeichnis